Signals and Systems

Analysis Using Transform Methods and MATLAB®

Second Edition

Michael J. Roberts
Professor, Department of Electrical and Computer Engineering
University of Tennessee

McGraw-Hill Korea

Signals and Systems, 2nd Edition.

2 3 4 5 6 7 8 9 10 HT 20 20

Original: Signals and Systems: Analysis Using Transform Methods & MATLAB, 2nd Edition. © 2012
By M. J. Roberts
ISBN 978-0-07-338068-1

This authorized Korean translation edition is jointly published by McGraw-Hill Education Korea, Ltd. and Hantee Media. This edition is authorized for sale in the Republic of Korea

This book is exclusively distributed by Hantee Media.

When ordering this title, please use ISBN 978-89-6421-184-7

Printed in Korea

Second Edition

신호와 시스템

김동준, 오남진, 이창수, 전명근, 전태현, 정경훈, 정영식 옮김

M. J. Roberts

Signals and Systems

한티미디어

역자			
김동준	청주대	전자공학과	(ddjkim@cju.ac.kr
오남진	한국교통대	전자공학과	(onamjin@cjnu.ac.kr)
이창수	수원대	전자공학과	(ccslee@suwon.ac.kr
전명근	충북대	전자공학부	(mgchun@chungbuk.ac.kr)
전태현	서울과기대	전기공학과	(thjeon@seoultech.ac.kr)
정경훈	국민대	전자공학부	(khjung@kookmin.ac.kr)
정영식	인천대	전기공학과	(yscst@incheon.ac.kr)

Signals and Systems Second Edition
신호와 시스템

발행일 2014년 2월 28일 초판 1쇄
2020년 2월 10일 2쇄
지은이 M. J. Roberts
옮긴이 김동준 · 오남진 · 이창수 · 전명근 · 전태현 · 정경훈 · 정영식
펴낸이 김준호
펴낸곳 한티미디어
주 소 서울시 마포구 동교로 23길 67 3층
등 록 제15-571호 2006년 5월 15일
전 화 02)332-7993~4 | **팩 스** 02)332-7995

마케팅 노호근 박재인 최상욱 김원국 | **관 리** 김지영 문지희
편 집 김은수 유채원

ISBN 978-89-6421-184-7 (93000)
정 가 37,000원

이 책에 대한 의견이나 잘못된 내용에 대한 수정정보는 한티미디어 홈페이지나 이메일로 알려주십시오.
독자님의 의견을 충분히 반영하도록 늘 노력하겠습니다.

홈페이지 www.hanteemedia.co.kr | 이메일 hantee@hanteemedia.co.kr

동기

신호와 시스템 해석의 수학적 아름다움에 반해 첫 번째 판을 집필하게 되었다. 두 번째 판은 강의 시간에 이 책을 사용하면서 얻는 경험 그리고 학생과 동료들의 건설적인 조언을 바탕으로 개선하였다.

대상

이 책은 3학년 또는 4학년에서 기본적인 신호 및 시스템을 연속적인 2학기 과정에서 다루도록 구성되었다. 또한 이 책은 석사과정에서 선형 시스템에 적용되는 변환방법에 대해 한 학기 동안 빠르게 다룰 수 있다.

첫 번째 판과 다른 내용

첫 번째 판을 집필하는 동안 두 번째로 출판된 책 「Fundamentals of Signals and Systems」를 강의 시간에 사용하였다. 이 두 번째 판을 준비하면서 강의 시간에 초안을 사용하여 새로운 내용을 소개하기 위해 다양한 접근 방법의 효과를 테스트하고 본문에 있는 오류와 연습문제 풀이의 오류를 검출하였다. 두 번째 판을 준비하는 과정에 다양한 계층의 전문가로부터 조언을 받았다. 경험과 전문가의 조언을 기초로 해서 첫 번째 판으로부터 다음과 같은 변화를 보였다.

- 신호 및 시스템에서 많이 사용되는 책들에서 표기법이 표준과 다른 경우가 있다. 각 저자들이 선호하는 표기법 등이 있으나 다른 저자들은 그렇지 않다. 따라서 가능한 한 표기법의 일관성을 유지하도록 하였으며, 복잡하고 산만한 아래첨자를 가능한 사용하지 않았다. 수학적 정확성과 명확함을 유지하도록 하여 학생들이 책의 내용을 읽고 공부하는데 발생되는 혼란과 피로를 줄이도록 하였다. 또한 연속시간 고조파 함수에 대한 심벌을 수정을 하여 이산시간 고조파 함수와의 혼동이 일어나지 않도록 하였다.

- 첫 번째 판의 8장에 있는 상관함수 및 에너지, 전력스펙트럼밀도는 생략하였다. 대부분 3학년 수준의 신호 및 시스템 과목에서 이 내용들은 다루지 않으며, 확률 및 랜덤신호처리 과목에서 다룬다.
- 첫 번째 판의 부록에 있는 몇몇의 내용들은 이 책의 웹사이트 www.mhhe.com/roberts에 옮겼다. 두껍고 무거운 첫 번째 판에서 부록 일부와 8장을 생략함으로써 책의 사이즈를 줄였다.
- 가능한 한 책을 모듈화하여 일부 주제에서 연속적으로 다룰 수 있도록 일관성을 유지하였다. 이로 인해 두 번째 판에서는 12장 대신에 16장을 삽입하였다. 주파수 응답, 필터, 통신 시스템 그리고 상태공간 해석을 분리된 장들에서 다루었다.
- 앞의 10개의 장들은 새로운 해석 기법, 이론 그리고 수학적 기초들을 대부분 다루었으며 끝의 6개의 장들은 실질적인 신호 및 시스템에서 공통적인 형태로 나타나는 기법들의 응용을 대부분 다루었다.
- 두 번째 판에서는 첫 번째 판보다 더 많은 MATLAB[1] 예제들을 제시하였으며 이전 판보다 더 일찍 MATLAB 예들을 소개하였다.
- 신호에 대해 설명하는 장에서 새로운 신호 모두를 다루는 대신에 일부는 소개하고 나머지는 추후의 장들에서 자연스럽게 다루게 될 때까지 기다렸다가 유도된 함수를 다루었다.
- 시스템 성질과 시스템 표현을 다루는 4장에서는 시스템의 수학적 모델에 대한 논의를 늘렸다.
- 검토자들의 의견에 따라 연속시간 컨벌루션을 우선 다룬 후에 이산시간 컨벌루션을 다루었다. 연속시간 컨벌루션에서는 한계 개념 그리고 연속시간 임펄스를 포함하고 있지만 이산시간 컨벌루션에는 그렇지 않기 때문에 검토자들은 학생들이 연속시간 개념에 더욱 익숙하기 때문에 이러한 순서가 적절하고 생각하였다.
- 연속시간 및 이산시간에서 푸리에 급수에 대한 이론적인 기초를 이해하기 위한 직교성 원리의 중요성에 더 많은 중점을 두었다.
- 양방향 라플라스 변환과 z 변환에 대한 내용을 더 많이 다루었다.
- 이산 푸리에 변환을 사용하여 다른 형태의 변환과 수치적 방법을 사용하는 신호처리 기법을 근사화하는 데 더 많은 강조를 하였다.
- 연속시간 각 변조에 대한 내용이 추가되었다.

® MATLAB는 The MathWorks, Inc.의 등록상표이다.

■ 첫 번째 장에서 사용된 '콤(comb)' 함수는 다음과 같았다.

$$\mathrm{comb}(t) = \sum_{n=-\infty}^{\infty} \delta(t-n) \quad \text{and} \quad \mathrm{comb}_{N_0}[n] = \sum_{m=-\infty}^{\infty} \delta[n - mN_0]$$

여기서 연속시간에서는 단일 임펄스는 $\delta(t)$ 그리고 이산시간에서는 $\delta[n]$으로 표현된 것을 '주기 임펄스' 함수로 바꾸었다. 주기 임펄스는 연속시간에서는 $\delta_T(t)$ 그리고 이산 시간에서는 $\delta_N[n]$이며 T와 N은 각각의 기본주기이다. 따라서 다음과 같이 정의 된다.

$$\delta_T(t) = \sum_{n=-\infty}^{\infty} \delta(t-nT) \quad \text{and} \quad \delta_N[n] = \sum_{m=-\infty}^{\infty} \delta(n-mN).$$

연속시간 콤 함수는 매우 우아한 함수이지만 학생들을 대상으로 한 수업 경험을 통해서 보면 변수를 $t \to at$로 변화하는 시간 스케일링과 임펄스 크기 스케일링이 동시에 일어는 것에 대해 학생들은 혼동을 느낀다. 주기 임펄스함수는 시간 스케일에 의해 구해지는 대신에 아래첨자 파라미터로 된 임펄스들 사이의 간격(기본 주기)에 의해 표현된다. 콤 함수에서와 다르게 기본주기가 변화할 때 임펄스 크기는 동시에 변화하지 않는다. 연속시간에서 시간 스케일링과 임펄스 크기 스케일링을 효과적으로 분리할 수 있으며 컨벌루션, 샘플링 그리고 적분 변환과 같은 다양한 추상적인 개념들에 도전하고 있는 학생들에게 일부 혼동을 줄일 수 있을 것이다. 또한 시간 스케일링과 임펄스 크기 스케일링이 이산시간 형태로는 동시에 발생하지 않지만 연속시간 주기 임펄스와의 유사성을 유지하지 위해 표기법을 바꾼다.

개요

이 책은 연속시간 및 이산시간 모두에서 신호 및 시스템을 표현하는 수학적 방법들로 시작한다. 연속시간 푸리에 급수를 통해 변환 아이디어를 소개 하였으며, 비주기 신호에 대해 푸리에 급수를 확장시켜 푸리에 변환으로 유도하였다. 이후 이산시간 신호에 대해서도 동일하게 적용하였다. 라플라스 변환은 유한하지 않은 신호와 불안정한 시스템에 대한 연속시간 푸리에 변환의 일반화된 것으로 소개하였으며, 연속시간 선형 시스템의 고유값과 고유벡터와 매우 밀접하게 결합되어 있기 때문에 시스템 해석에 매우 강력한 도구로 사용될 수 있음을 소개하였다. z 변환을 사용하는 이산시간 시스템에 대해서도 동일한 경로를 취했다. 연속시간과 이산시간 사이의 관계를 샘플링으로 설명하였다. 이 책의 나머지는 주파수응답 해석, 통신 시스템, 피드백 시스템, 아날로그 및 디지털 필터 그리고 상태공간 해석에 대해 전념하였다. 이 책 전반에 예제들을 나타내었으며 설명된 방법들을 구현하기 위한 MATLAB 함수들과 동작에 대해 소개하였다. 다음은 각 장에 대한 요약이다.

각 장 요약

1장

수학적 어려움 없이 신호 및 시스템을 포함한 일반적인 개념을 1장에서 소개하였다. 일상에서의 신호 및 시스템이 도처에 있음과 신호 및 시스템을 이해하는 것에 대한 중요성을 보여줌으로써 학생들에게 동기를 부여하였다.

2장

다양한 연속시간 신호를 수학적으로 나타내는 방법들에 대해 알아 보았다. 유명한 함수인 정현파 및 지수를 시작으로 연속시간 특이함수들(스위칭 함수들)을 포함한 신호를 표현하는 함수들의 범위를 확대하였다. 대부분의 신호 및 시스템 책들에서와 마찬가지로 단위계단, 시그넘, 단위 임펄스 그리고 단위 램프 함수를 정의하였다. 이에 더해 단위 구형파 그리고 단위 주기 임펄스 함수를 정의하였다. 컨벌루션과 더불어 단위 주기함수는 임의의 주기함수를 수학적으로 표현하는 매우 간결한 방법을 제공한다.

새로운 연속시간 신호 함수들을 소개한 후에 일반적인 형태의 신호 변환, 진폭 스테일링, 시간 이동, 미분 그리고 적분을 다루고 신호 함수에 이들을 적용한다. 그 다음에 특정 변환, 우함수성, 기함수성 그리고 주기성에 불변인 신호들의 특성을 다루었으며, 신호 해석에서 이들 신호 특성들이 함축하고 있는 의미를 다루었다. 마지막 절은 신호 에너지와 전력에 관한 내용이다.

3장

2장에서 다룬 것과 유사한 방법을 연속시간 신호 대신에 이산시간 신호에 적용하였다. 이산시간 정현파와 지수함수를 소개하고 이산시간 정현파의 주기를 구하는 문제들에 대해 설명하였다. 이것은 샘플링이 갖는 의미들에 대해 학생들이 처음으로 다루는 것이다. 이후에 특히 이산시간 함수를 시간 스케일링 할 때 발생되는 문제들과 독특한 의미를 언급하는 이산시간 함수들에 대한 진폭 스케일링, 시간 이동, 시간 스케일링, 차분 및 누적에 대해 알아본다.

4장

시스템에 대한 수학적 표현을 다룬다. 우선 시스템 분류를 하는 일반적 형태인 동차성, 가산성, 선형성, 시불변, 인과성, 메모리, 정적 비선형성 그리고 가역성에 대해 다룬다. 예제들을 통해 이러한 성질을 갖고 있는 또는 갖고 있지 않는 시스템의 다양한 형태를 다루고 시스템의 수학적 표현으로부터 다양한 성질들을 어떻게 증명하는가에 대해 다룬다.

5장

이장에서는 선형 시불변 시스템 응답의 체계적인 해석을 위해 임펄스 응답과 컨벌루션 개념을 소개한다. 연속시간 컨벌루션의 수학적 성질과 컨벌루션 적분이 의미하는 것을 이해하기 위한 도식적 방법을 설명한다. 또한 부시스템들을 종속 또는 병렬로 연결하여 하나의 시스템으로 되었을 때 컨벌루션 성질을 사용하여 전체 시스템의 임펄스 응답이 무엇이 되어야 하는지 보여준다. 그 후에 LTI 시스템에 복소 정현파가 입력되었을 때 응답을 구하는 전달함수 아이디어를 소개한다. 이산시간 임펄스 응답과 컨벌루션을 유사하게 다루는 절이 바로 뒤 따른다.

6장

학생들이 변환 방법들을 처음으로 다루게 된다. 공학적으로 유용한 연속시산 주기 함수들이 연속시산 정현파, 실수 또는 복소수의 선형결합으로 표현될 수 있다는 개념을 도식적으로 소개하면서 시작한다. 그 후 이산 고조파 함수로 신호를 표현하는 것을 보여주기 위해 직교성 개념을 사용하여 푸리에 급수를 유도한다. 연속시간 푸리에 급수가 모든 실제적인 연속시간 신호에 적용되지만 모든 연속시간 신호에 적용되지 않음을 알려주는 디리클레 조건을 언급한다.

푸리에 급수의 성질에 대해 알아본다. 푸리에 급수 표기법과 성질을 추후에 다루게 되는 푸리에 변환과 가능한 유사하도록 노력하였다. 고조파 함수는 시간함수와 더불어 '푸리에 급수 쌍'을 형성한다. 첫 번째 판에서 고조파 함수를 나타내는 표기법으로 소문자는 시간 영역에서의 값 그리고 대문자는 고조파 함수를 위한 것으로 사용하였다. 이번 판에서는 연속시간 신호에 대한 고조파 함수는 변경하여 쉽게 구별할 수 있도록 하였다. 푸리에 급수의 수렴을 설명하는 함수의 불연속에서 발생하는 깁스 현상을 다루었다. 고조파 함수들을 구하는데 변환표와 성질들을 사용하도록 학생들에게 권장하였으며 푸리에 변화, 그리고 후에 다루는 라플라스 변환과 z 변환에서도 동일한 과정을 사용하도록 하였다.

6장에서 다루는 주요한 내용은 푸리에 급수를 푸리에 변환으로 확장하는 것이다. 신호의 주기를 무한대로 접근하도록 할 때 연속시간 푸리에 급수에 무슨 현상이 발생하는지 알아봄으로써 개념을 소개하고 일반화된 연속시간 푸리에 급수로 연속시간 푸리에 변환을 유도하고 정의한다. 그 후에 연속시간 푸리에 변환의 모든 중요한 성질들을 다룬다. 신호 및 시스템, 제어시스템, 디지털 신호처리, 통신 시스템 그리고 영상처리 및 푸리에 광학과 같은 푸리에 방법의 응용들의 책들에서 공통적으로 사용되는 '보편적인' 두 개의 다른 표기법을 사용한다. 즉, 주기 주파수 f 또는 각주파수 ω이다. 이 둘을 모두 사용하며, 변수의 변화를 통해 간단히 연관되어진다. 학생들이 대학과 현장에서 서로 다른 형태로 된 책들을 보았을 때 당황하지 않기를 바란다.

7장

이 장에서는 6장에서와 유사한 방법으로 유도하고 정의한 이산시간 푸리에 급수(DTFS), 이산 푸리에 변환(DFT) 그리고 이산시간 푸리에 변환(DTFT)을 소개한다. DTFS 와 DFT는 거의 동일하다. 디지털 신호처리에 매우 광범위하게 사용되는 DFT에 더 집중을 한다. 연속과 이산시간 신호 사이의 차이로 인해 발생되는 중용한 차이를 강조한다. 특히 CTFS의 무한 합 범위에 대응되는 DFT의 유한 합 범위의 차이를 강조한다. 또한 DFT는 하나의 유한한 수의 집합을 또 다른 유한한 수의 집합과 연관시키고, 직접 수치적 기계연산을 가능하게 한다. DFT를 계산하는 매우 효율적인 알고리즘으로 고속 푸리에 변환을 논의한다. 6장에서와 마찬가지로 주기 주파수와 각주파수 형식을 사용하여 이 둘 사이의 관계에 중점을 둔다. 연속시간에 사용된 주파수 f와 ω와 구별하기 위해 이산시간 주파수 F와 Ω를 사용한다. 불행히도 일부 책에서는 반대로 심벌들을 사용한다. 이 책에서 사용되는 방식이 대부분의 신호 및 시스템 책에서 사용되는 것과 일치한다. 이것이 이 분양에서 표기법의 표준화가 덜된 대표적인 예이다. 마지막 주요 절은 4개의 푸리에 방법들에 대한 비교이다. 한 영역에서의 샘플링과 다른 영역에서의 주기적 반복 사이에는 특히 쌍대적인 관계가 있다.

8장

라플라스 변환을 소개한다. 라플라스 변환을 두 개의 관점에서 접근한다. 즉, 더 많은 부류의 신호들에 대한 일반화된 푸리에 변환 그리고 복소지수 신호를 선형 시불변 시스템의 입력으로 하였을 때의 결과이다. 양방향 라플라스 변환을 정의하는 것으로 시작하여 수렴영역의 중용성을 논의한다. 그 후 단방향 라플라스 변환을 정의한다. 라플라스 변환의 모든 중요한 성질을 유도한다. 역 변환을 구하기 위해 부분분수 전개 방법을 알아본 후 단방향 형태를 사용하여 초기 조건이 있는 미분방정식을 푸는 예를 보여준다.

9장

z 변환을 소개한다. 이산시간 신호와 시스템이라는 것을 제외하면 라플라스 변환 유도와 *z* 변환 유도는 유사하다. 양방향 변환을 우선 정의하고 수렴영역에 대해 논의한다. 그 후 단방향 변환에 대해 정의한다. 모든 중요한 성질들을 유도하고 부분분수 전개를 사용한 역 변환과 초기 조건을 갖고 있는 차분방정식의 해를 보여준다. 라플라스 변환과 *z* 변환 사이의 관계를 알아보고 15장에서 이산시간 시스템에 의한 연속시간 시스템 근사화를 위한 중요한 아이디어를 알아본다.

10장

연속시간 신호와 이것을 샘플링한 이산시간 신호 사이의 일치성에 대해 우선 알아본다. 첫 번째 절은 샘플링이 샘플-홀드(sample-and-hold)와 A/D 변환기를 사용하여 실제 시스템에서 어떻게 샘플링이 이루어지는지 다룬다. 두 번째 절은 연속시간 신호를 나타내기 위해 얼마나 많은 샘플이 있어야 하는 가에 대한 질문을 함으로써 시작한다. 그 후 대역제한된 주기 신호의 보간 방법, 이론적이고 실질적인 특정 성질들에 대해 논의한다. 연속시간 신호의 CTFT와 이것으로부터 취한 샘플의 유한 길이 세트의 DFT 사이의 관계를 완벽하게 전개한다. 어떻게 DFT가 에너지 신호 또는 주기신호의 CTFT를 근사화하기 위해 사용될 수 있는가를 보여준다. 다음은 다양한 일반 신호처리 연산을 수치적으로 근사화하는 데 DFT 사용에 대해 알아본다.

11장

주파수 응답해석에서 CTFT와 DTFT의 사용을 다양한 면에서 다룬다. 주요 토픽은 이상적인 필터, 보드 다이어그램, 실제적인 수동 및 능동 연속시간 필터 그리고 이산시간 필터이다.

12장

주파수 다중화, 단측파대 및 양측파대 진폭 변조 및 복조 그리고 각 변조를 포함한 연속시간 통신 시스템의 기본적인 원리를 다룬다. 또한 이산시간 시스템에서의 진폭 변조 및 복조에 대해 간단히 다룬다.

13장

이 장에서는 복소주파수 영역에서 시스템의 블록 다이어그램 표현, 시스템 안정성, 시스템 상호연결, 근궤적(root-locus)을 포함한 피드백 시스템, 표준 신호에 대한 시스템 응답 그리고 마지막으로 연속시간 시스템의 표준 구현을 포함하는 라플라스 변환의 응용을 다룬다.

14장

이 장에서는 복소주파수 영역에서 시스템의 블록 다이어그램 표현, 시스템 안정성, 시스템 상호연결, 근궤적(root-locus)을 포함한 피드백 시스템, 표준 신호에 대한 시스템 응답 , 샘플된 데이터 시스템 그리고 연속시간 시스템의 표준 구현을 포함하는 z 변환의 응용을 다룬다.

15장

실제적인 아날로그 및 디지털 필터들에서 가장 일반적인 형태의 일부에 대해 해석 및 설계를 다룬다. 아날로그 필터는 Butterworth, Chebyshev Type I 및 II 그리고 Elliptic 필터이다. 디지털 필터에 대해서는 임펄스 불변법 및 단계 불변법(step-invariant), 유한 차분법, 대응되는 z 변환(matched z transform), 직접 치환법(direct substitution), 쌍선형 z 변환, 절단된 임펄스 응답(truncated impulse response) 그리고 Parks-McClellan 수치설계를 포함한 아날로그 필터의 시뮬레이션을 위한 일반적인 가법들을 다룬다.

16장

연속시간 및 이산시간 시스템 모두에서 상태공간 해석을 다룬다. 주제들은 시스템 및 출력 방정식, 전달함수, 상태 변수의 변환 및 다각화이다.

부록

수학 공식, 4개의 푸리에 변환표, 라플라스 변환표 그리고 z 변환표가 있는 7개의 부록이 있다.

연속성

이 책은 연속성의 손실 없이 일부 주제들을 건너뛰기 쉽게 구성되어 있다. 연속시간과 이산시간 주제들은 교대로 다룰 수 있으며 연속시간 해석은 이산시간을 참고하는 것 없이 다룰 수 있다. 또한 단기 과정을 위해서는 마지막 6개의 장은 생략할 수 있을 것이다.

검토 및 편집

이 책은 많은 검토자들, 특히 시간을 투자하고 비판하고 개선점을 제안한 분들에게 신세를 졌다. 또한 몇 년 동안 강의에서 견뎌 낸 많은 학생들에게 신세를 졌다. 우리의 관계가 학생들이 실감하는 것보다 더 공생적이라는 것을 믿는다. 즉, 학생들은 신호 및 시스템 해석을 나로부터 배웠고, 나는 학생들로부터 신호 및 시스템 해석을 가르치는 방법을 배웠다. 개념을 이해하지 못하는 학생들뿐만 아니라 저자가 이전에 생각한 것을 이해하지 못했다는 것을 나타내는 통찰력 있는 질문들을 학생들로부터 셀 수 없이 많이 받았다.

집필 스타일

많은 저자들이 학생들이 이해할 수 있도록 자료를 소개하는 더 좋은 방법을 찾고 있다고 생각하고 있으며 본 저자 또한 다르지 않다. 여러 해 동안 이 자료를 가르쳐 왔으며 테스트를 통해 학생들이 일반적으로 이해하는 것과 이해하지 못하는 것이 무엇인지를 알았다. 연구실에서 학생들과 일대일로 개념을 설명하기 위해 수많은 시간을 보냈다. 이러한 경험을 통해 무엇을 말해야 할 지 알았다. 이 책을 쓰면서 독자에게 직접적으로 대화하는 방법으로 단순하게 말하려고 노력하였으며 당혹스런 딱딱한 형식을 피하려고 노력하였다. 가능한 범위에서 흔한 오도된 개념들을 예견하고 오류를 나타내기 위해 노력을 하였다. 변환 방법들은 명확한 개념이 아니어서 학생들이 처음 접했을 때 쉽게 추상적인 늪에 가라앉게 되며, 신호에 대한 시스템 응답을 해석해야하는 목표를 잃게 된다(모든 저자들이 그러하듯이). 접근성과 수학적 규칙이 모두 중요하기 때문에 둘 사이의 마법과 같은 결합을 찾기 위해 노력하였다. 이 책의 집필이 명확하고 직접적이라고 생각하지만 사실인지 아닌지에 대한 마지막 판단은 독자가 내릴 것이다.

연습문제

각 장에는 해답을 갖고 있는 연습문제 그룹과 해답이 없는 연습문제 그룹으로 구성되어 있다. 첫 번째 그룹은 다소 '훈련'을 위한 연습문제들이며 두 번째 그룹은 좀 더 도전적인 연습문제들로 구성되어 있다.

맺음말

첫 번째 판의 서론에 언급한 바와 같이 어떠한 비평, 수정 및 제안이라도 환영한다. 저자가 동의하지 않고 다른 사람들이 동의하지 않은 것을 포함해서 모든 견해들은 문제점을 지적한 것이기 때문에 다음 개정판에 건설적인 영향을 끼칠 것이다. 여러분에게 옳지 않은 것이 있다면 다른 사람들 역시 그럴 것이며, 그 문제들을 해결하는 방법을 알아내는 것이 저자로서의 본인의 임무이다. 따라서 여러분이 바뀌어야 한다고 믿는 것에 대한 솔직하고 명확한 언급을 해 주길 권장하고 사소한 오류부터 중대한 오류까지 모든 오류에 대해 주저하지 말고 언급해주기 바란다.

더 좋은 두 번째 판이 되도록 만드는 데 매우 귀중한 도움을 준 다음 검토자들에게 감사를 드린다.

Scott Acton, *University of Virginia*
Alan A. Desrochers, *Rensselaer Polytechnic Institute*
Bruce E. Dunne, *Grand Valley State University*
Hyun Kwon, *Andrews University*
Erchin Serpedin, *Texas A&M University*
Jiann-Shiou Yang, *University of Minnesota*

Michael J. Roberts, Professor
Electrical and Computer Engineering
University of Tennessee at Knoxville
mjr@utk.edu

역자 서문

디지털혁명 같은 거대한 기술경제 패러다임이 바뀌고 있는 21세기 초의 전기, 정보통신 산업 분야 등 다양한 영역에서 다루는 모든 현상을 신호와 시스템으로 일반화하여 해석할 수 있다. 따라서 신호와 시스템이라는 것은 일상의 곳곳에 밀접하게 관계하고 있는 것이다. 특히 공학을 하는 학생 및 공학자들에게 시스템 공학의 근간이 되는 신호 및 시스템은 반드시 다루어야 할 분야이며 공학 분야의 기초 학문으로 그 중요성을 더해 갈 것이다.

신호 및 시스템에 관한 책들은 이미 많이 출판되어 나와 있음에도 불구하고 역자들이 이 책을 번역하게 된 계기는 이 책이 갖는 기존의 책과의 차별성에 주목을 하였기 때문이다. 많은 책들이 이론에 치우치다보니 제시된 수학적 해석이 과연 어떻게 현실의 신호와 시스템에 적용되어 활용되는가에 대해 이해하기 어려운 부분이 있었다. 이에 반해 이 책은 다양한 현실적인 주제들을 응용 시나리오를 통해 다루면서 매우 자세하고 친절하게 설명하고 있어 다소 딱딱하고 이해하기 힘든 내용을 소화하는데 많은 도움을 준다. 또한 MATLAB 프로그램을 활용하여 배운 이론들을 그 때 그 때 확인할 수 있도록 하였으며, 다양한 설계들에 대한 MATLAB 프로그램 작성 예시를 제공하여 응용에 활용할 수 있게 하였다.

번역을 할 때 항상 그러하듯이 원문에 충실하고 표준 용어를 사용하고자 노력을 하였지만 범용적이지 않은 공학적 영어 용어를 한글로 표현하기란 어려운 점이 많았다. 번역하는 동안 용어를 통일하고 오류를 바로 잡고 공감이 가는 표현을 사용하기 위한 노력을 하였다. 그렇지만 미처 찾아내지 못하고 지나쳐 버린 오류들이 많이 남아 있을 것이다. 오류를 지적해주고 바로 잡아주신다면 다음 판에서는 보다 충실한 개정판을 만들 수 있을 것이다. 이 모든 것을 고려하도라도 이 번역서를 통해 신호 및 시스템을 공부하는 학생들에게 도움이 된다면 역자들로서는 더 이상의 보람이 없을 것이다. 또한 이 자리를 빌어 이 책이 출간되기까지 여러모로 도움을 준 한티미디어의 관계자 여러분에게 감사의 뜻을 표한다.

대표역자 정영식

CONTENTS

CHAPTER 14 z 변환 시스템 분석 783

CHAPTER 15 필터해석과 설계 820

CHAPTER 16 상태-공간 해석 889

APPENDIX

CHAPTER 1

신호와 시스템의 정의

1.1 개요

정보를 전달하고자 하는 어떠한 시변(time-varying) 물리적 현상을 신호(signal)라 한다. 신호의 예로는 사람의 목소리, 수화, 모스 부호, 교통 신호, 전화선의 전압, 라디오나 텔레비전의 송신기에서 발생되는 전자장, 텔레비전이나 컴퓨터 네트워크 광섬유의 빛 세기의 변화량 등이 있다. 잡음(noise)은 시변 물리적 현상이라는 점에서 신호와 유사하나 보통 유용한 정보를 전달하지 않기 때문에 좋지 않은 것으로 여긴다.

신호는 시스템(system)상에서 다뤄진다. 하나 이상의 입력(input) 신호가 하나 이상의 시스템 입력단에 들어가면 그 시스템은 하나 이상의 응답(response) 또는 출력(output) 신호를 그 시스템의 출력단으로 내어놓는다. 〈그림 1.1〉은 단일 입력, 단일 출력 시스템의 블록 다이어그램이다.

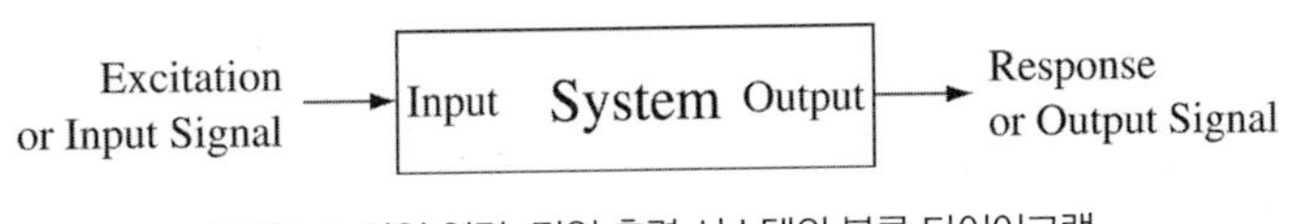

그림 1.1 단일 입력, 단일 출력 시스템의 블록 다이어그램

통신 시스템에서 송신기는 신호를 보내고 수신기는 신호를 받는다. 채널이란 송신기로부터 수신기로 신호가 전달되는 통로를 의미하며, 잡음은 송신기, 채널, 수신기(종종 복합적으로)에 부득이하게 더해진다〈그림 1.2〉. 송신기, 채널, 수신기는 모두 전체 시스템의 구성요소(component) 또는 부시스템(subsystem)이다. 물리적 현상(온도, 압력, 속도 등)을 측정하거나 이를 전압 혹은 전류와 같은 신호로 변환시켜 주는 과학적인 장치들을 시스템이라 부른다. 상업적 빌딩의 제어 시스템〈그림 1.3〉, 산업 공장의 공정 제어 시스템〈그림 1.4〉, 현대식 농장

기계〈그림 1.5〉, 비행기의 항공 전자 공학, 자동차의 점화 및 연료 펌프 제어 시스템 등 신호를 조작하는 것들은 모두 시스템이다.

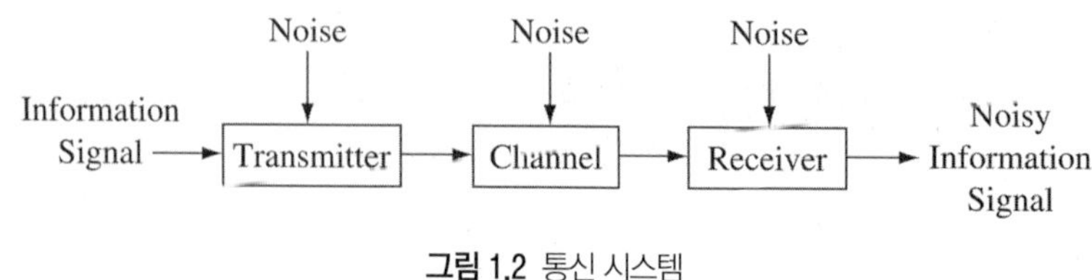

그림 1.2 통신 시스템

그림 1.3 현대 사무실 빌딩

'시스템'이란 용어는 주식시장, 정부, 날씨, 사람의 신체 등도 포함한다. 이들 모두는 자극이 주어졌을 때 반응하기 때문이다. 일부 시스템은 이미 자세하게 분석되어 있으며, 어떤 시스템은 근사적으로 분석되어 있다. 그러나 일부 시스템은 너무 복잡하여 충분히 이해하기 어려울 정도로 측정하기 어렵다.

그림 1.4 대표적인 산업 공장의 제어실

그림 1.5 칸막이용 운전대가 있는 현대식 경작용 트랙터

1.2 신호의 종류

신호는 대체로 연속시간(continuous-time), 이산시간(discrete-time), 연속 값(continuous-value), 이산 값(discrete-value), 무작위(random), 작위(nonrandom) 등의 몇 가지로 분류된다. 연속시간 신호는 어떤 시간 구간에서 모든 시간 순간에 대해 정의된다. 연속시간 신호는 다른 말로 아날로그(analog) 신호라고 부르는데 아날로그 신호는 시간에 대한 신호의 변화가 일부 물리적 현상과 유사하게(비례하여) 나타난다. 따라서 모든 아날로그 신호는 연속시간 신호이지만 모든 연속시간 신호가 아날로그 신호는 아니다〈그림 1.6~1.8〉.

신호의 샘플링(sampling)은 연속시간 신호에서 시간에 대해 이산적으로 값을 얻는 것이다. 샘플의 집합은 이산시간 신호를 형성한다. 이산시간 신호는 이산시간에서만 신호 값을 가지는 본질적인 이산시간 시스템에 의해서도 만들어진다〈그림 1.6〉.

연속 값 신호는 가능한 값의 연속체에서 어떠한 값도 가질 수 있다. 연속체 내에서는 어떠한 두 값도 서로 근접할 수 있다. 실수의 집합은 무한한 범위를 가지는 연속체이다. 0과 1 사이에서의 실수의 집합은 유한한 범위의 연속체이다. 각 집합은 무한 개에 가까운 수의 원소를 가진다〈그림 1.6~1.8〉.

이산 값 신호는 오직 이산 집합 내의 값만 가질 수 있다. 이산 집합 내의 두 값의 차이의 크기는 어떤 특정 양수보다 크다. 정수의 집합이 그 예이다. 이산시간 신호는 보통 디지털(digital) 신호로 전송된다. '디지털' 신호는 몇몇 부호화된 형식의 기호 형태를 갖는 이산시간 신호의 순차열 값의 전송에 쓰인다. 또한 디지털 신호라는 용어는 가끔 둘 중 하나의 값을 가지는 이산 값 신호를 지칭하기도 한다. 이러한 형식의 디지털 신호의 디지트(digits)는 연속시간의 신호로 전송된다. 이 경우 연속시간과 아날로그라는 용어는 같은 뜻으로 볼 수 없게 된다. 이러한 형태의 디지털 신호는 연속시간 신호이지만 아날로그 신호는 아닌데 그 이유는 시간에 대한 값의 변화가 물리적 현상과 유사하지 않기 때문이다〈그림 1.6~1.8〉. 무작위 신호는 정확하게 그 신호를 예측할 수 없고 어떠한 수학적 함수로도 나타낼 수 없다. 작위(deterministic) 신호는 수학적으로 나타낼 수 있다. 무작위 신호는 일반적으로 잡음이라 칭한다〈그림 1.6~1.8〉.

실제적인 신호 처리에서 컴퓨터를 통해 처리할 신호를 얻는 가장 일반적인 방법은 신호를 샘플링, 양자화(quantizing), 부호화(encoding)하는 과정을 거치는 것이다〈그림 1.9〉. 원래의 신호는 연속 값, 연속시간 신호이다. 샘플링은 이산시간에서 값을 얻고 그 값들은 연속 값, 이산시간 신호를 구성한다. 양자화는 각 샘플들을 이산 값의 유한 집합의 원소 중 가장 가까운

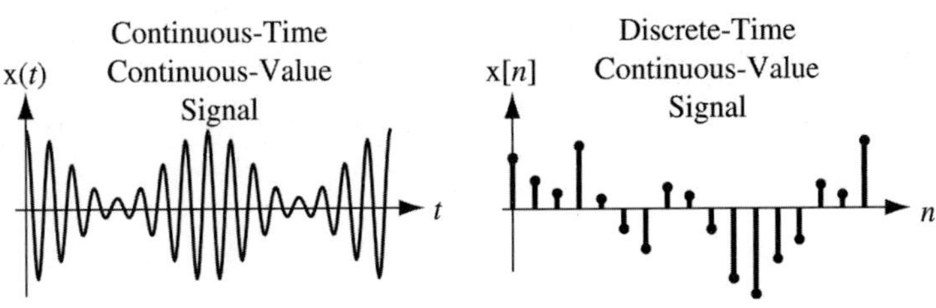

그림 1.6 연속시간 신호와 이산시간 신호의 예

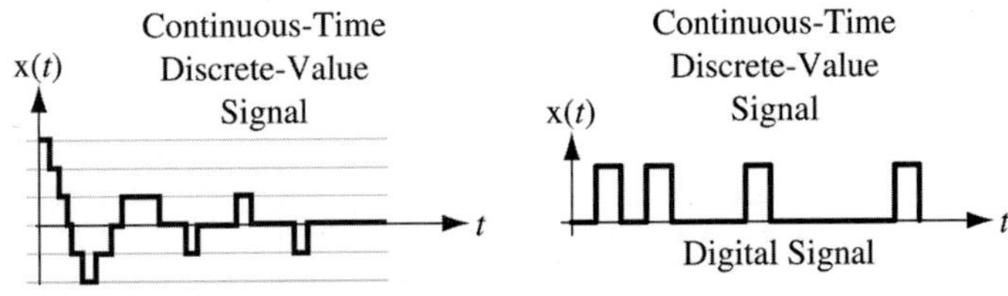

그림 1.7 연속시간 신호와 이산 값 신호의 예

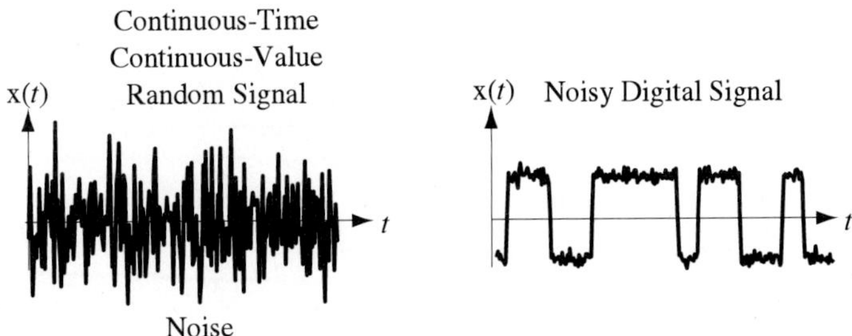

그림 1.8 잡음과 잡음 디지털 신호의 예

값으로 근사화해 이산 값, 이산시간 신호를 만든다.

이산시간의 이산 값 집합의 각 신호 값들은 이진수로 부호화된 사각형 펄스의 순차열로 전환되어 보통 디지털 신호라 불리는 이산 값, 연속시간 신호가 만들어진다. 〈그림 1.9〉에 나와 있는 과정은 보통 아날로그-디지털 변환기(ADC: analog-to-digital converter)로 불리는 단일 장치에 의해 수행된다.

아스키 코드(ASCII: American Standard Code for Information Interchange)를 이용한 텍스트 메시지의 전달은 이진 디지털 신호의 일반적인 용법 중 하나이다. 각 알파벳 문자, 0~9의 숫자, 문장 부호, 특수 부호, 인쇄와 전송을 제어하는 몇몇 부호 등 총 128개의 부호는 모두 7비트 부호로 부호화된다. 7개의 비트는 동기화를 목적으로 쓰이는 시작(start) 부호, 정지(stop) 부호와 함께 차례로 전송된다.

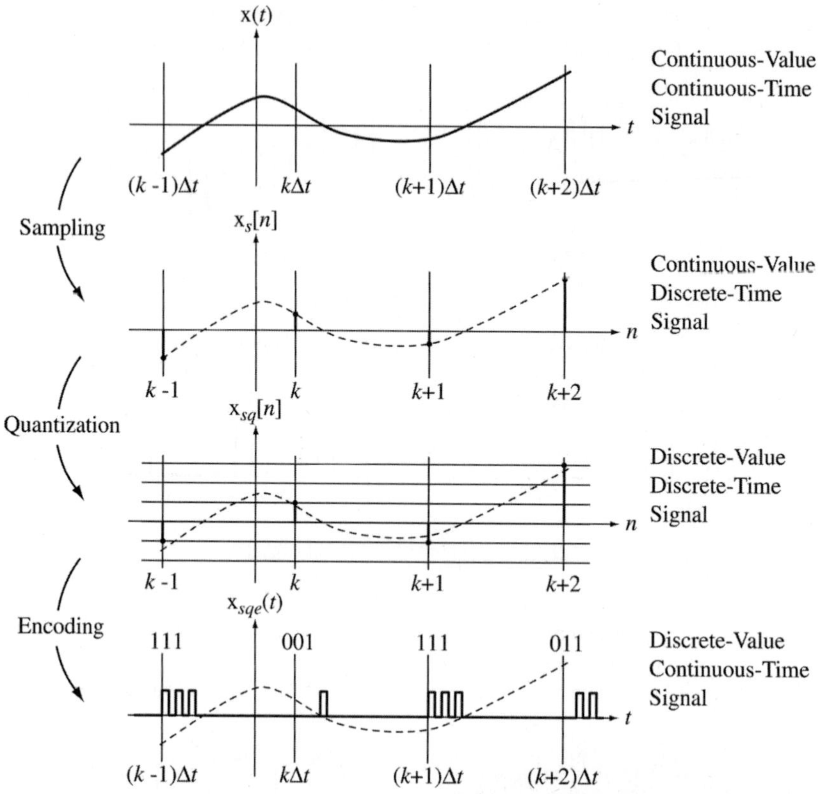

그림 1.9 샘플링, 양자화, 부호화 과정의 다양한 신호의 종류

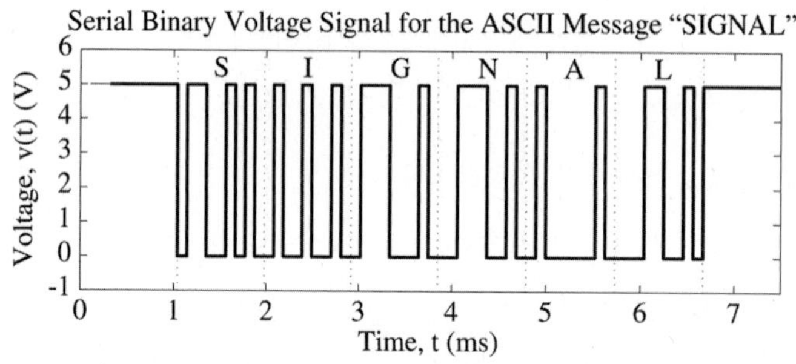

그림 1.10 'SIGNAL' 단어의 아스키 코드로 부호화된 비동기식 직렬이진 전압 신호

직접 유선 연결을 통한 전형적인 디지털 장치 사이에서 비트는 전압으로 표시되는데 보다 높은 전압(2~5V)은 1을, 보다 낮은 전압(0V 근처)은 0을 의미한다. 〈그림 1.10〉은 한 개의 시작 비트와 한 개의 정지 비트를 사용하는 비동기식 전송에서 'SIGNAL'이라는 메시지를 전송했을 때 시간에 따른 전압을 나타낸 것이다.

디지털 시스템의 보급으로 인해 신호 분석에서 디지털 신호는 중요하다. 디지털 신호는 아날로그 신호에 비해 잡음에 강하다. 이진 신호 통신에서 잡음이 아주 크지만 않다면 비교적 정확하게 비트를 관측할 수 있다.

비트의 흐름에서 비트 값의 관측은 보통 예정된 비트 시간에서 신호 값과 문턱치(threshold)를 비교함으로써 이루어진다. 만약에 신호 값이 문턱치보다 크면 1, 문턱치보다 작으면 0으로 판별한다. 〈그림 1.11〉에서 x는 관측 시간에서 신호 값을 의미하며 위와 같은 방법을 잡음이 더해진 디지털 신호에 적용했을 때는 하나의 비트가 잘못 관측되었다. 그러나 필터(filter)로 처리된 신호의 비트는 모두 정확하게 검출되었다. 필터링된 디지털 신호는 잡음이 없는 디지털 신호와 비교해 보았을 때 비교적 깨끗해 보이지는 않으나 비트 값은 낮은 에러의 확률로 관측 가능하다. 이것이 디지털 신호가 아날로그 신호에 비해 잡음에 강한 기본적인 이유이다(필터의 분석과 설계는 11, 15장에서 다룬다).

앞으로 연속시간 신호와 이산시간 신호 모두를 설명하겠지만 신호 양자화에 의한 영향은 대부분 무시하고 모든 신호는 연속 값을 가진다고 간주한다. 또한 그림에서 무작위 신호가 예시로 종종 사용되지만 무작위 신호의 분석을 직접적으로 고려하지는 않는다.

처음 설명할 신호는 연속시간 신호이다. 일부 연속시간 신호는 시간에 대한 연속 함수로 표현될 수 있다. 연속시간 t에 대해 $x(t)=50\sin(200\pi t)$의 함수로 표현되는 신호 x(t)는 시간의 매 순간에 대해 신호를 정확하게 표현하며, 그래프로 나타낼 수도 있다〈그림 1.12〉.

많은 연속시간 신호를 수학적으로 표현하기는 어렵다. 〈그림 1.13〉의 신호를 보자.

〈그림 1.13〉과 같은 모양의 파형은 다양한 종류의 계측기와 통신 시스템에서 발생한다. 일부 신호 함수의 정의와 컨벌루션(convolution)을 통해 신호는 수학적으로 간결하게 표현, 분석되고 다루어질 수 있다. 수학적 함수로 표현될 수 있는 연속시간 신호는 연속시간 푸리에 변환(continuous-time Fourier transform)을 통해 주파수 영역(frequency domain)이라는 다른 영역으로 변환될 수 있다. 앞의 변환은 어떤 신호를 주파수 영역으로의 변환을 의미한다. 시간 영역에서보다 명확하게 관측되고 쉽게 다루어질 수 있는 신호의 특성이 나타나는 주파수 영역으로의 신호의 변환은 신호 분석에서 중요한 도구이다(주파수 영역에서 신호는 신호가 가지고 있는 주파수 성분으로 표시된다). 많은 시스템의 디자인이나 분석은 주파수 영역 분석 없이는 어렵다.

이산시간 신호는 이산적인 시점에서만 정의된다. 〈그림 1.14〉는 몇 가지 이산시간 신호이다.

지금까지 우리가 다루었던 신호들은 시간에 대한 함수로 표현되었다. 영상은 시간이 아닌 공간(space)의 함수로 표현되는 '신호'의 중요한 부분이다. 이 책에서 신호가 정보를 전달하고 시스템에 의해 어떻게 처리되는가 하는 신호 이론의 대부분은 시간에 따른 물리적 현상의 변

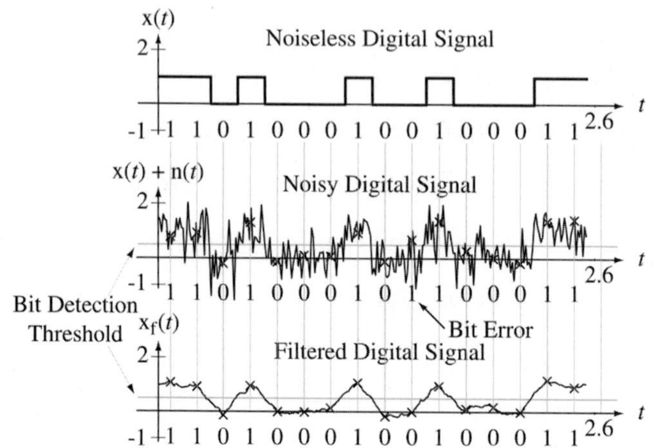

그림 1.11 디지털 신호에서 비트 오류율을 줄이기 위한 필터의 사용

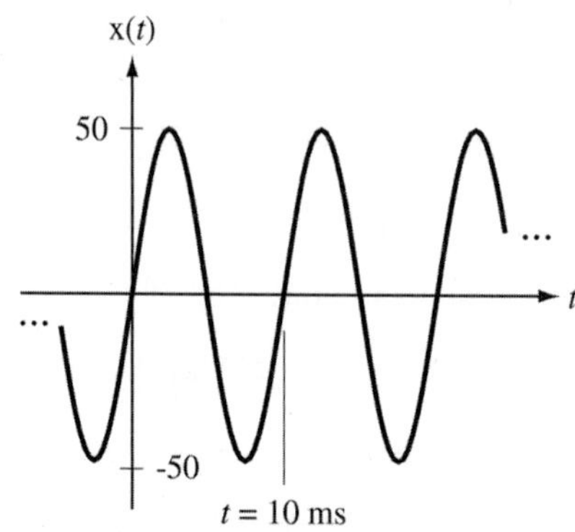

그림 1.12 수학적 함수로 표현된 연속시간 신호

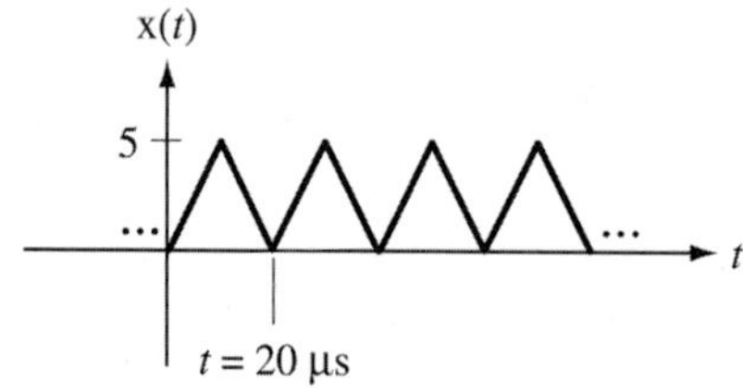

그림 1.13 두 번째 연속시간 신호

화를 나타내는 신호에 기반을 두고 있다. 그러나 그 이론이나 방법은 약간의 수정을 통해 영상 처리에 적용할 수 있다. 시간 신호는 물리적 현상의 변화를 '시간'이라는 하나의 독립적인 변수를 가지는 함수로 표현된다. 공간 신호 혹은 영상은 직교적이고 독립적이며 보통 x-y 좌표로 표현되는 공간적인(spatial) 두 변수를 가지는 함수로 표현된다. 물리적 현상은 대부분 빛이거나 빛의 전송 혹은 반사에 영향을 주는 것이다. 그러나 영상 처리의 기술은 두 개의 독립적

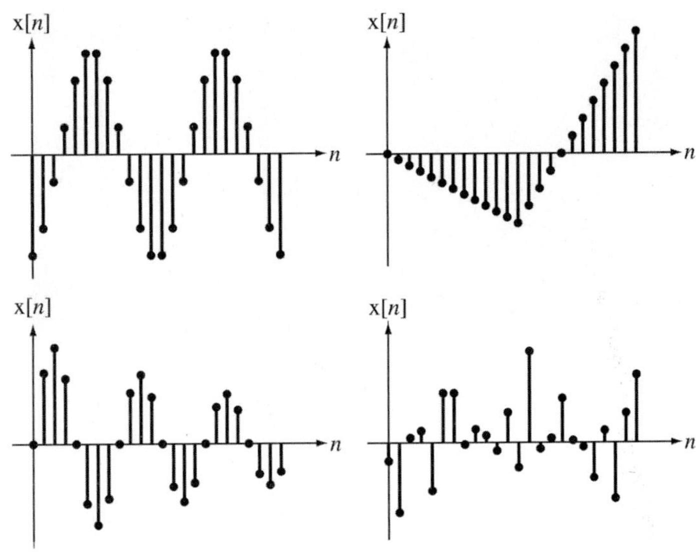

그림 1.14 몇 가지 이산시간 신호

인 변수를 가지는 함수로서 수학적으로 표현되는 모든 것에 적용할 수 있다.

역사적으로 영상 처리 기술의 실제적인 응용은 신호 처리 기술의 응용에 비해 뒤떨어져 있었는데 그 이유는 영상에서 정보를 처리하기 위해 받는 정보의 양이 시간 신호에서 받는 정보의 양에 비해 더 많기 때문이다. 그러나 지금의 영상 처리는 많은 분야에서 실용적인 기술로 발전했다. 대부분의 영상 처리는 컴퓨터를 통해 수행된다. 일부 간단한 영상 처리 연산은 광학으로 바로 가능하며 매우 빠른 속도로 수행된다(거의 빛의 속도와 같음). 그러나 직접적인 광학 영상 처리는 컴퓨터를 통한 디지털 영상 처리와 비교했을 때 융통성 측면에서 한계를 보인다.

〈그림 1.15〉는 두 그림을 보여 준다. 왼쪽 그림은 공항 검문소에서 찍힌 여행용 가방의 사진인데 어떤 영상 처리도 되지 않은 엑스레이 영상이다. 오른쪽 그림은 왼쪽과 같은 그림이나 가방 안 무기의 존재 여부를 파악하기 위해 특정한 영상 필터링이 이루어진 것이다. 이 책에서는 영상 처리에 대해서 더 이상 깊게 다루지는 않지만 신호 처리의 개념을 설명할 때 영상 처리의 예시를 보여 주기 위해 일부 사용될 수 있다.

어떻게 신호가 정보를 전달하고 어떻게 시스템이 신호를 처리하는가를 이해하는 것은 공학의 다양한 영역을 이해하는 데 굉장히 중요하다. 이 책에서 다루는 주제는 시스템에 의해 처리되는 신호를 분석하는 기술이다. 이 책은 유용한 장치 제작을 다룬다기보다는 응용 수학의 교재에 가깝지만 유용한 장치를 성공적으로 제작하기 위해서는 이 책을 이해하는 것이 중요하

그림 1.15 정보를 파악하기 위한 영상 처리의 예
테네시 대학교(녹스빌 소재) IRIS 연구소 제공

다. 이 책은 시스템 안의 연속시간 신호와 이산시간 신호를 분석하는 기술의 모든 영역에 대한 기본적인 정의와 개념을 이해시키는 데 주력한다.

1.3 시스템의 예

이 세상에는 많은 종류의 신호와 시스템이 있다. 아래에는 시스템에 대한 몇 가지 예가 있다. 여기서는 특정한 조건에서 시스템의 몇 가지 현상에 대한 정성적인 측면을 다루는 데 초점을 둔다. 이러한 시스템은 4장(시스템 모델링이란)에서 좀 더 구체적으로 다루기로 한다.

기계적 시스템

한 사람이 강 위에서 번지(bungee) 점프를 한다. 과연 그는 물에 젖을까? 그 답은 몇 가지 요소에 의해 결정된다.

1. 그 사람의 신장과 체중
2. 수면으로부터 다리까지의 높이
3. 번지 줄의 길이와 늘어나는 정도

남자가 다리 위에서 뛰어내릴 때, 그 사람은 번지 줄이 최대한 늘어날 때까지 자유 낙하한다. 그 다음에 새로운 다른 힘인 번지 줄의 탄성에 의한 저항력 때문에 시스템 역학이 변해 그는 더 이상 자유 낙하하지 않는다. 미분 방정식을 세우고 그 방정식을 풀어냄으로써 그 사람이 번지 줄의 저항에 의해 되올라오기 전 얼마나 떨어졌는지 알 수 있다. 이 움직임에 대한 미분

방정식은 이러한 기계적 시스템의 수학적 모델(mathematical model)이다. 만약 그 남자의 체중과 신장이 각각 80kg, 1.8m이고 수면으로부터 다리까지의 높이가 200m, 번지 줄(늘어나기 전)의 길이가 30m, 탄성 지수가 11N/m이라면 번지 줄은 시간이 2.47초일 때 최대한 늘어나게 되고 줄이 늘어나기 시작한 이후의 방정식은 다음과 같다.

$$x(t) = -16.85\sin(0.3708t) - 95.25\cos(0.3708t) + 101.3, \quad t > 2.47. \tag{1.1}$$

〈그림 1.16〉은 처음 15초 동안의 시간에 대한 사람의 위치를 보여 준다. 이 그래프를 보면 그 남자는 간신히 물에 젖지 않는다는 것을 알 수 있다.

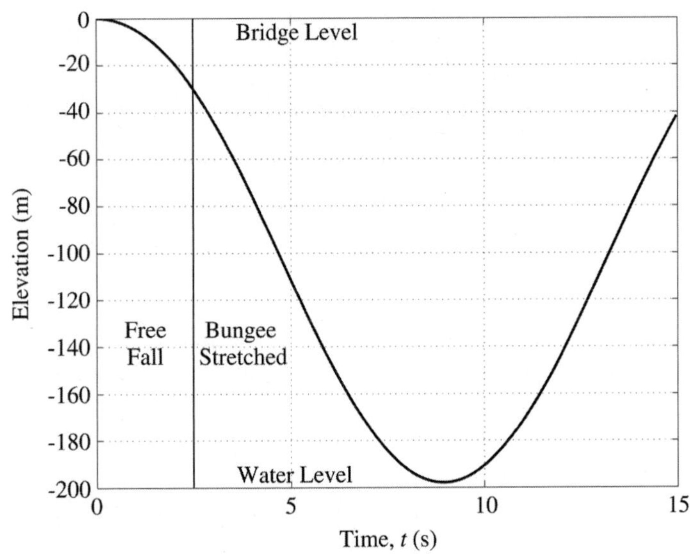

그림 1.16 시간에 따른 사람의 수직 높이(다리의 높이를 0으로 봄)

유체 시스템

유체 시스템도 미분 방정식으로 모델링이 가능하다. 물이 들어오고 밑구멍으로 물이 빠져 나가는 원통형 물탱크를 생각해 보자〈그림 1.17〉. 구멍으로 빠져 나가는 물의 양은 탱크 내 물의 높이에 의해 결정된다. 물 높이의 변화는 물의 유입량과 유출량에 따라 다르다. 물탱크 내 물의 변화 비율은 물의 유입량과 유출량의 차이이고 물의 부피는 물탱크의 단면적과 높이의 곱이다. 이 모든 요소는 물의 높이 $h_1(t)$의 미분 방정식에 결합된다.

$$A_1 \frac{d}{dt}(h_1(t)) + A_2\sqrt{2g[h_1(t) - h_2]} = f_1(t) \tag{1.2}$$

〈그림 1.18〉은 초기에 비어 있는 물탱크의 시간에 대한 물탱크 내 물의 높이 변화를 4개의 체적 유입량에 따라 그린 것이다. 물이 유입됨에 따라 물의 높이는 증가하고 물의 유출량도 증가한다. 물의 높이는 물의 유출입량이 같아질 때까지 증가하고 물의 유출입량이 같아지면 물의 높이는 변하지 않는다. 유입량이 2배 증가하면 최종 물의 높이는 4배로 증가한다는 것에 주목하자. 최종 물의 높이는 유입량의 제곱에 비례한다. 이러한 관계는 미분 방정식이 비선형 관계가 되게 한다.

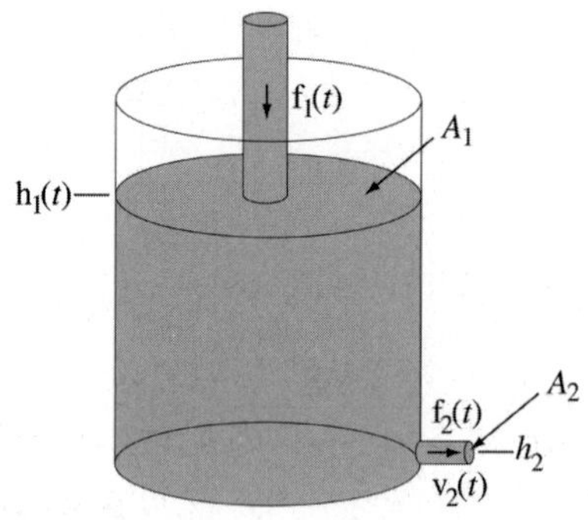

그림 1.17 위에서부터 채워지는 구멍이 있는 탱크

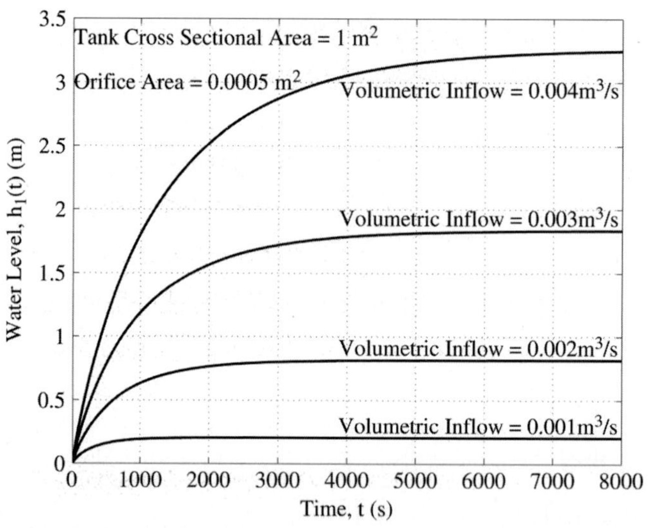

그림 1.18 비어 있는 초기 물탱크에서 네 종류의 물의 유입량에 따른 시간에 대한 물의 높이.

이산시간 시스템

이산시간 시스템은 여러 가지 방법으로 디자인될 수 있다. 이산시간 시스템의 가장 일반적인 실례는 컴퓨터이다. 컴퓨터는 모든 명령의 타이밍을 결정하는 클록(clock)에 의해 제어된다. 컴퓨터 안의 많은 일들은 클록 펄스 사이의 집적 회로에서 일어난다. 그러나 컴퓨터 사용자는 클록 펄스가 일어나는 시점에 발생하는 일에만 관심을 갖는다. 사용자의 관점에서 볼 때 컴퓨터는 이산시간 시스템이다.

우리는 컴퓨터 프로그램으로 이산시간 시스템의 수행을 시뮬레이션(모의실험)할 수 있다. 예를 들어

```
yn = 1 ; yn1 = 0 ;
while 1,
   yn2 = yn1 ; yn1 = yn ; yn = 1.97*yn1 - yn2 ;
end
```

이 컴퓨터 프로그램(MATLAB으로 작성)은 아래의 미분 방정식으로 표현할 수 있는 출력 신호가 y인 이산시간 시스템을 모의실험할 수 있다.

$$y[n] = 1.97\,y[n-1] - y[n-2] \tag{1.3}$$

초기 조건은 y[0]=1, y[-1]=0이다. n시간에서의 y의 값은 n-1 시간의 y 값의 1.97배에서 n-2 시간의 y 값을 뺀 것과 같다. 이 시스템은 〈그림 1.19〉와 같이 다이어그램으로 나타낼 수 있다.

〈그림 1.19〉에서 D라고 쓰여진 두 개의 사각형은 이산시간에서 한 단계 지연시키는 것을 의미하고 1.97이라 쓰여진 부분 옆의 화살표 머리는 이전 신호보다 1.97배 큰 신호를 전달해 주는 증폭기를 의미한다. 플러스 부호가 안에 있는 원은 가산접합부(summing junction)이다. 이것은 들어오는 두 신호(하나의 신호는 부호를 반전시킨 것)를 더한 신호를 내보내 주는 역할을 한다.

이 시스템에 의해 만들어지는 처음 50개 신호의 값은 〈그림 1.20〉과 같다.

〈그림 1.19〉의 시스템은 그에 맞는 적합한 하드웨어로 구현할 수 있다. 이산시간 지연 부분은 시프트 레지스터(shift register)를 통해 구현할 수 있다. 상수에 의한 곱셈은 증폭기나 디지털 하드웨어의 곱셈기를 통해 수행할 수 있다. 덧셈 또한 연산 증폭기나 디지털 하드웨어의 가산기를 통해 수행할 수 있다.

피드백 시스템

시스템의 또 다른 중요한 측면은 피드백(feedback)을 사용하여 시스템의 성능을 향상시킬 수 있다는 점이다. 피드백 시스템에서 시스템의 어떤 부분은 시스템의 응답을 관찰하고 그 시스템의 응답을 향상시키기 위해 시스템의 입력 신호를 조절하기도 한다. 그에 대한 예로는 집 안

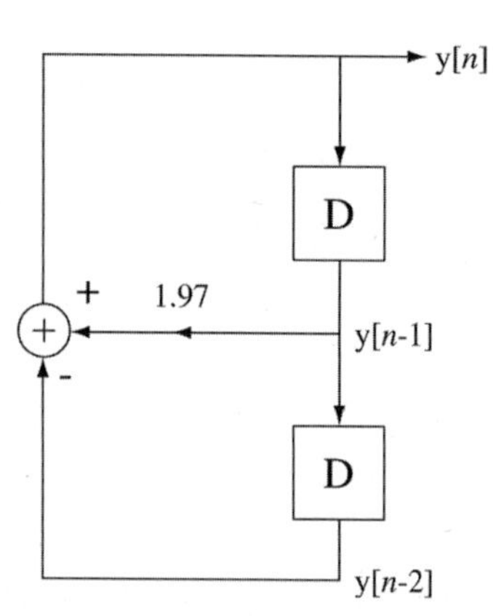

그림 1.19 이산시간 시스템의 예

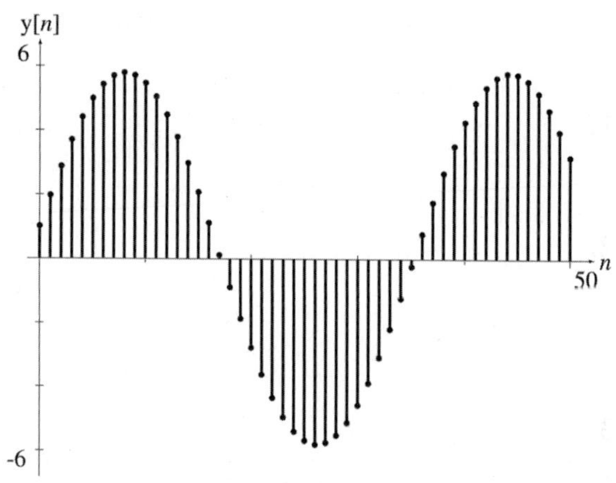

그림 1.20 그림 1.19의 이산시간 시스템에 의해 만들어지는 신호

의 에어컨을 끄고 켜는 것을 제어하는 온도 조절 장치가 있다. 온도 조절 장치는 온도를 측정할 수 있는 센서를 가지고 있는데 이 온도 조절 장치 안의 온도가 사용자가 설정해 놓은 온도를 넘어서면 장치 안의 스위치가 닫히면서 집 안의 에어컨이 켜진다. 반대로 장치 안의 온도가 사용자가 설정해 놓은 온도보다 아래로 내려가면 장치 안의 스위치가 열리면서 에어컨이 꺼지게 된다. 시스템의 온도 센서는 시스템이 공기의 온도를 조절할 수 있도록 온도를 측정하고 실제적으로 에어컨이 온도를 조절할 수 있도록 장치로 피드백 신호를 보낸다. 이 상황에서 피드백 신호는 단지 스위치를 열거나 닫는 것이다.

피드백은 매우 유용하고 중요한 개념이며 피드백 시스템은 어디에서나 존재한다. 그 예로 화장실 변기의 플로팅 밸브를 살펴보자. 이 밸브는 탱크 안의 물의 높이를 감지하고 물의 높이가 일정 수준에 다다랐을 때, 탱크 안으로 물이 들어오는 것을 차단한다. 물에 떠 있는 공이 센서이고 공에 연결되어 있는 밸브가 물의 높이를 조절하는 피드백 장치이다.

만약 변기의 모든 물의 밸브가 같고 시간에 따라 변하지 않으며 밸브 상단의 수압이 변하지 않는 것을 알고 있고 같은 종류의 물탱크에 항상 그 밸브가 쓰인다면 물의 높이가 일정 수준에 다다랐을 때 물의 유입을 차단하는 플로팅 밸브는 타이머가 달린 것으로 바꿔 쓸 수 있다. 왜냐하면 물의 높이는 항상 같은 시간이 경과한 후에 일정한 수준에 다다를 것이기 때문이다. 그러나 물의 밸브는 시간에 따라 변하고, 수압은 유동적이며, 다른 변기들은 각기 다른 크기와 모양의 탱크를 가지고 있다. 그러므로 이런 변화하는 조건에서 제대로 작동하기 위해서 탱크에 물을 채우는 시스템은 물의 높이를 측정하며 물이 일정 수준의 높이에 다다랐을 때 밸브를 차단하는 방법이 필요하다. 변하는 조건에 적응하는 능력은 피드백의 매우 큰 장점이다.

여기 수많은 피드백의 예가 있다.

1. 컵에 레모네이드를 따르는 행동도 피드백을 포함하고 있다. 레모네이드를 따르는 사람은 컵 안의 레모네이드의 높이를 관찰하고 일정 높이까지 차게 되면 따르는 것을 멈춘다.

2. 교수는 학생들의 수행 평가 능력을 측정하기 위해 시험을 본다. 이것은 학생으로 하여금, 학생들이 어느 정도로 공부를 했는지와 목표 성적을 받기 위해 공부 습관을 어떻게 바꿔야 하는지를 알려 준다는 점에서 피드백으로 볼 수 있다.

3. 자동차를 운전하는 것도 피드백을 포함하고 있다. 운전자는 차의 속도와 방향, 차간 거리, 도로에서의 자신의 위치를 체크해 가속기와 브레이크 그리고 운전대를 알맞게 조절해 안전 속도와 위치를 유지한다.

4. 피드백이 없다면 F-117 스텔스기는 공기역학적 불안정으로 인해 충돌을 일으킬 것이다. 내부의 컴퓨터는 기체의 속도, 고도, 회전, 경사각, 수평각을 체크하여 올바른 비행기 경로를 유지하는 제어 표면을 조절한다〈그림 1.21〉.

피드백은 연속시간 시스템과 이산시간 시스템 모두에 사용된다. 〈그림 1.22〉의 시스템은 이산시간 피드백 시스템이다. 시스템의 응답 y[n]은 두 단계 시간 동안 지연되고 어떤 상수가 곱해진 뒤, 위쪽의 가산접합부에 '되돌아 들어간다'.

이 시스템에서 시간 n=0 이전의 시스템 값은 모두 0인 상태로 초기화되었다고 하자. 피드백의 효과를 보기 위해 b=−1.5, c=0.8이고 입력 신호 x[n]은 n=0에서는 값이 0에서 1로 바뀌고 n≥0인 시간에 대에서는 항상 1 값을 가진다고 가정하자. 시스템의 응답 y[n]은 〈그림 1.23〉에서 확인할 수 있다. 이제 c 값을 0.6으로 바꾸고 b 값은 그대로 두자. 그러면 그 시스템의 응답은 〈그림 1.24〉와 같이 나온다. 다시 c 값을 0.5로 바꾸고 b 값을 그대로 두면 그 시스템의 응답은 〈그림 1.25〉와 같이 나온다.

〈그림 1.25〉에 나와 있는 시스템의 응답 y[n]의 값은 계속 증가한다. 이 시스템은 유한한 입력 신호가 유한하지 않은 응답을 만들어 내기 때문에 불안정하다. 〈그림 1.26〉에 나와 있는 시스템은 연속시간 피드백 시스템의 예이다. 이 시스템은 미분 방정식 $y''(t) + ay(t) = x(t)$로 나타낼 수 있고 아래와 같은 동차해(homogeneous solution)를 가진다.

$$y_h(t) = K_{h1}\sin\left(\sqrt{a}t\right) + K_{h2}\cos\left(\sqrt{a}t\right). \tag{1.4}$$

만약에 입력 신호 x(t)가 0이고 출력의 초기 값 y(t_0) 혹은 초기 y(t)의 미분 값이 0이 아니고 시

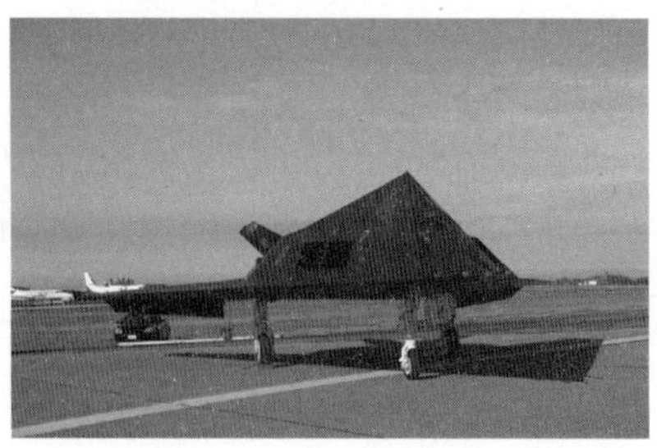

그림 1.21 F-117A 나이트호크 스텔스기

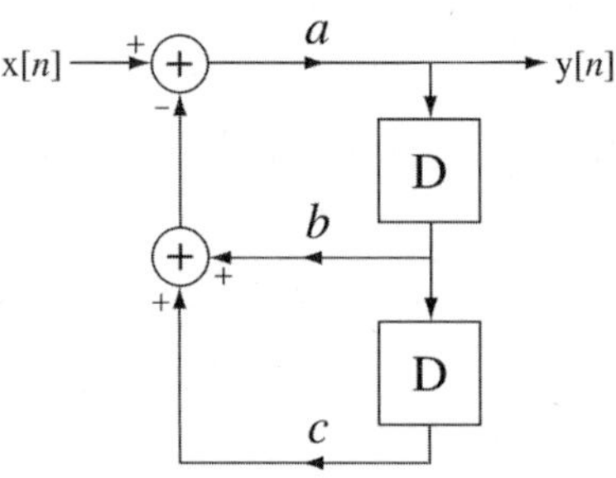

그림 1.22 이산시간 피드백 시스템

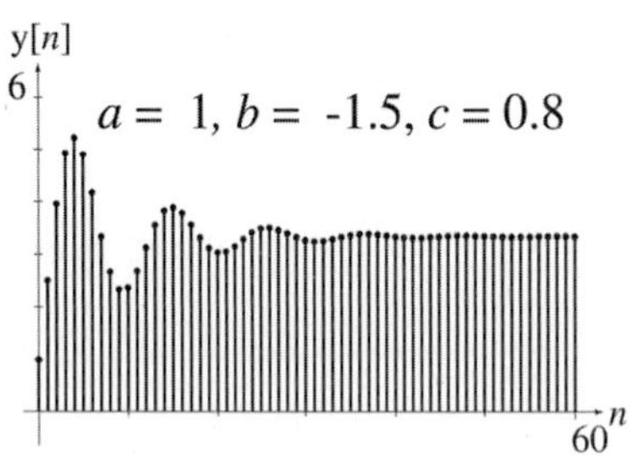

그림 1.23 $b=-1.5$, $c=0.8$인 이산시간 시스템의 응답

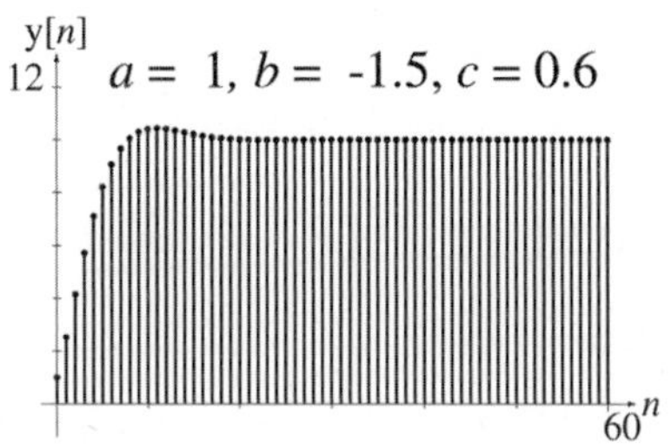

그림 1.24 $b=-1.5$, $c=0.6$인 이산시간 시스템의 응답

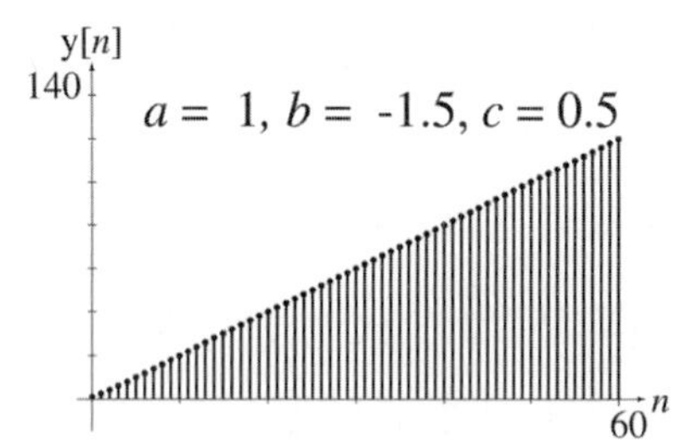

그림 1.25 $b=-1.5$, $c=0.5$인 이산시간 시스템의 응답

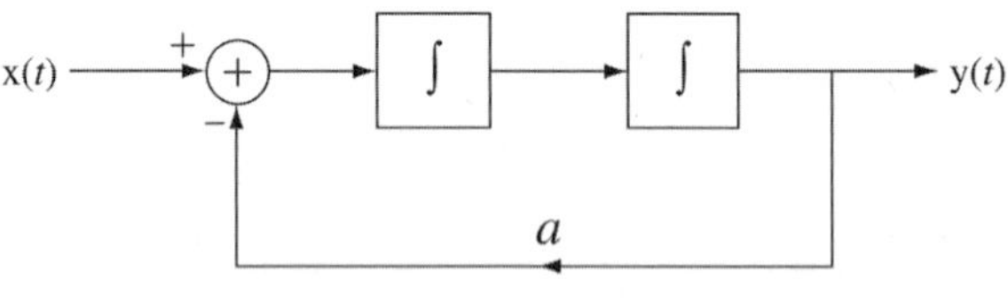

그림 1.26 연속시간 피드백 시스템

간 $t = t_0$ 이후에 위와 같은 식으로 시스템이 작동한다면 y(t) 값은 계속 정현파를 그리며 진동할 것이다. 이 시스템은 안정한 진폭을 가진 진동기이다. 따라서 피드백은 이 시스템이 진자 운동을 할 수 있도록 한다.

1.4 신호와 시스템의 익숙한 예

모두에게 친숙한 신호와 시스템의 예로는 소리와 그 소리를 만들고 그것을 측정하는 시스템이 있다. 소리는 귀로 느끼는 것으로 사람의 귀는 약 15Hz와 20kHz 사이에서 발생하는 음파를 들을 수 있다. 아래는 일반적인 소리를 만드는 기압 변화에 대한 그래프이다. 이들 소리는 기압 변화를 연속시간 전압 신호로 변환하는 마이크로 구성된 시스템에 녹음된 후 연속시간 전압 신호를 처리하는 전기 회로, 연속시간 전압 신호를 이진수의 순차열 형태의 디지털 신호로 바꿔 주는 아날로그-디지털 변환기(ADC)를 거쳐 컴퓨터 메모리에 저장된다〈그림 1.27〉.

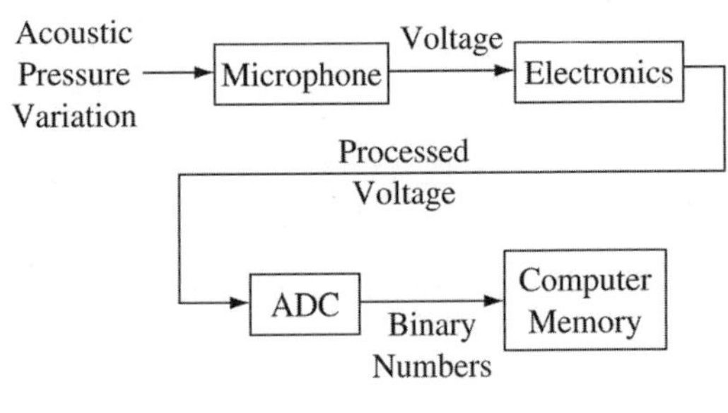

그림 1.27 소리 녹음 시스템

〈그림 1.28〉에 압력의 변화를 나타낸 그래프를 살펴보자. 이것은 성인 남자(저자)가 'signal'이라는 단어를 말했을 때 나는 소리에 대한 연속시간 압력 신호이다. 소리의 분석은 그 자체만으로 큰 주제이나 소리를 만드는 기압 변화의 그래프와 실제 사람이 듣는 소리와의 관계는 그래프를 봄으로써 알 수 있다. 이 신호에는 세 개의 구별되는 '구간'이 있는데 첫 번째는 0과 약 0.12초 사이 구간, 두 번째는 약 0.12초와 0.19초 사이 구간, 세 번째는 약 0.22초와 0.4초 구간이다. 첫 번째 구간은 'signal'에서 *s* 부분이다. 두 번째 구간은 *i* 소리이다. 두 번째 구간과 세 번째 구간 사이의 영역은 'signal' 단어의 이중 자음 *gn*이다. 세 번째 구간은 *a* 소리이며*l* 자음으로 끝난다. 이 *l* 자음은 다른 자음처럼 강한 소리를 내며 끝나지 않기 때문에 빠르게 끝나기보다는 '길게' 발음된다. 기압의 변화는 *i*나 *a*보다는 *s*에서 보다 빠르게 일어난다.

이를 신호 분석에서는 이 부분이 보다 높은 주파수를 가진다고 말할 수 있다. 이 *s* 소리 발음에서 기압의 변화는 거의 무작위적으로 보인다. *i*나 *a* 소리는 보다 천천히 변한다는 것이 다른데보다 '규칙적'이거나 '예측 가능'하다(비록 정확하게 예측할 수 없더라도). *i*와 *a*는 성대의 떨림으로 형성되기 때문에 진동체의 떨림으로 어림잡아 나타낼 수 있다. *i*와 *a*는 음조, 음색(tonal)이 있다. 혹은 유성음(voiced)이라고 말할 수 있고 s는 아니다. 음조, 음색이 있다는 것

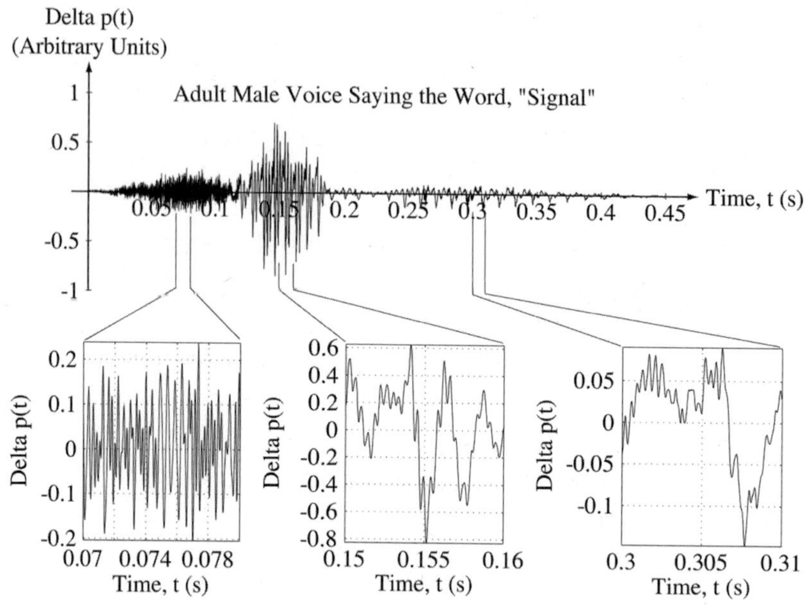

그림 1.28 성인 남자의 'signal' 단어 발음 목소리

은 하나의 기본적인 양의 음색(tone), 높이(pitch) 혹은 주파수(frequency)를 가진다는 의미이다. 이러한 표현은 수학적으로는 정확하지 않으나 유용한 정성적 표현이다.

신호를 보는 다른 방법은 주파수 영역 상에서 보는 것인데 위에서 말했던 것처럼 신호에 존재하는 주파수 혹은 높이를 확인하는 것이다. 주파수의 신호 전력의 변화를 그리는 일반적인 방법은 전력 스펙트럼 밀도(power spectral density)인데 이는 주파수 대 신호의 크기를 그래프로 표현한 것이다. 〈그림 1.29〉는 'signal' 단어에서 나눠진 세 개의 구간(s, i, a)과 그 구간에 상응하는 전력 스펙트럼이다[G(f) 함수]. 전력 스펙트럼은 신호를 분석하는 또 다른 수학적인 도구이다. 전력 스펙트럼은 새로운 정보는 전혀 포함하고 있지 않지만 가끔 다른 방법으로는 알아내기 힘든 사실을 알 수 있게 해 준다. 위 예시와 같은 경우 s 소리는 주파수 상에서 넓게 분포되어 있으나 i와 a 소리는 저주파 영역에서 좁게 분포되어 있다. s 소리는 i와 a 소리에 비해 높은 주파수에서 더 큰 전력을 가진다. s 소리는 s 소리의 고주파에서 발생되는 '날카롭거나 쉿 하는' 소리와 같은 소리를 가진다.

〈그림 1.28〉의 신호는 정보(information)를 가진다. 어떤 사람이 'signal'이라는 단어를 말하고 다른 사람이 들었을 때 그 대화에서 어떤 일이 일어나는지 고려해 보자〈그림 1.30〉. 말하는 사람은 먼저 'signal'의 개념에 대해 생각한다. 그의 뇌는 곧바로 그 개념을 'signal'이라는 단어로 전환한다. 그러면 뇌는 성대와 횡격막에 신경 충격을 보내 공기의 움직임과 떨림을

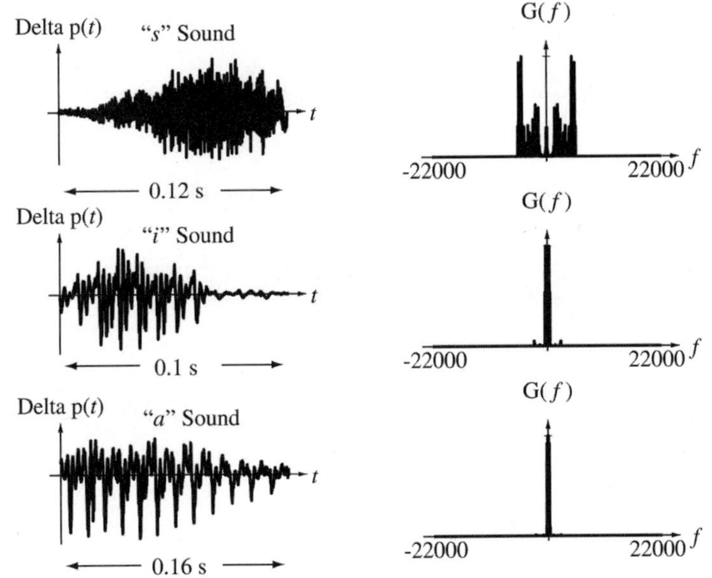

그림 1.29 'signal' 단어의 세 가지 소리와 그에 상응하는 전력 스펙트럼의 밀도

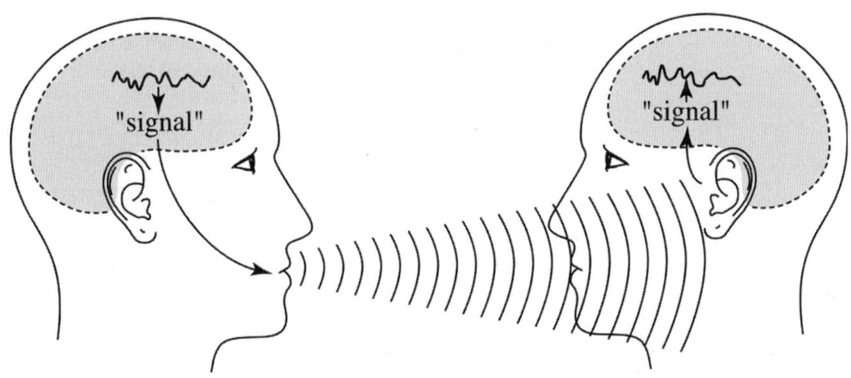

그림 1.30 신호와 시스템에 의해 처리되는 신호를 포함하는 두 사람 사이의 소통

만들게 하고 혀와 입술의 움직임을 통해 'signal'의 소리를 만들어 내게 한다.

이 소리는 공기를 통해 말하는 사람으로부터 듣는 사람에게 전달된다. 그 소리는 듣는 사람의 고막을 때리고 고막의 흔들림은 듣는 신경 충격으로 전환되는데 그것은 듣는 사람의 뇌에서 처음에는 신호의 소리, 다음에는 단어, 개념 순서로 전환된다. 대화는 고도로 정교한 시스템에 의해 이루어진다.

듣는 사람의 뇌는 어떻게 〈그림 1.28〉의 복잡한 패턴이 'signal'이라는 단어임을 알 수 있을까? 듣는 사람은 세부적인 공기의 변화를 알 수는 없지만 대신 공기의 변화를 통해 들리는 소리는 알 수 있다. 고막과 뇌는 복잡한 공기 압력 패턴을 작고 간단한 특징으로 전환한다. 이

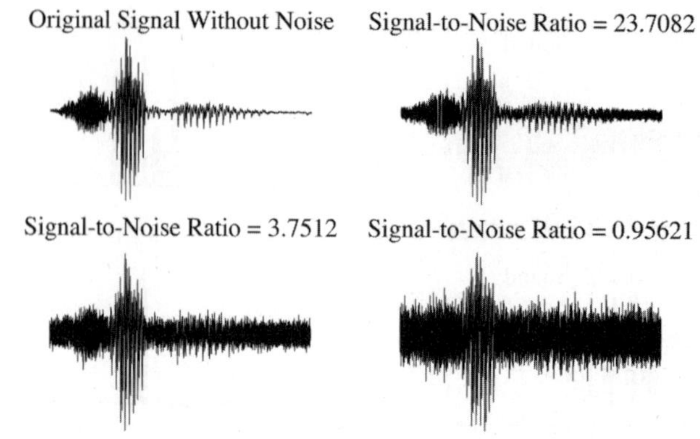

그림 1.31 다른 레벨의 잡음이 더해진 'signal' 단어의 소리

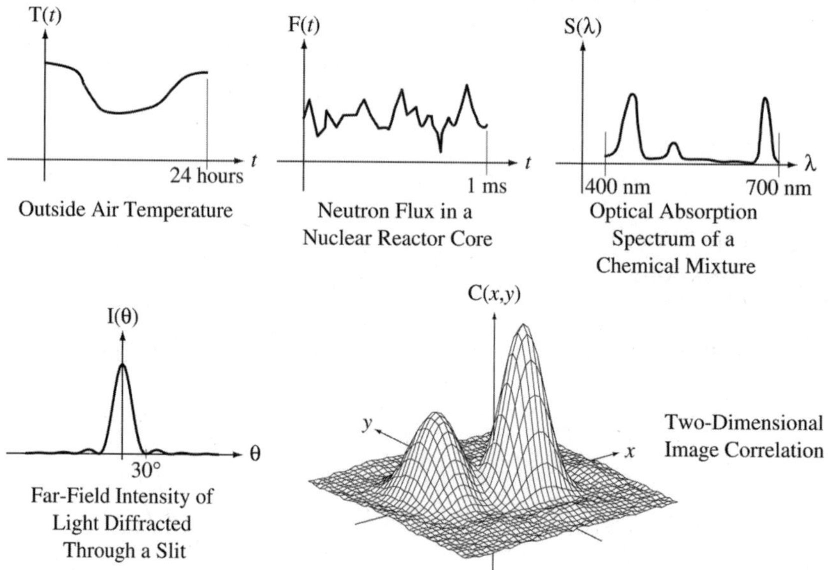

그림 1.32 하나 또는 여러 개의 연속 독립변수의 함수로 표현되는 신호의 예

러한 전환은 우리가 신호를 주파수 영역으로 전환할 때와 유사하다.

소리를 인지하기 위한 공기 압력 패턴을 작은 특징 세트로 감소시키는 과정은 뇌가 처리해야 하는 많은 정보량을 줄여 준다. 기술적인 관점에서 신호 처리 및 분석은 같은 작업을 수행하지만 보다 더 수학적으로 정밀한 방식으로 접근한다.

신호와 시스템의 분석에 있어 가장 일반적인 두 가지 문제는 잡음과 간섭(interference)이다. 잡음과 간섭은 의도하지 않았다는 면에서 같으나 잡음은 무작위 신호이고 간섭은 무작위 신호가 아니다. 잡음과 간섭 둘 다 신호 내의 정보를 불분명하게 하는 특성이 있다. 〈그림 1.31〉의 각 그림은 〈그림 1.28〉의 신호에 서로 다른 잡음 레벨이 더해진 것이다.

잡음의 전력이 증가할수록 신호의 명확성이 점차적으로 감소하며 어떤 레벨의 잡음에서는 신호가 불분명해진다. 잡음에 의해 손상된 수신 신호의 질은 보통 신호 대 잡음비(signal-to-noise ratio, SNR)라 부르는 잡음 전력 대비 신호 전력의 비율로 측정한다. 〈그림 1.31〉에는 예시의 각 그림에 해당하는 SNR이 적혀 있다.

물론 신호에는 소리만 있는 것은 아니다. 측정되고 관측되는 물리적 현상은 모두 신호이다. 또한 비록 이 책에서는 대부분의 신호가 시간에 대한 함수로 표현되지만 신호는 주파수, 파장, 거리와 같은 다른 어떤 독립적인 변수에 대한 함수도 될 수 있다. 〈그림 1.32〉와 〈그림 1.33〉은 다른 유형의 신호를 보여 준다.

신호에 소리만 있는 것이 아니듯 두 사람 간의 대화만 시스템인 것은 아니다. 다른 시스템의 예는 다음과 같다.

1. 도로의 지면 상태에 따라 차대의 위치를 조절하는 차량 현가장치.
2. 여러 화학 약품을 섞어 혼합된 화학물을 만드는 화학 혼합 통.
3. 외부 온도에 따라 내부 온도를 조절하는 건물의 환경 제어 시스템.
4. 검사 표본에 백색광을 쪼여 투과된 빛의 스펙트럼을 내는 화학 분광 시스템.
5. 목소리와 데이터가 거리가 떨어진 다른 곳에서 재생산되는 전화 네트워크.

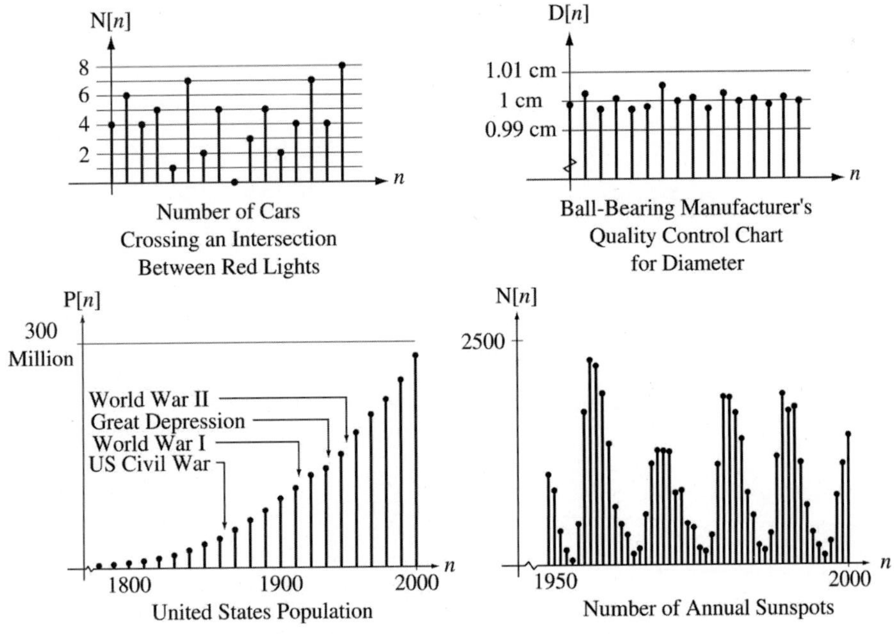

그림 1.33 이산 독립변수의 함수로 표현되는 신호의 예

6. 태양의 에너지를 받아 대양, 온도, 바람, 구름, 습도 등 날씨를 생성하는 지구의 대기.
7. 한쪽 끝에서 발생된 전압이 그 길이에 따른 온도의 변화에 의해 발생하는 열전지.
8. 연주자의 입술의 떨림과 밸브의 위치에 따라 다른 높이의 음이 나오는 트럼펫.

열거하자면 끝이 없다. 물리적 에너지를 가했을 때 물리적인 반응이 나타나는 어떠한 물리적 실체라도 시스템으로 간주할 수 있다.

1.5 MATLAB의 사용

이 책의 모든 부분에서 예제는 MATLAB을 사용하여 어떻게 신호와 시스템의 분석이 수행되는지 보여 줄 것이다. MATLAB은 많은 유형의 컴퓨터에서 사용 가능한 상위 레벨의 수학 도구이다. 이 프로그램은 신호 처리와 시스템 분석에 매우 유용하다. MATLAB에 관련된 소개는 웹 부록 A에 있다.

CHAPTER 2

연속시간 신호의 수학적 표현

2.1 개요 및 학습 목표

오랜 기간 신호와 시스템을 해석하는 사람들은 다양한 신호에 대하여 연구하며 유사한 특성에 따라 신호를 분류해 왔다. 〈그림 2.1〉은 신호의 몇 가지 예를 나타낸 것이다.

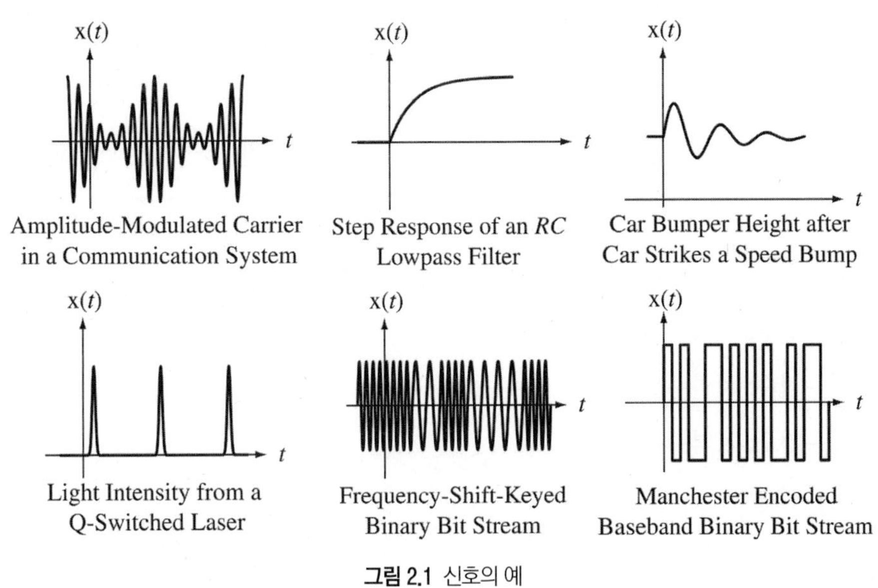

그림 2.1 신호의 예

신호와 시스템 분석에서 신호는 수학적 함수로 표현될 수 있다. 실제 시스템에서 신호는 지수 함수나 정현파 함수와 같은 익숙한 함수들로 나타낼 수 있고, 이것은 신호와 시스템을 해석하는데 자주 사용된다. 어떤 함수의 집합은 시스템에서 종종 사용되는 신호의 변환을 표현하기 위해 정의된다. 또한 어떤 시스템 해석기술의 개발을 위해 사용되기도 하는데 이러한 함수는 이후의 장에서 다루기로 한다. 이러한 함수들은 서로 쉽게 연관되며 이동(shifting)과 스케일링(scaling)에 의해 쉽게 변경될 수 있도록 신중하게 선택된다. 이들은 기준함수로서 정의가 간단하며 쉽게 기억될 수 있다. 이번 장에서는 실제 신호에서 가장 빈번하게 등장하는 대칭 및 패턴의 형태를 정의하고 신호 해석에 미치는 영향에 대해 다룬다.

학습 목표

1. 다양한 종류의 신호를 표현하는 수학적 함수에 대해 정의한다.
2. 이동, 스케일링 및 이들의 조합으로 이루어진 함수를 사용해 실제 신호를 유용하게 나타내는 방법을 개발한다.
3. 대칭성(symmetries)과 패턴을 사용해 신호와 시스템 해석을 단순화시키는 방법에 대해 이해한다.

2.2 기능적 표기법

함수란 영역(domain, x축) 위에 있는 인자(argument)와 일정한 범위 안에 있는 함수에 의해 반환되는 치역의 값(range, y축) 사이의 대응관계를 의미한다. 가장 익숙한 함수의 형태인 g(x)는 실수 x가 주어졌을 때 실수 g를 반환하는 형식이다. 이때 정의역과 치역값에 복소수, 정수 또는 값으로 허용되는 다양한 것을 사용할 수 있다.

이 책에서는 다섯 가지 형태의 함수에 대해서 다룰 것이다.

1. 정의역—실수; 치역—실수
2. 정의역—정수; 치역—실수
3. 정의역—정수; 치역—복소수
4. 정의역—실수; 치역—복소수
5. 정의역—복소수; 치역—복소수

정의역이 실수나 복소수인 함수는 소괄호 ()를 사용하고, 정수인 경우에는 대괄호 []를 사용하여 표현한다. 이러한 형태의 함수들은 차후 자세하게 다루기로 한다.

2.3 연속시간 신호함수

독립변수 t가 실수이고 모든 t에 대하여 $g(t)$가 정의되어 있는 경우, 연속시간 함수(continuous-time functions)라고 한다. 〈그림 2.2〉는 연속시간 함수에 대한 예이다.

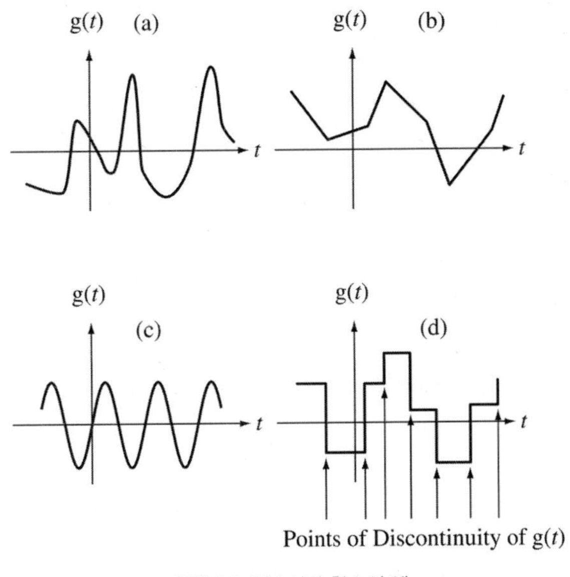

그림 2.2 연속시간 함수의 예

〈그림 2.2〉(d)는 불연속 함수이다. 임의의 한 점에 대해 양의 방향에서 접근할 때와 음의 방향에서 접근할 때의 값이 다른 경우, 그 점은 불연속점이 된다. $t = t_0$에서 불연속점을 가지는 함수인 경우 $g(t)$의 경우는 다음과 같다.

$$\lim_{\varepsilon \to 0} g(t_0 + \varepsilon) \neq \lim_{\varepsilon \to 0} g(t_0 - \varepsilon).$$

네 개의 함수 (a)-(d)는 모든 실수 t에 대하여 값이 정의되어 있으므로 연속시간 함수이다. 따라서 '연속 함수'와 '연속시간 함수'는 다른 것을 의미한다. 즉, 연속시간 함수라고 해서 모두 연속 함수인 것은 아니다.

복소 지수 함수와 정현파 함수

실수 정현파 함수와 지수 함수는 널리 사용되는 함수로 다음과 같은 형태를 가진다.

$$g(t) = A\cos(2\pi t/T_0 + \theta) = A\cos(2\pi f_0 t + \theta) = A\cos(\omega_0 t + \theta)$$

$$g(t) = Ae^{(\sigma_0 + j\omega_0)t} = Ae^{\sigma_0 t}[\cos(\omega_0 t) + j\sin(\omega_0 t)]$$

A는 진폭, T_0는 기본 주기, f_0는 기본 주파수, ω_0는 정현파 함수의 기본 각 주파수, t는 시간, σ_0는 감쇠율(the decay rate, 시상수 τ의 역수)을 의미한다〈그림 2.3, 2.4〉. 이러한 파라미터는 임의의 실수 값을 가진다.

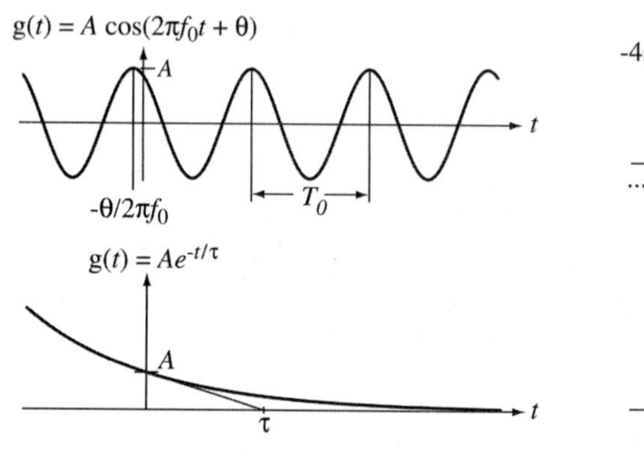

그림 2.3 실수 정현파 함수와 지수 함수(파라미터는 그래프 상에 표시됨)

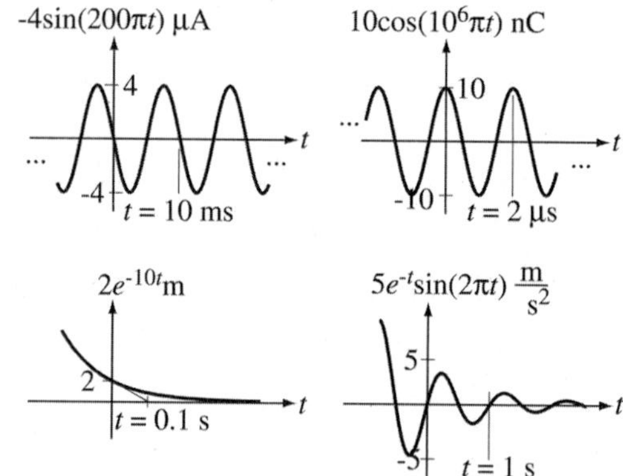

그림 2.4 실수 사인, 코사인, 지수 함수로 표현된 신호의 예

〈그림 2.4〉에서 각 단위는 신호가 어떠한 물리적 현상을 표현하는지를 알려주는데 신호 및 시스템을 해석하는 경우에는 간결한 표현을 위해 생략하기도 한다.

지수 함수(exp) 와 정현파 함수(sin, cos)는 MATLAB의 내장 함수이다. 주의할 점은 MATLAB의 sin과 cos 함수의 인수는 각도가 아니라 라디안이다.

```
>> [exp(1),sin(pi/2),cos(pi)]
ans =
   2.7183 1.0000 -1.0000        (pi  is the MATLAB symbol for π.)
```

신호와 시스템 분석에서 정현파 함수와 지수 함수는 아주 일반적인 함수이다. 왜냐하면 대부분의 연속시간 시스템은 적어도 근사적으로는 선형, 상수계수, 제차 미분방정식으로 표현 가능하기 때문이다. 이때 고유 함수는 자연로그의 기반이 되는 e의 거듭제곱인 복소 지수 함수(complex exponential)이다. 고유 함수란 특성 함수를 의미하고 특히 미분방정식과 중요한 관계가 있다. 만약 e의 지수가 실수이면 복소 지수 함수는 실수 지수 함수와 같게 된다. 오일러 정리(Euler's identity) $e^{jx} = \cos(x) + j\sin(x)$, $\cos(x) = (1/2)(e^{jx} + e^{-jx})$, $\sin(x) = (1/j2)(e^{jx} - e^{-jx})$)을 통해 복소 지수 함수와 실수 정현파 함수가 밀접한 관련이 있음을 알 수 있다. 이때 e^{jx}모양의 함수에서 x가 실수 독립변수라면 이를 복소 정현파 함수(complex sinusoid)라고 부른다〈그림 2.5〉.

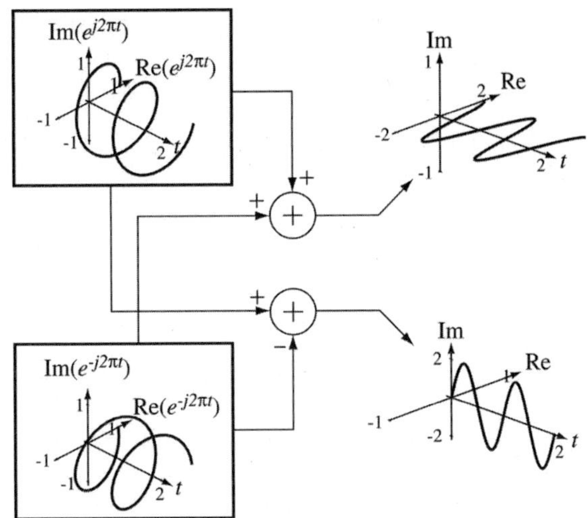

그림 2.5 실수 정현파 함수와 복소수 정현파 함수의 관계

신호와 시스템 해석에서 정현파 함수는 두 가지 표현 방법이 있다. 주파수(cyclic frequency) f를 사용한 $A\cos(2\pi f_0 t+\theta)$ 또는 각 주파수(radian frequency)를 사용한 $A\cos(\omega_0 t+\theta)$로 표현할 수 있는데 각각의 표현마다 나름대로의 장점이 있다.

먼저 f로 표현하는 주파수 표현 방식의 장점은 다음과 같다.

1. 기본 주기 T_0와 기본 주파수 f_0가 단순 역수관계를 가진다.
2. 통신 시스템 분석에서 스펙트럼 분석기(spectrum analyzer)가 보통 Hz 단위로 표현되므로 직접적인 관찰이 가능하다.
3. 차후 푸리에 급수나 푸리에 변환(6장)에 있어서 각 주파수 해석보다 해석이 간단하다.

각 주파수 ω로 표현하는 경우의 장점은 다음과 같다.

1. 실제 시스템의 공진 주파수를 물리적 파라미터를 사용해 표현할 때 주파수를 사용하는 것 보다 간단하게 표현된다. LC-발진기의 경우 공진 주파수는 $\omega_0^2=1/LC=(2\pi f_0)^2$이고 RC-저역 통과 필터의 반전력(half-power) 코너 주파수(corner frequency)의 경우 $\omega_c=1/RC=2\pi f_c$과 같이 표현된다.
2. 각 주파수 ω를 사용해 라플라스 변환(8장)을 단순화해 정의할 수 있다.
3. 각 주파수 ω를 사용하면 푸리에 변환 시, 경우에 따라 표현이 더 단순화 된다.
4. 각 주파수 ω를 사용한 표현이 더 단순한 경우가 있다. 예를 들어 $A\cos(2\pi f_0 t+\theta)$보다 $A\cos(\omega_0 t+\theta)$가 더 간단한 표현이 된다.

정현파 함수와 지수 함수는 시스템의 동작을 표현하기 위한 미분방정식의 해법에서 자연스럽게 등장한다는 점에서 매우 중요하다. 푸리에 급수와 푸리에 변환에 대한 논의에서 나오겠지만 신호가 정현파 함수가 아니더라도 대부분의 신호는 지수 함수와 정현파 함수의 선형결합으로 표현될 수 있다.

불연속성을 가지는 함수

연속시간 사인과 코사인, 지수 함수는 모든 점에서 연속이고 미분 가능하다. 하지민 실제 시스템에서 발생하는 물리적으로 중요한 많은 신호가 어느 점에서나 연속적이고 미분 가능한 것은 아니다. 예를 들어 자주 사용되는 스위치의 경우 on/off 점에서 불연속점이 발생한다〈그림 2.6〉.

〈그림 2.6〉에 표현된 신호는 정확하지만 다소 번거로운 수식으로 표현된다. 이러한 경우 0과 1을 사용해 스위치의 on/off를 의미하는 또 다른 함수를 사용하면 보다 간단하게 표현할 수 있다.

신호와 시스템 해석에서 특이 함수(singularity function)는 불연속성이나 불연속 도함수를 가지는 함수의 표현과 관련이 있으며 이 장에서 다루는 몇몇 시스템과 밀접한 연관이 있다. 특이 함수를 사용하면 실제 신호와 시스템에서 확장, 변형 및 일반화된 몇 가지 기본적인 수학적 개념과 연산을 적용해 실제 신호와 시스템에 대한 분석을 효율적으로 수행할 수 있다. 예를 들면 특이 함수에서는 미분의 개념을 확장해 일반적인 수학적 개념으로 표현하기 어려운 임펄스라는 새로운 함수에 대한 정의가 가능하다.

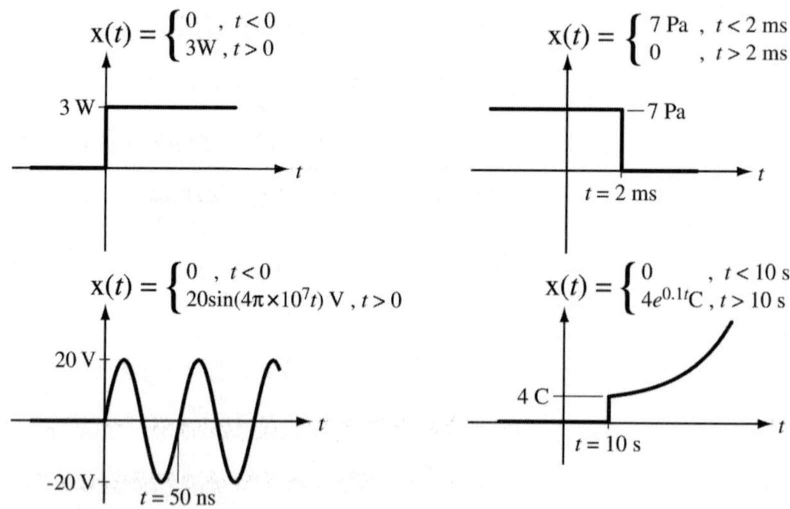

그림 2.6 특정 시간에 스위치를 on/off 했을 경우 신호의 예

부호 함수

부호 함수(signum function)의 값은 절대 값 1이며 부호로는 인수 값의 부호를 가진다.

$$\operatorname{sgn}(t) = \begin{cases} 1, & t > 0 \\ 0, & t = 0 \\ -1, & t < 0 \end{cases} \tag{2.1}$$

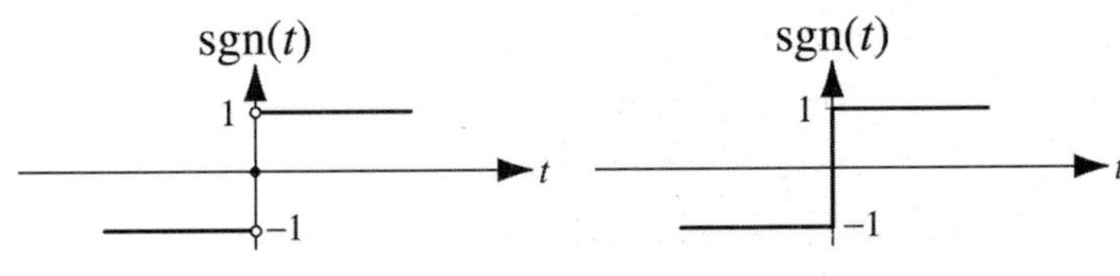

그림 2.7 부호 함수

〈그림 2.7〉의 왼쪽 그림은 정확한 수학적 정의를 나타낸 것이며 오른쪽 그림은 공학 목적의 함수표현으로서 더 일반적인 방법이다. 실제 신호는 불연속적으로 변할 수 없다. 따라서 신호발생기를 통해 부호 함수를 발생시키면 오실로스코프에서 오른쪽 그림과 같은 모양의 그래프를 볼 수 있다. 부호 함수는 MATLAB에서 내장 함수 `sign`으로 정의되어 있다.

단위 계단 함수

단위 계단 함수(unit-step function)는 다음과 같이 정의된다〈그림 2.8 참조〉.

$$u(t) = \begin{cases} 1, & t > 0 \\ 1/2, & t = 0 \\ 0, & t < 0 \end{cases} \tag{2.2}$$

이 함수는 계단의 높이가 신호를 규정하는 단위체계에서 한 단위를 표현하기 때문에 단위 계단 함수라고 부른다.[1]

---

1 단위 계단 함수는 다음과 같이 정의되기도 한다.

$$u(t) = \begin{cases} 1, & t \ge 0 \\ 0, & t < 0 \end{cases} \quad \text{or} \quad u(t) = \begin{cases} 1, & t > 0 \\ 0, & t < 0 \end{cases} \quad \text{or} \quad u(t) = \begin{cases} 1, & t > 0 \\ 0, & t \le 0 \end{cases}$$

가운데 있는 단위 계단 함수에 대한 정의는 $t=0$에서 값이 정의되어 있지 않지만 유한하다. 이렇게 정의된 단위 계단 함수들은 실제의 물리적인 시스템에 동일한 영향을 미친다.

그림 2.8 단위 계단 함수

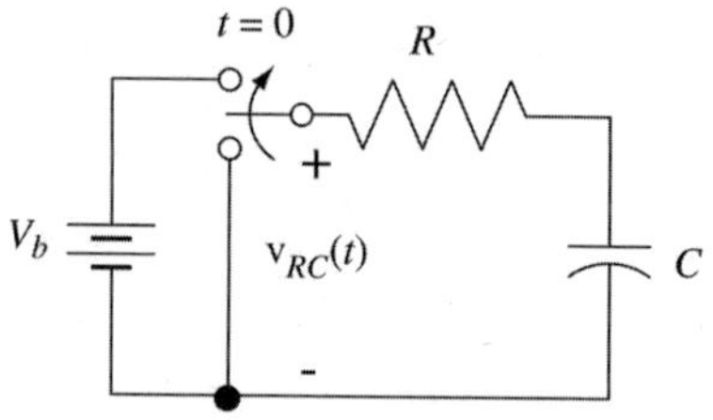

그림 2.9 단위 계단 함수로 스위치를 표현할 수 있는 회로의 예

단위 계단 함수는 한 상태에서 다른 상태로 빠르게 스위칭하는 동작과 같이 실제 물리 시스템에서 발생하는 상황을 수학적으로 표현할 수 있다. 〈그림 2.9〉의 회로에서와 같이 스위치가 $t=0$일 때 하나의 점에서 다른 점으로 이동하는 것을 표현하는데 유용하다. RC-회로에 인가된 전압은 $\mathrm{v}_{RC}(t)=V_b\,\mathrm{u}(t)$와 같이 표현될 수 있고 저항과 캐패시터에 흐르는 전류는

$$\mathrm{i}(t)=(V_b/R)e^{-t/RC}\,\mathrm{u}(t)$$

로, 캐패시터에 인가되는 전압은 $\mathrm{v}(t)=V_b(1-e^{-t/RC})\,\mathrm{u}(t)$로 나타낼 수 있다.

MATLAB 내장 함수 중에 heaviside[2] 는 양수 인수에 대해서는 1, 음수 인수에 대해서는 0 그리고 인수가 0인 경우 NaN을 내보낸다. NaN은 MATLAB에서 'not a number'의 약자로 정의되지 않은 값을 나타낸다. 현실적으로 수치해석에서 이러한 함수를 사용하는 것은 몇 가지 문제를 발생시킬 수 있다. 왜냐하면 정의되지 않은 값을 내보내는 것은 프로그램을 조기에 종료시키거나 쓸모없는 결과를 내보내는 문제가 있기 때문이다.

MATLAB에서는 내장 함수 cos, sin, exp 등과 같이 사용할 수 있는, 자신이 원하는 함수를 만들 수 있다. 이러한 함수는 '.m' 확장자를 가지는 m 파일을 생성해서 정의한다. 예를 들어 다른

2 Oliver Heaviside는 독학으로 공부한 영국의 전기 공학자이다. 그는 전기회로의 연구에 복소수 개념을 사용하였고 미분방정식의 해를 위한 수학적 기법을 발명하고 Maxwell의 방정식을 재공식화하고 단순화시켰다. Heaviside 그의 삶 대부분이 과학적 정립과는 상충되지만, 다음 세대의 과학과 수학의 국면을 바꾸었다. 한번은 어떤 사람이 Heaviside에게 그의 글은 너무 읽기 어렵다고 한적이 있었다. 그 말에 대해서 Heaviside는 글을 쓰는 것이 더 어렵다고 대답했다.

두 변의 길이가 주어진 직각삼각형의 빗변의 길이를 구하는 함수를 다음과 같이 만들 수 있다.

```
%  Function to compute the length of the hypotenuse of a
%  right triangle given the lengths of the other two sides
%
%  a - The length of one side
%  b - The length of the other side
%  c - The length of the hypotenuse
%
%  function c = hyp(a,b)
%
function c = hyp(a,b)
   c = sqrt(a^2 + b^2) ;
```

이 예에서 문장 처음에 %가 있는 아홉 번째 줄은 프로그램의 실행과는 무관한 주석문(comment)으로 함수의 사용법에 대한 내용을 설명하고 있다. 실행문의 첫 번째 줄은 반드시 function으로 시작되어야 하며 나머지 부분은 다음과 같은 형태가 된다.

```
result = name(arg1, arg2,...)
```

여기서 result는 반환된 값을 가지며 스칼라(scalar)나 벡터(vector), 행렬(matrix)의 형태를 가질 수 있다(셀 배열(cell-array), 구조체 배열((structure array)도 가능). name은 함수의 이름을 의미하고, arg1, arg2,...은 함수로 전달되는 인수를 의미한다. 함수 인수 또한 스칼라, 벡터, 행렬(셀 배열, 구조체 배열)의 값을 가질 수 있다. 이때 함수의 정의를 포함하는 파일의 이름은 반드시 *name*.m이 되어야 한다.

아래는 앞에서 언급했던 단위 계단 함수의 MATLAB 구현을 나타낸 것이다.

```
%  Unit-step function defined as 0 for input argument values
%  less than zero, 1/2 for input argument values equal to zero,
%  and 1 for input argument values greater than zero. This
%  function uses the sign function to implement the unit-step
%  function. Therefore value at t = 0 is defined. This avoids
%  having undefined values during the execution of a program
%  that uses it.
%
%  function y = us(x)
%
function y = us(x)
   y = (sign(x) + 1)/2 ;
```

이 함수의 이름은 'us.m'으로 저장되어 있다.

단위 램프 함수

시스템에서 발생하는 신호의 또 다른 예로 스위치가 켜졌을 때, 값이 선형적으로 변화하거나 스위치가 꺼지는 시점까지 값이 선형적으로 변화하는 신호가 존재한다〈그림 2.10〉. 이러한 종류의 신호는 램프 함수를 사용해서 표현할 수 있다. 단위 램프 함수(unit- ramp function)〈그림 2.11〉는 단위 계단 함수의 적분형태로 나타나는데 양수 t에 대해서 단위 시간당 단위 크기가 증가하여 기울기가 1이므로 단위 램프 함수라고 한다.

$$\mathrm{ramp}(t) = \begin{Bmatrix} t, & t > 0 \\ 0, & t \leq 0 \end{Bmatrix} = \int_{-\infty}^{t} \mathrm{u}(\lambda)\, d\lambda = t\,\mathrm{u}(t) \tag{2.3}$$

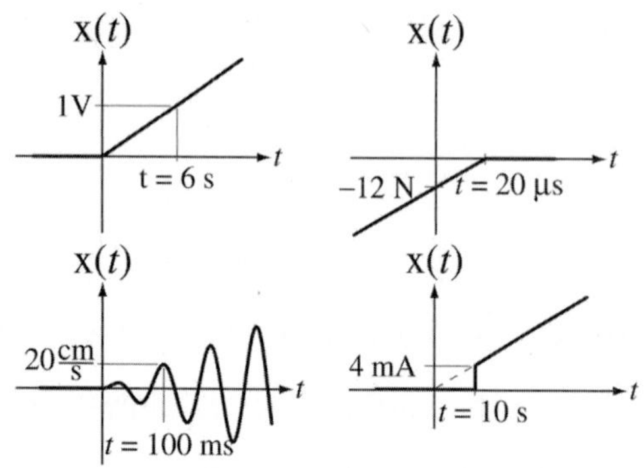

그림 2.10 특정 시간 이후 혹은 이전에 선형적으로 변화하는 함수와 특정 함수에 선형 변화 함수를 곱한 함수

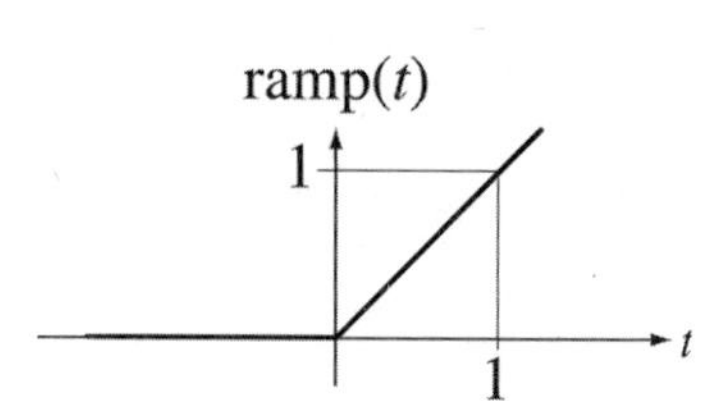

그림 2.11 단위 램프 함수

램프 함수는 $\mathrm{ramp}(t) = \int_{-\infty}^{t} \mathrm{u}(\tau)\, d\tau$ 와 같이 정의된다. 여기서 τ는 단위 계단 함수의 독립 시간 변수를, t는 램프 함수의 독립 시간 변수를 의미한다. 램프 함수의 정의를 살펴보면 'τ를 음의 무한대에서 $\tau=t$까지 단위 계단 함수 아랫부분의 면적을 모두 더하면 임의의 t에 대한 램프 함수의 값을 얻을 수 있다'는 것을 알 수 있다. 다시 말해 램프 함수는 시간 t에서의 값이 단위 계단 함수를 $\tau=-\infty$ 부터 $\tau=t$까지 적분한 값으로 정의되는 함수라고 할 수 있다〈그림 2.11〉. 따라서 t가 0보다 작은 경우 적분되는 영역이 없다. 반면에 t가 0보다 큰 경우 적분 영역이 폭이 t이고 높이 1인 직사각형이기 때문에 적분 값은 t가 된다.

참고로 램프 함수를 $\mathrm{ramp}(t)$ 대신 $t\,\mathrm{u}(t)$를 이용해 표현하기도 한다. 두 표현은 같기 때문에 어떤 표현을 사용해도 상관없다. 아래는 램프 함수에 대한 MATLAB m파일이다.

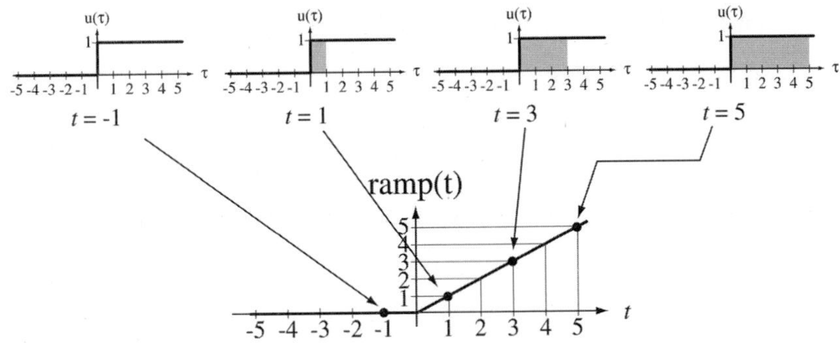

그림 2.12 단위 계단 함수와 단위 램프 함수 사이의 적분관계

```
%  Function to compute the ramp function defined as 0 for
%  values of the argument less than or equal to zero and
%  the value of the argument for arguments greater than zero.
%  Uses the unit-step function us(x).
%
%  function y = ramp(x)
%
function y = ramp(x)
   y = x.*us(x) ;
```

단위 임펄스 함수

단위 임펄스(unit impulse) 함수를 정의하기에 앞서 다음과 같이 정의되는 단위면적을 가지는 구형파 펄스(rectangular pulse)를 생각해 보자〈그림 2.13 참조〉.

$$\Delta(t) = \begin{cases} 1/a, & |t| \le a/2 \\ 0, & |t| > a/2 \end{cases}$$

이 함수를 연속적이고 t=0에서 유한한 값을 가지는 또 다른 함수 g(t)와 곱하면 다음과 같은 과정을 통해 곱한 부분의 면적을 구할 수 있다〈그림 2.14〉.

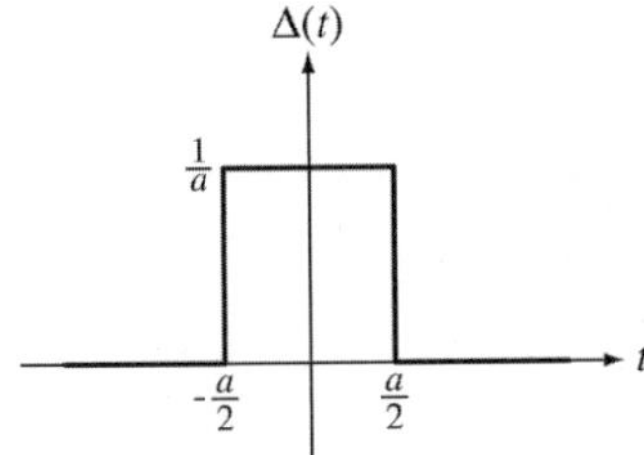

그림 2.13 폭이 a인 단위 면적 구형파 펄스

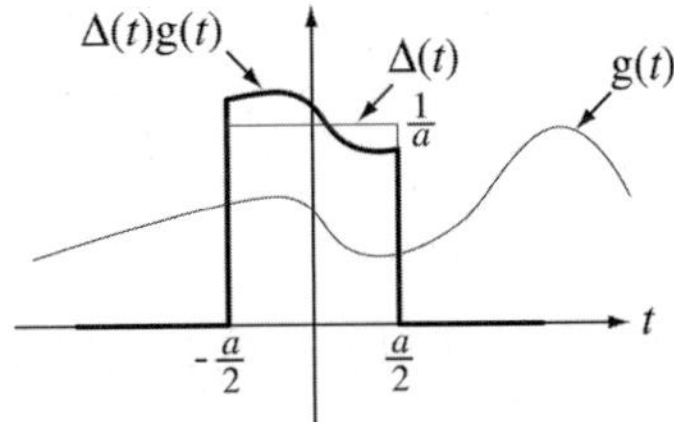

그림 2.14 t=0을 중심으로 하는 단위 면적 구형파 함수와 t=0에서 연속이고 유한한 값을 가지는 g(t)의 곱

$\Delta(t)$의 정의를 이용하면 다음과 같이 수정된 식을 얻는다.

$$A = \frac{1}{a}\int_{-a/2}^{a/2} g(t)\,dt$$

$g(t)$는 $t=0$에서 연속적이므로 맥클로린 급수(McLaurin series)의 형태로 표현될 수 있다.

$$g(t) = \sum_{m=0}^{\infty} \frac{g^{(m)}(0)}{m!}\,t^m = g(0) + g'(0)t + \frac{g''(0)}{2!}\,t^2 + \cdots + \frac{g^{(m)}(0)}{m!}\,t^m + \cdots$$

그리고 적분은 다음과 같이 구할 수 있다.

$$A = \frac{1}{a}\int_{-a/2}^{a/2}\left[g(0) + g'(0)t + \frac{g''(0)}{2!}\,t^2 + \cdots + \frac{g^{(m)}(0)}{m!}\,t^m + \cdots\right]dt$$

적분구간이 t=0에 대해서 대칭이기 때문에 t의 홀수 거듭제곱은 적분에 기여하지 않는다. 따라서 적분결과는 다음과 같이 나타낼 수 있다.

$$A = \frac{1}{a}\left[a\,g(0) + \left(\frac{a^3}{12}\right)\frac{g''(0)}{2!} + \left(\frac{a^5}{80}\right)\frac{g^{(4)}(0)}{4!} + \cdots\right]$$

a가 0에 한없이 가까워질 때의 적분의 극한 값을 취하면

$$\lim_{a\to 0} A = g(0)$$

a가 0에 수렴할 때, 함수 $\Delta(t)$는 유한-연속함수 $g(t)$와 곱셈 후 $t=0$을 포함하는 적분구간에서의 적분을 통하여 $t=0$에서의 $g(t)$ 값을 추출할 수 있다.

다음과 같은 방법으로도 $\Delta(t)$를 정의할 수 있다〈그림 2.15〉.

$$\Delta(t) = \begin{cases} (1/a)(1-|t|/a), & |t| \le a \\ 0, & |t| > a \end{cases}$$

앞서 언급한 동일한 방법으로 다음과 같이 면적을 구할 수 있다.

$$A = \int_{-\infty}^{\infty} \Delta(t)\,g(t)\,dt = \frac{1}{a}\int_{-a}^{a}\left(1 - \frac{|t|}{a}\right)g(t)\,dt$$

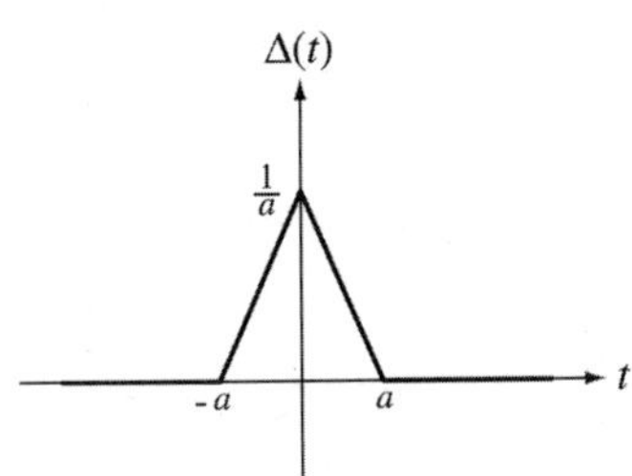

그림 2.15 폭이 2a인 단위 면적 삼각파

a를 0으로 수렴시키면 앞선 $\Delta(t)$의 정의에서 얻은 결과와 완벽하게 같은 $g(0)$를 얻을 수 있다. $\Delta(t)$에 대한 두 정의 모두 a를 0으로 수렴시키면 같은 결과를 얻는다. 여기서 중요한 것은 두 임펄스 함수의 모양보다는 면적이 중요한 요소라는 것이다. $\Delta(t)$의 면적은 a의 값과 무관하게 항상 1이며 이는 많은 단위 임펄스 함수에 대한 정의가 있지만 항상 동일하다(a를 0으로 수렴시키면 이러한 함수들은 이를 발생시킬 가능한 시간이 없기 때문에 일반적인 의미에서의 '모양(shape)'을 가지고 있지 않다).

단위 임펄스 $\delta(t)$는, $t = 0$에서 유한하고 연속인 함수 $g(t)$와의 곱을 통한 적분 값이 $g(0)$가 된다는 사실로부터 쉽게 정의될 수 있다.

$$g(0) = \int_{\alpha}^{\beta} \delta(t)\, g(t)\, dt, \quad \alpha < 0 < \beta$$

이를 다시 표현하면 다음과 같다.

$$\boxed{\int_{-\infty}^{\infty} \delta(t)\, g(t)\, dt = \lim_{a \to 0} \int_{-\infty}^{\infty} \Delta(t)\, g(t)\, dt} \tag{2.4}$$

여기서 $\Delta(t)$는 위에서 설명한 특징을 가지는 모든 함수 중 하나이다. 임펄스 함수를 사용할 때 매번 극한을 취하는 번거로움을 없애기 위해 간편한 표기법으로서 $\delta(t)$를 임펄스 함수로 사용한다.

임펄스 함수, 단위 계단 함수와 일반화된 도함수 임펄스 함수를 정의하는 방법 중 하나는 단위 계단 함수를 미분하는 것이다. 엄밀히 말하면 단위 계단 함수 $u(t)$의 도함수는 $t = 0$에서 정의되지 않는다. 하지만 〈그림 2.16〉과 같은 $g(t)$에 대해 $g'(t)$와 같은 도함수를 얻을 수 있다.

$g(t)$의 도함수는 $t = -a/2$, $t = +a/2$일 때를 제외한 모든 영역에서 값을 가지며 a가 0으로 수렴하면 $g(t)$는 단위 계단 함수와 같다고 할 수 있다. 같은 맥락에서 a가 0으로 수렴할 때 도

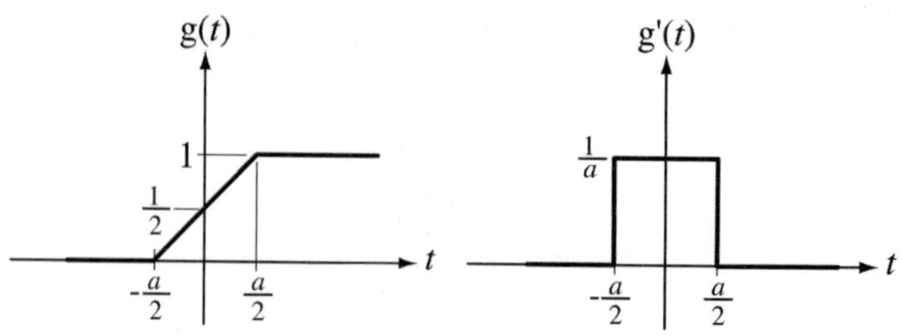

그림 2.16 단위 계단 함수와 임펄스 함수에 근접하는 함수들

함수 $g'(t)$는 단위 임펄스 함수가 된다. $g'(t)$는 항상 면적이 1인 짧은 시간구간의 펄스파형이기 때문에 앞에서 언급한 $\Delta(t)$와 같은 의미를 가진다. a가 0으로 수렴할 때 $g'(t)$는 $u(t)$의 일반화된 도함수(generalized derivative)라고 부른다. 결과적으로 단위 계단 함수의 일반화된 도함수는 임펄스 함수이다.

$t = t_0$에서 불연속점을 가지는 $g(t)$의 일반화된 도함수는 다음과 같이 정의된다.

$$\frac{d}{dt}(g(t)) = \frac{d}{dt}(g(t))_{t \neq t_0} + \underbrace{\lim_{\varepsilon \to 0}[g(t+\varepsilon) - g(t-\varepsilon)]}_{\text{Size of the discontinuity}}\delta(t - t_0), \quad \varepsilon > 0$$

단위 계단 함수는 단위 임펄스 함수의 적분으로 나타낼 수 있다.

$$u(t) = \int_{-\infty}^{t} \delta(\lambda)\, d\lambda$$

단위 계단 함수 $u(t)$의 도함수와 단위 임펄스 함수는 $t = 0$을 제외한 모든 구간에서 0이 되며, 단위 계단 함수는 단위 임펄스 함수의 적분 형태이므로 $t = 0$을 포함하는 구간에서 정적분을 하면 1을 얻을 수 있다. 위와 같은 두 가지 사실로부터 단위 임펄스 함수를 정의하면 다음과 같다.

$$\boxed{\delta(t) = 0, \quad t \neq 0 \ \text{ and } \int_{t_1}^{t_2} \delta(t)\, dt = \begin{cases} 1, & t_1 < 0 < t_2 \\ 0, & \text{otherwise} \end{cases}} \tag{2.5}$$

임펄스 함수의 면적을 강도(strength) 또는 가중치(weight)라고 한다. 그리고 임펄스 함수가 1의 강도를 갖는 경우 단위 임펄스 함수라고 한다. 임펄스 함수에 대한 정확한 정의를 내리기 위해서는 일반 함수이론에 대해 깊이 탐구해야 한다. 본 교재에서는 단순히 매우 짧은 시간에 단위면적을 가지는 함수로 임펄스 함수를 정의하고 적용하기로 한다.

다른 함수와 달리 임펄스 함수는 $t = 0$에서 값이 정의되지 않기 때문에 그림으로 나타내기가 힘들다. 일반적으로 관습적인 방법인 방향이 있는 화살표를 통해서 임펄스 함수를 표현한다. 이때 임펄스 함수의 강도는 소괄호 안에 표시하거나 화살표의 크기를 통하여 나타낸다. 〈그림 2.17〉은 임펄스 함수를 표현하는 여러 가지 방법을 나타낸다.

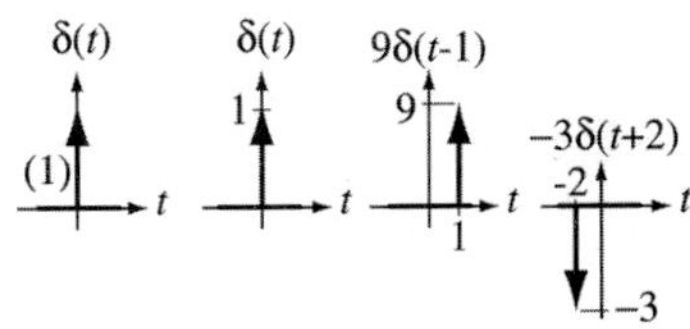

그림 2.17 임펄스 함수의 표현

임펄스 함수의 등가 특성 신호와 시스템 해석에서 $g(t)A\delta(t-t_0)$와 같은 임펄스 함수와 일반 함수를 곱하는 수학적 연산은 매우 빈번하다. 앞서 정의한 임펄스 함수의 정의로부터 임펄스 $A\delta(t-t_0)$는 $t = t_0$를 중심으로 하는 면적이 A이고 폭 a가 0으로 수렴하는 펄스의 극한이 된다〈그림 2.17〉. 따라서 그 곱($g(t)A\delta(t-t_0)$)은 펄스의 중심에서의 높이가 $Ag(t_0)/a$ 이고 폭은 a인 펄스가 된다. a가 0에 수렴함에 따라 펄스는 강도가 $Ag(t_0)$인 임펄스 함수가 된다.

$$\boxed{g(t)A\delta(t-t_0) = g(t_0)A\delta(t-t_0)} \tag{2.6}$$

이것을 임펄스의 등가성(equivalence property)이라고 한다.

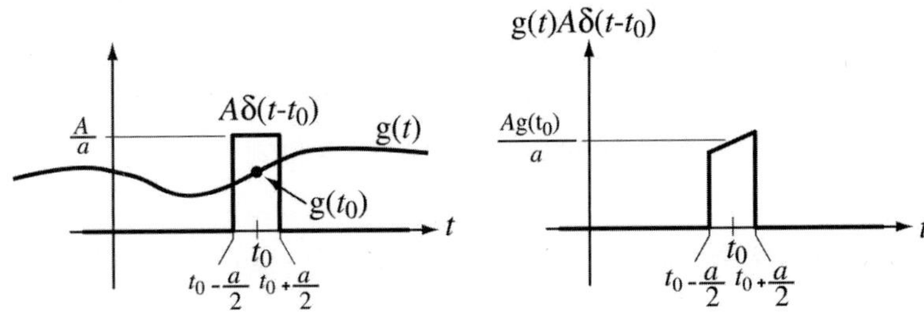

그림 2.18 함수 g(t)와 폭이 0으로 수렴할 때 임펄스 함수가 되는 구형파 펄스의 곱

임펄스 함수의 샘플링 특성 또 다른 중요한 단위 임펄스 함수의 특성은 등가성으로부터 유도할 수 있는 샘플링 특성(sampling property)이다.

$$\boxed{\int_{-\infty}^{\infty} g(t)\delta(t-t_0)\,dt = g(t_0)} \tag{2.7}$$

$g(t)\delta(t-t_0)$와 $g(t_0)\delta(t-t_0)$ 식이 같다는 등가성으로부터 t_0가 t의 특정한 값이고 $g(t_0)$ 또한 상수이므로 다음과 같은 결과를 얻는다.

$$\int_{-\infty}^{\infty} g(t)\delta(t-t_0)\,dt = g(t_0)\underbrace{\int_{-\infty}^{\infty} \delta(t-t_0)\,dt}_{=1} = g(t_0)$$

식 (2.7)은 임펄스 함수가 $t = t_0$인 점에서 $g(t)$ 값을 샘플링하기 때문에 임펄스 함수의 샘플링 특성이라고 한다(임펄스 함수가 $t = t_0$에서 '걸러낸다(sifts out)'라는 의미로 선별 특성(sifting property)이라고도 한다).

임펄스 함수의 스케일링 특성 또 다른 임펄스 함수의 중요한 특성은 스케일링 특성(scaling property)이다.

$$\boxed{\delta(a(t-t_0)) = \frac{1}{|a|}\delta(t-t_0)} \tag{2.8}$$

이 특성은 적분 변수를 변환하고 a의 부호에 대해 별도로 고려함으로써 증명이 가능하다(연습문제 29). 〈그림 2.19〉는 임펄스 함수의 스케일링 특성을 보여준다.

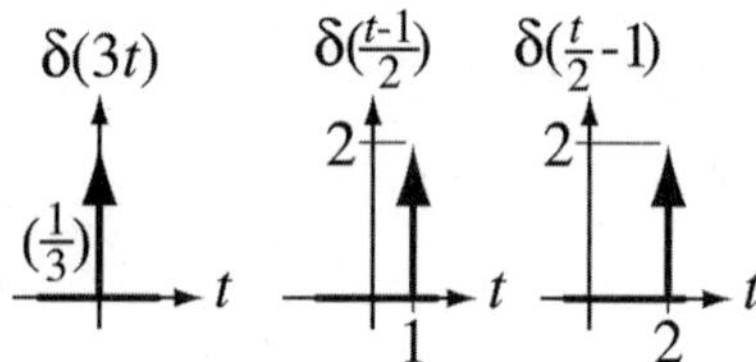

그림 2.19 임펄스 함수의 스케일링 특성의 예

MATLAB에서 `dirac`함수를 사용해서 단위 임펄스 함수를 표현할 수 있다. 이 함수는 0이 아닌 인수는 0으로 그리고 인수가 0일 때 `inf`로 변환하는데 수치적인 계산에는 유용하지 못하지만 기호 분석에는 유용하다. 연속시간 임펄스 함수는 일반적인 함수는 아니다. 특정한 유형의 계산을 위해서 MATLAB 함수를 작성해 임펄스 함수를 시뮬레이션하여 유용한 수치적인 결과를 얻는 것이 가능하다. 다만 임펄스 특성에 대한 완벽한 이해를 바탕으로 신중하게 수행해야 한다. 이러한 복잡성 때문에 연속시간 임펄스 함수에 대한 MATLAB 함수는 제시하지 않았다.

주기 임펄스 함수 / 임펄스 열

또 다른 유용한 함수의 하나로 일정한 주기로 단위 임펄스 함수가 무한히 반복되는 주기 임펄스(periodic impulse), 임펄스 열(impulse train) 함수가 있다〈그림 2.20〉.

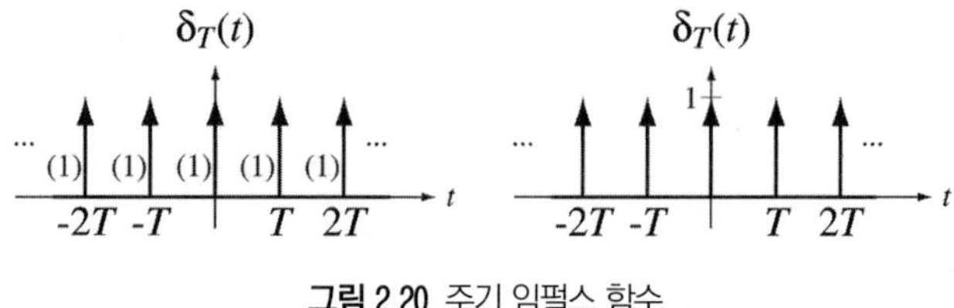

그림 2.20 주기 임펄스 함수

주기 임펄스 함수에서 스케일링 특성을 유도할 수 있다. 정의로부터

$$\boxed{\delta_T(t) = \sum_{n=-\infty}^{\infty} \delta(t-nT)} \tag{2.9}$$

임펄스 함수의 스케일링 특성을 사용하면

$$\delta_T(a(t-t_0)) = \sum_{k=-\infty}^{\infty} \delta(a(t-t_0)-kT)$$

식을 얻을 수 있고

$$\delta_T(a(t-t_0)) = (1/|a|)\sum_{k=-\infty}^{\infty} \delta(t-t_0-kT/a)$$

이 합은 T/a의 주기를 갖는 주기 임펄스 함수로 볼 수 있다.

$$\delta_T(a(t-t_0)) = (1/|a|)\delta_{T/a}(t-t_0)$$

임펄스나 주기 임펄스 함수는 추상적이고 비현실적이지만 선형 시스템 해석에서의 기초 연산인 컨벌루션 적분에서 자주 나타난다. 현실적으로 임펄스 함수는 실현 불가능한 함수지만 신호와 시스템 분석에서 수학적으로 정의된 임펄스와 주기 임펄스 함수는 매우 유용하다. 이러한 함수들과 컨벌루션 연산을 통해, 표현하기 복잡하지만 유용한 많은 신호를 수학적으로 간략하게 나타내는 것이 가능하다.[3]

---

3 경우에 따라서는 주기 임펄스 함수를 새로운 함수로 정의하지 않고 다음과 같은 단순 임펄스의 합 형태로 표현하는 경우도 있다: $\sum_{n=-\infty}^{\infty}\delta(t-nT)$ 이 표기법은 $\delta_T(t)$로 표현하는 것보다 복잡하지만 새로운 함수의 사용법을 익히기 쉽다는 장점이 있다. 이외에도 여러 가지 표기법이 있다.

특이 함수의 좌표 표기법

단위 계단 함수, 단위 임펄스 함수, 단위 램프 함수는 중요한 특이 함수이다. 시스템 관련 문헌에서는 이러한 함수를 $\mathrm{u}_k(t)$로 나타낸다. 이때 k는 함수의 종류를 나타낸다. 예를 들어 $\mathrm{u}_0(t)=\delta(t)$, $\mathrm{u}_{-1}(t)=\mathrm{u}(t)$, $\mathrm{u}_{-2}(t)=\mathrm{ramp}(t)$와 같이 표현한다. 이러한 표기법에서 k 값은 임펄스 함수를 몇 번 미분했는지를 나타내는데 k가 음수인 경우 임펄스 함수의 적분 횟수를 나타낸다. 같은 맥락에서 단위 이중항(unit doublet) 함수 $\mathrm{u}_1(t)$의 경우는 단위 임펄스 함수의 미분으로 정의되고 단위 삼중항(unit triplet) 함수 $\mathrm{u}_2(t)$는 단위 이중항 함수의 미분으로 정의된다. 단위 이중항 함수나 삼중항 함수, 그 외의 함수들은 비현실적이지만 신호와 시스템 해석에서 유용하게 사용된다.

단위 구형파 함수

시스템에서 흔하게 발생하는 함수 중 하나는 스위치를 켰다가 일정 시간이 지난 후 끄는 것과 같은 형태로 발생하는 신호이다. 이러한 형태의 신호를 나타낼 때 단위 구형파 함수(unit-rectangle function)를 사용하면 간단히 정의할 수 있다〈그림 2.21〉.

$$\mathrm{rect}(t)=\begin{cases}1, & |t|<1/2\\ 1/2, & |t|=1/2\\ 0, & |t|>1/2\end{cases}=\mathrm{u}(t+1/2)-\mathrm{u}(t-1/2) \tag{2.10}$$

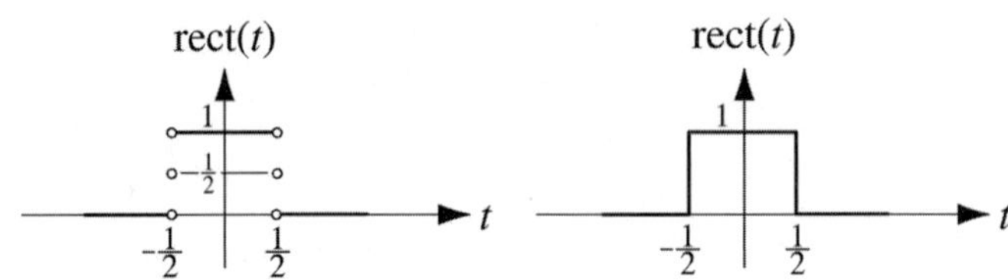

그림 2.21 단위 구형파 함수

단위 구형파 함수는 넓이, 높이, 면적이 모두 1인 함수이다. 어떤 신호는 구형파 함수를 사용해 쉽게 나타낼 수 있다. 단위 구형파 함수는 '게이트(gate)' 함수로 생각할 수 있다. 단위 구형파 함수를 다른 함수와 곱하면 구형파 함수의 크기가 0이 아닌 부분에서는 원함수의 값을 그대로 가지지만 구형파 함수의 값이 0인 부분에서는 0의 값이 나타난다. 즉, 구형파 함수는 0 이외의 값을 가지는 구간에서는 신호를 통과시키고 0의 값을 가지는 구간에서는 신호를 차단한다. 〈표 2.1〉은 위에서 설명한 함수와 임펄스 함수, 주기 임펄스 함수를 요약한 것이다.

```
%  Unit rectangle function. Uses the unit-step function us(x).
%
%  function y = rect(x)
%
function y = rect(x)
   y = us(x+0.5) - us(x-0.5) ;
```

표 2.1 연속시간 신호 함수, 임펄스 함수 및 주기 임펄스 함수의 요약

Sine	$\sin(2\pi f_0 t)$ or $\sin(\omega_0 t)$
Cosine	$\cos(2\pi f_0 t)$ or $\cos(\omega_0 t)$
Exponential	e^{st}
Unit Step	$\mathrm{u}(t)$
Signum	$\mathrm{sgn}(t)$
Unit Ramp	$\mathrm{ramp}(t) = t\,\mathrm{u}(t)$
Unit Impulse	$\delta(t)$
Periodic Impulse	$\delta_T(t) = \sum_{n=-\infty}^{\infty} \delta(t-nT)$
Unit Rectangle	$\mathrm{rect}(t) = \mathrm{u}(t+1/2) - \mathrm{u}(t-1/2)$

2.4 함수의 조합

일반적으로 연속시간 신호는 $g(t)$로 나타낸다. 이때 g는 함수의 이름을 의미하고 괄호 안의 내용은 함수의 인자라고 부른다. 함수의 인자는 독립변수(independent variable)를 포함한 수식으로 표현된다. $g(t)$의 경우 t가 독립변수가 되고 $g(t)$ 자체는 독립변수 t를 포함한 가장 간단한 수식이다. 함수 $g(t)$는 모든 t에 대한 함수의 반환 값 g를 가진다. 예를 들어 $g(t) = 2 + 4t^2$와 같은 함수의 경우 특정한 t에 대한 대응 값 g가 존재한다. 만약 t가 1이면 g는 6이 되고 이를 $g(1) = 6$으로 표현한다.

함수의 인자는 반드시 독립변수일 필요는 없다. 예를 들어 $g(t) = 5e^{-2t}$일 때 $g(t+3)$를 구해 보자. 간단하게 $g(t) = 5e^{-2t}$의 t를 $t+3$으로 치환해 $g(t+3) = 5e^{-2(t+3)}$을 얻을 수 있다. 주의할 점은 $g(t+3)$가 $5e^{-2t+3}$이 아니라는 것이다. 기존 함수에서 t에 -2가 곱해져 있기 때문에 치환되는 $t+3$에 -2를 곱해야 한다. 즉, 함수 $g(t)$에서 t의 값을 바꿀 경우 전체 함수 표현의 t값을 모두 바꿔주어야 한다. 예를 들어 $g(t) = 3 + t^2 - 2t^3$이라면 $g(2t) = 3 + (2t)^2 - 2(2t)^3 = 3 + 4t^2 - 16t^3$, $g(1-t) = 3 + (1-t)^2 - 2(1-t)^3 = 2 + 4t - 5t^2 + 2t^3$과 같다. 만약 $g(t) = 10\cos(20\pi t)$이면 $g(t/4) =$

$10\cos(20\pi t/4) = 10\cos(5\pi t)$, $g(e^t) = 10\cos(20\pi e^t)$이 되고 $g(t) = 5e^{-10t}$이면 $g(2x) = 5e^{-20x}$, $g(z-1) = 5e^{10}e^{-10z}$이 된다.

MATLAB에서 함수를 인자를 통해 호출한 경우 MATLAB은 인자에 따라 그 함수 값을 계산한다. 입력 값이 벡터나 행렬형식이면 함수는 벡터나 행렬의 각 성분에 대한 값을 계산한다. 다시 말해 MATLAB 함수는 독립변수의 함수인 인자가 표현된 그대로를 따라서 연산을 수행한다. MATLAB 함수는 숫자를 입력으로 받아들이고 그 계산 결과 값을 반환한다.

```
>> exp(1:5)
ans =
    2.7183   7.3891   20.0855   54.5982   148.4132
>> us(-1:0.5:1)
ans =
         0         0    0.5000    1.0000     1.0000
>> rect([-0.8:0.4:0.8]')
ans =
     0
     1
     1
     1
     0
```

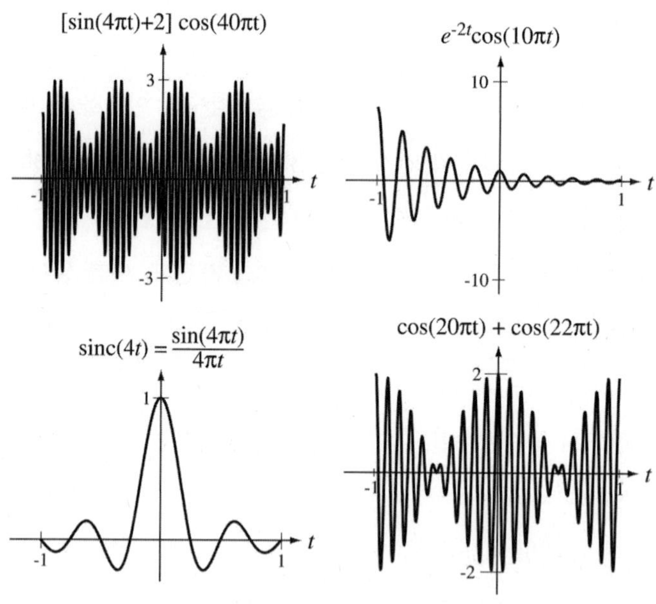

그림 2.22 함수들의 더하기, 곱하기, 나누기의 결과

어떤 신호는 하나의 수학적 함수로 그 신호를 완벽하게 나타낼 수 있지만, 대개의 경우 하나의 함수만으로 신호를 정확하게 표현할 수 없다. 다양하게 활용이 가능한 임의의 신호의 수학적 표현은 두 가지 이상의 함수 조합(더하기, 빼기, 곱하기, 나누기 등)을 통해서 얻을 수 있다. 〈그림 2.22〉는 함수의 더하기, 곱하기, 나누기의 예를 보여준다(싱크 함수(sinc function)는 6장에서 정의된다).

예제 2.1

MATLAB을 사용한 함수의 조합을 그래프로 나타내기

MATLAB을 사용해 다음 함수의 조합을 그래프로 나타내라.

$$x_1(t) = e^{-t}\sin(20\pi t) + e^{-t/2}\sin(19\pi t)$$

$$x_2(t) = \text{rect}(t)\cos(20\pi t).$$

```
% Program to graph some demonstrations of continuous-time
% function combinations

t = 0:1/240:6 ;      % Vector of time points for graphing x1

% Generate values of x1 for graphing
x1 = exp(-t).*sin(20*pi*t) + exp(-t/2).*sin(19*pi*t) ;

subplot(2,1,1) ;          % Graph in the top half of the figure window
p = plot(t,x1,'k') ;      % Display the graph with black lines
set(p,'LineWidth',2) ;  % Set the line width to 2
% Label the abscissa and ordinate
xlabel('\itt','FontName','Times','FontSize',24) ;
ylabel('x_1({\itt})','FontName','Times','FontSize',24) ;
set(gca,'FontName','Times','FontSize',18) ; grid on ;

t = -2:1/240:2 ;     % Vector of time points for graphing x2

% Generate values of x2 for graphing
x2 = rect(t).*cos(20*pi*t) ;

subplot(2,1,2);        % Graph in the bottom half of the figure window
p = plot(t,x2,'k');    % Display the graph with black lines
set(p,'LineWidth',2);% Set the line width to 2
% Label the abscissa and ordinate
xlabel('\itt','FontName','Times','FontSize',24) ;
ylabel('x_2({\itt})','FontName','Times','FontSize',24) ;
set(gca,'FontName','Times','FontSize',18) ; grid on ;
```

〈그림 2.23〉은 그래프로 나타낸 결과이다.

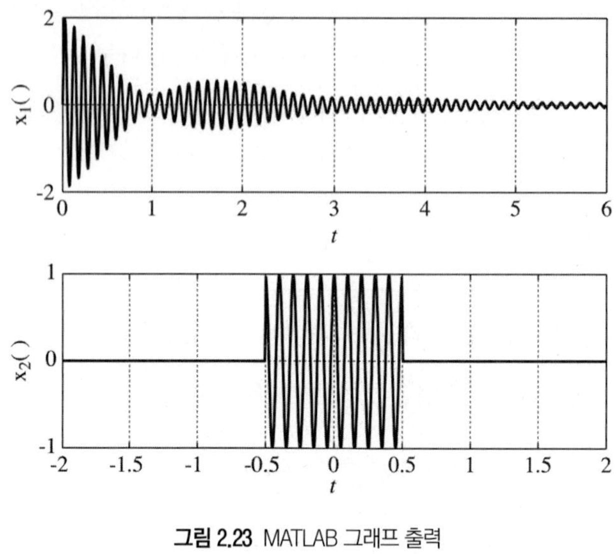

그림 2.23 MATLAB 그래프 출력

2.5 이동 및 스케일링

신호와 시스템 해석에서 수식, 그래프로 신호를 표현하는 것과 두 표현을 연관시키는 것은 중요하다. g(t)가 〈그림 2.24〉와 같이 정의되고 오른쪽의 데이터는 g(t)의 값 중 선택된 것이라고 가정하자. 이를 수식적으로 $g(t) = 0, |t| > 5$와 같이 표현할 수 있다.

진폭 스케일링

함수에 상수를 곱하는 연산을 생각해 보면 수식적으로 $g(t) \to A\,g(t)$로 표현한다. 이것은 모든 t에 대해서 g(t)에 상수 A를 곱하는 것을 의미하고 이것을 진폭 스케일링(amplitude scaling)이라 한다. 〈그림 2.25〉는 〈그림 2.24〉에서 정의된 함수에 대한 두 가지 진폭 스케일링의 예를 보여준다.

부호가 음인 진폭 스케일링의 경우 수직으로 함수를 반전시킨다. 스케일링 계수가 -1인 경우 단순히 반전되는 것을 의미한다. 스케일링 계수 A가 음수라면 진폭 스케일링은 $g(t) \to -g(t) \to |A|(-g(t))$과 같은 두 단계를 통해서 수행된다. 먼저 반전시킨 후 진폭을 스케일링 한다. 진폭 스케일링은 종속변수 g에 직접적으로 영향을 미친다. 앞으로 설명할 두 절에서 독립변수 t를 변화시키는 효과에 대해 설명한다.

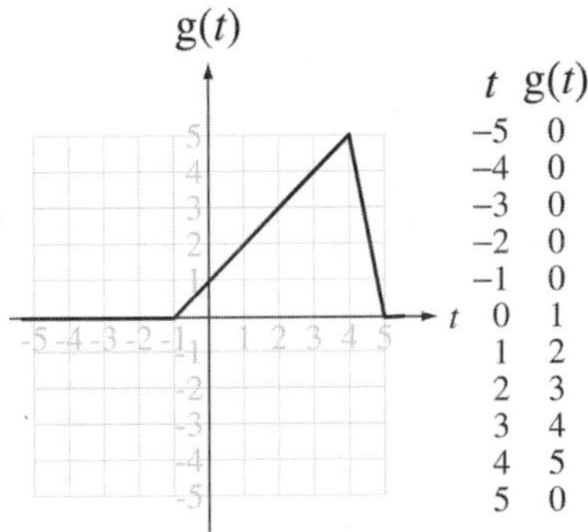

그림 2.24 그래프로 표현된 함수 g(t)의 정의

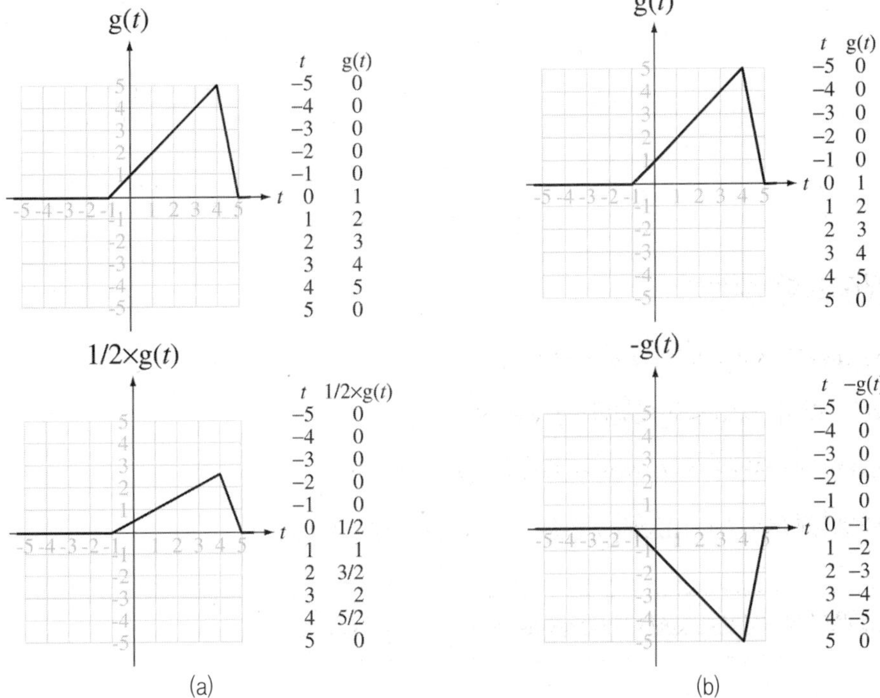

그림 2.25 진폭 스케일링의 두 가지 예

시간 이동

만약 〈그림 2.24〉의 g(t)를 g($t-1$)로 이동 시키면 그래프는 〈그림 2.26〉에서와 같이 g($t-1$)의 여러 점에서의 값을 계산해서 그릴 수 있다. 이 그림에서 t를 $t-1$로 변환했을 때 그래프가 1만큼 오른쪽으로 이동하는 것을 확인할 수 있다. $t \rightarrow t-1$로의 변화는 모든 t에 대해서 한 단위전의 시간 $t-1$에서의 함수 값을 현재 시간 t로 가져오는 것으로 생각할 수 있다. 이것을 시간 이동(time shifting, time transition) 이라고 부른다.

요약하면 임의의 시간 t_0에 대해 $t \to t - t_0$와 같은 시간 이동은 $\mathrm{g}(t)$의 그래프를 오른쪽으로 t_0 시간만큼 움직이는 것으로 표현된다(같은 방법으로 t_0가 음수인 경우 그래프는 왼쪽으로 $|t_0|$ 만큼 이동하게 된다).

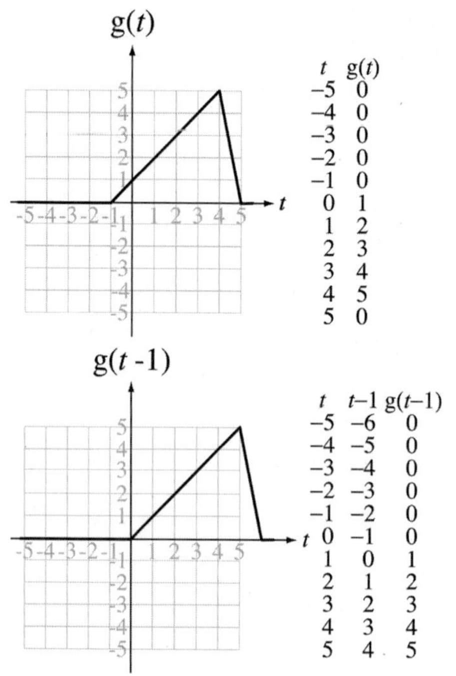

그림 2.26 시간 이동을 설명하는 $\mathrm{g}(t)$와 $\mathrm{g}(t-1)$의 그래프

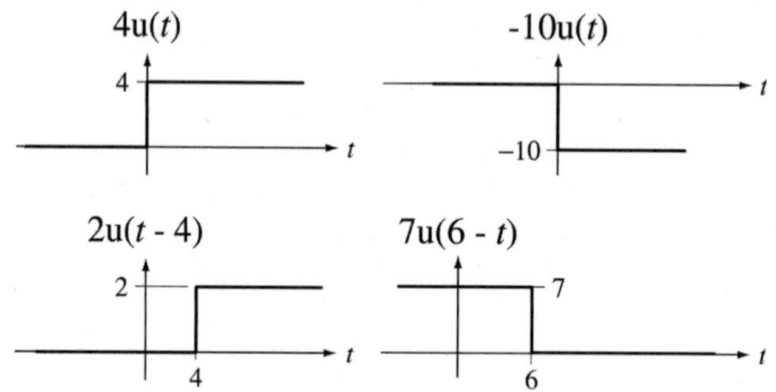

그림 2.27 진폭 스케일링 및 시간 스케일링된 계단 함수

〈그림 2.27〉은 단위 계단 함수의 시간 이동, 진폭 스케일링을 보여준다. 구형파 함수는 시간 이동되고 반대 방향을 가지는 다음과 같은 두 가지 단위 계단 함수의 차로 정의될 수 있다. $\mathrm{rect}(t) = \mathrm{u}(t+1/2) - \mathrm{u}(t-1/2)$.

시간 이동은 독립변수 t의 변화에 따라 발생한다. 이러한 종류의 변화는 독립변수가 반드시 t가 아니어도 동일하게 적용된다. 앞선 예에서는 시간을 독립변수로 사용했지만 독립변수는 공간적(spatial) 차원일 수 있다. 그러한 경우 그것을 공간 이동(space shifting)이라고 말한다. 나중에 다루게 되는 변환 관련 내용에서는 독립변수가 주파수인 함수를 보게 될 것이며 이때는 주파수 이동(frequency shifting)이라고 부른다. 독립변수의 명칭과는 상관 없이 수학적인 중요성은 동일하다.

진폭 스케일링과 시간 이동은 실제 물리적인 시스템에서 많이 발생된다. 예를 들어 일상적인 대화에서도 말하는 사람의 입에서 듣는 사람의 귀로 전달되기까지 전달지연(propagation delay)이 발생하게 된다. 인식할 수는 없지만 만약 두 사람 사이의 거리가 2m라면 소리의 속도가 330m/s인 것을 고려할 때 대략 6ms 정도의 전달지연이 발생하게 된다. 하지만 항타기(pile driver)의 운전사가 100m의 거리에서 말뚝을 박아 넣는 것을 볼 때, 말뚝을 치는 것을 보는 것은 빛의 속도에 따라 수 us 이내의 지연을 가지지만 말뚝을 치는 소리는 대략 0.3초의 지연을 가진다. 이것은 지연에 대한 시간 이동의 예이고 말뚝을 박아 넣을 때 가까이 있는 곳에서 더 큰 소리를 들을 수 있는 것은 진폭 스케일링의 예이다. 또 다른 익숙한 예로는 번개와 천둥의 시간차를 들 수 있다.

더욱 더 기술적인 예들 들자면 통신 위성 시스템이 있다〈그림 2.28〉. 지상의 통신기지에

그림 2.28 궤도 위를 도는 통신 위성

서는 강한 전자파를 위성으로 전파시킨다. 이 신호가 위성에 도달할 때 지상에서보다 신호의 크기가 감쇠하고 시간에 따른 지연이 생기게 된다. 만약 이 위성이 지구궤도 상에 있어서 지상으로부터 대략 36,000km 떨어져 있고 지상기지가 바로 위성 아래에 있다면 대략 120ms의 전달지연이 발생하게 된다. 만약 지상기지가 위성의 바로 아래 있지 않다면 지연 시간은 더 길어지게 된다. 만약 전송한 신호를 $A\,\mathrm{x}(t)$로 표현한다면 전송된 신호는 $B\,\mathrm{x}(t-t_p)$로 표현될 수 있다. 여기서 일반적으로 B는 A보다 훨씬 작은 값이 될 것이고 t_p는 전달에 소요된 시간을 나타낸다. 만약 전송해야 할 거리가 매우 긴 지상의 두 지점 간의 통신을 위해서는 하나 이상의 상향 및 하향 통신 경로(link)가 요구될 수 있다. 예를 들어 뉴욕에서 캘커타(Calcutta)까지 음성을 전송하는 경우 대략의 지연 시간은 1초 정도가 되고 실시간 대화를 하는 데 있어서 문제를 가져올 수 있다. 이것은 만약 화성에 간 우주비행사와 통신을 하게 된다면 한 번의 대화를 전달하는데 최소 4분 이상이 걸릴 수 있음을 의미한다.

먼 거리의 쌍방향 통신에서 시간 지연은 문제가 되지만 레이더나 초음파를 사용할 때는 유용하게 사용된다. 예를 들어 초음파의 반사시간을 측정해 항공기나 잠수함 등의 물체까지의 거리를 측정할 수 있다.

시간 스케일링

다음으로 $t \to t/a$와 같은 변화를 생각해 보자. $\mathrm{g}(t/a)$는 $\mathrm{g}(t)$를 가로축으로 a만큼 확장한 것이다. 이것을 시간 스케일링(time-scaling)이라고 한다. 〈그림 2.29〉는 $\mathrm{g}(t)$를 시간 스케일링한 $\mathrm{g}(t/2)$를 보여주고 있다.

다음으로 $t \to -t/2$의 변화를 생각해 보자. 이전의 예에서 스케일링 계수가 2가 -2로 바뀌었을 것을 제외하고는 같다〈그림 2.30〉. 시간 스케일링 $t \to t/a$는 함수를 가로축으로 $|a|$만큼 확장시키는데 이때 $a<0$이면 시간반전(time reversed)이 된다. 시간반전은 그래프를 g축으로 180도 뒤집는 것을 의미한다. a가 음수인 경우의 변환은 $t \to -t$를 먼저 수행하고 $t \to t/|a|$ 수행함으로 얻을 수 있다. 첫 번째 단계 $t \to -t$는 가로축의 스케일은 고정한 채 단순히 g축에 대한 시간반전만을 수행한다. 두 번째 단계 $t \to t/|a|$에서는 앞서 시간 반전된 신호에 양수인 $|a|$만큼의 스케일링을 수행한다.

시간 스케일링은 $t \to bt$와 같이 표현할 수도 있는데 단순히 $b=1/a$로 표기한 것뿐이므로 같은 의미를 가진다. 따라서 시간 스케일링은 두 개의 스케일 상수 a, b에 의해 결정된다.

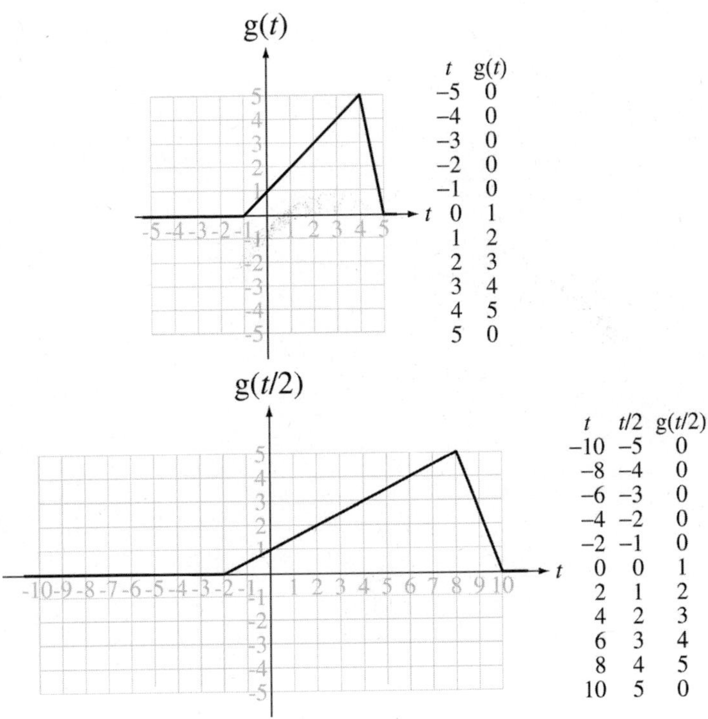

t	g(t)
−5	0
−4	0
−3	0
−2	0
−1	0
0	1
1	2
2	3
3	4
4	5
5	0

t	t/2	g(t/2)
−10	−5	0
−8	−4	0
−6	−3	0
−4	−2	0
−2	−1	0
0	0	1
2	1	2
4	2	3
6	3	4
8	4	5
10	5	0

그림 2.29 g(t)를 시간 스케일링한 결과 g(t/2)

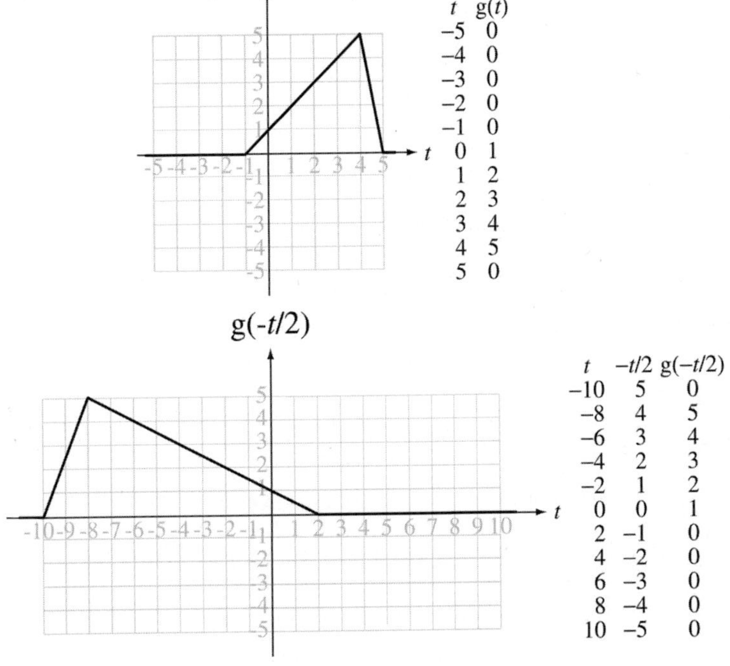

t	g(t)
−5	0
−4	0
−3	0
−2	0
−1	0
0	1
1	2
2	3
3	4
4	5
5	0

t	−t/2	g(−t/2)
−10	5	0
−8	4	5
−6	3	4
−4	2	3
−2	1	2
0	0	1
2	−1	0
4	−2	0
6	−3	0
8	−4	0
10	−5	0

그림 2.30 g(t)를 음의 값으로 시간 스케일링한 결과 g($-t$/2)

그림 2.31 소방차에 올라탄 소방대원

시간 스케일링의 대표적인 예는 도플러효과(Doppler effect)이다. 움직이지 않고 서 있는 사람의 곁을 소방차가 경적을 울리며 다가오면 사람의 귀까지 도달하는 경적소리의 크기와 음 높이가 변화하게 된다〈그림 2.31〉. 소리의 크기는 사람과 가까울수록 크게 들리는 것이 당연하다. 그러면 음의 높낮이는 어떻게 변할까? 경적은 항상 같은 소리를 내도록 되어 있지만 사람의 귀까지 소리가 전달되는 동안 음의 높낮이는 변화한다. 소방차가 사람에게 다가올 때 소방차와 사람의 거리가 감소함에 따라 경적소리가 이동하는 거리는 짧아지게 되고 이에 따라 소리의 주파수가 증가해 더 높은 소리를 들을 수 있게 된다. 반대로 소방차가 사람으로부터 멀어질 때에는 소방차가 다가올 때와는 반대의 현상이 일어나 경적소리의 주파수는 낮아진다. 이렇게 소방차의 경적은 항상 동일한 소리를 발생시키지만 서 있는 사람의 귀에는 다른 주파수로 인식될 수 있다.

소방차에 탑승한 소방관의 귀에 들리는 경적 소리를 $g(t)$라고 하면 소방차가 다가올 때 들리는 소리는 $A(t)g(at)$와 같이 표현할 수 있다. 여기서 $A(t)$는 소방차가 다가오기 때문에 시간에 따라 증가하는 함수로 생각할 수 있고 a는 1보다 약간 더 큰 값이 된다. 이러한 진폭의 변화를 통신 시스템에서는 진폭변조(amplitude modulation)라 표현하는데 시간에 따라 진폭을 스케일링 하는 것을 의미한다. 소방차가 멀어질 때 사람의 귀에 들리는 소리를 $B(t)g(bt)$로 표현할 수 있다. 이때 B(t)는 시간에 따라 감소하는 함수이고 b는 1보다 약간 작은 값을 가지는 상수가 된다〈그림2.32〉. (〈그림 2.32〉에서 정현파 신호는 경적소리를 의미하는데, 정확한 표현은 아니지만 중요한 요소들은 포함하고 있다.)

도플러 편이는 빛의 파동(light wave)에서도 발견할 수 있다. 광학 스펙트럼(optical spectra)의 적색 편이(red shift)는 우주가 팽창함에 따라 멀어지는 별을 관측할 때 발견된다. 지구와 별의 거리가 멀어짐에 따라 지구로 도달하는 빛에는 도플러 효과가 발생하게 된다. 두 물체 사이의 거리가 멀어지므로 별에서 방출하는 빛이 지구에 도달할 때 주파수가 낮아지는 것을 의미한다〈그림 2.33〉. 적색은 사람의 눈으로 볼 수 있는 가시광선 중 가장 낮은 주파수가 나타내는 색으로 주파수가 감소하면 스펙트럼 특성이 적색 방향으로 이동한다고 생각할 수 있고 이러한 현상을 적색 편이라고 부른다. 별에서 발생되는 빛은 별의 구성성분과 관측자에게 도달하게 되기까지 거치는 다양한 경로로 인하여 주파수에 있어서 여러 가지 특성 변화가 나타난다. 별에서 발생한 빛이 지구에 도달하면 여러 연구소들에서 미리 관측된 스펙트럼의 특성과 비교해 편이의 정도를 구분해 낼 수 있다.

시간 스케일링은 독립변수의 변화로 시간 이동처럼 반드시 시간이 아니라도 어떠한 종류의 독립변수에 대해서도 동일하게 적용할 수 있다. 다음 장에서는 주파수 스케일링에 대해 설명한다.

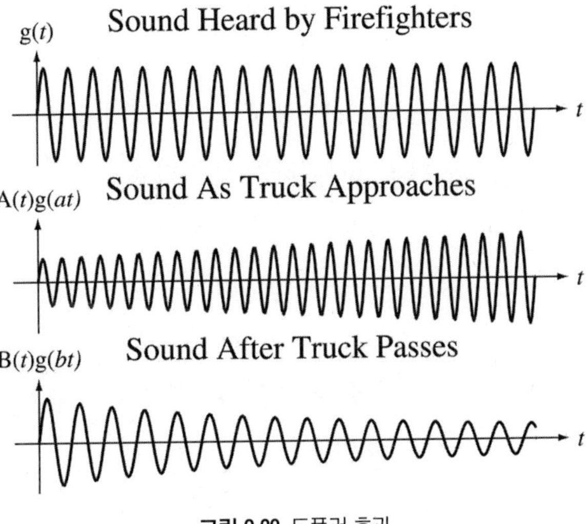

그림 2.32 도플러 효과

그림 2.33 석호 성운

이동과 스케일링 동시 발생

진폭 스케일링과 시간 스케일링, 시간 이동과 같은 변화들은 동시에 적용이 가능하다.

$$g(t) \to A\,g\left(\frac{t-t_0}{a}\right) \tag{2.11}$$

전체적인 효과를 이해하기 위해서는 식 (2.11)에서 나타난 복잡한 하나의 변화를 다음과 같은 일련의 단순한 변화들의 조합으로 나누어 생각하는 것이 더 효율적이다.

$$g(t) \xrightarrow[\text{scaling, } A]{\text{amplitude}} A\,g(t) \xrightarrow{t \to t/a} A\,g(t/a) \xrightarrow{t \to t-t_0} A\,g\left(\frac{t-t_0}{a}\right) \tag{2.12}$$

여기서 변환의 순서는 매우 중요하다. 예를 들어 식 (2.12)의 시간 스케일링과 시간 이동의 순서를 바꾸면 다음과 같은 결과를 얻을 수 있다.

$$g(t) \xrightarrow[\text{scaling, } A]{\text{amplitude}} A\,g(t) \xrightarrow{t \to t-t_0} A\,g(t-t_0) \xrightarrow{t \to t/a} A\,g(t/a-t_0) \neq A\,g\left(\frac{t-t_0}{a}\right)$$

이 결과는 앞선 결과와 다르다($a=1$ 또는 $t_0=0$인 경우에는 결과가 같음). 하지만 시간 이동과 시간 스케일링의 관계에 따라 두 번째 순서의 변화가 더 나을 수도 있다. 예를 들어 $A\,\mathrm{g}(bt - t_0)$와 같은 경우 진폭 스케일링, 시간 이동, 시간 스케일링의 순서로 변환을 이해하는 것이 가장 손쉬운 방법이다.

$$\mathrm{g}(t) \xrightarrow[\text{scaling, }A]{\text{amplitude}} A\,\mathrm{g}(t) \xrightarrow{t \to t - t_0} A\,\mathrm{g}(t - t_0) \xrightarrow{t \to bt} A\,\mathrm{g}(bt - t_0)$$

〈그림 2.34〉과 〈그림 2.35〉는 두 함수의 순차적 변환 단계를 그래프로 나타낸 것이다. 이 그림에서 특정한 점들은 알파벳을 이용해 변화를 관찰하기 쉽게 나타냈다. 알파벳을 통해 변환 전과 변환 후의 각 변화를 관찰할 수 있다.

스케일링과 이동과 같이 앞서 설명한 함수들은 신호를 매우 다양하게 표현하는데 도움을 준다. 예를 들면 t_0이전에는 존재하지 않다가 $t = t_0$부터 지수적으로 감소하는 신호와 같은 경우 $\mathrm{x}(t) = Ae^{-t/\tau}\,\mathrm{u}(t - t_0)$와 같은 간단한 수식으로 표현할 수 있다〈그림 2.36〉.

뿐만 아니라 $t = 0$에서는 음의 사인 함수 값을 가지고 $t = 0$에서는 양의 사인 함수 값을 가지는 함수 또한 $\mathrm{x}(t) = A\sin(2\pi f_0 t)\,\mathrm{sgn}(t)$와 같은 간단한 수식으로 표현할 수 있다〈그림 2.37〉.

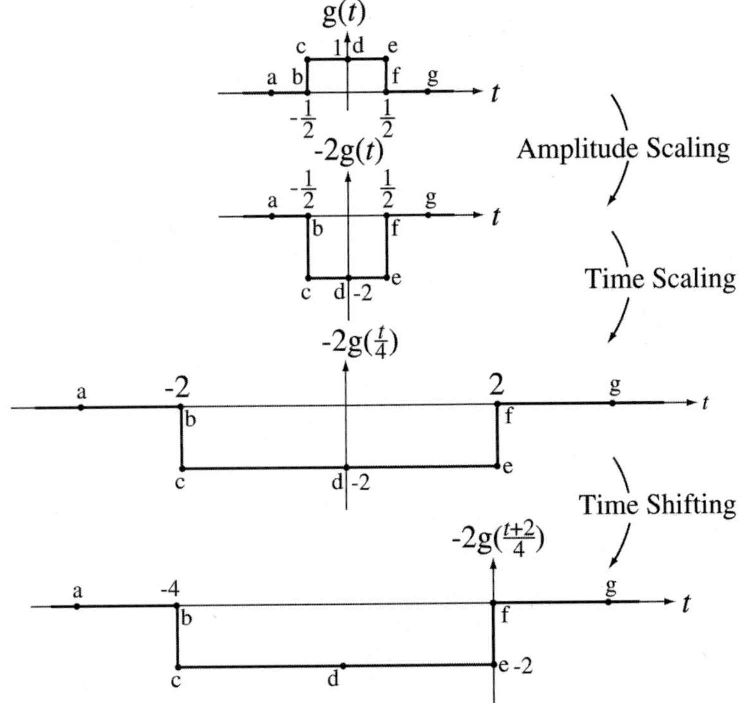

그림 2.34 순차적 변환(진폭 스케일링, 시간 스케일링, 시간 이동)

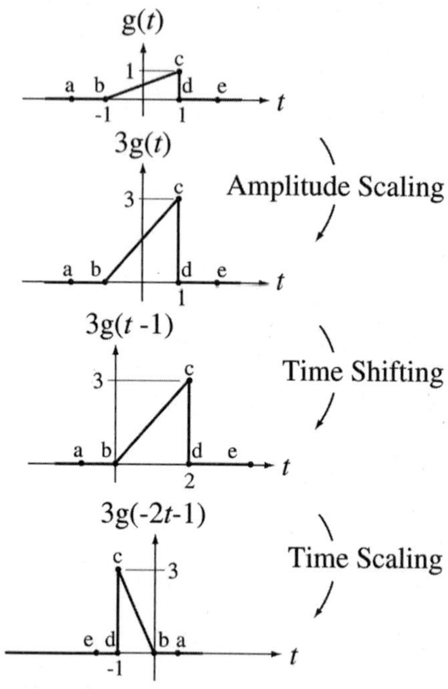

그림 2.35 순차적 변환(진폭 스케일링, 시간 이동, 시간 스케일링)

〈그림 2.38〉과 같이 $t = 1$에서 $t = 5$ 사이에만 존재하는 버스트(burst) 정현파 함수의 경우에도 $\mathrm{x}(t) = A\cos(2\pi f_0 t + \theta)\,\mathrm{rect}((t-3)/4)$으로 표현이 가능하다.

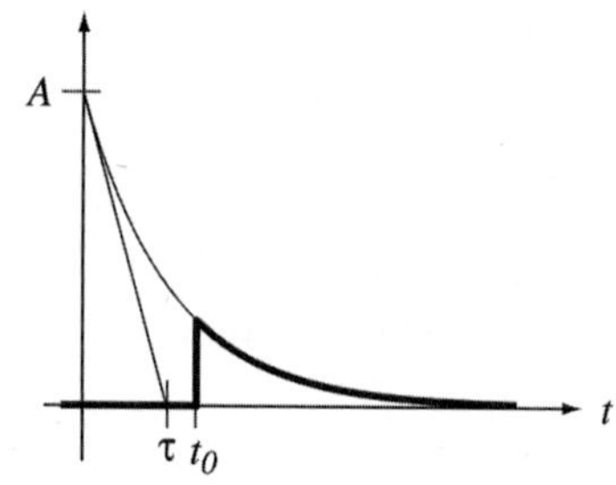

그림 2.36 $t = t_0$에서 스위치 'on'된 감소 지수 함수

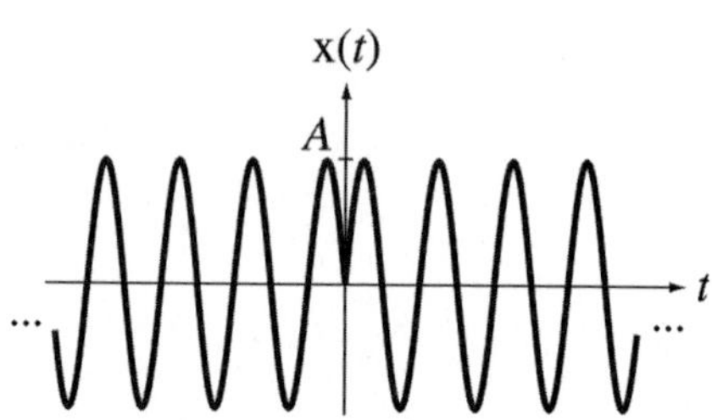

그림 2.37 사인 함수와 부호 함수의 곱

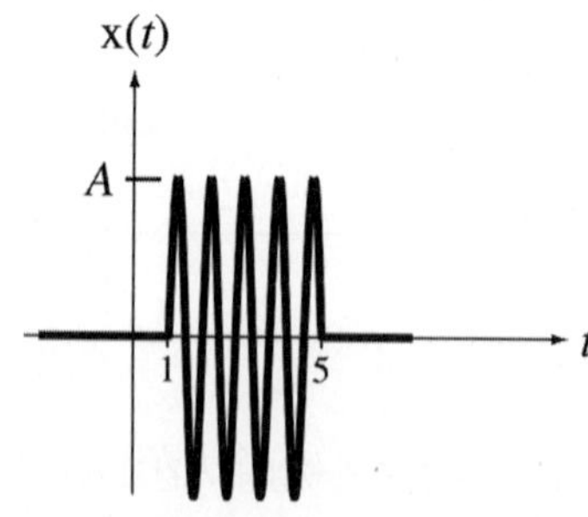

그림 2.38 사인 '버스트(burst)' 함수

예제 2.2

MATLAB을 사용한 스케일링과 이동 함수의 표현

MATLAB을 사용해 다음과 같이 정의된 함수를 그려보자.

$$g(t)=\begin{cases} 0, & t<-2 \\ -4-2t, & -2<t<0 \\ -4-3t, & 0<t<4 \\ 16-2t, & 4<t<8 \\ 0, & t>8 \end{cases}.$$

그리고 $3g(t+1)$, $(1/2)g(3t)$, $-2g((t-1)/2)$를 그려라.

■ 풀이

그래프를 그리기 위해서 먼저 그래프가 그려질 t구간 및 실제 함수에 가장 근접하도록 구간 t 안에서의 샘플 간격을 결정해야 한다. 여기서는 t를 $-5<t<20$으로, 샘플의 간격을 0.1로 설정했다. MATLAB 구현은 함수 $g(t)$의 표현을 사용하기 위해 따로 m파일을 작성했고 이에 따라 같은 함수를 다시 정의할 필요 없이 반복적으로 사용하도록 했다. g.m파일은 다음과 같은 내용을 가진다.

```
function y = g(t)
   % Calculate the functional variation for each range of time, t
   y1 = -4 - 2*t ; y2 = -4 + 3*t ; y3 = 16 - 2*t ;
   % Splice together the different functional variations in
   % their respective ranges of validity
   y = y1.*(-2<t & t<=0) + y2.*(0<t & t<=4) + y3.*(4<t & t<=8) ;
```

MATLAB 프로그램은 다음 코드를 포함한다.

```
%  Program to graph the function, g(t) = t^2 + 2*t - 1 and then to
%  graph 3*g(t+1), g(3*t)/2 and -2*g((t-1)/2).
tmin = -4 ; tmax = 20 ;      % Set the time range for the graph
dt = 0.1 ;                   % Set the time between points
t = tmin:dt:tmax ;           % Set the vector of times for the graph
g0 = g(t) ;                  % Compute the original "g(t)"
g1 = 3*g(t+1) ;              % Compute the first change
g2 = g(3*t)/2 ;              % Compute the second change
g3 = -2*g((t-1)/2) ;         % Compute the third change
```

```
% Find the maximum and minimum g values in all the scaled or shifted
% functions and use them to scale all graphs the same

gmax = max([max(g0), max(g1), max(g2), max(g3)]) ;
gmin = min([min(g0), min(g1), min(g2), min(g3)]) ;

% Graph all four functions in a 2 by 2 arrangement
% Graph them all on equal scales using the axis command
% Draw grid lines, using the grid command, to aid in reading values

subplot(2,2,1) ; p = plot(t,g0,'k') ; set(p,'LineWidth',2) ;
xlabel('t') ; ylabel('g(t)') ; title('Original Function, g(t)') ;
axis([tmin,tmax,gmin,gmax]) ; grid ;
subplot(2,2,2) ; p = plot(t,g1,'k') ; set(p,'LineWidth',2) ;
xlabel('t') ; ylabel('3g(t+1)') ; title('First Change) ;
axis([tmin,tmax,gmin,gmax]) ; grid ;
subplot(2,2,3) ; p = plot(t,g2,'k') ; set(p,'LineWidth',2) ;
xlabel('t') ; ylabel('g(3t)/2') ; title('Second Change) ;
axis([tmin,tmax,gmin,gmax]) ; grid ;
subplot(2,2,4) ; p = plot(t,g3,'k') ; set(p,'LineWidth',2) ;
xlabel('t') ; ylabel('-2g((t-1)/2)') ; title('Third Change) ;
axis([tmin,tmax,gmin,gmax]) ; grid ;
```

프로그램 실행 결과는 〈그림 2.39〉의 그래프로 표시된다.

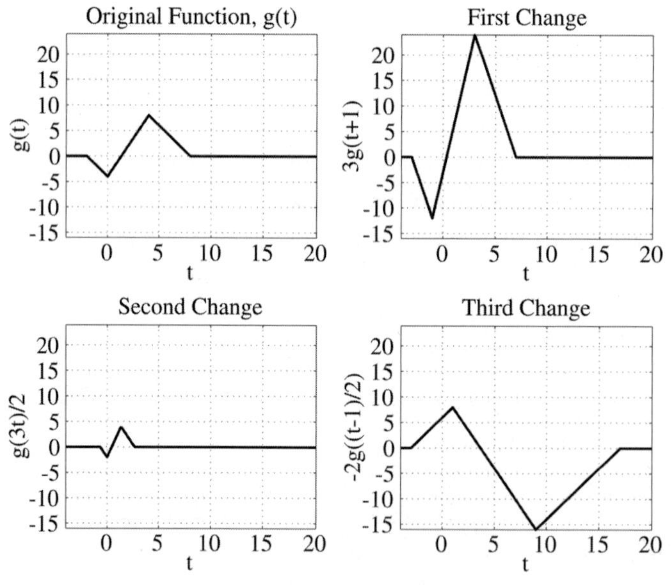

그림 2.39 스케일링, 이동된 함수의 MATLAB 그래프

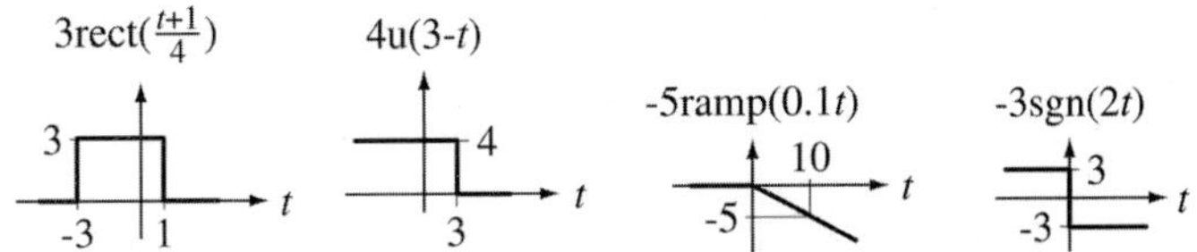

그림 2.40 진폭 스케일링, 시간 이동 및 시간 스케일링 된 함수의 예

〈그림 2.40〉은 앞에서 소개된 진폭 스케일링, 시간 이동, 시간 스케일링된 함수의 또 다른 예를 나타낸다.

2.6 미분과 적분

미분과 적분은 실제 시스템에서 자주 사용되는 신호처리 기법이다. 특정한 시간 t에서의 미분값은 그 지점에서의 기울기(slope)를 의미하고 적분은 지점 t까지 축적된 면적을 의미한다. 〈그림 2.41〉은 몇 가지 함수와 함수의 도함수를 나타내고 있다. 함수의 도함수가 0과 교차하는 지점에서 그 함수의 최대값과 최소값이 나타나며 이를 가는 실선으로 표시했다.

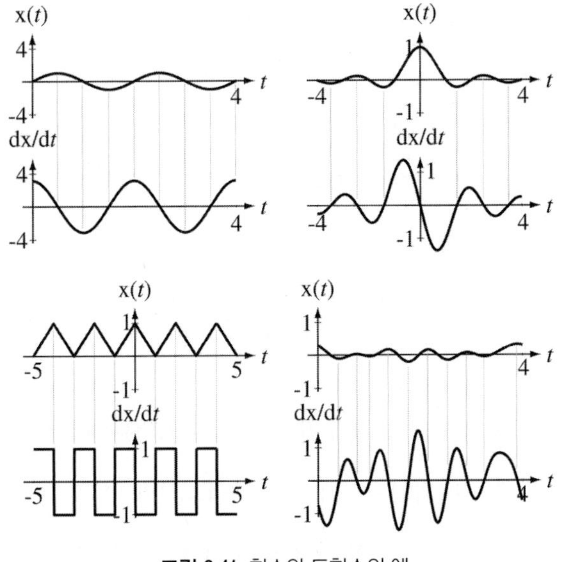

그림 2.41 함수와 도함수의 예

MATLAB에서 `diff`함수를 사용하면 어떤 함수에 대한 도함수를 수식 형태로 구할 수 있다.

```
>> x = sym('x') ;
>> diff(sin(x^2))
ans =
2*cos(x^2)*x
```

이 함수는 또한 수치적으로 하나의 벡터를 구성하는 인접한 인자들 사이의 차이를 구하는데 사용된다. 이렇게 구해진 유한한 차분 값을 독립변수의 증가량으로 나누면 이는 해당 벡터를 만들어 낸 함수의 미분으로 근사화된다.

```
>> dx = 0.1 ; x = 0.3:dx:0.8 ; exp(x)
ans =
    1.3499    1.4918    1.6487    1.8221    2.0138    2.2255
>> diff(exp(x))/dx
ans =
    1.4197    1.5690    1.7340    1.9163    2.1179
```

적분의 경우에는 미분에 비해 다소 복잡하다. 함수가 주어졌을 때 도함수가 존재한다면 미분은 명확하게 결정된다. 하지만 적분함수의 경우에는 정확하게 결정되지 않으며 또 다른 정보를 필요로 하게 된다. 이것은 미적분학에서 배우게 되는 적분 원리 중의 하나로 만약 $\mathrm{g}'(x)$라는 도함수를 갖는 $\mathrm{g}(x)$가 존재할 때 $\mathrm{g}'(x)$를 적분하면 $\mathrm{g}(x)+K$ (K는 적분 상수)와 같은 불확정 형태로 나타나는 것과 관련이 있다. 논리적으로 생각할 때 미분과 적분은 정반대의 연산이므로 $\mathrm{g}'(x)$의 적분은 $\mathrm{g}(x)$가 된다고 생각할 수 있지만 실제로는 임의의 K값을 가지는 $\mathrm{g}(x)+K$ 형태를 가지는 함수가 모두 포함된다.

'적분'이라는 용어는 문맥에 따라 다른 의미로 사용되지만 일반적으로는 미분과 적분은 반대되는 개념으로 사용된다. 시간에 대한 함수 $\mathrm{g}(t)$의 역 도함수(antiderivative)는 어떠한 시간에 대한 함수라도 상관 없이 도함수가 $\mathrm{g}(t)$와 같은 함수를 의미하고 구간이 정해지지 않은 적분을 가리킨다. 예를 들면 다음과 같다.

$$\frac{\sin(2\pi t)}{2\pi}=\int\cos(2\pi t)\,dt$$

여기서 $\sin(2\pi t)/2\pi$는 $\cos(2\pi t)$의 역도함수가 된다. 부정 적분(indefinite integral)은 역도 함수에 적분 상수를 더한 형태로 나타난다. 예로 $\mathrm{h}(t)=\int\mathrm{g}(t)\,dt+C$를 보자. 여기서 $\mathrm{h}(t)$는 $\mathrm{g}(t)$의 부정 적분이며 C는 적분 상수이다. 정 적분(definite integral)은 적분 범위를 가지는 적분으로 $A=\int_\alpha^\beta\mathrm{g}(t)\,dt$와 같은 형태를 가진다. 만약 α와 β가 상수이면 A는 α와 β구간 사이의 면적을 의미하므로 상수 값을 가지게 된다. 신호와 시스템 해석에서는 정적분의 특정한 형태인 $\mathrm{h}(t)=\int_{-\infty}^{t}\mathrm{g}(\tau)\,d\tau$가 자주 사용된다. 적분 변수는 t이며, t는 상수로서 취급되지만 적분이 종료되면 적분결과 $\mathrm{h}(t)$에서 t는 독립변수가 된다. 이러한 종류의 적분을 연속 적분(running integral)

또는 누적 적분(cumulative integral)이라고 부른다. 기하학적으로 이러한 적분은 t 이전의 모든 면적의 합을 구하게 되므로 t의 값에 따라 좌우된다.

실제 시스템에서는 종종 특정 시간 $t = t_0$ 이전의 신호가 존재하지 않는 신호를 접하게 된다. 이 경우 $t_1 < t_0$에서는 신호가 존재하지 않으므로 $\int_{-\infty}^{t_0} g(t)\,dt$는 0이 된다. 이것은 $t_1 < t_0$부터 $t > t_0$ 까지의 적분 결과가 결과적으로 $t = t_0$에서 t까지의 총 면적을 나타냄을 의미한다.

$$\int_{t_1}^{t} g(\tau)\,d\tau = \underbrace{\int_{t_1}^{t_0} g(\tau)\,d\tau}_{=0} + \int_{t_0}^{t} g(\tau)\,d\tau = \int_{t_0}^{t} g(\tau)\,d\tau$$

〈그림 2.42〉는 몇 가지 함수와 그것의 적분함수를 보여준다.

〈그림 2.42〉에서 오른쪽의 두 함수는 $t = 0$ 이전에 0의 값을 가지고 적분함수는 적분 하한을 0보다 작다고 가정하고 있기 때문에 하나의 명확한 값을 구할 수 있다. 다른 두 함수는 상수만큼의 차이를 가지는 여러 가지의 적분함수를 가질 수 있다. 이 적분함수들은 모두 같은 도함수를 가지며 부가적인 정보가 없는 한 모두가 정답이 될 수 있다.

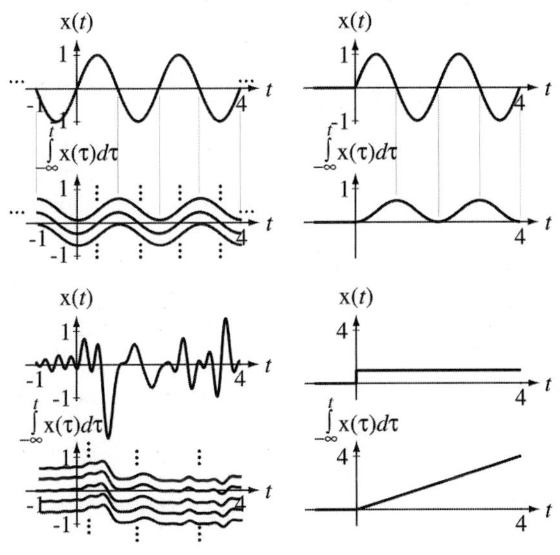

그림 2.42 몇 가지 함수와 적분함수

MATLAB의 `int`함수는 어떤 수식을 적분하여 그 결과를 수식의 형태로 보여주는 기호적분(symbolic integration) 연산을 수행할 수 있다.

```
>> sym('x') ;
>> int(1/(1+x^2))
ans =
atan(x)
```

수치적인 적분에서는 int함수는 사용할 수 없고 cumsum함수를 사용해야 한다.

```
>> cumsum(1:5)
ans =
    1    3    6    10    15
>> dx = pi/16 ; x = 0:dx:pi/4 ; y = sin(x)
y =
    0    0.1951   0.3827   0.5556   0.7071
>> cumsum(y)*dx
ans =
    0    0.0383   0.1134   0.2225   0.3614
```

MATLAB에서 또 다른 좀 더 정교한 수치적인 적분함수는 사다리꼴 근사치를 사용하는 trapz 함수와 적응형 simpson 적분법을 사용하는 quad함수가 있다.

2.7 우함수와 기함수

몇몇 함수의 경우 독립변수나 종속변수의 변화에 따른 변환 특성을 가지지만 실제로 함수의 값은 변화하지 않는다. 이것을 변화에 대한 불변성(invariant)이라고 한다. 우함수(even function)의 경우 $t \to -t$와 같은 시간 스케일링에 대한 불변성을 가지고, 기함수(odd function)의 경우에는 $g(t) \to -g(-t)$와 같은 진폭 스케일링과 시간 스케일링에 대한 불변성을 가진다.

> 우함수는 $g(t) = g(-t)$를 만족시키는 함수이고, 기함수는 $g(t) = -g(-t)$를 만족시키는 함수이다.

우함수와 기함수를 표현하기 위한 간단한 방법으로 함수를 세로축($g(t)$축)에 대해 대칭 시키는 방법을 생각해 볼 수 있다. 우함수의 경우에는 $t > 0$에서의 $g(t)$와 $t < 0$에서의 $g(t)$가 서로 대칭이 되고 기함수의 경우에는 $t > 0$의 함수 부분과 $t < 0$의 함수 부분이 서로 음의 대칭관계를 가진다〈그림 2.43와 2.44〉.

우함수, 기함수 그리고 우함수도 기함수도 아닌 함수들이 존재하지만 어떠한 함수이든지 $g(t) = g_e(t) + g_o(t)$처럼 해당 함수의 우함수 부분과 기함수 부분의 합으로 표현이 가능하다. 다시 말해 모든 함수는 우함수 부분과 기함수 부분의 조합으로 이루어져 있고 다음과 같이 표현할 수 있다.

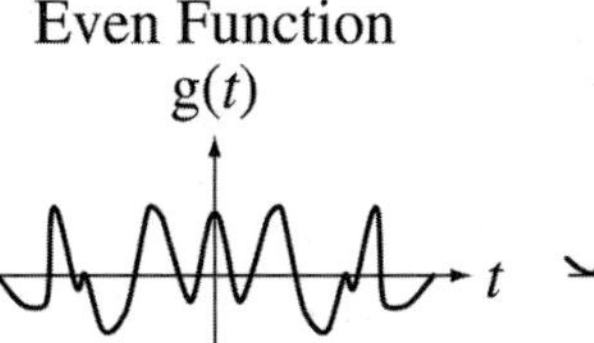

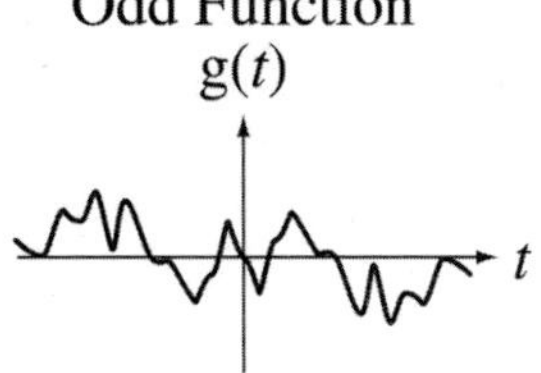

그림 2.43 우함수와 기함수의 예

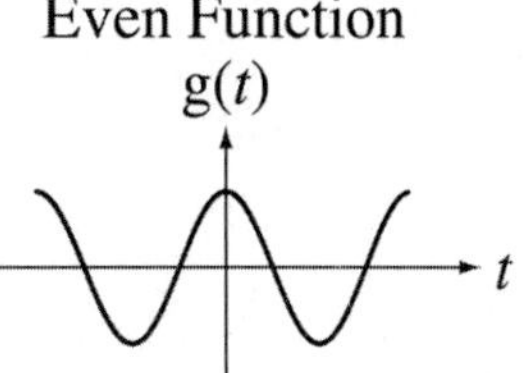

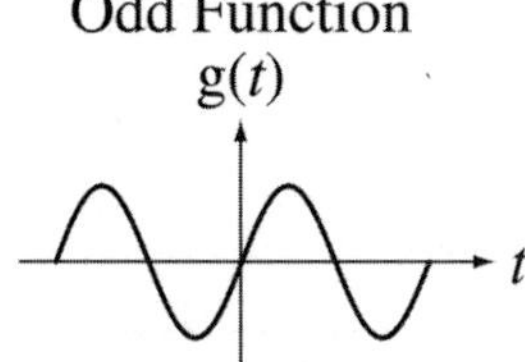

그림 2.44 우함수와 기함수의 대표적인 두 가지 예

$$\boxed{g_e(t) = \frac{g(t) + g(-t)}{2}, \quad g_o(t) = \frac{g(t) - g(-t)}{2}} \tag{2.13}$$

만약 함수의 기함수 부분이 0이면 이 함수는 우함수가 되고, 우함수 부분이 0이면 이 함수는 기함수가 된다.

예제 2.3

함수의 우함수와 기함수 부분

함수 $g(t) = t(t^2 + 3)$의 우함수와 기함수 부분을 구하라.

■ 풀이

우함수 부분과 기함수 부분은 다음과 같다.

$$g_e(t) = \frac{g(t) + g(-t)}{2} = \frac{t(t^2 + 3) + (-t)[(-t)^2 + 3]}{2} = 0$$

$$g_o(t) = \frac{t(t^2 + 3) - (-t)[(-t)^2 + 3]}{2} = t(t^2 + 3)$$

따라서 $g(t)$는 기함수다.

```
%   Program to graph the even and odd parts of a function
function GraphEvenAndOdd
   t = -5:0.1:5 ;              % Set up a time vector for the graph
   ge = (g(t) + g(-t))/2 ;     % Compute the even-part values
   go = (g(t) - g(-t))/2 ;     % Compute the odd-part values
   %   Graph the even and odd parts
   subplot(2,1,1) ;
   ptr = plot(t,ge,'k') ; set(ptr,'LineWidth',2) ; grid on ;
   xlabel('\itt','FontName','Times','FontSize',24) ;
   ylabel('g_e({\itt})','FontName','Times','FontSize',24) ;
```

```
    subplot(2,1,2) ;
    ptr = plot(t,go,'k') ; set(ptr,'LineWidth',2) ; grid on ;
    xlabel('\itt','FontName','Times','FontSize',24) ;
    ylabel('g_o({\itt})','FontName','Times','FontSize',24) ;
function y = g(x)    % Function definition for g(x)
    y = x.*(x.^2+3) ;
```

〈그림 2.45〉는 MATLAB 프로그램 결과를 그래프로 나타낸 것이다.

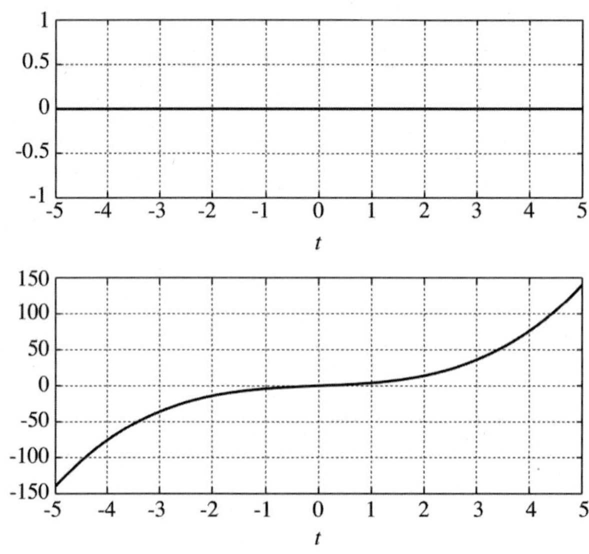

그림 2.45 MATLAB 프로그램의 결과 그래프

이 MATLAB 코드의 예는 키워드 함수로부터 시작한다. function으로 시작하지 않는 MATLAB 프로그램 파일을 스크립트(script) 파일이라고 부른다. function으로 시작하는 파일은 함수를 정의한다. 이 예제의 코드는 두 개의 함수 정의가 포함되어 있다. 두 번째 함수는 부 함수(sub function)라 하는데 주 함수(main function)(여기서는 GraphEvenAndOdd)에서만 사용되고 다른 외부의 함수 또는 스크립트에서 접근할 수 없다. 함수 파일은 부 함수(sub function)를 가질 수 있지만 스크립트 파일은 부 함수를 사용할 수 없다.

■

우함수와 기함수의 조합

함수 $g_1(t)$와 $g_2(t)$가 모두 우함수라고 가정하면 $g_1(t)=g_1(-t)$, $g_2(t)=g_2(-t)$이 성립한다. $g(t)=g_1(t)+g_2(t)$라고 가정하면 $g(-t)=g_1(-t)+g_2(-t)$가 되고 우함수의 특성에 의해 $g(-t)=$

$g_1(t) + g_2(t) = g(t)$가 되므로 두 우함수의 합도 우함수가 된다. 두 우함수의 곱 $g(t) = g_1(t)g_2(t)$의 경우, $g(-t) = g_1(-t)g_2(-t)$이 되고 $g(-t) = g_1(t)g_2(t) = g(t)$이 되므로 두 우함수의 곱 또한 우함수가 된다.

함수 $g_1(t)$와 $g_2(t)$가 모두 기함수인 경우, 기함수의 특성에서부터 $g(-t) = g_1(-t) + g_2(-t) = -g_1(t) - g_2(t) = -g(t)$가 되므로 두 개의 기함수를 더하면 기함수가 됨을 알 수 있다. 또한 $g(-t) = g_1(-t)g_2(-t) = [-g_1(t)][-g_2(t)] = g_1(t)g_2(t) = g(t)$가 되어 기함수 사이의 곱은 우함수가 됨을 알 수 있다.

유사한 방법으로 우함수 사이의 덧셈, 뺄셈, 곱셈, 나눗셈이 모두 우함수로 나타나고 기함수 사이의 덧셈과 뺄셈은 기함수, 곱셈과 나눗셈은 우함수로 나타남을 알 수 있다. 두 함수 중 하나의 함수는 기함수, 하나의 함수는 우함수인 경우에는 곱과 나눗셈이 기함수로 나타난다 〈그림 2.46〉.

함수 형태	덧셈	뺄셈	곱셈	나눗셈
모두 우함수	우함수	우함수	우함수	우함수
모두 기함수	기함수	기함수	우함수	우함수
우함수, 기함수	둘 다 아님	둘 다 아님	기함수	기함수

그림 2.46 우함수와 기함수의 연산결과

신호와 시스템 해석에서 가장 중요한 우함수와 기함수는 코사인 함수와 사인 함수인데 코사인 함수는 우함수고 사인 함수는 기함수다. 〈그림 2.47~2.49〉는 우함수와 기함수의 곱셈에 대한 몇 가지 예를 보여준다.

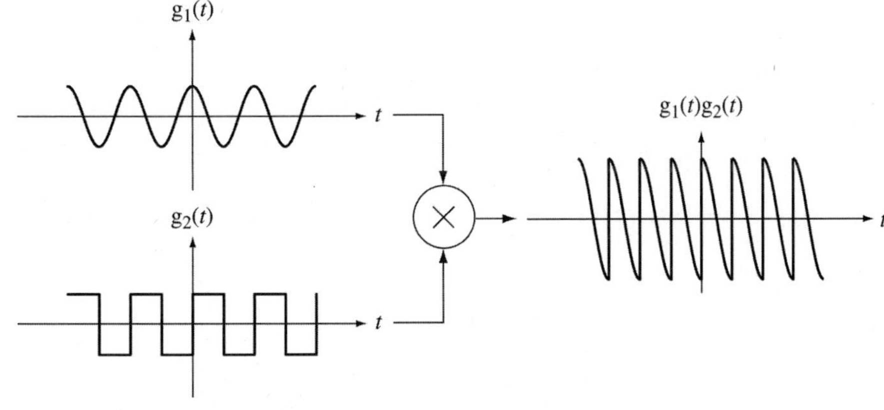

그림 2.47 우함수와 기함수의 곱

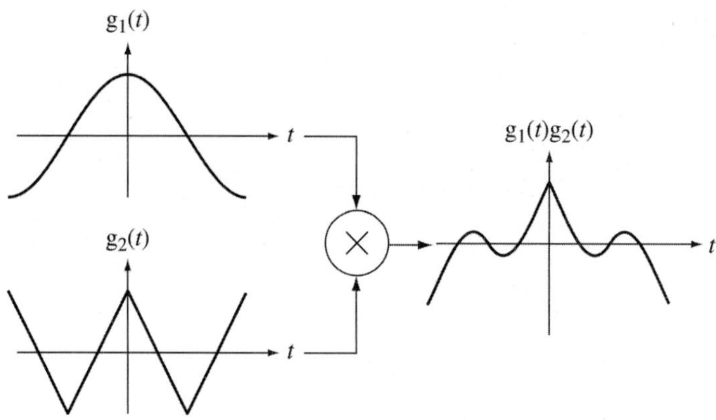

그림 2.48 우함수 곱

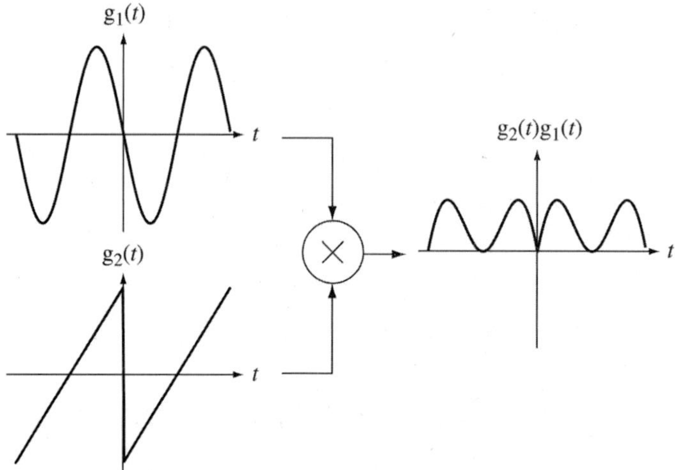

그림 2.49 기함수 곱

$g(t)$가 우함수인 경우 $g(t) = g(-t)$이 성립한다. 미분의 연쇄법칙(chain rule)에 따라 $g(t)$의 도함수 $g'(t) = -g'(-t)$가 되어 기함수가 된다. 따라서 모든 우함수의 도함수는 기함수가 된다. 이와 유사하게 모든 기함수의 도함수는 우함수가 된다. 바꿔 말하면 어떤 우함수를 적분하면 기함수에 적분 상수를 더한 꼴의 결과가 나오게 되며 기함수를 적분하면 우함수에 적분 상수가 더해진 형태가 나오게 된다(이때, 더해지는 적분 상수는 우함수이므로 결과적으로 우함수가 된다.) 〈그림 2.50〉.

함수 형태	도함수	적분함수
우함수	기함수	기함수+상수
기함수	우함수	우함수

그림 2.50 우함수와 기함수의 도함수 및 적분함수

우함수와 기함수의 미분과 적분

우함수나 기함수의 정 적분은 특정한 경우 단순화가 가능하다. 만약 g(t)가 우함수이고 a가 상수라면 다음과 같은 수식이 성립된다.

$$\int_{-a}^{a} g(t)\,dt = \int_{-a}^{0} g(t)\,dt + \int_{0}^{a} g(t)\,dt = -\int_{0}^{-a} g(t)\,dt + \int_{0}^{a} g(t)\,dt$$

첫 번째 항에서 $\tau=-t$로 바꾸면 우함수의 특성, $g(\tau)=g(-\tau)$에 의해 $\int_{-a}^{a} g(t)\,dt = 2\int_{0}^{a} g(t)\,dt$으로 변환할 수 있다. 이것은 〈그림 2.51〉(a)에서 명확하게 확인할 수 있다. 유사한 방법으로 g(t)가 기함수 일 때에는 $\int_{-a}^{a} g(t)\,dt = 0$이 되는 것을 〈그림 2.53〉(b)에서 확인할 수 있다.

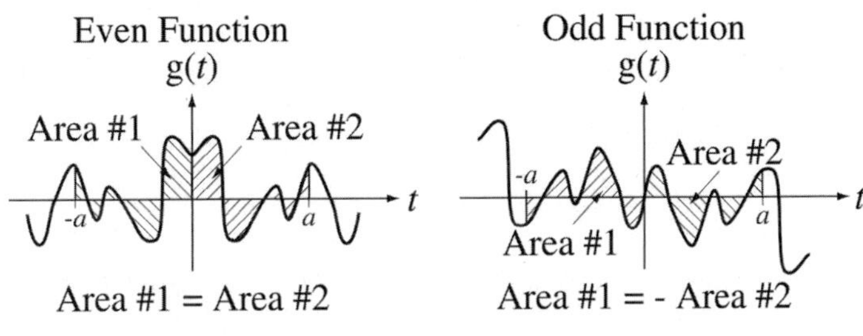

그림 2.51 (a)우함수, (b)기함수의 적분 대칭성

2.8 주기 신호

주기 신호(periodic signal)는 어떤 특정한 패턴이 무한한 시간 동안 반복되어 발생하는 신호이다.

> 주기 함수 g(t)는 임의의 정수 n에 대해 $g(t) = g(t+nT)$를 만족시키는 함수이고 여기서 T는 함수의 주기(period)이다.

주기 함수는 $t \to t+nT$로 시간 이동이 일어날 때 함수의 값이 변하지 않는 함수라고 생각할 수도 있다. 이때 함수는 T 마다 반복되는데 $2T$, $3T$ 또는 nT 마다 반복된다고도 볼 수 있다(n은 정수). 따라서 $2T$, $3T$, nT는 모두 함수의 주기이다. 함수가 반복되는데 걸리는 시간 중 양의 값을 가지는 가장 작은 값을 기본 주기(fundamental period) T_0라고 한다. 기본 주파수(fundamental frequency) f_0는 $f_0 = 1/T_0$로 기본 주기에서 역수이고 기본 각 주파수(fundamental radian frequency) $\omega_0 = 2\pi f_0 = 2\pi/T_0$이다.

주기 함수의 대표적인 예로는 정현파 신호와 복소 정현파 신호 그리고 두 신호가 혼합된 형태가 있다. 차후에는 더 복잡한 주기 신호에 대한 수학적 표현방법과 그래프 표현을 다룰 예정이다. 〈그림 2.52〉는 주기 함수의 몇 가지 예를 보여준다. 주기를 가지고 있지 않은 함수는 비주기(aperiodic) 함수라고 한다.

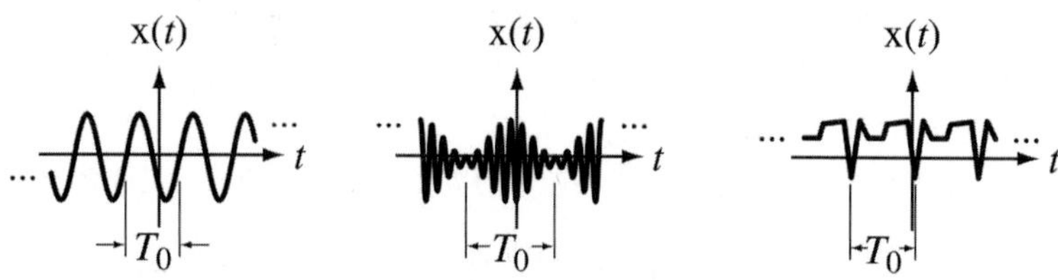

그림 2.52 기본 주기 T_0을 가지는 주기 신호의 예

엄밀히 말하면 함수는 특정 시간에서 시작되고 특정시간에서 종료되기 때문에 실제 시스템에서 주기 함수는 존재하지 않는다. 그러나 신호가 분석하려는 시간보다 훨씬 이전부터 존재 했고 분석 이후에도 오래 지속되는 경우는 종종 존재한다. 이러한 경우 신호를 주기 함수로 가정하고 이때 발생하는 오차는 무시하곤 한다. AC-DC 컨버터에서 정류된 정현파, 텔레비전의 수평동기(horizontal sync) 신호, 발전기의 각 운동 샤프트(angular shaft) 위치, 정속 주행하는 자동차 플러그의 발화 패턴, 손목시계의 석영 크리스탈(quartz cristal)의 진동, 괘종시계 진자의 각도 등을 예로 들 수 있다. 대부분의 자연 현상은 주기적이다. 행성, 위성, 혜성의 궤도, 달의 위상, 세슘원자에서 방출하는 전자기장, 철새의 이동 경로, 순록의 교배기 등이 그 예이다. 따라서 주기적 현상은 자연 및 인공의 세계 모두에서 중요한 역할을 담당하고 있다.

신호와 시스템 해석에서는 두 가지의 주기신호가 섞여 있는 경우를 종종 접하게 된다. $x_1(t)$가 기본 주기 T_{01}을 갖는 주기신호, $x_2(t)$가 기본 주기 T_{02}를 갖는 주기신호라고 할 때 $x(t)=x_1(t)+x_2(t)$라고 하자. 만약 T_{01}의 정수배 이면서 T_{02}의 정수배인 T가 존재한다고 하면 T는 $x_1(t)$과 $x_2(t)$ 두 가지 신호 모두에 대한 주기라고 할 수 있으며 다음과 같은 수식이 성립한다.

$$x_1(t)=x_1(t+T) \text{ and } x_2(t)=x_2(t+T) \tag{2.14}$$

$x(t)=x_1(t)+x_2(t)$에 시간 이동 $t \to t+T$를 적용하면 다음과 같다.

$$x(t+T)=x_1(t+T)+x_2(t+T) \tag{2.15}$$

수식 (2.15)에 수식 (2.14)를 적용하면 다음의 식을 얻을 수 있다.

$$x(t+T) = x_1(t) + x_2(t) = x(t)$$

여기서 x(*t*)가 T를 주기로 가짐을 알 수 있다. T_{01}과 T_{02}의 정수배를 만족하는 가장 작은 양의 T 값은 x(*t*)의 기본 주기이다. 이때 T는 T_{01}과 T_{02}의 최소공배수(LCM, least common multiple)이다. T_{01}/T_{02}가 유리수라면 유한한 최소공배수를 가지고 x(*t*)는 주기 함수가 된다. T_{01}/T_{02}가 유리수가 아니면 x(*t*)는 비주기 함수다.

두 주기 함수 합의 주기를 찾을 때 최소공배수를 사용하는 것보다 간단한 방법이 있다. 기본 주기가 두 함수의 최소공배수인 함수가 있다면 두 함수를 더한 함수의 기본 주파수는 두 함수의 기본 주파수의 최대공약수(GCD, great common divisor)이며 이것은 두 기본 주기의 최소공배수의 역수를 취한 것과 같다.

예제 2.4

신호의 기본 주기

다음 신호가 주기 신호인지 판별하고 만약, 주기 신호라면 기본 주기를 구하라.

(a) $g(t) = 7\sin(400\pi t)$

(b) $g(t) = 3 + t^2$

(c) $g(t) = e^{-j60\pi t}$

(d) $g(t) = 10\sin(12\pi t) + 4\cos(18\pi t)$

(e) $g(t) = 10\sin(12\pi t) + 4\cos(18t)$

■ 풀이

(a) $g(t) = 7\sin(400\pi t)$

사인 함수는 전체 인수가 2π 라디안의 정수배만큼 증가하거나 감소할 때 그 값이 반복된다. 그러므로

$$\sin(400\pi t \pm 2n\pi) = \sin[400\pi(t \pm nT_0)]$$

여기서

$$400\pi t \pm 2n\pi = 400\pi(t \pm nT_0)$$

$$\pm 2n\pi = \pm 400\pi nT_0$$

$$T_0 = 1/200$$

을 구할 수 있다.

기본 주기를 구하는 또 다른 방법은 $7\sin(400\pi t)$를 $A\sin(2\pi f_0 t)$ 또는 $A\sin(\omega_0 t)$ 형태로 변환하는 것이다. 여기서 f_0는 기본 주파수이고 ω_0은 기본 각 주파수다. 이 경우 $f_0 = 200$, $\omega_0 = 400\pi$이 된다. 기본 주기는 기본 주파수의 역수이므로 기본 주기 $T_0 = 1/200$이 된다.

(b) $g(t) = 3 + t^2$

이 함수는 2차 다항식으로 t의 값이 0에서 증가하거나 감소함에 따라 단조롭게 증가하는 성질을 가진다(값이 한 방향으로만 증가한다). 단조 증가하는 함수는 함수 값이 현재 t위치에서의 값보다 항상 커지거나 작아지므로 주기를 가질 수 없다. 따라서 이 함수는 주기 함수가 아니다.

(c) $g(t) = e^{-j60\pi t}$

이 함수는 복소 정현파 함수로 오일러의 정리에 따라 다음과 같이 사인 함수와 코사인 함수의 합으로 표현할 수 있다.

$$g(t) = \cos(60\pi t) - j\sin(60\pi t)$$

함수 $g(t)$는 기본 주파수가 $60\pi/2\pi = 30$로 같은 두 주기 신호의 선형 결합으로 이루어져 있다. 따라서 함수 $g(t)$의 기본 주파수는 30Hz이고 기본 주기는 1/30초가 된다.

(d) $g(t) = 10\sin(12\pi t) + 4\cos(18\pi t)$

이 함수는 두 개의 주기 함수 합으로 이루어져 있다. 첫 번째 함수의 기본주기는 1/6초이고 두 번째 함수는 1/9초이다. 여기서 최소공배수는 1/3초가 된다(웹 부록 B에 최소공배수를 시스템적인 방법으로 구하는 방법이 있다). 이 기본 주기는 첫 번째 함수의 두 주기와 두 번째 함수의 세 기본 주기가 포함된다. 따라서 전체 함수의 기본 주기는 1/3초가 된다〈그림 2.53〉.

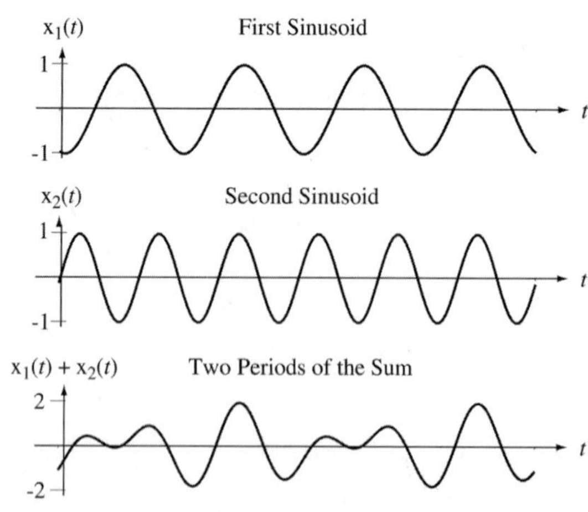

그림 2.53 6Hz와 9Hz 주파수를 가지는 신호와 두 신호의 합

두 함수의 기본 주파수는 각각 6Hz와 9Hz이고 두 주파수의 최대공약수(GCD)는 3Hz가 된다. 즉, 기본 주파수는 기본 주기 1/3초의 역수로 두 함수 주기의 최소공배수의 역수이다.

(e) $g(t) = 10\sin(12\pi t) + 4\cos(18t)$

두 번째 함수에서 π가 제외된 것 외에는 (d)의 함수와 같다. 두 함수의 기본 주기는 각각 1/6초와 $\pi/9$초이고 두 기본 주기의 비율은 $2\pi/3$, $3/2\pi$로 유리수가 아니다. 따라서 $g(t)$는 비주기 함수다. 이 함수는 두 가지 주기 함수의 합으로 이루어져 있지만 유한한 시간 내에서 반복되지 않기 때문에 주기 함수로 볼 수 없다(이러한 함수는 그래프로 표현했을 때 유한한 시간에서 반복되는 것처럼 보이기 때문에 '거의 주기적인 함수(almost periodic)'라고도 한다. 그러나 엄밀히 말하여 이것은 비주기 함수다).

■

MATLAB의 `lcm`함수로 최소공배수를 구할 수 있다. 이 함수는 두 개의 인수(정수이거나 정수의 열)의 최소공배수만 구할 수 있어 다소 제한적이다. 또한 `gcd`함수는 두 개의 정수나 정수의 열의 최대공약수를 구할 수 있다.

2.9 신호의 에너지와 전력

신호의 에너지

모든 물리적인 활동은 에너지의 전달에 의해 수행되고 에너지를 가지지 않은 입력에 대해 출력을 내보내는 시스템은 존재하지 않는다. 따라서 신호의 에너지와 전력을 정의하는 것은 매우 중요하다. 신호와 시스템을 연구할 때 신호는 종종 수학적인 개념으로 다루어지며 신호의 물리적 중요성은 해석의 단순화를 위해서 무시되기도 한다. 전기 신호의 대표적인 신호는 전압과 전류이지만 전하(charge)나 전기장(electric field), 그 외의 정량적 물리 신호도 사용될 수 있다. 다른 종류의 시스템에서는 힘(force), 온도, 화학적 농도, 중성자속(neutron flux) 등이 그러한 신호의 예가 된다. 여러 가지 종류의 물리적 신호들이 시스템에서 사용되기 때문에 신호 에너지(signal energy)라는 용어를 정의할 필요가 있다. 신호의 에너지는 신호의 크기를 제곱한 값의 면적으로 정의된다. 신호 $x(t)$의 에너지는 다음과 같다.

$$E_x = \int_{-\infty}^{\infty} |x(t)|^2 \, dt \tag{2.16}$$

따라서 신호의 에너지 단위는 신호의 단위에 따라 결정된다. 만약 신호의 단위가 전압(V)이면 신호의 에너지는 V^2로 표현된다. 신호의 에너지는 이렇게 신호에 의해서 전달되는 실제 물리 에너지와 비례하게 정의되며 물리적 에너지와 꼭 같을 필요는 없다. 저항 R에 흐르는 전류신호 $i(t)$에 의해 저항에 전달되는 실제 에너지는 다음과 같다.

$$\text{Energy} = \int_{-\infty}^{\infty} |i(t)|^2 R \; dt = R\int_{-\infty}^{\infty} |i(t)|^2 \, dt = RE_i$$

이로부터 신호의 에너지는 실제 에너지와 비례 관계에 있고 이 경우에는 R이 비례 상수가 됨을 확인할 수 있다. 만약 신호의 종류가 바뀌게 되면 비례 상수도 변화한다. 시스템 해석에서 신호의 에너지를 사용하는 것이 실제 물리적 에너지를 사용하는 것보다 편리하다.

예제 2.5

신호의 에너지

$$x(t) = \begin{cases} 3(1-|t/4|), & |t| < 4 \\ 0, & \text{otherwise} \end{cases}$$

$x(t)$의 신호 에너지를 구하라.

■ 풀이

신호의 에너지 정의로부터

$$E_x = \int_{-\infty}^{\infty} |x(t)|^2 \, dt = \int_{-4}^{4} |3(1-|t/4|)|^2 \, dt$$

을 얻을 수 있다. $x(t)$가 우함수이므로 다음과 같이 간단히 풀 수 있다.

$$E_x = 2\times 3^2 \int_0^4 (1-t/4)^2 \, dt = 18\int_0^4 \left(1 - \frac{t}{2} + \frac{t^2}{16}\right) dt = 18\left[t - \frac{t^2}{4} + \frac{t^3}{48}\right]_0^4 = 24$$

■

신호의 전력

많은 경우 무한한 신호의 에너지를 가지기 때문에 $E_x = \int_{-\infty}^{\infty} |x(t)|^2 \, dt$의 결과가 수렴하지 않는다.

이러한 문제는 신호에 시간제한(time limited)이 되어 있지 않는 경우에 발생한다(시간제한의 의미는 제한된 시간 구간 안에서만 0이 아닌 신호가 존재한다는 의미이다). 예를 들어 $x(t) = A\cos(2\pi f_0 t)$, $A \neq 0$과 같은 정현파 신호는 신호를 제곱한 뒤 면적의 합이 무한하기 때문에 무한한 에너지를 가진다. 이러한 신호들은 신호의 에너지를 구하는 것보다 신호 평균전력을 구하는 것이 더 간편하다. 신호 $x(t)$의 평균전력은 다음과 같이 정의된다.

$$\boxed{P_x = \lim_{T\to\infty} \frac{1}{T} \int_{-T/2}^{T/2} |x(t)|^2 \, dt} \tag{2.17}$$

이와 같은 정의에서 신호의 평균전력은 주어진 신호를 T구간에 대하여 적분한 뒤 주기 T로 나누어서 구할 수 있다. 여기서 T가 무한히 커진다고 생각하면 신호의 평균전력은 시간 영역 전체에 대한 신호의 전력이 된다.

주기 신호의 경우 신호의 평균전력은 간단하게 계산된다. 주기 함수의 전체의 평균 전력은 한 주기의 평균전력을 구한 결과와 같다. 따라서 다음과 같은 식이 성립한다.

$$P_x = \frac{1}{T} \int_{t_0}^{t_0+T} |x(t)|^2 \, dt = \frac{1}{T} \int_T |x(t)|^2 \, dt$$

여기서 $\int_T$는 임의의 t_0에 대해 $\int_{t_0}^{t_0+T}$의 의미를 가지며, T는 $|x(t)|^2$의 주기를 나타낸다.

예제 2.6

정현파 신호의 전력

$x(t) = A\cos(2\pi f_0 t + \theta)$ 신호의 전력을 구하라.

■ 풀이

주기 신호의 전력에 대한 정의에서부터

$$P_x = \frac{1}{T} \int_T |A\cos(2\pi f_0 t + \theta)|^2 \, dt = \frac{A^2}{T_0} \int_{-T_0/2}^{T_0/2} \cos^2(2\pi t/T_0 + \theta) \, dt$$

가 된다.

삼각 함수 공식을 적용하면

$$\cos(x)\cos(y) = (1/2)[\cos(x-y) + \cos(x+y)]$$

에서 다음과 같은 수식을 얻는다.

$$P_x = \frac{A^2}{2T_0}\int_{-T_0/2}^{T_0/2}[1+\cos(4\pi t/T_0 + 2\theta)]dt = \frac{A^2}{2T_0}\int_{-T_0/2}^{T_0/2} dt + \underbrace{\frac{A^2}{2T_0}\int_{-T_0/2}^{T_0/2}\cos(4\pi t/T_0 + 2\theta)\,dt}_{=0} = \frac{A^2}{2}$$

우측 항의 두 번째 적분은 두 개의 기본 주기 구간에 대한 정현파의 적분이므로 0이 된다. 따라서 신호의 전력은 $P_x = A^2/2$가 된다. 이 결과는 위상 θ와 주파수 f_0에는 무관하며 오로지 진폭 A에 의해서만 결정된다.

■

유한한 에너지를 가지는 신호를 에너지 신호(energy signal)라고 부르며 에너지가 무한하고 평균 전력이 유한한 신호를 전력 신호(power signal)라고 부른다. 실제로 무한한 에너지나 전력을 가지는 경우는 존재할 수 없기 때문에 실제의 신호들은 유한한 에너지와 유한한 전력만 가지게 된다. 하지만 정현파 신호의 예와 같이 수학적인 정의에 따라 신호를 해석하기 위해서 무한한 에너지의 신호에 대한 해석을 하게 된다. 이 경우 실제로 존재하지 않는 신호이지만 실제 존재하는 신호와 비교했을 때 해석의 유사성은 매우 높다. 그 이유는 수학적 정현파는 무한한 에너지를 가지는 신호로 항상 존재해 왔고 앞으로도 존재하는 것을 의미하기 때문이다. 물론 실제로 사용되는 신호들과 정현파가 완벽히 같을 수는 없다. 실제로 존재하는 신호는 특정한 시간에 시작되어 일정한 시간이 지나면 종료되는 경우가 대부분으로 제한된 시간에서만 존재하므로 유한한 에너지를 가진다. 하지만 대부분의 시스템 해석은 정상상태(steady-state)에서 이루어지기 때문에 실제로 해석에 사용되는 신호는 대부분 주기 함수로 볼 수 있다. 이러한 분석은 실제와 매우 유사하고 정확한 분석보다 간단하고 이를 통해 유용한 결과를 얻을 수 있다. 모든 주기 함수는 모든 시간영역($x(t) = 0$ 경우 제외)에 대해서 정의되기 때문에 전력 신호라고 할 수 있다.

예제 2.7

MATLAB을 이용한 신호의 에너지와 전력 구하기

MATLAB을 사용하여 신호의 에너지 또는 전력을 구하고 이를 실제 계산 값과 비교하라.

(a) $x(t) = 4e^{-t/10}\,\text{rect}\left(\frac{t-4}{3}\right)$,

(b) 기본 주기 10을 갖는 주기 신호의 한 주기는 다음과 같다.

$x(t) = -3t,\ -5 < t < 5.$

■ 풀이

```
%  Program to compute the signal energy or power of some example
   signals
%  (a)

dt = 0.1 ; t = -7:dt:13 ;  %  Set up a vector of times at which to
                           %  compute the function. Time interval
                           %  is 0.1

%  Compute the function values and their squares
x = 4*exp(-t/10).*rect((t-4)/3) ;
xsq = x.^2 ;

Ex = trapz(t,xsq) ;        %  Use trapezoidal-rule numerical
                           %  integration to find the area under
                           %  the function squared and display the
                           %  result

disp(['(a) Ex = ',num2str(Ex)]) ;

%  (b)
T0 = 10 ;                  %  The fundamental period is 10.

dt = 0.1 ; t = -5:dt:5 ;   %  Set up a vector of times at which to
                           %  compute the function. Time interval
                           %  is 0.1.

x = -3*t ; xsq = x.^2 ;    %  Compute the function values and
                           %  their squares over one fundamental
                           %  period

Px = trapz(t,xsq)/T0 ;     %  Use trapezoidal-rule numerical
                           %  integration to find the area under
                           %  the function squared, divide the
                           %  period and display the result
disp(['(b) Px = ',num2str(Px)]) ;
```

이 프로그램의 출력은 다음과 같다.

```
(a) Ex = 21.5177
(b) Px = 75.015
```

계산 결과는 다음과 같다.

(a) $E_x = \int_{-\infty}^{\infty} |x(t)|^2 \, dt = \int_{2.5}^{5.5} \left|4e^{-t/10}\right|^2 dt = 16\int_{2.5}^{5.5} e^{-t/5}\, d\tau = -5 \times 16\left[e^{-t/5}\right]_{2.5}^{5.5} = 21.888$

(계산 결과에서 약간의 오차는 사다리꼴 법칙(trapezoidal-rule)을 이용한 적분의 오류로 인해 발생한 것이다. 이러한 오차는 점간 간격을 줄임으로써 감소시킬 수 있다.)

(b) $P_x = \dfrac{1}{10}\int_{-5}^{5} (-3t)^2 \, dt = \dfrac{1}{5}\int_{0}^{5} 9t^2 \, dt = \dfrac{1}{5}(3t^3)_0^5 = \dfrac{375}{5} = 75$

■

2.10 요약

1. '연속'과 '연속시간'은 다른 것을 의미한다.
2. 연속시간 임펄스 함수는 신호와 시스템에서 매우 유용한 함수이지만 실제로는 존재하지 않는 함수이다.
3. 대부분의 신호는 기본 함수들이 스케일링과 이동 과정을 거쳐 표현되며 이때 스케일링과 이동이 이루어지는 순서는 매우 중요하다.
4. 일반적으로 신호의 에너지는 실제 신호에 의해 전달되는 에너지와 다르다.
5. 유한한 에너지를 가지는 경우의 신호를 에너지 신호라고 부르고 무한한 에너지를 가지면서 유한한 평균 전력을 가지는 경우의 신호를 전력 신호라 부른다.

해답이 있는 연습문제

신호 함수

1. $g(t) = 7e^{-2t-3}$일 때 다음을 간단히 하라.

(a) $g(3)$　(b) $g(2-t)$　(c) $g((t/10)+4)$

(d) $g(jt)$　(e) $\dfrac{g(jt)+g(-jt)}{2}$

(f) $\dfrac{g((jt-3)/2)+g((-jt-3)/2)}{2}$

해답 : $7\cos(t)$, $7e^{-7+2t}$, $7e^{-j2t-3}$, $7e^{-(t/5)-11}$, $7e^{-3}\cos(2t)$, $7e^{-9}$

2. $g(x) = x^2 - 4x + 4$일 때 다음을 간단히 하라.

(a) $g(z)$ (b) $g(u+v)$ (c) $g(e^{jt})$
(d) $g(g(t))$ (e) $g(2)$

해답 : $(e^{jt}-2)^2$, z^2-4z+4, 0, $u^2+v^2+2uv-4u-4v+4$,
$t^4-8t^3+20t^2-16t+4$

3. 다음 MATLAB 프로그램을 실행했을 때 예상되는 g의 값을 구하라.

```
t = 3 ; g = sin(t) ;
x = 1:5 ; g = cos(pi*x) ;
f = -1:0.5:1 ; w = 2*pi*f ; g = 1./(1+j*w') ;
```

해답 : $0.1411, [-1,1,-1,1,-1], \begin{bmatrix} 0.0247+j0.155 \\ 0.0920+j0.289 \\ 1 \\ 0.0920-j0.289 \\ 0.0247-j0.155 \end{bmatrix}$

4. 다음과 같이 두 함수가 정의되었을 때 두 함수를 곱한 결과를 그래프로 그려라($-2<t<2$).

$$x_1(t) = \begin{cases} 1, & \sin(20\pi t) \ge 0 \\ -1, & \sin(20\pi t) < 0 \end{cases} \quad \text{and} \quad x_2(t) = \begin{cases} t, & \sin(2\pi t) \ge 0 \\ -t, & \sin(2\pi t) < 0 \end{cases}.$$

해답 :

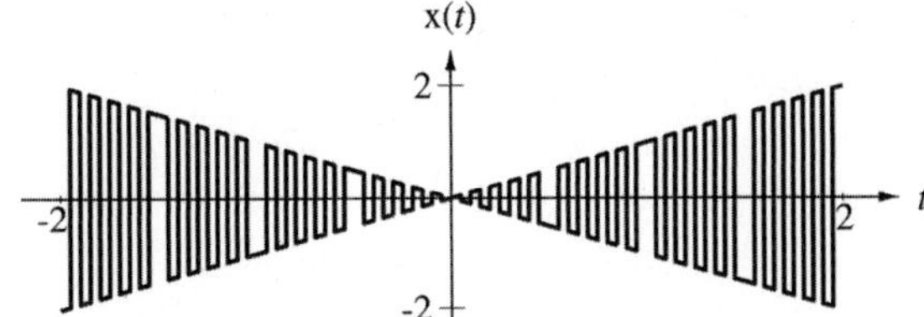

스케일링과 이동 함수

5. 각 $g(t)$에 대해서 $g(-t)$, $-g(t)$, $g(t-1)$, $g(2t)$의 그래프를 그려라.

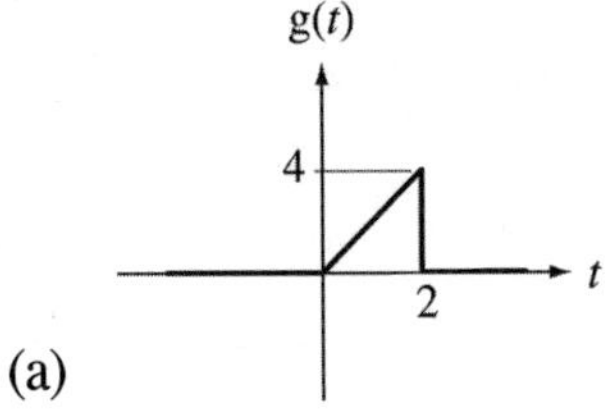

(a)

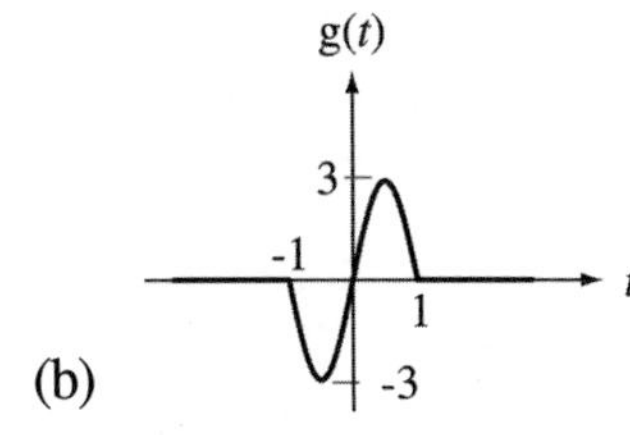

(b)

해답 :

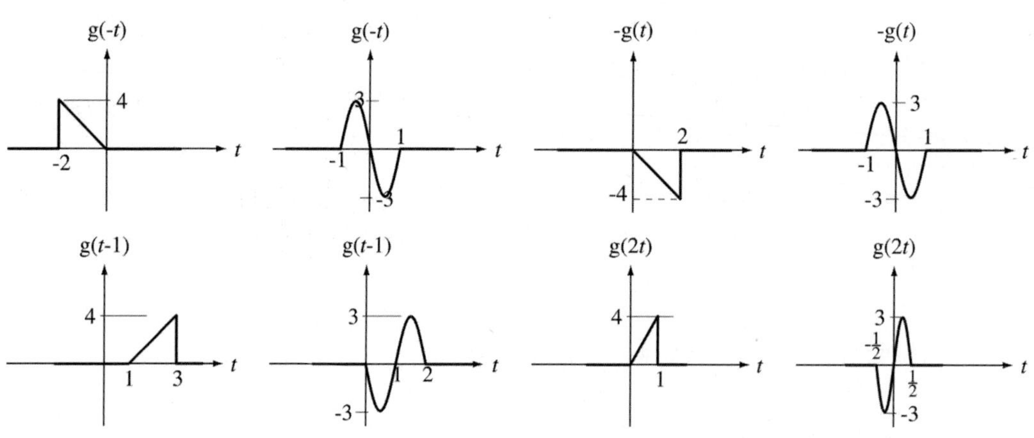

6. 다음 함수의 값을 특정 시간에 대해서 구하라.

   (a) $x(t) = 2\,\mathrm{rect}(t/4), \quad x(-1)$

   (b) $x(t) = 5\mathrm{rect}(t/2)\,\mathrm{sgn}(2t), \quad x(0.5)$

   (c) $x(t) = 9\,\mathrm{rect}(t/10)\,\mathrm{sgn}(3(t-2)), \quad x(1)$

   해답 : -9, 2, 5

7. 〈그림 E.7〉에서 두 그래프 간에 $g_2(t) = A\,g_1((t-t_0)/w)$의 관계가 성립할 때 A, t_0 그리고 w 의 값을 구하라.

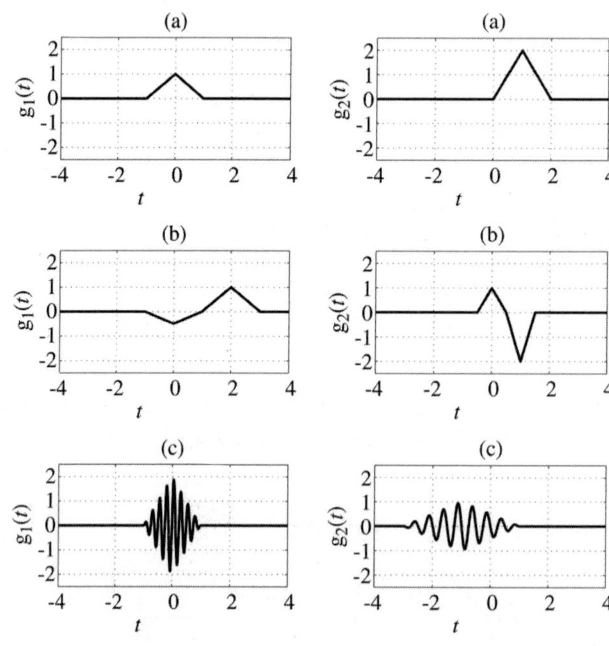

그림 E.7

해답 : $A=2, t_0=1, w=1$; $A=-1/2, t_0=-1, w=2$; $A=-2, t_0=0, w=1/2$

8. 〈그림 E.8〉에서 두 그래프 간에 $g_2(t)=A\,g_1(w(t-t_0))$의 관계가 성립할 때 A, t_0 그리고 w의 값을 구하라.

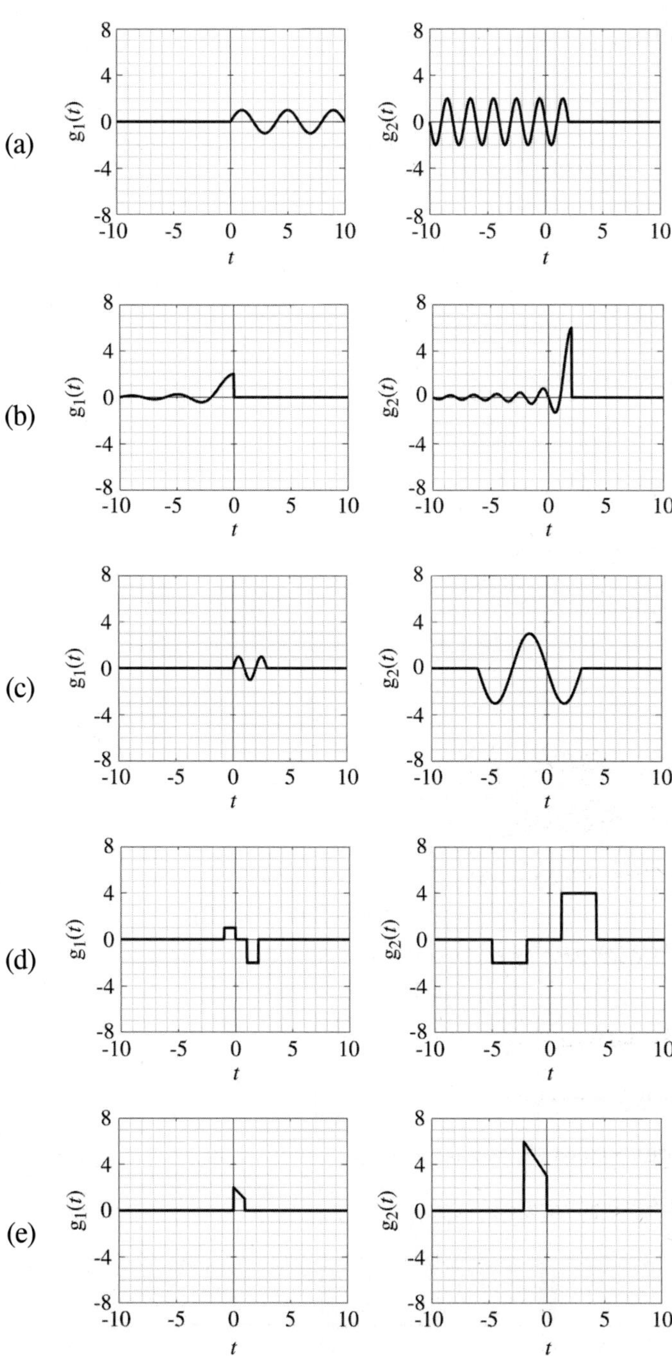

그림 E.8

해답 : $A = 3, t_0 = 2, w = 2$
$A = -3, t_0 = -6, w = 1/3$ or $A = -3, t_0 = 3, w = -1/3$,
$A = -2, t_0 = -2, w = 1/3$,
$A = 3, t_0 = -2, w = 1/2$,
$A = 2, t_0 = 2, w = -2$

9. 〈그림 E.9〉의 $g_1(t)$에 대한 그래프이고 그려진 범위 외의 값은 모두 0이라고 할 때 다음과 같이 정의된 함수에 대해 다음 값을 구하라.

$$g_2(t) = 3g_1(2-t), \quad g_3(t) = -2g_1(t/4), \quad g_4(t) = g_1\left(\frac{t-3}{2}\right)$$

(a) $g_2(1)$ (b) $g_3(-1)$ (c) $[g_4(t)g_3(t)]_{t=2}$

(d) $\int_{-3}^{-1} g_4(t)\,dt$

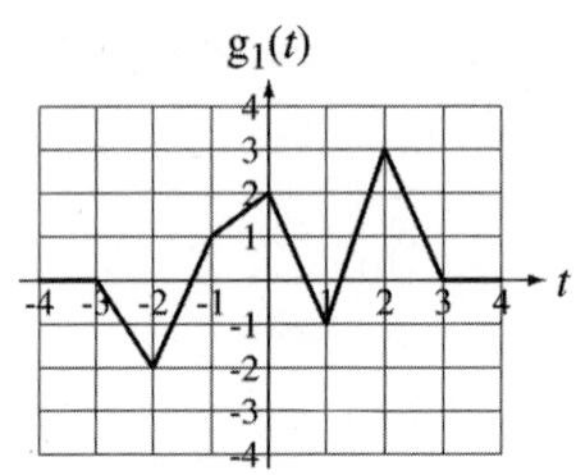

그림 E.9

해답 : -7/2, -3/2, -2, -3

10. 함수 $G(f)$가 다음과 같이 정의된다.

$$G(f) = e^{-j2\pi f}\,\mathrm{rect}(f/2)$$

$G(f-10) + G(f+10)$의 크기와 위상의 그래프를 그려라($-20 < f < 20$).

해답 :

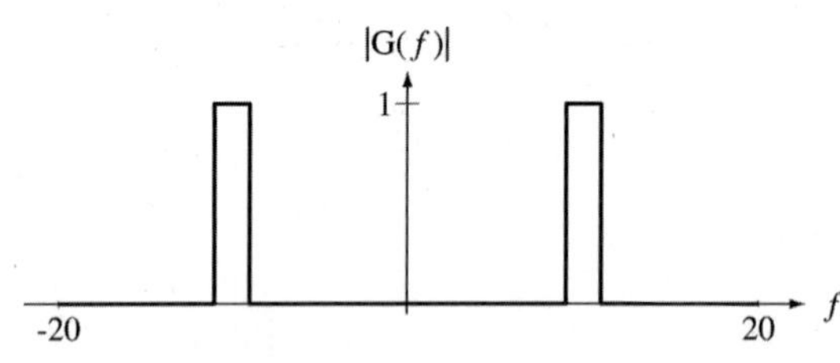

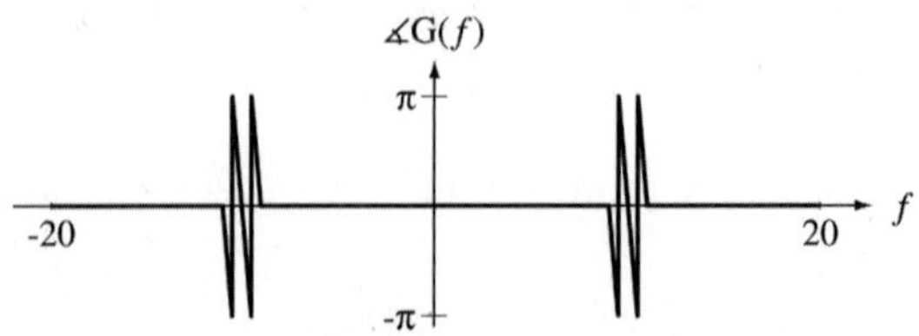

$$G(f-10)+G(f+10)=e^{-j2\pi(f-10)}\text{rect}\left(\frac{f-10}{2}\right)+e^{-j2\pi(f+10)}\text{rect}\left(\frac{f+10}{2}\right)$$

11. 폭이 6ms이고 크기가 3인 구형파 모양의 펄스가 1초에 100번 반복되는 함수를 단위 계단 함수의 합으로 표현하라(단, 펄스는 $t=0$에서 시작).

해답 : $x(t)=3\sum_{n=0}^{\infty}[u(t-0.01n)-u(t-0.01n-0.006)]$

도함수와 적분함수

12. $x(t)=(1-e^{-t})u(t)$일 때 이 함수의 도함수를 그려라.

해답 :

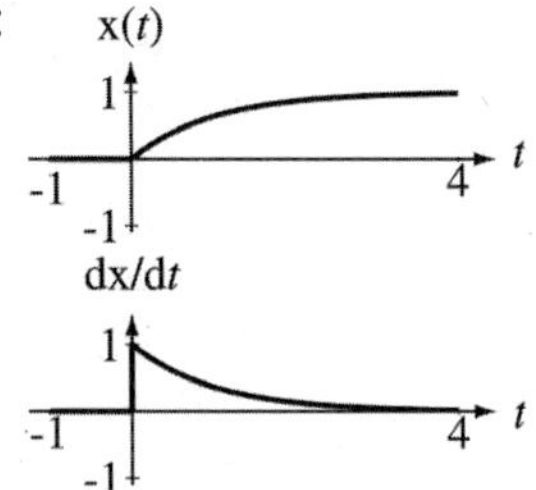

13. 다음 함수를 적분한 결과를 구하라.

(a) $\int_{-1}^{8}[\delta(t+3)-2\delta(4t)]dt$ (b) $\int_{1/2}^{5/2}\delta_2(3t)\,dt$

해답 : -1/2, 1

14. $t<0$에서 모든 함수 값이 0이라고 할 때 〈그림 E.14〉의 함수를 음의 무한대부터 t까지 적분한 결과를 그래프로 그려라.

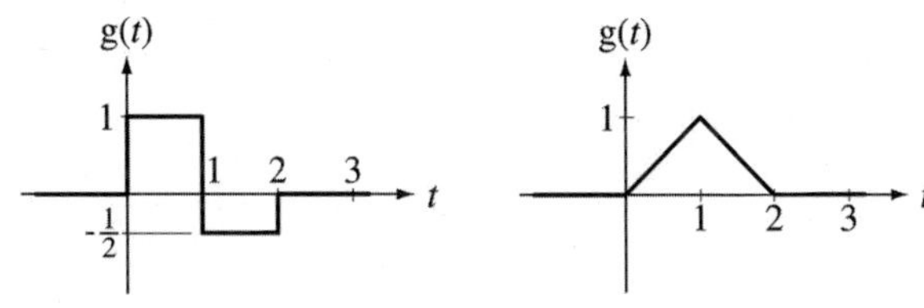

그림 E.14

해답 :

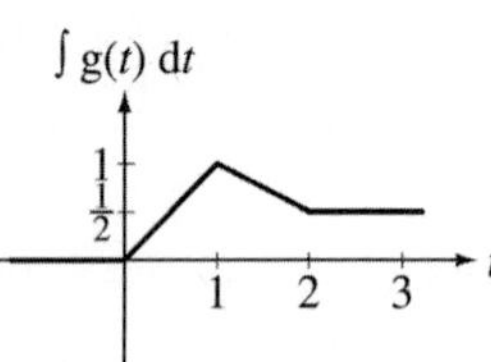

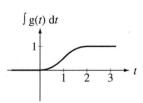

우함수와 기함수

15. 우함수 g(t)가 $0<t<10$인 구간에서 다음과 같이 정의된다.

$$g(t)=\begin{cases}2t, & 0<t<3\\ 15-3t, & 3<t<7\\ -2, & 7<t<10\end{cases}$$

(a) t=-5에서 g(t)의 값을 구하라.

(b) t=-6에서 g(t)의 1계 도함수의 값을 구하라.

해답 : 3, 0

16. 다음 함수의 우함수 부분과 기함수 부분을 각각 구하라.

(a) $g(t)=2t^2-3t+6$ (b) $g(t)=20\cos(40\pi t-\pi/4)$

(c) $g(t)=\dfrac{2t^2-3t+6}{1+t}$ (d) $g(t)=t(2-t^2)(1+4t^2)$

(e) $g(t)=t(2-t)(1+4t)$

해답 : $t(2-4t^2)$, $(20/\sqrt{2})\cos(40\pi t)$, 0, $-t\dfrac{2t^2+9}{1-t^2}$, $7t^2$, $(20/\sqrt{2})\sin(40\pi t)$,

$2t^2+6t(2-t^2)(1+4t^2)$, $\dfrac{6+5t^2}{1-t^2}$, $-3t$

17. 〈그림 E.17〉의 우함수 부분과 기함수 부분을 각각 그려라.

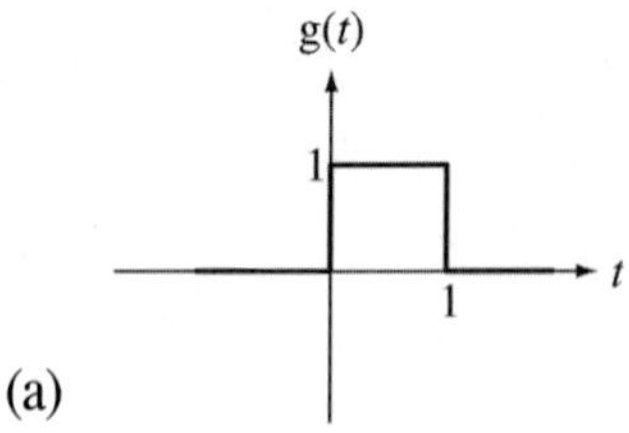

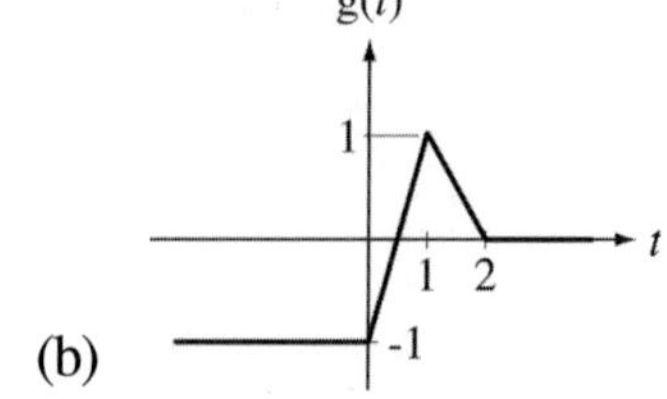

그림 E.17

해답 :

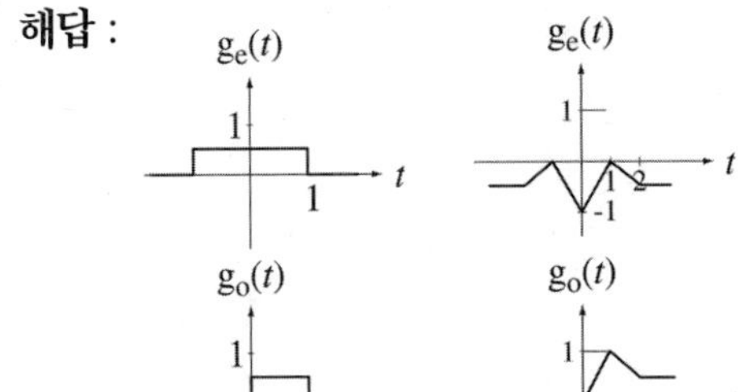

18. 〈그림 E.18〉에서 각 그래프마다 곱셈, 나눗셈을 수행한 결과를 그려라.

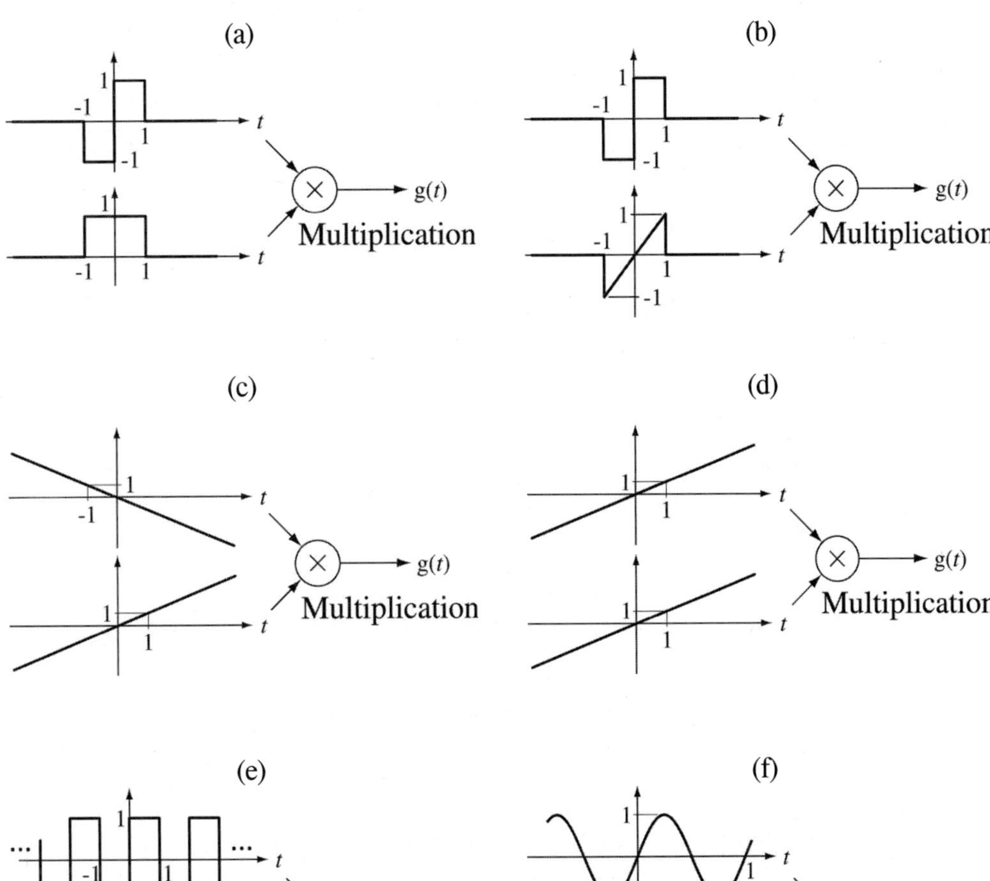

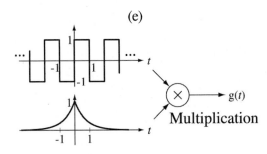

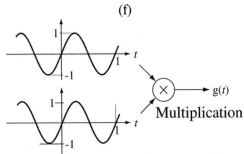

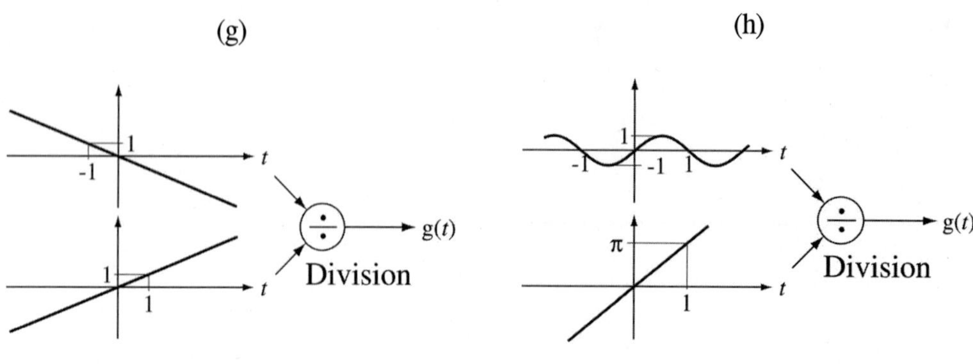

그림 E.18

해답 :

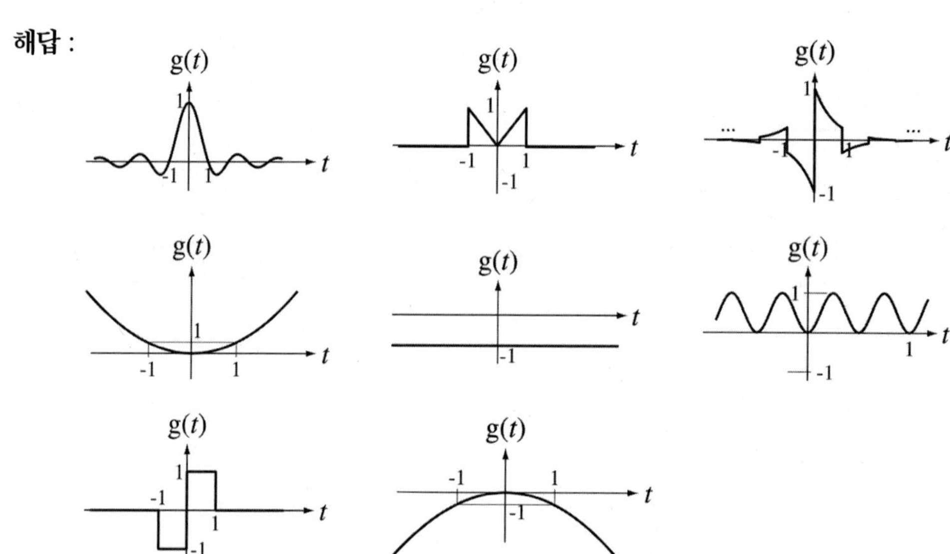

19. 우함수, 기함수의 성질을 이용해 가장 빠른 방법으로 다음 적분 결과를 구하라.

(a) $\int_{-1}^{1}(2+t)\,dt$ (b) $\int_{-1/20}^{1/20}[4\cos(10\pi t)+8\sin(5\pi t)]\,dt$

(c) $\int_{-1/20}^{1/20}4t\cos(10\pi t)\,dt$ (d) $\int_{-1/10}^{1/10}t\sin(10\pi t)\,dt$

(e) $\int_{-1}^{1}e^{-|t|}\,dt$ (f) $\int_{-1}^{1}te^{-|t|}\,dt$

해답 : 0, $\frac{8}{10\pi}$, $\frac{1}{50\pi}$, 0, 1.264, 4

주기 함수

20. 각 함수의 기본 주기와 기본 주파수를 구하라.

(a) $g(t) = 10\cos(50\pi t)$ (b) $g(t) = 10\cos(50\pi t + \pi/4)$

(c) $g(t) = \cos(50\pi t) + \sin(15\pi t)$

(d) $g(t) = \cos(2\pi t) + \sin(3\pi t) + \cos(5\pi t - 3\pi/4)$

해답 : 2 s, 1/25 s, 2.5 Hz, 1/25 s, 1/2 Hz, 0.4 s, 25 Hz, 25 Hz

21. 〈그림 E.21〉에 표현된 주기 신호 $x(t)$의 기본 주기가 T_0일 때, t=220ms에서 $x(t)$의 값을 구하라.

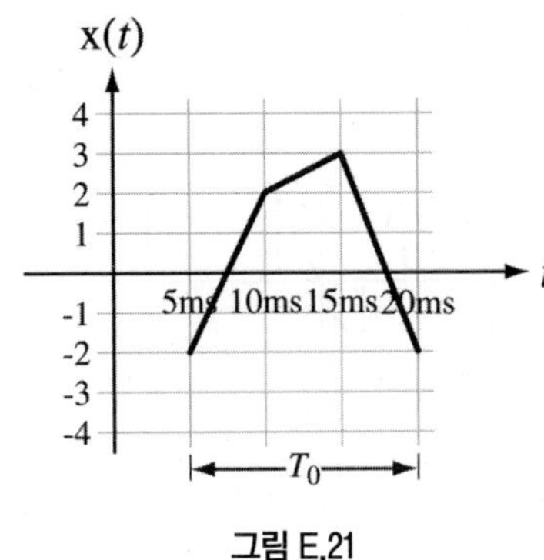

그림 E.21

해답 : 2

22. 〈그림 E.22〉에 표현된 $g(t)$의 기본 주기와 기본 주파수를 구하라.

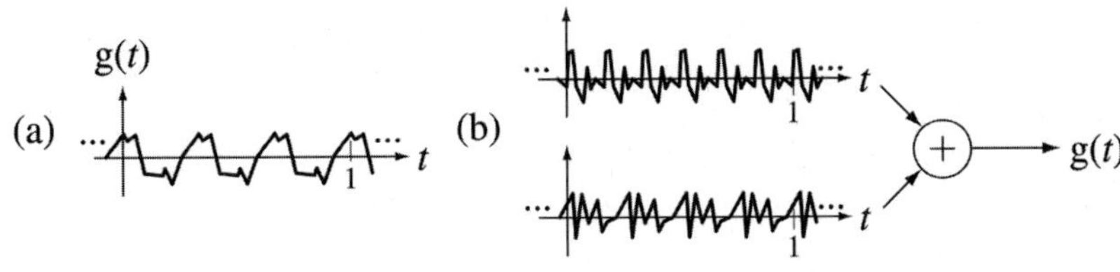

(c) g(t)

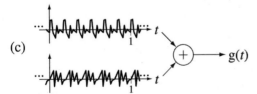

그림 E.22

해답 : 1 Hz, 2 Hz, 1/2 s, 1 s, 1/3 s, 3 Hz

에너지 신호와 전력 신호

23. 다음 신호의 에너지를 구하라.

(a) $\mathrm{x}(t) = 2\,\mathrm{rect}(t)$ (b) $\mathrm{x}(t) = A(\mathrm{u}(t) - \mathrm{u}(t-10))$
(c) $\mathrm{x}(t) = \mathrm{u}(t) - \mathrm{u}(10-t)$ (d) $\mathrm{x}(t) = \mathrm{rect}(t)\cos(2\pi t)$
(e) $\mathrm{x}(t) = \mathrm{rect}(t)\cos(4\pi t)$ (f) $\mathrm{x}(t) = \mathrm{rect}(t)\sin(2\pi t)$

해답 : 1/2, ∞, $10A^2$, 1/2, 4, 1/2

24. 함수 $\mathrm{x}(t) = A\,\mathrm{rect}(t) + B\,\mathrm{rect}(t-0.5)$의 에너지를 구하라.

해답 : $A^2 + B^2 + AB$

25. 〈그림 E.25〉에 표현된 주기함수 $\mathrm{x}(t)$의 평균 전력을 구하라.

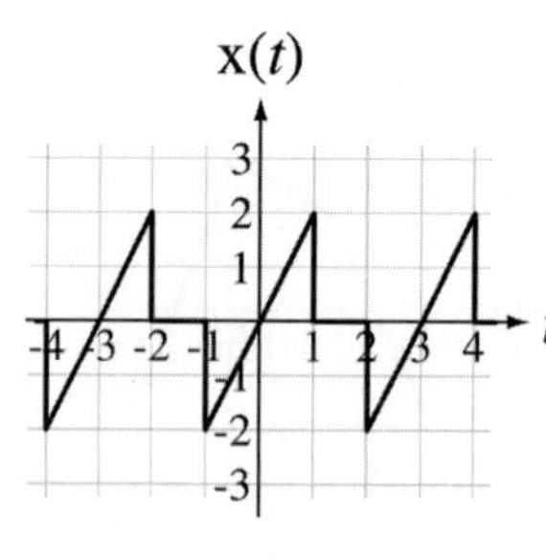

그림 E.25

해답 : 8/9

26. 다음 신호의 평균 전력을 구하라.

(a) $\mathrm{x}(t) = A$ (b) $\mathrm{x}(t) = \mathrm{u}(t)$
(c) $\mathrm{x}(t) = A\cos(2\pi f_0 t + \theta)$

해답 : A^2, $A^2/2$, 1/2

해답이 없는 연습문제

함수

27. 함수의 정의에 따라 다음 함수의 값을 각각 구하라.

(a) $\mathrm{g}(t) = 100\sin(200\pi t + \pi/4)$ $\mathrm{g}(0.001)$
(b) $\mathrm{g}(t) = 13 - 4t + 6t^2$ $\mathrm{g}(2)$
(c) $\mathrm{g}(t) = -5e^{-2t}e^{-j2\pi t}$ $\mathrm{g}(1/4)$

28. 다음과 같은 연속시간 단위 임펄스 함수가 있다고 하자.

$$\delta(\mathrm{x}) = \lim_{a \to 0}(1/a)\,\mathrm{rect}(\mathrm{x}/a),\ a > 0.$$

이때, 함수 $(1/a)\mathrm{rect}(x/a)$은 a의 값과 관계 없이 항상 넓이가 1이 된다.

(a) $\delta(4x) = \lim_{a \to 0}(1/a)\,\mathrm{rect}(4x/a)$의 면적을 구하라.

(b) $\delta(-6x) = \lim_{a \to 0}(1/a)\,\mathrm{rect}(-6x/a)$의 면적을 구하라.

(c) b가 양수일 때와, b가 음수일 때 각각에 대해서 $\delta(bx) = \lim_{a \to 0}(1/a)\,\mathrm{rect}(bx/a)$의 면적을 구하라.

29. 변수의 변화와 임펄스 함수의 특성을 사용하여 다음을 증명하라.

$$\delta(a(t - t_0)) = (1/|a|)\delta(t - t_0).$$

30. 연습문제 29의 결과를 이용하여 다음을 증명하라.

(a) $\delta_1(ax) = \dfrac{1}{|a|}\sum_{n=-\infty}^{\infty}\delta(x - n/a)$

(b) $\delta_1(ax)$의 평균 값은 1이고 a의 값과 무관하다.

(c) $\delta(at) = (1/|a|)\delta(t)$인 경우에도 $\delta_1(ax) \neq (1/|a|)\delta_1(x)$이 성립한다.

스케일링과 이동 함수

31. 다음 특이 함수 및 관련 함수의 그래프를 그려라.

(a) $\mathrm{g}(t) = 2\,\mathrm{u}(4 - t)$　(b) $\mathrm{g}(t) = \mathrm{u}(2t)$

(c) $\mathrm{g}(t) = 5\,\mathrm{sgn}(t - 4)$　(d) $\mathrm{g}(t) = 1 + \mathrm{sgn}(4 - t)$

(e) $\mathrm{g}(t) = 5\,\mathrm{ramp}(t + 1)$　(f) $\mathrm{g}(t) = -3\,\mathrm{ramp}(2t)$

(g) $\mathrm{g}(t) = 2\delta(t + 3)$　(h) $\mathrm{g}(t) = 6\delta(3t + 9)$

(i) $\mathrm{g}(t) = -4\delta(2(t - 1))$　(j) $\mathrm{g}(t) = 2\delta_1(t - 1/2)$

(k) $\mathrm{g}(t) = 8\delta_1(4t)$　(l) $\mathrm{g}(t) = -6\delta_2(t + 1)$

(m) $\mathrm{g}(t) = 2\,\mathrm{rect}(t/3)$　(n) $\mathrm{g}(t) = 4\,\mathrm{rect}((t + 1)/2)$

(o) $\mathrm{g}(t) = -3\,\mathrm{rect}(t - 2)$　(p) $\mathrm{g}(t) = 0.1\,\mathrm{rect}((t - 3)/4)$

32. 다음 함수의 그래프를 그려라.

(a) $\mathrm{g}(t) = \mathrm{u}(t) - \mathrm{u}(t - 1)$　(b) $\mathrm{g}(t) = \mathrm{rect}(t - 1/2)$

(c) $\mathrm{g}(t) = -4\,\mathrm{ramp}(t)\,\mathrm{u}(t - 2)$　(d) $\mathrm{g}(t) = \mathrm{sgn}(t)\sin(2\pi t)$

(e) $g(t) = 5e^{-t/4}\,u(t)$ (f) $g(t) = \text{rect}(t)\cos(2\pi t)$

(g) $g(t) = -6\,\text{rect}(t)\cos(3\pi t)$ (h) $g(t) = u(t+1/2)\,\text{ramp}(1/2 - t)$

(i) $g(t) = \text{rect}(t+1/2) - \text{rect}(t-1/2)$

(j) $g(t) = \int_{-\infty}^{t} [\delta(\lambda+1) - 2\delta(\lambda) + \delta(\lambda-1)]\,d\lambda$

(k) $g(t) = 2\,\text{ramp}(t)\,\text{rect}((t-1)/2)$

(l) $g(t) = 3\,\text{rect}(t/4) - 6\,\text{rect}(t/2)$

33. 다음 함수의 그래프를 그려라.

(a) $g(t) = 3\delta(3t) + 6\delta(4(t-2))$ (b) $g(t) = 2\delta_1(-t/5)$

(c) $g(t) = \delta_1(t)\,\text{rect}(t/11)$ (d) $g(t) = \int_{-\infty}^{t} [\delta_2(\lambda) - \delta_2(\lambda-1)]\,d\lambda$

34. 함수 g(*t*)가 다음과 같은 성질을 가진다고 할 때 물음에 답하라. g(*t*)는 $t<-5$에서 0, $-5<t<-2$에서 기울기가 -2, $-2<t<2$에서 크기가 1이고 주파수가 1/4Hz인 사인 함수 형태의 함수이다. 또한 g(*t*)는 $t>2$에서 0으로 지수적으로 감소하며(시정수 2) 모든 점에서 연속이다.

(a) 이 함수를 정확히 수학적으로 표기하라.

(b) $-10<t<10$ 구간의 g(*t*)를 그래프로 그려라.

(c) $-10<t<10$ 구간의 g(2*t*)를 그래프로 그려라.

(d) $-10<t<10$ 구간의 2g(3-*t*)를 그래프로 그려라.

(e) $-10<t<10$ 구간의 -2g((*t*+1)/2)를 그래프로 그려라.

35. MATLAB을 사용해 아래의 원함수와 변환 후의 함수를 그려라.

(a) $g(t) = \begin{cases} -2, & t<-1 \\ 2t, & -1<t<1 \\ 3-t^2, & 1<t<3 \\ -6, & t>3 \end{cases}$ $-3\,g(4-t)$ vs. t

(b) $g(t) = \text{Re}(e^{j\pi t} + e^{j1.1\pi t})$ $g(t/4)$ vs. t

(c) $G(f) = \left|\dfrac{5}{f^2 - j2 + 3}\right|$ $|G(10(f-10)) + G(10(f+10))|$ vs. f

36. 〈그림 E.36〉은 TV에서 발생하는 신호를 표시한 것이다. 이 신호의 수학적 표현을 구하라.

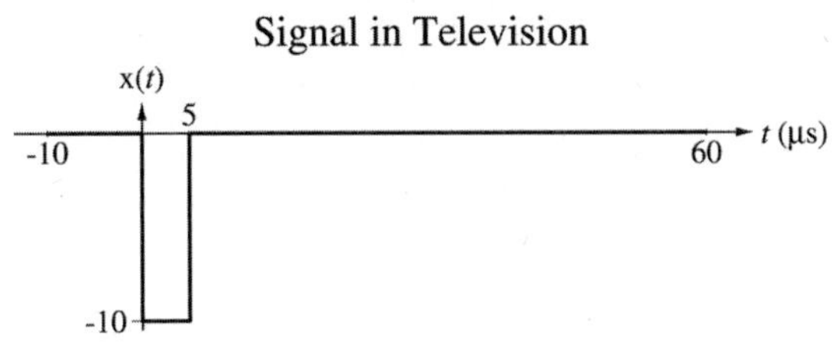

그림 E.36 TV에서 발생하는 신호

37. 〈그림 E.37〉은 이진 위상 이동 변조(BPSK : binary phase shift keying)를 사용한 이진 데이터 전송 시 발생하는 신호를 표시한 것이다. 이 신호의 수학적 표현을 구하라.

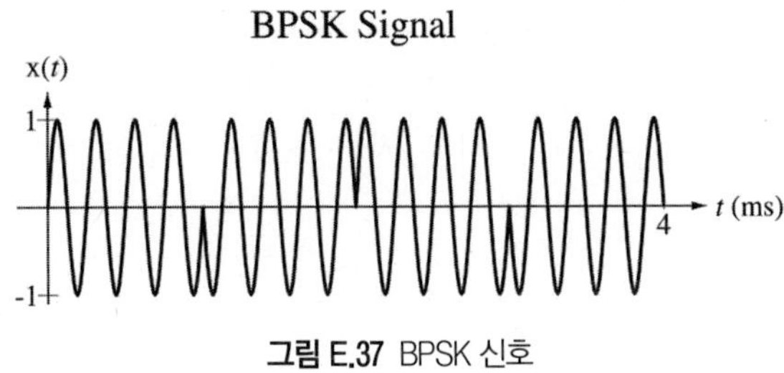

그림 E.37 BPSK 신호

38. 〈그림 E.38〉은 RC저역통과 필터에 갑자기 신호를 인가했을 때의 필터 응답이다. 이 신호의 수학적 표현을 구하라.

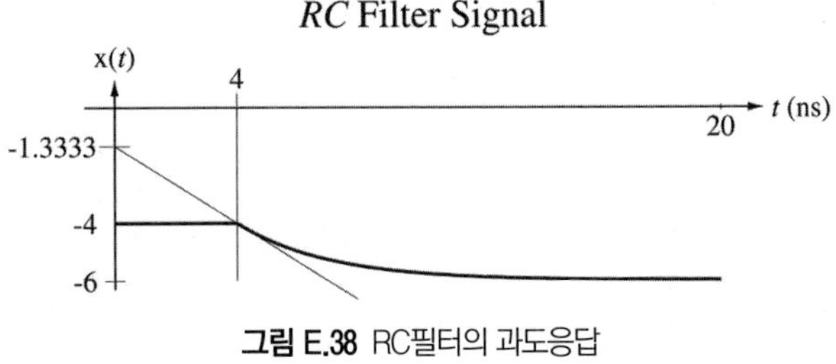

그림 E.38 RC필터의 과도응답

39. 〈그림 E.39〉의 그래프를 램프 함수에서 계단 함수의 합을 뺀 형태로 표현하라.

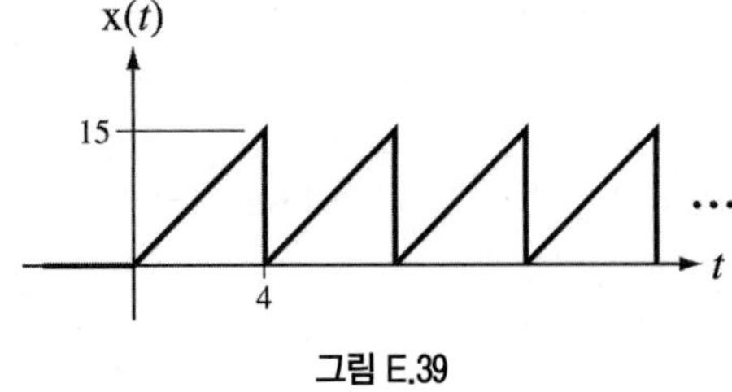

그림 E.39

40. 〈그림 E.40〉의 그래프를 수학적으로 표현하라.

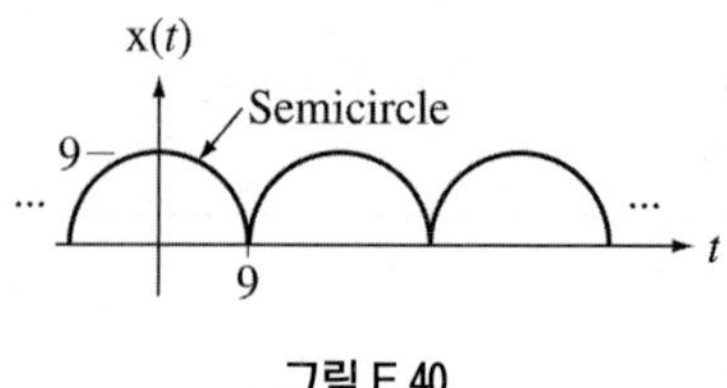

그림 E.40

41. 두 신호가 다음과 같이 정의되었을 때 -5<t<5의 범위에서 두 신호의 곱을 그래프로 그려라.

$$x_1(t) = \begin{cases} 1, & \cos(2\pi t) \geq 0 \\ 0, & \cos(2\pi t) < 0 \end{cases} \quad \text{and} \quad x_2(t) = \sin(2\pi t/10)$$

(a) $x_1(2t)\,x_2(-t)$ (b) $x_1(t/5)\,x_2(20t)$

(c) $x_1(t/5)\,x_2(20(t+1))$ (d) $x_1((t-2)/5)\,x_2(20t)$

42. 〈그림 E.42〉를 참고하여 다음의 시간 이동, 시간 스케일링된 함수의 그래프를 그려라.

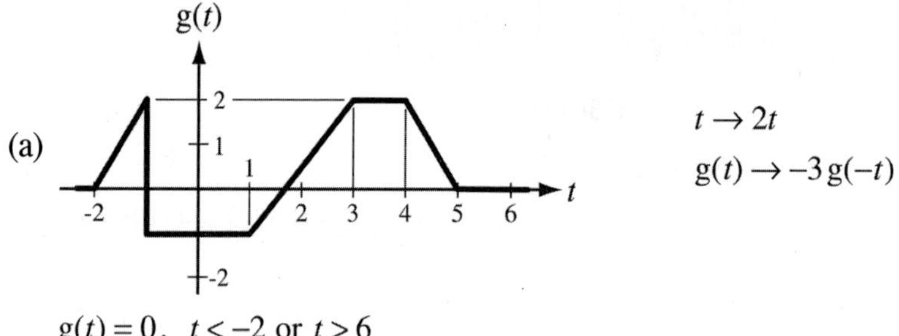

$t \rightarrow 2t$

$g(t) \rightarrow -3\,g(-t)$

$g(t) = 0,\ \ t < -2$ or $t > 6$

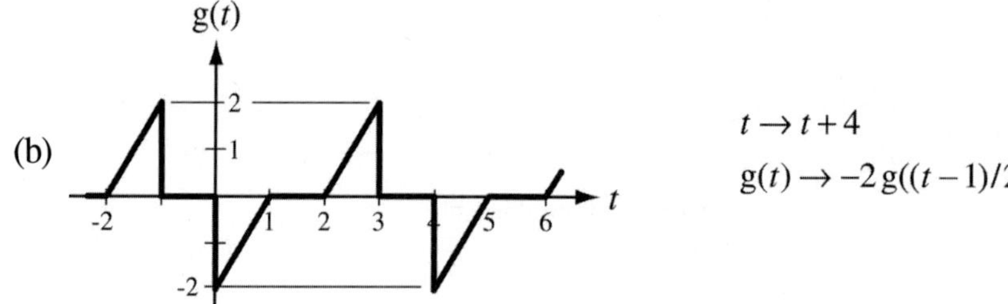

$t \rightarrow t+4$

$g(t) \rightarrow -2\,g((t-1)/2)$

g(t)는 기본 주기가 4인 주기함수다.

그림 E.42

43. 〈그림 E.43〉의 왼쪽 함수를 오른쪽 함수와 같아지도록 만드는 스케일링, 이동된 함수의 표현을 적어라.

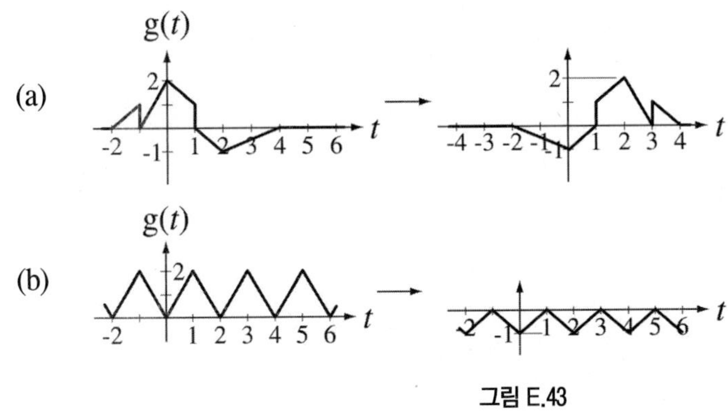

그림 E.43

(b)에서 g(t)는 기본 주기가 2인 주기 함수로 가정하고 두 가지의 변환 방법을 찾으라.

44. $t \to -t$, $t \to t-1$과 같은 두 가지 변환에 대해서 변환 전과 변환 후가 동일한 함수를 구하라.

45. 각 함수의 크기와 위상에 대한 그래프를 f에 대해서 그려라.

(a) $\mathrm{G}(f) = \dfrac{jf}{1+jf/10}$

(b) $\mathrm{G}(f) = \left[\mathrm{rect}\left(\dfrac{f-1000}{100}\right) + \mathrm{rect}\left(\dfrac{f+1000}{100}\right)\right] e^{-j\pi f/500}$

(c) $\mathrm{G}(f) = \dfrac{1}{250 - f^2 + j3f}$

46. 다음 함수들의 $-4 < f < 4$ 범위에 대한 크기와 위상의 그래프를 그려라.

(a) $\mathrm{X}(f) = 5\,\mathrm{rect}(2f)e^{+j2\pi f}$ (b) $\mathrm{X}(f) = j5\delta(f+2) - j5\delta(f-2)$

(c) $\mathrm{X}(f) = (1/2)\delta_{1/4}(f)e^{-j\pi f}$

일반화된 도함수

47. $\mathrm{g}(t) = 3\sin(\pi t/2)\,\mathrm{rect}(t)$의 일반화된 도함수의 그래프를 그려라.

도함수와 적분함수

48. 다음 함수의 적분 값을 구하라.

(a) $\int_{-\infty}^{\infty} \delta(t)\cos(48\pi t)\,dt$ (b) $\int_{-\infty}^{\infty} \delta(t-5)\cos(\pi t)\,dt$

(c) $\int_{0}^{20} \delta(t-8)\,\mathrm{rect}(t/16)\,dt$

49. 다음 함수의 적분 값을 구하라.

(a) $\int_{-\infty}^{\infty} \delta_1(t)\cos(48\pi t)\,dt$ (b) $\int_{-\infty}^{\infty} \delta_1(t)\sin(2\pi t)\,dt$

(c) $4\int_{0}^{20} \delta_4(t-2)\,\mathrm{rect}(t)\,dt$

50. 다음 함수의 도함수의 그래프를 그려라.

(a) $\mathrm{g}(t) = \sin(2\pi t)\,\mathrm{sgn}(t)$ (b) $\mathrm{g}(t) = |\cos(2\pi t)|$

우함수와 기함수

51. 다음 신호의 우함수 부분과 기함수 부분을 그래프로 그려라.

(a) $\mathrm{x}(t) = \mathrm{rect}(t-1)$ (b) $\mathrm{x}(t) = 2\sin(4\pi t - \pi/4)\,\mathrm{rect}(t)$

52. 다음 함수의 우함수 부분과 기함수 부분을 구하라.

(a) $\mathrm{g}(t) = 10\sin(20\pi t)$ (b) $\mathrm{g}(t) = 20t^3$ (c) $\mathrm{g}(t) = 8 + 7t^2$

(d) $\mathrm{g}(t) = 1 + t$ (e) $\mathrm{g}(t) = 6t$ (f) $\mathrm{g}(t) = 4t\cos(10\pi t)$

(g) $\mathrm{g}(t) = \cos(\pi t)/\pi t$ (h) $\mathrm{g}(t) = 12 + \sin(4\pi t)/4\pi t$

(i) $\mathrm{g}(t) = (8 + 7t)\cos(32\pi t)$ (j) $\mathrm{g}(t) = (8 + 7t^2)\sin(32\pi t)$

53. 함수가 우함수인 동시에 기함수가 될 수 있는가에 대하여 논의하라.

54. 〈그림 E.54〉의 x(t)에서 우함수 부분과 기함수 부분을 찾고 그래프로 그려라.

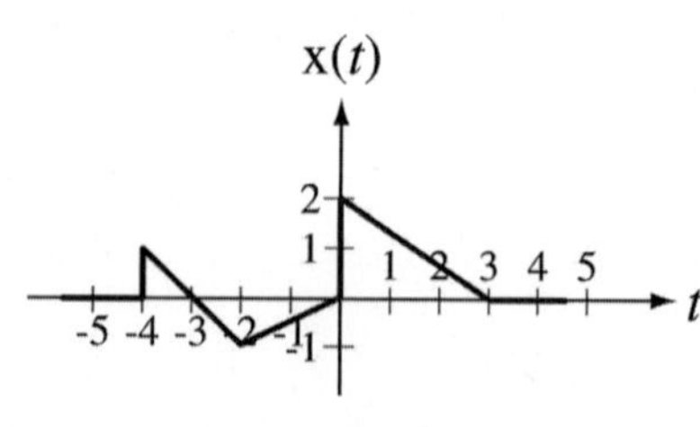

그림 E.54

주기 함수

55. 다음 신호가 주기 함수인지를 판별하고 만약 주기 함수이면 기본 주기를 구하라.

(a) $g(t) = 28\sin(400\pi t)$ (b) $g(t) = 14 + 40\cos(60\pi t)$

(c) $g(t) = 5t - 2\cos(5000\pi t)$ (d) $g(t) = 28\sin(400\pi t) + 12\cos(500\pi t)$

(e) $g(t) = 10\sin(5t) - 4\cos(7t)$ (f) $g(t) = 4\sin(3t) + 3\sin(\sqrt{3}t)$

56. 상수는 주기 함수인지 논하고 그 이유를 설명하라. 만약, 주기 함수라면 기본 주기는 무엇인가?

에너지 신호와 전력 신호

57. 다음 신호의 에너지를 구하라.

(a) $x(t) = 2\,\mathrm{rect}(-t)$ (b) $x(t) = \mathrm{rect}(8t)$
(c) $x(t) = 3\,\mathrm{rect}(t/4)$ (d) $x(t) = 2\sin(200\pi t)$
(e) $x(t) = \delta(t)$

(Tip : 먼저 임펄스 함수에 접근하는 신호의 에너지의 극한값을 구하고 극한을 제거한다.)

(f) $x(t) = \dfrac{d}{dt}(\mathrm{rect}(t))$ (g) $x(t) = \displaystyle\int_{-\infty}^{t} \mathrm{rect}(\lambda)\,d\lambda$

(h) $x(t) = e^{(-1-j8\pi)t}\,u(t)$

58. 다음 신호의 평균 전력을 구하라.

(a) $x(t) = 2\sin(200\pi t)$ (b) $x(t) = \delta_1(t)$
(c) $x(t) = e^{j100\pi t}$

59. 기본 주기 $T_0 = 6$을 가지는 신호 x가 $0 < t < 6$ 구간에서 다음과 같이 정의된다고 할 때 이 신호의 전력을 구하라.

$$\mathrm{rect}((t-2)/3) - 4\,\mathrm{rect}((t-4)/2)$$

3 CHAPTER

이산시간 신호의 표현

3.1 개요 및 학습 목표

20세기 들어 디지털 계산기가 개발된 이래지금은 언제 어디서나 사회와 경제의 필수요소로 사용되고 있으며 신호와 시스템의 디지털화도 그 맥락을 함께 하고 있다. 연속시간 시스템에 의해 동작하던 연산들이 매일매일 이산시간 시스템으로 전환되고 있으며 본래 이산 시스템인 시스템도 존재하지만 대부분의 이산시간 시스템은 연속시간 신호의 샘플링을 통하여 획득한 이산 신호를 가지고 연산을 수행한다. 〈그림 3.1〉은 이산시간 신호의 몇 가지 예를 보여준다.

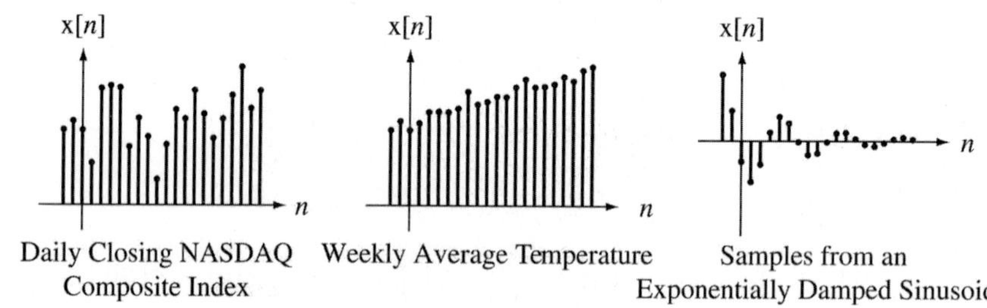

그림 3.1 이산시간 신호의 예

연속시간 신호를 표현하는 대부분의 함수와 방법은 이산 신호의 표현에도 유사하게 사용할 수 있지만 몇 가지 이산시간 신호 해석에서는 연속 신호 해석에서 발생하지 않는 현상을 다루기 때문에 근본적인 차이가 존재한다. 연속시간 신호와 이산시간 신호의 근본적 차이는 연속시간 신호의 경우 신호의 값이 발생하는 시간 간격을 셀 수 없지만 이산시간 신호의 경우에는 셀 수 있다는 것이다.

학습 목표

1. 이산시간 신호를 표현하는데 사용되는 함수를 수학적으로 정의한다.
2. 연속시간 신호 계산과 이산시간 신호 계산의 차이를 이해하고 신호를 표현하기 위한 이동, 스케일링, 함수의 조합에 대해 알아본다.
3. 이산시간 신호의 해석을 단순화하기 위한 대칭성(symmetries) 및 패턴(pattern)에 대한 이해한다.

3.2 샘플링과 이산시간

신호와 시스템의 해석에서 이산시간 신호를 표현하고 불연속점에서만 함수의 값을 가지는 이산시간함수의 중요성이 날로 증가하고 있다. 이산시간 신호의 대표적인 예는 연속시간 신호의 샘플링을 통해서 얻을 수 있다. 샘플링은 시간의 어떤 특정 지점에서의 함수 값을 획득하는 것을 의미하고 이것은 전압 신호와 스위치의 예를 통해서 가시적으로 확인할 수 있다〈그림 3.2(a)〉.

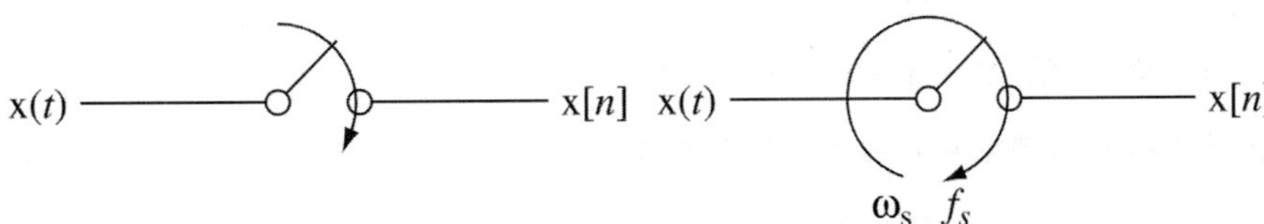

그림 3.2 (a) 이상적 샘플기 (b) 균일 샘플링을 수행하는 이상적 샘플기

스위치는 매우 짧은 시간 동안 닫히면서 이산 신호를 발생시킨다. 이때 해당 이산시간에서의 연속시간 신호 $x(t)$의 함수 값이 이산시간 신호 $x[n]$으로 변환된다. 만약에 각 샘플간 T_s라는 고정된 시간이 주어진다면(가장 보편적인 경우에 해당), 이 샘플링은 균일 샘플링(uniform sampling)으로 불리며 이때의 샘플링 시간은 샘플링 간격 T_s의 정수배가 된다. 연속시간 신호의 nT_s시간에서의 샘플은 이산시간 신호에서 n번째 샘플이 되며 이것은 이산시간 신호의 인덱스가 된다〈그림 3.3〉.

이런 종류의 연산은 〈그림 3.2〉(b)에서와 같이 일정한 주파수 f_s로 스위치가 개폐되는 것을 상상하면 쉽게 이해할 수 있으며 일정한 주파수 f_s마다 샘플을 획득하므로 샘플 사이의 간격은 $T_s = 1/f_s = 2\pi/\omega_s$가 된다. 일반적으로 샘플링에 의해서 만들어지는 이산시간 신호 $g[n]$은 n이 정수일 때 연속시간 신호 $g(t)$의 $g(nT_s)$에서의 값을 가지도록 정의된다. 여기서 인자를 감싸고 있는 대괄호 [·]는 이산시간 함수를 의미하고 소괄호 (·)는 연속시간 함수를 의미한다. 독립

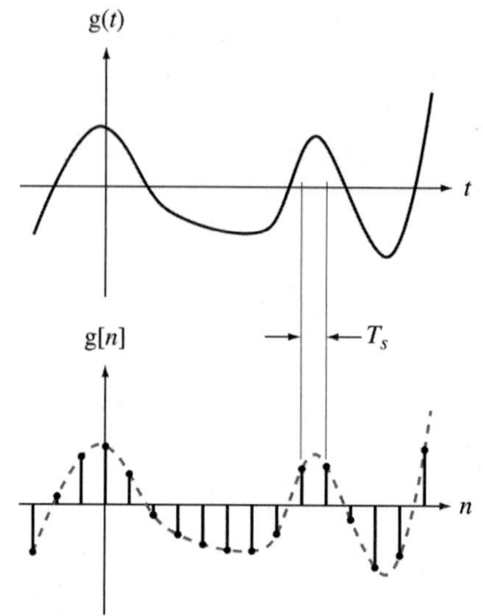

그림 3.3 연속시간 신호로부터 이산시간 신호를 생성하는 과정

변수 n은 일반적으로 이산시간으로 통용된다. 이것은 비록 n이 t나 T_s와 같이 초를 단위로 가지거나 다른 단위를 가지지는 않는 것은 이산시간을 표현하는 인덱스이기 때문이다. 이산시간 신호는 정수 n에 의해서만 정의되기 때문에 g[2.7]이나 g[3/4]와 같은 경우에는 정의되지 않는다.

연속신호로 정의된 함수의 경우에도 마찬가지로 $\sin(2\pi f_0 n T_s)$와 같이 이산시간 함수로 변환이 가능하다. 이산시간 함수의 형태는 연속시간 함수에서 샘플링을 통해 얻을 수 있고 $g[n] = \sin(2\pi f_0 n T_s)$과 같은 형태로 사용된다. 여기서 사인 함수는 원래 모든 실수를 입력으로 가질 수 있지만 이산시간 함수일 경우에는 특정한 n값에 대해서만 정의된다. 따라서 $\sin(2\pi f_0 (7.8) T_s)$과 같은 경우는 정의할 수 있지만 g[7.8]은 정의되지 않는다.

공학적 응용에서 대부분의 중요한 예들은 모두 순차 상태 기계(sequential state machine)를 사용하는 이산시간 시스템이며 컴퓨터가 그 대표적인 예라고 할 수 있다. 컴퓨터는 고정된 주파수로 작동하는 클록(clock)에 의해서 동작한다. 클록은 일정한 간격으로 펄스를 생성하며 컴퓨터는 매 클록이 끝나는 지점에서 명령어를 수행하고 논리적인 상태를 변경시킨다. 이때 집적회로 내에서는 클록 펄스들 사이에 물리적인 상태가 변화하게 되는데 이것은 집적회로를 설계하는 사람들의 몫이며 실제 컴퓨터 사용자들은 순차적인 상태(sequential state)만을 중요하게 여긴다. 컴퓨터는 공학이나 그 외 직무에서 반드시 필요한 도구이기 때문에 이산신호가 순차 상태 기계에 의해서 처리되는 과정을 이해하는 것은, 특히 공학자에게 있어서 매우 중요하다. 〈그림 3.4〉는 이산시간 신호를 표현한 이산시간 함수의 몇 가지 예를 보여준다.

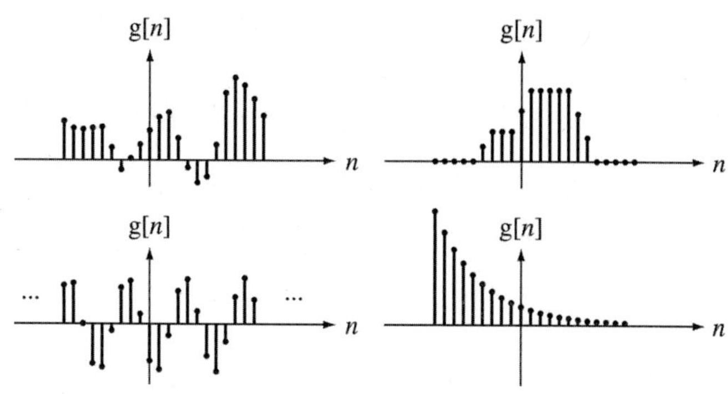

그림 3.4 이산시간 함수의 예

〈그림 3.4〉와 같은 형태의 그래프를 줄기그림(stem plot)이라고 하며 이때 점은 이산시간 n에서의 값을 나타내고 수직으로 그은 선은 항상 *n*축과 맞닿아 있어야 한다. 줄기그림은 이산시간 신호를 표현하는데 널리 이용되며 MATLAB에서는 `stem`이라는 명령어로 줄기그림을 표현할 수 있다.

MATLAB을 사용해 그래프를 그리는 것은 샘플링의 한 예이다. MATLAB은 유한한 길이의 벡터만 다룰 수 있다. 따라서 연속시간 함수의 그래프를 그리기 위해서는 시간 벡터에 얼마나 많은 점을 포함시킬지 결정해야 한다. MATLAB은 이렇게 정해진 시점에 대한 함수 값 사이를 직선으로 나타내고 이렇게 표현된 그래프는 연속시간 함수처럼 보인다. 샘플링에 대해서는 10장에서 좀 더 깊이 다룰 것이다.

3.3 정현파 함수와 지수 함수

지수 함수와 정현파 함수는 연속시간 신호와 시스템의 해석에서와 같이 이산시간 신호와 시스템 해석에서도 중요하다. 대부분의 이산시간 시스템은 차분 방정식(difference equation)을 통해 근사화해 표현될 수 있다. 선형상계수, 차분 방정식의 고유함수(eigenfunction)는 복소 지수 함수이고 실수 지수 함수는 복소 지수 함수의 특별한 경우이다. 모든 정현파 함수는 복소 지수 함수들의 선형 결합이다.

이산시간 지수 함수와 정현파 함수는 연속시간 함수와 대응되는 형태로 다음과 같이 정의된다.

$$\mathrm{g}[n] = Ae^{\beta n} \text{ or } \mathrm{g}[n] = Az^n, \text{ where } z = e^{\beta}$$

그리고

$$g[n] = A\cos(2\pi F_0 n + \theta) \quad \text{or} \quad g[n] = A\cos(\Omega_0 n + \theta)$$

여기서 z와 β가 복소 상수이며 A는 실수이고 θ는 라디안 단위의 위상이동(phase shift)을 의미한다. f_0는 실수로 F_0와 Ω_0는 $2\pi F_0$의 관계를 가진다. n은 이산시간을 의미한다.

정현파 함수

연속시간과 이산시간 정현파 사이에는 중요한 차이점이 있다. 한 가지 차이점은 연속시간 신호의 샘플링을 통해 이산시간 신호를 만들었을 때 이산시간 신호의 주기가 명확하지 않다는 것이다. 이산시간 정현파의 경우 주기가 없을 수도 있다. $g[n] = A\cos(2\pi F_0 n + \theta)$와 같은 이산시간 함수는 연속시간 함수 $g(t) = A\cos(2\pi f_0 t + \theta)$와 $g[n] = g(nT_s)$의 관계를 가지며 샘플링 주파수가 $f_s = 1/T_s$일 때 $F_0 = f_0 T_s = f_0/f_s$의 관계를 가진다. 이산시간 함수가 주기를 가지기 위해서는 m이 정수일 때 어떤 이산시간 n에 대해 $2\pi F_0 n = 2\pi m$이 만족되어야 한다. 이것을 F_0에 대해 풀면 $F_0 = m/n$이 된다. 다시 말해 F_0는 무조건 유리수(정수비)가 되어야 한다. 샘플링의 관점에서 보면 $F_0 = f_0/f_s$ 이므로 이것은 이산시간 함수가 주기를 가지기 위해서는 연속시간 함수의 기본 주파수와 연속시간 함수를 샘플링해서 얻게 되는 이산시간 함수의 샘플링 주파수의 비율이 유리수가 되어야 함을 의미한다. 다음과 같은 정현파 함수의 기본 주파수를 구해 보자.

$$g[n] = 4\cos\left(\frac{72\pi n}{19}\right) = 4\cos(2\pi(36/19)n)?$$

F_0는 36/19이고 양의 값을 가지는 최소의 이산시간 n은 m이 정수이고 $F_0 n = m$인 조건을 만족하는 n=19 이다. 따라서 기본 주기는 19가 된다. 만약 F_0가 유리수이고 $F_0 = q/N_0$와 같은 형태로 표현되어 더 이상 약분되지 않는다면 정현파의 기본주기는 $q=1$일 때에 $(1/F_0) = N_0/q$가 아닌 N_0가 된다. 이 결과를 연속시간 신호 $g(t) = 4\cos(72\pi t/19)$의 기본주기 T_0가 19가 아니고 19/36이라는 사실과 비교해 보자. 〈그림 3.5〉는 이산시간 정현파 함수의 예이다.

F_0가 정수의 역수가 아닌 경우 그래프 상으로는 이산시간 정현파로 파악하기 어렵게 된다. 이것은 〈그림 3.5〉(c)와 (d)의 경우이다. 〈그림 3.5〉(d)의 정현파 함수는 비주기 함수가 된다.

$A\cos(2\pi F_0 n)$, $A\cos(\Omega_0 n)$와 같은 이산시간 신호를 처음 접할 때 혼동을 가져오기 쉬운 부분 중 하나는 F_0와 Ω_0가 무엇인가 하는 것이다. $A\cos(2\pi f_0 t)$, $A\cos(\omega_0 t)$과 같은 연속시간 신호에서 f_0는 Hz나 cycles/second로 표현되는 주파수를 의미하고 ω_0는 radians/second로 표

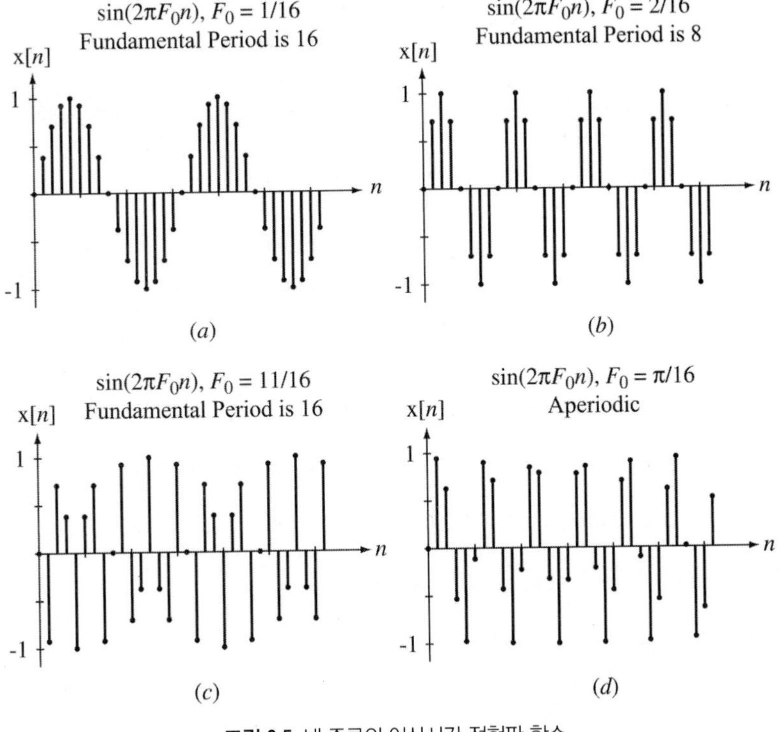

그림 3.5 네 종류의 이산시간 정현파 함수

현되는 각 주파수를 의미한다. 코사인 함수의 인수는 무차원이 되어야만 하므로 $2\pi f_0 t$와 $\omega_0 t$는 무차원이다. 왜냐하면 cycle과 radion은 f_0과 ω_0에서 t의 second와 $(\text{second})^{-1}$이 상쇄되어 길이의 비로 나타나기 때문이다. 이산시간 신호에서 n은 이산시간을 뜻하지만 실제로는 시간을 나타내는 것이 아니라 시간의 인덱스를 나타내는 것이다. n에는 시간이라는 단위가 없다. 만약 n이 각 샘플의 인덱스라고 생각한다면 n=3은 초기시간 n=0 이후 3번째의 샘플이 획득된 것을 의미하므로 n의 단위는 샘플이라고 할 수 있다. 따라서 F_0는 $2\pi F_0 n$을 무차원으로 만들기 위해서 cycles/samples의 단위를 가져야 하며 Ω_0는 $\Omega_0 n$을 무차원으로 만들기 위해 radians/sample의 단위를 가져야 한다. 만약 기본주파수 f_0[cycles/second]를 가지는 연속시간 신호 $A\cos(2\pi f_0 t)$를 f_s[samples/ second]로 샘플링하면 다음과 같은 이산시간 신호를 얻는다.

$$A\cos(2\pi f_0 n T_s) = A\cos(2\pi n f_0 / f_s) = A\cos(2\pi F_0 n)$$

여기서 $F_0 = f_0 / f_s$ 이므로 위에서 언급한 단위와 일치함을 알 수 있다.

$$F_0 \text{ in cycles/sample} = \frac{f_0 \text{ in cycles/second}}{f_s \text{ in samples/second}}$$

따라서 F_0는 샘플링율(sampling rate)로 정규화된 주파수가 된다. 같은 맥락에서 $\Omega_0 = \omega_0 / f_s$는 정규화된 각 주파수가 되며 그 단위는 radian/sample이 된다.

$$\Omega_0 \text{ in radians/sample} = \frac{\omega_0 \text{ in radians/second}}{f_s \text{ in samples/second}}$$

이산시간 정현파 함수의 샘플링에서 중요하게 고려해야 할 성질은 다음과 같은 두 가지의 이산시간 신호 $g_1[n] = A\cos(2\pi F_1 n + \theta)$, $g_2[n] = A\cos(2\pi F_2 n + \theta)$가 있을 때 F_1과 F_2가 다름에도 불구하고 두 함수가 같아질 수 있다는 것이다. 예를 들어 두 개의 이산시간 정현파 함수 $g_1[n] = \cos(2\pi n/5)$, $g_2[n] = \cos(12\pi n/5)$ 해석적으로 다른 신호이지만 〈그림 3.6〉의 이산신호 그래프에서는 두 신호가 같은 것을 확인할 수 있다.

〈그림 3.6〉에서 점선으로 표시된 그래프는 연속시간 함수 $g_1(t) = \cos(2\pi t/5)$, $g_2(t) = \cos(12\pi t/5)$를 의미하고 이때 n과 t는 $t = nT_s$의 관계가 있다. 연속시간 함수의 그래프에서는 두 신호가 다른 것을 확실히 알 수 있지만 이산시간 그래프에서는 그렇지 않다. 그 이유는 아래 $g_2[n]$의 변환에서 볼 수 있듯이 두 이산시간 함수가 완전히 동일하기 때문이다.

$$g_2[n] = \cos\left(\frac{2\pi}{5}n + \frac{10\pi}{5}n\right) = \cos\left(\frac{2\pi}{5}n + 2\pi n\right)$$

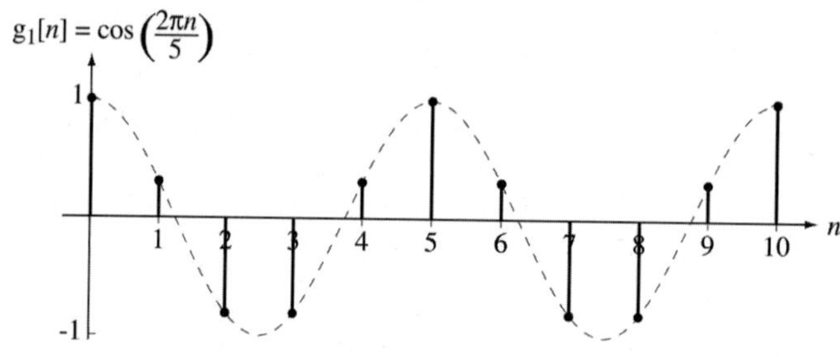

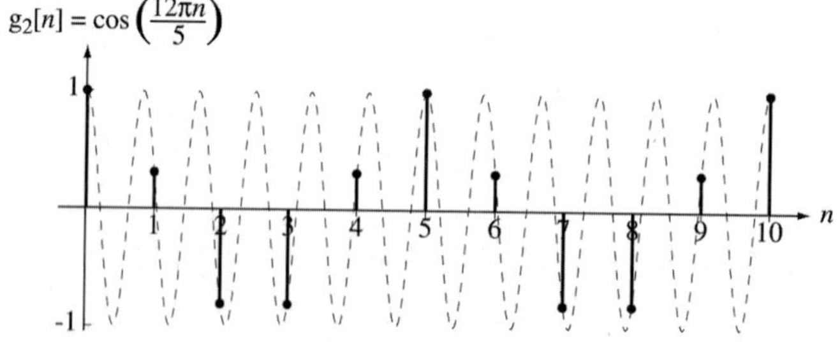

그림 3.6 다른 주파수 F's를 가졌지만 같은 결과를 보이는 두 코사인 신호

정현파 함수의 특징에서 함수 인수에 2π의 정수배만큼을 더해도 함수의 값은 변화하지 않는다.

$$g_2[n] = \cos\left(\frac{2\pi}{5}n + 2\pi n\right) = \cos\left(\frac{2\pi}{5}n\right) = g_1[n]$$

이산시간 함수에서 n은 항상 정수이기 때문에 $2\pi n$은 항상 2π의 정수배가 된다.

이 예에서는 두 이산시간 신호의 주파수가 각각 $F_1 = 1/5$, $F_2 = 6/5$이기 때문에 이산시간 정현파에서는 같은 주파수를 나타내게 된다. 이것은 정현파 함수의 인수로 주파수 1/5, 각 주파수 $2\pi/5$를 사용했을 때와 주파수 6/5, 각 주파수 $12\pi/5$를 사용했을 때를 비교해 보면 확인할 수 있다. 따라서 이산시간 신호 정현파 $\cos(2\pi F_0 n + \theta)$에서 F_0에 어떠한 정수를 더해도 함수의 값은 변화하지 않는다. 이와 비슷하게 이산시간 신호 $\cos(\Omega_0 n + \theta)$의 경우 Ω_0에 2π의 정수배를 더해도 함수의 값은 변하지 않는다. 만약 $\sin(2\pi Fn)$이라는 이산시간 함수에서 F를 0부터 1.75까지 0.25씩 증가시키며 그래프의 변화를 관찰한다면 〈그림 3.7〉과 같은 이산시간 정현파 함수를 확인할 수 있다.

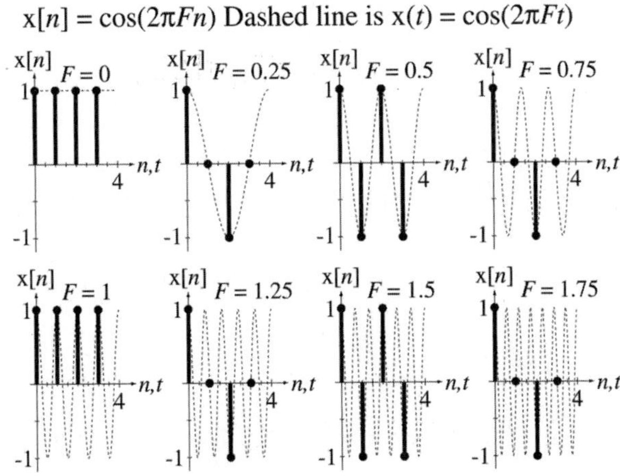

그림 3.7 주파수 F의 변화에 따른 이산시간 정현파 함수의 변화

결과적으로 두 이산시간 정현파 함수에서 F값의 차이가 정수로 나타난다면 두 신호는 동일한 신호가 된다.

지수 함수

이산시간 함수에서 지수 함수를 표현하는 가장 일반적인 형태는 $g[n] = Az^n$이다. 이것은 연속시간 함수에서의 $g(t) = Ae^{\beta t}$와 약간의 차이를 보인다. 물론 $g[n] = Az^n$은 $g[n] = Ae^{\beta n}$에서 $z = e^{\beta}$일 때는 동일하지만 Az^n이 $Ae^{\beta n}$ 보다 단순하고 사용이 쉽기 때문에 일반적으로 선호된다.

이산시간 지수 함수는 $g[n] = Az^n$에서 z의 값이 변화함에 따라 함수의 특성이 달라진다. 〈그림 3.8〉과 〈그림 3.9〉에서는 z값이 달라짐에 따라 변화하는 함수의 그래프를 보여준다.

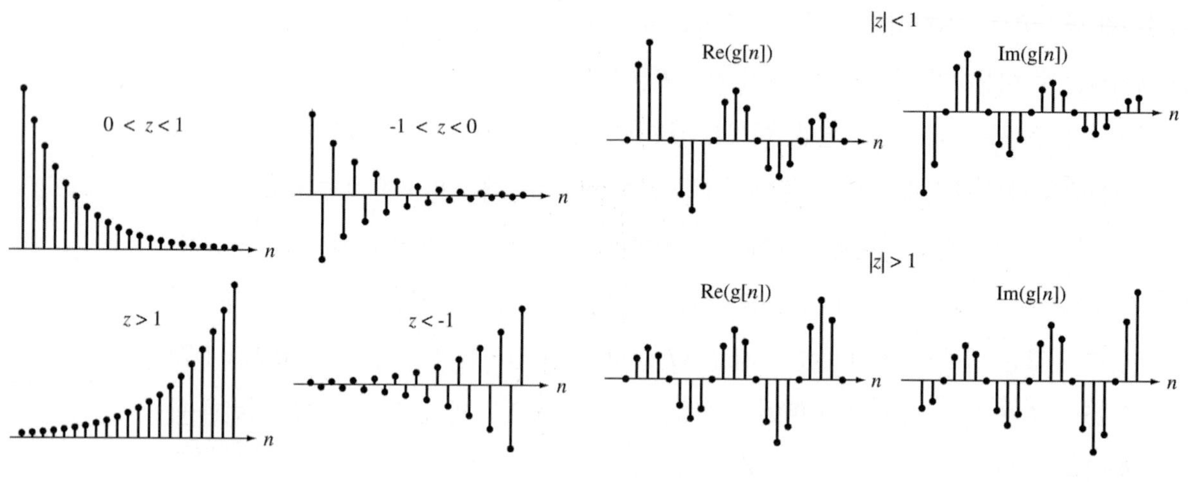

그림 3.8 실수 z값의 변화에 따른 $g[n]=Az^n$함수의 변화

그림 3.9 복소수 z값의 변화에 따른 $g[n]=Az^n$함수의 변화

3.4 특이 함수

이산시간 함수에도 연속시간 함수와 유사한 특이 함수들이 존재하며 연속시간 함수와 유사한 방법으로 사용된다.

단위 임펄스 함수

단위 임펄스 함수(또는 단위 샘플 함수)의 정의는 다음과 같다 〈그림 3.10〉.

$$\delta[n] = \begin{cases} 1, & n = 0 \\ 0, & n \neq 0 \end{cases} \tag{3.1}$$

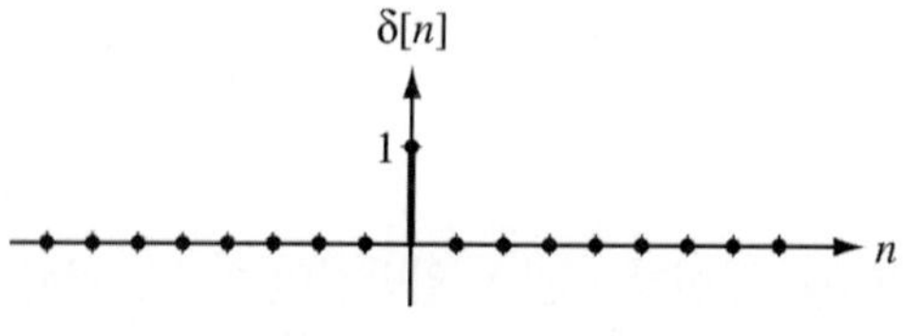

그림 3.10 단위 임펄스 함수

이산시간 단위 임펄스 함수는 연속시간 단위 임펄스 함수에 존재했던 수학적으로 특이한 개념을 가지지는 않는다. 이산시간 단위 임펄스 함수는 연속시간 단위 임펄스 함수의 스케일링 속성을 가지고 있지 않다. 다시 말해 0이 아닌 유한한 정수 a에 대해서 $\delta[n] = \delta[an]$가 항상 성립한다. 이산시간 임펄스 함수는 다음과 같은 샘플링 속성을 가진다.

$$\boxed{\sum_{n=-\infty}^{\infty} A\delta[n-n_0]\,\mathrm{x}[n] = A\,\mathrm{x}[n_0]} \tag{3.2}$$

이것은 임펄스 함수는 함수인수가 0일 때에만 0 이외의 값을 가지기 때문에 모든 n에 대해서 덧셈을 수행했을 때 $n = n_0$인 경우를 제외하고는 모두 0의 값을 가진다. $n = n_0$일 때 $\mathrm{x}[n] = \mathrm{x}[n_0]$이며 그 계산 결과는 단순히 스케일상수 A를 곱한 형태가 된다. 이 함수는 크로네커 델타함수(Kronecker Delta Function)으로 불리기도 한다.

연속시간 임펄스 함수는 MATLAB 함수로 존재하지 않지만 이산시간 임펄스 함수는 만들 수 있다.

```
%    Function to generate the discrete-time impulse
%    function defined as one for input integer arguments
%    equal to zero and zero otherwise.Returns "NaN" for
%    non-integer arguments.
%
%    function y = impD(n)
%
function y = impD(n)
    y = double(n == 0);        % Impulse is one where argument
                               % is zero and zero otherwise
    I = find(round(n) ~= n);   % Index non-integer values of n
    y(I) = NaN;                % Set those return values to NaN
```

이 MATLAB 함수는 정수가 아닌 인수에 대해서 정의되지 않은 값(NaN)을 포함하는 $\delta[n]$의 연산을 수행한다. 함수이름 끝의 'D'는 이산시간 함수임을 나타낸다. MATLAB에서 이산시간 함수를 나타내기 위해서 관습적으로 사용하는 대괄호[·]를 사용할 수 없다. MATLAB에서 대괄호는 다른 의미를 가진다.

단위 시퀀스 함수

이산시간 함수의 단위 시퀀스 함수(unit-sequence function)는 연속시간 함수의 단위계단 함수와 대응된다〈그림 3.11〉.

$$\mathrm{u}[n] = \begin{cases} 1, & n \geq 0 \\ 0, & n < 0 \end{cases} \tag{3.3}$$

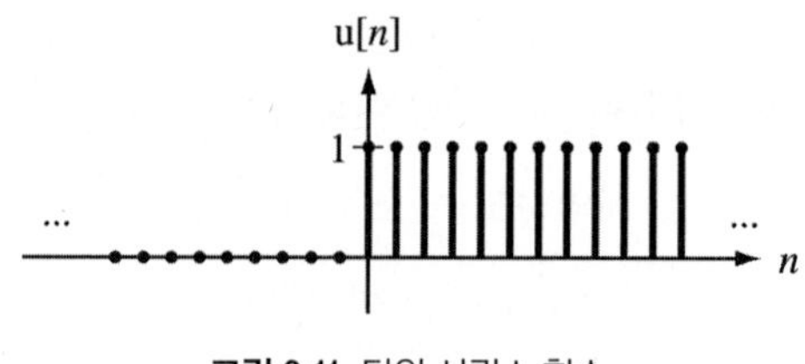

그림 3.11 단위 시퀀스 함수

이산시간 함수의 단위 시퀀스 함수는 n=0에서의 모호함이 없다. n=0에서는 당연히 1의 값을 가진다.

```
%    Unit sequence function defined as 0 for input integer
%    argument values less than zero, and 1 for input integer
%    argument values equal to or greater than zero. Returns
%    "NaN" for non-integer arguments.
%
%    function y = usD(n)
%
function y = usD(n)
    y = double(n >= 0);          % Set output to one for non-
                                 % negative arguments
    I = find(round(n) ~= n);     % Index non-integer values of n
    y(I) = NaN ;                 % Set those return values to NaN
```

부호 함수

연속시간 부호 함수와 대응되는 이산시간 부호 함수는 〈그림 3.12〉와 같이 정의된다.

$$\mathrm{sgn}[n] = \begin{cases} 1, & n > 0 \\ 0, & n = 0 \\ -1, & n < 0 \end{cases} \tag{3.4}$$

```
%    Signum function defined as -1 for input integer argument
%    values less than zero, +1 for input integer argument
%    values greater than zero and zero for input argument values
%    equal to zero. Returns 'NaN' for non-integer arguments.
%
%    function y = signD(n)
```

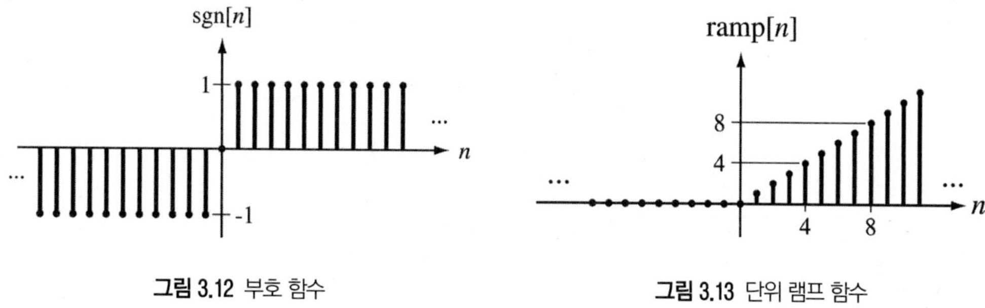

그림 3.12 부호 함수

그림 3.13 단위 램프 함수

```
function y = signD(n)
    y = sign(n);                  % Use the MATLAB sign function
    I = find(round(n) ~= n);      % Index non-integer values of n
    y(I) = NaN;                   % Set those return values to NaN
```

단위 램프 함수

연속시간 단위 램프 함수와 대응되는 이산시간 단위 램프 함수는 〈그림 3.13〉과 같이 정의된다.

$$\text{ramp}[n] = \begin{cases} n, & n \geq 0 \\ 0, & n < 0 \end{cases} = n\,\text{u}[n] \tag{3.5}$$

```
%    Unit discrete-time ramp function defined as 0 for input
%    integer argument values equal to or less than zero, and
%    "n" for input integer argument values greater than zero.
%    Returns "NaN" for non-integer arguments.
%
%    function y = rampD(n)

function y = rampD(n)
    y = ramp(n);                  % Use the continuous-time ramp
    I = find(round(n) ~= n);      % Index non-integer values of n
    y(I) = NaN;                   % Set those return values to NaN
```

주기 임펄스 함수

이산시간 주기 임펄스 함수 또는 임펄스 열은 다음과 같이 정의된다〈그림 3.14〉.

$$\delta_N[n] = \sum_{m=-\infty}^{\infty} \delta[n - mN] \tag{3.6}$$

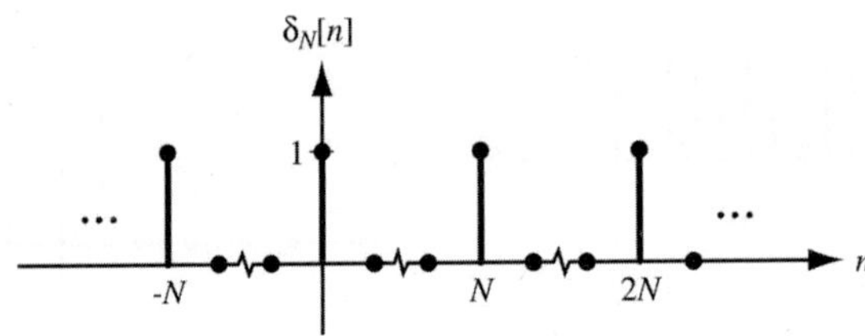

그림 3.14 주기 임펄스 함수

```
%    Discrete-time periodic impulse function defined as 1 for
%    input integer argument values equal to integer multiples
%    of "N" and 0 otherwise. "N" must be a positive integer.
%    Returns "NaN" for non-positive integer values.
%
%    function y = impND(N,n)
function y = impND(N,n)
  if N == round(N) & N > 0,
    y = double(n/N == round(n/N));    % Set return values to one
                                      % at all values of n that are
                                      % integer multiples of N
    I = find(round(n) ~= n);          % Index non-integer values of n
    y(I) = NaN;                       % Set those return values to NaN
  else
    y = NaN*n;                        % Return a vector of NaN's
    disp('In impND, the period parameter N is not a positive integer');
  end
```

새로 정의된 이산시간 함수에 대한 내용은 〈표 3.1〉에서 보여준다.

표 3.1 이산시간 신호 함수에 대한 요약

Sine	$\sin(2\pi F_0 n)$	Sampled Continuous-Time
Cosine	$\cos(2\pi F_0 n)$	Sampled Continuous-Time
Exponential	z^n	Sampled Continuous-Time
Unit Sequence	$\mathrm{u}[n]$	Inherently Discrete-Time
Signum	$\mathrm{sgn}[n]$	Inherently Discrete-Time
Ramp	$\mathrm{ramp}[n]$	Inherently Discrete-Time
Impulse	$\delta[n]$	Inherently Discrete-Time
Periodic Impulse	$\delta_N[n]$	Inherently Discrete-Time

3.5 이동과 스케일링

이산시간 함수의 스케일링, 이동 과정은 일반적인 연속시간 함수의 스케일링과 이동에 사용되는 원리가 동일하게 적용된다. 하지만 연속시간과 이산시간의 근본적인 차이에 의해서 발생되는 몇 가지 흥미로운 차이점이 존재한다. 연속시간 함수의 경우와 마찬가지로 이산시간 함수도 어떤 수를 받아서 또 다른 수를 내보낸다. g[n]에서 대괄호 속에 n 대신 다른 수식이 들어가도 n이 들어가서 적용되는 모든 법칙들이 동일하게 적용된다.

진폭 스케일링

이산시간 진폭 스케일링은 연속시간 신호와 완전히 동일하다.

시간 이동

g[n]을 〈그림 3.15〉의 그래프와 같이 정의하고 $n \to n+3$으로 바꾸자. 이산시간 시간 이동은 정수인 점 외에서는 값이 정의되지 않는 것만 제외하면 연속시간 신호의 시간 이동과 동일하다〈그림 3.16〉.

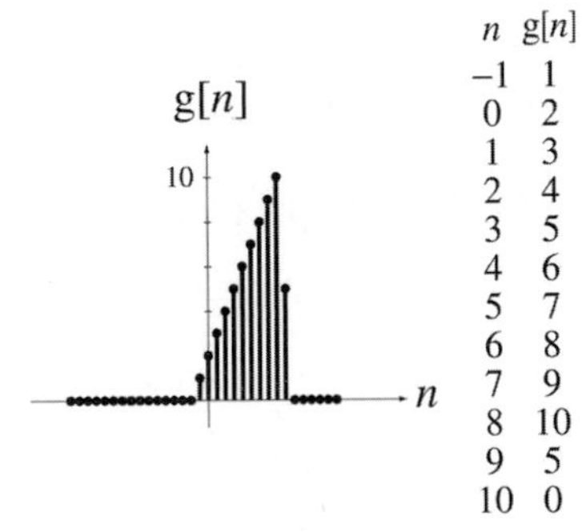

n	g[n]
−1	1
0	2
1	3
2	4
3	5
4	6
5	7
6	8
7	9
8	10
9	5
10	0

그림 3.15 g[n]=0, $|n| \geq 15$인 g[n]의 그래프적 정의

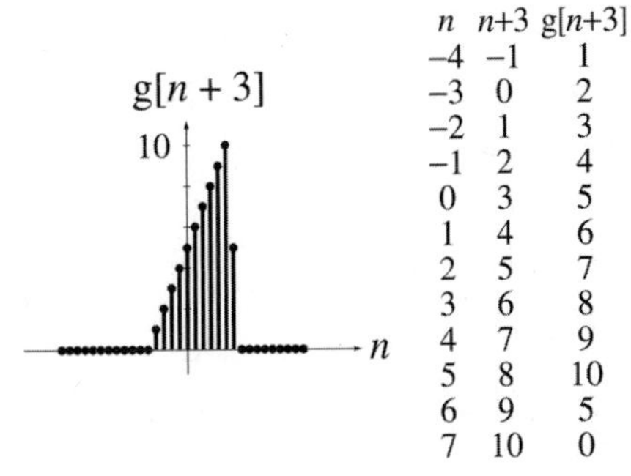

n	n+3	g[n+3]
−4	−1	1
−3	0	2
−2	1	3
−1	2	4
0	3	5
1	4	6
2	5	7
3	6	8
4	7	9
5	8	10
6	9	5
7	10	0

그림 3.16 g[n+3]의 시간이동 그래프

시간 스케일링

이산시간 진폭 스케일링과 시간 이동은 연속시간 신호의 경우와 매우 유사하지만 시간 스케일링의 경우는 다른 결과가 나타난다. 이산시간 신호의 시간 스케일링에는 시간 확장(time expansion)과 시간 압축(time compression) 두 가지 종류가 있다.

시간 압축

시간 압축은 $n \rightarrow Kn$ 형태의 스케일링에 의해 이루어지는데 여기서 $|K| > 1$이고 K는 정수이다. 이산시간 신호의 시간 압축은 연속시간 신호의 시간 압축과 유사하지만 간축(decimation) 과정이 추가로 요구된다. 〈그림 3.17〉의 $n \rightarrow 2n$시간 스케일링을 예로 들어보자.

g[$2n$] 함수의 경우 함수인자 $2n$이 모두 짝수인 것을 알 수 있다. 따라서 이렇게 2배로 스케일링을 한 경우 원래 함수 g[n]에서 정의되었던 n이 홀수일 때의 값은 g[$2n$]에서는 중요하지 않다. 이런 경우 함수가 2배로 간축되었다고 표현한다. 스케일링 상수가 큰 값을 가질 때 간축 값도 커지게 된다. 연속시간 신호의 경우에는 $t \rightarrow Kt$와 같이 시간 스케일링을 했을 때 Kt가 모든 값에서 정의되기 때문에 간축 과정은 필요하지 않다. 연속시간 신호와 이상시간 신호의 근본적인 차이점은 연속시간 함수는 무한히 셀 수 없는 모든 실수에 대하여 정의되는반면, 이산시간 신호는 무한하지만 셀 수 있는 정수에 대해서만 정의된다는 것이다.

시간 확장

또 다른 시간 스케일링은 시간 확장이다. 만약 n이 정수일 때, g[$n/2$]의 그래프를 그리고자 한다면 원함수에서 g[$n/2$]에 해당하는 값을 찾아서 할당해 주어야 한다. 하지만 n이 1인 경우 $n/2$는 0.5가 되고 g[1/2]는 정의되지 않는다. 결국 시간 스케일된 함수 g[n/K]의 경우에는 n/K가 정수가 아닌 경우는 정의되지 않는다. 이러한 경우는 단순히 그 값을 정의되지 않은 채로 둘 수도 있지만 n/K가 정수일 때 g[n/K] 사이의 값들로 보간(interpolation)을 수행할 수도 있다(보간은 두 값을 알고 있을 때 공식에 따라 두 값 사이의 값을 알아내는 것을 뜻한다). 보간은 어떤 방법을 사용할 것인지에 따라 그 값이 좌우되기 때문에 여기서는 단순히 n/K가 정수가 아닌 경우 g[n/K]의 값을 정의하지 않도록 한다.

위의 시간 확장이 전혀 쓸모 없는 것처럼 보일지 모르지만 실제로 유용하게 사용되는 경우가 있다. 다음과 같이 원함수 x[n]과 새로운 함수 y[n]이 있다고 가정하자.

$$\mathrm{y}[n] = \begin{cases} \mathrm{x}[n/K], & n/K \text{ an integer} \\ 0, & \text{otherwise} \end{cases}$$

K=2일 때 〈그림 3.18〉과 같은 결과를 얻을 수 있다.

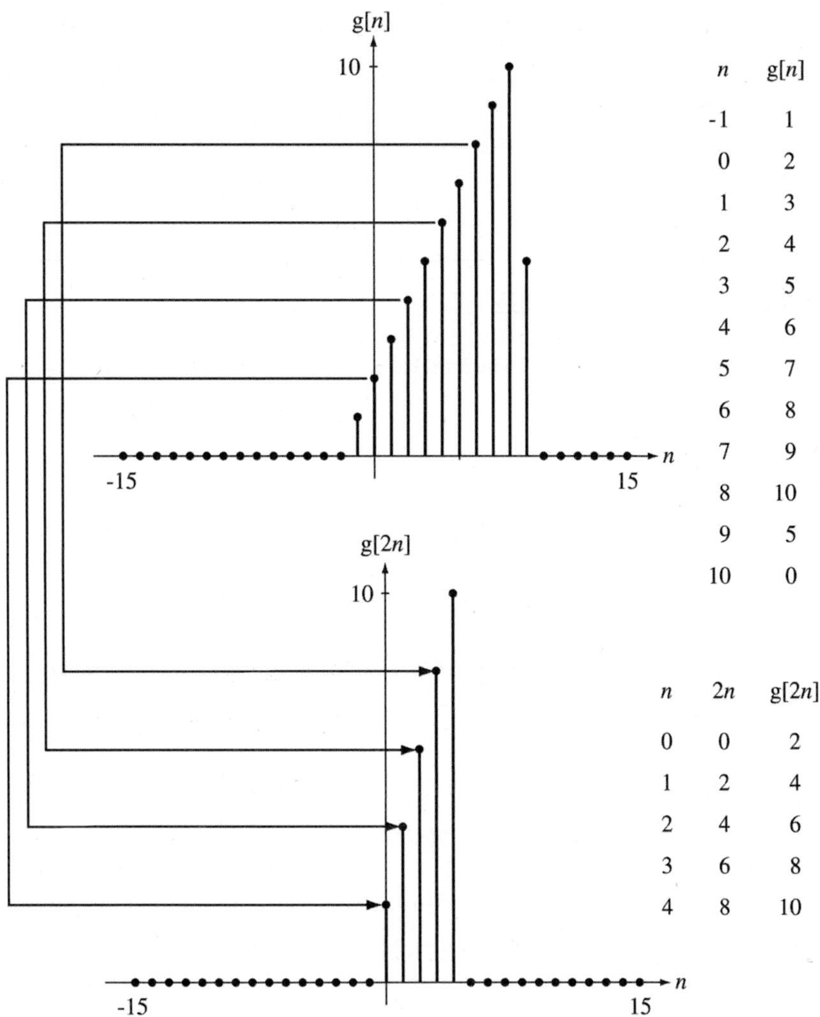

n	g[n]
-1	1
0	2
1	3
2	4
3	5
4	6
5	7
6	8
7	9
8	10
9	5
10	0

n	$2n$	g[$2n$]
0	0	2
1	2	4
2	4	6
3	6	8
4	8	10

그림 3.17 이산시간 함수의 시간 압축

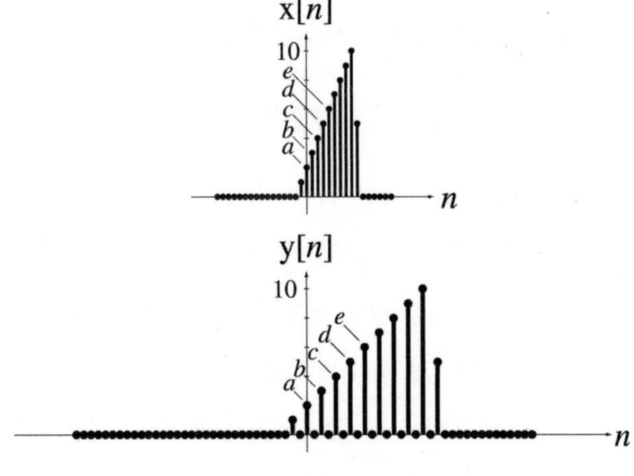

그림 3.18 시간 확장의 또 다른 표현

확장된 함수의 모든 값이 정의되며 이산시간 n에서 발생한 x의 모든 값은 이산시간 Kn에서 y값과 동일하다. 정의되지 않는 시간에서의 모든 값은 0으로 대체되었다. 함수 y를 K배로 시간 압축하게 되면 원함수 x와 같은 결과를 얻는다.

예제 3.1

이산시간 함수의 이동, 스케일링 그래프

MATLAB을 이용하여 $g[n] = 10(0.8)^n \sin(3\pi n/16)u[n]$의 그래프와 $g[2n]$, $g[n/3]$의 그래프를 그려라.

■ 풀이

MATLAB은 원래 이산신호를 독립변수로 처리하기 위해 만들어진 도구이므로 연속시간 신호보다 이산시간 신호를 위한 프로그래밍에 적합하다. 이산시간 신호의 경우 신호가 연속적이지 않기 때문에 각 샘플의 시간간격을 고려할 필요가 없으며 그래프로 표현할 때에도 각 샘플 사이의 시간 간격을 무시할 수 있다. 함수와 시간 스케일된 함수를 그래프로 다루기 위한 좋은 방법 중 하나는 원함수를 m파일의 함수로 만들어 저장하는 것이다. 이때 반드시 이산시간 신호의 경우 정의되지 않은 즉, 정수가 아닌 위치에서의 값에 대한 표현 방법이 확보되어야 한다. MATLAB에서는 정의되지 않은 값을 NaN이라는 특별한 심볼로 다룰 수 있다. 두 개의 서로 다른 n의 범위에 대한 처리 방법을 논리연산과 관계연산을 활용하여 정의한다면 아래의 g.m파일에서와 같이 나타낼 수 있다.

```
function y = g(n),
   % Compute the function
   y = 10*(0.8).^n.*sin(3*pi*n/16).*usD(n);
   I = find(round(n) ~= n);          % Find all non-integer "n's"
   y(I) = NaN;                       % Set those return values to "NaN"
```

함수의 그래프를 그리기 위해서는 이산시간의 범위를 정해주어야 한다. 이산시간이 음수인 부분에서는 0의 값을 가지게 되므로 이산시간 0에서 갑자기 발생하는 신호를 보이기 위해서는 이산시간 0 이전 몇 개의 이산시간 값을 지정해 주고 이산시간이 양의 값을 가지는 범위에 대하여 지수적으로 감소하는 정현파 함수를 그려준다. 따라서 이산시간 범위 $-5 < n < 16$과 같은 설정은 원함수를 잘 표현하기 위한 합리적인 선택이라고 볼 수 있다. 하지만 시간 확장함수 $g[n/3]$ 의 경우에는 함수의 특성을 보기 위해서 더 넓은 이산시간 구간이 필요하다. 따

라서 같은 스케일로 함수를 보고 비교하기 위해서는 이산시간 범위를 $-5<n<48$과 같이 설정하여야 한다.

```
%    Graphing a discrete-time function and compressed and expanded
%    transformations of it

%    Compute values of the original function and the time-scaled
%    versions in this section
n = -5:48 ;                          % Set the discrete times for
                                     % function computation
g0 = g(n) ;                          % Compute the original function
                                     % values
g1 = g(2*n) ;                        % Compute the compressed function
                                     % values
g2 = g(n/3) ;                        % Compute the expanded function
                                     % values
%    Display the original and time-scaled functions graphically
%    in this section
%
%    Graph the original function
%
subplot(3,1,1) ;                     % Graph first of three graphs
                                     % stacked vertically
p = stem(n,g0,'k','filled');         % "Stem plot" the original function
set(p,'LineWidth',2','MarkerSize',4); % Set the line weight and dot
                                     % size
ylabel('g[n]');                      % Label the original function axis
%
%    Graph the time-compressed function
%
subplot(3,1,2);                         % Graph second of three plots
                                        % stacked vertically
p = stem(n,g1,'k','filled');            % "Stem plot" the compressed
                                        % function
set(p,'LineWidth',2','MarkerSize',4);   % Set the line weight and dot
                                        % size
ylabel('g[2n]');                        % Label the compressed function
                                        % axis
%
%    Graph the time-expanded function
%
```

```
subplot(3,1,3);                        % Graph third of three graphs
                                       % stacked vertically
p = stem(n,g2,'k','filled') ;          % "Stem plot" the expanded
                                       % function
set(p,'LineWidth',2','MarkerSize',4);  % Set the line weight and dot
                                       % size
xlabel('Discrete time, n');            % Label the expanded function axis
ylabel('g[n/3]');                      % Label the discrete-time axis
```

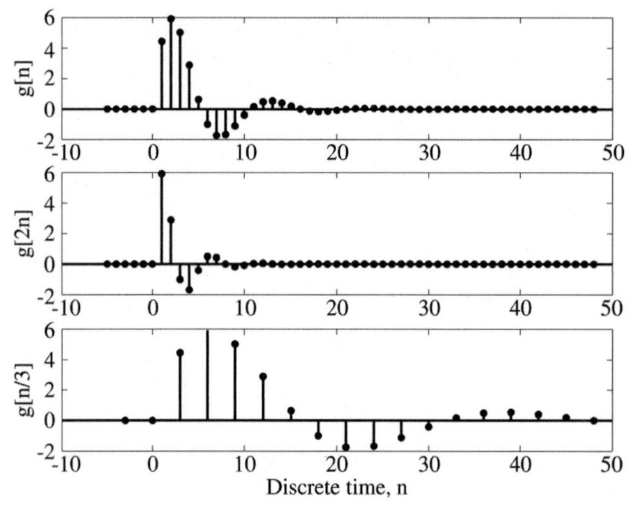

그림 3.19 g[n], g[2n], g[n/3]의 그래프

〈그림 3.19〉는 MATLAB 결과 그래프

3.6 차분함수와 누적함수

연속시간 함수에서 미분함수와 적분함수가 중요했던 것처럼 이산시간 함수에서는 차분함수와 누적함수(accumulation function)가 중요하다. 연속시간 함수 g(t)의 일차 도함수는 일반적으로 다음과 같이 정의된다.

$$\frac{d}{dt}(\mathrm{g}(t)) = \lim_{\Delta t \to 0} \frac{\mathrm{g}(t+\Delta t) - \mathrm{g}(t)}{\Delta t}$$

위의 식 외에도 다음과 같은 정의가 가능하다.

$$\frac{d}{dt}(\mathrm{g}(t)) = \lim_{\Delta t \to 0} \frac{\mathrm{g}(t) - \mathrm{g}(t - \Delta t)}{\Delta t}$$

또는

$$\frac{d}{dt}(\mathrm{g}(t)) = \lim_{\Delta t \to 0} \frac{\mathrm{g}(t + \Delta t) - \mathrm{g}(t - \Delta t)}{2\Delta t}.$$

극한 값을 취하면 모든 정의로부터 동일한 도함수를 얻을 수 있다(도함수가 존재하는 경우). 하지만 Δt가 유한한 값인 경우 위의 정의들은 다른 의미를 가지게 된다. 이산시간 신호에서 도함수를 구하는 과정은 차분(difference)을 구하는 것과 같다. 이산시간 함수 $\mathrm{g}[n]$의 순방향 차분(forward difference)는 $\mathrm{g}[n+1] - \mathrm{g}[n]$과 같이 구할 수 있다(웹 부록 D에는 다양한 종류의 도함수가 있다). 이산시간 함수의 역방향 차분(backward difference)는 $\mathrm{g}[n] - \mathrm{g}[n-1]$을 통해 얻을 수 있으며 〈그림 3.20〉에서는 몇 가지 이산시간 함수와 순방향 차분, 역방향 차분에 대한 그래프를 보여준다.

만약 이산시간 신호를 연속시간 신호의 샘플링을 통해 획득한 경우 이산시간 신호의 차분 신호는 연속시간 신호를 미분한 결과와 매우 유사하게 나타난다.

이산시간 신호의 누적함수는 연속시간 함수의 적분함수와 대응되는 함수이다. 함수 $\mathrm{g}[n]$에 대한 누적함수는 $\sum_{m=-\infty}^{n} \mathrm{g}[m]$과 같이 정의된다. 이때 연속시간 신호의 적분함수에서 발생했던 모호성의 문제가 이산시간 누적함수의 경우에도 발생하게 된다. 순방향 차분함수나 역방향 차분함수가 유일한 결과를 보여주더라도 누적함수의 경우에 그렇지 않을 수 있다. 다수의 서로 다른 함수가 같은 순반향 차분 값과 역방향 차분 값을 가질 수 있다. 하지만 적분의 경우와 마찬가지로 이 함수들은 상수합 부분을 제외하면 모두 같은 1차 차분 값을 가지게 된다. $\mathrm{g}[n]$의 역방향 차분함수를 $\mathrm{h}[n]=\mathrm{g}[n] - \mathrm{g}[n-1]$이라고 하고 양변에 누적함수를 적용하면

$$\sum_{m=-\infty}^{n} \mathrm{h}[m] = \sum_{m=-\infty}^{n} (\mathrm{g}[m] - \mathrm{g}[m-1])$$

또는

$$\sum_{m=-\infty}^{n} \mathrm{h}[m] = \cdots + (\mathrm{g}[-1] - \mathrm{g}[-2]) + (\mathrm{g}[0] - \mathrm{g}[-1]) + \cdots + (\mathrm{g}[n] - \mathrm{g}[n-1])$$

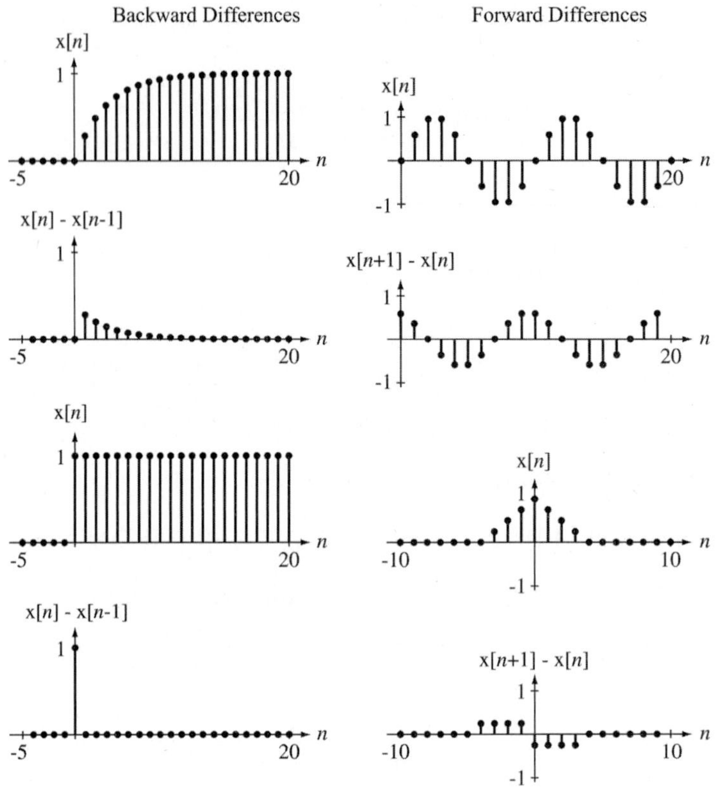

그림 3.20 몇 가지 함수의 순방향, 역방향 차분

과 같다. 위 식을 다시 정리하면

$$\sum_{m=-\infty}^{n} \mathrm{h}[m] = \cdots + \underbrace{(\mathrm{g}[-1]-\mathrm{g}[-1])}_{=0} + \underbrace{(\mathrm{g}[0]-\mathrm{g}[0])}_{=0} + \cdots + \underbrace{(\mathrm{g}[n-1]-\mathrm{g}[n-1])}_{=0} + \mathrm{g}[n]$$

$$\sum_{m=-\infty}^{n} \mathrm{h}[m] = \mathrm{g}[n]$$

이 되어 1차 역방향 차분함수와 누적함수가 역의 관계에 있다는 것을 증명한다. 어떤 함수 g[n]의 누적함수에 대한 1차 역방향 차분함수는 g[n]이 된다. 〈그림 3.21〉는 h[n]과 h[n]의 누적함수 g[n]를 나타낸 것이다. 〈그림 3.21〉의 함수들은 음의 시간에서 함수 h[n]의 값이 0이라고 가정하고 누적함수를 구한 결과이다.

연속시간 함수의 단위 계단 함수와 단위 임펄스 함수 사이의 미분-적분 관계와 같은 방법을 이산시간 신호의 경우에도 적용할 수 있다. 이산시간의 단위 시퀀스 함수는 단위 임펄스 함수

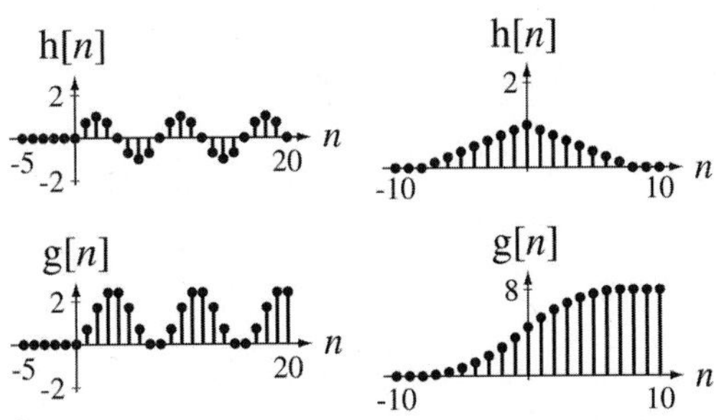

그림 3.21 두 개의 h[n]함수와 누적함수 g[n]

의 누적 즉, $\mathrm{u}[n]=\sum_{m=-\infty}^{n}\delta[m]$의 형태로 나타나며 이때 1차 역방향 차분 $\delta[n]=\mathrm{u}[n]-\mathrm{u}[n-1]$은 단위 임펄스 함수를 나타내게 된다. 또한 연속시간 단위 램프 함수의 적분의 정의와 유사하게 이산시간 단위 램프 함수는 이산시간에서 한 샘플 지연된 단위 시퀀스 함수의 누적함수로 정의될 수 있다.

$$\mathrm{ramp}[n]=\sum_{m=-\infty}^{n}\mathrm{u}[m-1]$$

그리고 단위 시퀀스 함수는 단위 램프 함수의 1차 순방향 차분함수 $\mathrm{u}[n]=\mathrm{ramp}[n+1]-\mathrm{ramp}[n]$와 같으며 또한 ramp $[n+1]$의 1차 역방향 차분함수와 같다.

MATLAB 에서는 `diff`함수를 이용하여 이산시간 함수의 차분을 계산할 수 있다. `diff` 함수는 입력된 벡터의 순방향 차분을 계산하여 길이가 입력벡터보다 하나 작은 벡터를 반환한다. MATLAB에서는 또한 cumsum함수를 사용하여 누적함수를 계산할 수 있게 해준다. cumsum함수는 벡터를 입력 받아 누적함수가 적용된 같은 크기의 벡터를 반환하게 된다. 예를 들면 다음과 같다.

```
»a = 1:10
a =
   1    2    3    4    5    6    7    8    9   10
»diff(a)
ans =
   1    1    1    1    1    1    1    1    1
»cumsum(a)
ans =
   1    3    6   10   15   21   28   36   45   55
»b = randn(1,5)
```

```
b =
  1.1909  1.1892  -0.0376  0.3273  0.1746
»diff(b)
ans =
  -0.0018  -1.2268  0.3649  -0.1527
»cumsum(b)
ans =
  1.1909  2.3801  2.3424  2.6697  2.8444
```

위 예에서 cumsum함수가 입력 벡터의 첫 번째 값 이전의 값은 모두 0으로 가정하고 연산을 수행함을 알 수 있다.

예제 3.2

MATLAB을 사용한 누적함수의 표현

$0 \leq n \leq 36$이며 $n = 0$ 이전의 누적값은 0이다. MATLAB을 사용해 $x[n] = \cos(2\pi n/36)$의 누적함수를 계산하라.

■ 풀이

```
%    Program to demonstrate accumulation of a function over a finite
%    time using the cumsum function.
n = 0:36 ;                          % Discrete-time vector
x = cos(2*pi*n/36);                 % Values of x[n]
%    Graph the accumulation of the function x[n]
p = stem(n,cumsum(x),'k','filled');
set(p,'LineWidth',2,'MarkerSize',4);
xlabel('\itn','FontName','Times','FontSize',24);
ylabel('x[{\itn}]','FontName','Times','FontSize',24);
```

〈그림 3.22〉는 MATLAB 프로그램의 결과를 그래프로 나타낸 것이다.

코사인의 누적함수는 정확히는 아니지만 사인 함수와 유사하게 보인다. 이것은 이산시간에서의 누적함수가 연속시간에서의 적분함수와 유사한 역할을 수행하고 연속시간에서 코사인의 적분은 사인 함수이기 때문에 발생하는 결과로 생각할 수 있다.

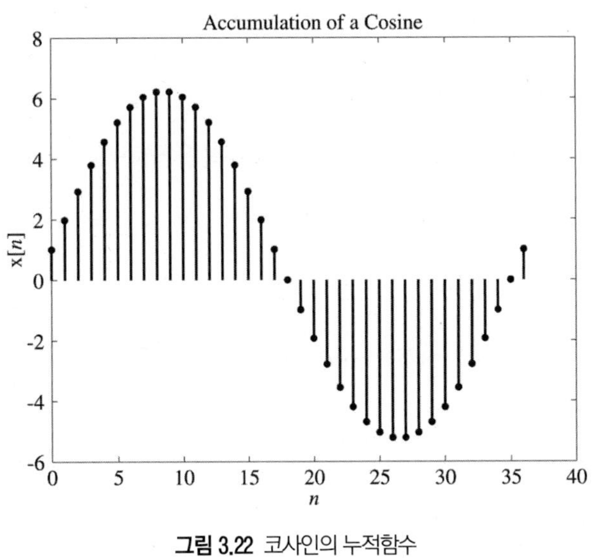

그림 3.22 코사인의 누적함수

3.7 우함수와 기함수

연속시간 함수에서와 같이 이산시간 함수에서도 우함수와 기함수의 속성이 적용되며 각 함수의 특성은 연속시간 함수에서와 유사하다. 만약 g[*n*]=g[−*n*]이면 이산시간 우함수를 나타내고 g[*n*]=−g[−*n*]이면 이산시간 기함수를 나타내게 된다. 〈그림 3.23〉는 우함수와 기함수의 몇 가지 예를 보여주고 있다.

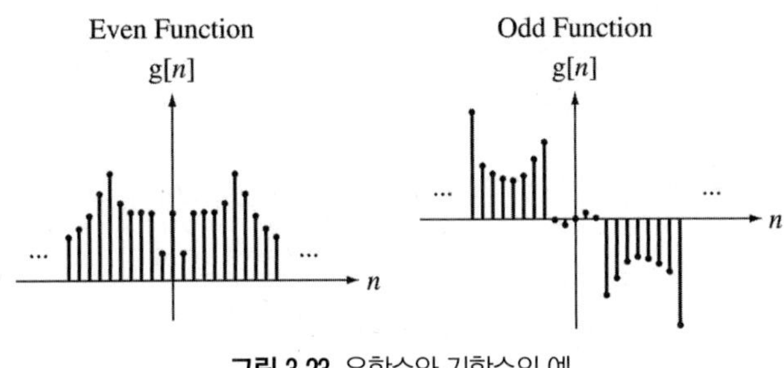

그림 3.23 우함수와 기함수의 예

함수 g[*n*]의 우함수와 기함수 부분은 연속시간 함수에서와 동일한 방법으로 찾아낼 수 있다.

$$g_e[n] = \frac{g[n]+g[-n]}{2} \quad \text{and} \quad g_o[n] = \frac{g[n]-g[-n]}{2} \tag{3.7}$$

우함수의 경우에는 기함수부분이 0이 되고 기함수인 경우에는 우함수 부분이 0이 된다.

예제 3.3

함수의 우함수 부분과 기함수 부분

$\mathrm{g}[n]=\sin(2\pi n/7)(1+n^2)$일 때, 우함수 부분과 기함수 부분을 구하라.

■ 풀이

$$\mathrm{g}_e[n]=\frac{\sin(2\pi n/7)(1+n^2)+\sin(-2\pi n/7)(1+(-n)^2)}{2}$$

$$\mathrm{g}_e[n]=\frac{\sin(2\pi n/7)(1+n^2)-\sin(2\pi n/7)(1+n^2)}{2}=0$$

$$\mathrm{g}_o[n]=\frac{\sin(2\pi n/7)(1+n^2)-\sin(-2\pi n/7)(1+(-n)^2)}{2}=\sin\left(\frac{2\pi n}{7}\right)(1+n^2)$$

따라서 $\mathrm{g}[n]$은 기함수이다.

■

우함수와 기함수 신호의 결합

연속시간 함수에 적용 가능한 모든 속성들은 이산시간 신호에도 동일하게 적용할 수 있다. 만약 두 함수가 모두 우함수인 경우 함수의 덧셈, 뺄셈, 곱셈, 나눗셈은 모두 우함수가 된다. 만약 두 함수가 모두 기함수이면 두 함수의 덧셈과 뺄셈은 기함수가 되지만 곱셈과 나눗셈은 우함수가 된다.

〈그림 3.24 ~ 3.26〉은 우함수와 기함수 곱셈의 몇 가지 예를 보여준다.

우함수와 기함수의 대칭적 유한 누적

연속시간 함수의 대칭 적분한계에 대한 정적분은 이산시간 신호의 대칭 누적한계에 대한 누적함수가 된다. 이산시간 신호의 누적함수는 연속시간 신호의 적분함수와 완전히 같지는 않지만 비슷한 속성을 가진다. 만약 $\mathrm{g}[n]$이 우함수이고 N이 양의 정수라면

$$\sum_{n=-N}^{N}\mathrm{g}[n]=\mathrm{g}[0]+2\sum_{n=1}^{N}\mathrm{g}[n]$$

이 되고 $\mathrm{g}[n]$이 기함수라면

$$\sum_{n=-N}^{N}\mathrm{g}[n]=0$$

이 된다〈그림 3.27〉.

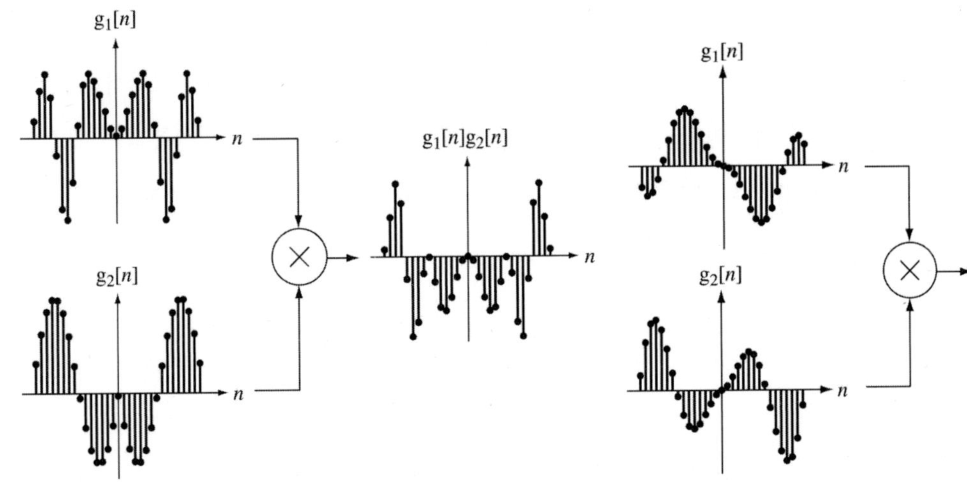

그림 3.24 두 우함수의 곱

그림 3.25 두 기함수의 곱

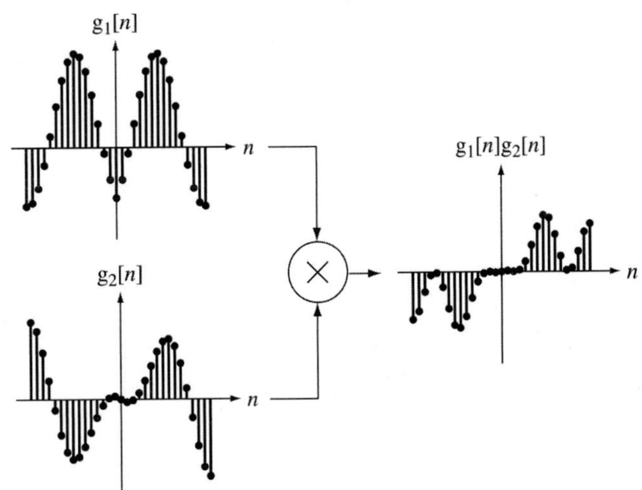

그림 3.26 우함수와 기함수의 곱

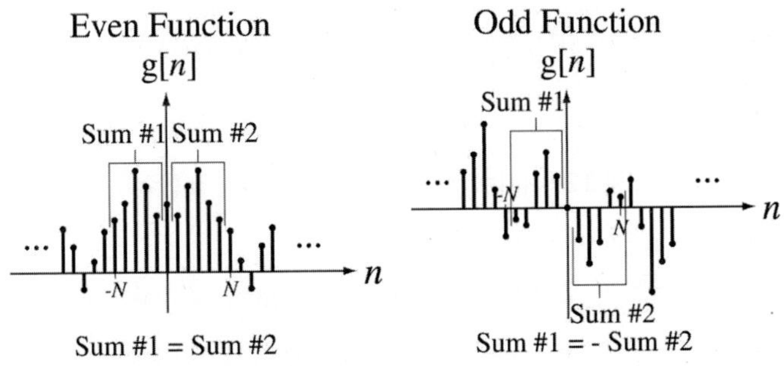

그림 3.27 이산시간 우함수와 기함수의 누적

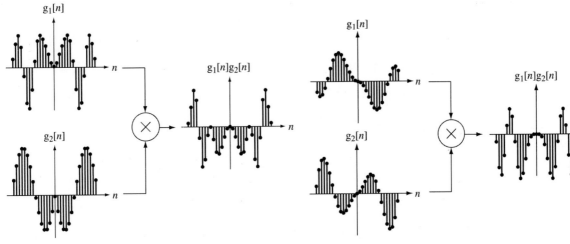

3.8 주기 신호

주기함수란 $n \to n+mN$의 시간 변화에 대해서 값이 변동하지 않는 함수이다. 여기서 N은 임의의 주기, m은 임의의 정수이다. 기본주기 N_0는 양의 값을 가지며 함수가 반복되는 최소의 이산시간 주기를 나타낸다. 〈그림 3.28〉은 이산시간 주기함수의 몇 가지 예를 보여준다.

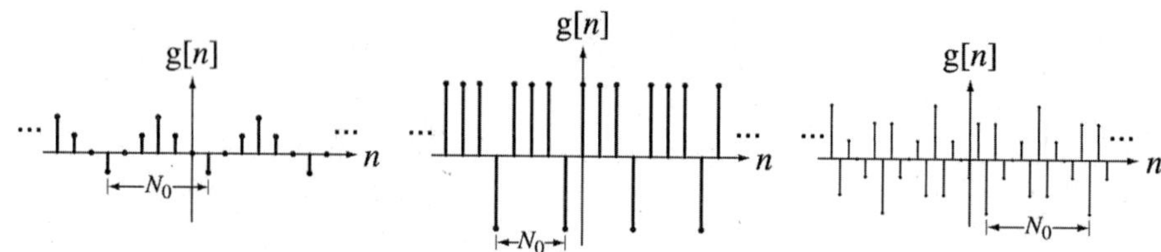

그림 3.28 N_0의 기본 주기를 가지는 주기함수의 예

기본 주파수는 $F_0 = 1/N_0$이 되고 기본 각 주파수 $\Omega_0 = 2\pi/N_0$이 된다. 이산시간에서의 시간단위는 초(second)가 아니기 때문에 이산시간 주파수의 단위가 Hz나 radians/second가 아님에 유의하자.

예제 3.4

함수의 기본 주기

$-50 \le n \le 50$일 때, $g[n]=2\cos(9\pi n/4)-3\sin(6\pi n/5)$의 그래프를 그리고 기본 주기를 구하라.

■ 풀이

〈그림 3.29〉는 g[n]의 그래프를 그린 것이다.

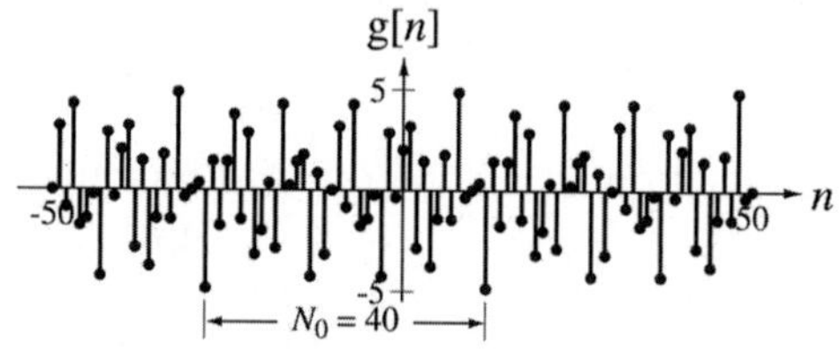

그림 3.29 $g[n]=2\cos(9\pi n/4) - 3\sin(6\pi n/5)$ 함수

그래프로 표현된 함수를 한 번 더 검토하기 위해서 $g[n]=2\cos(2\pi(9/8)n)-3\sin(2\pi(3/5)n)$와 같이 변형할 수 있다. 두 함수의 기본 주기는 각각 8과 5가 되며 이들의 최소공배수는 g[n]의 기본 주기인 40이 된다.

■

3.9 신호의 에너지와 전력

신호의 에너지

이산시간 신호 에너지는 다음과 같이 정의되고 이때 단위는 신호단위의 제곱이 된다.

$$E_x = \sum_{n=-\infty}^{\infty} |x[n]|^2 \tag{3.8}$$

예제 3.5

신호의 에너지

신호 $x[n] = (1/2)^n u[n]$의 에너지를 구하라.

■ 풀이

신호의 에너지 정의로부터

$$E_x = \sum_{n=-\infty}^{\infty} |x[n]|^2 = \sum_{n=-\infty}^{\infty} \left|\left(\frac{1}{2}\right)^n u[n]\right|^2 = \sum_{n=0}^{\infty} \left|\left(\frac{1}{2}\right)^n\right|^2 = \sum_{n=0}^{\infty} \left(\frac{1}{2}\right)^{2n} = 1 + \frac{1}{2^2} + \frac{1}{2^4} + \cdots.$$

이 되고,

무한급수 형태로 나타내면

$$E_x = 1 + \frac{1}{4} + \frac{1}{4^2} + \cdots.$$

이 된다.

다음과 같은 무한급수의 덧셈공식에 의하여 에너지를 구할 수 있다.

$$\sum_{n=0}^{\infty} r^n = \frac{1}{1-r}, \quad |r| < 1$$

$$E_x = \frac{1}{1-1/4} = \frac{4}{3}$$

■

신호의 전력

신호와 시스템 분석에서 다루게 되는 여러 가지 신호를 해석할 때 유한한 시간에 한정되지 않는 신호의 에너지는 무한하기 때문에 다음과 같은 합은 수렴하지 않는다.

$$E_x = \sum_{n=-\infty}^{\infty} |x[n]|^2$$

단위 시퀀스 함수는 무한한 에너지를 가지는 대표적인 함수이다. 이러한 종류의 신호들은 신호의 에너지 대신 신호의 평균 전력을 구하는 것이 간편하다. 이산시간 신호 평균전력은 다음과 같이

$$P_x = \lim_{N\to\infty} \frac{1}{2N} \sum_{n=-N}^{N-1} |x[n]|^2 \tag{3.9}$$

전체 시간에 대하여 평균적인 신호의 전력으로 정의된다(N이 아니라 N-1까지 더하는 이유를 생각하라).

주기 신호의 경우 신호의 평균 전력은 간단히 계산할 수 있다. 임의의 주기 신호의 평균 전력 값은 임의의 주기에 대한 평균 전력 값과 같다.

$$P_x = \frac{1}{N} \sum_{n=n_0}^{n_0+N-1} |x[n]|^2 = \frac{1}{N} \sum_{n=\langle N\rangle} |x[n]|^2, \; n_0 \text{ any integer} \tag{3.10}$$

여기서 $\sum_{n=\langle N\rangle}$은 길이가 N인 연속된 n의 구간에 대한 합계를 의미한다. 이때 N은 $|x[n]|^2$의 주기이다.

예제 3.6

MATLAB을 이용한 신호의 에너지와 전력 구하기

MATLAB을 이용하여 다음 신호의 에너지 또는 전력을 구하고 계산에 의한 풀이와 비교하라.

(a) $x[n] = (0.9)^{|n|} \sin(2\pi n/4)$ (b) $x[n] = 4\delta_5[n] - 7\delta_7[n]$.

■ 풀이

```
% Program to compute the signal energy or power of some example signals
% (a)
n = -100:100 ;                    % Set up a vector of discrete times at
                                  % which to compute the value of the
                                  % function
%  Compute the value of the function and its square
x = (0.9).^abs(n).*sin(2*pi*n/4) ; xsq = x.^2 ;
Ex = sum(xsq) ;                     % Use the sum function in MATLAB to
```

```
                                    % find the total energy and display
                                    % the result.
disp(['(b) Ex = ',num2str(Ex)]);
%   (b)
N0 = 35;                            % The fundamental period is 35
n = 0:N0-1;                         % Set up a vector of discrete times
                                    % over one period at which to compute
                                    % the value of the function
%   Compute the value of the function and its square
x = 4*impND(5,n) - 7*impND(7,n) ; xsq = x.^2 ;
Px = sum(xsq)/N0;                   % Use the sum function in MATLAB to
                                    % find the average power and display
                                    % the result.
disp(['(d) Px = ',num2str(Px)]);
```

프로그램의 출력은 다음과 같다

```
(a) Ex = 4.7107
(b) Px = 8.6
```

계산에 의한 풀이는 다음과 같다.

(a) $E_x = \sum_{n=-\infty}^{\infty} |x[n]|^2 = \sum_{n=-\infty}^{\infty} \left|(0.9)^{|n|}\sin(2\pi n/4)\right|^2$

$$E_x = \sum_{n=0}^{\infty} \left|(0.9)^n \sin(2\pi n/4)\right|^2 + \sum_{n=-\infty}^{0} \left|(0.9)^{-n}\sin(2\pi n/4)\right|^2 - \underbrace{|x[0]|^2}_{=0}$$

$$E_x = \sum_{n=0}^{\infty} (0.9)^{2n}\sin^2(2\pi n/4) + \sum_{n=-\infty}^{0} (0.9)^{-2n}\sin^2(2\pi n/4)$$

$$E_x = \frac{1}{2}\sum_{n=0}^{\infty} (0.9)^{2n}(1-\cos(\pi n)) + \frac{1}{2}\sum_{n=-\infty}^{0} (0.9)^{-2n}(1-\cos(\pi n))$$

코사인 함수의 우함수 대칭성을 사용하여 두 번째 항에서 $n \to -n$로 바꿔준다.

$$E_x = \sum_{n=0}^{\infty} (0.9)^{2n}(1-\cos(\pi n))$$

$$E_x = \sum_{n=0}^{\infty}\left((0.9)^{2n} - (0.9)^{2n}\frac{e^{j\pi n}+e^{-j\pi n}}{2}\right) = \sum_{n=0}^{\infty}(0.81)^n - \frac{1}{2}\left[\sum_{n=0}^{\infty}(0.81e^{j\pi})^n + \sum_{n=0}^{\infty}(0.81e^{-j\pi})^n\right]$$

무한급수의 덧셈공식을 사용하여 구하면

$$\sum_{n=0}^{\infty} r^n = \frac{1}{1-r}, \quad |r|<1$$

$$E_x = \frac{1}{1-0.81} - \frac{1}{2}\left[\frac{1}{1-0.81e^{j\pi}} + \frac{1}{1-0.81e^{-j\pi}}\right]$$

$$E_x = \frac{1}{1-0.81} - \frac{1}{2}\left[\frac{1}{1+0.81} + \frac{1}{1+0.81}\right] = \frac{1}{1-0.81} - \frac{1}{1+0.81} = 4.7107 \quad \text{Check.}$$

(b) $P_x = \frac{1}{N_0}\sum_{n=\langle N_0\rangle} |x[n]|^2 = \frac{1}{N_0}\sum_{n=0}^{N_0-1} |x[n]|^2 = \frac{1}{35}\sum_{n=0}^{34} |4\delta_5[n] - 7\delta_7[n]|^2$

여기서 두 개의 임펄스 열 함수는 n이 35의 배수일 때 일치한다. 따라서 주어진 범위에서 두 함수는 n=0일 때만 일치하게 되며 이때 임펄스의 세기는 -3이 된다. 다른 모든 임펄스들은 각자 발생하기 때문에 곱의 합과 합의 곱은 같은 결과를 가진다.

$$P_x = \frac{1}{35}\left(\underbrace{(-3)^2}_{n=0} + \underbrace{4^2}_{n=5} + \underbrace{(-7)^2}_{n=7} + \underbrace{4^2}_{n=10} + \underbrace{(-7)^2}_{n=14} + \underbrace{4^2}_{n=15} + \underbrace{4^2}_{n=20} + \underbrace{(-7)^2}_{n=21} + \underbrace{4^2}_{n=25} + \underbrace{(-7)^2}_{n=28} + \underbrace{4^2}_{n=30}\right)$$

$$P_x = \frac{9 + 6\times 4^2 + 4\times(-7)^2}{35} = \frac{9+96+196}{35} = 8.6 \quad \text{Check.}$$

■

3.10 요약

1. 이산시간 신호는 연속시간 신호의 샘플링을 통해 만들어진다.
2. 이산시간 신호는 정수가 아닌 이산시간에서는 정의되지 않는다.
3. 연속시간 주기함수를 샘플링하여 만들어진 이산시간 신호는 연속시간 신호와 다른 주기를 가질 수도 있으며 심지어 주기를 가지지 않을 수도 있다.
4. 수식적으로 달라 보이는 이산시간 신호는 실제로 같은 값을 가질 수도 있다.
5. 이산시간 신호의 시간 이동은 정수인 이산시간에 대해서만 정의된다.
6. 이산시간 함수의 시간 스케일링에서는 연속시간 함수의 시간 스케일링과는 다르게 간축(decimation)이나 정의되지 않은 값이 발생할 수 있다.

해답이 있는 연습문제

1. 〈그림 E.1〉의 회로에서 전압 $x(t) = A\sin(2\pi f_0 t)$이 스위치에 의해 주기적으로 저항에 공급된

다. 스위치의 주파수 f_s는 500rpm이고 $t = 0$에 닫히기 시작해서 매번 닫힐 때마다 10ms 동안 닫혀 있다 다시 열리게 된다.

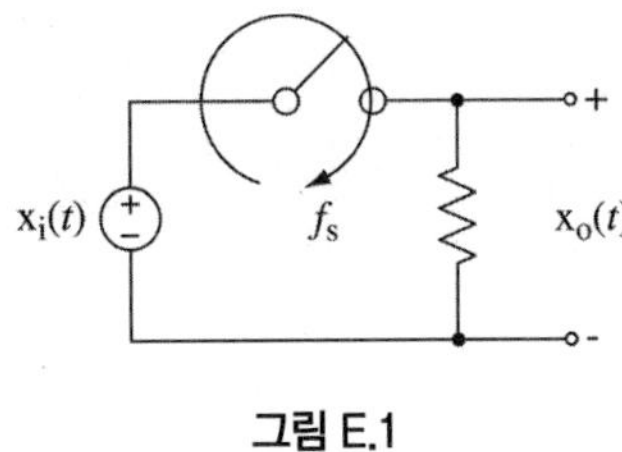

그림 E.1

(a) $0<t<2$인 구간에서 A=5이고 f_0=1일 때, 출력 전압 $x_o(t)$를 구하라.

(b) $0<t<1$인 구간에서 A=5이고 f_0=10일 때, 출력 전압 $x_o(t)$를 구하라.

(c) 그림의 회로를 이상적인 샘플러(sampler)라고 생각할 때 만약 샘플링 과정이 이상적이라면 (a), (b)에 의해서 생성되는 x[n]을 구하고 이산시간 n에 대한 그래프를 그려라.

해답 :

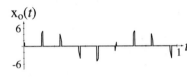

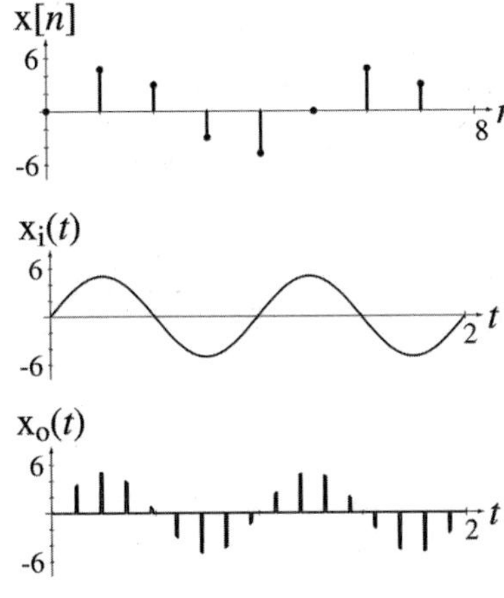

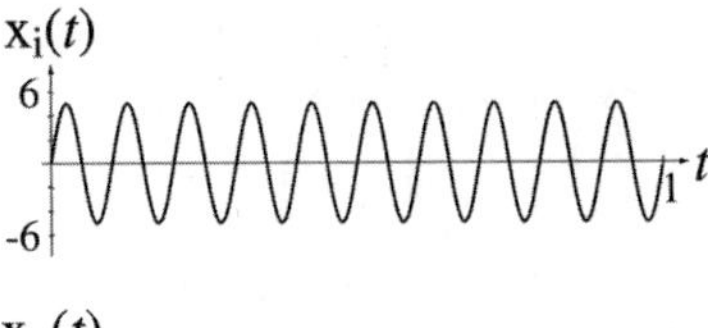

x_o(t)
6
-6
1
t

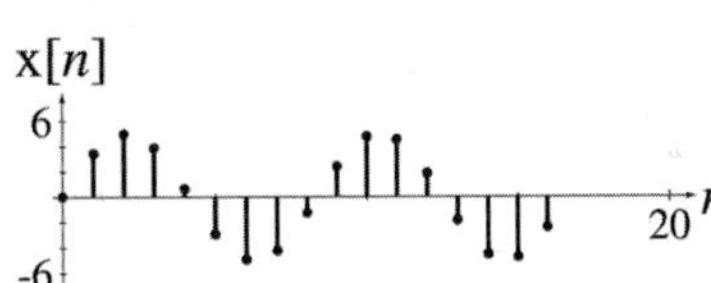

2. 다음 함수의 그래프를 그려라.

(a) $x[n] = 4\cos(2\pi n/12) - 3\sin(2\pi(n-2)/8)$, $\quad -24 \le n < 24$

(b) $x[n] = 3ne^{-|n/5|}$, $-20 \le n < 20$ (c) $x[n] = 21(n/2)^2 + 14n^3$, $\quad -5 \le n < 5$

해답 :

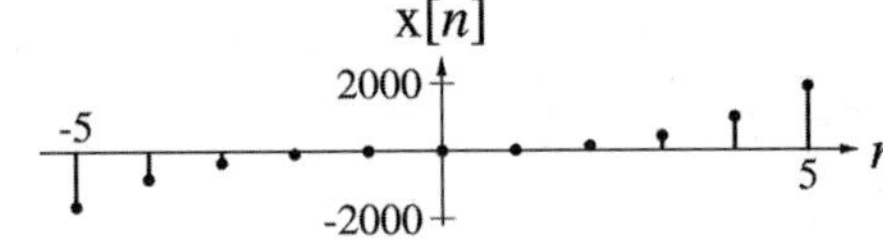

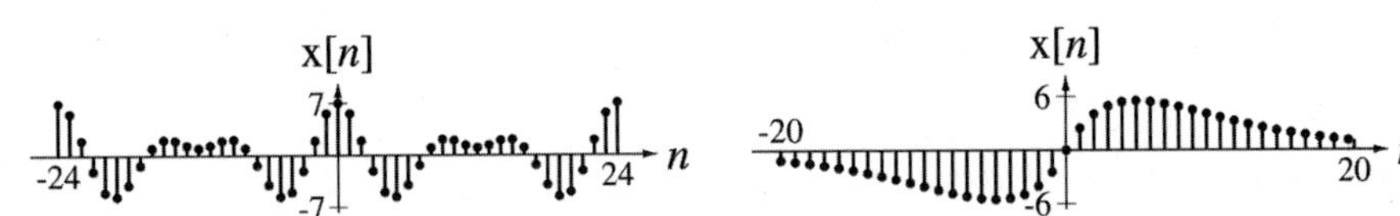

3. $x_1[n] = 5\cos(2\pi n/8)$, $x_2[n] = -8e^{-(n/6)^2}$일 때 $-20 \le n < 20$의 구간에 대해서 다음 함수의 조합을 그려라(단, 정의되지 않은 값의 경우는 생략하라).

(a) $x[n] = x_1[n]x_2[n]$ (b) $x[n] = 4x_1[n] + 2x_2[n]$

(c) $x[n] = x_1[2n]x_2[3n]$ (d) $x[n] = \dfrac{x_1[2n]}{x_2[-n]}$

(e) $x[n] = 2x_1[n/2] + 4x_2[n/3]$

해답 :

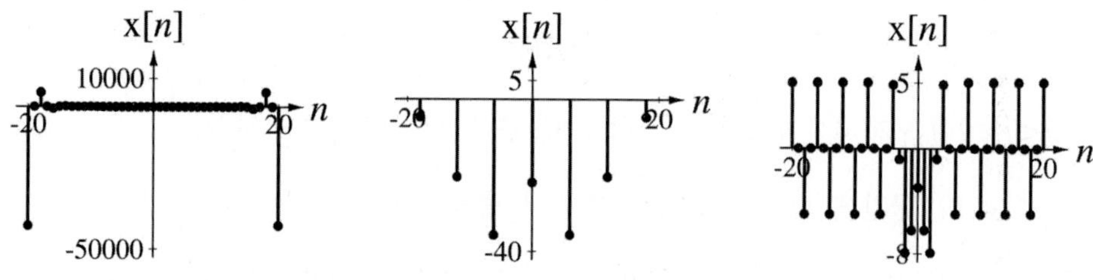

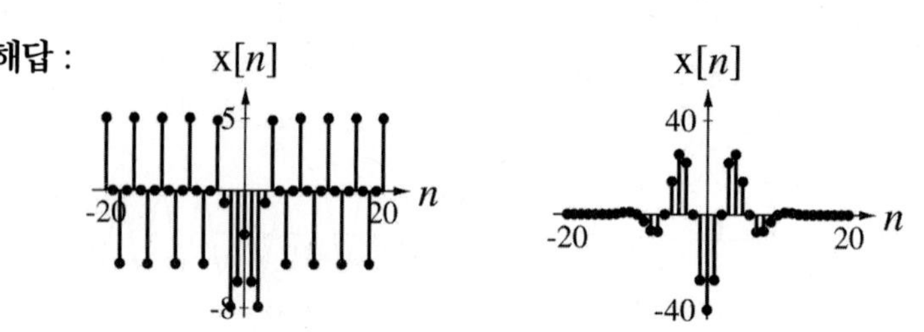

스케일링 및 이동 함수

4. 〈그림 E.4〉에서 각각의 두 함수 사이의 관계를 만족시키는 A, n_0, a의 값을 구하라.

$g_2[n] = A\,g_1[a(n - n_0)]$

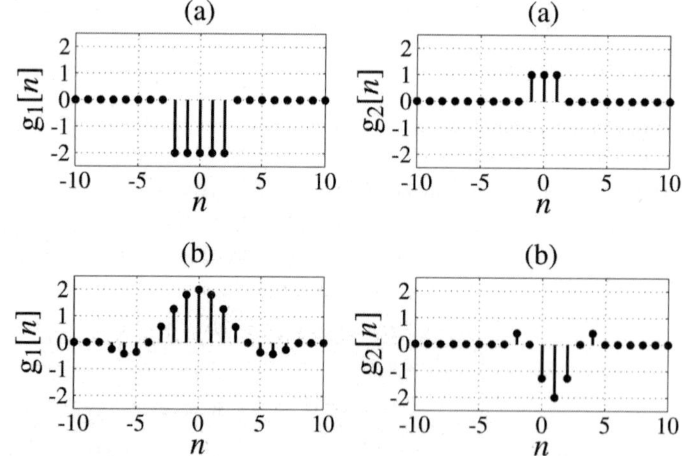

그림 E.4

해답 : $A = -1/2, n_0 = 0, a = 2$ or -2; $A = -1, n_0 = 1, a = 2$ or -2

5. g[n]이 다음과 같이 정의될 때

$$g[n] = \begin{cases} -2, & n < -4 \\ n, & -4 \le n < 1 \\ 4/n, & 1 \le n \end{cases}$$

g[$-n$], g[$2-n$], g[$2n$], g[$n/2$]의 그래프를 그려라.

해답 :

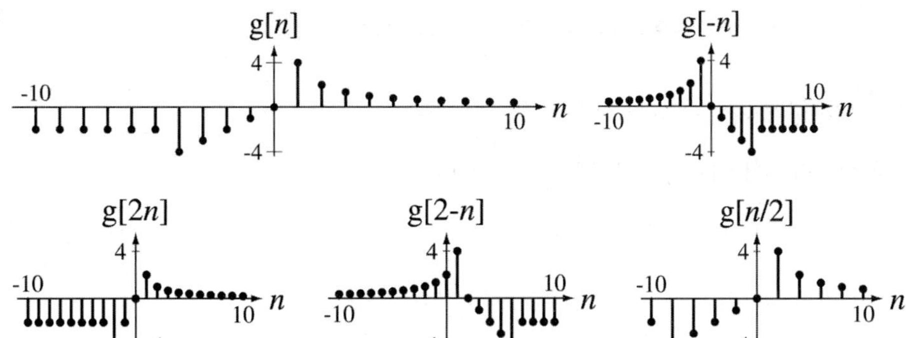

차분함수와 누적함수

6. 〈그림 E.6〉의 역방향 차분함수의 그래프를 그려라.

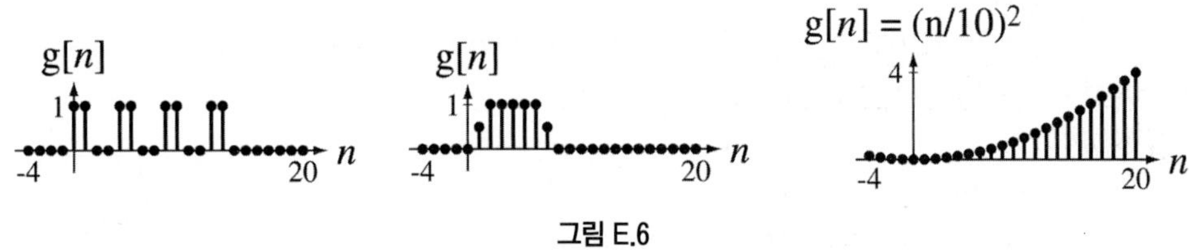

그림 E.6

해답 : g[n] - g[n-1]　g[n] - g[n-1]　g[n] - g[n-1]

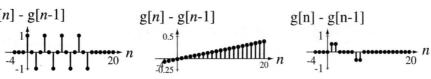

7. 신호 x[n]은 〈그림 E.7〉과 같이 정의되고 y[n]은 x[n]의 역방향 차분함수, z[n]은 x[n]의 누적함수를 의미한다(x[n]은 $n<0$일 때, 0이라고 가정).

(a) y[4]의 값을 구하라.

(b) z[6]의 값을 구하라.

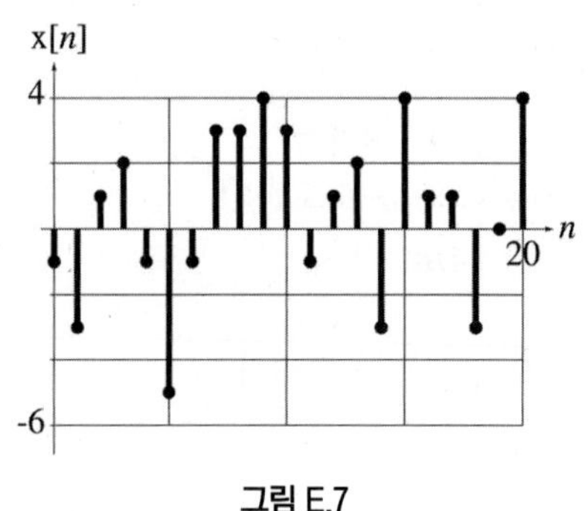

그림 E.7

해답 : –8, –3

8. $g[n]=u[n+3]-u[n-5]$일 때 다음을 구하라.

(a) $g[n]$의 모든 값의 합을 구하라.

(b) $h[n]=g[3n]$일 때, $h[n]$의 모든 값의 합을 구하라.

해답 : 8, 3

9. 다음 각 $h[n]$에 대한 누적함수 $g[n]$의 그래프를 그려라(단, $n<-16$에서 모든 값은 0이라 가정).

(a) $h[n]=\delta[n]$ (b) $h[n]=u[n]$
(c) $h[n]=\cos(2\pi n/16)\,u[n]$ (d) $h[n]=\cos(2\pi n/8)\,u[n]$
(e) $h[n]=\cos(2\pi n/16)\,u[n+8]$

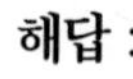

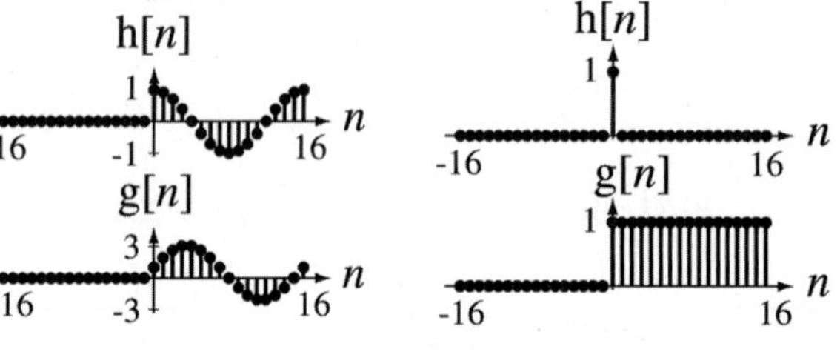

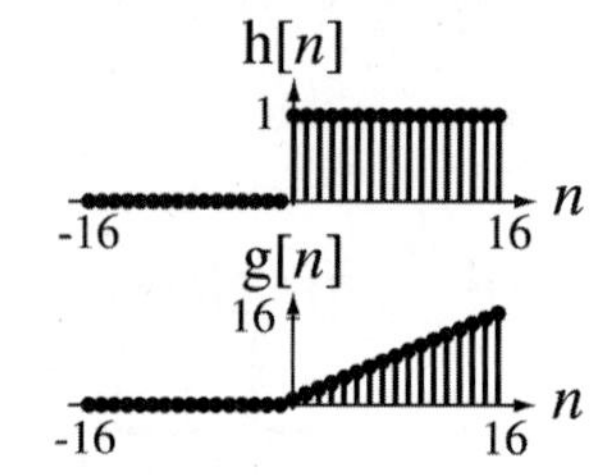

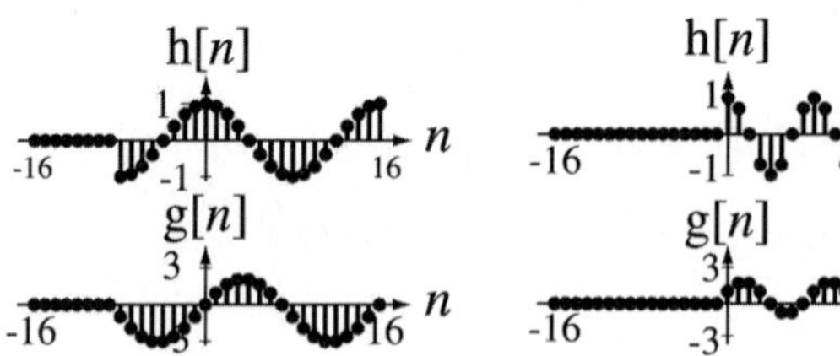

우함수와 기함수

10. 다음 함수의 우함수 부분과 기함수 부분을 구하라.

(a) $g[n] = u[n] - u[n-4]$　　(b) $g[n] = e^{-n/4}\,u[n]$

(c) $g[n] = \cos(2\pi n/4)$　　(d) $g[n] = \sin(2\pi n/4)\,u[n]$

해답 :

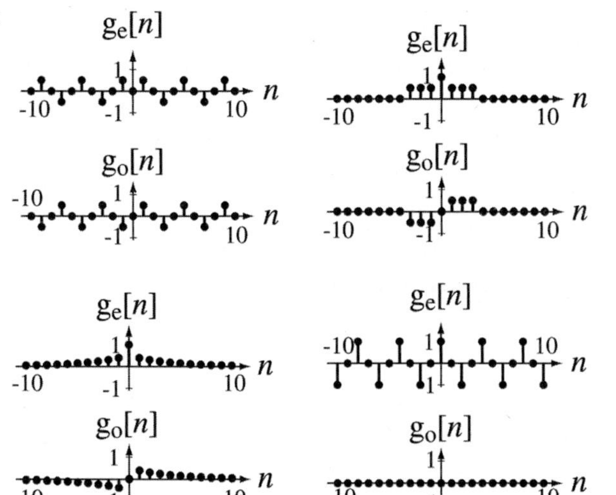

11. 〈그림 E.11〉에 대한 g[n]의 그래프를 그려라.

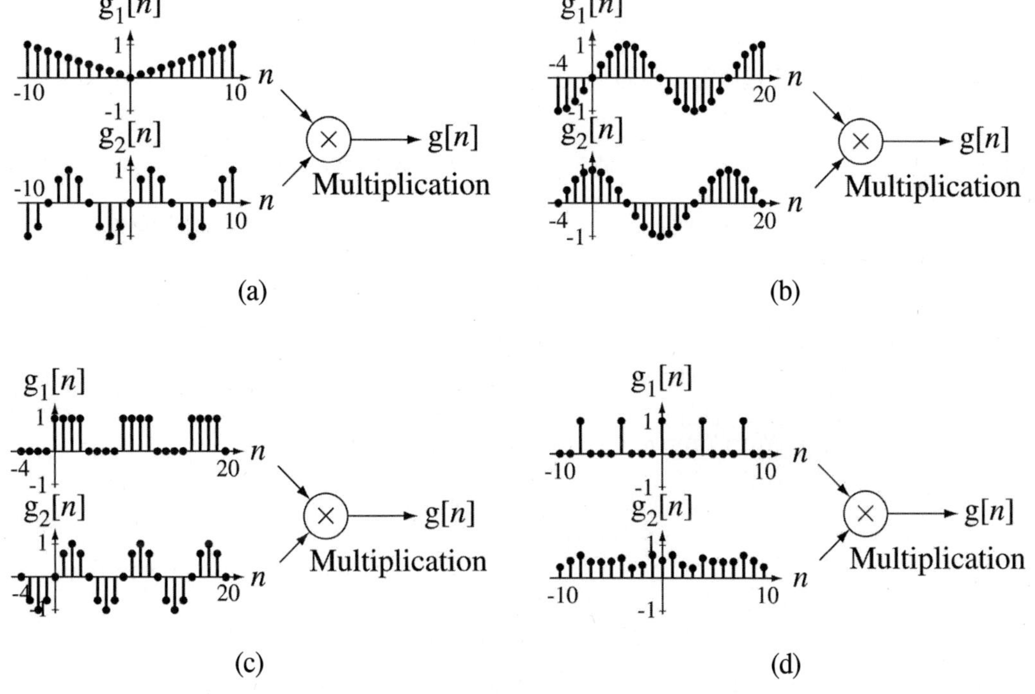

그림 E.11

해답 :

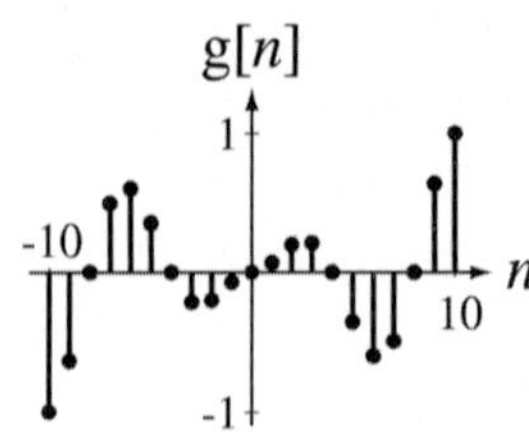

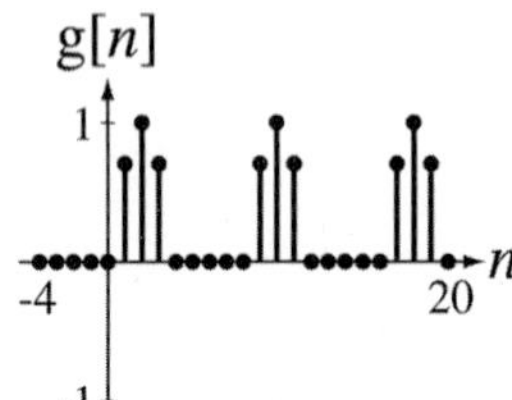

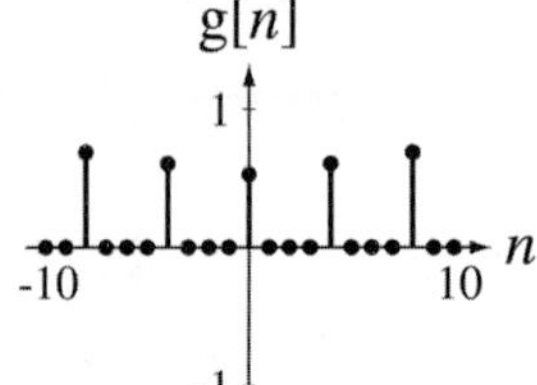

주기함수

12. 다음 함수의 기본 주파수와 기본 주기를 구하라.

(a) $g[n] = \cos(2\pi n/10)$
(b) $g[n] = \cos(\pi n/10)$
(c) $g[n] = \cos(2\pi n/5) + \cos(2\pi n/7)$
(d) $g[n] = e^{j2\pi n/20} + e^{-j2\pi n/20}$
(e) $g[n] = e^{-j2\pi n/3} + e^{-j2\pi n/4}$
(f) $g[n] = \sin(13\pi n/8) - \cos(9\pi n/6)$
(g) $g[n] = e^{-j6\pi n/21} + \cos(22\pi n/36) - \sin(11\pi n/33)$

해답 : 10, 20, 12, 20, 252, 16, 35

13. 다음 함수의 그래프를 만들고 주기 함수라면 그래프로부터 기본 주기를 구하라.

(a) $g[n] = 5\sin(2n/4) + 8\cos(2\pi n/6)$
(b) $g[n] = 5\sin(7n/12) + 8\cos(14n/8)$
(c) $g[n] = \mathrm{Re}(e^{j\pi n} + e^{-jn/3})$
(d) $g[n] = \mathrm{Re}(e^{jn} + e^{-jn/3})$

해답 :

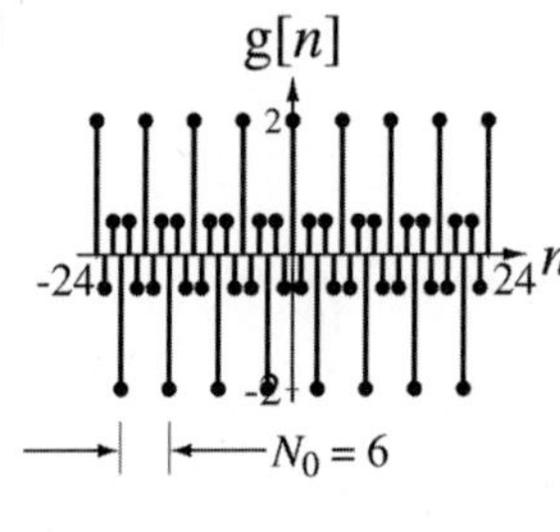

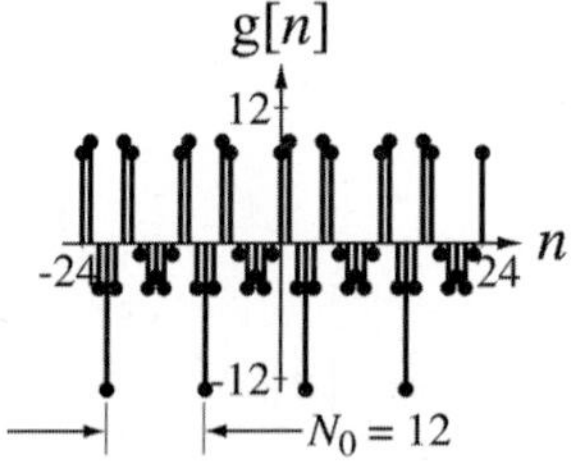

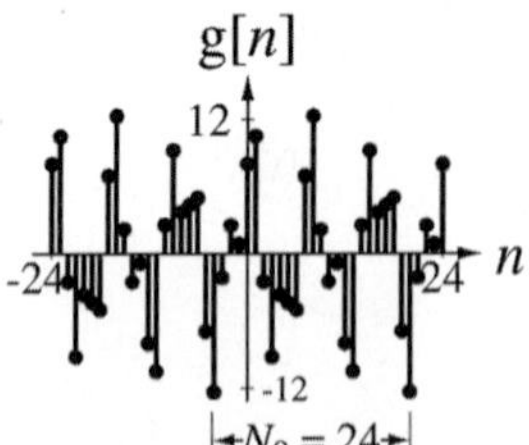

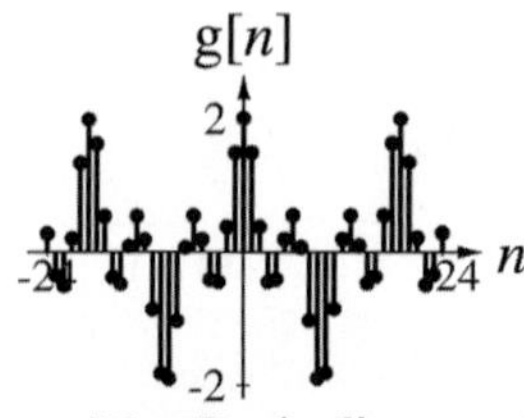

Not Periodic

14. $g[n]=15\cos(-2\pi n/12)$, $h[n]=15\cos(2\pi Kn)$일 때 $g[n]=h[n]$을 만족시키는 두 가지 양의 최소값 K를 구하라.

해답 : 1/12, 11/12

신호의 에너지와 전력

15. 신호의 에너지를 구하라.

(a) $x[n]=A\delta[n]$ (b) $x[n]=\delta_{N_0}[n]$
(c) $x[n]=\text{ramp}[n]$ (d) $x[n]=\text{ramp}[n]-2\,\text{ramp}[n-4]+\text{ramp}[n-8]$

해답 : ∞, 44, ∞, A^2

16. ..., 4, -2, 4, -2, 4, -2, ...와 같이 주기적으로 반복되는 신호의 평균 전력을 구하라.

해답 : 10

17. $x[n]$이 $N_0=6$을 주기로 가지는 주기 함수이고 $x[n]$의 몇 가지 값이 $x[0]=3$, $x[-1]=1$, $x[-4]=-2$, $x[-8]=-2$, $x[3]=5$, $x[7]=-1$, $x[10]=-2$, $x[-3]=5$ 일 때 신호의 평균 전력을 구하라.

해답 : 7.333

18. 한 주기가 $x[n]=2n$, $-2\le n<2$로 표현되는 주기 함수의 평균 전력을 구하라.

해답 : 6

19. $x[n]=-5+3\sin(2\pi n/4)$ 일 때 신호의 평균 전력을 구하라.

해답 : 29.5

20. 다음 신호의 평균 전력을 구하라.

(a) $x[n]=A$ (b) $x[n]=u[n]$
(c) $x[n]=\delta_{N_0}[n]$ (d) $x[n]=\text{ramp}[n]$

해답이 없는 연습문제

함수

21. 다음 지수 함수와 삼각 함수의 그래프를 그려라.

(a) $g[n]=-4\cos(2\pi n/10)$
(b) $g[n]=-4\cos(2.2\pi n)$

(c) $g[n] = -4\cos(1.8\pi n)$
(d) $g[n] = 2\cos(2\pi n/6) - 3\sin(2\pi n/6)$
(e) $g[n] = (3/4)^n$
(f) $g[n] = 2(0.9)^n \sin(2\pi n/4)$

22. 함수의 정의가 왼쪽과 같이 주어졌을 때 오른쪽의 함수의 값을 구하라.

(a) $g[n] = \dfrac{3n+6}{10} e^{-2n}$ $\quad$ g[3]

(b) $g[n] = \mathrm{Re}\left(\left(\dfrac{1+j}{\sqrt{2}}\right)^n\right)$ $\quad$ g[5]

(c) $g[n] = (j2\pi n)^2 + j10\pi n - 4$ $\quad$ g[4]

스케일링 및 이동 함수

23. 다음 함수의 그래프를 그려라.

(a) $g[n] = 2\,u[n+2]$
(b) $g[n] = u[5n]$
(c) $g[n] = -2\,\mathrm{ramp}[-n]$
(d) $g[n] = 10\,\mathrm{ramp}[n/2]$
(e) $g[n] = 7\delta[n-1]$
(f) $g[n] = 7\delta[2(n-1)]$
(g) $g[n] = -4\delta[2n/3]$
(h) $g[n] = -4\delta[2n/3-1]$
(i) $g[n] = 8\delta_4[n]$
(j) $g[n] = 8\delta_4[2n]$

24. 다음 함수의 그래프를 그려라.

(a) $g[n] = u[n] + u[-n]$
(b) $g[n] = u[n] - u[-n]$
(c) $g[n] = \cos(2\pi n/12)\delta_3[n]$
(d) $g[n] = \cos(2\pi n/12)\delta_3[n/2]$
(e) $g[n] = \cos\left(\dfrac{2\pi(n+1)}{12}\right)u[n+1] - \cos\left(\dfrac{2\pi n}{12}\right)u[n]$
(f) $g[n] = \sum_{m=0}^{n} \cos\left(\dfrac{2\pi m}{12}\right)u[m]$

(g) $g[n]=\sum_{m=0}^{n}(\delta_4[m]-\delta_4[m-2])$

(h) $g[n]=\sum_{m=-\infty}^{n}(\delta_4[m]+\delta_3[m])(u[m+4]-u[m-5])$

(i) $g[n]=\delta_2[n+1]-\delta_2[n]$

(j) $g[n]=\sum_{m=-\infty}^{n+1}\delta[m]-\sum_{m=-\infty}^{n}\delta[m]$

25. 다음 함수에서 k에 대한 크기와 위상의 그래프를 그려라.

(a) $G[k]=20\sin(2\pi k/8)e^{-j\pi k/4}$

(b) $G[k]=(\delta[k+8]-2\delta[k+4]+\delta[k]-2\delta[k-4]+\delta[k-8])e^{j\pi k/8}$

26. MATLAB을 사용해 아래와 같이 표현된 원함수와 이동 또는 스케일링된 함수를 구하라.

(a) $g[n]=\begin{cases}5, & n\le 0\\ 5-3n, & 0<n\le 4\\ -23+n^2, & 4<n\le 8\\ 41, & n>8\end{cases}$ $\quad g[3n]$ vs. n

(b) $g[n]=10\cos(2\pi n/20)\cos(2\pi n/4)$ $\quad 4\,g[2(n+1)]$ vs. n

(c) $g[n]=\left|8e^{j2\pi n/16}u[n]\right|$ $\quad g[n/2]$ vs. n

27. 〈그림 E.27〉에서 g[n]의 그래프가 주어졌을 때 h[n]의 그래프를 그려라.

(a)
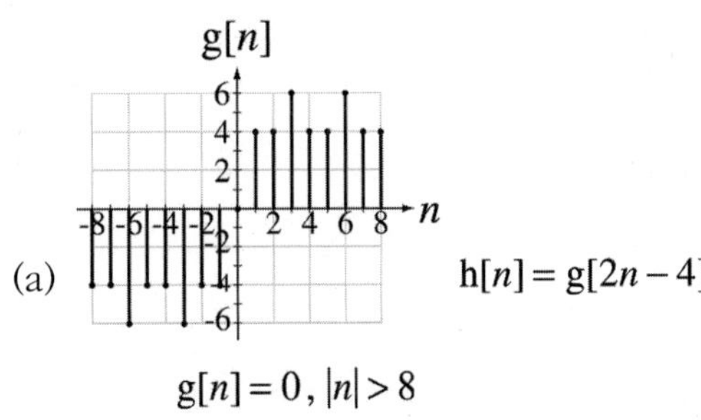

$h[n]=g[2n-4]$

$g[n]=0,\ |n|>8$

(b)
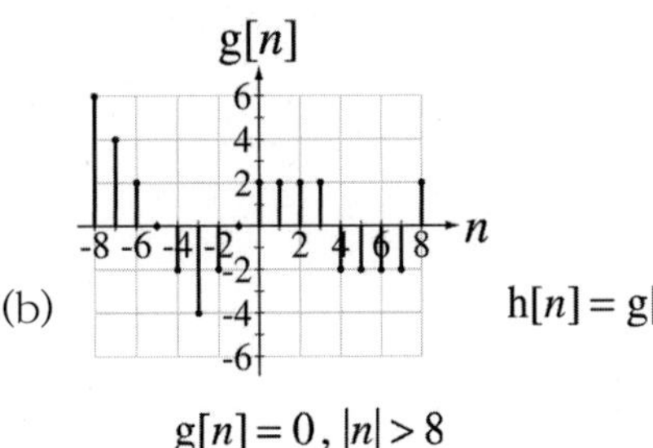

$h[n]=g[n/2]$

$g[n]=0,\ |n|>8$

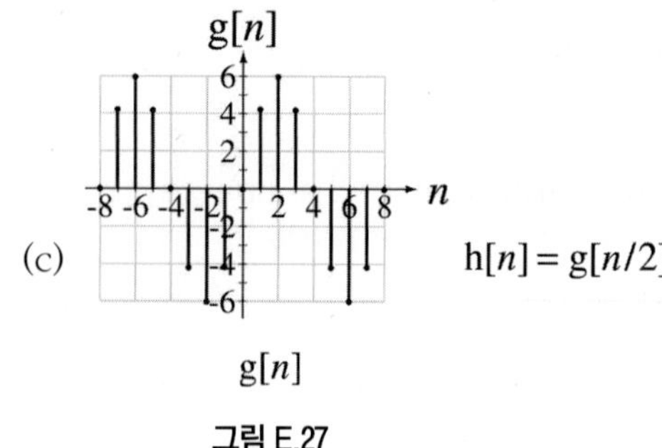

그림 E.27

28. 다음 함수의 그래프를 그려라.

(a) $\mathrm{g}[n]=5\delta[n-2]+3\delta[n+1]$

(b) $\mathrm{g}[n]=5\delta[2n]+3\delta[4(n-2)]$

(c) $\mathrm{g}[n]=5(\mathrm{u}[n-1]-\mathrm{u}[4-n])$

(d) $\mathrm{g}[n]=8\cos(2\pi n/7)$

(e) $\mathrm{g}[n]=-10e^{n/4}\,\mathrm{u}[n]$

(f) $\mathrm{g}[n]=-10(1.284)^n\,\mathrm{u}[n]$

(g) $\mathrm{g}[n]=|(j/4)^n\,\mathrm{u}[n]|$

(h) $\mathrm{g}[n]=\mathrm{ramp}[n+2]-2\,\mathrm{ramp}[n]+\mathrm{ramp}[n-2]$

(i) $\mathrm{g}[n]=5\cos(2\pi n/8)\,\mathrm{u}[n/2]$

29. $-10<k<10$의 구간에서 다음 함수의 크기와 위상 그래프를 그려라.

(a) $\mathrm{X}[k]=\dfrac{1}{1+jk/2}$

(b) $\mathrm{X}[k]=\dfrac{jk}{1+jk/2}$

(c) $\mathrm{X}[k]=\delta_2[k]e^{-j2\pi k/4}$

차분함수와 누적함수

30. 다음 함수의 누적함수 그래프를 그려라.

(a) $\mathrm{g}[n]=\cos(2\pi n)\,\mathrm{u}[n]$

(b) $\mathrm{g}[n]=\cos(4\pi n)\,\mathrm{u}[n]$

31. $\sum_{m=-\infty}^{n}\mathrm{u}[m]=\mathrm{g}[(n-n_0)/N_w]$일 때,

(a) 함수 g의 이름은 무엇인가?

(b) n_0, N_w의 값을 구하라.

32. 다음 누적함수의 계산 결과를 구하라.

(a) $\sum_{n=0}^{10} \text{ramp}[n]$ (b) $\sum_{n=0}^{6} 1/2^n$

(c) $\sum_{n=-\infty}^{\infty} \text{u}[n]/2^n$ (d) $\sum_{n=-10}^{10} \delta_3[n]$

(e) $\sum_{n=-10}^{10} \delta_3[2n]$

우함수와 기함수

33. 다음의 '이산-k' 함수의 우함수 부분과 기함수 부분의 크기와 위상 그래프를 그려라.

$$\text{G}[k] = \frac{10}{1-j4k}$$

34. 〈그림 E.34〉 함수의 우함수 부분과 기함수 부분의 그래프를 그려라.

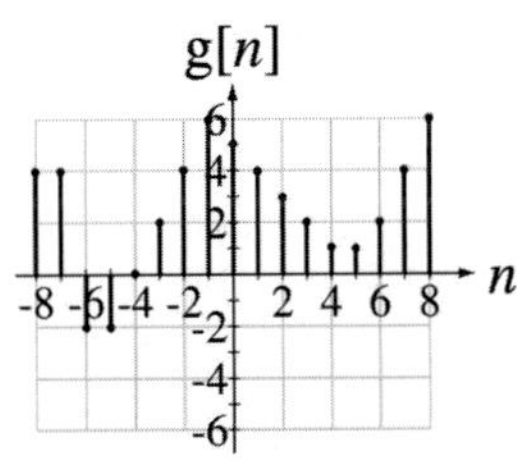

그림 E.34

35. 다음 함수의 우함수 부분과 기함수 부분을 그려라.

(a) $\text{x}[n] = \delta_3[n-1]$

(b) $\text{x}[n] = 15\cos(2\pi n/9 + \pi/4)$

주기 함수

36. MATLAB을 사용하여 다음 함수의 그래프를 그려라. 주기 함수라면 주기를 계산하여 구하고 그래프와 비교하라.

(a) $\text{g}[n] = \sin(3\pi n/2)$

(b) $\text{g}[n] = \sin(2\pi n/3) + \cos(10\pi n/3)$

(c) $\text{g}[n] = 5\cos(2\pi n/8) + 3\sin(2\pi n/5)$

(d) $\text{g}[n] = 10\cos(n/4)$

(e) $\text{g}[n] = -3\cos(2\pi n/7)\sin(2\pi n/6)$

(삼각함수의 공식을 이용하면 편리함)

신호의 에너지와 전력

37. 다음 신호의 에너지를 구하라.

(a) $x[n] = 2\delta[n] + 5\delta[n-3]$
(b) $x[n] = u[n]/n$
(c) $x[n] = (-1/3)^n u[n]$
(d) $x[n] = \cos(\pi n/3)(u[n] - u[n-6])$

38. 다음 신호의 평균 전력을 구하라.

(a) $x[n] = (-1)^n$
(b) $x[n] = A\cos(2\pi F_0 n + \theta)$
(c) $x[n] = \begin{cases} A, & n = \ldots,0,1,2,3,8,9,10,11,16,17,18,19,\ldots \\ 0, & n = \ldots,4,5,6,7,12,13,14,15,20,21,22,23,\ldots \end{cases}$
(d) $x[n] = e^{-j\pi n/2}$

39. $x[n] = \begin{Bmatrix} 6n, & -2 \le n < 2 \\ 0, & \text{otherwise} \end{Bmatrix}$이고 $y[n]=x[2n]$일 때 $y[n]$의 신호의 에너지를 구하라.

CHAPTER 4

시스템의 표현

4.1 개요 및 학습 목표

1장에서는 신호와 시스템에 대한 일반적인 정의를 내렸다. 시스템에 대한 해석 방법은 공학자들에 의해 개발되었다. 공학자들은 수학적인 이론과 도구를 사용한다. 그리고 그것을 사회에 유용한 무언가를 만들기 위해서 현실 세계의 지식에 적용한다. 공학자들이 시스템을 설계하지만 1장에서 지적한 것과 같이 시스템의 정의는 그보다 더 광범위하다. 다시 말해 시스템이라는 용어는 넓은 의미를 가지고 있어 정의하기 어렵다. 사실 시스템은 거의 모든 것을 지칭한다.

시스템의 정의 중 하나는 '어떤 기능을 수행하는 모든 것'이다. 또 다른 방법으로서 '자극이 주어졌을 때 어떤 반응을 보이는 모든 것'을 시스템이라 정의한다. 전기 시스템, 기계 시스템, 생물 시스템, 컴퓨터 시스템, 경제 시스템, 정치 시스템 등을 시스템의 예로 들 수 있다. 공학자에 의해 설계된 시스템은 인공적 시스템으로 문명의 발생과 진화를 통해 유기적으로 발달해 왔다. 어떤 시스템은 수학적으로 완벽하고 철저하게 해석이 가능하지만 어떤 경우에는 수학적 해석이 매우 복잡하고 어려울 수 있다. 또한 어떤 경우에는 시스템 특성에 대한 측정이 어렵기 때문에 이해하기 어려운 시스템도 존재한다. 공학적으로 시스템이라는 용어는 일반적으로 어떤 입력에 대하여 출력을 내보내는 인공적인 시스템을 말한다.

초기의 많은 시스템은 관찰과 경험 중심의 장인들에 의해 개발되었고 이때는 단순한 수학적 내용을 기반으로 했다. 공학자와 장인의 가장 중요한 차이점은 공학자는 시스템을 표현하고 해석하는데 고등수학을 사용한다는데 있다.

학습 목표

1. 중요한 시스템의 속성을 표현하는 명명법(nomenclature)을 소개한다.
2. 미분 방정식에 의한 수학적 모델링을 예시한다.
3. 속성에 따른 시스템 분류법을 알아본다.

4.2 연속시간 시스템

시스템 모델링

신호와 시스템 해석에서 가장 중요한 부분 중 하나는 시스템을 모델링하는 것이다. 모델링은 시스템을 수학적, 논리적, 그래프적으로 표현하는 것을 의미한다. 좋은 모델링은 모든 주요 기능을 포함하고 있으면서 너무 복잡하지 않아서 사용에 편리한 것이다.

시스템 해석에서 공통된 용어는 시스템이 하나 이상의 입력신호(input signal)에 의해 여기(excite)되면 하나 이상의 출력신호(output signal) 또는 응답(response)을 내보낸다는 것이다. 시스템을 여기시킨다는 것은 에너지를 가한다는 뜻으로 시스템의 응답을 야기시킨다. 시스템의 한 가지 예로 모터와 방향타에 의해 작동하는 배를 들 수 있다. 프로펠러에 의해 발생하는 추력과 방향타의 위치, 조류의 흐름이 시스템에 입력되면 배의 방향과 속도가 출력된다〈그림 4.1〉.

하지만 여기서 배의 방향과 속도가 유일한 출력이라고 할 수는 없다. 실제로 모든 시스템은 주요한 출력과 그렇지 않은 출력 등 여러 가지 출력을 가지게 된다. 위의 배의 예에서 방향과 속도는 주요한 출력이 되지만 배의 구조적 진동, 배의 측면과 충돌하는 물로 인해 발생하는 소음, 배 후면의 항적, 배의 흔들림 또는 기울기 등의 수많은 물리적 현상들은 주요하지 않은 출력이 될 것이고 시스템 해석을 단순화하기 위해 생략될 수 있다.

자동차의 서스펜션 시스템의 경우 자동차가 도로 위를 달릴 때 도로의 표면에 의해서 받는 영향을 입력이라 할 수 있고 자동차 밑면의 위치가 출력된다〈그림 4.2〉. 방의 온도 조절장치를 설정할 때는 설정 값과 방안의 온도는 입력이 되고 방안의 온도를 설정 값과 유사하게 조절하기 위해 내보내는 더운 공기나 차가운 공기는 출력된다.

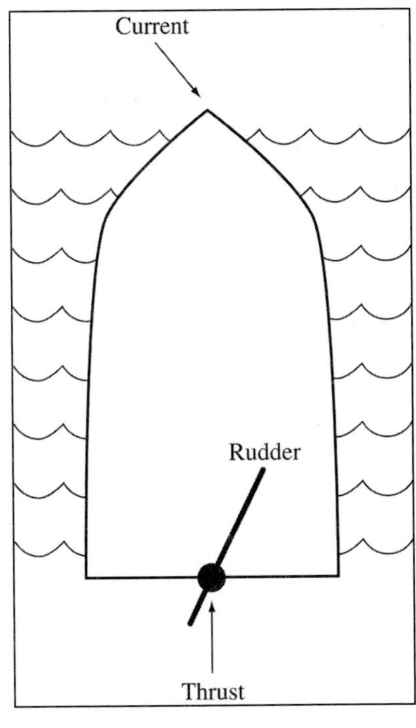

그림 4.1 배의 단순 도식

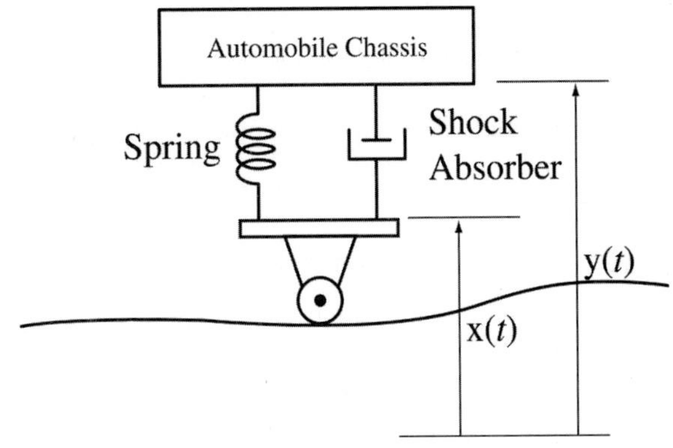

그림 4.2 자동차 서스펜션의 단순 모델

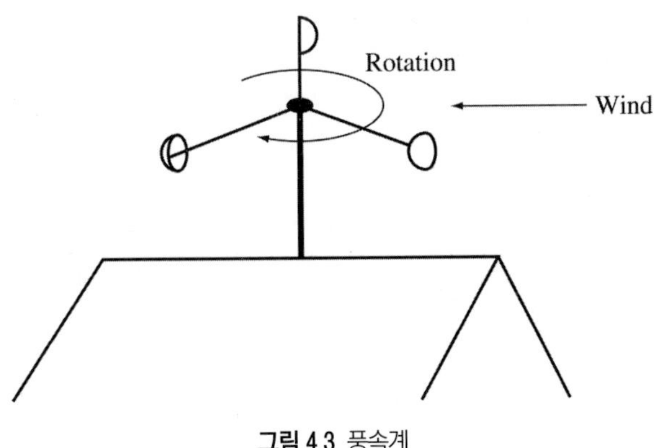

그림 4.3 풍속계

모든 종류의 계측 시스템은 단일 입력과 단일 출력을 가지는데 각 기기들은 물리적 현상을 측정해서 기기의 표시기를 통해 물리적 현상의 결과 값을 보여준다. 대표적인 예로 풍속계를 들 수 있다. 바람이 풍속계를 회전시키면 풍속계의 각속도가 주요한 응답으로 나타난다〈그림 4.3〉.

고속도로 다리와 같은 경우는 일반적이지 않은 시스템인데 이 시스템은 출력을 위한 명확한 혹은 의도된 입력이 존재하지 않는다. 이상적인 다리는 입력에 대한 응답이 없어야 한다. 하지만 고속도로 다리의 경우 교통량, 바람의 부는 정도, 조류가 지지대를 미는 힘에 의해 움직이게 된다. 극단적인 예로 워싱턴 주에 있던 타코마 해협(Tacoma Narrows)를 들 수 있다. 어느 바람 불던 날 다리가 바람에 의해 흔들리다가 결국 무너져버리고 말았다. 이것은 왜 시스템의 해석이 중요한 지를 보여주는 매우 극단적인 예이다. 설계과정에서 다리가 바람에 강하게 반응했던 이유가 발견되어 설계 방법이 변경되었다면 이러한 재앙을 면할 수 있었을 것이다.

식물이나 동물의 세포 하나는 그 크기를 고려할 때 놀라운 복잡성을 가지고 있다. 사람의 몸은 매우 많은 수의 세포로 이루어져 있기 때문에 상상할 수도 없는 복잡한 시스템 특성을 가진다. 하지만 격리된 효과를 계산하기 위해서 어떠한 경우에는 단순한 방법을 사용해 모델링할 수 있다. 약물동력학(pharmacokinetics)에서 사람의 몸은 종종 액체를 담고 있는 하나의 통처럼 모델링된다. 약을 복용하는 것은 입력이 되고 약물의 농도는 중요한 출력이 된다. 약물의 주입과 배출에 따라 시간에 따른 약물의 농도 변화가 결정된다.

미분방정식

아래는 시스템을 모델링하는 몇 가지 예를 보여준다. 이러한 예들은 1장에서 이미 설명한 바 있다.

예제 4.1

기계적 시스템 모델링

키가 180cm이고 몸무게가 80kg인 남자가 강물 위의 높은 다리에서 번지 점프를 한다. 다리는 수면에서 200m 위에 있고, 늘어나지 않았을 때 번지 줄의 길이는 30m이다. 번지 줄의 탄성계수는 K_s=11N/m으로 이것은 줄이 팽창할 때 1m당 11N의 저항을 가지는 것을 의미한다. 번지 점프를 할 때 사람의 위치를 시간에 대한 함수로 모델링하고 15초 동안의 남자의 위치를 그래프로 그려라.

■ 풀이

처음 남자가 번지점프를 하게 되면 번지 줄의 원래 길이만큼 동안 낙하하게 된다. 그 후 남자의 위치가 다리에서 30m 아래가 되었을 때 번지 줄의 팽창이 시작된다. 남자의 처음 위치와 그때의 속도는 0이다(다리 위를 기준 위치로 생각한다). 처음 다리에서 다리 아래 30m 지점까지의 가속도는 9.8m/s^{2}이다. 가속도를 적분하면 속도를 구할 수 있고 속도를 적분하면 남자의 위치를 구할 수 있다. 따라서 처음의 자유 낙하할 때 남자의 속도는 t가 초 단위일 때 9.8t m/s^{2}이 되고 위치는 다리 아래로 4.9t^2m가 된다. 이 식을 풀면 번지 줄이 다 풀릴 때까지 걸리는 시간은 2.47초가 되고 이때 남자의 속도는 낙하 방향으로 초당 24.25m이다. 이때부터 번지 줄에 의한 효과가 나타나기 시작하므로 해석은 달라지게 된다. 남자에게는 두 가지 힘이 작용하게 된다.

1. 남자의 무게가 m이고 가속도가 g일 때, 자유 낙하하는 남자를 지구 중력이 아래 방향으로 당기는 힘 mg.
2. 다리 아래에 있는 남자의 수직위치가 시간의 함수 $\mathrm{y}(t)$일 때 번지 줄에 의해 위로 당겨지는 힘 K_s $(\mathrm{y}(t)-30)$.

힘은 가속도와 질량의 곱의 원리와 가속도는 위치를 두 번 미분한 것과 같다는 사실로부터 다음과 같은 식을 얻는다.

$$mg - K_s(\mathrm{y}(t) - 30) = m\,\mathrm{y}''(t)$$

또는

$$m\,\mathrm{y}''(t) + K_s\,\mathrm{y}(t) = mg + 30K_s$$

이 식은 2차 선형 상계수 비동차 상미분방정식이 된다. 이 미분방정식의 완전해(total solution)는 동차해(homogeneous solution)와 특수해(particular solution)의 합으로 나타나게 된다. 동차해는 고유함수(eigen function)의 선형 합으로 나타나는 해를 말한다. 이때 고유함수는 수식의 형태를 만족시키는 함수의 형태를 의미하며 하나의 고유함수마다 하나의 고유 값(eigenvalue)을 가지고 있다. 고유 값은 특수해를 만족시키는 고유함수의 파라미터가 된다. 고유 값은 특성방정식(characteristic equation) $m\lambda^2 + K_s = 0$의 해가 되고, 그 값은 $\lambda = \pm j\sqrt{K_s/m}$과 같다(웹 부록 D에서 미분방정식의 다른 풀이를 확인할 수 있다). 고유 값이 복소수이므로 두 복소 지수 함수의 합으로 결과를 표현하기보다는 사인 함수와 코사인 함수를 사용하는 것이 더 편리하다. 따라서 동차해는 다음과 같이 표현할 수 있다.

$$\mathrm{y}_h(t) = K_{h1}\sin\left(\sqrt{K_s/m}\ t\right) + K_{h2}\cos\left(\sqrt{K_s/m}\ t\right)$$

특수해는 강제함수(forcing function)와 강제함수의 모든 유일한 미분함수들의 선형 합으로 이루어진다. 이 경우에는 구동함수는 상수가 되고 모든 도함수는 0이 된다. 따라서 특수해는 상수 $\mathrm{y}_p(t) = K_p$가 된다. 특수해로 치환하여 풀면 $\mathrm{y}_p(t) = mg/K_s + 30$이 된다. 전체해는 동차해와 특수해의 합으로 나타나므로

$$\mathrm{y}(t)=\mathrm{y}_h(t)+\mathrm{y}_p(t)=K_{h1}\sin\left(\sqrt{K_s/m}\ t\right)+K_{h2}\cos\left(\sqrt{K_s/m}\ t\right)+\underbrace{mg/K_s+30}_{K_p}$$

이 된다.

여기서 경계조건은 $\mathrm{y}(2.47)=30$, $\mathrm{y}'(t)_{t=2.47}=24.25$가 된다. 파라미터에 값을 대입하고 경계조건을 적용해 풀면 다음과 같은 식을 얻는다.

$$\mathrm{y}(t)=-16.85\sin(0.3708t)-95.25\cos(0.3708t)+101.3,\quad t>2.47 \tag{4.1}$$

남자의 시간에 대한 수직 위치 변화는 초기에는 포물선 형태로 나타난다(다리의 위치는 0). 그리고 2.47초에서 수직 위치는 정현파가 된다. 〈그림 4.4〉에서 알 수 있듯이 결과 함수와 함수의 미분이 2.47초에서 연속임이 분명하다.

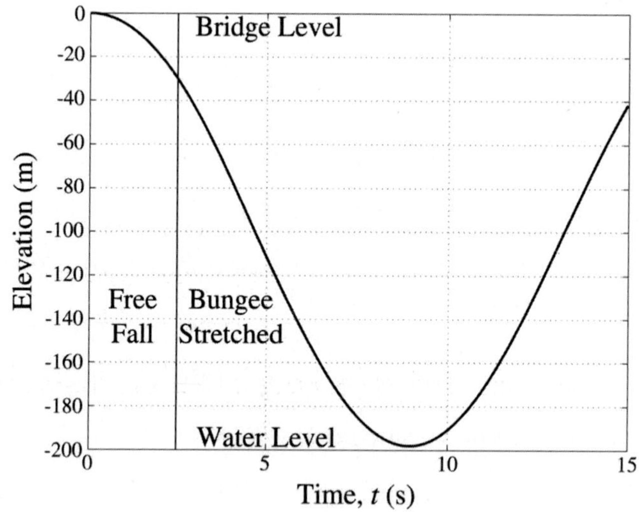

그림 4.4 시간에 따른 사람의 수직적 위치(다리의 위치는 0)

예제 4.1의 미분방정식

$$m\,\mathrm{y}''(t)+K_s\,\mathrm{y}(t)=mg+30K_s$$

은 시스템을 나타낸다.

이것은 선형 상계수 비동차 상미분방정식으로 방정식의 오른쪽은 강제함수라고 한다. 이 강제함수가 0이면, 동차 미분방정식(homogeneous differential equation)이라 하고 그 해는 동차해로 나타난다. 신호와 시스템 해석에서 이러한 해는 영입력 응답(zero-input response)

이라고 한다. 시스템의 초기상태가 0이 아니라는 것은 그 시스템에 에너지가 축적되어 있다는 것을 의미한다. 시스템이 축적된 에너지를 가지고 있지 않고 강제함수가 0이 아니면 그 응답을 영상태 응답(zero-state response)이라고 한다.

예제 4.1의 수학적 모델에서는 다음과 같은 여러 가지 물리적 환경을 고려하지 않았다.

1. 공기 저항
2. 번지줄의 에너지 소모
3. 사람의 수평방향 속도
4. 낙하 시 사람의 회전
5. 위치에 따른 중력가속도의 변화
6. 강물의 수면 높이의 변화

이러한 요소들을 생략함으로 수학적 연산을 간소화시킬 수 있다. 시스템 모델링은 항상 정확성과 단순성 사이에서의 적절한 절충이 요구된다.

예제 4.2

유체 기계적 시스템 모델링

실린더형 물탱크의 단면적이 A_1, 물의 높이가 $\mathrm{h}_1(t)$이고 유입되는 물의 양적 변화량이 $\mathrm{f}_1(t)$이다. 또한 h_2의 위치에 물이 빠져나가는 단면적 A_2의 관이 있고 유출되는 물의 양적 변화량은 $\mathrm{f}_2(t)$이다〈그림 4.5〉. 시간에 따른 물의 높이에 대한 미분방정식을 만들고 처음에 물탱크가 비어 있다고 가정할 때 시간에 따른 물의 양에 대한 그래프를 그려라.

■ 풀이

g가 중력가속도 9.8m/s^2 일 때 관으로 배출되는 물의 속도가 토리첼리(Toricelli) 방정식에 의해서 결정된다고 가정하면 다음과 같다.

$$\mathrm{v}_2(t) = \sqrt{2g[\mathrm{h}_1(t) - h_2]}$$

여기서 물탱크 안의 물의 양 $A_1\mathrm{h}_1(t)$의 변화량은 유입되는 물의 양적 변화량에서 유출되는 물의 양적 변화량을 뺀 것과 같다.

$$\frac{d}{dt}(A_1\mathrm{h}_1(t)) = \mathrm{f}_1(t) - \mathrm{f}_2(t)$$

유출되는 물의 양적 변화량은 물이 빠져나가는 관의 단면적 A_2와 유출속도 $v_2(t)$의 곱과 같으므로 $f_2(t) = A_2 v_2(t)$가 된다. 위의 식을 조합하면 다음과 같은 물의 높이에 대한 미분방정식을 얻을 수 있다.

$$A_1 \frac{d}{dt}(h_1(t)) + A_2 \sqrt{2g[h_1(t) - h_2]} = f_1(t) \tag{4.1}$$

탱크 안의 물의 높이는 처음에 탱크가 비어 있었다고 할 때 〈그림 4.6〉과 같이 시간에 대한 물의 높이 변화로 나타낼 수 있다. 물이 유입됨에 따라 탱크 내부의 물의 높이가 높아지게 되고 이에 따라 유출되는 물의 양도 증가한다. 물의 양은 유출되는 물의 양이 유입되는 물의 양과 같아질 때까지 증가하다가 일정한 값을 유지하게 된다. 1장에서 설명한 것과 같이 유입되는 물의 양이 2배 증가하면 최종적인 물의 높이는 4배 증가한다. 이는 (식 4.1)의 미분방정식이 비선형적이기 때문이며 이 미분방정식의 해를 구하는 방법은 다음 장에서 소개된다.

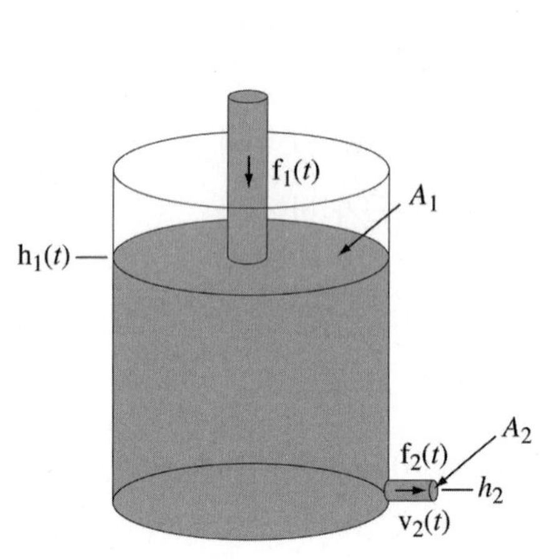

그림 4.5 상부에서 공급되는 관이 있는 탱크

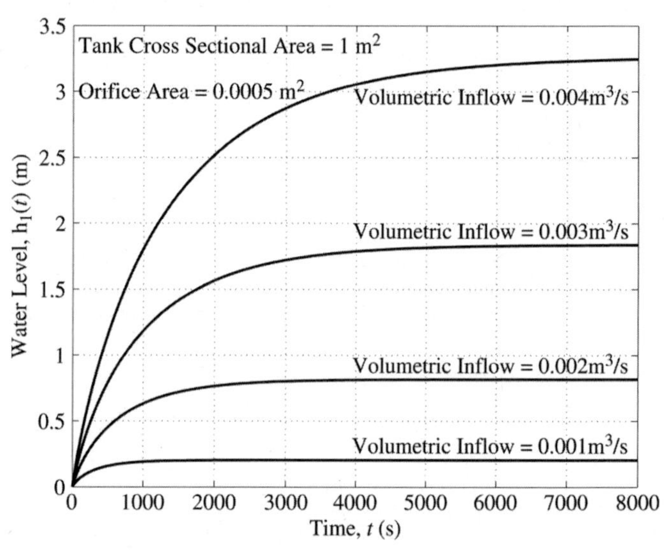

그림 4.6 시간에 따라 유입되는 물의 양에 따른 탱크 안의 물 높이의 변화($t=0$ 일 때 물 높이=0)

블록 다이어그램

시스템 해석에서 시스템을 블록 다이어그램(block diagram)으로 나타내는 것은 매우 유용하며 하나의 입력과 하나의 출력을 가지는 시스템은 〈그림 4.7〉과 같이 나타낼 수 있다. 이러한 경우 시스템의 입력 x(*t*)는 $\mathcal{H}$라는 연산자에 의하여 출력 y(*t*)를 내보내게 된다. 연산자 $\mathcal{H}$는 어떠한 연산도 가능하다.

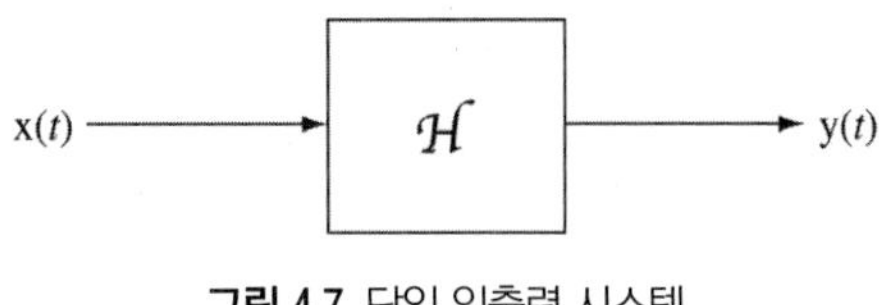

그림 4.7 단일 입출력 시스템

시스템은 종종 구성요소(component)의 조합으로 표현, 분석된다. 구성요소는 작고 단순한 시스템이므로 그 속성이 알려져 있는 경우가 많다. 어떤 구성요소를 사용하느냐는 상황에 따라 달라질 수 있다. 예를 들어 회로 설계자에게는 저항, 커패시터, 인덕터, OP-Amp 등이 구성요소가 되고 전력 증폭기, A/D 변환기, 변조기, 필터 등이 시스템이 된다. 통신 시스템 설계자에게 구성요소는 증폭기, 변조기, 필터, 안테나가 되며 마이크로파 링크, 광섬유 라인, 전화국 등이 시스템이 될 것이다. 자동차 설계자인 경우 바퀴, 엔진, 범퍼, 라이트, 좌석 등이 구성요소가 되며 자동차가 시스템이 된다. 정기 여객기, 전화망, 초대형 유조선, 발전소 등과 같은 대규모의 복잡한 시스템은 단순한 여러 시스템들이 계층적으로 모여 이루어진 결과이다.

각 구성요소들의 특성과 각 구성요소들이 어떻게 상호 연동하는지에 대한 수학적 표현을 안다면 실제로 시스템을 만들어 테스트하지 않더라도 시스템이 어떻게 동작할 것인지를 예측할 수 있게 해 준다. 〈그림 4.8〉은 구성요소의 조합으로 이루어진 시스템을 보여준다.

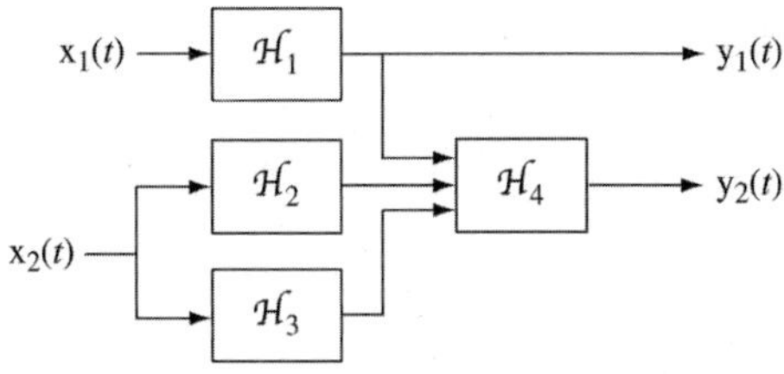

그림 4.8 4개의 내부 연결 모듈을 가지는 입력이 2개, 출력이 2개인 시스템

블록 다이어그램에서 각각의 입력 신호는 원하는 블록으로 들어가고 각각의 출력 신호도 원하는 블록으로 들어갈 수 있다. 이 신호들은 다른 블록과의 연결로 인한 영향을 받지 않는다. 이것은 회로 해석에 존재하는 부하 효과(loading effect)가 없음을 의미한다. 전기적 해석에서 각 블록은 무한대의 입력 임피던스와 0의 출력 임피던스를 가진다고 가정한다.

시스템의 블록 다이어그램을 그릴 때 증폭기(amplifier), 가산 접합부(summing junction), 적분기(integrator)와 같이 자주 사용되는 몇 가지 연산의 경우에는 그래프 심벌로 블록 다이어그램을 지정한다.

증폭기는 입력 신호에 상수(이득)를 곱한 값을 출력으로 내보낸다. 증폭기를 나타냄에 있어서 시스템 분석의 응용분야 혹은 저자에 따라서 서로 다른 심벌을 사용하는 경우가 있지만 가장 자주 사용되는 형태는 〈그림 4.9〉와 같다. 표현이 단순해서 몇 가지 형태의 시스템 블록 다이어그램과 혼동될 수도 있으므로 이 교재에서는 〈그림 4.9〉(c)의 표현을 사용한다.

가산 접합부는 다수의 입력 신호를 받아서 이 신호들의 합을 출력으로 내보낸다. 몇몇 신호는 더해지기 전에 반대의 부호를 취할 수도 있으므로 이 구성요소는 뺄셈 연산을 표현하기도 한다. 전형적인 표현은 〈그림 4.10〉과 같고 이 교재에서는 〈그림 4.10〉(c)의 표현을 사용한다. 가산 접합부 입력에 특정한 부호가 없다면 양의 부호로 가정한다.

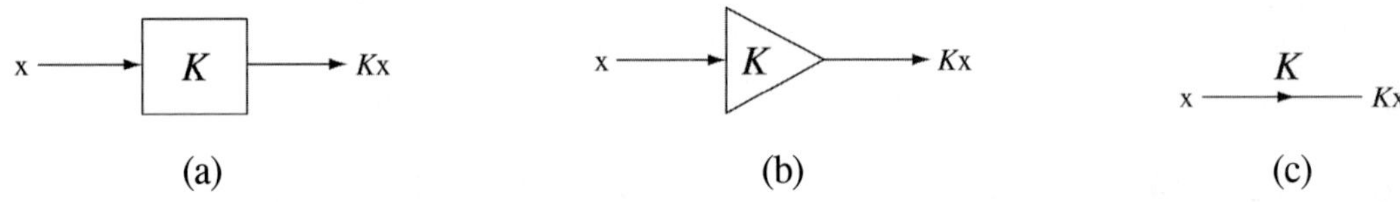

그림 4.9 시스템 블록 다이어그램에서의 다양한 증폭기 표현

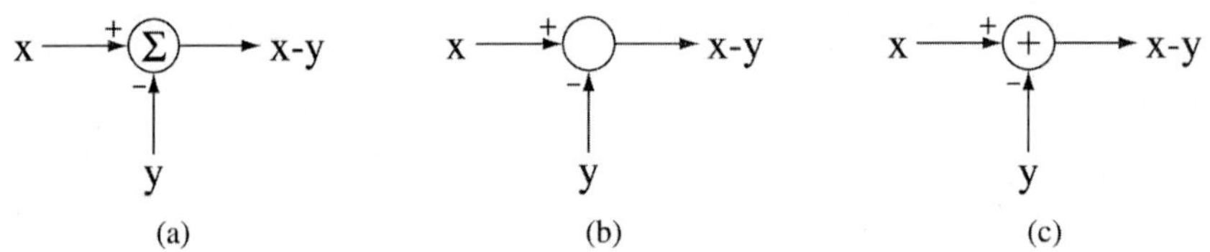

그림 4.10 시스템 블록 다이어그램에서 덧셈의 다양한 표현

적분기는 입력 신호의 적분 값을 출력하는 역할을 한다〈그림 4.11〉.

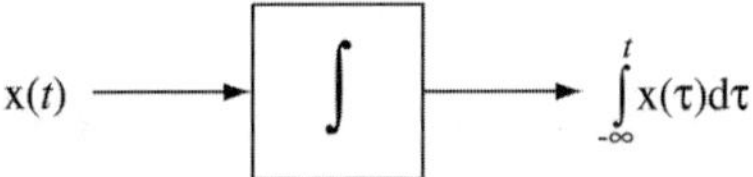

그림 4.11 적분기를 표현하는 블록 다이어그램

이 외에도 여러 가지 특별한 수학적 연산을 수행함을 뜻하는 심벌들을 사용할 수 있다. 공학자들은 각자 종사하는 분야에 따라 선호하는 심벌이 다를 수 있다. 예를 들어 수력 시스템 블록 다이어그램의 경우에는 밸브, 벤투리관(venturi), 펌프, 노즐 등의 블록에 대한 고유의 심벌이 사용되며 광학 시스템에서는 레이저, 광선분산기(beamsplitter), 편광기, 렌즈, 거울 등에 대한 심벌들이 사용될 것이다.

신호와 시스템에서 시스템은 크게 개루프 시스템(open-loop system)과 폐루프 시스템(closed-loop system) 두 가지 유형으로 나눌 수 있다. 개루프 시스템은 입력 신호에 직접적으로 반응하는 시스템이고 폐루프 시스템은 시스템의 요구 사항을 보다 더 만족시키기 위해서 입력 신호에 출력 신호가 피드백되어 더해지거나 빼져서 시스템에 다시 적용되는 시스템이다. 모든 계측 기기는 개루프 시스템으로 입력 신호를 변화시키지 않고 입력이 무엇인지 직접적으로 출력해 준다. 사람이 자동차를 운전하는 것은 폐루프 시스템을 설명하는 좋은 예이다. 운전자는 가속기나 브레이크를 밟고 운전대를 회전시켜 자동차의 속도와 방향을 조절한다. 차가 도로 위를 달릴 때 운전자는 지속적으로 차의 위치와 속도, 다른 차의 움직임을 감지하고 이것을 바탕으로 원하는 방향, 원하는 속도를 유지하기 위해서 입력 신호(운전대 조작, 가속기, 브레이크)를 수정해 간다.

예제 4.3

연속 시간 피드백 시스템 모델링

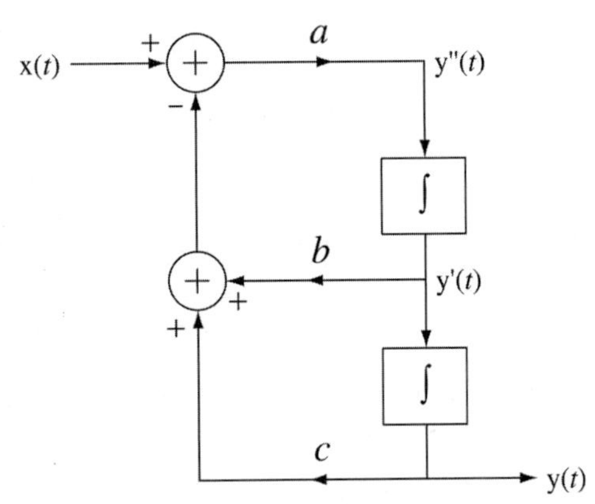

그림 4.12 연속시간 피드백 시스템

〈그림 4.12〉와 같은 시스템에서

(a) $x(t)=0$이고 $y(t)$의 초기조건은 $y(0)=1$, $y(t)$의 초기 변화율은 $y'(t)|_{t=0}=0$, $a=1$, $b=0$, $c=4$ 일 때 응답을 구하라.

(b) $b=5$ 일 때 (a)와 동일한 조건에서의 응답을 구하라.

(c) 입력신호 $x(t)$가 단위 계단함수이고 $a=1$, $c=4$, $b=-1, 1, 5$ 일 때 영상태 응답을 구하라.

■ 풀이

(a) 블록 다이어그램으로부터 가산 접합부의 출력신호가 $y''(t)$이고 반드시 입력신호의 합과 같아야 한다는 것을 고려해 직접적으로 다음과 같은 식을 유도할 수 있다.

$$y''(t) = x(t) - [b\,y'(t) + c\,y(t)]$$

b=0, c=4이므로 미분방정식으로 표현된 수식은 $y''(t) + 4\,y(t) = x(t)$로 표현된다. 고유함수는 복소 지수 함수 e^{st}와 같고 고유 값은 특성 방정식 s^2+4=0로부터 $s_{1,2}=\pm j2$와 같다. 따라서 동차해는 $y(t) = K_{h1}e^{j2t} + K_{h2}e^{-j2t}$의 형태로 나타난다. 이 경우에는 입력 신호가 없기 때문에 이 수식이 완전해가 된다. 초기조건, $y(0) = K_{h1} + K_{h2} = 1$, $y'(t)|_{t=0} = j2K_{h1} - j2K_{h2} = 0$에서부터 $K_{h1} = K_{h2} = 0.5$가 되고 전체 해는 $y(t) = 0.5\left(e^{j2t} + e^{-j2t}\right) = \cos(2t)$, $t \geq 0$이 된다. 따라서 b=0 즉, 초기조건이 0이 아니고 입력 신호가 없을 때 이 시스템은 정현파 발생기가 된다.

(b) b=5인 경우 $y''(t) + 5\,y'(t) + 4\,y(t) = x(t)$와 같은 미분방정식을 얻는다. 고유 값은 $s_{1,2}$=−1,−4가 되고 해의 형태는 $y(t) = K_{h1}e^{-t} + K_{h2}e^{-4t}$와 같다. 초기조건을 적용하면 $y(0) = K_{h1} + K_{h2} = 1$, $y'(t)|_{t=0} = -K_{h1} - 4K_{h2} = 0$에서부터 $K_{h1} = 4/3, K_{h2} = -1/3$ 그리고 $y(t) = (4/3)e^{-t} - (1/3)e^{-4t}$, $t \geq 0$을 얻을 수 있다. 이 경우 응답은 $t > 0$에서 0으로 단조 감소한다.

(c) 이 경우 $x(t)$가 0이 아니고 미분방정식의 전체 해는 특수 해를 포함한다. $t = 0$ 이후에 입력 신호는 상수이므로 특수해 또한 상수 K_p가 된다. 이때 미분방정식은 $y''(t) + by'(t) + 4y(t) = x(t)$와 같다. K_p에 대해 풀면 K_p=0.25를 얻을 수 있고 이때 전체 해는 $s_{1,2} = \left(-b \pm \sqrt{b^2 - 16}\right)$일 때 $y(t) = K_{h1}e^{s_1 t} + K_{h2}e^{s_2 t} + 0.25$가 된다. 시간 $t = 0$에서 응답과 일차 도함수는 모두 0이 된다. 초기 조건을 적용해 남은 두 상수의 값을 구할 수 있다.

b	s_1	s_2	K_{h1}	K_{h2}
−1	$0.5 + j1.9365$	$0.5 - j1.9365$	$-0.125 - j0.0323$	$-0.125 + j0.0323$
1	$-0.5 + j1.9365$	$-0.5 - j1.9365$	$-0.125 + j0.0323$	$-0.125 - j0.0323$
5	−4	−1	0.0833	−0.3333

따라서 전체 해는 다음과 같다.

b	$y(t)$
−1	$0.25 - e^{0.5t}[0.25\cos(1.9365t) - 0.0646\sin(1.9365t)]$
1	$0.25 - e^{-0.5t}[0.25\cos(1.9365t) + 0.0646\sin(1.9365t)]$
5	$0.08333e^{-4t} - 0.3333e^{-t} + 0.25$

〈그림 4.13〉에 영상태 응답을 그래프로 나타냈다.

b=-1 일 때 영상태 응답은 무한히 증가하고 피드백 시스템은 불안정하다. 이 피드백은 동적 시스템에 큰 영향을 준다.

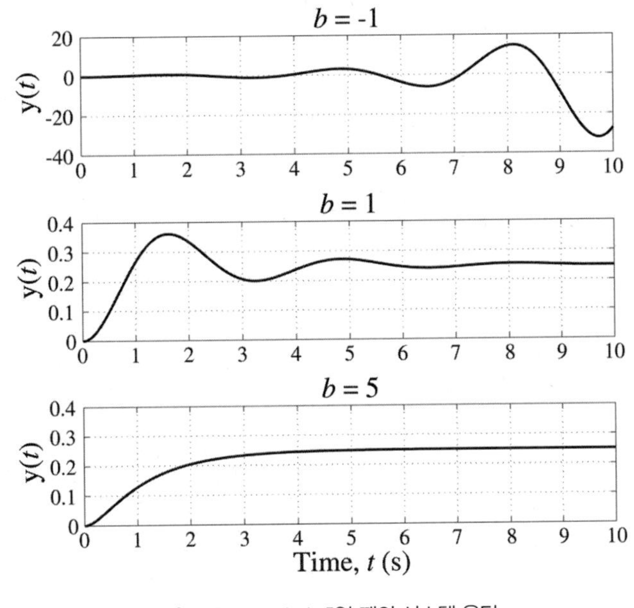

그림 4.13 b=−1, 1, 5일 때의 시스템 응답

시스템 특성

대표적인 예

규모가 크고 일반화된 시스템을 이해하기 위해서 먼저 중요한 시스템 특성을 설명해 줄 수 있는 단순한 시스템 예를 들어보자. 회로는 전기공학자들에게 친숙한 전기 시스템이다. 그중 〈그림 4.14〉에 표현한 단일 입출력을 가지는 *RC* 저역통과 필터는 여러 곳에서 활용된다.

이 회로의 입력이 일정한 진폭을 가지는 정현파 함수인 경우 그 반응은 높은 주파수에서 보다 낮은 주파수에서 더 크기 때문에 저역통과 필터라고 부른다. 다시 말해 이 시스템은 높은

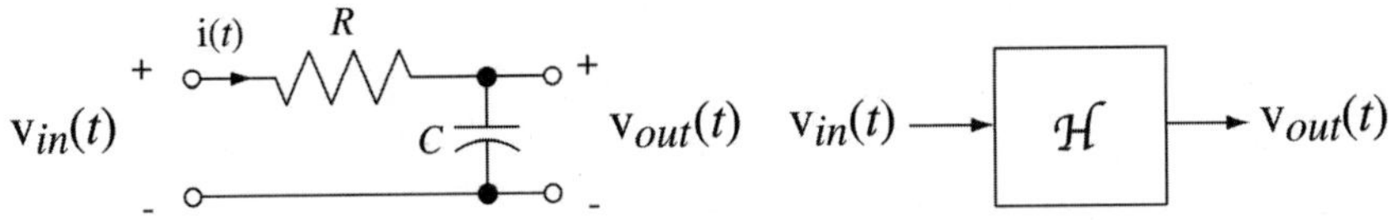

그림 4.14 단일 입출력을 가지는 *RC* 저역통과 필터

주파수에서는 '정지' 또는 '차단'하고 낮은 주파수에서는 '통과'시킨다. 흔히 접할 수 있는 또 다른 필터로는 고역통과, 대역통과, 대역차단 필터가 있다. 고역통과 필터는 높은 주파수의 정현파 함수는 통과시키고 낮은 주파수의 정현파 함수는 차단시킨다. 대역통과 필터는 중간 범위의 주파수를 통과시키고 높거나 낮은 주파수는 차단한다. 대역차단 필터는 높거나 낮은 주파수는 통과시키고 중간 범위의 주파수는 차단한다. 11장과 15장에서 필터에 대해 좀 더 자세히 설명할 것이다.

입력단에서의 전압 $v_{in}(t)$는 시스템을 구동시키고 출력단의 전압 $v_{out}(t)$는 시스템의 응답이 된다. 입력전압은 단자(회로이론에서는 '포트(port)'라고 부르기도 한다)의 왼쪽 부분에 인가되고 출력전압은 단자의 오른쪽에서 출력된다. 이 시스템은 전기공학에서 자주 활용되는 저항과 커패시터, 두 개의 소자로 구성되어 있다. 저항과 커패시터의 수학적인 관계는 잘 알려져 있고 〈그림 4.15〉에 표현된 것과 같다.

키르히호프의 전압법칙을 사용하면 다음과 같은 미분방정식을 작성할 수 있다.

$$\underbrace{RC\,v'_{out}(t)}_{=i(t)} + v_{out}(t) = v_{in}(t).$$

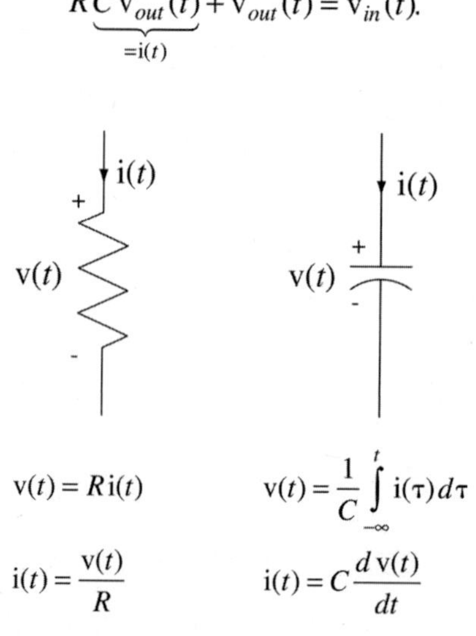

$$v(t) = R\,i(t) \qquad v(t) = \frac{1}{C}\int_{-\infty}^{t} i(\tau)\,d\tau$$

$$i(t) = \frac{v(t)}{R} \qquad i(t) = C\frac{d\,v(t)}{dt}$$

그림 4.15 저항과 커패시터의 수학적 전압-전류 표현

이 미분방정식의 해는 동차해와 특수해의 합으로 나타난다(www.mhhe.com/roberts의 Web appendix D에는 미분 방정식의 해에 대한 더 자세한 설명이 있다). 동차해 $v_{out,h}(t)$는 $v_{out,h}(t) = K_h e^{-t/RC}$이고 K_h는 아직 미지수로 남아 있다. 특수해는 $v_{in}(t)$의 함수 형태에 따라 달라진다. 입력전압 $v_{in}(t)$가 상수 A라고 한다면 입력신호가 상수이므로 특수해 또한 상수가 되어 $v_{out,p}(t) = K_p$가 된다. 이 값을 미분방정식에 대입하여 풀면 $K_p = A$가 되고 완전해는

$v_{out}(t) = v_{out,h}(t) + v_{out,p}(t) = K_h e^{-t/RC} + A$가 된다. 상수 K_h는 특정시간에서의 출력 전압을 알게되면 구할 수 있다. $t = 0$에서 커패시터에 인가되는 전압을 $v_{out}(0)$라 하면

$$v_{out}(0) = K_h + A \;\Rightarrow\; K_h = v_{out}(0) - A$$

가 되고 출력전압은 다음과 같다〈그림 4.16〉.

$$v_{out}(t) = v_{out}(0)e^{-t/RC} + A(1 - e^{-t/RC}) \tag{4.2}$$

이 해는 모든 시간 t에 대해 적용되는 것을 가정하여 수식 및 그래프로 표현되었다. 이는 현실적으로 불가능하다. 왜냐하면 모든 시간에 대하여 적용되기 위해서는 t가 음의 무한대로 접근할 때 무한한 값을 가지며 이는 실제 물리적시스템에서는 존재하지 않기 때문이다. 실제로는 커패시터에 초기 전압이 인가되고 이 값이 $t = 0$ 시간까지 유지되고 시간 $t = 0$에서 전압 A가 회로에 인가된 이후의 회로변화를 해석하는 것이 좀 더 현실적이다. 이러한 해석을 통해서 제한된 시간에 대한 해 $v_{out}(t) = v_{out}(0)e^{-t/RC} + A(1 - e^{-t/RC})$, $t \geq 0$을 이끌어낼 수 있다〈그림 4.17〉.

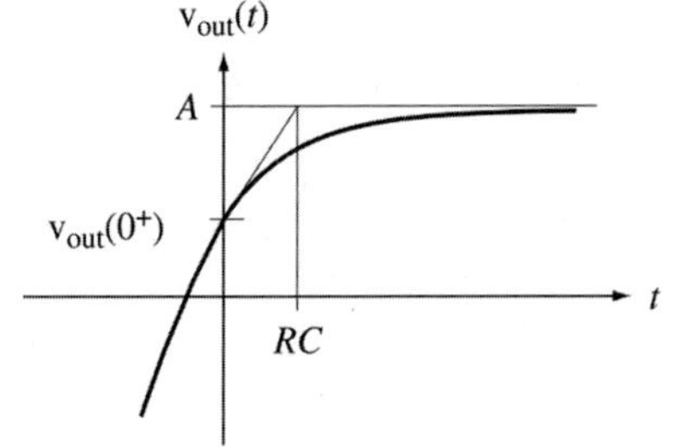

그림 4.16 상수 입력에 대한 *RC* 저역통과 필터의 출력

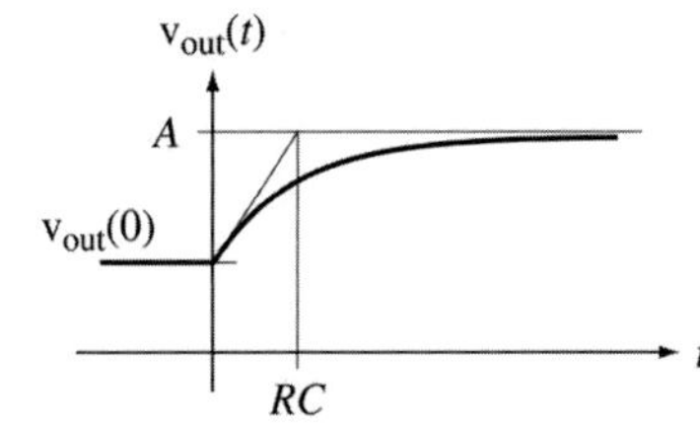

그림 4.17 시간 $t = 0$에서 상수 입력이 가해졌을 때 *RC* 회로의 응답

$t \geq 0$에서 회로의 전압 응답을 알기 위해서는 저항 R, 커패시턴스 C, 초기 커패시터 전압 $v_{out}(0)$, 입력전압 $v_{in}(t)$를 알아야만 한다. 저항과 커패시턴스 값은 시스템의 전압과 전류의 관계를 결정하며 초기 커패시터 전압과 입력전압과 함께 시스템의 전압 응답을 결정한다. 식 (4.2)로부터 입력전압 A가 0일 때 시스템의 전압 응답은 다음과 같다.

$$v_{out}(t) = v_{out}(0)e^{-t/RC}, \quad t > 0 \tag{4.3}$$

그리고 초기 커패시터 전압 $v_{out}(0)$이 0 이면 시스템의 전압 응답은 다음과 나타난다.

$$v_{out}(t) = A(1 - e^{-t/RC}), \quad t > 0 \tag{4.4}$$

식 (4.3)의 응답은 영입력 응답이고 식 (4.4)의 응답은 영상태 응답이다. 영상태는 시스템이 에너지를 저장하고 있지 않다는 것을 의미한다. *RC*저역통과 필터에서 영상태는 커패시터의 전압이 0이라는 것을 의미한다. 이 시스템의 영입력 응답과 영상태 응답을 더하면 완전한 응답을 구할 수 있다.

입력 신호가 음의 시간에서 모두 0이라면 입력 신호는 전압의 계단 함수 $\mathrm{v}_{in}(t) = A\,\mathrm{u}(t)$와 같이 나타낼 수 있다. 회로가 무한한 입력신호(t=-∞ 부터)를 가지고 $t = 0$에서 커패시터 전압이 0이라고 생각하자〈그림 4.18〉(a). 시스템은 영상태이므로 영상태 응답을 확인할 수 있다. $\mathrm{v}_{in}(t) = A\,\mathrm{u}(t)$와 같이 표현된 입력 신호는 〈그림 4.18〉(b)와 같은 상황을 나타낼 수 있다. 이러한 경우 시스템에 전압을 바로 인가하지 않고 스위치를 통해 전압을 인가한다. 〈그림 4.18〉(a), (b)에서 초기 커패시터 전압이 0이면, $t \geq 0$에서의 각각의 응답은 동일하다.

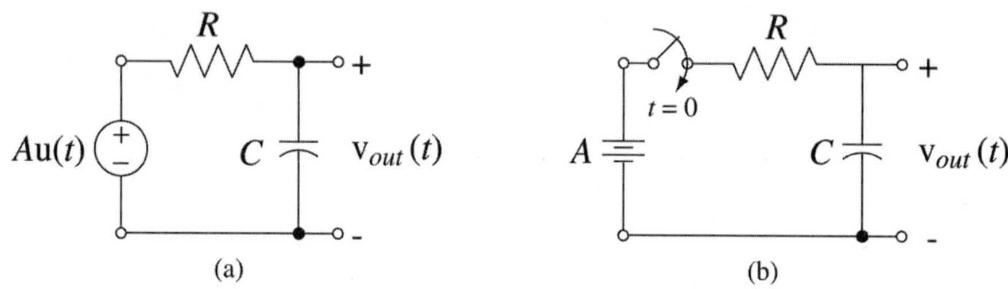

그림 4.18 t =0에서 *RC* 저역통과 필터에 전압 *A*를 가하는 두 가지 방법

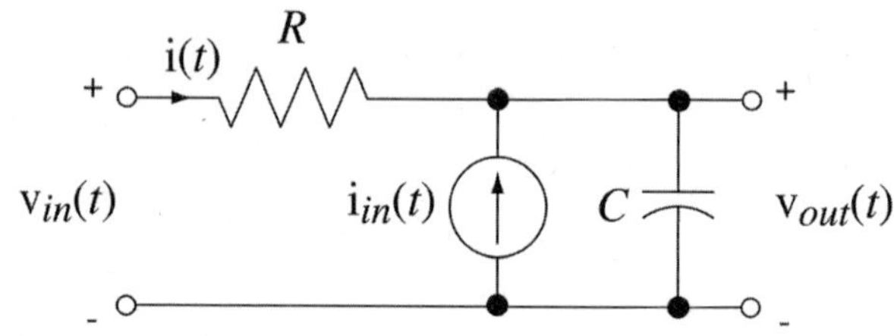

그림 4.19 초기 커패시터 전압 설정을 위해 전류 임펄스를 사용하는 *RC* 저역통과 필터

$t = 0$에서 영상태인 시스템에 에너지를 주입하고 임펄스를 두 번째 입력으로 가해서 초기 에너지의 영향에 대한 효과를 알아볼 수도 있다. 예를 들어 *RC* 저역통과 필터에서 커패시터와 병렬로 전류의 임펄스를 가함으로써 초기 전압을 얻을 수 있다〈그림 4.19〉.

전류 임펄스가 발생하였을 때 임펄스가 발생된 시간 동안 발생된 모든 전하는 커패시터로 흘러들어간다. 임펄스의 크기가 *Q*라고 하면 전류임펄스에 의해 발생되는 커패시터 전압의 변화는 다음과 같다.

$$\Delta \mathrm{v}_{out} = \frac{1}{C}\int_{0^-}^{0^+} \mathrm{i}_{in}(t)\,dt = \frac{1}{C}\int_{0^-}^{0^+} Q\delta(t)\,dt = \frac{Q}{C}.$$

$Q = C\mathrm{v}_{out}(0)$이라면 커패시터의 초기 전압은 $\mathrm{v}_{out}(0)$이 된다. 그리고 $\mathrm{v}_{out}(0)$의 영상태 응답과 $\mathrm{v}_{out}(0)$에 대한 영입력 응답 대신 $\mathrm{v}_{in}(t)$와 $\mathrm{i}_{in}(t)$의 영상태 응답을 구하는 것과 같다. $t > 0$에서 전체 응답은 어느 방법이든 같다.

대부분의 연속시간 시스템은 위에 모델링했던 *RC* 저역통과 필터의 경우와 같이 미분방정식 형태로 나타낼 수 있으며 이것은 전기적, 기계적, 화학적, 광학 시스템 같은 분야에 모두 적용된다. 따라서 신호와 시스템에 대한 해석은 매우 넓은 분야에서 중요하다고 할 수 있다.

동질성

만약 *RC* 저역통과 필터의 입력전압을 $\mathrm{v}_{in}(t) = 2A\,\mathrm{u}(t)$와 같이 두 배로 한다면 $2A$에 의한 영상태 응답은 $\mathrm{v}_{out}(t) = 2A(1 - e^{-t/RC})\mathrm{u}(t)$와 같이 나타난다. 또한 초기 커패시터 전압을 두 배로 했을 경우 영입력 응답도 두 배가 된다. 사실상 입력 전압을 상수배 한 경우의 영상태 응답은 동일한 상수 배 만큼 곱해진 결과로 나타난다. 시스템이 이러한 특성을 가질 때 동질성(homogeneity)을 가진다고 말한다.

> 동질 시스템에서 입력에 상수를 곱한 신호(복소수 포함)에 대한 시스템의 응답은 영상태 응답에 입력 신호와 동일한 상수를 곱한 결과와 같다.

〈그림 4.20〉은 동질성을 블록 다이어그램으로 표현한 것이다.

시스템의 간략한 예로 y(t)-1=x(t)와 같은 비동질 시스템을 들 수 있다. x가 1이면 y는 2가 되고 x가 2라면 y는 3이 된다. 이 경우 입력 신호는 두 배가 되었지만 출력신호는 그렇지 않다. 수식의 좌측항의 -1은 시스템을 비동질 시스템으로 만들고 이때 시스템은 0이 아닌 영

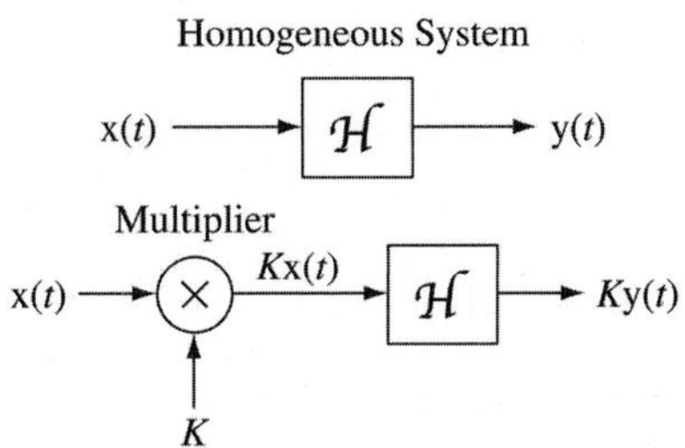

그림 4.20 영상태에서 시스템의 동질성을 설명하기 위한 블록 다이어그램(*K*는 임의의 복소 상수)

입력 응답을 가진다. 양 변에 1을 더해 입력신호를 $x_{new}(t) = x(t) + 1$로 다시 정의하면 시스템은 $y(t) = x_{new}(t)$와 같은 관계를 가진다. 새로 정의된 시스템에선 입력신호 $x_{new}(t)$가 두 배가 되면, $y(t)$도 두 배가 되어 시스템은 동질 시스템이 된다.

예제 4.4

시스템의 동질성 판단

어떤 시스템의 입력과 출력 관계가 다음과 같을 때 이 시스템의 동질성 여부를 판단하라.

$$y(t) = \exp(x(t))$$

■ 풀이

$x_1(t) = g(t)$일 때 $y_1(t) = \exp(g(t))$이 된다. 하지만 $x_2(t) = K\,g(t)$로 두면, $y_2(t) = \exp(K\,g(t)) = [\exp(g(t))]^K \neq K\,y_1(t)$이 되므로 이 시스템은 동질 시스템이 아니다. ■

간단한 함수에서는 예제 4.4의 해석은 필요하지 않은 형식적인 증명같아 보일 수도 있다. 하지만 이러한 증명 구조를 따르지 않는 경우 간단해 보이는 시스템에서도 해당 시스템의 동질성 여부 판단에 있어서 혼동하기 쉽다.

시불변성

〈그림 4.14〉의 시스템이 초기에 영상태라고 가정하고 이 시스템에 t_0만큼 지연된 입력신호가 입력되었다고 가정한다. 이는 입력신호가 $x(t) = A\,u(t - t_0)$과 같음을 의미한다. 이 경우 영상태 응답을 구하기 위해 다시 한 번 앞에서의 풀이를 반복하면 원래의 영상태 응답과 완전히 동일하고 t만 $t - t_0$으로 치환된 $v_{out}(t) = A\left(1 - e^{-(t-t_0)/RC}\right)u(t - t_0)$을 얻을 수 있다. 이것을 달리 표현하면 입력 $x_1(t)=Au(t)$에 대한 출력이 $y_1(t)$라 하면 입력 $x_2(t)=Au(t-t_0)$에 대한 출력은 $y_2(t)= y_1(t-t_0)$가 됨을 의미한다. 응답함수의 형태는 변하지 않으면서 입력신호가 지연된 만큼 출력신호가 지연되는 경우, 시스템이 시불변성(time invariance)을 가진다고 할 수 있다.

> 시스템이 초기에 영상태이고 이 시스템에 임의의 신호 $x(t)$를 입력하였을 때 출력이 $y(t)$인 시스템을 가정한다. 이 시스템이 임의의 시간 t_0에 대해서 입력 $x(t-t_0)$일 때 $y(t-t_0)$의 출력을 가진다면 이 시스템은 시불변성을 가진다고 할 수 있다.

〈그림 4.21〉은 시불변성의 개념을 보여준다.

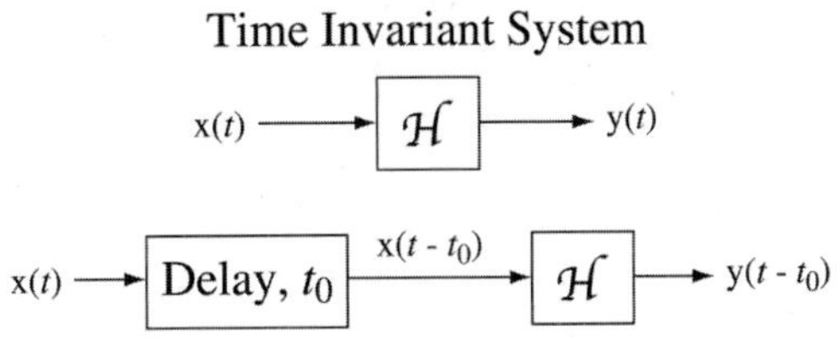

Time Invariant System

$x(t) \rightarrow \boxed{\mathcal{H}} \rightarrow y(t)$

$x(t) \rightarrow \boxed{\text{Delay}, t_0} \xrightarrow{x(t-t_0)} \boxed{\mathcal{H}} \rightarrow y(t-t_0)$

그림 4.21 초기에 영상태인 시스템의 시불변성을 설명하기 위한 블록 다이어그램

예제 4.5

시스템의 시불변성 판단

어떤 시스템의 입력과 출력 관계가 $y(t)=\exp(x(t))$일 때 이 시스템의 시불변성 여부를 판단하라.

■ 풀이

$x_1(t)=g(t)$일 때 $y_1(t)=\exp(g(t))$이 된다. $x_2(t)=g(t-t_0)$일 때 $y_2(t)=\exp(g(t-t_0))=y_1(t-t_0)$이 된다. 따라서 이 시스템은 시불변성 특성을 가진다.

■

예제 4.6

시스템의 시불변성 판단

어떤 시스템의 입력과 출력 관계가 $y(t)=x(t/2)$일 때 이 시스템의 시불변성 여부를 판단하라.

■ 풀이

$x_1(t)=g(t)$일 때 $y_1(t)=g(t/2)$이 된다. $x_2(t)=g(t-t_0)$일 때 $y_2(t)=g(t/2-t_0)\neq y_1(t-t_0)=g\left(\frac{t-t_0}{2}\right)$이 된다. 따라서 이 시스템은 시불변성의 특성을 가지지 않고 시간에 따라 변한다.

■

가산성

RC 저역통과 필터의 입력 전압을 두 전압의 합 $v_{in}(t)=v_{in1}(t)+v_{in2}(t)$으로 가정하자. $v_{in2}(t)=0$이고 영상태 응답이 $v_{in1}(t)$에 의해서만 발생하는 경우의 $v_{out1}(t)$에 대한 미분방정식은 다음과 같다.

$$RC\,v'_{out1}(t)+v_{out1}(t)=v_{in1}(t) \tag{4.5}$$

여기서 영상태 응답을 구하는 것이 목적이므로 식 (4.5)와 초기조건 $v_{out1}(0)=0$으로부터 $v_{out1}(t)$를 계산해 낼 수 있다. 이와 유사하게 $v_{in2}(t)$만 작용하는 경우 영상태 응답은 다음과 같고 위와 유사한 방법으로 $v_{out2}(t)$를 계산할 수 있다.

$$RC\,v_{out2}(t) + v_{out2}(t) = v_{in2}(t) \tag{4.6}$$

식 (4.5)와 (4.6)을 더하면 다음과 같다.

$$RC[v'_{out1}(t) + v'_{out2}(t)] + v_{out1}(t) + v_{out2}(t) = v_{in1}(t) + v_{in2}(t) \tag{4.7}$$

위 식은 식 (4.7)의 $v_{in1}(t)$대신 $v_{in1}(t)+v_{in2}(t)$를 대입하고 $v_{out1}(t)$대신에 $v_{out1}(t)+v_{out2}(t)$,$v'_{out1}(t)$대신에 $v'_{out1}(t)+v'_{out2}(t)$를 대입하면 얻을 수 있다. 또한 영상태 응답을 위해서 $v_{in1}(0)+v_{in2}(0)=0$이 된다. 따라서 $v_{in1}(t)$를 입력했을 때 출력이 $v_{out1}(t)$와 같다면 $v_{in1}(t)+v_{in2}(t)$에 대한 응답은 두 응답이 모두 같은 초기조건과 미분방정식에 의해서 결정되므로 $v_{out1}(t)+v_{out2}(t)$이 되어야 한다. 이 결과는 두 함수의 미분의 합이 두 함수의 합의 미분과 같다는 것에 기초한다. 만약 입력 신호가 두 신호의 합이면 이 미분방정식의 결과는 두 신호 각각의 입력에 대한 출력을 더한 결과와 같아진다. 이렇게 더해진 입력신호에 대한 출력이 각각의 입력에 대한 영상태 출력을 더한 것과 같다면 이 시스템은 가산성(additivity)을 가진다고 말한다〈그림 4.22〉.

> 어떤 시스템이 임의의 입력 x_1에 대해서 영상태 응답 y_1을 가지고 또 다른 임의의 입력 x_2에 대한 영상태 응답 y_2을 가질 때 입력 x_1+x_2에 대한 영상태 응답이 y_1+y_2와 같다면 이 시스템은 가산성을 가진다.

비가산 시스템의 흔한 예로 단순한 다이오드 회로를 들 수 있다〈그림 4.23〉. 회로의 입력 전압 V가 두 개의 직렬로 연결된 전압원 V_1과 V_2이라고 가정할 때, 전체 전압 V는 각각의 전압원의 합으로 나타난다. 여기서 전체 전류를 I라고 하면 각각의 전압원에 의해서 발생되는 전류는 I_1, I_2라고 할 수 있다. 명확한 결과를 위해서 $V_1>0$, $V_2=-V_1$이라 가정하자. V_1의 결과로 I_1이 발생하게 되고 V_2의 결과로는 매우 미세한 전류(이상적으로는 0)인 I_2가 발생한다. 시스템이 가산적이라면 입력 V_1+V_2에 대한 전체 응답 I는 0이 되어야 한다. 하지만 I_1+I_2는 0이 아닌 I_1 값으로 근사화된다. 따라서 이 시스템은 비가산적이다.

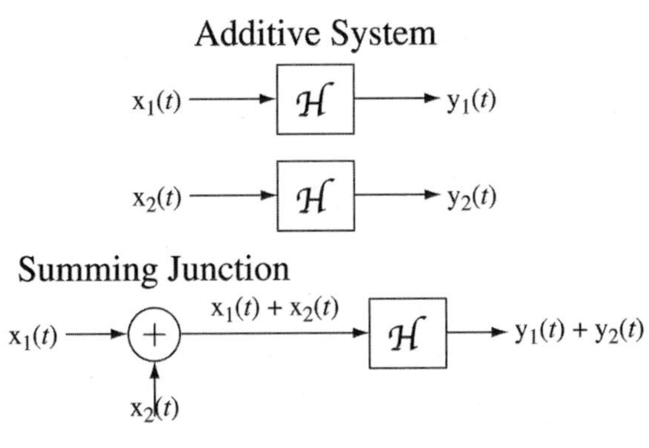

그림 4.22 초기에 영상태인 시스템에 대한 가산성 개념을 설명하는 블록 다이어그램

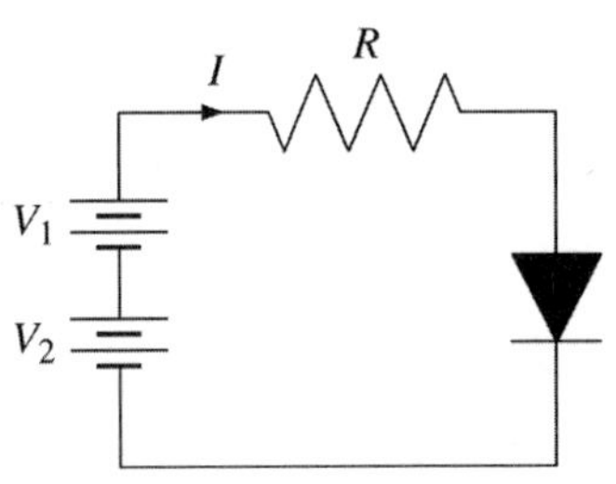

그림 4.23 DC 다이오드 회로

선형성과 중첩성

시스템이 동질성과 가산성을 동시에 만족시키면 이러한 시스템을 선형(linear) 시스템이라고 한다.

> 입력 $x_1(t)$, $x_2(t)$에 대한 영상태 응답이 각각 $y_1(t)$, $y_2(t)$이고 입력 $x(t)=\alpha x_1(t)+\beta x_2(t)$에 대한 출력 값이 $y(t)=\alpha y_1(t)+\beta y_2(t)$일 때 이 시스템은 선형적이다.

선형 시스템의 이러한 특징으로부터 중첩성(superposition)이라는 중요한 개념을 도출할 수 있다. 중첩이라는 용어는 '겹쳐놓다(superpose)'라는 동사에서부터 유래되었으며 이것은 무언가를 어떤 위치에 놓는다는 의미의 '내어놓다(pose)'라는 단어와 '~의 위에(super)'라는 단어로 이루어져 있다. 결국 이 용어는 어떤 것 위에 무언가를 올려놓는 것을 의미하고 선형 시스템에서 어떠한 입력이 가해진 경우 그 입력에 대한 출력이 다른 출력 위에 올려놓아 더해짐을 의미한다.

선형 시스템에서 적용하는 중첩의 원리는 당연하고 사소한 것 같이 보이지만 시스템 해석에서 폭넓게 이용할 수 있다. 중첩의 원리를 이용하면 입력 신호를 간단한 여러 개로 나누어 각 입력 신호의 응답을 구하고 그 응답을 모두 더해 전체 입력 신호에 대한 응답을 구한다는 의미로 임의의 입력 신호에 대한 영상태 응답을 구할 수 있다. 또한 영상태 응답을 구하고 이와 독립적으로 영입력 응답을 구한 후 더해 전체 응답을 구할 수 있다. 이는 '분할 정복법(divide-and-conquer)' 접근법으로서 선형 시스템 문제를 해결하는데 매우 중요한 방법이다. 하나의 복잡하고 거대한 문제를 간단한 여러 가지의 문제로 나누어 해결할 수 있게 해준다. 이 경우 하나의 문제를 해결하면 다른 풀이 과정도 유사하기 때문에 매우 간단하게 문제를 풀어 나갈 수 있다. 선형성과 중첩성은 시스템 해석에서 매우 광범위하고 강력한 풀이법을 제공해준다. 실제로 비선형(nonlinear) 시스템의 경우에는 분할 정복법이 적용되지 않는 경우가 많기 때문에 시스템 해석은 매우 복잡하고 어려워진다. 많은 경우 비선형 시스템을 해석하기 위해서는 해석적인 방법이 아닌 수치 해석적 방법을 사용해야 한다.

중첩성과 선형성은 다수의 입력과 다수의 출력을 가지는 시스템에도 적용 가능하다. $x_1(t)$과 $x_2(t)$두 개의 입력을 가지는 선형 시스템의 출력이 $y(t)$라면 $y(t)$는 첫 번째 입력에 대한 출력인 $y_1(t)$와 두 번째 입력에 대한 출력 $y_2(t)$의 합으로 생각할 수 있다.

LTI 시스템

실제 시스템 설계와 해석에서 가장 흔히 사용되는 시스템은 선형시불변(linear time-invariant, LIT) 시스템이다. 어떤 시스템이 선형성과 시불변성을 동시에 만족시키는 경우 이 시스템을 LTI 시스템이라 한다. 이 교재에서 다루는 대부분의 시스템은 LTI 시스템이다.

선형성이 내포하는 한 가지 중요한 사실은 다음과 같이 증명된다. 입력 $x_1(t)$에 대한 출력 $y_1(t)$와 입력 $x_2(t)$에 대해 출력 $y_2(t)$를 가지는 LTI 시스템을 생각해 보자. 선형성에 의해서 입력 $\alpha x_1(t)+\beta x_2(t)$에 대한 출력은 $\alpha y_1(t)+\beta y_2(t)$와 같고 이때 α와 β는 복소수를 포함하는 모든 상수 값이 된다. 예를 들어 $\alpha=1$, $\beta=j$라 하면 입력 $x_1(t)+jx_2(t)$에 대한 결과는 $y_1(t)+jy_2(t)$가 된다. 앞에서 이야기한 것과 같이 입력 $x_1(t)$의 출력으로 $y_1(t)$, 입력 $x_2(t)$의 출력으로 $y_2(t)$를 얻는 것으로부터 다음과 같은 일반적인 원리를 정의할 수 있다.

> LTI 시스템의 입력 신호가 복소수일 때 입력의 실수부는 실수 응답을 출력하게 되고 입력의 허수부는 허수 응답을 출력하게 된다.

이것은 시스템에 실수 입력을 통해 실수 출력을 얻는 대신 실수부가 실제 물리적 입력을 의미하는 복소수 신호를 입력하고 출력의 실수부를 택해 시스템의 실제 응답을 구할 수 있음을 의미한다. 이것은 시스템의 문제를 해결하는 우회적인 방법처럼 보이지만 실제 시스템의 고유함수가 복소 지수 함수 형태이고 시스템 해석 결과가 단순한 형태로 출력되므로 때로는 직접적인 방법보다 시스템 해석에 있어서 편리함을 제공하기도 한다. 이러한 아이디어는 6~9장에서 다루는 변환과 그 응용의 기본 원리가 된다.

예제 4.7

중첩성을 이용해 구형파에 대한 RC 저역통과 필터 응답 구하기

중첩의 원리를 사용해 $t = 0$에서 시작되는 구형파 입력에 대한 *RC* 저역통과 필터의 응답을 구하라. *RC*시정수는 1ms이고 구형파의 주기는 2ms, 진폭은 1V로 가정한다. 구형파는 〈그림 4.24〉에 표현되어 있다.

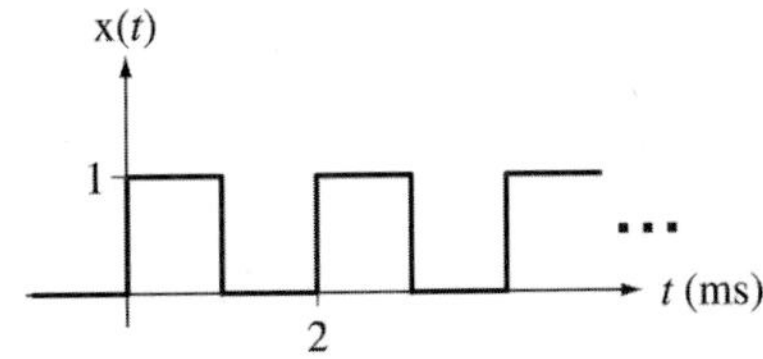

그림 4.24 *RC* 저역통과 필터의 구형파 입력

■ 풀이

구형파가 입력되었을 때, RC 저역통과 필터의 응답에 대한 공식은 없어도 단위 계단 함수에 대한 응답은 알려져 있다. 구형파는 시간 이동되고 양의 혹은 음의 값을 가지는 단위 계단 함수의 합으로 나타낼 수 있다. 따라서 $x(t)$는 해석적으로 다음과 같이 나타낼 수 있다.

$$x(t) = x_0(t) + x_1(t) + x_2(t) + x_3(t) + \cdots$$
$$x(t) = u(t) - u(t-0.001) + u(t-0.002) - u(t-0.003) + \cdots$$

RC 저역통과 필터는 선형 시불변 시스템이므로 필터의 응답은 각각의 단위 계단 입력에 대한 응답의 합과 같다. 이동되지 않은 단위 계단 함수의 응답은 $y_0(t) = (1 - e^{-1000t})u(t)$와 같다. LTI 시스템의 시불변성으로부터

$$\begin{aligned} y_1(t) &= -\left(1 - e^{-1000(t-0.001)}\right)u(t-0.001) \\ y_2(t) &= \left(1 - e^{-1000(t-0.002)}\right)u(t-0.002) \\ y_3(t) &= -\left(1 - e^{-1000(t-0.003)}\right)u(t-0.003) \\ &\vdots \end{aligned}$$

이 되고 선형성과 중첩성에 의해

$$y(t) = y_0(t) + y_1(t) + y_2(t) + y_3(t) + \cdots$$
$$\begin{aligned} y(t) = &\left(1 - e^{-1000t}\right)u(t) - \left(1 - e^{-1000(t-0.001)}\right)u(t-0.001) \\ &+ \left(1 - e^{-1000(t-0.002)}\right)u(t-0.002) - \left(1 - e^{-1000(t-0.003)}\right)u(t-0.003) \cdots \end{aligned}$$

과 같음을 알 수 있다〈그림 4.26〉.

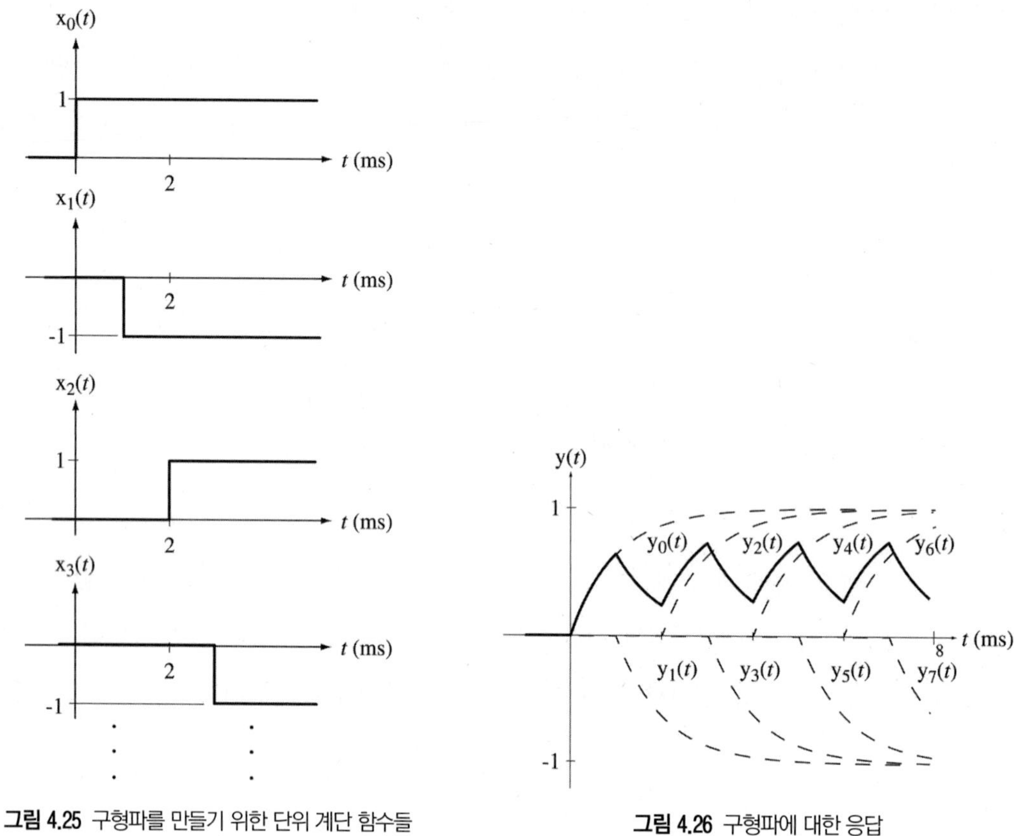

그림 4.25 구형파를 만들기 위한 단위 계단 함수들

그림 4.26 구형파에 대한 응답

중첩성은 선형 시스템의 응답을 해석하는 매우 강력한 방법의 기반이 된다. 선형 시스템의 중요한 특성은 독립변수, 적분함수, 도함수가 모두 1차식으로 나타난다는 것에 있다. 이러한 법칙을 설명하기 위해 입력 신호 $x(t)$에 대한 응답 신호 $y(t)$가 미분방정식 $ay''(t)+by^2(t)=x(t)$에 의해 결정되는 시스템을 생각해 보자. 만약에 $x(t)$대신 $x_{new}(t)=x_1(t)+x_2(t)$의 입력이 가해진다면 미분방정식은 다음과 같이 변화할 것이다. $a\,y''_{new}(t)+b\,y^2_{new}(t)=x_{new}(t)$ 이때 입력 $x_1(t)$와 $x_2(t)$에 대한 각각의 미분방정식은 다음과 같이 주어진다.

$$a\,y''_1(t)+b\,y^2_1(t)=x_1(t) \quad \text{and} \quad a\,y''_2(t)+b\,y^2_2(t)=x_2(t)$$

두 방정식의 합은 다음과 같고

$$a\left[y_1''(t)+y_2''(t)\right]+b\left[y_1^2(t)+y_2^2(t)\right]=x_1(t)+x_2(t)=x_{new}(t)$$

이것은 일반적으로 다음 수식과는 다르다.

$$a\left[y_1(t)+y_2(t)\right]''+b\left[y_1(t)+y_2(t)\right]^2=x_1(t)+x_2(t)=x_{new}(t)$$

$y^2(t)$ 항으로 인해 이 미분방정식은 다른 수식이므로 더 이상 선형 시스템이 아니다. 따라서 이 시스템에는 중첩성이 적용되지 않는다.

신호와 시스템의 해석에서 자주 사용되는 방법은 비선형 시스템을 해석하기 위해 선형 시스템의 해석법을 사용하는 것이다. 이 과정을 시스템의 선형화(linearizing)라고 한다. 물론 선형화 과정이 실제로 선형 시스템을 만드는 것은 아니기 때문에 이러한 해석이 정확하다고 할 수는 없지만 선형화 과정은 비선형 시스템의 수식을 선형 시스템으로 근사화해 준다. 여러 가지 비선형 시스템은 입력 신호와 출력 신호가 충분히 작은 경우 선형 시스템의 해석법을 사용하여 해석할 수 있다. 예를 들면 〈그림 4.27〉의 진자와 같은 경우이다.

진자의 무게가 길이 L의 실에 의해 지탱이 되며 실의 무게는 없다고 가정해 보자. 힘 $x(t)$가 질량 m에 가해진다면 힘에 따라 진자는 움직이게 된다. 어떤 위치에서라도 진자가 움직이는 방향의 접선 방향으로 가해지는 힘의 벡터 합은 같은 방향의 가속도와 질량의 곱으로 나타나게 된다. 이것은 $x(t)-mg\sin(\theta(t))=mL\theta''(t)$ 또는 다음과 같이 나타낼 수 있다.

$$mL\theta''(t)+mg\sin(\theta(t))=x(t) \tag{4.8}$$

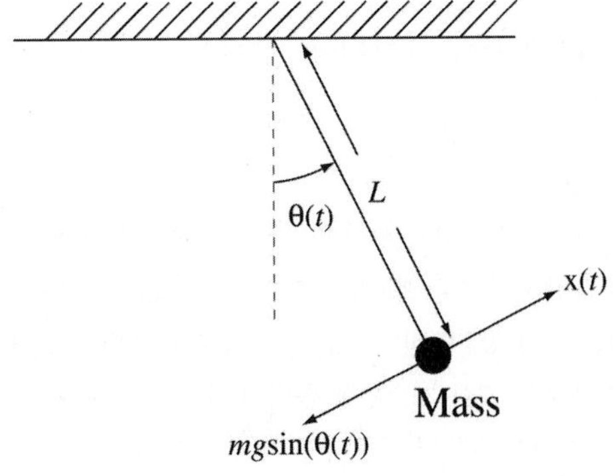

그림 4.27 진자

m은 진자의 무게, $x(t)$는 진자 운동의 접선 방향에 대한 힘, L은 진자의 길이, g는 중력 가속도, $\theta(t)$는 진자의 위치각을 나타낸다. 이 시스템은 $x(t)$ 입력에 대해 $\theta(t)$를 출력으로 내보내는 시스템이고 식 (4.8)로부터 비선형 시스템임을 알 수 있다. 하지만 $\theta(t)$가 충분히 작은 경우 $\sin(\theta(t))$는 $\theta(t)$와 유사한 결과를 가지고 이것을 근사화하면 식 (4.9)와 같은 결과를 가지게 되어 선형 시스템의 수식을 얻는다.

$$mL\theta''(t) + mg\theta(t) \cong x(t) \tag{4.9}$$

따라서 정지 상태에서 진자 위치의 작은 변화에 대해 이 시스템은 식 (4.9)를 사용해 해석하는 것이 가능해진다.

안정성(Stability)

RC 저역통과 필터의 예에서 입력 신호인 계단 함수 형태의 전압은 유한한 신호였다. 여기서 유한한 신호의 의미는 절대값이 모든 시간에서 임의의 값 B보다 작다는 것으로 $|x(t)| < B$와 같이 표현할 수 있다. 유한한 입력 신호에 대한 *RC* 저역통과 필터의 응답은 유한한 출력으로 나오게 된다.

> 임의의 제한된 신호에 대한 영상태 응답이 제한된 경우 이 시스템을 유한한 입력-유한한 출력**(BIBO: bounded-input-bounded-output)** 안정(stable) 시스템이라고 한다.[1]

신호와 시스템 해석에서 다루어지는 가장 흔한 종류의 시스템은 입력과 출력의 관계가 선형, 상계수, 상미분 방정식의 형태인 시스템이다. 이러한 형태의 미분 방정식의 고유함수는 복소 지수 함수가 되므로 이 경우 동차해는 복소 지수 함수의 선형 합으로 나타나게 된다. 각각의 복소 지수의 반응은 고유값에 따라 결정된다. 각각의 복소 지수 함수의 형태는 $s = \sigma + j\omega$가

---

1 BIBO 안정성은 매우 흥미로운 토의 주제이다. 현실의 모든 시스템은 BIBO 개념에 의해 비안정적일 수 있을까? 엄밀히 말해 어떠한 시스템도 유한하지 않은 출력을 내보낼 수는 없으므로 답은 '아니다'이다. BIBO 불안정성의 현실적인 의미는 선형적인 시스템에서 제한되지 않은 입력에 대해 유한하지 않은 출력이 나올 때 그 시스템이 여전히 선형적인가에 대한 것이다. 모든 시스템은 출력이 그 시스템에서 내보낼 수 있는 한계에 도달해 갈수록 비선형적인 특성을 보이므로 사실 유한한 출력만을 내보내게 된다. 따라서 핵폭탄과 같은 경우 엄밀히는 BIBO 안정 시스템이지만 실제적으로는 BIBO 비안정 시스템이 된다. 왜냐하면 핵폭탄의 에너지는 지구상에 존재하는 에너지와 비교했을 때 매우 크기 때문에 유한하지 않았다고 볼 수 있다.

고유 값이고 σ가 실수부, ω가 허수부를 나타낼 때, $e^{st} = e^{\sigma t}e^{j\omega t}$와 같고 $e^{j\omega t}$는 모든 t에 대해 1의 크기를 가진다. $e^{\sigma t}$는 σ가 음의 값인 경우 t가 양의 방향으로 증가할수록 크기가 감소하며 σ가 양의 값이면 증가하게 된다. 만약 σ가 0이면 $e^{\sigma t}$는 항상 1이 된다. 당연한 결과이겠지만 지수 함수가 시간에 따라 증가하면 응답의 상한 값이 무한해지므로 시스템은 불안정해진다. $\sigma = 0$이라면 제한되지 않은 출력을 내보내도록 하는 제한된 입력 신호가 존재하게 된다. 입력 신호가 미분방정식의 동차해와 같은 함수형태를 가진다면(고유함수의 실수부가 0이면), 시스템은 제한되지 않은 출력을 내보내게 된다(예제 4.8 참조).

> 미분방정식 형태의 연속시간 LTI 시스템의 경우 고유 값의 실수부가 0보다 크거나 같다면 시스템은 BIBO 불안정(unstable) 시스템이 된다.

예제 4.8

유한된 입력에 대한 유한하지 않은 출력

적분기 $y(t) = \int_{-\infty}^{t} x(\tau)\,d\tau$에서 고유함수를 찾고 유한하지 않은 출력을 만드는 유한된 입력을 구하라.

■ 풀이

이러한 형태의 적분 함수의 도함수를 구하기 위해 라이프니츠(Leibniz) 공식을 적용하면 양변을 모두 미분해 $y'(t)=x(t)$라는 결과를 얻을 수 있다. 이것은 하나의 고유 값을 가지고 고유 값이 0일 때 $y(t)=a$와 같은 동차해를 가지는 매우 단순한 미분방정식이다. 따라서 이 시스템은 BIBO 불안정이어야 한다. 유한하지 않은 출력을 위해서는 유한한 입력이 동차해와 같은 함수 형태를 가져야 한다. 이 경우에는 $x(t)=a$와 같은 상수 입력에 의해 제한되지 않은 응답이 나오게 된다. 응답의 형태가 입력의 적분 형태이기 때문에 시간이 흐름에 따라 출력은 선형적으로 계속 증가하게 된다.

■

인과성(Causality)

이제까지는 신호와 시스템 해석에서 입력이 가해지는 동안이나 입력이 가해진 이후의 시스템 응답만을 관찰해 왔다. 이것은 당연하고 자연스러운 일이지만 시스템에 입력이 가해지기 전

응답이 어떻게 발생할 수 있는가에 대한 의문을 가져 볼 수 있다. 현실적으로 모든 물리 시스템은 입력이 가해지는 동안이나 입력이 가해진 이후 응답이 발생한다. 그러나 나중에 논의하게 될 이상적인 필터와 같은 경우(11장) 어떤 시스템 설계 방식에 있어서는 입력이 가해지기 전의 응답이 발생하는 경우가 존재한다. 물론 이러한 시스템을 실제로는 구현할 수 없다.

실제 시스템의 응답이 입력 신호가 가해지는 동안이나 그 이후 발생하는 것은 '원인과 결과'라는 상식적인 내용이다. 결과에는 원인이 존재하며 결과는 원인이 존재하는 동안 혹은 그 이후에 발생한다.

> 영상태 응답이 입력 신호가 가해지는 동안이나 입력 신호 이후에 존재하는 시스템을 인과(causal) 시스템이라고 한다.

모든 물리적 시스템은 미래의 응답을 미리 볼 수 없고 입력이 가해지기 전에 응답할 수 없기 때문에 인과 시스템이다.

'인과'라는 용어는 신호를 이야기할 때(경우에 따라서는 부적절하게) 이미 공공연하게 적용되고 있다. 인과 신호는 $t = 0$ 이전에 값이 0인 신호이다. 이 용어는 $t = 0$ 이전에 0인 입력 신호가 인과 시스템에 적용될 때 $t = 0$ 이전의 시간에서 응답이 0인 사실에 기반을 두고 있다. 이러한 정의에 의해서 인과 시스템에 인과 입력을 가하면 응답은 인과 신호가 된다. $t = 0$ 이후의 신호가 0인 경우 비인과(anticausal)라는 용어를 사용하여 표현하기도 한다.

신호와 시스템 해석에서 시스템의 강제응답(forced response)이라는 용어는 종종 접하게 된다. 대표적인 예는 주기 함수를 입력하는 경우이다. 주기 함수는 특별히 정해진 시작점이 없다. 입력 신호 $x(t)$가 주기 신호인 경우 $x(t+nT)$로 표현이 가능하고 T가 주기일 때 n은 임의의 정수가 될 수 있다. 따라서 어느 점에서 시작하든지 신호는 주기적으로 반복된다. 따라서 주기 함수 입력에 대한 LTI 시스템의 시스템 응답(같은 주기를 가지는 주기 함수)으로 시스템이 인과 시스템 인지를 결정할 수 없다. 따라서 시스템이 인과 시스템인지를 판별하려면 시스템에 입력되는 신호는 어떤 시점 이전에 값이 0이어야 한다. 인과 시스템을 판별하는 테스트 신호로 단위 임펄스 $\delta(t)$를 사용할 수 있다. 이 신호는 $t = 0$ 이전 및 이후에 0이 된다. 만약 시간 $t = 0$에서의 임펄스 신호에 대한 시스템의 영상태 응답이 $t = 0$ 시점 이전에 0이 아니라면 그 시스템은 비인과 시스템이다. 5장에서 LTI 시스템의 임펄스 응답을 결정하는 방법을 다룬다.

메모리

시스템의 응답은 과거와 현재의 입력 신호에 의해서 좌우된다. *RC*저역통과 필터에서 커패시터의 전하는 과거에 유입된 전류에 의해서 결정된다. 이러한 작동 원리에 따르면 시스템은 어떤 의미에서 과거의 것을 기억한다. 이러한 시스템의 현재 응답은 과거의 입력에 의존하며 현재의 응답은 현재 입력 신호와 더불어 메모리에 의해 결정된다.

> 만약 임의의 시간에서의 시스템 영상태 응답이 다른 시간에서의 입력 신호에 의존한다면 시스템에 메모리(memory)가 존재하며 이러한 시스템을 동적(dynamic) 시스템이라고 한다.

시스템의 응답이 현재의 입력 신호에만 의존하는 시스템이 있다. 좋은 예로 저항 전압 분배기가 있다〈그림 4.28〉.

$$v_o(t) = \frac{R_2}{R_1 + R_2} v_i(t)$$

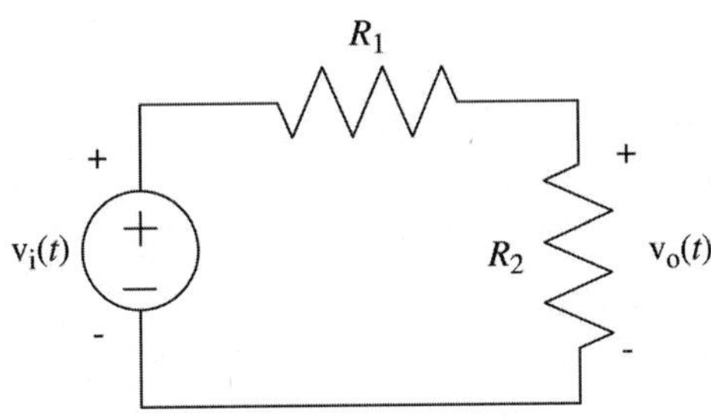

그림 4.28 저항 전압 분배기

> 만약 임의의 시간에서의 영상태 응답이 동일한 시간의 입력에만 의존한다면 시스템에는 메모리가 존재하지 않으며 이러한 시스템을 정적(static) 시스템이라고 한다.

인과성과 메모리는 서로 관련된 개념으로 모든 정적 시스템은 인과적이다. 또한 메모리를 시험할 때 인과성을 시험하는 것과 같은 신호인 임펄스 신호를 사용할 수 있다. 만약 LTI 시스템의 단위 임펄스 신호 $\delta(t)$에 대한 응답이 $t = 0$을 제외한 다른 시간에서 0이 아니라면 시스템은 메모리를 가진다.

정적 비선형성

비선형 시스템의 예로 0이 아닌 영입력 응답을 가지는 시스템에 대해 이미 다루었다. 이 경우

동질성을 만족시키지 못하므로 비선형 특징을 가진다. 여기서 비선형성은 각 구성요소들의 비선형성에 대한 결과라기보다는 시스템의 영입력 응답이 0이 아니기 때문이다.

실제로 비선형 시스템이라는 용어는 영입력 응답이 0이지만 출력 신호가 여전히 입력 신호에 대해 비선형적일 때 더 자주 사용된다. 이것은 시스템의 구성요소가 정적 비선형성(static nonlinearity)을 가지고 있기 때문에 발생한다. 정적 비선형 시스템은 입력과 출력이 메모리 없이 비선형적 특성을 가지는 경우를 의미한다. 예를 들어 다이오드, 트랜지스터, 제곱검파기 등이 이에 속한다. 이러한 소자들은 입력 신호의 변화율에 따른 출력 신호의 변화율이 다르기 때문에 비선형성을 가진다.

이러한 유형의 선형 소자와 비선형 소자의 차이는 입력 신호와 출력 신호의 관계를 그래프로 그려보면 알 수 있다. 정적 시스템에서 선형 저항의 경우는 옴의 법칙에 의하여 입력과 출력 신호의 관계가 정해진다.

$$\mathrm{v}(t) = R\,\mathrm{i}(t)$$

전압과 전류의 관계가 선형적임을 알 수 있다〈그림 4.29〉.

다이오드는 정적 비선형성을 나타내는 좋은 예이다. 〈그림 4.30〉에 표현된 다이오드의 전압-전류 관계는 $\mathrm{i}(t) = I_s(e^{q\mathrm{v}(t)/kT} - 1)$이다. 이때 I_s는 역포화전류(reverse saturation current), q는 전자의 전하, k는 볼츠만 상수(Boltzmann's constant), T는 절대온도를 나타낸다.

또 다른 정적 비선형 소자의 좋은 예로는 제곱(square) 연산에 사용되는 아날로그 곱셈기를 들 수 있다. 아날로그 곱셈기는 두 개의 입력과 하나의 출력을 가지며 두 입력 신호의 곱을 출력한다. 이 소자는 현재의 출력 신호가 과거의 입력 신호와 상관없이 현재의 입력 신호에 의

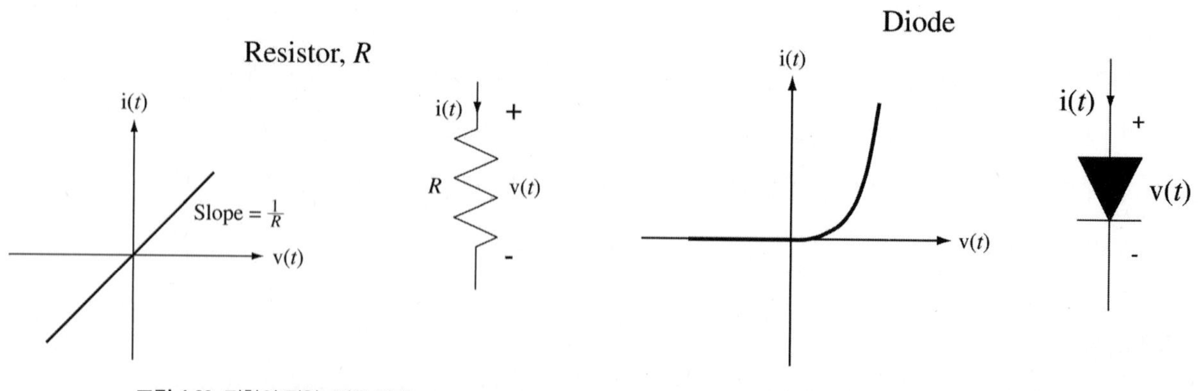

그림 4.29 저항의 전압-전류 관계

그림 4.30 일정 온도에서 전압-전류 관계

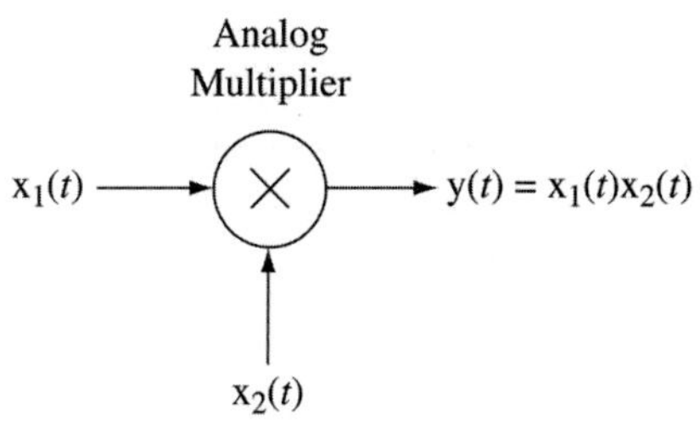

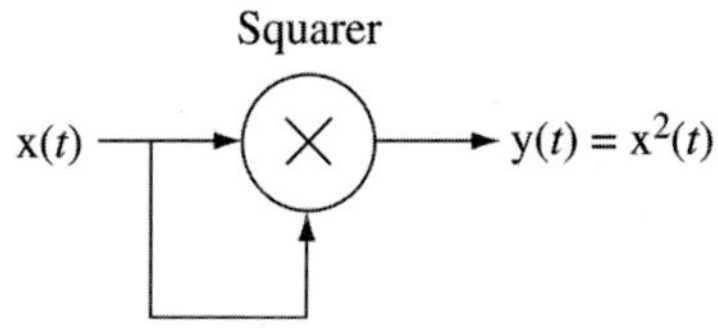

그림 4.31 아날로그 곱셈기와 제곱기

해서만 결정되므로 비메모리 또는 정적 소자라고 할 수 있다〈그림 4.31〉.

출력 신호 $y(t)$는 입력 신호 $x_1(t)$와 $x_2(t)$의 곱으로 나타난다. 만약 $x_1(t)$와 $x_2(t)$가 똑같은 신호 $x(t)$라면 $y(t)=x^2(t)$이 된다. 이것은 입력 신호에 A가 곱해지는 경우 시스템의 출력은 A^2가 곱해지는 결과를 얻게 되어 시스템 동질성을 만족시키지 못하므로 정적 비선형 관계가 된다.

흔한 정적 비선형성의 예는 실제 연산 증폭기(이상적이지 않은)의 포화 현상이다. 연산 증폭기는 반전 입력(inverting input)과 비반전 입력(noninverting input)이라는 두 개의 입력과 하나의 출력을 가진다. 입력 전압이 인가되었을 때 연산 증폭기의 출력 신호는 어느 한계까지는 두 입력 전압 차이에 정해진 배수 값 곱해진 결과로 나타난다. 작은 신호에 대해서는 $v_{out}(t) = A[v_{in+}(t) - v_{in-}(t)]$와 같은 관계를 가진다. 하지만 출력 전압은 전압 공급기의 구동 전압에 의해서 제한되며 전압 공급기의 전압에 가까워질 뿐 공급 전원의 값을 초과할 수 없다. 따라서 $v_{out}(t) = A[v_{in+}(t) - v_{in-}(t)]$에 의해 결정된 입력 전압의 차이가 전원 공급기의 전압범위 $-V_{ps}$에서 $+V_{ps}$를 벗어나면(ps는 전원 공급기를 의미함) 연산 증폭기는 포화 상태에 이르러 출력 전압은 더 이상 상승하지 않는다. 연산 증폭기가 포화되면 입력과 출력은 정적 비선형 관계를 가지게 된다. 〈그림 4.32〉는 이러한 현상을 설명하고 있다.

정적 비선형 시스템의 경우에도 선형 시스템 해석법은 유용하게 사용될 수 있다(웹 부록 C에서 선형 시스템 해석법을 사용해 비선형 시스템을 근사 해석하는 방법에 대한 예를 확인할 수 있다).

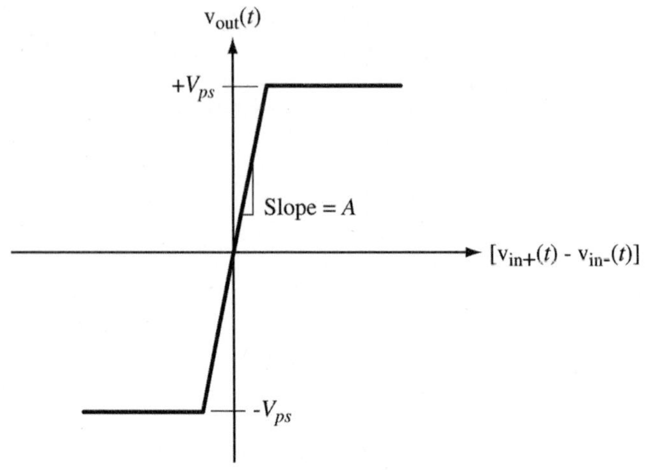

그림 4.32 포화된 연산 증폭기의 입출력 관계

가역성

신호와 시스템 해석에서는 보통 주어진 입력에 대한 그 시스템의 영상태 응답을 찾는다. 하지만 시스템이 가역성(invertibility)을 가진다면 주어진 영상태 응답으로부터 입력 신호를 알아낼 수 있다.

> 만약 입력 신호와 영상태 출력 신호 간에 일대일 대응이 성립한다면 시스템은 가역적이다.

만약 입력 신호와 출력 신호가 일대일로 대응된다면 적어도 이론적으로는 주어진 영상태 응답에 대해 이에 대응하는 입력 신호를 알아낼 수 있다. 대다수의 실제 시스템은 가역적이다.

가역 시스템을 설명하는 또 다른 방법은 다음과 같다. 만약 어떤 시스템이 가역적이라면 해당 시스템의 출력을 입력 받아서 해당 시스템의 입력 신호를 출력하는 그러한 역시스템(inverse system)이 존재한다고 말할 수 있다〈그림 4.33〉.

가역 시스템의 한 예로서 다음과 같은 선형, 시불변, 상계수, 미분 방정식으로 표현되는 모든 시스템을 들 수 있다.

$$a_k\, y^{(k)}(t) + a_{k-1}\, y^{(k-1)}(t) + \cdots + a_1\, y'(t) + a_0\, y(t) = x(t)$$

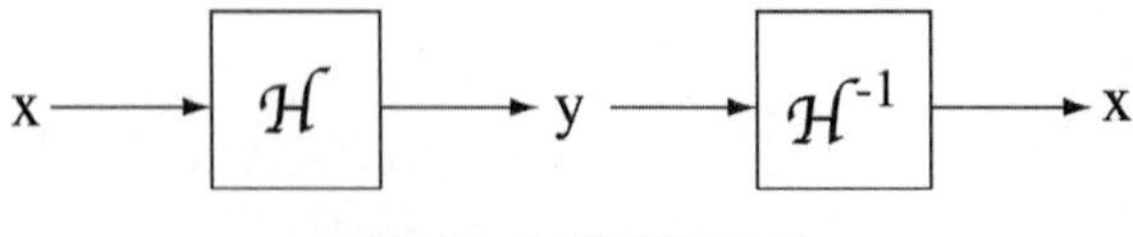

그림 4.33 시스템과 역시스템

만약 시스템의 응답 y(t)를 알고 있다면 주어진 식은 y(t)와 그 도함수로 이루어져 있으므로 선형조합의 풀이에 의해 입력 신호를 정확히 계산할 수 있다.

비가역적 시스템의 예로 다음과 같은 입력-출력 관계를 가지는 정적 시스템을 들 수 있다.

$$y(t) = \sin(x(t)) \tag{4.10}$$

어떤 x(t)에 대해 영상태 응답 y(t)를 결정하는 것은 가능하다. 입력을 알면 그 입력에 대한 영상태 응답을 구할 수 있다. 하지만 주어진 출력 신호로 입력 신호를 구하려면 식 (4.10)을 $x(t)=\sin^{-1}(y(t))$와 같이 수정해야 하는데 이때 문제가 발생한다. 사인 함수의 역함수는 다수의 함수 값을 가진다. 따라서 영상태 응답을 안다고 해서 이에 대한 입력을 결정할 수 있는 것은 아니다. 이 시스템은 다른 입력이 같은 영상태 응답을 발생시키므로 가역성의 원리에 위배된다. 만약 어떤 시간 $t = t_0$에서 $x(t_0)=\pi/4$이면 $y(t_0)=\sqrt{2}/2$이다. 하지만 $t = t_0$에서 $x(t_0)=3\pi/4$이면, $y(t_0)$는 같은 값인 $\sqrt{2}/2$를 가질 것이다. 따라서 영상태 응답만으로는 입력 신호를 판별할 수 없다.

전자회로 설계자들에게 친숙한 또 다른 비가역 시스템의 예로 전파 정류기를 들 수 있다 〈그림 4.34〉. 1:2 권선비를 가지는 이상적인 변압기와 순방향 바이어스에서 전압 강하가 없고 역방향 바이어스에서 전류가 전혀 흐르지 않는 이상적인 다이오드를 가정하면 입력 신호 $v_i(t)$와 출력 신호 $v_o(t)$는 $v_o(t) = |v_i(t)|$의 관계를 가진다. 특정 시간에서의 출력 전압이 +1V라고 가정하면 입력 전압은 +1V 또는 -1V가 된다. 이 경우 출력 전압만으로는 입력 전압이 두 가지 중 어떤 것인지 알 수 없기 때문에 응답으로부터 입력 신호를 예측할 수 없고 시스템은 비가역 시스템이 된다.

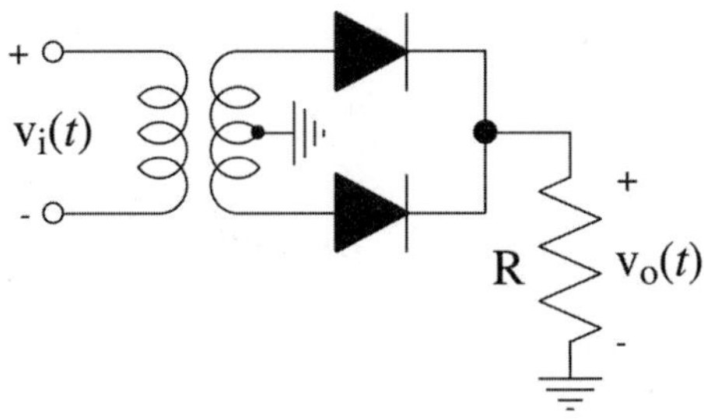

그림 4.34 전파 정류기

2차 시스템의 역학

1차 시스템과 2차 시스템은 시스템 설계와 분석에서 가장 흔한 시스템이다. 1차 시스템은 1차 미분방정식 형태로 표현되고 2차 시스템은 2차 미분방정식 형태로 표현된다. 1차 시스템의 예는 이미 많이 보았다. 2차 시스템의 예로는 〈그림 4.35〉의 계단 입력을 가지는 *RLC* 회로를 들 수 있다.

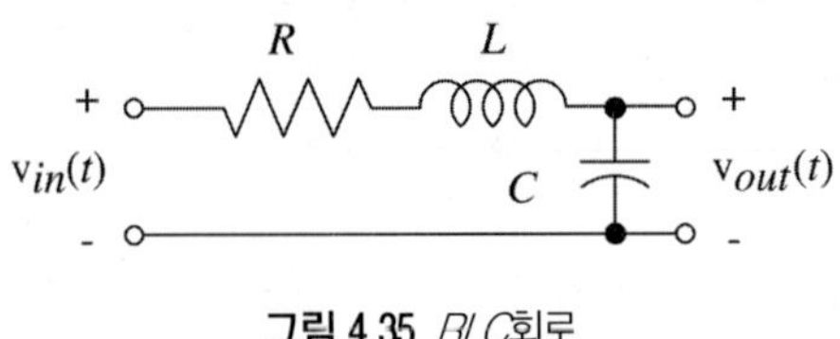

그림 4.35 *RLC*회로

폐회로에서 전압의 합은 다음과 같다.

$$LC\,\mathrm{v}''_{out}(t) + RC\,\mathrm{v}'_{out}(t) + \mathrm{v}_{out}(t) = A\,\mathrm{u}(t) \qquad (4.11)$$

출력 전압에 대한 식을 구하면

$$\mathrm{v}_{out}(t) = K_1 e^{\left(-R/2L+\sqrt{(R/2L)^2-1/LC}\right)t} + K_2 e^{\left(-R/2L-\sqrt{(R/2L)^2-1/LC}\right)t} + A$$

이다. 이때 K_1과 K_2은 임의의 상수이다.

이 풀이는 기존의 *RC* 저역통과 필터의 풀이보다 더 복잡하다. 두 개의 지수 함수는 훨씬 더 많은 요소를 포함한다. 여기서 지수 부분은 음의 값의 제곱근을 가질 수 있다. 따라서 지수 부분은 복소수 값이 될 수 있다. 이러한 이유로 고유함수 e^{st}는 복소 지수 함수라고 부른다. 선형 상계수 상미분방정식의 해는 항상 복소 지수 함수의 선형 합으로 나타난다.

RLC 회로에서 입력이 실수 지수 함수이면 응답 또한 두 실수 지수 함수의 합으로 나타나게 된다. 입력 신호가 복소 지수 함수인 경우는 더욱 흥미롭다. 이 경우 지수는 다음과 같은 복소 지수가 된다.

$$(R/2L)^2 - 1/LC < 0 \qquad (4.12)$$

이 경우 풀이는 2계 시스템의 두 가지 표준 파라미터인 고유 각 주파수(natural radian frequency) ω_n과 감쇠지수(damping factor) α를 사용해 표현할 수 있다.

$$\mathrm{v}_{out}(t) = K_1 e^{\left(-\alpha+\sqrt{\alpha^2-\omega_n^2}\right)t} + K_2 e^{\left(-\alpha-\sqrt{\alpha^2-\omega_n^2}\right)t} + A \qquad (4.13)$$

이때

$$\omega_n^2 = 1/LC \quad \text{and} \quad \alpha = R/2L$$

와 같다. 2차 시스템의 해석에서 ω_n, α와 관련된 널리 사용되는 두 가지 파라미터가 있다. 임계 각 주파수(critical radian frequency) ω_c와 감쇠비(damping ratio) ζ이다. 각각 $\zeta = \alpha/\omega_n$, $\omega_c = \omega_n\sqrt{1-\zeta^2}$로 정의되며 이 파라미터를 사용해 다음과 같이 나타낼 수 있다.

$$\mathrm{v}_{out}(t) = K_1 e^{\left(-\alpha+\omega_n\sqrt{\zeta^2-1}\right)t} + K_2 e^{\left(-\alpha-\omega_n\sqrt{\zeta^2-1}\right)t} + A$$

식 (4.12)의 조건이 충족된다면 시스템은 부족감쇠(under damped) 시스템이 되며 응답은 다음과 같이 나타난다.

$$\mathrm{v}_{out}(t) = K_1 e^{(-\alpha+j\omega_c)t} + K_2 e^{(-\alpha-j\omega_c)t} + A$$

지수들은 서로 켤레 복소수(complex conjugate)를 이룬다. 이는 $\mathrm{v}_{out}(t)$가 실수 함수가 되기 위한 조건이다.

회로가 영상태임을 가정하고 초기 조건을 적용하면 출력 신호는 다음과 같다.

$$\mathrm{v}_{out}(t) = A\left[\frac{1}{2}\left(-1+j\frac{\alpha}{\omega_c}\right)e^{(-\alpha+j\omega_c)t} + \frac{1}{2}\left(-1-j\frac{\alpha}{\omega_c}\right)e^{(-\alpha-j\omega_c)t} + 1\right]$$

이 응답은 입력 신호가 실수일 때 실제 시스템에서 복소 응답이 나온다는 것을 의미한다. 하지만 계수와 지수가 복소수라도 출력 전압은 다음 식과 같이 변형되므로 결국 실수해가 나온다.

$$\mathrm{v}_{out}(t) = A\{1 - e^{-\alpha t}[(\alpha/\omega_c)\sin(\omega_c t) + \cos(\omega_c t)]\}$$

여기서 얻은 해는 감쇠된 정현파 형태이며 이는 정현파와 감쇠 지수함수의 곱의 형태와 같다. 고유 주파수 $f_n = \omega_n/2\pi$는 감쇠 지수가 0일 때 출력 전압의 주파수이다. 정현파가 감쇠되는 정도는 감쇠 지수 α에 의하여 결정된다. 2차 선형 미분방정식으로 표현되는 모든 시스템은 유사한 방법으로 해석이 가능하다.

복소 정현파 입력 신호

LTI 시스템에 복소 정현파가 입력 신호로 작용하는 경우는 선형 시스템에서 중요하고도 특별하게 다루어진다. *RLC*회로의 입력 신호를 $\mathrm{v}_{in}(t) = Ae^{j2\pi f_0 t}$라 하자. 여기서 $\mathrm{v}_{in}(t)$가 모든 시간에 대해서 존재한다는 사실이 중요하다. 입력 신호는 언제나 복소 지수 함수여야만 한다. 다시 말하면 무한대 이전 시간에 시작되며 과도 상태는 더 이상 남아 있지 않다고 가정한다. 안정된 시스템이라면 이러한 조건이 만족될 것이며 지금 논의하고 있는 RLC 회로도 이러한 조건이 성립한다고 가정한다. 따라서 이 시스템의 출력은 강제 응답만이 존재한다. 강제 응답은 미분 방정식의 특수해로 복소 지수 함수의 도함수는 모두 복소 지수 함수 형태를 가지기 때문에 특수해는 입력 $\mathrm{v}_{in}(t) = Ae^{j2\pi f_0 t}$에 대해 $\mathrm{v}_{out,p}(t) = Be^{j2\pi f_0 t}$로 나타낼 수 있으며 이때 B는 미지수이다. 따라서 만약 LTI 시스템에 복소 정현파가 입력된다면 응답 역시 같은 주파수를 가지는 복소 정현파가 된다. 단, 일반적인 경우 곱셈 상수는 다르다. 일반적으로 모든 LTI 시스템에 복소 지수 입력이 가해지면 응답은 곱해진 복소 상수의 값만 다를 뿐 입력과 동일한 형태의 복소 지수 함수가 된다.

이때 강제 응답은 미정 계수법을 사용하여 구할 수 있다. 예상되는 해의 형태를 식 (4.11)의 미분방정식에 대입하면

$$(j2\pi f_0)^2 LCBe^{j2\pi f_0 t} + j2\pi f_0 RCBe^{j2\pi f_0 t} + Be^{j2\pi f_0 t} = Ae^{j2\pi f_0 t}$$

를 구할 수 있고 이를 계산하면

$$B = \frac{A}{(j2\pi f_0)^2 LC + j2\pi f_0 RC + 1}$$

을 얻는다.

LTI 시스템의 중첩성의 원리를 사용하면 시스템의 입력이 다양한 주파수를 가지는 복소 정현파 함수의 선형 합일 때 출력 신호 또한 같은 주파수를 가지는 복소 정현파 함수의 선형 합으로 나타나게 된다. 이러한 내용은 임의의 신호를 복소 지수 함수의 합으로 표현하는 푸리에 급수나 푸리에 변환의 기초가 된다. 푸리에 급수나 푸리에 변환은 6, 7장에서 다룬다.

4.3 이산시간 시스템

시스템 모델링

블록 다이어그램

연속시간 시스템과 마찬가지로 이산시간 시스템에서도 블록 다이어그램을 그리는데 있어서 자주 등장하는 그래픽 심벌들이 있다. 이산시간 시스템에서 가장 중요한 세 가지 구성요소는

바로 증폭기(amplifier), 가산접합부(summing junction) 및 지연기(delay)이다. 이산시간 시스템에서 사용되는 증폭기와 가산 접합부는 연속시간 시스템에서와 동일한 역할을 수행한다. 지연기는 〈그림 4.36〉에 나타나 있는 바와 같이 동일한 신호를 이산시간 영역에서 하나의 시간 단위만큼 지연시켜서 출력하는 역할을 한다. 〈그림 4.36〉에 나타나 있는 것이 가장 흔히 사용되는 기호이며 때로는 D 대신에 이동(shift)를 의미하는 S를 쓰기도 한다.

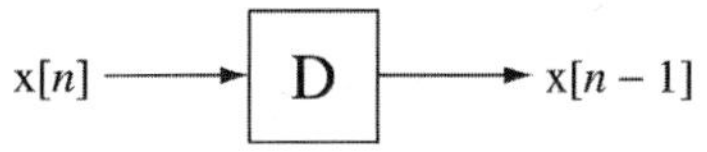

$$x[n] \longrightarrow \boxed{D} \longrightarrow x[n-1]$$

그림 4.36 이산시간 지연을 나타내는 블록 다이어그램 심벌

차분 방정식

아래는 이산시간 시스템 모델링과 관련된 몇 가지 예제이다. 이 세 가지 예제는 1장에서 처음 소개된 바 있다.

예제 4.9

이산시간 시스템을 이용한 연속시간 시스템의 근사 모델링

이산시간 시스템을 활용하는 한 예제로서 〈그림 4.37〉의 유체 역학 시스템과 같은 비선형 연속 시간 시스템을 근사적으로 모델링하는 것을 들 수 있다. 이 시스템에 대한 미분방정식은 아래와 같다.

$$A_1 \frac{d}{dt}(h_1(t)) + A_2\sqrt{2g[h_1(t) - h_2]} = f_1(t)$$

위의 토리첼리 방정식은 비선형이기 때문에 선형 미분방정식에 비해 풀기가 어렵다.

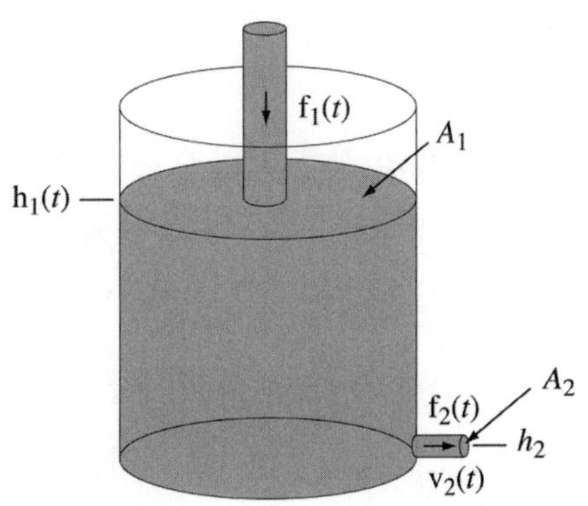

그림 4.37 오리피스(orifice)의 위쪽부터 채워지는 탱크

■ 풀이

수치 해석적 방법을 이용해 해를 찾을 수 있다. 여기서는 위의 미분방정식을 아래의 유한 차분 방정식으로 근사화해 풀어 보도록 한다.

$$\frac{d}{dt}(\mathrm{h}_1(t)) \cong \frac{\mathrm{h}_1((n+1)T_s) - \mathrm{h}_1(nT_s)}{T_s}$$

위의 수식에서 T_s는 h_1을 일정시간 간격으로 샘플링하기 위한 샘플링 주기이고 n은 각 샘플링 시점을 나타내는 인덱스이다. 그러면 각 시점에서의 토리첼리 방정식은 아래와 같이 근사화될 수 있다.

$$A_1 \frac{\mathrm{h}_1((n+1)T_s) - \mathrm{h}_1(nT_s)}{T_s} + A_2\sqrt{2g[\mathrm{h}_1(nT_s) - h_2]} \cong \mathrm{f}_1(nT_s)$$

위 식은 아래와 같이 다시 정리할 수 있다.

$$\mathrm{h}_1((n+1)T_s) \cong \frac{1}{A_1}\left\{T_s\,\mathrm{f}_1(nT_s) + A_1\,\mathrm{h}_1(nT_s) - A_2 T_s\sqrt{2g[\mathrm{h}_1(nT_s) - h_2]}\right\} \tag{4.14}$$

위의 식을 보면 다음 시점 $n+1$에서의 h_1 값은 현 시점 n에서의 f_1과 h_1을 이용해 나타낼 수 있음을 알 수 있다. 위의 식 (4.14)은 이산시간 시스템의 표기 방식을 사용해 아래와 같이 간단히 표현할 수 있다.

$$\mathrm{h}_1[n+1] \cong \frac{1}{A_1}\left\{T_s\,\mathrm{f}_1[n] + A_1\,\mathrm{h}_1[n] - A_2 T_s\sqrt{2g(\mathrm{h}_1[n] - h_2)}\right\}$$

또는 n 대신에 n-1을 대입하면

$$\mathrm{h}_1[n] \cong \frac{1}{A_1}\left\{T_s\,\mathrm{f}_1[n-1] + A_1\,\mathrm{h}_1[n-1] - A_2 T_s\sqrt{2g(\mathrm{h}_1[n-1] - h_2)}\right\} \tag{4.15}$$

이 된다.

식 (4.15)에서 임의의 시점에서 h_1의 값을 알면 다른 시점에서의 값을 근사적으로 알 수 있게 된다. 이때 T_s의 값이 작을수록 더 정확한 근사값을 얻게 될 것이다. 이로써 연속 시간 시스템의 문제를 이산시간 방법으로 푸는 예제를 살펴보았다. 식 (4.15)는 차분 방정식이기 때문에 이를 이용하여 〈그림 4.38〉의 이산시간 시스템을 정의할 수 있다.

〈그림 4.39〉는 〈그림 4.38〉의 토리첼리 방정식에 대하여 수치 해석적 이산시간 시스템을 이용했을 경우 샘플링 주기가 각각 100초, 500초 및 1,000초일 경우에 대한 해를 보여 주고

있다. 샘플링 주기 T_s=100초일 경우 결과는 거의 정확하다는 것을 알 수 있다. T_s=500초일 경우 대체적으로 올바른 시스템 반응을 나타냄으로써 정확한 목표 값에 도달하지만 최종 목표 값에 너무 빨리 도달한다는 것을 알 수 있다. T_s=1,000초일 경우 궁극적으로 맞는 값에 도달하지만 완전히 잘못된 형태를 나타냄을 알 수 있다. 샘플링 주기를 너무 큰 값으로 설정할 경우 어떤 경우에는 수치 해석 알고리듬을 불안정하게 만들 수 있음을 알 수 있다.

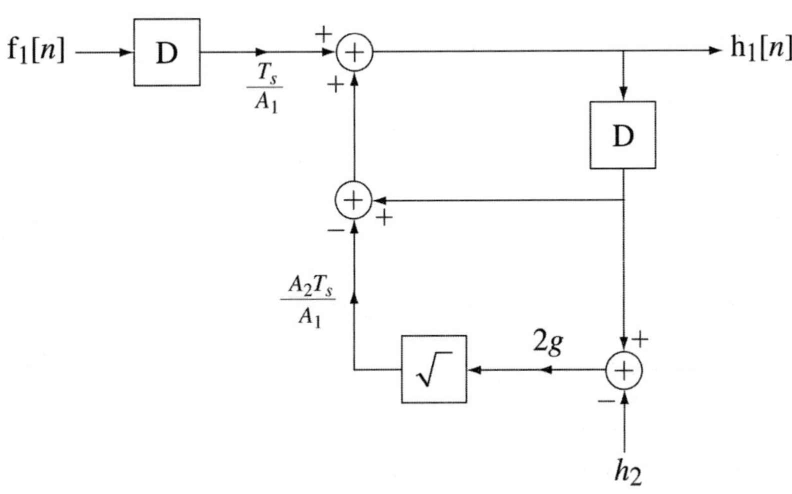

그림 4.38 유체의 흐름에 대한 미분방정식을 근사적 수치 해석 방법으로 풀 수 있는 시스템

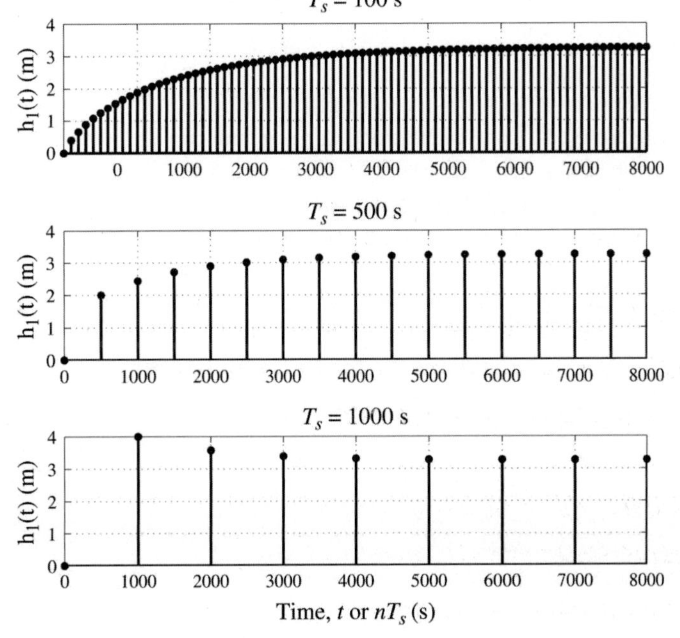

그림 4.39 용적 유입률이 0.004 m^3/s일 경우 〈그림 4.38〉의 이산시간 시스템을 이용한 토리첼리 방정식의 수치 해석적 해

아래는 오리피스를 가지고 있는 탱크에 대한 미분방정식을 풀기 위해 사용된 〈그림 4.38〉의 시스템에 대해 시뮬레이션을 수행하는 MATLAB 코드이다.

```
g = 9.8 ;                % Acceleration due to gravity m/s^2
A1 = 1 ;                 % Area of free surface of water in tank, m^2
A2 = 0.0005 ;            % Effective area of orifice, m^2
h1 = 0 ;                 % Height of free surface of water in tank, m^2
h2 = 0 ;                 % Height of orifice, m^2
f1 = 0.004 ;             % Water volumetric inflow, m^3/s

Ts = [100,500,1000] ; % Vector of time increments, s
N = round(8000./Ts) ; % Vector of numbers of time steps

for m = 1:length(Ts), % Go through the time increments
  h1 = 0 ;               % Initialize h1 to zero
  h = h1 ;               % First entry in water-height vector
%   Go through the number of time increments computing the
%   water height using the discrete-time system approximation to the
%   actual continuous-time system
    for n = 1:N(m),
%       Compute next free-surface water height
        h1 = (Ts(m)*f1 + A1*h1 - A2*Ts(m)*sqrt(2*g*h1-h2))/A1 ;
        h = [h ; h1] ;      %      Append to water-height vector
    end
%   Graph the free-surface water height versus time and
%   annotate graph
    subplot(length(Ts),1,m) ;
    p = stem(Ts(m)*[0:N(m)]',h,'k','filled') ;
    set(p,'LineWidth',2,'MarkerSize',4) ; grid on ;
    if m == length(Ts),
    p = xlabel('Time, t or {\itnT_s} (s)',...
          'FontName','Times','FontSize',18) ;
 end
 p = ylabel('h_1(t) (m)','FontName','Times','FontSize',18) ;
 p = title(['{\itT_s} = ',num2str(Ts(m)),...
                 ' s'],'FontName','Times','FontSize',18) ;
end
```

■

예제 4.10

입력이 없는 피드백 시스템 모델링

〈그림 4.40〉에 나타나 있는 시스템에서 $n \geq 0$일 때 생성되는 출력 신호를 구하라. 초기 조건은 y[0]=1 및 y[−1]=0이라고 가정하라.

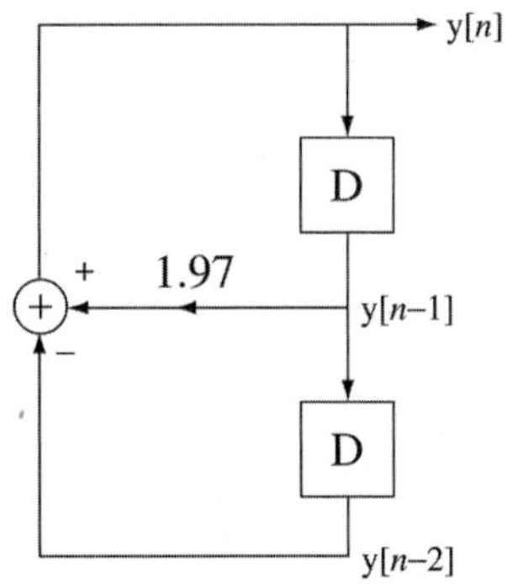

그림 4.40 이산시간 시스템

■ 풀이

〈그림 4.40〉에 있는 시스템은 아래와 같은 차분 방정식으로 나타낼 수 있다.

$$y[n] = 1.97\,y[n-1] - y[n-2] \tag{4.16}$$

위의 식은 주어진 초기 조건 y[0]=1 및 y[−1]=0과 함께 이 시스템의 출력 y[*n*]을 완전히 결정할 수 있다. 출력 값은 식 (4.16)을 계속 반복함으로써 얻을 수 있는데 이와 같은 방법으로는 정확한 값을 얻을 수는 있지만 무한 개의 수열로 표현할 수밖에 없다. 위의 차분 방정식에 대한 해를 찾음으로써 닫힌 해를 얻을 수도 있다(웹 부록 D 참조). 이 시스템에는 입력이 없으므로 위 방정식은 동차방정식이 된다. 동차방정식에 대한 해의 함수는 복소 지수 Kz^n 형태가 된다. 위의 차분 방정식에 이 해를 대입하면 $Kz^n = 1.97\,Kz^{n-1} - Kz^{n-2}$가 된다. 이 식의 양변을 Kz^{n-2}로 나누면 특성방정식을 얻을 수 있고 z에 대해 풀 수가 있으므로 아래와 같은 해를 얻을 수 있다.

$$z = \frac{1.97 \pm \sqrt{1.97^2 - 4}}{2} = 0.985 \pm j0.1726 = e^{\pm j0.1734}$$

위의 시스템에 두 개의 고유 값이 존재한다는 것은 위의 동차해를 아래와 같이 표현할 수 있다는 것을 의미한다.

$$y[n] = K_{h1} z_1^n + K_{h2} z_2^n \tag{4.17}$$

y[0]=1 및 y[−1]=0라는 초기 조건을 가지고 있으므로 식 (4.17)로부터 $y[0]=K_{h1}+K_{h2}$이고 $y[-1]=K_{h1}z_1^{-1}+K_{h2}z_2^{-1}$이라는 것을 알 수 있다. 그러므로

$$\begin{bmatrix} 1 & 1 \\ e^{-j0.1734} & e^{+j0.1734} \end{bmatrix}\begin{bmatrix} K_{h1} \\ K_{h2} \end{bmatrix}=\begin{bmatrix} 1 \\ 0 \end{bmatrix}$$

위 식에서 상수를 구하면 $K_{h1}=0.5-j2.853$ 및 $K_{h2}=0.5+j2.853$이다. 따라서 해는 아래와 같이 표현할 수 있다.

$$y[n]=(0.5-j2.853)(0.985+j0.1726)^n+(0.5+j2.853)(0.985-j0.1726)^n$$

위 식은 완전하고 정확한 해이긴 하지만, 그다지 편리한 형태로 되어 있지는 않다. 위의 수식을 $y[n]=(0.5-j2.853)e^{j0.1734n}+(0.5+j2.853)e^{-j0.1734n}$과 같이 표현할 수 있다. 또는

$$y[n]=0.5\underbrace{(e^{j0.1734n}+e^{-j0.1734n})}_{=2\cos(0.1734n)}-j2.853\underbrace{(e^{j0.1734n}-e^{-j0.1734n})}_{=j2\sin(0.1734n)}$$

으로 표현할 수 있다.

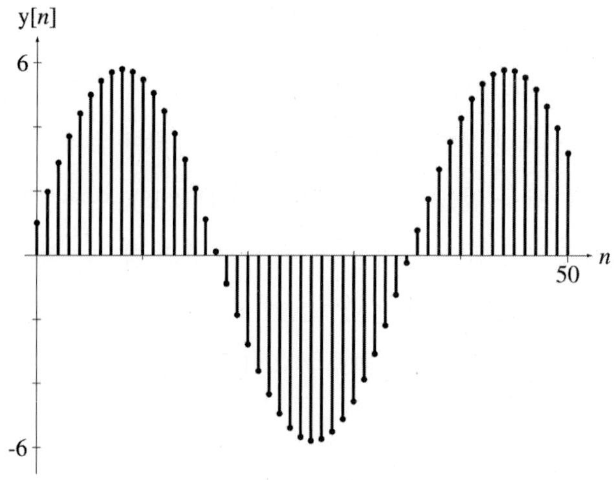

그림 4.41 〈그림 4.40〉의 이산시간 시스템에 의해 생성된 신호

$$y[n]=\cos(0.1734n)+5.706\sin(0.1734n)$$

이 시스템에서 생성된 신호의 첫 50개의 값이 〈그림 4.41〉에 나타나 있다.

예제 4.11

입력이 있는 간단한 피드백 시스템 모델링

〈그림 4.42〉의 시스템에 대한 응답을 구하라. 이때 a=1, b=−1.5, x[n]=δ[n]이고 이 시스템은 초기에 정지해 있다.

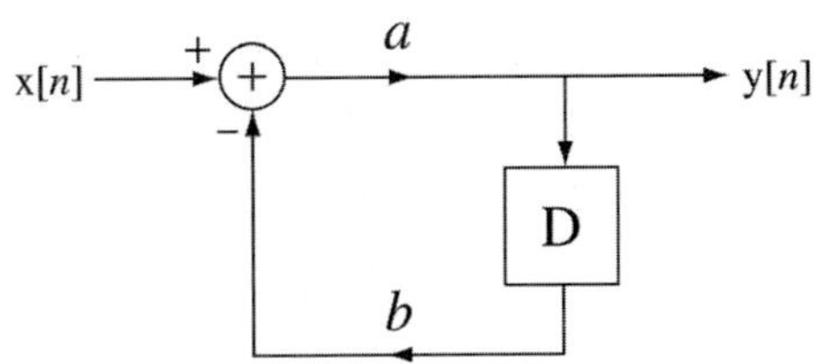

그림 4.42 0이 아닌 입력이 있는 이산시간 피드백 시스템

■ 풀이

이 시스템에 대한 차분 방정식은 다음과 같다.

$$y[n]=a\left(x[n]-b\,y[n-1]\right)=x[n]+1.5\,y[n-1]$$

$n\geq0$일 때 해는 $K_h z^n$ 형태의 동차해를 갖는다. z를 대입해 풀면, z=1.5임을 알 수 있다. 따라서 y[n]=$K_h(1.5)^n$, $n\geq0$이 된다. 이때 상수는 이 시스템의 초기 응답 값을 알면 얻을 수 있는데 시스템 다이어그램으로부터 초기 응답 값이 1이라는 것을 알 수 있다. 따라서

$$y[0]=1=K_h(1.5)^0 \Rightarrow K_h=1$$
$$y[n]=(1.5)^n,\quad n\geq0$$

이 된다.

만약 1보다 작은 b 값을 선택하면 시스템의 해는 y[n]=b^n, $n\geq0$이 되어 시스템은 안정적이게 된다.

■

예제 4.12

입력이 있는 보다 복잡한 피드백 시스템 모델링

〈그림 4.43〉에 나와 있는 시스템에서 $n\geq0$일 때 x[n]=1이고 n이 0보다 작을 때 시스템의 모든 신호는 0이다. a=1, b=−1.5이고 서로 다른 세 개의 c 값 0.8, 0.6 및 0.5에 대해 그 해를 구하라.

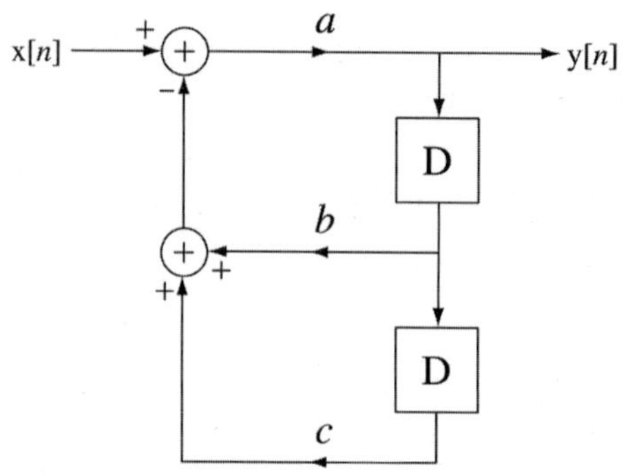

그림 4.43 다소 복잡한 피드백이 있는 시스템

■ 풀이

이 시스템에 대한 차분 방정식은 다음과 같다.

$$y[n] = a(x[n] - b\,y[n-1] - c\,y[n-2]) = x[n] + 1.5\,y[n-1] - c\,y[n-2] \qquad (4.18)$$

시스템의 응답은 초기 조건을 이용해 계산한 차분 방정식의 해가 될 것이다. 방정식의 해는 반복적으로 계산할 수 있지만 닫힌 형태의 해를 일반적으로 선호하게 된다. 앞의 예제에서와 마찬가지로 닫힌 형태로의 해를 구하면 동차해는 $y_h[n] = K_{h1}z_1^n + K_{h2}z_2^n$이 되고 여기서 $z_{1,2} = 0.75 \pm \sqrt{0.5625 - c}$이다. 특정해를 살펴보면 입력 신호와 입력 신호가 지연된 차분들의 선형 결합으로 이루어져 있다. 여기서는 입력 신호가 상수이기 때문에 입력 신호의 차들은 모두 다 0이 된다. 그러므로 특수해는 단순히 상수 값 K_p가 될 것이다. 이를 차분 방정식에 대입하면

$$K_p - 1.5K_p + cK_p = 1 \Rightarrow K_p = \frac{1}{c - 0.5}$$

이 된다.

식 (4.18)을 이용해 위 식에 남아 있는 두 개의 상수 K_{h1}과 K_{h2}를 풀기 위해 필요한 $y[n]$의 초기값 두 개를 구할 수 있다. 즉, y[0]=1과 y[1]=2.5이다.

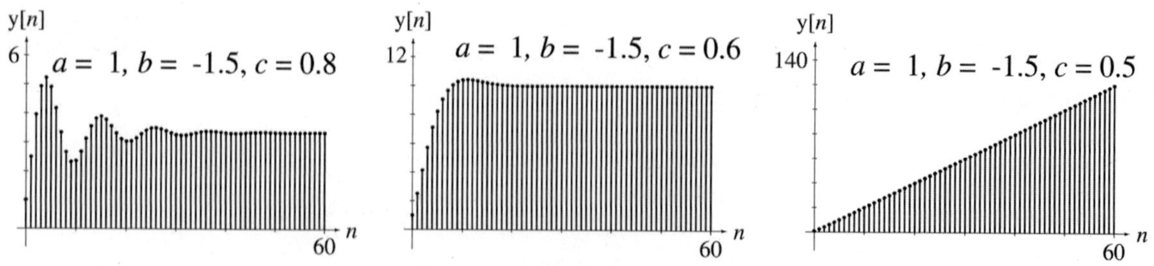

그림 4.44 세 개의 서로 다른 피드백 형태에 따른 시스템의 영상태 응답

1장에서 $a=1$, $b=-1.5$이고 c가 0.8, 0.6 및 0.5일 경우 세 가지 응답에 대해 살펴보았다. 〈그림 4.44〉에 이러한 응답을 다시 한 번 반복해 나타냈다.

■

예제 4.12에서 살펴본 결과는 시스템의 응답을 결정하는 데 있어서 피드백의 중요성을 보여 주고 있다. 처음 두 경우에 있어서는 응답 신호가 유한하여 일정 범위 이내의 값을 나타내지만 세 번째 경우에 있어서는 비록 입력 신호가 유한한 값이라 하더라도 출력 값은 발산하게 된다. 연속 시간 시스템에서와 마찬가지로 이산시간 시스템에서 임의의 한정된 입력에 대해 발산하는 출력을 생성할 경우 이런 시스템을 BIBO 불안정 시스템이라고 분류한다. 따라서 피드백 시스템의 안정도는 피드백의 특성에 달려 있다.

시스템 특성

이산시간 시스템의 성질은 연속시간 시스템의 성질과 개념적으로는 거의 동일하다. 이 절에서 이산시간 시스템의 성질을 나타낼 수 있는 몇 가지 예제를 살펴보도록 하자.

〈그림 4.45〉에 있는 시스템을 살펴보자. 이 시스템의 입력과 출력 신호는 차분 방정식 $y[n]=x[n]+(4/5)y[n-1]$로 연관지을 수 있다. 이러한 차분 방정식의 동차해는 $y_h[n]=K_h(4/5)^n$이 된다. 만약 $x[n]$이 크기가 1인 단위 시퀀스라고 하면 이러한 경우에 해당하는 해는 $y_p[n]=5$이 되고 완전해는 $y[n]=K_h(4/5)^n+5$이 된다(웹 부록 D에서 차분 방정식을 푸는 방법 참조). 만약 시스템이 $n=0$ 이전에 영상태에 있었다면 완전해는 아래와 같이 될 것이다.

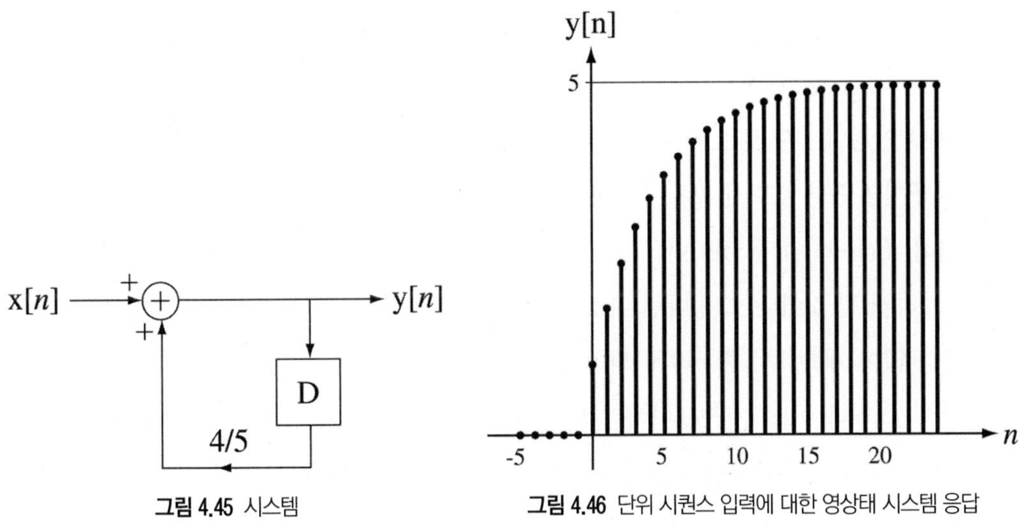

그림 4.45 시스템

그림 4.46 단위 시퀀스 입력에 대한 영상태 시스템 응답

$$y[n] = \begin{cases} 5 - 4(4/5)^n, & n \geq 0 \\ 0, & n < 0 \end{cases}$$

또는

$$y[n] = [5 - 4(4/5)^n]u[n]$$

(〈그림 4.46〉 참조).

단위 계단 함수 입력에 대한 *RC* 저역통과 필터의 응답과 단위 시퀀스에 대한 시스템 응답과의 유사성이 있는 것은 단순한 우연이 아니다. 위 예제 시스템은 간단한 디지털 저역통과 필터이다(디지털 필터에 대한 상세 내용은 11장과 15장에서 다룬다).

이 시스템의 입력에 임의의 상수를 곱하게 되면 응답 또한 동일한 상수의 곱으로 나타나므로 이 시스템은 동질성을 가진다. 이 시스템의 입력을 n_0만큼 지연시키면 출력 또한 동일한 시간 만큼 지연되어 나타난다. 따라서 이 시스템은 시불변 시스템이다. 만약 두 신호의 합을 입력으로 넣어주면 이 시스템의 출력은 두 신호를 별개로 넣었을 경우 나타나는 각각의 출력의 합이 된다. 따라서 이 시스템은 LTI 이산시간 시스템이라고 할 수 있다. 이 시스템은 또한 유한한 크기의 입력을 넣어 주면 유한한 크기의 출력이 나오므로 안정 시스템이다.

이제 $y[n]=x[2n]$인 시변 시스템의 매우 간단한 예를 살펴보도록 하자. $x_1[n]=g[n]$, $x_2[n]=g[n-1]$라고 하고 $g[n]$은 〈그림 4.47〉에 나타나 있는 신호이며 $x_1[n]$에 대한 출력을 $y_1[n]$이라 하고 $x_2[n]$에 대한 출력을 $y_2[n]$이라고 하자. 이러한 각 신호들은 〈그림 4.48〉에 나타나 있다.

$x_2[n]$은 한 시점만큼 지연이 되었다는 것 말고는 $x_1[n]$과 같기 때문에 이 시스템이 시불변이기 위해서는 $y_2[n]$가 한 시점 지연되는 것 외에는 $y_1[n]$과 같아야 한다. 하지만 〈그림 4.48〉의 결과를 보면 그렇지 않다. 따라서 이 시스템은 시변 시스템이다.

BIBO 안정적이지 않은 시스템의 좋은 예는 누적되는 복리 이자와 관련된 금융 시스템이다. 만약 *P*원의 돈이 연이율 *r*로 예치되어 매년 복리이자를 받는다면 *n*년 이후에 받을 돈의 총액수 $A[n]=P(1+r)^n$이 될 것이다. 돈의 액수 $A[n]$은 제한 값 없이 이산시간 *n*이 지남에 따라 계속 증가하게 될 것이다. 그렇다면 이것은 은행 시스템이 불안정하는 것을 의미할까? 돈의 액수가 제한 없이 계속해서 증가하게 되면 무한대의 시간 후에는 돈의 가치가 무한대에 달하게 될 것이다. 그러나 어느 누구도 이처럼 돈이 무한대가 될 때까지 살지는 않을 것이다. 이러한 이유로 여기서 정의된 안정성의 기준에 의한 금융 시스템의 불안정성은 큰 의미가 없다. 왜냐하면 은행 계좌로부터 돈은 반드시 찾기 마련이고 통화의 인플레이션이 있기 때문에 이러한

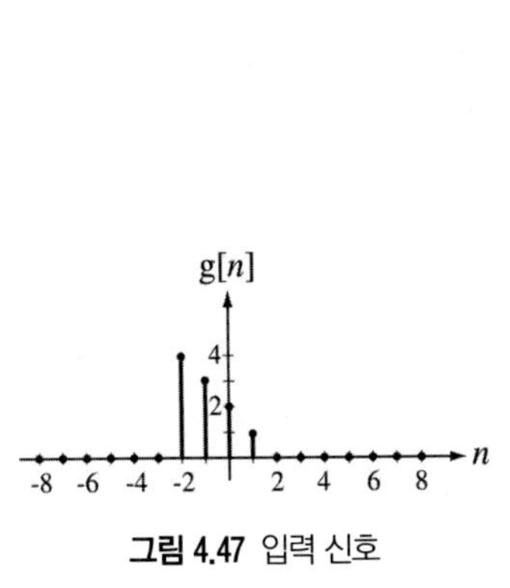

그림 4.47 입력 신호

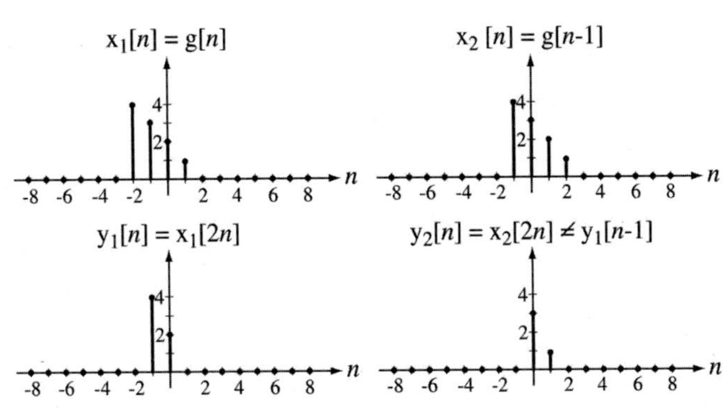

그림 4.48 y[n]=x[2n]으로 표현되는 시스템의 서로 다른 두 입력에 대한 응답

이론적인 불안정성은 별로 중요하지 않다.

신호와 시스템에서 다루어지는 이산시간 시스템의 가장 흔한 형태는 신호의 입출력 관계가 선형적이고 그 계수가 상수인 일반 차분 방정식으로 표현되는 것이다. 이때 방정식의 고유값은 복소 지수 함수고 동차해는 복소 지수 함수의 선형 결합으로 표현된다. 각 복소 지수 함수의 형태는 $z^n = |z|^n e^{j(\measuredangle z)n}$이다. 여기서 z는 고유값이다. 만약 z의 크기가 1보다 작다면 z^n의 해는 시간이 지날수록 점점 작아지게 될 것이다. 반대로 z의 크기가 1보다 크다면 해는 그 크기가 점점 커질 것이다. 만약 z의 크기가 정확히 1이라면 발산하는 응답을 출력하는 제한된 입력을 찾을 수 있다. 연속시간 시스템에서도 그랬듯이 미분방정식의 동차해와 동일한 형태를 가지는 입력에 대해서 그 시스템은 발산하는 응답을 출력할 것이다.

이산시간 시스템에서 임의의 고유 값의 크기가 1보다 크거나 같으면 그 시스템은 BIBO 불안정하다.

예제 4.13

발산하는 응답을 출력하도록 하는 제한된 입력 찾기

$y[n] = \sum_{m=-\infty}^{n} x[m]$로 표현되는 누적기를 생각해 보자. 이 방정식의 고유값을 찾고 발산하는 응답을 출력할 수 있는 제한된 입력 값을 구하라.

■ 풀이

위의 식의 양변에 1차 차분 연산을 적용하면 $y[n] - y[n-1] = x[n]$을 얻을 수 있다. 이것은 한 개의 고유 값을 가지는 간단한 차분 방정식이고 고유 값이 1이기 때문에 동차해는 $y[n]$=상수의 형태가 된다. 그러므로 이 시스템은 반드시 BIBO 불안정하게 된다. 발산하지 않는 응답을 낼 수 있는 유한한 입력은 동차해와 동일한 함수의 형태를 갖게 된다. 이 경우 x[*n*]이 상수가 되므로 이 또한 발산하는 응답을 출력할 것이다. 이 시스템은 시간이 지남에 따라 입력을 계속 쌓아서 더해 가는 시스템이므로 어떠한 입력이 들어오더라도 시간 *n*이 지남에 따라 정해진 유한 값 없이 계속해서 선형적으로 증가하게 될 것이다.

이산시간 시스템에서의 메모리, 인과성, 비선형성, 가역성 등의 개념은 연속 시간 시스템에서와 동일하다. 〈그림 4.49〉는 정적인(static) 시스템의 한 예이다.

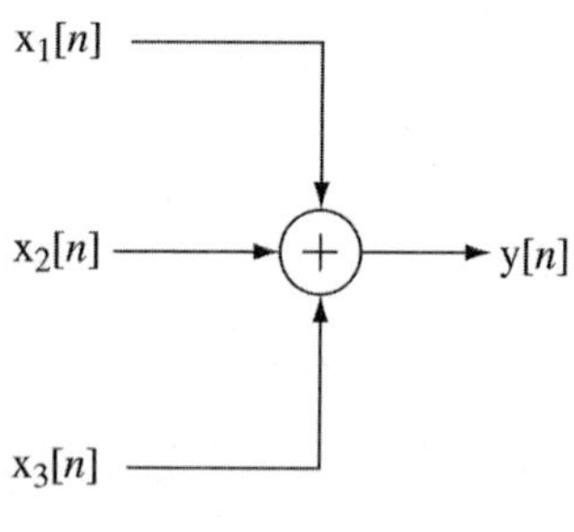

그림 4.49 정적인 시스템

비선형 시스템의 한 예로서 디지털 논리 회로 시스템에서 두 개의 입력을 가지는 OR 게이트를 들 수 있다. 예를 들어 이 논리 회로에서 논리 값 0에 대한 전압이 0V, 논리 값 1에 대한 전압이 5V라고 가정하자. 한쪽 입력을 0V로 두고 나머지 한 쪽에 5V를 가하게 되면 출력은 5V가 될 것이다. 양쪽 입력 모두 동시에 5V를 가하더라도 출력은 5V가 될 것이다. 이 시스템이 선형적이라면 양쪽 입력에 동시에 5V를 가했을 경우 출력은 10V가 되어야 한다. 이 시스템은 비가역 시스템이기도 하다. 출력 신호가 5V인 경우 실제로 가해진 입력 값이 두 입력 신호의 조합 가능한 세 가지 경우 중에 무엇인지를 알지 못한다. 따라서 출력 값은 입력 값을 결정할 만한 충분한 정보가 되지 못한다.

모든 실제 물리 시스템은 입력이 존재하기 이전에는 출력이 발생하지 않는 엄밀한 의미에서의 인과 시스템이어야 한다. 하지만 표면적으로 비인과 시스템으로 표현되는 실제 신호 처리 시스템이 존재한다. 계산된 출력을 얻기 위해 신호를 저장한 뒤 '오프라인(off-line)'으로 처리하는 데이터 처리 시스템을 생각해 보자. 입력 신호의 모든 기록이 저장되어 있기 때문에 데이터의 흐름에서 어떤 특정한 시간에서의 출력은 나중에 발생된 이미 저장된 입력 신호의 데이터가 사용되어 계산된다〈그림 4.50〉. 하지만 모든 데이터 처리는 미리 저장되어 있는 데이터에 기반해 이루어지기 때문에 이러한 종류의 시스템은 엄밀한 의미로는 여전히 인과 시스템으로 분류된다.

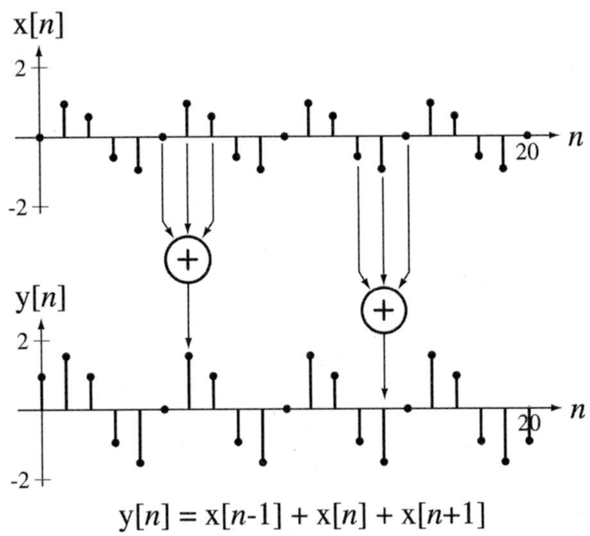

그림 4.50 이미 기록된 신호를 입력으로 하는 비인과 필터

4.4 요약

1. 동질성과 가산성 특성을 모두 만족시키는 시스템은 선형 시스템이다.
2. 선형성과 시불변성 특성을 모두 만족시키는 시스템을 LTI 시스템이라고 한다.
3. LTI 시스템의 전체 응답은 영입력 응답과 영상태 응답의 합으로 나타난다.
4. 비선형 시스템은 선형화(linearization)를 통해 근사화해 선형 시스템 해석법으로 해석할 수 있다.
5. BIBO 안정 시스템은 유한한 입력에 대해 유한한 출력을 내보내는 시스템이다.
6. 연속시간 LTI 시스템은 모든 고유 값이 음의 실수 부분을 가진다면 안정적인 시스템이다.
7. 어떤 실제 물리적 시스템은 표면적으로 그리고 편의상 비인과 시스템으로 표현되지만 실제로 모든 실제 물리적 시스템은 인과 시스템이다.
8. 일반적으로 연속시간 시스템은 미분방정식으로 모델링되고 이산시간 시스템은 차분 방정식으로 모델링된다.
9. 차분 방정식에 대한 풀이 방법은 미분방정식 풀이 방법과 매우 유사하다.
10. 차분 방정식의 흔한 사용 예는 미분방정식을 근사적으로 구하는 것이다.
11. 이산시간 LTI 시스템은 모든 고유 값의 크기가 1보다 작으면 안정적이다.

해답이 있는 연습문제

시스템 모델

1. $t>0$일 때 〈그림 E.1〉의 회로에서 $v_C(t)$에 대한 미분방정식을 쓰고 $t>0$에서 전류 $i(t)$를 구하라.

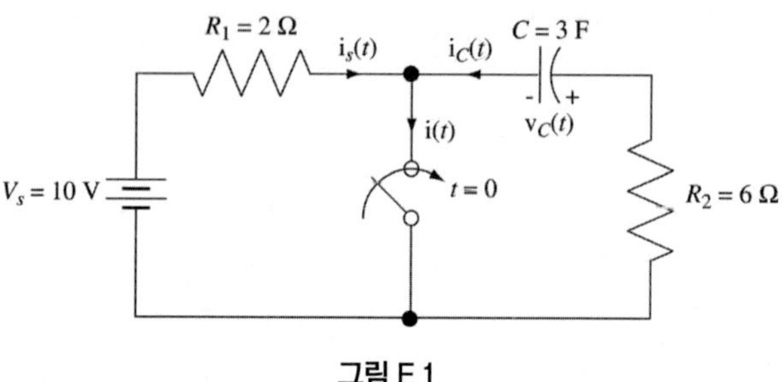

그림 E.1

해답 : $i(t) = 5 + (5/3)e^{-t/18}$

2. 〈그림 E.2〉의 물 탱크가 $x(t)$에 의해 채워지고 $y(t)$에 의해 비워진다. 배출은 밸브에 의해 이루어지며 배출되는 물에 R의 저항을 가하게 된다. 탱크 안의 물의 깊이는 $d(t)$, 물의 단면적은 물의 깊이와 상관없이 A라고 한다. 배출되는 물의 양은 탱크 내의 물의 깊이와 다음과 같은 관계가 있다.

$$y(t) = \frac{d(t)}{R}$$

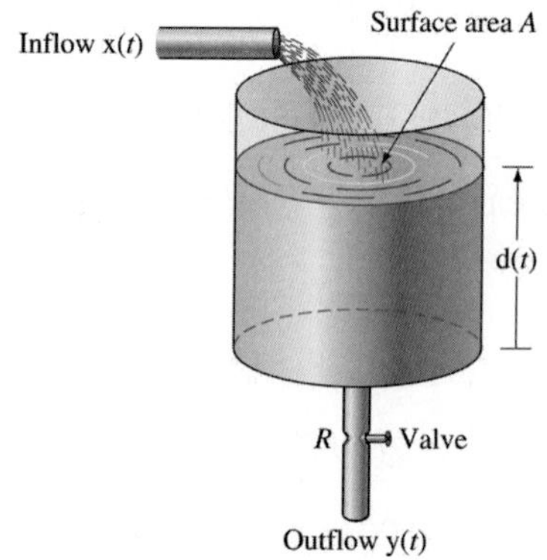

그림 E.2 물탱크의 유입량과 유출량

물 탱크의 높이는 1.5m이고 지름은 1m, 밸브의 저항은 10s/m^{2}이다.

(a) 물 탱크의 사양과 밸브의 저항을 사용해 물의 깊이에 대한 미분방정식을 구하라.

(b) 유입되는 물의 양이 0.05m^3/s 인 경유 탱크의 유입량과 유출량이 같을 때 물의 깊이를 구하라.

(c) 1m^3의 물을 탱크에 넣은 후 시간에 따른 물의 깊이 변화를 구하라.

(d) 만약 $t = 0$에서 탱크가 비어 있고 $t = 0$ 이후에 유입량이 $0.2\text{m}^3/\text{s}$라면 탱크가 넘치기 시작하는 시간은 언제인가?

해답 : $\mathrm{d}(t) = (4/\pi)e^{-4t/10\pi}$, $A\mathrm{d}'(t) + \dfrac{\mathrm{d}(t)}{R} = \mathrm{x}(t)$, 10.886 s, 0.5m

3. 본문에서 유도한 것과 같이 진자의 작은 움직임은 다음과 같은 미분방정식으로 표현할 수 있다.

$$mL\theta''(t) + m\,\mathrm{g}\,\theta(t) \cong \mathrm{x}(t)$$

여기서 m은 진자의 무게를 의미하고 L은 진자 줄의 길이, θ는 수직 방향으로 진자의 변화각을 의미한다. 만약 진자의 질량이 2kg이고 줄의 길이가 0.5m라면 진자의 진동 주파수는 얼마인가?

해답 : 0.704Hz

4. 100°C로 가열한 알루미늄 덩어리를 10°C의 흐르는 물에 10초간 넣었더니 알루미늄의 온도가 60°C가 되었다(알루미늄은 좋은 열전도체로 냉각시키는 동안 알루미늄 각 부위의 온도는 균일하다). 냉각률은 알루미늄과 물의 온도 차이에 비례한다.

(a) 물의 온도가 입력 신호이고 알루미늄의 온도가 출력 신호라고 할 때 이 시스템의 미분방정식을 구하라.

(b) 시스템의 시정수를 계산하라.

(c) 만약 알루미늄 조각이 0°C이고 물의 온도가 80°C라면 알루미늄의 온도가 75°C가 되는 시간은 언제인가($t = 0$에서 물에 넣는다고 가정)?

해답 : 17 s, 47.153 s, $\dfrac{1}{\lambda}\dfrac{d}{dt}\mathrm{T}_a(t) + \mathrm{T}_a(t) = \mathrm{T}_w$

5. 베르누이의 법칙은 다항식의 주요 근을 수치 해석으로 구하는데 이용될 수 있다. 이러한 방식은 이산시간 시스템의 한 예라고 할 수 있다. 어떤 방정식이 $a_N q^n + a_{N-1}q^{n-1} + \cdots + a_1 q + a_0 = 0$의 형태를 가질 때 이 방정식의 해는 아래의 차분방정식을 풀어 구할 수 있다.

$$a_N q[n] + a_{N-1}q[n-1] + \cdots + a_1 q[n-N+1] + a_0 q[n-N] = 0$$

여기서 초기조건은 $q[-1]=q[-2]=\cdots=q[-N+1]=0$ 이고 $q[0]=1$이다. 주요 근은 $q[n+1]/q[n]$이 접근하는 극한일 때 4차 다항식의 주요 근을 구하는 이산시간 시스템을 그려라. 그리고 $2q^4 + 3q^3 - 8q^2 + q - 3 = 0$의 주요 근을 구하라.

해답 : -2.964

시스템 특성

6. 입력 신호가 x(t)이고 출력이 y(t)인 시스템이 다음과 같을 때 이 시스템이 비선형, 시변, 안정, 비가역 시스템임을 보여라.

$$y(t) = u(x(t))$$

7. 입력 신호가 x(t)이고 출력이 y(t)인 시스템이 다음과 같을 때 이 시스템이 선형, 비인과, 비가역 시스템임을 보여라.

$$y(t) = x(t-5) - x(3-t)$$

8. 입력 신호가 x(t)이고 출력이 y(t)인 시스템이 다음과 같을 때 이 시스템이 선형, 비인과, 시변 시스템임을 보여라.

$$y(t) = x(t/2)$$

9. 입력 신호가 x(t)이고 출력이 y(t)인 시스템이 다음과 같을 때 이 시스템이 비선형, BIBO 안정, 인과, 비가역 시스템임을 보여라.

$$y(t) = \cos(2\pi t)\,x(t)$$

10. 입력 신호의 크기를 응답으로 하는 시스템이 비선형, BIBO 안정, 인과, 비가역 시스템임을 보여라.

11. 〈그림 E.11〉의 블록 다이어그램이 선형, 시변, BIBO 안정, 동적인 시스템임을 보여라.

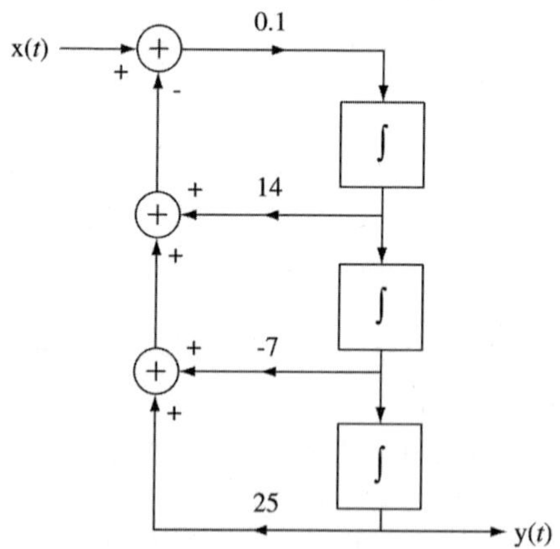

그림 E.11 연속시간 시스템

12. 〈그림 E.12〉에 있는 시스템이 비선형, BIBO 안정, 정적, 시불변 시스템임을 보여라(아날로그 곱셉기의 출력 신호는 두개의 입력 신호의 곱이다).

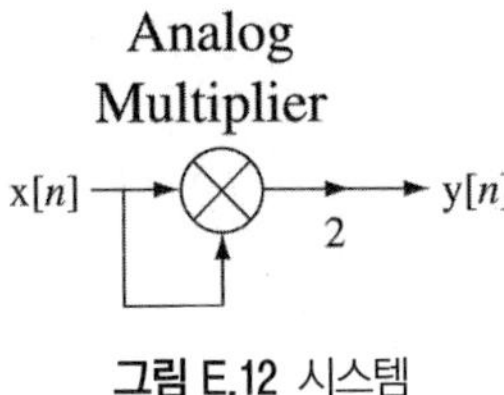

그림 E.12 시스템

13. 입력 신호가 x[n]이고 출력이 y[n]인 시스템이 다음과 같을 때 이 시스템이 선형, 시변, 정적 시스템임을 보여라.

$$y[n] = n\,x[n]$$

14. 〈그림 E.14〉에 있는 시스템이 선형, 시불변, BIBO 불안정, 동적인 시스템임을 보여라.

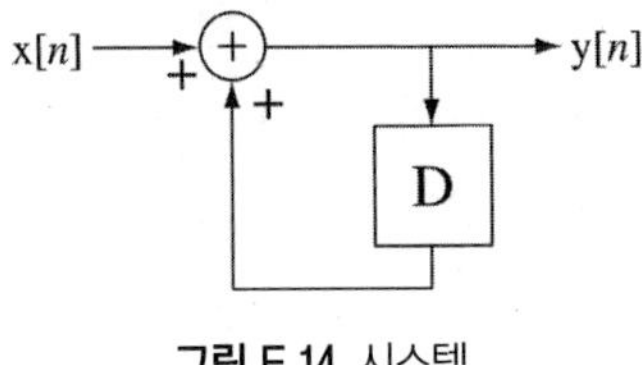

그림 E.14 시스템

15. 입력 신호가 x[n]이고 출력이 y[n]인 시스템이 다음과 같을 때 이 시스템이 비선형, 시불변, 비가역 시스템임을 보여라.

$$y[n] = \mathrm{rect}(x[n])$$

16. 〈그림 E.16〉의 시스템이 비선형, 시불변, 정적, 가역적인 시스템임을 보여라.

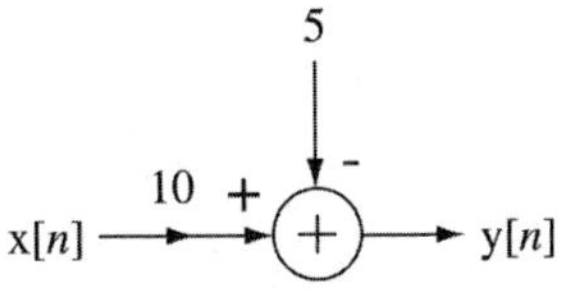

그림 E.16 시스템

17. 시스템이 다음과 같을 때 이 시스템이 비선형, 정적, 안정적, 비가역적, 시불변 시스템임을 보여라.

$$y(t) = \begin{cases} 10, & x(t) > 2 \\ 5\,x(t), & -2 < x(t) \le 2 \\ -10, & x(t) \le -2 \end{cases}$$

18. 〈그림 E.18〉의 시스템이 시불변, BIBO 안정, 인과적인 시스템임을 보여라.

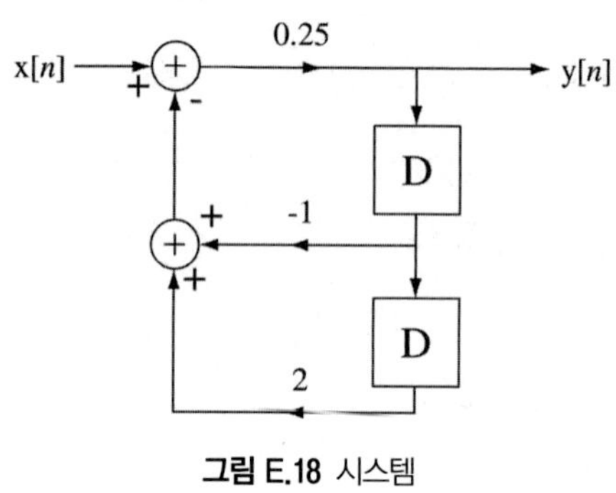

그림 E.18 시스템

해답이 없는 연습문제

시스템 모델

19. 화학분자에서 원자들은 원자 사이의 결합력으로 인해 기계적으로 결합된다. 하나의 소금 분자는 하나의 소디움(sodium) 원자에 하나의 염소 원자가 결합되어 구성된다. 소디움의 원자량은 22.99, 염소의 원자량은 35.45이고 원자의 질량단위는 1.6604×10^{-27}kg이다. 스프링 상수 K_s=1.2×10^{59}N/m인 스프링으로 결합된 두 질량으로 분자를 모델링하자. 이러한 유형의 시스템에서 두 개의 원자는 상대적으로 가속할 수 있으나(외력이 없다면) 이 시스템의 질량의 중심은 가속되지 않는다. 원자의 위치를 설명하는데 질량의 중심을 좌표계의 원점에 위치시키면 편리하다.

    스프링이 늘어나지 않은 경우의 길이를 ℓ_0, 소디움 원자의 위치를 $y_s(t)$,염소 원자의 위치를 $y_c(t)$라고 하자. 이때 기계적 시스템을 위한 두 개의 결합된 동작 미분방정식을 쓰고 늘어난 스프링의 양 $y(t) = y_s(t) - y_c(t) - \ell_0$에 관하여 하나의 미분방정식으로 결합시키고 공진 라디안 주파수가 $\sqrt{K_s \frac{m_s + m_c}{m_s m_c}}$임을 보여라. 여기서 m_s는 소디움 원자량이고 m_c는 염소 원자량이다. 이때 소금 분자의 공진 주파수를 구하라(소금 분자는 분리된 형태로 있는 것이 드물기 때문에 이 시스템은 비현실적이다. 소금은 결정으로 나타나고 또한 결정 내의 다른 분자들은 분자에 힘을 가한다. 현실적인 분석을 하려면 매우 복잡해진다).

20. 약물동역학은 약물이 어떻게 흡수되어 체내에 분배되고 배출되는지에 대한 대사과정을 연구하는 학문이다. 몇몇 약물의 대사 과정은 인체의 '한 부분'에 대한 모델로 간소화될 수 있다. 이때 V는 부피, $C(t)$는 약물의 농도, k_e는 약물의 배출 상수, k_0는 약물의 유입과 관련된 상수를 나타낸다.

(a) 약물의 유입률을 입력으로 하고 체내 약물 농도를 출력으로 하는 시스템의 미분방정식을 구하라.

(b) k_e=0.4hr^{-1}, V=20 l, k_0=200mg/hr이라 하자('l'은 '리터'를 의미). 초기 약물 농도가 C(0)=10 mg/l일 때 처음 10시간 동안 약물이 주입된 후 한 시간 단위로 시간에 대한 약물농도의 그래프를 그리고 영입력 응답과 영상태 응답의 합을 구하라.

21. 초당 0.2입방미터의 물과 0.1입방미터의 파란색 염색약이 오랫동안 유입되어 온 큰 염색통이 있다(염색통의 액체는 잘 섞여졌다고 가정). 염색통 안에는 10평방미터의 혼합액이 존재하고 혼합액의 양을 유지하기 위해 초당 0.3평방미터의 액체를 방출한다. 유입량을 유지하며 파란 염색약을 빨간 염색약으로 바꾸었을 경우 배출되는 액체 중 파란 염색약과 빨간 염색약의 비율이 1:99가 되는 시간은 언제인가 구하라.

22. 언덕을 오르는 자동차를 〈그림 E.22〉와 같이 모델링할 수 있다. 이때 입력은 모터에 의해 발생하는 힘으로 차가 올라가는 방향으로의 힘과 반대 방향으로 작용하는 힘이 되며 힘은 각각 양의 값, 음의 값을 가진다. 차가 이동할 때 마찰에 의한 현상은 계수 k_f를 가용해 모델링하며 이때 값은 차의 속도와 곱해져서 이동하는 방향과 반대로 작용하는 힘을 나타낸다. 차의 중량은 m이고 중력은 항상 차에 작용하고 있어 아무런 힘도 작용하지 않는 경우, 차는 언덕을 내려가게 된다. m이 1000kg 이고 마찰 계수 k_f =5N·s/m, 언덕의 경사 $\theta = \pi/12$ 이다.

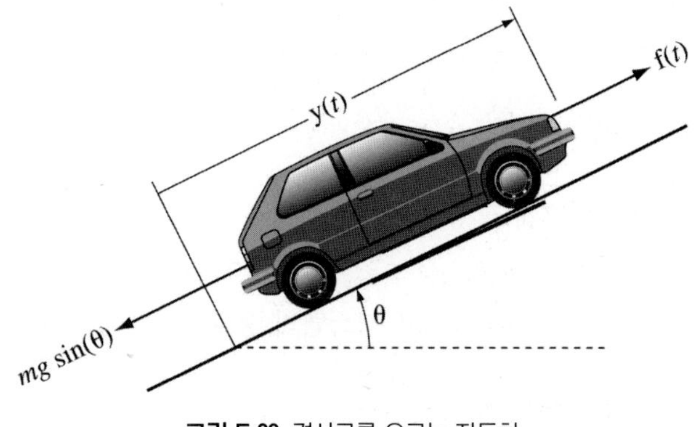

그림 E.22 경사로를 오르는 자동차

(a) 힘 $f(t)$가 입력이고 차의 위치 y(t)가 출력인 시스템의 미분방정식을 구하라.

(b) 초기 속도 $[y'(t)]_{t=0}$ = 10m/s에서 차의 맨 앞의 위치가 y(0)=0이고 가속, 감속이 되지 않았을 때 $t>0$에서의 차의 속도 y′(t)의 그래프를 그려라.

23. 2000년 1월 1일 기준 '프리도니아'라는 나라의 인구 p는 1억 명이었다. 이 나라의 연 평균 출생률은 4%이고 사망률은 2%인데 이 값은 매일 복리로 계산한 값이다. 즉, 매일 출생자와 사망자가 현 인구에 대해 일정한 비율로 발생하기 때문에 다음 날에는 전날의 인구 자체가 변하므로 사망자와 출생자 수는 전날에 비해 달라질 것이다. 예를 들어 매일 사망하는 사람의 수는 전날의 총 인구에 0.02/365를 곱한 수가 된다(윤년은 무시). 매일 프리도니아로 275명의 이민자가 입국한다.

 (a) 이민율을 시스템의 입력으로 설정하고 2000년 1월 1일 이후 n번째 되는 날의 인구에 대한 차분 방정식을 구하라.

 (b) 이 시스템의 영입력에서의 영상태 응답을 구해 프리도니아의 2050년이 시작될 시점에서의 인구수를 구하라.

24. 〈그림 E.24〉는 어떤 시스템에 대해 시뮬레이션을 수행하는 MATLAB 프로그램이다.

 (a) 실제로 프로그램을 실행하지 않고 이 시스템의 차분 방정식의 닫힌 해를 구해 n=10일 때 x의 값을 구하라.

 (b) 프로그램을 실행하여 (a)의 답을 확인하라.

```
x = 1 ; y = 3 ; z = 0 ; n = 0 ;
   while n <= 10,
      z = y ;
      y = x ;
      x = 2*n + 0.9*y - 0.6*z ;
      n = n + 1 ;
   end
```

그림 E.24

시스템의 특성

25. 〈그림 E.25〉의 블록 다이어그램을 보고 시스템의 동일성, 가산성, 선형성, 시불변성, 안정성, 인과성, 메모리, 가역성에 대하여 판별하라.

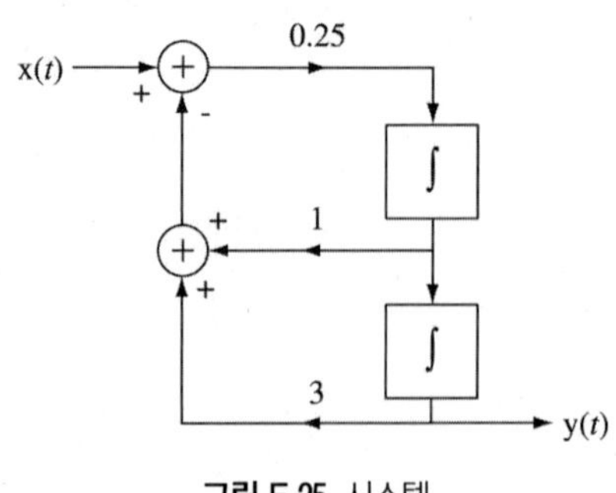

그림 E.25 시스템

26. 출력 신호가 입력 신호의 세제곱 꼴인 시스템이 있을 때 이 시스템의 선형성, 시불변성, 인과성, 메모리, 가역성을 판별하라.

27. 미분 방정식 $t\,\mathrm{y}'(t) - 8\,\mathrm{y}(t) = \mathrm{x}(t)$로 표현되는 시스템의 선형성, 시불변성, 안정성을 판별하라.

28. $\mathrm{y}(t) = \int_{-\infty}^{t/3} \mathrm{x}(\lambda)\,d\lambda$로 표현되는 시스템의 시불변성, 안정성, 가역성을 판별하라.

29. $\mathrm{y}(t) = \int_{-\infty}^{t+3} \mathrm{x}(\lambda)\,d\lambda$로 표현되는 시스템의 선형성, 인과성, 가역성을 판별하라.

30. $\mathrm{y}(t)=\mathrm{Re}(\mathrm{x}(t))$와 같은 시스템이 가산성을 가지지만 동질성은 가지지 않음을 보여라(동질성을 가지는 시스템의 입력 신호에 복소 상수가 곱해진 경우 응답은 반드시 같은 상수가 곱해진 형태임을 기억하라).

31. $\mathrm{y}[n] = \sum_{m=-\infty}^{n+1} \mathrm{x}[m]$로 표현되는 시스템의 시변성, BIBO 안정성, 가역성을 판별하라.

32. $n\mathrm{y}[n]-8\mathrm{y}[n-1]=\mathrm{x}[n]$로 표현되는 시스템의 시변성, BIBO 안정성, 가역성을 판별하라.

33. $\mathrm{y}[n] = \sqrt{\mathrm{x}[n]}$로 표현되는 시스템의 선형성, BIBO 안정성, 메모리, 가역성을 판별하라.

5 CHAPTER

시간 영역 시스템 분석

5.1 개요 및 학습 목표

시스템을 설계하는 가장 중요한 목표는 그 시스템이 바르게 동작하도록 하기 위함이다. 그러므로 임의의 입력에 대해서 시스템의 응답이 어떻게 나타나는지를 계산할 수 있어야 한다. 이 장에서는 이러한 접근 방법에 대해서 알아보겠다. 미분방정식으로 표현되는 시스템에 대해서는 경계 조건을 이용해 방정식의 전체 해를 찾음으로써 그 시스템의 응답을 어떻게 찾는지에 대해 살펴본 바 있다. 이 장에서는 컨벌루션이라는 또 다른 기법에 대해 배울 것이다. 임의의 LTI 시스템에서는 $t = 0$ 또는 $n = 0$인 시점에서 단위 임펄스 입력에 대한 그 시스템의 응답을 알고 있으면 그 응답이 바로 전체 시스템의 특성을 완벽하게 표현할 수 있고, 다른 입력에 대한 응답도 구할 수 있음을 살펴보기로 한다.

학습 목표

1. $t = 0$ 또는 $n = 0$인 시점에서 단위 임펄스에 대한 LTI 시스템의 응답을 구하는 방법을 익힌다.
2. 연속 시간과 이산시간 LTI 시스템에서 임의의 입력에 대한 응답을 구할 수 있는 기법, 컨벌루션에 대한 개념을 이해하고 계산하는 방법을 익힌다.

5.2 연속시간

임펄스 응답

지금까지 시스템을 기술하는 미분방정식의 해를 구하는 방법을 보았다. 전체 해는 동차해와 특수해의 합이다. 동차해는 고유함수들의 선형 결합이다. 특수해는 인가함수의 형태에 의존한다. 비록 이런 방법이 효과적이지만 입력 신호에 대한 시스템의 응답과 중요한 시스템의 성질을 알아내는데 체계적인 방법이 있다. 이것을 컨벌루션(convolution)이라 부른다.

연속시간 LTI 시스템의 응답을 구하는 컨벌루션 기법은 단순한 아이디어에 기반한다. 만일 어떤 신호를 간단한 함수의 선형 결합으로 표현할 수 있다면, 선형성과 시불변성을 이용해 그 간단한 함수에 대한 응답들의 선형 결합으로 최종 응답을 구할 수 있다. 만일 $t = 0$일 때 단위 임펄스에 대한 LTI 시스템의 응답을 구할 수 있다면 또한 입력 신호를 임펄스들의 선형 결합으로 표현할 수 있다면 그 입력 신호에 대한 응답을 구할 수 있다. 그러므로 컨벌루션 기법의 사용은 $t = 0$일 때 단위 임펄스에 대한 응답을 사전에 알고 있다고 가정하고 시작하는 것이 된다. 응답 $\mathrm{h}(t)$를 임펄스 응답(impulse response)이라 부른다. 따라서 시스템의 응답을 구하고자 컨벌루션 기법을 사용하기 위한 요건은 $t = 0$일 때 단위 임펄스 $\delta(t)$를 가해 임펄스 응답을 구하는 것이다. 임펄스는 신호 에너지를 시스템에 주입하고 사라진다. 시스템은 시스템에 에너지가 주입된 이후 시스템의 동적 특성에 의해 결정되는 신호로 응답한다.

기본적으로 시스템 입력에 실제 임펄스를 가해서 실험적으로 임펄스 응답을 구한다. 하지만 정확한 임펄스는 만들어낼 수 없으므로 근사치가 된다. 또한 실제 임펄스의 근사치는 매우 짧은 시간 동안의 매우 큰 펄스이다. 실제 시스템에서 매우 큰 펄스는 시스템을 비선형 응답 모드로 구동하므로 실험적으로 측정된 임펄스 응답은 정확하지 않다. 간접적이면서도 실험적으로 임펄스 응답을 구할 수 있는 좀 더 실질적인 방법이 있다.

만일 시스템의 수학적인 표현을 알 수 있게 되면 임펄스 응답을 분석적으로 구할 수 있다. 다음 예제는 미분방정식으로 기술되는 시스템의 임펄스 응답을 구하기 위한 몇 가지 방법을 보여준다.

예제 5.1

연속시간 시스템의 임펄스 응답1

아래의 미분방정식으로 나타낼 수 있는 연속 시간 시스템의 임펄스 응답 $\mathrm{h}(t)$를 구하라.

$$\mathrm{y}'(t) + a\mathrm{y}(t) = \mathrm{x}(t) \tag{5.1}$$

여기서 $\mathrm{x}(t)$는 시스템의 입력이고 $\mathrm{y}(t)$는 시스템의 응답이다.

임펄스가 입력으로 주어졌을 경우를 가정하여 식 (5.1)을 아래와 같이 다시 쓸 수 있다.

$$\mathrm{h}'(t) + a\mathrm{h}(t) = \delta(t) \tag{5.2}$$

방법 1:

위의 식에서 유일한 입력은 $t=0$인 시점에서의 단위 임펄스이고 이 시스템은 인과적이기 때문에 $t=0$인 시점 이전에 임펄스 응답은 0이 될 것이다. 즉, $h(t)=0,\ t<0$이다. $t>0$인 기간에서의 동차해는 Ke^{-at}의 형태를 가지게 될 것이고 이것은 곧 $t>0$일 경우의 임펄스 응답이 될 것이다. 왜냐하면 $t>0$인 경우에 이 시스템은 아무런 입력이 없기 때문이다. 이제 $t=0$ 이전과 $t=0$ 이후에서의 임펄스 응답이 어떻게 되는지를 알게 되었다. 남은 것은 $t=0$일 때 어떻게 되는지를 알아내는 것이다. 식 (5.1)의 미분방정식은 항상 충족되어야 한다. 따라서 $t=0$일 경우에 어떻게 되는지는 식 (5.2)의 양변을 $t=0^-$에서 $t=0^+$까지 즉, 0 바로 전부터 바로 다음까지 무한히 작은 시간 동안 적분하여 구할 수 있다. $h'(t)$의 적분은 $h(t)$이다. 또한 $t=0^-$일 때 $h(0^-)=0$이고 $t=0^+$일 때 $h(0^+)=K$이다.

$$\underbrace{h(0^+)}_{=K}-\underbrace{h(0^-)}_{=0}+a\int_{0^-}^{0^+}h(t)\,dt=\int_{0^-}^{0^+}\delta(t)\,dt=1 \tag{5.3}$$

동차해는 $t>0$인 경우에 항상 성립하지만 $t=0$일 때는 임펄스가 그 시점에 바로 시스템을 구동시키기 때문에 특수해를 고려해야 한다. 미분방정식의 특수해는 강제 함수와 그 미분 함수들의 선형 결합으로 나타난다는 것을 상기해 보자. 여기서 입력 함수는 임펄스이고 임펄스 함수는 이중항(doublet)나 삼중항(triplet) 등의 무한개의 여러 가지 미분 값을 가질 수 있으며 이들 서로 다른 미분 값들은 모두 정확히 $t=0$인 상태에서 발생한다. 그러므로 임펄스와 그 미분들이 해가 될 수 없음을 밝힐 때까지 하나의 가능성으로 고려하여야 한다. 만약 $t=0$에서 $h(t)$ 내에 임펄스 즉, 고차 특이(singularity) 성분이 없다면 $\int_{0^-}^{0^+}h(t)\,dt=K\int_{0}^{0^+}e^{-at}dt=(-K/a)\underbrace{(e^{-0^+}-e^{-0})}_{=0}=0$이 될 것이다. 만약 $h(t)$가 $t=0$일 때 임펄스나 고차 특이성분을 가질 수만 있다면 그 적분 값은 0이 아닐 수 있다.

$h(t)$가 $t=0$일 때 임펄스나 고차 특이성분을 가지고 있을 때 식 (5.2)의 좌변에 있는 $h'(t)$는 이중항 또는 고차 특이 성분을 가져야만 한다. 그러나 식 (5.2)의 우변에는 이중항 또는 고차 특이 성분이 없기 때문에 방정식은 충족될 수 없다. 그러므로 이 예제에서 $t=0$에서 $h(t)$는 임펄스나 고차 특이 성분이 없다는 것을 알 수 있다. 그러므로 $\int_{0^-}^{0^+}h(t)\,dt=0$이고 임펄스 응답의 형태는 $Ke^{-at}u(t)$이며 식 (5.3)으로부터 $h(0^+)=Ke^{-a(0^+)}=K=1$이다. 이러한 사실은 $t=0$

이후에 적용할 수 있는 동차해의 정확한 수치 해석적 값을 찾는데 필요한 초기 조건이다. 그러므로 전체 해는 $h(t) = e^{-at}u(t)$가 된다. 이제 이 답을 미분방정식에 대입하여 맞는지를 확인해 보자.

$$h'(t) + a\,h(t) = e^{-at}\delta(t) - ae^{-at}u(t) + ae^{-at}u(t) = \delta(t)$$

즉, 임펄스의 등가성질을 이용하여 다음과 같이 검토하였다.

$$e^{-at}\delta(t) = e^{0}\delta(t) = \delta(t)$$

방법 2:

임펄스 응답을 찾는 또 다른 방법은 $t = 0$에서 시작해서 폭이 w이고 높이가 $1/w$인 구형 펄스 입력에 대한 시스템의 응답을 찾은 후 w를 0으로 접근시키는 것이다. w가 0에 접근해 감에 따라 구형 펄스는 $t = 0$에서 거의 임펄스와 같게 되고 그에 대한 출력은 임펄스 응답과 거의 같게 된다.

선형성의 원리를 이용하면 이 구형 펄스에 대한 출력은 $t = 0$에서 높이가 $1/w$인 계단 함수에 대한 출력과 시간 t=w에서 높이가 $-1/w$인 계단 함수에 대한 출력을 더한 것과 같을 것이다. 즉, $x(t)=u(t)$에 대한 식은 아래와 같다.

$$h'_{-1}(t) + ah_{-1}(t) = u(t) \tag{5.4}$$

계단 함수에 대한 응답을 나타내는 표기인 $h_{-1}(t)$는 특이 함수에 대한 체계적인 표기법과 같은 방식을 따른 것이다. 아래첨자는 임펄스 응답에 대한 미분의 횟수를 나타낸다. 이 경우에 -1회의 미분 즉, 단위 임펄스 응답을 한 번 적분하게 되면 단위 계단 응답이 된다. $t>0$인 경우에 단위 계단 함수에 대한 응답은 $h_{-1}(t) = Ke^{-at} + 1/a$이다. 만약 $h_{-1}(t)$가 $t = 0$에서 불연속적이라면 $h'_{-1}(t)$는 $t = 0$에서 임펄스 성분을 가질 것이다. 이러한 사실을 볼 때 $x(t)$는 단위 계단 함수이기 때문에 임펄스를 가질 수 없고 따라서 $h_{-1}(t)$는 $t = 0$에서 연속적이어야 한다. 그렇지 않다면 위 식 (5.4)를 만족시킬 수 없기 때문이다. 또한 $h_{-1}(t)$는 0보다 작은 시간에는 항상 0이었고 $t = 0$에서 연속적이기 때문에 $t = 0^+$에서 또한 0이 되어야 한다. 그러면

$$h_{-1}(0^+) = 0 = Ke^{0} + 1/a \Rightarrow K = -1/a$$

이고, $t>0$인 경우에 $\mathrm{h}_{-1}(t) = (1/a)(1 - e^{-at})$이다. $t<0$인 경우에 $\mathrm{h}_{-1}(t)=0$이라는 사실을 함께 고려하면 전 시간에 대한 해를 구할 수 있다.

$$\mathrm{h}_{-1}(t) = \frac{1-e^{-at}}{a}\mathrm{u}(t)$$

선형성과 시불변성을 이용하면 $t=w$에서 발생하는 단위 계단 응답은

$$\mathrm{h}_{-1}(t-w) = \frac{1-e^{-a(t-w)}}{a}\mathrm{u}(t-w)$$

그러므로 위에서 언급한 구형 펄스에 대한 응답은

$$\mathrm{h}_p(t) = \frac{(1-e^{-at})\mathrm{u}(t) - (1-e^{-a(t-w)})\mathrm{u}(t-w)}{aw}$$

그리고 w를 0으로 접근시키면

$$\mathrm{h}(t) = \lim_{w\to 0}\mathrm{h}_p(t) = \lim_{w\to 0}\frac{(1-e^{-at})\mathrm{u}(t) - (1-e^{-a(t-w)})\mathrm{u}(t-w)}{aw}$$

위의 식은 부정 방정식이므로 그 값을 계산하기 위해서는 로피탈의 법칙(L'Hôpital's rule)을 사용해야 한다.

$$\lim_{w\to 0}\mathrm{h}_p(t) = \lim_{w\to 0}\frac{\frac{d}{dw}((1-e^{-at})\mathrm{u}(t) - (1-e^{-a(t-w)})\mathrm{u}(t-w))}{\frac{d}{dw}(aw)}$$

$$\lim_{w\to 0}\mathrm{h}_p(t) = \lim_{w\to 0}\frac{-\frac{d}{dw}((1-e^{-a(t-w)})\mathrm{u}(t-w))}{a}$$

$$\lim_{w\to 0}\mathrm{h}_p(t) = -\lim_{w\to 0}\frac{(1-e^{-a(t-w)})(-\delta(t-w)) - ae^{-a(t-w)}\mathrm{u}(t-w)}{a}$$

$$\lim_{w\to 0}\mathrm{h}_p(t) = -\frac{(1-e^{-at})(-\delta(t)) - ae^{-at}\mathrm{u}(t)}{a} = -\frac{-ae^{-at}\mathrm{u}(t)}{a} = e^{-at}\mathrm{u}(t)$$

그러므로 임펄스 응답은 이전의 답과 마찬가지로 $\mathrm{h}(t) = e^{-at}\mathrm{u}(t)$가 된다.

■

예제 5.1에서 살펴본 원리는 아래와 같은 형태의 미분방정식으로 표현되는 시스템의 임펄스 응답을 찾는 데 적용하기 위하여 일반화될 수 있다.

$$\begin{aligned} a_N \mathrm{y}^{(N)}(t) + a_{N-1}\mathrm{y}^{(N-1)}(t) + \cdots + a_1 \mathrm{y}'(t) + a_0 \mathrm{y}(t) \\ = b_M \mathrm{x}^{(M)}(t) + b_{M-1}\mathrm{x}^{(M-1)}(t) + \cdots + b_1 \mathrm{x}'(t) + b_0 \mathrm{x}(t) \end{aligned} \tag{5.5}$$

또는

$$\sum_{k=0}^{N} a_k \mathrm{y}^{(k)}(t) = \sum_{k=0}^{M} b_k \mathrm{x}^{(k)}(t)$$

임펄스 응답 h(t)는 아래와 같은 함수의 형태를 가져야 한다.

1. N차까지 여러 차례 미분했을 경우 그 모든 미분 값은 $t = 0$에서 임펄스의 M차 까지의 미분 값과 대응시킬 수 있어야 한다.
2. $t \neq 0$일 때, h(t)의 모든 미분 함수에 대한 선형 결합을 더하였을 때 0이 되어야만 한다.

이 요구 사항 2는 $\mathrm{y}_h(t)\mathrm{u}(t)$와 같은 형태의 해로 충족시킬 수 있는데 여기서 $\mathrm{y}_h(t)$는 식 (5.5)의 동차해이다. 요구 사항 1번을 충족시키기 위해서는 $\mathrm{y}_h(t)\mathrm{u}(t)$에 다른 함수를 추가할 수 있다. 아래의 세 가지 경우를 고려해 보자.

경우 1: $M<N$

$\mathrm{y}_h(t)\mathrm{u}(t)$의 미분은 임펄스와 우변에 있는 임펄스의 미분에 대응하는 필요한 모든 특이 함수를 제공할 수 있으며 추가적인 항은 필요하지 않다.

경우 2: $M=N$

임펄스 항 $K_\delta \delta(t)$만 추가하면 된다.

경우 3: $M>N$

$\mathrm{y}_h(t)$ $\mathrm{u}(t)$에 더해진 함수의 N차 미분은 단위 임펄스의 M차 미분에 해당되는 항들을 반드시 가져야 한다. 따라서 추가되는 함수는 $K_{M-N}\mathrm{u}_{M-N}(t) + K_{M-N-1}\mathrm{u}_{M-N-1}(t) + \cdots + K_0 \underbrace{\mathrm{u}_0(t)}_{=\delta(t)}$의 형태를 가져야 한다. 다른 모든 임펄스의 미분은 $\mathrm{y}_h(t)$ $\mathrm{u}(t)$를 여러 번 미분해 계산될 것이다. 실제적으로 경우 1이 가장 보편적이며, 경우 3이 가장 드물다.

예제 5.2

연속 시간 시스템의 임펄스 응답2

$y'(t)+ay(t)=x'(t)$로 표현되는 시스템의 임펄스 응답을 구하라.

■ 풀이

임펄스 응답은 아래의 식을 만족시켜야 한다.

$$h'(t)+a\,h(t)=\delta'(t) \tag{5.6}$$

입력과 출력에 대한 최고차 미분은 같다. 임펄스 응답의 형태는 $h(t)=Ke^{-at}u(t)+K_\delta\delta(t)$가 되고 일차 미분은

$$h'(t)=Ke^{-at}\delta(t)-aKe^{-at}u(t)+K_\delta\delta'(t)$$

임펄스의 등가 성질을 이용하면 다음과 같다.

$$h'(t)=K\delta(t)-aKe^{-at}u(t)+K_\delta\delta'(t)$$

식 (5.6)을 $t=0^-$ 에서 $t=0^+$까지 적분하면 아래와 같은 식을 얻을 수 있다.

$$\underbrace{h(0^+)}_{=K}-\underbrace{h(0^-)}_{=0}+a\int_{0^-}^{0^+}[Ke^{-at}u(t)+K_\delta\delta(t)]dt=\underbrace{\delta(0^+)}_{=0}-\underbrace{\delta(0^-)}_{=0}$$

$$K+aK\int_{0}^{0^+}e^{-at}dt+aK_\delta\underbrace{\int_{0^-}^{0^+}\delta(t)dt}_{=1}=0$$

$$K+aK\left[\frac{e^{-at}}{-a}\right]_0^{0^+}+aK_\delta=K-K\underbrace{[e^{0^+}-e^{0}]}_{=0}+aK_\delta=0$$

즉 $K+aK_\delta=0$ 이다. 식 (5.6)을 $t=-\infty$ 에서 t까지 적분하고 $t=0^-$ 에서 $t=0^+$까지 적분하면 다음을 얻는다.

$$\int_{0^-}^{0^+}dt\int_{-\infty}^{t}[K\delta(\lambda)-aKe^{-a\lambda}u(\lambda)+K_\delta\delta'(\lambda)]d\lambda$$
$$+\int_{0^-}^{0^+}dt\int_{-\infty}^{t}[Ke^{-a\lambda}u(\lambda)+K_\delta\delta(\lambda)]d\lambda=\int_{0^-}^{0^+}dt\int_{-\infty}^{t}\delta'(\lambda)d\lambda$$

$$\int_{0^-}^{0^+}[Ku(t)+K(e^{-at}-1)\mathrm{u}(t)+K_\delta\delta(t)]dt+\underbrace{\frac{K}{a}\int_{0^-}^{0^+}(1-e^{-at})\mathrm{u}(t)dt}_{=0}$$

$$+K_\delta\underbrace{\int_{0^-}^{0^+}\mathrm{u}(t)dt}_{=0}=\int_{0^-}^{0^+}dt\int_{-\infty}^{t}\delta'(\lambda)d\lambda$$

$$\int_{0^-}^{0^+}[Ke^{-at}\mathrm{u}(t)+K_\delta\delta(t)]dt=\underbrace{\int_{0^-}^{0^+}\delta(t)dt}_{=\mathrm{u}(0^+)-\mathrm{u}(0^-)}$$

$$\frac{K}{a}\underbrace{[1-e^{-at}]_{0}^{0^+}}_{=0}+K_\delta\left[\underbrace{\mathrm{u}(0^+)}_{=1}-\underbrace{\mathrm{u}(0^-)}_{=0}\right]=1\Rightarrow K_\delta=1\Rightarrow K=-a$$

그러므로 임펄스 응답은 $\mathrm{h}(t)=\delta(t)-ae^{-at}\mathrm{u}(t)$이다. 식 (5.6)에 이 결과를 대입하여 확인해 보면

$$\delta'(t)-a\underbrace{e^{-at}\delta(t)}_{=e^0\delta(t)=\delta(t)}+a^2e^{-at}\mathrm{u}(t)+a[\delta(t)-ae^{-at}\mathrm{u}(t)]=\delta'(t)$$

즉 $\delta'(t)=\delta'(t)$이다. 결과가 맞는지 확인해 보기 바란다.

■

연속 시간 컨벌루션

유도

일단 어떤 시스템의 임펄스 응답을 알면 일반적인 입력에 대한 시스템의 출력을 찾는 방법을 알 수 있다. 임의의 입력 신호 $\mathrm{x}(t)$〈그림 5.1〉을 시스템에 인가할 때를 생각해 보자. 이 경우 출력을 어떻게 구할 수 있을까? 우선 입력 신호를 그 폭이 T_p인 연속 펄스열로 근사화할 수 있다〈그림 5.2〉.

이 경우에 원래 입력 신호에 대한 시스템의 출력은 근사화한 각 연속 펄스에 대한 시스템의 출력을 각각 더한 것과 같다고 근사화할 수 있을 것이다. 각 펄스는 모두 동일한 폭을 갖는 구형 펄스이고 단지 발생되는 시점과 그 크기만 다를 뿐이다. 따라서 각 펄스는 입력으로 넣었을 때의 출력도 형태는 동일하되 발생하는 시점에 따른 양만큼의 지연과 그 높이에 따른 가중치 상수만큼 펄스의 크기에 곱해져 달라질 것이다. 또한 보다 정확하게 근사화하기 위해서 펄스의 폭을 최대한 작게 잡을 수 있다. 이제까지의 논리를 종합해 볼 때 임의의 입력에 대한 LTI 시스템의 출력은 이미 알고 있는 출력을 서로 다른 지연과 크기를 갖도록 해서 더한 것과 같다.

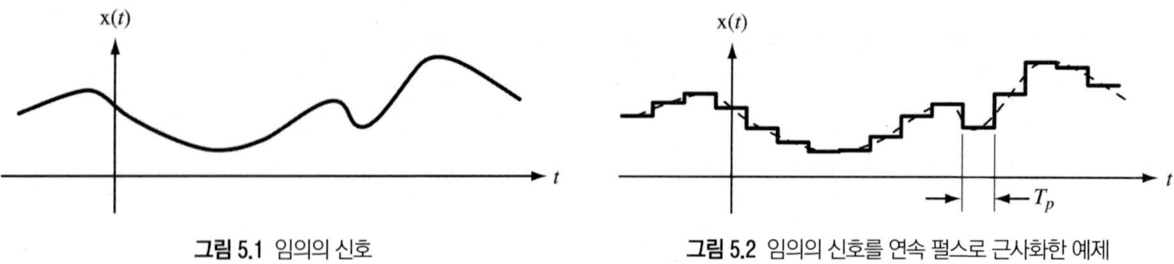

그림 5.1 임의의 신호

그림 5.2 임의의 신호를 연속 펄스로 근사화한 예제

모든 임의의 신호는 구형파 함수를 이용해서 근사화해 나타낼 수 있다. 이때 펄스의 높이는 펄스 중간 시점에서의 신호 크기가 된다. 근사화 된 신호는 다음과 같이 쓸 수 있다.

$$\mathrm{x}(t) \cong \cdots + \mathrm{x}(-T_p)\mathrm{rect}\left(\frac{t+T_p}{T_p}\right) + \mathrm{x}(0)\,\mathrm{rect}\left(\frac{t}{T_p}\right) + \mathrm{x}(T_p)\mathrm{rect}\left(\frac{t-T_p}{T_p}\right) + \cdots$$

또는

$$\mathrm{x}(t) \cong \sum_{n=-\infty}^{\infty} \mathrm{x}(nT_p)\,\mathrm{rect}\left(\frac{t-nT_p}{T_p}\right) \tag{5.7}$$

$t=0$을 중심으로 폭이 T_p이고 면적이 1인 펄스에 대한 시스템의 응답을 단위 펄스 응답 $\mathrm{h}_p(t)$이라고 한다. 단위 펄스는 수학적으로 $(1/T_p)\mathrm{rect}(1/T_p)$로 표기한다. 그러므로 식 (5.7)은 이동 된 단위 펄스를 이용해 아래와 같이 쓸 수 있다.

$$\mathrm{x}(t) \cong \sum_{n=-\infty}^{\infty} T_p\mathrm{x}(nT_p)\underbrace{\frac{1}{T_p}\mathrm{rect}\left(\frac{t-nT_p}{T_p}\right)}_{\text{shifted unit pulse}} \tag{5.8}$$

선형성과 시불변성을 이용하면 실제 각 펄스에 대한 출력은 단위 펄스 응답 $\mathrm{h}_p(t)$를 $T_p\mathrm{x}(nT_p)$ 만큼의 크기로 증폭시키고 시간 원점에서부터 해당 펄스와 동일한 양만큼 시간 이동시킨 값이 될 것이다. 따라서 근사화 된 출력 값은 아래와 같이 쓸 수 있다.

$$\mathrm{y}(t) \cong \sum_{n=-\infty}^{\infty} T_p\mathrm{x}(nT_p)\mathrm{h}_p(t-nT_p) \tag{5.9}$$

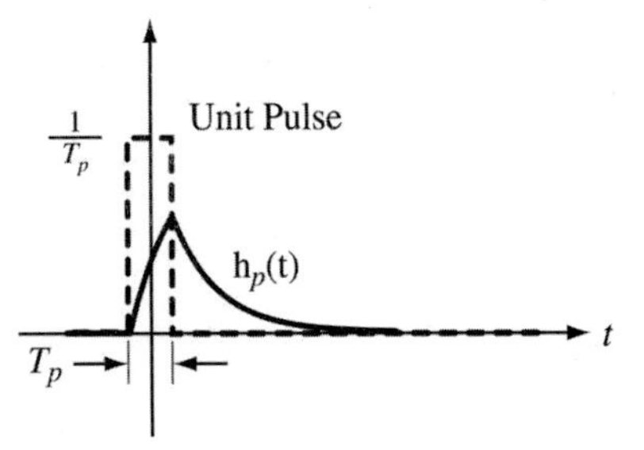

그림 5.3 *RC* 저역통과 필터에 대한 단위 펄스 응답

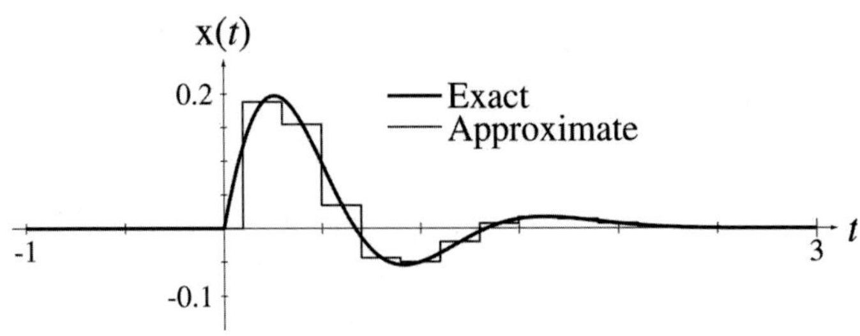

그림 5.4 x(t)와 그 근사화 된 파형

예를 들어 단위 펄스 응답 $h_p(t)$이 이전 장에서 다루었던 *RC* 저역통과 필터의 응답이라고 하자〈그림 5.3〉. 입력 신호 x(t)가 〈그림 5.4〉에 있는 것과 같이 천천히 변화하는 파형이라고 하면 이는 여러 개의 펄스로 근사화할 수 있다.

〈그림 5.5〉에는 각각의 펄스를 분리하고 이들을 더해 x(t)를 근사화 하는 과정이 나타나 있다.

분리된 각 펄스를 합하면 x(t)를 근사화할 수 있기 때문에 x(t)에 대한 근사 값을 시스템에 입력하면 거의 근사화 된 출력 값을 얻을 수 있다. 그러나 여기서 가정한 시스템은 LTI이므로 각 펄스를 시스템에 차례로 하나씩 입력하면서 중첩의 원리를 차례대로 적용하면서 더해 가면 시스템의 출력을 근사화해 얻을 수 있을 것이다〈그림 5.6〉.

폭이 0.1초인 펄스를 사용할 경우 출력에 대한 정확한 계산 값과 그 근사 값이 거의 일치하여 구분할 수 없음을 쉽게 확인할 수 있다.

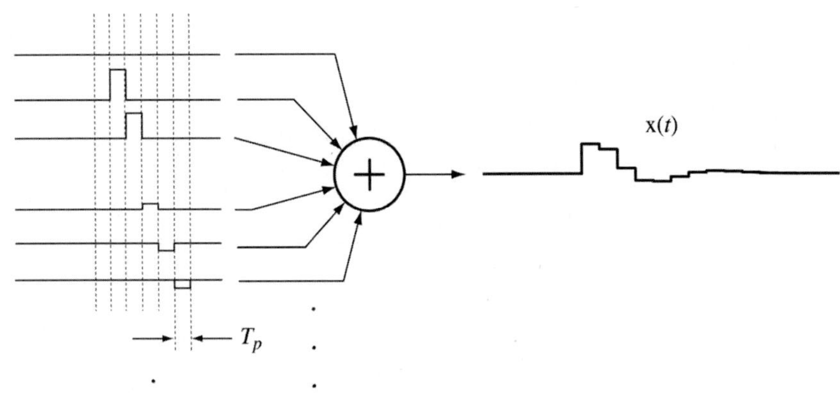

그림 5.5 개별적인 펄스들의 합으로 근사화한 x(t)

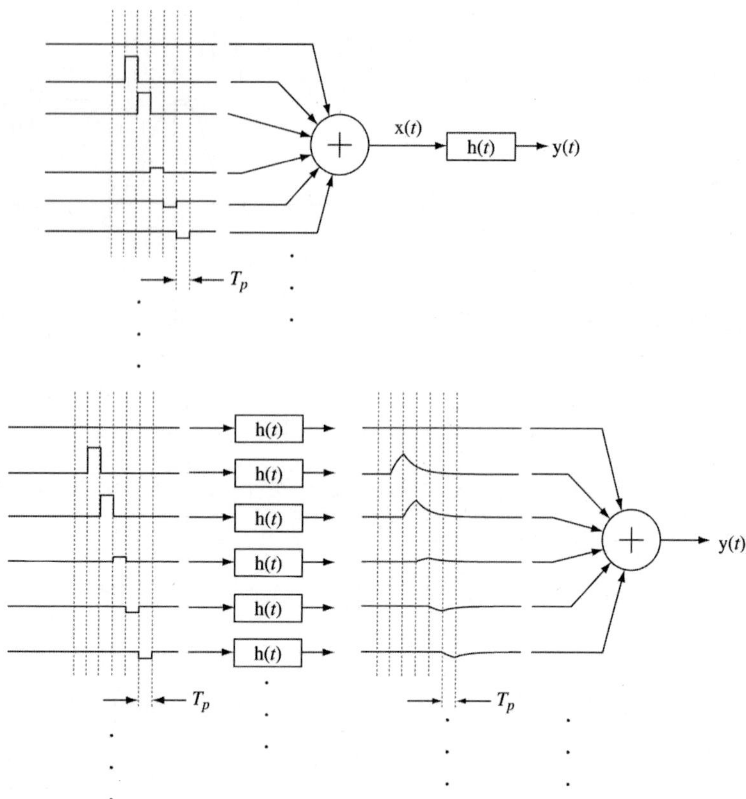

그림 5.6 시스템 응답에 대한 근사 값을 찾기 위해 선형성과 중첩성의 적용

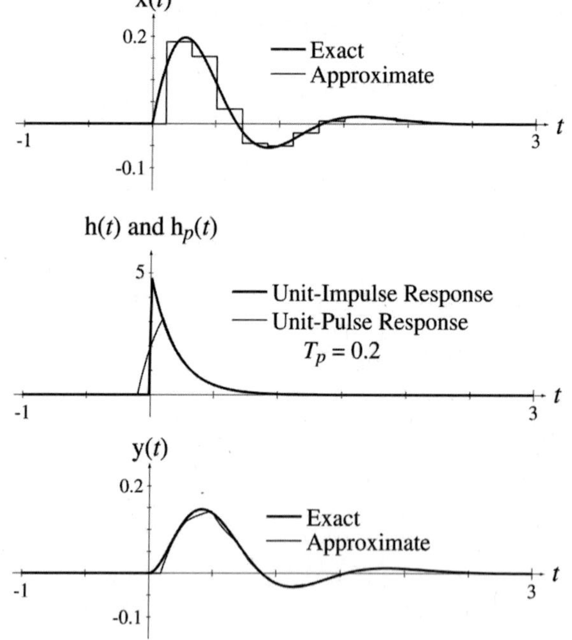

그림 5.7 $T_p = 0.2$일 때 입력과 근사 값, 단위 임펄스 응답, 단위 펄스 응답, 시스템 출력의 정확한 계산 값과 근사 값

미적분학에 관한 기본 이론을 이용해 실수 신호에 대한 적분 공식을 아래와 같이 극한 합으로 정의할 수 있다는 것을 상기하자.

$$\int_{a}^{b} \mathrm{g}(x)\,dx = \lim_{\Delta x \to 0} \sum_{n=a/\Delta x}^{b/\Delta x} \mathrm{g}(n\Delta x)\,\Delta x \tag{5.10}$$

식 (5.8)과 식 (5.9)에서 펄스의 폭을 0에 가깝게 가져가면 입력 펄스의 합과 펄스에 대한 응답의 합을 계산하는 데 식 (5.10)을 적용할 수 있다. 펄스의 폭 T_p가 작아지게 되면 입력과 그 출력은 더욱 더 정확하게 계산될 것이다. T_p가 거의 0이 되면 합은 바로 적분을 계산하는 것과 같게 되어 근사 값은 실제로 정확한 값이 된다. 같은 극한 개념으로 단위 펄스 $(1/T_p)\mathrm{rect}(1/T_p)$는 단위 임펄스로 접근할 것이다. T_p가 거의 0이 되면 시간상의 nT_p의 각 점들은 더욱 더 서로 근접하게 되는 것이다. 위와 같이 극한값으로 계산하게 되면 이산적인 시간 이동 nT_p 점은 서로 서로 점점 가까워져서 연속적인 값처럼 된다. 일반적으로 이러한 연속적인 시간 이동을 편리하게 τ라고 부른다. 시간 이동 nT_p를 τ로 바꾸고, T_p를 거의 0에 가깝게 가져가게 되면 펄스의 폭 T_p는 미분 $d\tau$가 되므로 아래와 같이 쓸 수 있다.

$$\mathrm{x}(t) = \underbrace{\sum_{n=-\infty}^{\infty}}_{\downarrow \atop \int} \underbrace{T_p}_{\downarrow \atop d\tau} \mathrm{x}\underbrace{(nT_p)}_{\downarrow \atop (\tau)} \underbrace{\frac{1}{T_p}\mathrm{rect}\left(\frac{t-nT_p}{T_p}\right)}_{\downarrow \atop \delta(t-\tau)}$$

그리고

$$\mathrm{y}(t) = \underbrace{\sum_{n=-\infty}^{\infty}}_{\downarrow \atop \int} \underbrace{T_p}_{\downarrow \atop d\tau} \mathrm{x}\underbrace{(nT_p)}_{\downarrow \atop (\tau)} \mathrm{h}_p \underbrace{(t-nT_p)}_{\downarrow \atop h(t-\tau)}$$

그러므로 위 극한 개념을 사용하면 위에서 정의하였던 합들은 아래와 같은 적분 형태로 바뀌게 된다.

$$\boxed{\mathrm{x}(t) = \int_{-\infty}^{\infty} \mathrm{x}(\tau)\delta(t-\tau)d\tau} \tag{5.11}$$

그리고

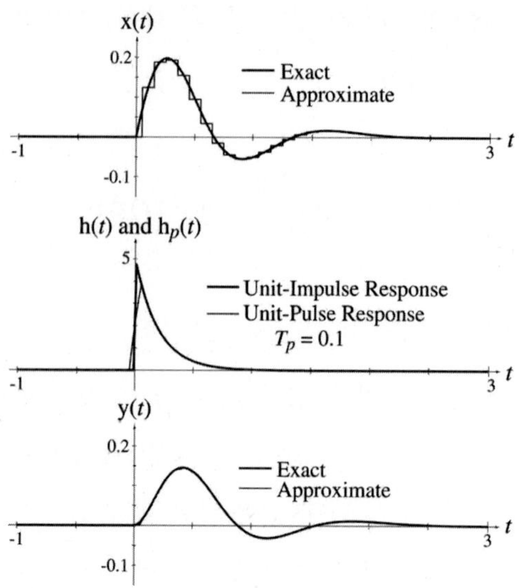

그림 5.8 $T_p = 0.1$일 때 입력과 근사 값, 단위 임펄스 응답, 단위 펄스 응답, 시스템 출력의 정확한 계산 값과 근사 값

$$y(t) = \int_{-\infty}^{\infty} x(\tau)h(t-\tau)d\tau \tag{5.12}$$

이렇게 하면 단위 펄스 응답 $h_p(t)$는 단위 임펄스 응답 $h(t)$와 거의 동일하게 되며 이때 $h(t)$는 일반적으로 간단히 시스템의 임펄스 응답이라고 부른다. 식 (5.11)의 적분은 임펄스의 샘플링 이론을 적용하면 쉽게 증명할 수 있다. 식 (5.12)의 적분을 컨벌루션 적분(convolution integral)이라고 부른다. 두 함수에 대한 컨벌루션은 *[1] 연산자를 사용해 아래와 같이 표기한다.

$$y(t) = x(t)*h(t) = \int_{-\infty}^{\infty} x(\tau)h(t-\tau)d\tau \tag{5.13}$$

컨벌루션 적분을 이끌어 내는 다른 한 방법은 임펄스에 대한 샘플링 이론에 관련된 식 (5.11)에서 시작하는 것인데 임펄스의 샘플링 성질을 따른 것이다. 식 (5.11)의 피적분 함수는 $t = \tau$일 때 그 크기가 $x(\tau)$인 임펄스이다. 임펄스 응답에 대한 정의에 의해 $h(t)$는 임펄스 $\delta(t)$를

1 여기서 컨벌루션 연산자 *와 복소수 또는 복소함수에 대한 공액 연산자 *를 혼동해서는 안된다. 예를 들어 $x[n]*h[n]$은 $x[n]$과 $h[n]$에 대해 컨벌루션 적분을 계산하는 것이지만 $x[n]^* h[n]$은 $x[n]$의 켤레 복소에 $h[n]$을 곱하는 것이다. 이처럼 그 차이는 명확하다.

시스템의 입력으로 넣었을 때 나오는 출력이고 시스템은 동질성과 시불변성이 있기 때문에 $x(\tau)\delta(t-\tau)$에 대한 출력은 $x(\tau)h(t-\tau)$이 되어야 한다. 이제 시스템의 가산성을 적용해 $x(t)=\int_{-\infty}^{\infty}x(\tau)\delta(t-\tau)d\tau$이면, x 값에 대한 적분(합의 극한)은 $y(t)=\int_{-\infty}^{\infty}x(\tau)h(t-\tau)d\tau$이다. 즉 y's는 x's의 개별적 응답의 적분이 되는 것이다. 이러한 유도 과정은 보다 함축적인 동시에 복잡하다. 이전의 유도 과정보다 짧지만 LTI 시스템의 성질과 샘플링 이론의 성질을 잘 나타내고 있는 예이다.

LTI 시스템의 임펄스 응답은 시스템의 특성을 나타내 주는 매우 중요한 요소가 되는데 그 이유는 그 값이 일단 결정되면 어떤 임의의 입력에 대한 출력 값도 찾을 수 있기 때문이다. 〈그림 5.9〉에는 LTI 시스템과 컨벌루션에 대한 의미가 나타나 있다.

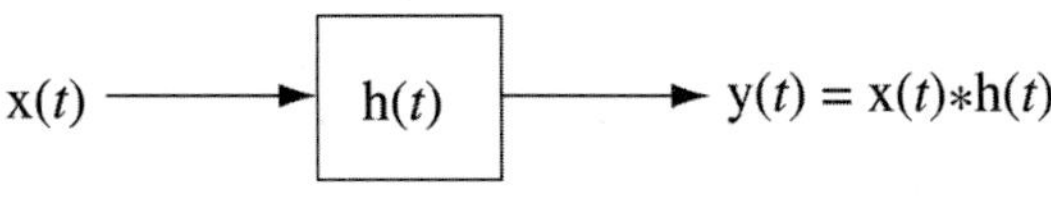

그림 5.9 컨벌루션의 블록 다이어그램 표현

컨벌루션의 그래프적이고 해석적인 예

컨벌루션 적분은 일반적으로 아래와 같은 수학식으로 나타낼 수 있다.

$$x(t)*h(t)=\int_{-\infty}^{\infty}x(\tau)h(t-\tau)\,d\tau$$

연속시간 신호에 대한 컨벌루션의 개념은 실제 신호의 계산 과정을 그림으로 살펴보면 쉽게 이해할 수 있다. 〈그림 5.10〉에는 두 함수 $h(t)$와 $x(t)$의 예가 나타나 있다. 임펄스 응답 $h(t)$가 실제 선형 시스템에서 나오는 전형적인 예는 아니지만 컨벌루션의 계산 과정을 설명하기 위하여 사용하기로 하자. 우선 컨벌루션 적분의 피적분 함수는 $x(\tau)h(t-\tau)$이다. 그렇다면 $h(t-\tau)$는 무엇일까? 표기된 대로 $h(t-\tau)$는 두 변수 t와 τ에 대한 함수임을 알 수 있다. 그러나 컨벌루션 적분에서 적분을 하는 변수는 τ이기 때문에 먼저 $h(t-\tau)$을 τ의 함수로 고려하여 적분이 어떻게 계산되는지를 살펴보도록 하자. τ축에 대해 도시된 $h(\tau)$ 및 $h(-\tau)$을 그려보면서 시작하기로 한다〈그림 5.11〉.

이제 $h(t-\tau)$에서 t를 추가하게 되면 $h(-\tau)$를 오른쪽으로 t만큼 이동시킨 것이다〈그림 5.12〉. $h(\tau)$에서 $h(t-\tau)$로 변환시키는 작업은 아래와 같이 이동 및 스케일링 연산을 연속적으로 수행함으로써 나타낼 수 있다.

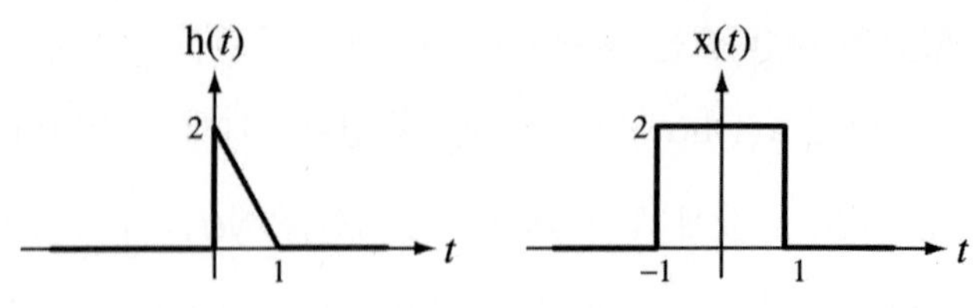

그림 5.10 컨벌루션 적분을 계산할 두 함수

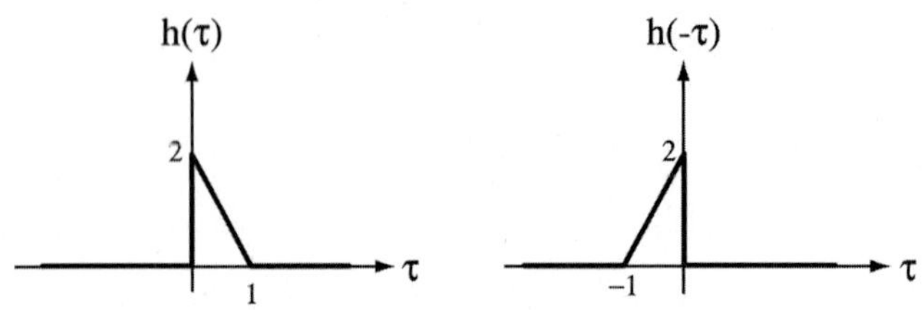

그림 5.11 τ축에 대해 도시된 $h(\tau)$ 및 $h(-\tau)$

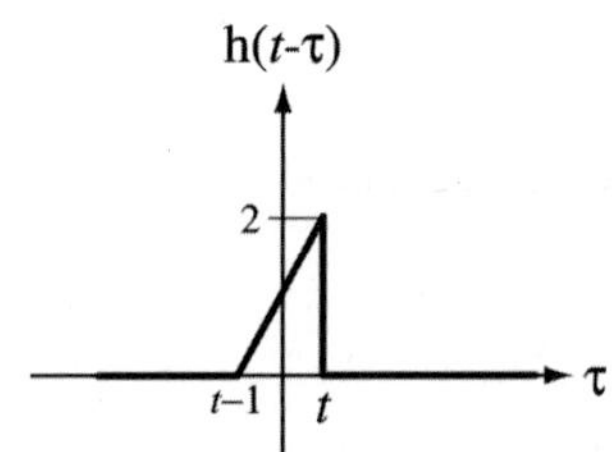

그림 5.12 τ축에 대해 도시된 $h(t-\tau)$

$$h(\tau) \xrightarrow{\tau \to -\tau} h(-\tau) \xrightarrow{\tau \to \tau - t} h(-(\tau - t)) = h(t - \tau).$$

$h(t-\tau)$에 τ 대신에 t를 대입하면 $h(0)$가 된다. 〈그림 5.10〉에 있는 $h(t)$의 모양을 보면 $h(0)$가 바로 그 값이 0에서 1로 바뀌는 불연속점이라는 것을 알 수 있다. 그리고 그 점은 $h(t-\tau)$에서도 마찬가지이다. $\tau = t - 1$에 대해서도 위와 같이 해 보고 같은 원리가 성립하는지를 확인해 보도록 하라.

일반적으로 이해하기 어려운 것 중의 하나가 $\tau = -\infty$에서 $\tau = +\infty$까지 적분을 취한다는 것의 의미이다. 적분을 취할 때 t는 적분 변수가 아니기 때문에 적분 과정 중에는 하나의 상수와 마찬가지인 것이다. 그러나 최종적으로 컨벌루션을 취한 다음에 그 결과에서는 변수가 되는 것이다. 이제 위의 과정을 일반적인 두 단계로 생각해 보자. 첫째로 임의의 한 t 값에 대해 적분을 취한 다음 그 결과를 구한다. 그 다음에 또 다른 t 값에 대해 같은 과정을 반복한다. 각 적분 값은 최종 결과 함수 곡선의 각 점을 나타내는 것이다. 다시 말해 어떤 특정 t 값에 해당하는 $y(t)$ 곡선의 각 점은 곱 $x(\tau)h(t-\tau)$ 아래의 면적을 구하여 찾을 수 있는 것이다.

이제 곱 $x(\tau)h(t-\tau)$을 그려보자. 그 곱은 t값이 무엇이냐에 따라 결정된다. 대부분의 t 값에서 두 함수 모두 0이 아닌 경우는 매우 드물기 때문에 대부분의 경우에 그 곱은 0이 된다(이것은 전형적인 실제 임펄스 응답은 아니다. 왜냐하면 실제의 경우는 시간이 제한되어 있지는 않기 때문이다. 안정적인 시스템의 실제 임펄스 응답은 보통 어떤 시간에 시작되어 t가 무한대로 감에 따라 0에 접근한다).

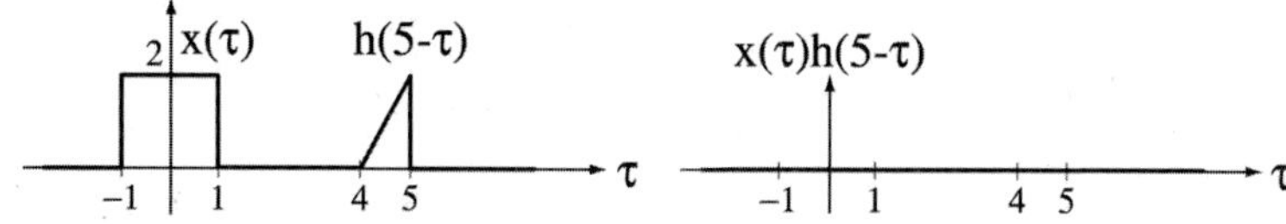

그림 5.13 t=5일 때 임펄스 응답, 입력 신호, 그리고 그 곱

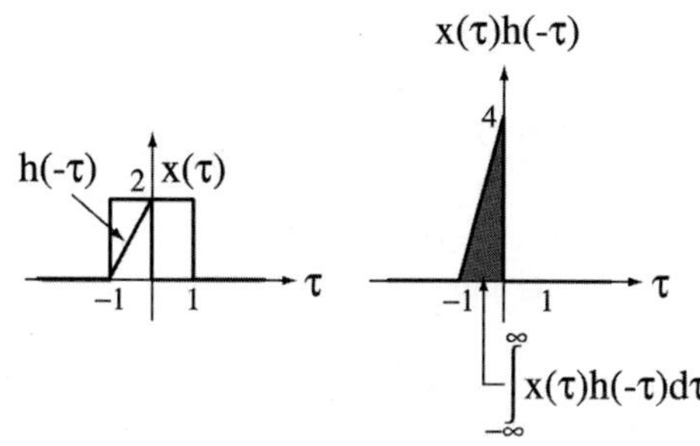

그림 5.14 t=0일 때 임펄스 응답, 입력 신호, 그리고 그 곱

그러나 얼마간의 t동안에는 두 함수 모두 0이 아닌 부분이 겹치게 되어 그 곱 아래의 면적이 0이 아닌 값이 생기게 된다. 이러한 서로 다른 두 경우를 살펴보기 위해 $t=5$일 때와 $t=0$인 경우를 살펴보자. $t=5$이면 $x(\tau)$와 $h(5-\tau)$의 0이 아닌 부분은 서로 겹치지 않기 때문에 그 곱은 어디에서든 0이 된다〈그림 5.13〉. 반면 $t=0$이면, $x(\tau)$와 $h(5-\tau)$은 서로 겹치는 부분이 분명히 있기 때문에 그 곱은 어디에서나 반드시 0은 아니다〈그림 5.14〉.

$-1<t<0$일 때 이 두 함수의 컨벌루션은 h함수의 면적(즉 1)의 2배에서 폭이 $|t|$이고 높이가 $4|t|$인 삼각형의 면적을 뺀 것이 된다〈그림 5.15〉.

그러므로 위와 같은 t 범위에서의 컨벌루션 값은 아래와 같이 된다.

$$y(t) = 2 - (1/2)(-t)(-4t) = 2(1-t^2),\ -1 < t < 0.$$

반면에 $0<t<1$일 때 두 함수의 컨벌루션은 상수 2가 된다. $1<t<2$일 때 두 함수의 컨벌루션은 그 밑면의 길이가 $(2\text{-}t)$이고 높이가 $(8\text{-}4t)$인 삼각형의 면적, 즉 $y(t)=(1/2)(2\text{-}t)(8\text{-}4t)=2(2\text{-}t)^2$

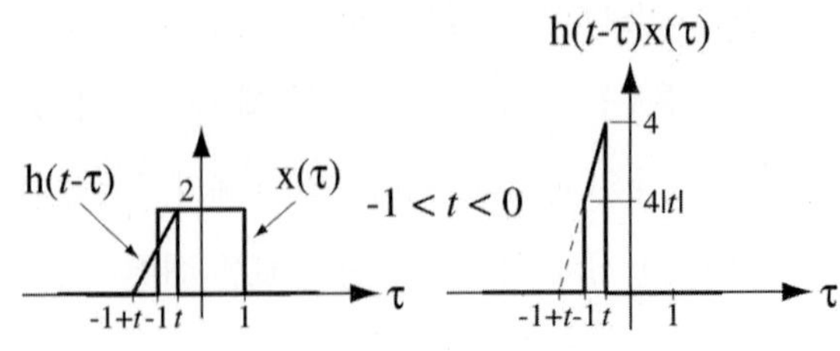

그림 5.15 −1<t<0일 때 h(t−τ)와 x(τ)의 곱

이다. 최종적으로 전체적인 함수 y(t)가 〈그림 5.16〉에 나타나 있다.

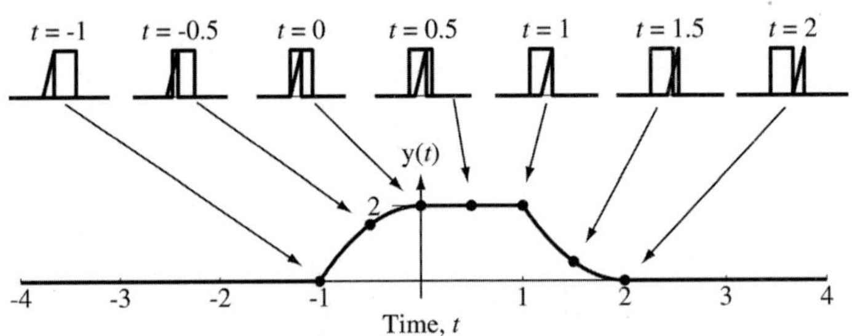

그림 5.16 x(t)와 h(t)의 컨벌루션

보다 실제적인 연습으로 *RC* 저역통과 필터에 대한 단위 계산 응답을 컨벌루션을 이용해서 구해 보자. 이전에 해석한 바에 의해 그 결과가 $v_{out}(t) = (1 - e^{-t/RC})\,u(t)$라는 것은 이미 알고 있다. 먼저 임펄스 응답을 구해야 한다.

$$RCv'_{out}(t) + v_{out}(t) = v_{in}(t) \Rightarrow RC\,h'(t) + h(t) = \delta(t)$$

임펄스 응답의 형태는 $h(t) = Ke^{-t/RC}u(t)$이다. 0^-에서 0^+까지 적분하면

$$RC\left[h(0^+) - \underbrace{h(0^-)}_{=0}\right] + \underbrace{\int_{0^-}^{0^+} h(t)\,dt}_{=0} = \underbrace{u(0^+)}_{=1} - \underbrace{u(0^-)}_{=0} \Rightarrow h(0^+) = 1/RC$$

그러면 $1/RC=K$이고 $h(t) = (1/RC)e^{-t/RC}u(t)$이다〈그림 5.17〉.

또한 단위 계단 함수 $v_{in}(t)$에 대한 출력 $v_{out}(t)$는 $v_{out}(t)=v_{in}(t)*h(t)$가 되므로 아래와 같이 쓸 수 있다.

$$v_{out}(t) = \int_{-\infty}^{\infty} v_{in}(\tau)h(t-\tau)d\tau = \int_{-\infty}^{\infty} u(\tau)\frac{e^{-(t-\tau)/RC}}{RC}u(t-\tau)d\tau.$$

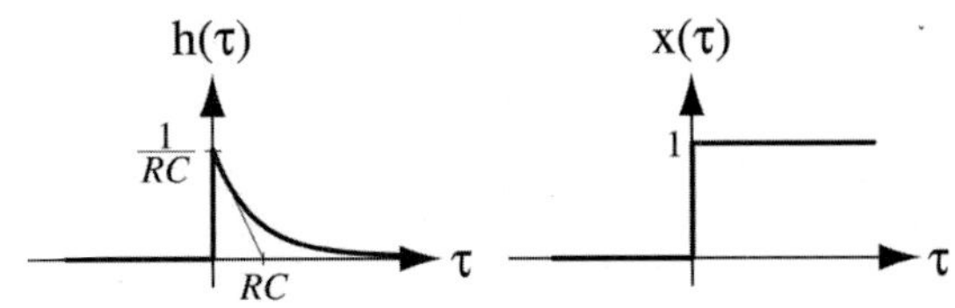

그림 5.17 *RC*저역통과 필터의 입력과 임펄스 응답

위 적분 식에서 단위 계단 함수 u(τ)는 τ가 음수일 때는 그 값이 0이므로 아래와 같이 간단히 고쳐 쓸 수 있다.

$$v_{out}(t) = \int_0^{\infty} \frac{e^{-(t-\tau)/RC}}{RC} u(t-\tau)d\tau$$

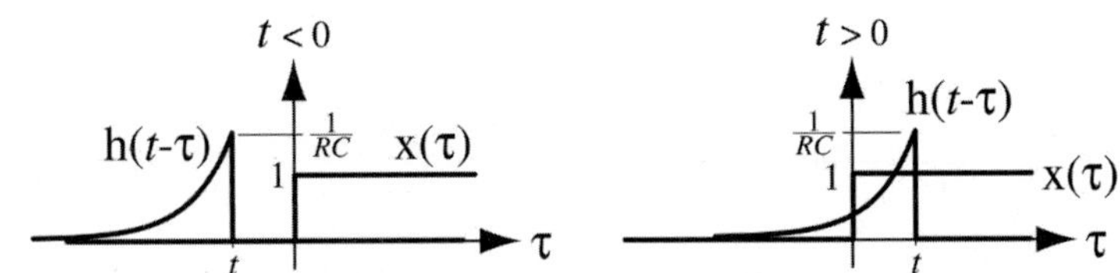

그림 5.18 *t*가 음수일 경우와 양수일 경우 컨벌루션 적분 내의 두 함수의 관계

이제 위 식에 있는 또 다른 계단 함수인 $u(t-\tau)$을 어떻게 계산해야 하는지 생각해 보자. 위 식은 τ가 0에서부터 무한대까지 적분하는 것이기 때문에 *t* 값이 음수이면 어떤 τ값에 대해서도 그 적분 값은 0이 된다. 그러므로 *t* 값이 음수이면, $v_{out}(t) = 0$이다〈그림 5.18〉. *t*가 양수일 때 단위 계단 함수 $u(t-\tau)$는 $\tau<t$일 때는 1이 되고 $\tau>t$ 일 때는 0이 된다. 그러므로 *t*가 양수일 때

$$v_{out}(t) = \int_0^{t} \frac{e^{-(t-\tau)/RC}}{RC} d\tau = \left[e^{-(t-\tau)/RC}\right]_0^t = 1 - e^{-t/RC}, \quad t > 0$$

따라서 *t*가 양수일 경우와 음수일 경우를 합치면 $v_{out}(t) = (1-e^{-t/RC})u(t)$이다.

〈그림 5.19〉와 〈그림 5.20〉은 컨벌루션의 또 다른 두 가지 예를 보여 주고 있다. 각 그림에서 제일 위쪽 행은 컨벌루션을 취할 두 함수 $x_1(t)$와 $x_2(t)$, 그리고 두 번째 함수의 '반전된'형태인 $x_2(-\tau)$ 즉, 반전한 다음 이동시키지 않은 $t=0$에서 $x(t-\tau)$인 함수가 나타나 있다.

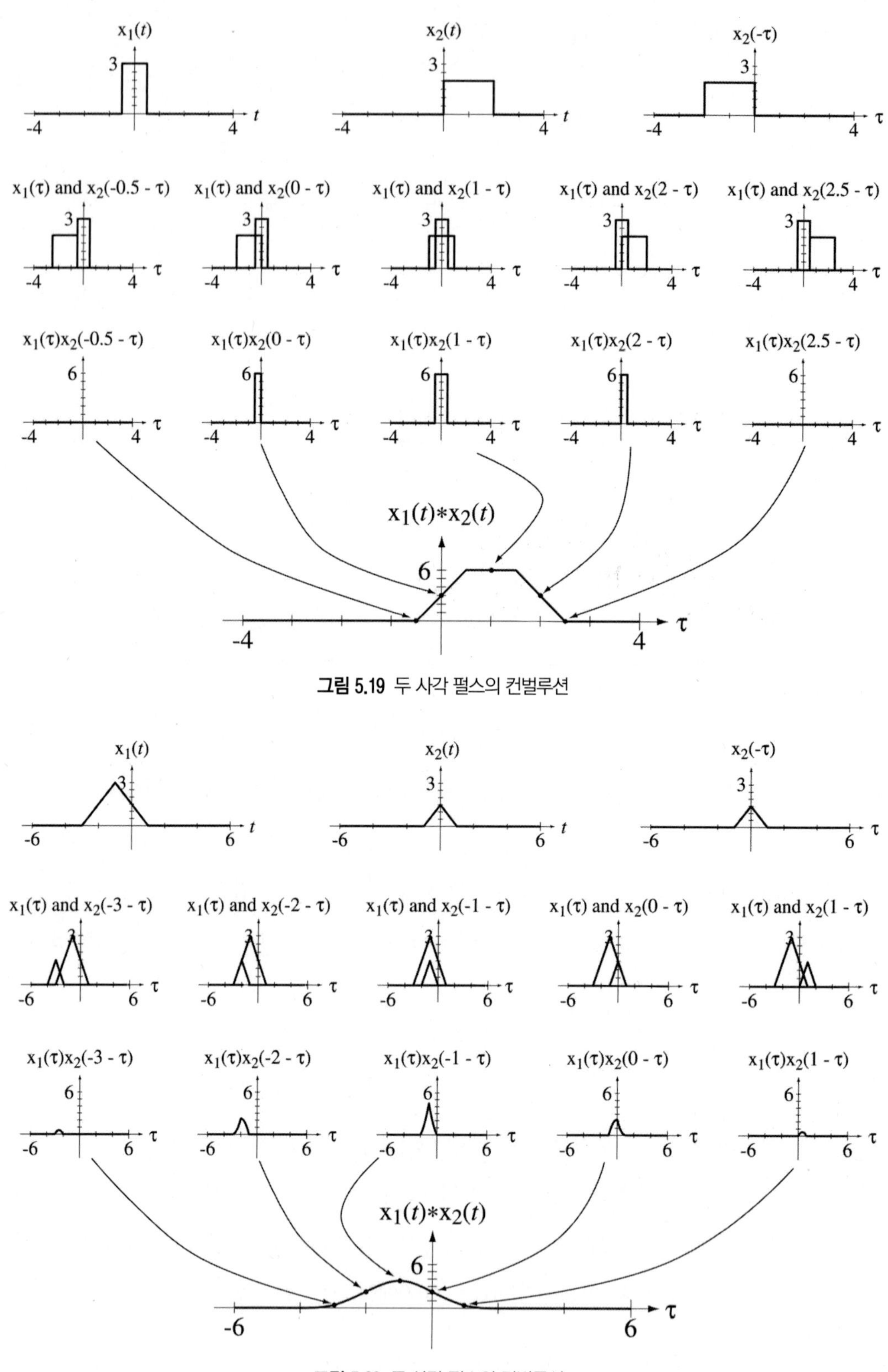

그림 5.19 두 사각 펄스의 컨벌루션

그림 5.20 두 삼각 펄스의 컨벌루션

두 번째 행에는 컨벌루션 적분 내의 $x_1(\tau)$와 $x_2(t-\tau)$가 τ에 대해 그려져 있는데 다섯 가지의 t 값에 대해 t를 이동시키면서 두 번째 함수 $x_2(t-\tau)$을 그리고 있다. 세 번째 열에는 컨벌루션 적분 내의 두 함수의 곱 $x_1(\tau)x_2(t-\tau)$이 두 번째 행에 표기되어 있는 것과 같은 시점에서 계산되어 있다. 그리고 제일 밑에는 두 함수의 컨벌루션을 최종적으로 계산한 결과가 나타나 있는데 각 점들은 위의 다섯 가지 t 값에 대해 계산된 $\int_{-\infty}^{\infty} x_1(\tau)x_2(t-\tau)d\tau$ 즉, 다섯 가지 t 값에서 두 함수 곱 아래의 면적을 나타낸 것이다

컨벌루션의 성질

신호 및 시스템 분석에서 자주 등장하는 연산 중 하나는 아래와 같이 어떤 신호와 임펄스에 컨벌루션을 취하는 것이다.

$$x(t) * A\delta(t-t_0) = \int_{-\infty}^{\infty} x(\tau)A\delta(t-\tau-t_0)d\tau$$

위 적분을 계산하기 위해서 임펄스에 대한 샘플링 성질을 사용할 수 있다. 여기서도 적분을 하는 변수는 τ이기 때문에 임펄스는 τ가 $t-\tau-t_0=0$이 되는 점 즉, $\tau=t-t_0$인 시점에서 발생한다.

$$\boxed{x(t) * A\delta(t-t_0) = Ax(t-t_0)} \tag{5.14}$$

위의 결과는 매우 중요하며 나중에 다른 연습문제에서도 여러 번 나오게 될 것이다〈그림 5.21〉.

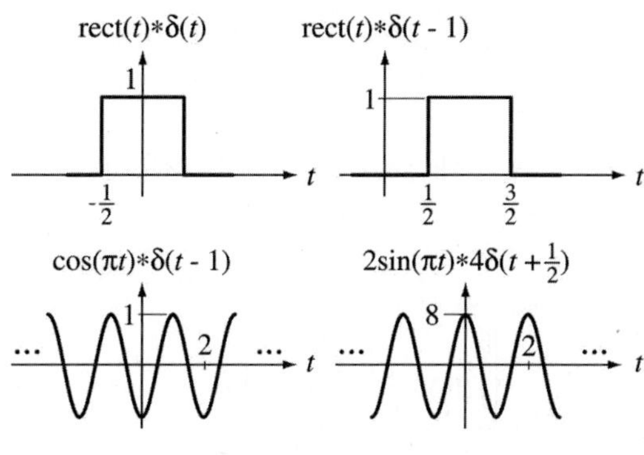

그림 5.21 임펄스와의 컨벌루션 예

어떤 함수를 $g(t) = g_0(t) * \delta(t)$라고 정의하면 시간 축에서 이동된 형태인 $g(t - t_0)$는 아래의 두 가지 경우 중 하나로 표현될 수 있다.

$$g(t - t_0) = g_0(t - t_0) * \delta(t) \text{ 또는 } g(t - t_0) = g_0(t) * \delta(t - t_0)$$

그러나 $g_0(t - t_0) * \delta(t - t_0)$의 형태는 아니다. 대신에 $g_0(t - t_0) * \delta(t - t_0) = g(t - 2t_0)$이다. 이와 같은 성질은 임펄스와 컨벌루션을 계산할 때만 적용되는 것이 아니라 다른 임의의 함수에서도 동일하게 적용된다. 컨벌루션 적분의 교환 법칙, 결합 법칙, 분배 법칙, 미분, 면적 및 스케일링 성질은 웹 부록 E에 증명되어 있고, 여기에 요약했다.

교환 법칙	$x(t) * y(t) = y(t) * x(t)$
결합 법칙	$(x(t) * y(t)) * z(t) = x(t) * (y(t) * z(t))$
분배 법칙	$(x(t) + y(t)) * z(t) = x(t) * z(t) + y(t) * z(t)$
$y(t) = x(t) * h(t)$이면	
미분의 성질	$y'(t) = x'(t) * h(t) = x(t) * h'(t)$
면적의 성질	Area of y = (Area of x) × (Area of h)
스케일링 성질	$y(at) = \|a\| \; x(at) * h(at)$

$x(t)$와 $h(t)$의 컨벌루션이 $y(t) = \int_{-\infty}^{\infty} x(t - \tau) h(\tau) d\tau$ 이고 $x(t)$가 유한한 값을 가진다고 하자. 모든 τ 값에 대해 유한한 최대값을 B라고 하면 $|x(t - \tau)| < B$가 될 것이다. 또한 컨벌루션 적분의 크기는 아래와 같이 되고

$$|y(t)| = \left| \int_{-\infty}^{\infty} x(t - \tau) h(\tau) d\tau \right|$$

어떤 함수에 대한 적분의 크기 즉, 절대 값은 그 함수의 절대 값에 대한 적분의 크기와 같거나 작다는 원리를 이용하고

$$\left| \int_{\alpha}^{\beta} g(x)\, dx \right| \le \int_{\alpha}^{\beta} |g(x)|\, dx$$

■ 풀이

먼저 시스템의 임펄스 응답을 구해보자. 위에서 설명된 방법을 이용하여 임펄스 응답을 바로 구할 수 있지만 이 예제에 대한 단위 시퀀스 응답은 $h_{-1}[n] = [5 - 4(4/5)^n]u[n]$이라는 것을(4장의 이산시간 시스템 성질 부분을 참고) 이미 구한 바 있으므로 임펄스 응답을 단위 시퀀스 응답 $h[n] = h_{-1}[n] - h_{-1}[n-1]$의 1차 차분임을 이용해 구할 수 있다. 식을 종합하면

$$h[n] = [5 - 4(4/5)^n]u[n] - [5 - 4(4/5)^{n-1}]u[n-1]$$

$$h[n] = \underbrace{5(u[n] - u[n-1])}_{=\delta[n]} - 4(4/5)^{n-1}[(4/5)u[n] - u[n-1]]$$

$$h[n] = \underbrace{5\delta[n] - 4(4/5)^n\delta[n]}_{=\delta[n]} + (4/5)^n u[n-1]$$

$$h[n] = (4/5)^n u[n]$$

이제 남은 것은 컨벌루션을 취하는 것뿐이며 이를 위해 아래의 MATLAB 프로그램을 이용할 수 있다.

```
%  Program to demonstrate discrete-time convolution
nx = -5:15 ;        % Set a discrete-time vector for the excitation
x = tri((n-3)/3;    % Generate the excitation vector
nh = 0:20 ;         % Set a discrete-time vector for the impulse
                    % response
%  Generate the impulse response vector
h = ((4/5).^nh).*usD(nh);
%  Compute the beginning and ending discrete times for the system
%  response vector from the discrete-time vectors for the
   excitation and the impulse response
nymin = nx(1) + nh(1); nymax = nx(length(nx)) + length(nh);
ny = nymin:nymax-1;
%  Generate the system response vector by convolving the
   excitation with the impulse response
y = conv(x,h);
%  Graph the excitation, impulse response and system response, all
%  on the same time scale for comparison
%  Graph the excitation
subplot(3,1,1); p = stem(nx,x,'k','filled');
set(p,'LineWidth',2,'MarkerSize',4);
axis([nymin,nymax,0,3]);
```

```
xlabel('n'); ylabel('x[n]');
%  Graph the impulse response
subplot(3,1,2); p = stem(nh,h,'k','filled');
set(p,'LineWidth',2,'MarkerSize',4);
axis([nymin,nymax,0,3]);
xlabel('n'); ylabel('h[n]');
%  Graph the system response
subplot(3,1,3); p = stem(ny,y,'k','filled');
set(p,'LineWidth',2,'MarkerSize',4);
axis([nymin,nymax,0,3]);
xlabel('n'); ylabel('y[n]');
```

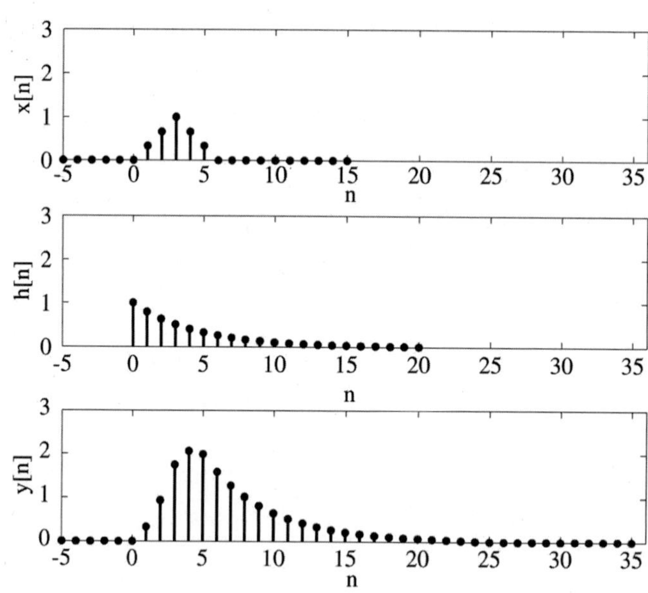

그림 5.43 시스템의 입력, 입펄스 응답과 시스템 출력

MATLAB으로 작성된 세 신호에 대한 그래프가 〈그림 5.43〉에 나와 있다.

■

복소 지수 함수 입력과 전달 함수

공학 실습에서 이산시간 시스템을 기술하는 가장 일반적인 형태는 차분 방정식 또는 차분 방정식으로 이루어진 시스템이다. 다음과 같은 이산시간 시스템에서의 일반적인 차분 방정식을 생각해 보자.

$$\sum_{k=0}^{N} a_k \mathrm{y}[n-k] = \sum_{k=0}^{M} b_k \mathrm{x}[n-k] \tag{5.26}$$

연속시간 시스템에서 복소 지수 입력을 가하면 복소 지수 응답을 얻듯이 이산시간 시스템에서도 마찬가지이다. 그러므로 만일 $\mathrm{x}[n]=Xz^n$이면 $\mathrm{y}[n]=Yz^n$이다. 여기서 X와 Y는 복소 상수이다. 그러면 차분 방정식에서

$$\mathrm{x}[n-k]=Xz^{n-k}=z^{-k}Xz^n \quad \text{and} \quad \mathrm{y}[n-k]=z^{-k}Yz^n$$

이고 식 (5.26)은 다음과 같이 표시된다.

$$\sum_{k=0}^{N} a_k z^{-k} Yz^n = \sum_{k=0}^{M} b_k z^{-k} Xz^n$$

Xz^n과 Yz^n인수를 밖에서 묶으면 다음과 같다.

$$Yz^n \sum_{k=0}^{N} a_k z^{-k} = Xz^n \sum_{k=0}^{M} b_k z^{-k} \Rightarrow \frac{Yz^n}{Xz^n} = \frac{Y}{X} = \frac{\sum_{k=0}^{M} b_k z^{-k}}{\sum_{k=0}^{N} a_k z^{-k}}$$

비율 Y/X는 z에 대한 다항식의 비율과 같게 된다. 이를 이산시간 시스템의 전달 함수라고 부르며 $\mathrm{H}(z)$로 표기한다. 즉

$$\boxed{\mathrm{H}(z)=\frac{\sum_{k=0}^{M} b_k z^{-k}}{\sum_{k=0}^{N} a_k z^{-k}}=\frac{b_0+b_1 z^{-1}+b_2 z^{-2}+\cdots+b_M z^{-M}}{a_0+a_1 z^{-1}+a_2 z^{-2}+\cdots+a_N z^{-N}}} \tag{5.27}$$

그리고 $\mathrm{y}[n]=Yz^n=\mathrm{H}(z)Xz^n=\mathrm{H}(z)\mathrm{x}[n]$이다. 전달 함수는 차분 방정식으로부터 직접 구할 수 있고 차분 방정식이 시스템을 나타내는 것이라면 전달 함수도 시스템을 표현할 수 있을 것이다. 식 (5.27)의 분자와 분모에 z^N을 곱하면

$$\boxed{\mathrm{H}(z)=\frac{\sum_{k=0}^{M} b_k z^{-k}}{\sum_{k=0}^{N} a_k z^{-k}}=z^{N-M}\frac{b_0 z^M+b_1 z^{M-1}+\cdots+b_{M-1}z+b_M}{a_0 z^N+a_1 z^{N-1}+\cdots+a_{N-1}z+a_N}} \tag{5.28}$$

두 식은 동일한데 상황에 따라 더 편리한 식을 사용할 수 있다.

컨벌루션을 이용해 시스템의 응답을 구할 수도 있다. 임펄스 응답이 $\mathrm{h}[n]$인 LTI 시스템에 복소 지수 입력 $\mathrm{x}[n]=Xz^n$을 가할 때 출력 $\mathrm{y}[n]$은

$$y[n] = h[n] * Xz^n = X \sum_{m=-\infty}^{\infty} h[m] z^{n-m} = \underbrace{Xz^n}_{=x[n]} \sum_{m=-\infty}^{\infty} h[m] z^{-m}$$

출력의 두 가지 형태를 같게 놓으면

$$H(z)Xz^n = Xz^n \sum_{m=-\infty}^{\infty} h[m] z^{-m} \Rightarrow H(z) = \sum_{m=-\infty}^{\infty} h[m] z^{-m}$$

이것은 이산시간 LTI 시스템의 전달 함수와 임펄스 응답 간의 관계를 나타내는 것이다. 합 $\sum_{m=-\infty}^{\infty} h[m] z^{-m}$을 h[$n$]의 z변환이라 부르며 9장에서 다룰 것이다.

주파수 응답

복소 지수 z^n의 변수 z는 일반적으로 복소수이다. z가 복소 평면상에서 $|z| = 1$을 만족하는 단위원(unit circle) 상에 존재하는 특별한 경우를 생각해 보자. 그러면 z는 $z = e^{j\Omega}$와 같이 나타낼 수 있다. 여기서 Ω는 이산시간일 때 라디안 주파수를 나타내는 실수 변수이다. 또한 $z^n = e^{j\Omega n}$이다. 이산시간 복소 정현파는 $e^{j\Omega} = \cos(\Omega) + j\sin(\Omega)$이다. 시스템의 전달 함수 H($z$)은 시스템의 주파수 응답 H($e^{j\Omega}$)이 된다. $Yz^n = H(z)Xz^n$에서 $z = e^{j\Omega}$으로 놓으면

$$Ye^{j\Omega n} = |Y| e^{j\measuredangle Y} e^{j\Omega n} = H(e^{j\Omega}) X e^{j\Omega n} = |H(e^{j\Omega})| e^{j\measuredangle H(e^{j\Omega})} e^{j\Omega n} |X| e^{j\measuredangle X} e^{j\Omega n}$$

각 항을 $e^{j\Omega n}$으로 나누면

$$|Y| e^{j\measuredangle Y} = |H(e^{j\Omega})| |X| e^{j\measuredangle(H(e^{j\Omega}) + \measuredangle X)}$$

위 식에서 크기 부분을 같게 놓으면 $|Y| = |H(e^{j\Omega})| |X|$이고 위상 부분을 같게 놓으면 $\measuredangle Y = \measuredangle H(e^{j\Omega}) + \measuredangle X$이다. 함수 H ($e^{j\Omega}$)를 시스템의 주파수 응답이라 한다. 왜냐 하면 임의의 라디안 주파수 Ω에 대하여 입력의 크기와 위상을 알고 주파수 응답의 크기와 위상을 알면 출력의 크기와 위상을 알 수 있기 때문이다.

연속시간 시스템일 때와 마찬가지로 복소 입력 x[n]이 시스템의 입력으로 가해질 때 출력이 y[n]이라 하자. 그러면 x[n]의 실수 부분은 y[n]의 실수 부분에 영향을 미치고 x[n]의 허수 부분은 y[n]의 허수 부분에 영향을 준다. 그러므로 만일 시스템의 실제 입력이 $x[n] = A_x \cos(\Omega n + \theta_x)$이라고 하자. 시스템의 입력이

$$x_C[n] = A_x \cos(\Omega n + \theta_x) + jA_x \sin(\Omega n + \theta_x) = A_x e^{j(\Omega n + \theta_x)}$$

인 형태일 때

$$y_C[n] = A_y \cos(\Omega n + \theta_y) + jA_y \sin(\Omega n + \theta_y) = A_y e^{j(\Omega n + \theta_y)}$$

인 출력을 구할 수 있으므로 실수 입력이 $x[n] = A_x \cos(\Omega n + \theta_x)$ 일 때 출력은 $y_C[n]$의 실수부를 취하면 $y[n] = A_y \cos(\Omega n + \theta_y)$이 된다. $|Y| = |H(j\omega)||X|$와 $\measuredangle Y = \measuredangle H(j\omega) + \measuredangle X$를 이용하면 다음 식을 얻는다.

$$A_y = |H(e^{j\Omega})| A_x \quad \text{and} \quad \theta_y = \measuredangle H(e^{j\Omega}) + \theta_x$$

예제 5.12

전달 함수와 주파수 응답

LTI 시스템이 다음과 같은 차분 방정식으로 주어졌다.

$$y[n] - 0.75\, y[n-1] + 0.25\, y[n-2] = x[n]$$

(a) 전달 함수를 구하라.

■ 풀이

다음의 차분 방정식에서

$$\sum_{k=0}^{N} a_k y[n-k] = \sum_{k=0}^{M} b_k x[n-k],\ N = 2,\ M = 0,\ a_0 = 0.25,\ a_1 = -0.75,\ a_2 = 1 \text{ and } b_0 = 1.$$

그러므로 전달 함수는

$$H(z) = \frac{1}{z^2 - 0.75z + 0.25}$$

(b) $x[n] = Xe^{j0.5n}$, $y(t) = Ye^{j0.5n}$ and $X = 12e^{-j\pi/4}$이면 Y의 크기와 위상을 구하라.

■ 풀이

주파수 응답은

$$H(e^{j\Omega}) = \frac{1}{(e^{j\Omega})^2 - 0.75(e^{j\Omega}) + 0.25} = \frac{1}{e^{j2\Omega} - 0.75e^{j\Omega} + 0.25}$$

라디안 주파수는 $\Omega = 0.5$이다. 그러므로

$$H(e^{j\Omega}) = \frac{1}{e^{j} - 0.75e^{j/2} + 0.25} = 2.001e^{-j1.303}$$

$$|Y| = |H(e^{j0.5})| \times 12 = 2.001 \times 12 = 24.012$$

$$\measuredangle Y = \measuredangle H(e^{j0.5}) - \pi/4 = -1.3032 - \pi/4 = -2.0886 \text{ radians}$$

(c) $x[n] = 25\cos(2\pi n/5)$이고 $y[n] = A_y \cos(2n/5 + \theta_y)$이면 A_y와 θ_y를 구하라

■ 풀이

$$A_y = |H(e^{j\pi/9})| A_x = 1.2489 \times 25 = 31.2225$$

$$\theta_y = \measuredangle H(e^{j2\pi/5}) + \theta_x = 2.9842 + 0 = 2.9842 \text{ radians}$$

5.4 요약

1. 모든 LTI 시스템은 완전히 임펄스 응답으로 특징지어 진다.
2. 임의의 입력신호에 대한 LTI 시스템의 응답은 입력과 임펄스 응답의 컨벌루션으로 구한다.
3. 직렬연결 된 LTI 시스템의 임펄스 응답은 각 임펄스 응답의 컨벌루션이 된다.
4. 병렬연결 된 LTI 시스템의 임펄스 응답은 각 임펄스 응답의 합이다.
5. 연속시간 LTI 시스템은 임펄스 응답의 절대 값을 적분할 수 있으면 BIBO 안정하다고 한다.
6. 이산시간 LTI 시스템은 임펄스 응답의 절대 값을 합산 가능하면 BIBO 안정하다고 한다.

해답이 있는 연습문제

연속 시간

임펄스 응답

1. 다음 식으로 기술된 시스템의 임펄스 응답을 구하라.

(a) $y'(t)+5y(t)=x(t)$
(b) $y''(t)+6y'(t)+4y(t)=x(t)$
(c) $2y'(t)+3y(t)=x'(t)$
(d) $4y'(t)+9y(t)=2x(t)+x'(t)$

해답 : $h(t)=-(1/16)e^{-9t/4}u(t)+(1/4)\delta(t),\ e^{-5t}u(t)\ -(3/4)e^{-3t/2}u(t)+(1/2)\delta(t)$

$0.2237(e^{-0.76t}-e^{-5.23t})u(t)$

컨벌루션

2. $x(t)=2\,\mathrm{tri}(t/4)*\delta(t-2)$일 때 다음 값을 구하라.

(a) $x(1)$
(b) $x(-1)$

해답 : 3/2, 1/2

3. $x(t)=-5\,\mathrm{rect}(t/2)*(\delta(t+1)+\delta(t))$일 때 다음 값을 구하라.

(a) $x(1/2)$
(b) $x(-1/2)$
(c) $x(-5/2)$

해답 : -10, 0, -5

4. 다음 함수 값을 구하라.

(a) If $g(t)=4\sin(\pi t/8)*\delta(t-4)$ find $g(-1)$
(b) If $g(t)=-5\,\mathrm{rect}\left(\frac{t+4}{2}\right)*\delta(3t)$ find $g(1)-g(-4)$

해답 : -3.696, 5/3

5. $g(t)$를 그려라.

(a) $g(t)=\mathrm{rect}(t)*\mathrm{rect}(t/2)$
(b) $g(t)=\mathrm{rect}(t-1)*\mathrm{rect}(t/2)$
(c) $g(t)=[\mathrm{rect}(t-5)+\mathrm{rect}(t+5)]*[\mathrm{rect}(t-4)+\mathrm{rect}(t+4)]$

해답 :

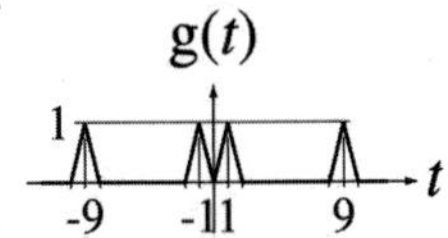

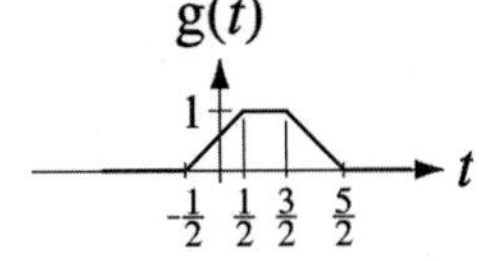

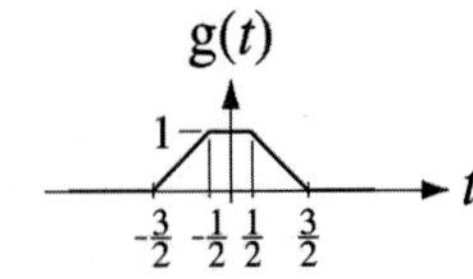

6. 함수를 그려라.

(a) $g(t) = \text{rect}(4t)$
(b) $g(t) = \text{rect}(4t) * 4\delta(t)$
(c) $g(t) = \text{rect}(4t) * 4\delta(t-2)$
(d) $g(t) = \text{rect}(4t) * 4\delta(2t)$
(e) $g(t) = \text{rect}(4t) * \delta_1(t)$
(f) $g(t) = \text{rect}(4t) * \delta_1(t-1)$
(g) $g(t) = (1/2)\,\text{rect}(4t) * \delta_{1/2}(t)$
(h) $g(t) = (1/2)\,\text{rect}(t) * \delta_{1/2}(t)$

해답 :

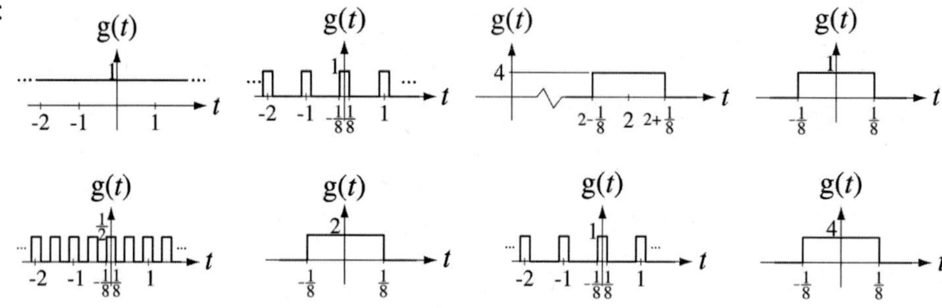

7. 함수를 그려라.

(a) $g(t) = \text{rect}(t/2) * [\delta(t+2) - \delta(t+1)]$
(b) $g(t) = \text{rect}(t) * \text{tri}(t)$
(c) $g(t) = e^{-t}\text{u}(t) * e^{-t}\text{u}(t)$
(d) $g(t) = [\text{tri}(2(t+1/2)) - \text{tri}(2(t-1/2))] * \delta_2(t)$
(e) $g(t) = [\text{tri}(2(t+1/2)) - \text{tri}(2(t-1/2))] * \delta_1(t)$

해답 :

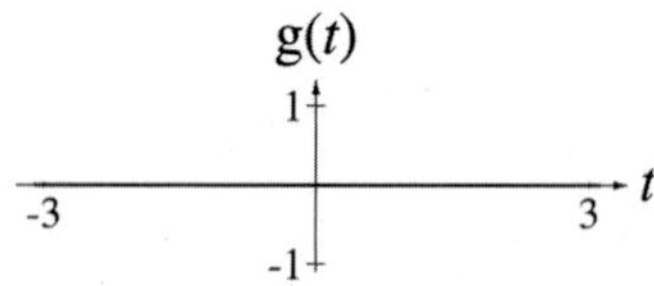

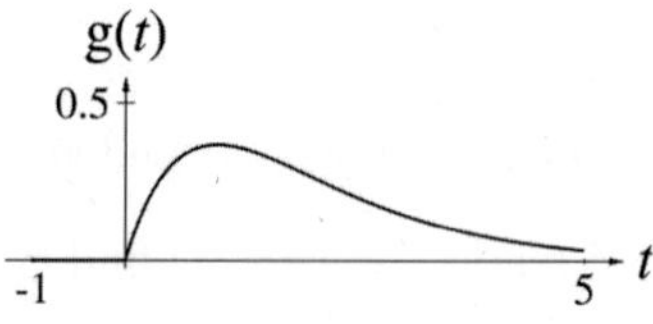

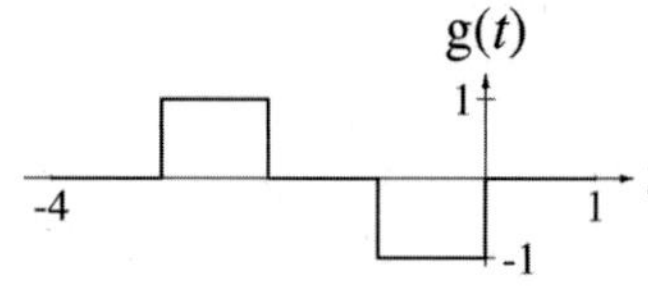

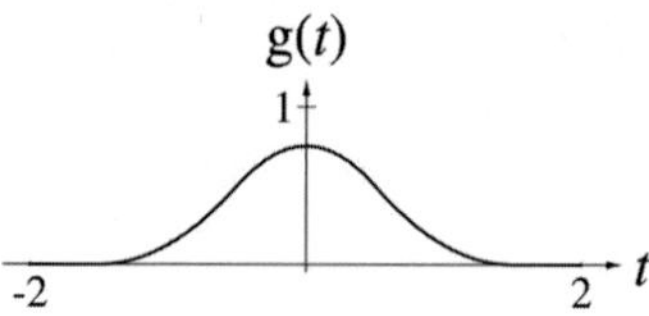

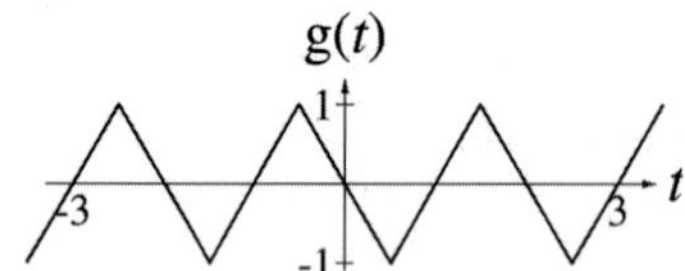

8. 시스템의 임펄스 응답이 $h(t) = 4e^{-4t}u(t)$이다. $x(t) = \text{rect}(2(t-1/4))$에 대한 시스템의 응답을 구하고 그려라.

해답 : y(*t*)

1 -1 1.5 *t*

9. 예제 8에서 시스템의 임펄스 응답을 $h(t) = \delta(t) - 4e^{-4t}u(t)$로 바꾸고 $x(t) = \text{rect}(2(t - 1/4))$에 대한 응답을 구하고 그려라.

해답 : y(*t*)

1 -1 1.5 *t*

10. 〈그림 E.10〉의 회로에서 입력 신호 전압은 $v_i(t)$이고 출력 신호 전압은 $v_0(t)$이다.

(a) *R*과 *L*로 임펄스 응답을 구하라.

(b) 만일 $R = 10\ \text{k}\Omega$이고 $L = 100\ \mu\text{H}$이면 단위 계단 응답을 그려라.

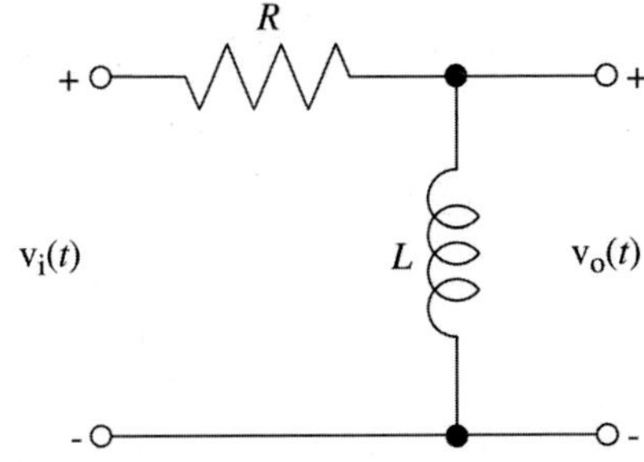

그림 E.10 RL 회로

해답 : $\delta(t) - (R/L)e^{-Rt/L}u(t)$,

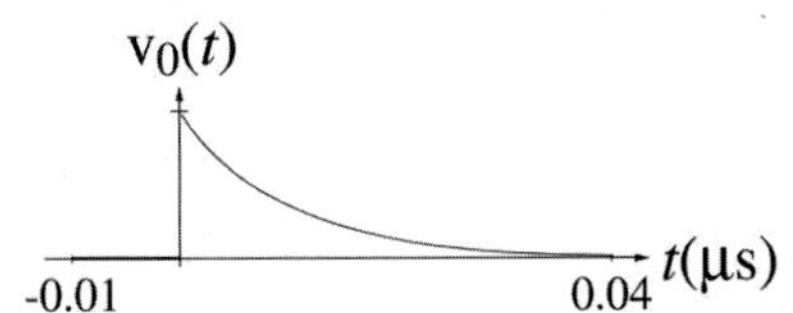

11. 두 시스템의 임펄스 응답이 $h_1(t) = u(t) - u(t-4)$와 $h_2(t) = \text{rect}((t-2)/4)$이다. 두 시스템이 직렬연결 시 $x(t) = \delta(t)$에 대한 전체 시스템의 응답 $y(t)$를 그려라.

해답 :

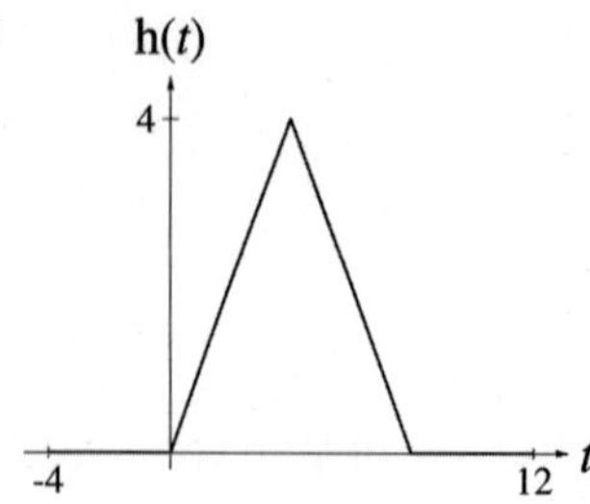

12. 예제 1의 시스템에서 단위 계단 입력에 대한 출력을 그려라.

해답 :

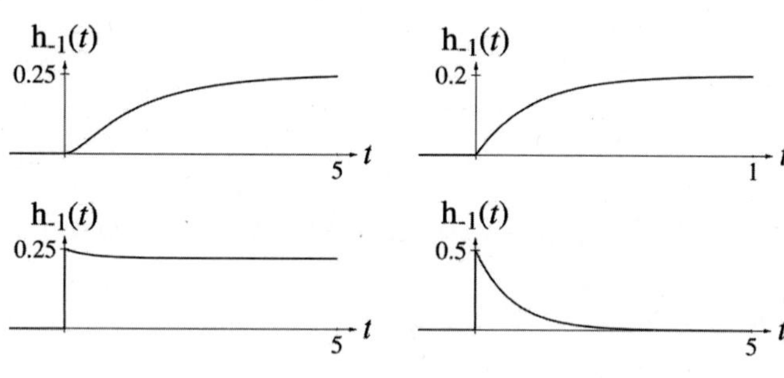

안정성

13. 〈그림 E.13〉에서 두 시스템의 임펄스 응답을 구하라. 시스템이 BIBO 안정한가?

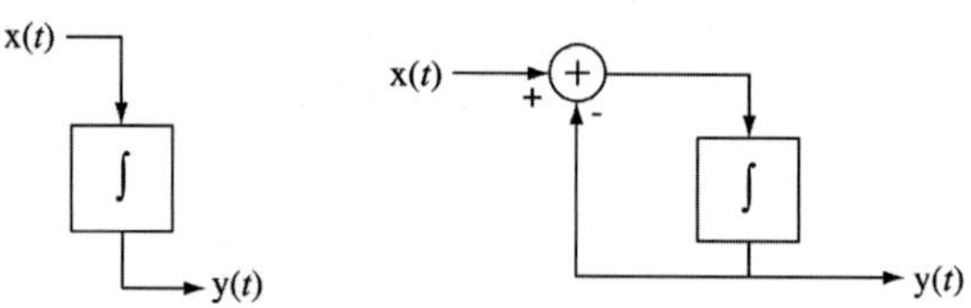

그림 E.13 두 단일 적분 시스템

해답 : One BIBO stable, one BIBO unstable.

14. 〈그림 E.14〉에 있는 시스템의 임펄스 응답을 구하라. 시스템이 BIBO 안정한가?

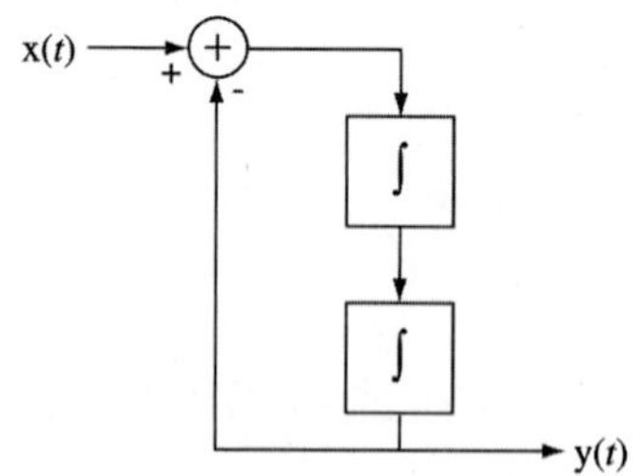

그림 E.14 2 적분기 시스템

해답 : BIBO unstable.

15. 〈그림 E.15〉에 있는 시스템의 임펄스 응답을 구하고 시스템의 BIBO 안정도를 평가하라.

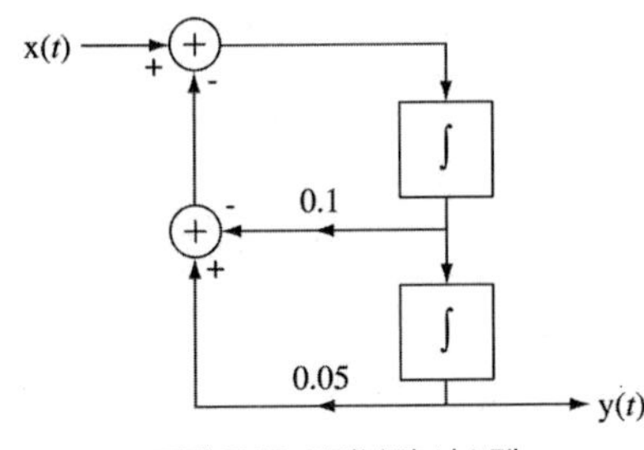

그림 E.15 2 적분기 시스템

해답 : $4.589e^{0.05t}\sin(0.2179t)\mathrm{u}(t)$, Not BIBO stable.

이산시간

임펄스 응답

16. 다음 식으로 기술된 시스템의 임펄스 응답을 구하라.

(a) $\mathrm{y}[n] = \mathrm{x}[n] - \mathrm{x}[n-1]$
(b) $25\mathrm{y}[n] + 6\mathrm{y}[n-1] + \mathrm{y}[n-2] = \mathrm{x}[n]$
(c) $4\mathrm{y}[n] - 5\mathrm{y}[n-1] + \mathrm{y}[n-2] = \mathrm{x}[n]$
(d) $2\mathrm{y}[n] + 6\mathrm{y}[n-2] = \mathrm{x}[n] - \mathrm{x}[n-2]$

해답 : $[1/3 - (1/12)\,(1/4)^n]\mathrm{u}[n], \delta[n] - \delta[n-1]$,

$(\sqrt{3}/2)\cos(\pi n/2)(\mathrm{u}[n] + \mathrm{u}[n-2])$, $\mathrm{h}[n] = \cos(2.214n + 0.644)/[20(5)^n]$

컨벌루션

17. 다음 함수 값을 구하라.

(a) If $\mathrm{g}[n] = 10\cos(2\pi n/12) * \delta[n+8]$ find g[4].
(b) If $\mathrm{g}[n] = (\mathrm{u}[n+2] - \mathrm{u}[n-3]) * (\delta[n-1] - 2\delta[n-2])$ find g[2]

해답 : -1, 10

18. 다음 컨벌루션을 구하라.

$\mathrm{y}[n] = \mathrm{x}[n] * \mathrm{h}[n]$ where $\mathrm{x}[n] = \mathrm{u}[n] - \mathrm{u}[n-4]$ and $\mathrm{h}[n] = \delta[n] - \delta[n-2]$

해답 :

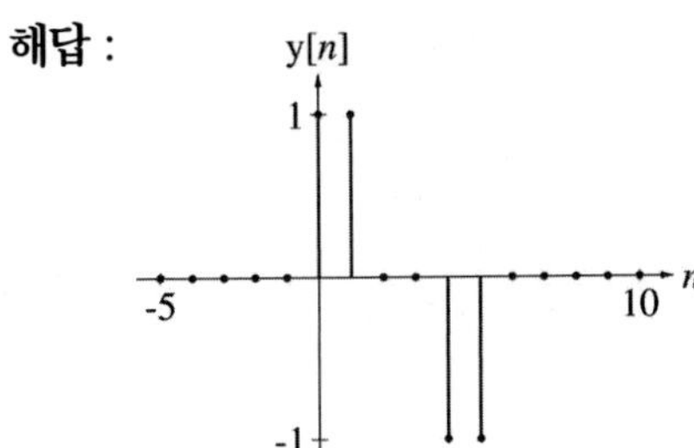

19. g[n]의 그래프를 그려라. 분석적 해를 구하라. 분석 해를 MATLAB 명령어 conv를 사용한 컨벌루션 결과와 비교하라.

(a) $g[n] = u[n] * u[n]$ (b) $g[n] = 3\delta[n-4] * (3/4)^n u[n]$

(c) $g[n] = (u[n] - u[n-7]) * (u[n] - u[n-4])$

해답 :

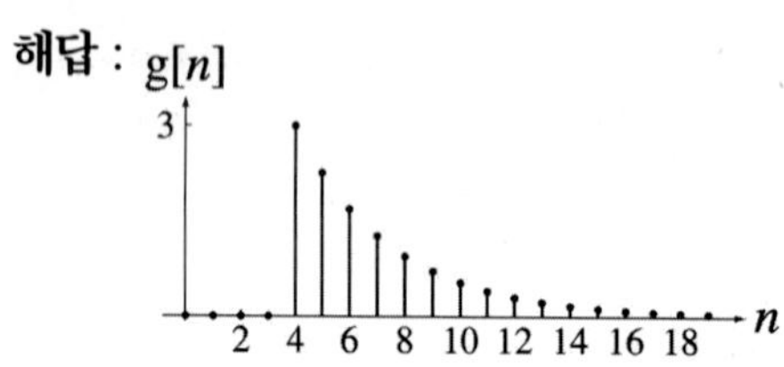

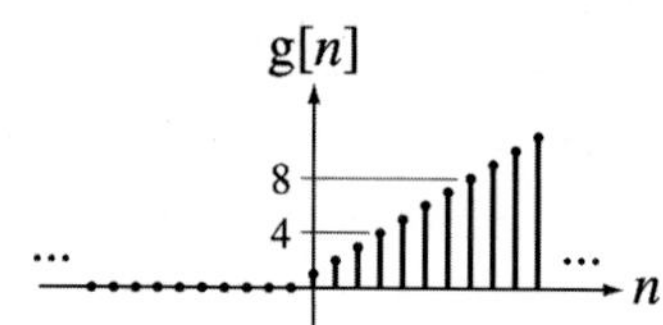

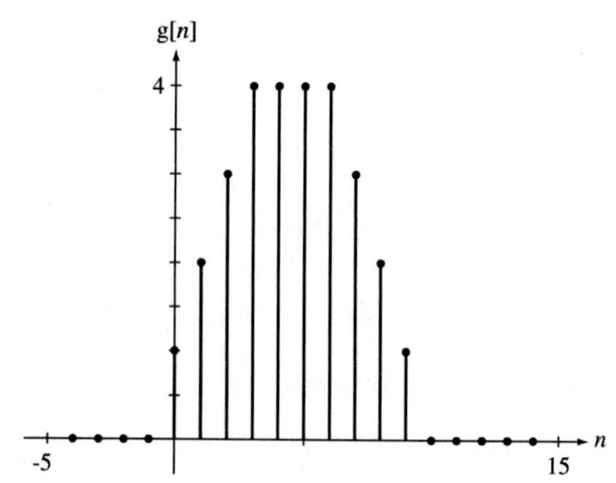

20. 여기는 $x[n] = \sin(2\pi n/32)$이고 임펄스 응답은 $h[n] = (0.95)^n u[n]$일 때 시스템 응답 y[n]의 닫힌 형태의 해를 구하고 그래프를 그려라.

해답 :

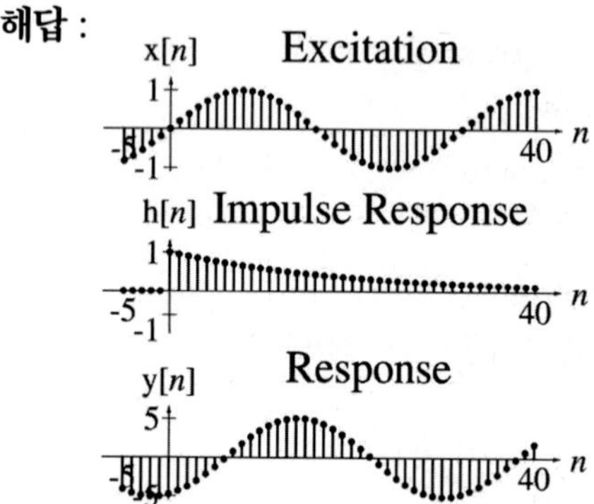

21. 여기 x[n]과 임펄스 응답 h[n]이 주어졌을 때 MATLAB을 이용해 시스템 응답 y[n]을 그려라.

(a) $x[n] = u[n] - u[n-8]$, $h[n] = \sin(2\pi n/8)(u[n] - u[n-8])$
(b) $x[n] = \sin(2\pi n/8)(u[n] - u[n-8])$, $h[n] = -\sin(2\pi n/8)(u[n] - u[n-8])$

해답 :

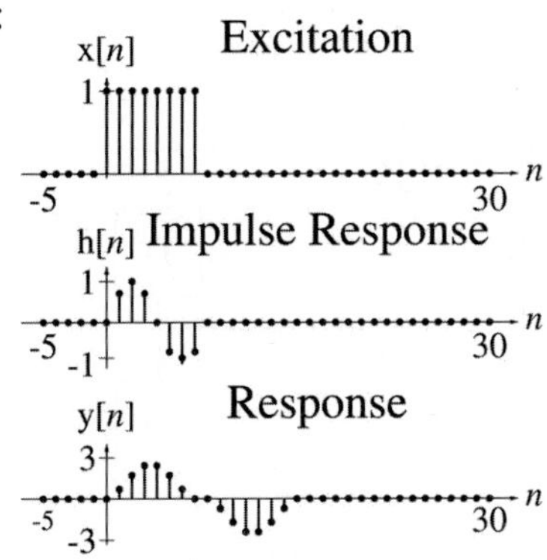

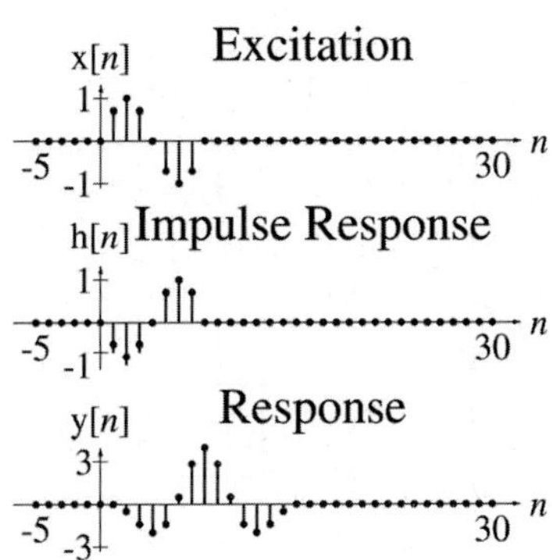

22. 〈그림 E.22〉에 있는 시스템의 단위 시퀀스 응답을 구하고 그려라.

(a)

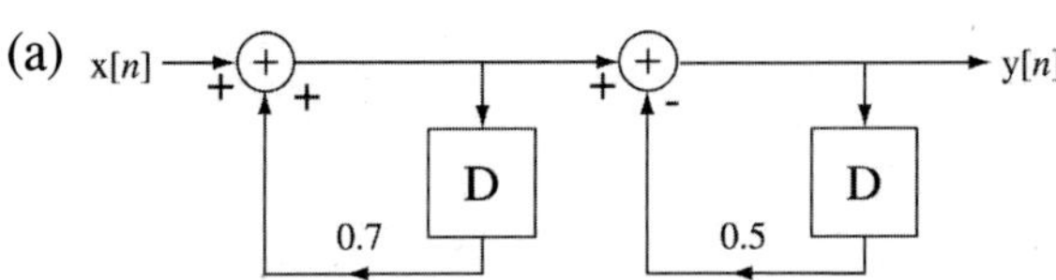

(b)

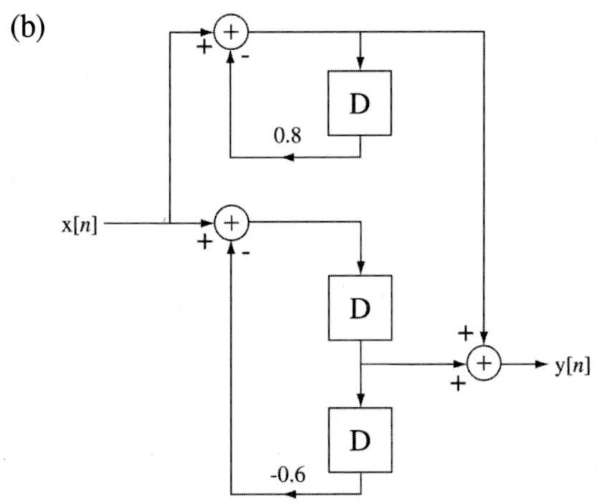

그림 E.22

해답 :

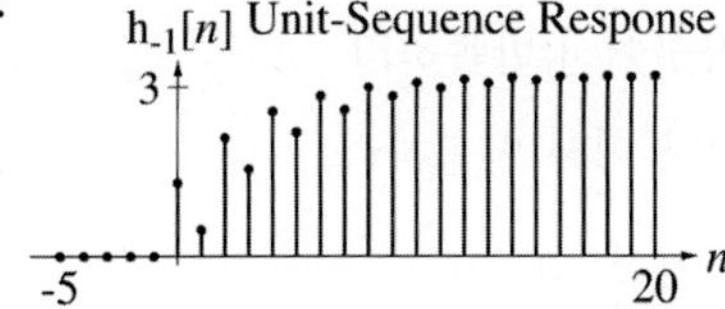

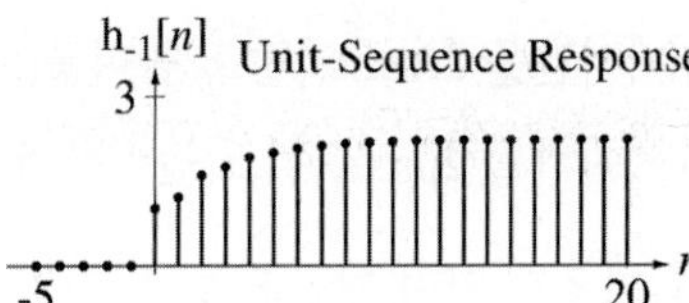

23. 〈그림 E.23〉의 시스템 중 BIBO 안정한 것은?

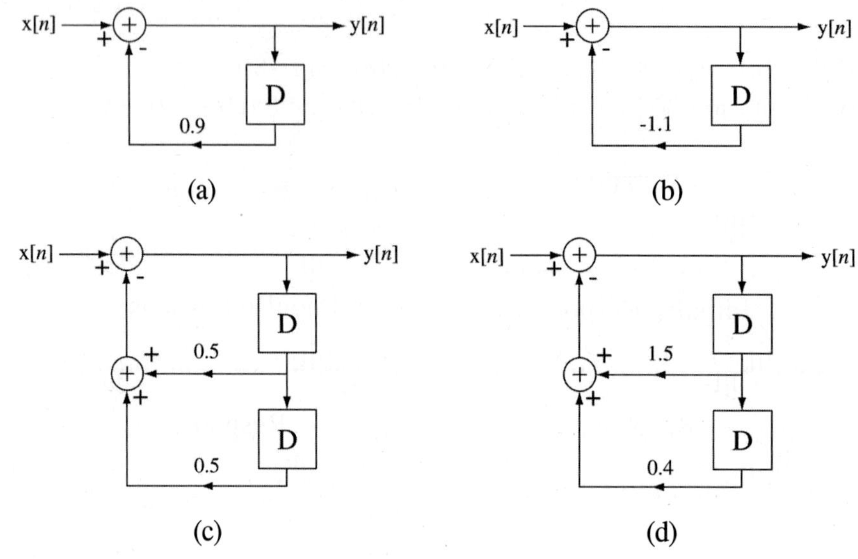

그림 E.23

해답 : Two stable and two unstable.

해답이 없는 연습문제

연속시간

임펄스 응답

24. 다음 식으로 기술된 시스템의 임펄스 응답을 구하라.

(a) $4\mathrm{y}''(t) = 2\mathrm{x}(t) - \mathrm{x}'(t)$
(b) $\mathrm{y}''(t) + 9\mathrm{y}(t) = -6\mathrm{x}'(t)$
(c) $-\mathrm{y}''(t) + 3\mathrm{y}'(t) = 3\mathrm{x}(t) + 5\mathrm{x}''(t)$

25. $t = 0$에서 시작하고 폭이 2초이고 높이가 0.5V 구형파 전압 펄스가 $R = 10\ \mathrm{k\Omega}$, $C = 100\ \mu\mathrm{F}$인 RC 저주파 통과 필터를 여기한다.

(a) 커패시터 양단의 전압 대 시간 그래프를 구하라.
(b) 펄스 유지시간을 0.2s로, 펄스 높이를 5V 바꾸어서 반복하라.
(c) 펄스 유지시간을 2ms로, 펄스 높이를 500V 바꾸어서 반복하라.
(d) 펄스 유지시간을 2μs로, 펄스 높이를 500kV 바꾸어서 반복하라.

이런 결과를 기초로 입력 전압을 단위 임펄스로 할 경우 어떻게 될 것인가?

컨벌루션

26. 연속 시간 함수의 변수의 범위가 0에서 4까지 0이 아니다. 그것이 변수의 범위가 -3에서 -1까지 0이 아닌 함수와 컨벌루션 된다. 둘의 컨벌루션의 0이 아닌 범위는?

27. 어떤 함수를 $-2\cos(t)$와 컨벌루션 해야 $6\sin(t)$가 되겠는가(정답이 하나 이상일 수 있다)?

28. 다음 함수의 그래프를 그려라.

(a) $g(t) = 3\cos(10\pi t) * 4\delta(t+1/10)$ (b) $g(t) = \text{tri}(2t) * \delta_1(t)$
(c) $g(t) = 2[\text{tri}(2t) - \text{rect}(t-1)] * \delta_2(t)$ (d) $g(t) = 8[\text{tri}(t/4)\delta_1(t)] * \delta_8(t)$
(e) $g(t) = e^{-2t}u(t) * [\delta_4(t) - \delta_4(t-2)]$

29. 〈그림 E.29〉의 각 그래프가 그룹 $x_1(t) \cdots x_8(t)$에서 해당되는 신호 또는 신호들을 구하라. (해당 신호는 A부터 E까지 중의 한 가지가 아닐 수도 있다).

$x_1(t) = \delta_2(t) * \text{rect}(t/2)$, $x_2(t) = 4\delta_2(t) * \text{rect}(t/2)$, $x_3(t) = (1/4)\delta_{1/2}(t) * \text{rect}(t/2)$
$x_4(t) = \delta_{1/2}(t) * \text{rect}(t/2)$, $x_5(t) = \delta_2(t) * \text{rect}(2t)$, $x_6(t) = 4\delta_2(t) * \text{rect}(2t)$
$x_7(t) = (1/4)\delta_{1/2}(t) * \text{rect}(2t)$, $x_8(t) = \delta_{1/2}(t) * \text{rect}(2t)$

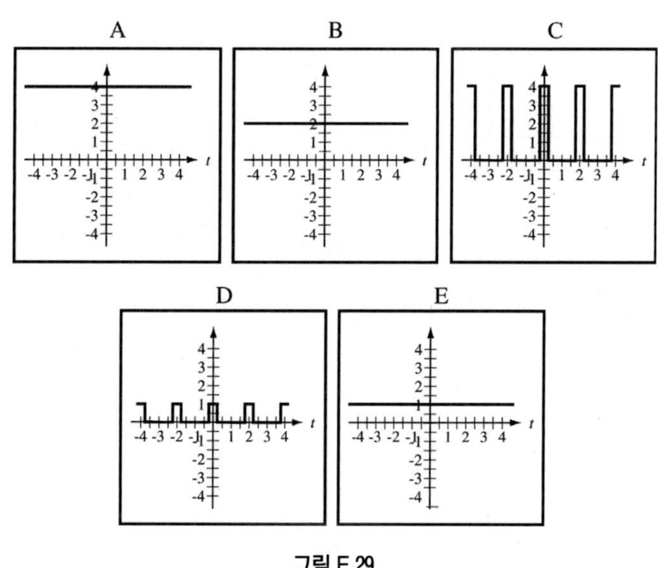

그림 E.29

30. 다음 신호의 평균 신호 전력을 구하라.

(a) $x(t) = 4\,\text{rect}(t) * \delta_4(t)$ (b) $x(t) = 4\,\text{tri}(t) * \delta_4(t)$

31. $x(at)*h(at)$의 면적을 구하여 컨벌루션 적분의 면적 특성과 스케일링 특성이 일치함을 보이고 $x(t)*h(t)$의 면적과 비교하라.

32. 함수 $g(t)$와 이중항(doublet) 함수의 컨벌루션은 다음과 같이 쓸 수 있다.

$$g(t)*u_1(t)=\int_{-\infty}^{\infty} g(\tau)u_1(t-\tau)d\tau.$$

부분 적분을 써서 $g(t)*u_1(t)=g'(t)$임을 보여라.

안정성

33. 〈그림 E.33〉의 시스템에 대해 미분방정식을 써라. 임펄스 응답을 구하고 안정한지 판단하라. 각 시스템의 a=0.5, b=-0.1이다. 그리고 재정의된 응답의 시스템 안정성에 대해 언급하라.

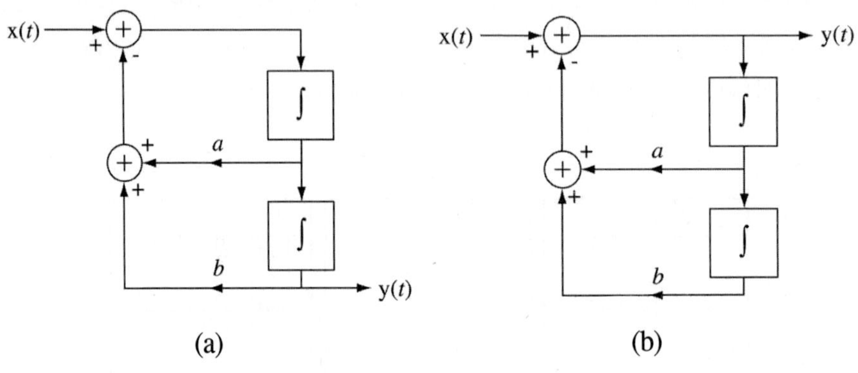

그림 E.33

34. 〈그림 E.34〉에서 시스템의 임펄스 응답을 구하고 BIBO 안정성을 평가하라.

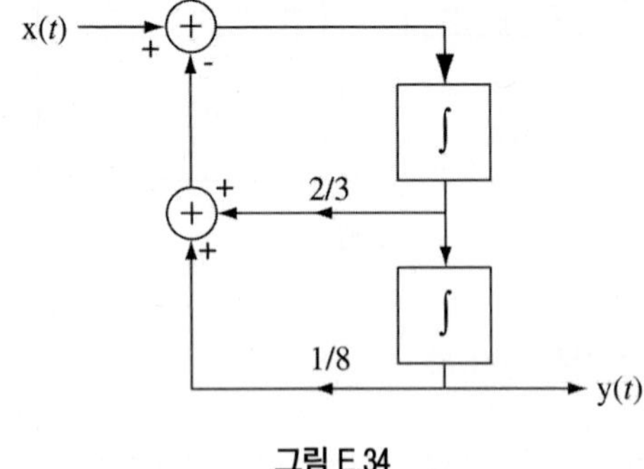

그림 E.34

35. 다음 4개의 사각형 함수는 쌍으로 컨벌루션을 취한다(사각형 함수 자신과의 컨벌루션도 포함한다). 그 아래 컨벌루션이 나타나 있다. 각 그래프가 어떠한 사각형 함수들로 컨벌루션한 결과인지 정하라.

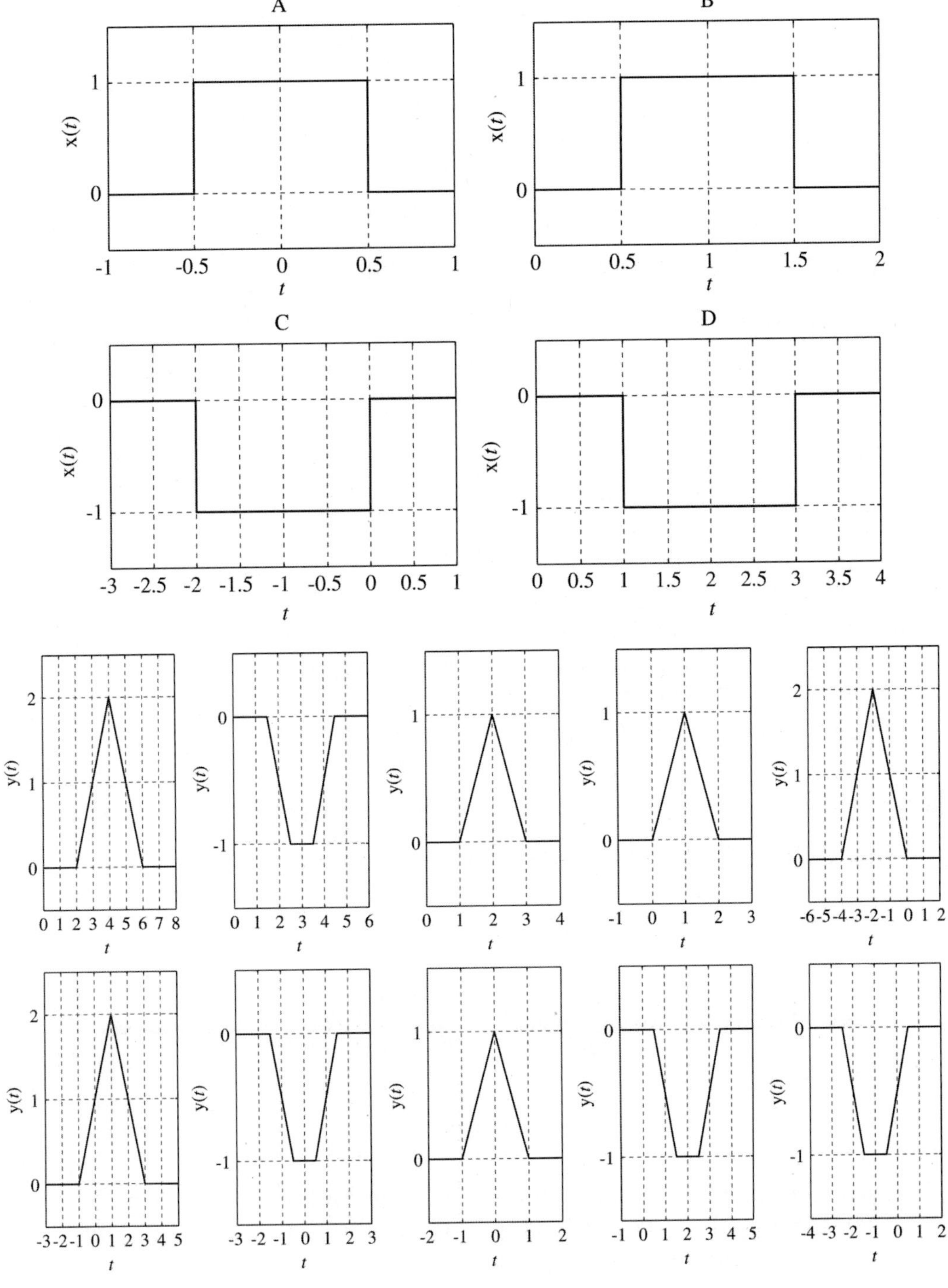

이산시간

임펄스 응답

36. 〈그림 E.36〉에서 시스템의 임펄스 응답 $h[n]$을 구하라.

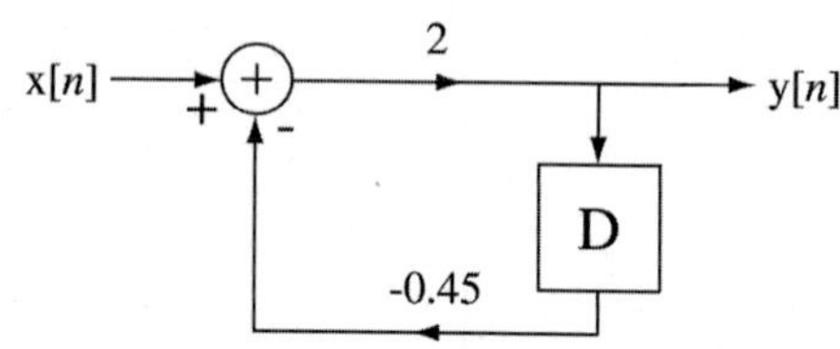

그림 E.36 시스템 블록 선도

37. 다음 방정식으로 표현된 시스템의 임펄스 응답을 구하라.

(a) $3y[n]+4y[n-1]+y[n-2]=x[n]+x[n-1]$
(b) $(5/2)y[n]+6y[n-1]+10y[n-2]=x[n]$

컨벌루션

38. $g[n]$의 그래프를 그려라. MATLAB conv함수로 검증하라.

(a) $g[n]=(u[n+1]-u[n-2])*\sin(2\pi n/9)$
(b) $g[n]=(u[n+2]-u[n-3])*\sin(2\pi n/9)$
(c) $g[n]=(u[n+4]-u[n-5])*\sin(2\pi n/9)$
(d) $g[n]=(u[n+3]-u[n-4])*(u[n+3]-u[n-4])*\delta_{14}[n]$
(e) $g[n]=(u[n+3]-u[n-4])*(u[n+3]-u[n-4])*\delta_{7}[n]$
(f) $g[n]=2\cos(2\pi n/7)*(7/8)^n u[n]$

39. 〈그림 E.39〉(1)에 그래프 1에서 4까지 주어졌다. a부터 j까지의 각 컨벌루션 표현을 〈그림 E.39〉(2)의 a부터 h까지 나와 있는 함수로 짝을 맞춰라(맞는 것이 있을 경우).

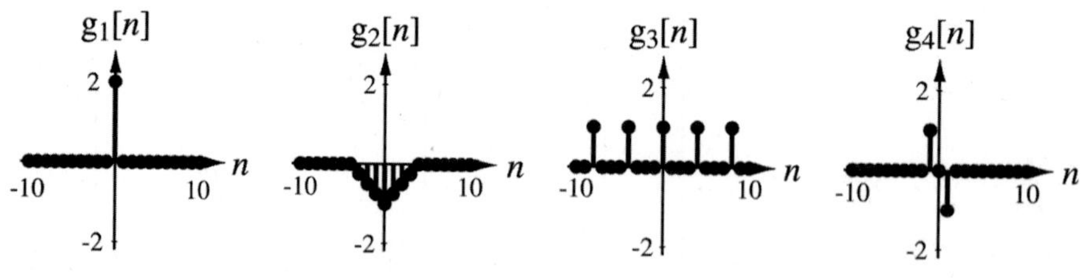

그림 E.39.1

(a) $g_1[n]*g_1[n]$ (b) $g_2[n]*g_2[n]$ (c) $g_3[n]*g_3[n]$ (d) $g_4[n]*g_4[n]$
(e) $g_1[n]*g_2[n]$ (f) $g_1[n]*g_3[n]$ (g) $g_1[n]*g_4[n]$ (h) $g_2[n]*g_3[n]$
(i) $g_2[n]*g_4[n]$ (j) $g_3[n]*g_4[n]$

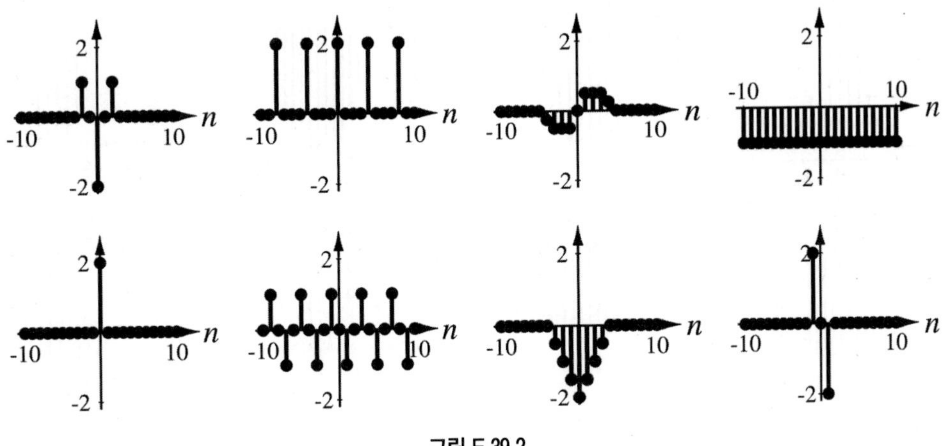

그림 E.39.2

40. 처음 6개 그래프는 컨벌루션을 수행할 6개의 이산시간 신호이다(각 신호는 그래프로 그려진 범위 밖에서는 0이다). 그 아래의 것은 위 신호 2개를 써서 컨벌루션한 12개의 결과이다(신호 자신과의 컨벌루션도 포함한다). 각 컨벌루션 결과에 대해 어떤 두 신호로 컨벌루션한 결과인지 정하라(각 1점).

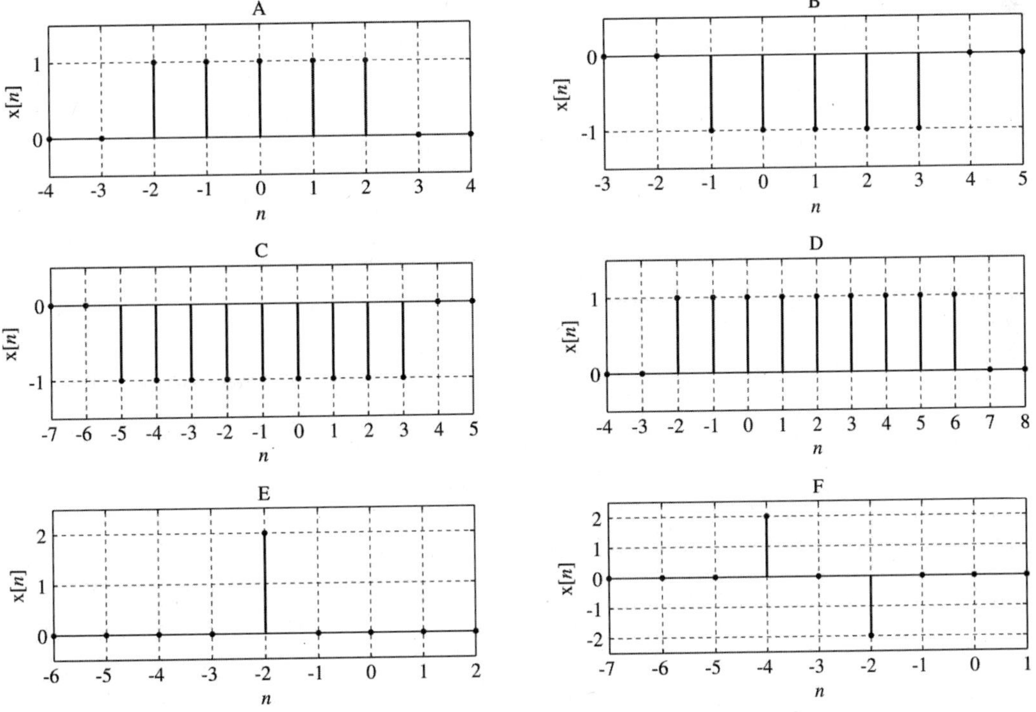

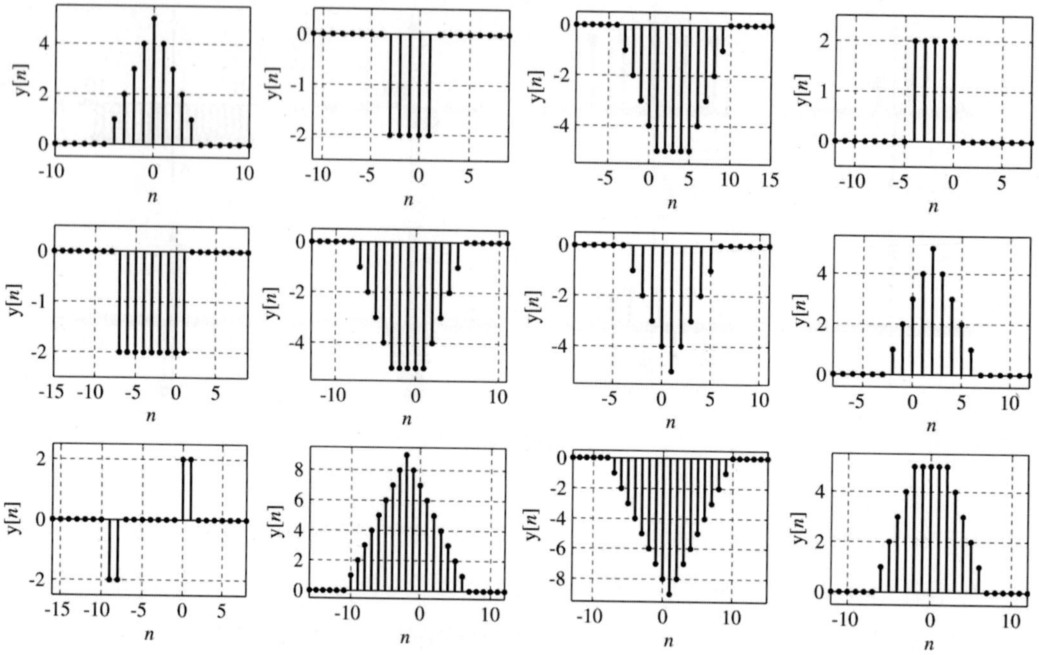

41. 〈그림 E.41〉에서 각 부 시스템의 임펄스 응답을 구하고 직렬연결 된 두 부 시스템의 임펄스 응답을 구하라.

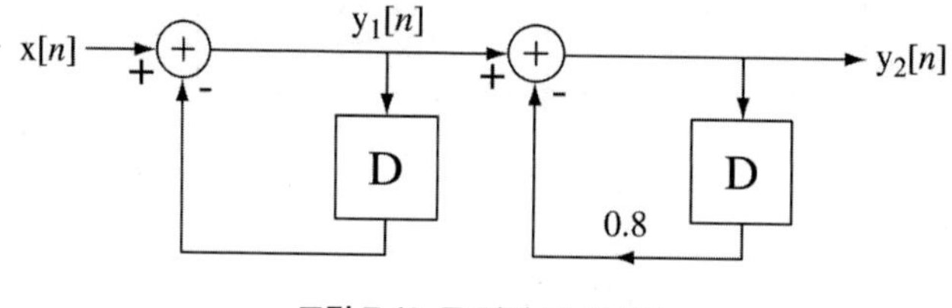

그림 E.41 두 직렬 부 시스템

42. 여기 x[n]과 임펄스 응답 h[n]이 주어졌을 때 시스템 응답 y[n]의 닫힌 형태의 표현식을 구하고 그래프를 그려라.

(a) $x[n]=u[n], \quad h[n]=n(7/8)^n u[n]$

(힌트: $\sum_{n=0}^{N-1} r^n = \begin{cases} \dfrac{1-r^N}{1-r}, & r \neq 1 \\ N, & r=1 \end{cases}$ 을 r에 관하여 미분하라.)

(b) $x[n]=u[n], \qquad h[n]=(4/7)\delta[n]-(-3/4)^n u[n]$

안정성

43. 시스템이 이산시간 단위 램프 함수에 의해 여기되고 응답은 유한하지 않다. 이러한 사실만 가지고 시스템이 BIBO 안정한지 아닌지를 판단할 수 있는가? 이유는 무엇인가?

44. 시스템이 단위 시퀀스 함수에 의해 여기되고 응답은 $K(1-\alpha^n)$이다.

    (a) 만일 K가 -2이고 α가 1.1이면 시스템이 BIBO 안정한가?

    (b) 만일 K가 2이고 α가 -1.1이면 시스템이 BIBO 안정한가?

45. 모든 음의 시간에 대해 어떤 시스템의 임펄스 응답은 0이고, $n \geq 0$일 때 교류 신호 1, -1, 1, -1, 1, -1,…이 영원히 지속된다. 이것이 안정한가?

6 CHAPTER

연속 시간 푸리에 급수

6.1 개요 및 학습 목표

5장에서 입력신호는 임펄스의 선형결합으로 나타내고 응답은 임펄스 응답의 선형결합으로 나타냄으로써 LTI 시스템의 출력을 구하는 방법을 배웠다. 이런 기법을 컨벌루션이라고 한다. 이런 유형의 해석은 선형성과 중첩성을 이용하며 복잡한 해석 문제를 여러 개의 좀 더 간단한 해석 문제로 분해한다.

또한 이 장에서 입력신호를 간단한 신호의 선형결합으로 표현할 것이며 이제는 그러한 신호는 정현파가 될 것이다. 출력은 그러한 정현파에 대한 응답의 선형결합이 될 것이다. 5장에서 살펴 보았듯이 정현파에 대한 LTI 시스템의 출력은 입력과 동일한 주파수를 가지는 정현 함수이다. 이때 일반적으로 그 크기와 위상은 달라진다. 이러한 방식으로 신호를 표시하는 것은 주파수 영역(frequency domain) 개념, 즉 신호를 시간에 대한 함수가 아닌 주파수에 대한 함수로 해석할 수 있도록 해 준다.

신호를 정현파의 선형 결합으로 분석하는 것은 그렇게 이상하게 들리지 않는다. 사람의 귀도 이와 비슷한 작업을 수행한다. 어떤 소리를 들을 때 뇌에서는 실제로 어떤 반응이 일어날까? 1장에 나타나 있듯이 귀는 기압의 변화를 감지한다. 이러한 기압의 변화는 휘파람 소리와 같은 하나의 주파수를 가진 것일 수도 있다. 휘파람 소리를 들을 때 실제로 시간에 따른 기압의(매우 빠른) 진동을 알아차리지는 못한다. 그 대신 그 소리의 주요한 세 가지 특성인 음색(주파수의 동의어), 강도 또는 크기 그리고 길이를 알아낸다. 뇌에 있는 청각 시스템은 신호를 세 가지로 표현할 수 있는 변수인 음색, 강도 및 길이로 효과적으로 변수화 하고 매우 빠르게 움직이는(그리고 매우 자주 반복되는) 것은 상세하게 감지하려 하지 않는다. 그렇게 함으로써 청각 시스템은 신호 속에 들어 있는 정보에서 감지할 수 있는 것만 추출해 낸다. 신호를 정현파들의 선형 결합으로 해석하는 것은 이러한 인간의 청각 시스템과 다소 유사하지만 수학적으로 보다 정확한 방법이 되는 것이다. 이러한 방식의 신호 해석은 또한 시스템의 성질에 대한 새로운 통찰을 가능하게 해 주고 또 어떤 시스템에서는 시스템 설계와 분석 작업을 대폭 간소화할 수 있게 해 준다.

학습 목표

1. 주기 신호를 정현파의 선형결합으로 표현하는 방법인 푸리에 급수를 정의한다.
2. 직교성의 개념을 이용하여 신호를 시간과 주파수 상에서 서로 변환하여 기술하는 방법을 유도한다.
3. 푸리에 급수로 표현할 수 있는 신호의 유형을 결정한다.
4. 푸리에 급수의 성질을 전개하고 사용하는 방법을 배운다.
5. 비주기 신호를 표현할 수 있도록 푸리에 급수를 푸리에 변환으로 일반화한다.
6. 일반적으로 매우 유용한 몇 가지 신호에 적용할 수 있도록 푸리에 변환을 일반화한다.
7. 푸리에 변환의 성질을 전개하고 사용하는 방법을 배운다.
8. 예제를 통해 푸리에 급수와 푸리에 변환의 적용사례를 알아본다.

6.2 연속시간 푸리에 급수

개념적 기초

신호 및 시스템 해석에서 일반적인 상황은 주기적인 신호를 입력으로 받는 LTI 시스템이다. 5장에서 배운 중요한 결과 중의 하나는 LTI 시스템에 정현파를 입력하면 출력 또한 동일한 주파수를 가지는 정현파가 되며 일반적으로 그 크기와 위상만 달라진다는 것이다. 이것은 LTI 시스템을 나타내는 미분방정식의 고유함수가 복소 지수 함수이고 정현파는 복소 지수 함수의 선형 결합이기 때문이다.

4장에서 배운 또 다른 중요한 결과 중의 하나는 LTI 시스템이 여러 신호의 합으로 구성된 신호를 입력으로 받으면 그 출력은 입력 신호의 합을 구성하고 있는 각 개별신호에 대한 출력 신호들의 합과 같다는 것이다. 따라서 임의의 신호를 정현파의 선형 결합으로 표현할 수 있다면 중첩성의 원리를 이용하여 이 임의의 신호에 대한 LTI 시스템의 출력은 각 개별 정현파에 대한 출력을 모두 더하여 구할 수 있게 된다. 주기 신호를 정현파의 선형 결합으로 표현하는 것을 푸리에[1] 급수(Fourier series)라 한다. 정현파는 $A\cos(2\pi t/T_0 + \theta)$와 같이 실수 정현파일 수도 있고 또는 $Ae^{j2\pi t/T_0}$와 같이 복소 정현파일 수도 있다.

실제 신호를 복소 정현파의 선형결합으로 표현하는 개념을 처음 소개했을 때 (외견상으로 불필요한) 차원인 허수 성분의 숫자와 함수를 왜 도입해야 하는지 학생들은 종종 당황스러워 한다. 오일러의 공식 $e^{jx} = \cos(x) + j\sin(x)$는 실제의 사인파와 복소 사인파 사이의 매우 밀접한 관계를 설명해 준다. 간결한 표기와 복소 정현파를 사용하면 수학적으로 간결하기 때문에 실수의 정현파보다 해석에 더 편리하고 강력하다.

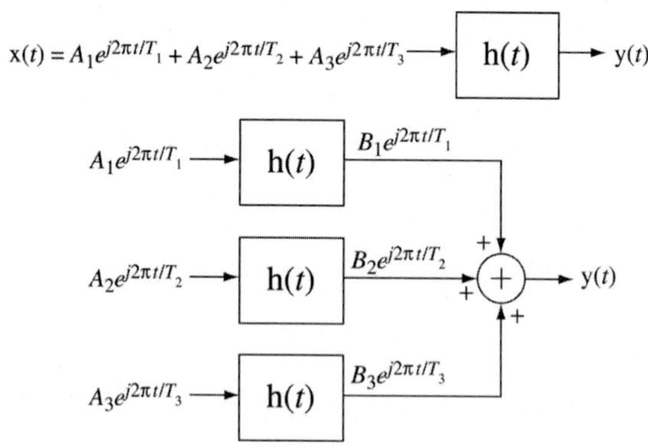

그림 6.1 LTI 시스템의 입력 신호가 복소 정현파의 합으로 구성될 때 출력 신호는 각 개별 복소 정현파에 대한 출력의 합이 되는 등가 모델

입력 신호를 정현파의 선형 결합으로 표현할 수 있다면 선형성과 중첩성의 원리를 이용할 수 있으며 각각의 신호를 차례로 시스템에 인가하여 각각의 응답을 더하여 전체적인 응답을 얻을 수 있다〈그림 6.1〉.

〈그림 6.2〉에 점선으로 표시된 임의의 신호 x(t)를 시작 시간 t_0부터 t_0+T까지 일정한 시

---

1 장 밥티스트 조제프 푸리(Jean Baptiste Joseph Fourier)에는 18세기 말에서 19세기 초에 살았던 프랑스 수학자였다(Fourier를 흔히 영어 단어 4를 뜻하는 four와 비슷하게 포리에라고 발음하는 경우가 흔하지만 프랑스 발음으로 정확하게 마치 foor를 읽듯이 푸리에라고 해야 한다. foor에서 마치 tour를 읽는 것과 같은 발음이다). 푸리에는 프랑스 대혁명이 일어나고 또 나폴레옹 보나파르트(Napolean Bonaparte, 흔히 나폴레옹이라고 부르는)가 통치하던 시대에 살았다. 푸리에는 파리 과학 아카데미의 사무총장을 역임했다. 고체에서의 열의 전달을 연구하던 중 푸리에는 푸리에 급수와 푸리에 적분을 개발하게 된다. 푸리에가 그 당시 프랑스의 저명한 수학자들인 라플라스(Laplace), 라그랑주(LaGrange) 및 라크루와(LaCroix)에게 처음으로 그의 이론을 발표했을 때 그들은 그 이론에 관심은 가졌으나 특히 라그랑주는 그의 이론이 수학적으로 완벽하지 못하다고 생각했다. 이런 이유로 인해 그의 이론은 그 당시 논문으로 채택되지 못했다. 몇 년 후 독일의 수학자 디리클레(Dirichlet)는 푸리에의 이론을 적용하여 어떤 함수를 푸리에 급수로 나타낼 수 있고, 또 어떤 함수는 나타낼 수 없는지에 대한 보다 견고한 이론을 제시했다. 이후 푸리에는 그의 유명한 이론 'Theorie analytique de la chaleur'를 논문으로 게재할 수 있게 된다.

간 동안 정현파 함수들의 선형 결합으로 나타내려고 한다. 이 그림에서 가능한 한 간단하게 시각화하기 위해 실수 값을 갖는 사인파를 사용할 것이다.

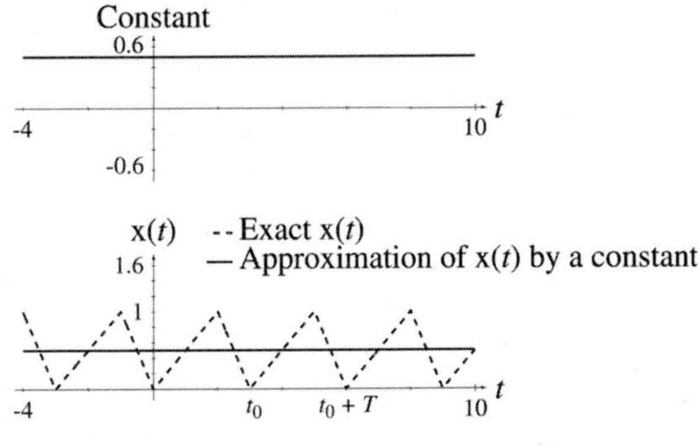

그림 6.2 상수를 이용한 신호의 근사화

〈그림 6.2〉에는 구간 $t_0 \le t < t_0 + T$에서 신호의 평균 값인 상수 0.5로 신호를 근사화한 결과가 나타나 있다. 상수는 정현파의 특별한 경우, 즉 0의 주파수를 갖는 코사인이다. 이것은 x(t)를 상수로 근사화할 수 있는 최선의 방법이다. 여기서 '최선'의 의미는 근사화한 값과 x(t)와의 평균제곱오차가 가장 작은 것을 말한다. 물론 상수는 가장 최선일지라도 이러한 신호에 대해 그렇게 좋은 근사값은 아니다. x(t)의 기본 주파수와 같은 주파수를 가지는 정현파를 상수에 더함으로써 이보다는 더 근접한 근사화를 할 수 있다〈그림 6.3〉.

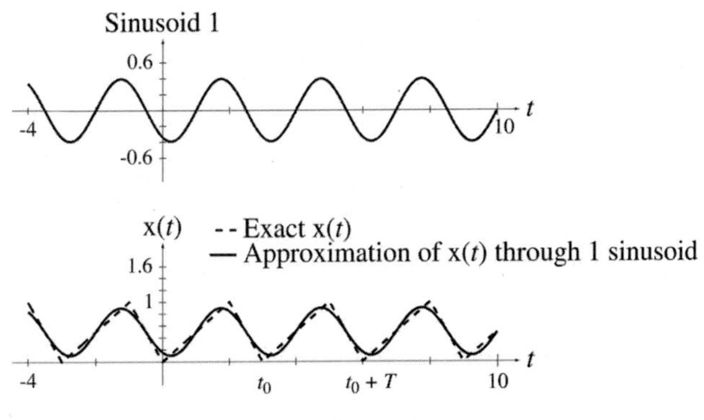

그림 6.3 상수에 하나의 정현파를 더한 신호의 근사화

위의 근사화 결과를 보면 바로 이전에 상수만을 사용해 근사화한 것에 비해 엄청나게 개선되었음을 알 수 있다. 또한 이것은 하나의 상수와 x(t)와 동일한 주파수를 가지는 하나의 정현파를 이용한 근사화 방법 중 최선의 것이다. 이러한 근사화는 x(t)의 기본 주파수의 2배가 되는 정현파를 하나 더 더하여 더욱 개선할 수 있다〈그림 6.4〉.

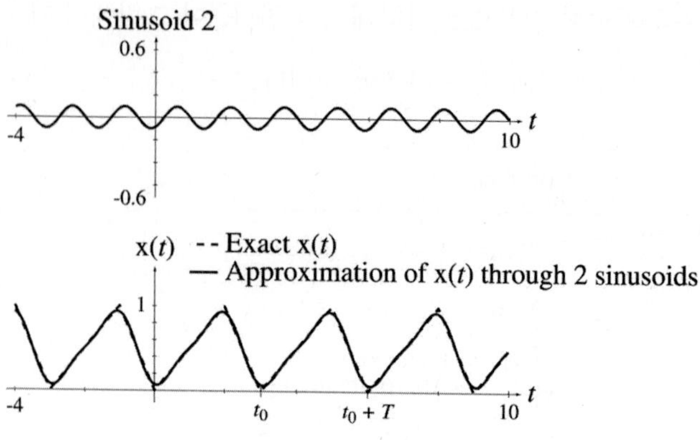

그림 6.4 상수에 두 개의 정현파를 더한 신호의 근사화

이처럼 x(t)의 기본 주파수의 정수 배를 가지는 정현파들을 적절히 더해 가면 점점 더 근접한 신호를 만들 수 있고, 더해지는 정현파의 수가 무한대로 가까이 가면 근사화 된 결과는 완전히 똑같아지는 것을 알 수 있다〈그림 6.5, 6.6〉.

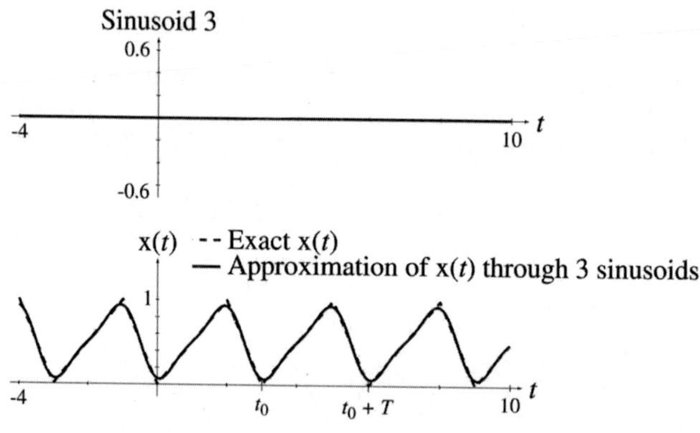

그림 6.5 상수에 세 개의 정현파를 더한 신호의 근사화

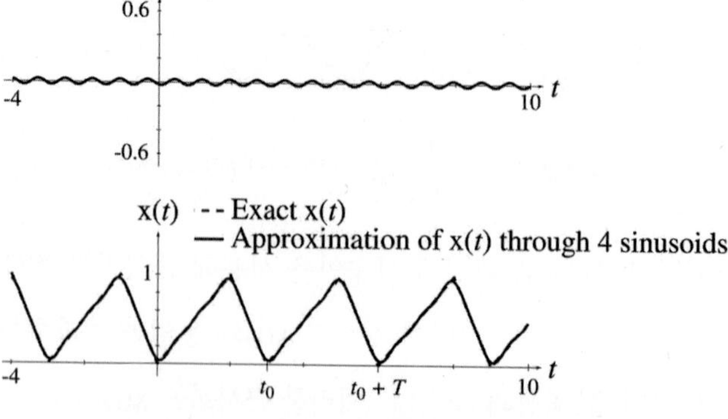

그림 6.6 상수에 네 개의 정현파를 더한 신호의 근사화

$x(t)$의 기본 주파수의 3배가 되는 정현파는 그 크기가 0인 것을 알 수 있는데 이는 그 주파수를 가지는 정현파는 신호를 근사화하는 데 전혀 도움이 되지 않는다는 것이다. 네 번째 정현파가 더해지고 나면 근사화 결과는 상당히 정확해서 〈그림 6.6〉에서는 실제 신호와 근사화 된 신호를 구분하기 힘들어진다.

이 예에서 보면 $t_0 \le t < t_0 + T$구간에서 뿐만 아니라 그 이외의 구간에서도 근사화 된 신호는 원래 신호에 근접한 결과를 보여 주는데 이는 $x(t)$의 기본 주파수와 근사화 결과의 기본 주파수가 항상 같기 때문이다. 푸리에 급수를 일반적으로 적용할 때 $t_0 \le t < t_0 + T$구간에서만 신호를 근사화하고 그 외 구간에서는 반드시 근사화할 필요가 없다. 그러나 신호 및 시스템 분석에 있어서 사용하는 신호는 거의 항상 주기 신호이고 이를 근사화하는 신호의 기본 주기도 거의 항상 원래 신호의 주기와 같도록 하기 때문에 그 근사화 결과는 $t_0 \le t < t_0 + T$에서 뿐만 아니라 모든 시간에서 항상 성립한다. 지금 살펴보고 있는 예에서 원래의 신호와 근사 신호는 동일한 기본 주기를 가지고 있지만 보다 일반적으로 얘기하면 근사 신호의 기본 주기는 원신호의 기본 주기든 아니든 상관없이 임의의 주기를 선택할 수 있고, 이 경우에도 모든 시간에 항상 근사화 된 결과를 얻을 수 있다.

위 근사화 예에서 사용된 각 정현파는 $A\cos(2\pi kt/T + \theta)$ 형식으로 되어 있다. 삼각 함수 공식을 이용하면

$$\cos(a+b) = \cos(a)\cos(b) - \sin(a)\sin(b)$$

이다. 위의 공식을 이용하면 아래와 같이 쓸 수 있다.

$$A\cos(2\pi kt/T + \theta) = A\cos(\theta)\cos(2\pi kt/T) - A\sin(\theta)\sin(2\pi kt/T).$$

위의 식은 위상 이동되지 않은 사인 함수와 위상 이동되지 않은 코사인 함수에 적절한 상수들을 곱해 주면 위상 이동된 코사인 함수를 만들 수 있다는 것을 보여 준다. 위와 같이 사인과 코사인으로 표현된 모든 정현파들의 합을 연속시간 푸리에 급수(CTFS: continuous-time Fourier series)라고 부르며 다음과 같이 쓸 수 있다.

$$x(t) = a_x[0] + \sum_{k=1}^{\infty} a_x[k]\cos(2\pi kt/T) + b_x[k]\sin(2\pi kt/T)$$

여기서 $a_x[0]$는 표현된 시간 구간에서 신호의 평균 값, k는 고조파 차수(harmonic number)이

며 $a_x[k]$와 $b_x[k]$는 고조파 함수(harmonic functions)라고 불리는 k의 함수이다. 여기서 고조파 차수는 항상 정수이기 때문에 인수 k를 사각 괄호 안에 넣어 표기 [·]를 사용한다. 고조파 함수는 사인과 코사인의 진폭을 결정하고 k는 주파수를 결정한다. 따라서 높은 주파수의 사인과 코사인은 기본 주파수의 정수 배이고, 이 배수는 k이다. 함수 $\cos(2\pi kt/T)$는 k번째 고조파 코사인이다. 기본 주기는 T/k이고 기본 주파수는 k/T이다. 이런 식으로 실수 값을 갖는 코사인과 사인의 선형결합으로 신호를 나타내는 것을 CTFS의 삼각 함수형이라고 한다. CTFS의 복소형과 등가성을 살펴보는 것은 나중에 알아볼 내용의 예비단계로서 중요하다. 모든 실수 값의 사인 및 코사인은 아래와 같이 복소 정현파 함수의 선형 결합으로 대체할 수 있다.

$$\cos(2\pi kt/T) = \frac{e^{j2\pi kt/T} + e^{-j2\pi kt/T}}{2} \quad \text{and} \quad \sin(2\pi kt/T) = \frac{e^{j2\pi kt/T} - e^{-j2\pi kt/T}}{j2}.$$

특정 고조파 차수 k에서 각각 $a_x[k]$와 $b_x[k]$의 진폭을 갖는 사인 및 코사인을 더하게 되면 아래와 같이 쓸 수 있다.

$$a_x[k]\cos(2\pi kt/T) + b_x[k]\sin(2\pi kt/T) = \begin{Bmatrix} a_x[k]\dfrac{e^{j2\pi kt/T} + e^{-j2\pi kt/T}}{2} \\ +b_x[k]\dfrac{e^{j2\pi kt/T} - e^{-j2\pi kt/T}}{j2} \end{Bmatrix}.$$

동일한 복소 정현파 항들을 우변에 다시 정리하면 아래와 같이 쓸 수 있다.

$$a_x[k]\cos(2\pi kt/T) + b_x[k]\sin(2\pi kt/T) = \frac{1}{2}\begin{Bmatrix} (a_x[k] - j\,b_x[k])e^{j2\pi kt/T} \\ +(a_x[k] + j\,b_x[k])e^{-j2\pi kt/T} \end{Bmatrix}.$$

이제 아래와 같이 정의하면

$$c_x[0] = a_x[0], \quad c_x[k] = \frac{a_x[k] - j\,b_x[k]}{2}, \quad k > 0 \quad \text{and} \quad c_x[-k] = c_x^*[k]$$

위의 식은 아래와 같이 정리된다.

$$a_x[k]\cos(2\pi kt/T) + b_x[k]\sin(2\pi kt/T) = c_x[k]e^{j2\pi kt/T} + c_x[-k]e^{j2\pi(-k)t/T}, \quad k > 0$$

위의 식을 보면 복소 정현파 함수 $e^{j2\pi kt/T}$는 기본 주파수 $1/T$에 양의 k배 및 음의 k배가 되는 주파수에서 진폭 $c_x[k]$를 갖는다. 앞에서 표현했던 사인 및 코사인과 상수를 더한 것과 마찬가지로 이런 모든 복소 정현파 함수와 상수 $c_x[0]$의 합은 원래 함수를 만들 수 있다.

일반적으로 복소 사인 형식의 공식에서 상수 $c_x[0]$를 포함시키기 위해서는 그 상수를 기본 주파수의 0 번째($k=0$) 고조파로 놓으면 된다. k를 0으로 놓으면 복소 정현파 값 $e^{j2\pi kt/T}$는 단순히 숫자 1이 되고 거기에 적절히 선택된 가중치 $c_x[0]$를 곱하면 복소 CTFS 표현을 완성할 수 있다. 이후에 배우게 될 내용에서 임의의 0이 아닌 k값에 대한 $c_x[k]$를 구하는 일반적인 공식을 그대로 $c_x[0]$을 구하는 데 사용할 수 있고 $c_x[0]$은 단순히 신호를 나타내려고 하는 $t_0 \le t < t_0 + T$에서 그 신호의 평균 값임이 밝혀질 것이다. $c_x[k]$는 $x(t)$의 복소 고조파 함수(complex harmonic function)이다. 삼각 함수 CTFS에서는 사인과 코사인 두 개의 고조파 함수를 사용하지만 복소 CTFS는 하나의 고조파 함수만 사용해 훨씬 간결하게 쓸 수 있기 때문에 더 효율적이다. 그러한 함수에 대한 CTFS 표현은 다음의 수식으로 더 간결하게 쓸 수 있다.

$$\boxed{x(t) = \sum_{k=-\infty}^{\infty} c_x[k] e^{j2\pi kt/T}} \tag{6.1}$$

지금까지 고조파 함수가 존재한다고 했지만 어떻게 찾을 수 있는지는 보여주지 않았다. 그것은 다음 절의 주제이다.

직교성과 고조파 함수

푸리에 급수에서 $c_x[k]$는 서로 직교(**orthogonal**)하는 복소 정현파의 진폭과 위상을 나타낸다. 직교한다는 것은 두 함수의 내적(**inner product**)이 0이 된다는 것을 의미한다. 신호들끼리의 내적이란 한 함수와 다른 함수의 켤레 복소수와의 곱을 주어진 기간 T동안 적분하는 것을 말한다. 구간 $t_0 \le t < t_0 + T$에서 서로 직교하는 두 함수 x_1과 x_2에 대해

$$\underbrace{(x_1(t), x_2(t))}_{\text{inner product}} = \int_{t_0}^{t_0+T} x_1(t)\, x_2^*(t)\, dt = 0.$$

k와 q가 $k \ne q$인 정수일 때, 복소 함수 $e^{j2\pi kt/T}$와 다른 복소 함수 $e^{j2\pi qt/T}$를 $t_0 \le t < t_0 + T$ 동안 내적을 취하면 0이 된다는 것을 증명해 보자. 내적은 아래와 같이 쓸 수 있고

$$(e^{j2\pi kt/T},\ e^{j2\pi qt/T}) = \int_{t_0}^{t_0+T} e^{j2\pi kt/T} e^{-j2\pi qt/T}\, dt = \int_{t_0}^{t_0+T} e^{j2\pi(k-q)t/T}\, dt.$$

오일러의 공식을 사용하여 아래와 같이 나타낼 수 있다.

$$(e^{j2\pi kt/T}, e^{j2\pi qt/T}) = \int_{t_0}^{t_0+T} \left[\cos\left(2\pi \frac{k-q}{T} t\right) + j\sin\left(2\pi \frac{k-q}{T} t\right)\right] dt. \tag{6.2}$$

k와 q는 모두 정수이기 때문에 사인과 코사인은 모두 기본 주기의 정수 배 구간 동안 적분될 것이다($k \neq q$일 경우). 임의의 주기 동안 정현파 함수를 적분하면 0이 된다. $k=q$이면 적분을 취하는 값은 $\cos(0)+\sin(0)=1$이 되어 그 내적은 T가 된다. $k \neq q$가 아니면 식 (6.2)의 내적은 0이 된다. 따라서 $t_0 \le t < t_0+T$ 구간 동안 기본 주파수의 정수 배를 갖는 임의의 두 복소 정현파 함수는 그 두 함수가 서로 동일한 주기를 갖지 않는 이상 그 구간에서 서로 직교한다. 그러면 $-\infty < k < \infty$의 형식을 갖는 함수는 t_0가 임의의 수일 때 $e^{j2\pi kt/T}$는 $t_0 \le t < t_0+T$ 구간에서 서로 직교하는 함수들을 무한 개 구성할 수 있다고 결론지을 수 있다.

이제 직교성을 이용해 푸리에 급수 식 (6.1)에 $e^{j2\pi qt/T}$(q는 정수)를 곱하면 아래와 같은 식을 얻을 수 있다.

$$\mathrm{x}(t)e^{-j2\pi qt/T} = \sum_{k=-\infty}^{\infty} \mathrm{c_x}[k]e^{j2\pi kt/T}e^{-j2\pi qt/T} = \sum_{k=-\infty}^{\infty} \mathrm{c_x}[k]e^{j2\pi(k-q)t/T}.$$

이제 $t_0 \le t < t_0+T$ 구간에서 양변을 적분하면 아래와 같은 식을 얻을 수 있다.

$$\int_{t_0}^{t_0+T} \mathrm{x}(t)e^{-j2\pi qt/T}\, dt = \int_{t_0}^{t_0+T} \left[\sum_{k=-\infty}^{\infty} \mathrm{c_x}[k]e^{j2\pi(k-q)t/T}\right] dt$$

k와 t는 서로 독립적인 변수이기 때문에 우변의 합에 대한 적분은 적분의 합과 동일하다. 위의 식은 아래와 같이 다시 나타낼 수 있다.

$$\int_{t_0}^{t_0+T} \mathrm{x}(t)e^{-j2\pi qt/T}\, dt = \sum_{k=-\infty}^{\infty} \mathrm{c_x}[k] \int_{t_0}^{t_0+T} e^{j2\pi(k-q)t/T} dt$$

또한 $k=q$가 아닐 경우에 적분은 0이 된다는 사실을 이용하면 우변의 합산 결과

$$\sum_{k=-\infty}^{\infty} c_x[k] \int_{t_0}^{t_0+T} e^{j2\pi(k-q)t/T} dt$$

는 $c_x[q]T$로 바뀌고 전체 식은 아래와 같이 쓸 수 있다.

$$\int_{t_0}^{t_0+T} x(t)e^{-j2\pi qt/T}\,dt = c_x[q]T.$$

위 식을 $c_x[q]$에 대해 풀면 아래와 같다.

$$c_x[q] = \frac{1}{T}\int_{t_0}^{t_0+T} x(t)e^{-j2\pi qt/T}\,dt.$$

위의 식에 있는 $c_x[q]$에 대한 표현이 맞는다면 식 (6.1)에 있는 원래 푸리에 급수 $c_x[k]$는 아래와 같이 되어야 한다.

$$c_x[k] = \frac{1}{T}\int_{t_0}^{t_0+T} x(t)e^{-j2\pi kt/T}\,dt. \tag{6.3}$$

이 유도 식으로부터 다음과 같은 결론을 내릴 수 있다. 식 (6.3)에 있는 적분이 수렴하면 신호 $x(t)$는 아래와 같이 나타낼 수 있다.

$$\boxed{x(t) = \sum_{k=-\infty}^{\infty} c_x[k]e^{j2\pi kt/T}} \tag{6.4}$$

여기서

$$\boxed{c_x[k] = \frac{1}{T}\int_T x(t)e^{-j2\pi kt/T}\,dt} \tag{6.5}$$

그리고 표기 $\int_T$는 t_0를 임의로 선택하였을 때 $\int_{t_0}^{t_0+T}$와 동일한 것을 의미한다. 그러면 $x(t)$와 $c_x[k]$는 **CTFS** 쌍을 이루며 다음과 같이 표기할 수 있다.

$$x(t) \xleftrightarrow[T]{\mathcal{FS}} c_x[k]$$

여기서 $\mathcal{FS}$는 '푸리에 급수'를 의미 하고 T는 $c_x[k]$가 $x(t)$에 대한 CTFS 표현식의 기본주기인 T에 의해 계산된다는 것을 의미한다.

직교성의 간격에 해당하며 또한 CTFS 표현식의 기본 주기에 해당하는 신호 주기 T를 사용하는 것을 기반으로 식의 유도가 이루어졌다. T는 기본주기 T_0를 포함해 신호에 대해 어떠한 주기도 될 수 있다. 실제로 표현식에서 가장 널리 사용하는 기본주기는 신호의 기본 주기인 T_0이다. 그러한 특별한 경우에 CTFS 관계는 다음과 같이 되며

$$x(t) = \sum_{k=-\infty}^{\infty} c_x[k] e^{j2\pi kt/T_0}$$

그리고

$$c_x[k] = \frac{1}{T_0}\int_{T_0} x(t) e^{-j2\pi kt/T_0}\, dt = f_0 \int_{T_0} x(t) e^{-j2\pi k f_0 t}\, dt$$

여기서 $f_0 = 1/T_0$ 로 $x(t)$의 기본 주파수이다.

구간 $t_0 < t < t_0 + T$에서 신호 $x(t)$에 대한 적분이 발산하면 그 신호에 대한 CTFS는 구할 수 없다. 나타내고자 하는 신호에 대한 적분이 수렴해야 한다는 것 외에 CTFS를 적용하기 위해서는 디리클레 조건(Dirichlet condition)이라고 하는 두 개의 추가 조건을 만족시켜야 한다. 디리클레 조건은 아래와 같다.

1. 구간 $t_0 < t < t_0 + T$에서 그 신호에 대한 절대 값을 적분할 수 있어야 한다. 즉

$$\int_{t_0}^{t_0+T} |x(t)|\, dt < \infty$$

2. 구간 $t_0 < t < t_0 + T$ 에서 신호는 유한 개수의 최소값 및 최대값을 가져야 한다.
3. 구간 $t_0 < t < t_0 + T$에서 신호는 유한한 크기를 갖는 유한 개수의 불연속점을 가져야 한다.

디리클레 조건을 만족시키지 않는 가상의 신호들이 있지만 공학 분야에서는 사용되지 않는다.

간결한 삼각함수 푸리에 급수

다음 수식의 삼각함수 푸리에 급수를 생각해 보자.

$$x(t) = a_x[0] + \sum_{k=1}^{\infty} a_x[k]\cos(2\pi kt/T) + b_x[k]\sin(2\pi kt/T)$$

이제

$$A\cos(x) + B\sin(x) = \sqrt{A^2 + B^2}\cos(x - \tan^{-1}(B/A))$$

을 사용해 다음 수식을 얻는다.

$$x(t) = a_x[0] + \sum_{k=1}^{\infty} \sqrt{a_x^2[k] + b_x^2[k]}\cos\left(2\pi kt/T + \tan^{-1}\left(-\frac{b_x[k]}{a_x[k]}\right)\right)$$

또는

$$x(t) = d_x[0] + \sum_{k=1}^{\infty} d_x[k]\cos(2\pi kt/T + \theta_x[k])$$

여기서

$$d_x[0] = a_x[0],\ d_x[k] = \sqrt{a_x^2[k] + b_x^2[k]},\ k > 0$$

그리고

$$\theta_x[k] = \tan^{-1}\left(-\frac{b_x[k]}{a_x[k]}\right), k > 0$$

이것이 소위 말하는 간략한 삼각함수 푸리에 급수이다. 또한 순전히 실수 값을 갖는 함수와 계수로 표현되며 삼각함수형식보다는 좀 더 간결하지만 여전히 복소형식 $x(t) = \sum_{k=-\infty}^{\infty} c_x[k]e^{j2\pi kt/T}$만큼 간결하거나 효율적이지는 않다. 삼각함수형식은 실제로 장 밥티스트 조제프 푸리에가 사용한 것이다.

예제 6.1

구형파의 CTFS 고조파 함수

기본주기를 시간 표현 구간으로 사용하여 $x(t) = A\,\mathrm{rect}(t/w) * \delta_{T_0}(t),\ w < T_0$의 복소 CTFS 고조파 함수를 구하라.

기본 주기는 T_0이며 CTFS 고조파 함수는

$$c_x[k] = (1/T_0)\int_{T_0} A\,\text{rect}(t/w) * \delta_{T_0}(t)e^{-j2\pi kt/T_0}\,dt$$

적분구간은 길이가 T_0이면 시간구간 안의 어느 구간이던지 상관없다. 편리성을 위해 구간 $-T_0/2 \le t < T_0/2$에 대해 적분하도록 하라. 그러면

$$c_x[k] = (A/T_0)\int_{-T_0/2}^{T_0/2} \text{rect}(t/w) * \delta_{T_0}(t)e^{-j2\pi kt/T_0}\,dt$$

$w < T_0$와 구간 안에 단지 하나의 구형파 함수를 포함하는 것을 이용해

$$c_x[k] = (A/T_0)\int_{-T_0/2}^{T_0/2} \text{rect}(t/w)e^{-j2\pi kt/T_0}\,dt = (A/T_0)\int_{-w/2}^{w/2} e^{-j2\pi kt/T_0}\,dt$$

$$c_x[k] = (A/T_0)\left[\frac{e^{-j2\pi kt/T_0}}{-j2\pi k/T_0}\right]_{-w/2}^{w/2} = A\left[\frac{e^{-j\pi kw/T_0} - e^{j\pi kw/T_0}}{-j2\pi k}\right] = A\frac{\sin(\pi kw/T_0)}{\pi k}$$

그리고 마지막으로

$$x(t) = A\,\text{rect}(t/w) * \delta_{T_0}(t) \xleftrightarrow[T_0]{\mathcal{FS}} c_x[k] = A\frac{\sin(\pi kw/T_0)}{\pi k}$$

(이번 예제에서 해석을 간편하게 하기 위해 w를 T_0보다 작게 한정했지만 그 결과는 w가 T_0보다 커지더라도 역시 맞는다.)

■

예제 6.1에서 고조파 함수는 $c_x[k] = A\dfrac{\sin(\pi kw/T_0)}{\pi k}$ 임을 알 수 있다.

어떤 양의 사인 함수를 그 양으로 나눈 이러한 수학적 형식은 자체의 이름을 가질 만큼 푸리에 해석에서 매우 빈번하게 나온다. 이제 단위 싱크 함수(unit-sinc function) 〈그림 6.7〉를 다음 수식과 같이 정의한다.

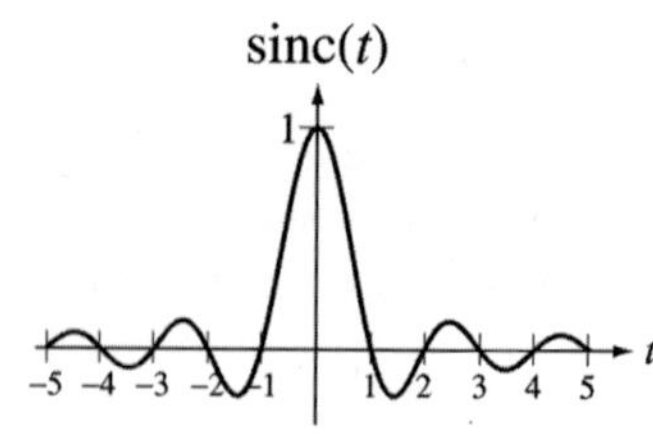

그림 6.7 단위 싱크 함수

$$\boxed{\text{sinc}(t) = \frac{\sin(\pi t)}{\pi t}} \tag{6.6}$$

예제 6.1에서 이제 고조파 함수를

$$c_x[k] = (Aw/T_0)\,\text{sinc}(kw/T_0)$$

으로 CTFS 쌍은

$$x(t) = A\,\text{rect}(t/w) * \delta_{T_0}(t) \xleftrightarrow[T_0]{\mathcal{FS}} c_x[k] = (Aw/T_0)\,\text{sinc}(wk/T_0)$$

으로 표현할 수 있다.

단위 싱크 함수는 크기와 면적이 모두 1이기 때문에 단위함수라고 불린다.[2] 싱크 함수를 처음 접할 때 가장 일반적인 의문은 sinc(0)을 어떻게 정하는가이다. $\sin(\pi t)/\pi t$에서 독립변수 t가 0이 될 때 분자와 $\sin(\pi t)$와 분모 πt가 모두 0이 되어 부정형이 된다. 이 문제에 대한 해결책은 로피탈 정리를 사용하는 것이다. 그러면

$$\lim_{t\to 0} \text{sinc}(t) = \lim_{t\to 0} \frac{\sin(\pi t)}{\pi t} = \lim_{t\to 0} \frac{\pi\cos(\pi t)}{\pi} = 1$$

따라서 sinc(t)는 $t = 0$에서 연속이며 sinc(0) = 1이다.

수렴

연속신호

이 절에서는 CTFS 합산에 사용되는 수가 무한대가 됨에 따라 어떻게 그 값이 원래 표현하고자 하는 신호에 근접해 가는지를 알아보도록 하자. 우선 N 값을 점점 더 크게 하면서 아래의 부분합을 계산해 보자.

$$x_N(t) = \sum_{k=-N}^{N} c_x[k]e^{j2\pi kt/T}$$

---

2 sinc함수는 보편적이지는 않지만 일반적으로는 $\text{sinc}(t) = \sin(\pi t)/\pi t$로 정의한다. 몇몇 책에서는 sinc함수를 sin(t)/t로 정의한다. 다른 책에서 이러한 두 번째 형식을 Sa함수 $\text{sinc}(t) = \sin(t)/t$라 한다. sinc함수를 어떻게 정의하든 실제로 중요하지는 않다. 한 가지 정의가 받아들여지고 sinc함수가 그런 정의에 일관되게 사용되는 한 유용한 결과를 갖는 신호 및 시스템 해석이 이루어 질 수 있다.

첫 번째 예로 〈그림 6.8〉에 있는 연속 주기 신호에 대한 CTFS를 생각해 보자. CTFS 쌍은 (신호의 기본주기를 CTFS 의 기본주기로 사용해)

$$x(t) = A\,\mathrm{tri}(2t/T_0) * \delta_{T_0}(t)$$

$$A\,\mathrm{tri}(2t/T_0) * \delta_{T_0}(t) \xleftrightarrow[T_0]{\mathcal{FS}} (A/2)\,\mathrm{sinc}^2(k/2)$$

이다.

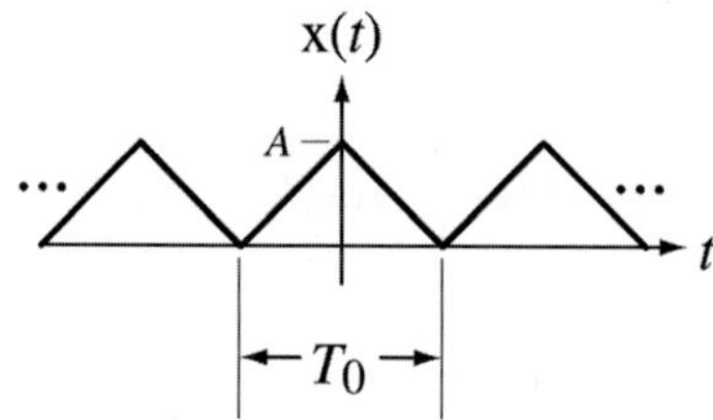

그림 6.8 CTFS로 나타내고자 하는 연속 신호

그리고 〈그림 6.9〉에는 N=1, 3, 5 및 59일 때 x(t)에 대한 근사화 된 결과가 나타나 있다. N=59일 때는(또는 그보다 더 작은 N에서도) CTFS의 부분 합과 원신호를 그래프에서 구별해 내기는 거의 불가능하다.

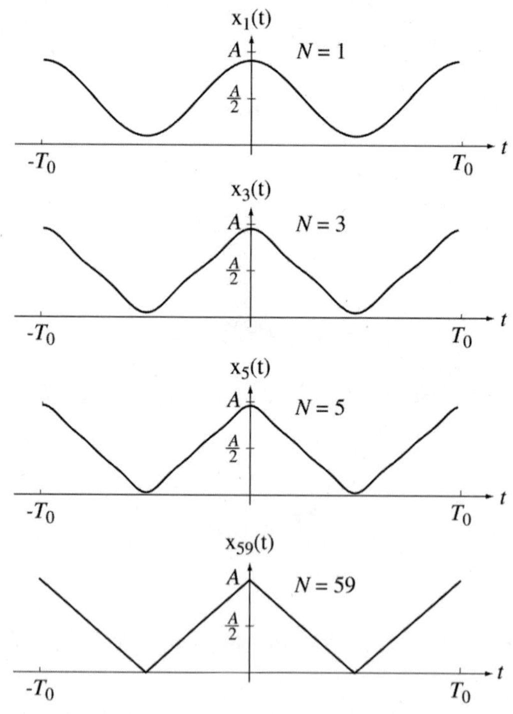

그림 6.9 삼각파에 대한 점진적인 근사화

불연속 신호

이제 불연속점이 있는 주기 신호를 고려해 보자〈그림 6.10〉.

$$x(t) = A\,\mathrm{rect}\left(2\frac{t - T_0/4}{T_0}\right) * \delta_{T_0}(t)$$

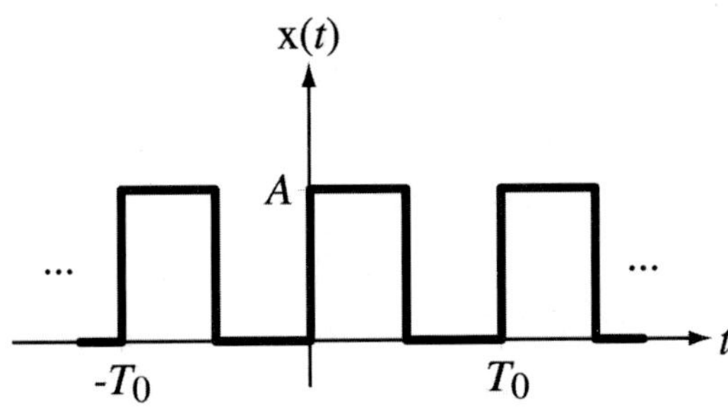

그림 6.10 CTFS에 의해 표현되어지는 불연속 신호

CTFS 쌍은

$$A\,\mathrm{rect}\left(2\frac{t - T_0/4}{T_0}\right) * \delta_{T_0}(t) \xleftrightarrow[T_0]{\mathcal{FS}} (A/2)(-j)^k\,\mathrm{sinc}(k/2)$$

이고 〈그림 6.11〉에는 N=1, 3, 5 및 59일 때 x(t)에 대한 근사화 된 결과가 나타나 있다.

수식으로 유도된 결과를 보면 원신호와 CTFS로 나타낸 결과가 항상 같다는 것을 알 수 있지만 〈그림 6.11〉을 보면 이것이 정말 맞는 결과인지 조금 의심스러운 것이 사실이다. 불연속점이 있는 곳에 오버슈트(overshoot)와 리플(ripple)이 존재한다는 것이 확연히 보이는데 이런 것들은 N값이 증가함에 따라 작아지지 않는다. 사실 이 N값이 계속 증가해 무한대에 가까워지더라도 불연속점에서 수직으로 튀는 최대 오버슈트는 줄어들지 않는다. 이러한 오버슈트를 깁스 현상(Gibbs phenomenon)이라고 하는데 처음으로 이런 현상을 수학적으로 정리한 조지아 깁스(Josiah Gibbs)의 이름을 딴 것이다.[3] 그러나 N값이 증가함에 따라 불연속점 근처에

3 Josiah Willard Gibbs는 미국의 물리학자, 화학자이며 수학자로 화학 열역학과 물리화학 분야의 많은 이론을 개발하였다. 그는 (Oliver Heaviside와는 별개로) 벡터 해석을 발명하였다. 그는 1863년 Yale대학에서 공학박사를 받은 첫 번째 미국인이며 Yale대학에서 평생의 경력을 쌓았다. 1901년에 Gibbs는 화학, 전기, 열에너지와 외력(external work) 용량(capacity)과의 관계에 대한 열띤 논의에 처음으로 열역학 제 2법칙을 적용한 공로를 인정받아 런던 왕립학회로부터 Copley 메달을 수여받았다.

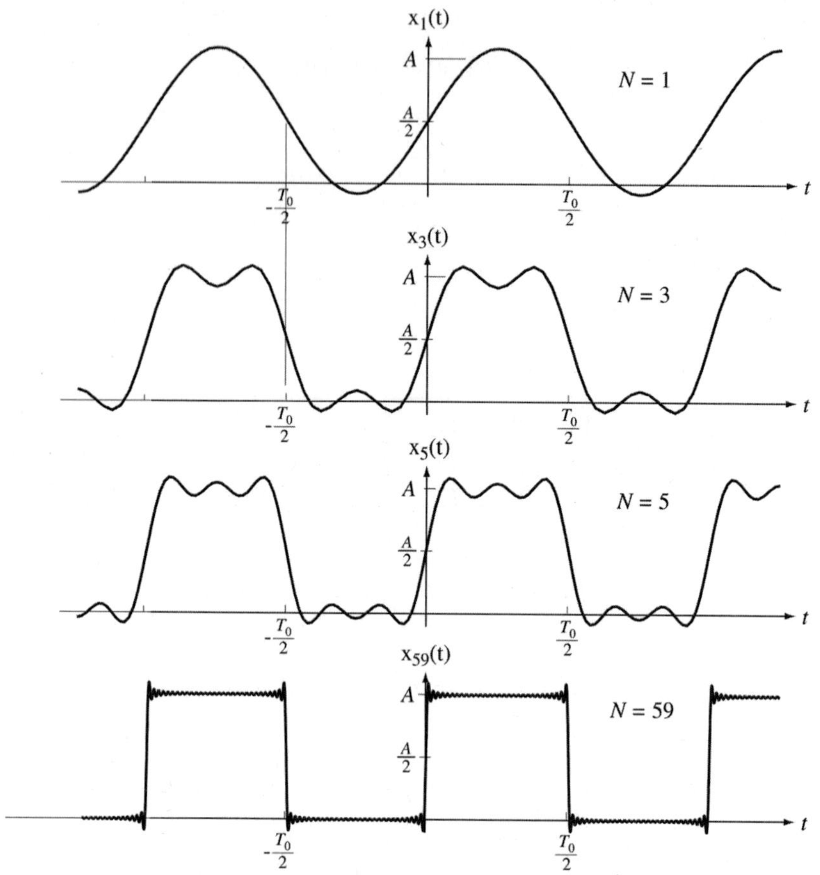

그림 6.11 정현파에 대한 점진적인 근사화

서 리플들의 간격이 점점 더 좁아지는 것에 주목하라. N값이 무한대로 가면 불연속점에서 튀는 값은 일정하지만, 그 폭은 영에 근접하게 된다. 부분합 근사 값의 오차는 원신호와의 차이 값인데, N값이 무한대로 가면 불연속점에서 차이가 나는 값의 폭이 영이기 때문에 원신호와의 오차 값도 폭이 영이고 따라서 오차는 영에 근접하게 된다. 또한 임의의 어느 특정한 t값에서 (정확히 불연속점이 되는 곳을 제외한) N값이 무한대로 가면 CTFS로 나타낸 신호는 원신호와 거의 동일하게 된다.

불연속점에서는 어떠한 N값에서도 CTFS로 나타낸 신호는 항상 원신호의 최대값과 최소값의 평균 값을 나타낸다. 〈그림 6.12〉는 세 가지 다른 N값을 사용해 불연속점에서 CTFS로 나타낸 신호를 확대해 그린 것이다. 임의의 유한한 시간 구간에서 두 신호의 차이 값에 해당하는 신호 에너지가 0이기 때문에 실제 물리적인 시스템에서 이 두 신호의 효과는 동일하고, 따라서 이 신호는 어떤 오차도 없이 동일하다고 간주할 수 있다.

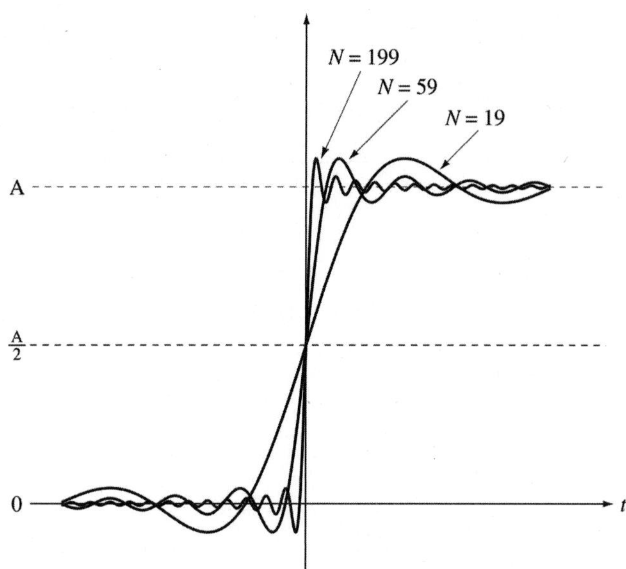

그림 6.12 N값이 증가함에 따른 깁스 현상의 설명.

푸리에 급수 부분합의 최소 오차

CTFS는 정현파에 대한 무한 합으로 구성된다. 일반적으로 실제 신호와 이를 CTFS로 표현한 신호가 같으려면 무한 개의 항을 사용해야 한다(유한 개의 항을 사용하여도 동일한 신호를 얻어 낼 수 있는 경우가 있는데 이러한 신호를 대역제한 신호(bandlimited signal)라고 한다). x(t)에 대한 CTFS의 첫 번째 N개의 고조파 항으로 이루어진 부분 합 신호를 아래와 같이 $\mathrm{x}_N(t)$라고 하면

$$\mathrm{x}_N(t) = \sum_{k=-N}^{N} \mathrm{c}_\mathrm{x}[k]e^{j2\pi kt/T} \tag{6.7}$$

$\mathrm{x}_N(t)$와 $\mathrm{x}(t)$의 차이는 근사화 오차 $\mathrm{e}_N(t) = \mathrm{x}_N(t) - \mathrm{x}(t)$이다. 식 (6.7)에서 N값이 무한대로 가면 $\mathrm{x}(t)$가 연속되는 모든 점에서 $\mathrm{x}_N(t)$와 $\mathrm{x}(t)$는 같게 될 것이다. 그러나 N이 유한한 값을 가지면 $-N \le k \le N$에서의 고조파 함수 $\mathrm{c}_\mathrm{x}[k]$는 $\mathrm{x}(t)$와 가능한 가장 유사한 근사 값이 될까? 다시 말해서 식 (6.7)에 있는 $\mathrm{c}_\mathrm{x}[k]$ 대신에 $\mathrm{x}(t)$와 더 비슷한 근사 값을 줄 수 있는 또 다른 고조파 함수 $\mathrm{c}_{\mathrm{x},N}[k]$가 있을까?

이 질문에 대답하기 위해 가장 먼저 '가능한 가장 유사한 근사 값(best possible approximation)'의 의미부터 정의해야 하는데 일반적으로 한 주기 T동안 오차 신호 $\mathrm{e}_N(t)$에 있는 에너지가 최소가 되는 것을 의미하는 것으로 정의한다. 오차 신호의 에너지를 최소화할 수 있는

고조파 함수 $c_{x,N}[k]$를 구해 보자.

$$e_N(t) = \underbrace{\sum_{k=-N}^{N} c_{x,N}[k]e^{j2\pi kt/T}}_{x_N(t)} - \underbrace{\sum_{k=-\infty}^{\infty} c_x[k]e^{j2\pi kt/T}}_{x(t)}$$

여기서

$$c_y[k] = \begin{cases} c_{x,N}[k] - c_x[k], & |k| \le N \\ -c_x[k], & |k| > N \end{cases}.$$

라고 정의하면 다음과 같다.

$$e_N(t) = \sum_{k=-\infty}^{\infty} c_y[k]e^{j2\pi kt/T}.$$

한 주기 동안 오차 신호의 에너지는 아래와 같이 계산된다.

$$E_e = \frac{1}{T}\int_T |e_N(t)|^2\, dt = \frac{1}{T}\int_T \left|\sum_{k=-\infty}^{\infty} c_y[k]e^{j2\pi kt/T}\right|^2 dt.$$

$$E_e = \frac{1}{T}\int_T \left(\sum_{k=-\infty}^{\infty} c_y[k]e^{j2\pi kt/T}\right)\left(\sum_{q=-\infty}^{\infty} c_y^*[q]e^{-j2\pi kt/T}\right)dt$$

$$E_e = \frac{1}{T}\int_T \left(\sum_{k=-\infty}^{\infty} c_y[k]c_y^*[k] + \sum_{k=-\infty}^{\infty}\sum_{\substack{q=-\infty \\ q\neq k}}^{\infty} c_y[k]c_y^*[q]e^{j2\pi(k-q)t/T}\right)dt$$

임의의 주기 동안 $e^{j2\pi(k-q)t/T}$에 대한 적분은 0이기 때문에 $k \neq q$인 모든 k와 q의 조합에 대해 이중 합산에 대한 적분은 0이다. 그러므로

$$E_e = \frac{1}{T}\int_T \sum_{k=-\infty}^{\infty} c_y[k]c_y^*[k]\,dt = \frac{1}{T}\int_T \sum_{k=-\infty}^{\infty} |c_y[k]|^2\, dt.$$

$c_y[k]$에 대한 정의를 위의 식에 대입하면 아래와 같은 결과를 얻을 수 있다.

$$E_e = \frac{1}{T}\int_T \left(\sum_{k=-N}^{N} |c_{x,N}[k] - c_x[k]|^2 + \sum_{|k|>N} |-c_x[k]|^2\right)dt$$

$$E_e = \sum_{k=-N}^{N} \left|c_{x,N}[k] - c_x[k]\right|^2 + \sum_{|k|>N} \left|c_x[k]\right|^2$$

합산된 모든 양은 음의 값이 아니며 두 번째 합산의 값은 이미 정해져 있기 때문에 첫 번째 합산의 값을 최대한 작게 만들어야 한다. 첫 번째 합산의 값은 $c_{x,N}[k] = c_x[k]$이면 0이 되는데 이는 바로 고조파 함수 $c_x[k]$가 부분 합 근사 값에서 가능한 가장 작은 평균 제곱 오차(mean-squared error)를 얻게 해준다는 것을 증명해 주는 것이다.

우함수 및 기함수 주기 함수에 대한 푸리에 급수

기본 주기가 T_0인 어떤 우함수 $x(t)$를 복소 CTFS를 사용해 나타낸다고 하자. CTFS 고조파 함수는 아래와 같이 나타낼 수 있다.

$$c_x[k] = \frac{1}{T}\int_T x(t)e^{-j2\pi kt/T}\,dt.$$

주기 신호에 대해 한 주기 동안의 위 적분은 적분의 시점이 어디인지와는 무관하다. 그러므로 위 적분식을 아래와 같이 다시 쓸 수 있다.

$$c_x[k] = \frac{1}{T}\int_{-T/2}^{T/2} x(t)e^{-j2\pi kt/T}\,dt = \frac{1}{T}\left[\int_{-T/2}^{T/2} \underbrace{\underbrace{x(t)}_{\text{even}}\underbrace{\cos(2\pi kt/T)}_{\text{even}}}_{\text{even}}\,dt - j\int_{-T/2}^{T/2} \underbrace{\underbrace{x(t)}_{\text{even}}\underbrace{\sin(2\pi kt/T)}_{\text{odd}}}_{\text{odd}}\,dt\right]$$

기함수를 0에 대해서 대칭인 시간 구간 동안 적분하면 그 값이 0이 된다는 사실을 이용하면 $c_x[k]$는 실수가 되어야 한다. 유사한 논리로 기함수인 주기 신호에 대해서 $c_x[k]$는 허수 신호가 되어야 한다.

$x(t)$가 우함수이고 실수 값을 가질 때 $c_x[k]$는 우함수이고 실수 값을 가진다. $x(t)$가 기함수이고 실수 값을 가질 때 $c_x[k]$는 기함수이고 순수 허수 값을 가진다.

푸리에 급수표 및 성질

표 6.1에 CTFS의 성질이 나열되어 있다. 그런 성질은 CTFS의 정의와 고조파 함수를 이용하여 모두 증명할 수 있다.

$$\mathrm{x}(t)=\sum_{k=-\infty}^{\infty}\mathrm{c_x}[k]e^{j2\pi kt/T}\xleftrightarrow[T]{\mathcal{FS}}\mathrm{c_x}[k]=(1/T)\int_T \mathrm{x}(t)e^{-j2\pi kt/T}\,dt$$

곱-컨벌루션 쌍대성(duality)을 이용해 적분은 아래와 같은 기호로 나타낸다.

$$\mathrm{x}(t)\circledast\mathrm{y}(t)=\int_T \mathrm{x}(\tau)\,\mathrm{y}(t-\tau)\,d\tau$$

이것은 적분 범위가 $-\infty$에서 $+\infty$가 아니라 CTFS 표현식의 기본주기 T라는 것을 제외하면 이전에 보았던 컨벌루션 적분과 아주 흡사한 것처럼 보인다. 이러한 적분 연산을 주기 컨벌루션(periodic convolution)이라 한다. 공통적인 주기를 갖는 두 개의 주기적인 신호에 대해 주기 컨벌루션은 항상 공통적인 주기 T 동안 이루어진다. 5장에서 소개한 컨벌루션은 비주기 컨벌루션이다. 주기 컨벌루션은 다음과 같이 비주기 컨벌루션과 동일해진다. 주기 T인 어떤 주기 신호 $\mathrm{x}_p(t)$는 동일한 간격만큼 떨어진 비주기 신호 $\mathrm{x}_{ap}(t)$의 합으로 표현할 수 있다.

$$\mathrm{x}_p(t)=\sum_{k=-\infty}^{\infty}\mathrm{x}_{ap}(t-kT)$$

그러면 $\mathrm{x}_p(t)$와 $\mathrm{y}_p(t)$의 주기 컨벌루션은 다음 수식과 같음을 알 수 있다.

$$\mathrm{x}_p(t)\circledast\mathrm{y}_p(t)=\mathrm{x}_{ap}(t)*\mathrm{y}_p(t)$$

함수 $\mathrm{x}_{ap}(t)$는 유일성을 갖지 않는다. 그 함수는 $\mathrm{x}_p(t)=\sum_{k=-\infty}^{\infty}\mathrm{x}_{ap}(t-kT)$를 만족하는 어떠한 함수도 될 수 있다.

〈표 6.2〉는 몇 가지 일반적인 CTFS 쌍을 보여준다. 하나만 빼고 모두 mT_0(m은 양의 정수이고 T_0는 신호의 기본 주기이다)인 CTFS 표현식의 기본 주기 T에 기반을 두고 있다.

$$\mathrm{x}(t)=\sum_{k=-\infty}^{\infty}\mathrm{c_x}[k]e^{j2\pi kt/mT_0}\xleftrightarrow[mT_0]{\mathcal{FS}}\mathrm{c_x}[k]=\frac{1}{mT_0}\int_{mT_0}\mathrm{x}(t)e^{-j2\pi kt/mT_0}\,dt$$

표 6.1 CTFS 성질.

Linearity	$\alpha\,\mathrm{x}(t)+\beta\,\mathrm{y}(t)\xleftrightarrow[T]{\mathcal{FS}}\alpha\,\mathrm{c_x}[k]+\beta\,\mathrm{c_y}[k]$
Time Shifting	$\mathrm{x}(t-t_0)\xleftrightarrow[T]{\mathcal{FS}}e^{-j2\pi kt_0/T}\,\mathrm{c_x}[k]$

Frequency Shifting	$e^{j2\pi k_0 t/T}\,\mathrm{x}(t) \xleftrightarrow[T]{\mathcal{FS}} \mathrm{c_x}[k-k_0]$
Conjugation	$\mathrm{x}^*(t) \xleftrightarrow[T]{\mathcal{FS}} \mathrm{c_x^*}[-k]$
Time Differentiation	$\frac{d}{dt}(\mathrm{x}(t)) \xleftrightarrow[T]{\mathcal{FS}} (j2\pi k/T)\,\mathrm{c_x}[k]$
Time Reversal	$\mathrm{x}(-t) \xleftrightarrow[T]{\mathcal{FS}} \mathrm{c_x}[-k]$
Time Integration	$\int_{-\infty}^{t} \mathrm{x}(\tau)\,d\tau \xleftrightarrow[T]{\mathcal{FS}} \frac{\mathrm{c_x}[k]}{j2\pi k/T},\ k \neq 0\ \underline{\text{if } \mathrm{c_x}[0]=0}$
Parseval's Theorem	$\frac{1}{T}\int_T \lvert\mathrm{x}(t)\rvert^2\,dt = \sum_{k=-\infty}^{\infty} \lvert\mathrm{c_x}[k]\rvert^2$

Multiplication–Convolution Duality

$$\mathrm{x}(t)\,\mathrm{y}(t) \xleftrightarrow[T]{\mathcal{FS}} \sum_{m=-\infty}^{\infty} \mathrm{c_y}[m]\,\mathrm{c_x}[k-m] = \mathrm{c_x}[k] * \mathrm{c_y}[k]$$

$$\mathrm{x}(t) \circledast \mathrm{y}(t) = \int_T \mathrm{x}(\tau)\,\mathrm{y}(t-\tau)\,d\tau \xleftrightarrow[T]{\mathcal{FS}} T\,\mathrm{c_x}[k]\,\mathrm{c_y}[k]$$

Change of Period

$$\text{If } \mathrm{x}(t) \xleftrightarrow[T]{\mathcal{FS}} \mathrm{c_x}[k] \text{ and } \mathrm{x}(t) \xleftrightarrow[mT]{\mathcal{FS}} \mathrm{c}_{\mathrm{x}m}[k],\quad \mathrm{c}_{\mathrm{x}m}[k] = \begin{cases} \mathrm{c_x}[k/m], & k/m \text{ an integer} \\ 0, & \text{otherwise} \end{cases}$$

Time Scaling

$$\text{If } \mathrm{x}(t) \xleftrightarrow[T]{\mathcal{FS}} \mathrm{c_x}[k] \text{ and } \mathrm{z}(t) = \mathrm{x}(mt) \xleftrightarrow[T]{\mathcal{FS}} \mathrm{c_z}[k],\quad \mathrm{c_z}[k] = \begin{cases} \mathrm{c_x}[k/m], & k/m \text{ an integer} \\ 0, & \text{otherwise} \end{cases}$$

표 6.2 몇 가지 CTFS 쌍

$$e^{j2\pi t/T_0} \xleftrightarrow[mT_0]{\mathcal{FS}} \delta[k-m]$$

$$\cos(2\pi k/T_0) \xleftrightarrow[mT_0]{\mathcal{FS}} (1/2)(\delta[k-m]+\delta[k+m])$$

$$\sin(2\pi k/T_0) \xleftrightarrow[mT_0]{\mathcal{FS}} (j/2)(\delta[k+m]-\delta[k-m])$$

$$1 \xleftrightarrow[T]{\mathcal{FS}} \delta[k],\ T \text{ is arbitrary}$$

$$\delta_{T_0}(t) \xleftrightarrow[mT_0]{\mathcal{FS}} (1/T_0)\,\delta_m[k]$$

$$\mathrm{rect}(t/w) * \delta_{T_0}(t) \xleftrightarrow[mT_0]{\mathcal{FS}} (w/T_0)\,\mathrm{sinc}(wk/mT_0)\,\delta_m[k]$$

$$\mathrm{tri}(t/w) * \delta_{T_0}(t) \xleftrightarrow[mT_0]{\mathcal{FS}} (w/T_0)\,\mathrm{sinc}^2(wk/mT_0)\,\delta_m[k]$$

$$\mathrm{sinc}(t/w) * \delta_{T_0}(t) \xleftrightarrow[mT_0]{\mathcal{FS}} (w/T_0)\,\mathrm{rect}(wk/mT_0)\,\delta_m[k]$$

$$t[\mathrm{u}(t)-\mathrm{u}(t-w)] * \delta_{T_0}(t) \xleftrightarrow[mT_0]{\mathcal{FS}} \frac{1}{T_0}\,\frac{[j(2\pi kw/mT_0)+1]e^{-j(2\pi kw/mT_0)}-1}{(2\pi k/mT_0)^2}\,\delta_m[k]$$

예제 6.2

주기적인 입력신호와 연속시간 시스템의 응답.

연속시간 시스템은 다음의 미분방정식으로 기술된다.

$$y''(t) + 0.04\,y'(t) + 1.58\,y(t) = x(t)$$

입력신호가 $x(t) = \text{tri}(t) * \delta_5(t)$ 일 때 응답 $y(t)$를 구하라.

입력신호는 CTFS에 의해 다음과 같이 표현할 수 있다.

$$x(t) = \sum_{k=-\infty}^{\infty} c_x[k] e^{j2\pi kt/T_0}$$

여기서 〈표 6.2〉로부터

$$c_x[k] = (w/T_0)\,\text{sinc}^2(wk/mT_0)\,\delta_m[k]$$

를 얻으며, 여기서 $w=1$, $T_0=5$이고 $m=1$이다. 따라서

$$x(t) = \sum_{k=-\infty}^{\infty} (1/5)\,\text{sinc}^2(k/5)\,\delta_1[k] e^{j2\pi kt/5} = (1/5) \sum_{k=-\infty}^{\infty} \text{sinc}^2(k/5) e^{j2\pi kt/5}$$

입력신호에 대한 CTFS 표현식은 복소 정현파의 합이며 그러한 각각의 정현파에 대한 응답은 또 다른 동일한 주파수를 갖는 정현파가 될 것이라는 것을 알고 있다. 그러므로 응답은 다음형식으로 표현할 수 있다.

$$y(t) = \sum_{k=-\infty}^{\infty} c_y[k] e^{j2\pi kt/5}$$

그리고 $y(t)$에서 $k/5$의 기본 주파수를 갖는 각각의 복소 정현파는 $x(t)$에서의 동일한 주파수의 복소 정현파에 의해 생겨난다. 이 식을 미분방정식에 대입하면 다음 식을 얻는다.

$$\sum_{k=-\infty}^{\infty} (j2\pi k/5)^2 c_y[k] e^{j2\pi kt/5} + 0.04 \sum_{k=-\infty}^{\infty} (j2\pi k/5) c_y[k] e^{j2\pi kt/5} + 1.58 \sum_{k=-\infty}^{\infty} c_y[k] e^{j2\pi kt/5}$$
$$= \sum_{k=-\infty}^{\infty} c_x[k] e^{j2\pi kt/5}$$

이 항들을 모아서 정리하면 다음과 같다.

$$\sum_{k=-\infty}^{\infty} [(j2\pi k/5)^2 + 0.04(j2\pi k/5) + 1.58]\mathrm{c_y}[k]e^{j2\pi kt/5} = \sum_{k=-\infty}^{\infty} \mathrm{c_x}[k]e^{j2\pi kt/5}.$$

그러므로 어느 특정한 값 k에 대해 입력신호와 응답은 다음 수식의 관계를 갖는다.

$$[(j2\pi k/5)^2 + 0.04(j2\pi k/5) + 1.58]\mathrm{c_y}[k] = \mathrm{c_x}[k]$$

그리고

$$\frac{\mathrm{c_y}[k]}{\mathrm{c_x}[k]} = \frac{1}{(j2\pi k/5)^2 + 0.04(j2\pi k/5) + 1.58}$$

$\mathrm{H}[k] = \dfrac{\mathrm{c_y}[k]}{\mathrm{c_x}[k]}$는 주파수 응답과 유사하고 논리적으로는 고조파 응답(harmonic response)이라고 할 수 있다. 시스템의 응답은

$$\mathrm{y}(t) = (1/5)\sum_{k=-\infty}^{\infty} \frac{\mathrm{sinc}^2(k/5)}{(j2\pi k/5)^2 + 0.04(j2\pi k/5) + 1.58} e^{j2\pi kt/5}.$$

이다. 상당히 무지막지하게 보이는 이 표현식은 컴퓨터에 쉽게 프로그램될 수 있다.

신호, 고조파 함수 및 고조파 응답을 〈그림 6.13〉과 〈그림 6.14〉에서 보여주고 있다.

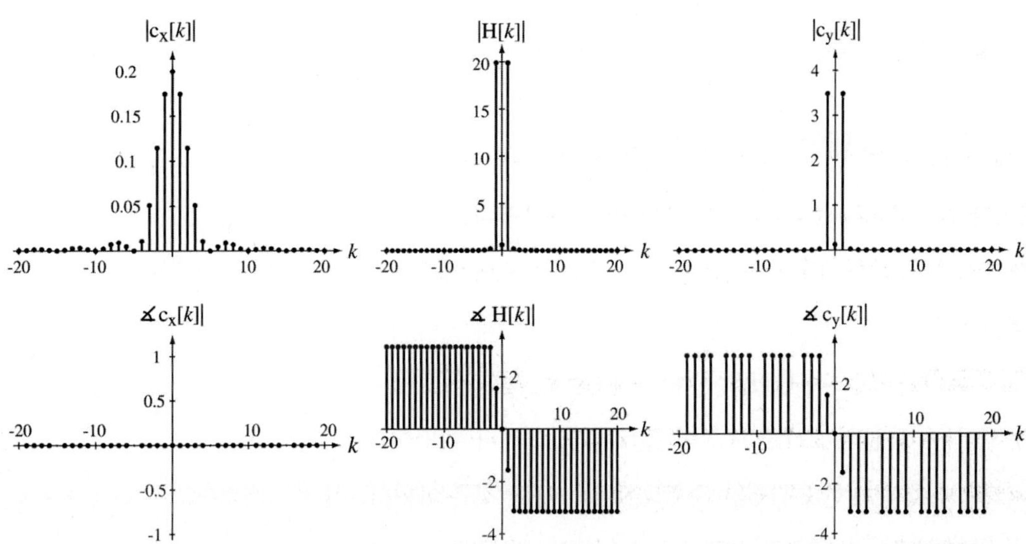

그림 6.13 입력 고조파 함수, 시스템 고조파 응답 및 응답 고조파 함수

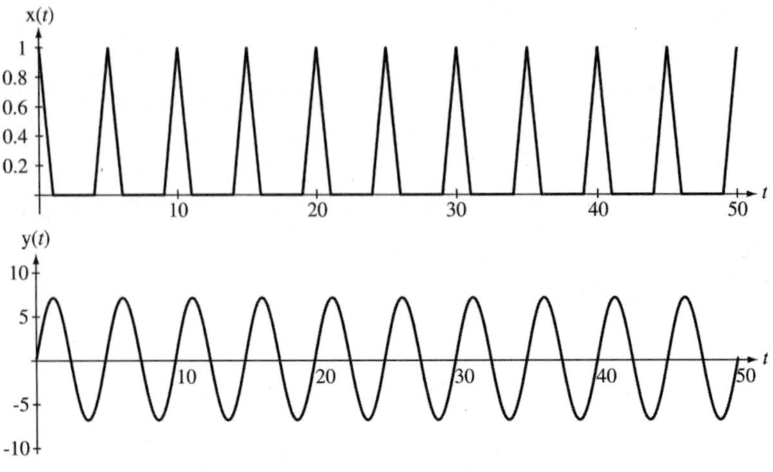

그림 6.14 입력신호와 응답

고조파 응답에서 시스템이 고조파가 1일 때, 즉 기본주파수에서 강하게 응답한다는 것을 알 수 있다. x(*t*)의 기본주기는 T_0=5s이다. 따라서 y(*t*)는 0.2 Hz의 주파수에서 강한 반응을 보여야 한다. 응답 그래프를 보면 정현파 모양으로 보이는 신호가 있으며 기본주기는 5초, 즉 기본 주파수는 0.2 Hz이다. 그 외의 다른 모든 고조파의 크기는 k=0일 때를 포함하여 거의 0이다. 그게 바로 응답의 평균 값이 실제로 0이며 하나의 주파수를 갖는 정현파처럼 보이는 이유다. 또한 기본 주파수에서 고조파 응답의 위상에 주목하라. k=1일 때 위상은 1.5536 라디안 또는 거의 π/2이다. 그러한 위상이동은 코사인을 사인으로 바꾼다. 입력신호는 코사인 성분만을 갖는 우함수이고 응답은 실제로 위상이 이동하여 기함수가 된다.

■

푸리에 급수에 대한 수치 해석적 계산

또 다른 종류의 신호에 대하여 CTFS를 구하는 예를 고려해 보자〈그림 6.15〉. 이 신호는 몇 가지의 문제점을 가지고 있다. 이 신호는 그래프를 이용해 나타내는 것 이외에는 어떻게 표현해야 할지 전혀 명확하지가 않다. 이 신호는 정현파도 아니고 어떤 명확한 수학적 함수의 형식도 아니다. 이제까지 CTFS에 대한 학습에서 어떤 신호에 대한 CTFS 고조파 함수를 구하기 위해서는 그 신호에 대한 수식이 필요했다. 그러나 어떤 신호에 대한 수식을 쓸 수 없다고 해서, 그 신호에 대한 CTFS가 존재하지 않는다는 것은 아니다. 실제로 해석하고자 하는 대부분의 실제 신호는 수학적으로 정확하게 기술되지는 않는다. 한 주기 동안의 신호에 대해 샘플링을 하면 수치 해석적인 방법을 통해 CTFS 고조파 함수를 추정할 수 있다. 샘플의 개수가 많을

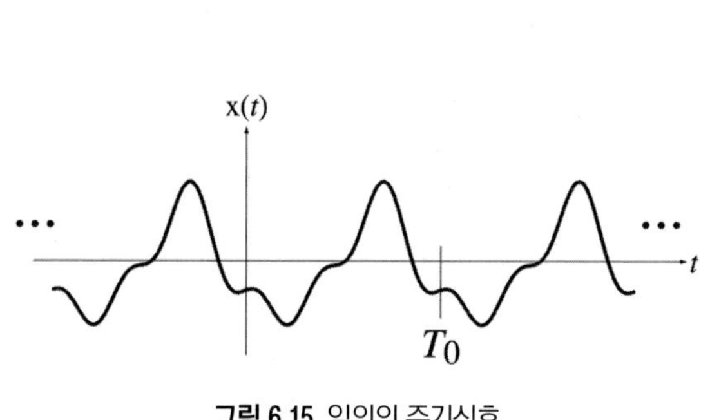

그림 6.15 임의의 주기신호

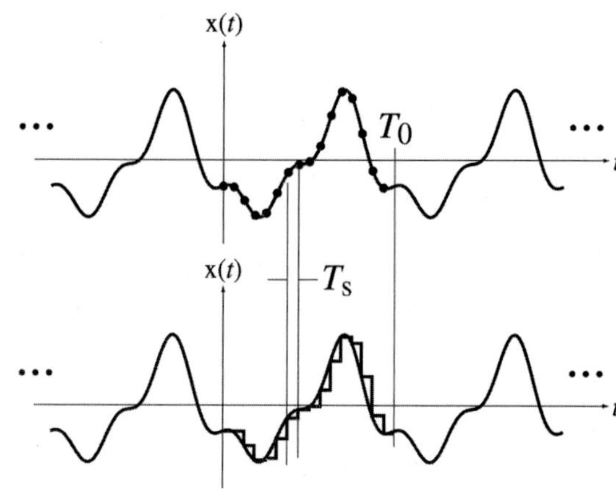

그림 6.16 임의의 주기 신호에 대한 CTFS 고조파 함수를 계산하기 위한 샘플링

수록 그 추정치는 더 정확해진다〈그림 6.16〉.

그 고조파 함수는 아래와 같이 표현된다.

$$c_x[k] = \frac{1}{T}\int_T x(t)e^{-j2\pi kft/T}\,dt$$

적분의 시작점은 임의적으로 설정할 수 있기 때문에 편의를 위해 $t = 0$이라고 하자.

$$c_x[k] = \frac{1}{T}\int_0^T x(t)e^{-j2\pi kt/T}\,dt$$

함수 x(t)가 어떤 값인지는 알 수 없지만 $t = 0$에서 시작해서 한 주기 동안 N개의 샘플들이 있고 샘플 간의 시간 간격 $T_s = T/N$ 이면 위 적분을 각 개별 적분 길이가 T_s인 여러 개 적분의 합으로 근사화할 수 있다. 즉,

$$c_x[k] \cong \frac{1}{T}\sum_{n=0}^{N-1}\left[\int_{nT_s}^{(n+1)T_s} x(nT_s)e^{-j2\pi knT_s/T}\,dt\right] \tag{6.8}$$

(〈그림 6.16〉에는 한 주기 동안에서만 샘플을 취했으나 그 범위는 어떤 주기로도 확대할 수 있고 그 결과는 항상 동일하다.) 샘플들끼리 서로 충분히 근접해 있으면 샘플 간격 사이에서 x(t)의 값은 크게 변하지 않을 것이기 때문에 적분 식 (6.8)은 적절한 근사 값이 될 것이다. 적분을 취하는 상세한 과정은 웹 부록 F에 있고 그 결과를 보면 $|k| << N$인 고조파 차수에서 고조파 함

수는 아래와 같이 근사화할 수 있다는 것을 알 수 있다.

$$c_x[k] \cong \frac{1}{N}\sum_{n=0}^{N-1} x(nT_s)e^{-j2\pi nk/N} \tag{6.9}$$

식 (6.9)의 우변에 있는 합.

$$\sum_{n=0}^{N-1} x(nT_s)e^{-j2\pi nk/N}$$

은 신호 처리 분야에서 이산 푸리에 변환(DFT: discrete Fourier transform)이라고 부르는 매우 중요한 연산이다. 따라서 식 (6.9)는 아래와 같이 쓸 수 있다.

$$\boxed{c_x[k] \cong (1/N)\mathcal{DFT}(x(nT_s)),\ \ |k| << N} \tag{6.10}$$

여기서

$$\mathcal{DFT}(x(nT_s)) = \sum_{n=0}^{N-1} x(nT_s)e^{-j2\pi nk/N}$$

DFT는 주기 함수에 대해 한 주기 동안 샘플링을 해 그 신호에 대한 CTFS 고조파 함수에 샘플 개수 N을 곱하여 근사 값을 나타내는 숫자들을 계산해 준다. 이 DFT는 MATLAB같은 현대의 고급프로그래밍 언어에 들어 있는 내장 함수이다. MATLAB에서 그러한 함수는 `fft`라고 하며 고속 푸리에 변환(fast Fourier transform)을 뜻한다. 고속 푸리에 변환은 DFT를 계산하는 효율적인 알고리듬이다(DFT와 FFT에 대해서는 7장에서 보다 상세히 다룰 것이다).

DFT 값

$$\sum_{n=0}^{N-1} x(nT_s)e^{-j2\pi nk/N}$$

는 주기 N을 갖고 k에 대해 주기적이다. 이것은 아래와 같이 X[$k+N$]를 구하여 알 수 있다.

$$X[k+N] = \frac{1}{N}\sum_{n=0}^{N-1} x(nT_s)e^{-j2\pi n(k+N)/N} = \frac{\overbrace{e^{-j2\pi n}}^{=1}}{N}\sum_{n=0}^{N-1} x(nT_s)e^{-j2\pi nk/N} = X[k]$$

식 (6.9)의 근사 값은 $|k| << N$일 경우에 해당되는 것이다. 여기에는 k가 음수인 경우도 포함된다. 그러나 `fft`함수는 $0 \le k < N$인 범위에서 DFT 값을 계산해 준다. k가 음수인 경우 DFT 값은 한 주기만큼 떨어져 있는 k가 양수인 경우와 같다. 따라서 예를 들어 $\text{X}[-1]$을 구하기 위해서는 $0 \le k < N$인 범위에 포함되어 있는 주기적으로 반복되는 $\text{X}[N-1]$을 구하면 된다.

CTFS의 고조파 함수를 구하기 위한 수치 해석적 기법은 $\text{x}(t)$에 대한 수식은 알 수 있지만 아래와 같은 적분을 수식으로 계산할 수 없는 경우에 매우 유용하게 사용할 수 있다.

$$\text{c}_\text{x}[k] = \frac{1}{T}\int_T \text{x}(t)e^{-j2\pi kt/T}\,dt$$

예제 6.3

CTFS를 근사화하기 위한 DFT 활용

한 주기 동안 아래의 수식으로 표현되는 주기 신호 $\text{x}(t)$에 대해 근사화 된 CTFS 고조파 함수를 구하라.

$$\text{x}(t) = \sqrt{1-t^2}, \quad -1 \le t < 1$$

이 신호의 기본 주기는 2이다. 따라서 2의 임의의 배수가 되는 시간 구간 동안(신호를 나타내는 시간 구간 T) 이 신호에 대한 샘플을 선택할 수 있다. 한 주기 동안 128개의 샘플을 선택하라. 아래의 MATLAB 프로그램은 DFT를 이용해 CTFS 고조파 함수를 구하고 그 그래프를 그리는 것이다.

```
% Program to approximate, using the DFT, the CTFS of a
% periodic signal described over one period by
% x(t) = sqrt(1-t^2), -1 < t < 1
N = 128 ;                    % Number of samples
T0 = 2 ;                     % Fundamental period
T = T0 ;                     % Representation time
Ts = T/N ;                   % Time between samples
fs = 1/Ts ;                  % Sampling rate
n = [0:N-1]' ;               % Time index for sampling
t = n*Ts ;                   % Sampling times

% Compute values of x(t) at the sampling times
x = sqrt(1-t.^2).*rect(t/2) +...
```

```
    sqrt(1-(t-2).^2).*rect((t-2)/2) +...
    sqrt(1-(t-4).^2).*rect((t-4)/2) ;
cx = fft(x)/N ;                % DFT of samples
k = [0:N/2-1]' ;               % Vector of harmonic numbers

% Graph the results
subplot(3,1,1) ;
p = plot(t,x,'k'); set(p,'LineWidth',2); grid on ; axis('equal');
axis([0,4,0,1.5]) ;
xlabel('Time, t (s)') ; ylabel('x(t)') ;
subplot(3,1,2) ;
p = stem(k,abs(cx(1:N/2)),'k') ; set(p,'LineWidth',2,'MarkerSize',4) ;
grid on ;
xlabel('Harmonic Number, k') ; ylabel('|c_x[k]|') ;
subplot(3,1,3) ;
p = stem(k,angle(cx(1:N/2)),'k') ; set(p,'LineWidth',2,'MarkerSize',
4) ; grid on ;
xlabel('Harmonic Number, k') ; ylabel('Phase of c_x[k]') ;
```

〈그림 6.17〉은 프로그램 실행 결과 나온 그래프이다.

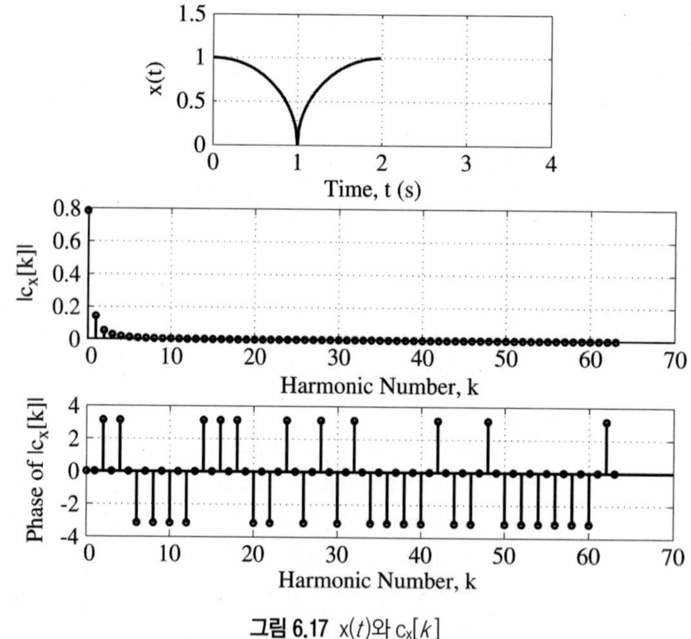

그림 6.17 $x(t)$와 $c_x[k]$

위상 그래프를 보면 오직 세 가지 위상 값 0, π 및 -π만 존재함을 알 수 있다. 위상 π와 -π는 동일한 값이기 때문에 그 값은 모두 π 또는 -π 어떤 값으로도 그릴 수 있다. MATLAB에서는 위상을 계산할 때 계산 과정에서 발생하는 반올림 오차로 인해서 어떤 때는 π에 거의 근사한 값을 또 다른 때는 $-\pi$에 근사한 값을 생성하는 것이다.

〈그림 6.17〉에 있는 $c_x[k]$의 크기와 위상에 대한 그래프에는 k값이 $0 \le k < N/2$ 범위에 대해서만 나타나 있다. $c_x[k] = c_x^*[-k]$이기 때문에 $-N/2 \le k < N/2$ 범위에서 $c_x[k]$를 정의하는 것만으로도 충분하다. 종종 고조파 함수를 $-N/2 \le k < N/2$ 범위에 대해 그래프로 그려볼 필요가 있다. DFT에 의해 계산된 값이 정확하게 한 주기에 해당한다는 것을 상기하면 이 문제는 매우 간단하게 해결할 수 있다. 위에서 언급한 것과 같은 이유에 의해 $N/2 \le k < N$ 범위에 해당하는 DFT로 계산된 값의 뒤쪽 반은 $-N/2 \le k < 0$ 범위에 해당하는 값과 동일할 것이다. MATLAB에는 fftshift라는 함수가 있는데 이 명령어를 사용하면 전체 신호를 반으로 나누어 뒤쪽에 있는 값을 앞쪽에 있는 값과 순서를 바꾸어 준다. 그러면 전체 N개의 데이터는 $0 \le k < N$ 구간이 아니라 $-N/2 \le k < N/2$ 구간의 데이터를 나타내는 것과 동일한 효과를 주는 것이다.

위 신호에 대해 한 주기가 아니라 두 주기 동안의 값을 분석하기 위해 아래와 같이 MATLAB 명령어를 바꿀 수 있다.

```
T = T0 ;             %      Representation time
```

to

```
T = 2*T0 ;           %      Representation time
```

그 결과는 〈그림 6.18〉과 같이 나타난다.

이제 모든 홀수 k에 대해 CTFS 고조파 함수가 0이 되는 것에 주목하자. 그 이유는 $x(t)$의 두 기본 주기를 시간 표현 구간 T로 나타냈기 때문이다. CTFS로 나타낸 기본 주파수는 $x(t)$의 기본 주파수의 반이 되는 것이다. 신호의 전력은 $x(t)$의 기본 주파수와 그 고조파에 나타나게 되는데 그 값이 CTFS 고조파 함수의 짝수 차수가 되는 것이다. 그러므로 짝수 차수의 고조파 값만 0이 아닌 값이 나타나게 된다. 신호의 한 주기를 이용해 분석한 이전 결과에서의 k번째 고조파는 이번 분석 결과에서의 $(2k)$번째 고조파와 같다.

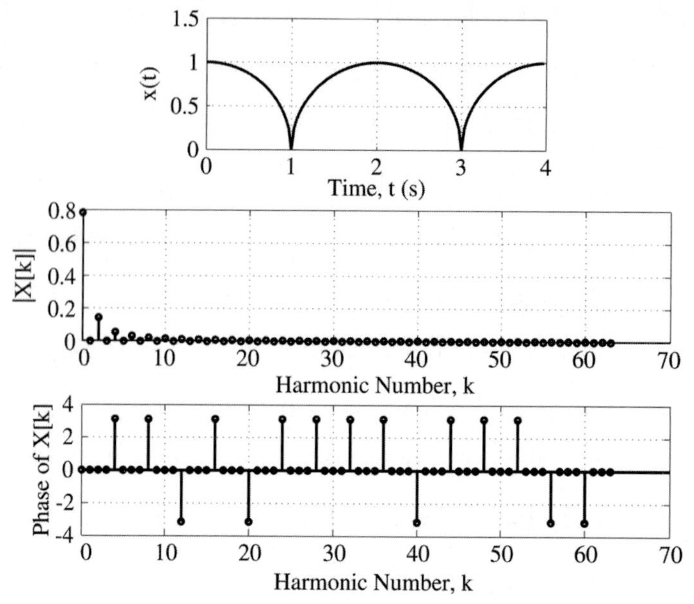

그림 6.18 시간표현 구간으로서 한 기본 주기가 아닌 두 기본 주기를 나타낸 x(t)와 X[k]

예제 6.4

총 고조파 왜곡(total harmonic distortion; THD) 계산

어떤 시스템의 성능지수에는 총 고조파 왜곡이라는 것이 있다. 시스템의 입력 신호가 정현파이면 출력신호의 THD는 기본 주파수($k \neq \pm 1$)가 아닌 모든 고조파의 출력신호의 총 신호전력을 기본 주파수를 갖는 출력신호의 총 신호전력으로 나눈 것이다.

4kHz의 주파수에서 공칭 이득(nominal agin)이 100인 음성증폭기를 최대값이 100 mV인 4 kHz의 사인파로 구동한다. 증폭기의 이상적인 출력은 $x_i(t) = 10\sin(8000\pi t)$ V이지만 실제 증폭기의 출력신호 x(t)는 ±7V의 범위로 한정된다. 따라서 실제 출력신호는 7V보다 작은 크기의 전압에 대해서 맞지만 7V보다 큰 이상적인 전압에 대해서는 출력이 ±7V에서 잘리고 만다. 출력신호의 THD를 구하라.

x(t)의 CTFS 고조파 함수는 해석적으로 구할 수 있지만 다소 길고 지루하며 오류 발생이 쉬운 과정이다. 수치적인 THD에만 관심을 갖는다면 DFT와 컴퓨터를 이용해 수치적으로 구할 수 있다. 다음은 MATLAB 프로그램을 이용해 수행한 결과이며 〈그림 6.19〉는 그 결과를 보여주고 있다.

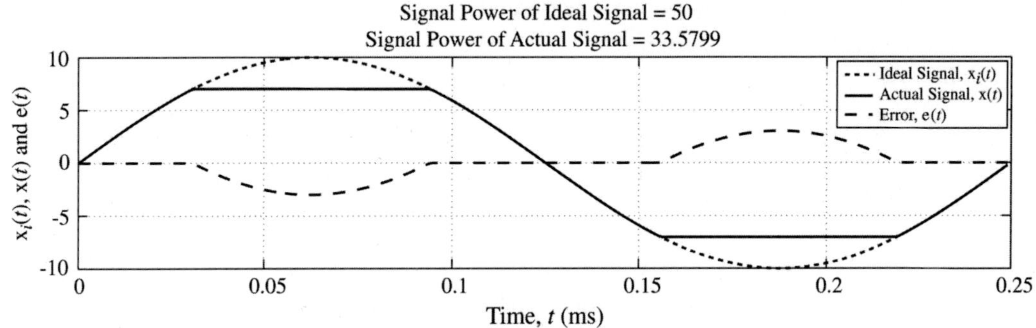

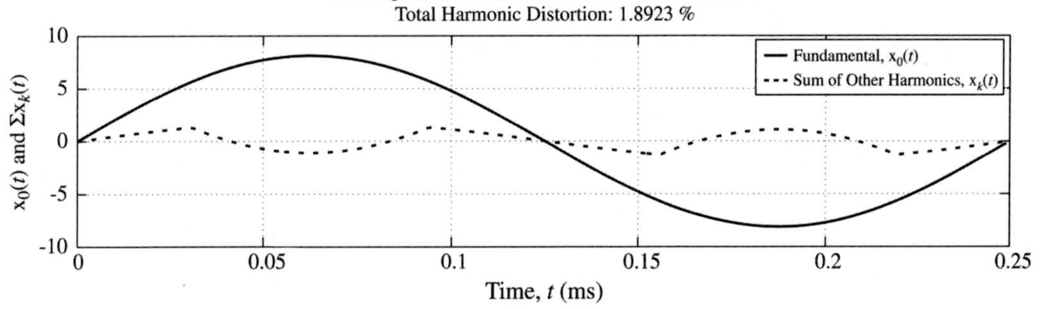

그림 6.19 THD 계산결과

```
f0 = 4000 ;                % Fundamental frequency of signal
T0 = 1/f0 ;                % Fundamental period of signal
N = 256 ;                  % Number of samples to use in one period
Ts = T0/N ;                % Time between samples
fs = 1/Ts ;                % Sampling rate in samples/second
t = Ts*[0:N-1]' ;          % Time vector for graphing signals
A = 10 ;                   % Ideal signal amplitude
xi = A*sin(2*pi*f0*t) ;    % Ideal signal
Pxi = A^2/2 ;              % Signal power of ideal signal
x = min(xi,0.7*A) ;        % Clip ideal signal at 7 volts
x = max(x,-0.7*A) ;        % Clip ideal signal at -7 volts
Px = mean(x.^2) ;          % Signal power of actual signal
cx = fftshift(fft(x)/N);   % Compute harmonic function values up to k
                           % = +/- 128
k = [-N/2:N/2-1]' ;        % Vector of harmonic numbers
I0 = find(abs(k) == 1);    % Find harmonic function values at
                           % fundamental
P0 = sum(abs(cx(I0)).^2);  % Compute signal power of fundamental
Ik = find(abs(k) ~= 1) ;   % Find harmonic function values not at
                           % fundamental
Pk = sum(abs(cx(Ik)).^2);  % Compute signal power in harmonics
THD = Pk*100/P0 ;          % Compute total harmonic distortion
```

```
% Compute values of fundamental component of actual signal
x0 = 0*t ; for kk = 1:length(I0), x0 = x0 + cx(I0(kk))*exp(j*2*pi*
k(I0(kk))*f0*t) ; end

% Compute values of sum of signal components not at fundamental in
% actual signal
xk = 0*t ; for kk = 1:length(Ik), xk = xk + cx(Ik(kk))*exp(j*2*pi*
k(Ik(kk))*f0*t) ; end
x0 = real(x0); % Remove any residual imaginary parts due to round-off
xk = real(xk); % Remove any residual imaginary parts due to round-off

% Graph the results and report signal powers and THD

ttl = ['Signal Power of Ideal Signal = ',num2str(Pxi)] ;
ttl = str2mat(ttl,['Signal Power of Actual Signal = ', num2str(Px)]);
subplot(2,1,1) ;
ptr = plot(1000*t,xi,'k:',1000*t,x,'k',1000*t,x-xi,'k--') ; grid on ;
set(ptr,'LineWidth',2) ;
xlabel('Time, {\itt} (ms)','FontName','Times','FontSize',24) ;
ylabel('x_i({\itt}), x({\itt}) and e({\itt})','FontName','Times','
FontSize',24) ;
title(ttl,'FontName','Times','FontSize',24) ;
ptr = legend('Ideal Signal, x_i({\itt})','Actual Signal, x({\itt})',
'Error, e({\itt})') ;
set(ptr,'FontName','Times','FontSize',18) ;
set(gca,'FontSize',18) ;
subplot(2,1,2) ;
ttl = ['Signal Power of Fundamental = ',num2str(P0)] ;
ttl = str2mat(ttl,['Total Signal Power of All Other Harmonics = ',
num2str(Pk)]) ;
ttl = str2mat(ttl,['Total Harmonic Distortion: ',num2str(THD),'%']) ;
ptr = plot(1000*t,x0,'k',1000*t,xk,'k:') ; grid on ;
set(ptr,'LineWidth',2) ;
xlabel('Time, {\itt} (ms)','FontName','Times','FontSize',24) ;
ylabel('x_0({\itt}) and \Sigma x_{\itk}({\itt})','FontName','Times',
'FontSize',24) ;
title(ttl,'FontName','Times','FontSize',24) ;
ptr = legend('Fundamental, x_0({\itt})','Sum of Other Harmonics,
x_{\itk}({\itt})') ;
set(ptr,'FontName','Times','FontSize',18) ;
set(gca,'FontSize',18) ;
```

THD는 최대값의 위아래로 30%씩 심하게 잘렸어도 1.8923%이다. 따라서 좋은 신호 충실도를 가지려면 THD는 일반적으로 1%보다 훨씬 작아야 한다.

■

6.3 연속시간 푸리에 변환

CTFS는 모든 시간 동안 공학적으로 유용성을 갖는 주기 신호를 표현할 수 있다. 물론 어떤 중요한 신호는 주기적이지 않다. 따라서 모든 시간 동안 비주기적인 신호를 표현할 수 있도록 CTFS를 어떻게든 확장하는 것이 유용할 것이다. 그렇게 확장하는 것을 할 수 있으며 그 결과를 푸리에 변환(Fourier transform)이라 한다.

비주기 신호에 대한 푸리에 급수의 확장

주기 신호와 비주기 신호의 현저한 차이점은 주기 신호가 기본 주기라고 부르는 유한한 시간 T에서 반복한다는 것이다. 주기 신호는 기본 주기를 끝없이 반복해 왔고 계속해서 기본 주기를 끝없이 반복할 것이다. 비주기 신호는 유한한 주기를 갖지 않는다. 비주기 신호는 모든 시간 동안은 아니지만 어떤 유한한 시간 내에서 하나의 패턴을 여러 번 반복할 수도 있다. 푸리에 급수를 푸리에 변환으로 바꾸는 것은 주기 신호에 대해 푸리에 급수의 형식을 구한 다음 주기를 무한대에 근접하게 함으로써 달성된다. 수학적으로 함수가 비주기적이라고 말하는 것과 함수가 무한 주기를 갖는다고 말하는 것은 같은 것을 말한다.

기본 주기 T_0를 갖는 높이 A 및 폭 w의 구형파 펄스들로 구성된 시간 영역 신호 $x(t)$를 생각해 보자〈그림 6.20〉. 이 신호는 일반적인 신호에 대해 기본 주기를 무한대에 근접하도록 하여 생기는 현상을 설명할 것이다. 이 펄스열을 복소 CTFS로 표현하면 고조파 함수 $c_x[k] = (Aw/T_0)\,\mathrm{sinc}(kw/T_0)$ (여기서 $T = T_0$)이다.

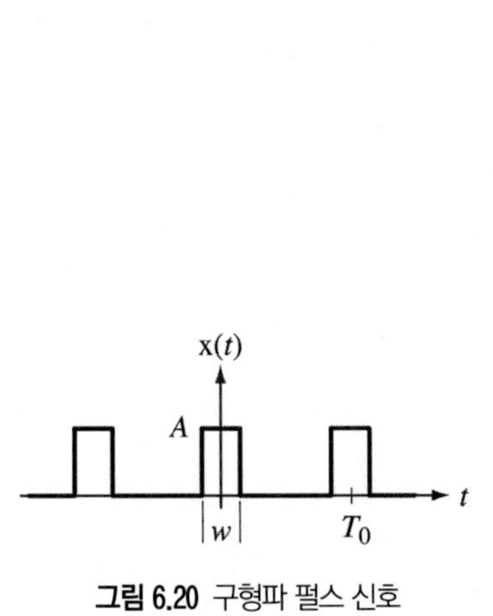

그림 6.20 구형파 펄스 신호

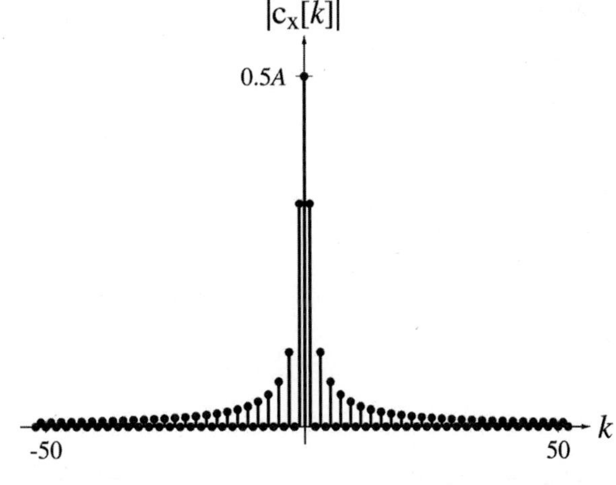

그림 6.21 50% 순환 주기(duty cycle) 구형파 신호의 CTFS 고조파 함수의 크기

$w = T_0/2$(파형이 절반의 시간에는 A에 있고 나머지 절반의 시간에는 0인, 50% 순환 주기(duty cycle)를 의미한다)라고 가정하자. 그러면 $c_x[k] = (A/2)\text{sinc}(k/2)$이다〈그림 6.21〉.

이제 w는 변화시키지 않고 기본 주기 T_0를 1에서 5로 증가시켰다고 하자. 그러면 $c_x[0]$은 1/10이 되고 CTFS 고조파 함수는 $c_x[k] = (1/10)\text{sinc}(k/10)$ 이 된다〈그림 6.22〉.

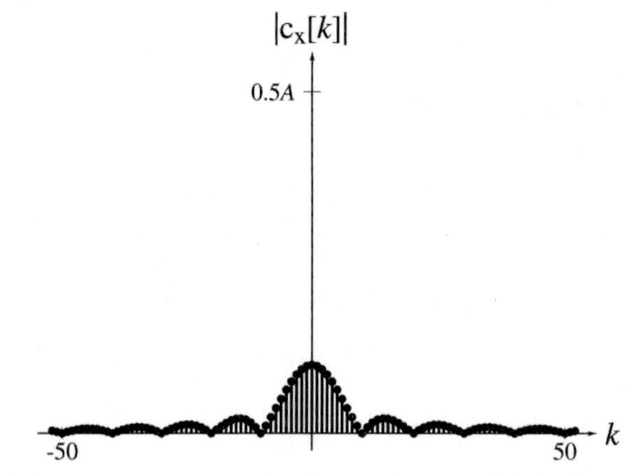

그림 6.22 순환 주기가 감소된 구형파 신호에 대한 CTFS 고조파 함수의 크기

고조파 함수의 평균 값이 전보다 5배 작기 때문에 최대 고조파 진폭의 크기는 전보다 5배 작아진다. 기본 주기 T_0가 커지면 고조파 진폭들은 T_0가 증가함에 따라 진폭이 작아지는 넓은 싱크(sinc) 함수가 된다. T_0가 무한대로 가는 극한에서 원래의 시간 영역 파형 $x(t)$는 원점에 있는 단일 구형파 펄스에 근접하고 CTFS 고조파 함수는 0의 진폭을 갖는 무한히 넓은 싱크 함수를 샘플링한 모양에 근접한다. 만약 $c_x[k]$를 그래프로 나타내기 전에 T_0를 곱한다면 T_0가 무한대로 가까이 갈 때 진폭은 0으로 가지 않고 그대로 있을 것이고 넓어진 싱크 함수 상의 점들의 궤적을 단순히 따라가게 될 것이다. 또한 k대신 $k/T_0 = kf_0$에 대해 그래프를 그리면 가로축은 고조파 차수 대신 주파수가 될 것이고 싱크 함수는 T_0가 증가(그리고 f_0가 감소)함에 따라 그 축에서 동일한 폭을 유지할 것이다. 그렇게 변경하면 마지막 2개의 그래프는 〈그림 6.23〉과 같이 보일 것이다.

이것을 수정된 고조파 함수라고 부른다. 이 수정된 고조파 함수에 대해 $T_0\, c_x[k] = Aw\,\text{sinc}(wkf_0)$이다. T_0가 끝없이 증가함에 따라(펄스열을 단일 펄스로 만듦) f_0는 0에 근접하고 이산 변수 kf_0는 연속 변수(이것을 나중에 f라고 부른다)에 근접한다. 수정된 CTFS 고조파 함수는 〈그림 6.24〉에 설명된 함수에 근접한다. 이 수정된 고조파 함수는(표기법을 약간 변경해) 단일 펄스의 연속시간 푸리에 변환(CTFT: continuous-time Fourier transform)이라 부른다.

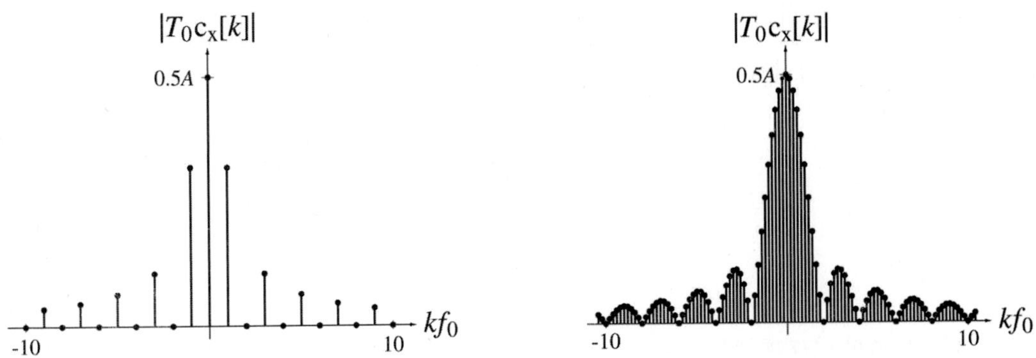

그림 6.23 50% 및 10% 순환 주기의 구형파 신호에 대한 수정된 CTFS 고조파 함수의 크기

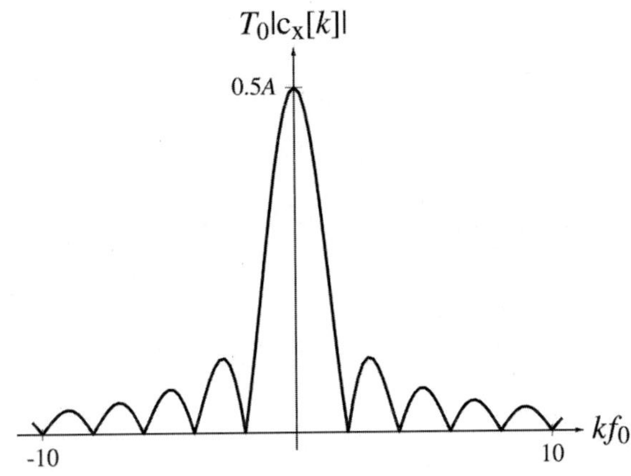

그림 6.24 구형파 신호에 대한 수정된 CTFS 고조파 함수의 극한 형식

인접한 CTFS 고조파 진폭들 사이의 주파수 차이는 CTFS 표현식의 기본 주파수인 $f_0 = 1/T_0$와 동일하다. 주파수 미분(기본 주기가 무한대로 가면 주파수 미분은 극한으로 될 것이다)과의 관계를 강조하기 위해 이 간격을 Δf라 하자. 다시 말해 $\Delta f = f_0 = 1/T_0$ 이다. 그러면 $x(t)$의 복소 CTFS 표현은

$$x(t) = \sum_{k=-\infty}^{\infty} c_x[k] e^{j2\pi k \Delta f t}$$

과 같이 쓸 수 있다. $c_x[k]$에 적분 표현을 대입하면

$$x(t) = \sum_{k=-\infty}^{\infty} \left[\frac{1}{T_0} \int_{t_0}^{t_0+T_0} x(\tau) e^{-j2\pi k \Delta f \tau} \, d\tau \right] e^{j2\pi k \Delta f t}$$

이다.

(적분의 변수는 적분 식 밖에 있는 함수 $e^{j2\pi k\Delta ft}$의 t와 구별하기 위해 τ로 한다.)

적분의 시작점 t_0는 임의적이므로 $t_0 = -T_0/2$ 라고 하자. 그러면

$$x(t) = \sum_{k=-\infty}^{\infty}\left[\int_{-T_0/2}^{T_0/2} x(\tau)e^{-j2\pi k\Delta f\tau}\,d\tau\right]e^{j2\pi k\Delta ft}\Delta f$$

이며, 여기서 Δf는 $1/T_0$를 대체했다. T_0가 무한대로 가는 극한에서 Δf는 미분 df로 근접하며 $k\Delta f$는 연속 변수 f가 된다. 적분 극한들은 +및 -무한대로 근접하고 합은 적분인

$$\begin{aligned} x(t) &= \lim_{T_0\to\infty}\left\{\sum_{k=-\infty}^{\infty}\left[\int_{-T_0/2}^{T_0/2} x(\tau)e^{-j2\pi k\Delta f\tau}\,d\tau\right]e^{j2\pi k\Delta ft}\Delta f\right\} \\ &= \int_{-\infty}^{\infty}\left[\int_{-\infty}^{\infty} x(\tau)e^{-j2\pi f\tau}\,d\tau\right]e^{j2\pi ft}\,df. \end{aligned} \qquad (6.11)$$

이 된다. 식 (6.11)의 우변에서 꺽쇠괄호로 묶은 양은 $x(t)$의 연속 시간 푸리에 변환인

$$\boxed{X(f) = \int_{-\infty}^{\infty} x(t)e^{-j2\pi ft}\,dt} \qquad (6.12)$$

과 같고 다음 수식이 얻어진다.

$$\boxed{x(t) = \int_{-\infty}^{\infty} X(f)e^{j2\pi ft}\,df}. \qquad (6.13)$$

이다.

여기서 신호에 대한 푸리에 변환은 소문자 대신 대문자의 동일한 알파벳 글자로 표기하는 관행을 채택했다. 푸리에 변환은 주기 주파수 f의 함수이며 신호의 시간 의존성을 '적분해 없애 버린' 그래서 푸리에 변환은 시간의 함수가 아니라는 것에 주목하라. 시간 영역 함수 (x)와 그것에 대한 CTFT (X)는 흔히 표기법 $x(t) \xleftrightarrow{\mathcal{F}} X(f)$으로 나타내며 '푸리에 변환 쌍'을 형성한다고 말한다. 또한 관행적인 표기법은 $X(f) = \mathcal{F}(x(t))$이고 $x(t) = \mathcal{F}^{-1}(X(f))$이며 $\mathcal{F}(\cdot)$는 '푸리에 변환'이고 $\mathcal{F}^{-1}(\cdot)$는 '푸리에 역변환'이다.

또 다른 일반적인 형식의 푸리에 변환은 ω가 각 주파수인 변수 $f = \omega/2\pi$를 치환해 정의한다.

$$\mathrm{X}(\omega/2\pi) = \int_{-\infty}^{\infty} \mathrm{x}(t)e^{-j\omega t}\,dt \quad \text{and} \quad \mathrm{x}(t) = \frac{1}{2\pi}\int_{-\infty}^{\infty} \mathrm{X}(\omega/2\pi)e^{j\omega t}\,d\omega \tag{6.14}$$

이것은 단순히 f에 대해 $\omega/2\pi$를 그리고 df에 대해 $d\omega/2\pi$를 대입함으로써 얻은 결과이다. 공학문헌에서 다음과 같이 쓰인 형식을 보게 되는 것이 훨씬 더 일반적이다.

$$\mathrm{X}(\omega) = \int_{-\infty}^{\infty} \mathrm{x}(t)e^{-j\omega t}\,dt \quad \text{and} \quad \mathrm{x}(t) = \frac{1}{2\pi}\int_{-\infty}^{\infty} \mathrm{X}(\omega)e^{j\omega t}\,d\omega \tag{6.15}$$

이 두 번째 형식에서 함수 'X'의 엄밀한 수학적 의미가 변해 두 형식 간의 변환이 필요할 경우 혼동의 원인이 될 수 있다. 그러한 혼동을 없애기 위해 다음과 같이 쓰인 ω형식을 보게 되는 것 또한 아주 일반적인데, 마찬가지로 함수 'X'의 의미를 변화시킨다.

$$\boxed{\mathrm{X}(j\omega) = \int_{-\infty}^{\infty} \mathrm{x}(t)e^{-j\omega t}\,dt} \quad \text{and} \quad \boxed{\mathrm{x}(t) = \frac{1}{2\pi}\int_{-\infty}^{\infty} \mathrm{X}(j\omega)e^{j\omega t}\,d\omega} \tag{6.16}$$

함수의 변수에 j를 포함하는 이유는 푸리에 변환이 라플라스 변환과 좀 더 직접적으로 호환되게 하기 위해서다(8장).

다음의 표현식을 이용해

$$\mathrm{X}(f) = \int_{-\infty}^{\infty} \mathrm{x}(t)e^{-j2\pi ft}\,dt$$

푸리에 변환 쌍을 이루었다고 가정하자.

$$\mathrm{x}(t) = e^{-\alpha t}\,\mathrm{u}(t) \xleftrightarrow{\mathcal{F}} \mathrm{X}(f) = \frac{1}{j2\pi f + \alpha}$$

보통은 수학적 함수의 표기에서 함수 X($j\omega$)를 말할 때 그것은 다음을 의미하게 된다.

$$\mathrm{X}(f) \xrightarrow{f \to j\omega} \mathrm{X}(j\omega) = \frac{1}{j2\pi(j\omega) + \alpha} = \frac{1}{-2\pi\omega + \alpha}$$

그러나 푸리에 변환을 다룬 문헌에서 푸리에 변환의 주기 주파수 형식이 다음과 같으면

$$X(f) = \frac{1}{j2\pi f + \alpha}$$

각 주파수 형식은

$$X(j\omega) = \frac{1}{j2\pi(\omega/2\pi) + \alpha} = \frac{1}{j\omega + \alpha}.$$

라고 말하는 것이 아주 일반적이다.

$X(f)$에서 $X(j\omega)$로 바꿀 때 실제로 이루어진 것은 $x(t) = \int_{-\infty}^{\infty} X(f)e^{j2\pi ft}\,df$를 이용해 $X(f)$에서 $x(t)$로 변환하고 $X(j\omega) = \int_{-\infty}^{\infty} x(t)e^{-j\omega t}\,dt$를 이용해 $X(j\omega)$를 구하는 것이다. 다시 말해 $X(f) \xrightarrow{\mathcal{F}^{-1}} x(t) \xrightarrow{\mathcal{F}} X(j\omega)$이다. 이것은 $X(f) \xrightarrow{f \to \omega/2\pi} X(j\omega)$ 대신에 $X(f) \xrightarrow{f \to j\omega} X(j\omega)$ 변환을 하는 것과 같다. 이 책에서는 이러한 전통적인 해석을 따를 것이다.

어떤 해석에서든지 정의를 하고 나서 그것을 일관되게 사용하는 것이 중요하다. 이 책에서 다음의 형식

$$x(t) = \int_{-\infty}^{\infty} X(f)e^{j2\pi ft}\,df \xleftrightarrow{\mathcal{F}} X(f) = \int_{-\infty}^{\infty} x(t)e^{-j2\pi ft}\,dt$$

$$x(t) = \frac{1}{2\pi}\int_{-\infty}^{\infty} X(j\omega)e^{j\omega t}\,d\omega \xleftrightarrow{\mathcal{F}} X(j\omega) = \int_{-\infty}^{\infty} x(t)e^{-j\omega t}\,dt$$

를 f와 ω형식에 사용할 것이며, 이는 공학문헌에서 위의 두 가지가 가장 흔히 접하는 형식이기 때문이다. 여기서 소개된 푸리에 변환은 연속시간 신호에 적용된다. 그러므로 연속시간 푸리에 변환 또는 **CTFT**라고 한다. CTFT는 통신 시스템, 필터 및 푸리에 광학의 해석에 널리 쓰인다.

CTFT의 ω형식과 f형식은 둘 다 공학에서 널리 사용된다. 어느 특정한 문헌 또는 논문에서 어느 것이 사용되었는지는 특정분야에서의 전통적인 표기 관행 및 저자의 개인적인 취향을 포함해서 여러 가지 요인에 따라 다르다. 두 가지 형식 모두가 일반적으로 사용되기 때문에 이 책에서는 개별적인 해석에서 어떤 형식이든 가장 편리한 것으로 생각되는 것을 사용할 것이다. 언제라도 다른 형식으로 변경할 필요가 있다면 단지 f를 $\omega/2\pi$로 또는 ω를 $2\pi f$로 대체하

여 보통은 쉽게 변경된다(여기에 기술된 정의 이외에도 공학, 수학 및 물리학에서 찾아볼 수 있는 몇 가지 다른 형식의 푸리에 변환에 대한 정의가 있다).

〈표 6.3〉은 위에 기술된 정의로부터 직접 유도한 ω 형식의 CTFT 쌍을 나열하고 있다. 여기서 ω 형식이 좀 더 간결하기 때문에 그러한 함수에 대해 사용되었다.

표 6.3 대표적인 CTFT 쌍

$$\delta(t) \xleftrightarrow{\mathcal{F}} 1$$

$$e^{-\alpha t}\,\mathrm{u}(t) \xleftrightarrow{\mathcal{F}} 1/(j\omega+\alpha),\ \alpha>0 \qquad -e^{-\alpha t}\,\mathrm{u}(-t) \xleftrightarrow{\mathcal{F}} 1/(j\omega+\alpha),\ \alpha<0$$

$$te^{-\alpha t}\,\mathrm{u}(t) \xleftrightarrow{\mathcal{F}} 1/(j\omega+\alpha)^2,\ \alpha>0 \qquad -te^{-\alpha t}\,\mathrm{u}(-t) \xleftrightarrow{\mathcal{F}} 1/(j\omega+\alpha)^2,\ \alpha<0$$

$$t^n e^{-\alpha t}\,\mathrm{u}(t) \xleftrightarrow{\mathcal{F}} \frac{n!}{(j\omega+\alpha)^{n+1}},\ \alpha>0 \qquad -t^n e^{-\alpha t}\,\mathrm{u}(-t) \xleftrightarrow{\mathcal{F}} \frac{n!}{(j\omega+\alpha)^{n+1}},\ \alpha<0$$

$$e^{-\alpha t}\sin(\omega_0 t)\,\mathrm{u}(t) \xleftrightarrow{\mathcal{F}} \frac{\omega_0}{(j\omega+\alpha)^2+\omega_0^2},\ \alpha>0 \qquad -e^{-\alpha t}\sin(\omega_0 t)\,\mathrm{u}(-t) \xleftrightarrow{\mathcal{F}} \frac{\omega_0}{(j\omega+\alpha)^2+\omega_0^2},\ \alpha<0$$

$$e^{-\alpha t}\cos(\omega_0 t)\,\mathrm{u}(t) \xleftrightarrow{\mathcal{F}} \frac{j\omega+\alpha}{(j\omega+\alpha)^2+\omega_0^2},\ \alpha>0 \qquad -e^{-\alpha t}\cos(\omega_0 t)\,\mathrm{u}(-t) \xleftrightarrow{\mathcal{F}} \frac{j\omega+\alpha}{(j\omega+\alpha)^2+\omega_0^2},\ \alpha<0$$

$$e^{-\alpha|t|} \xleftrightarrow{\mathcal{F}} \frac{2\alpha}{\omega^2+\alpha^2},\ \alpha>0$$

일반화된 푸리에 변환

엄밀한 의미에서 푸리에 변환이 되지 않는 중요한 실용적인 신호가 있다. 이런 신호는 아주 중요하기 때문에 푸리에 변환은 그런 신호를 포함하도록 '일반화 되었다.' 일반화 된 푸리에 변환의 예로써 상수 값을 갖는 매우 간단한 함수 $\mathrm{x}(t)=A$의 CTFT를 구해 보자. CTFT의 정의를 이용해

$$\mathrm{x}(t)=\int_{-\infty}^{\infty}\mathrm{X}(f)e^{+j2\pi ft}\,df \xleftrightarrow{\mathcal{F}} \mathrm{X}(f)=\int_{-\infty}^{\infty}\mathrm{x}(t)e^{-j2\pi ft}\,dt$$

다음을 얻는다.

$$\mathrm{X}(f)=\int_{-\infty}^{\infty}Ae^{-j2\pi ft}\,dt = A\int_{-\infty}^{\infty}e^{-j2\pi ft}\,dt$$

이 적분 식은 수렴하지 않는다. 그러므로 엄밀히 말하면 푸리에 변환은 존재하지 않는다. 하지만 다음의 절차에 따라 푸리에 변환을 일반화함으로써 이 문제를 피할 수 있다. 먼저 $\sigma>0$일 때 σ가 0으로 근접함에 따라 상수 A로 근접하는 함수인 $\mathrm{x}_\sigma(t)=Ae^{-\sigma|t|}$의 CTFT를 구하자. 이

식의 변환을 구한 후에 σ가 0에 근접하게 할 것이다. 계수 $e^{-\sigma|t|}$는 적분을 계산할 수 있도록 해주는 수렴 인자(convergence factor)이다〈그림 6.25〉.

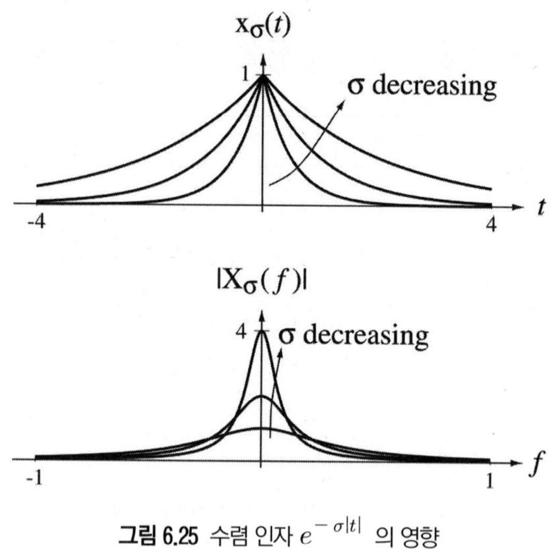

그림 6.25 수렴 인자 $e^{-\sigma|t|}$ 의 영향

변환은

$$X_\sigma(f) = \int_{-\infty}^{\infty} Ae^{-\sigma|t|}e^{-j2\pi ft}\,dt = \int_{-\infty}^{0} Ae^{\sigma t}e^{-j2\pi ft}\,dt + \int_{0}^{\infty} Ae^{-\sigma t}e^{-j2\pi ft}\,dt$$

$$X_\sigma(f) = A\left[\int_{-\infty}^{0} e^{(\sigma-j2\pi f)t}\,dt + \int_{0}^{\infty} e^{(-\sigma-j2\pi f)t}\,dt\right] = A\frac{2\sigma}{\sigma^2+(2\pi f)^2}$$

이다. 이제 σ를 0에 근접시킴으로써 $X_\sigma(f)$의 극한을 취한다. $f \neq 0$라면

$$\lim_{\sigma\to 0} A\frac{2\sigma}{\sigma^2+(2\pi f)^2} = 0$$

이다. 다음으로 σ가 0에 근접할 때 함수 $X_\sigma(f)$ 아래의 면적을 구하자.

$$\text{Area} = A\int_{-\infty}^{\infty}\frac{2\sigma}{\sigma^2+(2\pi f)^2}\,df$$

다음의 수식을 이용하면

$$\int\frac{dx}{a^2+(bx)^2} = \frac{1}{ab}\tan^{-1}\left(\frac{bx}{a}\right)$$

다음을 얻는다.

$$\text{Area} = A\left[\frac{2\sigma}{2\pi\sigma}\tan^{-1}\left(\frac{2\pi f}{\sigma}\right)\right]_{-\infty}^{\infty} = \frac{A}{\pi}\left(\frac{\pi}{2}+\frac{\pi}{2}\right) = A$$

함수 아래의 면적은 A이고 σ의 값에 독립적이다. 그러므로 극한 $\sigma \to 0$에서, 상수 A의 푸리에 변환은 $f \neq 0$에 대해 0이고 A의 면적을 가지는 함수이다. 이것은 $f = 0$에서 생기는 세기 A의 임펄스를 정확히 설명한다. 그러므로 일반화된 푸리에 변환 쌍인

$$A \xleftrightarrow{\mathcal{F}} A\delta(f)$$

을 만들 수 있다.

CTFT의 일반화는 주기 함수를 포함한 다른 유용한 함수들까지 확장된다. 비슷한 추론에 의하여, CTFT 변환 쌍들인

$$\cos(2\pi f_0 t) \xleftrightarrow{\mathcal{F}} (1/2)[\delta(f - f_0) + \delta(f + f_0)]$$

및

$$\sin(2\pi f_0 t) \xleftrightarrow{\mathcal{F}} (j/2)[\delta(f + f_0) - \delta(f - f_0)]$$

를 구할 수 있다. $f = \omega/2\pi$를 대입하고 임펄스의 스케일링 성질을 이용함으로써 이 변환들의 등가적인 각 주파수 형식은 다음과 같다.

$$A \xleftrightarrow{\mathcal{F}} 2\pi A\delta(\omega)$$

$$\cos(\omega_0 t) \xleftrightarrow{\mathcal{F}} \pi[\delta(\omega - \omega_0) + \delta(\omega + \omega_0)]$$

$$\sin(\omega_0 t) \xleftrightarrow{\mathcal{F}} j\pi[\delta(\omega + \omega_0) - \delta(\omega - \omega_0)]$$

푸리에 변환의 일반화된 형식을 필요하도록 만드는 문제는 상수와 정현파 같은 이러한 함수들이 비록 경계를 갖고 있어도 절대 적분이 가능하지 않다는 것이다. 일반화된 푸리에 변환은 절대 적분이 가능하지 않지만 경계를 갖는 다른 신호, 예를 들면 단위 계단 및 시그넘(signum)에 적용될 수도 있다.

상수의 CTFT를 구하는 다른 방법은 임펄스의 샘플링 성질을 사용해 임펄스 $X(f) = A\delta(f)$의 역 CFTF를 구함으로써 다른 측면에서 문제에 접근하는 것이다.

$$\mathrm{x}(t) = \int_{-\infty}^{\infty} \mathrm{X}(f) e^{+j2\pi ft}\, df = A \int_{-\infty}^{\infty} \delta(f) e^{+j2\pi ft}\, df = Ae^0 = A$$

이것은 앞에서 설명한 것보다 상수의 순방향 변환을 구하기 위한 훨씬 빠른 길이다. 그러나 이 접근 방법이 가지는 문제는 만약 특정 함수의 순방향 변환을 구하려고 하면 먼저 변환을 추측한 다음 역변환을 구함으로써 변환이 정확한지를 평가해야만 한다는 것이다.

예제 6.5

시그넘 및 단위 계단 함수들의 CTFT

$\mathrm{x}(t) = \mathrm{sgn}(t)$의 CTFT를 구한 다음 그 결과를 사용하여 $\mathrm{x}(t) = \mathrm{u}(t)$의 CTFT를 구하라.

적분 공식을 직접 적용하면

$$\mathrm{X}(f) = \int_{-\infty}^{\infty} \mathrm{sgn}(t) e^{-j2\pi ft}\, dt = -\int_{-\infty}^{0} e^{-j2\pi ft}\, dt + \int_{0}^{\infty} e^{-j2\pi ft}\, dt$$

를 얻고 이 적분 식은 수렴하지 않는다. 일반화된 CTFT를 구하기 위해 수렴 인자를 사용할 수 있다. $\mathrm{x}_\sigma(t) = \mathrm{sgn}(t) e^{-\sigma|t|}$이고 $\sigma > 0$이라 한다. 그러면

$$\mathrm{X}_\sigma(f) = \int_{-\infty}^{\infty} \mathrm{sgn}(t) e^{-\sigma|t|} e^{-j2\pi ft}\, dt = -\int_{-\infty}^{0} e^{(\sigma - j2\pi f)t}\, dt + \int_{0}^{\infty} e^{-(\sigma + j2\pi f)t}\, dt,$$

$$\mathrm{X}_\sigma(f) = -\left.\frac{e^{(\sigma - j2\pi f)t}}{\sigma - j2\pi f}\right|_{-\infty}^{0} - \left.\frac{e^{-(\sigma + j2\pi f)t}}{\sigma + j2\pi f}\right|_{0}^{\infty} = -\frac{1}{\sigma - j2\pi f} + \frac{1}{\sigma + j2\pi f}$$

이고

$$\mathrm{X}(f) = \lim_{\sigma \to 0} \mathrm{X}_\sigma(f) = 1/j\pi f$$

이거나 또는 각 주파수 형식으로

$$\mathrm{X}(j\omega) = 2/j\omega$$

이다.

$\mathrm{x}(\mathrm{t}) = \mathrm{u}(\mathrm{t})$의 CTFT를 구하기 위해

$$\mathrm{u}(t) = (1/2)[\mathrm{sgn}(t) + 1]$$

이라는 것을 알고 있다.

그러면 CTFT는

$$U(f)=\int_{-\infty}^{\infty}(1/2)[\mathrm{sgn}(t)+1]e^{-j2\pi ft}\,dt=(1/2)\left[\underbrace{\int_{-\infty}^{\infty}\mathrm{sgn}(t)e^{-j2\pi ft}\,dt}_{=\mathcal{F}(\mathrm{sgn}(t))=1/j\pi f}+\underbrace{\int_{-\infty}^{\infty}e^{-j2\pi ft}\,dt}_{=\mathcal{F}(1)=\delta(f)}\right]$$

$$U(f)=(1/2)[1/j\pi f+\delta(f)]=1/j2\pi f+(1/2)\delta(f)$$

이거나 또는 각 주파수 형식으로

$$U(j\omega)=1/j\omega+\pi\delta(\omega).$$

이다.

■

예제 6.6

$U(f)=1/j2\pi f+(1/2)\delta(f)$의 역 CTFT가 실제로 단위 계단 함수임을 증명하라.

함수 $U(f)=1/j2\pi f+(1/2)\delta(f)$에 푸리에 역변환 적분 식을 적용하면

$$u(t)=\int_{-\infty}^{\infty}[1/j2\pi f+(1/2)\delta(f)]e^{j2\pi ft}\,df=\int_{-\infty}^{\infty}\frac{e^{j2\pi ft}}{j2\pi f}df+(1/2)\underbrace{\int_{-\infty}^{\infty}\delta(f)e^{j2\pi ft}\,df}_{\substack{=1\text{ by the sampling}\\ \text{property of the impulse}}}$$

$$u(t)=1/2+\underbrace{\int_{-\infty}^{\infty}\frac{\cos(2\pi ft)}{j2\pi f}df}_{=0\text{ (odd integrand)}}+\underbrace{\int_{-\infty}^{\infty}\frac{\sin(2\pi ft)}{2\pi f}}_{\text{even integrand}}df=1/2+2\int_{0}^{\infty}\frac{\sin(2\pi ft)}{2\pi f}df$$

을 얻는다.

경우 1. $t=0$

$$u(t)=1/2+2\int_{0}^{\infty}(0)\,d\omega=1/2$$

경우 2. $t>0$ $\lambda=2\pi ft\Rightarrow d\lambda=2\pi t df$로 하면

$$u(t)=1/2+2\int_{0}^{\infty}\frac{\sin(\lambda)}{\lambda/t}\frac{d\lambda}{2\pi t}=\frac{1}{2}+\frac{1}{\pi}\int_{0}^{\infty}\frac{\sin(\lambda)}{\lambda}d\lambda$$

경우 3. $t < 0$

$$u(t) = 1/2 + 2\int_0^{-\infty} \frac{\sin(\lambda)}{\lambda/t} \frac{d\lambda}{2\pi t} = \frac{1}{2} + \frac{1}{\pi}\int_0^{-\infty} \frac{\sin(\lambda)}{\lambda} d\lambda$$

경우 2와 경우 3의 적분 식은

$$\mathrm{Si}(z) = \int_0^z \frac{\sin(\lambda)}{\lambda} d\lambda$$

에 의해 정의되는 사인 적분식이고 표준 수치표(mathematical tables)에서

$$\lim_{z\to\infty} \mathrm{Si}(z) = \pi/2,\ \ \mathrm{Si}(0) = 0 \quad \text{and} \quad \mathrm{Si}(-z) = -\mathrm{Si}(z)$$

을 찾을 수 있다(Abramowitz and Stegun, p. 231 참조). 그러므로

$$2\int_0^{\infty} \frac{\sin(2\pi f t)}{2\pi f} df = \begin{cases} 1/2, & t > 0 \\ 0, & t = 0 \\ -1/2, & t < 0 \end{cases}$$

이고

$$u(t) = \begin{cases} 1, & t > 0 \\ 1/2, & t = 0. \\ 0, & t < 0 \end{cases}$$

이다.

역 CTFT는 푸리에 변환 이론과 완전히 양립되게 하기 위해 u(0)의 값이 2장에서와 같이 1/2로 정의되어야 한다는 것을 보여준다. 이런 식으로 단위 계단을 정의하는 것은 수학적으로 일관성이 있으며 가끔씩 공학적인 중요성도 가질 수 있다(15장 임펄스 불변법을 이용한 디지털 필터 설계를 보라).

■

예제 6.7

단위 구형파 함수의 CTFT

단위 구형파 함수의 CTFT를 구하라.

단위 구형파 함수의 CTFT는

$$\mathcal{F}(\text{rect}(t)) = \int_{-\infty}^{\infty} \text{rect}(t)e^{-j2\pi ft}\,dt = \int_{-1/2}^{1/2} [\cos(2\pi ft) + j\sin(2\pi ft)]\,dt$$

$$\mathcal{F}(\text{rect}(t)) = 2\int_{0}^{1/2} \cos(2\pi ft)\,dt = \frac{\sin(\pi f)}{\pi f} = \text{sinc}(f)$$

이다.

■

이제 CTFT 쌍 $\text{rect}(t) \xleftrightarrow{\mathcal{F}} \text{sinc}(f)$를 얻게 되었다($\omega$ 형식으로 쌍은 $\text{rect}(t) \xleftrightarrow{\mathcal{F}} \text{sinc}(\omega/2\pi)$이다. 이 경우에 f형식이 ω 형식보다 좀 더 간단하고 대칭적이다). 예제 6.1의 결과를 상기하라

$$A\,\text{rect}(t/w) * \delta_{T_0}(t) \xleftrightarrow[T_0]{\mathcal{FS}} (Aw/T_0)\,\text{sinc}(wk/T_0)$$

구형파 함수의 CTFT는 sinc 함수이며 주기적으로 반복되는 구형파 함수의 CTFS 고조파 함수는 '샘플링 된' sinc 함수이다. 그 고조파 함수는 k가 정수 값만 갖기 때문에 샘플링 된다. 시간상의 주기적 반복과 주파수상의 샘플링(고조파수)과의 관계는 10장에서 샘플링을 살펴볼 때 중요할 것이다.

이제 푸리에 해석에서 자주 나타나는 다른 함수를 포함하기 위해 푸리에 변환표를 확장할 수 있다. 〈표 6.4〉에서 CTFT에 대해 주기 주파수 형식을 사용했으며 이는 그러한 함수들이 더 간결하고 대칭적이기 때문이다.

표 6.4 추가적인 푸리에 변환 쌍

$\delta(t) \xleftrightarrow{\mathcal{F}} 1$	$1 \xleftrightarrow{\mathcal{F}} \delta(f)$
$\text{sgn}(t) \xleftrightarrow{\mathcal{F}} 1/j\pi f$	$\text{u}(t) \xleftrightarrow{\mathcal{F}} (1/2)\delta(f) + 1/j2\pi f$
$\text{rect}(t) \xleftrightarrow{\mathcal{F}} \text{sinc}(f)$	$\text{sinc}(t) \xleftrightarrow{\mathcal{F}} \text{rect}(f)$
$\text{tri}(t) \xleftrightarrow{\mathcal{F}} \text{sinc}^2(f)$	$\text{sinc}^2(t) \xleftrightarrow{\mathcal{F}} \text{tri}(f)$
$\delta_{T_0}(t) \xleftrightarrow{\mathcal{F}} f_0\delta_{f_0}(f),\ f_0 = 1/T_0$	$T_0\delta_{T_0}(t) \xleftrightarrow{\mathcal{F}} \delta_{f_0}(f),\ T_0 = 1/f_0$
$\cos(2\pi f_0 t) \xleftrightarrow{\mathcal{F}} (1/2)[\delta(f - f_0) + \delta(f + f_0)]$	$\sin(2\pi f_0 t) \xleftrightarrow{\mathcal{F}} (j/2)[\delta(f + f_0) - \delta(f - f_0)]$

푸리에 변환 성질

〈표 **6.5**〉와 〈표 **6.6**〉은 두 가지 정의에서 직접적으로 유도한 CTFT의 몇 가지 성질을 보여준다.

표 6.5 f형식의 푸리에 변환 성질

Linearity	$\alpha\, g(t)+\beta\, h(t) \xleftrightarrow{\mathcal{F}} \alpha\, G(f)+\beta\, H(f)$
Time-Shifting	$g(t-t_0) \xleftrightarrow{\mathcal{F}} G(f)e^{-j2\pi f t_0}$
Frequency Shifting	$e^{j2\pi f_0 t}\, g(t) \xleftrightarrow{\mathcal{F}} G(f-f_0)$
Time Scaling	$g(at) \xleftrightarrow{\mathcal{F}} (1/\lvert a\rvert)\, G(f/a)$
Frequency Scaling	$(1/\lvert a\rvert)\, g(t/a) \xleftrightarrow{\mathcal{F}} G(af)$
Time Differentiation	$\frac{d}{dt} g(t) \xleftrightarrow{\mathcal{F}} j2\pi f\, G(f)$
Time Integration	$\int_{-\infty}^{t} g(\lambda)\, d\lambda \xleftrightarrow{\mathcal{F}} \frac{G(f)}{j2\pi f}+(1/2)G(0)\delta(f)$
Frequency Differentiation	$t\, g(t) \xleftrightarrow{\mathcal{F}} -\frac{j}{2\pi}\frac{d}{df} G(f)$
Multiplication–	$g(t) * h(t) \xleftrightarrow{\mathcal{F}} G(f)H(f)$
Convolution Duality	$g(t)\, h(t) \xleftrightarrow{\mathcal{F}} G(f) * H(f)$
Parseval's Theorem	$\int_{-\infty}^{\infty} \lvert g(t)\rvert^2\, dt = \int_{-\infty}^{\infty} \lvert G(f)\rvert^2\, df$
Total Area	$X(0) = \int_{-\infty}^{\infty} x(t)\, dt$ or $x(0) = \int_{-\infty}^{\infty} X(f)\, df$

표 6.6 ω 형식의 푸리에 변환 성질

Linearity	$\alpha\, g(t)+\beta\, h(t) \xleftrightarrow{\mathcal{F}} \alpha\, G(j\omega)+\beta\, H(j\omega)$
Time-Shifting	$g(t-t_0) \xleftrightarrow{\mathcal{F}} G(j\omega)e^{-j\omega t_0}$
Frequency Shifting	$e^{j\omega_0 t}\, g(t) \xleftrightarrow{\mathcal{F}} G(j(\omega-\omega_0))$
Time Scaling	$g(at) \xleftrightarrow{\mathcal{F}} (1/\lvert a\rvert)\, G(j\omega/a)$
Frequency Scaling	$(1/\lvert a\rvert)\, g(t/a) \xleftrightarrow{\mathcal{F}} G(ja\omega)$
Time Differentiation	$\frac{d}{dt} g(t) \xleftrightarrow{\mathcal{F}} j\omega\, G(j\omega)$
Time Integration	$\int_{-\infty}^{t} g(\lambda)\, d\lambda \xleftrightarrow{\mathcal{F}} \frac{G(j\omega)}{j\omega}+\pi G(0)\delta(\omega)$
Frequency Differentiation	$t\, g(t) \xleftrightarrow{\mathcal{F}} j\frac{d}{d\omega} G(j\omega)$
Multiplication–	$g(t) * h(t) \xleftrightarrow{\mathcal{F}} G(j\omega)H(j\omega)$
Convolution Duality	$g(t)\, h(t) \xleftrightarrow{\mathcal{F}} \frac{1}{2\pi} G(j\omega) * H(j\omega)$
Parseval's Theorem	$\int_{-\infty}^{\infty} \lvert g(t)\rvert^2\, dt = \frac{1}{2\pi}\int_{-\infty}^{\infty} \lvert G(j\omega)\rvert^2\, d\omega$
Total Area	$X(0) = \int_{-\infty}^{\infty} x(t)\, dt$ or $x(0) = \frac{1}{2\pi}\int_{-\infty}^{\infty} X(j\omega)\, dw$

주기적인 어떤 신호는 다음의 푸리에 급수로 표현할 수 있다.

$$\mathrm{x}(t) = \sum_{k=-\infty}^{\infty} \mathrm{c_x}[k] e^{j2\pi kt/T}.$$

주파수 이동 성질을 이용하여 다음의 CTFT를 구할 수 있다.

$$\mathrm{X}(f) = \sum_{k=-\infty}^{\infty} \mathrm{c_x}[k] \delta(f - k/T).$$

따라서 주기 신호의 CTFT는 전적으로 임펄스로 구성되어 있다. 주파수 k/T에서 그러한 임펄스의 세기는 고조파수 k에서 CTFS 고조파 함수의 값과 동일하다.

예제 6.8

CTFT를 이용한 주기 신호의 CTFS 고조파 함수

다음의 식

$$\mathrm{X}(f) = \sum_{k=-\infty}^{\infty} \mathrm{c_x}[k] \delta(f - k/T)$$

을 사용해 $\mathrm{x}(t) = \mathrm{rect}(2t) * \delta_1(t)$의 CTFS 고조파 함수를 구하라.

이것은 두 함수의 컨벌루션이다. 그러므로 곱-컨벌루션 쌍대성 성질로부터 $\mathrm{x}(t)$의 CTFT는 개별 함수들의 CTFT들의 곱이다.

$$\mathrm{X}(f) = (1/2)\mathrm{sinc}(f/2)\delta_1(f) = (1/2) \sum_{k=-\infty}^{\infty} \mathrm{sinc}(k/2)\delta(f - k)$$

그리고 $T = T_0 = 1$일 때 CTFS 고조파 함수는

$$\mathrm{c_x}[k] = (1/2)\mathrm{sinc}(k/2)$$

이다.

■

예제 6.9

변조된 정현파의 CTFT

$\mathrm{x}(t) = 24\cos(100\pi t)\sin(10{,}000\pi t)$의 CTFT를 구하라.

이것은 두 함수의 곱이다. 그러므로 곱-쌍대성 성질로부터 CTFT는 개별 CTFT의 컨벌루션이다. 다음을 사용해

$$\cos(2\pi f_0 t) \xleftrightarrow{\mathcal{F}} (1/2)[\delta(f - f_0) + \delta(f + f_0)]$$

그리고

$$\sin(2\pi f_0 t) \xleftrightarrow{\mathcal{F}} (j/2)[\delta(f + f_0) - \delta(f - f_0)]$$

다음의 결과를 얻는다.

$$24\cos(100\pi t) \xleftrightarrow{\mathcal{F}} 12[\delta(f - 50) + \delta(f + 50)]$$

그리고

$$\sin(10{,}000\pi t) \xleftrightarrow{\mathcal{F}} (j/2)[\delta(f + 5000) - \delta(f - 5000)]$$

그러면 전체적인 CTFT는

$$24\cos(100\pi t)\sin(10{,}000\pi t) \xleftrightarrow{\mathcal{F}} 12[\delta(f - 50) + \delta(f + 50)] * (j/2)[\delta[f + 5000] - \delta(f - 5000)]$$

이다.

■

시간에서의 이동은 주파수에서의 위상 이동에 대응된다는 것을 시간이동 성질은 말해준다. 시간이동 성질이 의미 있는 이유의 예로써 시간 신호를 복소 정현파 $x(t) = e^{j2\pi t}$라 하자. 그러면 $x(t - t_0) = e^{j2\pi(t - t_0)} = e^{j2\pi t}e^{-j2\pi t_0}$이다〈그림 6.26〉.

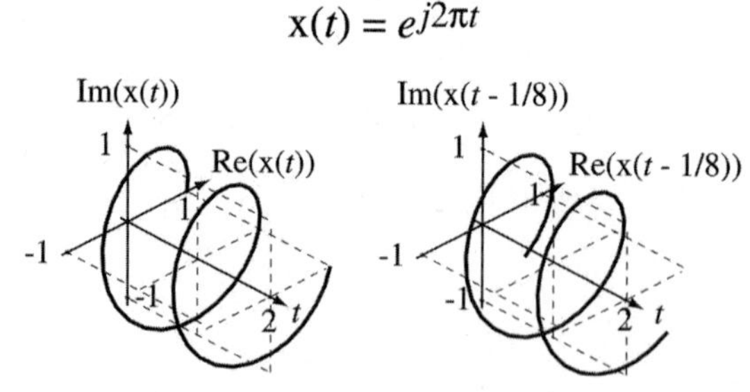

그림 6.26 복소지수 $x(t) = e^{j2\pi f_0 t}$와 지연된 $x(t - 1/8) = e^{j2\pi f_0 (t - 1/8)}$

이 신호를 시간 이동시키는 것은 신호에 복소수 $e^{-j2\pi t_0}$를 곱하는 것에 대응된다. CTFT 표현인

$$x(t) = \int_{-\infty}^{\infty} X(f)e^{+j2\pi ft}\,df$$

는 푸리에 변환 가능한 어떤 신호가 연속된 주파수 f에서 복소 정현파들의 선형 조합으로 표현될 수 있고, 만약 $x(t)$가 t_0만큼 이동된다면 그런 복소 정현파 각각에 복소수 $e^{-j2\pi ft_0}$가 곱해진다. 어떤 복소수에 x가 실수일 때 e^{jx}의 복소 지수가 곱해질 때 그 복소수에 무슨 일이 일어날까? e^{jx}의 크기는 어떤 실수 x에 대해 1이다. 그러므로 e^{jx}를 곱하는 것은 복소수의 위상을 변경시키지만 크기는 변경시키지 않는다. 위상을 변경시킨다는 것은 복소수의 각도를 복소평면에서 각도를 변경시키는 것, 즉 복소수를 나타내는 벡터의 단순한 회전을 의미한다. 그래서 시간에 대한 복소 지수 함수 $e^{j2\pi t}$에 복소 상수 $e^{-j2\pi t_0}$를 곱하는 것은 시간 축을 회전 축으로 하여 복소 지수 $e^{j2\pi t}$를 회전시킨다. 〈그림 6.26〉을 보면 그것의 고유한 나선형 모양 때문에 복소 지수 시간 함수의 회전과 시간 축에서의 이동이 동일한 최종 효과를 가진다는 것은 명백하다.

$X(f)$의 주파수 이동 된 형식인 $X(f-f_0)$로 시작하고 역 CTFT 적분을 사용해 주파수 이동 성질을 증명할 수 있다. 그 결과는

$$x(t)e^{+j2\pi f_0 t} \xleftrightarrow{\mathcal{F}} X(f-f_0)$$

이다. 시간 이동 및 주파수 이동 성질들 사이에 유사성이 있음에 주목하라. 이들 두 성질 모두는 다른 영역에서 복소 정현파를 곱하는 결과를 가져온다. 그러나 복소 정현파에서 지수의 부호는 다르다. 그것은 CTFT 및 역 CTFT인

$$X(f) = \int_{-\infty}^{\infty} x(t)e^{-j2\pi ft}\,dt, \quad x(t) = \int_{-\infty}^{\infty} X(f)e^{+j2\pi ft}\,df$$

에서의 부호 때문에 발생한다. 주파수 이동 성질은 통신 시스템에서 변조의 영향을 이해하는데 기본이 된다.

시간 스케일링 및 주파수 스케일링 성질들 중 하나의 결과는 하나의 영역에서의 압축이 다른 영역에서의 확장이라는 것이다. 그것을 설명하는 한 가지 흥미로운 방법은 CTFT가 동일한 함수 형식인 $e^{-\pi t^2} \xleftrightarrow{\mathcal{F}} e^{-\pi f^2}$가 되는 함수 $x(t) = e^{-\pi t^2}$을 살펴보는 것이다. 이들 함수에는 변곡점들 사이의 간격(최대 기울기 크기를 갖는 지점들 사이의 시간 또는 주파수)인 특성 폭 매개변수 w를 할당할 수 있다. 함수 $e^{-\pi t^2}$에서 그 변곡점들은 $t = \pm 1/\sqrt{2\pi}$에서 생기며, 따라서 $w = \sqrt{2/\pi}$이다.

예를 들어 변환 $t \to t/2$를 통해 시간 축을 정하면 변환 쌍은 $e^{-\pi(t/2)^2} \xleftrightarrow{\mathcal{F}} 2e^{-\pi(2f)^2}$〈그림 6.27〉이 되고 시간 함수의 특성 폭 매개변수는 $2\sqrt{2/\pi}$이 되는 한편, 주파수 함수의 특성 폭 매개변수는 $\sqrt{2\pi}/2$이 된다.

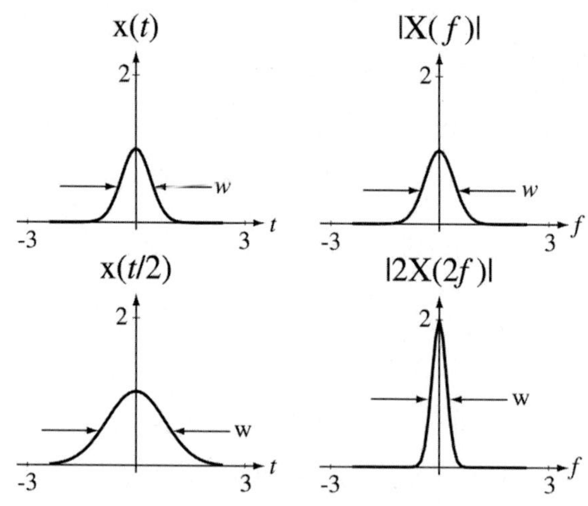

그림 6.27 시간 확장 및 상응하는 주파수 압축.

변수치환 $t \to t/2$는 시간 확장을 초래하고 주파수 영역에서 상응하는 효과는 주파수 압축(진폭 스케일링 계수가 수반됨)이다. 시간 영역 신호가 확장될 때 시간이 0에서부터 양쪽의 어느 방향으로 벗어남에 따라 신호는 $t = 0$에서의 최대값 1로부터 점점 더 천천히 떨어지고 시간 확장 계수가 무한대에 근접하는 극한에서 그 신호는 결코 변하지 않고 상수 1에 근접한다($w \to \infty$). 시간 영역 신호가 어떤 계수만큼 확장될 때 그 신호의 CTFT는 주파수 압축되고 그 신호의 높이에는 동일한 계수가 곱해진다. 시간 영역 확장 계수가 무한대로 근접하는 극한에서, CTFT는 다음의 임펄스에 근접하게 되고

$$\lim_{a \to \infty} e^{-\pi(t/a)^2} = 1 \xleftrightarrow{\mathcal{F}} \lim_{a \to \infty} (1/|a|) e^{-\pi(af)^2} = \delta(f) \tag{6.17}$$

〈그림 6.28〉 $w \to 0$이다.

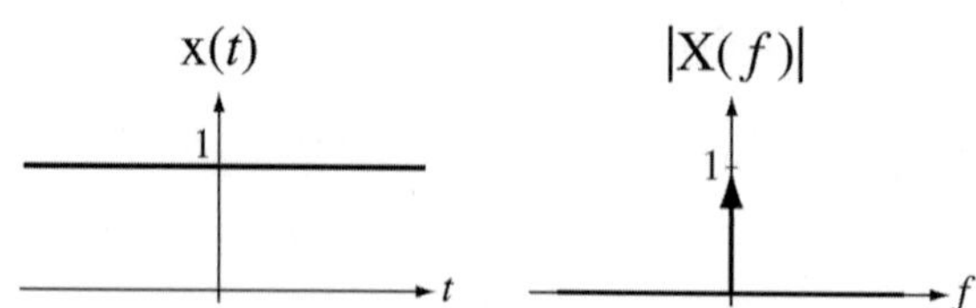

그림 6.28 $x(t) = e^{-\pi t^2}$ 및 그것의 CTFT에 대한 시간 및 주파수 스케일링의 극한값인 상수 및 임펄스

한 영역에서의 확장과 다른 영역에서의 압축 사이의 관계는 푸리에 해석의 불확정성 원리(uncertainty principle)라고 하는 개념의 기초가 된다. 식 (6.17)에서 $a \to \infty$이면 시간 영역 함수의 신호 에너지는 덜 국소화(localized) 되고 상응하는 주파수 영역 함수의 신호 에너지는 더 국소화 된다. 그러한 극한에서 주파수 영역에서의 신호 에너지는 단일 주파수 $f=0$으로 '무한히 국소화 되는' 한편 시간 함수의 폭은 무한대로 되고 신호 에너지는 시간에서 '무한히 비국소화 된다'. 만약 시간 함수를 대신 압축한다면 시간 함수는 시간 $t=0$에서 임펄스가 되고 그것의 신호 에너지는 하나의 지점에서 발생하는 한편 시간 함수의 CTFT는 범위 $-\infty < f < \infty$에 걸쳐 균일하게 확산하고 CTFT의 신호 에너지는 결코 '국소성'을 가지지 않는다. 한 신호의 신호 에너지의 위치를 더 잘 알수록 그것을 변환한 상대의 신호 에너지의 위치에 대한 지식을 잃게 된다. '불확정성 원리'라는 이름은 동일한 이름의 양자역학 원리에서부터 유래한 것이다.

만약 $x(t)$가 실수 값이면 $x(t) = x^*(t)$이다. $x(t)$의 CTFT는 $X(f)$이고 $x^*(t)$의 CTFT는

$$\mathcal{F}(x^*(t)) = \int_{-\infty}^{\infty} x^*(t) e^{-j2\pi ft}\,dt = \left[\int_{-\infty}^{\infty} x(t) e^{+j2\pi ft}\,dt\right]^* = X^*(-f)$$

이다. 그러므로 만약 $x(t) = x^*(t)$라면, $X(f) = X^*(-f)$이다. 한 마디로 말해 만약 시간 영역 신호가 실수 값이라면, 그것의 CTFT는 음의 주파수에서의 동작 특성이 양의 주파수에서의 동작 특성에 켤레 복소라는 성질을 가진다.

$x(t)$를 실수 값 신호라고 하자. $X(f)$의 크기의 제곱은 $|X(f)|^2 = X(f)X^*(f)$이다. 그러면 $X(f) = X^*(-f)$를 사용하여 $X(-f)$의 크기의 제곱은

$$|X(-f)|^2 = \underbrace{X(-f)}_{X^*(f)}\underbrace{X^*(-f)}_{X(f)} = X(f)X^*(f) = |X(f)|^2$$

이라는 것을 보여줄 수 있으며 실수 값 신호의 CTFT의 크기가 주파수의 우함수임을 증명하게 된다. $X(f) = X^*(-f)$를 사용해 실수 값 신호의 CTFT의 위상이 주파수의 기함수로서 항상 표현될 수 있다는 것을 보여줄 수 있다(어떤 복소수 함수의 위상은 여러 값을 가질 수 있으므로 위상을 표현하는 동등하게 올바른 여러 방법들이 있다. 그래서 위상은 기함수라고 말할 수 는 없고, 다만 기함수로서 항상 표현될 수는 있다고 말할 수 있다). 대개 실제적인 신호 및 시스템 해석에서 실수 값 신호의 CTFT를 양의 주파수로만 표시할 수 있는데, 그 이유는 $X(f) = X^*(-f)$이므로 만약 양의 주파수에서의 함수의 응답을 알면 음의 주파수에 대한 함수의 응답도 알 수

있기 때문이다.

신호 $x(t)$가 출력 $y(t)$를 만드는 임펄스 응답 $h(t)$를 갖는 LTI 시스템에 입력된다고 가정하자. 그러면 $y(t) = x(t) * h(t)$이다. 곱-컨벌루션 쌍대성 성질을 이용하면 $Y(j\omega) = X(j\omega)H(j\omega)$이다. 즉, $x(t)$의 CTFT인 $X(j\omega)$는 주파수의 함수이며 $h(t)$의 CTFT인 $H(j\omega)$를 곱하면 그 결과는 $y(t)$의 CTFT인 $Y(j\omega) = X(j\omega)H(j\omega)$이다. $X(j\omega)$는 신호 $x(t)$의 변화를 각 주파수로 기술하며 $Y(j\omega)$는 $y(t)$에 대해 동일한 기능을 한다. 따라서 $H(j\omega)$를 곱하면 입력 신호에 대해 주파수 표현을 출력신호에 대한 주파수 표현으로 바꾸어 준다. $H(j\omega)$는 시스템의 주파수 응답이라 한다(이것은 5장에서 처음 설명했던 동일한 주파수 응답이다). 두 개의 LTI 시스템이 종속 접속되면 합쳐진 시스템의 임펄스 응답은 두 개의 각각의 시스템의 임펄스 응답을 컨벌루션한 것이다. 그러므로 다시 한 번 곱-컨벌루션 쌍대성 성질을 이용하면 두 개의 종속 접속된 LTI 시스템의 주파수 응답은 각각의 주파수 응답의 곱이다〈그림 6.29〉.

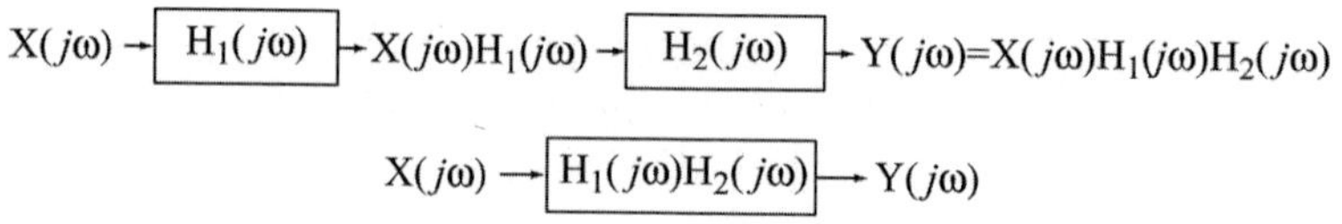

$X(j\omega) \rightarrow$ [$H_1(j\omega)$] $\rightarrow X(j\omega)H_1(j\omega) \rightarrow$ [$H_2(j\omega)$] $\rightarrow Y(j\omega)=X(j\omega)H_1(j\omega)H_2(j\omega)$

$X(j\omega) \rightarrow$ [$H_1(j\omega)H_2(j\omega)$] $\rightarrow Y(j\omega)$

그림 6.29 종속 접속된 두 LTI 시스템의 주파수 응답

예제 6.10

미분 성질을 이용한 CTFT

$x(t) = \text{rect}((t+1)/2) - \text{rect}((t-1)/2)$의 CTFT를 이 CTFT의 미분 성질과 삼각형 함수의 CTFT에 대한 변환표를 사용해 구하라(〈그림 6.30〉).

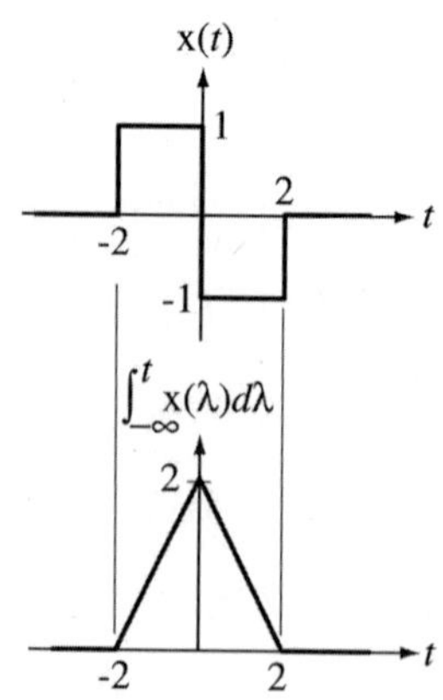

그림 6.30 $x(t)$와 그에 대한 적분

함수 $x(t)$는 0에 중심을 두고 폭은 2의 절반이며 진폭이 2인 삼각형 함수의 미분이다.

$$x(t) = \frac{d}{dt}(2\,\mathrm{tri}(t/2))$$

CTFT 쌍에 대한 변환표에서 $\mathrm{tri}(t) \xleftrightarrow{\mathcal{F}} \mathrm{sinc}^2(f)$를 구한다. 스케일링과 선형성 성질을 이용하면 $2\,\mathrm{tri}(t/2) \xleftrightarrow{\mathcal{F}} 4\,\mathrm{sinc}^2(2f)$이다. 그 다음에 미분 성질을 이용하면 $x(t) \xleftrightarrow{\mathcal{F}} j8\pi f\,\mathrm{sinc}^2(2f)$이다. 만약 사각형 $\mathrm{rect}(t) \xleftrightarrow{\mathcal{F}} \mathrm{sinc}(f)$에 대한 CTFT 변환표의 항목과 시간 스케일링 및 시간 이동 성질들을 이용해 $x(t)$의 CTFT를 구하면 $x(t) \xleftrightarrow{\mathcal{F}} j4\,\mathrm{sinc}(2f)\sin(2\pi f)$를 얻는데 이것은 싱크 함수의 정의를 사용하여 동등함을 보일 수 있다.

$$x(t) \xleftrightarrow{\mathcal{F}} j8\pi f\,\mathrm{sinc}^2(2f) = j8\pi f\,\mathrm{sinc}(2f)\frac{\sin(2\pi f)}{2\pi f} = j4\,\mathrm{sinc}(2f)\sin(2\pi f)$$

■

Parseval의 정리는 시간이나 주파수 영역에서 신호의 에너지를 구할 수 있다는 것을 말해 준다.

$$\int_{-\infty}^{\infty} |x(t)|^2\,dt = \int_{-\infty}^{\infty} |X(f)|^2\,df \tag{6.18}$$

(Marc-Antoine Parseval des Chênes는 18세기 후반과 19세기 초반에 활약한 푸리에와 동시대의 프랑스 수학자이며 1755년 4월 27일에 태어나 1836년 8월 16일에 사망했다.) 식 (6.18)의 우변에 있는 피적분함수 $|X(f)|^2$는 에너지 스펙트럼 밀도(energy spectral density)라고 한다. 이 이름은 모든 주파수들(전체 스펙트럼)에 대한 그것의 적분이 신호의 총 신호 에너지라는 사실로부터 유래되었다. 그러므로 적분의 정상적인 의미와 일치되도록 $|X(f)|^2$는 단위 주기 주파수당 신호 에너지인 신호 에너지 밀도가 되어야 한다. 예를 들어 $x(t)$가 전류를 암페어 (A)로 나타낸다고 가정한다. 그러면 신호 에너지의 정의로부터 이 신호에 대한 신호 에너지의 단위는 $A^2 \cdot s$이다. $x(t)$의 CTFT는 $X(f)$이고 그것의 단위는 $A \cdot s$ 또는 A/Hz이다. 이 양을 제곱하면

$$A^2/Hz^2 = \frac{A^2 \cdot s}{Hz} \quad \begin{array}{l} \leftarrow \text{signal energy} \\ \leftarrow \text{cyclic frequency} \end{array}$$

을 얻는데 그것은 $|X(f)|^2$라는 양이 단위 주기 주파수당 신호 에너지임을 확인해 준다.

예제 6.11

CTFT를 이용한 함수의 총 면적

함수 $x(t)=10\mathrm{sinc}((t+4)/7)$ 의 총 면적을 구하라.

보통 모든 t 에 대해 함수를 바로 적분하는 것을 시도한다.

$$Area = \int_{-\infty}^{\infty} x(t)\,dt = \int_{-\infty}^{\infty} 10\,\mathrm{sinc}\left(\frac{t+4}{7}\right)dt = \int_{-\infty}^{\infty} 10\frac{\sin(\pi(t+4)/7)}{\pi(t+4)/7}\,dt$$

이 적분 식은 다음 식으로 정의된 사인 적분 식(예제 6.6에서 처음 언급됨)이다.

$$\mathrm{Si}(z) = \int_{0}^{z} \frac{\sin(t)}{t}\,dt$$

이 사인 적분 식은 수학 계산표에서 찾을 수 있다. 그러나 사인 적분 식의 계산은 이 문제를 푸는 데 필요하지 않다. 다음의 식을 사용할 수 있다.

$$X(0) = \int_{-\infty}^{\infty} x(t)\,dt$$

먼저 $x(t)$의 CTFT를 구하면 그것은 $X(f) = 70\,\mathrm{rect}(7f)e^{j8\pi f}$이다. 그러면 면적$=X(0)=70$이다. ■

예제 6.12

시간 스케일링 및 시간 이동된 사인파의 CTFT

만약 $x(t)=10\sin(t)$라면 (a) $x(t)$의 CTFT, (b) $x(2(t-1))$의 CTFT 그리고 (c) $x(2t-1)$의 CTFT를 구하라.

(a) 이번 예에서는 정현파의 주기 주파수는 $1/2\pi$이고 각 주파수는 1이다. 그러므로 CTFT의 각 주파수 형식을 사용하면 숫자들이 더 간단해질 것이다. 선형성 성질을 이용하고 일반적인 사인 형식의 변환을 찾아보면

$$\sin(\omega_0 t) \xleftrightarrow{\mathcal{F}} j\pi[\delta(\omega+\omega_0) - \delta(\omega-\omega_0)]$$

$$\sin(t) \xleftrightarrow{\mathcal{F}} j\pi[\delta(\omega+1) - \delta(\omega-1)]$$

$$10\sin(t) \xleftrightarrow{\mathcal{F}} j10\pi[\delta(\omega+1) - \delta(\omega-1)]$$

이다.

(b) (a)로부터 $10\sin(t) \stackrel{\mathcal{F}}{\longleftrightarrow} j10\pi[\delta(\omega+1)-\delta(\omega-1)]$이다. 시간 스케일링 성질을 이용하면

$$10\sin(2t) \stackrel{\mathcal{F}}{\longleftrightarrow} j5\pi[\delta(\omega/2+1)-\delta(\omega/2-1)]$$

이다. 그 다음에 시간 이동 성질을 이용하면

$$10\sin(2(t-1)) \stackrel{\mathcal{F}}{\longleftrightarrow} j5\pi[\delta(\omega/2+1)-\delta(\omega/2-1)]e^{-j\omega}$$

이다. 그 다음에 임펄스의 스케일링 성질을 이용하면

$$10\sin(2(t-1)) \stackrel{\mathcal{F}}{\longleftrightarrow} j10\pi[\delta(\omega+2)-\delta(\omega-2)]e^{-j\omega}$$

또는

$$10\sin(2(t-1)) \stackrel{\mathcal{F}}{\longleftrightarrow} j10\pi[\delta(\omega+2)e^{j2}-\delta(\omega-2)e^{-j2}]$$

이다.

(c) (a)로부터 $10\sin(t) \stackrel{\mathcal{F}}{\longleftrightarrow} j10\pi[\delta(\omega+1)-\delta(\omega-1)]$이다. 우선 시간 이동 성질을 적용하면

$$10\sin(t-1) \stackrel{\mathcal{F}}{\longleftrightarrow} j10\pi[\delta(\omega+1)-\delta(\omega-1)]e^{-j\omega}$$

이다. 그 다음에 시간 스케일링 성질을 이용하면

$$10\sin(2t-1) \stackrel{\mathcal{F}}{\longleftrightarrow} j5\pi[\delta(\omega/2+1)-\delta(\omega/2-1)]e^{-j\omega/2}$$

이다. 그 다음에 임펄스의 스케일링 성질을 이용하면

$$10\sin(2t-1) \stackrel{\mathcal{F}}{\longleftrightarrow} j10\pi[\delta(\omega+2)-\delta(\omega-2)]e^{-j\omega/2}$$

또는

$$10\sin(2t-1) \stackrel{\mathcal{F}}{\longleftrightarrow} j10\pi[\delta(\omega+2)e^{j}-\delta(\omega-2)e^{-j}]$$

이다.

■

예제 6.13

스케일링되고 이동 된 구형파의 CTFT

$x(t)=25\text{rect}((t-4)/10)$일 때 $x(t)$의 CTFT를 구하라.

푸리에 변환표에서 단위 구형파의 CTFT인 $\mathrm{rect}(t) \xleftrightarrow{\mathcal{F}} \mathrm{sinc}(f)$를 찾을 수 있다. 먼저 선형성 성질을 적용하면 $25\,\mathrm{rect}(t) \xleftrightarrow{\mathcal{F}} 25\,\mathrm{sinc}(f)$이다. 그 다음에 시간 스케일링 성질을 적용하면 $25\,\mathrm{rect}(t/10) \xleftrightarrow{\mathcal{F}} 250\,\mathrm{sinc}(10f)$이다. 그 다음에 시간 이동 성질을 적용하면

$$25\,\mathrm{rect}((t-4)/10) \xleftrightarrow{\mathcal{F}} 250\,\mathrm{sinc}(10f)e^{-j8\pi f}.$$

이다.

■

예제 6.14

컨벌루션된 신호의 CTFT

$10\sin(t)$를 $2\delta(t+4)$와 컨벌루션한 CTFT를 구하라.

방법 **1:** 먼저 컨벌루션을 하고 그 결과의 CTFT를 구한다.

$$10\sin(t) * 2\delta(t+4) = 20\sin(t+4)$$

이다.

시간 이동 성질을 적용하면

$$20\sin(t+4) \xleftrightarrow{\mathcal{F}} j20\pi[\delta(\omega+1) - \delta(\omega-1)]e^{j4\omega}$$

또는

$$20\sin(t+4) \xleftrightarrow{\mathcal{F}} j10[\delta(f+1/2\pi) - \delta(f-1/2\pi)]e^{j8\pi f}$$

방법 **2:** 컨벌루션을 피하기 위해 먼저 CTFT를 한다.

$$10\sin(t) * 2\delta(t+4) \xleftrightarrow{\mathcal{F}} \mathcal{F}(10\sin(t))\mathcal{F}(2\delta(t+4)) = 2\mathcal{F}(10\sin(t))\mathcal{F}(\delta(t))e^{j4\omega}$$

$$10\sin(t) * 2\delta(t+4) \xleftrightarrow{\mathcal{F}} j20\pi[\delta(\omega+1) - \delta(\omega-1)]e^{j4\omega}$$

또는

$$10\sin(t) * 2\delta(t+4) \xleftrightarrow{\mathcal{F}} \mathcal{F}(10\sin(t))\mathcal{F}(2\delta(t+4)) = 2\mathcal{F}(10\sin(t))\mathcal{F}(\delta(t))e^{j8\pi f}$$

$$10\sin(t) * 2\delta(t+4) \xleftrightarrow{\mathcal{F}} j10[\delta(f+1/2\pi) - \delta(f-1/2\pi)]e^{j8\pi f}$$

■

푸리에 변환의 수치 계산

변환하려는 신호가 수학적 함수에 의해 곧바로 기술 가능하지 않거나 푸리에 변환 적분이 해석적으로 행해질 수 없는 경우 때때로 이산 푸리에 변환(DFT)을 사용해 CTFT의 근사 값을 수치적으로 찾을 수 있는데 이것은 CTFS 고조파 함수를 근사화기 위해 사용되었었다. 만약 변환하려는 신호가 인과성 에너지 신호이면 그것의 CTFT(f 형식)을 다음 수식과 같이 이산 주파수에서 근사화할 수 있다는 것을 증명할 수 있다(웹 부록 G 참조).

$$\mathrm{X}(kf_s/N) \cong T_s \sum_{n=0}^{N-1} \mathrm{x}(nT_s)e^{-j2\pi kn/N} \cong T_s \times \mathcal{DFT}(\mathrm{x}(nT_s)),\quad |k| << N \tag{6.19}$$

여기서 $T_s = 1/f_s$는 신호 x가 T_s만큼의 시간에서 많이 변하지 않도록 선택하며 N은 시간 범위 0에서 NT_s가 신호 x의 모두 또는 실제로 신호 에너지의 모두를 포함하도록 선택한다〈그림 6.31〉.

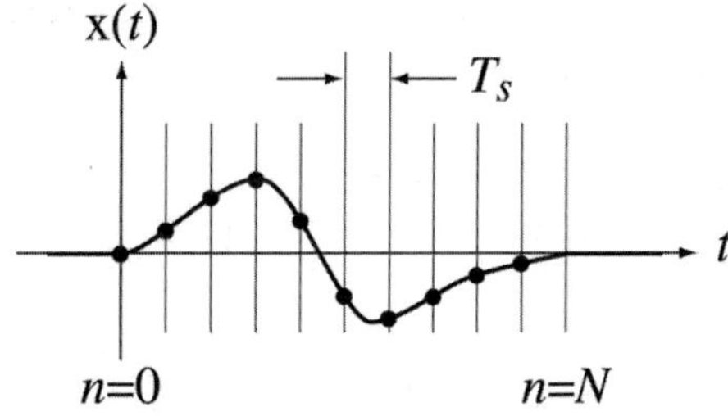

그림 6.31 시간 NT_S에 대해 샘플들 사이에 T_S초로 샘플링 된 인과성 에너지 신호

그래서 만약 변환하려는 신호가 인과성 에너지 신호이고 실제로 그 에너지의 전부를 포함하는 시간에 대해 이 신호를 샘플링하면, 그리고 만약 샘플들이 충분히 서로 가까이 있어서 샘플 간에 신호가 눈에 띌 정도로 변하지 않으면 식 (6.19)에서의 근사 값은 $|k| << N$일 경우 정확해진다.

예제 6.15

DFT를 사용한 CTFT 근사화

DFT를 사용하여 시간 간격 $0 \le t < 2$에 대해 32번 샘플링함으로써 수치적으로 다음 식에 대한 근사화 된 CTFT를 구하라.

$$\mathrm{x}(t)=\begin{Bmatrix} t(1-t), & 0<t<1 \\ 0, & \text{otherwise} \end{Bmatrix}=t(1-t)\mathrm{rect}(t-1/2)$$

다음 MATLAB 프로그램은 이러한 근사화를 하는 데 사용할 수 있다.

```
% Program to demonstrate approximating the CTFT of t(1-t)*rect(t-1/2)
% by sampling it 32 times in the time interval 0 <= t < 2 seconds
% and using the DFT.
N = 32 ;                          % Sample 32 times
Ts = 2/N ;                        % Sample for two seconds
                                  % and set sampling interval
fs = 1/Ts ;                       % Set sampling rate
df = fs/N ;                       % Set frequency-domain resolution
n = [0:N-1]' ;                    % Vector of 32 time indices
t = Ts*n ;                        % Vector of times
x = t.*(1-t).*rect((t-1/2));      % Vector of 32 x(t) function values
X = Ts*fft(x) ;                   % Vector of 32 approx X(f) CTFT
                                  % values
k = [0:N/2-1]' ;                  % Vector of 16 frequency indices
% Graph the results
subplot(3,1,1) ;
p = plot(t,x,'k') ; set(p,'LineWidth',2) ; grid on ;
xlabel('Time, t (s)') ; ylabel('x(t)') ;
subplot(3,1,2) ;
p = plot(k*df,abs(X(1:N/2)),'k') ; set(p,'LineWidth',2) ; grid on;
xlabel('Frequency, f (Hz)') ; ylabel('|X(f)|') ;
subplot(3,1,3) ;
p = plot(k*df,angle(X(1:N/2)),'k') ; set(p,'LineWidth',2) ; grid on ;
xlabel('Frequency, f (Hz)') ; ylabel('Phase of X(f)') ;
```

이 MATLAB 프로그램은 〈그림 6.32〉의 그래프를 보여준다.

시간 영역 신호에서 32개 샘플을 취하여 DFT가 32개 숫자들의 벡터를 결과로 보여줌에 주목하라. 이 그래프들에서 첫 번째 16개 숫자만을 사용했다. DFT는 주기적이며 결과로 보여준 32개 점은 하나의 주기를 나타낸다. 그러므로 두 번째 16개의 점은 이전 주기에서 발생하는 두 번째 16개의 점과 동일하고 음의 주파수에 대해 DFT를 그래프로 나타내는데 사용할 수 있다.

MATLAB 명령 fftshift는 그 목적을 위해 제공된다. 다음은 fftshift를 사용하고 동일한 양 및 음의 주파수에 대해 근사 CTFT를 그래프로 나타내는 예이다.

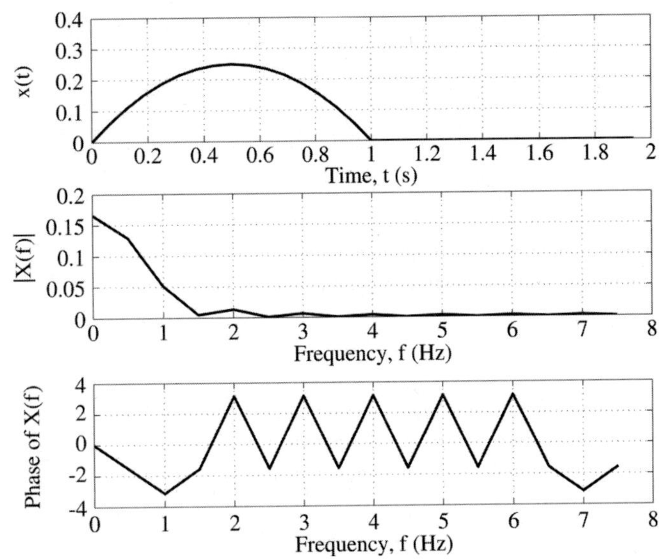

그림 6.32 DFT를 사용하여 찾은 신호와 근사 CTFT

```
% Program to demonstrate approximating the CTFT of t(1-t)*rect(t-1/2)
% by sampling it 32 times in the time interval 0 < t < 2 seconds and
% using the DFT. The frequency domain graph covers equal negative
% and positive frequencies.

N = 32 ;                            % Sample 32 times
Ts = 2/N ;                          % Sample for two second
                                    % and set sampling interval
fs = 1/Ts ;                         % Set sampling rate
df = fs/N ;                         % Set frequency-domain resolution
n = [0:N-1]' ;                      % Vector of 32 time indices
t = Ts*n ;                          % Vector of times
x = t.*(1-t).*rect((t-1/2)) ;       % Vector of 32 x(t) function values
X = fftshift(Ts*fft(x)) ;           % Vector of 32 X(f) approx CTFT values
k = [-N/2:N/2-1]' ;                 % Vector of 32 frequency indices

% Graph the results

subplot(3,1,1) ;
p = plot(t,x,'k') ; set(p,'LineWidth',2) ; grid on ;
xlabel('Time, t (s)') ; ylabel('x(t)') ;
subplot(3,1,2) ;
p = plot(k*df,abs(X),'k') ; set(p,'LineWidth',2) ; grid on ;
xlabel('Frequency, f (Hz)') ; ylabel('|X(f)|') ;
subplot(3,1,3) ;
p = plot(k*dF,angle(X),'k') ; set(p,'LineWidth',2) ; grid on ;
xlabel('Frequency, f (Hz)') ; ylabel('Phase of X(f)') ;
```

<그림 6.33>과 <그림 6.34>는 32개 점과 512개 점을 사용한 MATLAB 프로그램의 결과를 보여준다. 이 결과는 32개의 점만이 사용되었기 때문에 CTFT에 대한 개략적인 근사 값이다. 만약 16초 동안에 512개의 점을 사용한다면 더 높은 주파수 영역 분해능(resolution)과 더 넓은 주파수 범위를 갖는 근사 값을 얻을 수 있다.

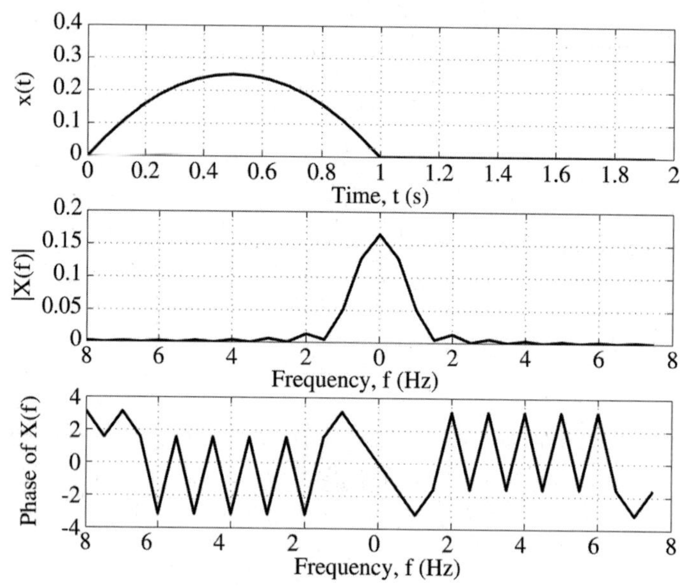

그림 6.33 동일한 음 및 양의 주파수에 대해 그래프로 나타낸 DFT를 사용하여 찾은 근사 CTFT

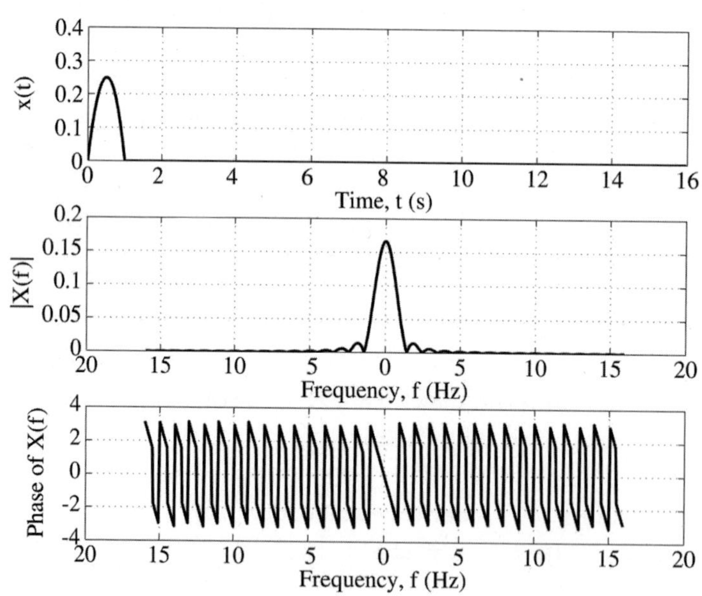

그림 6.34 더 높은 분해능으로 DFT를 사용하여 찾은 근사 CTFT

예제 6.16

CTFT를 이용한 시스템 해석

미분방정식 $y'(t)+1000\,y(t)=1000\,x(t)$에 의해 표현되는 시스템이 $x(t)=4\,\text{rect}(200t)$의 신호를 입력으로 받는다. 응답 $y(t)$를 구하고 그려라.

미분방정식을 푸리에 변환하면 다음 식을 얻으며

$$j2\pi f\,Y(f)+1000\,Y(f)=1000\,X(f)$$

다음과 같이 바꿀 수 있다.

$$Y(f)=\frac{1000\,X(f)}{j2\pi f+1000}.$$

입력의 CTFT는 $X(f)=0.02\,\text{sinc}(f/200)$이다. 그러므로 응답의 CTFT는

$$Y(f)=\frac{20\,\text{sinc}(f/200)}{j2\pi f+1000}$$

이다. 또는 sinc 함수의 정의와 사인 함수의 지수 정의를 사용하면

$$Y(f)=20\frac{\sin(\pi f/200)}{(\pi f/200)(j2\pi f+1000)}=4000\frac{e^{j2\pi f/400}-e^{-j2\pi f/400}}{j2\pi f(j2\pi f+1000)}.$$

이다.

역 CTFT를 구하려면 $\alpha>0$에 대해 CTFT 쌍 $e^{-\alpha t}\,u(t)\xleftrightarrow{\mathcal{F}}1/(j2\pi f+\alpha)$를 가지고 먼저 시작한다.

$$e^{-1000t}\,u(t)\xleftrightarrow{\mathcal{F}}\frac{1}{j2\pi f+1000}.$$

다음에는 적분 성질을 사용하라.

$$\int_{-\infty}^{t}g(\lambda)\,d\lambda\xleftrightarrow{\mathcal{F}}\frac{G(f)}{j2\pi f}+(1/2)G(0)\delta(f).$$

$$\int_{-\infty}^{t}e^{-1000\lambda}\,u(\lambda)\,d\lambda\xleftrightarrow{\mathcal{F}}\frac{1}{j2\pi f}\frac{1}{j2\pi f+1000}+\frac{1}{2000}\delta(f)$$

그리고 나서 시간 이동 성질을 적용하라.

$$g(t-t_0)\xleftrightarrow{\mathcal{F}}G(f)e^{-j2\pi ft_0}.$$

$$\int_0^{t+1/400} e^{-1000\lambda}\,d\lambda \xleftrightarrow{\mathcal{F}} \frac{1}{j2\pi f}\frac{e^{j2\pi f/400}}{j2\pi f+1000}+\underbrace{\frac{e^{j2\pi f/400}}{2000}\delta(f)}_{=\delta(f)/2000}$$

$$\int_0^{t-1/400} e^{-1000\lambda}\,d\lambda \xleftrightarrow{\mathcal{F}} \frac{1}{j2\pi f}\frac{e^{-j2\pi f/400}}{j2\pi f+1000}+\underbrace{\frac{e^{-j2\pi f/400}}{2000}\delta(f)}_{=\delta(f)/2000}$$

첫 번째 결과에서 두 번째 결과를 빼고 4,000을 곱하면

$$4000\int_{-\infty}^{t+1/400} e^{-1000\lambda}\,u(\lambda)\,d\lambda-4000\int_{-\infty}^{t-1/400} e^{-1000\lambda}\,u(\lambda)\,d\lambda$$
$$\xleftrightarrow{\mathcal{F}}\frac{4000}{j2\pi f}\frac{e^{j2\pi f/400}-e^{-j2\pi f/400}}{j2\pi f+1000}$$

$$4000\left[\int_{-\infty}^{t+1/400} e^{-1000\lambda}\,u(\lambda)\,d\lambda-\int_{-\infty}^{t-1/400} e^{-1000\lambda}\,u(\lambda)\,d\lambda\right]$$
$$\xleftrightarrow{\mathcal{F}}\frac{4000}{j2\pi f}\frac{e^{j2\pi f/400}-e^{-j2\pi f/400}}{j2\pi f+1000}$$

두 적분 표현식은 다음과 같이 간략화 될 수 있다.

$$\int_{-\infty}^{t+1/400} e^{-1000\lambda}\,u(\lambda)\,d\lambda=\begin{cases}(1/1000)(1-e^{-1000(t+1/400)}), & t\ge -1/400\\ 0, & t<-1/400\end{cases}$$
$$=\frac{1}{1000}(1-e^{-1000(t+1/400)})\,u(t+1/400)$$

$$\int_{-\infty}^{t-1/400} e^{-1000\lambda}\,u(\lambda)\,d\lambda=\begin{cases}(1/1000)(1-e^{-1000(t-1/400)}), & t\ge 1/400\\ 0, & t<1/400\end{cases}$$
$$=\frac{1}{1000}(1-e^{-1000(t-1/400)})\,u(t-1/400)$$

그러면

$$4\left[(1-e^{-1000(t+1/400)})\,u(t+1/400)-(1-e^{-1000(t-1/400)})\,u(t-1/400)\right]$$
$$\xleftrightarrow{\mathcal{F}}\frac{4000}{j2\pi f}\frac{e^{j2\pi f/400}-e^{-j2\pi f/400}}{j2\pi f+1000}$$

그러므로 응답은

$$y(t) = 4[(1 - e^{-1000(t+1/400)})u(t + 1/400) - (1 - e^{-1000(t-1/400)})u(t - 1/400)]$$

이다〈그림 6.35와 그림 6.36〉.

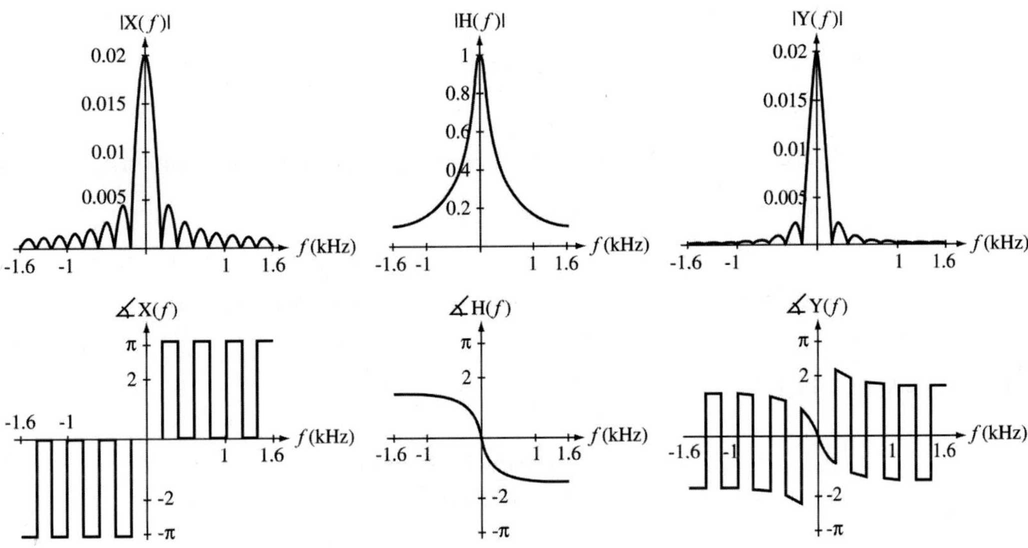

그림 6.35 입력과 응답 및 시스템 주파수 응답의 CTFT의 크기와 위상

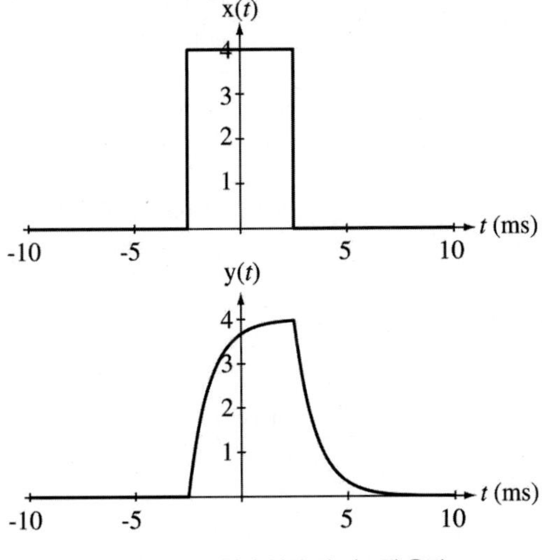

그림 6.36 정현파 입력 및 시스템 응답

■

예제 6.17

CTFT를 이용한 시스템 해석

미분방정식 $y'(t)+1000\,y(t)=1000\,x(t)$에 의해 기술되는 시스템이 $x(t)=4\,\text{rect}(200t)*\delta_{0.01}(t)$의 신호를 입력으로 받는다. 응답 $y(t)$를 구하고 그려라.

예제 6.16으로부터

$$Y(f)\xrightarrow{f=\omega/2\pi}Y(j\omega)=\frac{1000\,X(j\omega)}{j\omega+1000}.$$

입력의 CTFT (f 형식)은 $X(f)=0.02\,\text{sinc}(f/200)\delta_{100}(f)$이며 $X(j\omega)=0.02\,\text{sinc}(\omega/400\pi)\delta_{100}(\omega/2\pi)$를 의미한다. 주기 임펄스의 스케일링 성질을 이용하면

$$X(j\omega)=0.02\,\text{sinc}(\omega/400\pi)\times 2\pi\delta_{200\pi}(\omega)=0.04\pi\,\text{sinc}(\omega/400\pi)\delta_{200\pi}(\omega)$$

그러므로 응답의 CTFT는

$$Y(j\omega)=\frac{4000\pi\,\text{sinc}(\omega/400\pi)\delta_{200\pi}(\omega)}{j\omega+1000}$$

이거나 주기 임펄스의 정의를 이용하면

$$Y(j\omega)=4000\pi\sum_{k=-\infty}^{\infty}\frac{\text{sinc}(\omega/400\pi)\delta(\omega-200\pi k)}{j\omega+1000}.$$

이다. 이제 임펄스의 등가성질을 이용하면

$$Y(j\omega)=4000\pi\sum_{k=-\infty}^{\infty}\frac{\text{sinc}(k/2)\delta(\omega-200\pi k)}{j200\pi k+1000}$$

이며 역 CTFT는 응답

$$y(t)=2000\sum_{k=-\infty}^{\infty}\frac{\text{sinc}(k/2)}{j200\pi k+1000}e^{j200\pi kt}.$$

이다.

$k=0$항을 분리하고 각각의 k와 $-k$를 쌍을 지으면 이 결과는 다음과 같이 쓸 수 있다.

$$y(t)=2+\sum_{k=1}^{\infty}\frac{\text{sinc}(k/2)}{j200\pi k+1000}e^{j200\pi kt}+\frac{\text{sinc}(-k/2)}{-j200\pi k+1000}e^{-j200\pi kt}.$$

sinc 함수는 우함수라는 사실을 이용하고 하나의 공통분모로 항을 결합시키면 다음 식을 얻는다.

$$y(t) = 2 + \sum_{k=1}^{\infty} \mathrm{sinc}(k/2) \frac{(-j200\pi k + 1000)e^{j200\pi kt} + (j200\pi k + 1000)e^{-j200\pi kt}}{(200\pi k)^2 + (1000)^2}$$

$$y(t) = 2 + \sum_{k=1}^{\infty} \mathrm{sinc}(k/2) \frac{2000\cos(200\pi kt) + 400\pi k \sin(200\pi kt)}{(200\pi k)^2 + (1000)^2}$$

$$y(t) = 2 + \sum_{k=1}^{\infty} \mathrm{sinc}(k/2) \frac{5\cos(200\pi kt) + \pi k \sin(200\pi kt)}{25 + (\pi k)^2}$$

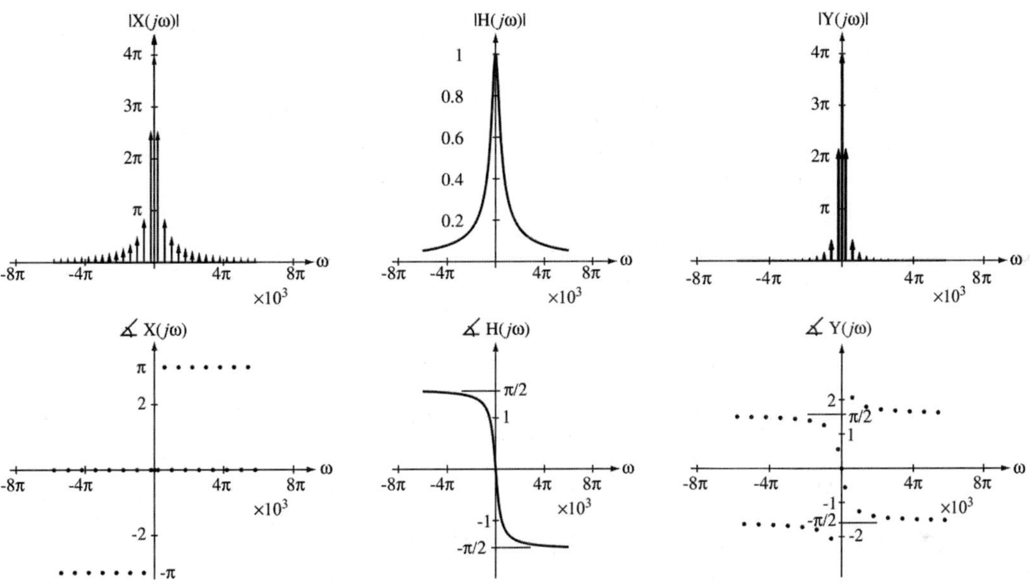

그림 6.37 입력과 응답 및 시스템 주파수 응답의 CTFT의 크기와 위상

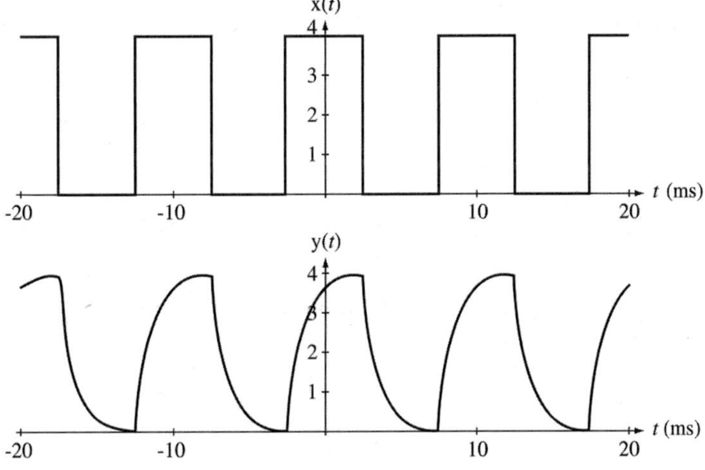

그림 6.38 입력 및 응답

응답은 100 Hz의 정수배의 주파수를 갖는 실제 코사인과 사인을 선형 결합시켜 상수를 더한 것이다〈그림 6.37과 그림 6.38〉.

■

6.4 요약

1. 푸리에 급수는 공학적으로 유용한 임의의 신호를 실제 값을 갖거나 복소 값을 갖는 정현파의 선형결합으로 표현하는 방법이다.
2. 푸리에 급수의 복소 형식에서 사용하는 복소 정현파는 공학적으로 유용한 임의의 주기함수를 만들 수 있도록 선형 결합할 수 있는 상호 직교함수를 구성한다.
3. 푸리에 급수의 고조파 함수를 구하는 수식은 직교성의 원리를 사용하여 유도할 수 있다.
4. 푸리에 급수는 주기적인 입력에 대한 LTI 시스템의 응답을 구하는 데 사용할 수 있다.
5. 푸리에 급수는 비주기적 신호를 표현하도록 확장할 수 있으며 그러한 확장을 푸리에 변환이라 한다.
6. 푸리에 변환쌍에 대한 도표와 및 그것들의 성질을 이용해 공학적으로 중요한 주기적이거나 비주기적인 거의 모든 신호에 대한 푸리에 변환 및 역 푸리에 변환을 구할 수 있다.
7. 안정한 시스템의 주파수 응답은 임펄스 응답의 푸리에 변환이다.
8. 푸리에 변환은 에너지 신호뿐만 아니라 주기적인 신호에 대한 LTI 시스템의 응답을 구하는 데 사용할 수 있다.

해답이 있는 연습문제

각 연습문제의 해답은 무작위로 나열했다.

푸리에 급수

1. MATLAB을 이용하여 주어진 시간구간 내에서 각 복소 정현파의 합을 그려라.

(a) $\mathrm{x}(t) = \dfrac{1}{10}\sum_{k=-30}^{30} \mathrm{sinc}\left(\dfrac{k}{10}\right)e^{j200\pi kt}, \quad -15\mathrm{ms} < t < 15\mathrm{ms}$

(b) $\mathrm{x}(t) = \dfrac{j}{4}\sum_{k=-9}^{9}\left[\mathrm{sinc}\left(\dfrac{k+2}{2}\right) - \mathrm{sinc}\left(\dfrac{k-2}{2}\right)\right]e^{j10\pi kt}, \quad -200\mathrm{ms} < t < 200\mathrm{ms}$

해답 :

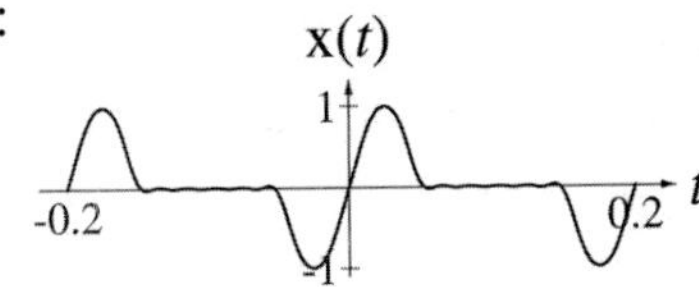

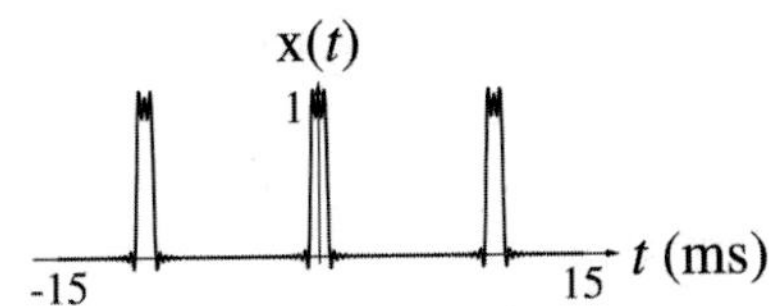

직교성

2. 직접 해석 가능한 적분 식을 이용해 아래 함수에 대한 적분이 $-1/2 < t < 1/2$에서 0이 됨을 증명하라.

$$g(t) = A\sin(2\pi t)B\sin(4\pi t)$$

CTFS 고조파 함수

3. 각 신호에 대해 모든 시간에 적용이 가능한 복소수형 CTFS를 구하고 고조파 차수 k에 대한 고조파 함수의 크기와 위상을 그린 후 그 결과를 삼각 함수 형식의 고조파 함수로 변환하라.

   (a) $x(t) = 4\,\text{rect}(4t) * \delta_1(t)$

   (b) $x(t) = 4\,\text{rect}(4t) * \delta_4(t)$

   (c) 한 기본 주기 동안 아래와 같이 표현되는 주기 신호

$$x(t) = \begin{cases} \text{sgn}(t), & |t| < 1 \\ 0, & 1 < |t| < 2 \end{cases}$$

해답 :

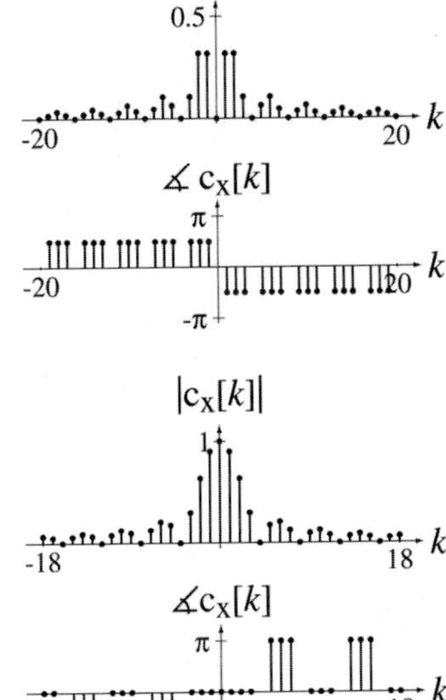

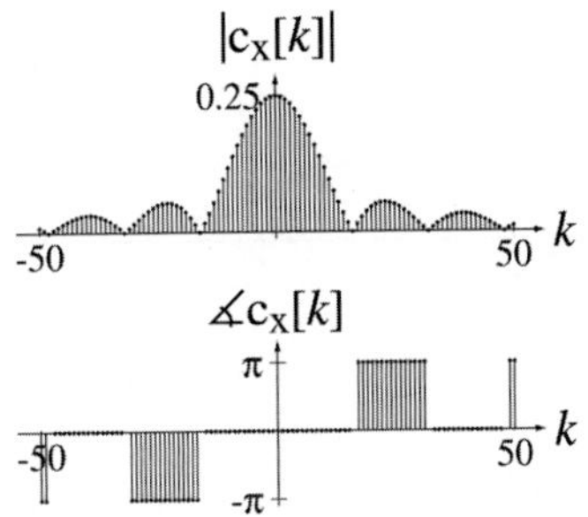

4. 4초의 주기를 갖는 주기 신호 x(*t*)는 한 기본 주기 동안 x(*t*)=3-*t*, 0<*t*<4로 기술된다. 신호를 도시하고 CTFS 고조파 함수를 구하라. 그리고 나서 다음 식으로 주어진 신호 $x_N(t)$에 대한 근사 값을 *N*=1, 2, 3에 대해 같은 축척으로 그려라.

$$x_N(t) = \sum_{k=-N}^{N} c_x[k] e^{j2\pi kt/T_0}$$

(각각의 경우에 그래프의 시간축척은 적어도 원 신호에 대한 기본 주기의 두 배는 되어야 한다.)

해답 : $c_x[k] = \frac{1}{4}\frac{2e^{-j2\pi k}(-2 - j\pi k) - j6\pi k + 4}{(\pi k)^2}$

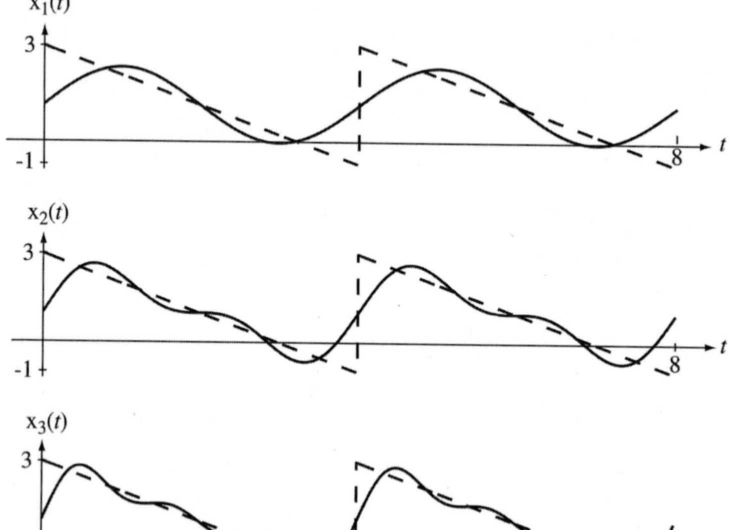

5. CTFS 변환에 대한 표와 성질을 이용하여 아래 각 주기 함수에 대한 고조파 함수를 시간 T에서 구하라.

(a) $x(t) = 10\sin(20\pi t), \quad T = 1/10$

(b) $x(t) = 2\cos(100\pi(t - 0.005)), \quad T = 1/50$

(c) $x(t) = -4\cos(500\pi t), \quad T = 1/50$

(d) $x(t) = \frac{d}{dt}(e^{-j10\pi t}), \quad T = 1/5$

(e) $x(t) = \text{rect}(t) * 4\delta_4(t), \quad T = 4$

(f) $x(t) = \text{rect}(t) * \delta_1(t), \quad T = 1$

(g) $x(t) = \text{tri}(t) * \delta_1(t), \quad T = 1$

해답 : $-2(\delta[k-5] + \delta[k+5]), \delta[k], \delta[k], j5(\delta[k+1] - \delta[k-1]),$
$j(\delta[k+1] - \delta[k-1]), -j10\pi\delta[k+1], \text{sinc}(k/4)$

6. 정확히 한 주기 동안 주기 신호를 표현하여 아래와 같이 CTFS 고조파 함수를 구했다.

$$c_x[k] = \frac{1 - \cos(\pi k)}{(\pi k)^2}$$

(a) 이 신호는 우함수인가? 기함수인가? 아니면 어느 것도 아닌가?

(b) 이 신호의 평균 값은 얼마인가?

해답 : 우함수, 1/2

7. 일반적인 형식 $A\sin(2\pi f_0 t)$를 갖는 사인파에 대한 고조파 함수를 구하라. 그리고 나서 Parseval의 정리를 이용하여 그 신호의 전력을 구하고 그 값이 원래 신호로부터 바로 구한 신호의 전력과 같음을 증명하라.

해답 : $A^2/2$

8. $y(t) = \int_{-\infty}^{t} x(\tau)\, d\tau$이고 $y(t) \xleftrightarrow[8]{\mathcal{FS}} c_y[k]$이면 주어진 $x(t) \xleftrightarrow[8]{\mathcal{FS}} c_x[k] = \begin{cases} j4k, & |k| < 4 \\ 0, & \text{otherwise} \end{cases}$ 에 대해

(a) $x(t)$의 평균 값은 얼마인가?

(b) $c_y[1]$의 수치 값은 얼마인가?

(c) $x(t)$는 우함수인가? 기함수인가? 아니면 어느 것도 아닌가?

해답 : 0, $16/\pi$, 기함수

9. 시간 구간 $T = 1/5$를 이용하여 $x(t) = \text{rect}(20t) * \delta_{1/5}(t)$의 CTFS 고조파 함수의 크기와 위상을 구하고 그려라.

(a) CTFS 표를 이용해

(b) 샘플점들 간의 간격이 $T_s = 1/2000$에 대해 수치적으로

해답 : $c_x[k] = (1/4)\,\text{sinc}(k/4)$

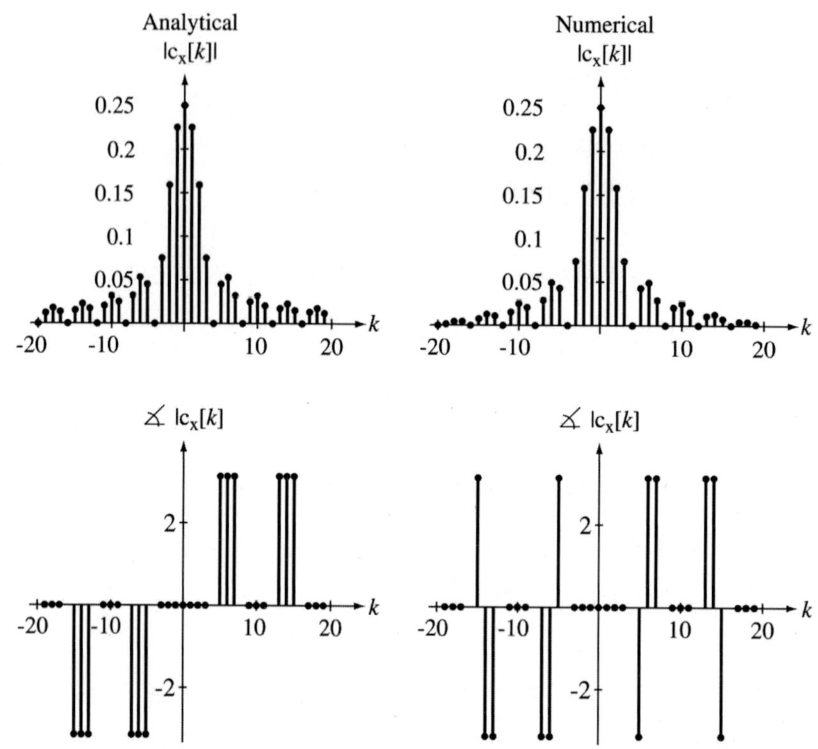

10. 양자화기는 연속시간 입력신호를 받아들여 유한 개수의 등간격 값만을 갖는 연속시간 출력신호로 응답한다. $x_{in}(t)$가 입력신호이고 $x_{out}(t)$가 출력신호이며 q는 인접한 출력레벨 간의 차이라면 시간 축 상에 어느 점에서의 출력 $x_{out}(t)$의 값은 비례식 $x_{in}(t)/q$를 만들고 가장 인접한 정수로 반올림하고 나서 그 결과에 q를 곱하여 계산할 수 있다. 양자화기에 들어오는 입력신호의 레벨을 −10에서 +10이라 하고 양자화 레벨은 16이라고 하자. 입력 신호가 $x_{in}(t) = 10\sin(2000\pi t)$일 때 양자화기의 출력신호의 수치적인 총 고조파 왜곡을 구하라 (예제 6.4를 참조).

해답 : 0.2342%

주기 입력 신호에 대한 시스템 응답

11. 연속시간 시스템이 다음의 미분방정식에 의해 기술된다.

$$y''(t) + 200\,y'(t) + 10^5\,y(t) = 10^5\,x(t).$$

입력신호가 $x(t) = \text{rect}(32t) * \delta_{1/16}(t)$일 때, 응답을 그려라.

해답 :

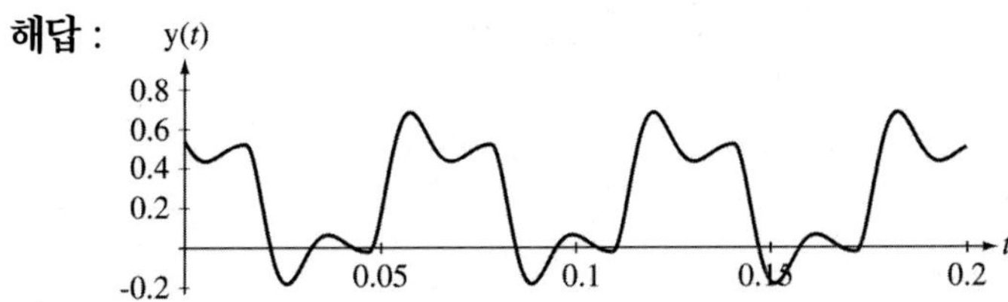

푸리에 변환 및 푸리에 역변환

12. 신호가

$$x(t) = 2\cos(4\pi t) + 5\cos(15\pi t).$$

에 의해 정의된다고 하자. x(t-1/40) 과 x(t+1/20)의 CTFT를 구하고 각 경우의 정현파에 대한 위상 이동을 확인하라. CTFT의 위상을 그래프로 나타내고 각 경우에 생기는 4개의 위상 지점을 통과하는 직선을 그려라. 그 선의 기울기와 시간지연 사이의 일반적인 관계는 무엇인가?

해답 : 선의 기울기는 $-2\pi f$와 지연시간을 곱한 것이다.

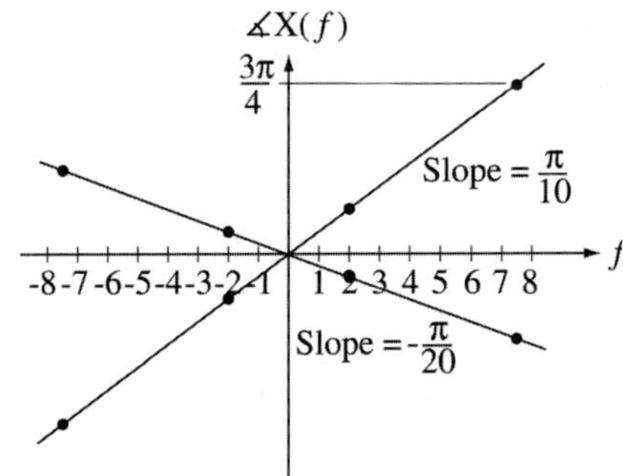

13. 주파수 이동 성질을 이용하여 다음 수식의 역 CTFT를 시간에 대해 구하고 그려라.

$$X(f) = \text{rect}\left(\frac{f-20}{2}\right) + \text{rect}\left(\frac{f+20}{2}\right).$$

해답 :

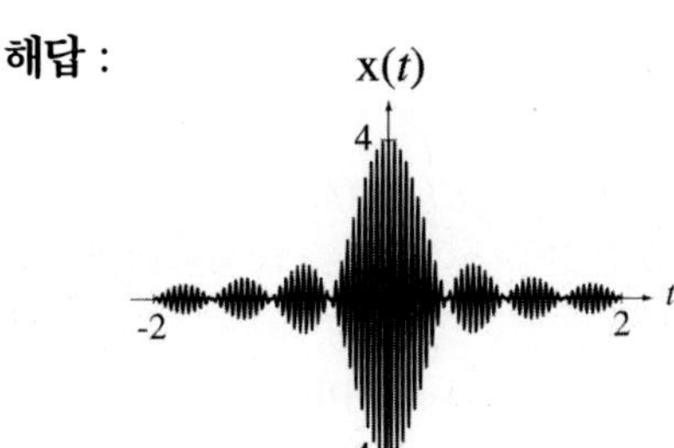

14. $x(t)=\text{sinc}(t)$의 CTFT를 구하라. 그 다음에 $x(t)$에서 $t \to 2t$로 스케일링을 하고 시간 스케일링된 신호의 CTFT를 구하라.

해답 : $\text{rect}(f)$, $(1/2)\,\text{rect}(f/2)$

15. CTFT의 곱-컨벌루션 쌍대성을 이용해 컨벌루션 연산자 *를 사용하지 않는 $y(t)$의 표현을 구하고 그래프로 나타내라.

(a) $y(t) = \text{rect}(t) * \cos(\pi t)$　　(b) $y(t) = \text{rect}(t) * \cos(2\pi t)$

(c) $y(t) = \text{sinc}(t) * \text{sinc}(t/2)$　　(d) $y(t) = \text{sinc}(t) * \text{sinc}^2(t/2)$

(e) $y(t) = e^{-t}\,u(t) * \sin(2\pi t)$

해답 : $\dfrac{\cos(2\pi t + 2.984)}{\sqrt{1+(2\pi)^2}}$, $2/\pi \cos(\pi t)$, 0, $\text{sinc}(t/2)$, $\text{sinc}^2(t/2)$

16. 구형파의 CTFT와 CTFT의 미분 성질을 이용해 다음 수식의 푸리에 변환을 구하라.

$$x(t) = \delta(t-1) - \delta(t+1).$$

변환표 및 시간 이동 성질을 사용하여 찾은 CTFT에 대해 답을 점검해 보라.

해답 : $-j2\sin(2\pi f)$

17. 다음의 값을 구하라.

(a) $x(t) = 20\,\text{rect}(4t)$	$X(f)\|_{f=2}$
(b) $x(t) = 2\,\text{sinc}(t/8) * \text{sinc}(t/4)$	$x(4)$
(c) $x(t) = 2\,\text{tri}(t/4) * \delta(t-2)$	$x(1)$ and $x(-1)$
(d) $x(t) = -5\,\text{rect}(t/2) * (\delta(t+1) + \delta(t))$	$x(1/2)$, $x(-1/2)$ and $x(-5/2)$
(e) $x(t) = 3\,\text{rect}(t-1)$	$X(f)\|_{f=1/4}$
(f) $x(t) = 4\,\text{sinc}^2(3t)$	$X(j\omega)\|_{\omega=4\pi}$
(g) $x(t) = \text{rect}(t) * \text{rect}(2t)$	$X(f)\|_{f=1/2}$
(h) $X(f) = 10[\delta(f-1/2) + \delta(f+1/2)]$	$x(1)$
(i) $X(j\omega) = -2\,\text{sinc}(\omega/2\pi) * 3\,\text{sinc}(\omega/\pi)$	$x(0)$

해답 : –5, 1/2, 3/2, 4/9, 0, –3, 3.1831, –10, –20, $-j2.7$, 0.287, 5.093

18. 다음의 순방향 또는 역방향 푸리에 변환들을 구하라. 최종 결과에 컨벌루션 연산자 *가 포함되어서는 안 된다.

(a) $\mathcal{F}(15\,\mathrm{rect}((t+2)/7))$

(b) $\mathcal{F}^{-1}(2\,\mathrm{tri}(f/2)e^{-j6\pi f})$

(c) $\mathcal{F}(\sin(20\pi t)\cos(200\pi t))$

해답 : $(j/4)[\delta(f-90)+\delta(f+110)-\delta(f-110)-\delta(f+90)]$,
$105\,\mathrm{sinc}(7f)e^{j4\pi f}$, $4\,\mathrm{sinc}^2(2(t-3))$

19. Parseval의 정리를 이용해 신호의 신호 에너지를 구하라.

(a) $\mathrm{x}(t)=4\,\mathrm{sinc}(t/5)$
(b) $\mathrm{x}(t)=2\,\mathrm{sinc}^2(3t)$

해답 : 80, 8/9

20. 상수의 값을 구하라.

(a) $6\,\mathrm{rect}(2t)\xleftrightarrow{\mathcal{F}}A\,\mathrm{sinc}(bf)$ A와 b를 구하라.

(b) $10\,\mathrm{tri}((t-1)/8)\xleftrightarrow{\mathcal{F}}A\,\mathrm{sinc}^2(bf)e^{-jB\pi f}$ A, B 및 b를 구하라.

(c) $A\cos(2\pi f_0 t)\xleftrightarrow{\mathcal{F}}10[\delta(f-4)+\delta(f+4)]$ A 및 f_0를 구하라.

(d) $(A/b)\delta_{1/b}(t)e^{jB\pi t}\xleftrightarrow{\mathcal{F}}(1/5)\delta_{1/10}(f-1/5)$ A, B 및 b를 구하라

해답 : 1/10; 1/5; 80; 20; 3; 2; 8; 2/5; 8; 1/2

21. 함수 $\mathrm{g}(t)=100\,\mathrm{sinc}((t-8)/30)$의 전체 면적은 얼마인가?

해답 : 3,000

22. 적분 성질을 이용해 함수들 각각의 CTFT를 구하고 다른 성질을 이용해 구한 CTFT와 비교하라.

(a) $\mathrm{g}(t)=\begin{cases}1, & |t|<1\\ 2-|t|, & 1<|t|<2\\ 0, & \text{elsewhere}\end{cases}$

(b) $\mathrm{g}(t)=8\,\mathrm{rect}(t/3)$

해답 : $24\mathrm{sinc}(3f)$, $3\mathrm{sinc}(3f)\,\mathrm{sinc}(f)$

23. 신호의 CTFT의 크기와 위상을 f 형식에서 그래프로 나타내라.

(a) $\mathrm{x}(t)=\delta(\mathrm{t}-2)$
(b) $\mathrm{x}(t)=\mathrm{u}(t)-\mathrm{u}(t-1)$
(c) $\mathrm{x}(t)=5\,\mathrm{rect}((t+2)/4)$
(d) $\mathrm{x}(t)=25\,\mathrm{sinc}(10(t-2))$
(e) $\mathrm{x}(t)=6\sin(200\pi t)$
(f) $\mathrm{x}(t)=2e^{-3t}\,\mathrm{u}(3t)$
(g) $\mathrm{x}(t)=4e^{-3t^2}$

해답 :

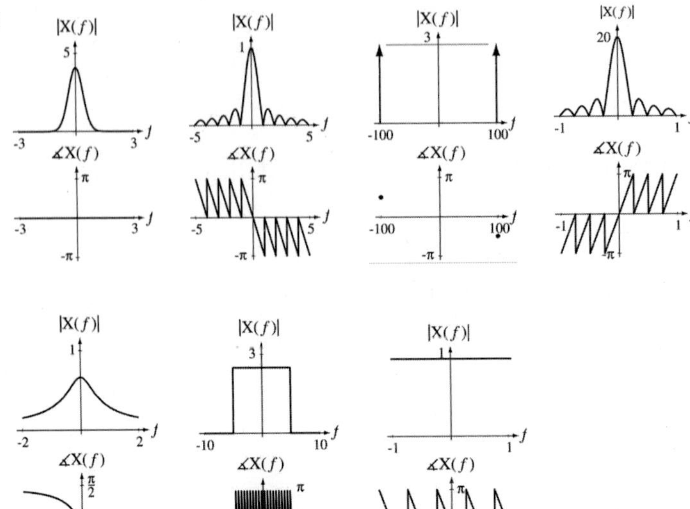

24. 신호의 CTFT의 크기 및 위상을 ω형식에서 그래프로 나타내라.

(a) $x(t) = \delta_2(t)$ (b) $x(t) = \mathrm{sgn}(2t)$

(c) $x(t) = 10\,\mathrm{tri}((t-4)/20)$ (d) $x(t) = (1/10)\,\mathrm{sinc}^2((t+1)/3)$

(e) $x(t) = \dfrac{\cos(200\pi t - \pi/4)}{4}$ (f) $x(t) = 2e^{-3t}\,u(t)$

(g) $x(t) = 7e^{-5|t|}$

해답 :

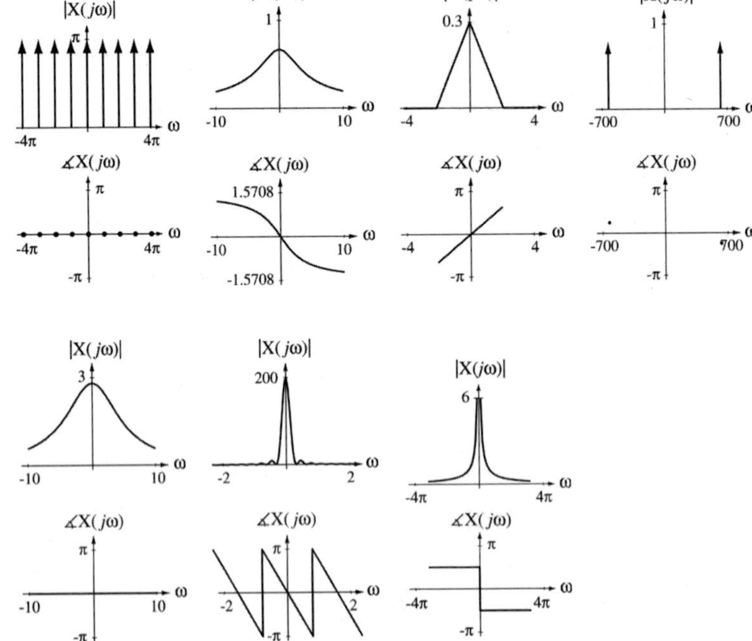

25. 함수의 역 CTFT를 그래프로 나타내라.

(a) $X(f) = -15\,\mathrm{rect}(f/4)$

(b) $X(f) = \dfrac{\mathrm{sinc}(-10f)}{30}$

(c) $X(f) = \dfrac{18}{9+f^2}$

(d) $X(f) = \dfrac{1}{10+jf}$

(e) $X(f) = \dfrac{\delta(f-3)+\delta(f+3)}{6}$

(f) $X(f) = 8\delta(5f)$

(g) $X(f) = -\dfrac{3}{j\pi f}$

해답 :

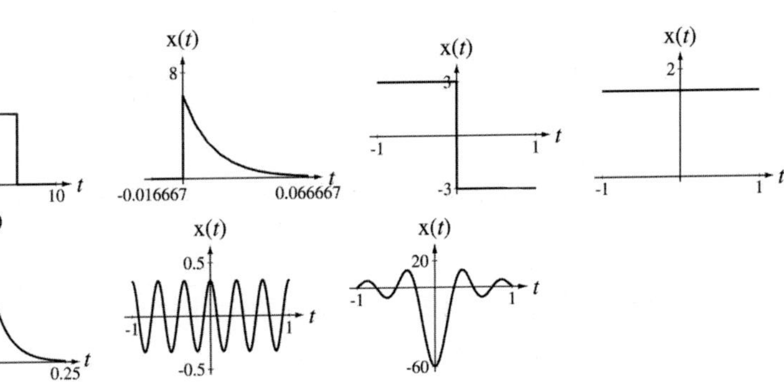

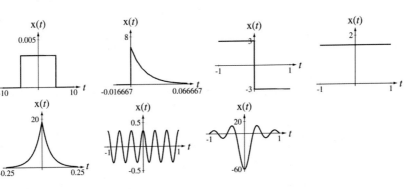

26. 함수의 역 CTFT를 그래프로 나타내라.

(a) $X(j\omega) = e^{-4\omega^2}$

(b) $X(j\omega) = 7\,\mathrm{sinc}^2(\omega/\pi)$

(c) $X(j\omega) = j\pi[\delta(\omega+10\pi) - \delta(\omega-10\pi)]$

(d) $X(j\omega) = (\pi/20)\delta_{\pi/4}(\omega)$

(e) $X(j\omega) = 5\pi/j\omega + 10\pi\delta(\omega)$

(f) $X(j\omega) = \dfrac{6}{3+j\omega}$

(g) $X(j\omega) = 20\,\mathrm{tri}(8\omega)$

해답 :

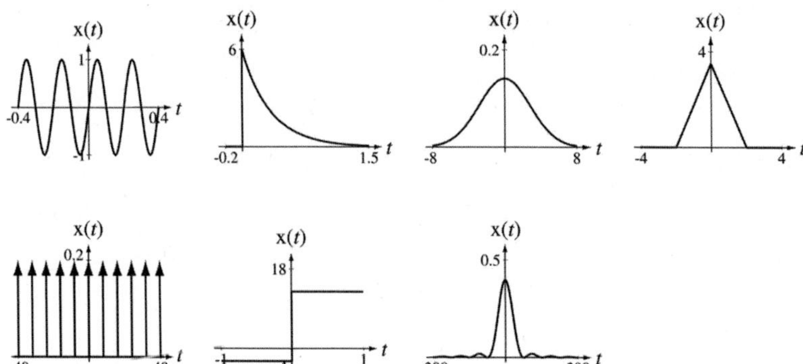

27. 신호의 CTFT를 f와 ω 형식 중 편한 형식에서 구하라.

(a) $x(t) = 3\cos(10t) + 4\sin(10t)$ (b) $x(t) = 2\delta_2(t) - 2\delta_2(t-1)$

(c) $x(t) = 4\,\text{sinc}(4t) - 2\,\text{sinc}(4(t-1/4)) - 2\,\text{sinc}(4(t+1/4))$

(d) $x(t) = [2e^{(-1+j2\pi)t} + 2e^{(-1-j2\pi)t}]u(t)$ (e) $x(t) = 4e^{-|t|/16}$

해답 : $(5\pi e^{-j0.927})\,\delta(\omega-10) + (5\pi e^{j0.927})\,\delta(\omega+10),\ 4\dfrac{j2\pi f+1}{(j2\pi f+1)^2+(2\pi)^2},$

$\text{rect}(\omega/8\pi) - \text{rect}(\omega/8\pi)\cos(\omega/4),\ \dfrac{128}{1+256\omega^2},\ j4\pi e^{-j\omega/2}\delta_\pi(\omega)\sin(\omega/2)$

28. 함수의 크기와 위상을 그래프로 나타내라. 또한 함수의 역 CTFT를 그래프로 나타내라.

(a) $X(j\omega) = \dfrac{10}{3+j\omega} - \dfrac{4}{5+j\omega}$

(b) $X(f) = 4\left[\text{sinc}\left(\dfrac{f-1}{2}\right) + \text{sinc}\left(\dfrac{f+1}{2}\right)\right]$

(c) $X(f) = \dfrac{j}{10}\left[\text{tri}\left(\dfrac{f+2}{8}\right) - \text{tri}\left(\dfrac{f-2}{8}\right)\right]$

(d) $X(f) = \delta(f+1050) + \delta(f+950) + \delta(f-950) + \delta(f-1050)$

(e) $X(f) = \begin{bmatrix} \delta(f+1050) + 2\delta(f+1000) + \delta(f+950) \\ +\delta(f-950) + 2\delta(f-1000) + \delta(f-1050) \end{bmatrix}$

해답 :

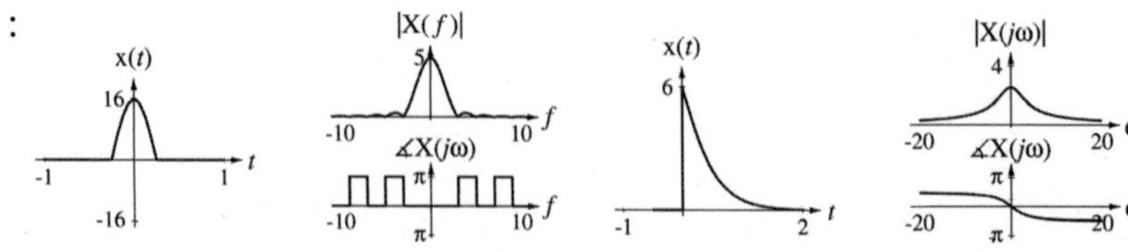

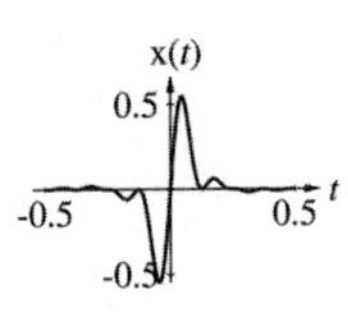

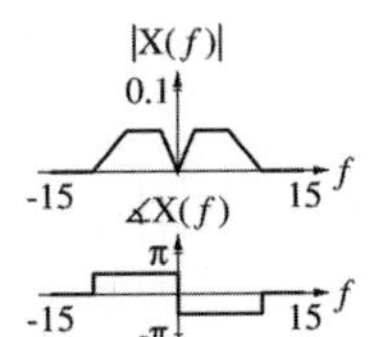

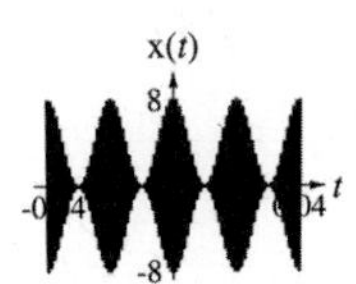
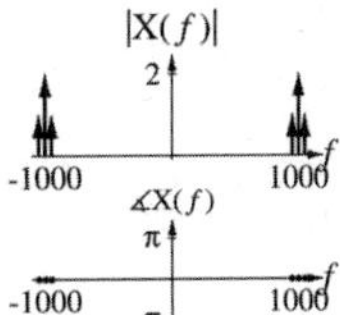

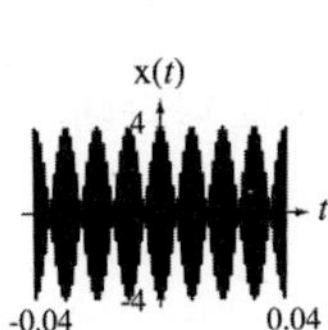

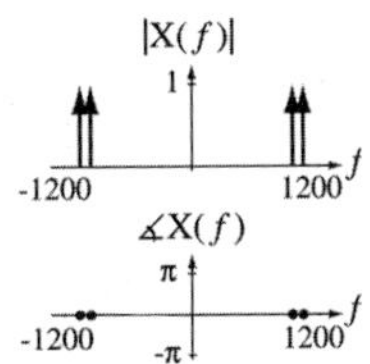

29. 신호를 시간에 관해 그래프로 나타내라. 그 신호의 CTFT의 크기와 위상을 f와 ω형식 중 편한 형식에서 그래프로 나타내라.

(a) $x(t) = \text{rect}(2t) * \delta_1(t) - \text{rect}(2t) * \delta_1(t - 1/2)$

(b) $x(t) = -1 + 2\,\text{rect}(2t) * \delta_1(t)$ (c) $x(t) = e^{-t/4}\,u(t) * \sin(2\pi t)$

(d) $x(t) = e^{-\pi t^2} * [\text{rect}(2t) * \delta_1(t)]$ (e) $x(t) = \text{rect}(t) * [\text{tri}(2t) * \delta_1(t)]$

(f) $x(t) = \text{sinc}(2.01t) * \delta_1(t)$ (g) $x(t) = \text{sinc}(1.99t) * \delta_1(t)$

(h) $x(t) = e^{-t^2} * e^{-t^2}$

해답 :

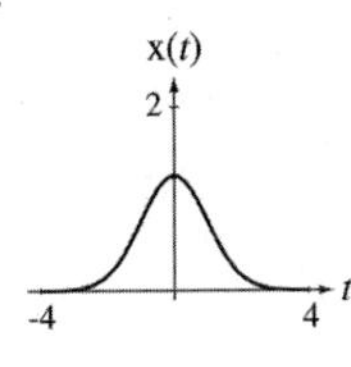

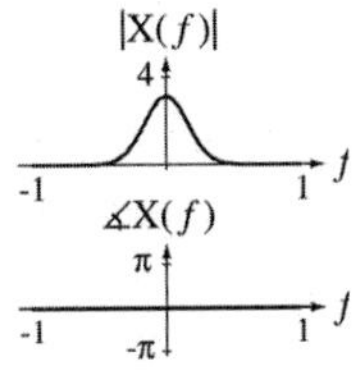

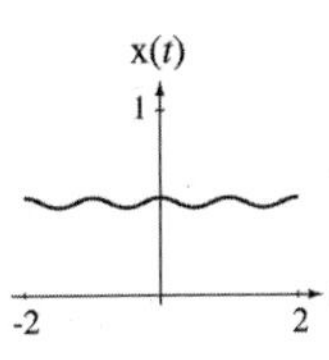

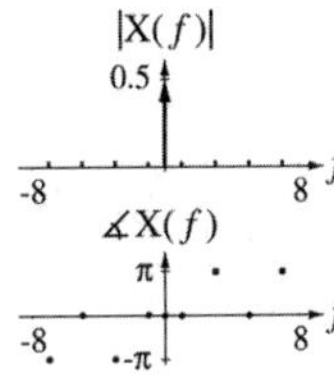

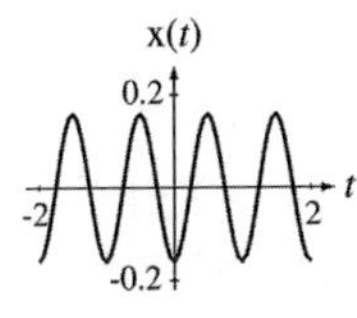

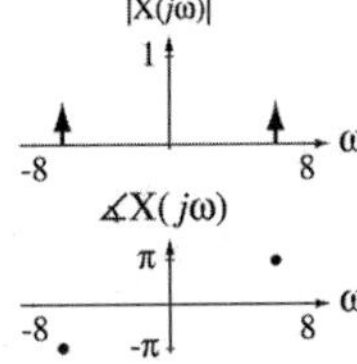

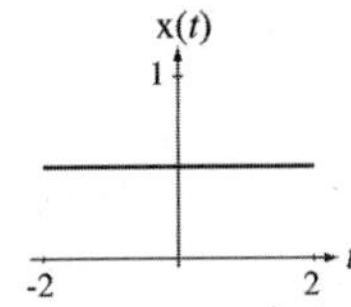

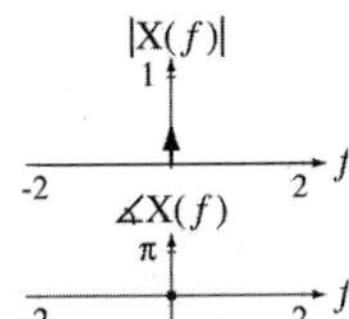

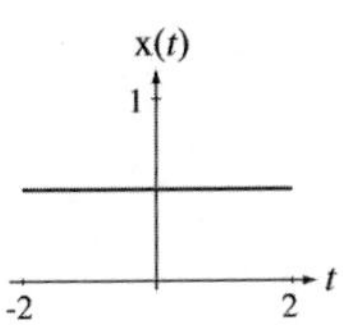

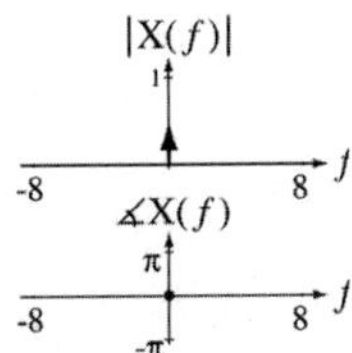

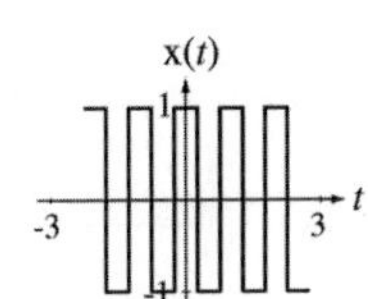

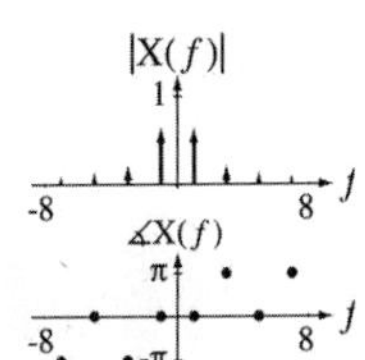

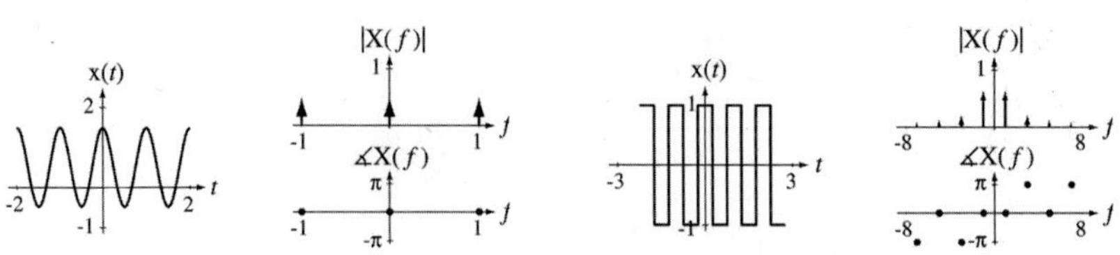

30. 함수의 크기와 위상을 그래프로 나타내라. 또한 역 CTFT를 그래프로 나타내라.

(a) $\mathrm{X}(f)=\mathrm{sinc}\left(\dfrac{f}{100}\right)*[\delta(f-1000)+\delta(f+1000)]$

(b) $\mathrm{X}(f)=\mathrm{sinc}(10f)*\delta_1(f)$

해답 :

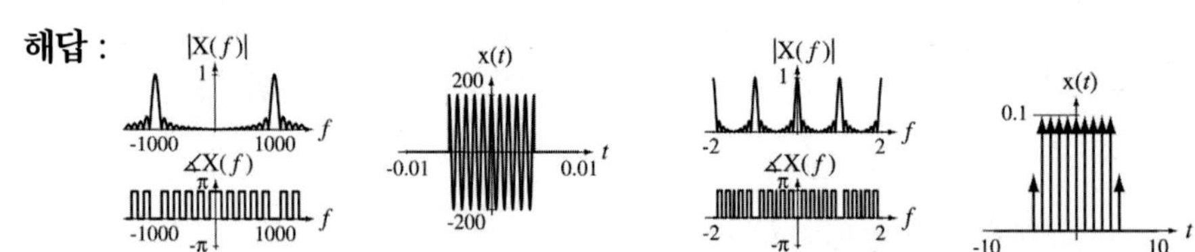

31. 신호를 시간에 대해 그래프로 나타내라. 이 신호의 CTFT의 크기와 위상을 f와 ω형식 중 편한 형식에서 그래프로 나타내라. 어떤 경우에는 시간 그래프를 먼저 그리는 것이 편할 수 있다. 다른 경우에는 역 CTFT를 구함으로써 CTFT를 구한 후에 시간 그래프를 그리는 것이 더 편할 수 있다.

(a) $\mathrm{x}(t)=e^{-\pi t^2}\sin(20\pi t)$

(b) $\mathrm{x}(t)=(1/100)\cos(400\pi t)\delta_{1/100}(t)$

(c) $\mathrm{x}(t)=[1+\cos(400\pi t)]\cos(4000\pi t)$

(d) $\mathrm{x}(t)=[1+\mathrm{rect}(100t)*\delta_{1/50}(t)]\cos(500\pi t)$

(e) $\mathrm{x}(t)=\mathrm{rect}(t/7)\delta_1(t)$

해답 :

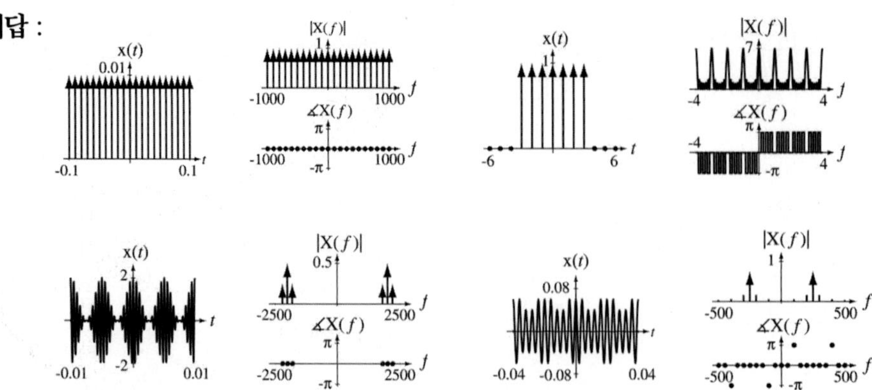

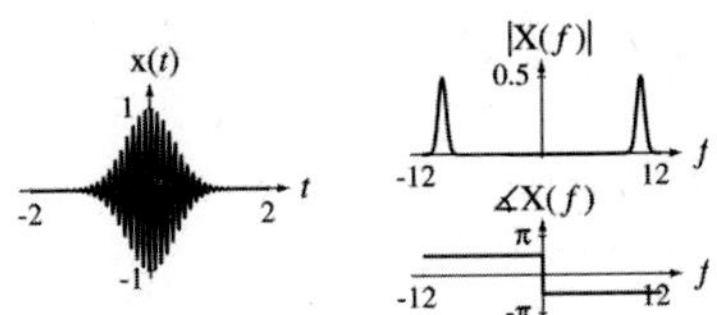

32. 함수의 크기와 위상을 그래프로 나타내라. 함수의 역 CTFT 또한 그래프로 나타내라.

(a) $X(f) = \text{sinc}(f/4)\delta_1(f)$

(b) $X(f) = \left[\text{sinc}\left(\frac{f-1}{4}\right) + \text{sinc}\left(\frac{f+1}{4}\right)\right]\delta_1(f)$

(c) $X(f) = \text{sinc}(f)\,\text{sinc}(2f)$

해답 :

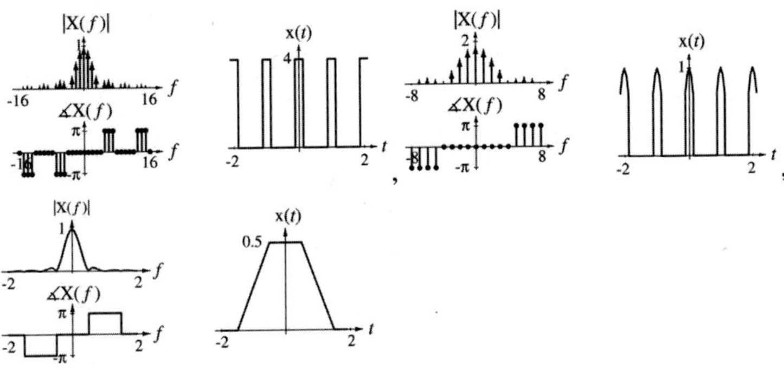

33. 신호를 시간에 대해 그래프로 나타내고 CTFT의 크기와 위상 또한 그래프로 나타내라.

(a) $x(t) = \frac{d}{dt}[\text{sinc}(t)]$

(b) $x(t) = \frac{d}{dt}[4\,\text{rect}(t/6)]$

(c) $x(t) = \frac{d}{dt}(\text{tri}(2t) * \delta_1(t))$

해답 :

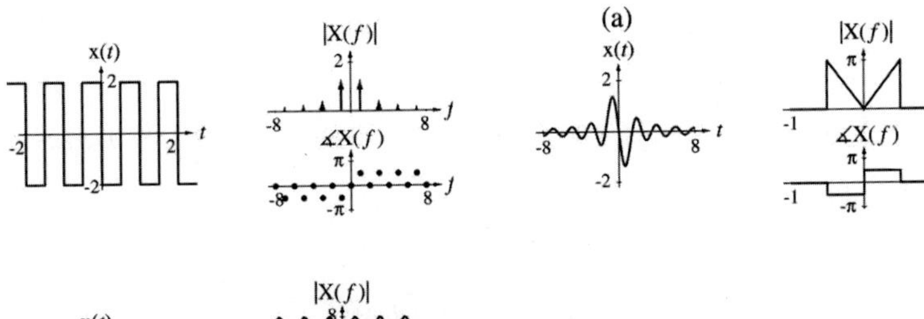

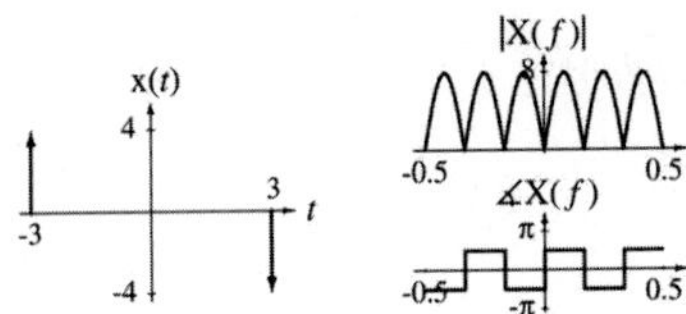

34. 신호를 시간에 대해 나타내고 그 신호의 CTFT의 크기와 위상을 그래프로 나타내라.

(a) $x(t) = \int_{-\infty}^{t} \sin(2\pi\lambda)\, d\lambda$ (b) $x(t) = \int_{-\infty}^{t} \text{rect}(\lambda)\, d\lambda$

(c) $x(t) = \int_{-\infty}^{t} 3\,\text{sinc}(2\lambda)\, d\lambda$

해답 :

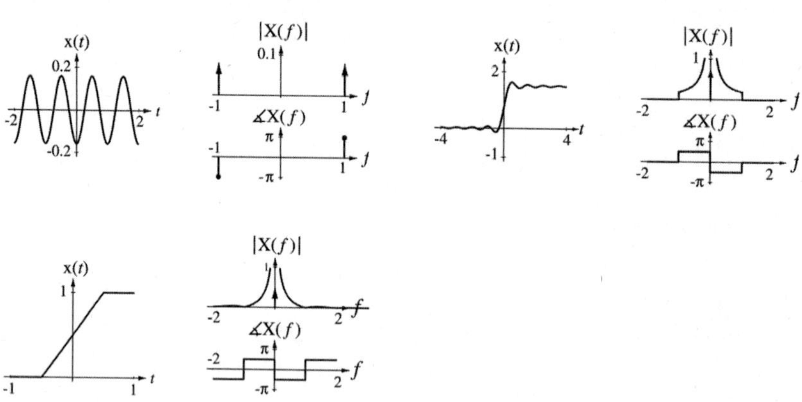

CTFT에 대한 CTFS의 관계

35. CTFS에서 CTFT로의 변환은 신호

$$x(t) = \text{rect}(t/w) * \delta_{T_0}(t)$$

또는

$$x(t) = \sum_{n=-\infty}^{\infty} \text{rect}\left(\frac{t - nT_0}{w}\right).$$

에 의해 설명된다. 이 신호를 위한 복소 CTFS 고조파 함수는

$$c_x[k] = (Aw/T_0)\,\text{sinc}(kw/T_0).$$

로 주어진다. 범위 $-8 < kf_0 < 8$에서 kf_0에 대해 $\omega = 1$과 f_0=0.5, 0.1 및 0.02에 대한 '수정된' CTFT 고조파 함수

$$T_0\, c_x[k] = Aw\,\text{sinc}(w(kf_0))$$

를 그래프로 나타내라.

해답 :

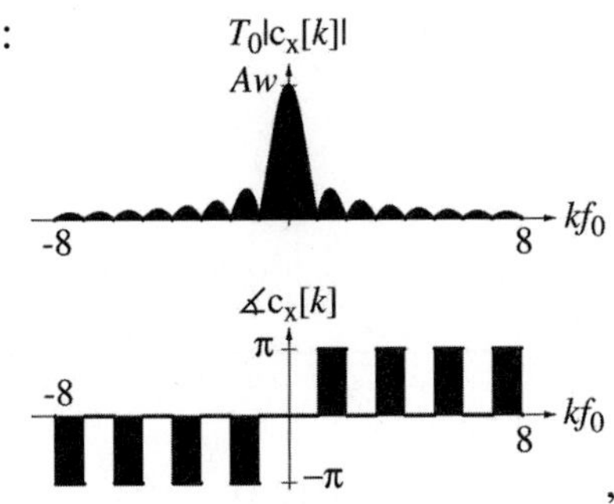

,

$T_0|c_x[k]|$ Aw -8 8 kf_0

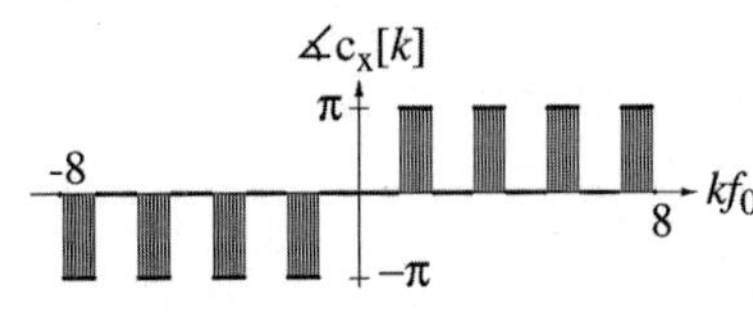

,

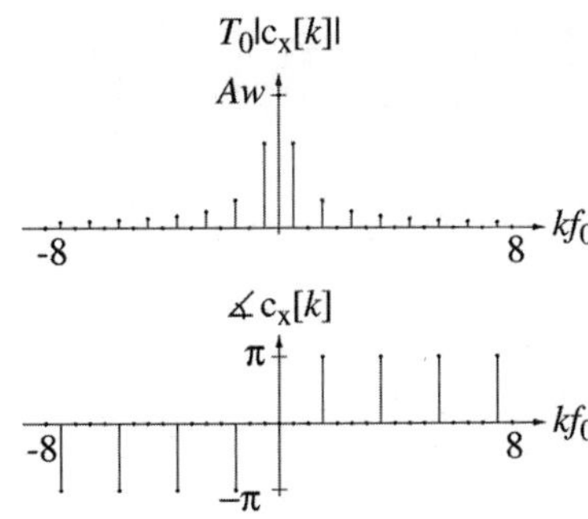

36. 다음 주기 함수의 CTFS 고조파 함수와 CTFT를 구하고 결과를 비교하라.

(a) $x(t) = \mathrm{rect}(t) * \delta_2(t)$

(b) $x(t) = \mathrm{tri}(10t) * \delta_{1/4}(t)$

해답 : $\displaystyle\sum_{k=-\infty}^{\infty} \frac{5}{4} \frac{\cos(4\pi k/5) - 1}{(\pi k)^2} \delta(f - 4k)$, $\quad (1/2)\,\mathrm{sinc}(f) \displaystyle\sum_{k=-\infty}^{\infty} \delta(f - k/2)$,

$(1/2)\,\mathrm{sinc}(k/2)$, $\quad \dfrac{5}{4} \dfrac{\cos(4\pi k/5) - 1}{(\pi k)^2}$

수치 해석적 CTFT

37. CTFT를 근사화하기 위해 DFT를 사용하여 다음 식의 CTFT의 대략적 크기와 위상을 구하고 그려라.

$$x(t) = [4 - (t-2)^2]\,\mathrm{rect}((t-2)/4)$$

$x(t)$의 샘플 간의 시간 간격은 1/16이고 시간범위 $0 \le t < 16$에서 샘플링을 하라.

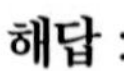

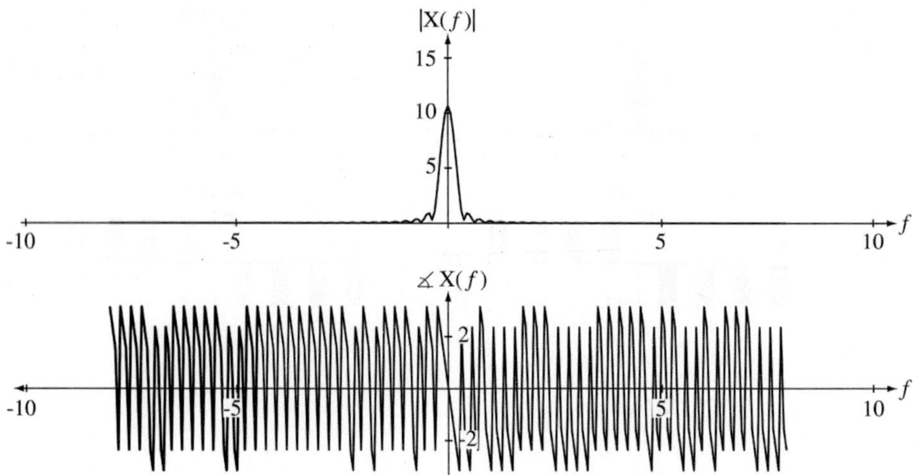

시스템 응답

38. 시스템이 다음의 미분방정식에 의해 기술된다.

$$y'(t) + 500\,y(t) = 500\,x'(t).$$

입력신호가 $x(t) = \text{rect}(200t) * \delta_{10\text{ms}}(t)$일 때 응답 $y(t)$를 그래프로 그려라.

해답 :

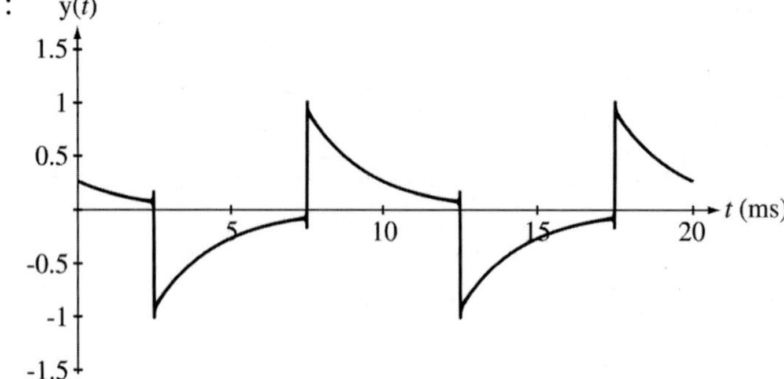

해답이 없는 연습문제

푸리에 급수

39. 주기가 2초인 주기 신호 $x(t)$가 한 기본 주기 동안 아래와 같이 표현된다고 한다.

$$x(t) = \begin{cases} \sin(2\pi t), & |t| < 1/2 \\ 0, & 1/2 < |t| < 1 \end{cases}.$$

이 신호에 대한 그래프를 그리고 복소수형 CTFS를 이용하여 나타내라. 또한 동일한 스케일에서 아래와 같이 주어진 근사 신호 $x_N(t)$에 대해 $N=1$, 2 및 3일 경우 그 그래프를 작성하라.

$$x_N(t) = \sum_{k=-N}^{N} c_x[k] e^{j2\pi kt/T_0}$$

(각 경우에 그래프의 시간 스케일은 적어도 원래 신호의 두 기본 주기를 나타낼 수 있어야 한다.)

40. MATLAB을 이용해 시간범위 $-3 < t < 3$에서 아래의 신호에 대한 그래프를 작성하라.

(a) $x_0(t) = 1$
(b) $x_1(t) = x_0(t) + 2\cos(2\pi t)$
(c) $x_2(t) = x_1(t) + 2\cos(4\pi t)$
(d) $x_{20}(t) = x_{19}(t) + 2\cos(40\pi t)$

(a) 부터 (d)까지 각 경우에 대하여 시간범위 $-1/2 < t < 1/2$에서 각 신호 아래의 면적을 수치 해석적으로 계산하라.

41. 〈그림 E.41〉에 있는 각 신호들은 정확히 한 기본 주기에 대해서 그려진 것이다. 어떤 신호에 대한 고조파 함수 $c_x[k]$가 모든 k값에 대해 실수 값을 가지는가? 또한 어떤 신호에 대한 고조파 함수 $c_x[k]$가 모든 k값에 대해 허수 값을 가지는가?

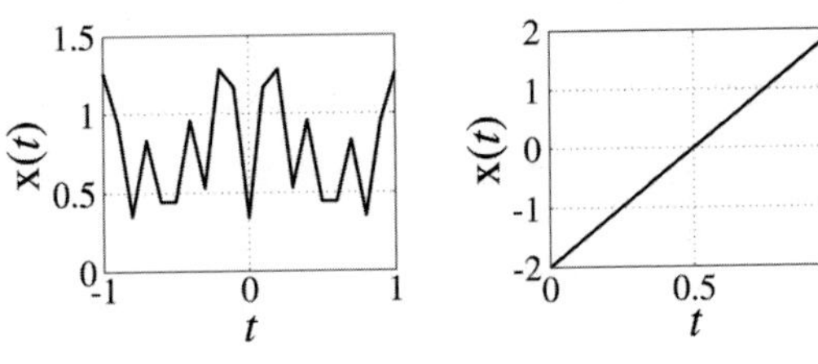

그림 E.41

42. 몇몇 형식의 통신 시스템에서는 이진 위상 이동 방식(BPSK: binary phase-shift keying)이라고 부르는 변조 방식을 사용하여 이진 데이터를 전송한다. 이 방식에서 1은 연속되는 사인파로 표현되고, 0은 1을 표현했던 사인파에 -1을 곱한, 즉 부호가 바뀐 사인파로 표현된다. 이 사인파의 주파수가 1MHz이고, 1과 0으로 표현되는 이진 데이터의 길이는 사인파 주기의 10배라고 하자. 1과 0이 반복적으로 나타나는 이진 주기 신호에 대해 그 기본 주기 동안의 CTFS 고조파 함수를 구하고 그 그래프를 작성하라.

직교성

43. 아래의 정적분에서 $f_1 \neq 0$, $f_2 = mf_1$, m은 정수이고 $T_1 = 1/f_1$ 및 q도 정수이다.

$$\int_0^{qT_1} \cos(2\pi f_1 t)\cos(2\pi f_2 t)\,dt$$

정수의 범위 $-\infty < m,\ q < \infty$에서 위 적분의 값이 0이 되지 않는 모든 가능한 m과 q값의 쌍을 구하라.

44. 연속시간 시스템은 다음의 미분방정식으로 표현된다.

$$a_2\,\mathrm{y}''(t) + a_1\,\mathrm{y}'(t) + a_0\,\mathrm{y}(t) = b_2\,\mathrm{x}''(t) + b_1\,\mathrm{x}'(t) + b_0$$

그리고 시스템에 $\mathrm{x}(t) = \mathrm{rect}(t/w) * \delta_{T_0}(t)$의 입력신호가 인가된다.

(a) $a_2 = 1$, $a_1 = 20$, $a_0 = 250{,}100$, $b_2 = 1$, $b_1 = 0$ 그리고 $b_0 = 250{,}000$이라 하자. 또한 $T_0 = 3 \times \dfrac{2\pi}{\sqrt{b_0}}$이고 $w = T_0/2$라 하자. 시간 범위 $0 \le t < 2T_0$에서 응답 $\mathrm{y}(t)$를 그려라. 어떤 고조파 수에서 고조파 응답의 크기가 최소가 되는가? 어떤 주기 주파수가 거기에 대응되는가? $\mathrm{y}(t)$에서 이러한 최소 크기 응답의 영향을 알 수 있는가?

(b) T_0를 $\dfrac{2\pi}{\sqrt{b_0}}$로 바꾸고 (a)를 반복하라.

푸리에 변환 및 푸리에 역변환

45. 시스템에 신호 $\mathrm{x}(t) = 4\mathrm{rect}(t/2)$이 입력되고 그것의 응답은

$$\mathrm{y}(t) = 10[(1 - e^{-(t+1)})\,\mathrm{u}(t+1) - (1 - e^{-(t-1)})\,\mathrm{u}(t-1)].$$

이다. 임펄스 응답은 무엇인가?

46. 다음 함수의 CTFT의 크기와 위상을 그래프에 나타내라.

(a) $\mathrm{g}(t) = 5\delta(4t)$

(b) $\mathrm{g}(t) = 4[\delta_4(t+1) - \delta_4(t-3)]$

(c) $\mathrm{g}(t) = \mathrm{u}(2t) + \mathrm{u}(t-1)$

(d) $\mathrm{g}(t) = \mathrm{sgn}(t) - \mathrm{sgn}(-t)$

(e) $g(t) = \text{rect}\left(\frac{t+1}{2}\right) + \text{rect}\left(\frac{t-1}{2}\right)$

(f) $g(t) = \text{rect}(t/4)$

(g) $g(t) = 5\,\text{tri}(t/5) - 2\,\text{tri}(t/2)$

(h) $g(t) = (3/2)\,\text{rect}(t/8) * \text{rect}(t/2)$

47. 다음 함수의 CTFT의 크기와 위상을 그래프에 나타내라.

(a) $\text{rect}(4t)$

(b) $\text{rect}(4t) * 4\delta(t)$

(c) $\text{rect}(4t) * 4\delta(t-2)$

(d) $\text{rect}(4t) * 4\delta(2t)$

(e) $\text{rect}(4t) * \delta_1(t)$

(f) $\text{rect}(4t) * \delta_1(t-1)$

(g) $(1/2)\,\text{rect}(4t) * \delta_{1/2}(t)$

(h) $(1/2)\,\text{rect}(t) * \delta_{1/2}(t)$

48. 주기 신호는 4초의 기본 주기를 가진다.

(a) 그것의 CTFT가 0이 아닐 수 있는 최소의 양의 주파수를 구하라.

(b) 그것의 CTFT가 0이 아닐 수 있는 최소의 양의 주파수 다음의 최소 양의 주파수를 구하라.

49. 신호 $x(t)$는 CTFT인 $X(f) = \dfrac{j2\pi f}{3 + jf/10}$을 가진다.

(a) 신호 $x(t)$의 전체 순 면적은 얼마인가?

(b) $y(t)$가 $x(t)$의 적분 즉, $y(t) = \int_{-\infty}^{t} x(\lambda)\,d\lambda$라고 하자. $y(t)$에서의 전체 순 면적은 얼마인가?

(c) $f \to +\infty$일 때 극한에서 $|X(f)|$ 값은 얼마인가?

50. 다음 물음에 답하라.

(a) 신호 $x_1(t)$는 CTFT인 $X_1(f)$를 가진다. 만약 $x_2(t) = x_1(t+4)$이면, $|X_1(f)|$와 $|X_2(f)|$ 사이의 관계는 무엇인가?

(b) 신호 $x_1(t)$는 CTFT인 $X_1(f)$를 가진다. 만약 $x_2(t) = x_1(t/5)$이면, $|X_1(f)|$의 극대 값과 $|X_2(f)|$의 극대 값 사이의 관계는 무엇인가?

(c) 주파수 $f=20$에서 CTFT의 값은 $e^{-j\pi/4}$이다. 동일한 CTFT의 값은 $f=-20$의 주파수에서 얼마인가?

51. $y(t) \xleftrightarrow{\mathcal{F}} Y(f)$이고 $\dfrac{d}{dt}(y(t)) \xleftrightarrow{\mathcal{F}} 1-e^{-j\pi f/2}$일 때 y(t)를 그래프로 나타내라.

52. 신호 x(t)의 CTFT를 $X(f)=\begin{cases}|f|, & |f|<2 \\ 0, & |f|\geq 2\end{cases}$라 하자. $y(t)=x(4(t-2))$라 하자. $y(t) \xleftrightarrow{\mathcal{F}} Y(f)$일 때, Y(3)의 크기와 위상을 구하라.

53. 〈그림 E.53〉의 각 신호의 CTFT (ω 형식)의 크기와 위상을 그래프로 나타내라.

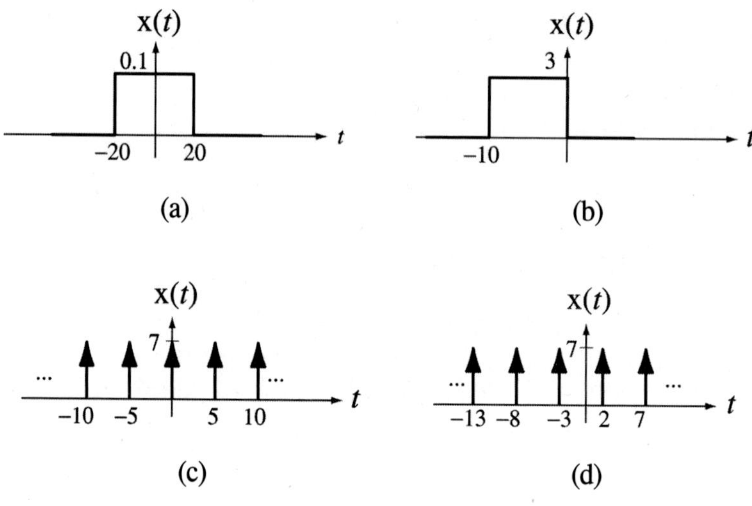

그림 E.53

54. 〈그림 E.54〉에서 함수의 역 CTFT를 그래프에 나타내라.

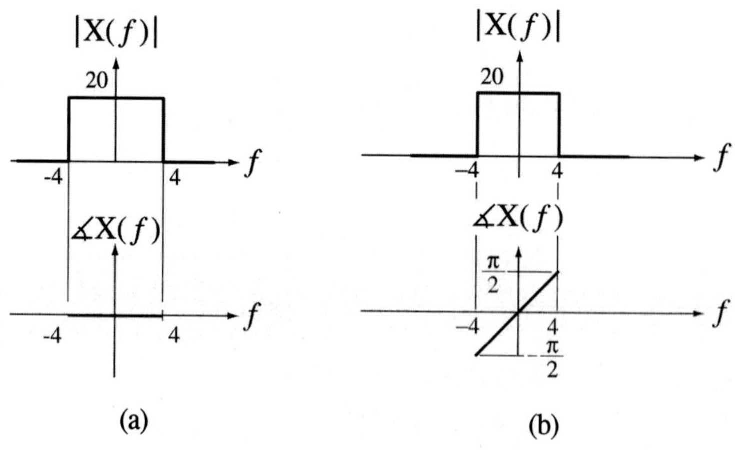

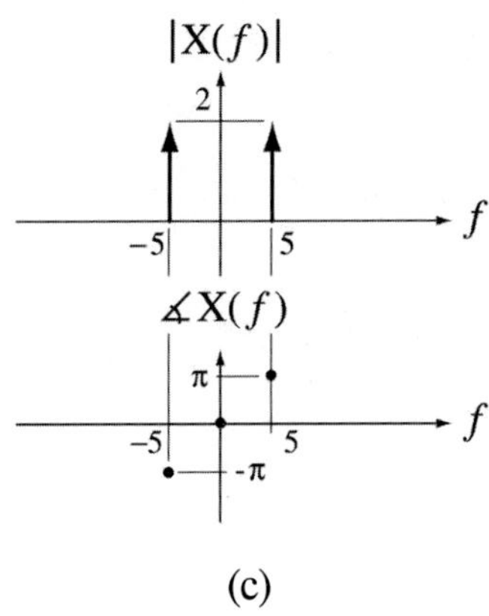

(c)

(d)

그림 E.54

55. 아래의 두 목록에서 하나는 시간 영역 함수이고 하나는 주파수 영역 함수이다. 시간 영역 함수에 해당하는 주파수 영역 함수의 역 CTFT를 짝지으라(짝이 없을 수도 있다).

(a)

Time Domain	*Frequency Domain*
1. $-(1/2)\delta_{1/8}(t)$	A $5[\delta(f-200)+\delta(f+200)]$
2. $5\,\mathrm{sinc}(2(t+2))$	B $(5/2)\,\mathrm{rect}(f/2)e^{-j4\pi f}$
3. $3\delta(3t-9)$	C $180\,\mathrm{sinc}(20f)e^{-j8\pi f}$
4. $-7\,\mathrm{sinc}^2(t/12)$	D $-84\,\mathrm{tri}(12f)$
5. $5\,\mathrm{sinc}(2(t-2))$	E $-96\,\mathrm{sinc}(4f)e^{j2\pi f}$
6. $5\cos(200\pi t)$	F $-4\delta_8(-f)$
7. $2\,\mathrm{tri}((t+5)/10)$	G $e^{-j6\pi f}$
8. $3\delta(t-3)$	H $10\,\mathrm{sinc}^2(5f)e^{j10\pi f}$
9. $-24[\mathrm{u}(t+1)-\mathrm{u}(t-3)]$	
10. $-2\delta_{1/4}(-t)$	
11. $9\,\mathrm{rect}((t-4)/20)$	
12. $2\,\mathrm{tri}((t+10)/5)$	
13. $-24[\mathrm{u}(t+3)-\mathrm{u}(t-1)]$	
14. $10\cos(400\pi t)$	

(b)

Time Domain	*Frequency Domain*
1. $3\delta(t-3)$	A $-4\delta_8(-f)$
2. $3\,\mathrm{sinc}(8t+7)$	B $0.375\,\mathrm{rect}(\omega/16\pi)e^{j7\omega}$
3. $-\mathrm{rect}((t+3)/6)$	C $e^{j3\omega}$
4. $12[\mathrm{u}(t-3)-\mathrm{u}(t+5)]$	D $12\,\mathrm{tri}(3f)e^{-j2\pi f}$

5. $4\,\text{sinc}^2((t+1)/3)$ — E $0.375\,\text{rect}(f/8)e^{j7\pi f/4}$
6. $10\sin(5\pi t)$ — F $j10\pi[\delta(\omega+10\pi)-\delta(\omega-10\pi)]$
7. $-(1/2)\delta_{1/8}(t)$ — G $-1.25\,\text{sinc}^2(f/4)e^{-j4\pi f}$
8. $3\,\text{sinc}(8(t+7))$ — H $3e^{-j3\omega}$
9. $3\delta(3t-9)$ — I $96\,\text{sinc}(4\omega/\pi)e^{-j\omega}$
10. $12[\text{u}(t+3)-\text{u}(t-5)]$ — J $6\,\text{sinc}(6f)e^{j6\pi f}$
11. $18\,\text{tri}(6(t+5))$ — K $3\,\text{sinc}^2(3\omega/\pi)e^{j5\omega}$
12. $-5\,\text{tri}(4(t-2))$
13. $-2\delta_4(-t)$
14. $5\sin(10\pi t)$

56. 왼쪽 목록의 신호를 오른쪽 목록에 해당하는 CTFT와 짝지으라(짝이 없을 수도 있다).

(a)
- A $5\,\text{rect}(2t-1)$
- B $5\,\text{rect}((t/2)-1)$
- C $5\,\text{rect}(2(t-1))$
- D $5\,\text{rect}((t-1)/2)$
- E $5\,\text{sinc}(2t-1)$
- F $5\,\text{sinc}((t/2)-1)$
- G $5\,\text{sinc}(2(t-1))$
- H $5\,\text{sinc}((t-1)/2)$
- I $5\sin(3t-(\pi/4))$
- J $5\sin(3(t+1))$
- K $5\sin((t/3)-(\pi/4))$
- L $5\sin((t+1)/3)$

1. $10\,\text{sinc}(2f)e^{-j4\pi f}$
2. $j5\pi[\delta(\omega+3)-\delta(\omega-3)]e^{+j\omega}$
3. $2.5\,\text{rect}(2f)e^{-j2\pi f}$
4. $2.5\,\text{sinc}(f/2)e^{-j\pi f}$
5. $2.5\,\text{rect}(f/2)e^{-j\pi f}$
6. $2.5\,\text{rect}(f/2)e^{-j2\pi f}$
7. $10\,\text{rect}(2f)e^{-j2\pi f}$
8. $10\,\text{rect}(f/2)e^{-j\pi f}$
9. $j5\pi[\delta(\omega+(1/3))-\delta(\omega-(1/3))]e^{+j3\pi\omega/4}$
10. $10\,\text{rect}(2f)e^{-j4\pi f}$
11. $2.5\,\text{sinc}(f/2)e^{-j2\pi f}$
12. $j2.5[\delta(\omega+3/(2\pi))-\delta(\omega-3/(2\pi))]e^{-j\pi\omega/12}$
13. $2.5\,\text{sinc}(2f)e^{-j2\pi f}$
14. $j2.5[\delta(\omega+1/(6\pi))-\delta(\omega-1/(6\pi))]e^{+j\omega}$
15. $10\,\text{sinc}(f/2)e^{-j4\pi f}$
16. $2.5\,\text{sinc}(2f)e^{-j\pi f}$
17. $j5\pi[\delta(\omega+3)-\delta(\omega-3)]e^{-j\omega}$
18. $10\,\text{sinc}(f/2)e^{-j2\pi f}$
19. $j5\pi[\delta(\omega+3)-\delta(\omega-3)]e^{-j\pi\omega/12}$
20. $10\,\text{rect}(f/2)e^{-j2\pi f}$
21. $j5\pi[\delta(\omega+(1/3))-\delta(\omega-(1/3))]e^{-j3\pi\omega/4}$

22. $10\,\text{sinc}(2f)e^{-j2\pi f}$

23. $2.5\,\text{rect}(2f)e^{-j4\pi f}$

24. $j5\pi[\delta(\omega+(1/3))-\delta(\omega-(1/3))]e^{+j\omega}$

(b)

A $(5/2)\,\text{rect}(t/2)*\delta_1(t)$

B $8\delta(3(t+1))-8\delta(3(t-1))$

C $(8/3)\delta_{1/3}(t-1/3)$

D $(8/3)\delta_{1/3}(t-1)$

E $8\delta(3t-1)+8\delta(3t+1)$

F $8\delta((t+1)/3)+8\delta((t-1)/3)$

G $5\,\text{rect}(t)*\delta_2(t-1)$

H $24\delta_3(t-3)$

I $(5/2)\,\text{rect}((t-1)/2)*\delta_1(t)$

J $8\delta((t/3)-1)-8\delta((t/3)+1)$

K $24\delta_3(t-1)$

L $5\,\text{rect}(t)*\delta_2(t)$

1. $8\delta_3(f)e^{-j2\pi f/3}$
2. $-j48\sin(6\pi f)$
3. $48\cos(2\pi f)$
4. $72\delta_3(f)e^{-j2\pi f/3}$
5. $(5/2)\,\text{sinc}(f)\delta_{1/2}(f)$
6. $(16/3)\cos(2\pi f/3)$
7. $8\sum_{k=-\infty}^{\infty}e^{-j2\pi k/3}\delta(f-k/3)$
8. $-j(16/3)\sin(2\pi f)$
9. $(8/9)\delta_{1/3}(f)e^{j6\pi f}$
10. $(5/8)\,\text{sinc}(f)\delta_{1/2}(f)e^{-j2\pi f}$
11. $8\sum_{k=-\infty}^{\infty}e^{-j2\pi k/3}\delta(f-3k)$
12. $5\sum_{k=-\infty}^{\infty}\text{sinc}(2k)e^{-j2\pi k}\delta(f-k)$
13. $5\sum_{k=-\infty}^{\infty}\text{sinc}(k)\delta(f-k)$
14. $(8/9)\delta_{1/3}(f)e^{-j6\pi f}$
15. $j(16/3)\sin(2\pi f)$
16. $(16/3)\cos(2\pi f)$
17. $(5/4)\,\text{sinc}(f)\delta_{1/2}(f)$
18. $8\delta_{1/3}(f)e^{-j6\pi f}$
19. $(16/3)\cos(6\pi f)$
20. $5\sum_{k=-\infty}^{\infty}\text{sinc}(2k)\delta(f-k)$
21. $5\sum_{k=-\infty}^{\infty}\text{sinc}(2k)e^{-j4\pi k}\delta(f-k)$
22. $(5/2)\,\text{sinc}(f)\delta_{1/2}(f)e^{-j2\pi f}$
23. $48\cos(6\pi f)$
24. $8\sum_{k=-\infty}^{\infty}e^{-j6\pi k}\delta(f-3k)$

57. 〈그림 E.57〉에서 실수 주파수 영역 함수의 역 CTFT를 구하고 그래프로 나타내라($A=1$, $f_1=95$kHz, $f_2=105$kHz라고 하자).

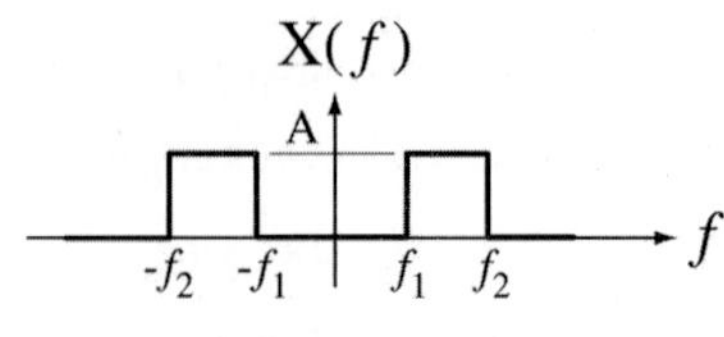

그림 E.57 주파수 영역 함수

58. 〈그림 E.58〉에서 신호의 CTFT를 구하고 주파수에 대한 그것의 크기와 위상을 각각 따로 그래프로 나타내라($A=-B=1$이라 하고, $t_1=1$ 및 $t_2=2$라고 하자).

Tip: 두 함수의 합으로 신호를 표현하고 선형성 성질을 이용하라.

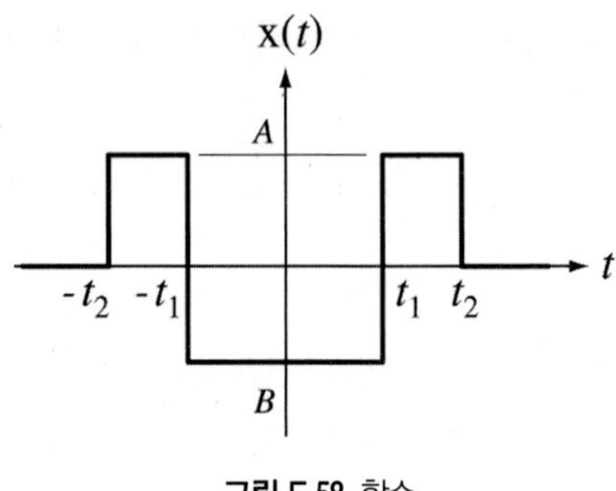

그림 E.58 함수

59. 많은 통신 시스템에서 믹서(mixer)라고 불리는 장치가 사용된다. 그것의 간단한 형태에서 믹서는 단순히 아날로그 곱셈기이다. 다시 말해 그것의 출력 신호 $y(t)$는 두 입력 신호의 곱이다. 두 입력 신호가

$$x_1(t) = 10\,\text{sinc}(20t) \quad \text{and} \quad x_2(t) = 5\cos(2000\pi t)$$

일 때 $y(t)$의 CTFT인 $Y(f)$의 크기를 그래프로 나타내고 $x_1(t)$의 CTFT의 크기와 비교하라. 간단히 말해 믹서는 무엇을 하는가?

60. 실제의 계측 시스템에서 한 가지 주요한 문제는 60Hz 전력선에 의해 야기되는 전자파 방해이다. $h(t)=A(u(t)-u(t-t_0))$형식의 임펄스 응답을 가지는 시스템은 60Hz와 그것의 모든 고조파들을 제거한다. 이것이 발생하게 하는 t_0값을 구하라.

61. 두 함수의 컨벌루션을 그래프로 나타내라.

(a) $\text{rect}(t) * \text{rect}(t)$
(b) $\text{rect}(t-1/2) * \text{rect}(t+1/2)$
(c) $\text{tri}(t) * \text{tri}(t-1)$
(d) $3\delta(t) * 10\cos(t)$
(e) $10\delta_1(t) * \text{rect}(t)$
(f) $5\delta_1(t) * \text{tri}(t)$

62. 전자공학에서 공부하는 첫 번째 회로 중의 하나가 정류기이다. 정류기는 반파 정류기와 전파 정류기의 두 가지 형태가 있다. 반파 정류기는 입력 전압 정현파 신호의 반을 차단하고 나머지 절반을 그대로 둔다. 전파 정류기는 입력 전압 정현파 신호의 반의 극성을 뒤집고 나머지 절반은 그대로 둔다. 입력 전압 정현파를 전형적인 가정용 전압인 60Hz에서의 120Vrms라 하고 두 종류의 정류기가 정현파의 음의 절반을 변경시키지만 양의 절반을 변경 없이 그대로 남겨 둔다고 하자. 두 종류의 정류기(어느 것이든)의 출력 전압 신호의 CTFT의 크기를 구하고 그래프로 나타내라.

7 CHAPTER

이산시간 푸리에 방법

7.1 개요 및 학습 목표

6장에서 주기적인 연속시간 신호를 나타내고 주기 입력에 대한 연속시간 LTI 시스템의 출력을 구하기 위한 연속시간 푸리에 급수에 대해 알아보았다. 그리고 주기 신호의 주기를 무한대로 보냄으로써 푸리에 시리즈를 푸리에 변환으로 확장했다. 이 장에서는 비슷한 절차를 통해 이산시간 시스템에 적용했다. 대부분의 기본 개념은 유사하지만 몇 가지 중요한 차이점이 있다.

학습 목표

1. 이산시간 신호를 정현파, 실수 혹은 복소수 신호들의 선형 조합으로 표시하는 방법들을 개발한다.
2. 이산시간 신호를 표현하는 방법들의 일반적인 특성을 조사한다.
3. 이산시간 푸리에 변환을 정의함으로써 이산시간 푸리에 급수를 일반화하여 비주기 신호를 포괄하도록 한다.
4. 이산시간 푸리에 변환에 의해 설명될 수 있는 신호 유형과 설명될 수 없는 신호 유형을 확립한다.
5. 이산시간 푸리에 변환의 특성을 증명한다.
6. 여러 푸리에 방법의 상호 관계를 증명한다.

7.2 이산시간 푸리에 급수와 이산시간 푸리에 변환

선형성과 복소 지수 입력

연속시간에서처럼 LTI 시스템이 정현파에 의해 입력되는 경우에 응답은 마찬가지로 동일한 주파수의 정현파이지만 일반적으로 다른 크기와 위상을 가지는 신호이다. LTI 시스템이 이러한 신호의 합에 의해 입력되는 경우에 전체적인 응답은 각 신호의 개별적인 응답의 합이다. 이산시간 푸리에 급수(DTFS)는 임의의 주기 신호를 실수 또는 복소수로 구성되는 정현파의 선형 결합으로 표현함으로써 중첩의 원리를 이용해 어느 임의의 신호에 대한 LTI 시스템의 응답을 개별 복소 정현파의 응답의 합으로 찾아 낼 수 있다〈그림 7.1〉.

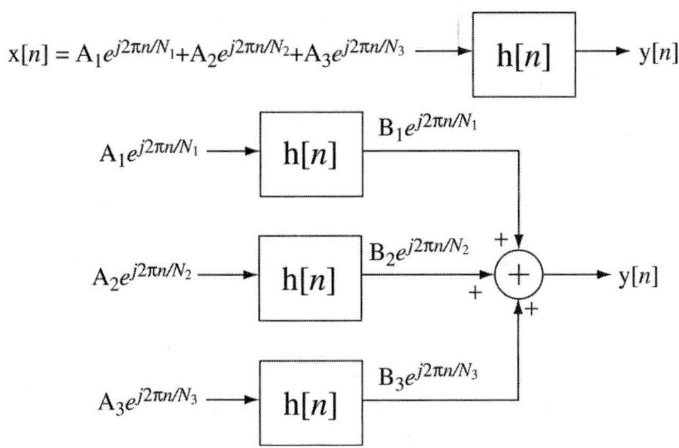

그림 7.1 복소 정현파의 합으로된 신호에 대해서 단일 LTI 시스템 응답과 각 복소 정편파에 대한 응답의 합이 동일함

정현파는 실수 또는 복소수이다. 실수 사인 신호와 복소수 사인 신호를 다음과 같이 나타낼 수 있다〈그림 7.2〉.

$$\cos(x) = \frac{e^{jx} + e^{-jx}}{2} \quad \text{and} \quad \sin(x) = \frac{e^{jx} - e^{-jx}}{j2}$$

〈그림 7.3〉의 가운데 그래프에 나와 있는 것과 같이 임의의 주기 신호 x[n]을 사인 신호의 선형 결합으로 표현하고자 한다(여기서는 시각을 돕기 위해 실수 사인 신호를 사용한다).

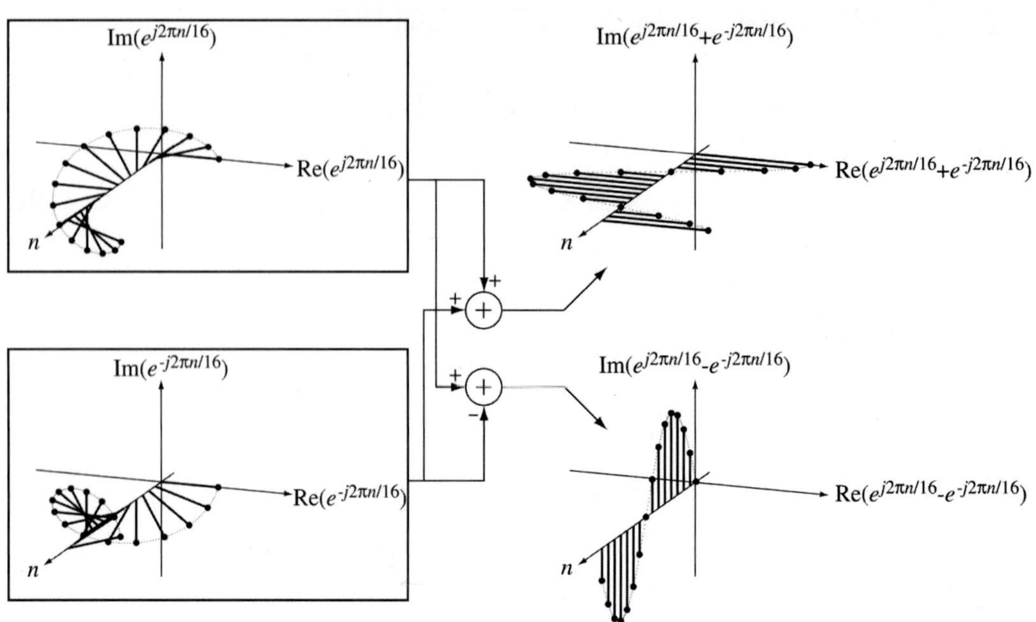

그림 7.2 $2\cos(2\pi n/16)$와 $j2\sin(2\pi n/16)$을 형성하기 위한 $e^{j2\pi n/16}$와 $e^{-j2\pi n/16}$의 합산과 감산

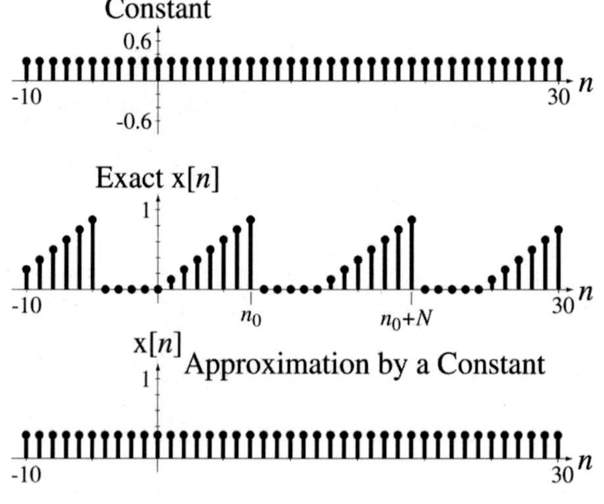

그림 7.3 상수로의 근사화 된 신호

〈그림 7.3〉에서 그 신호의 근사 값은 평균 값인 상수 0.2197이 된다. 상수는 정현파의 특별한 경우로 이때 $0.2197\cos(2\pi kn/N)$, $k=0$이다.

x[n]과 근사 값 사이의 평균 제곱 오차가 최소가 되기 때문에 x[n]의 가장 좋은 가능성이 있는 근사 값을 상수로 나타내는 것이다. 상수에다 x[n]의 기본 주기와 같은 기본 주기 N을 갖는 정현파를 더함으로써 빈약한 근사 값을 향상시킬 수 있다〈그림 7.4〉.

이 근사 값은 상수와 x[n]과 동일한 기본 주파수의 한 개의 정현파를 이용해 만들어진 최

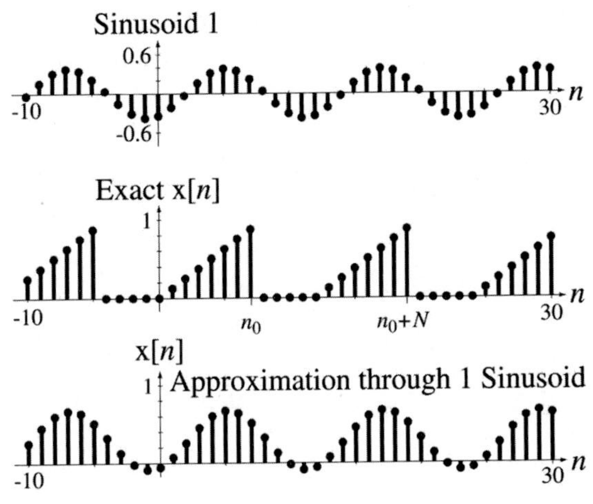

그림 7.4 상수와 한 개의 정현파의 합으로 근사화 된 신호

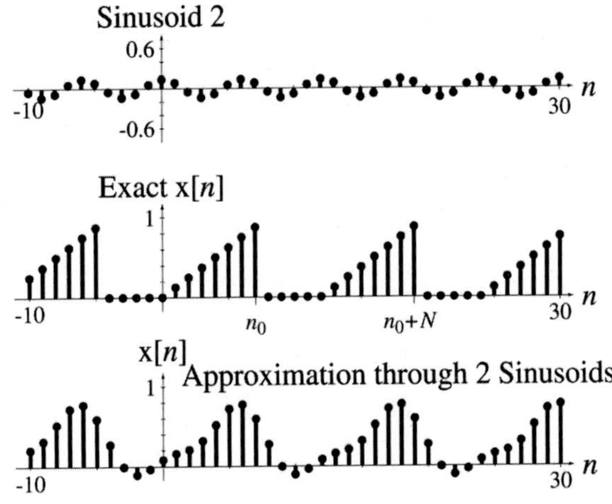

그림 7.5 상수와 2개의 정현파의 합으로 근사화 된 신호

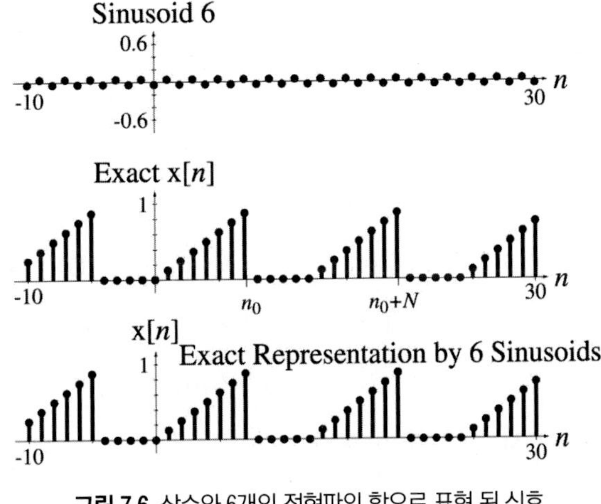

그림 7.6 상수와 6개의 정현파의 합으로 표현 된 신호

고의 근사 값이다. x[n]의 기본 주파수의 2배인 주파수에서 추가적인 정현파를 더함으로써 근사 값을 더욱 더 향상시킬 수 있다〈그림 7.5〉.

만약 x[n]의 기본 주파수보다 더 높은 정수 배의 주파수에서 적절히 선택된 정현파를 더하면 점점 더욱 더 좋은 근사 값이 만들어진다. 연속시간에 있어서 일반적인 경우와는 달리 유한 개의 정현파 신호만 가지고도 표현이 정확해 진다〈그림 7.6〉.

이것이 연속시간 푸리에 급수와 이산시간 푸리에 급수 표현 사이에 중요한 하나의 차이점이다. 이산시간에서 한정된 개수의 정현파를 가지고 항상 정확한 표현을 얻을 수 있다.

연속시간 푸리에 시스템(CTFS)에서와 같이 k는 고조파 차수로 불리며 모든 정현파는 기본 주파수의 k배인 주파수를 가지며 이산시간 푸리에 시스템(DTFS)인 경우에는 기본 주파수가 $1/N$이다. DTFS에서는 기본 주기가 N_0인 이산시간 주기 신호를 복소 정현파의 선형 결합으로 아래와 같이 나타낸다.

$$\mathrm{x}[n] = \sum_{k=\langle N \rangle} \mathrm{c_x}[k] e^{j2\pi kn/N}$$

여기서 $N = mN_0$(m은 정수)이고 $\mathrm{c_x}[k]$는 DTFS 고조파 함수이다. $\sum_{k=\langle N \rangle}$의 표기는 $\sum_{k=n_0}^{n_0+N-1}$와 같으며 n_0는 임의의 값이다. 다시 말해 k에 관한 연속적인 N개의 정수 값의 합이다. N값으로 가장 많이 사용하는 값은 신호의 기본 주기인 N_0 ($m = 1$)이지만 N은 N_0 뿐만 아니라 신호의 임의의 주기도 가능하다.

이산시간 신호 및 시스템 해석에 있어서 6장에서 처음 언급한 것과 같이 이산시간 주기 신호를 나타내는 비슷한 형태가 바로 이산 푸리에 변환(DFT)이다. 이것 또한 이산 주기 신호를 복소 정현파의 선형 결합으로 나타낸다. 역 DFT는 보통 다음과 같다.

$$\mathrm{x}[n] = \frac{1}{N} \sum_{k=0}^{N-1} \mathrm{X}[k] e^{j2\pi kn/N}$$

여기서 $\mathrm{X}[k]$는 $\mathrm{x}[n]$의 고조파 함수이고 $\mathrm{X}[k] = N c_x[k]$이다. DFT에서 끝이 '급수'가 아닌 '변환'인 이유는 이산 주파수 집합 상에서 정현파의 선형 결합을 나타내기 때문이다. 용어의 통일을 위해서 아마 '급수'로 해야 할 것이다. '변환'이란 용어는 디지털 신호 처리에서 나왔는데 CTFT의 수치적인 근사 값을 찾기 위해 사용되었다. DFT는 매우 자주 사용되고 이 교재에서 DTFS와 유사하고 또한 DFT를 DTFS로의 전환이 간단하므로 DFT에 집중하고자 한다.

공식 $\mathrm{x}[n] = \frac{1}{N} \sum_{k=0}^{N-1} \mathrm{X}[k] e^{j2\pi kn/N}$은 역 DFT이다. 이것은 시간 영역 함수를 복소 정현파의 선형 결합으로 나타낸다. DFT는

$$\mathrm{x}[n] = \frac{1}{N} \sum_{k=0}^{N-1} \mathrm{X}[n] e^{-j2\pi kn/N}$$

여기서 N은 $\mathrm{x}[n]$의 임의의 주기이다. DFT는 시간 영역 함수로부터 고조파 함수를 만든다.

6장에서와 같이 DFT의 중요한 특성은 $\mathrm{X}[k]$가 주기 함수인 점이다.

$$\mathrm{X}[k] = \mathrm{X}[k+N], \text{ 임의의 정수 } k$$

이제부터는 역 DFT에서의 합이 왜 유한한 범위의 k값인지 명확히 하자. 이유는 고조파 함수

X[k]는 주기가 N인 주기 신호이므로 N개의 값만이 유일한 것이기 때문이다. X[k]의 모든 유일한 값을 활용하는 데는 N개의 항목에 대한 합만 구하면 된다. 가장 많이 사용되는 역 DFT 공식은 다음과 같다.

$$\mathrm{x}[n] = \frac{1}{N}\sum_{k=0}^{N-1} \mathrm{X}[k] e^{j2\pi kn/N}$$

그러나 X[k]가 주기 N인 주기 함수이므로 일반적으로 다음과 같이 쓸 수 있다.

$$\mathrm{x}[n] = \frac{1}{N}\sum_{k=\langle N\rangle} \mathrm{X}[k] e^{j2\pi kn/N}$$

직교성과 고조파 함수

x[n]의 DFT인 X[k]는 CTFS에서 사용한 해석 방법과 유사한 절차로 구할 수 있다. 수식의 간소화를 위해 다음과 같이 놓자.

$$W_N = e^{j2\pi/N} \tag{7.1}$$

합계의 출발점이 임의적이기 때문에 k=0로 하자. n의 범위가 $n_0 \le n < n_0 + N$인 영역에서 식 (7.1)을 이용하면 행렬 방정식을 쓸 수 있다.

$$\underbrace{\begin{bmatrix} \mathrm{x}[n_0] \\ \mathrm{x}[n_0+1] \\ \vdots \\ \mathrm{x}[n_0+N-1] \end{bmatrix}}_{\mathbf{x}} = \frac{1}{N} \underbrace{\begin{bmatrix} W_N^0 & W_N^{n_0} & \cdots & W_N^{n_0(N-1)} \\ W_N^0 & W_N^{n_0+1} & \cdots & W_N^{(n_0+1)(N-1)} \\ \vdots & \vdots & \ddots & \vdots \\ W_N^0 & W_N^{n_0+N-1} & \cdots & W_N^{(n_0+N-1)(N-1)} \end{bmatrix}}_{\mathbf{W}} \underbrace{\begin{bmatrix} \mathrm{X}[0] \\ \mathrm{X}[1] \\ \vdots \\ \mathrm{X}[N-1] \end{bmatrix}}_{\mathbf{X}} \tag{7.2}$$

또는 간단히 $N\mathbf{x} = \mathbf{WX}$로 표현한다. 만일 $\mathbf{W}$가 비특이적(nonsingular)인 경우 $\mathbf{X} = \mathbf{W}^{-1}N\mathbf{x}$로 $\mathbf{X}$를 구할 수 있다. 식 (7.2)는 다음과 같이 쓸 수 있다.

$$N\begin{bmatrix} \mathrm{x}[n_0] \\ \mathrm{x}[n_0+1] \\ \vdots \\ \mathrm{x}[n_0+N-1] \end{bmatrix} = \underbrace{\begin{bmatrix} 1 \\ 1 \\ \vdots \\ 1 \end{bmatrix}}_{k=0} \mathrm{X}[0] + \underbrace{\begin{bmatrix} W_N^{n_0} \\ W_N^{n_0+1} \\ \vdots \\ W_N^{n_0+N-1} \end{bmatrix}}_{k=1} \mathrm{X}[1] + \cdots + \underbrace{\begin{bmatrix} W_N^{n_0(N-1)} \\ W_N^{(n_0+1)(N-1)} \\ \vdots \\ W_N^{(n_0+N-1)(N-1)} \end{bmatrix}}_{k=N-1} \mathrm{X}[N-1] \tag{7.3}$$

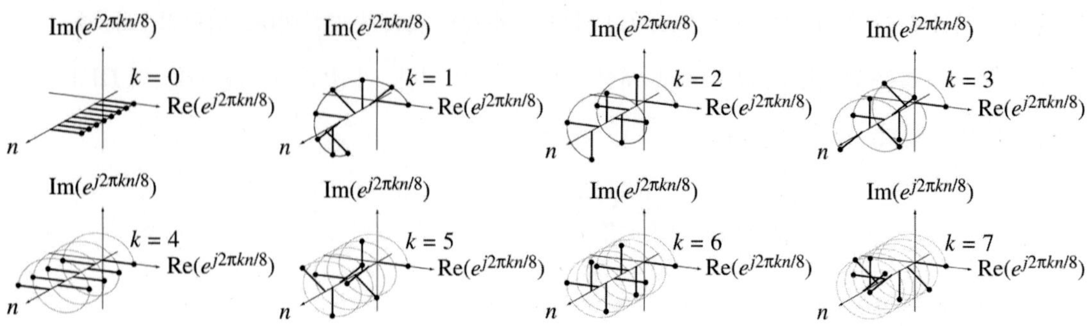

그림 7.7 N=8과 n_0=0일 때 직교 기저 벡터들의 완전 집합

또는

$$N\mathbf{x} = \mathbf{w}_0\,\mathrm{X}[0] + \mathbf{w}_1\,\mathrm{X}[1] + \cdots + \mathbf{w}_{N-1}\,\mathrm{X}[N-1] \tag{7.4}$$

여기에서 $\mathbf{W} = [\mathbf{w}_0\mathbf{w}_1 \cdots \mathbf{w}_{N-1}]$이다. 첫 번째 열벡터 $\mathbf{w}_0$의 모든 인자는 상수 1이고 0 주파수인 복소 정현파의 함수 값으로 생각할 수 있다. 두 번째 열벡터 $\mathbf{w}_1$은 $n_0 \le n < n_0 + N$인 시간 주기 동안에 복소 정현파의 한 사이클 동안의 함수 값으로 이루어져 있다. 계속되는 각각의 열벡터는 $n_0 \le n < n_0 + N$ 시간 주기 동안 더 높은 고조파 차수의 복소 정현파의 k사이클 동안의 함수 값으로 이루어져 있다.

〈그림 7.7〉은 $N = 8$과 $n_0 = 0$일 때 복소 정현파를 보여 주고 있다. k=7일 때 n에 대해 복소 정현파 값의 시퀀스는 반대 방향으로 회전하는 것을 제외하면 k=1의 시퀀스처럼 보인다. 사실 k=7일 때 시퀀스는 k=-1일 때 시퀀스와 동일하다. DFT의 주기성의 특성 때문에 그렇게 되어야 한다.

이 벡터들은 직교 기저 벡터(orthogonal basis vector)의 군으로 구성된다. 기본 선형 대수학 또는 벡터 해석으로부터 실수 벡터 $\mathbf{x}$를 다른 실수 벡터 $\mathbf{y}$의 방향으로 투사(projection)한 값 $\mathbf{p}$는

$$\mathbf{p} = \frac{\mathbf{x}^T\mathbf{y}}{\mathbf{y}^T\mathbf{y}}\mathbf{y} \tag{7.5}$$

이 된다. 그리고 투사 값이 0이면 $\mathbf{x}$와 $\mathbf{y}$는 서로 직교한다고 말할 수 있다. 이는 $\mathbf{x}$와 $\mathbf{y}$의 스칼라적 또는 내적인 $\mathbf{x}^T\mathbf{y}$ 값이 0일 때 발생한다. 만약 벡터가 복소수 값을 갖는다면 내적이 $\mathbf{x}^H\mathbf{y}$인 점을 제외하고 실제적으로 이론은 같으며 그 투사 값은

$$\mathbf{p} = \frac{\mathbf{x}^H\mathbf{y}}{\mathbf{y}^H\mathbf{y}}\mathbf{y} \tag{7.6}$$

이 된다. $\mathbf{x}^H$는 $\mathbf{x}$의 전치행렬에 켤레 복소를 취한 것을 의미한다(이와 같은 복소행렬의 전환은 켤레 복소 연산을 포함하여 정의된 복소행렬의 공통적인 연산이다. 이 사실은 MATLAB의 전치행렬에서 알 수 있다). 올바르게 선택된 직교 벡터군은 기저(basis)를 형성할 수 있다. 직교 벡터 기저는 동일한 차원을 가진 임의의 벡터를 형성하기 위해 선형 조합 형태로 결합될 수 있는 직교 벡터군이다. 식 (7.4)에서 처음 두 기저 벡터들의 내적은

$$\mathbf{w}_0^H \mathbf{w}_1 = [1 \quad 1 \quad \cdots \quad 1] \begin{bmatrix} W_N^{n_0} \\ W_N^{n_0+1} \\ \vdots \\ W_N^{n_0+N-1} \end{bmatrix} = W_N^{n_0}\left(1 + W_N + \cdots + W_N^{N-1}\right) \tag{7.7}$$

이다. 유한 길이 기하급수의 합은

$$\sum_{n=0}^{N-1} r^n = \begin{cases} N, & r = 1 \\ \dfrac{1 - r^N}{1 - r}, & r \neq 1 \end{cases}$$

이다. 식 (7.7)에서 기하급수를 더하면

$$\mathbf{w}_0^H \mathbf{w}_1 = W^{n_0} \frac{1 - W_N^N}{1 - W_N} = W_N^{n_0} \frac{1 - e^{j2\pi}}{1 - e^{j2\pi/N}} = 0$$

이 된다. 위 식을 통해 그들은 정말로 직교한다는 것을 알 수 있다($N \neq 1$인 경우). 일반적으로 k_1 고조파 벡터와 k_2고조파 벡터의 내적은

$$\mathbf{w}_{k_1}^H \mathbf{w}_{k_2} = \begin{bmatrix} W_N^{-n_0 k_1} & W_N^{-(n_0+1)k_1} & \cdots & W_N^{-(n_0+N-1)k_1} \end{bmatrix} \begin{bmatrix} W_N^{n_0 k_2} \\ W_N^{(n_0+1)k_2} \\ \vdots \\ W_N^{(n_0+N-1)k_2} \end{bmatrix}$$

$$\mathbf{w}_{k_1}^H \mathbf{w}_{k_2} = W_N^{n_0(k_2-k_1)}\left[1 + W_N^{(k_2-k_1)} + \cdots + W_N^{(N-1)(k_2-k_1)}\right]$$

$$\mathbf{w}_{k_1}^H \mathbf{w}_{k_2} = W_N^{n_0(k_2-k_1)} \frac{1 - \left[W_N^{(k_2-k_1)}\right]^N}{1 - W_N^{(k_2-k_1)}} = W_N^{n_0(k_2-k_1)} \frac{1 - e^{j2\pi(k_2-k_1)}}{1 - e^{j2\pi(k_2-k_1)/N}}$$

$$\mathbf{w}_{k_1}^H \mathbf{w}_{k_2} = \begin{Bmatrix} 0, & k_1 \neq k_2 \\ N, & k_1 = k_2 \end{Bmatrix} = N\delta[k_1 - k_2]$$

분자가 0이고 분모가 0이 아니기 때문에 $k_1 \neq k_2$에 대해 결과는 0이다. k_1과 k_2가 정수이므로 분자는 0이고, 따라서 $e^{j2\pi(k_2-k_1)}$가 1이 된다. k_1과 k_2는 $0 \leq k_1, k_2 < N$ 범위에 있고 $(k_2-k_1)/N$ 비($k_1 \neq k_2$ $N \neq 1$, 인 경우)가 정수가 될 수 없기 때문에 분모는 0이 아니다. 따라서 식 (7.4)에 있는 모든 벡터들은 상호 직교한다.

W의 열들이 서로 직교한다는 사실은 **X**가 어떻게 계산되는지를 흥미롭게 설명해 주고 있다. 식 (7.4)에 있는 모든 항들에 w_0^H을 곱하면

$$\mathbf{w}_0^H N\mathbf{x} = \underbrace{\mathbf{w}_0^H \mathbf{w}_0}_{=N} \mathrm{X}[0] + \underbrace{\mathbf{w}_0^H \mathbf{w}_1}_{=0} \mathrm{X}[1] + \cdots + \underbrace{\mathbf{w}_0^H \mathbf{w}_{N-1}}_{=0} \mathrm{X}[N-1] = N\,\mathrm{X}[0]$$

이 되고 X[0]에 대해서 풀면

$$\mathrm{X}[0] = \frac{\mathbf{w}_0^H N\mathbf{x}}{\underbrace{\mathbf{w}_0^H \mathbf{w}_0}_{=N}} = \mathbf{w}_0^H \mathbf{x}$$

이 된다. 벡터 $\mathrm{X}[0]\mathbf{w}_0$ 및 $\mathrm{X}[k]\mathbf{w}_k$는 벡터 **x**를 각각 기저 벡터 $\mathbf{w}_0$와 $\mathbf{w}_k$의 방향으로 투사한 값이다. 고조파 함수 X[k]의 값은 각 고조파 차수에서 다음과 같이 찾을 수 있다.

$$\mathrm{X}[k] = \mathbf{w}_k^H \mathbf{x}$$

고조파 함수를 찾아내는 전체 과정을 요약하면

$$\mathbf{X} = \begin{bmatrix} \mathbf{w}_0^H \\ \mathbf{w}_1^H \\ \vdots \\ \mathbf{w}_{N-1}^H \end{bmatrix} \mathbf{x} = \mathbf{W}^H \mathbf{x} \tag{7.8}$$

벡터 $\mathbf{w}_{k_1}$과 $\mathbf{w}_{k_2}$ $(k_1 \neq k_2)$의 직교성 때문에 **W**와 켤레 복소 전치 변환 $\mathbf{W}^H$의 곱은

$$\mathbf{W}\mathbf{W}^H = [\mathbf{w}_0 \mathbf{w}_1 \cdots \mathbf{w}_{N-1}] \begin{bmatrix} \mathbf{w}_0^H \\ \mathbf{w}_1^H \\ \vdots \\ \mathbf{w}_{N-1}^H \end{bmatrix} = \begin{bmatrix} N & 0 & \cdots & 0 \\ 0 & N & \cdots & 0 \\ \vdots & \vdots & \ddots & \vdots \\ 0 & 0 & \cdots & N \end{bmatrix} = N\mathbf{I}$$

이 된다. 양변을 N으로 나누면 다음과 같다.

$$\frac{\mathbf{W}\mathbf{W}^H}{N} = \begin{bmatrix} 1 & 0 & \cdots & 0 \\ 0 & 1 & \cdots & 0 \\ \vdots & \vdots & \ddots & \vdots \\ 0 & 0 & \cdots & 1 \end{bmatrix} = \mathbf{I}$$

따라서 W의 역함수는

$$\mathbf{W}^{-1} = \frac{\mathbf{W}^H}{N}$$

가 되고 $\mathrm{X}=\mathrm{W}^{-1}N\mathrm{x}$를 이용해 X를 풀면

$$\mathbf{X} = \mathbf{W}^H\mathbf{x} \tag{7.9}$$

가 된다. 이 식은 식 (7.8)과 같다. 식 (7.8)과 식 (7.9)를 합의 형태로 쓰면

$$\mathrm{X}[k] = \sum_{n=n_0}^{n_0+N-1} \mathrm{x}[n]e^{-j2\pi kn/N}$$

이 된다. DFT와 역 DFT 공식은

$$\mathrm{X}[k] = \sum_{n=n_0}^{n_0+N-1} \mathrm{x}[n]e^{-j2\pi kn/N}, \quad \mathrm{x}[n] = \frac{1}{N}\sum_{k=\langle N_0\rangle} \mathrm{X}[k]e^{j2\pi kn/N} \tag{7.10}$$

만약 시간 영역 함수 x[n]이 표현 시간 $n_0 \le n < n_0 + N$에서 유한할 때 고조파 함수는 유한한 항들의 유한적인 합이기 때문에 그 값은 항상 존재하고 그 자체는 유한한 값을 가진다.

DFT와 관련된 대부분의 문헌에서 변환 쌍은 다음과 같다.

$$\boxed{\mathrm{X}[k] = \sum_{n=0}^{N-1} \mathrm{x}[n]e^{-j2\pi kn/N}, \quad \mathrm{x}[n] = \frac{1}{N}\sum_{k=0}^{N-1} \mathrm{X}[k]e^{j2\pi kn/N}} \tag{7.11}$$

여기서 x[n]의 시작점은 $n_0 = 0$이고 X[k]의 시작점은 k=0이다. 이는 DFT를 실제 컴퓨터 언어로 구현할 때 사용한다. 따라서 컴퓨터 언어에서 DFT를 사용 시 DFT 처리를 위해 사용되는 x의 N개의 값의 처음 인자는 x[0]임을 알아야 한다. 만일 첫 번째 인자가 x[n_0], $n_0 \neq 0$이면 DFT 결과는 추가적인 선형 위상 이동 $e^{j2\pi kn_0/N}$를 가지게 된다. DFT 결과에 $e^{-j2\pi kn_0/N}$을 곱해

이것을 보상할 수 있다. 이와 유사하게 X[k]의 첫 번째 값이 k=0이 아닌 경우 역 DFT에 복소 정현파를 곱한다.

이산 푸리에 변환(DFT)의 특성

〈표 7.1〉에 나열된 모든 특성에 있어서 $\mathrm{x}[n] \xleftrightarrow[N]{\mathcal{DFT}} \mathrm{X}[k]$와 $\mathrm{y}[n] \xleftrightarrow[N]{\mathcal{DFT}} \mathrm{Y}[k]$이다.

만일 신호 x[n]이 우함수이고 주기 N인 주기 함수일 때, 고조파 함수는 다음과 같다.

$$\mathrm{X}[k] = \sum_{n=0}^{N-1} \mathrm{x}[n] e^{-j2\pi kn/N}$$

만일 N이 짝수이면

$$\mathrm{X}[k] = \mathrm{x}[0] + \sum_{n=1}^{N/2-1} \mathrm{x}[n] e^{-j2\pi kn/N} + \mathrm{x}[N/2] e^{-j\pi k} + \sum_{n=N/2+1}^{N-1} \mathrm{x}[n] e^{-j2\pi kn/N}$$

$$\mathrm{X}[k] = \mathrm{x}[0] + \sum_{n=1}^{N/2-1} \mathrm{x}[n] e^{-j2\pi kn/N} + \sum_{n=N-1}^{N/2+1} \mathrm{x}[n] e^{-j2\pi kn/N} + (-1)^k \mathrm{x}[N/2]$$

x가 주기 N인 신호이므로 두 번째 합의 n에서 N을 빼면

$$\mathrm{X}[k] = \mathrm{x}[0] + \sum_{n=1}^{N/2-1} \mathrm{x}[n] e^{-j2\pi kn/N} + \sum_{n=-1}^{-(N/2-1)} \mathrm{x}[n] e^{-j2\pi k(n-N)/N} + (-1)^k \mathrm{x}[N/2]$$

$$\mathrm{X}[k] = \mathrm{x}[0] + \sum_{n=1}^{N/2-1} \mathrm{x}[n] e^{-j2\pi kn/N} + \underbrace{e^{j2\pi k}}_{=1} \sum_{n=-1}^{-(N/2-1)} \mathrm{x}[n] e^{-j2\pi kn/N} + (-1)^k \mathrm{x}[N/2]$$

$$\mathrm{X}[k] = \mathrm{x}[0] + \sum_{n=1}^{N/2-1} (\mathrm{x}[n] e^{-j2\pi kn/N} + \mathrm{x}[-n] e^{j2\pi kn/N}) + (-1)^k \mathrm{x}[N/2]$$

이제 x[n]=x[$-n$]이므로

$$\mathrm{X}[k] = \mathrm{x}[0] + 2\sum_{n=1}^{N/2-1} \mathrm{x}[n] \cos(2\pi k/N) + (-1)^k \mathrm{x}[N/2]$$

모든 항이 실수이므로 X[k]도 실수이다. 이와 유사하게 N이 홀수라도 결과는 동일하다. 즉, X[k]는 실수 값을 가진다. x[n]이 기함수이자 주기 N인 주기함수인 경우 X[k]의 모든 값은 순허수이다.

표 7.1 DFT 성질

Linearity	$\alpha\,\mathrm{x}[n]+\beta\,\mathrm{y}[n] \xleftrightarrow[N]{\mathcal{DFT}} \alpha\,\mathrm{X}[k]+\beta\,\mathrm{Y}[k]$
Time Shifting	$\mathrm{x}[n-n_0] \xleftrightarrow[N]{\mathcal{DFT}} \mathrm{X}[k]e^{-j2\pi kn_0/N}$
Frequency Shifting	$\mathrm{x}[n]e^{j2\pi k_0 n/N} \xleftrightarrow[N]{\mathcal{DFT}} \mathrm{X}[k-k_0]$
Time Reversal	$\mathrm{x}[-n]=\mathrm{x}[N-n] \xleftrightarrow[N]{\mathcal{DFT}} \mathrm{X}[-k]=\mathrm{X}[N-k]$
Conjugation	$\mathrm{x}^*[n] \xleftrightarrow[N]{\mathcal{DFT}} \mathrm{X}^*[-k]=\mathrm{X}^*[N-k]$
⋮	$\mathrm{x}^*[-n]=\mathrm{x}^*[N-n] \xleftrightarrow[N]{\mathcal{DFT}} \mathrm{X}^*[k]$
Time Scaling	$\mathrm{z}[n]=\begin{cases}\mathrm{x}[n/m], & n/m \text{ an integer}\\ 0, & \text{otherwise}\end{cases}$
⋮	$N \to mN, \quad \mathrm{Z}[k]=\mathrm{X}[k]$
Change of Period	$N \to qN$, q a positive integer
⋮	$\mathrm{X}_q[k]=\begin{cases}q\,\mathrm{X}[k/q], & k/q \text{ an integer}\\ 0, & \text{otherwise}\end{cases}$
Multiplication-Convolution Duality	$\mathrm{x}[n]\mathrm{y}[n] \xleftrightarrow[N]{\mathcal{DFT}} (1/N)\,\mathrm{Y}[k] \circledast \mathrm{X}[k]$
⋮	$\mathrm{x}[n] \circledast \mathrm{y}[n] \xleftrightarrow[N]{\mathcal{DFT}} \mathrm{Y}[k]\mathrm{X}[k]$
⋮	where $\mathrm{x}[n] \circledast \mathrm{y}[n] = \sum_{m=\langle N \rangle} \mathrm{x}[m]\mathrm{y}[n-m]$
Parseval's Theorem	$\frac{1}{N}\sum_{n=\langle N \rangle} \lvert \mathrm{x}[n] \rvert^2 = \frac{1}{N^2}\sum_{k=\langle N \rangle} \lvert \mathrm{X}[k] \rvert^2$

예제 7.1

주기적으로 반복되는 구형파의 DFT1

N_0를 참조 시간으로 해 $\mathrm{x}[n]=(\mathrm{u}[n]-\mathrm{u}[n-n_x])*\delta_{N_0}[n]$, $0 \le n_x \le N_0$의 DFT를 구하라.

$$(\mathrm{u}[n]-\mathrm{u}[n-n_x])*\delta_{N_0}[n] \xleftrightarrow[N_0]{\mathcal{DFT}} \sum_{n=0}^{n_x-1} e^{-j2\pi kn/N_0}$$

유한 길이의 기하급수를 더하면

$$(\mathrm{u}[n]-\mathrm{u}[n-n_x])*\delta_{N_0}[n] \xleftrightarrow[N_0]{\mathcal{DFT}} \frac{1-e^{-j2\pi kn_x/N_0}}{1-e^{j2\pi kn/N_0}} = \frac{e^{-j\pi kn_x/N_0}}{e^{-j\pi k/N_0}} \frac{e^{j\pi kn_x/N_0}-e^{-j\pi kn_x/N_0}}{e^{-j\pi k/N_0}-e^{-j\pi k/N_0}}$$

$$(\mathrm{u}[n]-\mathrm{u}[n-n_x])*\delta_{N_0}[n] \xleftrightarrow[N_0]{\mathcal{DFT}} e^{-j\pi k(n_x-1)/N_0} \frac{\sin(\pi kn_x/N_0)}{\sin(\pi k/N_0)},\ 0 \le n_x \le N_0$$

■

예제 7.2

주기적으로 반복되는 사각 펄스의 DFT2

$x[n] = (u[n-n_0] - u[n-n_1]) * \delta_{N_0}[n],\ 0 \le n_1 - n_0 \le N_0$의 DFT를 구하라.

예제 7.1로부터 이미 DFT 쌍을 알고 있다.

$$(u[n] - u[n-n_x]) * \delta_{N_0}[n] \xleftrightarrow[N_0]{\mathcal{DFT}} e^{-j\pi k(n_x-1)/N_0} \frac{\sin(\pi k n_x/N_0)}{\sin(\pi k/N_0)},\ 0 \le n_x \le N_0$$

아래의 시간 이동 특성을 적용하면

$$x[n-n_y] \xleftrightarrow[N]{\mathcal{DFT}} X[k]e^{-j2\pi k n_y/N}$$

다음 식을 얻는다.

$$(u[n-n_y] - u[n-n_y-n_x]) * \delta_{N_0}[n] \xleftrightarrow[N_0]{\mathcal{DFT}} e^{-j\pi k(n_x-1)/N_0} e^{-j2\pi k n_y/N_0} \frac{\sin(\pi k n_x/N_0)}{\sin(\pi k/N_0)},\quad 0 \le n_x \le N_0$$

$$(u[n-n_y] - u[n-(n_y+n_x)]) * \delta_{N_0}[n] \xleftrightarrow[N_0]{\mathcal{DFT}} e^{-j\pi k(n_x+2n_y-1)/N_0} \frac{\sin(\pi k n_x/N_0)}{\sin(\pi k/N_0)},\quad 0 \le n_x \le N_0$$

이제 $n_1 = n_y + n_x$으로 놓으면

$$(u[n-n_0] - u[n-n_1]) * \delta_{N_0}[n] \xleftrightarrow[N_0]{\mathcal{DFT}} e^{-j\pi k(n_0+n_1-1)/N} \frac{\sin(\pi k(n_1-n_0)/N_0)}{\sin(\pi k/N_0)},\quad 0 \le n_1 - n_0 \le N_0$$

$n_0 + n_1 = 1$인 특별한 경우를 고려하면

$$u[n-n_0] - u[n-n_1] * \delta_{N_0}[n] \xleftrightarrow[N_0]{\mathcal{DFT}} \frac{\sin(\pi k(n_1-n_0)/N_0)}{\sin(\pi k/N_0)},\ n_0 + n_1 =$$

이것은 폭이 $n_1 - n_0 = 2n_1 - 1$이고 n=0이 중심인 구형파인 경우이다. 이는 연속시간, 주기적으로 반복되는 아래 신호에 해당한다.

$$T_0 \operatorname{rect}(t/w) * \delta_{T_0}(t)$$

그들의 고조파 함수를 비교하라.

$$T_0 \operatorname{rect}(t/w) * \delta_{T_0}(t) \xleftrightarrow[T_0]{\mathcal{FS}} w \operatorname{sinc}(wk/T_0) = \frac{\sin(\pi wk/T_0)}{\pi k/T_0}$$

$$\mathrm{u}[n-n_0] - \mathrm{u}[n-n_1] * \delta_{N_0}[n] \xleftrightarrow[N_0]{\mathcal{DFT}} \frac{\sin(\pi k(n_1-n_0)/N_0)}{\sin(\pi k/N_0)}, \quad n_0+n_1=1$$

고조파 함수 $T_0 \operatorname{rect}(t/w) * \delta_{T_0}(t)$는 sinc 함수이다. 비록 아직까지 자명한 것은 아니지만 $\mathrm{u}[n-n_0]-\mathrm{u}[n-n_1]$의 고조파 함수는 주기적으로 반복되는 sinc 함수이다.

함수 $\frac{\sin(\pi Nx)}{N\sin(\pi x)}$(예제 7.2)는 신호 및 시스템의 해석에서 자주 등장하는 형태로 디리클레(Dirichlet) 함수라고 한다〈그림 7.8〉.

$$\boxed{\operatorname{drcl}(t,N) = \frac{\sin(\pi Nt)}{N\sin(\pi t)}} \tag{7.12}$$

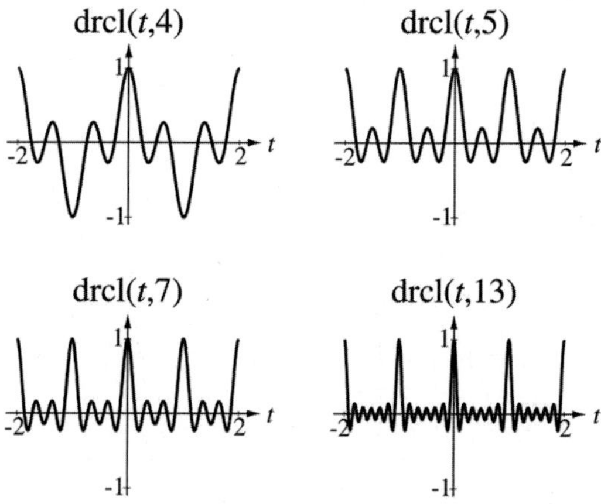

그림 7.8 N=4,5,7,13 일 때의 디리클레 함수

N이 홀수일 때 sinc 함수와의 유사성은 자명하다. 디리클레 함수는 등간격으로 위치한 sinc 함수의 무한 합이다. 분자 $\sin(N\pi t)$는 t가 $1/N$의 정수배일 때 0이다. 그러므로 디리클레 함수는 그러한 점들에서 분모 또한 0이 되지 않기만 하면 0이 된다. 분모 $N\sin(\pi t)$는 t가 정수 값일 경우 0이다. 따라서 t가 정수 값일 경우 로피탈의 법칙을 사용하면

$$\lim_{t\to m} \operatorname{drcl}(t,N) = \lim_{t\to m} \frac{\sin(N\pi t)}{N\sin(\pi t)} = \lim_{t\to m} \frac{N\pi\cos(N\pi t)}{N\pi\cos(\pi t)} = \pm 1, \quad m \text{ an integer}$$

N이 짝수일 때 디리클레 함수의 극한 값은 +1과 –1 사이에서 번갈아 발생한다. 만일 N이 홀수이면 극한 값은 모두 +1이다. 디리클레 함수 버전은 MATLAB 신호 툴박스의 일부분으로 함수 이름이 diric이다. 이의 정의는 다음과 같다.

$$\mathrm{diric}(x,N)=\frac{\sin(Nx/2)}{N\sin(x/2)}$$

그러므로

$$\mathrm{drcl}(t,N)=\mathrm{diric}(2\pi t,N)$$

```
%  Function to compute values of the Dirichlet function.
%  Works for vectors or scalars equally well.
%
%  x = sin(N*pi*t)/(N*sin(pi*t))
%
function x = drcl(t,N)
       x = diric(2*pi*t,N) ;

%  Function to implement the Dirichlet function without
%  using the
%  MATLAB diric function. Works for vectors or scalars
%  equally well.
%
%  x = sin(N*pi*t)/(N*sin(pi*t))
%
function x = drcl(t,N),
       num = sin(N*pi*t) ; den = N*sin(pi*t) ;
       I = find(abs(den) < 10*eps) ;
       num(I) = cos(N*pi*t(I)) ; den(I) = cos(pi*t(I)) ;
       x = num./den ;
```

디리클레 함수의 정의를 이용해 예제 7.2의 DFT 쌍은 다음과 같이 쓸 수 있다.

$$(\mathrm{u}[n-n_0]-\mathrm{u}[n-n_1])*\delta_N[n]\xleftrightarrow[N]{\mathcal{DFT}}\frac{e^{-j\pi k(n_1+n_0)/N}}{e^{-j\pi k/N}}(n_1-n_0)\,\mathrm{drcl}(k/N,\,n_1-n_0)$$

〈표 7.2〉에 자주 사용되는 몇 가지 DFT 쌍을 보였다.

표 7.2 DFT 쌍

(For each pair, m is a positive integer.)

$$e^{j2\pi n/N} \xleftrightarrow[mN]{\mathcal{DFT}} mN\delta_{mN}[k-m]$$

$$\cos(2\pi qn/N) \xleftrightarrow[mN]{\mathcal{DFT}} (mN/2)(\delta_{mN}[k-mq]+\delta_{mN}[k+mq])$$

$$\sin(2\pi qn/N) \xleftrightarrow[mN]{\mathcal{DFT}} (jmN/2)(\delta_{mN}[k+mq]-\delta_{mN}[k-mq])$$

$$\delta_N[n] \xleftrightarrow[mN]{\mathcal{DFT}} m\delta_{mN}[k]$$

$$1 \xleftrightarrow[N]{\mathcal{DFT}} N\delta_N[k]$$

$$(\mathrm{u}[n-n_0]-\mathrm{u}[n-n_1])*\delta_N[n] \xleftrightarrow[N]{\mathcal{DFT}} \frac{e^{-j\pi k(n_1+n_0)/N}}{e^{-j\pi k/N}}(n_1-n_0)\,\mathrm{drcl}(k/N, n_1-n_0)$$

$$\mathrm{tri}(n/N_w)*\delta_N[n] \xleftrightarrow[N]{\mathcal{DFT}} N_w\,\mathrm{drcl}^2(k/N, N_w),\ N_w \text{ an integer}$$

$$\mathrm{sinc}(n/w)*\delta_N[n] \xleftrightarrow[N]{\mathcal{DFT}} w\,\mathrm{rect}(wk/N)*\delta_N[k]$$

고속 푸리에 변환(fast Fourier transform, FFT)

DFT는 다음과 같이 정의된다.

$$\mathrm{X}[k] = \sum_{n=0}^{N-1} \mathrm{x}[n] e^{-j2\pi nk/N}$$

DFT를 계산하는 손쉬운 방법은 다음 알고리듬을 이용하는 것이다(MATLAB 코드). 이것은 위에서 나타낸 연산을 직접 구현한 것이다.

```
.
.
.
%  (Acquire the input data in an array x with N elements.)
.
.
.
%
%  Initialize the DFT array to a column vector of zeros.
%
X = zeros(N,1) ;
%
%  Compute the X[k]'s in a nested, double for loop.
%
for k = 0:N-1
      for n = 0:N-1
            X(k+1) = X(k+1) + x(n+1)*exp(-j*2*pi*n*k/N) ;
```

```
        end
end
.
.
.
```

(DFT는 내장 함수인 fft로 이미 구현되었으므로 MATLAB 상에서 위 프로그램을 실제 작성하는 것은 절대 아니다.)

이 알고리듬을 이용해 DFT를 계산하려면 N^2번의 복소수 곱과 합 연산이 필요하다. 따라서 변환하고자 하는 입력 벡터의 인자 개수의 제곱만큼의 계산량이 증가할 것이다. 1965년에 제임스 쿨리(James Cooley)[1]와 존 튜키(John Tukey)[2]가의 정수 멱승의 길이를 가지는 커다란 입력 배열에 대하여 아주 효과적으로 계산 시간을 줄이는 알고리듬을 유행시켰다. DFT를 계산하는 이 알고리듬을 고속 푸리에 변환 또는 FFT라고 한다.

FFT 알고리듬과 위에 적은 이중 for 루프 방법에 있어서 계산 시간의 감소가 〈표 7.3〉에 있으며 거기에서 A는 필요한 복소수 덧셈의 개수, M은 필요한 복소수 곱셈의 개수이고 아래첨자 DFT는 이중 for 루프 방법을, FFT는 FFT 알고리듬을 나타낸다.

변환 과정에서 점 N의 수가 증가하면 FFT의 연산속도에 대한 장점이 더 커진다.. 그러나 N이 2의 정수 멱승이 아니면 속도의 개선은 이루어지지 않는다. 이러한 이유 때문에 실제 DFT 해석에서는 2의 정수 멱수 길이를 갖는 데이터 벡터를 사용하여 FFT가 사용된다(MATLAB에서 입력벡터가 2의 정수 멱수 길이를 갖는다면 MATLAB FFT 함수에 사용된 알고리듬은 FFT 알고리듬이다. 만약 2의 정수 멱수 길이가 아니라도 DFT가 계산될 수 있지만 비효율적인 알고리듬을 사용해야 되기 때문에 속도가 문제가 된다).

---

1 쿨리는 1961년에 컬럼비아대학에서 응용수학 박사학위를 받았다. 그는 DSP 분야의 개척자이고 튜키와 함께 FFT를 제안했다. 그는 수학적 이론과 응용을 통해 FFT를 발전시켰고 과학과 공학 응용을 위해 고안한 알고리듬이 광범위하게 사용되도록 기여했다.

2 튜키는 1939년에 프린스턴대학에서 수학 박사학위를 받았다. 1945년에서 1970년까지 벨 연구소에서 근무했다. 그는 데이터 해석을 위한 새로운 기술을 개발했다. 현재 통계학 교과서에 있는 그래프와 플로팅 방법을 개발했다. 그는 공학과 과학에서 매우 중요한 DSP와 시간 시리즈 해석에 대한 책을 저술했다. 그는 쿨리와 함께 FFT 알고리듬을 개발했다. 그는 컴퓨터에서 정보의 기본 단위인 '비트'라는 '이진 디지트'의 단축어를 만들어 낸 것으로 유명하다.

표 7.3 합과 곱의 개수 및 N에 대한 비율

γ	$N = 2^{\gamma}$	A_{DFT}	M_{DFT}	A_{FFT}	M_{FFT}	A_{DFT}/A_{FFT}	M_{DFT}/M_{FFT}
1	2	2	4	2	1	1	4
2	4	12	16	8	4	1.5	4
3	8	56	64	24	12	2.33	5.33
4	16	240	256	64	32	3.75	8
5	32	992	1024	160	80	6.2	12.8
6	64	4032	4096	384	192	10.5	21.3
7	128	16256	16384	896	448	18.1	36.6
8	256	65280	65536	2048	1024	31.9	64
9	512	261632	262144	4608	2304	56.8	113.8
10	1024	1047552	1048576	10240	5120	102.3	204.8

7.3 이산시간 푸리에 변환

이산시간 푸리에 변환의 비주기 신호로의 확장

구형파 신호를 고려하자〈그림 7.9〉.

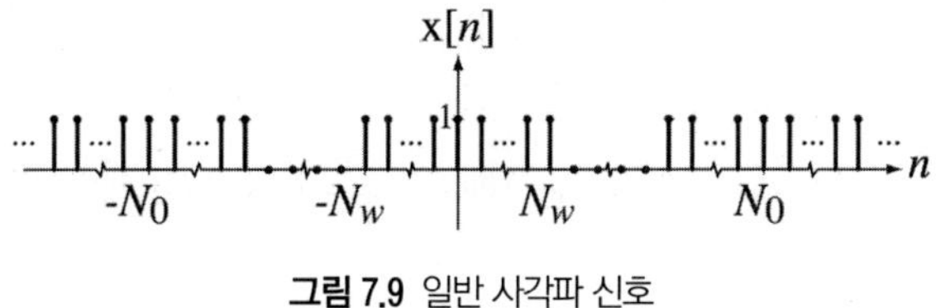

그림 7.9 일반 사각파 신호

기본 주기 $(N = N_0)$인 DFT 고조파 함수는

$$X[k] = (2N_w + 1)\,\mathrm{drcl}(k/N_0, 2N_w + 1)$$

최대값(maxima)이 $2N_w + 1$이고 주기가 N_0인 디리클레 함수이다.

다른 기본 주기 N_0의 효과를 설명하기 위해 $N_w = 5$라 하고 X[k]의 크기와 N_0 =22, 44 및 88일 때 k와의 관계를 그래프로 나타낸다〈그림 7.10〉.

x[n]의 기본 주기를 증가시키는 DFT 고조파 함수에 대한 효과는 고조파 차수 k의 함수로 확장하게 되는 것이다. 그러므로 N_0가 무한대로 접근함에 따라 DFT 고조파 함수의 주기 또한 무한대로 접근한다. 그러므로 어떤 함수의 주기가 무한대일 경우 고조파 함수는 주기 함수가 아니다. DFT 고조파 함수를 고조파 차수 k가 아닌 사이클 주파수 k/N_0에 대해 그려봄으로써 정규화하고자 한다. 그러면 DFT 고조파 함수(그림에 보듯이)의 기본 주기는 N_0이 아닌 k/N_0

이 된다⟨그림 7.11⟩.

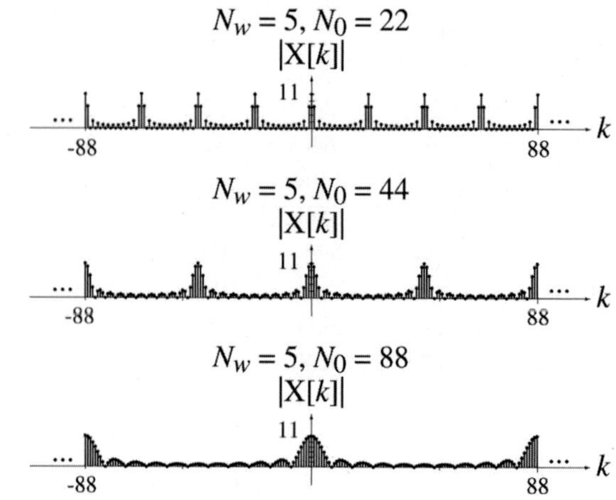

그림 7.10 사각파 신호의 DFT 고조파 함수의 크기에 대한 기본 주기 N_0의 효과

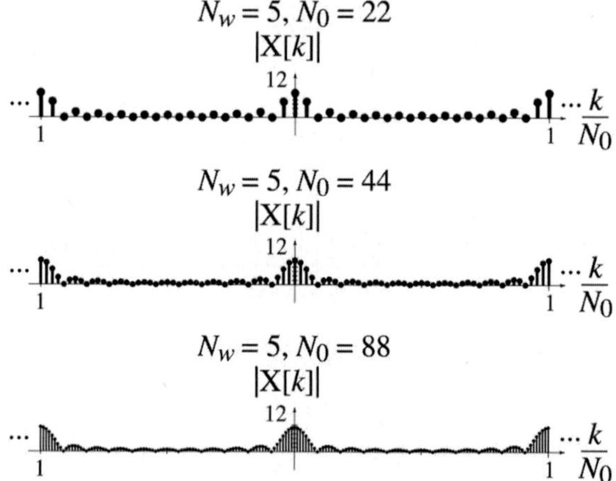

그림 7.11 구형파 신호의 DFT 고조파 함수의 크기와 k가 아닌 k/N_0의 비교

N_0이 무한대에 접근할수록 X[k]의 점들 간의 간격은 0에 접근하고 이산 주파수 그래프는 연속 주파수 그래프가 된다⟨그림 7.12⟩.

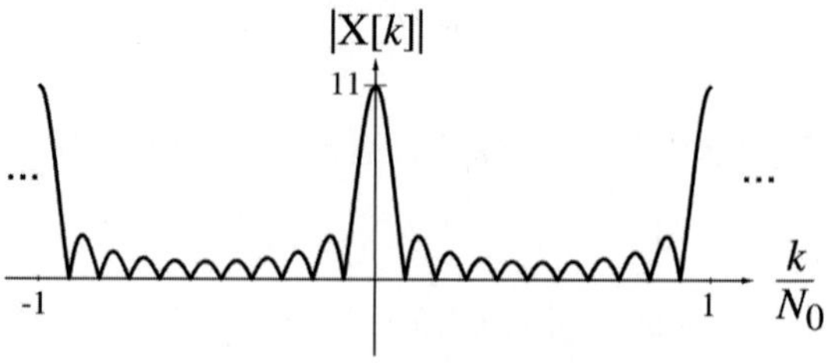

그림 7.12 구형파 신호의 변형된 DFT 고조파 함수의 극한

유도 및 정의

해석적으로 DFT를 비주기 신호로 확장하기 위해 이산시간 사이클 주파수 F의 유한 증분을 $\Delta F = 1/N_0$라 하자. 그러면 x[n]은 X[k]의 역 DFT로 구할 수 있다.

$$\mathrm{x}[n] = \frac{1}{N_0} \sum_{k=\langle N_0 \rangle} \mathrm{X}[k] e^{j2\pi kn/N_0} = \Delta F \sum_{k=\langle N_0 \rangle} \mathrm{X}[k] e^{j2\pi k \Delta F n}$$

DFT 정의에서 X[k]에 대한 합산식을 치환하면

$$\mathrm{x}[n] = \Delta F \sum_{k=\langle N_0 \rangle} \left(\sum_{m=0}^{N_0-1} \mathrm{x}[m] e^{-j2\pi k \Delta F m} \right) e^{j2k\pi \Delta F n}$$

(X[k]에 대한 식에서 합 n의 지수는 x[n]에 대한 식에서 n과의 혼동을 피하기 위해 m으로 변경되는데 둘 다 해석적 유도에서 서로 독립적인 변수이기 때문이다.)
x[n]이 기본 주기 N_0인 주기 신호이므로 내부의 합은 임의의 주기에 대해 이루어질 수 있고 이전 식은 다음과 같이 쓸 수 있다.

$$\mathrm{x}[n] = \sum_{k=\langle N_0 \rangle} \left(\sum_{m=\langle N_0 \rangle} \mathrm{x}[m] e^{-j2\pi k \Delta F m} \right) e^{j2\pi k \Delta F n} \Delta F$$

이 내부 합의 범위를 짝수인 N_0에 대해 $-N_0/2 \le m < N_0/2$라 놓고 홀수인 N_0에 대해 $-(N_0-1)/2 \le m < (N_0+1)/2$로 놓는다. 외부 합은 길이 N_0인 임의의 k의 범위에 대해 이루어지므로 범위를 $k_0 \le k < k_0 + N_0$로 놓는다. 그러면

$$\mathrm{x}[n] = \sum_{k=k_0}^{k_0+N_0-1} \left(\sum_{m=-N_0/2}^{N_0/2-1} \mathrm{x}[m] e^{-j2\pi k \Delta F m} \right) e^{j2\pi k \Delta F n} \Delta F, \quad N_0 \text{ even} \tag{7.13}$$

또는

$$\mathrm{x}[n] = \sum_{k=k_0}^{k_0+N_0-1} \left(\sum_{m=-(N_0-1)/2}^{(N_0-1)/2} \mathrm{x}[m] e^{-j2\pi k \Delta F m} \right) e^{j2\pi k \Delta F n} \Delta F, \quad N_0 \text{ odd} \tag{7.14}$$

이다. 이제 DFT의 기본 주기 N_0이 무한대에 접근한다고 하자. 이러한 극한에서 다음의 일들이 일어난다.

1. ΔF는 미분 이산시간 주파수 dF에 접근한다.
2. $k\Delta F$는 연속 독립 변수인 이산시간 주파수 F가 되는데 이는 ΔF가 dF에 접근하기 때문이다.
3. 외부 합은 $F=k\Delta F$에서 적분에 접근한다. 이 합은 $k_0 \le k < k_0 + N_0$의 범위를 포괄한다. 이 합이 접근하는 적분(에 대한 극한)의 동치 범위는 $F=kdF=k/N_0$의 관계를 이용해서 구할 수 있다. 고조파 차수의 범위 $k_0 \le k < k_0 + N_0$를 N_0로 나누면 이산시간 주파수 범위 $F_0 < F < F_0 + 1$로 전이되고 여기서 k_0이 임의적이므로 F_0도 임의적이다. 내부 합은 N_0이 무한대로 접근하므로 무한 범위를 포함한다.

그러면 극한에서 식 (7.13) 및 (7.14)는 모두

$$\mathrm{x}[n] = \int_1 \underbrace{\left(\sum_{m=-\infty}^{\infty} \mathrm{x}[m] e^{-j2\pi Fm} \right)}_{=\mathcal{F}(\mathrm{x}[m])} e^{j2\pi Fn}\, dF$$

이 된다. 등가 라디안 주파수 형식은

$$\mathrm{x}[n] = \frac{1}{2\pi} \int_{2\pi} \left(\sum_{m=-\infty}^{\infty} \mathrm{x}[m] e^{-j\Omega m} \right) e^{j\Omega n}\, d\Omega$$

이며 여기서 $\Omega = 2\pi F$이고 $dF = d\Omega/2\pi$이다. 이러한 결과는 DTFT을

$$\mathrm{x}[n] = \int_1 \mathrm{X}(F) e^{j2\pi Fn}\, dF \xleftrightarrow{\mathcal{F}} \mathrm{X}(F) = \sum_{n=-\infty}^{\infty} \mathrm{x}[n] e^{-j2\pi Fn}$$

또는

$$\mathrm{x}[n] = (1/2\pi) \int_{2\pi} \mathrm{X}(e^{j\Omega}) e^{j\Omega n}\, d\Omega \xleftrightarrow{\mathcal{F}} \mathrm{X}(e^{j\Omega}) = \sum_{n=-\infty}^{\infty} \mathrm{x}[n] e^{-j\Omega n}$$

와 같이 정의한다.

〈표 7.4〉는 전형적이고 간단한 신호의 DTFT 쌍을 보여준다.

여기서 6장에서 CTFT를 유도할 때와 마찬가지로 동일한 표기법을 결정해야 한다. $\mathrm{X}(F) = \sum_{n=-\infty}^{\infty} \mathrm{x}[n] e^{-j2\pi Fn}$로 정의하고 $\mathrm{X}(e^{j\Omega}) = \sum_{n=-\infty}^{\infty} \mathrm{x}[n] e^{-j\Omega n}$으로 정의되지만 두 X는 실제 수학적으로 다른 함수이다. 왜냐하면 $\mathrm{X}(e^{j\Omega}) \ne \mathrm{X}(F)_{F \to e^{j\Omega}}$이기 때문이다. 지금 내릴 결정은 6장에서와 유사하다. 동일한 이유로 $\mathrm{X}(F)$와 $\mathrm{X}(e^{j\Omega})$를 둘 다 사용한다. 간단한 $\mathrm{X}(\Omega)$대신 $\mathrm{X}(e^{j\Omega})$를 사용

표 7.4 정의로부터 직접 유도한 DTFT 쌍

$$\delta[n] \xleftrightarrow{\mathcal{F}} 1$$

$$\alpha^n \mathrm{u}[n] \xleftrightarrow{\mathcal{F}} \frac{e^{j\Omega}}{e^{j\Omega}-\alpha} = \frac{1}{1-\alpha e^{-j\Omega}}, \quad |\alpha|<1, \qquad -\alpha^n \mathrm{u}[-n-1] \xleftrightarrow{\mathcal{F}} \frac{e^{j\Omega}}{e^{j\Omega}-\alpha} = \frac{1}{1-\alpha e^{-j\Omega}}, \quad |\alpha|>1$$

$$n\alpha^n \mathrm{u}[n] \xleftrightarrow{\mathcal{F}} \frac{\alpha e^{j\Omega}}{(e^{j\Omega}-\alpha)^2} = \frac{\alpha e^{-j\Omega}}{(1-\alpha e^{-j\Omega})^2}, \quad |\alpha|<1, \qquad -n\alpha^n \mathrm{u}[-n-1] \xleftrightarrow{\mathcal{F}} \frac{\alpha e^{j\Omega}}{(e^{j\Omega}-\alpha)^2} = \frac{\alpha e^{-j\Omega}}{(1-\alpha e^{-j\Omega})^2}, \quad |\alpha|>1$$

$$\alpha^n \sin(\Omega_0 n)\mathrm{u}[n] \xleftrightarrow{\mathcal{F}} \frac{e^{j\Omega}\alpha\sin(\Omega_0)}{e^{j2\Omega}-2\alpha e^{j\Omega}\cos(\Omega_0)+\alpha^2}, \quad |\alpha|<1, \qquad -\alpha^n \sin(\Omega_0 n)\mathrm{u}[-n-1] \xleftrightarrow{\mathcal{F}} \frac{e^{j\Omega}\alpha\sin(\Omega_0)}{e^{j2\Omega}-2\alpha e^{j\Omega}\cos(\Omega_0)+\alpha^2}, \quad |\alpha|>1$$

$$\alpha^n \cos(\Omega_0 n)\mathrm{u}[n] \xleftrightarrow{\mathcal{F}} \frac{e^{j\Omega}[e^{j\Omega}-\alpha\cos(\Omega_0)]}{e^{j2\Omega}-2\alpha e^{j\Omega}\cos(\Omega_0)+\alpha^2}, \quad |\alpha|<1, \qquad -\alpha^n \cos(\Omega_0 n)\mathrm{u}[-n-1] \xleftrightarrow{\mathcal{F}} \frac{e^{j\Omega}[e^{j\Omega}-\alpha\cos(\Omega_0)]}{e^{j2\Omega}-2\alpha e^{j\Omega}\cos(\Omega_0)+\alpha^2}, \quad |\alpha|>1$$

$$\alpha^{|n|} \xleftrightarrow{\mathcal{F}} \frac{e^{j\Omega}}{e^{j\Omega}-\alpha} - \frac{e^{j\Omega}}{e^{j\Omega}-1/\alpha}, \quad |\alpha|<1$$

하는 것은 DTFT와 9장에서 언급할 z변환 간의 함수 정의의 일관성을 유지하기 위해서이다.

일반화된 DTFT

연속시간에서와 마찬가지로 이산시간에서도 엄밀한 의미에서 DTFT가 존재하지 않는 중요한 실용적인 신호가 있다. 이런 신호도 중요하므로 DTFT가 그것들을 포함할 수 있도록 일반화시켰다. $\mathrm{x}[n]=A$, 상수의 DTFT를 고려해 보자.

$$\mathrm{X}(F) = \sum_{n=-\infty}^{\infty} A e^{-j2\pi Fn} = A \sum_{n=-\infty}^{\infty} e^{-j2\pi Fn}$$

위 급수는 수렴하지 않는다. 그러므로 엄밀한 의미에서 DTFT는 존재하지 않는다. CTFT에서 비슷한 상황에 직면했었고 상수에 대한 일반화된 CTFT는 $f=0$ 또는 $\omega=0$에서 임펄스라는 것을 알았다. CTFT와 DTFT는 밀접한 관계이므로 상수에 대한 DTFT도 유사한 결과를 기대할 수 있을 것이다. 그러나 모든 DTFT는 주기 신호이다. 따라서 주기 임펄스가 논리적인 선택이 될 것이다. 신호 $\mathrm{x}[n]$ 이 $A\delta_1(F)$형태의 DTFT를 가진다고 하자. 그러면 $A\delta_1(F)$의 역 DTFT를 통하여 $\mathrm{x}[n]$을 구할 수 있다.

$$\mathrm{x}[n] = \int_1 A\delta_1(F) e^{j2\pi Fn}\, dF = A \int_{-1/2}^{1/2} \delta(F) e^{j2\pi Fn}\, dF = A$$

이로부터 DTFT 쌍은 다음과 같다.

$$A \xleftrightarrow{\mathcal{F}} A\delta_1(F) \quad \text{or} \quad A \xleftrightarrow{\mathcal{F}} 2\pi A\delta_{2\pi}(\Omega)$$

$A\delta_1(F - F_0)$, $-1/2 < F_0 < 1/2$형태로 일반화하면 다음과 같다.

$$\mathrm{x}[n] = \int_1 A\delta_1(F - F_0)e^{j2\pi Fn}\,dF = A\int_{-1/2}^{1/2} \delta(F - F_0)e^{j2\pi Fn}\,dF = Ae^{j2\pi F_0 n}$$

만일 $\mathrm{x}[n] = A\cos(2\pi F_0 n) = (A/2)(e^{j2\pi F_0 n} + e^{-j2\pi F_0 n})$이면 DTFT 쌍은 다음과 같다.

$$A\cos(2\pi F_0 n) \xleftrightarrow{\mathcal{F}} (A/2)[\delta_1(F - F_0) + \delta_1(F + F_0)]$$

또는

$$A\cos(\Omega_0 n) \xleftrightarrow{\mathcal{F}} \pi A[\delta_1(\Omega - \Omega_0) + \delta_1(\Omega + \Omega_0)]$$

이와 유사한 과정으로 DTFT 쌍을 구할 수 있다.

$$A\sin(2\pi F_0 n) \xleftrightarrow{\mathcal{F}} (jA/2)[\delta_1(F + F_0) - \delta_1(F - F_0)]$$

또는

$$A\sin(\Omega_0 n) \xleftrightarrow{\mathcal{F}} j\pi A[\delta_1(\Omega + \Omega_0) - \delta_1(\Omega - \Omega_0)]$$

이제 보다 유용한 함수를 추가하여 DTFT 변환표를 확장한다.

표 7.5 추가된 DTFT 쌍

$$\delta[n] \xleftrightarrow{\mathcal{F}} 1$$

$\mathrm{u}[n] \xleftrightarrow{\mathcal{F}} \dfrac{1}{1 - e^{-j2\pi F}} + (1/2)\delta_1(F),$	$\mathrm{u}[n] \xleftrightarrow{\mathcal{F}} \dfrac{1}{1 - e^{-j\Omega}} + \pi\delta_1(\Omega)$
$\mathrm{sinc}(n/w) \xleftrightarrow{\mathcal{F}} w\,\mathrm{rect}(wF) * \delta_1(F),$	$\mathrm{sinc}(n/w) \xleftrightarrow{\mathcal{F}} w\,\mathrm{rect}(w\Omega/2\pi) * \delta_{2\pi}(\Omega)$
$\mathrm{tri}(n/w) \xleftrightarrow{\mathcal{F}} w\,\mathrm{drcl}^2(F, w),$	$\mathrm{tri}(n/w) \xleftrightarrow{\mathcal{F}} w\,\mathrm{drcl}^2(\Omega/2\pi, w)$
$1 \xleftrightarrow{\mathcal{F}} \delta_1(F),$	$1 \xleftrightarrow{\mathcal{F}} 2\pi\delta_{2\pi}(\Omega)$
$\delta_{N_0}[n] \xleftrightarrow{\mathcal{F}} (1/N_0)\delta_{1/N_0}(F),$	$\delta_{N_0}[n] \xleftrightarrow{\mathcal{F}} (2\pi/N_0)\delta_{2\pi/N_0}(\Omega)$
$\cos(2\pi F_0 n) \xleftrightarrow{\mathcal{F}} (1/2)[\delta_1(F - F_0) + \delta_1(F + F_0)],$	$\cos(\Omega_0 n) \xleftrightarrow{\mathcal{F}} \pi[\delta_{2\pi}(\Omega - \Omega_0) + \delta_{2\pi}(\Omega + \Omega_0)]$
$\sin(2\pi F_0 n) \xleftrightarrow{\mathcal{F}} (j/2)[\delta_1(F + F_0) - \delta_1(F - F_0)],$	$\sin(\Omega_0 n) \xleftrightarrow{\mathcal{F}} j\pi[\delta_{2\pi}(\Omega + \Omega_0) - \delta_{2\pi}(\Omega - \Omega_0)]$

$$\mathrm{u}[n - n_0] - \mathrm{u}[n - n_1] \xleftrightarrow{\mathcal{Z}} \frac{e^{j2\pi F}}{e^{j2\pi F} - 1}(e^{-j2\pi n_0 F} - e^{-j2\pi n_1 F}) = \frac{e^{-j\pi F(n_0 + n_1)}}{e^{-j\pi F}}(n_1 - n_0)\,\mathrm{drcl}(F, n_1 - n_0)$$

$$\mathrm{u}[n - n_0] - \mathrm{u}[n - n_1] \xleftrightarrow{\mathcal{Z}} \frac{e^{j\Omega}}{e^{j\Omega} - 1}(e^{-jn_0\Omega} - e^{-jn_1\Omega}) = \frac{e^{-j\Omega(n_0 + n_1)/2}}{e^{-j\Omega/2}}(n_1 - n_0)\,\mathrm{drcl}(\Omega/2\pi, n_1 - n_0)$$

이산시간 푸리에 변환의 수렴

DTFT의 수렴을 위한 조건은 단지

$$X(F)=\sum_{n=-\infty}^{\infty} x[n]e^{-j2\pi Fn} \quad \text{or} \quad X(e^{j\Omega})=\sum_{n=-\infty}^{\infty} x[n]e^{-j\Omega n} \tag{7.15}$$

의 합이 실제로 수렴하는 것이다. 이 합은 만약

$$\sum_{n=-\infty}^{\infty} |x[n]| < \infty \tag{7.16}$$

이면 수렴할 것이다. 만약 DTFT 함수가 유한하다면 역변환

$$x[n]=\int_1 X(F)e^{j2\pi Fn}\,dF \ \text{또는}\ x[n]=\frac{1}{2\pi}\int_{2\pi} X(e^{j\Omega})e^{j\Omega n}\,d\Omega \tag{7.17}$$

은 적분 구간이 유한하기 때문에 항상 수렴할 것이다.

DTFT 특성

두 신호 x[n] 및 y[n]의 DTFT가 각각 X(F) 및 Y(F) 또는 $X(e^{j\Omega})$ 및 $Y(e^{j\Omega})$라 하자. 그러면 〈표 7.6〉의 특성이 성립한다.

표 7.6 DTFT 특성

$$\alpha x[n]+\beta y[n] \xleftrightarrow{\mathcal{F}} \alpha X(F)+\beta Y(F), \qquad \alpha x[n]+\beta y[n] \xleftrightarrow{\mathcal{F}} \alpha X(e^{j\Omega})+\beta Y(e^{j\Omega})$$

$$x[n-n_0] \xleftrightarrow{\mathcal{F}} e^{-j2\pi Fn_0} X(F), \qquad x[n-n_0] \xleftrightarrow{\mathcal{F}} e^{-j\Omega n_0} X(e^{j\Omega})$$

$$e^{j2\pi F_0 n} x[n] \xleftrightarrow{\mathcal{F}} X(F-F_0), \qquad e^{j\Omega_0 n} x[n] \xleftrightarrow{\mathcal{F}} X(e^{j(\Omega-\Omega_0)})$$

$$\text{If } z[n]=\begin{cases} x[n/m], & n/m \text{ an integer} \\ 0, & \text{otherwise} \end{cases} \text{ then } z[n] \xleftrightarrow{\mathcal{F}} X(mF) \text{ or } z[n] \xleftrightarrow{\mathcal{F}} X(e^{jm\Omega})$$

$$x^*[n] \xleftrightarrow{\mathcal{F}} X^*(-F), \qquad x^*[n] \xleftrightarrow{\mathcal{F}} X^*(e^{-j\Omega})$$

$$x[n]-x[n-1] \xleftrightarrow{\mathcal{F}} (1-e^{-j2\pi F})X(F), \qquad x[n]-x[n-1] \xleftrightarrow{\mathcal{F}} (1-e^{-j\Omega})X(e^{j\Omega})$$

$$\sum_{m=-\infty}^{n} x[m] \xleftrightarrow{\mathcal{F}} \frac{X(F)}{1-e^{-j2\pi F}}+\frac{1}{2}X(0)\,\delta_1(F), \qquad \sum_{m=-\infty}^{n} x[m] \xleftrightarrow{\mathcal{F}} \frac{X(e^{j\Omega})}{1-e^{-j\Omega}}+\pi X\left(\underbrace{e^{j0}}_{=1}\right)\delta_{2\pi}(\Omega)$$

$$x[-n] \xleftrightarrow{\mathcal{F}} X(-F), \qquad x[-n] \xleftrightarrow{\mathcal{F}} X(e^{-j\Omega})$$

$$x[n]*y[n] \xleftrightarrow{\mathcal{F}} X(F)Y(F), \qquad x[n]*y[n] \xleftrightarrow{\mathcal{F}} X(e^{j\Omega})Y(e^{j\Omega})$$

$$x[n]y[n] \xleftrightarrow{\mathcal{F}} X(F) \circledast Y(F), \qquad x[n]y[n] \xleftrightarrow{\mathcal{F}} (1/2\pi) X(e^{j\Omega}) \circledast Y(e^{j\Omega})$$

$$\sum_{n=-\infty}^{\infty} e^{j2\pi Fn} = \delta_1(F), \qquad \sum_{n=-\infty}^{\infty} e^{j\Omega n} = 2\pi\delta_{2\pi}(\Omega)$$

$$\sum_{n=-\infty}^{\infty} |x[n]|^2 = \int_1 |X(F)|^2\, dF, \qquad \sum_{n=-\infty}^{\infty} |x[n]|^2 = (1/2\pi)\int_{2\pi} \left|X(e^{j\Omega})\right|^2 d\Omega$$

아래 특성

$$x[n]\,y[n] \xleftrightarrow{\mathcal{F}} (1/2\pi)\, X(e^{j\Omega}) \circledast Y(e^{j\Omega})$$

에서는 6장에서 처음 언급했던 주기 컨벌루션을 나타낸다.

이 경우 다음과 같다.

$$X(e^{j\Omega}) \circledast Y(e^{j\Omega}) = \int_{2\pi} X(e^{j\Phi})\, Y(e^{j(\Omega-\Phi)})\, d\Phi$$

예제 7.3

두 개의 주기적으로 이동 된 사각 펄스의 역 DTFT

아래 식의 역 DTFT를 구하고 그래프로 나타내라〈그림 7.13〉.

$$X(F) = [\mathrm{rect}(50(F-1/4)) + \mathrm{rect}(50(F+1/4))] * \delta_1(F)$$

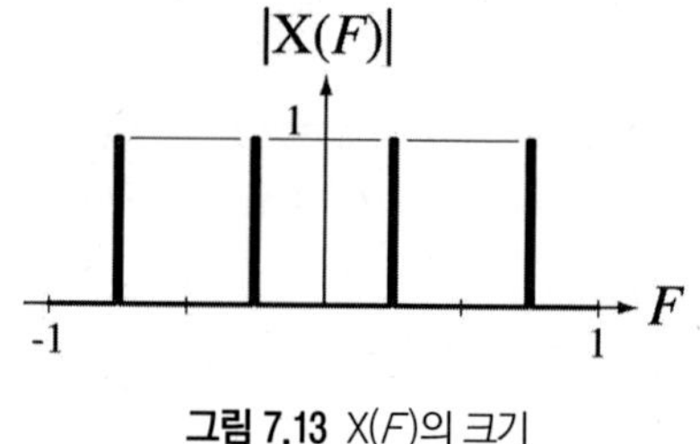

그림 7.13 $X(F)$의 크기

■ 풀이

변환표에서 $\mathrm{sinc}(n/w) \xleftrightarrow{\mathcal{F}} w\mathrm{rect}(wF) * \delta_1(F)$를 사용하면 이 경우에는 $(1/50)\mathrm{sinc}(n/50) \xleftrightarrow{\mathcal{F}} \mathrm{rect}(50F) * \delta_1(F)$로 시작할 수 있다. 이제 주파수 이동 특성 $e^{j2\pi F_0 n}\, x[n] \xleftrightarrow{\mathcal{F}} X(F-F_0)$을 적용하면

$$e^{j\pi n/2}(1/50)\,\mathrm{sinc}(n/50) \xleftrightarrow{\mathcal{F}} \mathrm{rect}(50(F-1/4)) * \delta_1(F) \tag{7.18}$$

및

$$e^{-j\pi n/2}(1/50)\mathrm{sinc}(n/50) \xleftrightarrow{\mathcal{F}} \mathrm{rect}(50(F+1/4)) * \delta_1(F) \tag{7.19}$$

이다(두 함수가 컨벌루션이 될 때, 두 함수 모두가 아닌 어느 한 함수의 이동은 컨벌루션을 같은 양만큼 이동 시킨다는 점을 기억하라). 마지막으로 식 (7.18) 및 식 (7.19)가 결합되어 다음과 같이 간략화된다.

$$(1/25)\mathrm{sinc}(n/50)\cos(\pi n/2) \xleftrightarrow{\mathcal{F}} [\mathrm{rect}(50(F-1/4)) + \mathrm{rect}(50(F+1/4))] * \delta_1(F)$$

■

DTFT에서 시간 스케일링은 CTFT에서의 시간 스케일링과 매우 다른데, 이는 이산시간 및 연속시간 간의 차이 때문이다. z[n]=x[an]이라 하자. 만약 a가 정수가 아니라면 z[n]의 일부 값은 정의되지 않고 DTFT는 구할 수 없다. 만약 a가 1보다 큰 정수라면 x[n]의 일부 값은 간축(decimation)으로 인해 z[n]에 나타나지 않고 x[n]과 z[n]의 DTFT 간에도 고유 관계가 존재할 수 없다〈그림 7.14〉.

〈그림 7.14〉에서 두 신호 $x_1[n]$ 및 $x_2[n]$은 상이한 신호이지만 n의 짝수 값에서는 같은 값을 갖는다. 계수 2로 간축 했을 때 각 신호는 동일한 간축된 신호 z[n]을 산출한다. 따라서 신호의 DTFT 및 그 신호의 간축 된 형태의 DTFT 간의 관계는 서로 고유하게 관련되지 않고 그러한 종류의 시간 스케일링에 대해 시간 스케일링 특성을 찾아볼 수 없다. 그러나 만약 z[n]이 x[n]의 값들 사이에 0을 삽입해 형성된 x[n]의 시간 확장된 형태이면 x[n] 및 z[n]의 DTFT들 간에 고유한 관계가 존재한다.

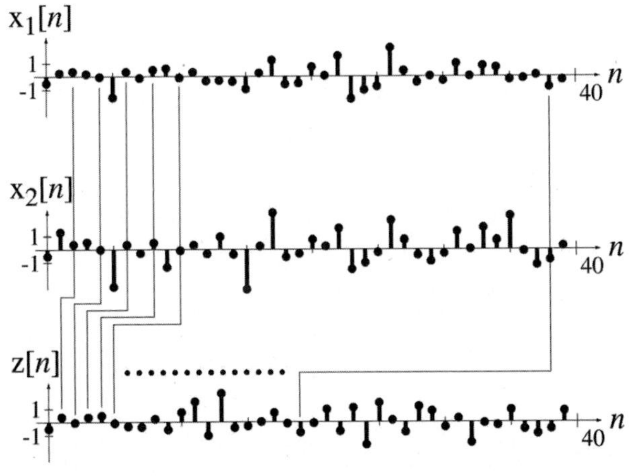

그림 7.14 계수 2로 간축 했을 때 동일 신호가 되는 상이한 두 신호

$$z[n]=\begin{cases} x[n/m], & n/m \text{ an integer} \\ 0, & \text{otherwise} \end{cases}$$

라고 하자. 여기서 m은 정수이다. 그러면 $Z(e^{j\Omega})=X(e^{jm\Omega})$이고 DTFT의 시간 스케일링 특성은 다음과 같다.

$$\text{If } z[n]=\begin{Bmatrix} x[n/m], & n/m \text{ an integer} \\ 0, & \text{otherwise} \end{Bmatrix} \text{ then } \begin{Bmatrix} z[n]\xleftrightarrow{\mathcal{F}}X(mF) \\ z[n]\xleftrightarrow{\mathcal{F}}X(e^{jm\Omega}) \end{Bmatrix} \tag{7.20}$$

이러한 결과는 주파수 스케일링 특성으로도 해석될 수 있다. DTFT $X(e^{j\Omega})$가 주어질 때 만약 Ω를 $m\geq 1$인 $m\Omega$로 스케일링하면 시간 영역에서의 효과는 m-1개의 0을 $x[n]$ 내의 점 사이에 삽입하는 것이다. 주파수 영역에서 행해질 수 있는 유일한 스케일링은 오직 정수인 계수에 의한 압축이다. 이는 모든 DTFT가 Ω에서 어떤 주기(기본 주기가 아닐 수도 있다)를 가져야 하기 때문에 필요하다.

예제 7.4

주기 임펄스의 DTFT에 대한 일반식

DTFT 쌍 $1\xleftrightarrow{\mathcal{F}}2\pi\delta_{2\pi}(\Omega)$이 주어질 때 시간 스케일링 특성을 이용하여 $\delta_{N_0}[n]$의 DTFT에 대한 일반식을 구하라.

■ 풀이

상수 1은 $\delta_1[n]$로 나타낼 수 있다. 주기 임펄스 $\delta_{N_0}[n]$는 정수 N_0로 스케일링 된 $\delta_1[n]$의 시간 스케일링 된 형이다. 다시 말해 다음과 같다.

$$\delta_{N_0}[n]=\begin{cases} \delta_1[n/N_0], & n/N_0 \text{ an integer} \\ 0, & \text{otherwise} \end{cases}$$

따라서 식 (7.20)으로부터 아래와 같다.

$$\delta_{N_0}[n]\xleftrightarrow{\mathcal{F}}2\pi\delta_{2\pi}(N_0\Omega)=(2\pi/N_0)\delta_{2\pi/N_0}(\Omega)$$

■

신호 및 시스템 해석에 대한 곱-컨벌루션 쌍대성의 함축된 의미는 이산시간 신호 및 시스템과 연속시간 신호 및 시스템에 대해 동일하다. 시스템의 응답은 임펄스 응답과 입력의 컨벌루션이다. 주파수 영역에서 동등한 표현은 다음과 같다. 어떤 시스템의 응답의 DTFT는 입력의 DTFT와 임펄스 응답의 DTFT인 주파수 응답의 곱이라는 것이다〈그림 7.15〉.

시스템의 종속 접속에 대한 의미 또한 동일하다〈그림 7.16〉.

만약 입력 신호가 $\mathrm{x}[n] = A\cos(2\pi n/N_0 + \theta)$ 형태의 정현파이면

$$\mathrm{X}(e^{j\Omega}) = \pi A[\delta_{2\pi}(\Omega - \Omega_0) + \delta_{2\pi}(\Omega + \Omega_0)]e^{j\theta\Omega/\Omega_0}$$

이고 여기서 $\Omega_0 = 2\pi/N_0$이다. 따라서 다음과 같은 식을 얻는다.

$$\mathrm{Y}(e^{j\Omega}) = \mathrm{X}(e^{j\Omega})\mathrm{H}(e^{j\Omega}) = \mathrm{H}(e^{j\Omega}) \times \pi A[\delta_{2\pi}(\Omega - \Omega_0) + \delta_{2\pi}(\Omega + \Omega_0)]e^{j\theta\Omega/\Omega_0}$$

임펄스의 등가, DTFT의 주기성 및 CTFT의 공액 특성을 이용하면 다음과 같다.

$$\mathrm{Y}(e^{j\Omega}) = \pi A\left[\mathrm{H}(e^{j\Omega_0})\delta_{2\pi}(\Omega - \Omega_0) + \underbrace{\mathrm{H}(e^{-j\Omega_0})}_{=\mathrm{H}^*(e^{j\Omega_0})}\delta_{2\pi}(\Omega + \Omega_0)\right]e^{j\theta\Omega/\Omega_0}$$

$$\mathrm{Y}(e^{j\Omega}) = \pi A\begin{Bmatrix}\mathrm{Re}(\mathrm{H}(e^{j\Omega_0}))[\delta_{2\pi}(\Omega - \Omega_0) + \delta_{2\pi}(\Omega + \Omega_0)] \\ + j\,\mathrm{Im}(\mathrm{H}(e^{j\Omega_0}))[\delta_{2\pi}(\Omega - \Omega_0) - \delta_{2\pi}(\Omega + \Omega_0)]\end{Bmatrix}e^{j\theta\Omega/\Omega_0}$$

$$\mathrm{y}[n] = A[\mathrm{Re}(\mathrm{H}(e^{j\Omega_0}))\cos(2\pi n/N_0 + \theta) - \mathrm{Im}(\mathrm{H}(e^{j\Omega_0}))\sin(2\pi n/N_0 + \theta)]$$

$$\mathrm{y}[n] = A\left|\mathrm{H}(e^{j2\pi/N_0})\right|\cos(2\pi n/N_0 + \theta + \measuredangle\mathrm{H}(e^{j2\pi/N_0}))$$

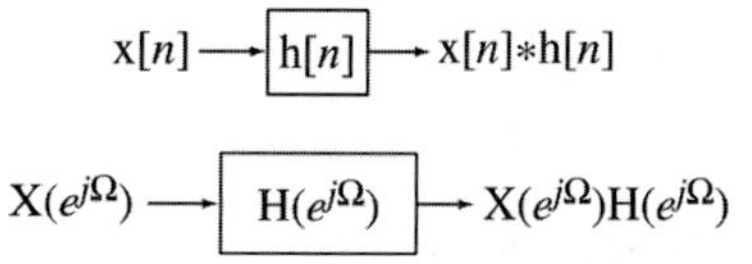

$\mathrm{x}[n] \rightarrow$ [$\mathrm{h}[n]$] $\rightarrow \mathrm{x}[n]*\mathrm{h}[n]$

$\mathrm{X}(e^{j\Omega}) \rightarrow$ [$\mathrm{H}(e^{j\Omega})$] $\rightarrow \mathrm{X}(e^{j\Omega})\mathrm{H}(e^{j\Omega})$

그림 7.15 시간 영역의 컨벌루션 및 주파수 영역의 곱의 등가성

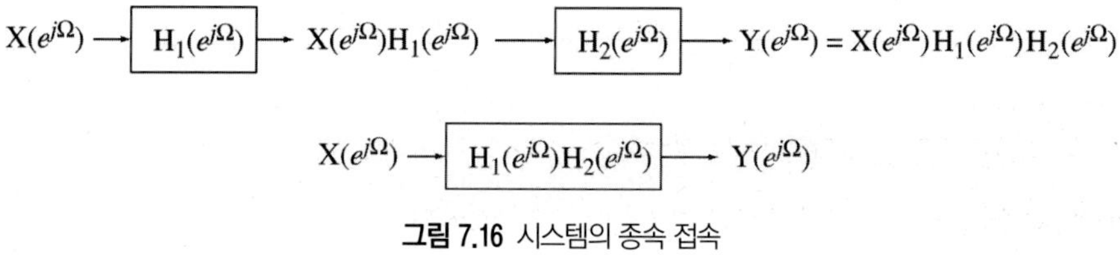

$\mathrm{X}(e^{j\Omega}) \rightarrow$ [$\mathrm{H}_1(e^{j\Omega})$] $\rightarrow \mathrm{X}(e^{j\Omega})\mathrm{H}_1(e^{j\Omega}) \rightarrow$ [$\mathrm{H}_2(e^{j\Omega})$] $\rightarrow \mathrm{Y}(e^{j\Omega}) = \mathrm{X}(e^{j\Omega})\mathrm{H}_1(e^{j\Omega})\mathrm{H}_2(e^{j\Omega})$

$\mathrm{X}(e^{j\Omega}) \rightarrow$ [$\mathrm{H}_1(e^{j\Omega})\mathrm{H}_2(e^{j\Omega})$] $\rightarrow \mathrm{Y}(e^{j\Omega})$

그림 7.16 시스템의 종속 접속

예제 7.5

시스템의 주파수 응답

〈그림 7.17〉에 있는 시스템의 주파수 응답의 크기 및 위상을 그래프로 나타내라. 만약 시스템이 신호 $x[n] = \sin(\Omega_0 n)$에 의해 여기 된다면 $\Omega_0 = \pi/4,\ \pi/2,\ 3\pi/4$에 대해 응답 y[n]을 구하고 그래프로 나타내라.

■ 풀이

시스템을 설명하는 차분 방정식은 $y[n]+0.7y[n-1]=x[n]$이고 임펄스 응답은 $h[n]=(-0.7)^n u[n]$이다. 주파수 응답은 임펄스 응답의 푸리에 변환이다. 다음 DTFT 쌍을 이용한다.

$$\alpha^n u[n] \xleftrightarrow{\mathcal{F}} \frac{1}{1-\alpha e^{-j\Omega}}$$

에서 다음과 같이 구한다.

$$h[n] = (-0.7)^n u[n] \xleftrightarrow{\mathcal{F}} H(e^{j\Omega}) = \frac{1}{1+0.7e^{-j\Omega}}$$

주파수 응답은 주기 2π로 Ω에서 주기적이므로, 범위 $-\pi \le \Omega < \pi$는 모든 주파수 응답 행동을 보여 준다. $\Omega = 0$에서 주파수 응답은 $H(e^{j0})=0.5882$이다. $\Omega=\pm\pi$에서 주파수 응답은 $H(e^{\pm j\pi})=3.333$이다. $\Omega = \Omega_0$에서 응답은 다음과 같다〈그림 7.18〉.

$$y[n] = \left|H(e^{j\Omega_0})\right| \sin(\Omega_0 n + \measuredangle H(e^{j\Omega_0})),$$

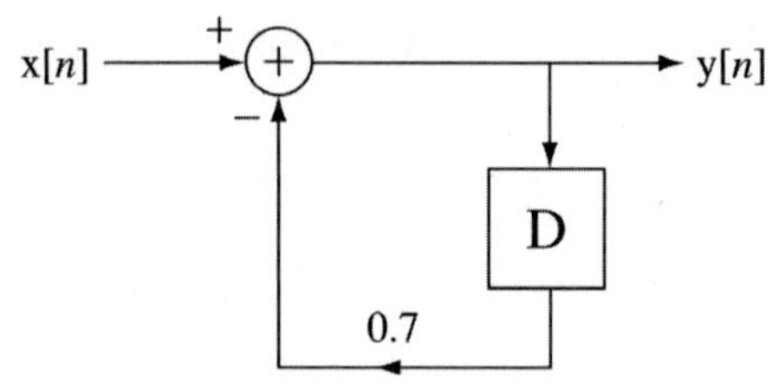

그림 7.17 이산시간 시스템

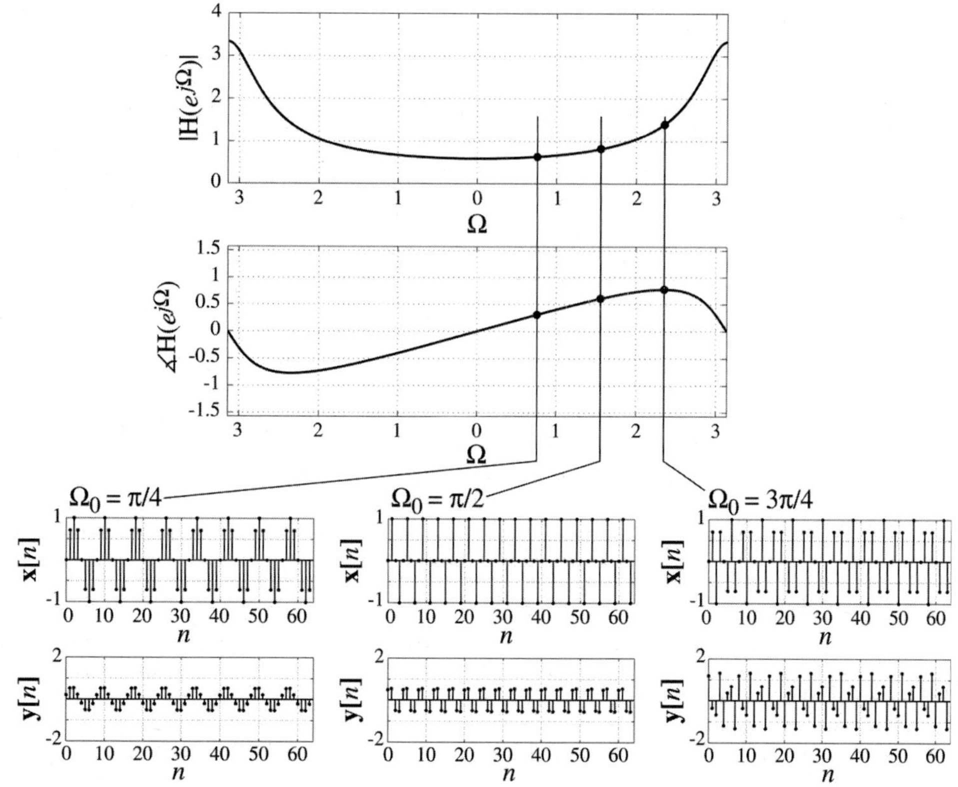

그림 7.18 주파수 응답 및 세 개의 정현파 신호와 그에 대한 응답

예제 7.6

sinc 신호의 신호 에너지

$x[n]=(1/5)\mathrm{sinc}(n/100)$의 신호 에너지를 구하라.

신호의 신호 에너지는 다음과 같이 정의된다.

$$E_x = \sum_{n=-\infty}^{\infty} |x[n]|^2$$

그러나 Parseval의 정리를 이용하여 복잡한 무한 합을 생략할 수 있다. $x[n]$의 DTFT는 푸리에 쌍

$$\mathrm{sinc}(n/w) \xleftrightarrow{\mathcal{F}} w\mathrm{rect}(wF) * \delta_1(F)$$

으로 부터 선형성 특성을 적용하면

$$(1/5)\mathrm{sinc}(n/100) \xleftrightarrow{\mathcal{F}} 20\mathrm{rect}(100F) * \delta_1(F)$$

을 구할 수 있다. Parseval의 정리는 다음과 같다.

$$\sum_{n=-\infty}^{\infty} |\mathrm{x}[n]|^2 = \int_1 |\mathrm{X}(F)|^2\, dF$$

따라서 신호 에너지는

$$E_x = \int_1 |20\mathrm{rect}(100F) * \delta_1(F)|^2\, dF = \int_{-\infty}^{\infty} |20\mathrm{rect}(100F)|^2\, dF$$

또는

$$E_x = 400 \int_{-1/200}^{1/200} dF = 4$$

■

예제 7.7

주기적으로 반복되는 구형파의 역 DTFT

DTFT의 정의를 이용하여 $\mathrm{X}(F) = \mathrm{rect}(wF) * \delta_1(F)$, $w > 1$의 역 DTFT를 구하라.

$$\mathrm{x}[n] = \int_1 \mathrm{X}(F) e^{j2\pi Fn}\, dF = \int_1 \mathrm{rect}(wF) * \delta_1(F) e^{j2\pi Fn}\, dF$$

F에서 폭 1인 임의의 구간에 대해서 적분할 수 있으므로 가장 간단한 것을 선택하기로 하자.

$$\mathrm{x}[n] = \int_{-1/2}^{1/2} \mathrm{rect}(wF) * \delta_1(F) e^{j2\pi Fn}\, dF$$

이 적분 구간에서 너비 $1/w$($w > 1$이므로)의 오직 하나의 구형파 만이 존재하고 다음과 같다.

$$\mathrm{x}[n] = \int_{-1/2w}^{1/2w} e^{j2\pi Fn}\, dF = 2\int_0^{1/2w} \cos(2\pi Fn)\, dF = \frac{\sin(\pi n/w)}{\pi n} = \frac{1}{w}\mathrm{sinc}\left(\frac{n}{w}\right)$$

이 결과로부터(DTFT 쌍의 표에 나와 있는) DTFT 쌍을 손쉽게 설정할 수 있다.

$$\mathrm{sinc}(n/w) \xleftrightarrow{\mathcal{F}} w\,\mathrm{rect}(wF) * \delta_1(F), \quad w > 1$$

또는

$$\mathrm{sinc}(n/w) \xleftrightarrow{\mathcal{F}} w \sum_{k=-\infty}^{\infty} \mathrm{rect}(w(F-k)), \quad w > 1$$

또는 각 주파수 형식에서 컨벌루션 특성

$$\mathrm{y}(t) = \mathrm{x}(t) * \mathrm{h}(t) \Rightarrow \mathrm{y}(at) = |a|\mathrm{x}(at) * \mathrm{h}(at)$$

을 이용하면

$$\mathrm{sinc}(n/w) \xleftrightarrow{\mathcal{F}} w\,\mathrm{rect}(w\Omega/2\pi) * \delta_{2\pi}(\Omega), \quad w > 1$$

또는

$$\mathrm{sinc}(n/w) \xleftrightarrow{\mathcal{F}} w \sum_{k=-\infty}^{\infty} \mathrm{rect}(w(\Omega - 2\pi k)/2\pi), \quad w > 1$$

을 얻는다(역 적분 식 (7.21)을 간단하게 하기 위해 이러한 푸리에 쌍을 $w>1$의 조건하에 유도했더라도 이는 또한 $w \le 1$의 조건에 부합한다).

■

이산시간 푸리에 변환의 수치 계산

DTFT는 $\mathrm{X}(F) = \sum_{n=-\infty}^{\infty} \mathrm{x}[n]e^{-j2\pi Fn}$와 같이 정의되고 DFT는 $\mathrm{X}[k] = \sum_{n=0}^{N-1} \mathrm{x}[n]e^{-j2\pi kn/N}$와 같이 정의된다. 만일 신호 $\mathrm{x}[n]$이 인과적이고 시간 길이의 제한이 있을 경우 DTFT는 n=0에서 시작해 n값들의 유한한 범위에 대한 합을 구하는 것이 된다. n이 유한한 범위 N을 갖도록 하기 위해 합의 마지막 값을 N-1로 놓는다.

$$\mathrm{X}(F) = \sum_{n=0}^{N-1} \mathrm{x}[n]e^{-j2\pi Fn}$$

이제 변수를 변경하여 $F \to k/N$으로 하면

$$\mathrm{X}(F)_{F\to k/N} = \mathrm{X}(k/N) = \sum_{n=0}^{N-1} \mathrm{x}[n]e^{-j2\pi kn/N} = \mathrm{X}[k]$$

을 구할 수 있고 또는 라디안 주파수 형태로 다음 식을 얻는다.

$$\mathrm{X}(e^{j\Omega})_{\Omega\to 2\pi k/N} = \mathrm{X}(e^{j2\pi k/N}) = \sum_{n=0}^{N-1} \mathrm{x}[n]e^{-j2\pi kn/N} = \mathrm{X}[k]$$

따라서 $\mathrm{x}[n]$의 DTFT는 임의의 정수 k에 대해 $\mathrm{x}[n]$의 DFT로부터 이산 주파수 집합 F=k/N 또

는 등가 $\Omega = 2\pi k/N$인 위치에서 구할 수 있다. 이러한 이산 주파수 집합의 해상도를 증가시키려면 N을 보다 크게 하면 된다. 보다 큰 N에 대하여 추가되는 $x[n]$ 값은 모두 0이 될 것이다. 이와 같이 주파수 영역의 해상도를 증가시키는 기법을 제로 패딩(zero padding)이라 한다.

역 DTFT는 아래와 같이 정의되고

$$x[n] = \int_1 X(F) e^{j2\pi F n}\, dF$$

역 DFT는 아래와 같이 정의된다.

$$x[n] = \frac{1}{N}\sum_{k=0}^{N-1} X[k] e^{j2\pi kn/N}$$

역 DTFT 적분을 근사화 시키는 N개의 적분의 합으로써 역 DTFT를 근사화할 수 있다.

$$x[n] \cong \sum_{k=0}^{N-1} \int_{k/N}^{(k+1)/N} X(k/N) e^{j2\pi F n}\, dF = \sum_{k=0}^{N-1} X(k/N) \int_{k/N}^{(k+1)/N} e^{j2\pi F n}\, dF$$

$$x[n] \cong \sum_{k=0}^{N-1} X(k/N) \frac{e^{j2\pi(k+1)n/N} - e^{j2\pi k/N}}{j2\pi n} = \frac{e^{j2\pi n/N} - 1}{j2\pi n} \sum_{k=0}^{N-1} X(k/N) e^{j2\pi kn/N}$$

$$x[n] \cong e^{j\pi n/N} \frac{j2\sin(\pi n/N)}{j2\pi n} \sum_{k=0}^{N-1} X(k/N) e^{j2\pi kn/N} = e^{j\pi n/N}\, \mathrm{sinc}(n/N) \frac{1}{N} \sum_{k=0}^{N-1} X(k/N) e^{j2\pi kn/N}$$

$n << N$일 때

$$x[n] \cong \frac{1}{N}\sum_{k=0}^{N-1} X(k/N) e^{j2\pi kn/N}$$

이고, 라디안 주파수 형태로

$$x[n] \cong \frac{1}{N}\sum_{k=0}^{N-1} X(e^{j2\pi k/N}) e^{j2\pi kn/N}$$

이다. 이것은 다음의 역 DFT가 된다.

$$X[k] = X(F)_{F \to k/N} = X(k/N) \quad \text{or} \quad X[k] = X(e^{j\Omega})_{\Omega \to 2\pi k/N} = X(e^{j2\pi k/N})$$

예제 7.8

DFT를 이용한 역 DTFT

DFT를 이용하여 아래 신호의 근사적인 역 DFT를 구하라.

$$X(F) = [\text{rect}(50(F-1/4)) + \text{rect}(50(F+1/4))] * \delta_1(F)$$

```
N = 512 ;             %      Number of pts to approximate X(F)
k = [0:N-1]' ;        %      Harmonic numbers

%  Compute samples from X(F) between 0 and 1 assuming
%  periodic repetition with period 1

X = rect(50*(k/N - 1/4)) + rect(50*(k/N - 3/4)) ;

%  Compute the approximate inverse DTFT and
%  center the function on n = 0

xa = real(fftshift(ifft(X))) ;

n = [-N/2:N/2-1]' ; %      Vector of discrete times for plotting

%  Compute exact x[n] from exact inverse DTFT

xe = sinc(n/50).*cos(pi*n/2)/25 ;

%  Graph the exact inverse DTFT

subplot(2,1,1) ; p = stem(n,xe,'k','filled') ; set(p,'LineWidth',1,
'MarkerSize',2) ;
axis([-N/2,N/2,-0.05,0.05]) ; grid on ;
xlabel('\itn','FontName','Times','FontSize',18) ;
ylabel('x[{\itn}]','FontName','Times','FontSize',18) ;
title('Exact','FontName','Times','FontSize',24) ;

%  Graph the approximate inverse DTFT

subplot(2,1,2) ; p = stem(n,xa,'k','filled') ; set(p,'LineWidth',1,
'MarkerSize',2) ;
axis([-N/2,N/2,-0.05,0.05]) ; grid on ;
xlabel('\itn','FontName','Times','FontSize',18) ;
ylabel('x[{\itn}]','FontName','Times','FontSize',18) ;
```

```
title('Approximation Using the DFT','FontName','Times','FontSize',
24) ;
```

완전 및 근사 역 DTFT 결과는 〈그림 7.19〉에 나타냈다. 완전 및 근사 x[n]은 n=0 가까이에서 실질적으로 동일하지만 n=±256 가까이에서는 현저히 상이하다는 점에 주의하라. 이는 근사 결과가 주기적이고 주기적으로 반복되는 sinc 함수의 중복이 플러스/마이너스 1/2 주기에 가까운 오차를 초래하기 때문이다.

예제 7.9는 흔한 해석 문제이며 서로 다른 종류의 해를 설명하다.

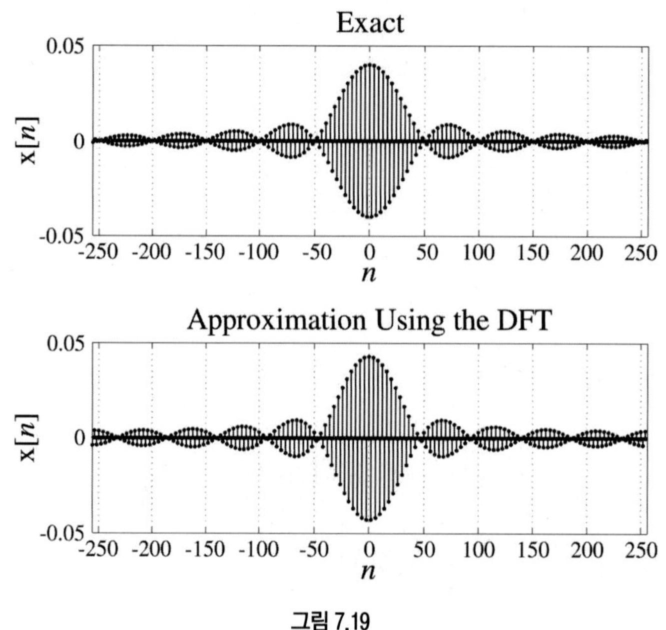

그림 7.19

■

예제 7.9

DTFT와 DFT를 이용한 시스템 응답

주파수 응답이 $H(e^{j\Omega}) = \dfrac{e^{j\Omega}}{e^{j\Omega} - 0.7}$인 시스템에 $x[n] = \mathrm{tri}((n-8)/8)$이 입력되었다. 시스템 응답을 구하라.

입력 신호의 DTFT는 $X(e^{j\Omega}) = 8\,\mathrm{drcl}^2(\Omega/2\pi, 8)e^{-j8\Omega}$이다. 따라서 응답의 DTFT는

$$Y(e^{j\Omega}) = \frac{e^{j\Omega}}{e^{j\Omega} - 0.7} \times 8\,\mathrm{drcl}^2(\Omega/2\pi, 8)e^{-j8\Omega}$$

이다. 여기에 문제점이 있다. 어떻게 $Y(e^{j\Omega})$의 역 DTFT를 구할까? 해석적인 해를 구하려면 변환보다는 시간 영역에서 수행하는 것이 이 경우 보다 쉬울 수 있겠다. 그러나 다른 방법이 있다. 역 DTFT를 근사화하고 $Y(e^{j\Omega})$를 수치적으로 구하기 위하여 역 DFT를 사용한다.

역 DFT를 계산할 때 y[n] 값의 개수는 사용하는 $Y(e^{j2\pi k/N})$ 값의 개수인 N과 동일할 것이다. 이것이 좋은 근사화가 되려면 0이 아닌 매우 큰 y[n] 값을 가지는 시간 범위를 포함하려면 매우 큰 N을 사용할 필요가 있다. 삼각형 신호는 밑변의 폭이 16이고 시스템의 임펄스 응답은 $(0.7)^n$ u[n]이다. 이것은 0으로 접근하나 0에 도달하지 못하는 감소 지수 신호이다. 초기치에서 1% 아래에 도달할 때의 폭을 이용하면 약 13의 폭을 얻는다. 컨벌루션은 그 두 개의 폭의 합에서 1을 뺀 것이므로 N이 적어도 28은 되어야 한다. 또한 근사화가 잘 이루어지려면 $n \ll N$인 부등식에 따라야 한다. 따라서 계산 시 $N=128$을 사용하고 또한 처음 30개의 값만을 사용하자. 아래는 역 DTFT를 구하기 위한 MATLAB 프로그램이다. 그 다음은 프로그램으로부터 생성된 세 개의 그래프이다〈그림 7.20〉.

```
% Program to find an inverse DTFT using the inverse DFT

N = 128 ;                  % Number of points to use
k = [0:N-1]' ;             % Vector of harmonic numbers
n = k ;                    % Vector of discrete times
x = tri((n-8)/8) ;         % Vector of excitation signal values

% Compute the DTFT of the excitation
X = 8*drcl(k/N,8).^2.*exp(-j*16*pi*k/N) ;

% Compute the frequency response of the system
H = exp(j*2*pi*k/N)./(exp(j*2*pi*k/N) - 0.7) ;

h = 0.7.^n.*uD(n) ; % Vector of impulse response values

Y = H.*X ;            % Compute the DTFT of the response

y = real(ifft(Y)) ; n = k ;       % Vector of system response
values

% Graph the excitation, impulse response and response
n = n(1:30) ; x = x(1:30) ; h = h(1:30) ; y = y(1:30) ;
subplot(3,1,1) ;
```

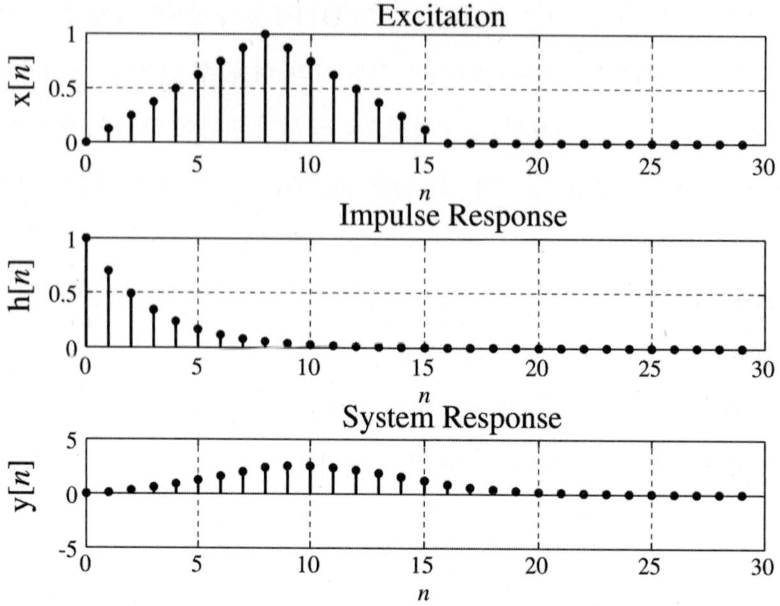

그림 7.20 입력, 임펄스 응답과 시스템 응답

```
subplot(3,1,1) ;
ptr = stem(n,x,'k','filled') ; grid on ;
set(ptr,'LineWidth',2,'MarkerSize',4) ;
% xlabel('\itn','FontSize',24,'FontName','Times') ;
ylabel('x[{\itn}]','FontSize',24,'FontName','Times') ;
title('Excitation','FontSize',24,'FontName','Times') ;
set(gca,'FontSize',18,'FontName','Times') ;
subplot(3,1,2) ;
ptr = stem(n,h,'k','filled') ; grid on ;
set(ptr,'LineWidth',2,'MarkerSize',4) ;
% xlabel('\itn','FontSize',24,'FontName','Times') ;
ylabel('h[{\itn}]','FontSize',24,'FontName','Times') ;
title('Impulse Response','FontSize',24,'FontName','Times') ;
set(gca,'FontSize',18,'FontName','Times') ;
subplot(3,1,3) ;
ptr = stem(n,y,'k','filled') ; grid on ;
set(ptr,'LineWidth',2,'MarkerSize',4) ;
xlabel('\itn','FontSize',24,'FontName','Times') ;
ylabel('y[{\itn}]','FontSize',24,'FontName','Times') ;
title('System Response','FontSize',24,'FontName','Times') ;
set(gca,'FontSize',18,'FontName','Times') ;
```
■

예제 7.10

DFT를 이용하여 시스템의 응답 구하기

어떤 실험에서 샘플들의 집합

n	0	1	2	3	4	5	6	7	8	9	10
x[n]	−9	−8	6	4	−4	9	−9	−1	−2	5	6

을 얻어서 임펄스 응답이 h[n]......h[n] = $n(0.7)^n$ u[n]인 스무딩 필터로 처리한다. 필터 응답 y[n]을 구하라.

표에서 h[n]의 DTFT를 구한다. 그러나 x[n]은 식별할 수 있는 함수 형태가 아니다. 아래와 같이 직접 공식을 써서 x[n]의 변환을 구한다.

$$X(e^{j\Omega}) = \sum_{z=0}^{10} x[n]e^{-j\Omega n}$$

그러나 이것은 지루하고 시간이 걸리는 일이다. x[n]의 만일 0이 아닌 부분이 길어지게 되면 비현실적이 된다. 대신 위에서 유도한 DFT를 가지고 DTFT 근사화하는 관계식을 이용한다.

$$X(e^{j2\pi k/N}) = \sum_{n=0}^{N-1} x[n]e^{-j2\pi kn/N}$$

이 문제는 수치 컨벌루션을 이용해 시간 영역에서 풀 수도 있다. 그러나 DFT 사용을 선호하는 두 가지 이유가 있다. 첫째, 만일 사용하는 점의 개수가 2의 정수 멱이면 컴퓨터에서 DFT를 구현하는 fft 알고리듬이 효율적이다. 즉, 시간 영역 컨벌루션보다 계산 시간이 줄어드는 확실한 장점이 있다. 둘째, DFT를 사용하면 입력 , 임펄스 응답과 시스템 응답의 시간 스케일이 모두 같다. 수치 시간 영역 컨벌루션을 사용할 때는 그렇지 않다.

다음 MATLAB 프로그램은 DFT를 이용하여 문제를 수치적으로 풀고 있다. 〈그림 7.21〉은 입력, 임펄스 응답과 시스템 응답을 보여준다.

```
% Program to find a discrete-time system response using the DFT
N = 32 ;              % Use 32 points
n = [0:N-1]' ;                % Time vector
% Set excitation values
x = [[-9,-8,6,4,-4,9,-9,-1,-2,5,6],zeros(1,21)]' ;
h = n.*(0.7).^n.*uD(n) ; % Compute impulse response
```

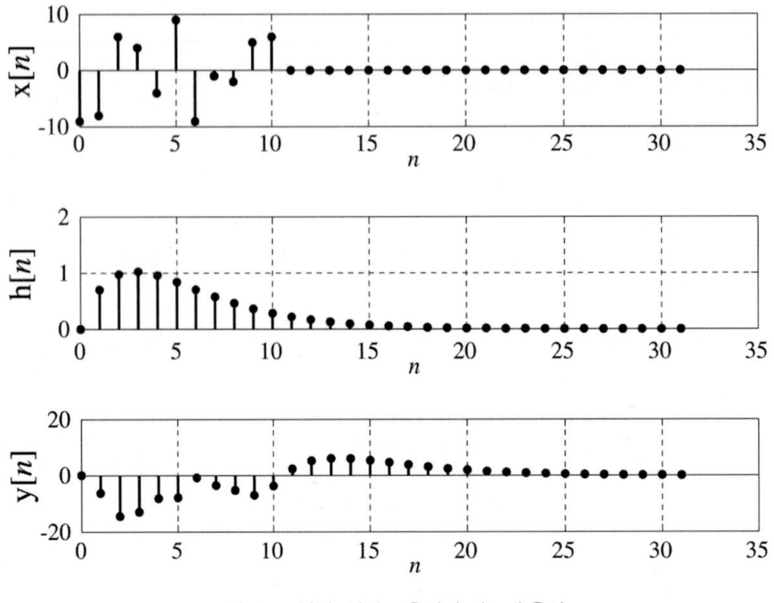

그림 7.21 입력, 임펄스 응답과 시스템 응답

```
X = fft(x) ;          % DFT of excitation
H = fft(h) ;          % DFT of impulse response
Y = X.*H ;            % DFT of system response
y = real(ifft(Y)) ; % System response
% Graph the excitation, impulse response and system response
subplot(3,1,1) ;
ptr = stem(n,x,'k','filled') ; set(ptr,'LineWidth',2,'MarkerSize',4) ;
grid on ;
xlabel('\itn','FontName','Times','FontSize',24) ;
ylabel('x[{\itn}]','FontName','Times','FontSize',24) ;
set(gca,'FontName','Times','FontSize',18) ;
subplot(3,1,2) ;
ptr = stem(n,h,'k','filled') ; set(ptr,'LineWidth',2,'MarkerSize',4) ;
grid on ;
xlabel('\itn','FontName','Times','FontSize',24) ;
ylabel('h[{\itn}]','FontName','Times','FontSize',24) ;
set(gca,'FontName','Times','FontSize',18) ;
subplot(3,1,3) ;
ptr = stem(n,y,'k','filled') ; set(ptr,'LineWidth',2,'MarkerSize',4) ;
grid on ;
xlabel('\itn','FontName','Times','FontSize',24) ;
ylabel('y[{\itn}]','FontName','Times','FontSize',24) ;
set(gca,'FontName','Times','FontSize',18) ;
```

■

7.4 푸리에 방법의 비교

DTFT를 마지막으로 푸리에 분석 방법을 마친다. 네 가지 방법은 연속시간, 이산시간, 연속 주파수, 이산 주파수(고조파 차수로 표현됨)의 네 가지 조합을 행렬로 보여 준다〈그림 7.22〉.

	Continuous Frequency	Discrete Frequency
Continuous Time	CTFT	CTFS
Discrete Time	DTFT	DFT

그림 7.22 푸리에 방법 행렬

〈그림 7.23〉에 연속 및 이산시간과 각각의 푸리에 변환과 고조파 함수와 관련하여 네 가지의 구형파 또는 주기 구형파를 보여 준다. 하나의 연속시간 구형파의 CTFT는 하나의 연속 주파수 싱크 함수이다. 만일 그 연속시간 구형파를 샘플링하면 이산시간 구형파가 되고 이것의 DTFT는 주기적으로 반복되는 것을 제외하면 CTFT와 유사하다. 만일 연속시간 구형파가 주기적으로 반복되면 그것의 CTFS 고조파 함수는 주파수(고조파 차수)가 샘플링 되는 것을 제외하면 CTFT와 유사하다. 만일 원래 연속시간 구형파가 주기적으로 반복되면서 또한 샘플

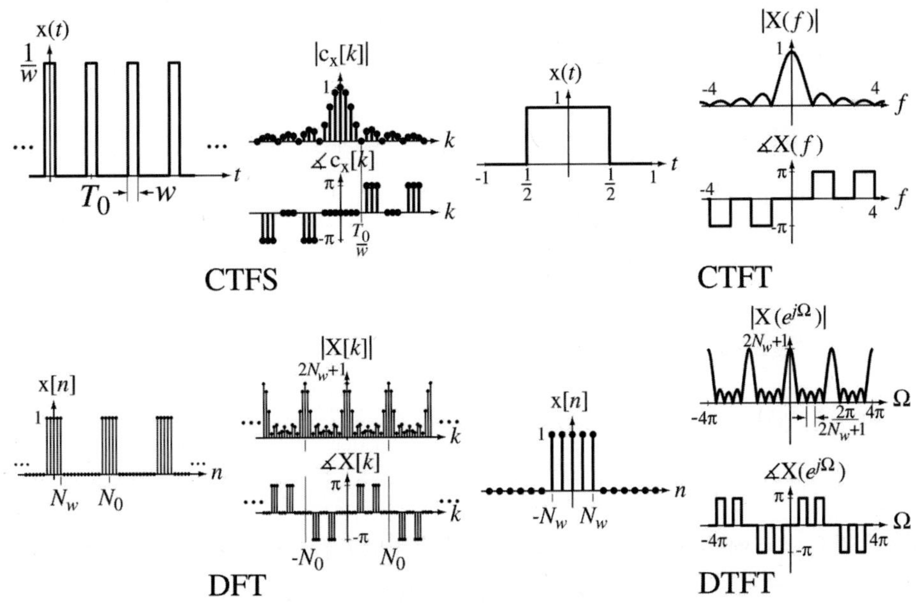

그림 7.23 네 가지 연관된 신호의 푸리에 변환 비교

링 되면 이것의 DFT 또한 주기적으로 반복되면서 샘플링 된다. 그래서 일반적으로 시간 또는 주파수 영역에서의 주기적인 반복은 그 반대편의 주파수 또는 시간 영역에서의 샘플링에 해당한다. 그리고 시간 또는 주파수 영역의 샘플링은 그 반대편의 주파수 또는 시간의 주기적인 반복을 의미한다. 이런 관계는 10장의 샘플링에서 중요하다.

7.5 요약

1. 공학적으로 중요한 어떠한 이산시간 신호도 이산시간 푸리에 시리즈(DTFS) 또는 이산 푸리에 역 변환(역 DFT)으로 표현되며 이때 고조파 차수는 기본 주기와 같다.
2. DFT에서 사용된 복소 정현파는 직교 기저 함수를 이룬다.
3. 고속 푸리에 변환(FFT)은 표현 시간이 2의 정수 멱수이면 DFT를 계산하는 데 효과적인 컴퓨터 알고리듬이다.
4. 비주기 신호에 대해 표현 시간을 무한대로 보내면 DFT가 이산시간 푸리에 변환(DTFT)으로 확장된다.
5. 임펄스의 변환을 허용함으로써 DTFT를 어떤 중요한 신호에 적용하여 일반화 할 수 있다.
6. DFT와 역 DFT는 어떤 조건 하에 DTFT와 역 DTFT를 수치적으로 근사화 하는데 사용될 수 있다.
7. 이산시간 푸리에 변환 쌍과 특성을 이용하여 공학적으로 중요한 신호의 정, 역 변환을 구할 수 있다.
8. CTFS, CTFT, DFT와 DTFT는 주기, 비주기, 연속시간, 이산시간 신호에 대해 밀접한 연관이 있는 분석 방법이다.

해답이 있는 연습문제

(각 연습문제의 해답은 무작위로 나열했다.)

직교성

1. 다음과 같은 조건에서 계산기나 컴퓨터를 사용하지 말고 (a) $\mathbf{w}_1$과 $\mathbf{w}_{-1}$ (b) $\mathbf{w}_1$과 $\mathbf{w}_{-2}$ (c) $\mathbf{w}_{11}$과 $\mathbf{w}_{37}$의 내적을 구하고 그들이 모두 직교함을 보여라.

$$\mathbf{w}_k = \begin{bmatrix} W_4^0 \\ W_4^k \\ W_4^{2k} \\ W_4^{3k} \end{bmatrix} \text{and } W_N = e^{j2\pi/N}$$

해답 : 모든 내적은 0이다.

2. 벡터 $\mathbf{x} = \begin{bmatrix} 11 \\ 4 \end{bmatrix}$의 벡터 $\mathbf{y} = \begin{bmatrix} -2 \\ 1 \end{bmatrix}$방향으로의 투영 p를 구하라.

해답 : $18\begin{bmatrix} 2/5 \\ -1/5 \end{bmatrix}$

3. 벡터 $\mathbf{x} = \begin{bmatrix} 2 \\ -3 \\ 1 \\ 5 \end{bmatrix}$의 벡터 $\mathbf{y} = \begin{bmatrix} 1 \\ j \\ -1 \\ -j \end{bmatrix}$방향으로의 투영 p를 구하라. 그리고 x의 DFT를 구하고 그 결과를 X[3]y/4와 비교하라.

해답 : $\begin{bmatrix} 1/4 - j2 \\ 2 + j/4 \\ -1/4 + j2 \\ -2 - j/4 \end{bmatrix}$동일하다.

이산 푸리에 변환

4. 직접 합 공식을 이용하여 $\delta_{10}[n]$, $N=10$의 DFT 고조파 함수를 구하고 표에 주어진 DFT와 비교하라.

5. 컴퓨터를 사용하지 않고 다음 데이터 시퀀스의 DFT를 구하라.

$$\text{x}[n]_{n=0\to3} = \{3, 4, 1, -2\}$$

해답 : $\text{X}[k]_{k=0\to3} = \{6,\ 2-j6,\ 2,\ 2+j6\}$

6. 행렬 곱 $\text{X}=\text{W}^H\text{x}$을 이용하여 주기 4인 신호 x[n]의 DFT 고조파 함수를 구하라. x[0]=3,

x[1]=1, x[2]=-5, x[3]=0.

해답 : $\mathbf{X}=\begin{bmatrix} -1 \\ 8-j \\ -3 \\ 8+j \end{bmatrix}$

7. 각 신호에 대해 하나의 기본 주기에 대한 DFT 고조파 함수를 구하고 $X[N_0/2]$가 실수임을 보이라.

(a) $x[n]=(u[n+2]-u[n-3])*\delta_{12}[n]$ (b) $x[n]=(u[n+3]-u[n-2])*\delta_{12}[n]$
(c) $x[n]=\cos(14\pi n/16)\cos(2\pi n/16)$ (d) $x[n]=\cos(12\pi n/14)\cos(2\pi(n-3)/14)$

해답 : $2(2\delta_8[k-4]+\delta_8[k-3]+\delta_8[k+3])$, $5\,\text{drcl}(k/12,5)e^{j\pi k/6}$
$(49/14)(\delta_{14}[k-7]+\delta_{14}[k-5]+\delta_{14}[k+5]+\delta_{14}[k+7])e^{j3\pi k/7}$, $5\,\text{drcl}(k/12,5)$

이산시간 푸리에 변환 정의

8. 합 정의로부터 다음 신호의 DTFT를 구하고 DTFT 표와 비교하라.

$$x[n]=10(u[n+4]-u[n-5])$$

9. 정의로부터 아래 함수에 대한 DTFT의 Ω 형태로 표현되는 일반적인 식을 유도하라.

$$x[n]=\alpha^n\sin(\Omega_0 n)u[n],\ |\alpha|<1$$

DTFT 표와 비교하라.

10. 신호의 정의가 다음과 같다.

$$x[n]=\text{sinc}(n/8)$$

x[n-2]의 DTFT의 크기와 위상을 그려라.

해답 :

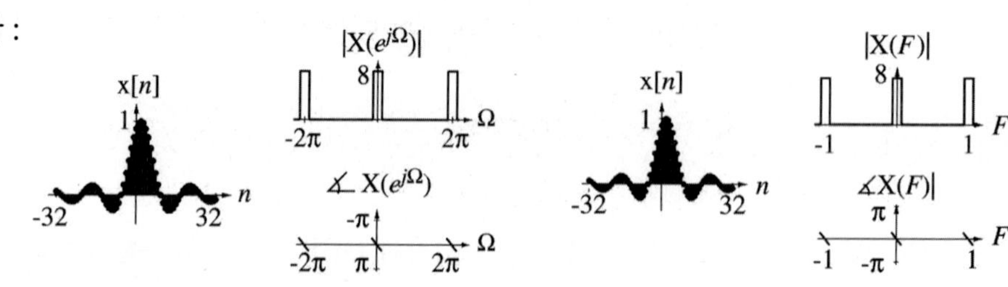

11. 신호의 정의가 다음과 같다.

$$x[n] = \sin(\pi n/6)$$

$x[n-3]$과 $x[n+12]$의 DTFT의 크기와 위상을 그려라.

해답 :

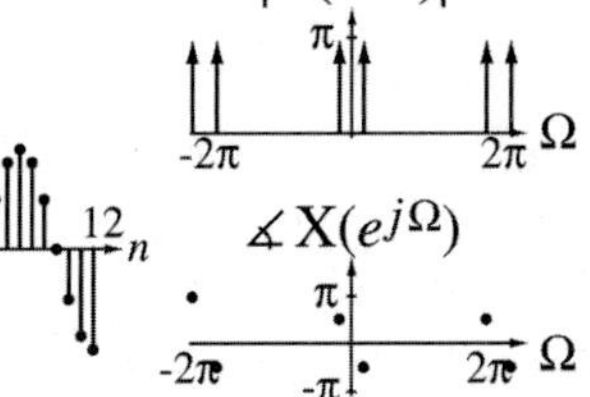

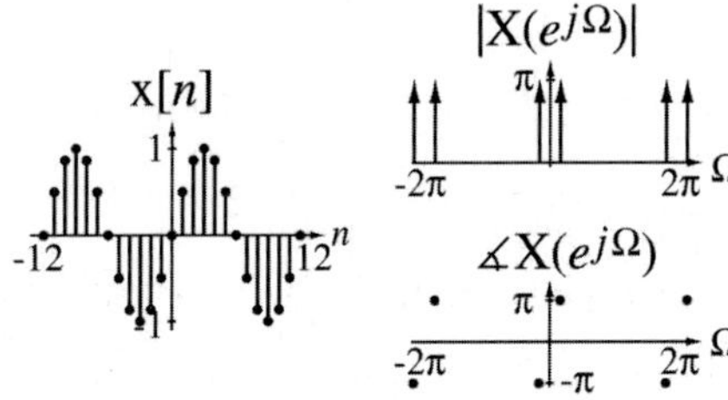

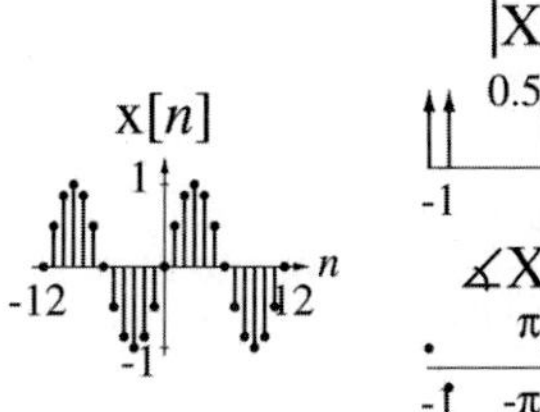

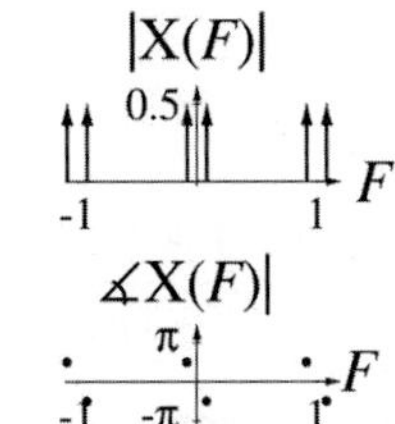

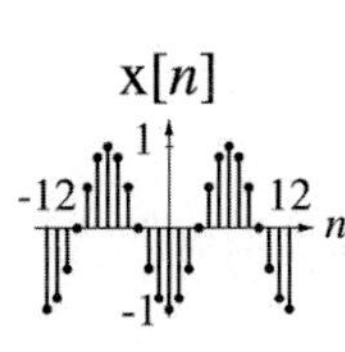

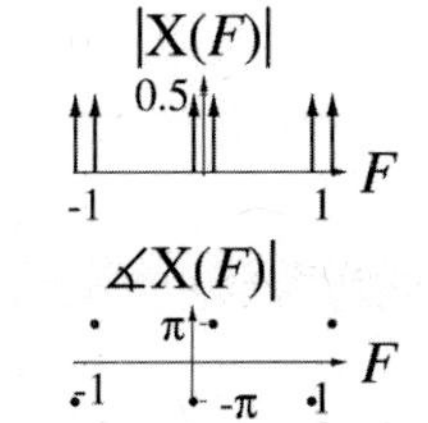

12. 신호의 DTFT가 다음과 같이 정의된다.

$$X(e^{j\Omega}) = 4[\mathrm{rect}((2/\pi)(\Omega - \pi/2)) + \mathrm{rect}((2/\pi)(\Omega + \pi/2))] * \delta_{2\pi}(\Omega)$$

$x[n]$을 그려라.

해답 :

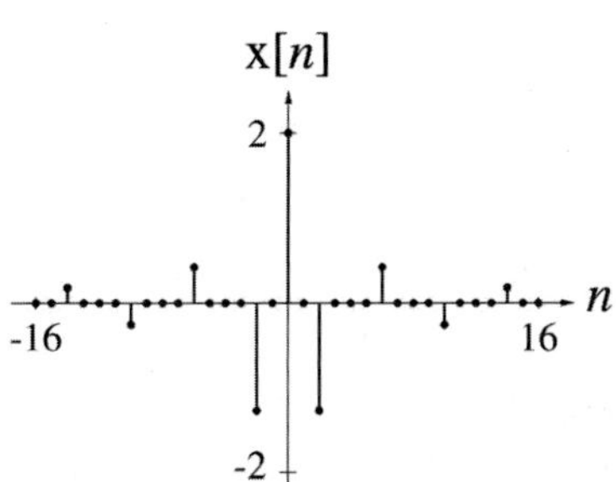

13. 다음 신호의 DTFT의 크기와 위상을 그려라.

$$x[n] = (u[n+4] - u[n-5]) * \cos(2\pi n/6)$$

$x[n]$을 그려라.

해답 :

14. $X(F) = (1/2)[\text{rect}(4F) * \delta_1(F)] \circledast \delta_{1/2}(F)$의 역 DTFT를 그려라.

해답 :

15. 상수의 수치 값을 구하라.

(a) $A(\text{u}[n+W] - \text{u}[n-W-1])e^{jB\pi n} \xleftrightarrow{\mathcal{F}} 10\dfrac{\sin(5\pi(F+1))}{\sin(\pi(F+1))}$ A, W and B.

(b) $2\delta_{15}[n-3](\text{u}[n+3] - \text{u}[n-4]) \xleftrightarrow{\mathcal{F}} Ae^{jB\Omega}$ A and B.

(c) $(2/3)^n \text{u}[n+2] \xleftrightarrow{\mathcal{F}} \dfrac{Ae^{jB\Omega}}{1-\alpha e^{-j\Omega}}$ A, B and α.

(d) $4\,\text{sinc}(n/10) \xleftrightarrow{\mathcal{F}} A\text{rect}(BF) * \delta_1(F)$ A and B.

해답 : 2, -2, -3, 10, 2/3, 2, 4, 40, 10, 9/4

16. 함수의 수치 값을 구하라.

(a) $\text{x}[n] = 4(2/3)^n \text{u}[n]$ $\text{X}(e^{j\Omega})\big|_{\Omega=\pi}$

(b) $\text{x}[n] = 2(\text{u}[n+1] - \text{u}[n-6])$ $\text{X}(e^{j\Omega})\big|_{\Omega=\pi/4}$.

(c) $\text{X}(F) = [\text{rect}(10F) * \delta_1(F)] \circledast (1/2)[\delta_1(F-1/4) + \delta_1(F+1/4)]$ x[2]

해답 : -0.09355, 2.4, $-j2$

17. DTFT의 미분 특성과 변환 쌍을 이용해

$$\text{tri}(n/2) \xleftrightarrow{\mathcal{F}} 1 + \cos(2\pi F)$$

의 DTFT를 $(1/2)(\delta[n+1] + \delta[n] - \delta[n-1] - \delta[n-2])$구하라. 표에서 구한 푸리에 변환과 비교하라.

18. Parseval 정리를 이용하여 다음 신호 에너지를 구하라.

$$x[n] = \text{sinc}(n/10)\sin(2\pi n/4)$$

해답 : 5

19. 다음 신호에 대해 $-\pi \le \Omega < \pi$ 범위에서 DTFT의 크기와 위상을 그려라.

$$x[n] = \begin{cases} \ln(n+1), & 0 \le n < 10 \\ -\ln(-n+1), & -10 < n < 0 \\ 0, & \text{otherwise} \end{cases}$$

해답 :

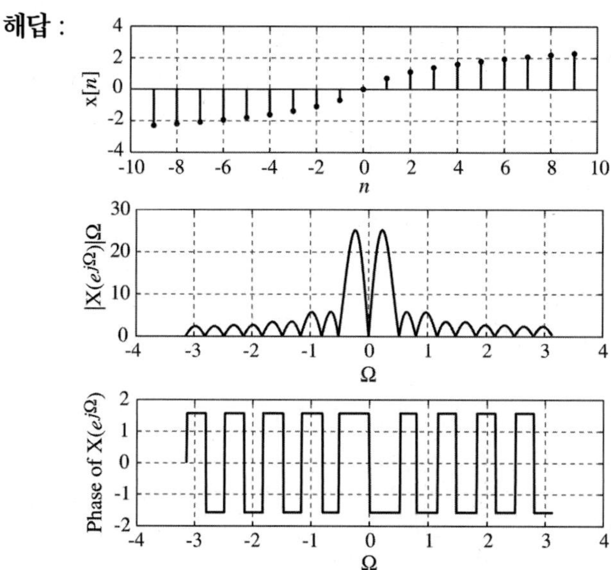

해답이 없는 연습문제

이산 푸리에 변환

20. DFT 쌍 $(u[n]-u[n-5]) * \delta_8[n] \xleftrightarrow[8]{\mathcal{DFT}} 5e^{-j\pi k/2}$이 주어졌을 때 동일 신호에 대해 8 대신 16 포인트 DFT 고조파 함수를 구하라. 그리고 합 형태의 역 DFT를 쓰고 MATLAB으로 합을 구하고 그래프를 그린 후 주기 변경 특성이 맞음을 보여라.

21. 이산시간 신호 x[n]이 주기 8인 주기 신호이다. DFT 고조파 함수의 한 주기는 다음과 같다.

$$\{X[0],\cdots,X[7]\} = \{3, 4+j5, -4-j3, 1+j5, -4, 1-j5, -4+j3, 4-j5\}$$

(a) x[n]의 평균 값은?

(b) x[n]의 전력은?

(c) x[n]이 우함수 또는 기함수 또는 둘 다 아닌가?

22. $x_1[n] = 10\cos(2\pi n/8) \xleftrightarrow[8]{\mathcal{DFT}} X_1[k]$, $x_2[n] \xleftrightarrow[32]{\mathcal{DFT}} X_1[k]$일 때 $x_2[2], x_2[4], x_2[8], x_2[204]$의 수치 값을 구하라.

23. 신호 x(t)를 4번 샘플링 했고 샘플은 $\{x[0], x[1], x[2], x[3]\}$이다. 이것의 DFT 고소파 함수는 $\{X[0], X[1], X[2], X[3]\}$. X[3]는 $X[3] = a\,x[0] + b\,x[1] + c\,x[2] + d\,x[3]$로 쓸 수 있다. a, b, c, d 값은?

이산시간 푸리에 변환

24. 각 신호의 DTFT를 구하라.

(a) $x[n] = (1/3)^n\, u[n-1]$
(b) $x[n] = \sin(\pi n/4)(1/4)^n\, u[n-2]$
(c) $x[n] = \text{sinc}(2\pi n/8) * \text{sinc}(2\pi(n-4)/8)$
(d) $x[n] = \text{sinc}^2(2\pi n/8)$

25. 각 함수의 역 DTFT를 그려라.

(a) $X(F) = \delta_1(F) - \delta_1(F - 1/2)$
(b) $X(e^{j\Omega}) = j2\pi[\delta_{2\pi}(\Omega + \pi/4) - \delta_{2\pi}(\Omega - \pi/4)]$
(c) $X(e^{j\Omega}) = 2\pi[\delta(\Omega - \pi/2) + \delta(\Omega - 3\pi/8) + \delta(\Omega - 5\pi/8)] * \delta_{2\pi}(2\Omega)$

26. 신호 x[n]의 DTFT는 $X(F) = 10\,\text{sinc}(5F) * \delta_1(F)$이다. 신호의 에너지는?

27. 신호 x[n]는 다음 DTFT를 가진다.

$$X(e^{j\Omega}) = 2\pi[\delta_{2\pi}(\Omega - \pi/2) + \delta_{2\pi}(\Omega + \pi/2) + j\delta_{2\pi}(\Omega + 2\pi/3) - j\delta_{2\pi}(\Omega - 2\pi/3)]$$

x[n]의 기본 주기 N_0는?

28. $x[n] = 2\delta[n+3] - 3\delta[n-3]$의 DTFT는 다음과 같다.

$$X(F) = A\sin(bF) + Ce^{dF}$$

A, b, C, d 수치 값을 구하라.

29. $x[n]$은 신호이고 $y[n]=\sum_{m=-\infty}^{n} x[m]$이다. 만일 $Y(e^{j\Omega})=\cos(2\Omega)$이면 $x[n]$은 정확히 4개의 임펄스로 구성된다. 그들의 수치 세기 및 위치는?

30. 신호 $x[n]=4\cos(2\pi n/15)+2\cos(2\pi n/9)$이 임펄스 응답 $h[n]=u[n+N_w]-u[n-N_w-1]$인 시스템을 여기한다. N_w=22일 때 시스템의 응답 $y[n]$은 0이다. 더 큰 어떤 N_w에 대해서도 시스템의 응답은 0이다. 응답을 0으로 하는 22보다 큰 다음 양의 정수값 N_w를 구하라.

Tip : drcl(F, N)의 0은 F자체가 정수일 때는 제외하고 F가 $1/N$의 정수배에서 발생한다.

31. 〈그림 E.31〉에 1-14까지의 신호가 있다. 그 밑에 DTFT 크기 그래프가 있다. 해당 신호를 찾아라.

1. $3\,\mathrm{sinc}(n)$	2. $5\,\mathrm{sinc}(n/4)*2\,\mathrm{sinc}(n/4)$	3. $7\cos(2\pi n/8)$
4. $\delta[n+1]-\delta[n-1]$	5. $3\,\mathrm{sinc}(n/4)$	6. $4\sin(2\pi n/8)$
7. $(2/3)^n\,u[n]$	8. $2(u[n-1]-u[n-6])$	9. $4\delta_4[n]$
10. $-4\delta_2[n]$	11. $-3\,\mathrm{sinc}^2(n/4)$	12. $\delta[n+1]+\delta[n-1]$
13. $2(u[n]-u[n-7])$	14. $(-1/3)^n\,u[n]$	

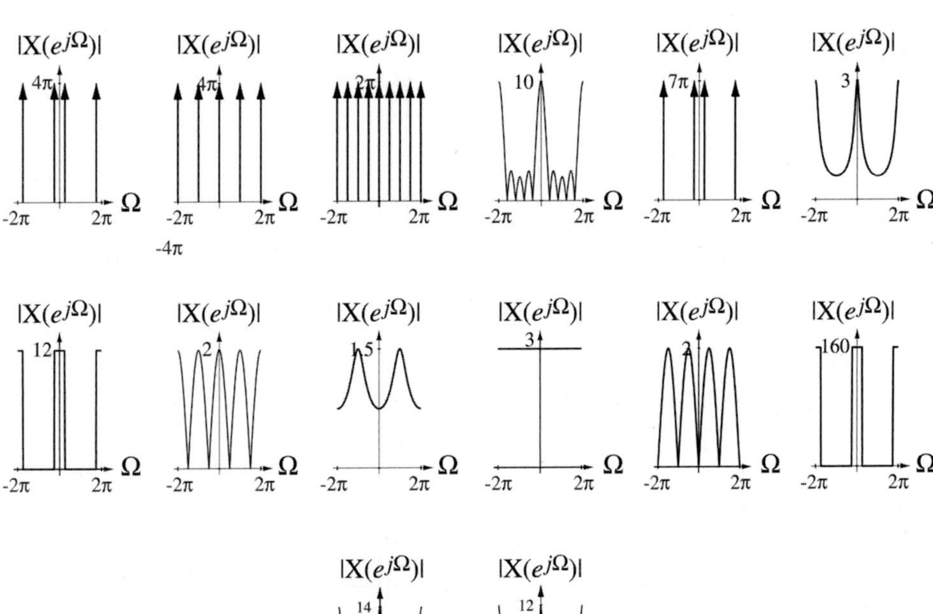

그림 E.31

32. 〈그림 E.32〉(a)에 이산시간 신호가 있다. 〈그림 E.32〉(b)에 DTFT 크기 그래프가 있다. 각 DTFT 크기 그래프에 대해 해당하는 신호를 찾아라.

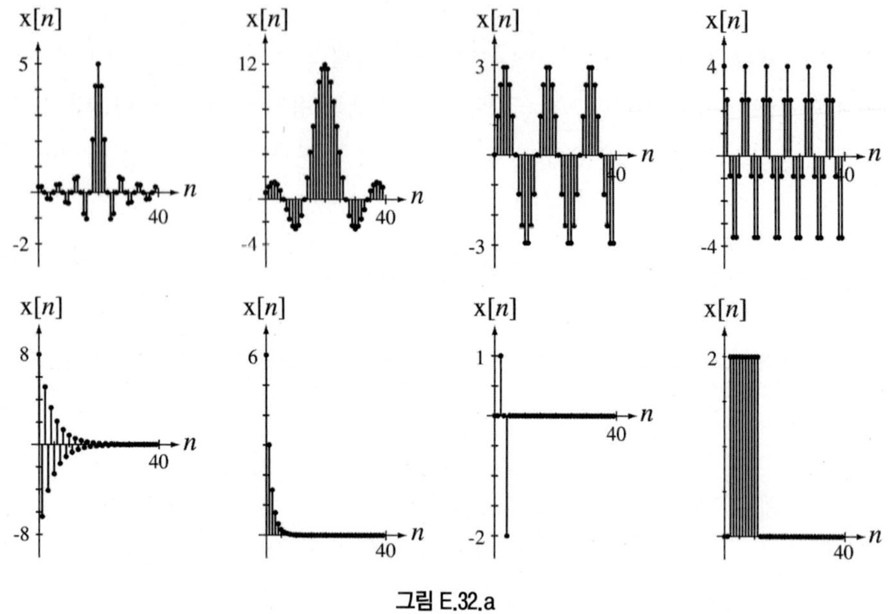

그림 E.32.a

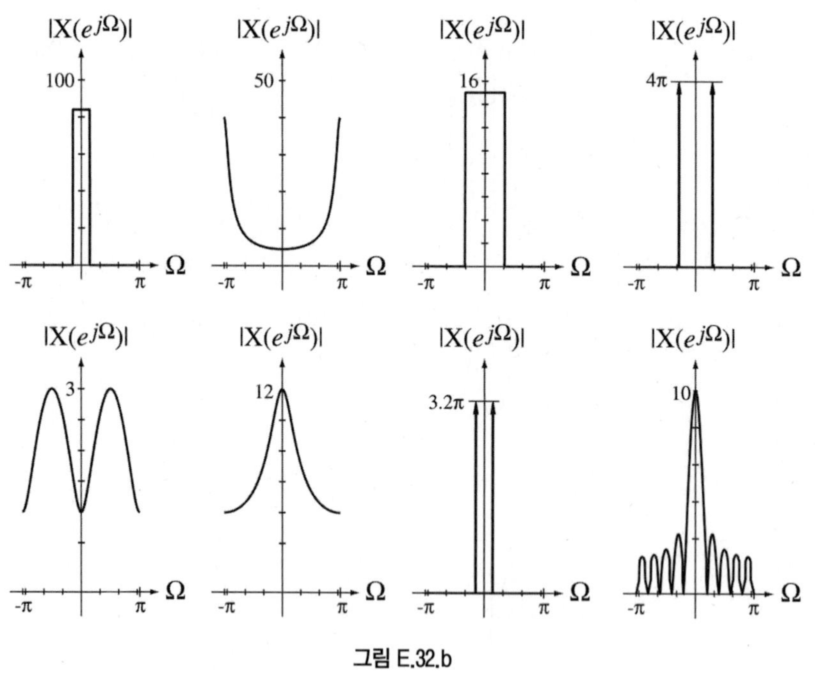

그림 E.32.b

33. DFT를 이용하여 수치적으로 한 주기가 $X(e^{j\Omega}) = \sqrt{\pi^2 - \Omega^2}$, $-\pi < \Omega < \pi$로 표시되는 함수의 역 DTFT를 구하라. 이산시간 n에 대한 그래프를 그려라.

CHAPTER 8

라플라스 변환

8.1 개요 및 학습 목표

연속시간 푸리에 변환(CTFT)은 신호와 시스템을 분석하는 강력한 도구이지만 한계를 가지고 있다. 유용하게 사용되는 신호 가운데서도 CTFT를 구할 수 없는 신호가 존재하며 이는 신호의 CTFT에 임펄스의 존재를 허용하는 일반화된 경우에도 마찬가지이다. CTFT에서는 신호를 복소 정현파의 선형결합으로 표현한다. 이 장에서는 CTFT를 라플라스 변환(Laplace transform)으로 확장하고자 한다. 라플라스 변환에서는 신호를 복소 지수 함수의 선형결합으로 표현하는데 이는 연속시간 LTI 시스템을 기술하는 미분방정식의 고유함수에 해당한다. 복소 정현파는 복소 지수 함수의 특별한 경우이다. 어떤 신호의 경우에는 CTFT는 존재하지 않지만 라플라스 변환은 존재하기도 한다.

LTI 시스템의 임펄스 응답은 시스템의 특성을 완벽하게 설명한다. 라플라스 변환에서는 LTI 시스템의 임펄스 응답을 LTI 시스템의 고유함수의 선형결합으로 나타내기 때문에 시스템의 특성을 직접적으로 요약하기에 매우 적합한 방식이다. 시스템을 분석하고 설계하는 다양한 기법들이 라플라스 변환에 근거하고 있다.

학습 목표

1. CTFT가 존재하지 않는 신호에 대해서도 적용 가능한 라플라스 변환을 전개한다.
2. 라플라스 변환이 적용 가능한 신호의 범위를 정의한다.
3. 전달함수를 통해 시스템을 직접 구현하는 기법을 설명한다.
4. 라플라스 변환 및 라플라스 역변환을 구하는 방법을 학습한다.
5. 라플라스 변환의 성질 특히 푸리에 변환과 직접적으로 대응되지 않는 성질을 유도하고 설명한다.

6. 단방향 라플라스 변환을 정의하고 이의 독특한 성질을 살펴본다.

7. 단방향 라플라스 변환을 사용하여 초기 값이 주어진 미분방정식의 해를 구하는 방법을 학습한다.

8. 시스템 전달함수의 극점 및 영점(zero)의 위치와 시스템의 주파수 응답 사이의 관계를 살펴본다.

9. MATLAB을 통해 시스템의 전달함수를 나타내는 방법을 학습한다.

8.2 라플라스 변환의 전개

푸리에 급수를 푸리에 변환으로 확장할 때 주기 신호의 기본 주기를 무한대로 보냄으로써 CTFS에서의 이산 주파수 kf_0를 CTFT에서의 연속 주파수 f로 합쳐지게 했다. 이를 통해 다음과 같은 두 가지 형태의 푸리에 변환을 얻을 수 있다.

$$\mathrm{X}(j\omega) = \int_{-\infty}^{\infty} \mathrm{x}(t)e^{-j\omega t}\,dt, \quad \mathrm{x}(t) = (1/2\pi)\int_{-\infty}^{\infty} \mathrm{X}(j\omega)e^{+j\omega t}\,d\omega$$

그리고

$$\mathrm{X}(f) = \int_{-\infty}^{\infty} \mathrm{x}(t)e^{-j2\pi ft}\,dt, \quad \mathrm{x}(t) = \int_{-\infty}^{\infty} \mathrm{X}(f)e^{+j2\pi ft}\,df$$

라플라스 변환은 통상적으로 두 가지 방법으로 설명된다. 한 가지 방법은 라플라스 변환을 푸리에 변환의 일반화로서 간주하는 것으로서 라플라스 변환에서는 함수를 나타내기 위해 복소 지수 함수의 선형결합으로 표현하고 푸리에 변환에서는 좀 더 제한된 형태의 함수인 복소 정현파의 선형결합으로 표현한다. 또 다른 방법은 선형 시스템을 미분방정식으로 나타낼 때 복소 지수 함수가 이 시스템의 고유함수가 된다는 독특한 성질을 이용하여 LTI 시스템에 복소 지수 함수가 입력되면 또 다른 복소 지수 함수가 출력된다는 측면에서 살펴보는 것이다. LTI 시스템에 있어서 입력되는 복소 지수 함수와 출력되는 복소 지수 함수의 관계는 라플라스 변환으로 나타난다. 본 교재에서는 두 가지 접근 방법을 모두 고려한다.

푸리에 변환의 일반화

푸리에 변환을 일반화하기 위해 $e^{j\omega t}$의 형태를 가지는 복소 정현파를 복소 지수 함수 e^{st}로 바꾸면 다음 식을 얻는다. 여기서 ω는 실수 변수이며 s는 복소 변수이다.

$$\mathcal{L}(\mathrm{x}(t)) = \mathrm{X}(s) = \int_{-\infty}^{\infty} \mathrm{x}(t)e^{-st}\, dt$$

이 식이 라플라스[1] 변환의 정의식이며 $\mathcal{L}(\cdot)$은 '라플라스 변환'이라는 의미이다.

s는 복소수 변수로서 복소 평면 상의 어떠한 값도 가질 수 있다. 이의 실수부를 σ라 하고 허수부를 ω라 하면 $s = \sigma + j\omega$와 같이 나타낼 수 있다. 이제 특별한 경우로서 σ가 0이고 함수 $\mathrm{x}(t)$에 대한 엄밀한 의미에서의 푸리에 변환이 존재한다고 하면 라플라스 변환은 푸리에 변환과 동일하다.

$$\mathrm{X}(j\omega) = \mathrm{X}(s)_{s \to j\omega}$$

푸리에 변환과 라플라스 변환 사이의 이러한 관계가 바로 6장에서 CTFT를 수식으로 나타내는 과정에서 $\mathrm{X}(\omega)$ 대신에 $\mathrm{X}(j\omega)$를 사용하는 이유가 된다. 이렇게 함으로써 함수 'X'의 수학적인 의미가 엄밀하게 유지된다.

라플라스 변환식에 $s = \sigma + j\omega$를 대입하면 다음 식을 얻는다.

$$\mathrm{X}(s) = \int_{-\infty}^{\infty} \mathrm{x}(t)e^{-(\sigma + j\omega)t}\, dt = \int_{-\infty}^{\infty} \left[\mathrm{x}(t)e^{-\sigma t}\right] e^{-j\omega t}\, dt = \mathcal{F}\left[\mathrm{x}(t)e^{-\sigma t}\right]$$

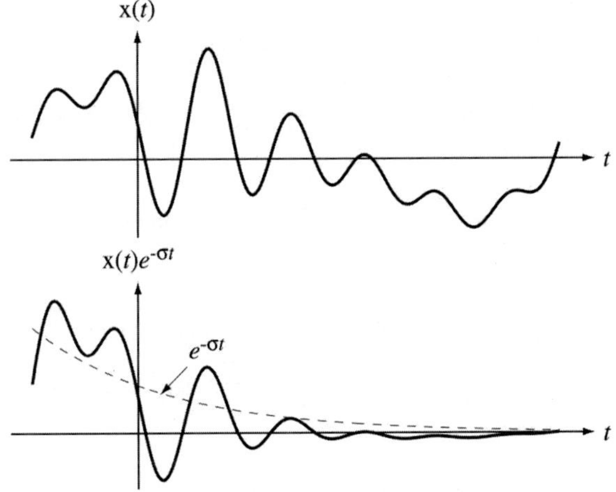

그림 8.1 원함수에 지수적으로 감소하는 수렴요소를 곱하는 경우의 영향

1 피에르 시몽 라플라스(Pierre Simon Laplace)는 베네딕트 수도학교를 다니다가 16세가 되자 신학을 공부하고자 Caen대학에 진학하였다. 그러나 그는 곧 그의 재능과 열정이 수학 분야에 있음을 깨달았다. 그는 대학을 그만두고 파리로 가서 달랑베르(d'Alambert)의 친구가 되었으며 그의 소개로 군사학교의 교관이 되었다. 그는 1773년에 23세의 나이로 파리 아카데미 회원으로 선출되었다. 그는 생애 대부분을 확률과 천체역학 분야의 연구에 바쳤다.

따라서 라플라스 변환을 개념화하는 한 가지 방법은 〈그림 8.1〉에 나타낸 바와 같이 함수 x(t)와 수렴 인자인 실수 지수 함수 $e^{-\sigma t}$의 곱에 대한 푸리에 변환과 동일하다고 생각하는 것이다.

수렴 인자를 도입함으로써 푸리에 변환이 존재하지 않는 몇몇 함수에 대해서도 라플라스 변환을 구하는 것이 가능해진다. 앞 장에서 언급했듯이 몇몇 함수의 경우에는 푸리에 변환이 (엄밀한 의미에서) 존재하지 않는다. 예를 들어 함수 $\mathrm{g}(t) = A\,\mathrm{u}(t)$의 푸리에 변환식은 다음과 같다.

$$\mathrm{G}(j\omega) = \int_{-\infty}^{\infty} A\,\mathrm{u}(t)e^{-j\omega t}\,dt = A\int_{0}^{\infty} e^{-j\omega t}\,dt$$

이 적분식은 수렴하지 않는다. 6장에서 푸리에 변환을 수렴하게 만들기 위해 사용한 방법은 신호에 수렴 인자 $e^{-\sigma|t|}$, 여기서 σ는 양의 실수를 곱하는 것이었다. 그리고 변형된 신호의 푸리에 변환을 구한 다음에 σ를 0으로 보내는 극한을 취한다. 이러한 방법으로 구하는 푸리에 변환을 일반화된 푸리에 변환이라고 하며 여기서는 변환 영역에 임펄스 함수가 나타나는 것이 허용된다. $t > 0$인 구간에서 수렴 인자를 살펴보면 라플라스 변환이나 일반화된 푸리에 변환에서 동일하다. 그러나 라플라스 변환에서는 σ를 0으로 보내는 극한을 취하지 않는다. 곧 살펴보겠지만 일반화된 푸리에 변환조차 구할 수 없으면서도 유용하게 사용되는 또 다른 함수들이 존재한다.

이제 푸리에 변환으로부터 라플라스 변환을 공식적으로 유도하기 위해서 원래의 함수 $\mathrm{g}(t)$ 대신에 $\mathrm{g}_\sigma(t) = \mathrm{g}(t)e^{-\sigma t}$의 푸리에 변환을 구해 보자. 이 경우 적분식은 다음과 같다.

$$\mathcal{F}(\mathrm{g}_\sigma(t)) = \mathrm{G}_\sigma(j\omega) = \int_{-\infty}^{\infty} \mathrm{g}_\sigma(t)e^{-j\omega t}\,dt = \int_{-\infty}^{\infty} \mathrm{g}(t)e^{-(\sigma+j\omega)t}\,dt$$

이 적분식은 수렴할 수도 그렇지 않을 수도 있는데 이는 함수 $\mathrm{g}(t)$의 특성과 σ값의 선택에 따라 달라진다. 이제 적분식이 수렴하는 조건에 대해 살펴볼 것이다. $s = \sigma + j\omega$를 대입해 식을 다시 나타내면 다음과 같다.

$$\mathcal{F}(\mathrm{g}_\sigma(t)) = \mathcal{L}(\mathrm{g}(t)) = \mathrm{G}_{\mathcal{L}}(s) = \int_{-\infty}^{\infty} \mathrm{g}(t)e^{-st}\,dt$$

만일 적분식이 수렴한다면 이 식이 $\mathrm{g}(t)$의 라플라스 변환이 된다.

푸리에 변환은 다음과 같다.

$$\mathcal{F}^{-1}(G_\sigma(j\omega)) = g_\sigma(t) = \frac{1}{2\pi}\int_{-\infty}^{\infty} G_\sigma(j\omega)e^{+j\omega t}d\omega = \frac{1}{2\pi}\int_{-\infty}^{\infty} G_\mathcal{L}(s)e^{+j\omega t}d\omega$$

$s = \sigma + j\omega$를 대입하고 $ds = jd\omega$를 이용해서 식을 다시 쓰면

$$g_\sigma(t) = \frac{1}{j2\pi}\int_{\sigma-j\infty}^{\sigma+j\infty} G_\mathcal{L}(s)e^{+(s-\sigma)t}\,ds = \frac{e^{-\sigma t}}{j2\pi}\int_{\sigma-j\infty}^{\sigma+j\infty} G_\mathcal{L}(s)e^{+st}\,ds$$

양변을 $e^{-\sigma t}$로 나누면

$$g(t) = \frac{1}{j2\pi}\int_{\sigma-j\infty}^{\sigma+j\infty} G_\mathcal{L}(s)e^{+st}\,ds$$

이 식이 라플라스 역변환이다. 라플라스 변환만을 다루는 경우라면 푸리에 변환과의 혼동을 피하기 위한 첨자 $\mathcal{L}$을 사용할 필요가 없고, 변환식은 다음과 같이 정리될 수 있다.

$$\boxed{X(s) = \int_{-\infty}^{\infty} x(t)e^{-st}\,dt \quad \text{and} \quad x(t) = \frac{1}{j2\pi}\int_{\sigma-j\infty}^{\sigma+j\infty} X(s)e^{+st}\,ds} \tag{8.1}$$

이 결과는 임의의 함수가 복소 지수 함수의 선형결합으로 표현 가능하다는 사실을 나타내며 이는 임의의 함수를 복소 정현파의 선형결합으로 표현하는 푸리에 변환의 일반화된 형태로서 생각할 수 있다. $x(t)$와 $X(s)$가 서로 라플라스 변환 쌍(Laplace transform pair)임을 나타내는 일반적인 표기법은 다음과 같다.

$$x(t) \xleftrightarrow{\mathcal{L}} X(s)$$

복소 지수 함수의 입력 및 출력

라플라스 변환에 대한 또 다른 접근방법은 LTI 시스템에 $x(t) = Ke^{st}$, 여기서 $s = \sigma + j\omega$이며 σ, ω 그리고 K는 모두 실수, 형태를 가지는 복소 지수 함수가 입력될 때 이의 출력을 생각해 보는 것이다. 임펄스 응답이 $h(t)$인 LTI 시스템에 입력 $x(t)$가 주어질 때 컨벌루션을 사용해 출력 $y(t)$를 나타내면 다음과 같다.

$$y(t) = h(t) * Ke^{st} = K\int_{-\infty}^{\infty} h(\tau)e^{s(t-\tau)}\,d\tau = \underbrace{Ke^{st}}_{x(t)}\int_{-\infty}^{\infty} h(\tau)e^{-s\tau}\,d\tau$$

즉, 복소 지수 함수가 입력될 때 LTI 시스템의 응답은 입력과 동일한 함수에 $\int_{-\infty}^{\infty} h(\tau)e^{-s\tau}\,d\tau$ 만큼 곱한 것과 같다. 물론 이는 적분식이 수렴한다는 가정에서 그렇다. 이는 임펄스 응답 $h(\tau)$와 복소 지수 함수 $e^{-s\tau}$를 곱하고 τ의 전 영역에 걸쳐 적분을 취한 것으로써 이 결과는 변수 s만의 함수가 된다. 이를 다음과 같이 나타낼 수 있다.

$$\boxed{H(s) = \int_{-\infty}^{\infty} h(t)e^{-st}\,dt} \tag{8.2}$$

여기서 $H(s)$를 $h(t)$의 라플라스 변환이라고 한다(적분 변수를 τ에서 t로 바꾸었다. 하지만 $H(s)$의 결과는 달라지지 않는다).

LTI 시스템의 경우에는 $h(t)$만 알고 있다면 시스템의 특성을 파악하기에 충분하다. $H(s)$ 역시 시스템의 특성에 대한 완전한 정보를 담고 있지만 정보의 형태는 다르다. 이처럼 형태가 다르다는 사실은 단지 $h(t)$에 대해서 살펴보는 것만으로는 시스템의 동작을 파악하기 어려운 경우에 새로운 관점을 제시할 수 있도록 해준다. 이 장에서는 시스템의 성질과 성능을 살펴봄에 있어서 $h(t)$ 대신에 $H(s)$를 사용하는 경우에 장점이 있는 다양한 사례들에 대해서 다룰 것이다.

8.3 전달함수

이제 임의의 LTI 시스템의 임펄스 응답이 $h(t)$이고 입력이 $x(t)$라고 할 때 출력 $y(t)$의 라플라스 변환 $Y(s)$를 구해 보자.

$$Y(s) = \int_{-\infty}^{\infty} y(t)e^{-st}\,dt = \int_{-\infty}^{\infty} [h(t) * x(t)]e^{-st}\,dt = \int_{-\infty}^{\infty}\left(\int h(\tau)\,x(t-\tau)\,d\tau\right)e^{-st}\,dt$$

두 개의 적분을 분리하면

$$Y(s) = \int_{-\infty}^{\infty} h(\tau)\,d\tau \int_{-\infty}^{\infty} x(t-\tau)e^{-st}\,dt$$

$\lambda = t - \tau \Rightarrow d\lambda = dt$로 치환하면 그 결과는

$$\mathrm{Y}(s) = \int_{-\infty}^{\infty} \mathrm{h}(\tau)\,d\tau \int_{-\infty}^{\infty} \mathrm{x}(\lambda) e^{-s(\lambda+\tau)}\,d\lambda = \underbrace{\int_{-\infty}^{\infty} \mathrm{h}(\tau) e^{-s\tau}\,d\tau}_{=\mathrm{H}(s)} \underbrace{\int_{-\infty}^{\infty} \mathrm{x}(\lambda) e^{-s\lambda}\,d\lambda}_{=\mathrm{X}(s)}$$

출력 $\mathrm{y}(t)$의 라플라스 변환 $\mathrm{Y}(s)$는 다음과 같다.

$$\boxed{\mathrm{Y}(s) = \mathrm{H}(s)\,\mathrm{X}(s)} \tag{8.3}$$

즉, 결과는 입력의 라플라스 변환과 임펄스 응답의 라플라스 변환의 곱으로 주어진다(물론 두 개의 변환이 모두 존재해야 한다). $\mathrm{H}(s)$를 시스템의 전달함수(transfer function)라고 하는데 이는 s영역에서 시스템이 어떻게 입력을 출력으로 '전달(transfer)'하는 지 나타내기 때문에 붙은 이름이다. 이 결과는 시스템을 분석함에 있어서 기본적인 내용이다. 이 새로운 's영역'에서는 시간에서의 컨벌루션이 s-영역에서의 곱셈이 되는데 이는 푸리에 변환에서도 마찬가지이다.

$$\mathrm{y}(t) = \mathrm{x}(t) * \mathrm{h}(t) \xleftrightarrow{\mathcal{L}} \mathrm{Y}(s) = \mathrm{X}(s)\,\mathrm{H}(s)$$

8.4 시스템의 직렬연결

하나의 시스템의 출력이 다른 시스템의 입력이 되는 경우에 이를 직렬연결(cascade-connected) 되었다고 한다〈그림 8.2〉. 전체 시스템의 라플라스 변환은 다음과 같다.

$$\mathrm{Y}(s) = \mathrm{H}_2(s)[\mathrm{H}_1(s)\,\mathrm{X}(s)] = [\mathrm{H}_1(s)\,\mathrm{H}_2(s)]\,\mathrm{X}(s)$$

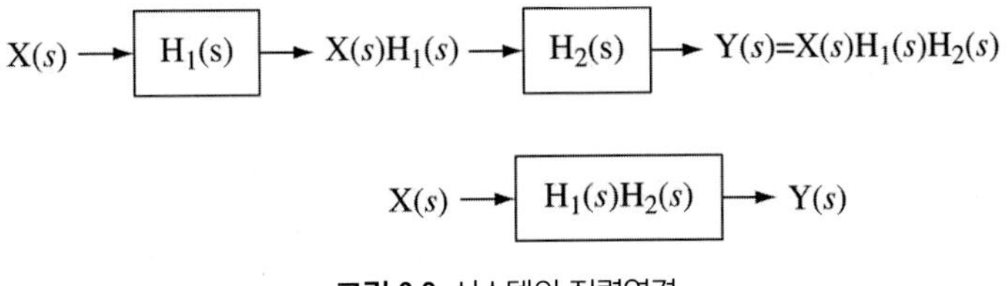

그림 8.2 시스템의 직렬연결

그리고 직렬연결된 시스템은 $\mathrm{H}(s) = \mathrm{H}_1(s)\,\mathrm{H}_2(s)$라는 전달함수를 가지는 단일 시스템과 마찬가지이다.

8.5 직접형 II 구현

시스템을 구현한다는 것은 개별적인 시스템 구성요소들을 결합하여 원하는 전달함수를 가지는 전체 시스템을 구성하는 것을 말한다. 5장에서 다룬 바와 같이 임의의 시스템이 다음과 같은 미분방정식으로 표현된다고 할 때

$$\sum_{k=0}^{N} a_k \, \mathrm{y}^{(k)}(t) = \sum_{k=0}^{N} b_k \, \mathrm{x}^{(k)}(t)$$

이의 전달함수는 s의 다항식의 비이며 s의 거듭제곱의 계수는 미분방정식에서 x 및 y에 대한 미분 계수와 같다.

$$\mathrm{H}(s) = \frac{\mathrm{Y}(s)}{\mathrm{X}(s)} = \frac{\sum_{k=0}^{N} b_k s^k}{\sum_{k=0}^{N} a_k s^k} = \frac{b_N s^N + b_{N-1} s^{N-1} + \cdots + b_1 s + b_0}{a_N s^N + a_{N-1} s^{N-1} + \cdots + a_1 s + a_0} \tag{8.4}$$

(여기서 분모 및 분자 다항식의 차수는 모두 N이라고 가정한다. 만일 분자의 실제 차수가 N보다 작다면 b의 계수 가운데 차수가 높은 몇몇 계수의 값은 영이 된다.) 시스템의 차수가 N이라면 분모의 차수는 반드시 N이 되어야 하며 a_N의 값은 0이어서는 안 된다.

시스템을 구현하는 표준적인 방법 가운데 한 가지로서 직접형 **II**(direct form II) 방법이 있다. 전달함수는 다음과 같은 두 개의 전달함수의 곱으로 생각될 수 있다.

$$\mathrm{H}_1(s) = \frac{\mathrm{Y}_1(s)}{\mathrm{X}(s)} = \frac{1}{a_N s^N + a_{N-1} s^{N-1} + \cdots + a_1 s + a_0} \tag{8.5}$$

그리고

$$\mathrm{H}_2(s) = \frac{\mathrm{Y}(s)}{\mathrm{Y}_1(s)} = b_N s^N + b_{N-1} s^{N-1} + \cdots + b_1 s + b_0$$

〈그림 8.3〉 여기서 첫 번째 시스템의 출력 $\mathrm{Y}_1(s)$는 두 번째 시스템의 입력이 된다.

$$\mathrm{X}(s) = [a_N s^N + a_{N-1} s^{N-1} + \cdots + a_1 s + a_0]\, \mathrm{Y}_1(s)$$

$$\mathrm{X}(s) \rightarrow \boxed{\mathrm{H}_1(s) = \frac{1}{a_N s^N + a_{N-1} s^{N-1} + \cdots + a_1 s + a_0}} \rightarrow \mathrm{Y}_1(s) \rightarrow \boxed{\mathrm{H}_2(s) = b_N s^N + b_{N-1} s^{N-1} + \cdots + b_1 s + b_0} \rightarrow \mathrm{Y}(s)$$

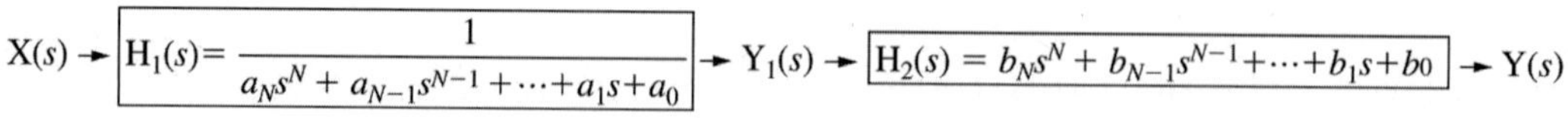

그림 8.3 시스템을 두 시스템의 직렬연결로서 생각하기

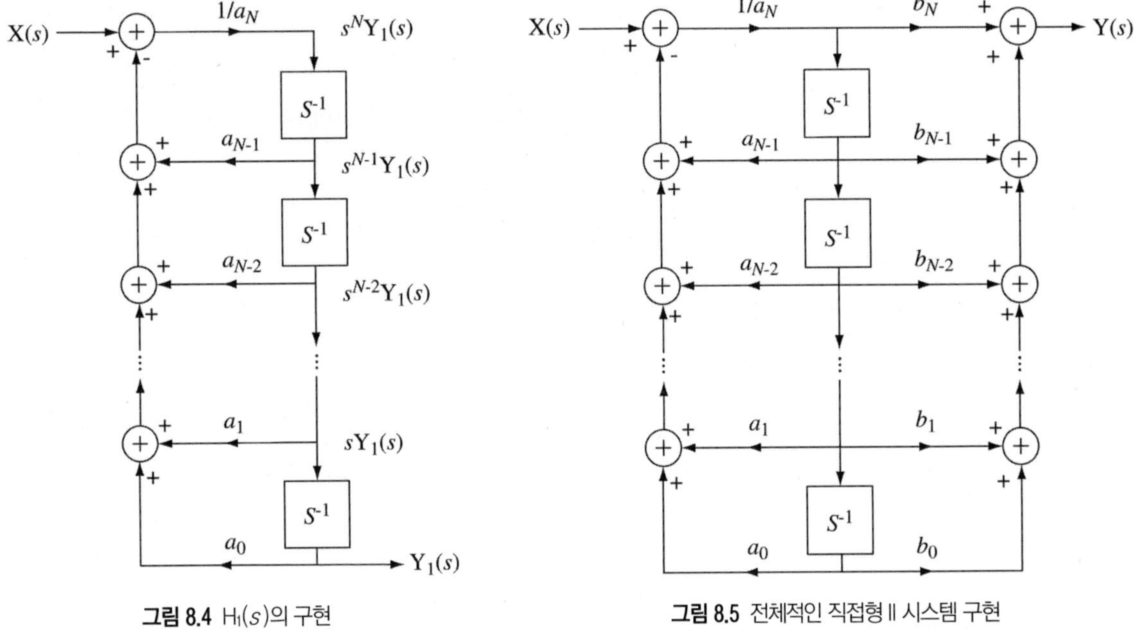

그림 8.4 $H_1(s)$의 구현

그림 8.5 전체적인 직접형 II 시스템 구현

수식 (8.5)를 다음과 같이 다시 쓰면 $H_1(s)$의 블록 다이어그램을 그릴 수 있다〈그림 8.4〉.

$$X(s) = a_N s^N \, Y_1(s) + a_{N-1} s^{N-1} \, Y_1(s) + \cdots + a_1 s \, Y_1(s) + a_0 \, Y_1(s)$$

또는

$$s^N \, Y_1(s) = \frac{1}{a_N}\left\{X(s) - [a_{N-1} s^{N-1} \, Y_1(s) + \cdots + a_1 s \, Y_1(s) + a_0 \, Y_1(s)]\right\}$$

이제 $Y_1(s)$에 s의 거듭제곱들이 곱해진 항들의 선형결합으로서 전체 응답 $Y(s)$를 바로 합성할 수 있다〈그림 8.5〉.

8.6 역방향 라플라스 변환

라플라스 변환을 실제적으로 응용하기 위해서는 $Y(s)$를 $y(t)$로 변환하는 방법 즉, 라플라스 역변환(inverse Laplace transform)이 필요하다. 수식 (8.1)에서는 다음과 같이 나타내었다.

$$y(t) = \frac{1}{j2\pi} \int_{\sigma - j\infty}^{\sigma + j\infty} Y(s) e^{st} \, ds$$

여기서 σ는 s의 실수부이다. 이 식은 복소수 s 평면상에서의 경로적분(contour integral)으로서 이 교재의 범위를 넘어선다. 대부분의 유용한 신호에 대한 라플라스 변환은 이미 계산되어 표 형식으로 주어지기 때문에 실제의 문제 풀이에 있어서 역변환을 위해 적분을 구하는 경우는 거의 없다.

8.7 라플라스 변환의 존재

이제 라플라스 변환 $X(s) = \int_{-\infty}^{\infty} x(t)e^{-st}\,dt$가 실제로 존재하기 위한 조건에 대해 살펴보고자 한다. 라플라스 변환은 이 적분식이 수렴하는 경우에 존재하는 데 적분식의 수렴 여부는 $x(t)$와 s에 따라 달라진다.

시간제한 신호(Time-Limited Signals)

만일 $t < t_0$ 그리고 $t > t_1$(t_0 및 t_1은 유한한 값)에서 $x(t)=0$이라면 이 신호는 시간제한(time-limited)되었다고 한다. 만일 모든 시간 t에 대해서 $x(t)$가 유한하다면 라플라스 변환의 적분식은 s값에 상관없이 수렴하며 $x(t)$의 라플라스 변환이 존재한다〈그림 8.6〉.

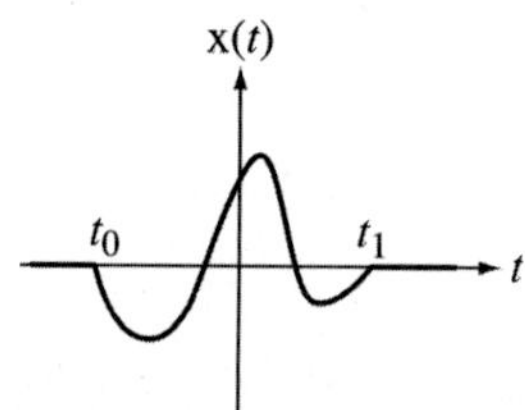

그림 8.6 유한하며 시간-제한된 신호

우방향 및 좌방향 신호(Right-and Left-Sided Signals)

만일 $t < t_0$에서 $x(t)=0$이라면 이를 우방향(right-sided) 신호라고 하며 라플라스 변환은 다음과 같다.

$$X(s) = \int_{t_0}^{\infty} x(t)e^{-st}\,dt$$

〈그림 8.7〉(a) 우방향 신호 $x(t) = e^{\alpha t}\,u(t - t_0)$, $\alpha \in \mathbb{R}$의 라플라스 변환 $X(s)$를 생각해 보자.

$$\mathrm{X}(s) = \int_{t_0}^{\infty} e^{\alpha t} e^{-st}\, dt = \int_{t_0}^{\infty} e^{(\alpha - \sigma)t} e^{-j\omega t}\, dt$$

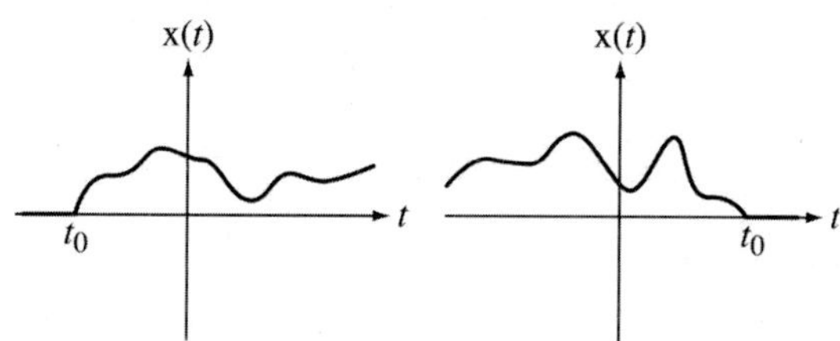

그림 8.7 (a) 우방향 신호 (b) 좌방향 신호

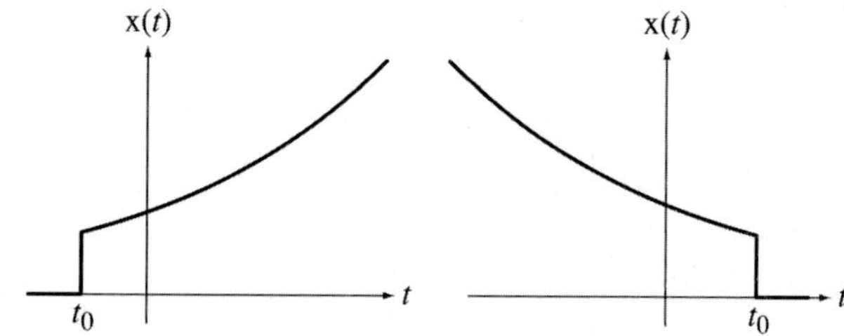

그림 8.8 (a) $\mathrm{x}(t) = e^{\alpha t}\,\mathrm{u}(t - t_0)$, $\alpha \in \mathbb{R}$, (b) $\mathrm{x}(t) = e^{\beta t}\,\mathrm{u}(t_0 - t)$, $\beta \in \mathbb{R}$

만일 $\sigma > \alpha$라면 적분식은 수렴한다. 부등식 $\sigma > \alpha$은 s 평면에서 수렴영역(region of convergence (ROC))이라고 불리는 영역을 정의한다〈그림 8.9〉(a).

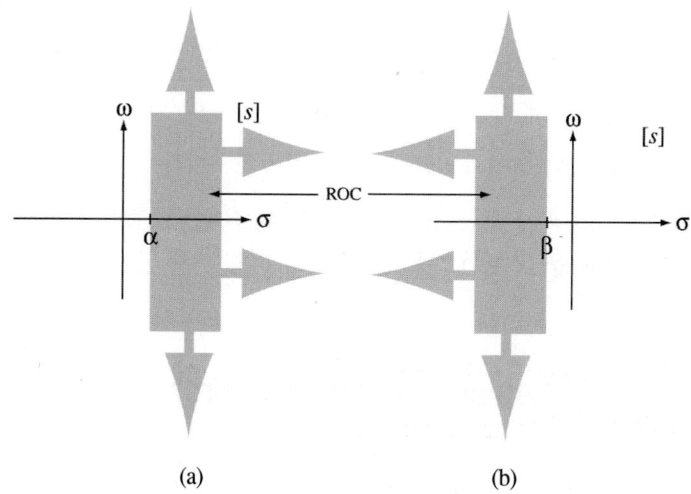

그림 8.9 (a) 우방향 신호 $\mathrm{x}(t) = e^{\alpha t}\,\mathrm{u}(t - t_0)$, $\alpha \in \mathbb{R}$의 수렴영역 (b) 좌방향 신호 $\mathrm{x}(t) = e^{\beta t}\,\mathrm{u}(t_0 - t)$, $\beta \in \mathbb{R}$의 수렴영역

만일 $t > t_0$에서 $\mathrm{x}(t) = 0$이라면 이를 좌방향(left-sided) 신호라고 한다〈그림 8.7〉(b). 이

의 라플라스 변환은 $X(s)=\int_{-\infty}^{t_0} x(t)e^{-st}\,dt$이다. 만일 $x(t)=e^{\beta t}u(t_0-t),\ \beta\in\mathbb{R}$라면

$$X(s)=\int_{-\infty}^{t_0} e^{\beta t}e^{-st}\,dt=\int_{-\infty}^{t_0} e^{(\beta-\sigma)t}e^{-j\omega t}\,dt$$

이 적분식은 $\sigma<\beta$일 때 수렴한다〈그림 8.8(b) 및 그림 8.9 (b)〉.

임의의 신호는 우방향 신호와 좌방향 신호의 합으로 표현될 수 있다〈그림 8.10〉.

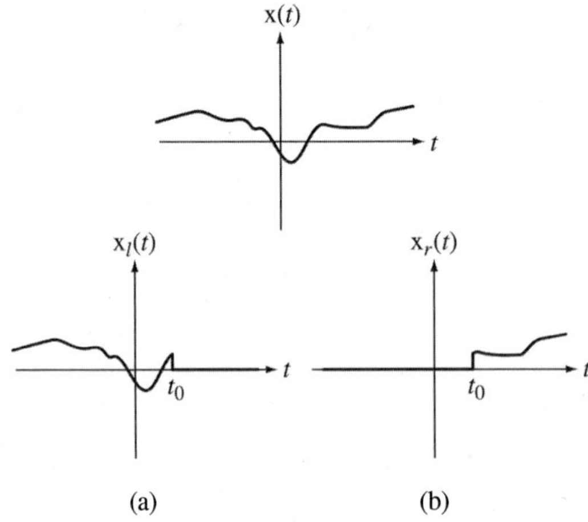

그림 8.10 좌방향 성분(a)와 우방향 성분(b)로 구분된 신호

만일 $x(t)=x_r(t)+x_l(t)$, 여기서 $x_r(t)$는 우방향 부분이고 $x_l(t)$는 좌방향 부분이라고 할 때 $|x_r(t)|<|K_r e^{\alpha t}|$이고 $|x_l(t)|<|K_l e^{\beta t}|$(여기서 K_r과 K_l은 상수)라면 라플라스 변환 적분식은 수렴하며 $\alpha<\sigma<\beta$영역에서 라플라스 변환이 존재한다. 이 의미는 $\alpha<\beta$인 경우에는 라플라스 변환을 구할 수 있고 s 평면에서 ROC는 $\alpha<\sigma<\beta$영역이라는 것이다. 하지만 만일 $\alpha>\beta$라면 라플라스 변환은 존재하지 않는다. 우방향 신호의 ROC는 항상 s 평면에서 α의 오른쪽 영역이며 좌방향 신호의 ROC는 항상 s 평면에서 β의 왼쪽 영역이다.

8.8 라플라스 변환 쌍(Laplace Transform Pairs)

라플라스 변환 쌍의 표를 만들기 위해서 $\delta(t)$와 $e^{-\alpha t}\cos(\omega_0 t)u(t)$으로 표현되는 신호부터 시작해 보자. 정의식을 사용하면

$$\delta(t)\xleftrightarrow{\mathcal{L}}\int_{-\infty}^{\infty}\delta(t)e^{-st}\,dt=1,\quad \text{All } s$$

$$e^{-\alpha t}\cos(\omega_0 t)\,\mathrm{u}(t) \xleftrightarrow{\mathcal{L}} \int_{-\infty}^{\infty} e^{-\alpha t}\cos(\omega_0 t)\,\mathrm{u}(t)e^{-st}dt = \int_{0}^{\infty}\frac{e^{j\omega_0 t}+e^{-j\omega_0 t}}{2}e^{-(s+\alpha)t}dt,\ \ \sigma > -\alpha$$

$$e^{-\alpha t}\cos(\omega_0 t)\,\mathrm{u}(t) \xleftrightarrow{\mathcal{L}} (1/2)\int_{0}^{\infty}(e^{-(s-j\omega_0+\alpha)t}+e^{-(s+j\omega_0+\alpha)t})\,dt,\ \ \sigma > -\alpha$$

$$e^{-\alpha t}\cos(\omega_0 t)\,\mathrm{u}(t) \xleftrightarrow{\mathcal{L}} (1/2)\left[\frac{1}{(s-j\omega_0+\alpha)}+\frac{1}{(s+j\omega_0+\alpha)}\right],\ \ \sigma > -\alpha$$

$$e^{-\alpha t}\cos(\omega_0 t)\,\mathrm{u}(t) \xleftrightarrow{\mathcal{L}} \frac{s+\alpha}{(s+\alpha)^2+\omega_0^2},\ \ \sigma > -\alpha$$

만일 $\alpha = 0$이라면

$$\cos(\omega_0 t)\,\mathrm{u}(t) \xleftrightarrow{\mathcal{L}} \frac{s}{s^2+\omega_0^2},\ \ \sigma > 0$$

만일 $\omega_0 = 0$이라면

$$e^{-\alpha t}\,\mathrm{u}(t) \xleftrightarrow{\mathcal{L}} \frac{1}{s+\alpha},\ \ \sigma > -\alpha$$

만일 $\alpha = \omega_0 = 0$이라면 다음과 같다.

$$\mathrm{u}(t) \xleftrightarrow{\mathcal{L}} 1/s,\ \ \sigma > 0$$

비슷한 방법을 사용해 가장 많이 사용되는 함수들에 대해 라플라스 변환 쌍의 표를 만들 수 있다〈표 8.1〉.

라플라스 변환에서 수식과 함께 ROC를 규정하는 것이 중요하다는 사실을 설명하기 위해 $e^{-\alpha t}\,\mathrm{u}(t)$와 $-e^{-\alpha t}\,\mathrm{u}(-t)$의 라플라스 변환을 생각해 보자.

$$e^{-\alpha t}\,\mathrm{u}(t) \xleftrightarrow{\mathcal{L}} \frac{1}{s+\alpha},\ \ \sigma > -\alpha \quad \text{and} \quad -e^{-\alpha t}\,\mathrm{u}(-t) \xleftrightarrow{\mathcal{L}} \frac{1}{s+\alpha},\ \ \sigma < -\alpha$$

라플라스 변환의 수식의 모양은 두 경우 모두 동일하게 나타난다. 하지만 ROC는 전혀 다르며 실제로 영역이 완전히 구분된다. 이는 이 두 함수의 선형 결합에 대한 라플라스 변환을 구할 수 없다는 의미이다. 왜냐하면 $e^{-\alpha t}\,\mathrm{u}(t)$와 $-e^{-\alpha t}\,\mathrm{u}(-t)$의 ROC에는 공통 영역이 존재하지 않기 때문이다.

표 8.1 대표적인 라플라스 변환 쌍

$$\delta(t) \overset{\mathcal{L}}{\longleftrightarrow} 1, \quad \text{All } \sigma$$

$\mathrm{u}(t) \overset{\mathcal{L}}{\longleftrightarrow} 1/s, \ \sigma > 0$	$-\mathrm{u}(-t) \overset{\mathcal{L}}{\longleftrightarrow} 1/s, \ \sigma < 0$
$\mathrm{ramp}(t) = t\,\mathrm{u}(t) \overset{\mathcal{L}}{\longleftrightarrow} 1/s^2, \ \sigma > 0$	$\mathrm{ramp}(-t) = -t\,\mathrm{u}(-t) \overset{\mathcal{L}}{\longleftrightarrow} 1/s^2, \ \sigma < 0$
$e^{-\alpha t}\,\mathrm{u}(t) \overset{\mathcal{L}}{\longleftrightarrow} 1/(s+\alpha), \ \sigma > -\alpha$	$-e^{-\alpha t}\,\mathrm{u}(-t) \overset{\mathcal{L}}{\longleftrightarrow} 1/(s+\alpha), \ \sigma < -\alpha$
$t^n\,\mathrm{u}(t) \overset{\mathcal{L}}{\longleftrightarrow} n!/s^{n+1}, \ \sigma > 0$	$-t^n\,\mathrm{u}(-t) \overset{\mathcal{L}}{\longleftrightarrow} n!/s^{n+1}, \ \sigma < 0$
$te^{-\alpha t}\,\mathrm{u}(t) \overset{\mathcal{L}}{\longleftrightarrow} 1/(s+\alpha)^2, \ \sigma > -\alpha$	$-te^{-\alpha t}\,\mathrm{u}(-t) \overset{\mathcal{L}}{\longleftrightarrow} 1/(s+\alpha)^2, \ \sigma < -\alpha$
$t^n e^{-\alpha t}\,\mathrm{u}(t) \overset{\mathcal{L}}{\longleftrightarrow} \dfrac{n!}{(s+\alpha)^{n+1}}, \ \sigma > -\alpha$	$-t^n e^{-\alpha t}\,\mathrm{u}(-t) \overset{\mathcal{L}}{\longleftrightarrow} \dfrac{n!}{(s+\alpha)^{n+1}}, \ \sigma < -\alpha$
$\sin(\omega_0 t)\,\mathrm{u}(t) \overset{\mathcal{L}}{\longleftrightarrow} \dfrac{\omega_0}{s^2+\omega_0^2}, \ \sigma > 0$	$-\sin(\omega_0 t)\,\mathrm{u}(-t) \overset{\mathcal{L}}{\longleftrightarrow} \dfrac{\omega_0}{s^2+\omega_0^2}, \ \sigma < 0$
$\cos(\omega_0 t)\,\mathrm{u}(t) \overset{\mathcal{L}}{\longleftrightarrow} \dfrac{s}{s^2+\omega_0^2}, \ \sigma > 0$	$-\cos(\omega_0 t)\,\mathrm{u}(-t) \overset{\mathcal{L}}{\longleftrightarrow} \dfrac{s}{s^2+\omega_0^2}, \ \sigma < 0$
$e^{-\alpha t}\sin(\omega_0 t)\,\mathrm{u}(t) \overset{\mathcal{L}}{\longleftrightarrow} \dfrac{\omega_0}{(s+\alpha)^2+\omega_0^2}, \ \sigma > -\alpha$	$-e^{-\alpha t}\sin(\omega_0 t)\,\mathrm{u}(-t) \overset{\mathcal{L}}{\longleftrightarrow} \dfrac{\omega_0}{(s+\alpha)^2+\omega_0^2}, \ \sigma < -\alpha$
$e^{-\alpha t}\cos(\omega_0 t)\,\mathrm{u}(t) \overset{\mathcal{L}}{\longleftrightarrow} \dfrac{s+\alpha}{(s+\alpha)^2+\omega_0^2}, \ \sigma > -\alpha$	$-e^{-\alpha t}\cos(\omega_0 t)\,\mathrm{u}(-t) \overset{\mathcal{L}}{\longleftrightarrow} \dfrac{s+\alpha}{(s+\alpha)^2+\omega_0^2}, \ \sigma < -\alpha$

$$e^{-\alpha|t|} \overset{\mathcal{L}}{\longleftrightarrow} \frac{1}{s+\alpha} - \frac{1}{s-\alpha} = -\frac{2\alpha}{s^2-\alpha^2}, \quad -\alpha < \sigma < \alpha$$

관찰력이 좋은 사람이라면 아주 보편적인 신호임에도 〈표 8.1〉에 등장하지 않는 경우를 발견했을 지도 모른다. 예를 들면 상수 신호와 같은 경우이다. 즉, 함수 $\mathrm{x}(t)=\mathrm{u}(t)$는 표에 있지만 $\mathrm{x}(t)=1$은 없다. $\mathrm{x}(t)=1$에 대한 라플라스 변환을 다음과 같이 나타내보자.

$$\mathrm{X}(s) = \int_{-\infty}^{\infty} e^{-st}\,dt = \underbrace{\int_{-\infty}^{0} e^{-\sigma t} e^{-j\omega t}\,dt}_{\text{ROC: }\sigma<0} + \underbrace{\int_{0}^{\infty} e^{-\sigma t} e^{-j\omega t}\,dt}_{\text{ROC: }\sigma>0}$$

두 개의 적분식에 대한 공통의 ROC는 없고 따라서 라플라스 변환이 존재하지 않는다. 마찬가지 이유로 $\cos(\omega_0 t)$, $\sin(\omega_0 t)$, $\mathrm{sgn}(t)$ 그리고 $\delta_{T_0}(t)$는 표에 없고 대신에 $\cos(\omega_0 t)\,\mathrm{u}(t)$ 그리고 $\sin(\omega_0 t)\,\mathrm{u}(t)$는 존재한다.

라플라스 변환 $1/(s+\alpha)$은 $s=-\alpha$의 한 점을 제외하고 s 평면상의 모든 위치에서 유한한 값을 가진다. 이 특징적인 점을 $1/(s+\alpha)$의 극점(pole)이라고 한다. 일반적으로 라플라스 변환의 극점은 변환식이 무한대가 되는 s의 위치를 말한다. 이와 반대의 개념이 라플라스 변환의 영점(zero)으로서 이 위치에서 변환식은 영이 된다. $1/(s+\alpha)$의 경우에는 무한대에 하나의 영

점이 존재한다. 다음의 라플라스 변환의 경우에는

$$\cos(\omega_0 t)\,\mathrm{u}(t) \overset{\mathcal{L}}{\longleftrightarrow} \frac{s}{s^2+\omega_0^2}$$

$s=\pm j\omega_0$ 위치에 극점이 있고 $s=0$ 그리고 무한대에 영점이 있다.

극점-영점 다이어그램은 신호 및 시스템을 분석하는 데 있어서 유용한 도구가 된다. 여기에서 'x'는 s 평면상의 극점을 표시하며 'o'는 영점을 표시한다〈그림 8.11〉.

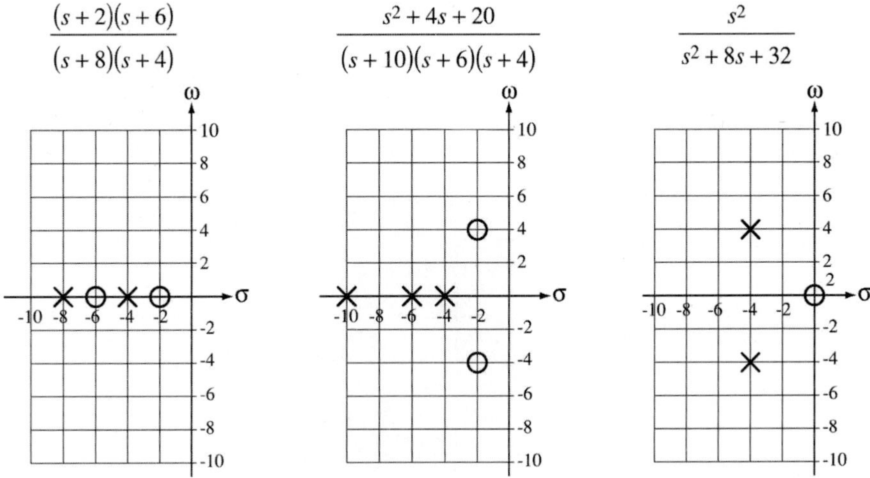

그림 8.11 극점-영점 다이어그램의 예

(〈그림 8.11〉의 가장 오른편 극점-영점 다이어그램에서 영점 옆에 작게 표시된 '2'라는 숫자는 $s=0$ 위치에 두 개의 영점이 있다는 의미이다.) 추후에 살펴보겠지만 함수의 라플라스 변환의 극점 및 영점은 함수의 특성에 관한 매우 의미 있는 정보를 담고 있다.

예제 8.1

비인과적인 지수 신호의 라플라스 변환

$\mathrm{x}(t)=e^{-t}\,\mathrm{u}(t)+e^{2t}\,\mathrm{u}(-t)$의 라플라스 변환을 구해 보자.

이 함수의 라플라스 변환은 $e^{-t}\,\mathrm{u}(t)$과 $e^{2t}\,\mathrm{u}(-t)$ 각 항의 라플라스 변환의 합이다. 그리고 ROC는 s 평면에서 각 항의 ROC의 공통 영역이다. 〈표 8.1〉로 부터

$$e^{-t}\,\mathrm{u}(t) \overset{\mathcal{L}}{\longleftrightarrow} \frac{1}{s+1}, \quad \sigma>-1$$

그리고

$$e^{2t}\,\mathrm{u}(-t) \overset{\mathcal{L}}{\longleftrightarrow} -\frac{1}{s-2}, \quad \sigma < 2$$

이 경우에 s 평면상에서 두 ROC에 공통인 영역은 $-1<\sigma<2$이다〈그림 8.12〉.

$$e^{-t}\,\mathrm{u}(t)+e^{2t}\,\mathrm{u}(-t) \overset{\mathcal{L}}{\longleftrightarrow} \frac{1}{s+1}-\frac{1}{s-2}, \quad -1<\sigma<2$$

이 라플라스 변환은 $s=-1$ 그리고 $s=+2$에 극점을 가지고 있고 무한대에 두 개의 영점을 가지고 있다.

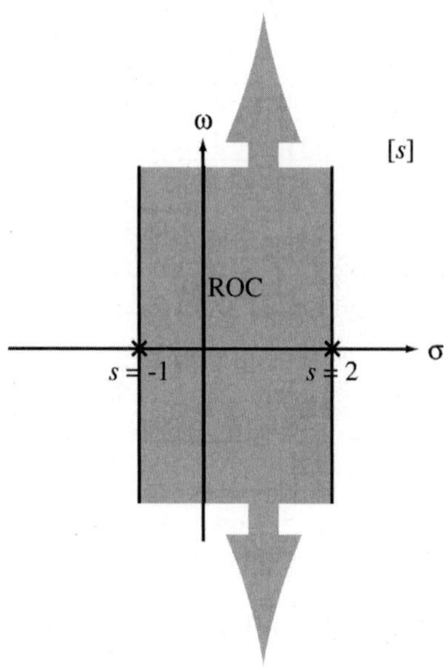

그림 8.12 $\mathrm{x}(t)=e^{-t}\,\mathrm{u}(t)+e^{2t}\,\mathrm{u}(-t)$의 라플라스 변환에 대한 ROC

■

예제 8.2

역방향 라플라스 변환

다음 신호들의 라플라스 역변환을 구하라.

(a) $\mathrm{X}(s)=\dfrac{4}{s+3}-\dfrac{10}{s-6}, \quad -3<\sigma<6$

(b) $\mathrm{X}(s)=\dfrac{4}{s+3}-\dfrac{10}{s-6}, \quad \sigma>6$

(c) $X(s) = \frac{4}{s+3} - \frac{10}{s-6}, \quad \sigma < -3$

(a) X(s)는 두 개의 s 영역 함수의 합이며 이의 라플라스 역변환 역시 시간 영역에서 두 함수의 합이 되어야 한다. X(s)에는 두 개의 극점이 있는데 하나는 $s = -3$ 그리고 다른 하나는 $s = 6$이다. 우방향 신호의 ROC는 항상 극점의 오른편이며 좌방향 신호의 ROC는 항상 극점의 왼쪽이다. 따라서 $\frac{4}{s+3}$은 우방향 신호로, $\frac{10}{s-6}$은 좌방향 신호로 역변환해야 한다. 다음의 관계를 이용하면

$$e^{-\alpha t}\,\mathrm{u}(t) \overset{\mathcal{L}}{\longleftrightarrow} \frac{1}{s+\alpha}, \quad \sigma > -\alpha \text{ 그리고 } -e^{-\alpha t}\,\mathrm{u}(-t) \overset{\mathcal{L}}{\longleftrightarrow} \frac{1}{s+\alpha}, \quad \sigma < -\alpha$$

결과는 다음과 같다.

$$\mathrm{x}(t) = 4e^{-3t}\,\mathrm{u}(t) + 10e^{6t}\,\mathrm{u}(-t)$$

〈그림 8.13〉(a)

(a)

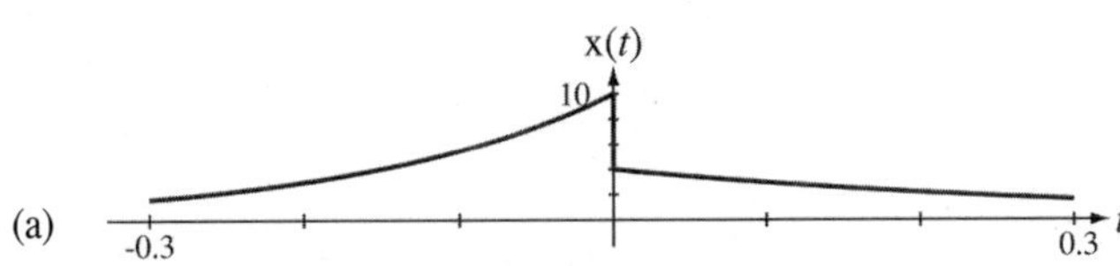

(b)

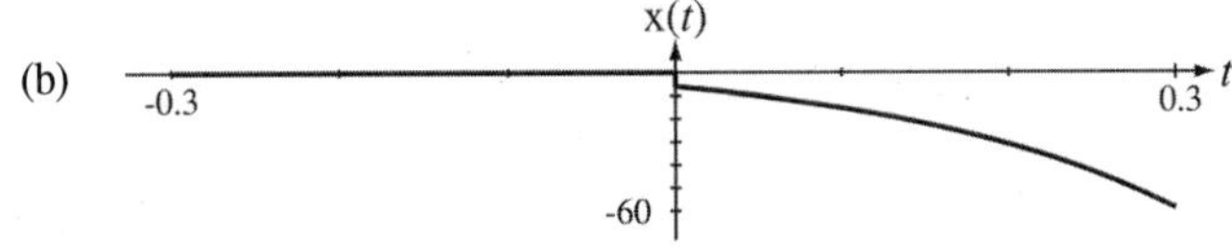

(c)

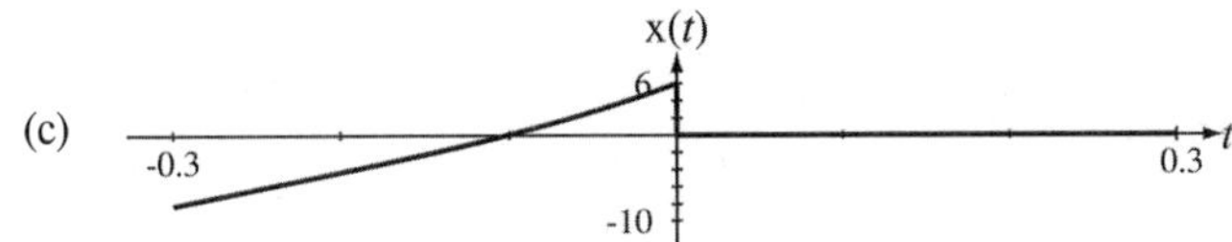

그림 8.13 세 개의 라플라스 역변환

(b) 이 경우에는 ROC가 두 극점의 오른편이므로 시간 영역에서의 신호는 모두 우방향이 되어야 한다. 다음 관계를 이용하면 $e^{-\alpha t}\,\mathrm{u}(t) \overset{\mathcal{L}}{\longleftrightarrow} \frac{1}{s+\alpha}, \quad \sigma > -\alpha$

$$\mathrm{x}(t) = 4e^{-3t}\,\mathrm{u}(t) - 10e^{6t}\,\mathrm{u}(t)$$

〈그림 8.13〉(b)

(c) 이 경우에는 ROC가 두 극점의 왼편이므로 시간 영역에서의 신호는 모두 좌방향이 되어야 한다. $-e^{-\alpha t}\,\mathrm{u}(-t) \xleftrightarrow{\mathcal{L}} \dfrac{1}{s+\alpha}$, $\sigma < -\alpha$의 관계를 이용하면

$$\mathrm{x}(t) = -4e^{-3t}\,\mathrm{u}(-t) + 10e^{6t}\,\mathrm{u}(-t)$$

〈그림 8.13〉(c)

■

8.9 부분분수 전개

예제 8.2의 수식들은 모두 s 영역에서 두 개의 항으로 구성되며 각각의 항은 〈표 8.1〉에서 직접 찾을 수 있다. 하지만 라플라스 변환 수식의 모양이 훨씬 더 복잡한 경우에는 어떤 방법이 있을까? 예를 들어 다음 식에 대한 라플라스 역변환은 어떻게 구할 수 있을까?

$$\mathrm{X}(s) = \frac{s}{s^2+4s+3} = \frac{s}{(s+3)(s+1)},\quad \sigma > -1$$

이 수식 모양은 〈표 8.1〉에 나타나지 않는다. 이러한 경우에는 부분분수 전개(partial-fraction expansion)라고 불리는 기법이 매우 유용하다. 이 기법을 사용하면 X(s)를 다음과 같이 나타낼 수 있다.

$$\mathrm{X}(s) = \frac{3/2}{s+3} - \frac{1/2}{s+1} = \frac{1}{2}\left(\frac{3}{s+3} - \frac{1}{s+1}\right),\quad \sigma > -1$$

그렇다면 역변환은 다음과 같다.

$$\mathrm{x}(t) = (1/2)(3e^{-3t} - e^{-t})\,\mathrm{u}(t)$$

라플라스 변환을 사용하여 신호 및 시스템을 분석하는 과정에서 가장 보편적인 문제는 다음과 같은 형식의 s에 대한 유리 함수의 역변환을 구하는 것이다.

$$\mathrm{G}(s) = \frac{b_M s^M + b_{M-1}s^{M-1} + \cdots + b_1 s + b_0}{s^N + a_{N-1}s^{N-1} + \cdots a_1 s + a_0}$$

여기서 분모식과 분자식의 계수 a 및 b는 상수이다. 분모식 및 분자식의 차수가 임의의 값을 가질 수 있기 때문에 이러한 모양의 함수는 라플라스 변환의 표준적인 표에는 등장하지 않는다. 하지만 부분분수 전개를 사용하면 주어진 수식은 표준적인 라플라스 변환 표에 등장하는 함수들의 합으로 표현될 수 있다.

분모 다항식의 인수분해는(해석적으로 불가능하다면 수치적으로라도) 항상 가능하며 그렇다면 함수를 다음과 같은 형태로 표현할 수 있다.

$$\mathrm{G}(s)=\frac{b_M s^M+b_{M-1}s^{M-1}+\cdots+b_1 s+b_0}{(s-p_1)(s-p_2)\cdots(s-p_N)}$$

여기서 p는 $\mathrm{G}(s)$의 유한한 극점이다. 가장 단순한 경우로서 서로 중첩되는 극점은 없으며 $N>M$이라고 생각하자. 일단 극점이 정해지면 함수를 다음과 같이 부분분수의 모양으로 정리할 수 있어야 한다. 물론 정확한 K값을 구할 수 있어야 한다.

$$\mathrm{G}(s)=\frac{K_1}{s-p_1}+\frac{K_2}{s-p_2}+\cdots+\frac{K_N}{s-p_N}$$

이러한 함수의 모양이 성립하려면 임의의 s에 대해서 다음의 항등식을 만족해야 한다.

$$\frac{b_M s^M+b_{M-1}s^{M-1}+\cdots b_1 s+b_0}{(s-p_1)(s-p_2)\cdots(s-p_N)}\equiv\frac{K_1}{s-p_1}+\frac{K_2}{s-p_2}+\cdots+\frac{K_N}{s-p_N} \tag{8.6}$$

K값을 구하기 위해서는 먼저 우변을 통분하여 좌변의 분모식과 동일하게 만든 다음에 양변의 분자식에서 s에 대해 동일 차수의 계수들을 서로 비교해 얻어지는 K에 대한 연립 방정식을 풀면 된다. 그러나 더 간편한 방법이 있다. 식 (8.6)의 양변에 $s-p_1$을 곱하는 것이다.

$$(s-p_1)\frac{b_M s^M+b_{M-1}s^{M-1}+\cdots+b_1 s+b_0}{(s-p_1)(s-p_2)\cdots(s-p_N)}=\begin{bmatrix}(s-p_1)\dfrac{K_1}{s-p_1}+(s-p_1)\dfrac{K_2}{s-p_2}+\cdots\\+(s-p_1)\dfrac{K_N}{s-p_N}\end{bmatrix}$$

또는

$$\frac{b_M s^M+b_{M-1}s^{M-1}+\cdots+b_1 s+b_0}{(s-p_2)\cdots(s-p_N)}=K_1+(s-p_1)\frac{K_2}{s-p_2}+\cdots+(s-p_1)\frac{K_N}{s-p_N} \tag{8.7}$$

식 (8.6)은 임의의 s에 대해서 성립하므로 $s = p_1$을 대입해 보자. 우변에 있는 $(s - p_1)$ 항은 모두 영이 되고 식 (8.7)은 다음과 같이 정리된다.

$$K_1 = \frac{b_M p_1^M + b_{M-1} p_1^{M-1} + \cdots + b_1 p_1 + b_0}{(p_1 - p_2)\cdots(p_1 - p_N)}$$

이러한 방법으로 K_1값을 직접 계산한다. 동일한 방법으로 다른 모든 K값을 구할 수 있다. 이제 다음의 라플라스 변환 쌍을 이용하면 라플라스 역변환을 구할 수 있다.

$$e^{-\alpha t}\,\mathrm{u}(t) \xleftrightarrow{\mathcal{L}} \frac{1}{s+\alpha},\ \ \sigma > -\alpha \text{ 그리고 } -e^{-\alpha t}\,\mathrm{u}(-t) \xleftrightarrow{\mathcal{L}} \frac{1}{s+\alpha},\ \ \sigma < -\alpha$$

예제 8.3

부분분수 전개를 사용한 라플라스 역변환

$\mathrm{G}(s) = \dfrac{10s}{(s+3)(s+1)},\ \sigma > -1$의 라플라스 역변환을 구해 보자.

다음과 같이 부분분수로 전개할 수 있다.

$$\mathrm{G}(s) = \frac{\left[\dfrac{10s}{s+1}\right]_{s=-3}}{s+3} + \frac{\left[\dfrac{10s}{s+3}\right]_{s=-1}}{s+1},\ \ \sigma > -1$$

$$\mathrm{G}(s) = \frac{15}{s+3} - \frac{5}{s+1},\ \ \sigma > -1$$

다음 식을 이용하면

$$e^{-at}\,\mathrm{u}(t) \xleftrightarrow{\mathcal{L}} \frac{1}{s+a},\ \ \sigma > -\alpha$$

다음 결과를 얻는다.

$$\mathrm{g}(t) = 5(3e^{-3t} - e^{-t})\,\mathrm{u}(t)$$

■

실제적으로 극점이 중첩되지 않는 것이 보편적인 상황이기는 하지만 만일 두 개의 극점이 동일한 위치에 존재하면 어떻게 되는지 살펴보자.

$$G(s) = \frac{b_M s^M + b_{M-1} s^{M-1} + \cdots + b_1 s + b_0}{(s-p_1)^2 (s-p_3) \cdots (s-p_N)}$$

앞서와 마찬가지 방법으로 부분분수의 형태를 만들면 다음 결과를 얻는다.

$$G(s) = \frac{K_{11}}{s-p_1} + \frac{K_{12}}{s-p_1} + \frac{K_3}{s-p_3} + \cdots + \frac{K_N}{s-p_N}$$

이를 다시 쓰면 다음과 같다.

$$G(s) = \frac{K_{11}+K_{12}}{s-p_1} + \frac{K_3}{s-p_3} + \cdots + \frac{K_N}{s-p_N} = \frac{K_1}{s-p_1} + \frac{K_3}{s-p_3} + \cdots + \frac{K_N}{s-p_N}$$

두 개의 임의의 상수의 합 $K_{11}+K_{12}$은 실제로는 하나의 임의의 상수인 셈이다. 따라서 실제로는 N개의 K 대신에 N-1개의 K가 있으므로 부분분수를 전개하면서 공통의 분모를 사용하면 원래 함수의 분모식과는 달라진다. 그렇다면 부분분수의 전개 형태를 다음과 같이 바꾸어 볼 수 있다.

$$G(s) = \frac{K_1}{(s-p_1)^2} + \frac{K_3}{s-p_3} + \cdots + \frac{K_N}{s-p_N}$$

이 방정식을 풀기 위해 공통의 분모식을 구하고 s 에 대한 동일차수가 서로 같다고 놓으면 N-1 개의 미지수를 가지는 N개의 방정식을 얻게 되고 이에 대한 유일한 해는 존재하지 않는다. 결국 이러한 문제에 대한 해결 방법은 부분분수를 다음과 같은 형태로 전개하는 것이다.

$$G(s) = \frac{K_{12}}{(s-p_1)^2} + \frac{K_{11}}{s-p_1} + \frac{K_3}{s-p_3} + \cdots + \frac{K_N}{s-p_N}$$

다음 식에서 K_{12}를 구하려면

$$\frac{b_M s^M + b_{M-1} s^{M-1} + \cdots + b_1 s + b_0}{(s-p_1)^2 (s-p_3) \cdots (s-p_N)} = \frac{K_{12}}{(s-p_1)^2} + \frac{K_{11}}{s-p_1} + \frac{K_3}{s-p_3} + \cdots + \frac{K_N}{s-p_N} \tag{8.8}$$

식의 양변에 $(s-p_1)^2$을 곱한다.

$$\frac{b_M s^M + b_{M-1} s^{M-1} + \cdots + b_1 s + b_0}{(s-p_3) \cdots (s-p_N)} = \left[\begin{array}{l} K_{12} + (s-p_1)K_{11} + (s-p_1)^2 \dfrac{K_3}{s-p_3} + \cdots \\ \quad + (s-p_1)^2 \dfrac{K_N}{s-p_N} \end{array} \right]$$

여기에 $s = p_1$을 대입하면 그 결과는 다음과 같다.

$$K_{12} = \frac{b_M p_1^M + b_{M-1} p_1^{M-1} + \cdots + b_1 p_1 + b_0}{(p_1 - p_3)\cdots(p_1 - p_N)}$$

하지만 동일한 방법을 사용해서 K_{11}을 구하려고 한다면 또 다른 문제가 생긴다.

$$(s - p_1)\frac{b_M s^M + b_{M-1} s^{M-1} + \cdots b_1 s + b_0}{(s - p_1)^2 (s - p_3)\cdots(s - p_N)} = \begin{bmatrix} (s - p_1)\dfrac{K_{12}}{(s - p_1)^2} + (s - p_1)\dfrac{K_{11}}{s - p_1} \\ +(s - p_1)\dfrac{K_3}{s - p_3} + \cdots + (s - p_1)\dfrac{K_N}{s - p_N} \end{bmatrix}$$

또는

$$\frac{b_M s^M + b_{M-1} s^{M-1} + \cdots + b_1 s + b_0}{(s - p_1)(s - p_3)\cdots(s - p_N)} = \frac{K_{12}}{s - p_1} + K_{11}$$

이제 $s = p_1$을 대입하면 방정식의 양변을 영으로 나누는 셈이므로 K_{11}을 직접적으로 구할 수 없다. 하지만 식 (8.8)에 $(s - p_1)^2$을 곱한다면 이 문제를 피할 수 있다. 이 경우의 결과는

$$\frac{b_M s^M + b_{M-1} s^{M-1} + \cdots + b_1 s + b_0}{(s - p_3)\cdots(s - p_N)} = \begin{bmatrix} K_{12} + (s - p_1)K_{11} + \\ (s - p_1)^2 \dfrac{K_3}{s - p_3} + \cdots + (s - p_1)^2 \dfrac{K_N}{s - p_N} \end{bmatrix}$$

s에 대해 미분을 취하면

$$\frac{d}{ds}\left[\frac{b_M s^M + b_{M-1} s^{M-1} + \cdots + b_1 s + b_0}{(s - p_3)\cdots(s - p_N)}\right] = \begin{bmatrix} K_{11} + \dfrac{(s - p_3)2(s - p_1) - (s - p_1)^2}{(s - p_3)^2} K_3 + \cdots \\ + \dfrac{(s - p_q)2(s - p_1) - (s - p_1)^2}{(s - p_N)^2} K_N \end{bmatrix}$$

그리고 $s = p_1$을 대입하면 K_{11}을 구할 수 있다.

$$K_{11} = \frac{d}{ds}\left[\frac{b_M s^M + b_{M-1} s^{M-1} + \cdots + b_1 s + b_0}{(s - p_3)\cdots(s - p_N)}\right]_{s \to p_1} = \frac{d}{ds}\left[(s - p_1)^2 \, \mathrm{G}(s)\right]_{s \to p_1}$$

만약(실제로 매우 드믄 경우지만) 삼중근, 사중근 등 더 높은 차수의 중근이 존재한다면 이러한 미분을 여러 번 취하는 방법으로 확장함으로써 해당 계수들을 구할 수 있다. 일반적인 경우

로서 H(s)가 다음과 같은 형태를 가진다면

$$\mathrm{H}(s)=\frac{b_M s^M+b_{M-1}s^{M-1}+\cdots+b_1 s+b_0}{(s-p_1)(s-p_2)\cdots(s-p_{N-1})(s-p_N)^m}$$

이는 N-1개의 서로 다른 극점을 가지고 N번째 극점이 차수 m으로 중복되는 경우이다. 이를 다시 쓰면

$$\mathrm{H}(s)=\frac{K_1}{s-p_1}+\frac{K_2}{s-p_2}+\cdots+\frac{K_{N-1}}{s-p_{N-1}}+\frac{K_{N,m}}{(s-p_N)^m}+\frac{K_{N,m-1}}{(s-p_N)^{m-1}}+\cdots+\frac{K_{N,1}}{s-p_N}$$

여기에서 서로 다른 극점에 대한 계수 K는 이전과 같은 방법으로 구할 수 있고 차수 m의 중첩된 극점 p_q을 가지는 경우에 있어서 분모식이 $(s-p_q)^{m\text{-}k}$에 해당하는 계수 K는 다음과 같이 주어진다.

$$K_{q,k}=\frac{1}{(m-k)!}\frac{d^{m-k}}{ds^{m-k}}[(s-p_q)^m\,\mathrm{H}(s)]_{s\to p_q},\quad k=1,2,\ldots,m \tag{8.9}$$

이 결과로부터 0! = 1라는 사실을 이해할 수 있다.

예제 8.4

부분분수 전개를 사용한 라플라스 역변환

다음 수식의 라플라스 역변환을 구해 보자.

$$\mathrm{G}(s)=\frac{s+5}{s^2(s+2)},\quad \sigma>0$$

이 함수는 $s=0$에서 중첩된 극점을 가진다. 따라서 부분분수 전개의 형태는 다음과 같아야 한다.

$$\mathrm{G}(s)=\frac{K_{12}}{s^2}+\frac{K_{11}}{s}+\frac{K_3}{s+2},\quad \sigma>0$$

G(s)에 s^2을 곱하고 남은 수식에서 s를 0으로 두면 K_{12}을 구할 수 있다.

$$K_{12}=[s^2\,\mathrm{G}(s)]_{s\to 0}=5/2$$

G(s)에 s^2을 곱하고 s에 대해 미분한 다음 남은 수식에서 s를 0으로 두면 K_{11}을 구할 수 있다.

$$K_{11} = \frac{d}{ds}[s^2\,\mathrm{G}(s)]_{s\to 0} = \frac{d}{ds}\left[\frac{s+5}{s+2}\right]_{s\to 0} = \left[\frac{(s+2)-(s+5)}{(s+2)^2}\right]_{s\to 0} = -\frac{3}{4}$$

일반적인 방법을 사용하여 K_3를 구하면 3/4가 얻어진다. 따라서 결과는 다음과 같다.

$$\mathrm{G}(s) = \frac{5}{2s^2} - \frac{3}{4s} + \frac{3}{4(s+2)}, \quad \sigma > 0$$

그리고 역변환은 다음과 같다.

$$\mathrm{g}(t) = \left(\frac{5}{2}t - \frac{3}{4} + \frac{3}{4}e^{-2t}\right)\mathrm{u}(t) = \frac{10t - 3(1-e^{-2t})}{4}\mathrm{u}(t)$$

■

이제 부분분수 전개 방법을 설명하는 과정에서 가정했던 전제 가운데 하나를 만족하지 않았을 때의 영향에 대해서 살펴보자. 그 가정은 주어진 식이 s에 대한 진분수식(proper fraction)이라는 것이다.

$$\mathrm{G}(s) = \frac{b_M s^M + b_{M-1}s^{M-1} + \cdots + b_1 s + b_0}{(s-p_1)(s-p_2)\cdots(s-p_N)}$$

만일 $M \geq N$이라면 위 수식은 부분분수로 전개할 수 없다. 부분분수의 형태가 다음과 같이 주어지기 때문이다.

$$\mathrm{G}(s) = \frac{K_1}{s-p_1} + \frac{K_2}{s-p_2} + \cdots + \frac{K_N}{s-p_N}$$

공통 분모식을 사용해 항을 결합한 결과는 다음과 같다.

$$\mathrm{G}(s) = \frac{K_1 \prod_{\substack{k=1\\k\neq 1}}^{k=N}(s-p_k) + K_2 \prod_{\substack{k=1\\k\neq 2}}^{k=N}(s-p_k) + \cdots + K_2 \prod_{\substack{k=1\\k\neq N}}^{k=N}(s-p_k)}{(s-p_1)(s-p_2)\cdots(s-p_N)}$$

이의 분자식에서 s의 최고차수는 N-1이다. 따라서 s에 대한 다항식의 분수 형태로 나타나는 어떤 함수를 부분분수로 전개하기 위해서는 이 함수는 진분수식이 되어야 하며 분자식의 s의 차수가 N-1보다 커서는 안 된다. 사실 이 제약 사항은 그리 심한 것은 아니다. 왜냐하면 주어진 분수함수가 s에 대한 가분수식(improper fraction)인 경우라면 분자식을 분모식으로 계속 나눔으로써 나머지를 분모식의 차수보다 낮게 만들 수 있다. 그렇게 되면 함수의 형태는 s에 대한 음이 아닌 거듭제곱과 s에 대한 진분수식이 더해진 모양이 된다. s에 대한 음이 아닌 거듭제곱 항의 역방향 라플라스 변환은 임펄스 함수 및 고차의 특이 함수가 된다.

예제 8.5

부분분수 전개를 사용한 라플라스 역변환

$\mathrm{G}(s) = \dfrac{10s^2}{(s+1)(s+3)}$, $\sigma > 0$의 라플라스 역변환을 구해 보자.

이 수식은 s에 대한 가분수식이다. 분자식을 분모식으로 나누면

$$s^2+4s+3\,\overline{)\,10s^2\qquad}\;\; \text{몫: } 10,\quad 10s^2 - (10s^2+40s+30) = -40s-30 \quad\Rightarrow\quad \frac{10s^2}{(s+1)(s+3)} = 10 - \frac{40s+30}{s^2+4s+3}$$

따라서

$$\mathrm{G}(s) = 10 - \frac{40s+30}{(s+1)(s+3)}, \quad \sigma > 0$$

s에 대한 진분수식을 부분분수의 형태로 전개하면

$$\mathrm{G}(s) = 10 - 5\left(\frac{9}{s+3} - \frac{1}{s+1}\right), \quad \sigma > 0$$

다음 관계를 이용하면

$$e^{-at}\,\mathrm{u}(t) \xleftrightarrow{\mathcal{L}} \frac{1}{s+a} \text{ 그리고 } \delta(t) \xleftrightarrow{\mathcal{L}} 1$$

결과는 다음과 같다〈그림 8.14〉.

$$\mathrm{g}(t) = 10\delta(t) - 5(9e^{-3t} - e^{-t})\,\mathrm{u}(t)$$

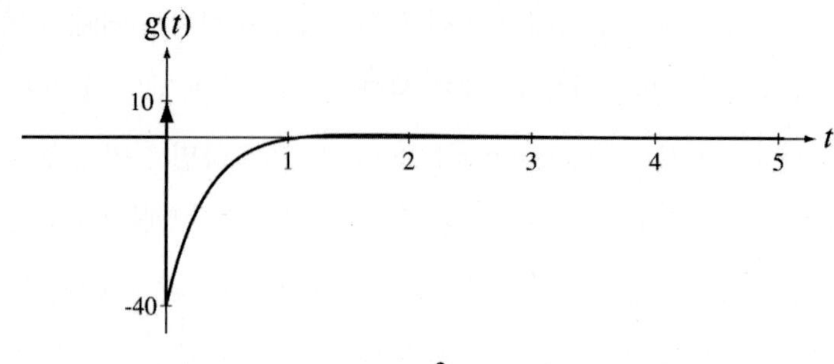

그림 8.14 $G(s) = \dfrac{10s^2}{(s+1)(s+3)}$의 라플라스 역변환

예제 8.6

부분분수 전개를 사용한 라플라스 역변환

$G(s) = \dfrac{s}{(s-3)(s^2-4s+5)}$, $\sigma < 2$의 라플라스 역변환을 구해 보자.

부분분수로 전개하는 통상적인 방법을 따라서 먼저 분모식을 인수분해하면

$$G(s) = \frac{s}{(s-3)(s-2+j)(s-2-j)}, \quad \sigma < 2$$

극점이 켤레복소수로 나타난다. 부분분수 방법은 극점이 복소수인 경우에도 적용가능하다. 이 식을 부분분수로 전개하면 다음과 같다.

$$G(s) = \frac{3/2}{s-3} - \frac{(3+j)/4}{s-2+j} - \frac{(3-j)/4}{s-2-j}, \quad \sigma < 2$$

이와 같이 극점이 복소수인 경우에는 다음 방법 가운데 선택할 수 있다.

1. 실수 극점의 경우와 동일한 방법을 적용하고 시간 영역에서의 수식을 구한 다음 이를 단순화하는 방법.
2. 마지막 두 개의 분수식을 결합하여 실수 계수를 가지는 하나의 분수식으로 만든 후 변환 표를 참조함으로써 라플라스 역변환을 구하는 방법.

방법 1 :

$$g(s) = \left(-\frac{3}{2}e^{3t} + \frac{3+j}{4}e^{(2-j)t} + \frac{3-j}{4}e^{(2+j)t}\right)u(-t)$$

이 식은 g(t)에 대해 맞는 표현이기는 하지만 익숙한 형태는 아니다. 이 식을 변환해 함수의 계수들이 모두 실수인 형태로 바꿀 수 있다. 공통의 분모를 구하고 삼각함수로 나타내면 다음과 같다.

$$\mathrm{g}(t) = \left(-\frac{3}{2}e^{3t} + \frac{3e^{(2-j)t} + 3e^{(2+j)t} + je^{(2-j)t} - je^{(2+j)t}}{4} \right)\mathrm{u}(-t)$$

$$\mathrm{g}(t) = \left(-\frac{3}{2}e^{3t} + e^{2t}\,\frac{3(e^{-jt} + e^{jt}) + j(e^{-jt} - e^{jt})}{4} \right)\mathrm{u}(-t)$$

$$\mathrm{g}(t) = (3/2)\left\{ e^{2t}[\cos(t) + (1/3)\sin(t)] - e^{3t} \right\}\mathrm{u}(-t)$$

방법 2 :

$$\mathrm{G}(s) = \frac{3/2}{s-3} - \frac{1}{4}\frac{(3+j)(s-2-j) + (3-j)(s-2+j)}{s^2 - 4s + 5},\ \ \sigma < 2$$

분자식을 단순화하면 s 에 대한 1차 다항식을 s 에 대한 2차 다항식으로 나눈 모양이 된다.

$$\mathrm{G}(s) = \frac{3/2}{s-3} - \frac{1}{4}\frac{6s-10}{s-4s+5} = \frac{3/2}{s-3} - \frac{6}{4}\frac{s-5/3}{(s-2)^2+1},\ \ \sigma < 2$$

변환 표로부터 다음 공식을 이용하면

$$-e^{-\alpha t}\cos(\omega_0 t)\,\mathrm{u}(-t) \xleftrightarrow{\mathcal{L}} \frac{s+\alpha}{(s+\alpha)^2 + \omega_0^2},\ \ \sigma < -\alpha$$

그리고

$$-e^{-\alpha t}\sin(\omega_0 t)\,\mathrm{u}(-t) \xleftrightarrow{\mathcal{L}} \frac{\omega_0}{(s+\alpha)^2 + \omega_0^2},\ \ \sigma < -\alpha$$

주어진 식의 분모는 공식에서의 분모와 동일하지만 분자의 경우는 그렇지 않다. 하지만 분자식에서 적절하게 더하기와 빼기를 하면 변환 표에 있는 모양을 가지는 두 개의 분수식으로 만들 수 있다.

$$\mathrm{G}(s) = \frac{3/2}{s-3} - \frac{3}{2}\left[\frac{s-2}{(s-2)^2+1} + (1/3)\frac{1}{(s-2)^2+1} \right],\ \ \sigma < 2 \qquad (8.10)$$

이제 역변환을 직접 구할 수 있다.

$$g(t) = (3/2)\{e^{2t}[\cos(t) + (1/3)\sin(t)] - e^{3t}\}u(-t)$$

두 개의 켤레복소수 근이 있다는 점을 생각하면 복소수 근을 가지는 두 항을 결합해 다음 형태와 같이 공통의 분모를 가지는 하나의 항으로 만들 수 있다.

$$G(s) = \frac{A}{s-3} + \frac{K_2}{s-p_2} + \frac{K_3}{s-p_3} = \frac{A}{s-3} + \frac{s(K_2+K_3) - K_3p_2 - K_2p_3}{s^2-4s+5}$$

K_2와 K_3는 임의의 상수이므로

$$G(s) = \frac{A}{s-3} + \frac{Bs+C}{s^2-4s+5}$$

(K_2와 K_3가 켤레복소수이며 p_2와 p_3 역시 켤레복소수이므로 B와 C는 모두 실수이다.) 이제 부분분수를 이와 같은 형태로 전개하는 것이 가능해진다. 앞서와 마찬가지 방법으로 A의 값을 구하면 3/2가 된다. G(s)와 이를 부분분수로 전개한 수식은 임의의 s 에 대해 성립해야 한다.

$$G(s) = \frac{s}{(s-3)(s^2-4s+5)}$$

이므로 다음 식이 성립한다.

$$\left[\frac{s}{(s-3)(s^2-4s+5)}\right]_{s=0} = \left[\frac{3/2}{s-3} + \frac{Bs+C}{s^2-4s+5}\right]_{s=0}$$

또는

$$0 = -1/2 + C/5 \Rightarrow C = 5/2$$

그렇다면

$$\frac{s}{(s-3)(s^2-4s+5)} = \frac{3/2}{s-3} + \frac{Bs+5/2}{s^2-4s+5}$$

이제 s 에 임의의 값 예를 들어 1을 대입하면 B를 구할 수 있다. 즉,

$$-\frac{1}{4} = -\frac{3}{4} + \frac{B+5/2}{2} \Rightarrow B = -\frac{3}{2}$$

그리고

$$G(s) = \frac{3/2}{s-3} - \frac{3}{2}\frac{s-5/3}{s^2-4s+5}$$

이 결과는 식 (8.10)과 일치하며 해답을 구하는 나머지 과정은 동일하다.

MATLAB에서는 부분분수 전개를 위해 residue 함수를 사용한다. 이를 사용하는 구문은 다음과 같다.

```
[r,p,k] = residue(b,a)
```

여기서 b는 분자식의 계수를 s 에 대한 내림차순으로 나타낸 벡터이며 a는 분모식의 계수를 s 에 대한 내림차순으로 나타낸 벡터이다. 그리고 r은 나머지(residue) 벡터이며 p는 유한 크기 극점의 위치 벡터이고 k는 이른바 직접항(direct term)인데, 이 항은 분자식의 차수가 분모식의 차수보다 크거나 같은 경우에 나타난다. 벡터 a와 b는 상수항에 이르기까지 s 의 모든 차수를 항상 포함하여야 한다. 나머지라는 용어는 복소평면 상에서의 경로적분 관련 이론으로부터 나왔는데 이 내용은 이 교재의 범위를 벗어난다. 함수를 사용하는 입장에서 나머지란 단순히 부분분수로 전개하는 경우의 분자식이라고 생각하면 된다.

예제 8.7

MATLAB residue 함수를 이용한 부분분수 전개

다음 수식을 부분분수로 전개하라.

$$H(s) = \frac{s^2+3s+1}{s^4+5s^3+2s^2+7s+3}$$

MATLAB 코드는 다음과 같다.

```
»b = [1 3 1] ; a = [1 5 2 7 3] ;
»[r,p,k] = residue(b,a) ;
»r
r =
   -0.0856
    0.0496 - 0.2369i
```

```
     0.0496 + 0.2369i
    -0.0135
»p
p =
    -4.8587
     0.1441 + 1.1902i
     0.1441 - 1.1902i
    -0.4295
»k
k =
    []
»
```

이 수식은 -4.8587, 0.1441+*j*1.1902, 0.1441-*j*1.1902, 그리고 -0.4295 위치에 4개의 극점이 있고 극점에 대한 나머지는 각각 -0.0856, 0.0496-*j*0.2369, 0.0496+*j*0.2369 그리고 -0.0135이다. H(*s*)가 진분수식이므로 직접항은 없다. 이제 H(*s*)를 다음과 같이 쓸 수 있다.

$$\mathrm{H}(s)=\frac{0.0496-j0.2369}{s-0.1441-j1.1902}+\frac{0.0496+j0.2369}{s-0.1441+j1.1902}-\frac{0.0856}{s+4.8587}-\frac{0.0135}{s+0.4295}$$

또는 복소수 극점에 해당하는 두 개의 항을 결합하여 나머지를 하나로 나타내면 다음과 같이 계수는 모두 실수가 된다.

$$\mathrm{H}(s)=\frac{0.0991s+0.5495}{s^2-0.2883s+1.437}-\frac{0.0856}{s+0.48587}-\frac{0.0135}{s+0.4295}$$

■

예제 8.8

LTI 시스템의 응답

다음 경우에 LTI 시스템의 응답 y(*t*)를 구해 보자.

(a) 임펄스 응답이 $\mathrm{h}(t)=5e^{-4t}\,\mathrm{u}(t)$이며 입력신호는 $\mathrm{x}(t)=\mathrm{u}(t)$

(b) 임펄스 응답이 $\mathrm{h}(t)=5e^{-4t}\,\mathrm{u}(t)$이며 입력신호는 $\mathrm{x}(t)=\mathrm{u}(-t)$

(c) 임펄스 응답이 $\mathrm{h}(t)=5e^{4t}\,\mathrm{u}(-t)$이며 입력신호는 $\mathrm{x}(t)=\mathrm{u}(t)$

(d) 임펄스 응답이 $\mathrm{h}(t)=5e^{4t}\,\mathrm{u}(-t)$이며 입력신호는 $\mathrm{x}(t)=\mathrm{u}(-t)$

(a) $\mathrm{h}(t)=5e^{-4t}\,\mathrm{u}(t)\xleftrightarrow{\mathcal{L}}\mathrm{H}(s)=\dfrac{5}{s+4},\ \sigma>-4$

$$\mathrm{x}(t) = \mathrm{u}(t) \xleftrightarrow{\mathcal{L}} \mathrm{X}(s) = 1/s, \ \sigma > 0$$

따라서

$$\mathrm{Y}(s) = \mathrm{H}(s)\,\mathrm{X}(s) = \frac{5}{s(s+4)}, \ \sigma > 0$$

Y(s)를 부분분수의 형태로 나타내면 다음과 같다.

$$\mathrm{Y}(s) = \frac{5/4}{s} - \frac{5/4}{s+4}, \ \sigma > 0$$

$$\mathrm{y}(t) = (5/4)(1 - e^{-4t})\mathrm{u}(t) \xleftrightarrow{\mathcal{L}} \mathrm{Y}(s) = \frac{5/4}{s} - \frac{5/4}{s+4}, \ \sigma > 0$$

〈그림 8.15〉

$\mathrm{h}(t) = 5e^{-4t}\,\mathrm{u}(t),\ \mathrm{x}(t) = \mathrm{u}(t)$

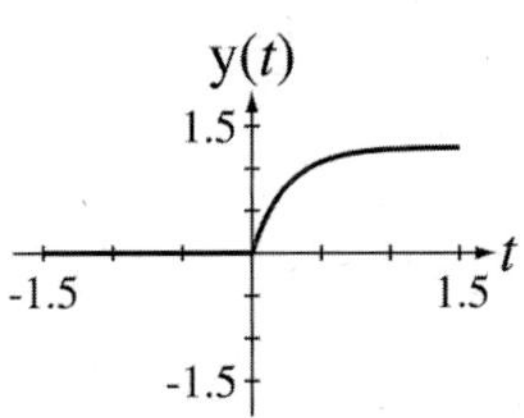

$\mathrm{h}(t) = 5e^{-4t}\,\mathrm{u}(t),\ \mathrm{x}(t) = \mathrm{u}(-t)$

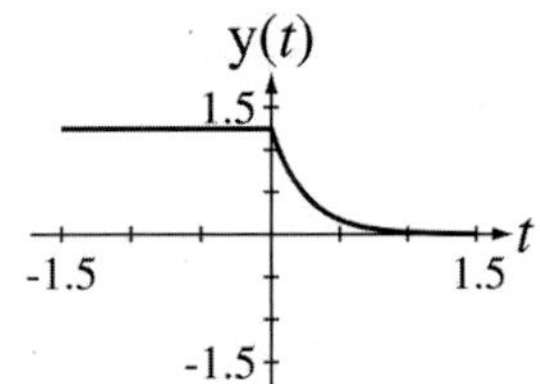

$\mathrm{h}(t) = 5e^{4t}\,\mathrm{u}(-t),\ \mathrm{x}(t) = \mathrm{u}(t)$

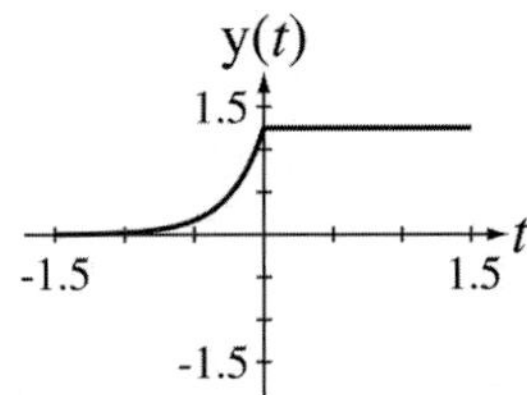

$\mathrm{h}(t) = 5e^{4t}\,\mathrm{u}(-t),\ \mathrm{x}(t) = \mathrm{u}(-t)$

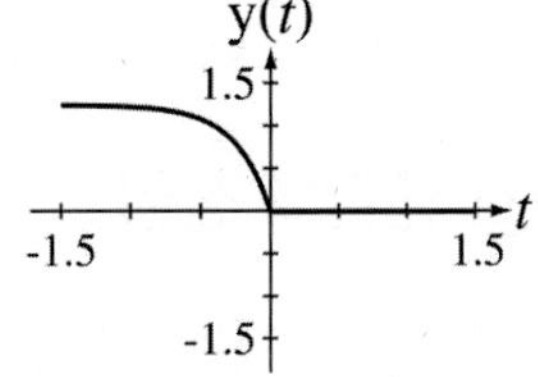

그림 8.15 네 개의 시스템 응답

(b) $\mathrm{x}(t) = \mathrm{u}(-t) \xleftrightarrow{\mathcal{L}} \mathrm{X}(s) = -1/s, \ \sigma < 0$

$$\mathrm{Y}(s) = \mathrm{H}(s)\mathrm{X}(s) = -\frac{5}{s(s+4)}, \quad -4 < \sigma < 0$$

$$\mathrm{Y}(s) = -\frac{5/4}{s} + \frac{5/4}{s+4}, \quad -4 < \sigma < 0$$

$$y(t) = (5/4)[e^{-4t}\,u(t) + u(-t)] \overset{\mathcal{L}}{\longleftrightarrow} Y(s) = -\frac{5/4}{s} + \frac{5/4}{s+4}, \quad -4 < \sigma < 0$$

〈그림 8.15〉

(c) $h(t) = 5e^{4t}\,u(-t) \overset{\mathcal{L}}{\longleftrightarrow} H(s) = -\frac{5}{s-4}, \quad \sigma < 4$

$$Y(s) = H(s)X(s) = -\frac{5}{s(s-4)}, \quad 0 < \sigma < 4$$

$$Y(s) = \frac{5/4}{s} - \frac{5/4}{s-4}, \quad 0 < \sigma < 4$$

$$y(t) = (5/4)[u(t) + e^{4t}\,u(-t)] \overset{\mathcal{L}}{\longleftrightarrow} Y(s) = \frac{5/4}{s} - \frac{5/4}{s+4}, \quad 0 < \sigma < 4$$

〈그림 8.15〉

(d) $Y(s) = H(s)X(s) = \frac{5}{s(s-4)}, \quad \sigma < 0$

$$Y(s) = -\frac{5/4}{s} + \frac{5/4}{s-4}, \quad \sigma < 0$$

$$y(t) = (5/4)[u(-t) - e^{4t}\,u(-t)] \overset{\mathcal{L}}{\longleftrightarrow} Y(s) = -\frac{5/4}{s} + \frac{5/4}{s-4}, \quad \sigma < 4$$

〈그림 8.15〉

8.10 라플라스 변환의 성질

$g(t)$와 $h(t)$의 라플라스 변환을 $G(s)$와 $H(s)$라고 하고 각각의 수렴영역을 ROC_G 과 ROC_H 로 나타내자. 이 경우 다음의 성질들이 성립한다〈표 8.2〉.

표 8.2 라플라스 변환의 성질

Linearity	$\alpha g(t) + \beta h(t-t_0) \overset{\mathcal{L}}{\longleftrightarrow} \alpha G(s) + \beta H(s)$, $ROC \supseteq ROC_G \cap ROC_H$
Time-Shifting	$g(t-t_0) \overset{\mathcal{L}}{\longleftrightarrow} G(s)e^{-st_0}$, $ROC = ROC_G$
s-Domain Shift	$e^{s_0 t}\,g(t) \overset{\mathcal{L}}{\longleftrightarrow} G(s-s_0)$, $ROC = ROC_G$ shifted by s_0 (s is in ROC if $s-s_0$ is in ROC_G)

Time Scaling $\quad g(at) \overset{\mathcal{L}}{\longleftrightarrow} (1/|a|)G(s/a), \quad ROC = ROC_G$ scaled by a
(s is in ROC if s/a is in ROC_G)

Time Differentiation $\quad \frac{d}{dt}g(t) \overset{\mathcal{L}}{\longleftrightarrow} sG(s), \quad ROC \supseteq ROC_G$

s-Domain Differentiation $\quad -t\,g(\tau) \overset{\mathcal{L}}{\longleftrightarrow} \frac{d}{ds}G(s), \quad ROC = ROC_G$

Time Integration $\quad \int_{-\infty}^{t} g(\tau)d\tau \overset{\mathcal{L}}{\longleftrightarrow} G(s)/s, \quad ROC \supseteq ROC_G \cap (\sigma > 0)$

Convolution in Time $\quad g(t) * h(t) \overset{\mathcal{L}}{\longleftrightarrow} G(s)H(s), \quad ROC \supseteq ROC_G \cap ROC_H$

If $g(t) = 0, \quad t < 0$ and there are no impulses or higher-order singularities at $t = 0$ then

Initial Value Theorem: $\quad g(0^+) = \lim_{s\to\infty} sG(s)$

Final Value Theorem: $\quad \lim_{t\to\infty} g(t) = \lim_{s\to 0} sG(s)$ if $\lim_{t\to\infty} g(t)$ exists

---

예제 8.9

s-영역 이동 성질의 활용

$X_1(s) = \frac{1}{s+5}, \ \sigma > -5$이고 $X_2(s) = X_1(s - j4) + X_1(s + j4), \ \sigma > -5$일 때, $x_2(t)$를 구하라.

$$e^{-5t}\,u(t) \overset{\mathcal{L}}{\longleftrightarrow} \frac{1}{s+5}, \quad \sigma > -5$$

s-영역에서의 이동 성질을 이용하면

$$e^{-(5-j4)t}\,u(t) \overset{\mathcal{L}}{\longleftrightarrow} \frac{1}{s-j4+5}, \quad \sigma > -5 \text{ 그리고 } e^{-(5+j4)t}\,u(t) \overset{\mathcal{L}}{\longleftrightarrow} \frac{1}{s+j4+5}, \quad \sigma > -5$$

따라서

$$x_2(t) = e^{-(5-j4)t}\,u(t) + e^{-(5+j4)t}\,u(t) = e^{-5t}(e^{j4t} + e^{-j4t})u(t) = 2e^{-5t}\cos(4t)u(t)$$

s 영역에서 ω축에 평행하면서 서로 반대방향으로 동일한 정도만큼 이동시킨 다음 더한 경우의 영향을 시간 영역에서 생각하면 인과적인 코사인 함수를 곱한 것에 해당한다. 이 전반적인 효과를 양측파대 억압 반송파(double-sideband suppressed carrier) 변조라고 하며 12장에서 살펴볼 것이다.

■

예제 8.10

시간 스케일링된 두 개의 구형파의 라플라스 변환

$x(t) = u(t) - u(t-a)$와 $x(2t) = u(2t) - u(2t-a)$에 대한 라플라스 변환을 구하라.

$u(t)$의 라플라스 변환이 $1/s$, $\sigma > 0$임을 이미 알고 있다. 선형 성질과 시간이동 성질을 이용하면

$$u(t) - u(t-a) \xleftrightarrow{\mathcal{L}} \frac{1-e^{-as}}{s}, \text{ all } \sigma$$

그리고 시간 스케일링 성질을 이용하면

$$u(2t) - u(2t-a) \xleftrightarrow{\mathcal{L}} \frac{1}{2}\frac{1-e^{-as/2}}{s/2} = \frac{1-e^{-as/2}}{s}, \text{ all } \sigma$$

이 결과는 $u(2t) = u(t)$이며 $u(2t-a) = u(2(t-a/2)) = u(t-a/2)$임을 생각하면 이해할 수 있다. ■

예제 8.11

s-영역 미분 성질을 활용한 변환 쌍 유도

s-영역에서의 미분 성질과 기본적인 라플라스 변환 쌍인 $u(t) \xleftrightarrow{\mathcal{L}} 1/s$, $\sigma > 0$ 관계를 사용해 $1/s^2$, $\sigma > 0$에 대한 라플라스 역변환을 구하라.

$$u(t) \xleftrightarrow{\mathcal{L}} 1/s, \quad \sigma > 0$$

$-t\,g(t) \xleftrightarrow{\mathcal{L}} \frac{d}{ds}(G(s))$관계를 이용하면

$$-t\,u(t) \xleftrightarrow{\mathcal{L}} -1/s^2, \quad \sigma > 0$$

따라서

$$\text{ramp}(t) = t\,u(t) \xleftrightarrow{\mathcal{L}} 1/s^2, \quad \sigma > 0$$

귀납법을 사용하면 이를 일반적인 경우로 확장할 수 있다.

$$\frac{d}{ds}\left(\frac{1}{s}\right) = -\frac{1}{s^2}, \ \frac{d^2}{ds^2}\left(\frac{1}{s}\right) = \frac{2}{s^3}, \ \frac{d^3}{ds^3}\left(\frac{1}{s}\right) = -\frac{6}{s^4}, \ \frac{d^4}{ds^4}\left(\frac{1}{s}\right) = \frac{24}{s^5}, \cdots, \ \frac{d^n}{ds^n}\left(\frac{1}{s}\right) = (-1)^n \frac{n!}{s^{n+1}}$$

이에 해당하는 변환 쌍은 다음과 같다.

$$t\,\mathrm{u}(t) \xleftrightarrow{\mathcal{L}} \frac{1}{s^2}, \quad \sigma > 0\,, \quad \frac{t^2}{2}\mathrm{u}(t) \xleftrightarrow{\mathcal{L}} \frac{1}{s^3}, \quad \sigma > 0$$

$$\frac{t^3}{6}\mathrm{u}(t) \xleftrightarrow{\mathcal{L}} \frac{1}{s^4}, \quad \sigma > 0, \cdots, \quad \frac{t^n}{n!}\mathrm{u}(t) \xleftrightarrow{\mathcal{L}} \frac{1}{s^{n+1}}, \quad \sigma > 0$$

■

예제 8.12

시간 적분 성질을 활용한 변환 쌍 유도

예제 8.11에서는 다음과 같은 라플라스 변환 쌍을 유도하기 위해 복소 주파수 미분 성질을 사용했다.

$$t\,\mathrm{u}(t) \xleftrightarrow{\mathcal{L}} 1/s^2, \quad \sigma > 0$$

$\mathrm{u}(t) \xleftrightarrow{\mathcal{L}} 1/s,\ \sigma > 0$의 관계로부터 동일한 변환 쌍을 유도하기 위해 시간 적분 성질을 사용하자.

$$\int_{-\infty}^{t} \mathrm{u}(\tau)\,d\tau = \begin{Bmatrix} \int_{0^-}^{t} d\tau = t, & t \ge 0 \\ 0, & t < 0 \end{Bmatrix} = t\,\mathrm{u}(t)$$

따라서

$$t\,\mathrm{u}(t) \xleftrightarrow{\mathcal{L}} \frac{1}{s} \times \frac{1}{s} = \frac{1}{s^2}, \ \sigma > 0$$

$\mathrm{u}(t)$을 연속적으로 적분하면 그 결과는

$$t\,\mathrm{u}(t), \ \frac{t^2}{2}\mathrm{u}(t), \ \frac{t^3}{6}\mathrm{u}(t)$$

그리고 이로부터 다음과 같은 일반적인 형태를 유도할 수 있다.

$$\frac{t^n}{n!}\mathrm{u}(t) \xleftrightarrow{\mathcal{L}} \frac{1}{s^{n+1}}, \ \sigma > 0$$

■

8.11 단방향 라플라스 변환

정의

라플라스 변환을 전개하는 과정에서 가능한 모든 범위의 신호를 고려한다면 어떤 경우에는 수렴 영역을 찾을 수 있고 어떤 경우에는 찾을 수 없다는 것은 명백하다. 만일 t^t 또는 e^{t^2} 같은 이상한, 다시 말해 지수 함수보다도 빠르게 증가하는(또한 공학적인 관점에서 유용성이 알려지지 않은) 함수를 배제한다면, 그리고 $t = 0$ 직전 또는 직후에서 함수의 값이 없는 경우로 제한한다면 라플라스 변환과 ROC는 상당히 단순해진다. $g_1(t) = Ae^{\alpha t}\,u(t),\ \alpha > 0$ 그리고 $g_2(t) = Ae^{-\alpha t}\,u(-t),\ \alpha > 0$ 등 함수의 라플라스 변환을 구할 수 있는 것은 단위 계단 함수에 의해서 반쪽의 무한대 영역에서 각 함수의 값이 영으로 제한되기 때문이다.

$g(t) = A$와 같이 모든 시간 t에서 값이 제한되어 쉽게 다룰 수 있을 것으로 보이는 함수에서조차 문제를 만나게 된다. 모든 시간에 대해서 라플라스 변환을 수렴하도록 만들어주는 수렴 인자를 찾을 수 없기 때문이다. 하지만 함수 $g(t) = Au(t)$는 라플라스 변환이 가능하다. 단위 계단함수가 있기 때문에 양의 시간에 대해서 라플라스 변환의 적분식을 수렴하도록 만들어주는 수렴요소를 선택할 수 있는 것이다. 이러한 이유로(그리고 또 다른 이유로) 실제적인 분석에 있어서는 다양한 수렴성의 문제를 피할 수 있는 변형된 형태의 라플라스 변환이 널리 사용된다.

라플라스 변환을 다시 정의해 $G(s) = \int_{0^-}^{\infty} g(t)e^{-st}\,dt$라고 하자. 변경된 것은 단지 적분식에서의 하한이다. $G(s) = \int_{-\infty}^{\infty} g(t)e^{-st}\,dt$로 정의된 라플라스 변환은 관습적으로 양방향(two-sided 또는 bilateral) 라플라스 변환이라고 부른다. 그리고 $G(s) = \int_{0^-}^{\infty} g(t)e^{-st}\,dt$로 정의된 라플라스 변환은 관습적으로 단방향(one-sided 또는 unilateral) 라플라스 변환이라고 부른다. 단방향 라플라스 변환은 함수에 있어서 음의 시간 구간을 제외한다는 측면에서 제약적이라고 할 수 있다. 그러나 실제 시스템을 분석하는 데 있어서는 시간의 원점을 잡을 때 그 시간 이전에는 모든 신호의 값이 영이 되도록 선택할 수 있기 때문에 이는 실제적인 문제가 아니며 오히려 장점을 가지고 있다. 적분의 하한이 $t = 0^-$이기 때문에, $t = 0$ 이전 시간에서 함수 $g(t)$의 값은 변환과는 상관이 없다. 이 의미는 어떤 다른 함수가 $t = 0$ 및 그 이후의 시간에서 동일한 값을 가진다면 두 함수의 라플라스 변환이 동일하다는 것이다. 따라서 하나의 시간 영역 함수에 대해 라플라스 변환이 유일하기 위해서는 $t = 0$ 이전 시간에서는 함수의 값이 영인 경우에 대해서만 적용되어야 한다.[2]

단방향 라플라스 변환의 역변환은 앞서 라플라스 역변환에 대해서 유도한 바와 정확하게 동일하다.

$$g(t) = \frac{1}{j2\pi} \int_{\sigma - j\infty}^{\sigma + j\infty} G(s) e^{+st}\, ds$$

라플라스 변환 쌍은 일반적으로 다음과 같이 정의된다.

$$\mathcal{L}(g(t)) = G(s) = \int_{0^-}^{\infty} g(t) e^{-st}\, dt, \quad \mathcal{L}^{-1}(G(s)) = g(t) = \frac{1}{j2\pi} \int_{\sigma - j\infty}^{\sigma + j\infty} G(s) e^{+st}\, ds \tag{8.11}$$

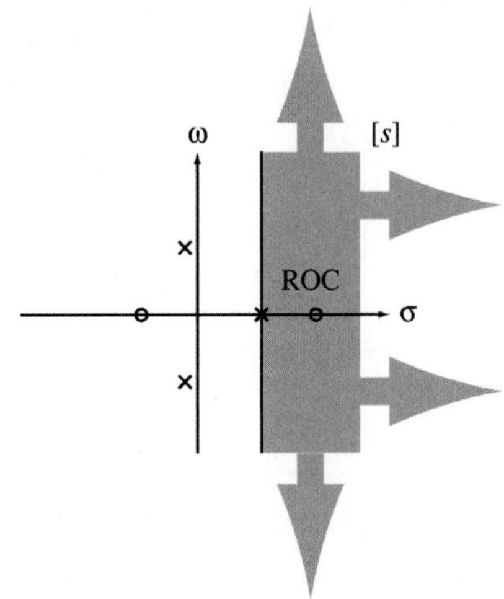

그림 8.16 단방향 라플라스 변환의 ROC

단방향 라플라스 변환의 ROC는 단순하다. 이는 항상 변환에서 유한한 모든 극점의 오른쪽 s 평면이 된다〈그림 8.16〉.

---

2 실제로는 $t > 0$에서조차 하나의 시간 영역 함수에 대한 변환이 유일하지 않다. 2장에서 단위 계단함수를 정의하는 과정에서 언급했듯이 모든 정의는 정확하게는 유한한 시간 구간에 걸친 신호의 에너지에 대한 것으로서 $t > 0$에서 불연속적인 위치에서는 다른 값을 가질 수 있다. 하지만 이러한 관점은 수학적인 것이며 공학적으로는 중요하지 않다. 한 위치에서(그 위치에 임펄스가 없다면) 신호의 에너지는 없고 실제 시스템이 반응하는 것은 입력 신호의 에너지이기 때문에 실제 시스템에 미치는 영향은 동일하다. 또한 만일 두 함수가 유한한 개수의 위치에서 서로 다른 값을 가진다면 이 경우에도 한 위치에서의 면적은 영이므로 두 함수에 대한 라플라스 변환은 동일하다.

단방향 라플라스 변환의 독특한 성질

단방향 라플라스 변환의 성질 가운데 대부분은 양방향 라플라스 변환의 성질과 마찬가지이나 몇몇 차이점이 존재한다. 만일 $t < 0$에서 $g(t) = 0$이고 $h(t) = 0$이며 변환은 다음과 같다.

$$\mathcal{L}(g(t)) = G(s) \text{ 그리고 } \mathcal{L}(h(t)) = H(s)$$

단방향 라플라스 변환의 독특한 성질을 〈표 8.3〉에 나타냈다.

표 8.3 양방향 라플라스 변환과 차이 나는 단방향 라플라스 변환의 성질

Time-Shifting	$g(t-t_0) \xleftrightarrow{\mathcal{L}} G(s)e^{-st_0}, \quad t_0 > 0$
Time Scaling	$g(at) \xleftrightarrow{\mathcal{L}} (1/\lvert a\rvert)G(s/a), \quad a > 0$
First Time Derivative	$\frac{d}{dt}g(t) \xleftrightarrow{\mathcal{L}} s\,G(s) - g(0^-)$
Nth Time Derivative	$\frac{d^N}{dt^N}(g(t)) \xleftrightarrow{\mathcal{L}} s^N\,G(s) - \sum_{n=1}^{N} s^{N-n}\left[\frac{d^{n-1}}{dt^{n-1}}(g(t))\right]_{t=0^-}$
Time Integration	$\int_{0^-}^{t} g(\tau)\,d\tau \xleftrightarrow{\mathcal{L}} G(s)/s$

시간 이동 성질은 이제 오른쪽으로의 시간 이동(시간 지연)만이 가능하다. 시간적으로 지연되는 경우에만 해당 신호에서 0이 아닌 전체 부분이 0^-에서 무한대까지의 적분 구간에 포함되는 것이 보장되기 때문이다. 만일 신호가 왼쪽으로(앞선 시간으로) 이동한다면 신호 가운데 일부분은 $t = 0$ 이전에 나타나서 라플라스 변환의 적분 구간에 포함되지 않을 수 있다. 이렇게 되면 신호의 변환과 이동한 신호의 변환 사이의 유일한 관계가 사라지고 일반적인 방법으로는 서로 연결시키는 것이 불가능해진다〈그림 8.17〉.

이와 유사하게 시간 스케일링 및 주파수 스케일링 성질에서 상수 a는 음수가 아니어야 한다. 음수인 경우에는 인과적인 신호가 비인과적인 신호로 바뀌며 단방향 라플라스 변환은 인과적인 신호에 대해서만 적용할 수 있기 때문이다.

시간 미분 성질은 단방향 라플라스 변환에서 중요한 성질이다. 이를 사용하면 초기 조건이 주어진 미분방정식의 해를 체계적으로 구할 수 있다. 미분방정식을 푸는 과정에서 미분 성질을 이용하면 초기 조건은 변환 과정의 고유한 부분으로서 자동적으로 적절한 형태로 포함된다. 〈표 8.4〉에서는 일반적으로 사용되는 단방향 라플라스 변환을 나타내었다.

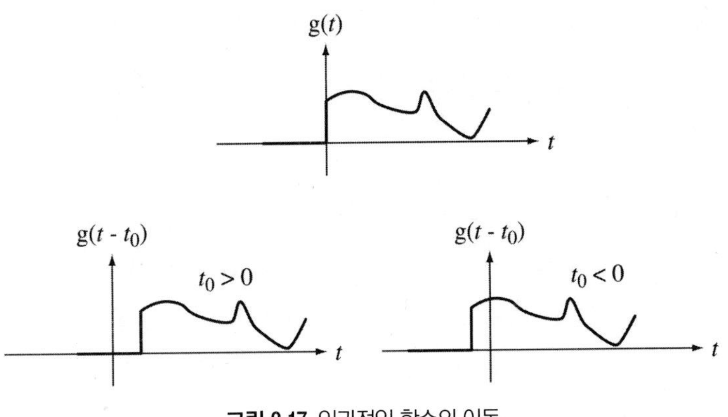

그림 8.17 인과적인 함수의 이동

표 8.4 대표적인 단방향 라플라스 변환 쌍

$$\delta(t) \xleftrightarrow{\mathcal{L}} 1, \quad \text{All } s$$

$$\mathrm{u}(t) \xleftrightarrow{\mathcal{L}} 1/s, \quad \sigma > 0$$

$$\mathrm{u}_{-n}(t) = \underbrace{\mathrm{u}(t) * \cdots \mathrm{u}(t)}_{(n-1)\text{convolutions}} \xleftrightarrow{\mathcal{L}} 1/s^n, \quad \sigma > 0$$

$$\mathrm{ramp}(t) = t\,\mathrm{u}(t) \xleftrightarrow{\mathcal{L}} 1/s^2, \quad \sigma > 0$$

$$e^{-\alpha t}\,\mathrm{u}(t) \xleftrightarrow{\mathcal{L}} \frac{1}{s+\alpha}, \quad \sigma > -\alpha$$

$$t^n\,\mathrm{u}(t) \xleftrightarrow{\mathcal{L}} n!/\,s^{n+1}, \quad \sigma > 0$$

$$te^{-\alpha t}\,\mathrm{u}(t) \xleftrightarrow{\mathcal{L}} \frac{1}{(s+\alpha)^2}, \quad \sigma > -\alpha$$

$$t^n e^{-\alpha t}\,\mathrm{u}(t) \xleftrightarrow{\mathcal{L}} \frac{n!}{(s+\alpha)^{n+1}}, \quad \sigma > -\alpha$$

$$\sin(\omega_0 t)\,\mathrm{u}(t) \xleftrightarrow{\mathcal{L}} \frac{\omega_0}{s^2+\omega_0^2}, \quad \sigma > 0$$

$$\cos(\omega_0 t)\,\mathrm{u}(t) \xleftrightarrow{\mathcal{L}} \frac{s}{s^2+\omega_0^2}, \quad \sigma > 0$$

$$e^{-\alpha t}\sin(\omega_0 t)\,\mathrm{u}(t) \xleftrightarrow{\mathcal{L}} \frac{\omega_0}{(s+\alpha)^2+\omega_0^2}, \quad \sigma > -\alpha$$

$$e^{-\alpha t}\cos(\omega_0 t)\,\mathrm{u}(t) \xleftrightarrow{\mathcal{L}} \frac{s+\alpha}{(s+\alpha)^2+\omega_0^2}, \quad \sigma > -\alpha$$

초기 조건이 주어진 미분방정식의 풀이

라플라스 변환의 장점은 선형 시스템의 동적 특성을 분석하기 위해 사용된다는 것이다. 선형 연속시간 시스템은 선형 미분방정식으로 표현되고 라플라스 변환을 거치면 미분 연산이 s와의 곱셈으로 나타나기 때문이다. 따라서 미분방정식의 해는 대수방정식의 해로 변환된다. 단방향 라플라스 변환은 $t=0$에서 입력이 시작되는 시스템이나 불안정한 시스템 또는 시간이 지남에 따라 값이 유한하지 않는 강제 함수에 의해 구동되는 시스템의 과도 상태를 분석하는 데 특히 편리하다.

예제 8.13

단방향 라플라스 변환을 이용한 초기 조건이 주어진 미분 방정식의 풀이

$t > 0$인 영역에서 다음 미분방정식을 풀어라.

$$x''(t) + 7x'(t) + 12x(t) = 0$$

초기 조건은 다음과 같다.

$$x(0^-) = 2 \text{ 그리고 } \frac{d}{dt}(x(t))_{t=0^-} = -4$$

먼저 방정식의 양변에 대해 라플라스 변환을 취하면

$$s^2 X(s) - s\,x(0^-) - \frac{d}{dt}(x(t))_{t=0^-} + 7[s X(s) - x(0^-)] + 12X(s) = 0$$

$X(s)$에 대해서 풀면

$$X(s) = \frac{s\,x(0^-) + 7x(0^-) + \frac{d}{dt}(x(t))_{t=0^-}}{s^2 + 7s + 12}$$

또는

$$X(s) = \frac{2s + 10}{s^2 + 7s + 12}$$

$X(s)$를 부분분수로 전개하면

$$X(s) = \frac{4}{s+3} - \frac{2}{s+4}$$

라플라스 변환 표로부터

$$e^{-\alpha t}\,u(t) \xleftrightarrow{\mathcal{L}} \frac{1}{s+\alpha}$$

라플라스 역변환은 $x(t) = (4e^{-3t} - 2e^{-4t})u(t)$이다. 이 결과를 원래의 미분방정식에 대입하면 $t \geq 0$에서

$$\frac{d^2}{dt^2}[4e^{-3t} - 2e^{-4t}] + 7\frac{d}{dt}[4e^{-3t} - 2e^{-4t}] + 12[4e^{-3t} - 2e^{-4t}] = 0$$

$$36e^{-3t} - 32e^{-4t} - 84e^{-3t} + 56e^{-4t} + 48e^{-3t} - 24e^{-4t} = 0$$

$$0 = 0$$

이 결과는 앞서 구한 $x(t)$가 실제로 미분방정식의 해가 됨을 증명한다. 또한

$$x(0^-) = 4 - 2 = 2 \text{ 그리고 } \frac{d}{dt}(x(t))_{t=0^-} = -12 + 8 = -4$$

즉, 구한 해는 주어진 초기 조건 역시 만족한다.

예제 8.14

브리지-T (bridged-T) 네트워크의 응답

〈그림 8.18〉에서 입력 전압이 $v_i(t) = 10u(t)$V일 때 영상태 출력 $v_{RL}(t)$를 구하라.

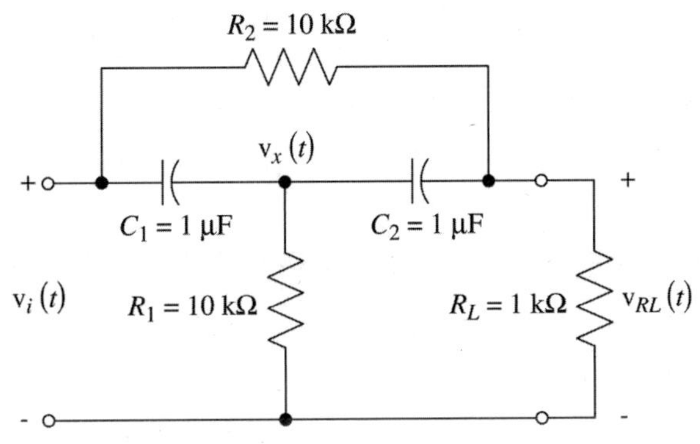

그림 8.18 Bridged-T 네트워크

마디 방정식을 쓰면

$$C_1\frac{d}{dt}[v_x(t) - v_i(t)] + C_2\frac{d}{dt}[v_x(t) - v_{RL}(t)] + G_1 v_x(t) = 0$$

$$C_2 \frac{d}{dt}[\text{v}_{RL}(t) - \text{v}_x(t)] + G_L \text{v}_{RL}(t) + G_2[\text{v}_{RL}(t) - \text{v}_i(t)] = 0$$

여기서 $G_1 = 1/R_1 = 10^{-4}$ S, $G_2 = 1/R_2 = 10^{-4}$ S 그리고 $G_L = 10^{-3}$ S이다. 라플라스 변환을 취하면

$$C_1\{s\text{V}_x(s) - \text{v}_x(0^-) - [s\text{V}_i(s) - \text{v}_i(0^-)]\} + C_2\{s\text{V}_x(s) - \text{v}_x(0^-) - [s\text{V}_{RL}(s) - \text{v}_{RL}(0^-)]\} + G_1\text{V}_x(s) = 0$$

$$C_2\{s\text{V}_{RL}(s) - \text{v}_{RL}(0^-) - [s\text{V}_x(s) - \text{v}_x(0^-)]\} + G_L\text{V}_{RL}(s) + G_2[\text{V}_{RL}(s) - \text{V}_i(s)] = 0$$

영상태 응답을 구하는 것이므로 초기 조건을 모두 영으로 두면 방정식은 다음과 같이 단순해진다.

$$sC_1[\text{V}_x(s) - \text{V}_i(s)] + sC_2[\text{V}_x(s) - \text{V}_{RL}(s)] + G_1\text{V}_x(s) = 0$$

$$sC_2[\text{V}_{RL}(s) - \text{V}_x(s)] + G_L\text{V}_{RL}(s) + G_2[\text{V}_{RL}(s) - \text{V}_i(s)] = 0$$

입력의 라플라스 변환은 $\text{V}_i(s) = 10/s$이다. 따라서

$$\begin{bmatrix} s(C_1 + C_2) + G_1 & -sC_2 \\ -sC_2 & sC_2 + (G_L + G_2) \end{bmatrix} \begin{bmatrix} \text{V}_x(s) \\ \text{V}_{RL}(s) \end{bmatrix} = \begin{bmatrix} 10C_1 \\ 10G_2/s \end{bmatrix}$$

2×2 행렬의 행렬식은

$$\begin{aligned} \Delta &= [s(C_1 + C_2) + G_1][sC_2 + (G_L + G_2)] - s^2C_2^2 \\ &= s^2C_1C_2 + s[G_1C_2 + (G_L + G_2)(C_1 + C_2)] + G_1(G_L + G_2) \end{aligned}$$

Cramer의 규칙에 따라서 응답의 라플라스 변환에 대한 해를 구하면 다음과 같다.

$$\text{V}_{RL}(s) = \frac{\begin{vmatrix} s(C_1 + C_2) + G_1 & 10C_1 \\ -sC_2 & 10G_2/s \end{vmatrix}}{s^2C_1C_2 + s[G_1C_2 + (G_L + G_2)(C_1 + C_2)] + G_1(G_L + G_2)}$$

$$\text{V}_{RL}(s) = 10\frac{s^2C_1C_2 + sG_2(C_1 + C_2) + G_1G_2}{s\{s^2C_1C_2 + s[G_1C_2 + (G_L + G_2)(C_1 + C_2)] + G_1(G_L + G_2)\}}$$

또는

$$V_{RL}(s) = 10\frac{s^2 + sG_2(C_1 + C_2)/C_1C_2 + G_1G_2/C_1C_2}{s\{s^2 + s[G_1/C_1 + (G_L + G_2)(C_1 + C_2)/C_1C_2] + G_1(G_L + G_2)/C_1C_2\}}$$

여기에 소자의 값을 대입하면

$$V_{RL}(s) = 10\frac{s^2 + 200s + 10,000}{s(s^2 + 2300s + 110,000)}$$

부분분수로 전개하면

$$V_{RL}(s) = \frac{0.9091}{s} - \frac{0.243}{s + 48.86} + \frac{9.334}{s + 2251}$$

라플라스 역변환을 취하면 결과는 다음과 같다.

$$v_{RL}(t) = [0.9091 - 0.243e^{-48.86t} + 9.334e^{-2251t}]u(t)$$

구한 해가 정확한지 살펴보기 위해 $t \to \infty$으로 보내면 응답은 0.9091로 접근한다. 이 결과는 캐패시터가 열려 있음을 고려할 때 전압 분배 공식을 적용하여 두 개의 저항 사이에 걸리는 전압을 구한 값과 정확하게 일치한다. 따라서 최종값은 맞는 것으로 판단된다. $t = 0^+$에서 응답의 초기 값은 10V이다. 캐패시터는 $t = 0^+$시간에 충전되어 있지 않으므로 전압은 0이며 입력과 출력 전압은 동일해야 한다. 따라서 초기 값 역시 맞는 것으로 판단된다. 이러한 두 가지 점검 방법은 구한 해가 모든 시간에 정확하다는 것을 보장하지는 않는다. 하지만 해의 타당성을 검사하는 좋은 방법이며 때때로 오류를 발견할 수 있도록 해준다.

■

8.12 극점-영점 다이어그램과 주파수 응답

실제 상황에 있어서 전달함수의 가장 보편적인 모양은 다음과 같이 s에 대한 다항식의 비로 나타난다.

$$H(s) = \frac{N(s)}{D(s)}$$

이러한 형태의 전달함수는 다음과 같이 인수분해 될 수 있다.

$$\mathrm{H}(s) = A\frac{(s-z_1)(s-z_2)\cdots(s-z_M)}{(s-p_1)(s-p_2)\cdots(s-p_N)}$$

그렇다면 시스템의 주파수 응답은

$$\mathrm{H}(j\omega) = A\frac{(j\omega-z_1)(j\omega-z_2)\cdots(j\omega-z_M)}{(j\omega-p_1)(j\omega-p_2)\cdots(j\omega-p_N)}$$

이 결과를 그래프로 해석하는 방법을 설명하기 위해 예를 들어보자. 다음과 같은 전달함수가 주어질 때

$$\mathrm{H}(s) = \frac{3s}{s+3}$$

이 전달함수는 $s=0$에서 하나의 영점 그리고 $s=-3$에서 하나의 극점을 가지고 있다〈그림 8.19〉.

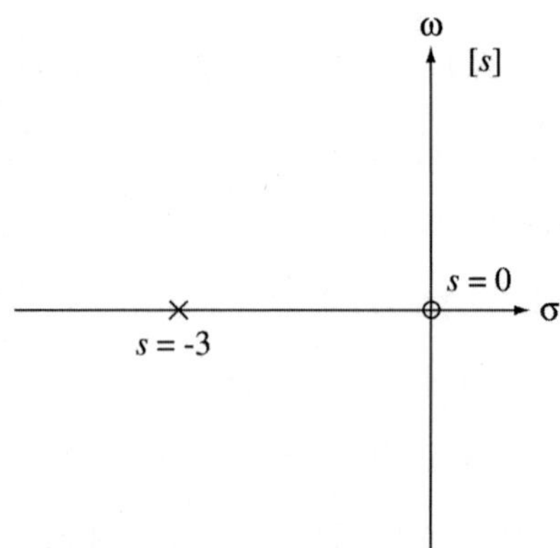

그림 8.19 $\mathrm{H}(s)=3s/(s+3)$의 극점 및 영점 표시도

전달함수를 주파수 응답으로 변환하면

$$\mathrm{H}(j\omega) = 3\frac{j\omega}{j\omega+3}$$

주파수 응답은 $j\omega$와 $j\omega+3$의 비에 3을 곱한 것이다. 분자와 분모는 〈그림 8.20〉에서 나타내었듯이 임의의 ω이 선택되면 s 평면에서의 벡터로 간주될 수 있다.

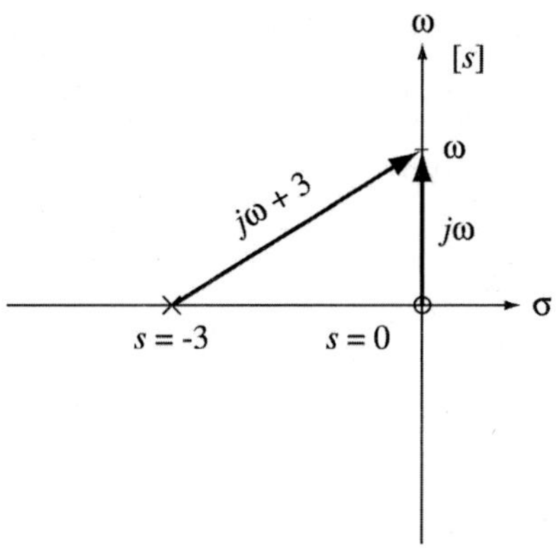

그림 8.20 $j\omega$ 및 $j\omega+3$의 벡터 표시 다이어그램

주파수 ω가 변함에 따라서 벡터 역시 변한다. 특정 주파수에서 주파수 응답의 크기는 분자 벡터의 크기를 분모 벡터의 크기로 나누고 3을 곱한 것이다.

$$|\mathrm{H}(j\omega)| = 3\frac{|j\omega|}{|j\omega+3|}$$

특정 주파수에서 주파수 응답의 위상은 상수 3의 위상(이 값은 0이다)에 분자식 $j\omega$의 위상(이 값은 양의 주파수에서는 상수 $\pi/2$ 라디안이고 음의 주파수에서는 상수 $-\pi/2$ 라디안이다)을 더하고 분모식 $j\omega+3$의 위상을 뺀 값이다.

$$\measuredangle\mathrm{H}(j\omega) = \underbrace{\measuredangle 3}_{=0} + \measuredangle j\omega - \measuredangle(j\omega+3)$$

주파수가 양의 부분에서 0으로 접근할 때 분자 벡터의 길이는 0으로 접근하고 분모 벡터의 길이는 최소값인 3으로 접근하면서 전체적인 주파수 응답의 크기는 0으로 접근한다. 같은 극한을 취할 때 $j\omega$의 위상은 $\pi/2$ 라디안이 되고 $j\omega+3$의 위상은 0으로 접근하면서 전체 주파수 응답의 위상은 $\pi/2$ 라디안에 접근한다.

$$\lim_{\omega\to 0^+}|\mathrm{H}(j\omega)| = \lim_{\omega\to 0^+} 3\frac{|j\omega|}{|j\omega+3|} = 0$$

그리고

$$\lim_{\omega\to 0^+}\measuredangle\mathrm{H}(j\omega) = \lim_{\omega\to 0^+}\measuredangle j\omega - \lim_{\omega\to 0^+}\measuredangle(j\omega+3) = \pi/2 - 0 = \pi/2$$

주파수가 음의 부분에서 0으로 접근할 때 분자 벡터의 길이는 0으로 접근하고 분모 벡터의 길이는 최소값인 3으로 접근하면서 전체적인 주파수 응답의 크기는 전과 같이 0으로 접근한다. 같은 극한을 취할 때 $j\omega$의 위상은 $-\pi/2$ 라디안이 되고 $j\omega+3$의 위상은 0으로 접근하면서 전체 주파수 응답의 위상은 $-\pi/2$ 라디안에 접근한다.

$$\lim_{\omega\to 0^-} |\mathrm{H}(j\omega)| = \lim_{\omega\to 0^-} 3\frac{|j\omega|}{|j\omega+3|} = 0$$

그리고

$$\lim_{\omega\to 0^-} \measuredangle \mathrm{H}(j\omega) = \lim_{\omega\to 0^-} \measuredangle j\omega - \lim_{\omega\to 0^-} \measuredangle (j\omega+3) = -\pi/2 - 0 = -\pi/2$$

주파수가 양의 무한대로 접근할 때 두 벡터의 길이는 같은 값으로 접근하여 전체적인 주파수 응답의 크기는 3으로 접근한다. 같은 극한을 취할 때 $j\omega$의 위상은 $\pi/2$ 라디안이 되고 $j\omega+3$의 위상은 $\pi/2$로 접근하면서 전체 주파수 응답의 위상은 0에 접근한다.

$$\lim_{\omega\to +\infty} |\mathrm{H}(j\omega)| = \lim_{\omega\to +\infty} 3\frac{|j\omega|}{|j\omega+3|} = 3$$

그리고

$$\lim_{\omega\to +\infty} \measuredangle \mathrm{H}(j\omega) = \lim_{\omega\to +\infty} \measuredangle j\omega - \lim_{\omega\to +\infty} \measuredangle (j\omega+3) = \pi/2 - \pi/2 = 0$$

주파수가 음의 무한대로 접근할 때 두 벡터의 길이는 같은 값으로 접근하여 전체적인 주파수 응답의 크기는 전과 같이 3으로 접근한다. 같은 극한을 취할 때 $j\omega$의 위상은 $-\pi/2$ 라디안이 되고 $j\omega+3$의 위상은 $-\pi/2$로 접근하면서 전체 주파수 응답의 위상은 0에 접근한다.

$$\lim_{\omega\to -\infty} |\mathrm{H}(j\omega)| = \lim_{\omega\to -\infty} 3\frac{|j\omega|}{|j\omega+3|} = 3$$

그리고

$$\lim_{\omega\to -\infty} \measuredangle \mathrm{H}(j\omega) = \lim_{\omega\to -\infty} \measuredangle j\omega - \lim_{\omega\to -\infty} \measuredangle (j\omega+3) = -\pi/2 - (-\pi/2) = 0$$

극점-영점 다이어그램으로부터 추론된 주파수 응답의 이러한 특성은 주파수 응답의 크기 및 위상 그래프를 통해 뒷받침된다〈그림 8.21〉. 이 시스템은 높은 주파수에 비해 낮은 주파수를 감쇠시킨다. 이러한 시스템은 일반적으로 높은 주파수를 통과시키고 낮은 주파수를 막기 때문에 이런 형태의 주파수 응답을 가지는 시스템을 고역통과(highpass) 필터라고 부른다.

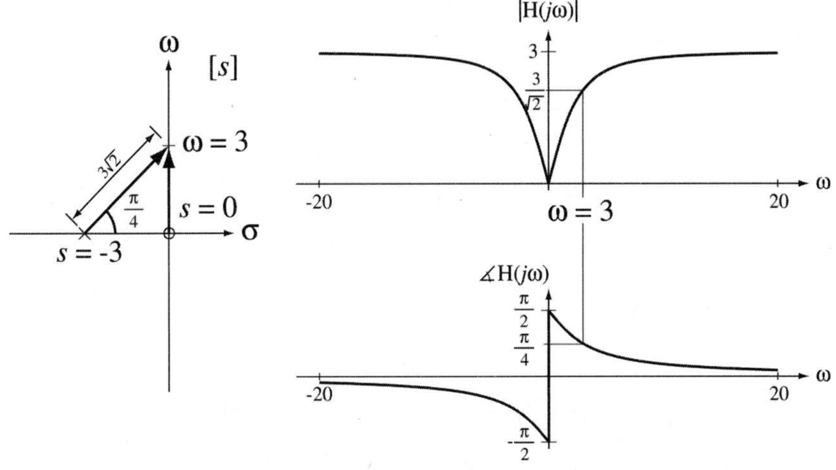

그림 8.21 전달함수가 $H(s)=3s/(s+3)$인 시스템의 크기 및 위상 주파수 응답

예제 8.15

극점-영점 다이어그램으로부터 시스템의 주파수 응답 구하기

전달함수가 다음과 같은 주어질 때 시스템의 크기 및 위상 주파수 응답을 구하라.

$$H(s)=\frac{s^2+2s+17}{s^2+4s+104}$$

주어진 식을 인수분해하면

$$H(s)=\frac{(s+1-j4)(s+1+j4)}{(s+2-j10)(s+2+j10)}$$

이 전달함수의 극점과 영점은 〈그림 8.22〉에 나타낸 바와 같이 $z_1=-1+j4$, $z_2=-1-j4$ 그리고 $p_1=-2+j10$, $p_2=-2-j10$이다.

전달함수를 주파수 응답으로 변환하면

$$H(j\omega)=\frac{(j\omega+1-j4)(j\omega+1+j4)}{(j\omega+2-j10)(j\omega+2+j10)}$$

특정 주파수에서 주파수 응답의 크기는 분자 벡터 크기의 곱을 분모 벡터 크기의 곱으로

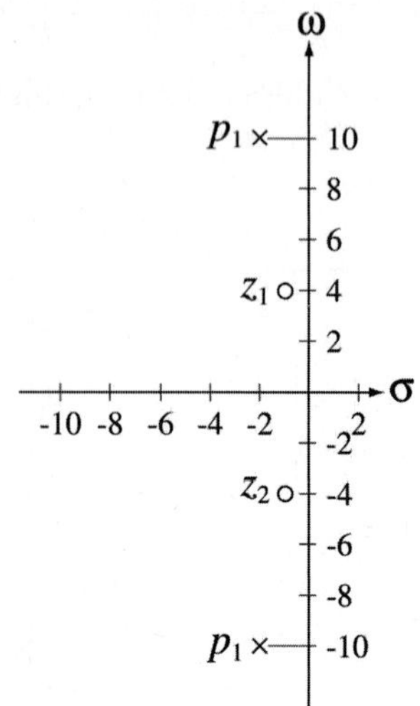

그림 8.22 $H(s)=\dfrac{s^2+2s+17}{s^2+4s+104}$의 극점-영점 분포도

나눈 것이다.

$$|H(j\omega)|=\frac{|j\omega+1-j4||j\omega+1+j4|}{|j\omega+2-j10||j\omega+2+j10|}$$

특정 주파수에서 주파수 응답의 위상은 분자 벡터 각도의 합에서 분모 벡터 각들의 합을 뺀 것이다.

$$\measuredangle H(j\omega)=\measuredangle(j\omega+1-j4)+\measuredangle(j\omega+1+j4)-[\measuredangle(j\omega+2-j10)+\measuredangle(j\omega+2+j10)]$$

이 전달함수는 ω축에서 유한한 크기의 극점이나 영점을 가지지 않는다. 따라서 이의 주파수 응답은 임의의 실수 주파수에서는 0도 아니고 무한대도 아니다. 그러나 유한 극점들과 유한 영점들이 실수축 근처에 있으면 이러한 근접성 때문에 이들 극점과 영점 부근의 실수 주파수에 대한 주파수 응답에 강한 영향을 미친다. 극점 p_1에 가까운 실수 주파수 ω 에서는 분모의 인수 $j\omega+2-j10$가 아주 작아져서 결과적으로 전체적인 주파수 응답의 크기가 매우 커진다. 이와는 반대로 영점 z_1에 가까운 실수 주파수 ω 에서 분자의 인자 $j\omega+1-j4$가 매우 작아지고 전체 주파수 응답의 크기가 매우 작아진다. 이와 같이 주파수 응답의 크기는 영점에서는 0이 되고 극점에서는 무한대가 될 뿐만 아니라 영점 부근에서는 작아지고 극점 근처에서는 커진다.

주파수 응답의 크기 및 위상 특성을 〈그림 8.23〉에 나타냈다.

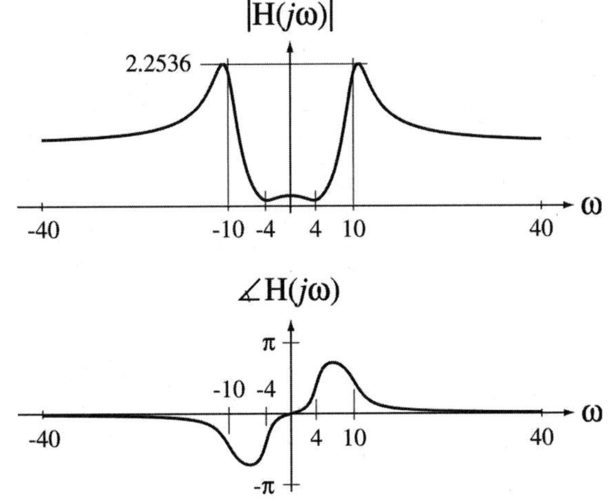

그림 8.23 전달함수가 $H(s)=\dfrac{s^2+2s+17}{s^2+4s+104}$인 시스템의 크기 및 위상 주파수 응답

주파수 응답은 MATLAB control toolbox의 명령 bode를 사용해 그래프로 나타낼 수 있다. 그리고 극점-영점 다이어그램은 MATLAB control toolbox의 명령 pzmap을 사용해 그릴 수 있다.

■

그래프적인 개념을 통해서 극점-영점 분포도를 이해하게 되면 대략적인 주파수 응답의 형태를 파악할 수 있다. 단 전달함수 가운데 한 가지 요소는 극점-영점 분포도만으로는 확실하지 않다. 즉, 주파수와 상관없는 이득 A는 극점-영점 다이어그램에 어떠한 영향도 미치지 않으며 따라서 극점과 영점을 관찰한다고 해도 알 수 없다. 하지만 시스템의 모든 동적 특성은 이득 상수의 범위 안에서 극점-영점 분포도로부터 결정할 수 있다.

다음에서는 일련의 그림을 통해서 시스템의 유한한 극점과 영점의 개수 그리고 위치가 변함에 따라서 주파수 응답과 계단 응답이 어떻게 변하는가를 설명하고 있다. 〈그림 8.24〉는 하나의 유한한 극점을 가지고 유한한 영점은 없는 시스템에 대한 극점-영점 다이어그램을 나타낸다. 이의 주파수 응답은 높은 주파수에 비해서 낮은 주파수를 강조하여 저역통과(lowpass) 필터가 되고 이의 계단 응답은 $t=0$에서 불연속적으로 튀지 않고 0이 아닌 최종값으로 접근함을 알 수 있다. $t=0$ 시간에서 계단 응답이 연속적이라는 것은 단위 계단 함수의 높은 주파수 성분이 감쇠되어 응답이 불연속적으로 변할 수 없다는 사실의 결과이다.

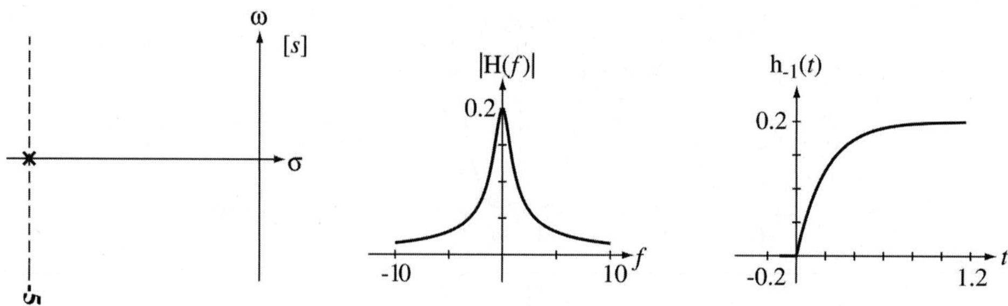

그림 8.24 하나의 유한 극점의 저역통과 필터

〈그림 8.25〉에서는 〈그림 8.24〉의 시스템에 하나의 영점이 원점에 추가된 경우를 나타내었다. 이의 영향으로 주파수 응답은 고역통과 필터로 변하게 된다. 이는 계단 응답이 $t = 0$에서 불연속적으로 튀고 최종값이 0으로 접근한다는 사실로부터 나타난다. 계단 응답의 최종값은 0이 되어야 하는데 이는 필터가 입력 신호 가운데 주파수가 0인 성분을 완전히 막기 때문이다. $t = 0$에서 불연속이 발생하는 이유는 단위 계단 함수의 높은 주파수 성분이 유지되기 때문이다.

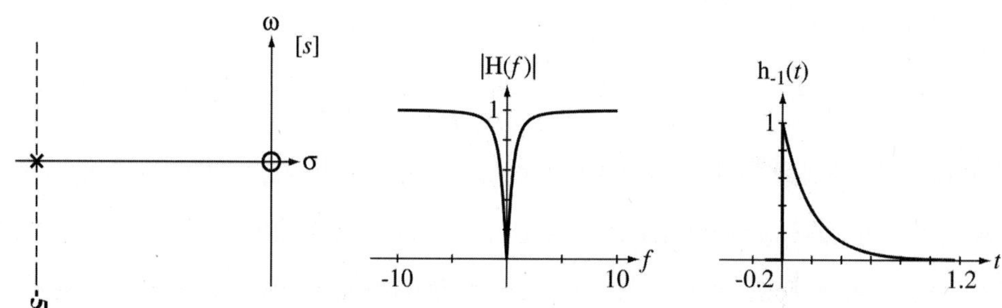

그림 8.25 하나의 유한 극점 및 하나의 유한 영점의 고역통과 필터

〈그림 8.26〉에서는 실수인 유한한 극점이 두 개 있고 유한한 영점은 없는 저역통과 필터를 나타내었다. 계단 응답은 $t = 0$ 시간에서 불연속적으로 튀지 않으며 0이 아닌 최종값에 접근한다. 이 응답은 〈그림 8.24〉의 경우와 유사하지만 주파수가 증가함에 따라 〈그림 8.24〉에서 보다 더 빨리 떨어지는 사실을 통해 알 수 있듯이 높은 주파수가 감쇠하는 정도는 더 심하다. 계단 응답 역시 약간의 차이를 보이는데 〈그림 8.24〉에서는 $t = 0$에서 시작하는 기울기가 0이 아닌 데에 반해서 기울기가 0에서 시작한다.

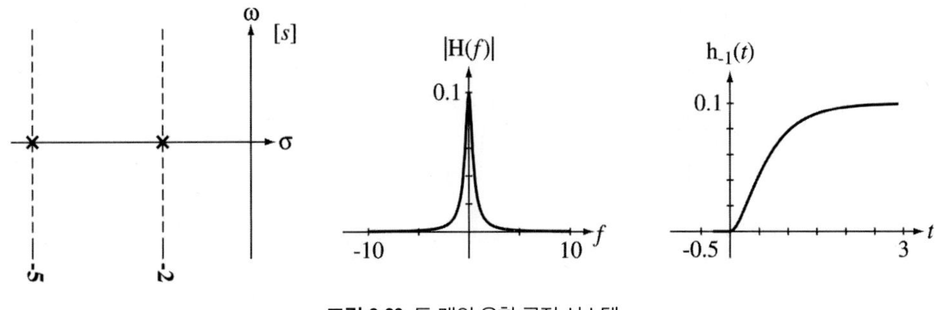

그림 8.26 두 개의 유한 극점 시스템

〈그림 8.27〉은 〈그림 8.26〉의 시스템에 하나의 영점이 원점에 추가된 경우이다. 계단 응답은 $t=0$에서 불연속적으로 튀지 않고 최종값은 0으로 접근하는데 이는 시스템이 중간 주파수에 비해서 높은 주파수와 낮은 주파수 성분을 모두 감쇠시키기 때문이다. 이러한 형태의 주파수 응답을 가지는 시스템을 대역통과(bandpass) 필터라고 한다. 높은 주파수 성분이 감쇠됨에 따라서 계단 응답이 연속이 되고 낮은 주파수 성분이 감쇠됨에 따라서 계단 응답의 최종값이 0에 접근한다.

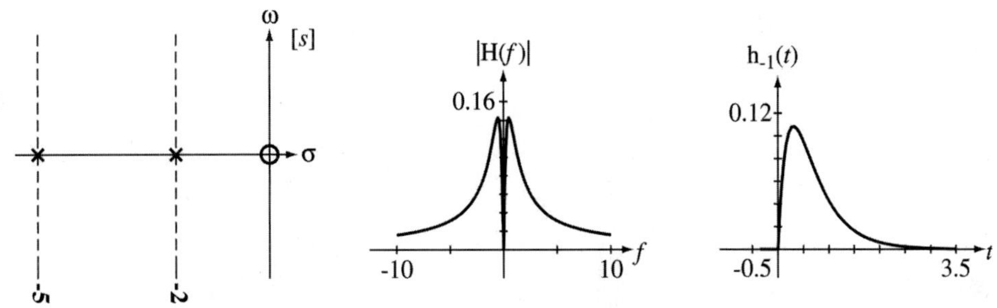

그림 8.27 두 개의 유한 극점 및 하나의 유한 영점의 대역통과 필터

〈그림 8.28〉에서는 〈그림 8.27〉의 필터에 또 하나의 영점을 원점에 추가하여 고역통과 필터를 만들었다. 계단 응답은 $t=0$에서 불연속적으로 튀며 응답의 최종값은 0으로 접근한다. 낮은 주파수의 감쇠는 〈그림 8.25〉의 시스템보다 심하며 이러한 영향이 계단 응답에도 나타나는데 값이 0으로 안정화되기 전에 언더슈트(undershoot)된다.

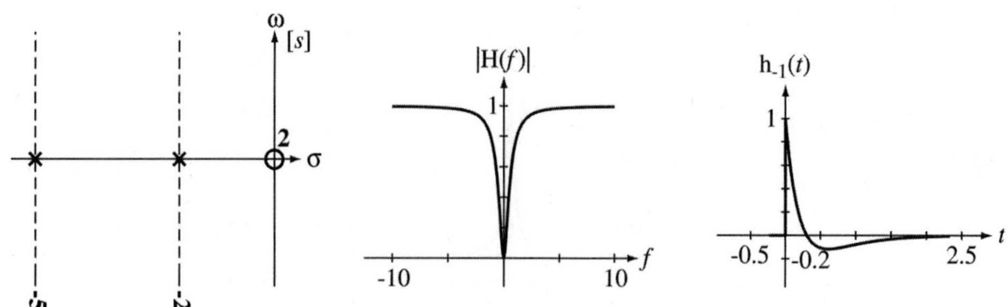

그림 8.28 두 개의 유한 극점 및 두 개의 유한 영점의 고역통과 필터

〈그림 8.29〉에서 두 개의 유한한 극점을 가지는 또 하나의 저역통과 필터를 나타내었다. 하지만 여기에서는 두 개의 극점이 실수가 아니라 켤레복소수이기 때문에 이의 주파수 응답은 〈그림 8.26〉의 시스템과는 상당히 다르다. 주파수 응답은 주파수가 증가함에 따라 점점 커지다가 두 극점 부근의 주파수에서 최고 값에 이르고 주파수가 더 높아지면서 값이 떨어진다. 이러한 주파수 응답을 형태를 보이는 시스템을 부족감쇠(underdamped)라고 한다. 부족감쇠 시스템에서 계단 응답은 최종값보다 오버슈트(overshoot)하며 안정화되기 전에 링잉(ringing) 현상을 보인다. 계단 응답은 모든 구간에서 여전히 연속이며 여전히 0이 아닌 최종값에 접근하지만 〈그림 8.26〉과는 차이가 난다.

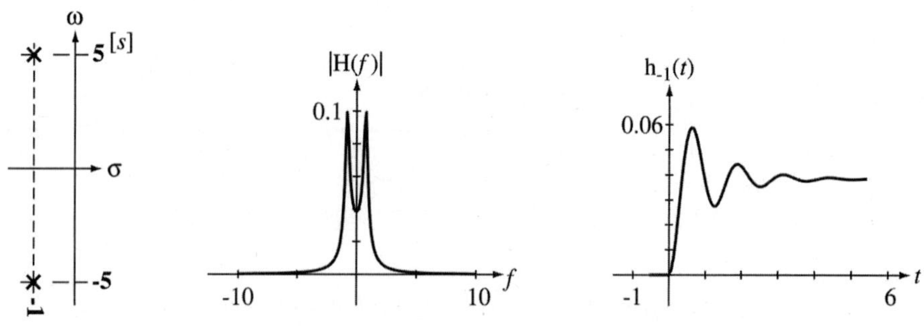

그림 8.29 두 개의 유한 극점 부족감쇠 저역통과 필터

〈그림 8.30〉은 〈그림 8.29〉의 시스템에 하나의 영점이 원점에 추가된 경우이다. 이를 통해 저역통과 필터가 대역통과 필터로 변하게 된다. 하지만 켤레복소수로 나타나는 극점 위치 때문에 〈그림 8.27〉의 시스템과 비교하면 주파수 응답에서 최고 값이 존재하고 계단 응답에서의 링잉 현상이 발생함으로부터 알 수 있듯이 부족감쇠인 경우에 해당한다.

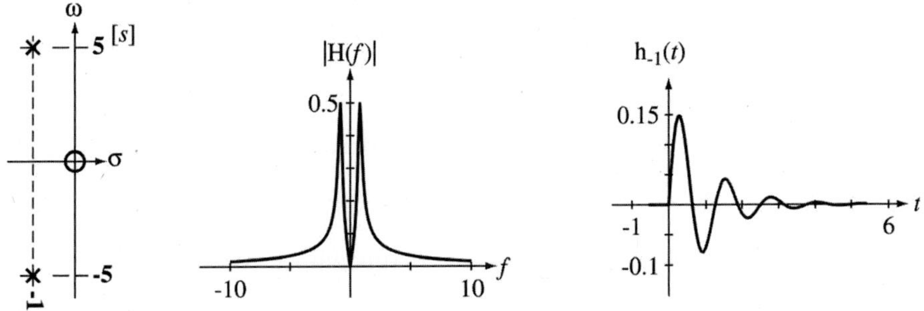

그림 8.30 두 개의 유한 극점 및 하나의 유한 영점의 부족감쇠 대역통과 필터

〈그림 8.31〉은 〈그림 8.3〉0의 시스템에 또 하나의 영점이 원점에 추가된 경우로서 고역통과 필터가 된다. 이는 주파수 응답에서의 최고 값과 계단 응답에서의 링잉 현상으로 알 수 있듯이 명백하게 부족감쇠인 경우이다.

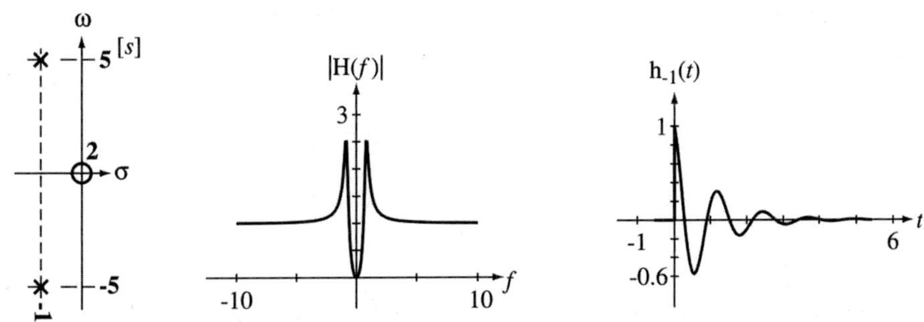

그림 8.31 두 개의 유한 극점 및 두 개의 유한 영점의 부족감쇠 고역통과 필터

이러한 예들로부터 극점을 ω 축에 가깝게 이동시키면 감쇠의 정도가 줄어들고 계단 응답에서의 링잉 현상을 더 오래 지속시켜서 주파수 응답의 최고 값을 더 크게 만든다는 것을 볼 수 있다. 만일 극점이 ω 축 위에 위치하면 어떻게 될까? ω 축 위에 두 개의 유한한 극점이 있다는 것은(그리고 유한한 영점이 없다는 것은) 극점이 $s = \pm j\omega_0$임을 의미하고 전달함수의 형태는 $H(s) = \dfrac{K\omega_0}{s^2 + \omega_0^2}$이고 임펄스 응답의 형태는 $h(t) = K\sin(\omega_0 t)\,u(t)$이다. 임펄스에 대한 응답은 $t = 0$ 이후의 정현파와 같으며 그 이후에 계속 안정된 진폭으로 진동한다. 주파수 응답은 $H(j\omega) = \dfrac{K\omega_0}{(j\omega)^2 + \omega_0^2}$이다. 그래서 만일 시스템에 $x(t) = A\sin(\omega_0 t)$가 입력되면 출력은 무한대가 되어 유한 크기의 입력에 대해 유한하지 않은 크기의 응답이 출력된다. 만일 $t = 0$ 순간에 정현파가 입력되었다면 $t = 0$, $x(t) = A\sin(\omega_0 t)\,u(t)$ 응답은 다음과 같다.

$$y(t) = \frac{KA}{2}\left[\frac{\sin(\omega_0 t)}{\omega_0} - t\cos(\omega_0 t)\right]u(t)$$

이 식은 $t = 0$에서 시작하는 사인 함수와 양의 시간에서 크기가 선형적으로 계속 증가하는 함수를 포함하고 있다. 이 경우는 또 다시 유한 크기의 입력에 대해 유한하지 않은 크기의 응답이 출력되는 불안정한 시스템에 해당한다. 부족 공진(undamped resonance)은 실제 수동 시스템에서는 결코 나타날 수 없지만 능동 시스템에서는 능동소자가 에너지 손실을 보상하고 감쇠비를 0으로 만들 수 있기 때문에 나타나는 것도 가능하다.

8.13 MATLAB 시스템 객체

MATLAB `control` toolbox는 시스템을 분석하기 위해 유용한 명령을 다양하게 포함하고 있다. 이는 MATLAB에서 시스템을 기술하기 위한 특별한 변수 형태인 시스템 객체(system object)라는 개념에 근거한다. MATLAB에서 시스템을 기술하는 한 가지 방법은 `tf`(transfer function) 명령을 통하는 것이다. `tf`로 시스템 객체를 만드는 구문은 다음과 같다.

```
sys = tf(num,den).
```

이 명령은 두 개의 벡터 num과 den을 입력으로 받아서 시스템 객체 sys를 생성한다. 두 벡터는 전달함수의 분자식과 분모식에서(0을 포함한) s에 대한 모든 계수를 내림차순으로 나타낸 것이다. 다음과 같은 전달함수를 예로 들어 보자.

$$H_1(s) = \frac{s^2 + 4}{s^5 + 4s^4 + 7s^3 + 15s^2 + 31s + 75}$$

MATLAB에서는 다음과 같이 $H_1(s)$를 만들 수 있다.

```
»num = [1 0 4] ;
»den = [1 4 7 15 31 75] ;
»H1 = tf(num,den) ;
»H1

Transfer function:
              s^2 + 4
----------------------------------------
s^5 + 4 s^4 + 7 s^3 + 15 s^2 + 31 s + 75
```

또 다른 방법으로 zpk 명령을 사용하면 시스템의 유한한 영점과 유한한 극점 그리고 이득 상수를 명시함으로써 시스템을 기술할 수 있다. 구문은 다음과 같다.

```
sys = zpk(z,p,k),
```

여기서 z는 시스템의 유한한 영점 벡터이며 p는 시스템의 유한한 극점 벡터 그리고 k는 이득 상수를 나타낸다. 예를 들어 시스템의 전달함수가 다음과 같다면

$$H_2(s) = 20\frac{s+4}{(s+3)(s+10)}$$

다음과 같이 시스템을 기술할 수 있다.

```
»z = [-4] ;
»p = [-3 -10] ;
»k = 20 ;
»H2 = zpk(z,p,k) ;
»H2
Zero/pole/gain:
   20 (s+4)
------------
(s+3) (s+10)
```

MATLAB에서 시스템 객체를 구성하는 또 다른 방법은 다음 명령을 통해 라플라스 변환의 독립변수로서 s를 먼저 정의하는 것이다.

```
»s = tf('s') ;
```

그리고 나서 마치 종이에 쓰는 것처럼 $H_3(s) = \frac{s(s+3)}{s^2+2s+8}$ 등 전달함수를 쓴다.

```
»H3 = s*(s+3)/(s^2+2*s+8)
Transfer function:
  s^2 + 3 s
-------------
s^2 + 2 s + 8
```

시스템을 기술하는 하나의 형태는 다른 형태로 변환될 수 있다.

```
»tf(H2)
Transfer function:
  20 s + 80
---------------

s^2 + 13 s + 30

»zpk(H1)
Zero/pole/gain:
                    (s^2 + 4)
------------------------------------------------------
(s+3.081) (s^2 + 2.901s + 5.45) (s^2 - 1.982s + 4.467)
```

tfdata 그리고 zpkdata의 두 개의 명령을 사용하면 시스템에 관련된 정보를 얻을 수 있다. 예를 들면

```
»[num,den] = tfdata(H2,'v') ;
»num
num =
   0 20 80
»den
den =
   1 13 30
»[z,p,k] = zpkdata(H1,'v') ;

»z
z =
      0 + 2.0000i
      0 - 2.0000i
»p
p =
   -3.0807
   -1.4505 + 1.8291i
   -1.4505 - 1.8291i
   0.9909 + 1.8669i
   0.9909 - 1.8669i
»k
k =
      1
```

(이 명령에서 인자 'v'는 답이 벡터 형태로 반환되어야 한다는 것을 가리킨다.) 이러한 마지막 결과는 전달함수 $H_1(s)$가 $\pm j2$에 영점 그리고 -3.0807, $-1.4505 \pm j1.829$ 및 $0.9909 \pm j1.8669$에 극점을 가지고 있다는 것을 말해준다,

MATLAB의 control toolbox에는 주파수 응답 분석을 위한 간편한 함수가 있다. 다음 명령은

```
H = freqs(num,den,w);
```

두 개의 벡터 num 및 den을 입력으로 받아서 전달함수 H(s)의 분자식 및 분모식에서 s의 거듭제곱의 계수가 가장 높은 차수에서부터 하나도 빼뜨리지 않고 상수항까지 나타낸 것으로 해석한다. 그리고 w 벡터로 주어진 각 주파수에서의 복소 주파수 응답을 H로 반환한다.

8.14 요약

1. 라플라스 변환은 LTI 시스템의 전달함수를 결정하기 위해 사용될 수 있으며 전달함수는 LTI 시스템에 임의의 신호가 입력될 때 출력 신호를 구하기 위해 사용될 수 있다.
2. 라플라스 변환은 신호의 크기가 양의 시간 또는 음의 시간에서 지수 함수보다 더 빨리 커지지 않는 신호에 대해서 존재한다.
3. 임의의 신호에 대한 라플라스 변환의 수렴영역은 신호가 우방향인지 좌방향인지에 따라서 달라진다.
4. 선형이며 계수가 상수인 평범한 미분방정식으로 표현되는 시스템의 전달함수는 s에 대한 다항식의 분수 형태로 나타난다.
5. 시스템의 전달함수의 극점-영점 다이어그램을 통해 대부분의 시스템 성질을 파악할 수 있으며 이득 상수 내에서 주파수 응답을 결정하는 데에 사용될 수 있다.
6. MATLAB은 시스템의 전달함수를 나타내기 위해 정의된 객체를 가지고 있으며 이러한 형태의 객체에 작용하는 다양한 함수를 가지고 있다.
7. 라플라스 변환 쌍 표와 성질을 사용하면 공학적으로 중요한 대부분의 신호에 대한 라플라스 변환 및 라플라스 역변환을 구할 수 있다.
8. 단방향 라플라스 변환은 실제적인 문제 풀이에 보편적으로 사용된다. 수렴영역에 대해 고려할 필요가 없고 양방향 형태에 비해서 단순하기 때문이다.

해답이 있는 연습문제

(각 문제에서 해답의 순서는 임의로 나타난다.)

라플라스 변환의 정의

1. 라플라스 변환 표를 사용하지 말고 정의에서부터 출발하여 다음 신호들의 라플라스 변환을 구하라.

$$\mathcal{L}(\mathrm{g}(t)) = \mathrm{G}(s) = \int_{-\infty}^{\infty} \mathrm{g}(t)e^{-st}\,dt$$

(a) $\mathrm{x}(t) = e^{t}\,\mathrm{u}(t)$

(b) $\mathrm{x}(t) = e^{2t}\cos(200\pi t)\,\mathrm{u}(-t)$

(c) $\mathrm{x}(t) = \mathrm{ramp}(t)$

(d) $\mathrm{x}(t) = te^{t}\,\mathrm{u}(t)$

해답 : $\dfrac{1}{s-1}$, $\sigma > 1$, $\dfrac{1}{s^2}$, $\sigma > 0$, $\mathrm{X}(s) = -\dfrac{s-2}{(s-2)^2+(200\pi)^2}$, $\sigma < 2$ $\dfrac{1}{(s-1)^2}$, $\sigma > 1$

라플라스 변환의 존재

2. 다음 신호에 대해 극점-영점 분포도와 수렴영역(존재하는 경우)을 그래프로 나타내라.

(a) $\mathrm{x}(t) = e^{-8t}\,\mathrm{u}(t)$

(b) $\mathrm{x}(t) = e^{3t}\cos(20\pi t)\,\mathrm{u}(-t)$

(c) $\mathrm{x}(t) = e^{2t}\,\mathrm{u}(-t) - e^{-5t}\,\mathrm{u}(t)$

해답 :

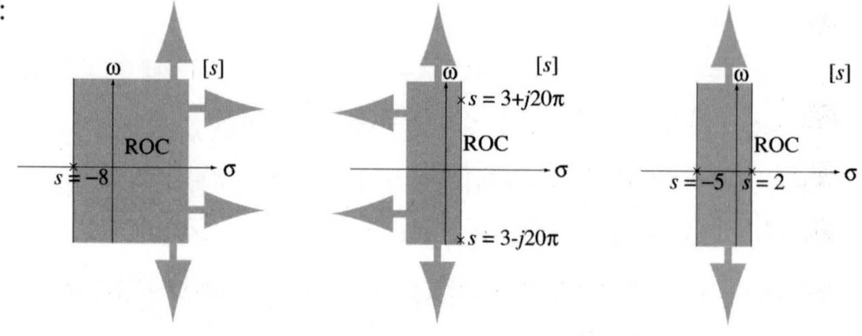

직접형 II 시스템 구현

3. 시스템의 전달함수가 다음과 같이 주어질 때 직접형 II 시스템 다이어그램을 그려라.

(a) $\mathrm{H}(s) = \dfrac{1}{s+1}$

(b) $\mathrm{H}(s) = 4\dfrac{s+3}{s+10}$

해답 :

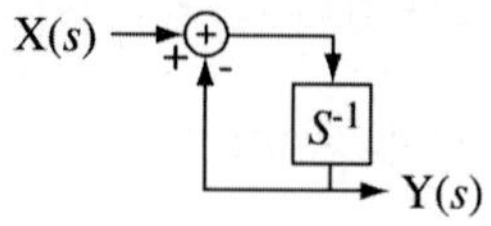

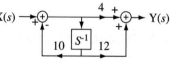

라플라스 변환

4. 시간 이동 성질을 이용하여 다음 신호의 라플라스 변환을 구하라.

(a) $x(t) = u(t) - u(t-1)$ (b) $x(t) = 3e^{-3(t+2)}\,u(t+2)$

(c) $x(t) = 3e^{-3t}\,u(t-2)$ (d) $x(t) = 5\sin(\pi(t-1))\,u(t-1)$

해답 : $\dfrac{3e^{-2s-6}}{s+3}, \dfrac{1-e^{-s}}{s}, \dfrac{5\pi e^{-s}}{s^2+\pi^2}, \dfrac{3e^{2s}}{s+3}$

5. 복소 주파수 이동 성질을 이용하여 다음 신호의 라플라스 역변환을 구하고 그래프로 나타내라.

$$X(s) = \frac{1}{(s+j4)+3} + \frac{1}{(s-j4)+3}, \quad \sigma > -3$$

해답 :

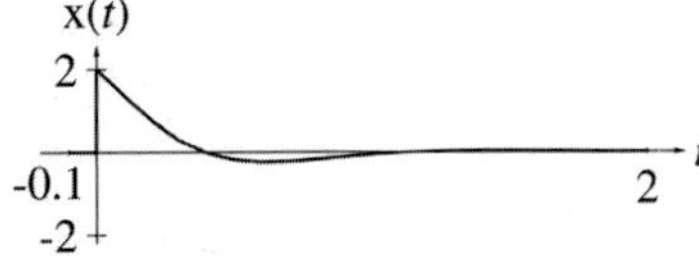

6. 시간 스케일링 성질을 사용하여 다음 신호의 라플라스 변환을 구하라.

(a) $x(t) = \delta(4t)$ (b) $x(t) = u(4t)$

해답 : $1/s, \sigma > 0$, $1/4$, All s

7. 시간 미분 성질을 이용하여 다음 신호의 라플라스 변환을 구하라.

(a) $x(t) = \dfrac{d}{dt}(u(t))$

(b) $x(t) = \dfrac{d}{dt}(e^{-10t}\,u(t))$

(c) $x(t) = \dfrac{d}{dt}(4\sin(10\pi t)\,u(t))$

(d) $x(t) = \dfrac{d}{dt}(10\cos(15\pi t)\,u(t))$

해답 : $\dfrac{40\pi s}{s^2+(10\pi)^2}$, $\text{Re}(s) > 0$, $\dfrac{10s^2}{s^2+(15\pi)^2}$, $\text{Re}(s) > 0$, 1, All s $\dfrac{s}{s+10}$, $\text{Re}(s) > -10$

8. 시간영역에서 컨벌루션을 이용하여 다음 신호의 라플라스 변환을 구하고 시간에 따른 그래프를 그려라.

(a) $\mathrm{x}(t) = e^{-t}\,\mathrm{u}(t) * \mathrm{u}(t)$

(b) $\mathrm{x}(t) = e^{-t}\sin(20\pi t)\,\mathrm{u}(t) * \mathrm{u}(-t)$

(c) $\mathrm{x}(t) = 8\cos(\pi t/2)\,\mathrm{u}(t) * [\mathrm{u}(t) - \mathrm{u}(t-1)]$

(d) $\mathrm{x}(t) = 8\cos(2\pi t)\,\mathrm{u}(t) * [\mathrm{u}(t) - \mathrm{u}(t-1)]$

해답 :

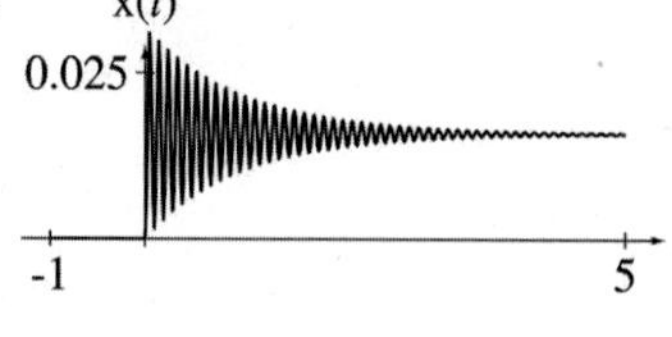

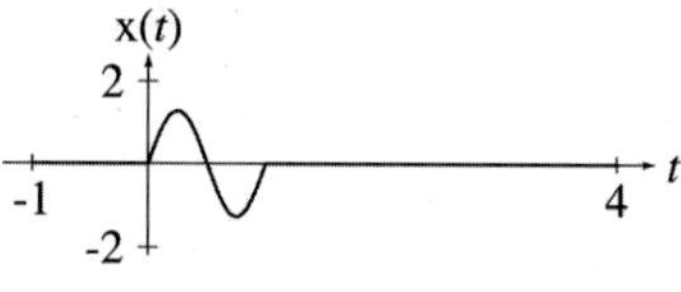

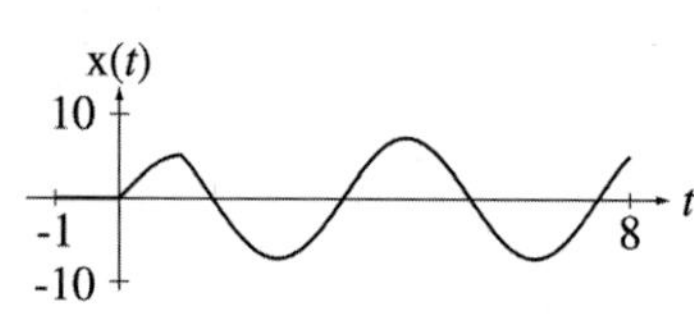

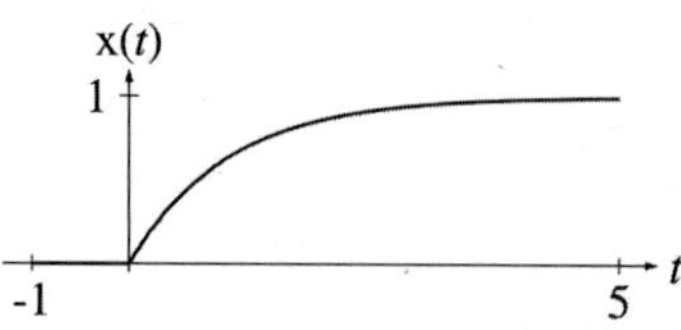

9. 초기 값 및 최종값 정리를 이용해 라플라스 변환이 다음 함수로 주어진 신호의 초기 값 및 최종값(가능하다면)을 구하라.

(a) $\mathrm{X}(s) = \dfrac{10}{s+8}, \quad \sigma > -8$

(b) $\mathrm{X}(s) = \dfrac{s+3}{(s+3)^2+4}, \quad \sigma > -3$

(c) $\mathrm{X}(s) = \dfrac{s}{s^2+4}, \quad \sigma > 0$

(d) $\mathrm{X}(s) = \dfrac{10s}{s^2+10s+300}, \quad \sigma < -5$

(e) $\mathrm{X}(s) = \dfrac{8}{s(s+20)}, \quad \sigma > 0$

(f) $\mathrm{X}(s) = \dfrac{8}{s^2(s+20)}, \quad \sigma > 0$

해답 : 10, 적용불가, 0, 1, 0, 0, 적용불가, 2/5, 1, 적용불가, 0, 적용불가

10. 다음 함수의 라플라스 역변환을 구하라.

(a) $\mathrm{X}(s) = \dfrac{24}{s(s+8)}, \quad \sigma > 0$

(b) $\mathrm{X}(s) = \dfrac{20}{s^2+4s+3}, \quad \sigma < -3$

(c) $\mathrm{X}(s) = \dfrac{5}{s^2+6s+73}, \quad \sigma > -3$

(d) $\mathrm{X}(s) = \dfrac{10}{s(s^2+6s+73)}, \quad \sigma > 0$

(e) $\mathrm{X}(s) = \dfrac{4}{s^2(s^2+6s+73)}, \quad \sigma > 0$

(f) $\mathrm{X}(s) = \dfrac{2s}{s^2+2s+13}, \quad \sigma < -1$

(g) $\mathrm{X}(s) = \dfrac{s}{s+3}, \quad \sigma > -3$

(h) $\mathrm{X}(s) = \dfrac{s}{s^2+4s+4}, \quad \sigma > -2$

(i) $\mathrm{X}(s) = \dfrac{s^2}{s^2-4s+4}, \quad \sigma < 2$

(j) $\mathrm{X}(s) = \dfrac{10s}{s^4+4s^2+4}, \quad \sigma > -2$

해답 : $2e^{-t}[(1/\sqrt{12})\sin(\sqrt{12}t)-\cos(\sqrt{12}t)]\,u(-t)$, $10(e^{-3t}-e^{-t})\,u(-t)$ $e^{-2t}(1-2t)\,u(t)$

$\frac{10}{73}[1-\sqrt{73/64}e^{-3t}\cos(8t-0.3588)]\,u(t)$, $\delta(t)-4e^{2t}(t+1)\,u(-t)$

$\frac{1}{(73)^2}[292t-24+24e^{-3t}(\cos(8t)-(55/48)\sin(8t))]\,u(t)$, $(5/8)e^{-3t}\sin(8t)\,u(t)$

$\delta(t)-3e^{-3t}\,u(t)$, $3(1-e^{-8t})\,u(t)$, $(5/\sqrt{2})t\sin(\sqrt{2}t)\,u(t)$

11. 함수 $x(t)$가 $x(t)\xleftrightarrow{\mathcal{L}}\frac{s(s+5)}{s^2+16}$, $\sigma>0$. $x(t)$의 관계로 정의된다고 하자. $x(t)$는 세 개의 함수의 합으로 나타날 수 있는데 그중 두 개는 인과적인 정현파이다.

(a) 세 번째 함수는 무엇인가?

(b) 인과적인 정현파의 주파수는 얼마인가?

해답 : 임펄스, 0.637 Hz.

단방향 라플라스 변환 적분

12. 단방향 라플라스 변환의 정의에서 시작해

$$\mathcal{L}(g(t))=G(s)=\int_{0^-}^{\infty}g(t)e^{-st}\,dt$$

표를 사용하지 않고 다음 신호의 단방향 라플라스 변환을 구하라.

(a) $x(t)=e^{-t}\,u(t)$

(b) $x(t)=e^{2t}\cos(200\pi t)\,u(t)$

(c) $x(t)=u(t+4)$

(d) $x(t)=u(t-4)$

해답 : $\frac{1}{s+1},\sigma>1,\ \frac{1}{s},\ \sigma>0,\ \frac{s-2}{(s-2)^2+(200\pi)^2},\ \sigma>2,\ \frac{e^{-4s}}{s},\sigma>0$

미분방정식의 풀이

13. 단방향 라플라스 변환을 이용해 $t\geq 0$에서 다음의 미분방정식을 풀어라.

(a) $x'(t)+10\,x(t)=u(t)$, $x(0^-)=1$

(b) $x''(t)-2\,x'(t)+4\,x(t)=u(t)$, $x(0^-)=0$, $\left[\frac{d}{dt}x(t)\right]_{t=0^-}=4$

(c) $x'(t)+2\,x(t)=\sin(2\pi t)\,u(t)$, $x(0^-)=-4$

해답 : $(1/4)(1-e^t\cos(\sqrt{3}t)+(17/\sqrt{3})e^t\sin(\sqrt{3}t))\,u(t)$, $\frac{1+9e^{-10t}}{10}u(t)$

$$x(t)=\left[\frac{2\pi e^{-2t}-2\pi\cos(2\pi t)+2\sin(2\pi t)}{4+(2\pi)^2}-4e^{-2t}\right]u(t)$$

14. 〈그림 E.14〉의 시스템을 나타내는 미분방정식을 써라. 그리고 표시된 응답을 구하고 그래프로 나타내라.

(a) $x(t)=u(t)$, $y(t)$는 응답, $y(0^-)=0$

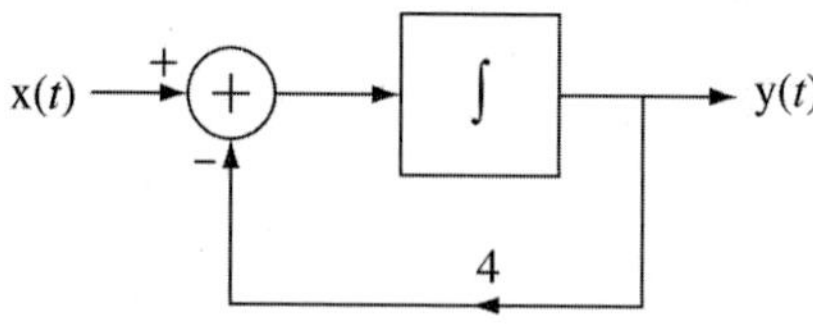

(b) $v(0^-)=10$, $v(t)$는 응답

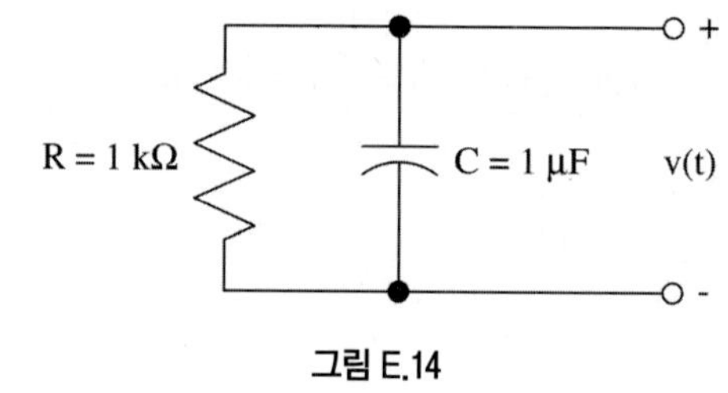

그림 E.14

해답 :

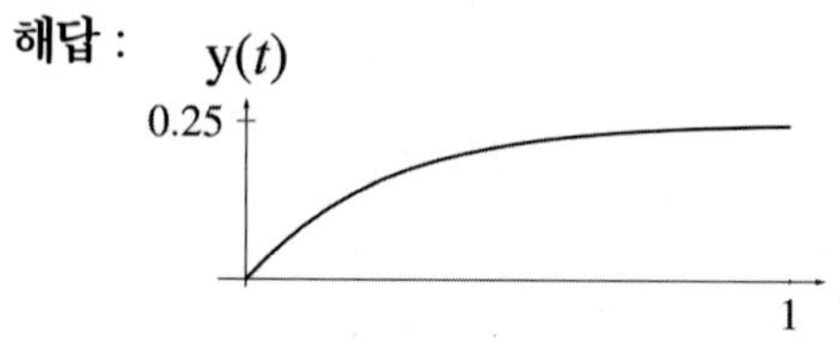

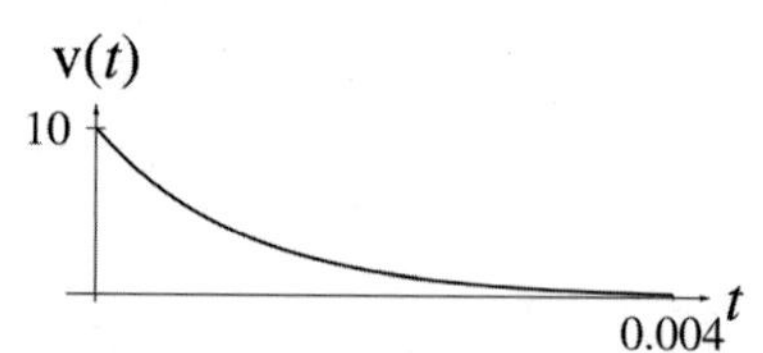

극점-영점 다이어그램 및 주파수 응답

15. 〈그림 E.15〉의 극점-영점 다이어그램에 대해서 각각의 주파수 응답의 크기를 대략적으로 그려라.

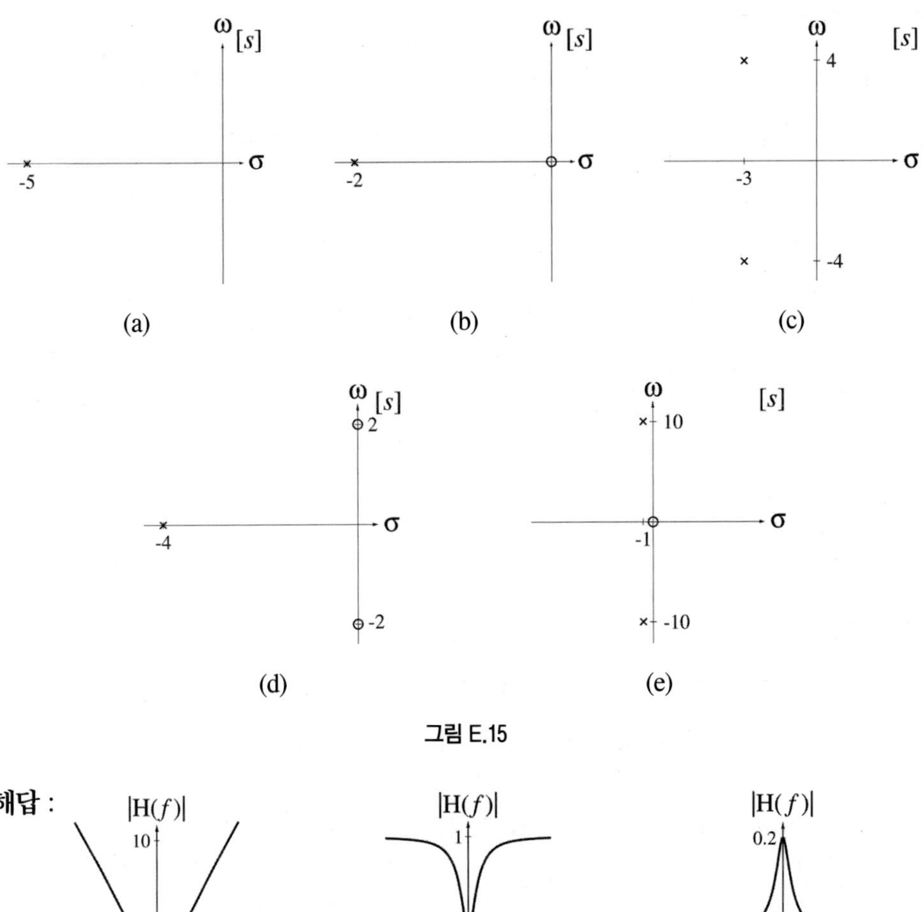

그림 E.15

해답 :

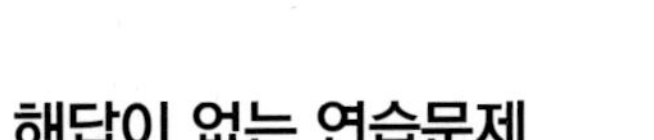

해답이 없는 연습문제

라플라스 변환의 정의

16. 적분식 정의를 이용하여 다음 시간 함수에 대한 라플라스 변환을 구하라.

(a) $g(t) = e^{-at}\,u(t)$

(b) $g(t) = e^{-a(t-\tau)}\,u(t-\tau)$

(c) $g(t) = \sin(\omega_0 t)\,u(-t)$

(d) $g(t) = \text{rect}(t)$

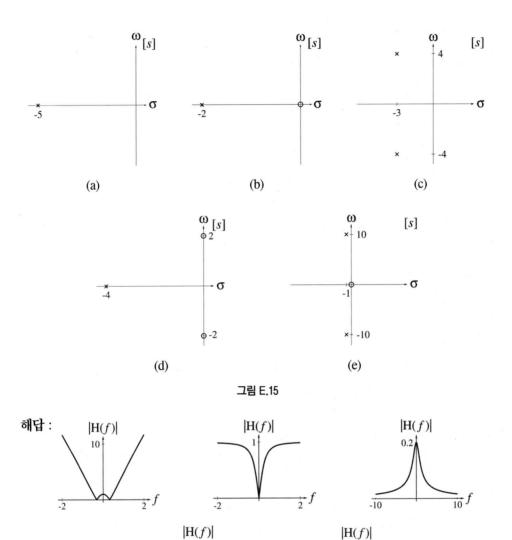

(e) $g(t) = \text{rect}(t-1/2)$

라플라스 변환의 존재

17. 다음 신호에 대해 극점-영점 분포도와 수렴영역(존재하는 경우)을 그래프로 나타내라.

(a) $\mathrm{x}(t) = e^{-t}\,\mathrm{u}(-t) - e^{-4t}\,\mathrm{u}(t)$ (b) $\mathrm{x}(t) = e^{-2t}\,\mathrm{u}(-t) - e^{t}\,\mathrm{u}(t)$

직접형 II 시스템 구현

18. 시스템의 전달함수가 다음과 같이 주어질 때 직접형 II 시스템 다이어그램을 그려라.

(a) $\mathrm{H}(s) = 10\dfrac{s^2+8}{s^3+3s^2+7s+22}$

(b) $\mathrm{H}(s) = 10\dfrac{s+20}{(s+4)(s+8)(s+14)}$

라플라스 변환

19. 라플라스 변환 표와 성질을 이용해 다음 함수의 라플라스 변환을 구하라.

(a) $\mathrm{g}(t) = 5\sin(2\pi(t-1))\,\mathrm{u}(t-1)$ (b) $\mathrm{g}(t) = 5\sin(2\pi t)\,\mathrm{u}(t-1)$

(c) $\mathrm{g}(t) = 2\cos(10\pi t)\cos(100\pi t)\,\mathrm{u}(t)$ (d) $\mathrm{g}(t) = \dfrac{d}{dt}(\mathrm{u}(t-2))$

(e) $\mathrm{g}(t) = \displaystyle\int_{0^+}^{t} \mathrm{u}(\tau)\,d\tau$ (f) $\mathrm{g}(t) = \dfrac{d}{dt}(5e^{-(t-\tau)/2}\,\mathrm{u}(t-\tau)),\ \ \tau > 0$

(g) $\mathrm{g}(t) = 2e^{-5t}\cos(10\pi t)\,\mathrm{u}(t)$ (h) $\mathrm{x}(t) = 5\sin(\pi t - \pi/8)\,\mathrm{u}(-t)$

20. 다음 관계식이 주어질 때

$$\mathrm{g}(t) \xleftrightarrow{\mathcal{L}} \frac{s+1}{s(s+4)},\ \ \sigma > 0$$

다음의 라플라스 변환을 구하라.

(a) $\mathrm{g}(2t)$ (b) $\dfrac{d}{dt}(\mathrm{g}(t))$

(c) $\mathrm{g}(t-4)$ (d) $\mathrm{g}(t) * \mathrm{g}(t)$

21. 다음 함수의 라플라스 역변환인 시간 영역 함수를 구하라. 그리고 초기값 정리 및 최종값 정리를 사용해 시간 영역 함수에서 얻어진 값과 일치함을 증명하라.

(a) $G(s)=\dfrac{4s}{(s+3)(s+8)},\ \sigma>-3$

(b) $G(s)=\dfrac{4}{(s+3)(s+8)},\ \sigma>-3$

(c) $G(s)=\dfrac{s}{s^2+2s+2},\ \sigma>-1$

(d) $G(s)=\dfrac{e^{-2s}}{s^2+2s+2},\ \sigma>-1$

22. 다음 관계식이 주어질 때

$$e^{4t}\,u(-t)\overset{\mathcal{L}}{\longleftrightarrow}G(s)$$

다음의 라플라스 역변환을 구하라.

(a) $G(s/3),\ \sigma<4$

(b) $G(s-2)+G(s+2),\ \sigma<4$

(c) $G(s)/s,\ \sigma<4$

23. 다음 식에서 상수 K_0, K_1, K_2, p_1 그리고 p_2의 값을 구하라.

$$\frac{s^2+3}{3s^2+s+9}=K_0+\frac{K_1}{s-p_1}+\frac{K_2}{s-p_2}$$

24. 시스템의 전달함수가 $H(s)=\dfrac{s(s-1)}{(s+2)(s+a)}$이고 이를 부분분수로 전개하면 $H(s)=A+\dfrac{B}{s+2}+\dfrac{C}{s+a}$라고 하자. $a\neq 2$이고 $B=3/2$일 때 a, A 그리고 C의 값을 구하라.

미분방정식의 풀이

25. 〈그림 E.25〉의 시스템을 나타내는 미분방정식을 써라. 그리고 표시된 응답을 구하고 그래프로 나타내라.

(a) $x(t)=u(t)$, $y(t)$는 응답, $y(0^-)=-5$, $\left[\dfrac{d}{dt}(y(t))\right]_{t=0^-}=10$

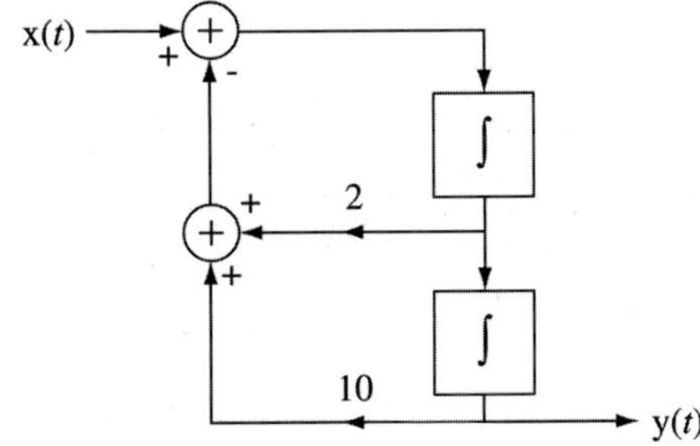

(b) $i_s(t) = u(t)$, $v(t)$는 응답, 초기에 저장된 에너지는 없음.

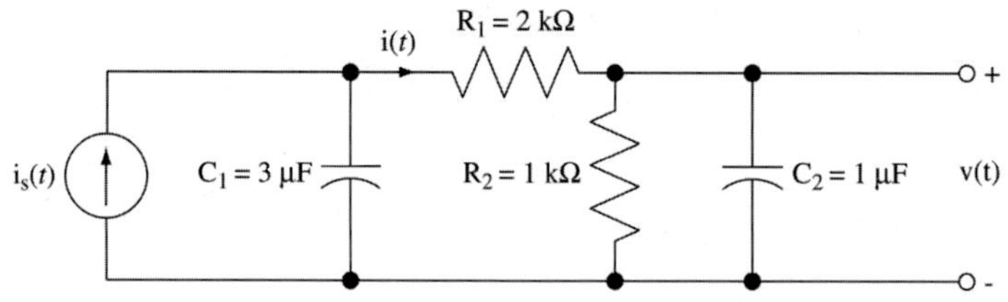

(c) $i_s(t) = \cos(2000\pi t)\,u(t)$, $v(t)$는 응답, 초기에 저장된 에너지는 없음.

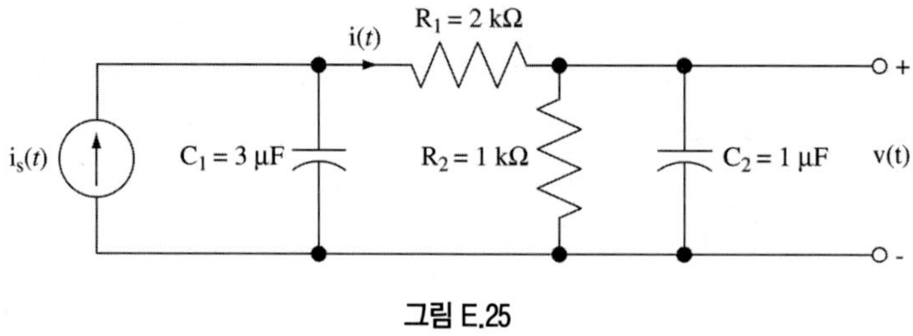

그림 E.25

극점-영점 다이어그램 및 주파수 응답

26. 다음 전달함수의 극점-영점 다이어그램을 그려라.

(a) $H(s) = \dfrac{(s+3)(s-1)}{s(s+2)(s+6)}$ (b) $H(s) = \dfrac{s}{s^2+s+1}$

(c) $H(s) = \dfrac{s(s+10)}{s^2+11s+10}$ (d) $H(s) = \dfrac{1}{(s+1)(s^2+1.618s+1)(s^2+0.618s+1)}$

해답 :

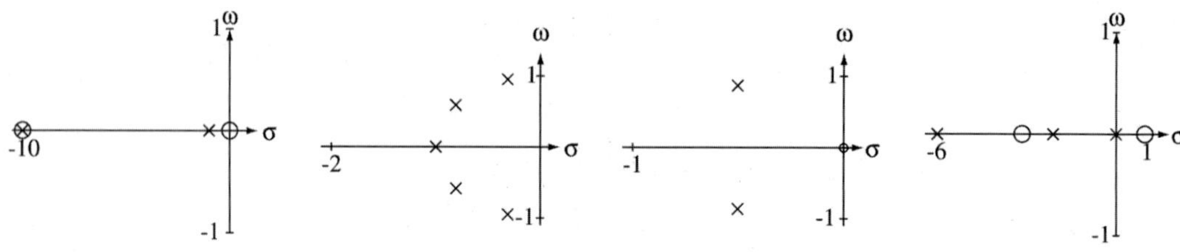

27. 〈그림 E.27〉에서는 시스템의 전달함수가 다음과 같은 일반적인 형태를 가질 때 극점-영점 분포도를 나타냈다. $H(s) = A\dfrac{(s-z_1)\cdots(s-z_N)}{(s-p_1)\cdots(s-p_D)}$ 여기서 A는 1이며 z는 영점 그리고 p는 극점이다. 이때 다음 질문에 답하라.

(a) $\omega = 0$에서 주파수 응답의 크기가 0이 아닌 것은 무엇인가?

(b) $\omega \rightarrow \infty$로 접근할 때 주파수 응답의 크기가 0이 아닌 것은 무엇인가?

(c) 주파수 응답이 대역통과 특성을 가지는(원점에 영점 그리고 무한대에 영점이 존재) 필터가 두 개 있다. 이 가운데 부족감쇠 현상이 더 심한 것은 무엇인가?

(d) 주파수 응답의 크기 특성의 모양이 대역저지 필터에 가장 가까운 것은 무엇인가?

(e) 주파수가 매우 높을 때 주파수 응답의 크기가 K/ω^6 (K는 상수)에 접근하는 것은 무엇인가?

(f) 주파수 응답의 크기가 상수인 것은 무엇인가?

(g) 주파수 응답의 크기의 모양이 저역통과 필터와 가까운 것은 무엇인가?

(h) $\omega = 0$에서 주파수 응답의 위상이 불연속인 것은 무엇인가?

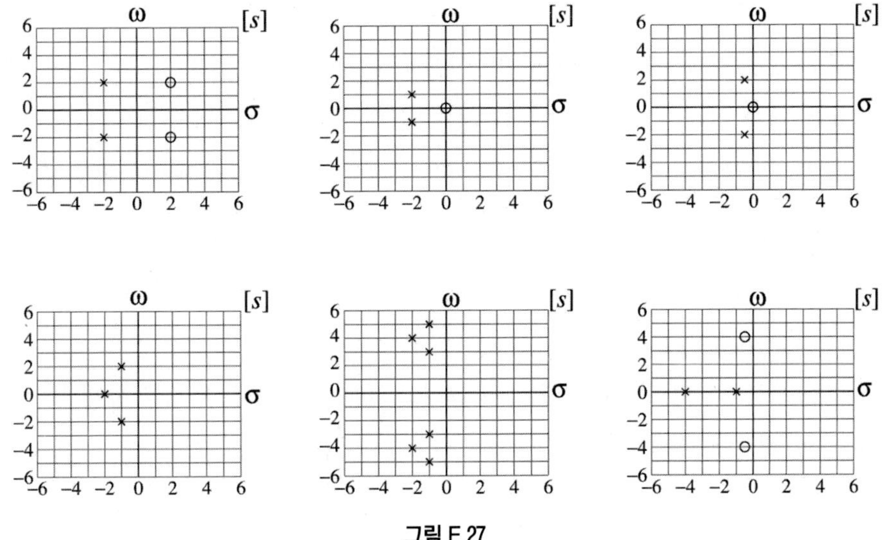

그림 E.27

28. 〈그림 E.28〉에서 주어진 극점-영점 다이어그램에 대해서 각각의 주파수 응답이 실제적으로 저역통과, 대역통과, 고역통과 또는 대역저지 필터 가운데 어느 것에 해당하는 지 판단하라.

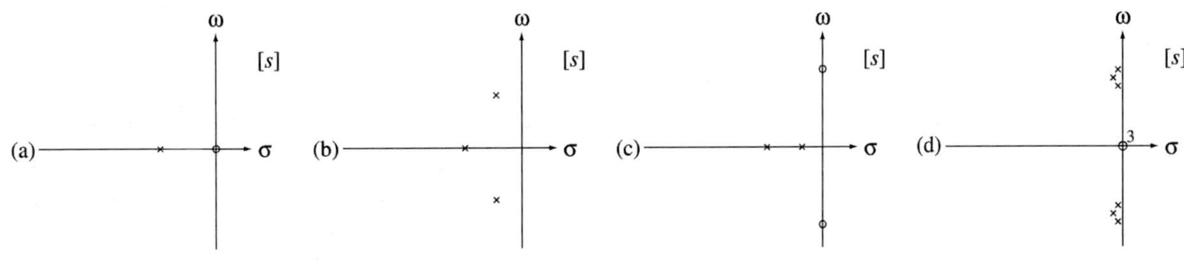

그림 E.28

9 CHAPTER

z 변환

9.1 개요 및 학습 목표

연속시간에서 사용된 모든 분석 방법은 이산시간에서 대응되는 방법을 가지고 있다. 라플라스 변환의 경우에 대응 상대는 z변환이며 이는 신호를 이산시간 복소 지수 함수의 선형결합으로 표현한다. 이산시간에서의 변환 방법은 연속시간의 경우와 매우 유사하지만 몇몇 중요한 차이점도 존재한다.

오늘날의 시스템 설계과정에서는 디지털 신호처리의 활용이 점점 증가하는 추세이기 때문에 이 내용은 중요하다. 이산시간의 개념을 이해하는 것은 연속시간 및 이산시간 신호를 처리하는 시스템을 분석하고 설계하기 위해서 그리고 표본화 및 보간 과정을 통해 두 신호를 서로 변환하기 위해서 필요하다.

학습 목표

이번 장의 학습 목표는 단지 이산시간 신호 및 시스템에 적용된다는 점에서 다를 뿐 8장의 목표와 동일하다.

1. DTFT보다 더 일반적인 시스템 분석 도구로서 그리고 이산시간 시스템에 고유함수가 입력될 때 컨벌루션 과정의 자연스러운 결과로서 z변환을 전개한다.
2. z 변환과 역변환을 정의하고 어떤 신호의 경우에 변환이 존재하는 지 결정한다.
3. 이산시간 시스템의 전달함수를 정의하고 전달함수로부터 이산시간 시스템을 직접 구현하는 방법을 학습한다.
4. z 변환 쌍 및 성질을 정리한 표를 만들고 이들과 부분분수 전개 기법을 함께 이용하여 z 역변환을 구하는 방법을 학습한다.

5. 단방향 z변환을 정의한다.
6. 단방향 z변환을 이용하여 초기값이 주어진 차분 방정식의 해를 구한다.
7. 시스템 전달함수의 극점 및 영점의 위치와 시스템의 주파수 응답을 직접적인 연관성을 살펴본다.
8. MATLAB을 통해 시스템의 전달함수를 나타내는 방법을 학습한다.
9. 대표적인 문제에 대해서 다양한 변환 방법의 유용성과 효율성을 비교한다.

9.2 이산시간 푸리에 변환의 일반화

라플라스 변환은 CTFT의 일반화된 형태로서 CTFT가 존재하지 않는 경우에도 신호와 임펄스 응답을 다룰 수 있게 만들어준다. 8장에서는 이러한 일반화를 통해서 푸리에 변환으로는 분석할 수 없었던 신호와 시스템의 분석이 가능해짐을 살펴보았다. 아울러 s-평면에서 전달함수의 극점과 영점의 위치를 살펴봄으로써 시스템 성능에 대해 파악할 수 있음도 살펴보았다. z변환은 DTFT의 일반화된 형태로서 이와 유사한 장점을 가지고 있다. z변환과 이산시간 신호 및 시스템 사이의 관계는 라플라스 변환과 연속시간 신호 및 시스템 사이의 관계와 마찬가지이다.

라플라스 변환을 유도하는 과정과 유사하게 z변환을 유도하는 과정에도 두 가지 접근 방법이 존재한다. 즉 DTFT를 일반화시키는 방법과 LTI 시스템의 고유함수로서 복소 지수 함수의 특별한 성질을 이용하는 방법이다.

DTFT는 다음과 같이 정의된다.

$$\mathrm{x}[n] = \frac{1}{2\pi}\int_{2\pi} \mathrm{X}(e^{j\Omega})e^{j\Omega n}\, d\Omega \xleftrightarrow{\mathcal{F}} \mathrm{X}(e^{j\Omega}) = \sum_{n=-\infty}^{\infty} \mathrm{x}[n]e^{-j\Omega n}$$

또는

$$\mathrm{x}[n] = \int_{1} \mathrm{X}(F)e^{j2\pi Fn}\, dF \xleftrightarrow{\mathcal{F}} \mathrm{X}(F) = \sum_{n=-\infty}^{\infty} \mathrm{x}[n]e^{-j2\pi Fn}$$

라플라스 변환은 실수 변수 ω를 갖는 복소 정현파 $e^{j\omega t}$를 복수 변수 s를 갖는 복소 지수 함수 e^{st}로 변환함으로서 CTFT를 일반화한다. DTFT에서의 독립변수는 이산시간에서의 각 주파수 Ω이다. 지수 함수 $e^{j\Omega n}$은 정방향 및 역방향 변환에 모두 등장한다(정방향 변환에서 $e^{-j\Omega n} = 1/e^{j\Omega n}$

이다). 실수 Ω에 대해서 $e^{j\Omega n}$는 이산시간에서의 복소 정현파이며 임의의 이산시간인 실수 n에 대해 크기는 1이다. 라플라스 변환의 경우와 마찬가지로 실수 변수 Ω를 복소수 변수 S로 대신하고 $e^{j\Omega n}$을 복소 지수 함수 e^{Sn}로 대신함으로써 DTFT를 일반화할 수 있다. 복소수 S에 대해서, e^{S}는 복소 평면상에 어떤 위치에도 존재할 수 있다. 그리고 $z = e^{S}$로 두고 e^{Sn} 대신에 z^n의 선형 결합으로서 임의의 이산시간 신호를 표현함으로써 표기법을 단순화할 수 있다. DTFT에서 $e^{j\Omega n}$을 z^n으로 대신하면 z 변환의 기존의 정의는 다음과 같다.

$$\boxed{\mathrm{X}(z) = \sum_{n=-\infty}^{\infty} \mathrm{x}[n] z^{-n}} \tag{9.1}$$

이때 $\mathrm{x}[n]$과 $\mathrm{X}(z)$를 z 변환 쌍이라고 한다.

$$\mathrm{x}[n] \overset{z}{\longleftrightarrow} \mathrm{X}(z)$$

복소평면에서 z의 위치가 제한받지 않는다는 사실은 임의의 이산 신호를 나타냄에 있어서 이산시간 복소 정현파 대신에 이산시간 복소 지수 함수를 사용할 수 있다는 것을 의미한다. 어떤 신호는 복소 정현파의 선형결합으로는 나타낼 수 없지만 복소 지수 함수의 선형결합으로는 표현가능하다.

9.3 복소 지수 함수의 입력 및 출력

이산시간 LTI 시스템에 Kz^n 형태의 복소 지수 함수, 여기서 z는 일반적으로 복소수이며 K는 임의의 상수가 입력된다고 하자. 컨벌루션을 이용하면 임펄스 응답이 $\mathrm{h}[n]$인 LTI 시스템에 복소 지수 함수 $\mathrm{x}[n] = Kz^n$이 입력되는 경우의 출력 $\mathrm{y}[n]$은 다음과 같다.

$$\mathrm{y}[n] = \mathrm{h}[n] * Kz^n = K \sum_{m=-\infty}^{\infty} \mathrm{h}[m] z^{n-m} = \underbrace{Kz^n}_{=\mathrm{x}[n]} \sum_{m=-\infty}^{\infty} \mathrm{h}[m] z^{-m}$$

즉, 복소 지수 함수에 대한 출력은 입력과 동일한 복소 지수 함수에 $\sum_{m=-\infty}^{\infty} \mathrm{h}[m] z^{-m}$을 곱한 것으로 이 급수는 수렴한다고 가정한다. 이는 식 (9.1)과 일치한다.

9.4 전달함수

임펄스 응답이 h[n]으로 주어지는 임의의 LTI 시스템에 입력신호 x[n]이 인가되면 응답 y[n]의 z 변환 Y[z]는 다음과 같이 주어진다.

$$\mathrm{Y}(z)=\sum_{n=-\infty}^{\infty}\mathrm{y}[n]z^{-n}=\sum_{n=-\infty}^{\infty}(\mathrm{h}[n]*\mathrm{x}[n])z^{-n}=\sum_{n=-\infty}^{\infty}\sum_{m=-\infty}^{\infty}\mathrm{h}[m]\mathrm{x}[n-m]z^{-n}$$

두 개의 합산식을 분리하면

$$\mathrm{Y}(z)=\sum_{m=-\infty}^{\infty}\mathrm{h}[m]\sum_{n=-\infty}^{\infty}\mathrm{x}[n-m]z^{-n}$$

이 식에 $q=n$-m을 대입하면

$$\mathrm{Y}(z)=\sum_{m=-\infty}^{\infty}\mathrm{h}[m]\sum_{q=-\infty}^{\infty}\mathrm{x}[q]z^{-(q+m)}=\underbrace{\sum_{m=-\infty}^{\infty}\mathrm{h}[m]z^{-m}}_{=\mathrm{H}(z)}\underbrace{\sum_{q=-\infty}^{\infty}\mathrm{x}[q]z^{-q}}_{=\mathrm{X}(z)}$$

즉, 라플라스 변환의 경우와 유사하게 Y(z)=H(z)X(z)가 되며 5장에서 처음으로 등장한 바와 같이 H(z)를 이산시간 시스템의 전달함수이라고 한다.

9.5 시스템의 직렬연결

이산시간 시스템이 직렬로 연결된 경우에 각 성분의 전달함수는 연속시간의 경우와 마찬가지로 결합된다〈그림 9.1〉.

직렬연결 된 두 개의 시스템의 전체적인 전달함수는 각각의 전달함수의 곱으로 나타난다.

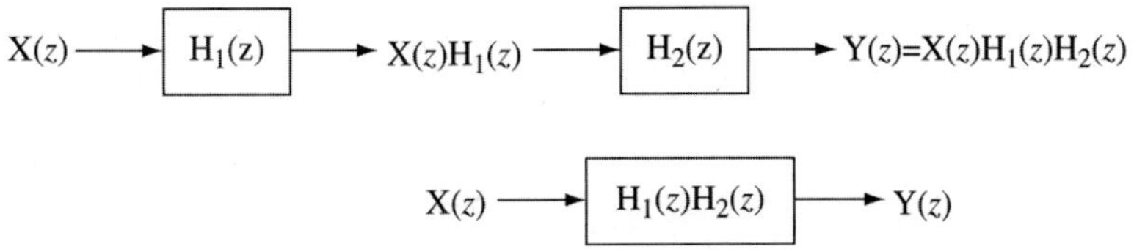

$$\mathrm{X}(z)\rightarrow\boxed{\mathrm{H}_1(z)}\rightarrow\mathrm{X}(z)\mathrm{H}_1(z)\rightarrow\boxed{\mathrm{H}_2(z)}\rightarrow\mathrm{Y}(z)=\mathrm{X}(z)\mathrm{H}_1(z)\mathrm{H}_2(z)$$

$$\mathrm{X}(z)\rightarrow\boxed{\mathrm{H}_1(z)\mathrm{H}_2(z)}\rightarrow\mathrm{Y}(z)$$

그림 9.1 시스템의 직렬연결

9.6 직접형 II 시스템 구현

실제적인 공학 분야에서 보편적으로 만나는 이산시간 시스템은 차분 방정식의 형태로 나타난다. 5장에서는 다음과 같은 형태의 차분 방정식을 통해 이산시간 시스템을 나타낼 수 있다는 것을 보였다.

$$\sum_{k=0}^{N} a_k \mathrm{y}[n-k] = \sum_{k=0}^{M} b_k \mathrm{x}[n-k] \tag{9.2}$$

전달함수는 다음과 같다.

$$\mathrm{H}(z) = \frac{\sum_{k=0}^{M} b_k z^{-k}}{\sum_{k=0}^{N} a_k z^{-k}} = \frac{b_0 + b_1 z^{-1} + b_2 z^{-2} + \cdots + b_M z^{-M}}{a_0 + a_1 z^{-1} + a_2 z^{-2} + \cdots + a_N z^{-N}} \tag{9.3}$$

또는 이를 다시 쓰면

$$\mathrm{H}(z) = \frac{\sum_{k=0}^{M} b_k z^{-k}}{\sum_{k=0}^{N} a_k z^{-k}} = z^{N-M} \frac{b_0 z^M + b_1 z^{M-1} + \cdots + b_{M-1} z + b_M}{a_0 z^N + a_1 z^{N-1} + \cdots + a_{N-1} z + a_N} \tag{9.4}$$

이산시간 시스템의 표준적인 구현 방법인 직접형 II는 연속시간 시스템에서의 직접형 II와 직접적으로 유사하다. 다음의 전달함수는

$$\mathrm{H}(z) = \frac{\mathrm{Y}(z)}{\mathrm{X}(z)} = \frac{b_0 + b_1 z^{-1} + \cdots + b_N z^{-N}}{a_0 + a_1 z^{-1} + \cdots + a_N z^{-N}} = \frac{b_0 z^N + b_1 z^{N-1} + \cdots + b_N}{a_0 z^N + a_1 z^{N-1} + \cdots + a_N}$$

두 개의 부시스템이 직렬 연결된 것으로 분리할 수 있으며 각각의 전달함수는 다음과 같다.

$$\mathrm{H}_1(z) = \frac{\mathrm{Y}_1(z)}{\mathrm{X}(z)} = \frac{1}{a_0 z^N + a_1 z^{N-1} + \cdots + a_N} \tag{9.5}$$

그리고

$$\mathrm{H}_2(z) = \frac{\mathrm{Y}(z)}{\mathrm{Y}_1(z)} = b_0 z^N + b_1 z^{N-1} + \cdots + b_N$$

(여기서 분자식 및 분모식의 차수는 모두 N으로 나타냈다. 만일 분자식의 실제 차수가 N보다 작다면 b계수 가운데 일부는 0이 될 것이다. 하지만 a_0는 0이어서는 안 된다.) 식 **(9.5)**로부터

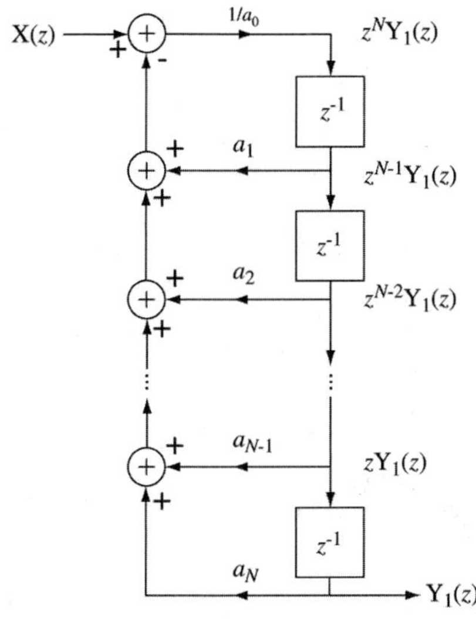

그림 9.2 $H_1(z)$의 표준적인 구현 방법인 직접형 II

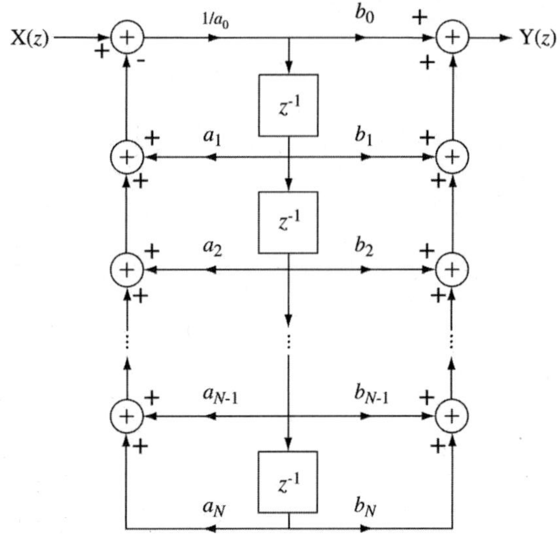

그림 9.3 전체적인 직접형 II 표준시스템 구현

다음 식을 얻을 수 있다.

$$z^N \mathrm{Y}_1(z) = (1/a_0)\{\mathrm{X}(z) - [a_1 z^{N-1} \mathrm{Y}_1(z) + \cdots + a_N \mathrm{Y}_1(z)]\}$$

$H_2(z)$를 구성하기 위해 필요한 $z^k \mathrm{Y}_1(z)$를 구성하는 각각의 항은 $H_1(z)$을 구현하는 과정에서 얻을 수 있다. 이들을 계수 b를 사용해 선형 결합 형태로 합하면 직접형 II 방법으로 전체 시스템을 구현한 결과를 얻는다.

9.7 z 역변환

H(z)로부터 h[n]으로 변환하는 과정을 z 역변환(inverse z transform)이라고 하며 직접적으로는 다음 공식을 통해 구할 수 있다.

$$\mathrm{h}[n] = \frac{1}{j2\pi} \oint_{C} \mathrm{H}(z) z^{n-1}\, dz$$

이 수식은 복소 z 평면에서 원형 경로를 따라 경로적분(contour integration)을 취한 것에 해당하며 이 교재의 범위를 벗어난다. 실제적으로 대부분의 z 역변환은 z 변환 쌍 및 z 변환의 성질을 이용해 구한다.

9.8 z 변환의 존재

시간제한 신호

z 변환이 존재하기 위한 조건은 라플라스 변환의 존재 조건과 유사하다. 만일 이산시간 신호가 시간적으로 제한되어 있으며 크기가 유한하다면, z 변환 합산식은 유한하며 영이 아닌 임의의 z값에 대해 이의 z 변환이 존재한다〈그림 9.4〉.

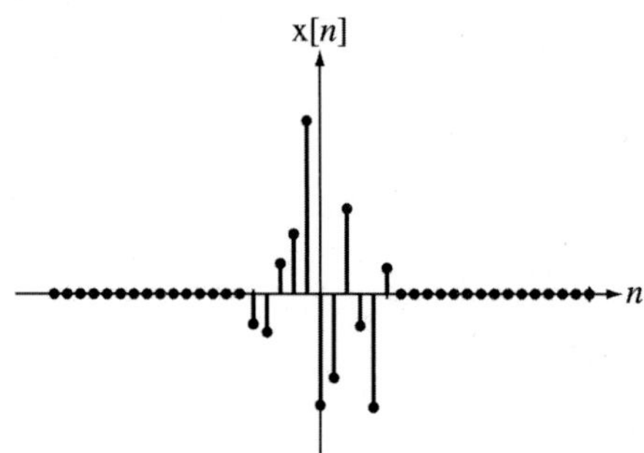

그림 9.4 시간 제한된 이산시간 신호

임펄스 $\delta[n]$은 매우 단순한 유한하며 시간 제한된 신호이다. 이의 z 변환은 다음과 같다.

$$\sum_{n=-\infty}^{\infty} \delta[n] z^{-n} = 1$$

이 z 변환은 극점이나 영점이 없다. 0이 아닌 임의의 z값에 대해서 임펄스의 z 변환이 존재한다. 만일 임펄스를 시간 축에서 한쪽 방향으로 이동시키면 결과는 약간 달라진다.

$$\delta[n-1] \xleftrightarrow{z} z^{-1} \qquad (\Rightarrow \text{원점에 극점})$$

$$\delta[n+1] \xleftrightarrow{z} z \qquad (\Rightarrow \text{무한대에 극점})$$

즉 $\delta[n-1]$의 z 변환은 0이 아닌 모든 z 에 대해 존재하고 $\delta[n+1]$의 z 변환은 모든 유한한 z 에 대해 존재한다.

우방향 및 좌방향 신호

우방향 신호 $x_r[n]$은 $n < n_0$에서 $x_r[n] = 0$인 신호이며 좌방향 신호 $x_l[n]$은 $n > n_0$에서 $x_l[n] = 0$인 신호를 말한다〈그림 9.5〉.

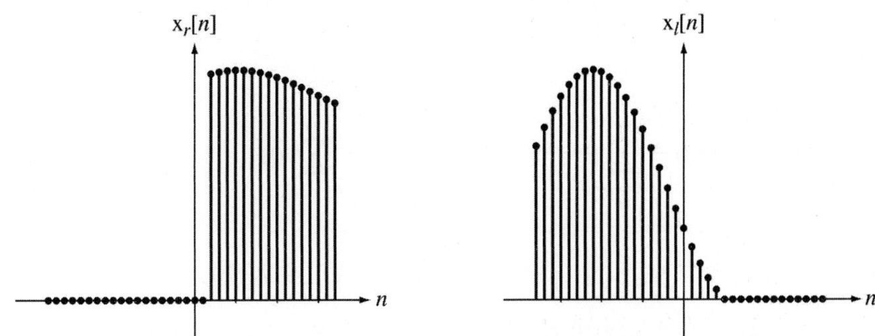

그림 9.5 (a) 우방향 이산신호 시간 (b) 좌방향 이산신호 신호

우방향 신호인 $x[n] = \alpha^n u[n - n_0]$, $\alpha \in \mathbb{C}$를 생각해 보자〈그림 9.6〉(a). 만일 급수가 수렴한다면 이의 z 변환은 다음과 같다.

$$X(z) = \sum_{n=-\infty}^{\infty} \alpha^n u[n - n_0] z^{-n} = \sum_{n=n_0}^{\infty} (\alpha z^{-1})^n$$

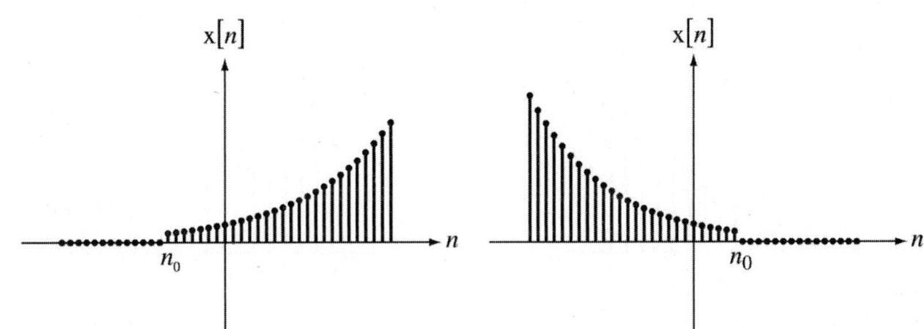

그림 9.6 (a) $x[n] = \alpha^n u[n - n_0]$, $\alpha \in \mathbb{C}$, (b) $x[n] = \beta^n u[n_0 - n]$, $\beta \in \mathbb{C}$

그리고 급수는 $|\alpha/z| < 1$ 또는 $|z| > |\alpha|$인 경우에 수렴한다. z 평면에서 이 영역을 수렴영역이라고 한다〈그림 9.7〉(a).

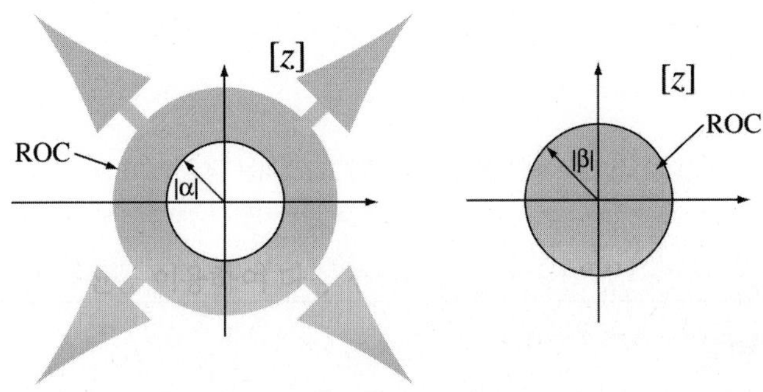

그림 9.7 (a) $x[n] = \alpha^n u[n - n_0]$, $\alpha \in \mathbb{C}$에 대한 수렴영역, (b) $x[n] = \beta^n u[n_0 - n]$, $\beta \in \mathbb{C}$에 대한 수렴영역

만일 $n > n_0$에서 $x[n] = 0$이라면 이는 좌방향 신호이며〈그림 9.6〉(b) $x[n] = \beta^n u[n_0 - n]$, $\beta \in \mathbb{C}$라면

$$X(z) = \sum_{n=-\infty}^{n_0} \beta^n z^{-n} = \sum_{n=-\infty}^{n_0} (\beta z^{-1})^n = \sum_{n=-n_0}^{\infty} (\beta^{-1} z)^n$$

그리고 이 급수는 $|\beta^{-1} z| < 1$ 또는 $|z| < |\beta|$에서 수렴한다〈그림 9.7〉(b).

연속시간 신호의 경우와 마찬가지로 임의의 이산시간 신호는 우방향 신호와 좌방향 신호의 합으로 나타낼 수 있다. 만일 $x[n] = x_r[n] + x_l[n]$이고 $|x_r[n]| < |K_r \alpha^n|$이며 $|x_l[n]| < |K_l \beta^n|$(여기서 K_r 및 K_l은 상수) 라면 $|\alpha| < |z| < |\beta|$인 영역에서 합이 수렴하고 z 변환이 존재한다. 이는 만일 $|\alpha| < |\beta|$라면 z 변환이 존재하고 z 평면에서의 ROC가 $|\alpha| < |z| < |\beta|$이지만 만일 $|\alpha| > |\beta|$라면 z 변환이 존재하지 않는다는 사실을 말해준다〈그림 9.8〉.

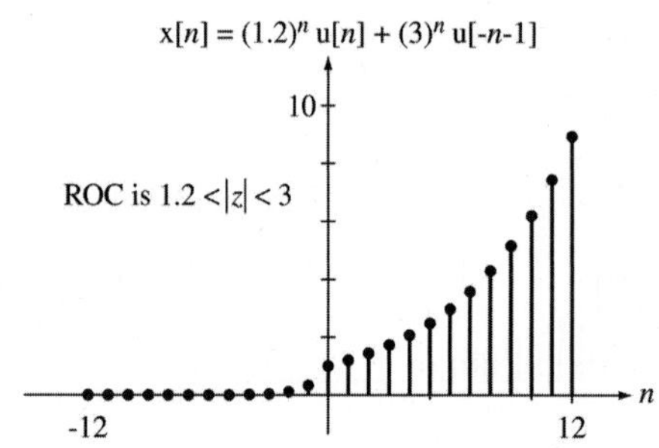

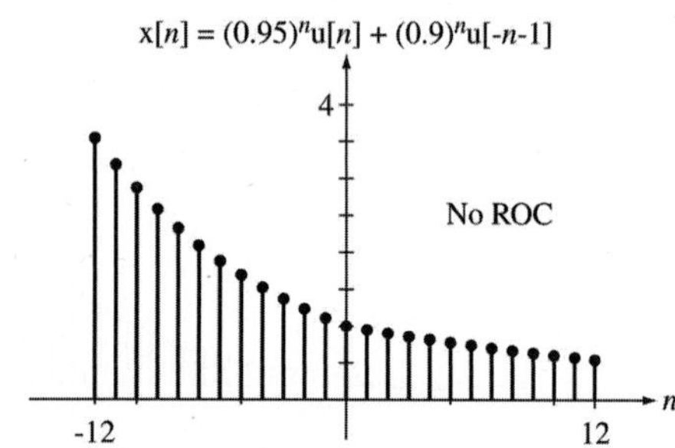

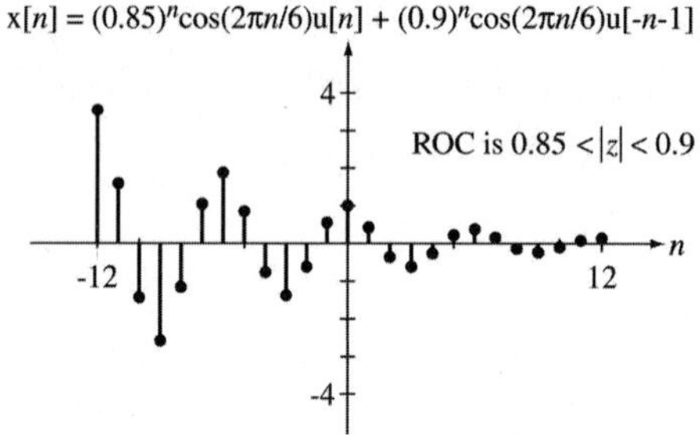

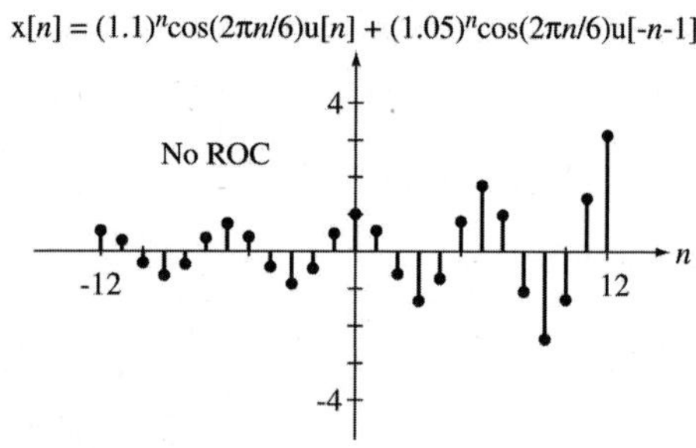

그림 9.8 비인과적 신호와 ROC(존재하는 경우)의 예

예제 9.1

비인과적 신호의 z 변환

$x[n] = K\alpha^{|n|}$, $\alpha \in \mathbb{R}$의 z 변환을 구하라.

이 신호는 α 값에 따라 모양이 달라진다〈그림 9.9〉. 주어진 식을 다시 쓰면

$$x[n] = K(\alpha^n u[n] + \alpha^{-n} u[-n] - 1)$$

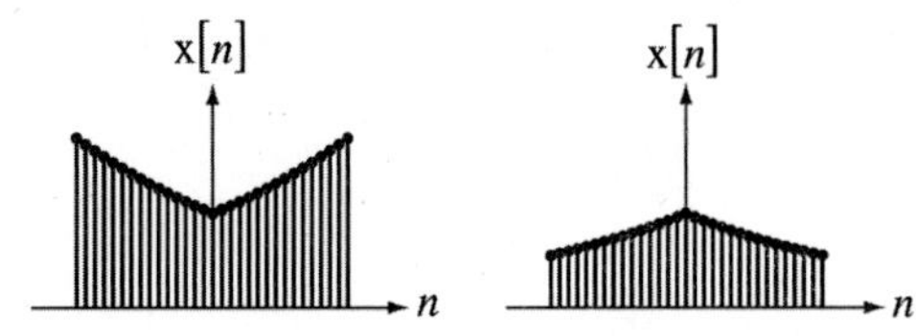

그림 9.9 (a) $x[n] = K\alpha^{|n|}, \alpha > 1$ (b) $x[n] = K\alpha^{|n|}, \alpha < 1$

만일 $|\alpha| \geq 1$이면 $|\alpha| \geq |\alpha^{-1}|$이며 ROC를 구할 수 없다. 즉, z 변환이 존재하지 않는다. 만일 $|\alpha| < 1$이면 $|\alpha| < |\alpha^{-1}|$이며 ROC는 $|\alpha| < z < |\alpha^{-1}|$이고 z 변환은 다음과 같다.

$$K\alpha^{|n|} \xleftrightarrow{z} K \sum_{n=-\infty}^{\infty} \alpha^{|n|} z^{-n} = K\left[\sum_{n=0}^{\infty} (\alpha z^{-1})^n + \sum_{n=-\infty}^{0} (\alpha^{-1} z^{-1})^n - 1\right], \quad |\alpha| < z < |\alpha^{-1}|$$

$$K\alpha^{|n|} \xleftrightarrow{z} K\left[\sum_{n=0}^{\infty} (\alpha z^{-1})^n + \sum_{n=0}^{\infty} (\alpha z)^n - 1\right], \quad |\alpha| < z < |\alpha^{-1}|$$

이 식은 두 개의 합산식에 상수항이 더해진 모양이다. 각각의 합산식은 $\sum_{n=0}^{\infty} r^n$형태의 등비급수이며 $|r| < 1$인 경우에 $1/(1-r)$로 수렴한다.

$$K\alpha^{|n|} \xleftrightarrow{z} K\left(\frac{1}{1-\alpha z^{-1}} + \frac{1}{1-\alpha z} - 1\right) = K\left(\frac{z}{z-\alpha} - \frac{z}{z-\alpha^{-1}}\right), \quad |\alpha| < z < |\alpha^{-1}|$$

■

9.9 z 변환 쌍

z 변환의 유용한 표를 만들기 위해서 임펄스 $\delta[n]$과 감쇠하는 코사인 $\alpha^n \cos(\Omega_0 n) u[n]$부터 시작하자. 이미 $\delta[n] \xleftrightarrow{z} 1$임은 이미 살펴 본 바 있다. 감쇠하는 코사인 신호의 z 변환은

$$\alpha^n \cos(\Omega_0 n) u[n] \xleftrightarrow{z} \sum_{n=-\infty}^{\infty} \alpha^n \cos(\Omega_0 n) u[n] z^{-n}$$

$$\alpha^n \cos(\Omega_0 n)\,\mathrm{u}[n] \xleftrightarrow{z} \sum_{n=0}^{\infty} \alpha^n \frac{e^{j\Omega_0 n} + e^{-j\Omega_0 n}}{2} z^{-n}$$

$$\alpha^n \cos(\Omega_0 n)\,\mathrm{u}[n] \xleftrightarrow{z} (1/2)\sum_{n=0}^{\infty}\left[\left(\alpha e^{j\Omega_0} z^{-1}\right)^n + \left(\alpha e^{-j\Omega_0} z^{-1}\right)^n\right]$$

이 z 변환이 수렴하기 위해서는 $|z| > |\alpha|$이어야 하며

$$\alpha^n \cos(\Omega_0 n)\,\mathrm{u}[n] \xleftrightarrow{z} (1/2)\left[\frac{1}{1-\alpha e^{j\Omega_0} z^{-1}} + \frac{1}{1-\alpha e^{-j\Omega_0} z^{-1}}\right], \quad |z| > |\alpha|$$

이 식을 단순화시키면 다음의 두 가지 형태로 정리할 수 있다.

$$\alpha^n \cos(\Omega_0 n)\,\mathrm{u}[n] \xleftrightarrow{z} \frac{1-\alpha\cos(\Omega_0) z^{-1}}{1-2\alpha\cos(\Omega_0) z^{-1} + \alpha^2 z^{-2}}, \quad |z| > |\alpha|$$

또는

$$\alpha^n \cos(\Omega_0 n)\,\mathrm{u}[n] \xleftrightarrow{z} \frac{z[z-\alpha\cos(\Omega_0)]}{z^2 - 2\alpha\cos(\Omega_0) z + \alpha^2}, \quad |z| > |\alpha|$$

만일 $\alpha = 1$이라면

$$\cos(\Omega_0 n)\,\mathrm{u}[n] \xleftrightarrow{z} \frac{z[z-\cos(\Omega_0)]}{z^2 - 2\cos(\Omega_0) z + 1} = \frac{1-\cos(\Omega_0) z^{-1}}{1-2\cos(\Omega_0) z^{-1} + z^{-2}}, \quad |z| > 1$$

만일 $\Omega_0 = 0$이라면

$$\alpha^n\,\mathrm{u}[n] \xleftrightarrow{z} \frac{z}{z-\alpha} = \frac{1}{1-\alpha z^{-1}}, \quad |z| > |\alpha|$$

만일 $\alpha = 1$이고 $\Omega_0 = 0$이라면

$$\mathrm{u}[n] \xleftrightarrow{z} \frac{z}{z-1} = \frac{1}{1-z^{-1}}, \quad |z| > 1$$

〈표 9.1〉에서는 몇몇 대표적으로 사용되는 함수에 대한 z 변환 쌍을 나타냈다.

표 9.1 대표적인 z 변환 쌍

$$\delta[n] \overset{z}{\longleftrightarrow} 1, \quad \text{All } z$$

$$\mathrm{u}[n] \overset{z}{\longleftrightarrow} \frac{z}{z-1} = \frac{1}{1-z^{-1}}, \ |z|>1, \qquad -\mathrm{u}[-n-1] \overset{z}{\longleftrightarrow} \frac{z}{z-1}, \ |z|<1$$

$$\alpha^n \mathrm{u}[n] \overset{z}{\longleftrightarrow} \frac{z}{z-\alpha} = \frac{1}{1-\alpha z^{-1}}, \ |z|>|\alpha|, \qquad -\alpha^n \mathrm{u}[-n-1] \overset{z}{\longleftrightarrow} \frac{z}{z-\alpha} = \frac{1}{1-\alpha z^{-1}}, \ |z|<|\alpha|$$

$$n\,\mathrm{u}[n] \overset{z}{\longleftrightarrow} \frac{z}{(z-1)^2} = \frac{z^{-1}}{\left(1-z^{-1}\right)^2}, \ |z|>1, \qquad -n\,\mathrm{u}[-n-1] \overset{z}{\longleftrightarrow} \frac{z}{(z-1)^2} = \frac{z^{-1}}{\left(1-z^{-1}\right)^2}, \ |z|<1$$

$$n^2 \mathrm{u}[n] \overset{z}{\longleftrightarrow} \frac{z(z+1)}{(z-1)^3} = \frac{1+z^{-1}}{z\left(1-z^{-1}\right)^3}, \ |z|>1, \qquad -n^2 \mathrm{u}[-n-1] \overset{z}{\longleftrightarrow} \frac{z(z+1)}{(z-1)^3} = \frac{1+z^{-1}}{z\left(1-z^{-1}\right)^3}, \ |z|<1$$

$$n\alpha^n \mathrm{u}[n] \overset{z}{\longleftrightarrow} \frac{\alpha z}{(z-\alpha)^2} = \frac{\alpha z^{-1}}{\left(1-\alpha z^{-1}\right)^2}, \ |z|>|\alpha|, \qquad -n\alpha^n \mathrm{u}[-n-1] \overset{z}{\longleftrightarrow} \frac{\alpha z}{(z-\alpha)^2} = \frac{\alpha z^{-1}}{\left(1-\alpha z^{-1}\right)^2}, \ |z|<|\alpha|$$

$$\sin(\Omega_0 n)\mathrm{u}[n] \overset{z}{\longleftrightarrow} \frac{z\sin(\Omega_0)}{z^2-2z\cos(\Omega_0)+1}, \ |z|>1, \qquad -\sin(\Omega_0 n)\mathrm{u}[-n-1] \overset{z}{\longleftrightarrow} \frac{z\sin(\Omega_0)}{z^2-2z\cos(\Omega_0)+1}, \ |z|<1$$

$$\cos(\Omega_0 n)\mathrm{u}[n] \overset{z}{\longleftrightarrow} \frac{z[z-\cos(\Omega_0)]}{z^2-2z\cos(\Omega_0)+1}, \ |z|>1, \qquad -\cos(\Omega_0 n)\mathrm{u}[-n-1] \overset{z}{\longleftrightarrow} = \frac{z[z-\cos(\Omega_0)]}{z^2-2z\cos(\Omega_0)+1}, \ |z|<1$$

$$\alpha^n \sin(\Omega_0 n)\mathrm{u}[n] \overset{z}{\longleftrightarrow} \frac{z\alpha\sin(\Omega_0)}{z^2-2\alpha z\cos(\Omega_0)+\alpha^2}, \ |z|>|\alpha|, \qquad -\alpha^n \sin(\Omega_0 n)\mathrm{u}[-n-1] \overset{z}{\longleftrightarrow} \frac{z\alpha\sin(\Omega_0)}{z^2-2\alpha z\cos(\Omega_0)+\alpha^2}, \ |z|<|\alpha|$$

$$\alpha^n \cos(\Omega_0 n)\mathrm{u}[n] \overset{z}{\longleftrightarrow} \frac{z[z-\alpha\cos(\Omega_0)]}{z^2-2\alpha z\cos(\Omega_0)+\alpha^2}, \ |z|>|\alpha|, \qquad -\alpha^n \cos(\Omega_0 n)\mathrm{u}[-n-1] \overset{z}{\longleftrightarrow} \frac{z[z-\alpha\cos(\Omega_0)]}{z^2-2\alpha z\cos(\Omega_0)+\alpha^2}, \ |z|<|\alpha|$$

$$\alpha^{|n|} \overset{z}{\longleftrightarrow} \frac{z}{z-\alpha} - \frac{z}{z-\alpha^{-1}}, \quad |\alpha|<|z|<\left|\alpha^{-1}\right|$$

$$\mathrm{u}[n-n_0]-\mathrm{u}[n-n_1] \overset{z}{\longleftrightarrow} \frac{z}{z-1}\left(z^{-n_0}-z^{-n_1}\right) = \frac{z^{n_1-n_0-1}+z^{n_1-n_0-2}+\cdots+z+1}{z^{n_1-1}}, \ |z|>0$$

예제 9.2

z **역변환.**

다음의 z 역변환을 구하라.

(a) $\mathrm{X}(z) = \dfrac{z}{z-0.5} - \dfrac{z}{z+2}, \quad 0.5<|z|<2$

(b) $\mathrm{X}(z) = \dfrac{z}{z-0.5} - \dfrac{z}{z+2}, \quad |z|>2$

(c) $\mathrm{X}(z) = \dfrac{z}{z-0.5} - \dfrac{z}{z+2}, \quad |z|<0.5$

(a) 우방향 신호의 ROC는 원의 외부 영역이고 좌방향 신호의 ROC는 원의 내부 영역이다. 따라서 다음 관계를 이용하면

$$\alpha^n \mathrm{u}[n] \overset{\mathcal{Z}}{\longleftrightarrow} \frac{z}{z-\alpha} = \frac{1}{1-\alpha z^{-1}}, \ |z| > |\alpha|$$

그리고

$$-\alpha^n \mathrm{u}[-n-1] \overset{\mathcal{Z}}{\longleftrightarrow} \frac{z}{z-\alpha} = \frac{1}{1-\alpha z^{-1}}, \ |z| < |\alpha|$$

결과는 다음과 같다.

$$(0.5)^n \mathrm{u}[n] - (-(-2)^n \mathrm{u}[-n-1]) \overset{\mathcal{Z}}{\longleftrightarrow} \mathrm{X}(z) = \frac{z}{z-0.5} - \frac{z}{z+2}, \ 0.5 < |z| < 2$$

또는

$$(0.5)^n \mathrm{u}[n] + (-2)^n \mathrm{u}[-n-1] \overset{\mathcal{Z}}{\longleftrightarrow} \mathrm{X}(z) = \frac{z}{z-0.5} - \frac{z}{z+2}, \ 0.5 < |z| < 2$$

(b) 이 경우에는 두 신호가 모두 우방향이다.

$$[(0.5)^n - (-2)^n]\mathrm{u}[n] \overset{\mathcal{Z}}{\longleftrightarrow} \mathrm{X}(z) = \frac{z}{z-0.5} - \frac{z}{z+2}, \ |z| > 2$$

(c) 이 경우에는 두 신호가 모두 좌방향이다.

$$-[(0.5)^n - (-2)^n]\mathrm{u}[-n-1] \overset{\mathcal{Z}}{\longleftrightarrow} \mathrm{X}(z) = \frac{z}{z-0.5} - \frac{z}{z+2}, \ |z| < 0.5$$

9.10 *z* 변환 성질

z 변환 쌍 $\mathrm{g}[n] \overset{\mathcal{Z}}{\longleftrightarrow} \mathrm{G}(z)$ 및 $\mathrm{h}[n] \overset{\mathcal{Z}}{\longleftrightarrow} \mathrm{H}(z)$이며 각각의 ROC가 $\mathrm{ROC_G}$ 및 $\mathrm{ROC_H}$로 주어질 때, z 변환의 성질을 〈표 9.2〉에 정리했다.

표 9.2 z 변환의 성질

Linearity	$\alpha\,\mathrm{g}[n] + \beta\,\mathrm{h}[n] \overset{\mathcal{Z}}{\longleftrightarrow} \alpha\,\mathrm{G}(z) + \beta\,\mathrm{H}(z)$, $\mathrm{ROC} = \mathrm{ROC_G} \cap \mathrm{ROC_H}$
Time Shifting	$\mathrm{g}[n-n_0] \overset{\mathcal{Z}}{\longleftrightarrow} z^{-n_0}\,\mathrm{G}(z)$, $\mathrm{ROC} = \mathrm{ROC_G}$ except perhaps $z = 0$ or $z \to \infty$
Change of Scale in z	$\alpha^n\,\mathrm{g}[n] \overset{\mathcal{Z}}{\longleftrightarrow} \mathrm{G}(z/\alpha)$, $\mathrm{ROC} = \lvert\alpha\rvert \mathrm{ROC_G}$
Time Reversal	$\mathrm{g}[-n] \overset{\mathcal{Z}}{\longleftrightarrow} \mathrm{G}(z^{-1})$, $\mathrm{ROC} = 1/\mathrm{ROC_G}$

Time Expansion	$\begin{cases} g[n/k], & n/k \text{ an integer} \\ 0, & \text{otherwise} \end{cases} \xleftrightarrow{\mathcal{Z}} G(z^k),\ \text{ROC} = (\text{ROC}_G)^{1/k}$
Conjugation	$g^*[n] \xleftrightarrow{\mathcal{Z}} G^*(z^*),\ \text{ROC} = \text{ROC}_G$
z-Domain Differentiation	$-n\,g[n] \xleftrightarrow{\mathcal{Z}} z\dfrac{d}{dz}G(z),\ \text{ROC} = \text{ROC}_G$
Convolution	$g[n] * h[n] \xleftrightarrow{\mathcal{Z}} H(z)G(z)$
First Backward Difference	$g[n] - g[n-1] \xleftrightarrow{\mathcal{Z}} (1 - z^{-1})G(z),\ \text{ROC} \supseteq \text{ROC}_G \cap \lvert z \rvert > 0$
Accumulation	$\sum_{m=-\infty}^{n} g[m] \xleftrightarrow{\mathcal{Z}} \dfrac{z}{z-1}G(z),\ \text{ROC} \supseteq \text{ROC}_G \cap \lvert z \rvert > 1$
Initial Value Theorem	If $g[n] = 0,\ n < 0$ then $g[0] = \lim_{z\to\infty} G(z)$
Final Value Theorem	If $g[n] = 0,\ n < 0,\ \lim_{n\to\infty} g[n] = \lim_{z\to 1}(z-1)G(z)$ if $\lim_{n\to\infty} g[n]$ exists.

9.11 z 역변환

조립 나눗셈(Synthetic Division)

z에 대한 분수식의 형태가 다음과 같다고 할 때

$$H(z) = \frac{b_M z^M + b_{M-1} z^{M-1} + \cdots + b_1 z + b_0}{a_N z^N + a_{N-1} z^{N-1} + \cdots + a_1 z + a_0}$$

분자식을 분모식으로 나누면 z의 거듭제곱들의 다항식을 얻을 수 있다. 예를 들어 만일 함수가 다음과 같다면

$$H(z) = \frac{(z-1.2)(z+0.7)(z+0.4)}{(z-0.2)(z-0.8)(z+0.5)},\quad |z| > 0.8$$

또는

$$H(z) = \frac{z^3 - 0.1z^2 - 1.04z - 0.336}{z^3 - 0.5z^2 - 0.34z + 0.08},\quad |z| > 0.8$$

조립 나눗셈을 한 결과는 다음과 같다.

$$
\begin{array}{r}
1+0.4z^{-1}+0.5z^{-2}\cdots \\
z^3-0.5z^2-0.34z+0.08\overline{)z^3-0.1z^2-1.04z-0.336} \\
\underline{z^3-0.5z^2-0.34z+0.08} \\
0.4z^2-0.7z-0.256 \\
\underline{0.4z^2-0.2z-0.136-0.032z^{-1}} \\
0.5z-0.12+0.032z^{-1} \\
\vdots \quad \vdots \quad \vdots
\end{array}
$$

그렇다면 z 역변환은 다음과 같다.

$$h[n]=\delta[n]+0.4\delta[n-1]+0.5\delta[n-2]\cdots$$

다른 방식으로 나눗셈을 하면

$$
\begin{array}{r}
-4.2-30.85z-158.613z^2\cdots \\
0.08-0.34z-0.5z^2+z^3\overline{)-0.336-1.04z-0.1z^2+z^3} \\
\underline{-0.336+1.428z+2.1z^2-4.2z^3} \\
-2.468z-2.2z^2+5.2z^3 \\
\underline{-2.468z+10.489z^2+15.425z^3-30.85z^4} \\
-12.689z^2-10.225z^3+30.85z^4 \\
\vdots \quad \vdots \quad \vdots
\end{array}
$$

이 결과로부터 z 역변환이 다음과 같다고 결론지을 수 있다.

$$-4.2\delta[n]-30.85\delta[n+1]-158.613\delta[n+2]\cdots$$

이상의 두 결과가 왜 다른 지 그리고 어느 결과가 정확한 것인지에 대해서 의문을 가지는 것은 당연하다. 이를 알기 위한 실마리는 ROC, $|z|>0.8$이다. 이는 우방향의 역방향 변환을 의미하며 나눗셈의 결과가 이러한 형태를 가지는 것은 첫 번째 나눗셈의 경우이다. 이 급수는 $|z|>0.8$에서 수렴한다. 두 번째의 급수는 $|z|<0.2$에서 수렴하며 만일에 ROC가 $|z|<0.2$라면 정확한 답이 될 것이다.

조립 나눗셈은 임의의 분수함수에 대해서 항상 적용되지만 답이 일반적으로 무한히 더해지는 급수의 형태로 나타난다. 대부분의 실제적인 분석 과정에서는 닫힌 형식(closed form)가 더 유용하다.

부분분수 전개

z 역변환을 구하기 위한 부분분수 전개 방법은 라플라스 역변환을 구하기 위해 사용되는 방법에서 변수 s 대신에 변수 z를 사용하면 대수적으로 동일하다. 하지만 z 역변환을 구하는 과정에서는 한 가지 상황에 대해서는 언급할 필요가 있다. z 영역 함수에서 최소한 하나의 영점이 $z=0$에 위치하면서 유한한 영점의 개수와 유한한 극점의 개수가 같은(수식을 z에 대한 가분수식으로 만드는) 경우를 자주 만나게 된다.

$$\mathrm{H}(z)=\frac{z^{N-M}(z-z_1)(z-z_2)\cdots(z-z_M)}{(z-p_1)(z-p_2)\cdots(z-p_N)},\quad N>M$$

이 수식은 z에 대한 가분수식이기 때문에 $\mathrm{H}(z)$를 직접 부분분수로 전개할 수는 없다. 이러한 경우에는 양변을 z로 나누는 편이 편리하다.

$$\frac{\mathrm{H}(z)}{z}=\frac{z^{N-M-1}(z-z_1)(z-z_2)\cdots(z-z_M)}{(z-p_1)(z-p_2)\cdots(z-p_N)}$$

$\mathrm{H}(z)/z$는 z에 대한 진분수식이며 부분분수로 전개 가능하다.

$$\frac{\mathrm{H}(z)}{z}=\frac{K_1}{z-p_1}+\frac{K_2}{z-p_2}+\cdots+\frac{K_N}{z-p_N}$$

이제 양변에 z를 곱하면 역방향 변환을 구할 수 있다.

$$\mathrm{H}(z)=\frac{zK_1}{z-p_1}+\frac{zK_2}{z-p_2}+\cdots+\frac{zK_N}{z-p_N}$$

$$\mathrm{h}[n]=K_1p_1^n\,\mathrm{u}[n]+K_2p_2^n\,\mathrm{u}[n]+\cdots+K_Np_N^n\,\mathrm{u}[n]$$

라플라스 역변환을 구하는 과정에서 그랬듯이 이 문제는 나눗셈을 하여 적절한 나머지 항을 구하는 방법으로 풀 수 있을 것이다. 그러나 하지만 이 새로운 방법이 훨씬 간단하다.

z 변환 및 역변환 예

z-영역에서의 전달함수 수식을 실제 시스템으로 변환하는 과정에서 시간 이동 성질은 매우 중요하다. 또 다른 성질인 선형 성질은 z 변환의 성질 가운데 아마도 가장 자주 사용되는 것일 것이다.

예제 9.3

시간 이동 성질을 이용하여 전달함수로부터 시스템의 블록 다이어그램 구하기

시스템의 전달함수가 다음과 같이 주어질 때

$$H(z) = \frac{Y(z)}{X(z)} = \frac{z - 1/2}{z^2 - z + 2/9}, \quad |z| > 2/3$$

지연소자(delay), 증폭기, 그리고 합산기를 사용해 시스템 블록 다이어그램을 그려라.

전달함수 수식을 다시 정리하면

$$Y(z)(z^2 - z + 2/9) = X(z)(z - 1/2)$$

또는

$$z^2\,Y(z) = z\,X(z) - (1/2)\,X(z) + z\,Y(z) - (2/9)\,Y(z)$$

이 식에 z^{-2}을 곱하면

$$Y(z) = z^{-1}\,X(z) - (1/2)z^{-2}\,X(z) + z^{-1}\,Y(z) + (2/9)z^{-2}\,Y(z)$$

이제 시간 이동 성질을 사용하고 $x[n] \xleftrightarrow{z} X(z)$ 그리고 $y[n] \xleftrightarrow{z} Y(z)$라고 하면 z 역변환은

$$y[n] = x[n-1] - (1/2)\,x[n-2] + y[n-1] - (2/9)\,y[n-2]$$

이를 $x[n]$과 $y[n]$ 사이의 재귀 관계라고 하며 이산시간 n에서의 $y[n]$의 값을 이산시간 n, $n-1$, $n-2$에서의 $x[n]$ 및 $y[n]$ 값의 선형 결합으로 나타낸 것이다. 이로부터 시스템의 블록 다이어그램을 직접 합성할 수 있다〈그림 9.10〉.

이 시스템은 네 개의 지연소자, 두 개의 증폭기, 그리고 두 개의 합산기를 사용해 구현한다. 이 블록 다이어그램은 다이어그램에서의 재귀 관계를 직접 구현하는 '자연스러운' 방법으로 그린 것이다. 직접형 II로 구현하면 두 개의 지연소자, 세 개의 증폭기 그리고 세 개의 합산기가 사용된다〈그림 9.11〉. 시스템을 구현하기 위한 다른 방법들도 존재한다(14장 참조).

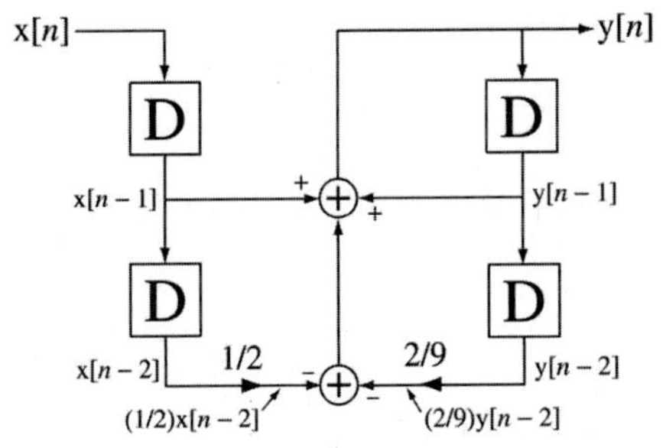

그림 9.10 전달함수 $H(z) = \dfrac{z-1/2}{z^2-z+2/9}$에 대한 시간 영역 시스템 블록 다이어그램

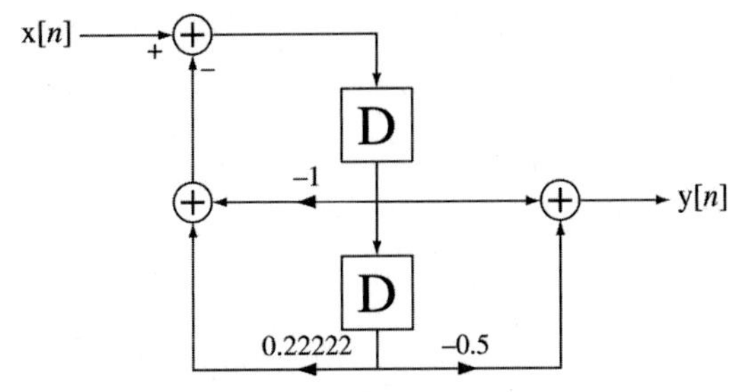

그림 9.11 $H(z) = \dfrac{z-1/2}{z^2-z+2/9}$의 직접형 II 구현

---

z 영역에서의 스케일 변환 성질의 특별한 경우로서 다음 성질에 특별한 관심이 있다.

$$\alpha^n \, g[n] \xleftrightarrow{\mathcal{Z}} G(z/\alpha)$$

상수 α를 $e^{j\Omega_0}$, 여기서 Ω_0는 실수라고 하면

$$e^{j\Omega_0 n} \, g[n] \xleftrightarrow{\mathcal{Z}} G(ze^{-j\Omega_0})$$

모든 z의 값은 $ze^{-j\Omega_0}$로 바뀐다. $e^{-j\Omega_0}$의 크기가 1이며 위상이 $-\Omega_0$이기 때문에 위 수식은 z 평면에서 변환 $G(z)$를 시계 반대방향으로 회전시킨 것에 해당한다. 이 영향은 추상적으로는 살펴보기 쉽지 않고 예를 들어 설명하는 편이 낫다.

$$G(z) = \frac{z-1}{(z-0.8e^{-j\pi/4})(z-0.8e^{+j\pi/4})}$$

이고 $\Omega_0 = \pi/8$이라고 하자. 그렇다면

$$G(ze^{-j\Omega_0}) = G(ze^{-j\pi/8}) = \frac{ze^{-j\pi/8}-1}{(ze^{-j\pi/8}-0.8e^{-j\pi/4})(ze^{-j\pi/8}-0.8e^{+j\pi/4})}$$

또는

$$G(ze^{-j\pi/8}) = \frac{e^{-j\pi/8}(z-e^{j\pi/8})}{e^{-j\pi/8}(z-0.8e^{-j\pi/8})e^{-j\pi/8}(z-0.8e^{+j3\pi/8})}$$
$$= e^{j\pi/8}\frac{z-e^{j\pi/8}}{(z-0.8e^{-j\pi/8})(z-0.8e^{+j3\pi/8})}$$

원래의 함수는 $z = 0.8e^{\pm j\pi/4}$에서 유한한 극점 그리고 $z = 1$에서 영점을 가지고 있다. 전달함수 $G(ze^{-j\pi/8})$은 $z = 0.8e^{-j\pi/8}$과 $0.8e^{+j3\pi/8}$에서 유한한 극점 그리고 $z = e^{j\pi/8}$에서 영점을 가지고 있다. 따라서 유한한 극점 및 영점의 위치가 시계반대 방향으로 $\pi/8$ 라디안(radian) 만큼 회전한 것이다〈그림 9.12〉.

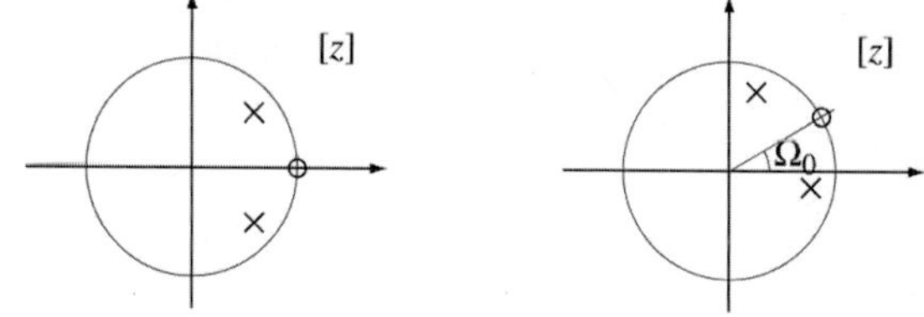

그림 9.12 $e^{j\Omega_0}$로 스케일링한 특별한 경우에 대한 z 변환 주파수 스케일링 성질의 설명

시간 영역에서 $e^{j\Omega_0 n}$형태의 복소 정현파를 곱하는 것은 z 변환의 회전에 해당한다.

예제 9.4

인과적인 지수 함수 및 인과적이며 지수적으로 감쇠하는 정현파의 z 변환

$x[n] = e^{-n/40}\,u[n]$ 그리고 $x_m[n] = e^{-n/40}\sin(2\pi n/8)\,u[n]$의 z 변환을 구하고 $X(z)$ 그리고 $X_m(z)$의 극점-영점 다이어그램을 그려라.

다음 관계식을 이용하면

$$\alpha^n\,u[n] \xleftrightarrow{z} \frac{z}{z-\alpha} = \frac{1}{1-\alpha z^{-1}},\quad |z| > |\alpha|$$

다음 결과를 얻는다.

$$e^{-n/40}\,u[n] \xleftrightarrow{z} \frac{z}{z-e^{-1/40}},\quad |z| > \left|e^{-1/40}\right|$$

따라서

$$X(z) = \frac{z}{z-e^{-1/40}},\quad |z| > \left|e^{-1/40}\right|$$

$x_m(z)$을 다음과 같이 다시 쓸 수 있다.

$$x_m[n] = e^{-n/40}\,\frac{e^{j2\pi n/8} - e^{-j2\pi n/8}}{j2}\,u[n]$$

또는

$$x_m[n] = -\frac{j}{2}[e^{-n/40}e^{j2\pi n/8} - e^{-n/40}e^{-j2\pi n/8}]u[n]$$

그렇다면 다음 관계식에서 시작해

$$e^{-n/40}\,u[n] \xleftrightarrow{\mathcal{Z}} \frac{z}{z - e^{-1/40}}, \quad |z| > |e^{-1/40}|$$

스케일 변화 성질 $\alpha^n\, g[n] \xleftrightarrow{\mathcal{Z}} G(z/\alpha)$를 이용하면 다음 결과를 얻는다.

$$e^{j2\pi n/8}e^{-n/40}\,u[n] \xleftrightarrow{\mathcal{Z}} \frac{ze^{-j2\pi/8}}{ze^{-j2\pi/8} - e^{-1/40}}, \quad |z| > |e^{-1/40}|$$

그리고

$$e^{-j2\pi n/8}e^{-n/40}\,u[n] \xleftrightarrow{\mathcal{Z}} \frac{ze^{j2\pi/8}}{ze^{j2\pi/8} - e^{-1/40}}, \quad |z| > |e^{-1/40}|$$

그리고

$$-\frac{j}{2}\left[e^{-n/40}e^{j2\pi n/8} - e^{-n/40}e^{-j2\pi n/8}\right]u[n] \xleftrightarrow{\mathcal{Z}}$$

$$-\frac{j}{2}\left[\frac{ze^{-j2\pi/8}}{ze^{-j2\pi/8} - e^{-1/40}} - \frac{ze^{j2\pi/8}}{ze^{j2\pi/8} - e^{-1/40}}\right], \quad |z| > |e^{-1/40}|$$

또는

$$\begin{aligned} X_m(z) &= -\frac{j}{2}\left[\frac{ze^{-j2\pi/8}}{ze^{-j2\pi/8} - e^{-1/40}} - \frac{ze^{j2\pi/8}}{ze^{j2\pi/8} - e^{-1/40}}\right] \\ &= \frac{ze^{-1/40}\sin(2\pi/8)}{z^2 - 2ze^{-1/40}\cos(2\pi/8) + e^{-1/20}}, \quad |z| > |e^{-1/40}| \end{aligned}$$

또는

$$\begin{aligned} X_m(z) &= \frac{0.6896z}{z^2 - 1.3793z + 0.9512} \\ &= \frac{0.6896z}{(z - 0.6896 - j0.6896)(z - 0.6896 + j0.6896)}, \quad |z| > |e^{-1/40}| \end{aligned}$$

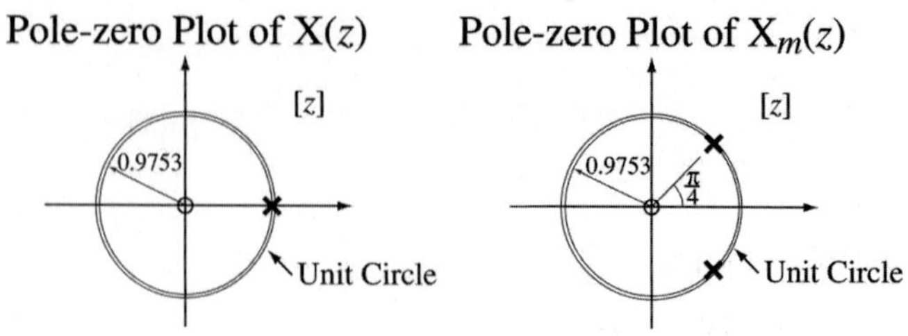

그림 9.13 $X(z)$ 및 $X_m(z)$의 극점-영점 표시도

예제 9.5

미분 성질을 이용한 z변환

미분 성질을 이용해 $n\,u[n]$의 z 변환이 $\frac{z}{(z-1)^2}$, $|z|>1$ 임을 보이라.

다음 관계식에서 시작하자.

$$u[n] \xleftrightarrow{z} \frac{z}{z-1}, \quad |z|>1$$

z 영역에서의 미분 성질을 이용하면

$$-n\,u[n] \xleftrightarrow{z} z\frac{d}{dz}\left(\frac{z}{z-1}\right) = -\frac{z}{(z-1)^2}, \quad |z|>1$$

또는

$$n\,u[n] \xleftrightarrow{z} \frac{z}{(z-1)^2}, \quad |z|>1$$

예제 9.6

누적 성질을 이용한 z변환

누적 성질을 이용해 $n\,u[n]$의 z 변환이 $\frac{z}{(z-1)^2}$, $|z|>1$ 임을 보이라.

먼저 $n\,u[n]$을 누적식으로 나타내자.

$$n\,u[n] = \sum_{m=0}^{n} u[m-1]$$

시간 이동 성질을 사용해 $u[n-1]$의 z 변환을 구하면

$$\mathrm{u}[n-1] \overset{\mathcal{Z}}{\longleftrightarrow} z^{-1}\frac{z}{z-1} = \frac{1}{z-1},\ |z|>1$$

이제 누적 성질을 적용하면 다음과 같다.

$$n\,\mathrm{u}[n] = \sum_{m=0}^{n} \mathrm{u}[m-1] \overset{\mathcal{Z}}{\longleftrightarrow} \left(\frac{z}{z-1}\right)\frac{1}{z-1} = \frac{z}{(z-1)^2},\ |z|>1$$

■

라플라스 변환에서 그렇듯이 최종값 정리는 극한 값 $\lim_{n\to\infty} \mathrm{g}[n]$이 존재하는 경우에 적용된다. 극한 값 $\lim_{z\to 1}(z-1)\mathrm{G}(z)$는 극한 값 $\lim_{n\to\infty} \mathrm{g}[n]$이 없어도 존재할 수 있다. 예를 들어

$$\mathrm{X}(z) = \frac{z}{z-2},\ |z|>2$$

그렇다면

$$\lim_{z\to 1}(z-1)\mathrm{X}(z) = \lim_{z\to 1}(z-1)\frac{z}{z-2} = 0$$

하지만 $\mathrm{x}[n] = 2^n\,\mathrm{u}[n]$이고 극한 $\lim_{n\to\infty} \mathrm{x}[n]$은 존재하지 않는다. 따라서 최종값이 0이라는 결론은 잘못된 것이다.

라플라스 변환 경우와 유사한 증명 방법으로 다음과 같은 결론을 내릴 수 있다.

> 함수 $\mathrm{G}(z)$에 최종값 정리를 적용하기 위해서는 함수 $(z-1)\mathrm{G}(z)$의 모든 유한 극점이 z 평면에서 경계를 포함하지 않은 단위원의 내부에 있어야 한다.

예제 9.7

비인과적 신호의 z 변환

$\mathrm{x}[n] = 4(-0.3)^{-n}\,\mathrm{u}[-n]$의 z 변환을 구하라.

다음 관계를 이용하면

$$-\alpha^n\,\mathrm{u}[-n-1] \overset{\mathcal{Z}}{\longleftrightarrow} \frac{z}{z-\alpha} = \frac{1}{1-\alpha z^{-1}},\ |z|<|\alpha|$$

여기에서 α가 -0.3^{-1}이므로

$$-(-0.3^{-1})^n \mathrm{u}[-n-1] \overset{z}{\longleftrightarrow} \frac{z}{z+0.3^{-1}}, \ |z| < \left|-0.3^{-1}\right|$$

$$-(-10/3)^n \mathrm{u}[-n-1] \overset{z}{\longleftrightarrow} \frac{z}{z+10/3}, \ |z| < |10/3|$$

시간 이동 성질을 이용하면

$$-(-10/3)^{n-1} \mathrm{u}[-(n-1)-1] \overset{z}{\longleftrightarrow} z^{-1}\frac{z}{z+10/3} = \frac{1}{z+10/3}, \ |z| < |10/3|$$

$$-(-3/10)(-10/3)^n \mathrm{u}[-n] \overset{z}{\longleftrightarrow} \frac{1}{z+10/3}, \ |z| < |10/3|$$

$$(3/10)(-10/3)^n \mathrm{u}[-n] \overset{z}{\longleftrightarrow} \frac{1}{z+10/3}, \ |z| < |10/3|$$

선형 성질을 이용해 양변에 4/(3/10) 즉 40/3을 곱하면 다음과 같다.

$$4(-0.3)^{-n} \mathrm{u}[-n] \overset{z}{\longleftrightarrow} \frac{40/3}{z+10/3} = \frac{40}{3z+10}, \ |z| < |10/3|$$

■

9.12 단방향 z 변환

연속시간 함수에 대해 편리함이 증명된 단방향 라플라스 변환과 마찬가지 이유로 이산시간의 경우에는 단방향 z 변환이 편리하다. 단방향 z 변환은 이산시간 $n = 0$ 이전에 신호의 값이 없는 함수에 대해서 유용하며 대부분의 실제적인 문제에 있어서 복잡한 수렴영역을 고려하지 않아도 된다.

단방향 z 변환은 다음과 같이 정의된다.

$$\mathrm{X}(z) = \sum_{n=0}^{\infty} \mathrm{x}[n] z^{-n} \qquad (9.6)$$

단방향 z 변환의 수렴영역은 항상 경계를 포함하지 않는 원의 외부로 나타나는데 중심은 z 평면에서의 원점이고 반지름은 가장 큰 유한 극점의 크기가 된다.

단방향 z변환의 독특한 성질

단방향 z 변환의 성질은 양방향 z 변환의 성질과 매우 유사하다. 시간이동 성질의 경우에는 약간 달라지는데 $\mathrm{g}[n]=0,\ n<0$이라고 할 때 단방향 z변환은

$$\mathrm{g}[n-n_0] \xleftrightarrow{z} \begin{cases} z^{-n_0}\,\mathrm{G}(z), & n_0 \geq 0 \\ z^{-n_0}\left\{\mathrm{G}(z) - \sum_{m=0}^{-(n_0+1)} \mathrm{g}[m]z^{-m}\right\}, & n_0 < 0 \end{cases}$$

인과적인 신호의 경우 왼쪽으로 이동하면 어떤 값들은 $n=0$에서 시작하는 단방향 z 변환의 합산 구간을 벗어나게 되기 때문에 이 성질은 왼쪽 이동에 대해서는 달라져야 한다. 다음의 부가적인 항이

$$-\sum_{m=0}^{-(n_0+1)} \mathrm{g}[m]z^{-m}$$

$n<0$ 범위로 이동한 함수 값에 대한 항이다.

단방향 z 변환에 대한 누적 성질은 다음과 같다.

$$\sum_{m=0}^{n} \mathrm{g}[m] \xleftrightarrow{z} \frac{z}{z-1}\mathrm{G}(z)$$

합산식의 하한만이 변경되었다. 실제로 다음과 같은 양방향 형태는

$$\sum_{m=-\infty}^{n} \mathrm{g}[m] \xleftrightarrow{z} \frac{z}{z-1}\mathrm{G}(z)$$

인과적인 신호 $\mathrm{g}[n]$의 경우에는 여전히 유효하다.

$$\sum_{m=-\infty}^{n} \mathrm{g}[m] = \sum_{m=0}^{n} \mathrm{g}[m]$$

임의의 인과적인 신호의 단방향 z 변환은 같은 신호의 양방향 z 변환과 정확하게 동일하다. 따라서 양방향 z 변환의 표가 단방향 z 변환에 대해서도 사용될 수 있다.

차분 방정식의 풀이

z 변환을 바라보는 한 가지 방법은 라플라스 변환과 미분방정식의 관계와 마찬가지로 이와 차

분 방정식과의 관계를 생각하는 것이다. 초기조건이 주어진 선형 차분 방정식은 z 변환을 거치면 대수방정식으로 변한다. 그런 다음에 방정식을 풀고 역방향 z 변환을 거치면 시간영역에서의 해를 구할 수 있다.

예제 9.8

z변환을 이용한 초기 조건이 주어진 차분 방정식의 풀이

다음 차분 방정식을 풀어라.

$$\mathrm{y}[n+2]-(3/2)\,\mathrm{y}[n+1]+(1/2)\,\mathrm{y}[n]=(1/4)^n,\quad \text{for } n\geq 0$$

초기 조건은 $\mathrm{y}[0]=10$이고 $\mathrm{y}[1]=4$이다.

이차 미분방정식의 초기 조건은 일반적으로 그 함수와 함수의 일차미분의 초기 값을 명시함으로 주어진다. 이차 차분 방정식의 초기 조건은 함수의 두 개의 초기 값을(이 예제의 경우에는 $\mathrm{y}[0]$과 $\mathrm{y}[1]$) 명시함으로 주어진다.

z 변환의 시간 이동 성질을 이용해 차분 방정식 양변의 z 변환을 취하면

$$z^2(\mathrm{Y}(z)-\mathrm{y}[0]-z^{-1}\,\mathrm{y}[1])-(3/2)z(\mathrm{Y}(z)-\mathrm{y}[0])+(1/2)\,\mathrm{Y}(z)=\frac{z}{z-1/4}$$

$\mathrm{Y}(z)$를 구하면

$$\mathrm{Y}(z)=\frac{\dfrac{z}{z-1/4}+z^2\,\mathrm{y}[0]+z\,\mathrm{y}[1]-(3/2)z\,\mathrm{y}[0]}{z^2-(3/2)z+1/2}$$

$$\mathrm{Y}(z)=z\frac{z^2\,\mathrm{y}[0]-z(7\,\mathrm{y}[0]/4-\mathrm{y}[1])-\mathrm{y}[1]/4+3\,\mathrm{y}[0]/8+1}{(z-1/4)(z^2-(3/2)z+1/2)}$$

초기 조건으로 주어진 값을 대입하면

$$\mathrm{Y}(z)=z\frac{10z^2-(27/2)z+15/4}{(z-1/4)(z-1/2)(z-1)}$$

양변을 z로 나누면

$$\frac{\mathrm{Y}(z)}{z}=\frac{10z^2-(27/2)z+15/4}{(z-1/4)(z-1/2)(z-1)}$$

이 식은 z에 대한 진분수식이며 다음과 같이 부분분수 전개가 가능하다.

$$\frac{Y(z)}{z} = \frac{16/3}{z-1/4} + \frac{4}{z-1/2} + \frac{2/3}{z-1} \Rightarrow Y(z) = \frac{16z/3}{z-1/4} + \frac{4z}{z-1/2} + \frac{2z/3}{z-1}$$

이제 다음 관계식을 이용하면

$$\alpha^n \mathrm{u}[n] \overset{z}{\longleftrightarrow} \frac{z}{z-\alpha}$$

그리고 z 역변환을 취하면 $y[n] = [5.333(0.25)^n + 4(0.5)^n + 0.667]\mathrm{u}[n]$을 얻는다. 이 식으로부터 $n = 0$ 그리고 $n = 1$에서의 값을 구하면 다음과 같다.

$$y[0] = 5.333(0.25)^0 + 4(0.5)^0 + 0.667 = 10$$

$$y[1] = 5.333(0.25)^1 + 4(0.5)^1 + 0.667 = 1.333 + 2 + 0.667 = 4$$

이 결과는 초기 조건과 일치한다. 구한 해를 차분 방정식에 대입하면

$$\left\{\begin{array}{l} 5.333(0.25)^{n+2} + 4(0.5)^{n+2} + 0.667 \\ -1.5[5.333(0.25)^{n+1} + 4(0.5)^{n+1} + 0.667] \\ +0.5[5.333(0.25)^n + 4(0.5)^n + 0.667] \end{array}\right\} = (0.25)^n, \text{ for } n \geq 0$$

또는

$$0.333(0.25)^n + (0.5)^n + 0.667 - 2(0.25)^n - 3(0.5)^n - 1 + 2.667(0.25)^n$$
$$+ 2(0.5)^n + 0.333 = (0.25)^n, \text{ for } n \geq 0$$

$$(0.25)^n = (0.25)^n, \text{ for } n \geq 0$$

이 결과는 구한 해가 차분 방정식을 만족한다는 것을 말해준다. ■

9.13 극점-영점 다이어그램 및 주파수 응답

이산시간 시스템의 주파수 응답을 살펴보기 위해서 변환 $z \to e^{j\Omega}$를 통해 z 변환의 특수한 경우로서 DTFT를 만들 수 있다. 여기서 Ω는 각 주파수를 나타내는 실수 변수이다. Ω가 실수라는

사실은 임의의 실수 Ω에 대해서 $\left|e^{j\Omega}\right|=1$이라는 점을 생각하면 주파수 응답을 결정함에 있어서 고려 대상이 되는 변수 z의 값이 z 평면에서 단위원 위에 존재한다는 것을 의미한다. 이는 연속시간 시스템의 주파수 응답을 결정할 때, 변수 s를 s 평면에서 ω축을 따라서 이동시키면서 s 영역에서의 전달함수 동작을 살펴보는 것과 직접적으로 유사하며 그래프를 이용한 방법도 마찬가지로 사용될 수 있다.

시스템의 전달함수가 다음과 같다고 가정하자.

$$\mathrm{H}(z)=\frac{z}{z^2-z/2+5/16}=\frac{z}{(z-p_1)(z-p_2)}$$

여기서

$$p_1=\frac{1+j2}{4} \text{ 그리고 } p_2=\frac{1-j2}{4}$$

이 전달함수는 원점에 하나의 영점 그리고 서로 켤레복소수를 이루는 두 개의 유한 극점을 가지고 있다〈그림 9.14〉.

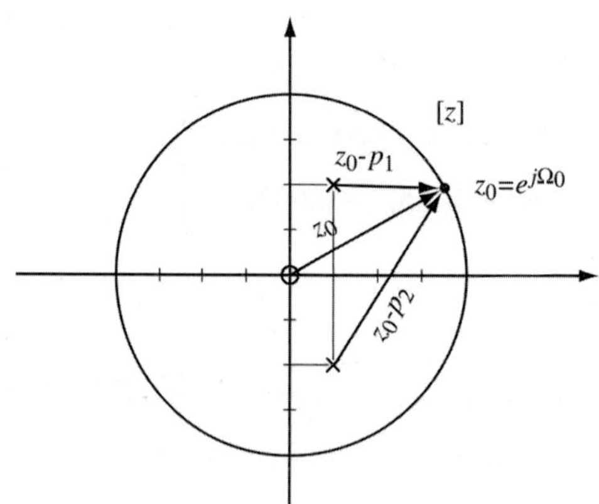

그림 9.14 시스템 전달함수의 z 영역 극점-영점 다이어그램

특정한 각 주파수 Ω_0에서 시스템의 주파수 응답은 전달함수의 유한 극점 및 영점에서부터 z 평면상에서의 해당 위치 $z_0=e^{j\Omega_0}$까지의 벡터에 의해서 결정된다(상수 곱셈의 범위 내에서). 주파수 응답의 크기는 영점 벡터의 크기들의 곱을 극점 벡터의 크기들의 곱으로 나눈 것이다. 이 경우에는

$$\left|\mathrm{H}(e^{j\Omega})\right|=\frac{\left|e^{j\Omega}\right|}{\left|e^{j\Omega}-p_1\right|\left|e^{j\Omega}-p_2\right|} \tag{9.7}$$

명백한 사실은 $e^{j\Omega}$가 극점, 예를 들면 p_1,에 접근하면 차이 성분 $e^{j\Omega} - p_1$이 작아져서 분모의 크기가 줄어들고 전달함수 크기가 커진다는 것이다. $e^{j\Omega}$가 영점에 접근하면 반대 현상이 일어난다.

주파수 응답의 위상은 영점 벡터 각도의 합에서 극점 벡터 각도의 합을 뺀 것이다. 이 경우에는 $\measuredangle \mathrm{H}(e^{j\Omega}) = \measuredangle e^{j\Omega} - \measuredangle(e^{j\Omega} - p_1) - \measuredangle(e^{j\Omega} - p_2)$이다〈그림 9.15〉.

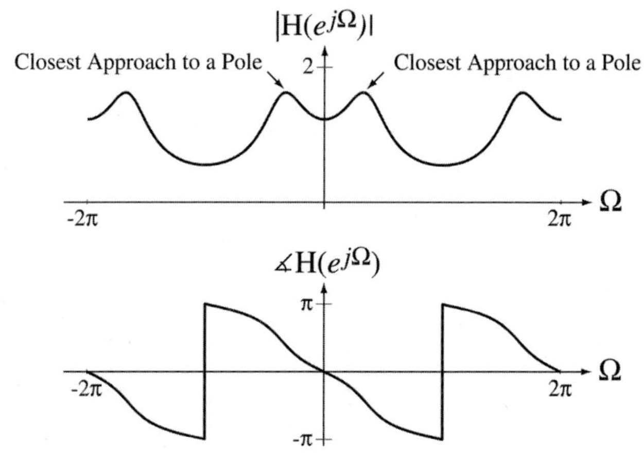

그림 9.15 전달함수 $\mathrm{H}(z) = \dfrac{z}{z^2 - z/2 + 5/16}$인 시스템의 크기 및 위상 주파수 응답

주파수 응답의 최대 크기는 $z = e^{\pm j1.11}$ 부근에서 나타난다. 이는 전달함수의 유한 극점과 동일한 각도를 가지는 단위원 위의 위치이며 따라서 식 (9.7)에서 분모식의 인수인 $e^{j\Omega} - p_1$ 그리고 $e^{j\Omega_0} - p_2$가 최소 크기를 가지는 위치이다.

연속시간 시스템과 이산시간 시스템의 주파수 응답 사이의 중요한 차이점은 이산시간 시스템의 경우에는 주파수 응답이 항상 주기신호이며 이때 주기는 Ω를 기준으로 2π라는 점이다. 이러한 차이점은 그래프를 이용한 방법을 통해 직접적으로 알 수 있다. 영에서 시작하여 양의 방향으로 이동시키면 시계 반대방향으로 전체의 단위원을 따라 한 바퀴를 돌게 되고 단위원을 두 번째로 돌 때는 이전의 위치를 다시 이동하게 되어 첫 번째 회전에서와 동일한 주파수 응답을 반복한다.

예제 9.9

전달함수로부터 극점-영점 다이어그램 및 주파수 응답 구하기 1

주파수 응답이 다음과 같이 주어진 시스템의 극점-영점 다이어그램을 그리고 주파수 응답을 그래프로 나타내라.

$$H(z) = \frac{z^2 - 0.96z + 0.9028}{z^2 - 1.56z + 0.8109}$$

전달함수를 인수분해하면

$$H(z) = \frac{(z - 0.48 + j0.82)(z - 0.48 - j0.82)}{(z - 0.78 + j0.45)(z - 0.78 - j0.45)}$$

극점-영점 다이어그램은 〈그림 9.16〉에서 나타냈다.

시스템의 주파수 응답의 크기 및 위상은 〈그림 9.17〉에서 나타냈다.

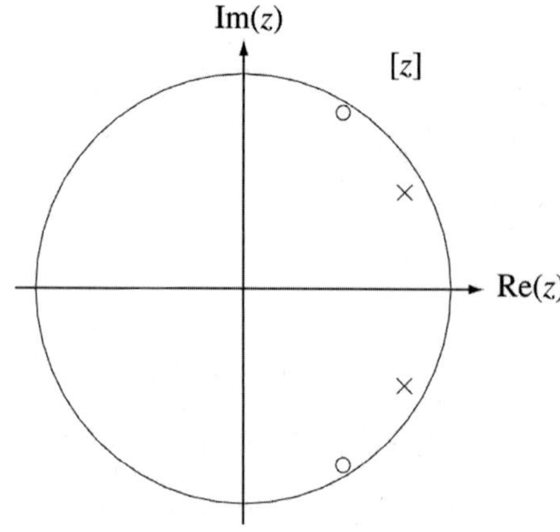

그림 9.16 전달함수 $H(z) = \frac{z^2 - 0.96z + 0.9028}{z^2 - 1.56z + 0.8109}$의 극점-영점 다이어그램

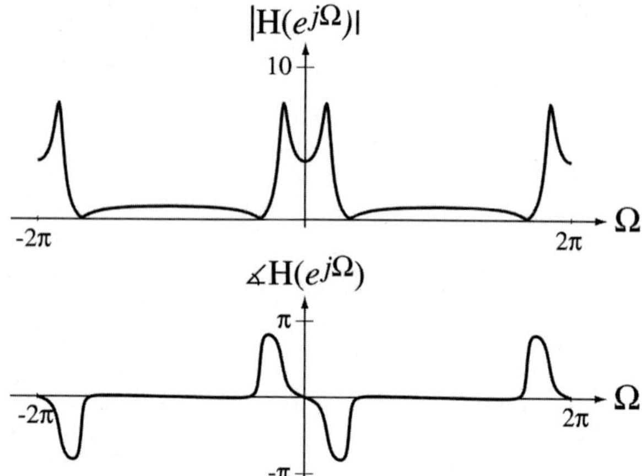

그림 9.17 전달함수 $H(z) = \frac{z^2 - 0.96z + 0.9028}{z^2 - 1.56z + 0.8109}$인 시스템의 크기 및 위상 주파수 응답

■

예제 9.10

전달함수로부터 극점-영점 다이어그램 및 주파수 응답 구하기 2

주파수 응답이 다음과 같이 주어진 시스템의 극점-영점 다이어그램을 그리고 주파수 응답을 그래프로 나타내라.

$$H(z) = \frac{0.0686}{(z^2 - 1.087z + 0.3132)(z^2 - 1.315z + 0.6182)}$$

전달함수를 인수분해하면

$$H(z) = \frac{0.0686}{(z-0.5435+j0.1333)(z-0.5435-j0.1333)(z-0.6575+j0.4312)(z-0.6575-j0.4312)}$$

극점-영점 다이어그램은 〈그림 9.18〉에서 나타냈다. 시스템의 주파수 응답의 크기 및 위상은 〈그림 9.19〉에서 나타냈다.

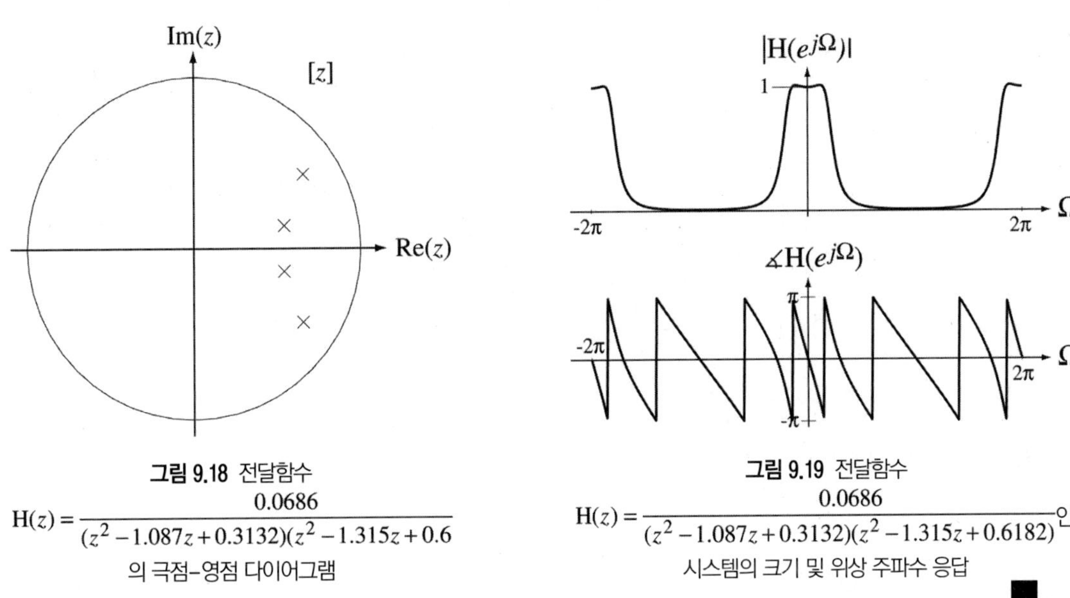

그림 9.18 전달함수 $H(z) = \frac{0.0686}{(z^2-1.087z+0.3132)(z^2-1.315z+0.6}$ 의 극점-영점 다이어그램

그림 9.19 전달함수 $H(z) = \frac{0.0686}{(z^2-1.087z+0.3132)(z^2-1.315z+0.6182)}$ 인 시스템의 크기 및 위상 주파수 응답

9.14 MATLAB 시스템 객체

이산시간 시스템 객체는 연속시간 시스템 객체와 마찬가지 방법으로 생성되고 사용될 수 있다. 명령 tf를 사용하여 시스템 객체를 생성하는 구문은 거의 동일하다.

```
sys = tf(num,den,Ts)
```

하지만 추가적인 인자로서 Ts를 사용하는데 이는 이산시간 신호는 연속시간 신호를 표본화하여 얻어졌다는 가정하에 표본들 사이의 시간 간격을 의미한다. 예를 들어 전달함수가 다음과 같다고 하자.

$$H_1(z) = \frac{z^2(z-0.8)}{(z+0.3)(z^2-1.4z+0.2)} = \frac{z^3-0.8z^2}{z^3-1.1z^2-0.22z+0.06}$$

MATALB에서는

```
»num = [1 -0.8 0 0] ;
»den = [1 -1.1 -0.22 0.06] ;
»Ts = 0.008 ;
»H1 = tf(num,den,Ts) ;
»H1
Transfer function:
 z^3 - 0.8 z^2
-----------------------------

z^3 - 1.1 z^2 - 0.22 z + 0.06
Sampling time: 0.008
```

zpk 명령을 사용할 수도 있다.

```
»z = [0.4] ;
»p = [0.7 -0.6] ;
»k = 3 ;
»H2 = zpk(z,p,k,Ts) ;
»H2
Zero/pole/gain:
 3 (z-0.4)
---------------
(z-0.7) (z+0.6)
Sampling time: 0.008
```

다음 명령에서와 같이 z를 z 변환의 독립변수로서 정의할 수 있다.

```
»z = tf('z',Ts) ;
»H3 = 7*z/(z^2+0.2*z+0.8) ;
»H3

Transfer function:
 7 z
-----------------
z^2 + 0.2 z + 0.8
Sampling time: 0.008
```

표본화 시간을 명시하지 않아도 된다.

```
>> z = tf('z');
>> H3 = 7*z/(z^2+0.2*z+0.8);
>> H3
Transfer function:
```

```
        7 z
-----------------
z^2 + 0.2 z + 0.8
Sampling time: unspecified
```

다음 명령은

```
H = freqz(num,den,W) ;
```

두 개의 벡터 num과 den을 입력으로 받는다. 이들은 각각 전달함수 H(z)의 분자식과 분모식에서 z의 거듭제곱의 계수에 해당한다. 그리고 벡터 W로 주어진 이산시간 각 주파수에서의 복소수 주파수 응답의 결과를 H로 반환한다.

9.15 변환 방법 비교

신호 그리고 시스템을 분석함에 있어서 각각의 변환은 특별히 편리한 분야가 있다. 만일 인과적인 또는 비인과적인 입력에 대한 이산시간 시스템의 전체 응답을 구하고 싶다면, 아마도 z 변환을 사용할 것이다. 만일 시스템의 주파수 응답에 관심이 있다면, DTFT가 적합하다. 만일 주기적인 입력에 대한 시스템의 강제 응답을 구하기 원한다면 필요한 분석의 형태와 입력 신호의 알려진 형태(해석적인지 수치적인지)에 따라서 DTFT 또는 DFT를 사용할 수 있다.

예제 9.11

z변환과 DTFT를 사용하여 시스템의 전체 응답 구하기

전달함수 $\mathrm{H}(z) = \dfrac{z}{(z-0.3)(z+0.8)}$, $|z| > 0.8$ 인 시스템에 단위 시퀀스 신호가 입력될 때 전체 응답을 구하라.

응답의 z 변환은 다음과 같다.

$$\mathrm{Y}(z) = \mathrm{H}(z)\mathrm{X}(z) = \frac{z}{(z-0.3)(z+0.8)} \times \frac{z}{z-1}, \quad |z| > 1$$

부분분수로 전개하면

$$\mathrm{Y}(z) = \frac{z^2}{(z-0.3)(z+0.8)(z-1)} = -\frac{0.1169}{z-0.3} + \frac{0.3232}{z+0.8} + \frac{0.7937}{z-1}, \quad |z| > 1$$

따라서 전체 응답은 다음과 같다.

$$y[n] = [-0.1169(0.3)^{n-1} + 0.3232(-0.8)^{n-1} + 0.7937]u[n-1]$$

이 문제는 DTFT를 사용해서도 분석할 수 있다. 하지만 이 경우의 표기법은 보기가 매우 불편하다. 그 주된 이유는 단위 시퀀스의 DTFT가 다음과 같기 때문이다.

$$\frac{1}{1-e^{-j\Omega}} + \pi\delta_{2\pi}(\Omega)$$

시스템의 주파수 응답은

$$H(e^{j\Omega}) = \frac{e^{j\Omega}}{(e^{j\Omega}-0.3)(e^{j\Omega}+0.8)}$$

시스템 응답의 DTFT는

$$Y(e^{j\Omega}) = H(e^{j\Omega})X(e^{j\Omega}) = \frac{e^{j\Omega}}{(e^{j\Omega}-0.3)(e^{j\Omega}+0.8)} \times \left(\frac{1}{1-e^{-j\Omega}} + \pi\delta_{2\pi}(\Omega)\right)$$

또는

$$Y(e^{j\Omega}) = \frac{e^{j2\Omega}}{(e^{j\Omega}-0.3)(e^{j\Omega}+0.8)(e^{j\Omega}-1)} + \pi\frac{e^{j\Omega}}{(e^{j\Omega}-0.3)(e^{j\Omega}+0.8)}\delta_{2\pi}(\Omega)$$

부분분수로 전개하면

$$Y(e^{j\Omega}) = \frac{-0.1169}{e^{j\Omega}-0.3} + \frac{0.3232}{e^{j\Omega}+0.8} + \frac{0.7937}{e^{j\Omega}-1} + \frac{\pi}{(1-0.3)(1+0.8)}\delta_{2\pi}(\Omega)$$

임펄스의 등가 성질과 함께 $\delta_{2\pi}(\Omega)$와 $e^{j\Omega}$의 주기성을 이용하면

$$Y(e^{j\Omega}) = \frac{-0.1169e^{-j\Omega}}{1-0.3e^{-j\Omega}} + \frac{0.3232e^{-j\Omega}}{1+0.8e^{-j\Omega}} + \frac{0.7937e^{-j\Omega}}{1-e^{-j\Omega}} + 2.4933\delta_{2\pi}(\Omega)$$

이 수식을 정리하여 역방향 DTFT를 직접 구할 수 있는 형태로 바꾸면

$$Y(e^{j\Omega}) = \frac{-0.1169e^{-j\Omega}}{1-0.3e^{-j\Omega}} + \frac{0.3232e^{-j\Omega}}{1+0.8e^{-j\Omega}} + 0.7937\left(\frac{e^{-j\Omega}}{1-e^{-j\Omega}} + \pi\delta_{2\pi}(\Omega)\right)$$
$$\underbrace{-0.7937\pi\delta_{2\pi}(\Omega) + 2.4933\delta_{2\pi}(\Omega)}_{=0}$$

$$Y(e^{j\Omega}) = \frac{-0.1169e^{-j\Omega}}{1-0.3e^{-j\Omega}} + \frac{0.3232e^{-j\Omega}}{1+0.8e^{-j\Omega}} + 0.7937\left(\frac{e^{-j\Omega}}{1-e^{-j\Omega}} + \pi\delta_{2\pi}(\Omega)\right)$$

마지막으로 역방향 DTFT를 구하면

$$y[n] = [-0.1169(0.3)^{n-1} + 0.3232(-0.8)^{n-1} + 0.7937]u[n-1]$$

결과는 동일하다. 그렇지만 훨씬 많은 수고가 필요하고 오류의 확률은 훨씬 커진다.

■

예제 9.12

정현파에 대한 시스템 응답

전달함수 $H(z) = \frac{z}{z-0.9}$, $|z| > 0.9$인 시스템에 정현파 $x[n] = \cos(2\pi n/12)$가 입력될 때 응답을 구하라.

입력은 순수한 정현파 $x[n] = \cos(2\pi n/12)$로서 인과적인 정현파 $x[n] = \cos(2\pi n/12)u[n]$이 아니다. 순수한 정현파는 z 변환 표에 나타나지 않는다. 입력이 순수한 정현파이므로 시스템의 강제 응답을 구하게 되며 다음의 DTFT 쌍을 이용할 수 있다.

$$\cos(\Omega_0 n) \xleftrightarrow{\mathcal{F}} \pi[\delta_{2\pi}(\Omega-\Omega_0) + \delta_{2\pi}(\Omega+\Omega_0)]$$

그리고

$$\delta_{N_0}[n] \xleftrightarrow{\mathcal{F}} (2\pi/N_0)\delta_{2\pi/N_0}(\Omega)$$

그리고 곱셈과 컨벌루션의 상대성을 이용하면

$$x[n] * y[n] \xleftrightarrow{\mathcal{F}} X(e^{j\Omega})Y(e^{j\Omega})$$

시스템의 응답의 DTFT는

$$Y(e^{j\Omega}) = \frac{e^{j\Omega}}{e^{j\Omega}-0.9} \times \pi[\delta_{2\pi}(\Omega-\pi/6) + \delta_{2\pi}(\Omega+\pi/6)]$$

$$Y(e^{j\Omega}) = \pi\left[e^{j\Omega}\frac{\delta_{2\pi}(\Omega-\pi/6)}{e^{j\Omega}-0.9} + e^{j\Omega}\frac{\delta_{2\pi}(\Omega+\pi/6)}{e^{j\Omega}-0.9}\right]$$

임펄스의 등가 성질과 함께 $e^{j\Omega}$와 $\delta_{2\pi}(\Omega)$의 기본주기가 2π라는 사실을 이용하면

$$\mathrm{Y}(e^{j\Omega}) = \pi\left[e^{j\pi/6}\frac{\delta_{2\pi}(\Omega-\pi/6)}{e^{j\pi/6}-0.9} + e^{-j\pi/6}\frac{\delta_{2\pi}(\Omega+\pi/6)}{e^{-j\pi/6}-0.9}\right]$$

공통분모를 구해 단순화시키면

$$\mathrm{Y}(e^{j\Omega}) = \pi\frac{\delta_{2\pi}(\Omega-\pi/6)(1-0.9e^{j\pi/6})+\delta_{2\pi}(\Omega+\pi/6)(1-0.9e^{-j\pi/6})}{1.81-1.8\cos(\pi/6)}$$

$$\mathrm{Y}(e^{j\Omega}) = \pi\frac{0.2206\,[\delta_{2\pi}(\Omega-\pi/6)+\delta_{2\pi}(\Omega+\pi/6)] + j0.45[\delta_{2\pi}(\Omega+\pi/6)-\delta_{2\pi}(\Omega-\pi/6)]}{0.2512}$$

$$\mathrm{Y}(e^{j\Omega}) = 2.7589[\delta_{2\pi}(\Omega-\pi/6)+\delta_{2\pi}(\Omega+\pi/6)] + j5.6278\,[\delta_{2\pi}(\Omega+\pi/6)-\delta_{2\pi}(\Omega-\pi/6)]$$

이는 사인 함수 및 코사인 함수의 DTFT에 해당하므로

$$\mathrm{y}[n] = 0.8782\cos(2\pi n/12) + 1.7914\sin(2\pi n/12)$$

삼각함수 공식 $A\cos(x) + B\sin(x) = \sqrt{A^2+B^2}\cos(x-\tan^{-1}(B/A))$를 이용하면

$$\mathrm{y}[n] = 1.995\cos(2\pi n/12 - 1.115)$$

이 과정에서는 z 변환을 사용하지 않았다. z 변환 표에 정현파에 대한 항목이 없기 때문이다. 하지만 정현파와 단위 시퀀스가 곱해진 항목은 존재한다.

$$\cos(\Omega_0 n)\mathrm{u}[n] \xleftrightarrow{\;z\;} \frac{z[z-\cos(\Omega_0)]}{z^2-2z\cos(\Omega_0)+1},\quad |z|>1$$

이와 같이 다르지만 유사한 입력에 대해 시스템의 응답을 구해 보는 것은 도움이 된다. 전달함수는 다음과 같다.

$$\mathrm{H}(z) = \frac{z}{z-0.9},\quad |z|>0.9$$

응답의 z 변환은

$$\mathrm{Y}(z) = \frac{z}{z-0.9}\times\frac{z[z-\cos(\pi/6)]}{z^2-2z\cos(\pi/6)+1},\quad |z|>1$$

이를 부분분수로 전개하면

$$\mathrm{Y}(z)=\frac{0.1217z}{z-0.9}+\frac{0.8783z^2+0.1353z}{z^2-1.732z+1},\ |z|>1$$

z 역변환을 구하기 위해서는 수식을 표에 있는 형태로 변형할 필요가 있다. 첫 번째 분수식은 표에 직접적으로 있는 형태이다. 두 번째 분수식에서 분모는 $\cos(\Omega_0 n)\mathrm{u}[n]$ 그리고 $\sin(\Omega_0 n)\mathrm{u}[n]$의 z 변환과 동일하지만 분자는 정확하게 일치하는 형태가 아니다. 하지만 분자식에서 적절한 양만큼 더하고 빼주면 Y(z)을 다음과 같은 형태로 나타낼 수 있다.

$$\mathrm{Y}(z)=\frac{0.1217}{z-0.9}+0.8783\left[\frac{z(z-0.866)}{z^2-1.732z+1}+2.04\frac{0.5z}{z^2-1.732z+1}\right],\ |z|>1$$

$$\mathrm{y}[n]=0.1217(0.9)^n\,\mathrm{u}[n]+0.8783[\cos(2\pi n/12)+2.04\sin(2\pi n/12)]\mathrm{u}[n]$$

$$\mathrm{y}[n]=0.1217(0.9)^n\,\mathrm{u}[n]+1.995\cos(2\pi n/12-1.115)\mathrm{u}[n]$$

주목할 것은 응답이 두 부분으로 구성된다는 점이다. 과도 응답은 $0.1217(0.9)^n\,\mathrm{u}[n]$이며 강제 응답은 $1.995\cos(2\pi n/12-1.115)\mathrm{u}[n]$이다. 단위 시퀀스만 없다면 이는 DTFT를 사용해 구한 강제 응답과 동일하다. 따라서 z 변환 표에 정현파에 대한 z 변환이 직접 존재하지 않지만 정현파에 대한 강제 응답을 구하기 위해 $\cos(\Omega_0 n)\mathrm{u}[n]$ 그리고 $\sin(\Omega_0 n)\mathrm{u}[n]$의 z 변환을 이용할 수 있다.

■

예제 9.12에서 다룬 경우 즉, 임의의 시스템에 정현파가 입력되는 경우는 신호 및 시스템을 분석하는 과정에서 매우 보편적으로 만나는 상황이다. 따라서 이 과정을 일반화시킬 정도로 중요하다. 만일 시스템의 전달함수가 다음과 같을 때

$$\mathrm{H}(z)=\frac{\mathrm{N}(z)}{\mathrm{D}(z)}$$

$\cos(\Omega_0 n)\mathrm{u}[n]$에 대한 시스템의 응답은

$$\mathrm{Y}(z)=\frac{\mathrm{N}(z)}{\mathrm{D}(z)}\,\frac{z[z-\cos(\Omega_0)]}{z^2-2z\cos(\Omega_0)+1}$$

이 응답의 극점은 전달함수의 극점과 함께 $z^2-2z\cos(\Omega_0)+1=0$의 해가 더해진다. 이 식의

해는 $p_1 = e^{j\Omega_0}$ 그리고 $p_2 = e^{-j\Omega_0}$로 주어지는 켤레복소수 쌍이다. 따라서 $p_1 = p_2^*$, $p_1 + p_2 = 2\cos(\Omega_0)$, $p_1 - p_2 = j2\sin(\Omega_0)$ 그리고 $p_1 p_2 = 1$을 만족한다. 그렇다면 정수 m에 대해서 $\Omega_0 \neq m\pi$이고 서로 상쇄되는 극점과 영점이 없는 경우에 이들 극점은 구별가능하다. 응답은 다음과 같이 부분분수의 형태로 쓸 수 있다.

$$\mathrm{Y}(z) = z\left[\frac{\mathrm{N}_1(z)}{\mathrm{D}(z)} + \frac{1}{p_1 - p_2}\frac{\mathrm{H}(p_1)(p_1 - \cos(\Omega_0))}{z - p_1} + \frac{1}{p_2 - p_1}\frac{\mathrm{H}(p_2)(p_2 - \cos(\Omega_0))}{z - p_2}\right]$$

이를 간단히 정리하면

$$\mathrm{Y}(z) = z\left[\left\{\frac{\mathrm{N}_1(z)}{\mathrm{D}(z)} + \left[\frac{\mathrm{H}_r(p_1)(z - p_{1r}) - \mathrm{H}_i(p_1)p_{1i}}{z^2 - z(2p_{1r}) + 1}\right]\right\}\right]$$

여기서 $p_1 = p_{1r} + jp_{1i}$이며 $\mathrm{H}(p_1) = \mathrm{H}_r(p_1) + j\mathrm{H}_i(p_1)$이다. 이를 원래의 매개변수를 사용해 나타내면 다음과 같다.

$$\mathrm{Y}(z) = \left\{z\frac{\mathrm{N}_1(z)}{\mathrm{D}(z)} + \left[\begin{array}{l}\mathrm{Re}(\mathrm{H}(\cos(\Omega_0) + j\sin(\Omega_0)))\dfrac{z^2 - z\cos(\Omega_0)}{z^2 - z(2\cos(\Omega_0)) + 1} \\ -\mathrm{Im}(\mathrm{H}(\cos(\Omega_0) + j\sin(\Omega_0)))\dfrac{z\sin(\Omega_0)}{z^2 - z(2\cos(\Omega_0)) + 1}\end{array}\right]\right\}$$

z 역변환은

$$\mathrm{y}[n] = \mathcal{Z}^{-1}\left(z\frac{\mathrm{N}_1(z)}{\mathrm{D}(z)}\right) + \left[\begin{array}{l}\mathrm{Re}(\mathrm{H}(\cos(\Omega_0) + j\sin(\Omega_0)))\cos(\Omega_0 n) \\ -\mathrm{Im}(\mathrm{H}(\cos(\Omega_0) + j\sin(\Omega_0)))\sin(\Omega_0 n)\end{array}\right]\mathrm{u}[n]$$

다음 관계를 이용하면

$$\mathrm{Re}(A)\cos(\Omega_0 n) - \mathrm{Im}(A)\sin(\Omega_0 n) = |A|\cos(\Omega_0 n + \measuredangle A)$$

$$\mathrm{y}[n] = \mathcal{Z}^{-1}\left(z\frac{\mathrm{N}_1(z)}{\mathrm{D}(z)}\right) + |\mathrm{H}(\cos(\Omega_0) + j\sin(\Omega_0))|\cos(\Omega_0 n + \measuredangle \mathrm{H}(\cos(\Omega_0) + j\sin(\Omega_0)))\,\mathrm{u}[n]$$

최종적으로

$$\boxed{y[n] = \mathcal{Z}^{-1}\left(z\frac{N_1(z)}{D(z)}\right) + |H(p_1)|\cos(\Omega_0 n + \measuredangle H(p_1))\,u[n]} \quad (9.8)$$

만일 시스템이 안정적이라면

$$\mathcal{Z}^{-1}\left(z\frac{N_1(z)}{D(z)}\right)$$

이 항은(자연 응답 또는 과도 응답) 이산시간이 증가함에 따라 0으로 줄어들고 $|H(p_1)|\cos(\Omega_0 n + \measuredangle H(p_1))\,u[n]$항은 이산시간 $n = 0$ 이후의 정현파이며 지속적으로 유지된다.

이 결과를 사용하면 예제 9.12의 문제를 훨씬 손쉽게 풀 수 있다. $x[n] = \cos(2\pi n/12)\,u[n]$에 대한 응답은 다음과 같다.

$$y[n] = \mathcal{Z}^{-1}\left(z\frac{N_1(z)}{D(z)}\right) + |H(p_1)|\cos(\Omega_0 n + \measuredangle H(p_1))\,u[n]$$

그리고 $x[n] = \cos(2\pi n/12)$에 대한 응답은

$$y_f[n] = |H(p_1)|\cos(\Omega_0 n + \measuredangle H(p_1))$$

여기서 $H(z) = \dfrac{z}{z - 0.9}$ 그리고 $p_1 = e^{j\pi/6}$이다. 따라서

$$H(e^{j\pi/6}) = \frac{e^{j\pi/6}}{e^{j\pi/6} - 0.9} = 0.8783 - j1.7917 = 1.995\angle -1.115$$

그리고

$$y_f[n] = 1.995\cos(\Omega_0 n - 0.115)$$

9.16 요약

1. z 변환은 이산시간 LTI 시스템의 전달함수를 구하기 위해 사용될 수 있으며 전달함수는 임의의 입력에 대한 이산시간 LTI 시스템의 출력을 구하기 위해 사용될 수 있다.
2. 이산시간 신호에 대한 z 변환은 신호의 크기가 양의 시간 또는 음의 시간에서 지수 함수보다 더 빨리 커지지 않는 신호에 대해 존재한다.

3. 임의의 신호에 대한 z 변환의 수렴영역은 신호가 우방향인지 좌방향인지에 따라서 달라진다.
4. 선형이며 계수가 상수인 평범한 차분 방정식으로 표현되는 시스템의 전달함수는 z에 대한 다항식의 분수 형태로 나타나며 시스템은 전달함수로부터 직접 구현 가능하다.
5. z 변환 쌍 및 성질 표를 사용하면 공학적으로 중요한 대부분의 신호에 대한 정방향 및 역방향 z 변환을 구할 수 있다.
6. 단방향 z 변환은 실제적인 문제 풀이에 보편적으로 사용된다. 수렴영역에 대해 고려할 필요가 없고 따라서 양방향 형태에 비해서 단순하기 때문이다.
7. 시스템의 전달함수의 극점-영점 다이어그램을 통해 대부분의 시스템 성질을 파악할 수 있으며 주파수 응답을 결정하는 데에 사용될 수 있다.
8. MATLAB은 이산시간 시스템의 전달함수를 나타내기 위해 정의된 객체를 가지고 있으며 이러한 형태의 객체에 작용하는 다양한 함수를 가지고 있다.

해답이 있는 연습문제

(각 연습문제의 해답의 순서는 임의로 나타난다.)

직접형 II 시스템 구현

1. 다음에 주어진 시스템 전달함수에 대해 직접형 II 블록 다이어그램을 그려라.

(a) $\mathrm{H}(z) = \dfrac{z(z-1)}{z^2 + 1.5z + 0.8}$ (b) $\mathrm{H}(z) = \dfrac{z^2 - 2z + 4}{(z-1/2)(2z^2 + z + 1)}$

해답 :

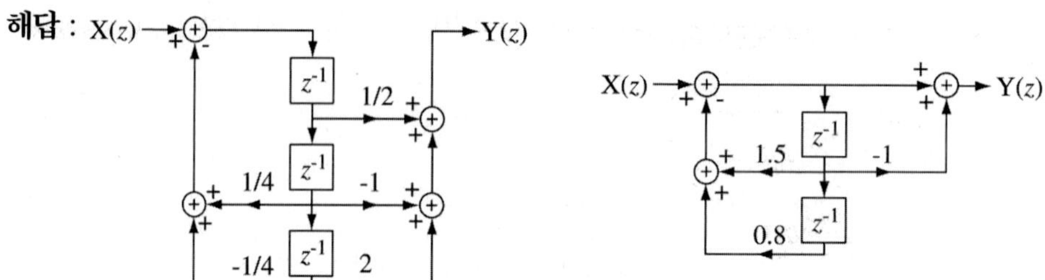

z변환의 존재

2. 다음 신호의 z 변환(존재한다면)의 z 평면에서의 수렴영역을 구하라.

(a) $\mathrm{x}[n] = \mathrm{u}[n] + \mathrm{u}[-n]$ (b) $\mathrm{x}[n] = \mathrm{u}[n] - \mathrm{u}[n-10]$

해답 : 존재하지 않음, $|z| > 0$

z변환

3. 시간 이동 성질을 이용해 다음 신호의 z 변환을 구하라.

(a) $\mathrm{x}[n] = \mathrm{u}[n-5]$ (b) $\mathrm{x}[n] = \mathrm{u}[n+2]$

(c) $\mathrm{x}[n] = (2/3)^n \, \mathrm{u}[n+2]$

해답 : $\dfrac{z^{-4}}{z-1}, |z|>1$; $\dfrac{z^3}{z-1}, |z|>1$; $\dfrac{z}{z-2/3}, \; |z|>2/3$

4. 시간이동 성질을 이용해 다음 전달함수에 대한 시스템 다이어그램을 그려라.

(a) $\mathrm{H}(z) = \dfrac{z^2}{z+1/2}$ (b) $\mathrm{H}(z) = \dfrac{z}{z^2+z+1}$

해답 :

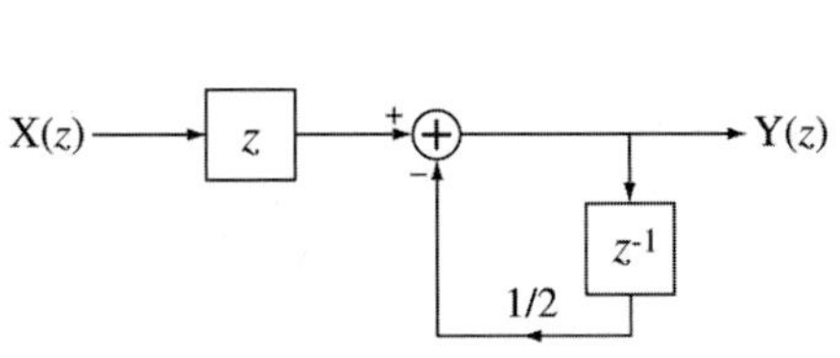

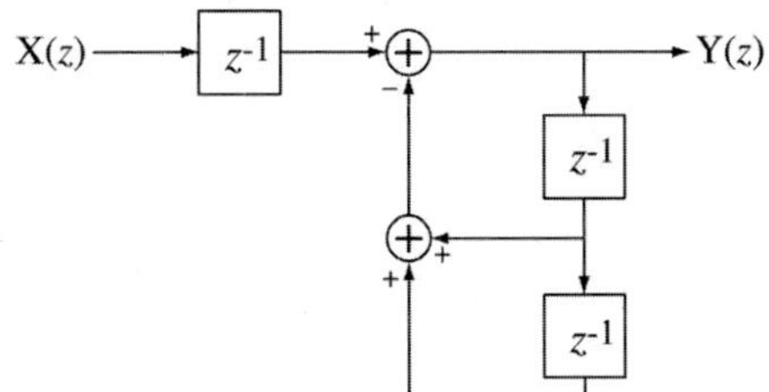

5. 스케일 변환 성질을 이용해 다음 신호의 z 변환을 구하라.

$$\mathrm{x}[n] = \sin(2\pi n/32)\cos(2\pi n/8)\,\mathrm{u}[n]$$

해답 : $z\dfrac{0.1379z^2 - 0.3827z + 0.1379}{z^4 - 2.7741z^3 + 3.8478z^2 - 2.7741z + 1}$

6. z영역 미분 성질을 이용해 다음 신호의 z 변환을 구하라.

$$\mathrm{x}[n] = n(5/8)^n \, \mathrm{u}[n]$$

해답 : $\dfrac{5z/8}{(z-5/8)^2}, |z|>5/8$

7. 컨벌루션 성질을 이용해 다음 신호의 z 변환을 구하라.

(a) $\mathrm{x}[n] = (0.9)^n \, \mathrm{u}[n] * \mathrm{u}[n]$ (b) $\mathrm{x}[n] = (0.9)^n \, \mathrm{u}[n] * (0.6)^n \, \mathrm{u}[n]$

해답 : $\dfrac{z^2}{z^2 - 1.9z + 0.9}, \; |z|>1, \; \dfrac{z^2}{z^2 - 1.5z + 0.54}, \; |z|>0.9$

8. 차분 성질과 단위 시퀀스의 z 변환을 이용해 단위 임펄스의 z 변환을 구하고 z 변환 표로부터 결과를 확인하라.

9. 다음 신호의 z 변환을 구하고

$$\mathrm{x}[n] = \mathrm{u}[n] - \mathrm{u}[n-10]$$

이 결과와 차분 성질을 이용해 다음 신호의 z 변환을 구하라.

$$\mathrm{x}[n] = \delta[n] - \delta[n-10]$$

이 결과를 임펄스 신호에 시간이동 성질을 직접 적용해 구한 z 변환과 비교하라.

10. 누적 성질을 이용해 다음 신호의 z 변환을 구하라.

(a) $\mathrm{x}[n] = \mathrm{ramp}[n]$

(b) $\mathrm{x}[n] = \sum_{m=-\infty}^{n} (\mathrm{u}[m+5] - \mathrm{u}[m])$

해답 : $\dfrac{z}{(z-1)^2}$, $|z| > 1$, $\dfrac{z^2(z^5-1)}{(z-1)^2}$, $|z| > 1$

11. 최종값 정리를 이용해 다음 함수의 z 역변환으로 주어지는 함수의 최종값을 구하라(정리가 적용되는 경우).

(a) $\mathrm{X}(z) = \dfrac{z}{z-1}$, $|z| > 1$ (b) $\mathrm{X}(z) = z\dfrac{2z - 7/4}{z^2 - 7/4z + 3/4}$, $|z| > 1$

해답 : 1; 1

12. 조립 나눗셈 방법을 사용해 다음 함수의 z 역변환을 구하라.

(a) $\mathrm{X}(z) = \dfrac{z}{z-1/2}$, $|z| > 1/2$ (b) $\mathrm{X}(z) = \dfrac{z-1}{z^2 - 2z + 1}$, $|z| > 1$

(c) $\mathrm{X}(z) = \dfrac{z}{z-1/2}$, $|z| < 1/2$ (d) $\mathrm{X}(z) = \dfrac{z+2}{4z^2 - 2z + 3}$, $|z| < \sqrt{3}/2$

해답 : $\delta[n-1] + \delta[n-2] + \cdots + \delta[n-k] + \cdots$

$-2\delta[n+1] - 4\delta[n+2] - 8\delta[n+3] - \cdots - 2^k\delta[n+k] - \cdots$

$0.667\delta[n] + 0.778\delta[n+1] - 0.3704\delta[n+2] + \cdots$

$\delta[n] + (1/2)\delta[n-1] + \cdots + (1/2^k)\delta[n-k] + \cdots$

13. 부분분수 전개, z 변환 표, z 변환의 성질을 함께 이용해 다음 함수의 z 역변환을 구해 닫힌 형식으로 나타내라.

(a) $X(z) = \dfrac{1}{z(z-1/2)}$, $|z| > 1/2$

(b) $X(z) = \dfrac{z^2}{(z-1/2)(z-3/4)}$, $|z| < 1/2$

(c) $X(z) = \dfrac{z^2}{z^2+1.8z+0.82}$, $|z| > 0.9055$

(d) $X(z) = \dfrac{z-1}{3z^2-2z+2}$, $|z| < 0.8165$

해답 : $(1/2)^{n-2}\,\mathrm{u}[n-2]$ $(0.9055)^n[\cos(3.031n) - 9.03\sin(3.031n)]\mathrm{u}[n]$

$[2(1/2)^n - 3(3/4)^n]\,\mathrm{u}[-n-1]$

$0.4472(0.8165)^n\,[1.2247\sin(1.1503(n-1))\,\mathrm{u}[-n-2] - \sin(1.1503n)\,\mathrm{u}[-n-1]]$

14. $H(z) = \dfrac{z^2}{(z-1/2)(z+1/3)}$, $|z| > 1/2$인 경우에 이 가분수식을 부분분수로 전개하여 z역변환을 구하면 $\mathrm{h}[n]$는 $\mathrm{h}[n] = [A(1/2)^n + B(-1/3)^n]\,\mathrm{u}[n]$ 또는 $\mathrm{h}[n] = \delta[n] + [C(1/2)^{n-1} + D(-1/3)^{n-1}]$ $\mathrm{u}[n-1]$과 같이 두 가지 형태로 표현 가능하다. A, B, C, D를 구하라.

해답 : -0.1333..., 0.6, 0.4, 0.3

단방향 z변환 성질

15. 시간이동 성질을 이용해 다음 신호의 단방향 z 변환을 구하라.

(a) $\mathrm{x}[n] = \mathrm{u}[n-5]$

(b) $\mathrm{x}[n] = \mathrm{u}[n+2]$

(c) $\mathrm{x}[n] = (2/3)^n\,\mathrm{u}[n+2]$

해답 : $\dfrac{z^{-4}}{z-1}, |z| > 1$; $\dfrac{z}{z-1}, |z| > 1$; $\dfrac{z}{z-2/3}$, $|z| > 2/3$

16. $\mathrm{x}[n]$의 단방향 z 변환이 $X(z) = \dfrac{z}{z-1}$일 때 $\mathrm{x}[n-1]$과 $\mathrm{x}[n+1]$의 단방향 z 변환을 구하라.

해답 : $\dfrac{1}{z-1}, \dfrac{z}{z-1}$

차분 방정식의 풀이

17. 초기 조건이 주어진 다음 차분 방정식에 대해 z 변환을 사용해 이산시간 $n \geq 0$에서 완전해를 구하라.

(a) $2\,\mathrm{y}[n+1] - \mathrm{y}[n] = \sin(2\pi n/16)\,\mathrm{u}[n], \quad \mathrm{y}[0] = 1$

(b) $5\,\mathrm{y}[n+2] - 3\,\mathrm{y}[n+1] + \mathrm{y}[n] = (0.8)^n\,\mathrm{u}[n], \quad \mathrm{y}[0] = -1, \;\; \mathrm{y}[1] = 10$

해답 :

$$0.2934\left(\frac{1}{2}\right)^{n-1}\mathrm{u}[n-1] + \left(\frac{1}{2}\right)^{n}\mathrm{u}[n]$$
$$-0.2934\left[\cos\left(\frac{\pi}{8}(n-1)\right) - 2.812\sin\left(\frac{\pi}{8}(n-1)\right)\right]\mathrm{u}[n-1]$$

$$\mathrm{y}[n] = 0.4444\,(0.8)^n\,\mathrm{u}[n]$$
$$-\left\{\delta[n] - 9.5556(0.4472)^{n-1}\begin{bmatrix}\cos(0.8355(n-1)) \\ +0.9325\sin(0.8355(n-1))\end{bmatrix}\mathrm{u}[n-1]\right\}$$

18. 〈그림 E.18〉의 각 블록 다이어그램에 대해서 차분 방정식을 쓰고 이산시간 $n \geq 0$에서 시스템의 응답 y[n]을 구하고 그래프를 그려라. 이때 시스템의 초기 에너지는 없고 입력은 임펄스 $\mathrm{x}[n] = \delta[n]$라고 가정하라.

(a)

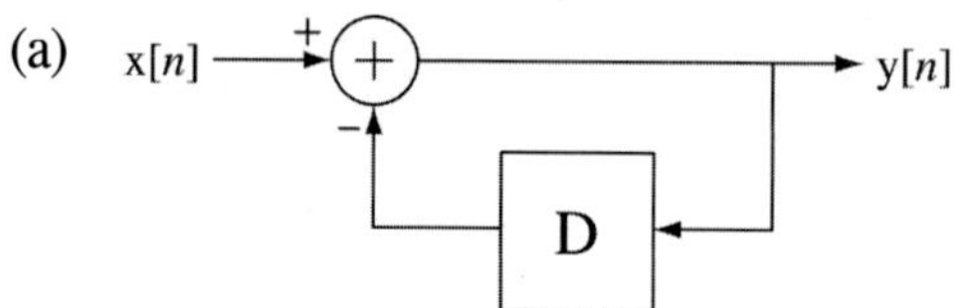

(b)

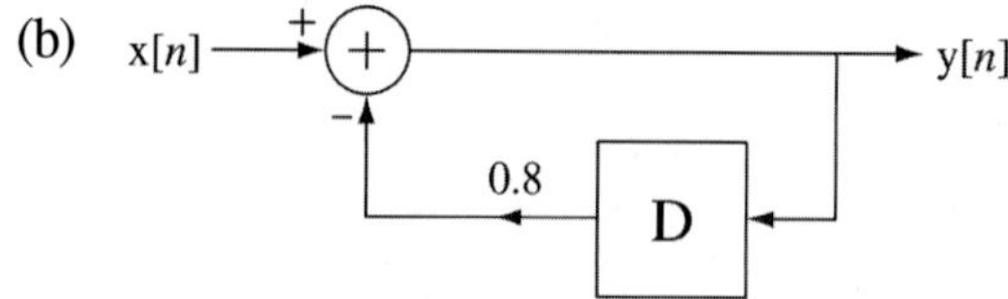

(c)

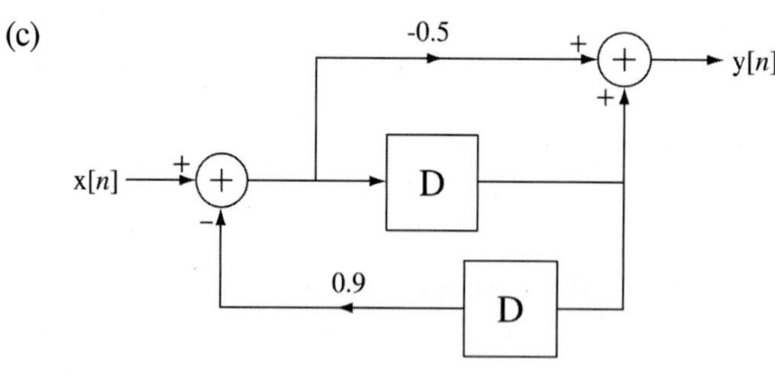

그림 E.18

해답 :

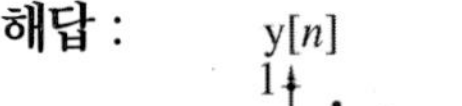

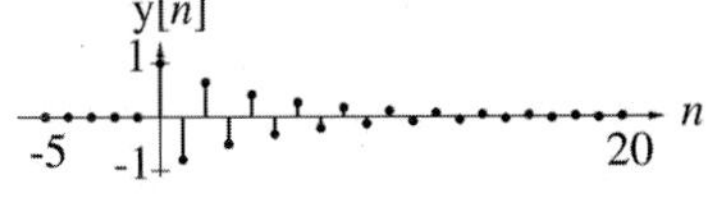

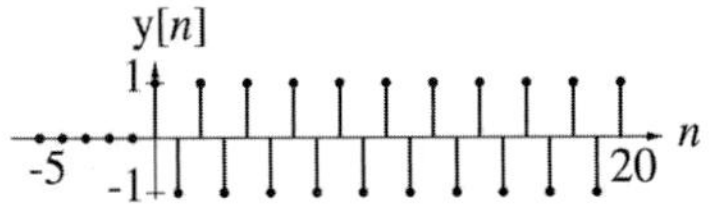

극점-영점 다이어그램 및 주파수 응답

19. 〈그림 E.19〉에서 주어진 극점-영점 다이어그램으로 시스템의 주파수 응답의 크기를 그림으로 나타내라.

(a)

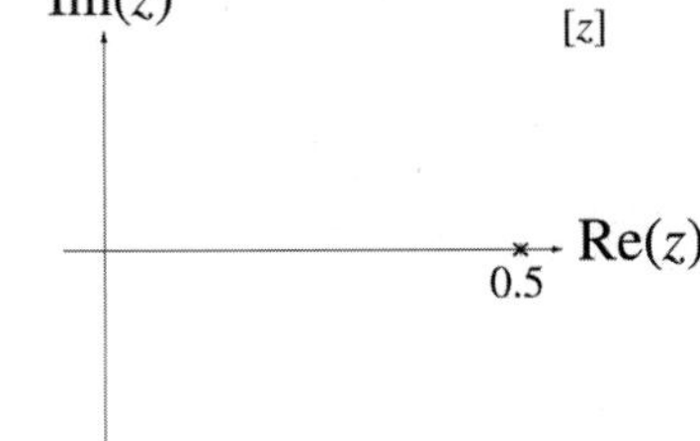

(b)

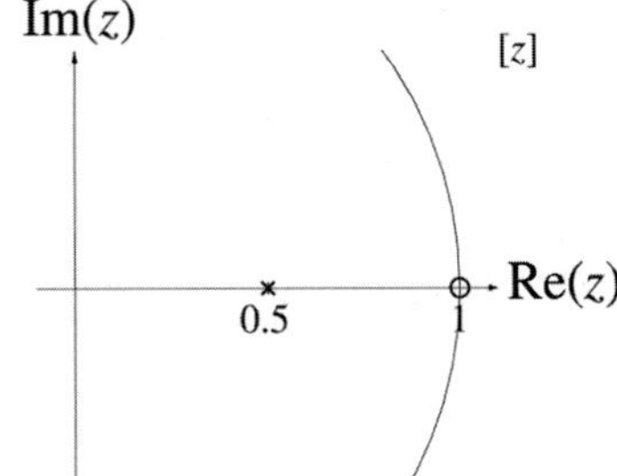

(c)

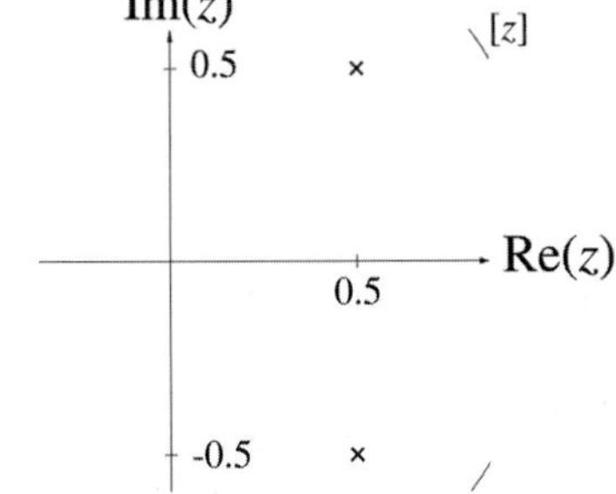

그림 E.19

해답이 없는 연습문제

직접형 II 시스템 구현

20. 다음에 주어진 시스템 전달함수에 대해 직접형 II 블록 다이어그램을 그려라.

(a) $H(z) = \dfrac{z^2}{2z^4 + 1.2z^3 - 1.06z^2 + 0.08z - 0.02}$

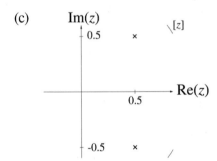

(b) $H(z) = \dfrac{z^2(z^2 + 0.8z + 0.2)}{(2z^2 + 2z + 1)(z^2 + 1.2z + 0.5)}$

z변환의 존재

21. 다음 신호의 z 변환(존재한다면)의 z 평면에서의 수렴영역을 구하라.

    (a) $\mathrm{x}[n] = (1/2)^n \mathrm{u}[n]$

    (b) $\mathrm{x}[n] = (5/4)^n \mathrm{u}[n] + (10/7)^n \mathrm{u}[-n]$

z변환

22. 시간 이동 성질을 이용해 다음 신호의 z 변환을 구하라.

    (a) $\mathrm{x}[n] = (2/3)^{n-1} \mathrm{u}[n-1]$

    (b) $\mathrm{x}[n] = (2/3)^n \mathrm{u}[n-1]$

    (c) $\mathrm{x}[n] = \sin\left(\dfrac{2\pi(n-1)}{4}\right)\mathrm{u}[n-1]$

23. $\mathrm{x}[n]$의 z 변환이 $\mathrm{X}(z) = \dfrac{1}{z-3/4}$, $|z| > 3/4$이고 $\mathrm{Y}(z) = j[\mathrm{X}(e^{j\pi/6}z) - \mathrm{X}(e^{-j\pi/6}z)]$일 때 $\mathrm{y}[n]$을 구하라.

24. 컨벌루션 성질을 이용해 다음 신호의 z 변환을 구하라.

    (a) $\mathrm{x}[n] = \sin(2\pi n/8)\,\mathrm{u}[n] * \mathrm{u}[n]$

    (b) $\mathrm{x}[n] = \sin(2\pi n/8)\,\mathrm{u}[n] * (\mathrm{u}[n] - \mathrm{u}[n-8])$

25. 임펄스 응답이 $\mathrm{h}[n] = \dfrac{\delta[n] + \delta[n-1] + \delta[n-2]}{10}$인 디지털 필터에 대해서

    (a) 전달함수에서 유한한 극점 및 영점의 개수는 몇 개인가 그리고 위치는 어디인가?

    (b) 이 시스템의 입력 $\mathrm{x}[n]$이 단위 시퀀스인 경우에 응답의 최종값 $\lim_{n\to\infty} \mathrm{y}[n]$을 구하라.

26. $\mathrm{h}[n] = (4/5)^n \mathrm{u}[n] * \mathrm{u}[n]$의 z 변환의 일반적인 형태는 $\mathrm{H}(z) = \dfrac{b_0 z^2 + b_1 z + b_2}{a_0 z^2 + a_1 z + a_2}$와 같다. b_0, b_1, b_2, a_0, a_1 그리고 a_2을 구하라.

27. 부분분수 전개, z 변환 표 그리고 z 변환의 성질을 사용해 다음 함수들의 z 역변환을 구하여 닫힌 형식으로 나타내라.

    (a) $\mathrm{X}(z) = \dfrac{z-1}{z^2 + 1.8z + 0.82}$, $|z| > 0.9055$

(b) $X(z) = \dfrac{z-1}{z(z^2+1.8z+0.82)}$, $|z| > 0.9055$

(c) $X(z) = \dfrac{z^2}{z^2-z+1/4}$, $|z| < 0.5$

(d) $X(z) = \dfrac{z+0.3}{z^2+0.8z+0.16}$, $|z| > 0.4$

(e) $X(z) = \dfrac{z^2-0.8z+0.3}{z^3}$, $|z| > 0$

28. 신호 y[n]은 또 다른 신호 x[n]과 다음과 같은 관계를 만족한다.

$$y[n] = \sum_{m=-\infty}^{n} x[m]$$

만일 $y[n] \xleftrightarrow{z} \dfrac{1}{(z-1)^2}$, $|z| > 1$ 이라고 할 때 x[-1], x[0], x[1] 그리고 x[2]의 값은 얼마인가?

29. 신호 x[n]의 z 변환이 $X(z) = \dfrac{z^{-4}}{z^4+z^2+1}$, $|z| < 1$과 같다고 할 때 x[-2], x[-1], x[0], x[1], x[2], x[3] 그리고 x[4]의 값은 얼마인가?

극점-영점 다이어그램 및 주파수 응답

30. 필터의 임펄스 응답이 $h[n] = \dfrac{\delta[n]+\delta[n-1]}{2}$이다. 정현파 x[$n$]은 주파수가 f_0인 연속시간 정현파를 $f_s = 10$ Hz로 샘플링해 얻었다. 필터의 강제 응답이 0이 되는 f_0의 양의 최소값은 무엇인가?

31. 〈그림 E.31〉에서 나타낸 극점-영점 다이어그램의 경우에 표시된 주파수에서 시스템 전달함수의 크기를 구하라(각 경우 마다 전달함수가 $H(z) = K\dfrac{(z-z_1)(z-z_2)\cdots(z-z_N)}{(z-p_1)(z-p_2)\cdots(z-p_D)}$와 같은 일반적인 형태를 가진다고 가정하라. 여기서 z는 영점 p는 극점이며 $K = 1$이다).

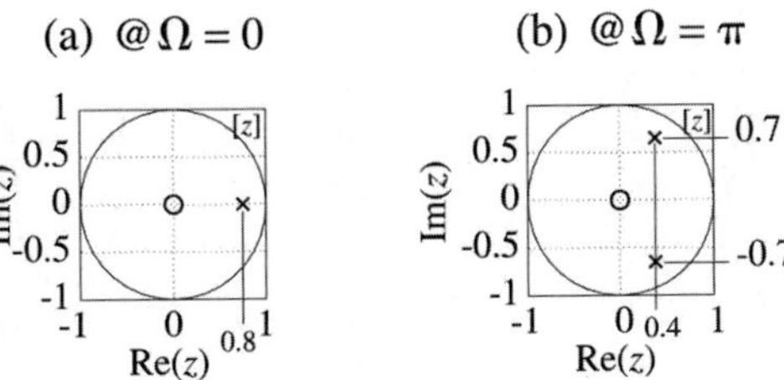

그림 E.31

32. 다음과 같은 극점-영점 다이어그램을 가지는 각각의 시스템에 대해서 $-\pi \le \Omega \le \pi$의 범위에서 전달함수의 크기가 최대값 그리고 최소값이 되는 각 주파수 Ω_{max} 그리고 Ω_{min}를 구하라. 만일 Ω_{max} 또는 Ω_{min}의 값이 하나 이상 있다면 그 값을 모두 찾아라.

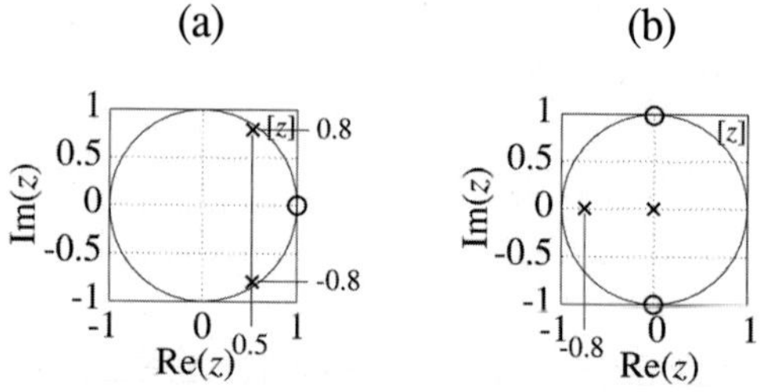

33. 〈E.33〉에서 보인 극점-영점 다이어그램으로부터 시스템의 전달함수의 크기를 그려라.

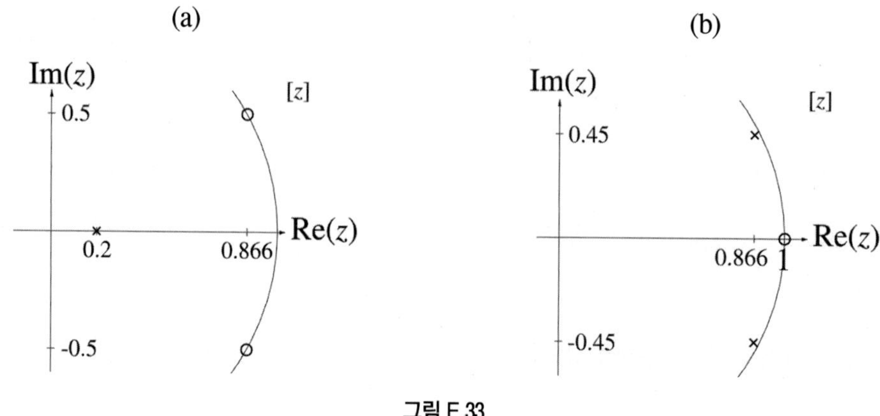

그림 E.33

34. 〈그림 E.34〉의 극점-영점 다이어그램에 해당하는 주파수 응답의 크기를 연결하라.

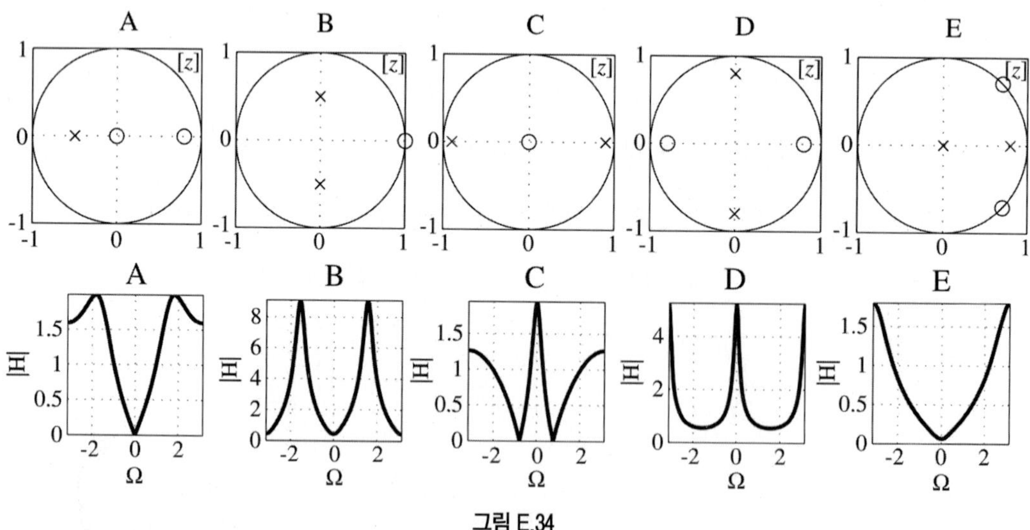

그림 E.34

35. 저역통과, 고역통과, 대역통과 그리고 대역저지에 대한 다음 정의를 사용해 〈그림 E.35〉에서 보인 극점-영점 다이어그램의 전달함수를 가지는 이산시간 시스템을 분류하라. 각 경우의 전달함수는 $H(z)$이다.

LP: $H(1) \neq 0$ 그리고 $H(-1) = 0$

HP: $H(1) = 0$ 그리고 $H(1) \neq 0$

BP: $H(1) = 0$ 그리고 $H(-1) = 0$ 그리고 $|z| = 1$인 어떤 영역에서 $H(z) \neq 0$

BS: $H(1) \neq 0$ 그리고 $H(-1) \neq 0$ 그리고 최소한 하나의 $|z| = 1$에서 $H(z) = 0$

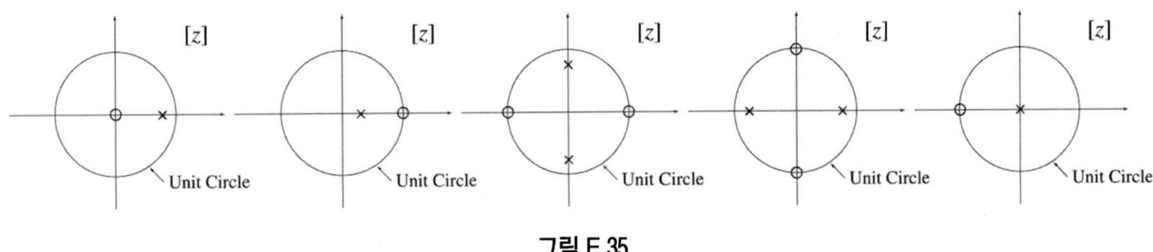

그림 E.35

36. 〈그림 E.36〉에서 보인 각 주파수 응답의 크기와 각 단위 시퀀스 응답에 대해 해당하는 극점-영점 다이어그램을 찾아라.

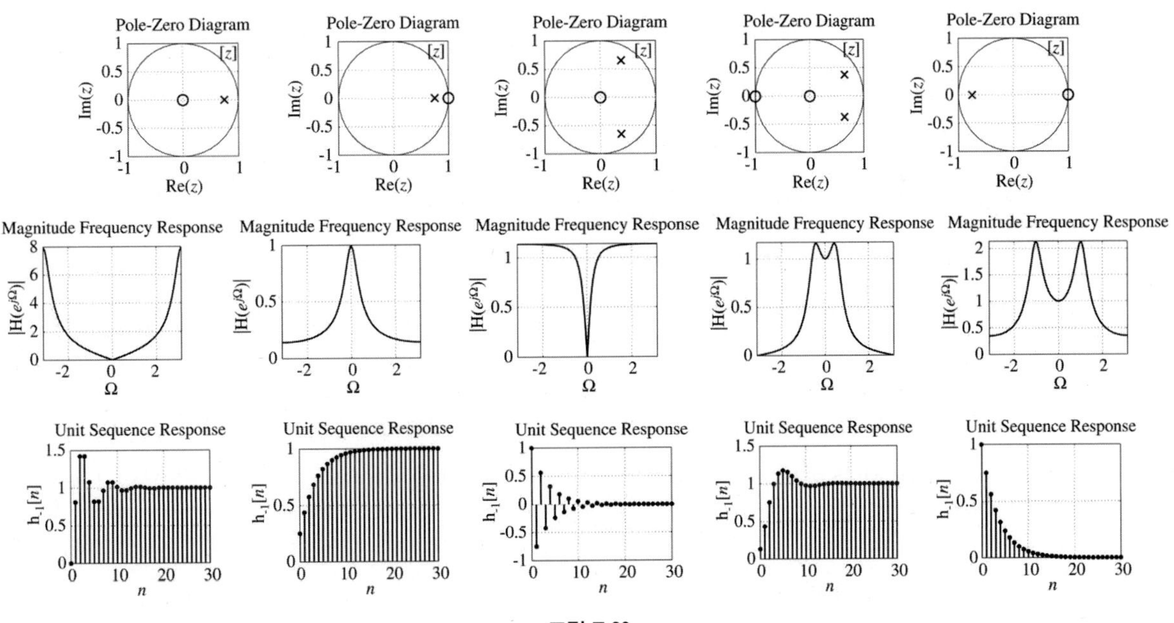

그림 E.36

10 CHAPTER

샘플링과 신호 처리

10.1 개요 및 학습 목표

실제 시스템에서 실제 신호에 대해 신호 처리를 응용할 때 신호의 수학적 표현이 없는 경우가 자주 있다. 신호의 특성을 알아내기 위해서는 신호를 측정하고 해석해야 한다. 만약 미지의 신호라면 신호의 해석 과정은 어떤 시간 간격에 걸쳐서 신호를 측정하고 기록하는 신호의 취득(acquisition)으로 시작한다. 이는 녹음기나 다른 아날로그(analog) 기록 장치로 할 수 있지만 오늘날 신호를 취득하는 가장 보편적인 기술은 샘플링(sampling)에 의한 것이다('아날로그'란 용어는 연속시간 신호와 시스템에 해당된다). 샘플링은 연속시간 신호를 이산시간 신호로 변환하는 것이다. 이전 장에서는 연속시간 신호와 이산시간 신호를 해석하는 방법을 다뤘다. 이번 장에서는 그들 사이의 관계를 공부한다.

오늘날 많은 신호 처리 및 해석이 디지털 신호 처리(DSP: digital signal processing)를 이용하여 이루어진다. DSP 시스템은 신호를 획득하고 저장하고 숫자에서 수학적 연산을 수행한다. 컴퓨터는 DSP 시스템으로 이용될 수 있다. DSP 시스템의 메모리와 저장 용량이 유한하기 때문에 유한한 수의 숫자들만 처리할 수 있다. 그러므로 DSP 시스템이 신호를 해석하는 데 이용된다면 신호는 유한한 시간 동안 샘플링될 수밖에 없다. 이 장에서 다루는 주요한 질문은 '샘플들이 어느 정도까지 그들이 샘플링한 원신호를 정확하게 표현해야 하는가?'이다. 샘플링에 의한 정보의 손실여부와 얼마나 손실되는지는 샘플링 방법에 달려 있다는 것을 알게 될 것이다. 어떤 상황에서는 실질적으로 신호의 모든 정보가 유한 개의 수치적 샘플에 저장될 수 있다는 것을 알게 될 것이다.

과거에 아날로그 필터로 수행되던 많은 필터링 연산이 이제는 원래의 연속시간 신호 대신에 신호의 샘플들에서 동작하는 디지털 필터를 이용한다. 현대의 이동전화 전화 시스템은 음질 향상,

채널 분리, 셀 간 이용자의 연결을 위하여 DSP를 이용한다. 장거리 전화 시스템도 장거리 중계 회선과 마이크로파 링크를 효율적으로 이용하기 위해 DSP를 이용한다. 텔레비전 수상기는 화질 개선을 위하여 DSP를 이용한다. 로봇 비전은 영상을 디지털화하는 카메라로부터 취한 신호를 기반으로 하고 연산 기술로 해석하여 특징을 인지한다. 자동차, 생산 설비, 과학 계측기 등에 있는 현대적 제어 시스템은 보통 내장된 프로세서를 갖는데 이는 DSP를 이용하여 신호를 해석하고 결정하는 역할을 한다.

학습 목표

1. 신호 정보의 모두 또는 대부분을 유지하기 위한 연속시간 신호의 샘플링 방법을 결정한다.
2. 샘플로부터 연속시간 신호를 복원하는 방법을 배운다.
3. 이산시간 신호에 샘플링 기술을 적용하고 연속시간 샘플링과의 유사성을 알아낸다.

10.2 연속시간 샘플링

샘플링 방법

전기 신호(때로는 전류이나 보통은 전압이다)의 샘플링은 샘플-홀드(sample-and-hold, S/H)와 아날로그-디지털 변환기(analog-to-digital converter, ADC)라는 두 장치에 의해 가장 일반적으로 이루어진다. S/H의 입력단에서 입력 신호는 아날로그 전압이다. S/H의 클록(clock)이 발생하면 출력단에서 그때의 전압을 출력하고 클록이 발생하여 다른 전압을 얻을 때까지 그 전압을 유지한다〈그림 10.1〉.

〈그림 10.1〉에서 신호 c(*t*)는 클록 신호이다. S/H에서 입력 전압 신호는 클록 펄스의 폭을 나타내는 간극 시간(aperture time) 동안 취득한다. 클록 펄스 동안 출력 전압 신호는 여기 신호를 따라 매우 빨리 변한다. 클록 펄스의 끝에서 다음 클록 펄스가 발생할 때까지 출력 전압 신호가 유지된다.

ADC는 입력으로 아날로그 전압을 받아서 일련의 이진 비트(binary bits)를 출력하며, 이는 종종 코드(code)라 불린다. ADC의 응답은 직렬 또는 병렬일 수 있다. ADC가 직렬 응답을 가지면 한 개의 출력 핀에서 단일 출력 전압 신호를 발생시키며, 이는 일련의 이진 비트인 1과 0을 나타내는 고전압, 저전압의 시간 시퀀스이다. ADC가 병렬 응답을 가지면 각 비트당 한 개의 응답 전압이 있고, 각 비트는 ADC의 할당된 출력 핀에서 일련의 이진 비트에서 1 또는 0을

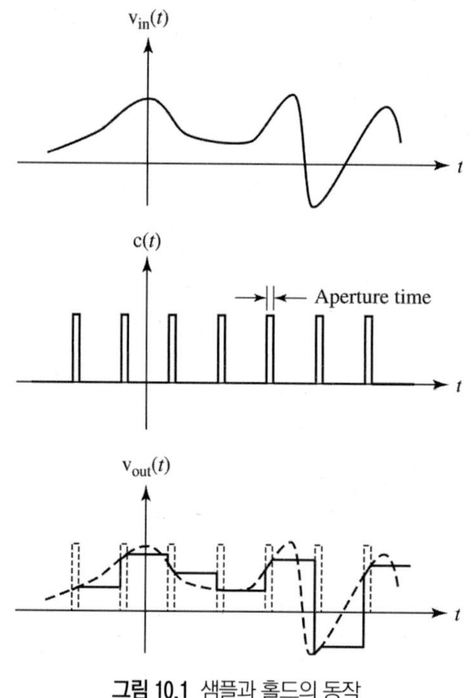

그림 10.1 샘플과 홀드의 동작

나타내는 고전압 또는 저전압으로 동시에 나타난다〈그림 10.2〉.

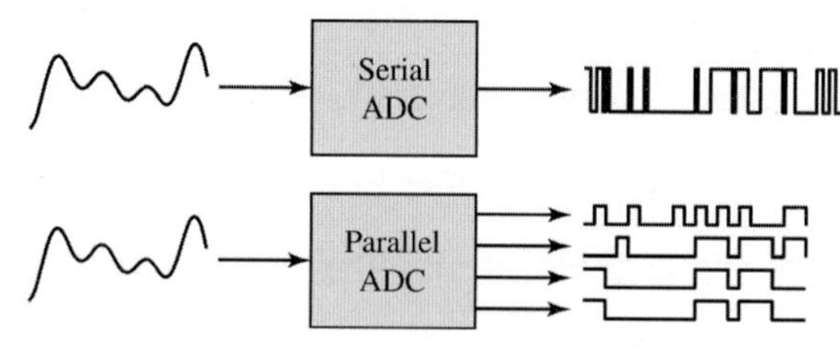

그림 10.2 직렬 및 병렬 ADC 동작

ADC는 변환 시간 동안 입력 신호를 상수로 유지하기 위해 S/H의 앞에 놓일 수 있다.

ADC의 입력은 연속시간 신호이고, 응답은 이산시간 신호이다. ADC의 응답은 이산시간이 될 뿐 아니라 양자화(quantization)되고 부호화(encoding)된다. ADC에 의해 생성되는 이진 비트의 수는 유한하다. 따라서 생산하는 비트 패턴의 수도 유한하다. 만약 ADC가 생성하는 비트 수가 n이라면 생성 가능한 비트 패턴의 수는 2^n이다. 양자화는 (무한히 많은) 입력 값의 연속을 유한 개의 응답 값으로 변환하는 효과이다. 응답은 양자화로 인한 오차를 가지므로 마치 신호가 잡음을 가진 것 같고, 이 잡음은 양자화 잡음(quantization noise)이라 불린다. 응답을 나타내기 위해 이용되는 비트 수가 충분히 크면 양자화 잡음은 다른 잡음원에 비해 무시할 만하다. ADC는 신호를 양자화한 후에 부호화도 한다. 부호화는 아날로그 전압을 이진 비트 패턴으로 변환하는 것이다. 입력 전압 범위가 $-V_0 < \mathrm{v}_{in}(t) < +V_0$인 ADC의 여기와 응답 간의 관계를 3-비트 ADC의 경우에 대해 〈그림 10.3〉에 나타냈다(3-비트 ADC는 좀처럼 이용되지 않지만 비트 패턴의 수가 적고, 양자화 잡음은 크기 때문에 양자화 효과를 잘 보여준다).

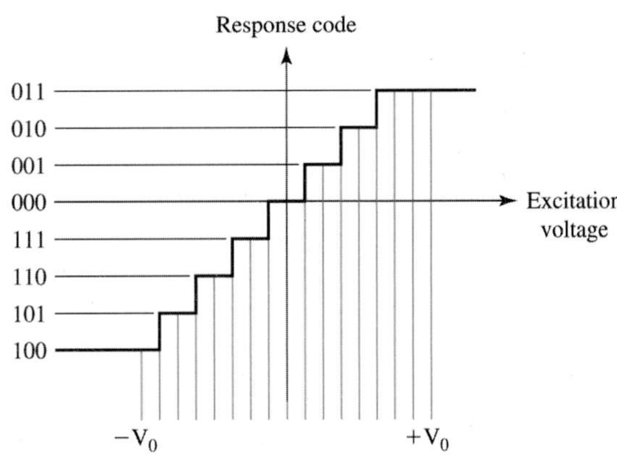

그림 10.3 ADC의 입력-응답 관계

양자화 효과는 3-비트 ADC에 의해 양자화 된 정현파에서 쉽게 볼 수 있다〈그림 10.4〉. 신호가 8 비트로 양자화 될 때 양자화 오차는 훨씬 작다〈그림 10.5〉.

아날로그-디지털 변환의 반대는 디지털-아날로그 변환기(digital-to-analog converter, DAC)에 의해 행해지는 디지털-아날로그 변환이다. DAC는 이진 비트 패턴을 여기로 받아서 아날로그 전압을 응답으로 생성한다. DAC가 받아들일 수 있는 비트 패턴의 수가 유한하기 때문에 응답 신호는 양자화된 아날로그 전압이다. 3-비트 DAC의 입력과 응답 간의 관계가 〈그림 10.6〉에 나타나 있다.

이어지는 내용에서 양자화의 효과는 다루지 않을 것이다. 샘플링의 효과를 분석하는 모델

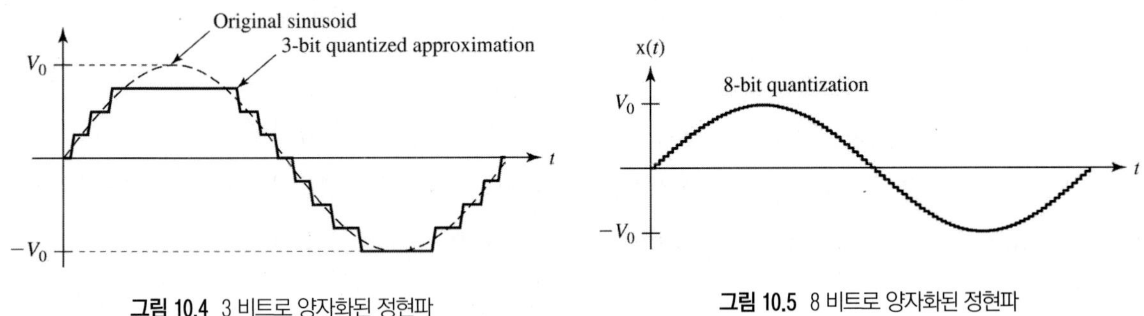

그림 10.4 3 비트로 양자화된 정현파

그림 10.5 8 비트로 양자화된 정현파

은 응답 신호의 양자화 잡음이 0이라는 관점에서 샘플러(sampler)가 이상적이라고 할 것이다.

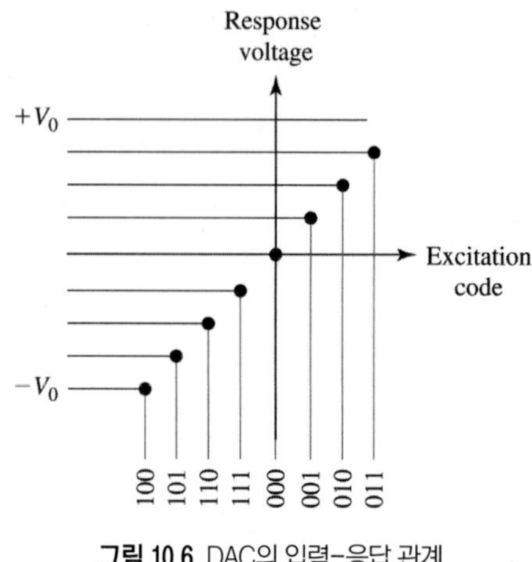

그림 10.6 DAC의 입력-응답 관계

샘플링 이론

정성적 개념

원래의 연속시간 신호 대신에 신호로부터 취한 샘플을 이용하고자 할 때 가장 중요한 문제는 신호의 유지를 위한 샘플링 방법이다. 만약 신호가 샘플로부터 정확히 복원될 수 있다면 샘플은 신호에 있는 모든 정보를 갖고 있는 것이다. 얼마나 빨리 샘플을 취해야 하는지 그리고 얼마나 길게 샘플을 취해야 하는지는 결정해야 한다. 신호 x(*t*)를 고려하자〈그림 10.7〉(a). 〈그림 10.7〉(b)와 같은 샘플링률로 샘플링되었다고 가정하자. 이산 점들을 따라 부드러운 곡선을 그려보면 신호를 적절히 표현할 수 있게 충분히 샘플링이 되었다는 것을 직관적으로 알 수 있을 것이다. 〈그림 10.7〉(c)와 같이 샘플링하면 어떠한가? 샘플링률은 적당한가? 〈그림 10.7〉(d)의 샘플링률은 어떠한가? 아마도 여러분은 〈그림 10.7〉(d)와 같은 샘플링률은 적절하지 않다는데 동의할 것이다. 샘플을 따라 부드러운 곡선을 그려보면 원래 신호와 상당히 다르다는 것을 알 수 있을 것이다. 비록 마지막 샘플링률이 이 신호에는 적절하지 않지만 다른 신호에는 적절할 수도 있다〈그림 10.8〉. 〈그림 10.8〉의 신호는 훨씬 부드럽고 천천히 변하기 때문에 샘플링률이 적절해 보인다.

신호의 정보를 포함하는 최소 샘플링률은 시간에서 신호가 빨리 변하는 정도, 즉 주파수 성분에 따라 달라진다. 신호를 얼마나 빠르게 샘플링하느냐는 샘플링 이론에 따른다. 벨 연구소의 클로드 섀넌(Claude Shannon)[1]은 샘플링 이론의 주요 공헌자이다.

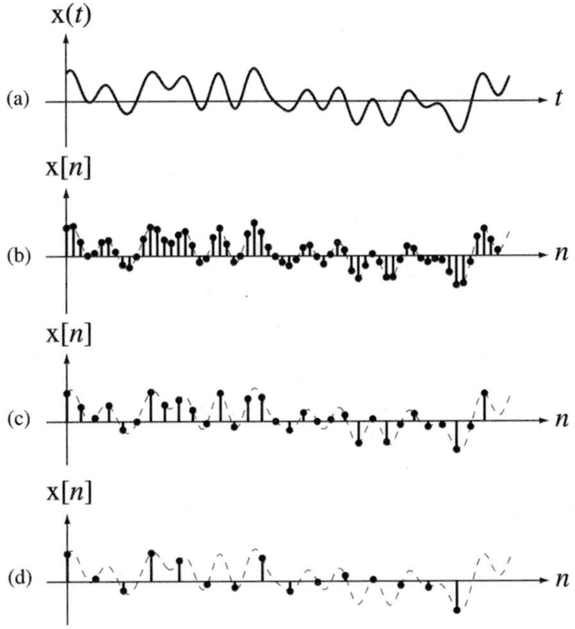

그림 10.7 (a) 연속시간 신호, (b)~(d) 연속시간 신호를 다른 비율로 샘플링한 이산시간 신호

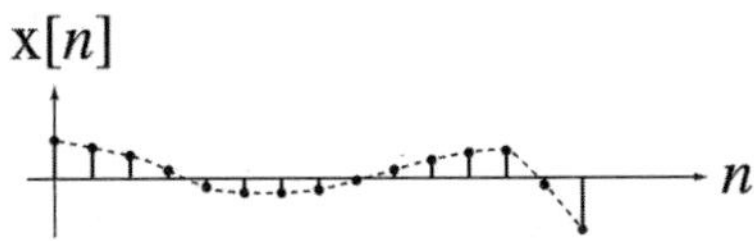

그림 10.8 천천히 변하는 신호를 샘플링한 이산시간 신호

샘플링 이론 유도

샘플링 과정을 연속시간 신호 $x(t)$에 주기적 펄스 열(pulse train) $p(t)$를 곱하는 것으로 보자. 각 펄스의 진폭은 1이고, 폭은 w라고 하고, 펄스 열의 기본 주기는 T_s라고 하자〈그림 10.9〉.

펄스 열은 수학적으로 $p(t) = \mathrm{rect}(t/w) * \delta_{T_s}(t)$로 표현될 수 있다. 출력 신호는 다음과 같다.

$$y(t) = x(t)\,p(t) = x(t)[\mathrm{rect}(t/w) * \delta_{T_s}(t)]$$

---

1 클로드 섀넌은 1936년에 매사추세츠 공과대학(Massachusetts Institute of Technology, MIT)에 대학원생으로 입학하였다. 1937년에 부울 대수를 기초로 한 판정을 하는 전기 회로에 관한 논문을 썼다. 벨 연구소에서 일하던 1948년에는 현대에 정보이론이라 불리는 이론을 아우르는 「통신의 수학적 이론」을 저술했다. 이 저술은 정보 시대의 'Magna Carta'라 불리고 있다. 그는 1957년에 MIT의 통신과학과 교수로 임용되었으나 벨 연구소의 컨설턴트로도 남아 있었다. 그는 종종 외발자전거를 타고 MIT 복도에 나타나기도 했고 때로는 곡예도 했다. 또한 그는 최초의 체스 게임 프로그램을 고안하기도 했다.

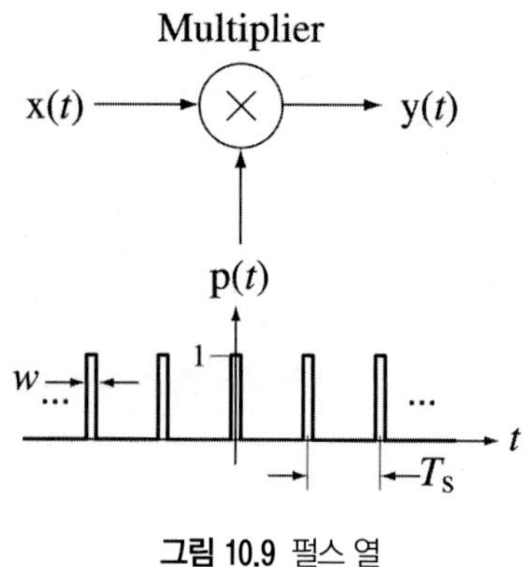

그림 10.9 펄스 열

$t = kT_s$에 있는 펄스의 폭에 걸친 y(t)의 평균 값이 시점 $t = kT_s$에서 x(t)의 근사적 샘플이라고 볼 수 있다. y(t)의 CTFT는 $Y(f) = X(f) * w\,\mathrm{sinc}(wf) f_s \delta_{f_s}(f)$이고, 여기서 $f_s = 1/T_s$는 펄스 반복율(pulse repetition rate) 또는 펄스 열 기본 주파수(pulse train fundamental frequency)이며, 다음과 같다.

$$Y(f) = X(f) * \left[wf_s \sum_{k=-\infty}^{\infty} \mathrm{sinc}(wkf_s)\delta(f - kf_s) \right]$$

$$Y(f) = wf_s \sum_{k=-\infty}^{\infty} \mathrm{sinc}(wkf_s) X(f - kf_s)$$

응답의 CTFT Y(f)는 입력 신호 x(t)의 CTFT의 일련의 복제인데, 이 복제는 펄스 반복율 f_s의 정수배에서 주기적으로 반복되고 펄스 폭 w에 의해 폭이 결정되는 싱크 함수의 값이 곱해진다〈그림 10.10〉. 입력 신호 스펙트럼의 복제들이 출력 신호 스펙트럼에서 여러 번 나타나고, 각각은 펄스 반복율의 정수 배에 놓여 있고, 다른 상수로 곱해진다.

각 펄스 폭을 더욱 짧게 하면 펄스 평균 값은 펄스 중심의 신호 값에 근접해진다. 이상적인 샘플링의 근사화는 w가 0으로 감에 따라 잘 진행된다. 극한에서 w가 0으로 감에 따라

$$y(t) = \lim_{w \to 0} \sum_{n=-\infty}^{\infty} x(t)\,\mathrm{rect}((t - nT_s)/w)$$

이다. 이 극한에서 y(t)의 신호 전력은 0으로 된다. 그러나 이 효과를 보상하기 위해 각 샘플링 펄스의 높이 대신 면적을 1로 하여 샘플링 과정을 변경한다면 다음과 같은 새로운 펄스 열을 얻는다.

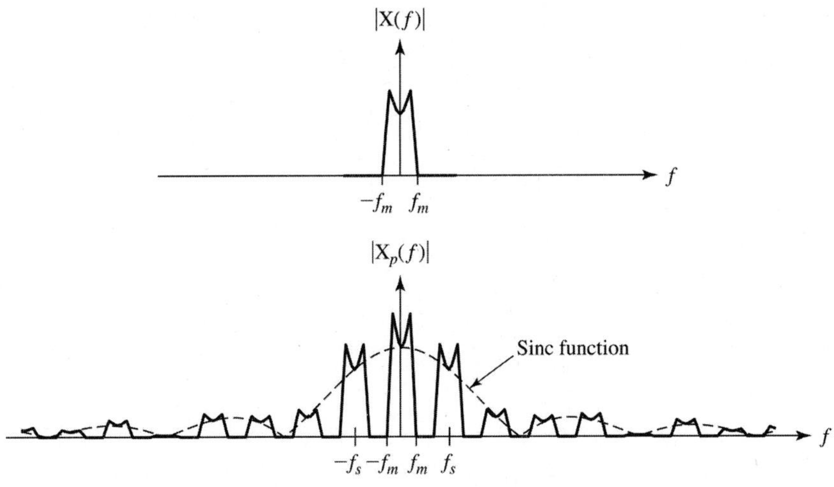

그림 10.10 입력과 출력 신호의 진폭 CTFT

$$\mathrm{p}(t) = (1/w)\,\mathrm{rect}(t/w) * \delta_{T_s}(t)$$

그러면 y(*t*)는 다음과 같이 된다.

$$\mathrm{y}(t) = \sum_{n=-\infty}^{\infty} \mathrm{x}(t)(1/w)\,\mathrm{rect}((t - nT_s)/w)$$

*w*가 0으로 가는 이 극한에서 응답을 $\mathrm{x}_\delta(t)$라 표기하자. 이 극한에서 구형파 $(1/w)\,\mathrm{rect}((t - nT_s)/w)$는 단위 임펄스가 되고,

$$\mathrm{x}_\delta(t) = \lim_{w \to 0} \mathrm{y}(t) = \sum_{n=-\infty}^{\infty} \mathrm{x}(t)\delta(t - nT_s) = \mathrm{x}(t)\delta_{T_s}(t)$$

이다. 이러한 작용은 임펄스 샘플링(impulse sampling) 또는 임펄스 변조(impulse modulation)라 불린다. 물론 실제로는 임펄스를 생성시킬 수 없기 때문에 이런 종류의 샘플링은 불가능하다. 그러나 샘플링의 이러한 가설 타입의 분석은 이산 점의 신호와 다른 모든 시간에서의 신호의 값들 간의 관계를 유도할 수 있기 때문에 여전히 유용하다. 이 샘플링 모델에서 샘플러의 응답은 여전히 연속시간 신호이며, 샘플링 순간을 제외하면 값은 0이다.

새로 정의된 응답 $\mathrm{x}_\delta(t)$의 CTFT를 살펴보는 것은 의미가 있으며, 다음과 같다.

$$\mathrm{X}_\delta(f) = \mathrm{X}(f) * (1/T_s)\delta_{1/T_s}(f) = f_s\,\mathrm{X}(f) * \delta_{f_s}(f)$$

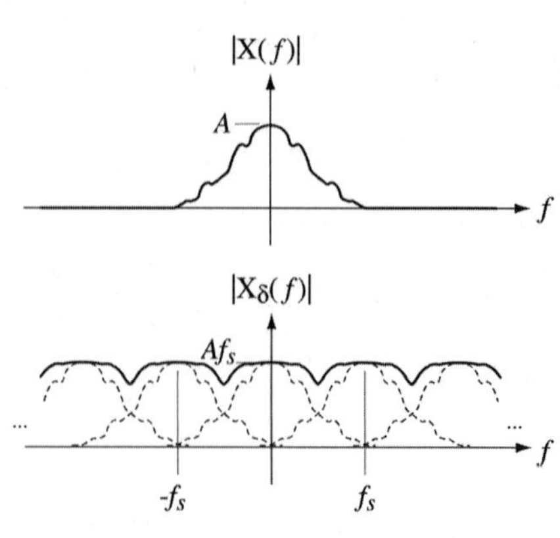

그림 10.11 임펄스 샘플링된 신호의 CTFT

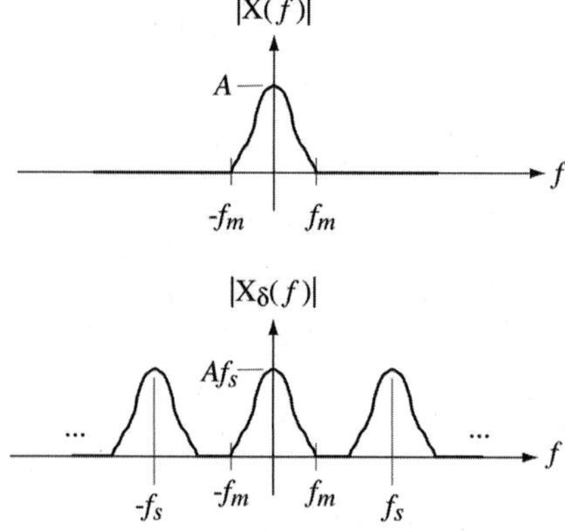

그림 10.12 대역 한계의 두 배 넘게 임펄스 샘플링된 대역제한 신호의 CTFT

이는 원신호 x(t)의 CTFT X(f)와 같은 크기 복제물의 합이며, 각 복제물은 샘플링 주파수 f_s의 정수배만큼 이동되고 f_s로 곱해진다〈그림 10.11〉. 이 복제물은 에일리어스(aliase)라 불린다. 〈그림 10.11〉에서 점선은 원신호의 CTFT 진폭에 대한 에일리어스를 나타내고, 실선은 이 에일리어스들의 합의 진폭이다. 원신호의 CTFT 진폭 형태는 중첩과정에서 명백히 사라졌다. 그러나 만약 $|f| > f_m$에서 X(f)가 0이고, $f_s > 2f_m$이라면, 에일리어스는 중첩되지 않는다〈그림 10.12〉.

$|f| > f_m$에서 X(f)가 0인 신호는 대역제한(bandlimited) 신호라고 불린다. 원리적으로 에일리어스가 겹치지 않으면 임펄스 샘플링된 신호로부터 주파수 응답이 아래와 같은 '이상적인' 저역통과 필터링을 통하여 $f \pm f_s, \pm 2f_s, \pm 3f_s, \ldots$에 있는 에일리어스들을 제거하여 원신호가 복원될 수 있다.

$$\mathrm{H}(f) = \left\{ \begin{array}{ll} T_s, & |f| < f_c \\ 0, & \text{otherwise} \end{array} \right\} = T_s \operatorname{rect}\left(\frac{f}{2f_c}\right)$$

이러한 사실이 샘플링 이론(sampling theorem)이라고 널리 알려진 이론의 기초를 이룬다.

> 연속시간 신호가 모든 시간에 걸쳐서 신호의 대역상한 f_m의 두 배 넘는 비율 f_s로 샘플링하면 샘플들로부터 원래의 연속시간 신호가 완전하게 복원될 수 있다.

신호의 최고 주파수가 f_m이라면 샘플링률은 $2f_m$을 넘어야 하고, 주파수 $2f_m$을 나이퀴스트율(Nyquist[2] rate)이라 부른다. 비율(rate)과 주파수라는 단어는 둘 다 주기적으로 발생하는 것을 나타낸다. 이 책에서 주파수라는 단어는 신호에 포함된 주파수를 나타내고, 비율이란 단어는 신호가 샘플링되는 방법을 나타낼 것이다. 나이퀴스트율보다 더 크게 샘플링된 신호는 과다샘플링(oversampling) 되었다고 하고, 나이퀴스트율보다 더 적게 샘플링된 신호는 과소샘플링(undersampling)이라 한다. 신호가 f_s로 샘플링될 때 주파수 $f_s/2$를 나이퀴스트 주파수(Nyquist frequency)라 한다. 그러므로 신호가 나이퀴스트 주파수 이상에서 신호 전력이 있다면 에일리어스는 중첩될 것이다.

이전 장에서 이용한 다른 샘플링 모델은 연속시간 신호 $\mathrm{x}(t)$로부터 $\mathrm{x}[n]=\mathrm{x}(nT_s)$라고 하여 이산시간 신호 $\mathrm{x}[n]$을 구하는 것이다. 여기서 T_s는 연속되는 샘플들 사이의 시간이다. 이것이 실제 샘플링의 실감나는 모델로 보일 것이나 한 지점에서 순간적인 샘플링은 실제로 불가능하다. 이러한 샘플링 모델을 '임펄스 샘플링' 대신에 그냥 '샘플링'이라고 부를 것이다.

이산시간 신호의 DTFT는 항상 주기적이라는 사실을 기억하자. 임펄스 샘플링된 신호의 CTFT도 주기적이다. 임펄스 샘플링된 연속시간 신호 $\mathrm{x}_\delta(t)$의 CTFT와 같은 연속시간 신호의 샘플링에 의해 구성된 이산시간 신호 $\mathrm{x}_s[n]$의 DTFT는 유사하다〈그림 10.13〉. ($\mathrm{x}_s[n]$의 첨자 s는 이어지는 다른 변환 간의 혼동을 피하기 위해 붙인다.) 파형은 똑 같다. 유일한 차이는 DTFT는 정규화된 주파수 F 또는 Ω를 기본으로 하고, CTFT는 실제 주파수 f 또는 ω를 기본으로 한다는 것이다. 샘플링 이론은 CTFT 대신 DTFT를 이용해 유도될 수 있고, 그 결과는 같다.

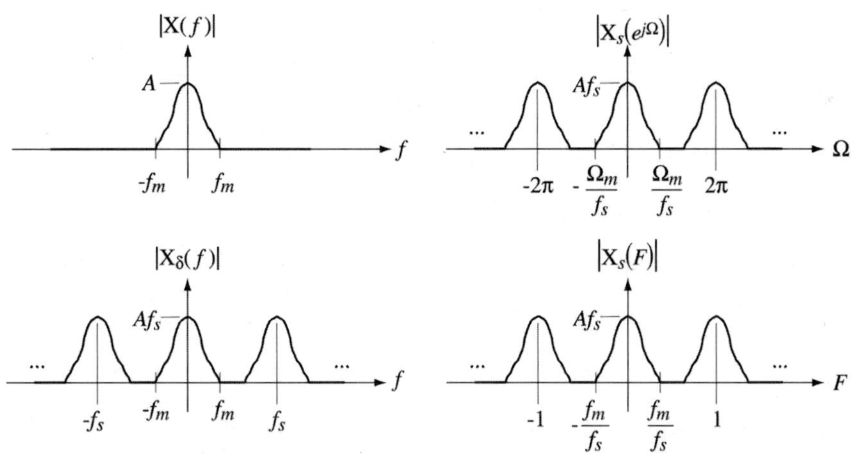

그림 10.13 임펄스 샘플링된 신호의 CTFT와 샘플링된 신호의 DTFT의 비교

2 나이퀴스트는 1917년에 예일대학에서 박사학위를 받았다. 1917~1934년까지 Bell Lab에서 전신을 사용하여 그림을 전송하고 목소리를 전송하는 연구를 하였다. 열잡음(thermal noise)을 정량적으로 처음 설명하였다. 텔레비전 신호 전송에 아직 광범위하게 사용되는 잔류 측파대 전송(vestigial sideband transmission) 기법을 고안하였다. 피드백 시스템이 안정성을 판별하는 나이퀴스트 다이어그램(Nyquist diagram)을 고안하였다.

에일리어싱

에일리어싱(aliasing) 현상(에일리어스의 중첩)은 일반 사람들이 경험하지 못하는 색다른 수학적 개념은 아니다. 대부분 사람들이 에일리어싱을 경험하지만 뭐라고 부르는지 모를 뿐이다. 가끔 TV를 보면서 에일리어싱 현상을 경험할 수 있다. TV에서 서부 영화를 시청할 때 말이 끄는 마차의 바퀴살을 볼 수 있을 것이다. 마차의 바퀴가 점점 빨리 회전하면 바퀴가 앞으로의 회전이 정지하는 것처럼 보이고, 마차가 앞으로 가는데도 불구하고 바퀴가 거꾸로 회전하는 것처럼 보이는 때가 있을 것이다. 회전 속도가 계속 증가하면 결국 바퀴는 정지했다가 다시 앞으로 돌아가는 것처럼 보이게 된다. 이것이 에일리어싱 현상의 한 예이다.

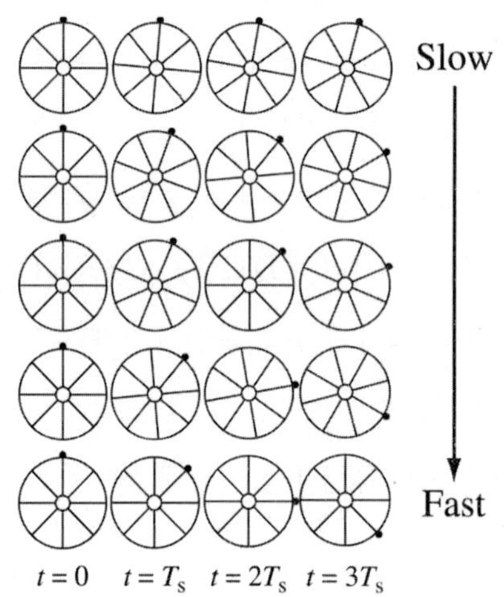

그림10.14 4개 샘플링 순간에서 마차 바퀴의 각 위치

사람의 눈에는 명확하지 않아도 TV 화면에서 영상은 초당 30번 번쩍인다(NTSC 비디오 규격). 즉 영상은 30Hz로 샘플링된 것이다. 〈그림 10.14〉는 몇 가지 다른 회전 속도에 대해 4번의 샘플링 순간에 바퀴살의 위치를 보여주는데, 맨 위에서 저속으로 시작해 아래로 갈수록 고속으로 회전하는 것이다(보이는 회전에 반해 실제 바퀴의 회전을 보는데 도움을 주기 위해 작은 점을 찍었다).

이 바퀴는 8개의 바퀴살을 가지고 있고 이는 1회전의 1/8에 해당된다. 그러므로 바퀴의 영상은 $\pi/4$ radians 또는 45°의 각주기(즉 바퀴살의 각 간격)를 갖는다. 바퀴의 회전 속도가 f_0 회전/초(Hz)라면 영상의 기본 주파수는 $8f_0$ Hz이다. 바퀴의 1회전에 영상은 정확히 8번 반복된다.

영상이 30Hz($T_s=1/30s$)로 샘플링된다고 하자. 맨 위쪽 행에서 바퀴는 $-5°/T_s$ ($-150°/s$ 또는 -0.416 회전/초)로 시계 방향으로 회전하여 바퀴살은 시계 방향으로 0°, 5°, 10° 및 15°로 회전한다. 관찰자의 눈과 머리는 샘플링 순간에 각의 진행 때문에 시계 방향으로 바퀴가 회전하는 것으로 영상을 해석한다. 이 경우에 바퀴는 -150°/*s*의 영상의 회전 주파수로 회전하는 것처럼 보인다.

두 번째 행에서는 회전 속도가 맨 위쪽 행에 비해 4배 빨라 샘플링 순간의 회전각은 시계 방향으로 0°, 20°, 40° 및 60°이다. 바퀴는 아직 시계 방향으로 보이지만, 실제 회전 주파수는 -600°/*s*이다. 셋째 행에서 회전 속도는 -675°/*s*이다. 샘플링으로 인해 애매해지기 시작한다. 만약 점이 없다면 바퀴가 샘플당 -22.5°로 회전하는지 또는 +22.5°로 회전하는지 결정하기 어렵다. 왜냐하면 두 경우에 영상 샘플은 동일하기 때문이다. 단지 샘플 영상만 봐서는 회전 방향이 시계 방향인지 아닌지 결정하는 것이 불가능하다. 네 번째 행에서 바퀴는 -1200°/*s*로 회전한다. (점을 무시하면) 바퀴는 실제 회전수인 샘플 당 -40°로 회전하는 대신에 샘플당 +5°로 회전하는 것처럼 보인다. 사람의 머리는 직관적으로 바퀴가 시계 방향으로 샘플당 -40°로 회전하는 대신에 반시계 방향으로 +5°회전하는 것처럼 인식한다. 맨 밑에 있는 행에서 바퀴의 회전은 -1350°/*s* 또는 샘플 당 시계 방향으로 45°로 회전한다. 바퀴는 시계 방향으로 회전하지만 정지한 것처럼 보인다. 각 속도는 0처럼 보이는데, 그 이유는 영상 기본 주파수와 정확히 같은 비율로 샘플링되기 때문이다.

예제 10.1

신호의 나이퀴스트율 구하기

다음 각 신호의 나이퀴스트율을 구하라.

(a) $x(t) = 25\cos(500\pi t)$

$$X(f) = 12.5[\delta(f-250) + \delta(f+250)]$$

이 신호의 최고 주파수는 f_m=250Hz이다. 나이퀴스트율은 500Hz이다.

(b) $x(t) = 15\,\text{rect}(t/2)$

$$X(f) = 30\,\text{sinc}(2f)$$

싱크 함수는 0으로 가지 않고 제한된 주파수에 있기 때문에 신호의 최고 주파수는 무한하고 나이퀴스트율 역시 무한하다. 구형파 함수는 대역제한되지 않는다.

(c) $x(t) = 10\,\text{sinc}(5t)$

$$X(f) = 2\,\text{rect}(f/5)$$

x(*t*)의 최고 주파수는 구형파 함수가 1에서 0으로 되는 불연속 천이되는 f의 값인 f_m=2.5Hz이다. 그러므로 나이퀴스트율은 5Hz이다.

(d) $\mathrm{x}(t) = 2\,\mathrm{sinc}(5000t)\sin(500{,}000\pi t)$

$$\mathrm{X}(f) = \frac{1}{2500}\mathrm{rect}\left(\frac{f}{5000}\right) * \frac{j}{2}[\delta(f+250{,}000) - \delta(f-250{,}000)]$$

$$\mathrm{X}(f) = \frac{j}{5000}\left[\mathrm{rect}\left(\frac{f+250{,}000}{5000}\right) - \mathrm{rect}\left(\frac{f-250{,}000}{5000}\right)\right]$$

x(*t*)의 최고 주파수는 f_m=252.5kHz이다. 그러므로 나이퀴스트율은 505kHz이다.

■

예제 10.2

에일리어싱 방지(anti-aliasing) 필터로서 RC 필터의 해석

데이터 획득 시스템에 의하여 획득된 어떤 신호가 100kHz까지 균일한 스펙트럼을 보이고, 그 이상에서는 갑자기 0으로 떨어진다고 하자. 또 데이터 획득 시스템의 가장 빠른 샘플링률이 60kHz라고 하자. 30kHz에서 신호의 진폭 스펙트럼이 극저주파에서 값의 1% 미만으로 감소해 에일리어싱을 최소로 하는 에일리어싱 방지 *RC* 저역통과 필터를 설계하라.

균일 이득 *RC* 저역통과 필터의 전달 함수는

$$\mathrm{H}(f) = \frac{1}{j2\pi fRC + 1}$$

이다. 주파수 응답의 제곱 진폭은

$$|\mathrm{H}(f)|^2 = \frac{1}{(2\pi fRC)^2 + 1}$$

이고, 저 주파수에서 이 값은 0이 된다. 30kHz에서 *RC* 시정수를 구하면 H(f)의 제곱 진폭은 $(0.01)^2$이다.

$$|\mathrm{H}(30{,}000)|^2 = \frac{1}{(2\pi \times 30{,}000 \times RC)^2 + 1} = (0.01)^2$$

*RC*에 대해 풀면 RC=0.5305ms이다. 이 RC 저역통과 필터의 코너 주파수(-3 dB 주파수)는

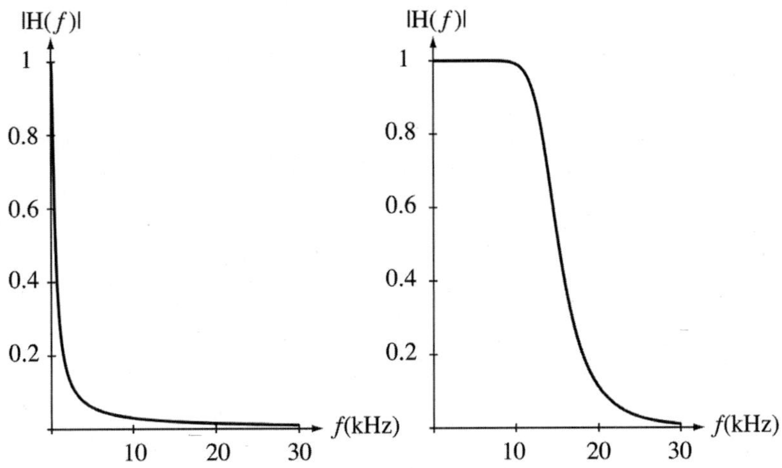

그림 10.15 (a) 에일리어싱 방지 RC 저역통과 필터의 진폭 주파수 응답 (b) 6차 버터워스 에일리어싱 방지 저역통과 필터의 진폭 주파수 응답

300Hz이다. 이는 30kHz의 나이퀴스트 주파수보다 100배 낮다〈그림 10.15〉. 주파수 응답이 매우 느리게 떨어지기 때문에 단일 극점 필터를 이용하면 규격을 만족시키기 위해 코너 주파수가 이와 같이 낮게 설정된다. 이 때문에 가장 실제적인 에일리어싱 방지 필터는 통과 대역에서 저지 대역으로 훨씬 빠른 천이를 갖는 고차 필터로 설계된다. 〈그림 10.15〉(b)는 6차 버터워스(Butterworth) 저역통과 필터의 주파수 응답을 보여준다(버터워스 필터는 15장에서 다룬다). 고차 필터는 *RC* 필터보다 신호를 훨씬 더 많이 보존한다.

■

시간제한 신호와 대역제한 신호

신호를 샘플링하는 원래의 수학적 표현은 $x_s[n] = x(nT_s)$라는 것을 다시 기억하자. 이 식은 모든 정수 n에 대하여 성립하고, 이는 신호 $x(t)$가 모든 시간 동안 샘플링된다는 것을 의미한다. 그러므로 $x_s[n]$의 정보로부터 정확히 $x(t)$를 표현하기 위해서는 무한히 많은 샘플이 필요하다. 샘플링 이론은 이렇게 샘플링하는 것을 근거로 한다. 그래서 최소 샘플링률이 있지만 신호를 원래 신호에 가깝게 복원하기 위하여 무한히 많은 샘플을 취해야 한다. 비록 대역제한된 신호이지만, 과다샘플링한다.

신호가(유한 시간 동안만 0이 아닌 값을 갖는) 시간제한(time limited)이라고 가정하면 다른 시간 범위에서는 값이 0이라는 것을 알기 때문에 그 시간 동안에만 샘플링하고, 그 신호에 모든 정보를 갖고 있을 것이다. 시간제한 신호는 대역제한될 수 없으므로 유한 샘플링률은 적절하지 않다.

신호가 시간제한이면서 동시에 대역제한될 수 없다는 사실은 푸리에 해석에서 기본적인 법칙이다. 이 법칙의 타당성은 다음 논리에 따라 증명될 수 있다. 신호 $\mathrm{x}(t)$가 $t_1 < t < t_2$ 시간 범위 밖에서 0 아닌 값을 갖지 않는다고 하자. 이 신호의 CTFT는 $\mathrm{X}(f)$이다.

만약 $\mathrm{x}(t)$가 $t_1 < t < t_2$ 범위에서 시간제한된다면, 신호는 변화시키지 않고 같은 범위에서 0 아닌 값이 같은 구간인 구형파 함수를 곱하는 것과 같다. 즉,

$$\mathrm{x}(t) = \mathrm{x}(t)\,\mathrm{rect}\left(\frac{t-t_0}{\Delta t}\right) \tag{10.1}$$

이다. 여기서, $t_0=(t+t_2)/2$이고, $\Delta t = t_2 - t_1$이다〈그림 10.16〉.

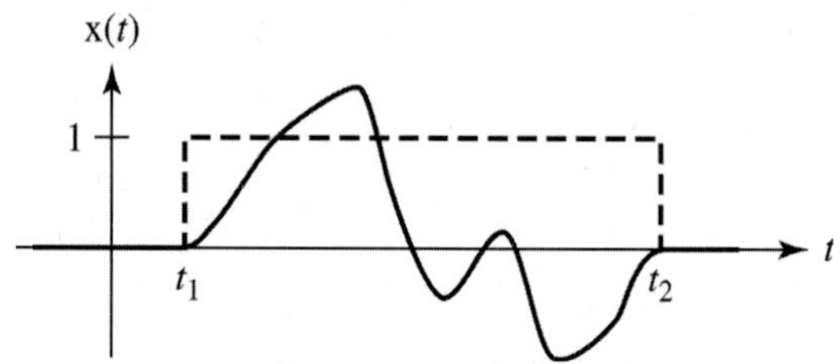

그림 10.16 시간제한 함수와 같은 시간에 시간제한 된 구형파

식 (10.1) 양 변의 CTFT를 구하면 $\mathrm{X}(f) = \mathrm{X}(f) * \Delta t\,\mathrm{sinc}(\Delta t f)e^{-j2\pi f t_0}$가 된다. 이 최종 식은 $\mathrm{X}(f)$가 싱크 함수와의 컨벌루션에 의해 영향을 받지 않는다. $\mathrm{sinc}(\Delta t f)$가 f에서 무한대로 0 아닌 값이 퍼져 있기 때문에, 이 함수가 유한 범위인 $\mathrm{X}(f)$와 컨벌루션된다면 두 함수의 컨벌루션은 0 아닌 값이 f에서 무한 범위가 된다. 그러므로 최종 식은 0 아닌 값이 유한 범위인 어떤 $\mathrm{X}(f)$도 이 식을 만족시킬 수가 없어서 신호가 시간제한이라면 대역제한일 수는 없다는 것을 증명한다. 역으로 대역제한 신호는 시간제한 신호일 수 없다는 사실도 유사한 설명으로 증명될 수 있다.

> 신호는 시간과 주파수 둘 다에서 동시에 무제한(unlimited)일 수는 있지만, 시간과 주파수 둘 다에서 동시에 제한(limited)일 수는 없다.

보간법

이상적 보간법

원신호의 복원법에 대한 앞에서의 설명은 임펄스 샘플링된 신호를 주파수 0에 있는 것을 제외하고 모든 에일리어스를 제거하기 위해 필터링한다는 것이다. 필터가 통과대역에서 $T = 1/f_s$의 일정한 이득을 갖고, 대역폭이 f_c, 여기서 $f_m < f_c < f_c - f_m$인 이상적 저역통과 필터라고 한다면, 주파수 영역에서 동작은 다음과 같이 된다.

$$\mathrm{X}(f) = T_s \operatorname{rect}(f/2f_c) \times \mathrm{X}_\delta(f) = T_s \operatorname{rect}(f/2f_c) \times f_s \, \mathrm{X}(f) * \delta_{f_s}(f)$$

식을 역변환하면,

$$\mathrm{x}(t) = \underbrace{T_s f_s}_{=1} 2f_c \operatorname{sinc}(2f_c t) * \underbrace{\mathrm{x}(t)(1/f_s)\delta_{T_s}(t)}_{=(1/f_s)\sum_{n=-\infty}^{\infty} \mathrm{x}(nT_s)\delta(t-nT_s)}$$

또는

$$\mathrm{x}(t) = 2(f_c/f_s)\operatorname{sinc}(2f_c t) * \sum_{n=-\infty}^{\infty} \mathrm{x}(nT_s)\delta(t - nT_s)$$

$$\mathrm{x}(t) = 2(f_c/f_s)\sum_{n=-\infty}^{\infty} \mathrm{x}(nT_s)\operatorname{sinc}(2f_c(t - nT_s)) \qquad (10.2)$$

가 된다. 명백히 비현실적인 아이디어인 임펄스 샘플링을 따르다가 결국 시간에 동일 간격의 점에서 값만 주어지고, 모든 시간에 걸쳐서 신호의 값을 채워야 하는 결과로 도달했다. 식 (10.2)에는 임펄스는 없고, 임펄스 샘플링에 의해 생긴 임펄스의 세기를 나타내는 샘플의 값만 있다. 샘플 간에 있는 잃어버린 값을 채우는 과정은 보간법(interpolation)이라 불린다.

$f_c = f_s/2$인 경우를 고려해 보자. 이 경우의 보간 절차는 더욱 간단한 식으로 표현된다.

$$\mathrm{x}(t) = \sum_{n=-\infty}^{\infty} \mathrm{x}(nT_s)\operatorname{sinc}((t - nT_s)/T_s)$$

이제 보간법은 〈그림 10.17〉에 나타낸 바와 같이, 단지 각 싱크 함수에 대응되는 샘플 값을 곱하고 나서 스케일링되고 이동된 싱크 함수들을 모두 더하는 것으로 구성된다.

〈그림 10.17〉에서 각 싱크 함수의 피크는 대응되는 샘플 시점에 있고, 모든 다른 샘플의 시점에는 0이 된다는 사실을 주목하라. 따라서 보간법이 샘플 시점에서 정확하다는 것은 명백

하다. 이상의 유도과정은 샘플 시점 사이의 모든 점에서도 정확하다는 사실을 보여준다.

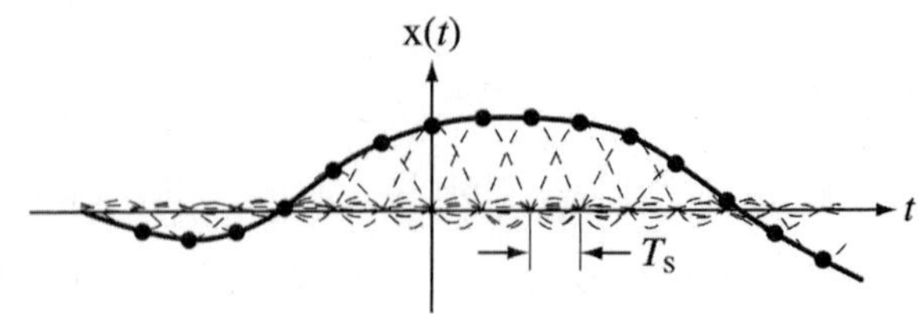

그림 10.17 코너 주파수가 샘플링률의 반인 이상적 저역통과 필터의 보간 절차

실제적 보간법

이전 절에서 보간법은 신호를 정확히 복원하지만 실제적으로 무한히 많은 샘플을 이용한다는 구현될 수 없는 가정에 근거한다. 어떤 점에서 보간된 값은 무한한 시간 범위의 무한히 많은 가중된 싱크 함수가 더해진 것이다. 그러나 실제로는 무한 샘플을 획득할 수 없으므로 유한 개의 샘플을 이용해 신호를 근사적으로 복원해야 한다. 많은 기술들이 이용될 수 있다. 복원의 정확성과 과다샘플링의 정도에 따라 주어진 상황에서 많은 기술 중 하나가 이용될 수 있다.

영차 홀드 가장 간단한 근사적 복원 개념은 가장 최근의 샘플 값이 항상 복원되는 것이다〈그림 10.14〉. 매 클록 펄스마다 새로운 출력 신호를 출력해 내는 D/A 변환기에 샘플이 수치 코드의 형태로 입력될 수 있기 때문에 이것은 가장 간단한 기술이다. 이 기술에 의해 출력된 신호는 원래 신호를 따라 계단 모양으로 출력한다. 이러한 형태의 복원 기술은 임펄스 샘플링에 의해 모델링될 수 있고, 임펄스 샘플링된 신호가 영차 홀드(zero-order hold)라 불리는 시스템을 통해 여기하게 되며, 영차 홀드의 임펄스 응답은 다음과 같다〈그림 10.19〉.

$$\mathrm{h}(t)=\begin{cases}1, & 0<t<T_s\\0, & \text{otherwise}\end{cases}=\mathrm{rect}\left(\frac{t-T_s/2}{T_s}\right)$$

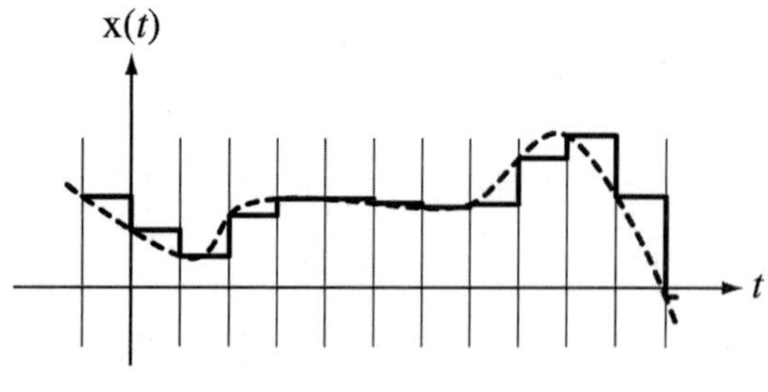

그림10.18 영차 홀드 신호 복원

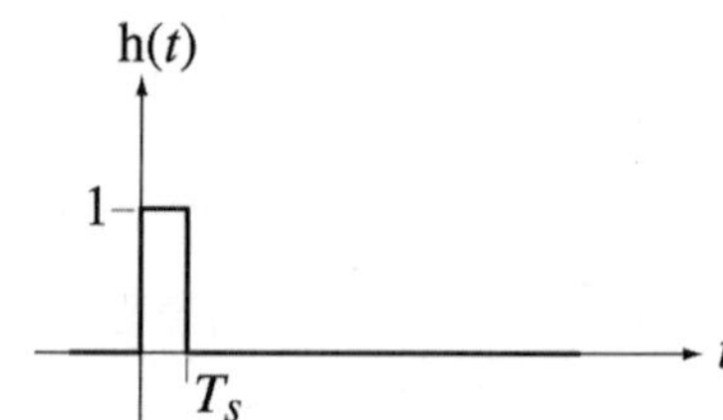

그림 10.19 영차 홀드의 임펄스 응답

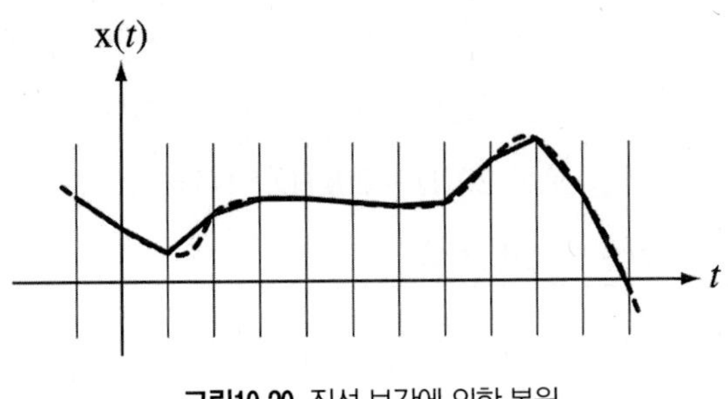

그림10.20 직선 보간에 의한 복원

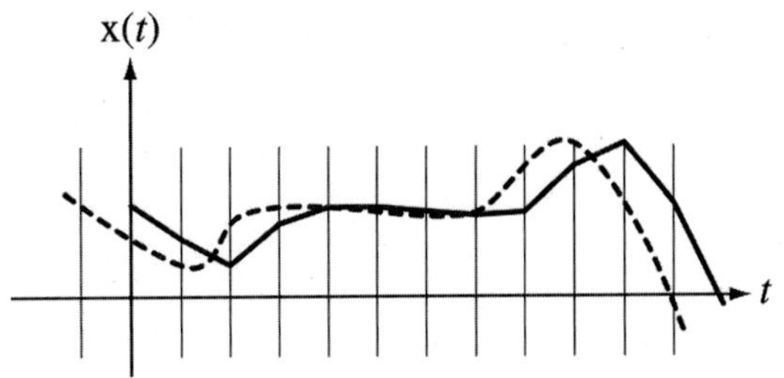

그림10.21 한 샘플 시간만큼 지연된 직선 신호 복원

에일리어싱 현상을 감소시키는 일반적인 방법은 영차 홀드에 의해 출력된 계단 형태를 평탄화하기 위해 영차 홀드에 이어서 실질적인 저역통과 필터를 이용하는 것이다. 영차 홀드는 인과적이기 때문에 필연적으로 원신호에 비해 지연되고 실제 저역통과 필터는 지연을 훨씬 더 한다.

1차 홀드 다른 자연스러운 복원 방법은 샘플들 사이를 직선으로 보간하는 방법이다〈그림 10.20〉. 이 방법은 확실히 원래 신호에 더 근접하게 만들 수 있지만 구현이 어렵다. 〈그림 10.20〉에 나타낸 바와 같이, 보간 된 신호의 어떤 시점의 값은 이전의 샘플 값과 다음 샘플 값에 의존한다. 이것은 다음 샘플 값을 실시간에 모르기 때문에 실시간으로 동작될 수는 없다. 그러나 한 샘플 시간 T_s 만큼 복원 신호를 지연시킨다면 실시간처럼 복원 과정을 만들 수 있다. 복원된 신호는 〈그림 10.21〉과 같이 나타날 것이다.

이 보간법은 영차 홀드에 동일한 영차 홀드를 이어서 얻을 수 있다. 이러한 보간 시스템의 임펄스 응답은 영차 홀드 펄스 응답이 자신과 컨벌루션된 것이다〈그림 10.22〉.

$$\mathrm{h}(t) = \mathrm{rect}\left(\frac{t - T_s/2}{T_s}\right) * \mathrm{rect}\left(\frac{t - T_s/2}{T_s}\right) = \mathrm{tri}\left(\frac{t - T_s}{T_s}\right)$$

이러한 필터의 종류를 1차 홀드(first-order hold)라고 한다.

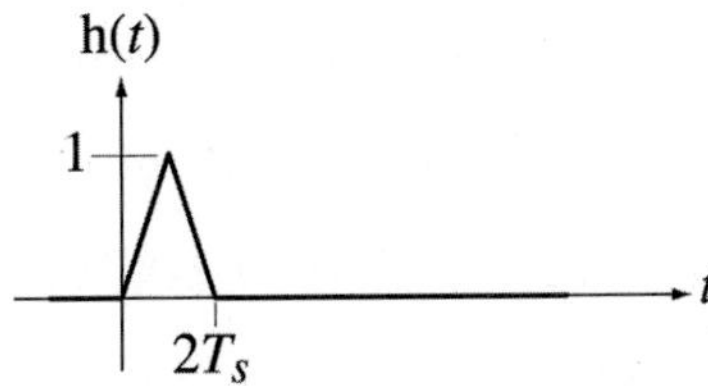

그림10.22 1차 홀드의 임펄스 응답

샘플링과 신호 복원이 이용되는 익숙한 예는 음악 CD이다. CD는 음악 신호를 44.1kHz의 비율로 샘플링된 음악 신호의 샘플들을 저장한다. 샘플링률의 반은 22.05kHz이다. 약간 차이는 있지만 젊고 건강한 사람의 귀의 주파수 응답은 보통 20Hz ~ 20kHz 범위이다. 그래서 샘플링률을 사람이 들을 수 있는 최대 주파수보다 2배 빠르게 한다.

대역통과 신호의 샘플링

앞에서 설명한 바와 같이 샘플링 이론은 간단한 아이디어를 기본으로 한다. 충분히 빨리 샘플링하면 에이리어스는 겹치지 않고 원신호는 이상적 저역통과 필터에 의해 복원될 수 있다. 신호의 최고 주파수의 2배보다 빨리 샘플링하면 샘플로부터 신호를 복원할 수 있다는 걸 알았다. 이는 모든 신호에 대해 사실이지만, 어떤 신호에서는 최소 샘플링률을 낮출 수도 있다.

신호의 최고 주파수의 2배보다 더 큰 비율로 샘플링 해야 한다는 설명은 낮은 비율로 샘플링하면 에일리어스가 겹칠 거라고 은연중에 가정한 것이다. 개념을 설명하기 위해 앞에서 이용한 스펙트럼에서는 에일리어스가 겹친다. 그러나 모든 신호에서 그런 것은 아니다. 예를 들어 연속시간 신호가 15 kHz $< |f| <$ 20 kHz에서만 0 아닌 값을 갖는 좁은 대역통과 스펙트럼을 갖는다고 하자. 그러면 신호의 대역폭은 5kHz이다〈그림 10.23〉.

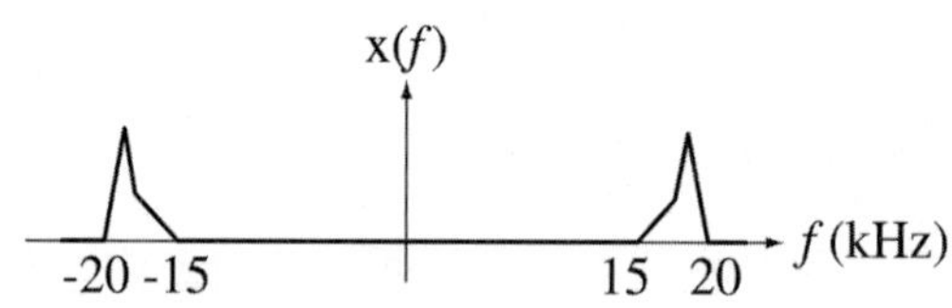

그림 10.23 좁은 대역통과 신호의 스펙트럼

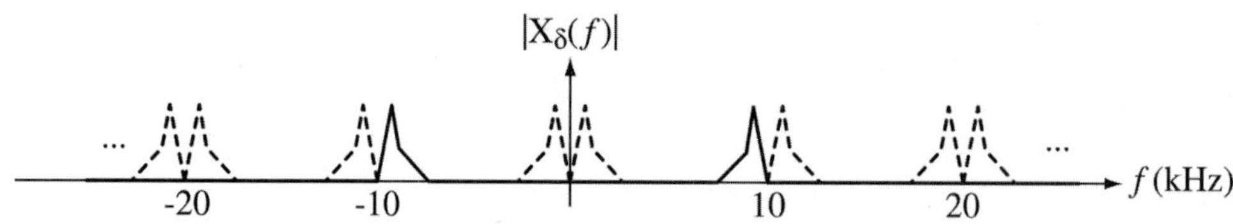

그림 10.24 20kHz로 임펄스 샘플링된 대역통과 신호의 스펙트럼

이 신호를 20kHz로 임펄스 샘플링하면 〈그림 10.24〉와 같은 에일리어스를 얻는다. 이 에일리어스는 겹치지 않는다. 그러므로 원신호의 스펙트럼을 알고 올바른 필터링을 하면 샘플로부터 신호를 복원하는 것이 가능할 것이다. 심지어 최고 주파수의 반인 10kHz로 임펄스 샘플링하면 〈그림 10.25〉의 에일리어스를 얻고, 같은 필터로(이론적으로는) 여전히 원신호를 복

원할 수 있을 것이다. 그러나 더 낮은 비율로 샘플링하면 에일리어스는 겹치고 원신호를 복원할 수 없을 것이다. 이러한 최소 샘플링률은 신호의 최고 주파수의 2배가 아니고 신호 대역폭의 2배이다.

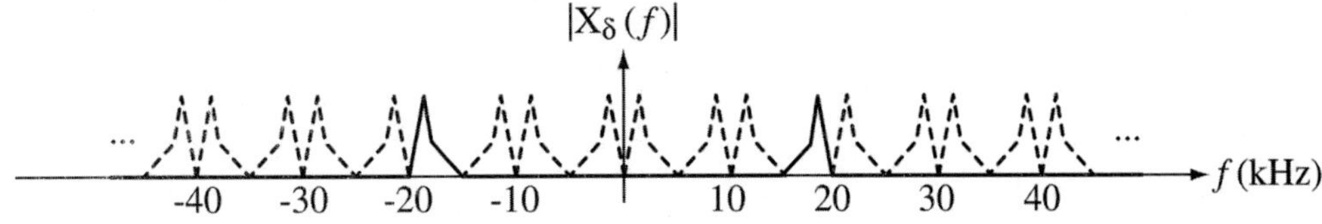

그림 10.25 10kHz로 임펄스 샘플링된 대역통과 신호의 스펙트럼

이 예에서 최고 주파수와 신호 대역폭의 비는 정수이다. 이 비가 정수가 아니면 에일리어싱을 피하는 최소의 샘플링률을 찾기가 더 어려워진다〈그림 10.26〉.

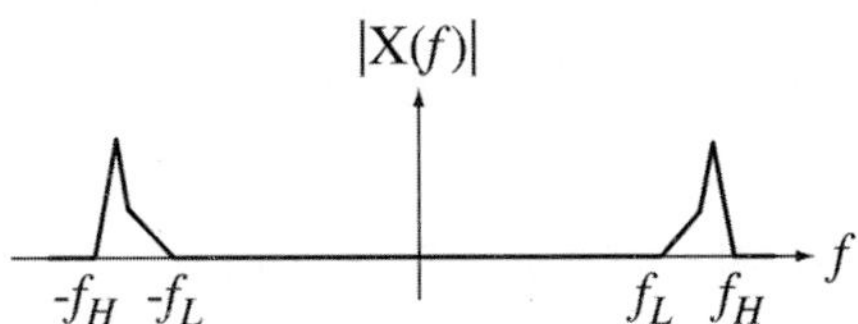

그림 10.26 일반적인 대역통과 신호의 진폭 스펙트럼

에일리어스는 샘플링률의 정수배의 이동에서 발생한다. 정수 k를 에일리어스의 인덱스라 하자. 그러면 $(k-1)$번째 에일리어스는 온전히 f_L 아래에 놓여야 하고, k번째 에일리어스는 온전히 f_H 위에 놓여야 한다. 즉,

$$(k-1)f_s + (-f_L) < f_L \Rightarrow (k-1)f_s < 2f_L$$

$$kf_s + (-f_H) > f_H \Rightarrow kf_s > 2f_H$$

이어야 한다. 두 부등식을 다시 정렬하면 다음과 같이 된다.

$$(k-1)f_s < 2(f_H - B)$$

여기서, B는 대역폭 $f_H - f_L$이고,

$$\frac{1}{f_s} < \frac{k}{2f_H}$$

이다. 이제 이 부등식들의 좌변의 곱이 우변의 곱보다 작다고 하자.

$$k-1<(f_H-B)\frac{k}{f_H} \Rightarrow k<\frac{f_H}{B}$$

k가 정수가 되어야 하므로 이는 k에 대한 실제 한계는 f_H/B의 최대 정수인

$$k_{\max}=\left\lfloor \frac{f_H}{B} \right\rfloor$$

이라는 것을 의미한다. 따라서 두 개의 조건,

$$k_{\max}=\left\lfloor \frac{f_H}{B} \right\rfloor \text{와 } k_{\max}>\frac{2f_H}{f_{s,\min}}$$

또는 단일 조건

$$f_{s,\min}>\frac{2f_H}{\lfloor f_H/B \rfloor}$$

이 에일리어싱이 발생하지 않는 최소 샘플링률을 결정한다.

예제 10.3

에일리어싱을 피하는 최소 샘플링률

신호가 34 kHz < $|f|$ < 47 kHz의 범위 밖에서는 0 아닌 스펙트럼 성분이 없다고 하자. 에일리어싱을 피하는 최소 샘플링률은 얼마인가?

$$f_{s,\min}>\frac{2f_H}{\lfloor f_H/B \rfloor}=\frac{94\text{ kHz}}{\lfloor 47\text{ kHz}/13\text{ kHz} \rfloor}=31.333\text{ kHz}$$

■

예제 10.4

에일리어싱을 피하는 최소 샘플링률

신호가 0 < $|f|$ < 580 kHz의 범위 밖에서는 0 아닌 스펙트럼 성분이 없다고 하자. 에일리어싱을 피하는 최소 샘플링률은 얼마인가?

$$f_{s,\min}>\frac{2f_H}{\lfloor f_H/B \rfloor}=\frac{1160\text{ kHz}}{\lfloor 580\text{ kHz}/580\text{ kHz} \rfloor}=1160\text{ kHz}$$

이는 저역통과 신호이고, 최소 샘플링률은 샘플링 이론에서 원래 결정된 바와 같이 최고 주파수의 두 배이다.

■

대부분의 공학적 설계 상황에서 샘플링률을 신호의 최고 주파수의 두 배 넘게 선택하는 것은 실용적인 해법이다. 곧 알게 되겠지만, 다른 신호처리 연산을 단순화하기 위해 샘플링률은 보통 나이퀴스트율보다 상당히 높다.

정현파 신호의 샘플링

푸리에 해석의 중요한 점은 어떤 신호든지(실수 또는 복소수의) 정현파 신호로 분해될 수 있다는 것이다. 그러므로 실수 정현파 신호를 나이퀴스트율 이상 또는 이하로 샘플링해 봄으로써 샘플링을 살펴보자. 각 예에서 샘플은 $t = 0$에서 발생한다. 이는 정확히 표현된 수학적 신호와 샘플링 방법 간의 위상 관계를 정의한다(이는 임의로 하지만 샘플링 기준 시간은 항상 있어야 하고, 유한 시간동안 샘플링을 할 때 다른 말이 없으면 첫 샘플은 항상 $t = 0$에 있다. 또한 디지털 신호처리에서 DFT를 이용할 때 첫 샘플은 보통 $t = 0$에서 발생한다고 가정한다).

경우 **1.** 주파수의 4배 또는 나이퀴스트율의 2배로 샘플링된 코사인 신호〈그림 10.27〉

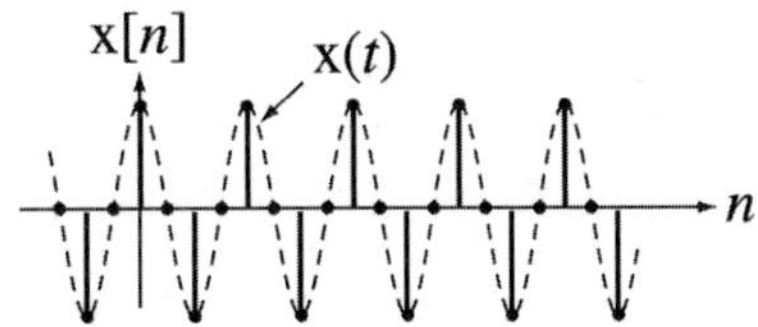

그림 10.27 나이퀴스트율의 2배로 샘플링된 코사인 신호

샘플링된 값은 이 정현파 신호를 알아볼 수 있을 만큼 충분히 샘플링되었다는 것을 명확히 알 수 있다. 나이퀴스트 주파수 아래의 어떤 주파수의 어떤 정현파도 전체 시간 범위 $-\infty < n < +\infty$에서 모든 샘플을 정확히 지나지 못할 것이다. 사실 나이퀴스트 주파수 아래의 다른 어떤 종류의 신호도 모든 샘플을 정확히 지나지 못할 것이다.

경우 **2.** 주파수의 2배 또는 나이퀴스트율로 샘플링된 코사인 신호〈그림 10.28〉

이 샘플링은 신호를 유일하게 결정하기에 적절한가? 아니다. 〈그림 10.29〉의 정현파 신호를 고려해 보자. 이는 같은 주파수를 갖고 같은 샘플을 정확히 통과한다.

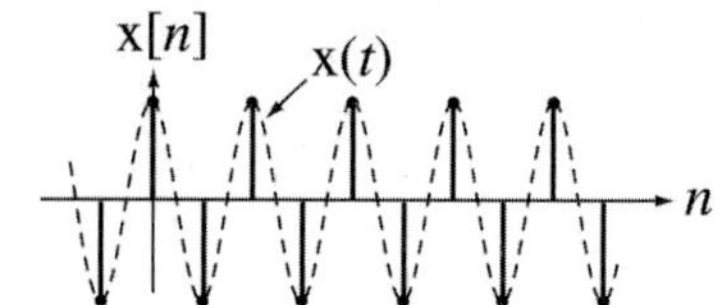

그림 10.28 나이퀴스트율로 샘플링된 코사인 신호

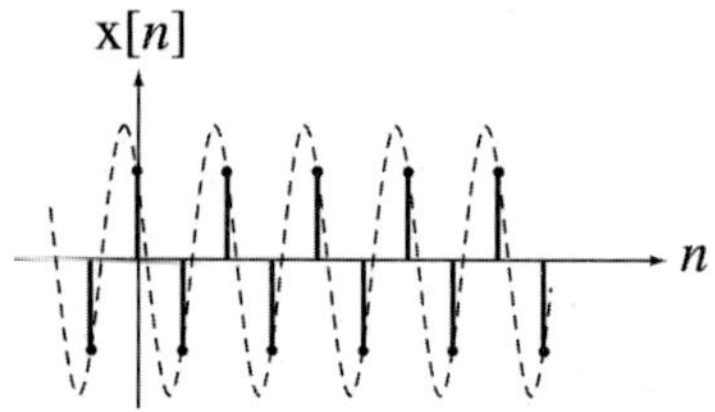

그림 10.29 나이퀴스트율로 샘플링된 코사인 신호와 같은 샘플을 갖는 정현파 신호

이 경우는 샘플링 이론에서 언급된 미묘한 경우를 나타낸 것이다. 일반적인 신호를 샘플로부터 정확하게 복원하기 위해서는 샘플링률이 정확한 나이퀴스트율보다는 나이퀴스트율 이상이 되어야 한다. 이전 예에서는 정확한 나이퀴스트 주파수에서 신호의 전력이 0이 되기 때문에(거기에서 진폭 스펙트럼에 임펄스가 없음) 이는 문제가 되지 않았다. 만약 신호의 정확한 대역 경계에 정현파가 있다면 정확한 복원을 위해 샘플링은 보통 나이퀴스트율을 넘어야 한다. 신호의 주파수는 애매하지 않다. 그러나 위에서 본 바와 같이 진폭과 위상에서는 애매모호하다. 만약 〈그림 10.29〉의 샘플에 앞에서 유도한 싱크 함수 보간법을 적용하면 피크에서 샘플링된 〈그림 10.28〉의 코사인 신호가 나올 것이다.

어떤 주파수의 정현파 신호라도 같은 주파수의 어떤 진폭의 이동 없는 코사인 신호와 같은 주파수의 어떤 진폭의 이동 없는 사인 신호의 합으로 표현될 수 있다. 이동 없는 사인 및 코사인 신호의 진폭은 원래 정현파 신호의 위상에 의존한다. 삼각함수 등식을 이용하면,

$$A\cos(2\pi f_0 t + \theta) = A\cos(2\pi f_0 t)\cos(\theta) - A\sin(2\pi f_0 t)\sin(\theta)$$

$$A\cos(2\pi f_0 t + \theta) = \underbrace{A\cos(\theta)}_{A_c}\cos(2\pi f_0 t) + \underbrace{[-A\sin(\theta)]}_{A_s}\sin(2\pi f_0 t)$$

$$A\cos(2\pi f_0 t + \theta) = A_c\cos(2\pi f_0 t) + A_s\sin(2\pi f_0 t)$$

정현파 신호가 정확히 나이퀴스트율로 샘플링될 때 싱크 함수 보간법은 에일리어싱의 영향으로 코사인 성분만 나타내고, 사인 성분은 제거된다. 일반적인 정현파 신호의 코사인 성분은 동상(in-phase) 성분이라 불리고, 사인 성분은 직각(quadrature) 성분이라고 불린다. 정현파 신

호의 직각 성분이 제거되는 것은, 이동 없는 사인 함수를 나이퀴스트율로 샘플링하면 시간 영역에서 쉽게 관찰할 수 있다. 모든 샘플이 0이 된다〈그림 10.30〉.

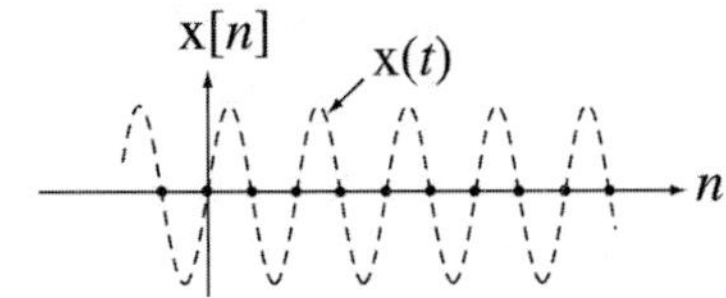

그림 10.30 나이퀴스트율로 샘플링된 사인 신호

만약 어떤 신호에 정확히 나이퀴스트율에 있는 어떤 진폭의 정현파 함수를 더하고, 이 새로운 신호를 샘플링한다면 매 샘플 시점마다 사인 함수의 값이 0이므로 샘플은 마치 사인 함수가 없는 것과 같게 된다〈그림 10.31〉. 그러므로 신호를 샘플링할 때 정확히 나이퀴스트 주파수에 있는 신호의 직각 성분 또는 사인 성분은 잃게 된다.

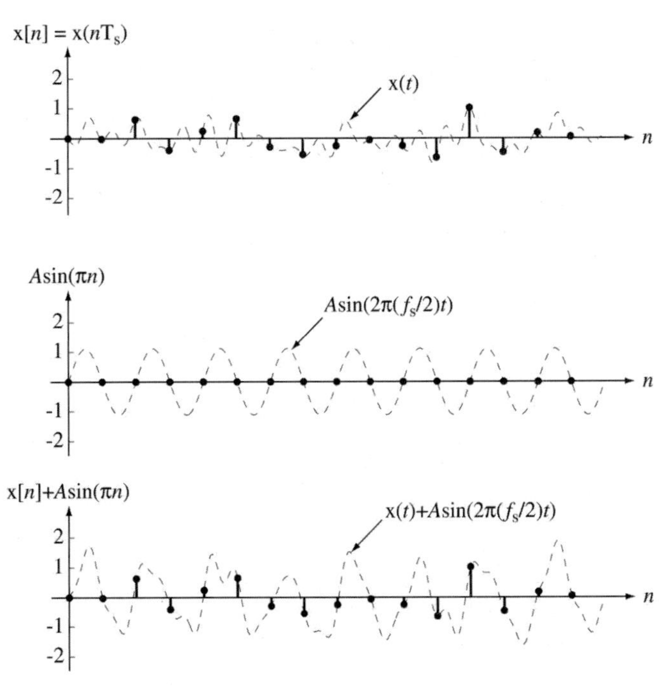

그림 10.31 나이퀴스트 주파수의 사인 신호를 더한 샘플의 영향

경우 **3.** 나이퀴스트율보다 약간 높게 샘플링된 정현파 신호〈그림 10.32〉

샘플링률이 나이퀴스트율보다 약간 높기 때문에 샘플은 모두 0 교차점(zero crossing)에서 나타나지 않고, 샘플에는 신호를 복원하기에 충분한 정보를 가진다. 나이퀴스트 주파수보다 낮은 주파수를 갖고, 모든 이러한 샘플을 통과하는 유일한 진폭, 위상 및 주파수를 갖는 정현파

가 딱 하나 있다.

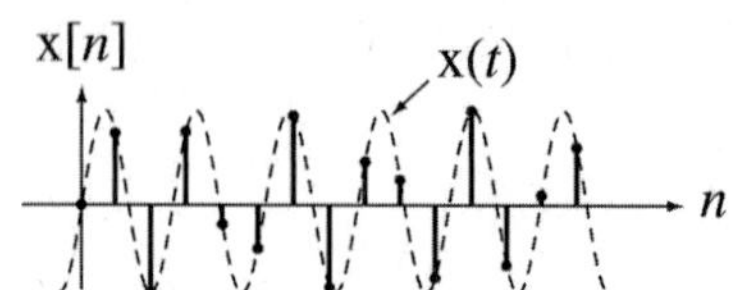

그림 10.32 나이퀴스트율보다 약간 높게 샘플링된 사인 신호

경우 **4.** 같은 샘플 값을 갖고 동일한 비율로 샘플링된 다른 주파수의 두 정현파 신호〈그림 10.33〉

이 경우에 저주파 정현파는 과다 샘플링되고 고주파 정현파는 과소샘플링되었다. 이 예는 과소샘플링으로 인한 모호성을 보여 준다. 고주파의 정현파 신호의 샘플을 보면 샘플링 이론에 따라 적절히 샘플링되었다고 생각하고 저주파 정현파에서 나온 신호라고 이해할 것이다.

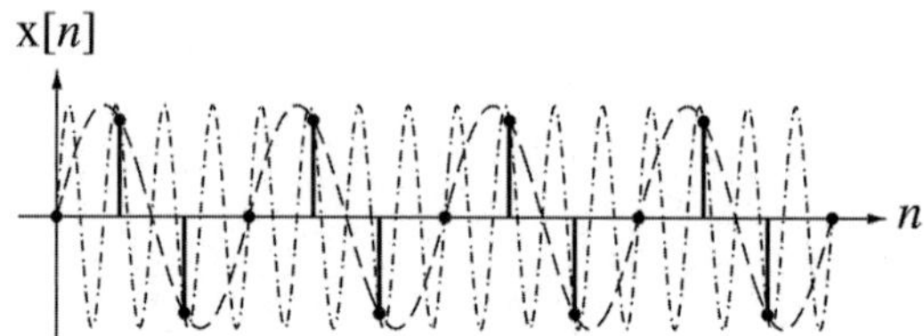

그림 10.33 같은 샘플 값을 갖는 다른 주파수의 두 정현파 신호

만약 $x_1(t) = A\cos(2\pi f_0 t + \theta)$가 f_s의 비율로 샘플링되면 샘플은 다른 정현파 신호 $x_2(t) = A\cos(2\pi(f_0 + kf_s)t + \theta)$(여기서 k는 음의 정수를 포함하는 정수)로부터 샘플링된 것과 같게 될 것이다. 이는 $x_2(t)$의 인수를 전개하면, 즉 $x_2(t) = A\cos(2\pi f_0 t + 2\pi(kf_s)t + \theta)$를 보면 알 수 있다. 샘플은 시점 nT_s에서 발생하며, 여기서 n은 정수이다. 그러므로 두 정현파 신호의 n번째 샘플 값은 다음과 같다.

$$x_1(nT_s) = A\cos(2\pi f_0 nT_s + \theta) \quad \text{and} \quad x_2(nT_s) = A\cos(2\pi f_0 nT_s + 2\pi(kf_s)nT_s + \theta)$$

$f_sT_s = 1$이므로 두 번째 식은 $x_2(nT_s) = Acos(2\pi f_0 nT_s + 2\pi kn + \theta)$로 간단해진다. kn은 정수의 곱이므로 역시 정수이고, 정현파 신호의 인수에 2π의 정수 배를 더해도 값이 변하지 않으므로

$$x_2(nT_s) = A\cos(2\pi f_0 nT_s + 2k\pi n + \theta) = A\cos(2\pi f_0 nT_s + \theta) = x_1(nT_s)$$

가 된다.

대역제한 주기 신호

앞 절에서 신호를 적절히 샘플링하기 위한 요구 사항을 공부했다. 또한 신호를 완전하게 복원하기 위해 보통 무한히 많은 샘플이 필요하다는 것도 배웠다. DSP 시스템은 저장 용량이 제한되기 때문에 유한 개의 샘플을 이용해 신호를 해석하는 방법을 배우는 것은 중요하다.

유한 개의 샘플로 완전하게 설명될 수 있는 신호의 종류가 있는데, 그것은 대역제한 주기 신호이다. 한 주기 동안 어떤가를 알게 되면 모든 주기에 대하여 설명이 가능하며, 한 주기는 길이가 유한하다〈그림 10.34〉.

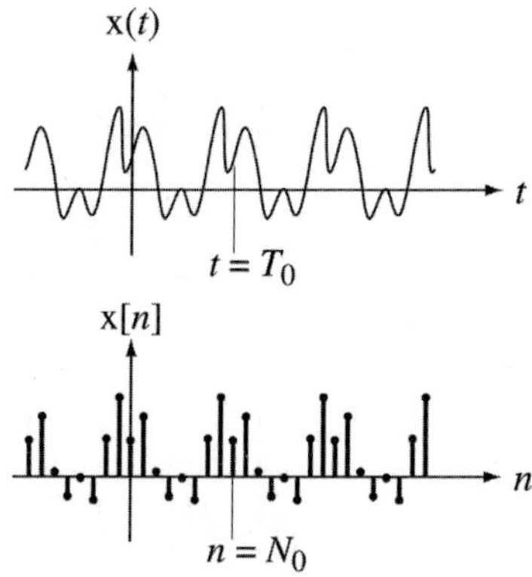

그림 10.34 대역제한 주기 연속시간 신호와 이를 한 주기당 8번 샘플링한 이산시간 신호

그러므로 나이퀴스트율 이상이고 기본 주파수의 정수배로 샘플링된 대역제한 주기 신호의 한 주기 동안의 샘플은 그 신호를 완전히 설명할 수 있다. 샘플링률을 기본 주파수의 정수배로 하는 것은 어떤 기본 주기로부터 얻은 샘플도 다른 기본 주기의 샘플과 정확히 같다는 것을 보장한다.

대역제한 주기 신호 $x(t)$를 나이퀴스트율 이상으로 샘플링한 신호는 주기 신호 $x_s[n]$이라 하고, 같은 비율로 $x(t)$를 임펄스 샘플링한 신호를 $x_\delta(t)$라 하자〈그림 10.35〉.

한 기본 주기의 샘플이 대역제한 주기 신호를 완전히 설명하기에 충분하다는 것을 강조하기 위하여 한 주기의 샘플만 〈그림 10.35〉에 나타냈다. 이 신호들의 푸리에 변환을 구할 수 있다〈그림 10.36〉.

$x(t)$의 CTFT는 주기성 때문에 임펄스로 이루어지고, 대역제한되기 때문에 유한 개의 임펄스로 이루어진다. 그래서 유한 개의 수가 시간 및 주파수 영역에서 신호를 완전하게 특징짓는다. 만약 $X(f)$의 임펄스 세기에 샘플링률 f_s를 곱하면, $X_\delta(f)$의 같은 주파수 범위에서 임펄스 세기를 가질 것이다.

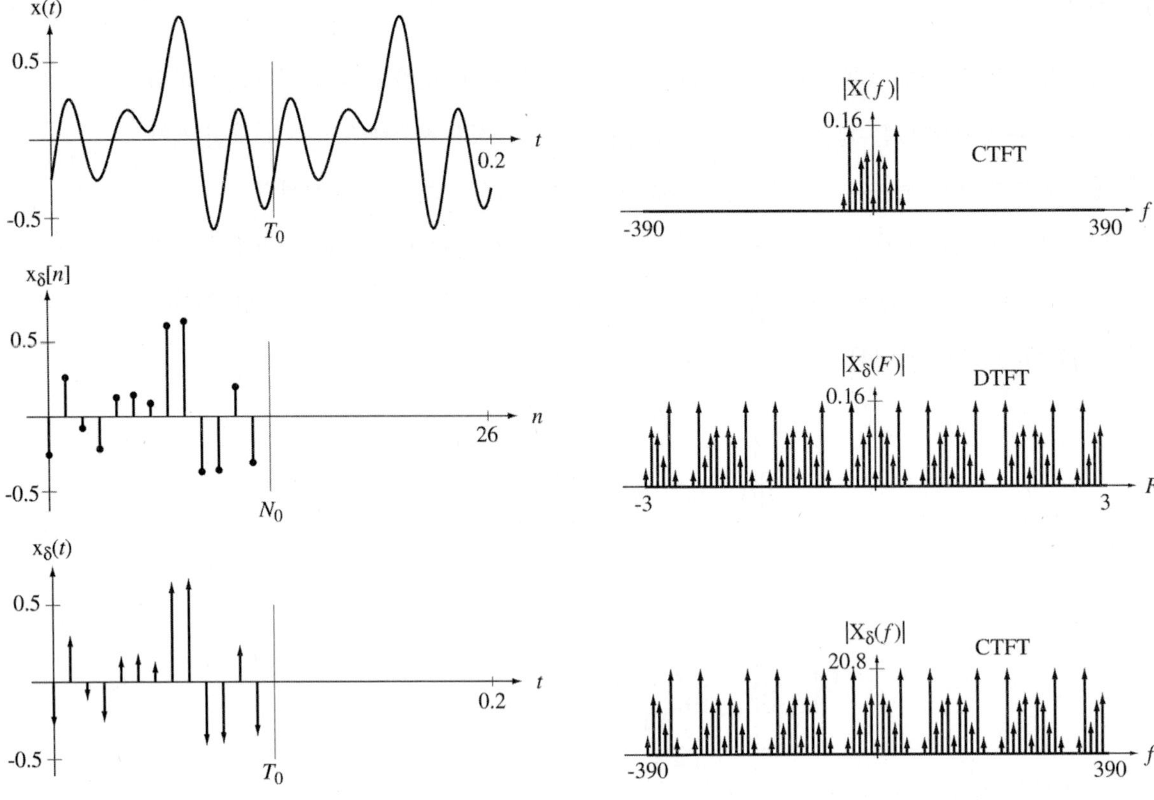

그림 10.35 대역제한 주기 연속시간 신호, 이산시간 신호 및 나이퀴스트율 이상으로 샘플링된 연속시간 임펄스 신호

그림 10.36 〈그림 10.35〉의 세 영역 신호들의 푸리에 변환의 진폭

예제 10.5

DFT 고조파 함수로부터 CTFS 고조파 함수 구하기

$x(t) = 4 + 2\cos(20\pi t) - 3\sin(40\pi t)$ 신호를 기본 주파수의 정수배로 나이퀴스트율을 넘게 한 기본 주기에서 샘플링하고, 샘플의 DFT 고조파 함수를 구하여 CTFS 고조파 함수를 구하라.

신호에는 정확히 0Hz, 10Hz 및 20Hz의 주파수가 있다. 그러므로 신호의 최고 주파수는 $f_m = 20$Hz이고, 나이퀴스트율은 40Hz이다. 기본 주파수는 10Hz와 20Hz의 최대공약수이므로 10Hz이다. 따라서 1/10초마다 샘플링해야 한다. 정확히 한 기본 주기 동안 나이퀴스트율로 샘플링하려면 4개의 샘플을 얻을 것이다. 만약 기본 주파수의 정수배로 나이퀴스트율을 넘게 샘플링하려면 한 기본 주기 동안에 5개 이상의 샘플을 취하여야 한다. 계산을 간단히 하기 위해 한 기본 주기에 8번 샘플링 즉, 샘플링률을 80Hz로 할 것이다. $t = 0$에 샘플링을 시작하면 샘플은 다음과 같다.

$$\{x[0], x[1], \ldots x[7]\} = \{6,\ 1+\sqrt{2},\ 4,\ 7-\sqrt{2},\ 2,\ 1-\sqrt{2},\ 4,\ 7+\sqrt{2}\}$$

이산시간 함수의 DFT 고조파 함수를 구하는 식을 이용하면,

$$X[k] = \sum_{n=\langle N_0 \rangle} x[n] e^{-j2\pi kn/N_0}$$

이고, 다음을 얻는다.

$$\{X[0], X[1], \ldots, X[7]\} = \{32,\ 8,\ j12,\ 0,\ 0,\ 0,\ -j12,\ 8\}$$

이 식의 우변은 함수 x[n]의 DFT 고조파 함수 X[k]의 한 기본 주기이다. 다음 식을 이용해

$$c_x[k] = (1/T_0) \int_{T_0} x(t) e^{-j2\pi kt/T_0}\, dt$$

$x(t) = 4 + 2\cos(20\pi t) - 3\sin(40\pi t)$의 CTFS 고조파 함수를 구하면, 다음을 얻을 수 있다.

$$\{c_x[-4], c_x[-3], \ldots, c_x[4]\} = \{0,\ 0, -j3/2,\ 1,\ 4,\ 1,\ j3/2,\ 0,\ 0\}$$

이 두 결과에서 1/N을 곱한 DFT 고조파 함수의 {X[0], X[1], X[2], X[3], X[4]} 값은 CTFS 고조파 함수 {c_x[0], c_x[1], c_x[2], c_x[3], c_x[4]}는 같다. X[k]는 기본 주기가 8인 것을 이용하면 (1/8){X[-4], X[-3], X[-2], X[-1]}과 {c_x[-4], c_x[-3], c_x[-2], c_x[-1]}도 역시 같다.

이제 나이퀴스트율로 샘플링해 샘플링 이론을 지키지 않아 보자. 이 경우에는 한 기본 주기에 4개의 샘플이 되고,

$$\{x[0], x[1], x[2] x[3]\} = \{6,\ 4,\ 2,\ 4\}$$

DFT 고조파 함수의 한 주기는

$$\{X[0], X[1], X[2], X[3]\} = \{16,\ 4,\ 0,\ 4\}$$

이다. CTFS 고조파 함수의 0 아닌 값은 다음의 집합이 된다.

$$\{c_x[-2], c_x[-1], \ldots, c_x[2]\} = \{-j3/2,\ 1,\ 4,\ 1,\ j3/2\}$$

X[2]=0이므로 c_x[2]의 j3/2은 DFT 고조파 함수에서 잃어버린다. 이 값은 40Hz에서 사인 함수의 진폭이다. 이것은 사인 함수를 나이퀴스트율로 샘플링할 때 정확히 0교차점을 샘플링하

기 때문에 샘플들을 볼 수 없다는 사실을 다시 보여준 것이다.

시간 영역에서 한 기본 주기의 샘플에 근거한 신호의 표현은 유한 수의 집합 $x_s[n]$, $n_0 \le n < n_0 + N$으로 구성되며, N개의 독립 실수를 갖는다. 대응되는 신호의 주파수 영역의 DFT 고조파 함수 표현은 유한 수의 집합 $X_s[k], k_0 \le k < k_0 + N$으로 구성되며, N개의 복소수를 갖고, 이는 $2N$개의 실수가 된다(복소수에 대해 실수부와 허수부의 두 개의 실수임). 따라서 시간 영역의 표현이 더 적은 실수로 표현되니 주파수 영역보다 효율적으로 보인다. 그러나 집합 $X_s[k], k_0 \le k < k_0 + N$가 다른 추가 정보 없이 집합 $x_s[n], n_0 \le n < n_0 + N$으로부터 직접 계산된다면 어떨까? 두 숫자 집합들 간의 관계를 자세히 조사해 보면, 위의 명확한 차이는 착각이라는 걸 알게 될 것이다.

7장에서 먼저 살펴본 바와 같이, $X_s[0]$는 항상 실수이다. 이는 다음의 DFT 공식으로 계산될 수 있다.

$$X_s[0] = \sum_{n=\langle N \rangle} x_s[n]$$

모든 $x_s[n]$은 실수이고 $X_s[0]$는 단지 모든 $x_s[n]$의 합이므로 $X_s[0]$도 역시 실수이어야 한다. 따라서 이 수는 결코 0 아닌 허수부를 갖지 않는다. 다음에는 N이 우수 및 기수인 두 경우를 고려해 보자.

경우 **1.** N 우수

일반적으로 간단히 하기 위해

$$X_s[k] = \sum_{n=\langle N \rangle} x_s[n] e^{-j\pi kn/N} = \sum_{n=k_0}^{k_0+N-1} x_s[n] e^{-j\pi kn/N}$$

에서 $k_0 = -N/2$이라 하자. 그러면

$$X_s[k_0] = X_s[-N/2] = \sum_{n=\langle N \rangle} x_s[n] e^{j\pi n} = \sum_{n=\langle N \rangle} x_s[n](-1)^n$$

이고, $X_s[-N/2]$는 실수가 확실하다. 한 주기에서 모든 DFT 고조파 함수 값은 $X_s[0]$와 $X_s[-N/2]$를 빼면 $X_s[k]$와 $X_s[-k]$의 쌍으로 나타난다. 이제 어떤 실수 $x_s[n]$에 대해서도 $X_s[k] = X_s^*[-k]$라는 것을 상기하자. 즉, $X_s[k]$를 알면 $X_s[-k]$도 알 수 있다. 따라서 각 $X_s[k]$가

두 실수를 갖고, 또한 $X_s[-k]$도 마찬가지지만 $X_s[k]=X_s^*[-k]$라는 것을 이미 알고 있으므로, $X_s[-k]$는 다른 정보를 더하지는 않는다. $X_s[-k]$는 $X_s[k]$에 독립적이지 않다. 따라서 독립변수로는 $X_s[0]$, $X_s[N/2]$와 $X_s[k]$, $1 \le k < N/2$를 갖는다. $k = 1$부터 $k = N/2-1$까지 모든 $X_s[k]$는 전체 $2(N/2-1)=N-2$개의 독립 실수를 갖는다. 두 실수 $X_s[0]$와 $X_s[N/2]$를 더하면 최종적으로 신호의 주파수 영역 표현에서 전체 N개의 독립 실수를 갖는다.

경우 **2.** N 기수

일반적으로 간단히 하기 위해 $k_0 = -(N-1)/2$이라 하자. 이 경우에 $X_s[0]$와 $(N-1)/2$개의 켤레 복소쌍 $X_s[k]$와 $X_s[-k]$를 갖는다. 이미 $X_s[k]=X_s^*[-k]$라는 것은 알고 있다. 따라서 실수 $X_s[0]$와 켤레 복소쌍 당 두 독립실수 또는 $N-1$개의 독립실수를 가져서 전체 N개의 독립실수를 갖는다.

독립실수의 형태로 있는 정보는 시간 영역에서 주파수 영역으로 변환되는 과정에서도 보존된다.

DFT를 이용한 신호 처리

CTFT-DFT 관계

이어지는 CTFT와 DFT 간의 관계를 전개할 때 원래 함수의 CTFT에서 DFT로의 모든 처리 단계가 예제 신호를 통해 설명될 것이다. 그 후 신호처리 연산에서 DFT의 몇 가지 용도가 전개될 것이다. 변환관계가 DTFT의 Ω형식보다 조금 더 대칭적이므로 F형식을 이용할 것이다.

신호 $x(t)$를 샘플링된 신호라 하고, 취해진 전체 샘플 수는 N이라 하며, 여기서 $N = Tf_s$이고, T는 전체 샘플링 시간이며, f_s는 샘플링 주파수이다. 그러면 샘플 간 시간은 $T_s = 1/f_s$이다. 다음에 원신호의 예가 시간과 주파수 영역에서 주어져 있다〈그림 10.37〉.

CTFT를 DFT로 변환하는 첫 단계는 신호 $x(t)$를 샘플링해 신호 $x_s[n]=x(nT_s)$를 구성하는 것이다. 이산시간 함수에 대응하는 주파수 영역은 DTFT이다. 다음 절에서 이 두 변환 간의 관계를 살펴볼 것이다.

CTFT-DTFT 관계 CTFT는 연속시간 함수의 푸리에 변환이고, DTFT는 이산시간 함수의 푸리에 변환이다. 연속시간 함수 $x(t)$에 주기 T_s의 주기 임펄스를 곱하면 연속시간 임펄스 함수

$$x_\delta(t) = x(t)\delta_{T_s}(t) = \sum_{n=-\infty}^{\infty} x(nT_s)\delta(t-nT_s) \tag{10.3}$$

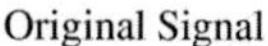

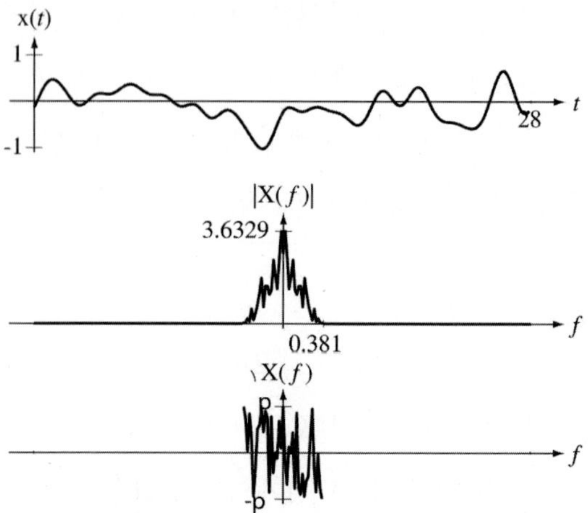

그림 10.37 원신호와 그 신호의 CTFT

를 생성한다. 이제 T_s의 정수배에서 연속시간 함수 $x(t)$의 값과 같은 값을 갖는(연속시간 임펄스 함수 $x_\delta(t)$의 임펄스의 세기이기도 함) 함수 $x_s[n]$을 생성한다면 $x_s[n]=x(nT_s)$가 된다. 두 함수 $x_s[n]$과 $x_\delta(t)$는 같은 수(임펄스 세기)의 집합으로 표현되고 같은 정보를 갖는다. 이제 식 (10.3)의 CTFT를 구하면 다음과 같다.

$$X_\delta(f) = X(f) * f_s\delta_{f_s}(f) = \sum_{n=-\infty}^{\infty} x(nT_s)e^{-j2\pi fnT_s}$$

여기서, $f_s = 1/T_s$이고, $x(t) \xleftrightarrow{\mathcal{F}} X(f)$이다. 달리 표현하면

$$X_\delta(f) = f_s \sum_{k=-\infty}^{\infty} X(f - kf_s) = \sum_{n=-\infty}^{\infty} x_s[n]e^{-j2\pi fn/f_s}$$

이다. $f \to f_sF$로 변수를 치환하면 다음을 얻는다.

$$X_\delta(f_sF) = f_s \sum_{k=-\infty}^{\infty} X(f_s(F-k)) = \underbrace{\sum_{n=-\infty}^{\infty} x_s[n]e^{-j2\pi nF}}_{=X_s(F)}$$

마지막 식은 정확히 $x_s[n]$의 DTFT 정의식이고, 이는 $X_s(F)$이다. 요약하면, $x_s[n]=x(nT_s)$이고, $x_\delta(t) = \sum_{n=-\infty}^{\infty} x_s[n]\delta(t-nT_s)$라면,

$$\boxed{X_s(F) = X_\delta(f_sF)} \qquad (10.4)$$

또는

$$\boxed{X_\delta(f) = X_s(f/f_s)} \tag{10.5}$$

가 된다. 또한

$$\boxed{X_s(F) = f_s \sum_{k=-\infty}^{\infty} X(f_s(F-k))} \tag{10.6}$$

이다〈그림 10.38〉.

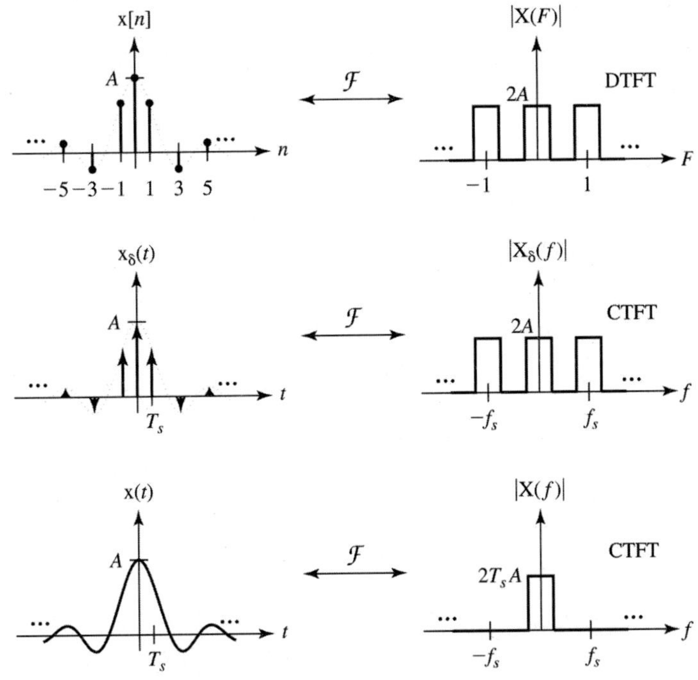

그림 10.38 원신호, 임펄스 샘플링된 신호 및 샘플링된 신호의 푸리에 스펙트럼

이제 $X_s(F)$인 $x_s[n]$의 DTFT를 $x(t)$의 CTFT인 $X(f)$로 표현할 수 있다. 이는

$$X_s(F) = f_s X(f_s F) * \delta_1(F) = f_s \sum_{k=-\infty}^{\infty} X(f_s(F-k))$$

이며, $X(f)$가 주파수 스케일링되고 주기적으로 반복되는 형태이다〈그림 10.39〉.

다음으로는 샘플 수를 전체 이산시간 샘플링 시간 N 동안의 샘플 수로 제한해야 한다. 첫 샘플의 시점을 $n = 0$이라 하자(이것은 DFT의 기본 가정이다. 다른 시간 기준이 이용될 수도

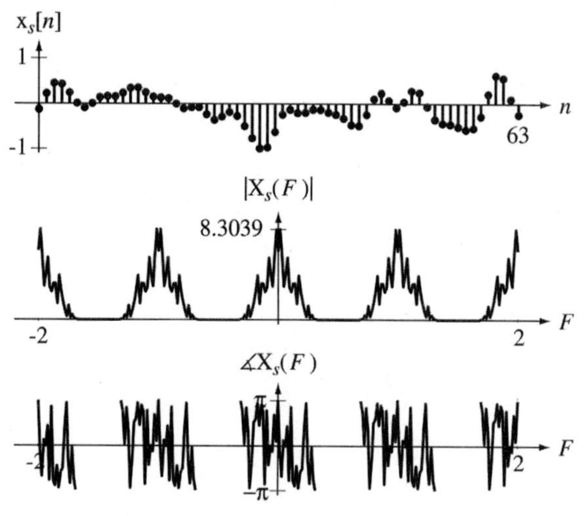

그림 10.39 원신호, 이산시간 신호 생성을 위해 시간 샘플링된 신호, 그리고 이산시간 신호의 DTFT

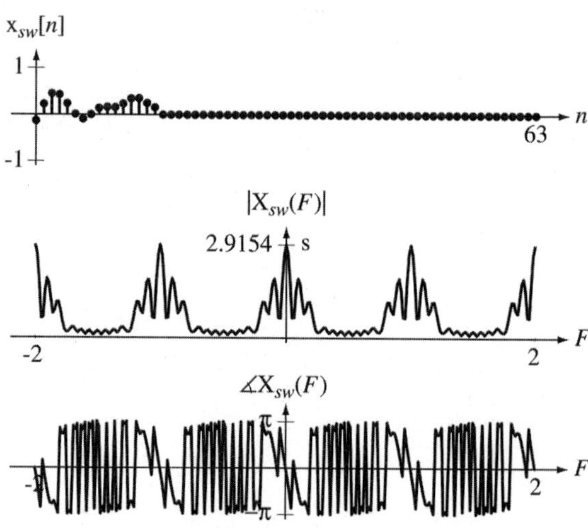

그림10.40 원신호, 시간 샘플링되고 창함수 적용된 이산시간 신호, 그리고 이산시간 신호의 DTFT

있지만, 다른 시간 기준의 영향은 단지 주파수에 따라 선형적으로 위상만 이동할 뿐이다). 이는 $x_s[n]$에 <그림 10.40> 에 나타낸 바와 같은 창함수(window)를 곱하여 얻어진다.

$$w[n] = \begin{cases} 1, & 0 \le n < N \\ 0, & \text{otherwise} \end{cases}$$

이 창함수는 정확히 N개의 0 아닌 값을 갖으며, 첫 번째는 이산 시점 $n = 0$이다. 샘플링되고 창함수 적용된 신호를 $x_{sw}[n]$이라 하자. 그러면 아래와 같이 표현된다.

$$x_{sw}[n] = w[n]\,x_s[n] = \begin{cases} x_s[n], & 0 \le n < N \\ 0, & \text{otherwise} \end{cases}$$

신호를 이산시간에서 유한 영역 N으로 제한하는 절차는 창함수 적용(windowing)이라 부르며, 이는 유한 길이의 '창'을 통해 샘플링된 신호의 해당 부분만이 보이기 때문이다. 창함수는 구형파일 필요는 없다. 실제로는(아래에서 설명되는) 주파수 영역에서 누설(leakage)이라는 영향을 최소화하기 위해 다른 형태의 창함수가 종종 이용된다. $x_{sw}[n]$의 DTFT는 신호 $x_s[n]$의 DTFT와 창함수 $w[n]$의 DTFT의 주기 컨벌루션이며, 이는 $X_{sw}(F) = W(F) \circledast X_s(F)$이다. 창함수의 DTFT는 다음과 같다.

$$W(F) = e^{-j\pi F(N-1)} N\,\mathrm{drcl}(F, N)$$

그러면

$$X_{sw}(F) = e^{-j\pi F(N-1)} N\,\mathrm{drcl}(F,N) \circledast f_s \sum_{k=-\infty}^{\infty} X(f_s(F-k))$$

이 되고, 주기 신호의 주기 컨벌루션은 주기 신호가 될 수 있게 주기적으로 반복될 수 있는 비주기 신호의 비주기 컨벌루션과 등가라는 사실을 이용하면,

$$X_{sw}(F) = f_s[e^{-j\pi F(N-1)} N\,\mathrm{drcl}(F,N)] * X(f_s F) \tag{10.7}$$

이 된다. 따라서 이산시간에서 창함수 적용의 주파수 영역의 영향은 시간 샘플링된 신호의 푸리에 변환이 아래 식과 주기적으로 컨벌루션된다는 사실이다〈그림 10.41〉.

$$W(F) = e^{-j\pi F(N-1)} N\,\mathrm{drcl}(F,N)$$

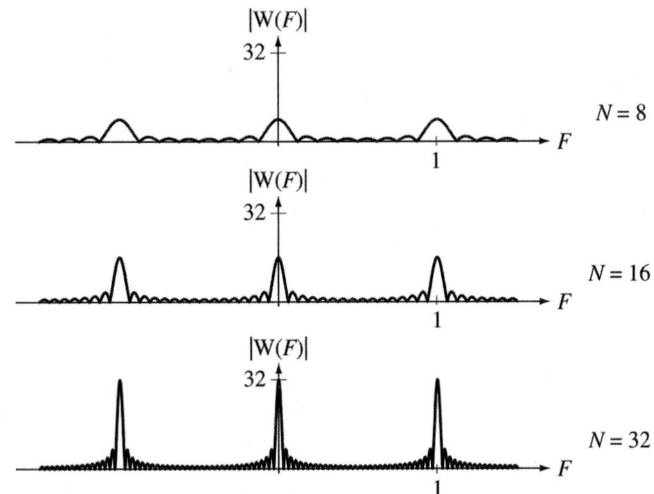

그림 10.41 3개의 다른 창함수 폭에 대한 구형파 창함수 $w[n] = \begin{Bmatrix} 1, & 0 \le n < N \\ 0, & \text{otherwise} \end{Bmatrix}$ 의 DTFT 진폭

컨벌루션 과정은 주파수 영역에서 $X_s(F)$를 확산시키는 경향이 있는데 이는 어떤 주파수에서 $X_s(F)$의 전력이 $X_{sw}(F)$에서는 인접한 주파수로 '누설'되기 때문이다. 이러한 이유 때문에 '누설'이란 용어가 정의되었다. 주파수 영역에서 더욱 제한되는 DTFT를 갖는 다른 창 함수를 이용하면, 누설을 (완전히 제거할 수는 없지만) 감소시킬 수는 있다. 〈그림 10.41〉에서 알 수 있듯이, 샘플의 수 N이 증가하면 이 함수의 기본 주기의 주엽(main lobe) 폭이 감소해 누설을 줄일 수 있다. 누설을 줄이는 또 다른 방법은 샘플의 수를 증가시키는 것이다.

이러한 과정의 관점에서 샘플링되고 창 적용된 신호로부터 유한한 시퀀스 수를 가지나 창 적용된 신호의 DTFT는 연속 주파수 F에서 주기 함수이며, 컴퓨터에 저장하거나 처리하기에 적절하지 않다. 시간 영역 함수는 창함수 적용 과정에 의해 시간 제한될 수 있다는 사실과 주파수 영역 함수가 주기적이라는 사실은 주파수 영역에서 한 기본 주기 동안 샘플링하면 주파수 영역 함수를 완전하게 표현할 수 있게 해 준다. 이제 주파수 영역 함수가 샘플로부터 복원될 수 있기 위해 어떻게 샘플링되어야 하는지 궁금할 것이다. 해답은 시간과 주파수가 역할을 서로 바꾸는 것 외에는 시간 영역 신호의 샘플링과 거의 동일하다. 순방향과 역방향 푸리에 변환의 쌍대성으로 인해 시간과 주파수 영역 간의 관계는 거의 같다.

샘플링과 주기적 반복 관계 기본 주기 N인 주기 함수 $\mathrm{x}[n]$의 역 DFT는 다음과 같이 정의된다.

$$\mathrm{x}[n] = \frac{1}{N} \sum_{k=\langle N \rangle} \mathrm{X}[k] e^{j2\pi kn/N} \tag{10.8}$$

DTFT 쌍 $e^{j2\pi F_0 n} \xleftrightarrow{\mathcal{F}} \delta_1(F - F_0)$를 이용하면서 양변의 DTFT를 취하면, $\mathrm{x}[n]$의 DTFT를 구할 수 있다.

$$\mathrm{X}(F) = \frac{1}{N} \sum_{k=\langle N \rangle} \mathrm{X}[k]\, \delta_1(F - k/N) \tag{10.9}$$

그러면 다음과 같이 된다.

$$\mathrm{X}(F) = \frac{1}{N} \sum_{k=\langle N \rangle} \mathrm{X}[k] \sum_{q=-\infty}^{\infty} \delta(F - k/N - q) = \frac{1}{N} \sum_{k=-\infty}^{\infty} \mathrm{X}[k] \delta(F - k/N) \tag{10.10}$$

이는 주기 함수에 대해 DFT는 단지 DTFT가 스케일링된 특별한 경우라는 것을 보여준다. 만약 함수 $\mathrm{x}[n]$이 주기적이면, 그 DTFT는 단지 $\mathrm{X}[k]/N$의 세기로 k/N에서 나타나는 임펄스로 구성된다〈그림 10.42〉.

요약하면 기본 주기 N인 주기 신호 $\mathrm{x}[n]$에 대해

$$\boxed{\mathrm{X}(F) = \frac{1}{N} \sum_{k=-\infty}^{\infty} \mathrm{X}[k] \delta(F - k/N)} \tag{10.11}$$

$\mathrm{x}[\mathrm{n}]$을 DTFT $\mathrm{X}(F)$을 갖는 비주기 함수화 하자. $\mathrm{x}_p[n]$을 다음과 같이 기본 주기 N_p를 가진 $\mathrm{x}[\mathrm{n}]$의 주기적 확장이라 하자〈그림 10.43〉.

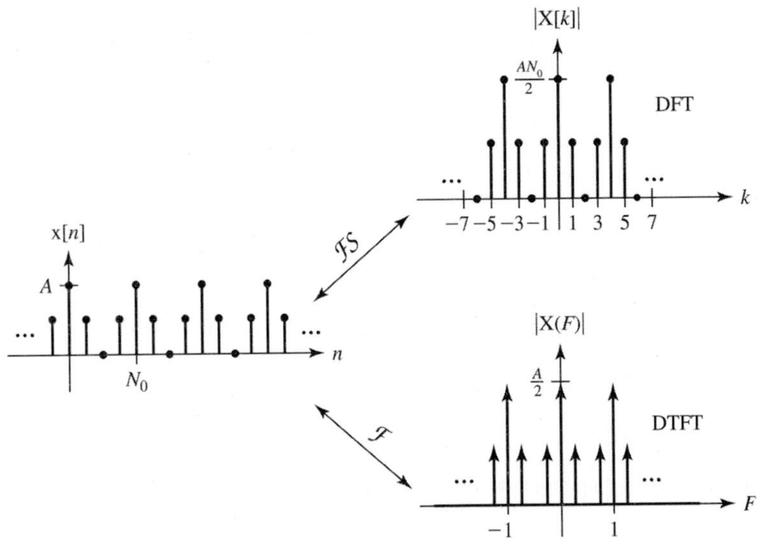

그림 10.42 $x[n] = (A/2)[1 + \cos(2\pi n/4)]$의 고조파 함수와 DTFT

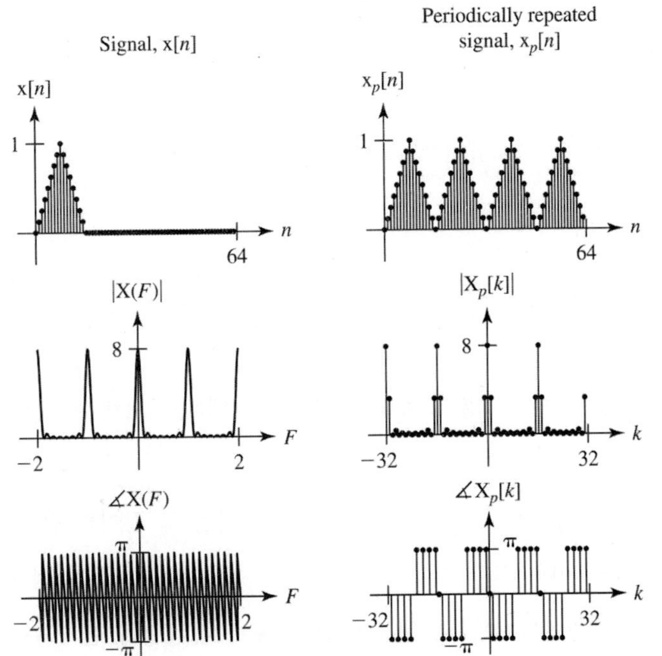

그림 10.43 신호와 그 DTFT, 신호의 주기적 반복 및 그 DFT 고조파 함수

$$x_p[n] = \sum_{m=-\infty}^{\infty} x[n - mN_p] = x[n] * \delta_{N_p}[n] \tag{10.12}$$

DTFT의 곱-컨벌루션 쌍대성을 이용하고, 식 (10.12)의 DTFT를 구하면,

$$X_p(F) = X(F)(1/N_p)\delta_{1/N_p}(F) = (1/N_p)\sum_{k=-\infty}^{\infty} X(k/N_p)\delta(F - k/N_p) \tag{10.13}$$

이다. 식 (10.11)과 식 (10.13)을 이용하면,

$$\boxed{X_p[k] = X(k/N_p)} \tag{10.14}$$

이 된다. 여기서 $X_p[k]$는 $x_p[n]$의 DFT이다. 주기 신호 $x_p[n]$을 형성하기 위해 비주기 신호 $x[n]$이 기본 주기 N_p를 가지며 주기적으로 반복된다면, 그것의 DFT 고조파 함수 $X_p(k)$의 값은 $x[n]$의 DTFT인 $X(F)$로부터 이산 주파수 k/N_p에서 계산해 구할 수 있다. 이는 주파수 영역에서 샘플링과 시간 영역에서 주기적 반복간의 대응관계를 이룬다.

이제 $x_{sw}[n]$을 기본 주기 N을 갖게 주기적 반복을 한다면,

$$x_{swp}[n] = \sum_{m=-\infty}^{\infty} x_{sw}[n - mN]$$

이고, 그 DFT는

$$X_{swp}[k] = X_{sw}(k/N),\ \ k \text{ an integer}$$

이거나, 식 (10.7)로부터

$$X_{swp}[k] = f_s[e^{-j\pi F(N-1)} N\,\mathrm{drcl}(F, N) * X(f_s F)]_{F \to k/N}$$

이 된다. 마지막 연산인 주파수 영역 샘플링의 효과는 때때로 피켓 펜싱(picket fencing)이라 불린다〈그림 10.44〉.

0이 아닌 $x_{sw}[n]$의 길이가 정확히 N이므로, $x_{swp}[n]$은 그 길이와 같은 기본 주기를 갖는 $x_{sw}[n]$의 주기적인 반복이다. 그래서 $x_{sw}[n]$의 다중 복제들은 중첩되지 않지만 정확히 접하게 된다. 그러므로 $x_{sw}[n]$은 이산시간 범위 $0 \le n < N$에서 $x_{swp}[n]$의 한 기본 주기만 분리하면, $x_{swp}[n]$으로부터 복원될 수 있다.

그 결과,

$$X_{swp}[k] = f_s[e^{-j\pi F(N-1)} N\,\mathrm{drcl}(F, N) * X(f_s F)]_{F \to k/N}$$

는 유한 시간 동안 원신호를 샘플링해 구해진 이산시간 신호들이 주기적으로 확장된 것의 DFT이다.

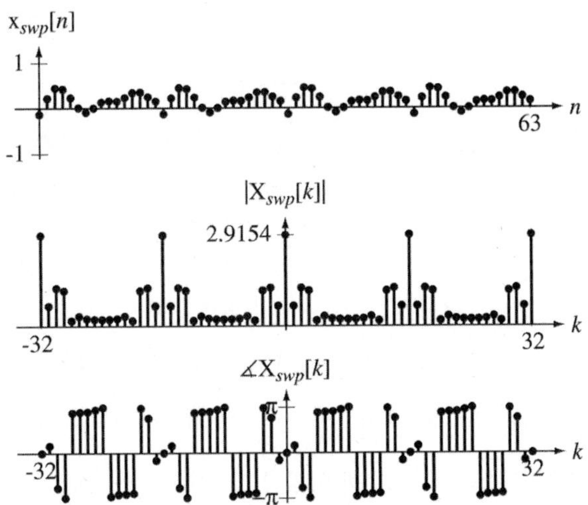

그림 10.44 주기적 이산 신호를 형성하기 위해 시간 샘플링 되고 창함수가 적용되고, 주기적으로 반복된 원신호와 그의 DFT

요약하면, 연속시간 신호의 CTFT에서 유한 시간 동안 취해진 연속시간 신호 샘플의 DFT로 가면서 다음을 수행한다. 시간영역에서

1. 연속시간 신호를 샘플링한다.
2. 창함수를 곱하여 샘플에 창을 적용한다.
3. 2단계의 0 아닌 샘플을 주기적으로 반복한다.

주파수 영역에서

1. 샘플링된 신호의 DTFT를 구한다. 이는 원신호의 CTFT가 스케일링되고 주기적으로 반복되는 것이다.
2. 샘플링된 신호의 DTFT와 창함수의 DTFT를 주기 컨벌루션한다.
3. 2단계 결과를 주파수 샘플링한다.

DFT와 역 DFT는 엄밀한 수학적 연산이므로, N개의 실수 집합과 N개의 복소수 집합 간에 정확한 대응을 이룬다. 만약 실수 집합이 주기적 이산시간 신호 $x[n]$의 한 주기에 걸친 N개의 신호 값 집합이라면, N개의 복소수 집합은 그 이산시간 신호의 DFT $X[k]$의 한 주기에 걸친 복소 진폭의 집합이다. 이 집합은 더하면 이산시간 주기 신호 $Nx[n]$을 형성하는 이산시간 복소 정현파의 복소 진폭이다.

만약 N개의 실수 집합이 대역제한된 연속시간 주기 신호가 나이퀴스트율 이상이고, 기본 주파수의 정수배로 샘플링된 샘플들의 집합이라면 DFT에 의해 나오는 수는 스케일링되고 더하면 연속시간 주기 신호를 형성하는 연속시간 복소 정현파들의 복소 진폭으로 해석된다.

따라서 이산시간 주기 신호 또는 대역제한된 연속시간 주기 신호의 분석에서 DFT를 이용하면 주기 신호의 DTFS, DTFT 또는 CTFS, CTFT를 계산할 때의 결과를 얻을 수 있다. 비주기 신호의 분석에서 DFT를 이용할 때에는 DFT와 역 DFT는 주기 신호에만 정확하기 때문에 근사화하게 된다.

만약 N개의 실수 집합이 이산시간 비주기 에너지 신호의 0 아닌 값 모두를 나타낸다면 DFT의 결과를 이용해서 일련의 이산 주파수에서 그 신호의 DTFT의 근사를 구할 수 있다. 만약 N개의 실수 집합이 연속시간 비주기 신호의 모든 0 아닌 구간의 샘플들을 나타낸다면 DFT의 결과를 이용해서 일련의 이산 주파수에서 그 연속시간 신호의 CTFT의 근사를 구할 수 있다.

DFT를 이용한 CTFS 고조파 함수의 계산

신호 $\mathrm{x}(t)$가 기본 주파수 f_0를 가지고, 주기적이며, 이 신호가 나이퀴스트율 이상의 비율 f_s로 샘플링되고, 샘플링률과 기본 주파수의 비 f_s/f_0가 정수라면, 샘플들의 DFT $\mathrm{X}[k]$는 신호 $\mathrm{c_x}[k]$의 CTFS 고조파 함수와 다음과 같이 관련된다는 것을 알 수 있다.

$$\mathrm{X}[k] = N\,\mathrm{c_x}[k] * \delta_N[k]$$

이 특별한 경우에서 관계는 정확하다.

DFT를 이용한 CTFT의 근사화

순 CTFT 변환할 신호가 수학적 함수로 쉽게 표현될 수 없거나 푸리에 변환 적분이 해석적으로 수행될 수 없는 경우에 DFT를 이용하여 때로는 수치적으로 CTFT 근사를 구할 수 있다. 변환될 신호가 인과적 에너지 신호라면 이산 주파수 kf_s/N에서 신호의 CTFT를 다음과 같이 근사화할 수 있음을 보일 수 있다.

$$\boxed{\mathrm{X}(kf_s/N) \cong T_s \sum_{n=0}^{N-1} \mathrm{x}(nT_s)e^{-j2\pi kn/N} \cong T_s \times \mathcal{DFT}(\mathrm{x}(nT_s)), \quad |k| \ll N} \tag{10.15}$$

여기서, $T_s = 1/f_s$이고, N은 0에서 NT_s의 시간 범위에서 신호 x의 모든 에너지를 갖도록 선택된다〈그림 10.45〉. 따라서 변환될 신호가 인과적 에너지 신호이고, 그 에너지를 모두 포함한 시

간 동안 신호를 샘플링한다면 식 (10.15)의 근사는 $|k| << N$일 때 정확해진다.

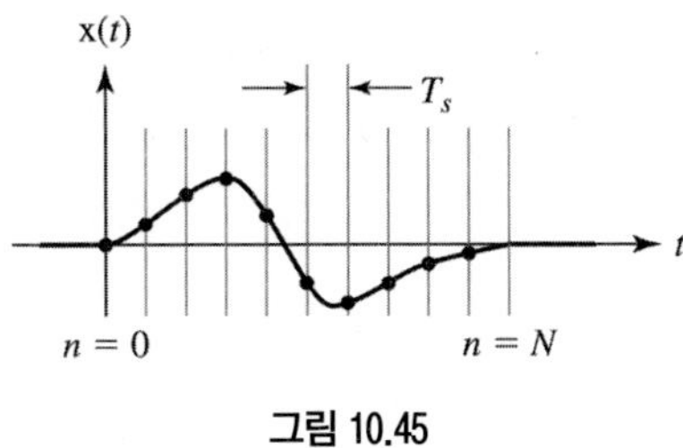

그림 10.45

역 CTFT 역 CTFT는 $\mathrm{x}(t) = \int_{-\infty}^{\infty} \mathrm{X}(f) e^{j2\pi ft}\, df$로 정의된다. 만약 $-N << -k_{\max} \le k \le k_{\max} << N$의 범위에서 $\mathrm{X}(kf_s/N)$을 알고, 범위 밖에서 $\mathrm{X}(kf_s/N)$의 진폭은 무시할 정도라면, $n << N$에 대해 다음을 보일 수 있다.

$$\mathrm{x}(nT_s) \cong f_s \times \mathcal{DFT}^{-1}(\mathrm{X}_{ext}(kf_s/N))$$

여기서,

$$\mathrm{X}_{ext}(kf_s/N) = \begin{cases} \mathrm{X}(kf_s/N), & -k_{\max} \le k \le k_{\max} \\ 0, & k_{\max} < |k| \le N/2 \end{cases} \text{ and}$$

$$\mathrm{X}_{ext}(kf_s/N) = \mathrm{X}_{ext}((k+mN)f_s/N)$$

이다.

DFT를 이용한 DTFT의 근사화

DFT를 이용한 DTFT의 수치적 근사화는 7장에서 유도되었다. $\mathrm{x}[n]$의 DTFT는 주파수 $F = k/N$ 또는 $\Omega = 2\pi k/N$에서 다음과 같이 계산된다.

$$\boxed{\mathrm{X}(k/N) \cong \mathcal{DFT}(\mathrm{x}[n])} \tag{10.16}$$

DFT를 이용한 연속시간 컨벌루션의 근사화

비주기 컨벌루션 DFT의 보편적인 다른 사용은 두 연속시간 신호의 컨벌루션을 신호의 샘플을 이용해 근사화하는 것이다. 두 비주기 에너지 신호 $\mathrm{x}(t)$와 $\mathrm{h}(t)$를 컨벌루션해 $\mathrm{y}(t)$를 구해 보자. $|n| << N$일 때 다음과 같다.

$$\boxed{y(nT_s) \cong T_s \times \mathcal{DFT}^{-1}(\mathcal{DFT}(x(nT_s)) \times \mathcal{DFT}(h(nT_s)))} \quad (10.17)$$

주기 컨벌루션 x(t)와 h(t)가 공통으로 주기 T를 가진 연속시간 주기 신호이고, 각 신호에서 N개의 샘플씩 취하면서 나이퀴스트율 이상의 비율 f_s로 정확히 샘플링된다고 하자. y(t)는 x(t)와 h(t)의 주기 컨벌루션이다. 그러면 다음을 알 수 있다.

$$\boxed{y(nT_s) \cong T_s \times \mathcal{DFT}^{-1}(\mathcal{DFT}(x(nT_s)) \times \mathcal{DFT}(h(nT_s)))} \quad (10.18)$$

DFT를 이용한 이산시간 컨벌루션의 근사화

비주기 컨벌루션 x[n]과 h[n]이 에너지 신호이고, 대부분 또는 전체 에너지가 $0 \leq n < N$의 범위에 있다고 하면, $|n| << N$에 대해 다음과 같다.

$$\boxed{y[n] \cong \mathcal{DFT}^{-1}(\mathcal{DFT}(x[n]) \times \mathcal{DFT}(h[n]))} \quad (10.19)$$

주기 컨벌루션 x[n]과 h[n]이 공통으로 주기 N을 가진 주기 신호라 하자. y[n]은 x[n]과 h[n]의 주기 컨벌루션이다. 그러면 다음을 알 수 있다.

$$\boxed{y[n] = \mathcal{DFT}^{-1}(\mathcal{DFT}(x[n]) \times \mathcal{DFT}(h[n]))} \quad (10.20)$$

DFT를 이용한 신호처리 요약

CTFS	$c_x[k] \cong e^{-j\pi k/N} \dfrac{\text{sinc}(k/N)}{N} X[k], \quad \lvert k \rvert << N$
CTFS	$X[k] = N c_x[k] * \delta_N[k]$ if $f_s > f_{Nyq}$ and f_s/f_0 is an integer
CTFT	$X(kf_s/N) \cong T_s \times \mathcal{DFT}(x(nT_S))$
DTFT	$X(k/N) \cong \mathcal{DFT}(x[n])$
Continuous-Time Aperiodic Convolution	$[x(t) * h(t)]_{t \to nT_s} \cong T_s \times \mathcal{DFT}^{-1}(\mathcal{DFT}(x(nT_s)) \times \mathcal{DFT}(h(nT_s)))$
Discrete-Time Aperiodic Convolution	$x[n] * h[n] \cong \mathcal{DFT}^{-1}(\mathcal{DFT}(x[n]) \times \mathcal{DFT}(h[n]))$
Continuous-Time Periodic Convolution	$[x(t) \circledast h(t)]_{t \to nT_s} \cong T_s \times \mathcal{DFT}^{-1}(\mathcal{DFT}(x(nT_s)) \times \mathcal{DFT}(h(nT_s)))$
Discrete-Time Periodic Convolution	$x[n] \circledast h[n] = \mathcal{DFT}^{-1}(\mathcal{DFT}(x[n]) \times \mathcal{DFT}(h[n]))$

DFT의 전형적인 용도는 연속시간 신호로부터 취한 유한한 집합의 샘플만을 이용해 신호의 CTFT를 추정하는 것이다. 연속시간 신호 $x(t)$를 1kHz비율로 16회 샘플링해 〈그림 10.46〉처럼 샘플 $x[n]$을 얻는다고 가정하자.

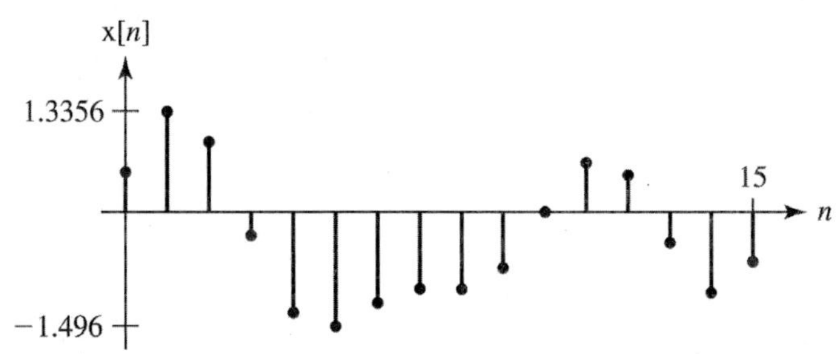

그림 10.46 연속시간 신호로부터 취해진 16개 샘플

지금까지 무엇을 알 수 있나? 16ms 시간 간격 동안 16시점의 $x(t)$의 값을 안다. 어떤 신호 값이 $x(t)$의 앞에 있는지 또는 뒤따르는지는 알 수 없다. 취한 샘플들 사이의 값도 모른다. 따라서 $x(t)$와 그것의 CTFT에 대한 합당한 결론을 끌어내려면 더 많은 정보가 필요할 것이다.

$x(t)$가 500Hz이하로 대역제한된다고 가정하자. 대역제한된다면 시간제한될 수는 없고, 따라서 데이터를 취득한 시간 밖에서 신호 값은 모두 0은 아니라는 걸 알 수 있다. 사실 신호 값은 상수가 될 수 없고, 만약에 상수라면 신호에서 상수를 빼서 시간제한 신호를 만들 수 있고, 이는 대역제한일 수는 없다. 16ms시간 영역 밖의 신호 값은 다양한 방식으로 변하거나 주기적 패턴으로 반복될 수도 있다. 만약 이 일련의 16개의 값을 기본 주기로 하여 주기적 패턴으로 반복된다면 $x(t)$는 대역제한이고 주기 신호이며 유일하다. 샘플을 만들었던 것은 오직 그 기본 주기의 대역제한 신호이다. 샘플과 그 샘플의 DFT는 다음의 DFT 쌍을 이룬다.

$$x[n] \xleftrightarrow[16]{\mathcal{DFT}} X[k]$$

CTFT 고조파 함수 $c_x[k]$는 다음의 DFT로부터 구할 수 있고,

$$X[k] = N\, c_x[k] * \delta_N[k] \text{ if } f_s > f_{Nyq} \text{ and } f_s/f_0 \text{ is an integer}$$

따라서 $x(t)$는 정확히 복원될 수 있다. 또한 CTFT는 신호의 기본 주파수의 간격으로 떨어진 임펄스의 집합이고, 그 세기는 CTFS 고조파 함수의 값과 같다.

이제 샘플들 집합의 16ms 시간 밖에서 일어나는 일에 대해 다른 가정을 해보자. 샘플링한

16ms 영역 밖에서 x(t)는 0이라고 가정하자. 그러면 신호는 시간제한이고 대역제한일 수는 없으며, 따라서 샘플링 이론을 정확히 만족시킬 수 없다. 그러나 만약 신호가 충분히 매끄럽고 충분히 빠르게 샘플링 한다면, CTFT에서 나이퀴스트 주파수 위에 있는 신호의 에너지량은 무시할 수 있는 정도이고, 다음을 이용하여 일련의 이산 주파수에서 x(t)의 CTFT에 대한 훌륭한 근사를 구할 수 있다.

$$\mathrm{X}(kf_s/N) \cong T_s \times \mathcal{DFT}(\mathrm{x}(nT_S))$$

10.3 이산시간 샘플링

주기 임펄스 샘플링

이전 절에서 샘플링된 모든 신호는 연속시간 신호였다. 이산시간 신호도 샘플링될 수 있다. 연속시간 신호의 샘플링과 마찬가지로 이산시간 샘플링의 주 관심사는 샘플링 절차에 의한 신호 정보가 보전되는가 여부이다. 이산시간 신호처리에서 신호의 샘플링률을 바꾸기 위해서는 간축법(decimation)과 보간법(interpolation)의 두 가지 과정이 있다. 간축법은 샘플 수를 줄이는 과정이고, 보간법은 샘플 수를 늘이는 과정이다. 간축법을 먼저 살펴볼 것이다.

연속시간 신호는 연속시간 주기 임펄스를 곱하여 임펄스 샘플링한다. 이와 유사하게 이산시간 신호도 이산시간 주기 임펄스를 곱하여 샘플링할 수 있다. 샘플링할 이산시간 신호를 x[n]이라 하자. 그러면 샘플링된 신호는 다음과 같이 될 것이다.

$$\mathrm{x}_s[n] = \mathrm{x}[n]\delta_{N_s}[n]$$

여기서, N_s는 샘플 사이의 이산시간이다〈그림 10.47〉.

샘플링된 신호의 DTFT는 다음과 같다〈그림 10.48〉.

$$\mathrm{X}_s(F) = \mathrm{X}(F) \circledast F_s\delta_{F_s}(F),\ \ F_s = 1/N_s$$

연속시간 샘플링과 이산시간 샘플링의 유사성이 뚜렷하다. 두 경우 모두에서 에일리어스가 겹치지 않으면 샘플들로부터 원신호가 복원될 수 있고, 신호의 복원을 위한 최소 샘플링률이 있다. 샘플링률은 부등식 $F_s > 2F_m$을 만족해야 하고, 여기서 F_m은(기저 기본 주기(base fundamental period), $|F| < 1/2$에서) 그 이상으로는 원래의 이산시간 신호가 0이 되는 이산시

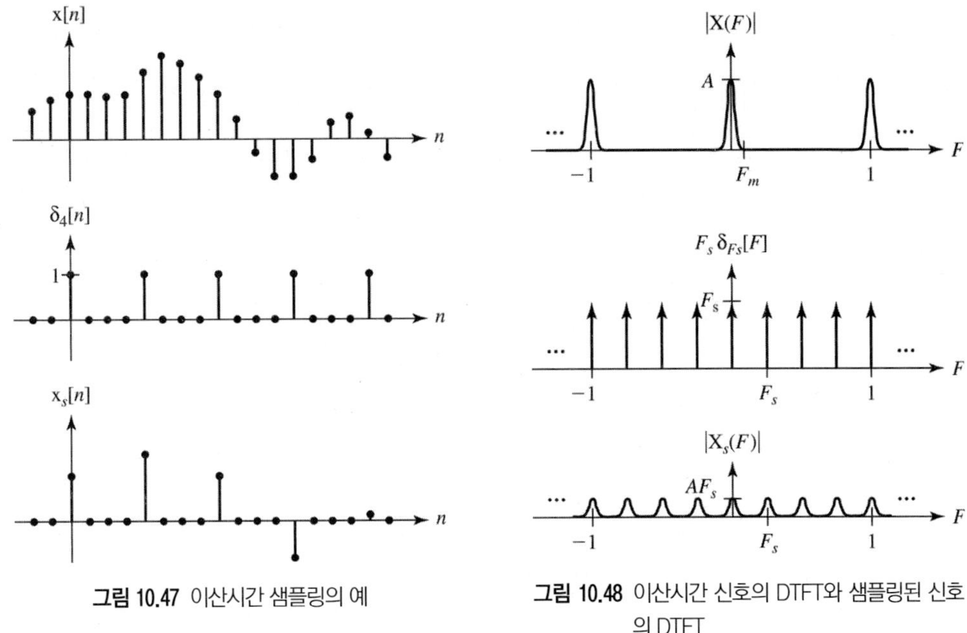

그림 10.47 이산시간 샘플링의 예

그림 10.48 이산시간 신호의 DTFT와 샘플링된 신호의 DTFT

간 주파수이다. 즉, $F_m < |F| < 1 - F_m$에서 원신호의 DTFT는 0이다. 이 조건을 만족하는 이산시간 신호는 이산시간 관점에서 대역제한이다.

연속시간 샘플링과 같이 신호가 적절히 샘플링된다면 보간법을 이용하여 샘플들로부터 신호를 복원할 수 있다. 원신호를 복원하는 과정은 이산시간 주파수 영역에서 저역통과 필터링 연산으로 묘사될 수 있다.

$$X(F) = X_s(F)[(1/F_s)\text{rect}(F/2F_c) * \delta_1(F)]$$

여기서 F_c는 이상적인 이산시간 저역통과 필터의 이산시간 차단 주파수이다. 이산시간 영역에서 등가의 연산은 이산시간 컨벌루션이다.

$$x[n] = x_s[n] * (2F_c/F_s)\,\text{sinc}(2F_c n)$$

이산 시간 신호 샘플링의 실제적인 응용에서 샘플링 지점 사이에 0의 값을 다 갖는 것은 이들이 0이라는 것을 이미 알기 때문에 충분히 이해되지 않는다. 따라서 샘플링 간격 N_s의 정수배에서 이산시간 신호 $x_s[n]$의 값만 갖는 새로운 신호 $x_d[n]$을 만드는 것이 보통이다. 이 새로운 신호를 형성하는 과정은 간축법이라 불린다. 간축법은 3장에서 간단히 논의되었다. 신호 사이의 관계는 다음과 같이 주어진다.

$$x_d[n] = x_s[N_s n] = x[N_s n]$$

이 연산은 이산 시간 시간 스케일링이고, $N_s > 1$일 때 이산시간 시간 압축을 일으키며, 이산시간 주파수 영역에서의 대응되는 영향은 이산시간 주파수 확장이다. $x_d[n]$의 DTFT는 다음과 같다.

$$X_d(F) = \sum_{n=-\infty}^{\infty} x_d[n] e^{-j2\pi Fn} = \sum_{n=-\infty}^{\infty} x_s[N_s n] e^{-j2\pi Fn}$$

변수를 $m = N_s n$으로 치환하면 다음을 얻을 수 있다.

$$X_d(F) = \sum_{\substack{m=-\infty \\ m=\text{integer} \\ \text{multiple of } N_s}}^{\infty} x_s[m] e^{-j2\pi Fm/N_s}$$

이제 $m = N_s$의 정수배에 주어진 값 사이의 $x_s[n]$의 모든 값이 0이라는 사실을 이용하면, 식의 합에 0을 포함할 수 있어서 다음과 같다.

$$X_d(F) = \sum_{m=-\infty}^{\infty} x_s[m] e^{-j2\pi(F/N_s)m} = X_s(F/N_s)$$

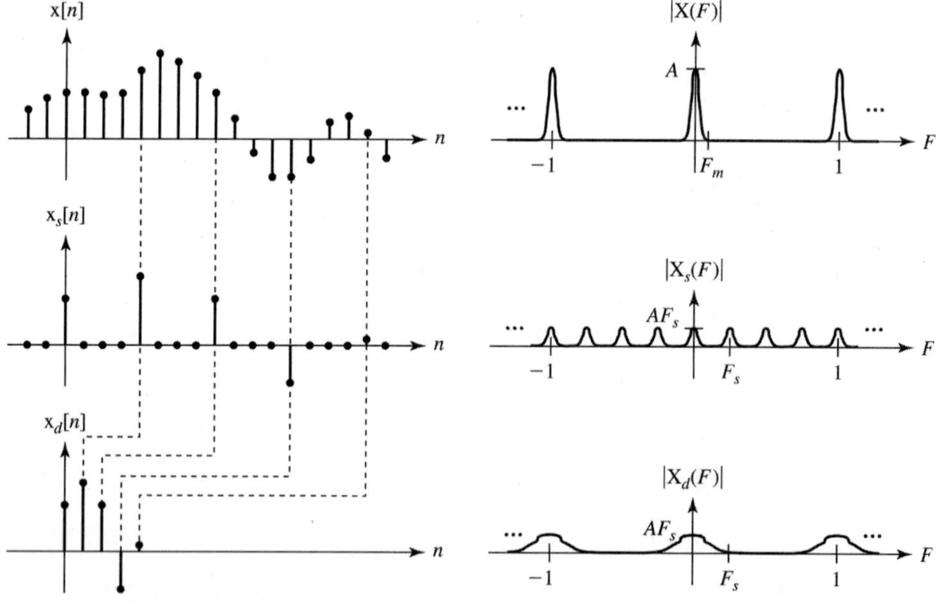

그림 10.49 샘플링과 간축법의 이산시간 영역과 이산시간 주파수 영역의 영향 비교

따라서 간축된 신호의 DTFT는 샘플링된 신호의 DTFT의 이산시간 주파수 스케일링된 형태이다〈그림 10.49〉.

간축된 신호의 DTFT는 원신호의 DTFT의 이산시간 주파수 스케일링된 형태가 아니라, 이산시간 샘플링된 원신호의 DTFT의 이산시간 주파수 스케일링된 형태라는 사실을 잘 관찰하라.

$$X_d(F) = X_s(F/N_s) \neq X(F/N_s)$$

때때로 하향샘플링(downsampling)이란 용어가 간축법 대신 사용된다. 이 용어는 이산시간 신호는 연속시간 신호를 샘플링해 생성된다는 개념에서 나온다. 만약 연속시간 신호가 어떤 인자만큼 과다샘플링되었다면, 이산시간 신호는 원신호에 대한 정보 손실 없이 같은 인자만큼 간축하고, 유효 샘플링률의 감소 혹은 하향샘플링을 할 수 있을 것이다.

보간법

간축법의 반대는 보간법 혹은 상향샘플링(upsampling)이다. 과정은 단지 간축법의 반대이다. 먼저 샘플들 사이에 추가적인 0값을 놓으며, 그리고 나서 이렇게 만든 신호를 이상적인 이산시간 저역통과 필터로 필터링한다. 이산시간 원신호를 $x[n]$이라 하고, 샘플들 사이에 $N_s - 1$개의 0이 추가되어 만든 신호를 $x_s[n]$이라 하자. 그러면 다음과 같다.

$$x_s[n] = \begin{cases} x[n/N_s], & n/N_s \text{ an integer} \\ 0, & \text{otherwise} \end{cases}$$

$x_s[n]$을 형성하기 위한 이러한 $x[n]$의 이산시간 확장은 간축법에서 $x_d[n]$을 형성하기 위한 $x_s[n]$의 이산시간 압축과 정확히 반대이므로 이산시간 주파수 영역에서의 영향도 반대일 것으로 기대할 수 있다. 인자 N_s 만큼 이산시간 확장은 같은 인자만큼의 이산시간 주파수 압축을 일으킨다〈그림 10.50〉.

$$X_s(F) = X(N_s F)$$

0 아닌 값 사이를 보간하기 위해 신호 $x_s[n]$은 저역통과 필터링될 수 있다. 아래의 전달함수를 갖는 이득 1의 이상적인 저역통과 필터를 이용한다면,

$$H(F) = \text{rect}(N_s F) * \delta_1(F)$$

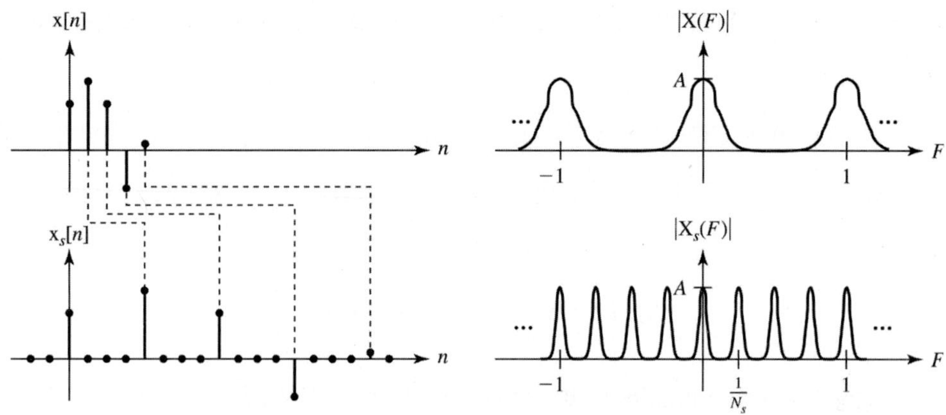

그림 10.50 샘플들 사이에 N_s − 1개의 0을 삽입할 때의 이산시간 영역과 이산시간 주파수 영역에서의 영향

다음의 보간된 신호를 얻으며,

$$X_i(F) = X_s(F)[\mathrm{rect}(N_sF) * \delta_1(F)]$$

이산시간 영역에서의 등가식은 다음과 같다〈그림 10.51〉.

$$x_i[n] = x_s[n] * (1/N_s)\,\mathrm{sinc}(n/N_s)$$

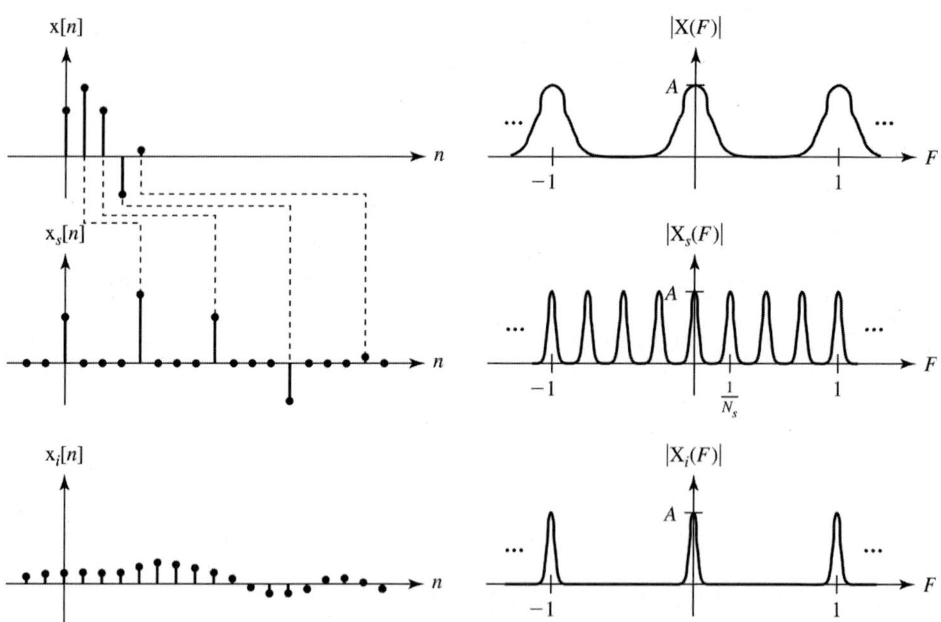

그림 10.51 확장과 보간법의 이산시간 영역과 이산시간 주파수 영역의 영향 비교

이득 1의 이상적인 저역통과 필터를 이용한 보간법은 $1/N_s$의 이득 인자를 유발하여 원신호 x[n]에 비해 보간된 신호 $x_i[n]$의 진폭을 줄인다는 사실을 주목하라. 이는 이득 1 대신에 이득 N_s를 갖는 이상적인 저역통과 필터를 이용하여 보상될 수 있다.

$$H(F) = N_s \operatorname{rect}(N_s F) * \delta_1(F)$$

예제 10.6

다음의 신호를 한 기본 주기에 걸쳐서 80kHz로 샘플링해 이산시간 신호 x[n]을 형성하라.

$$x(t) = 5\sin(2000\pi t)\cos(20{,}000\pi t)$$

x[n]의 네 번째마다의 샘플을 취해 $x_s[n]$을 형성하고 $x_s[n]$을 간축해 $x_d[n]$을 형성하라. 그리고 나서 $x_d[n]$을 인자 8로 상향 샘플링해 $x_i[n]$을 형성하라〈그림 10.52, 그림 10.53〉.

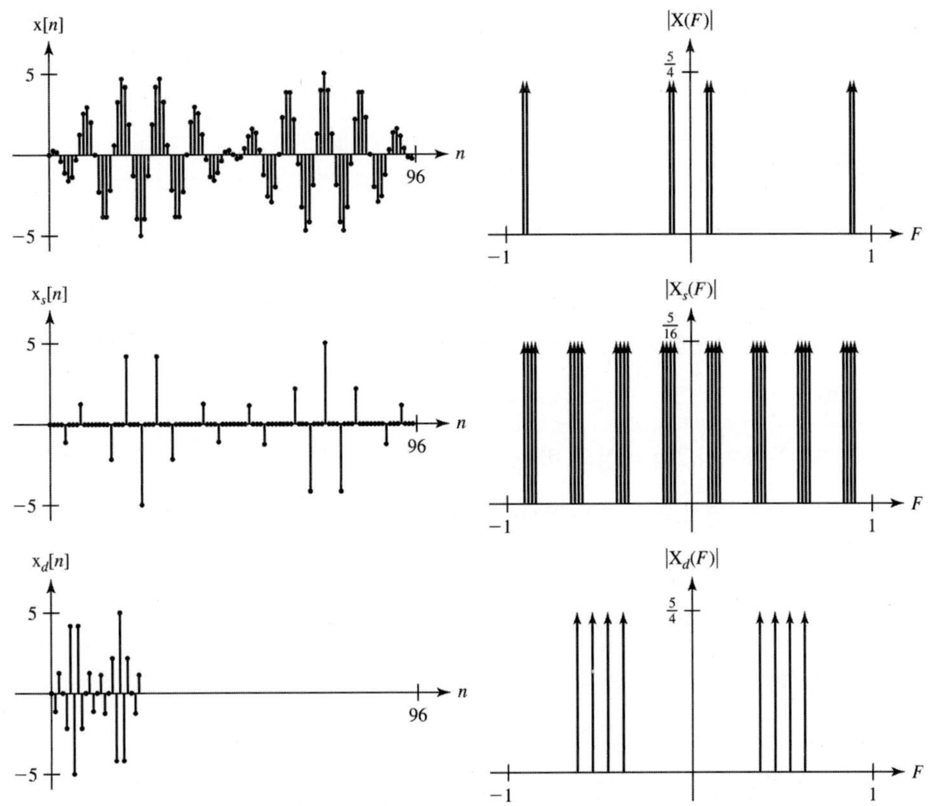

그림 10.52 이산시간 원신호, 샘플링된 신호 및 간축된 신호 및 그들의 DTFT

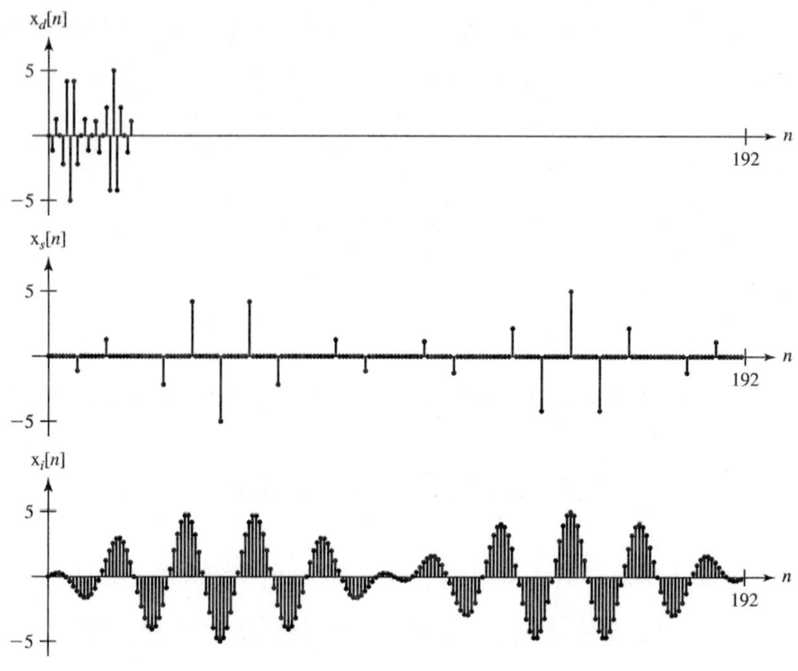

그림 10.53 이산시간 원신호, 상향 샘플링된 신호 및 이산시간 저역통과 필터링된 신호

10.4 요약

1. 샘플링된 또는 임펄스 샘플링된 신호는 푸리에 스펙트럼을 가지며, 이는 샘플링된 신호의 스펙트럼이 주기적으로 반복된 형태이다. 각 반복 신호는 에일리어스라고 부른다.
2. 샘플링된 신호의 스펙트럼에서 에일리어스들이 중첩되지 않으면 원신호는 샘플로부터 복원될 수 있다.
3. 신호가 최대 주파수의 2배 이상의 비율로 샘플링되면 에일리어스들은 중첩되지 않는다.
4. 신호는 시간제한이면서 동시에 대역제한일 수는 없다.
5. 이상적인 보간 함수는 싱크 함수이지만 이는 비인과적이므로 실제는 다른 방식이 이용된다.
6. 대역제한 주기 신호는 수들의 유한 집합으로 완벽하게 나타낼 수 있다.
7. 신호의 CTFT와 그 신호 샘플의 DFT는 시간 영역에서의 샘플링, 창함수 적용 및 주파수 영역에서의 샘플링의 연산을 통해 관계된다.
8. DFT는 CTFT, CTFS, 또는 다른 신호 처리 연산을 근사화하는 데 이용될 수 있다. 그리고 샘플링률 또는 샘플수가 증가할수록 근사화는 좋아진다.

9. 연속시간 신호 샘플링에 이용된 기술은 거의 같은 방식으로 이산시간 신호 샘플링에 이용될 수 있다. 여기서도 대역폭, 최소 샘플링률, 에일리어싱 등의 유사한 개념이 있다.

해답이 있는 연습문제

(각 연습문제의 해답은 무작위로 나열했다.)

펄스 진폭 변조

1. 신호

$$x(t) = 10\,\text{sinc}(500t)$$

에 펄스열

$$p(t) = \text{rect}(10^4 t) * \delta_{0.001}(t)$$

을 곱해서 샘플링해 신호 $x_p(t)$를 형성하라. $x_p(t)$의 CTFT $X_p(f)$의 진폭을 그려라.

해답 :

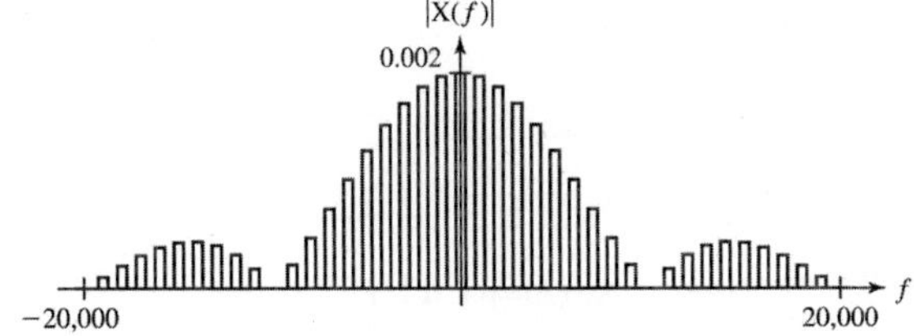

2. 연습문제 1의

$$x(t) = 10\,\text{sinc}(500t)$$

을 이용해 다음 신호를 구하라.

$$x_p(t) = [1000\,x(t) \times 0.001\delta_{0.001}(t)] * \text{rect}(10^4 t)$$

$x_p(t)$의 CTFT $X_p(f)$의 진폭을 그리고, 연습문제 1의 결과와 비교하라.

해답 :

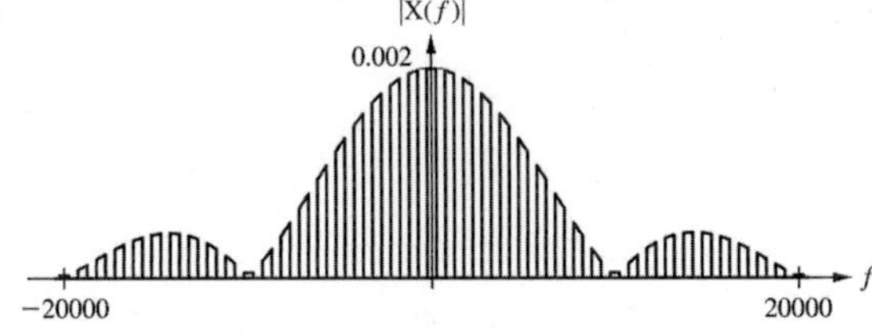

샘플링

3. 신호 $x(t) = 25\sin(200\pi t)$가 300Hz로 $t = 0$에서 첫 샘플로 샘플링되었다. 5번째 샘플의 값은 얼마인가?

   해답 : 21.651

4. 신호 $x(t) = 4\cos(20\pi t)$가 40Hz로 임펄스 샘플링되어 $x_s(t)$를 형성한다.

   (a) 10 Hz 이상에서 $X_s(f)$가 0이 아닌 첫 번째 양의 주파수는 얼마인가?

   (b) 만약 $x_s(t)$가 이상적인 저역통과 필터로 필터링 된다면 순수한 정현파 응답을 얻어 내는 필터의 최대 코너 주파수는 얼마인가?

   (c) 만약 $x_s(t)$가 이상적인 저역통과 필터로 필터링 된다면 응답을 내지 않는 필터의 코너 주파수는 얼마인가?

   (d) 샘플링 주파수를 12Hz로 바꾸고 위의 (a), (b), (c)를 반복하라.

   해답 : 14, 10, 30, 10, 2, 30

5. $x(t) = \text{tri}(100t)$로 주어진 신호를 샘플링률 $f_s = 800$으로 샘플링해 신호 $x[n]$으로 변환하라. 그리고 기본 주파수 $f_0 = f_s = 800$을 갖는 주기적인 단위 임펄스 시퀀스를 곱하여 임펄스 신호 $x_\delta(t)$를 생성하라. $x[n]$의 DTFT의 진폭 및 $x_\delta(t)$의 CTFT의 진폭을 그려라. 샘플링률을 $f_s = 5000$으로 바꾸고 이를 반복하라.

   해답 :

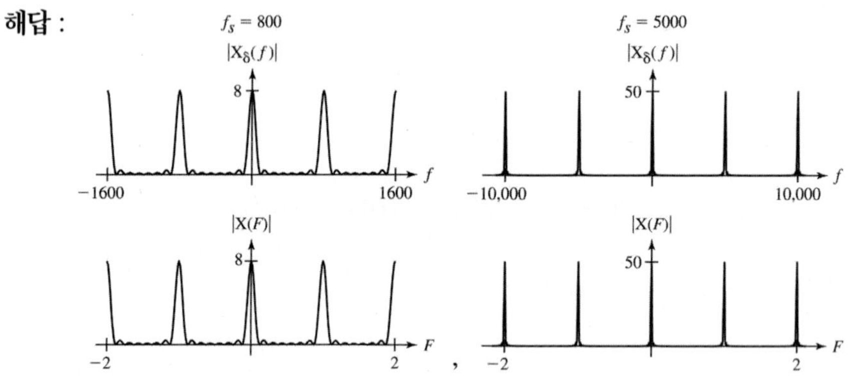

6. $x(t) = \text{sinc}(t/4)\cos(2\pi t)$로 주어진 대역제한 신호를 샘플링률 $f_s = 4$으로 샘플링해 신호 $x[n]$으로 변환하라. 그리고 기본 주파수 $f_0 = f_s = 4$을 갖는 주기적인 단위 임펄스 시퀀스를 곱하여 임펄스 신호 $x_\delta(t)$를 생성하라. $x[n]$의 DTFT의 진폭 및 $x_\delta(t)$의 CTFT의 진폭을 그려라. 샘플링률을 $f_s = 2$로 바꾸고 이를 반복하라.

해답 :

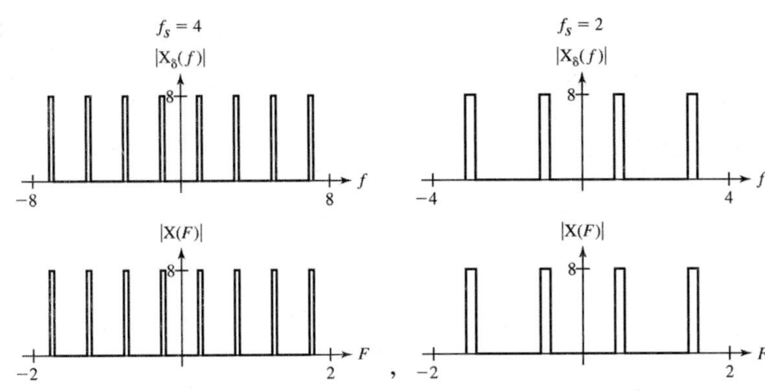

임펄스 샘플링

7. 각 신호 x(t)에 대하여 주기 임펄스 $\delta_{T_s}(t)$ ($T_s = 1/f_s$)를 곱하여 정해진 비율로 샘플링하고, 정해진 시간 범위에 걸쳐서 임펄스 샘플링된 신호 $x_\delta(t)$와 그의 CTFT $X_\delta(f)$의 진폭과 위상을 그려라.

(a) $x(t) = \text{rect}(100t)$, $f_s = 1100$

$-20 \text{ ms} < t < 20 \text{ ms}$, $-3\text{kHz} < f < 3\text{kHz}$

(b) $x(t) = \text{rect}(100t)$, $f_s = 110$

$-20 \text{ ms} < t < 20 \text{ ms}$, $-3\text{kHz} < f < 3\text{kHz}$

(c) $x(t) = \text{tri}(45t)$, $f_s = 180$

$-100 \text{ ms} < t < 100 \text{ ms}$, $-400 < f < 400$

해답 :

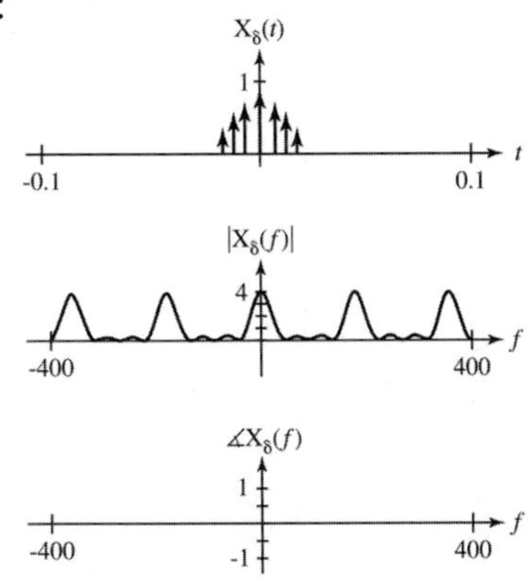

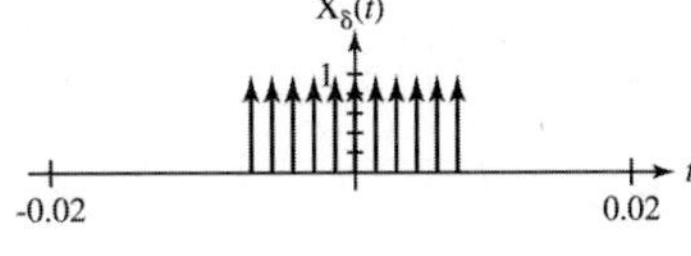

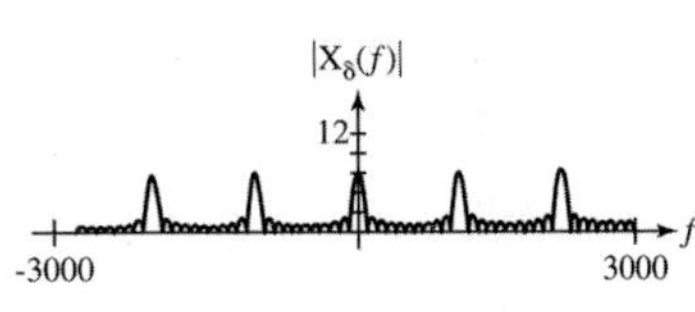

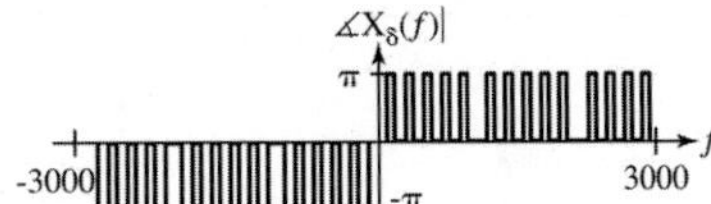

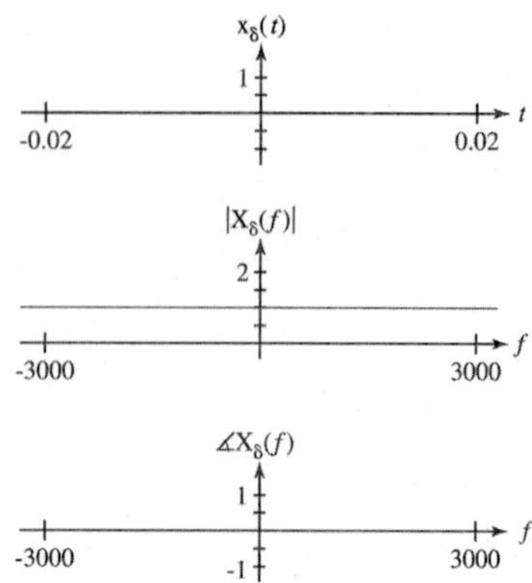

8. $x(t) = \text{tri}(200t) * \delta_{0.05}(t)$로 주어진 신호에 대해 주기 임펄스 $\delta_{T_s}(t)$ $(T_s = 1/f_s)$를 곱해 정해진 비율 f_s로 임펄스 샘플링하라. 그 후 임펄스 샘플링된 신호 $x_\delta(t)$를 통과대역에서 이득이 T_s이고, 코너 주파수가 나이퀴스트 주파수인 이상적인 저역통과 필터로 필터링하라. 신호 $x(t)$와 저역통과 필터의 응답 $x_f(t)$를 -60ms < t < 60ms의 시간 범위에서 그려라.

   (a) $f_s = 1000$　　(b) $f_s = 200$　　(c) $f_s = 100$

해답 :

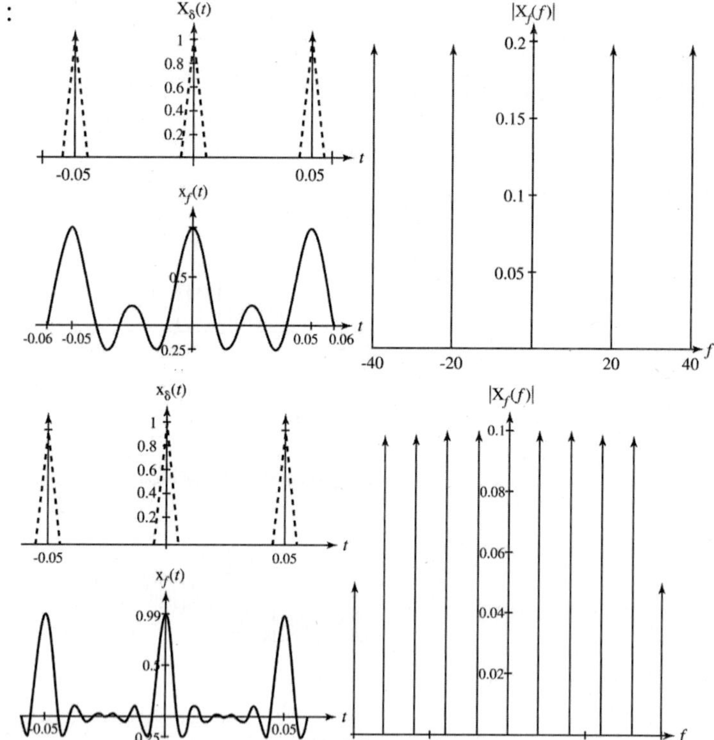

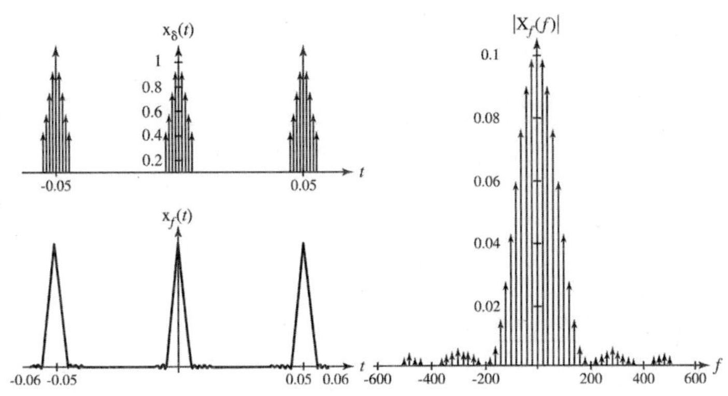

9. $x(t) = 8\cos(24\pi t) - 6\cos(104\pi t)$로 주어진 신호에 대해 주기 임펄스 $\delta_{T_s}(t)$ $(T_s = 1/f_s)$를 곱하여 정해진 비율로 임펄스 샘플링하라. 그 후 임펄스 샘플링된 신호를 통과대역에서 이득이 T_s이고, 코너 주파수가 나이퀴스트 주파수인 이상적인 저역통과 필터로 필터링하라. 신호 $x(t)$와 저역통과 필터의 응답 $x_i(t)$를 $x_i(t)$의 두 기본 주기 동안 그려라.

(a) $f_s = 100$

(b) $f_s = 50$

(c) $f_s = 40$

해답 :

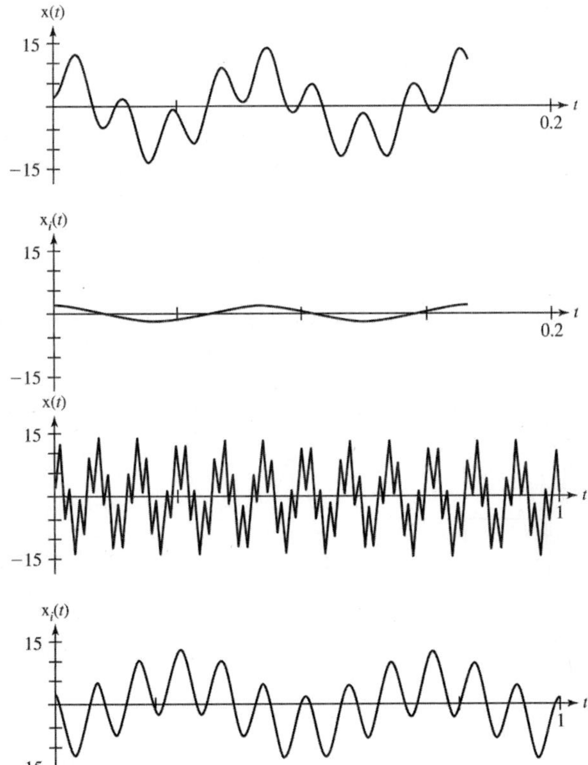

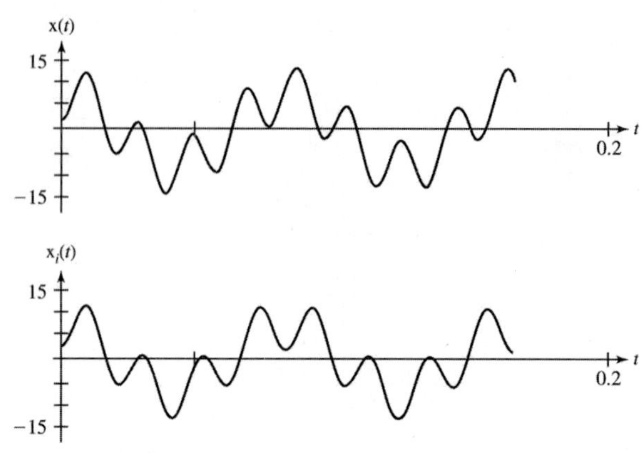

나이퀴스트율

10. 다음 신호의 나이퀴스트율을 구하라.

(a) $x(t) = \text{sinc}(20t)$
(b) $x(t) = 4\,\text{sinc}^2(100t)$
(c) $x(t) = 8\sin(50\pi t)$
(d) $x(t) = 4\sin(30\pi t) + 3\cos(70\pi t)$
(e) $x(t) = \text{rect}(300t)$
(f) $x(t) = -10\sin(40\pi t)\cos(300\pi t)$
(g) $x(t) = \text{sinc}(t/2) * \delta_{10}(t)$
(h) $x(t) = \text{sinc}(t/2)\delta_{0.1}(t)$

해답 : 200, 340, 70, 무한대, 50, 0.4, 무한대, 20

시간제한 및 대역제한 신호

11. 다음의 시간제한 신호들을 그려라. 그리고 그들의 CTFT 진폭을 구하고 그려라. 또한 각 신호가 대역제한이 아님을 보여라.

(a) $x(t) = 5\,\text{rect}(t/100)$
(b) $x(t) = 10\,\text{tri}(5t)$
(c) $x(t) = \text{rect}(t)[1 + \cos(2\pi t)]$
(d) $x(t) = \text{rect}(t)[1 + \cos(2\pi t)]\cos(16\pi t)$

해답 :

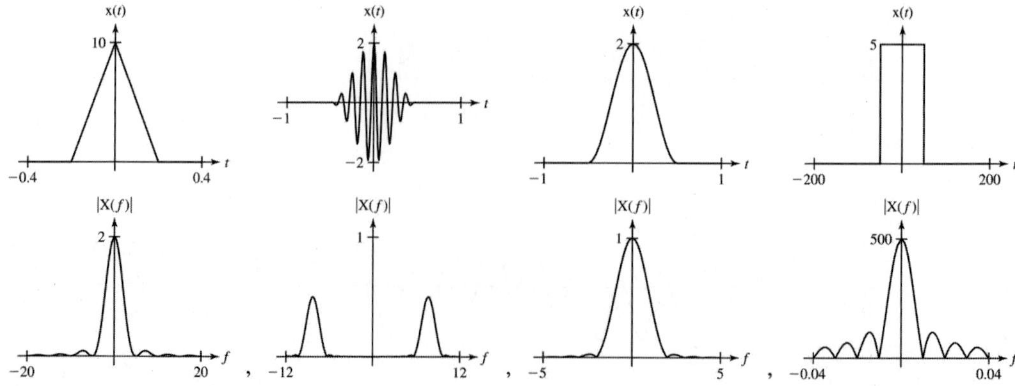

12. 다음의 대역제한 신호 CTFT의 진폭을 그려라. 그리고 그들의 역 CTFT를 구하고 그려라. 각 신호가 시간제한이 아님을 보여라.

(a) $X(f) = \text{rect}(f)e^{-j4\pi f}$
(b) $X(f) = \text{tri}(100f)e^{j\pi f}$
(c) $X(f) = \delta(f-4) + \delta(f+4)$
(d) $X(f) = j[\delta(f+4) - \delta(f-4)] * \text{rect}(8f)$

해답 :

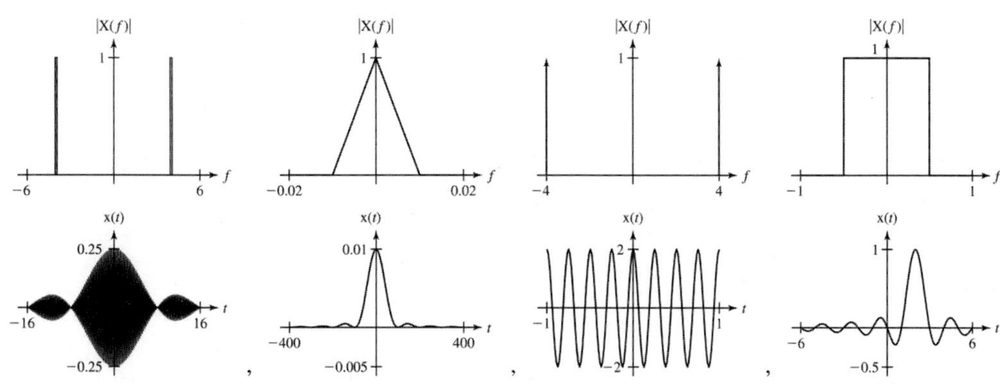

보간법

13. 신호 $x(t) = \sin(2\pi t)$를 샘플링률 f_s로 샘플링하라. 그 후 MATLAB을 이용해 시간 영역 $-1 < t < 1$에서 샘플 간의 보간법을 아래의 f_s, f_c와 N의 조건과 다음의 근사식을 이용해 그려라.

$$x(t) \cong 2(f_c/f_s)\sum_{n=-N}^{N} x(nT_s)\,\text{sinc}(2f_c(t-nT_s))$$

(a) $f_s = 4,\ f_c = 2,\ N = 1$
(b) $f_s = 4,\ f_c = 2,\ N = 2$
(c) $f_s = 8,\ f_c = 4,\ N = 4$
(d) $f_s = 8,\ f_c = 2,\ N = 4$
(e) $f_s = 16,\ f_c = 8,\ N = 8$
(f) $f_s = 16,\ f_c = 8,\ N = 16$

해답 :

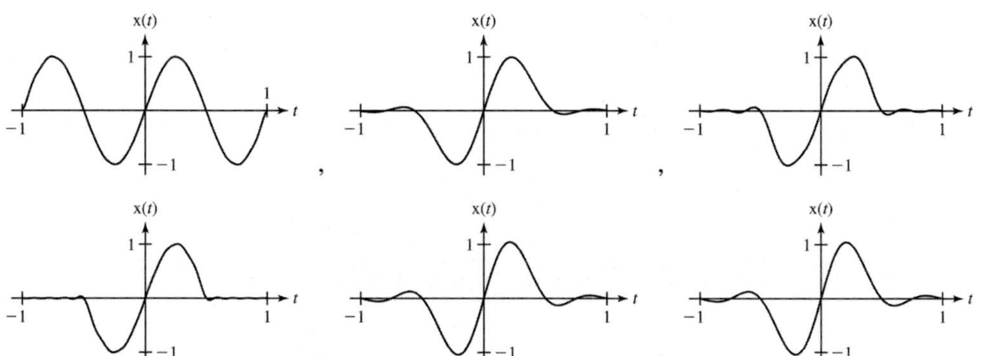

14. 다음의 각 신호와 샘플링률에서 원신호와 시간 영역 $-1 < t < 1$에서 영차 홀드를 이용한 샘플간의 보간법을 그려라.(MATLAB 함수 stairs가 유용할 것이다.)

(a) $x(t) = \sin(2\pi t)$, $f_s = 8$ (b) $x(t) = \sin(2\pi t)$, $f_s = 32$
(c) $x(t) = \text{rect}(t)$, $f_s = 8$ (d) $x(t) = \text{tri}(t)$, $f_s = 8$

해답 :

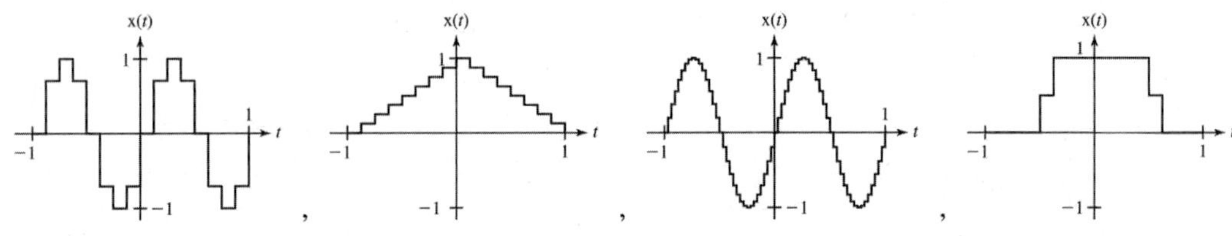

15. 연습문제 14의 각 신호에 대해 영차 홀드 보간된 신호를 -3dB 주파수가 샘플링률의 1/4인 단일 극점 저역통과 필터로 필터링하라.

해답 :

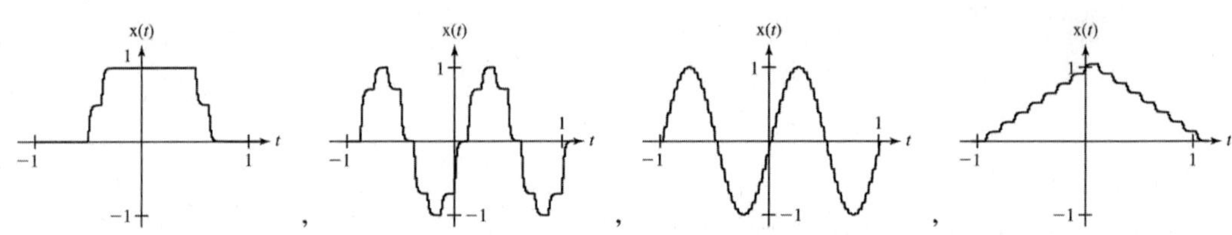

16. 영차 홀드 대신에 1차 홀드 방법을 이용해 연습문제 14를 반복하라.

해답 :

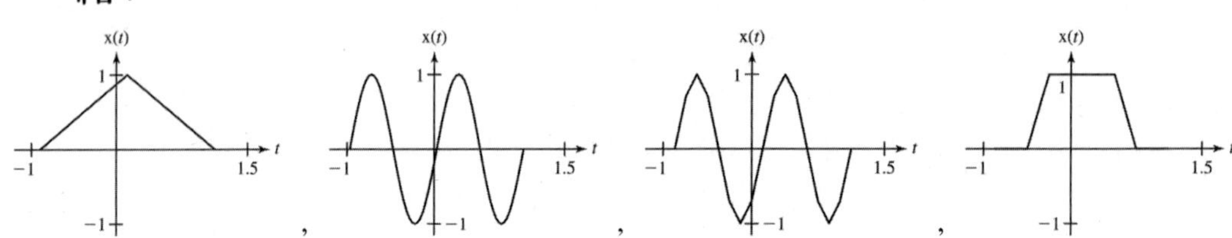

에일리어싱

17. 두 신호 $x_1(t) = e^{-t^2}$와 $x_2(t) = e^{-t^2} + \sin(8\pi t)$를 시간 간격 $-3 < t < 3$에서 8 Hz로 샘플링하고 두 신호의 샘플 값이 같음을 보여라.

18. 아래의 두 신호에 대해 주어진 샘플링률로 샘플링하고 샘플링된 신호의 DTFT를 구하라. 각각의 경우에 두 신호의 DTFT를 살피고 샘플이 같은 이유를 설명하라.

(a) $x(t) = 4\cos(16\pi t)$ and $x(t) = 4\cos(76\pi t)$, $f_s = 30$
(b) $x(t) = 6\,\mathrm{sinc}(8t)$ and $x(t) = 6\,\mathrm{sinc}(8t)\cos(400\pi t)$, $f_s = 100$
(c) $x(t) = 9\cos(14\pi t)$ and $x(t) = 9\cos(98\pi t)$, $f_s = 56$

해답 : $75\,\mathrm{rect}(25F/2) * \delta_1(F)$, $2[\delta_1(F - 8/30) + \delta_1(F + 8/30)]$

$(9/2)[\delta_1(F - 1/8) + \delta_1(F + 1/8)]$

19. 각 정현파에 대해 주어진 샘플링률로 샘플링할 때, 정확히 같은 샘플을 갖고 주어진 정현파와 가장 가까운 주파수의 두 개의 다른 정현파를 구하라.

(a) $x(t) = 4\cos(8\pi t)$, $f_s = 20$　(b) $x(t) = 4\sin(8\pi t)$, $f_s = 20$
(c) $x(t) = 2\sin(-20\pi t)$, $f_s = 50$　(d) $x(t) = 2\cos(-20\pi t)$, $f_s = 50$
(e) $x(t) = 5\cos(30\pi t + \pi/4)$, $f_s = 50$

해답 : $-2\sin(-80\pi t)$ and $2\sin(-120\pi t)$

$5\cos(130\pi t + \pi/4)$ and $5\cos(-70\pi t + \pi/4)$, $4\sin(48\pi t)$ and $-4\sin(32\pi t)$

$2\cos(80\pi t)$ and $2\cos(-120\pi t)$, $4\cos(48\pi t)$ and $4\cos(32\pi t)$

대역제한 주기 신호

20. 다음의 신호 x(t)를 샘플링해 x[n]을 구하라. 나이퀴스트율로 샘플링하고, f_s/f_0가 정수가 되는 (이는 전체 샘플링 시간을 샘플 간 시간으로 나누어도 정수가 된다는 뜻임) 그 다음 높은 비율로 샘플링하라. 신호와 연속시간 신호의 CTFT, 이산시간 신호의 DTFT의 진폭을 그려라.

(a) $x(t) = 2\sin(30\pi t) + 5\cos(18\pi t)$　(b) $x(t) = 6\sin(6\pi t)\cos(24\pi t)$

해답 :

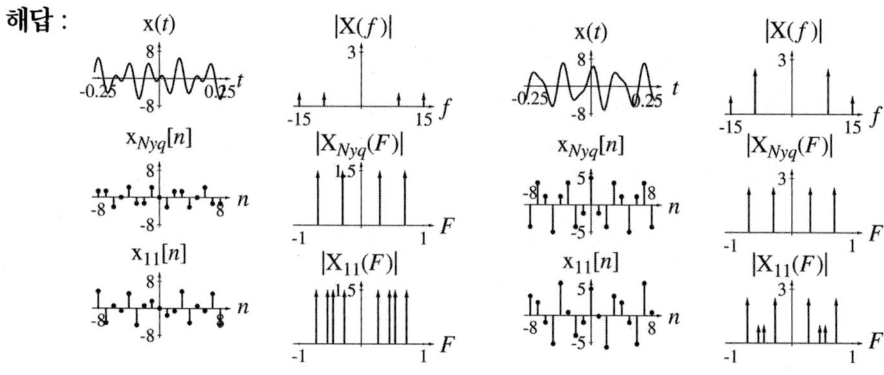

CTFT-CTFS-DFT 관계

21. 신호 $x(t) = 8\cos(30\pi t)$로 시작하여 샘플링률 $f_s = 60$으로 샘플링하고, 창함수 폭은 $N = 32$인 창함수를 적용하고, 이를 주기적으로 반복하라. 이 과정의 각 신호에 대해 신호와 CTFT 또는 DTFT로 변환된 신호를 그려라.

해답 :

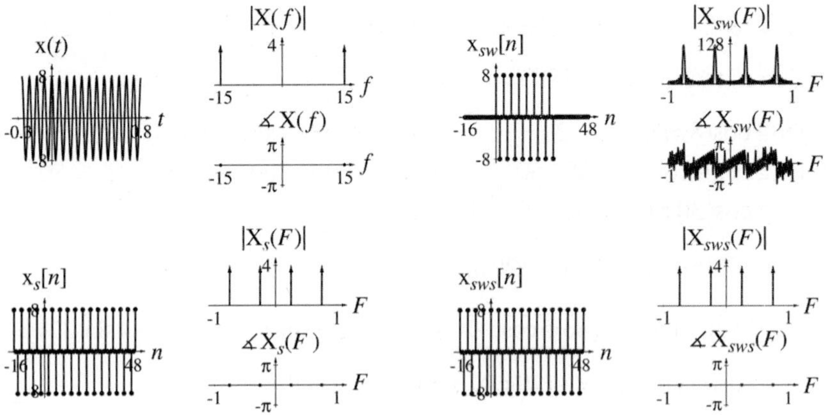

22. 각각의 신호 $x(t)$를 f_s의 샘플링률로 N번 샘플링해 신호 $x[n]$을 구성하자. 시간 범위 $0 < t < NT_s$에서 $x(t)$ 대 t와 $x[n]$ 대 nT_s의 그래프를 그려라. N개 샘플의 DFT $X[k]$를 구하라. 그 후 주파수 범위 $-f_s/2 < f < f_s/2$에서 $X[f]$대 f, $T_sX[k]$ 대 $k\Delta f$의 진폭과 위상을 그려라. 여기서 $\Delta f = f_s/N$이다. MATLAB `plot` 명령어를 이용해 $k\Delta f$의 연속 함수로서 $T_sX[k]$를 그려라.

(a) $x(t) = 5\,\text{rect}(2(t-2)),\quad f_s = 16,\quad N = 64$

(b) $x(t) = 3\,\text{sinc}((t-20)/5),\quad f_s = 1,\quad N = 40$

(c) $x(t) = 2\,\text{rect}(t-2)\sin(8\pi t),\quad f_s = 32,\quad N = 128$

(d) $x(t) = 10\left[\text{tri}\left(\frac{t-2}{2}\right) - \text{tri}\left(\frac{t-6}{2}\right)\right],\quad f_s = 8,\quad N = 64$

(e) $x(t) = 5\cos(2\pi t)\cos(16\pi t),\quad f_s = 64,\quad N = 128$

해답 :

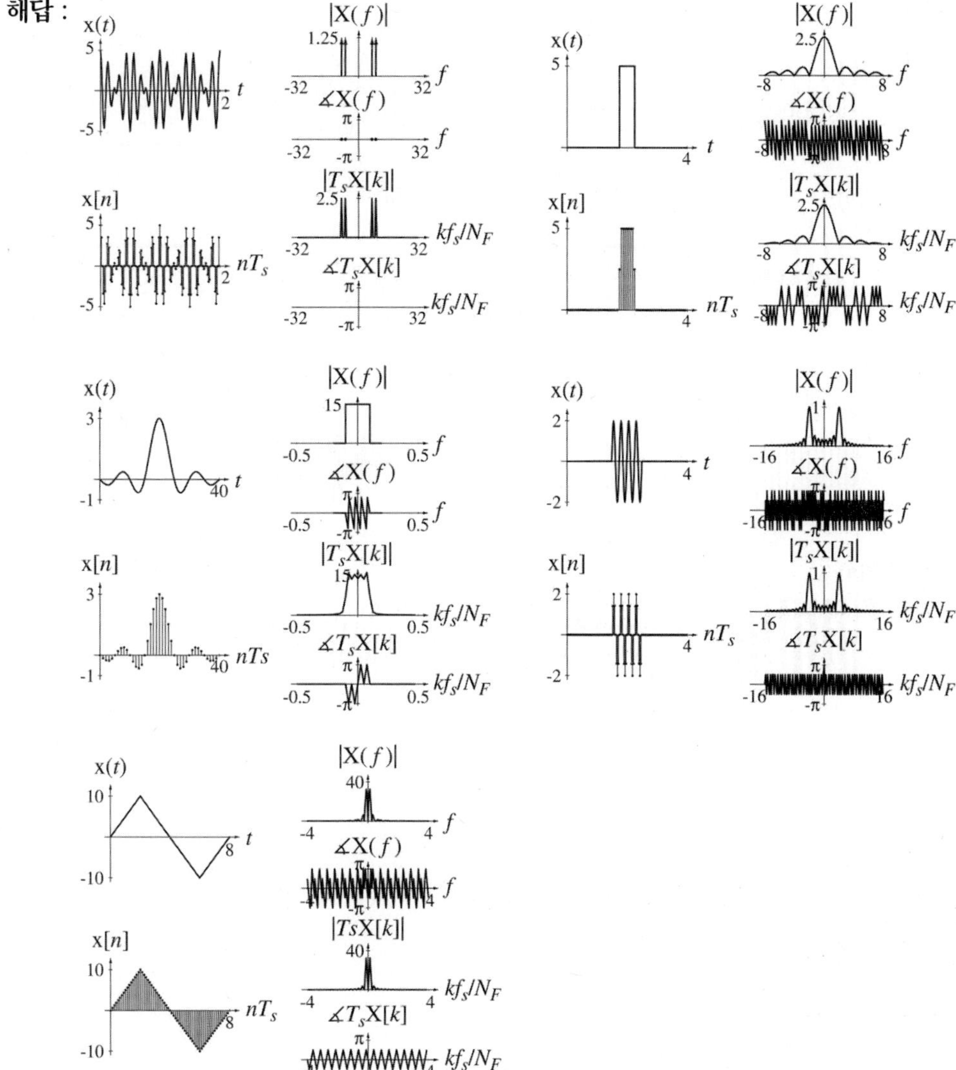

23. 각각의 신호 x(t)를 f_s의 샘플링률로 N번 샘플링해 신호 x[n]을 구성하자. 시간 범위 $0 < t < NT_s$에서 x(t) 대 t와 x[n] 대 nT_s의 그래프를 그려라. N개 샘플의 DFT X[k]를 구하라. 그 후 주파수 범위 $-f_s/2 < f < f_s/2$에서 X[f] 대 f, X[k]/N 대 $k\Delta f$의 진폭과 위상을 그려라. 여기서 $\Delta f = f_s/N$이다. 임펄스를 표현하기 위해 MATLAB `stem` 명령어를 이용하여 $k\Delta f$의 임펄스 함수로서 X[k]/N를 그려라.

(a) $\mathrm{x}(t) = 4\cos(200\pi t), \quad f_s = 800, \quad N = 32$
(b) $\mathrm{x}(t) = 6\,\mathrm{rect}(2\mathrm{t}) * \delta_1(t), \quad f_s = 16, \quad N = 128$
(c) $\mathrm{x}(t) = 6\,\mathrm{sinc}(4\mathrm{t}) * \delta_1(t), \quad f_s = 16, \quad N = 128$
(d) $\mathrm{x}(t) = 5\cos(2\pi t)\cos(16\pi t), \quad f_s = 64, \quad N = 128$

해답 :

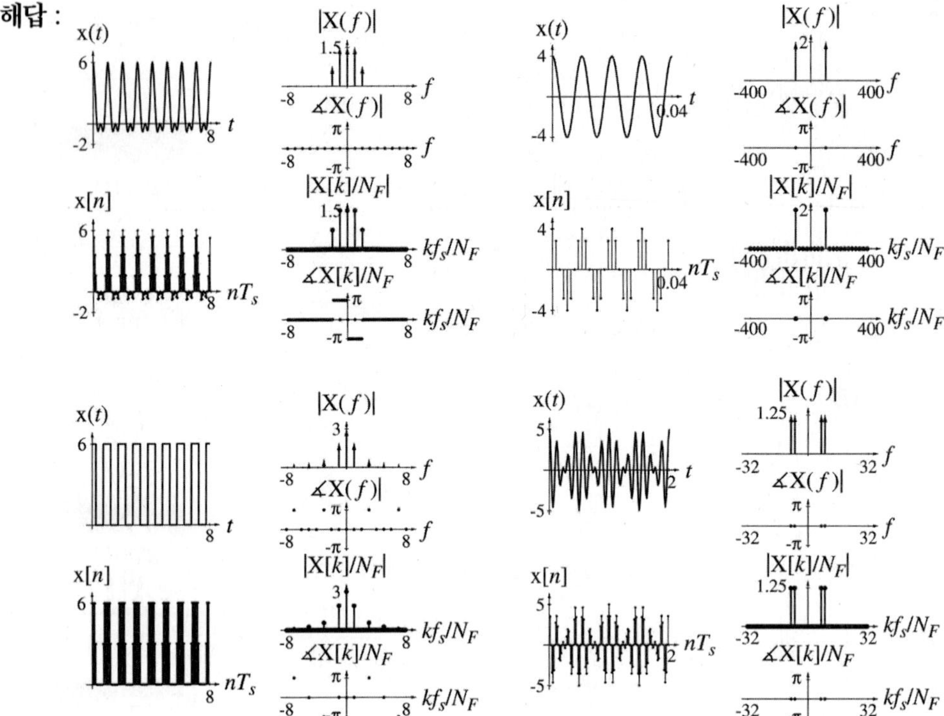

참함수

24. 때때로 구형파가 아닌 참함수 파형이 이용된다. MATLAB을 이용해 $N = 32$인 참함수의 DFT의 진폭을 구하고 그려라.

(a) von Hann 또는 Hanning

$$\mathrm{w}[n] = \frac{1}{2}\left[1 - \cos\left(\frac{2\pi n}{N-1}\right)\right], \quad 0 \le n < N$$

(b) Bartlett

$$\mathrm{w}[n] = \begin{cases} \dfrac{2n}{N-1}, & 0 \le n \le \dfrac{N-1}{2} \\ 2 - \dfrac{2n}{N-1}, & \dfrac{N-1}{2} \le n < N \end{cases}$$

(c) Hamming

$$\mathrm{w}[n] = 0.54 - 0.46\cos\left(\frac{2\pi n}{N-1}\right), \quad 0 \le n < N$$

(d) Blackman

$$w[n] = 0.42 - 0.5\cos\left(\frac{2\pi n}{N-1}\right) + 0.08\cos\left(\frac{4\pi n}{N-1}\right), \quad 0 \le n < N$$

해답 : w[n] 1 31 n |W[k]| 16 -32 32 k

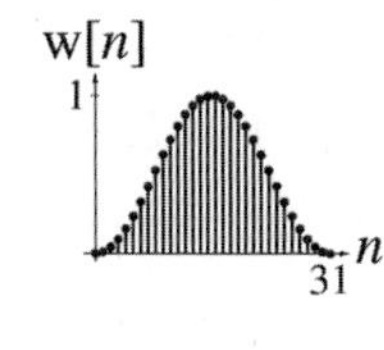

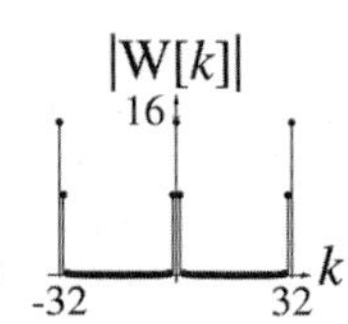

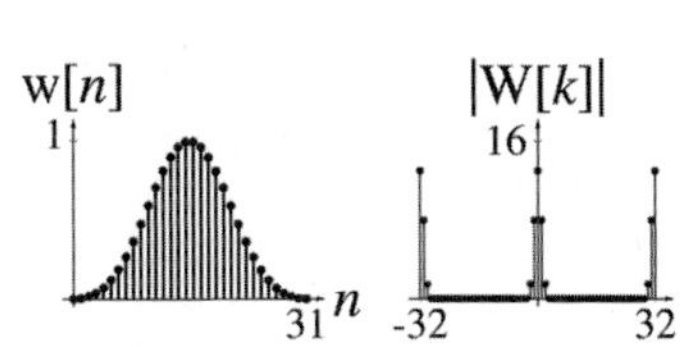

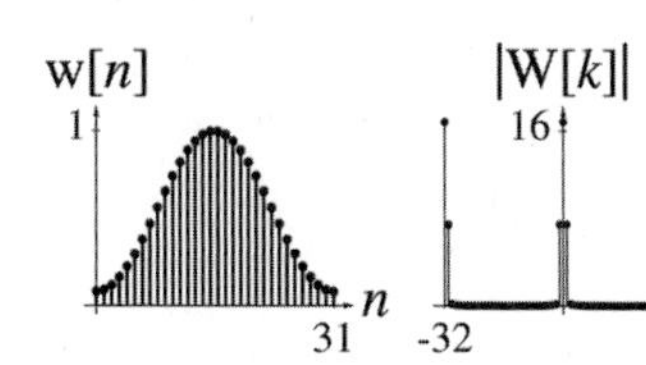

DFT

25. 다음의 각 신호들을 주어진 샘플링률과 주어진 시간 동안 샘플링하고, 범위 $-N/2 < k < (N/2)-1$ 에서 고조파 수에 대한 DFT의 진폭을 그려라.

(a) $x(t) = \cos(2\pi t),\ f_s = 2,\ N = 16$ (b) $x(t) = \cos(2\pi t),\ f_s = 8,\ N = 16$
(c) $x(t) = \cos(2\pi t),\ f_s = 16,\ N = 256$ (d) $x(t) = \cos(3\pi t),\ f_s = 2,\ N = 16$
(e) $x(t) = \cos(3\pi t),\ f_s = 8,\ N = 16$ (f) $x(t) = \cos(3\pi t),\ f_s = 16,\ N = 256$

해답 : x[n] 1 -1 15 n

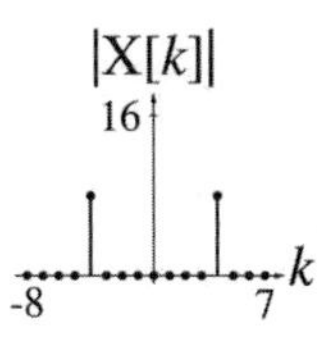

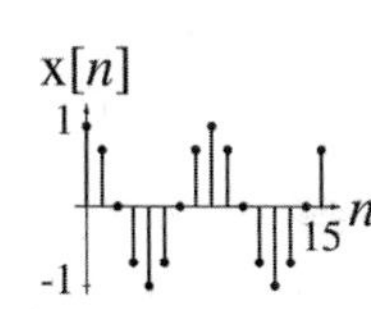

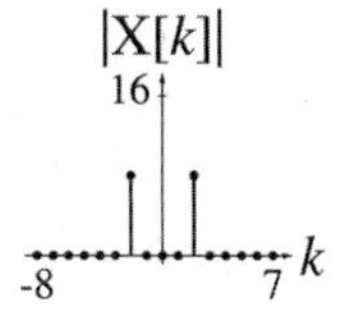

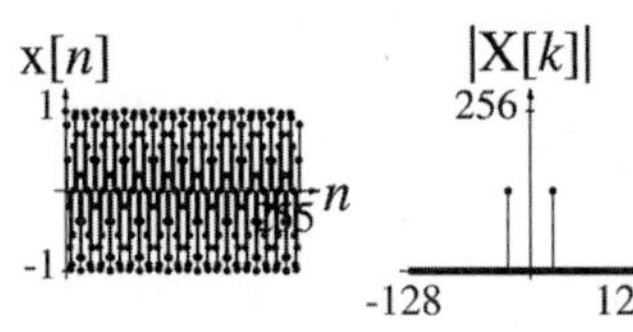

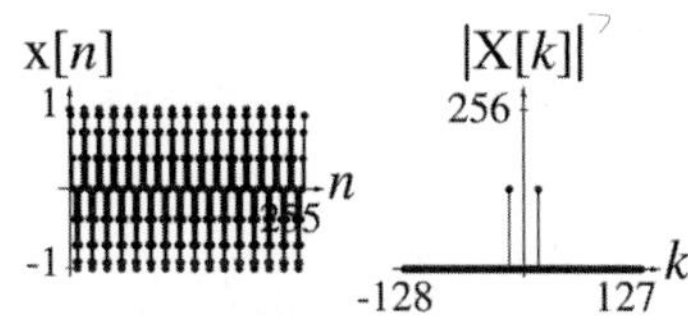

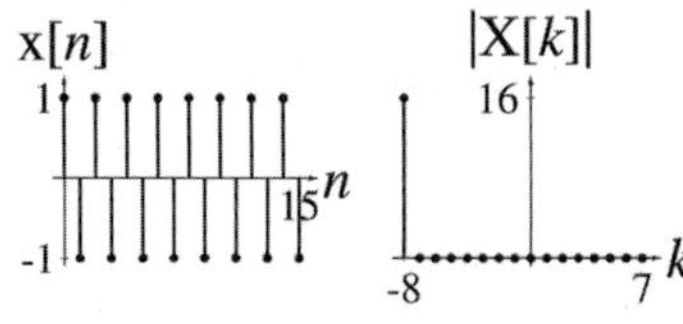

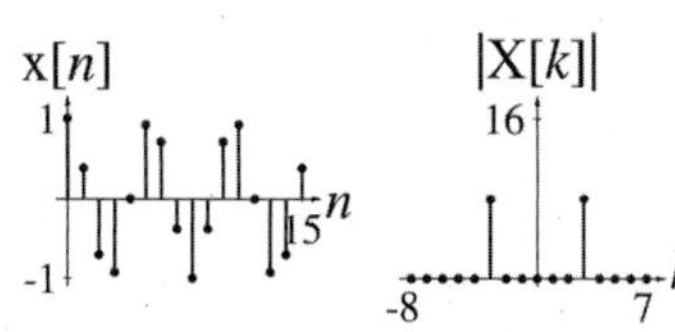

26. 다음의 각 신호들을 주어진 샘플링률과 주어진 시간 동안 샘플링하고, 범위 $-N/2 < k < (N/2)-1$에서 고조파 수에 대한 DFT의 진폭을 그려라.

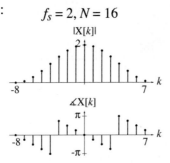

(a) $\mathrm{x}(t) = \mathrm{tri}(t-1), \quad f_s = 2, \quad N = 16$

(b) $\mathrm{x}(t) = \mathrm{tri}(t-1), \quad f_s = 8, \quad N = 16$

(c) $\mathrm{x}(t) = \mathrm{tri}(t-1), \quad f_s = 16, \quad N = 256$

(d) $\mathrm{x}(t) = \mathrm{tri}(t) + \mathrm{tri}(t-4), \quad f_s = 2, \quad N = 8$

(e) $\mathrm{x}(t) = \mathrm{tri}(t) + \mathrm{tri}(t-4), \quad f_s = 8, \quad N = 32$

(f) $\mathrm{x}(t) = \mathrm{tri}(t) + \mathrm{tri}(t-4), \quad f_s = 64, \quad N = 256$

해답 :

$f_s = 2, N = 16$

|X[k]|

2

-8 7 k

∡X[k]

π

-π

-8 7 k

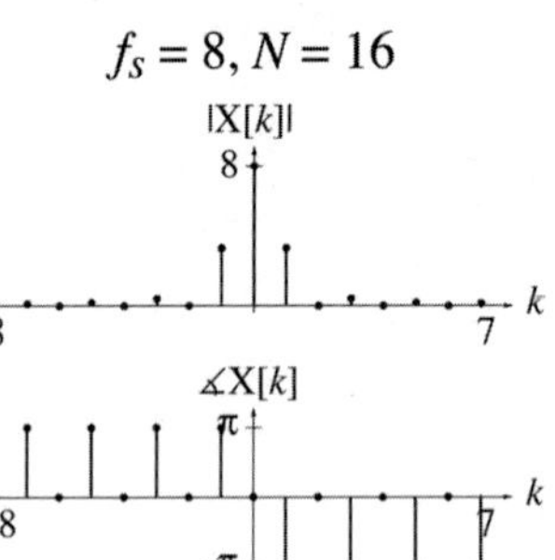

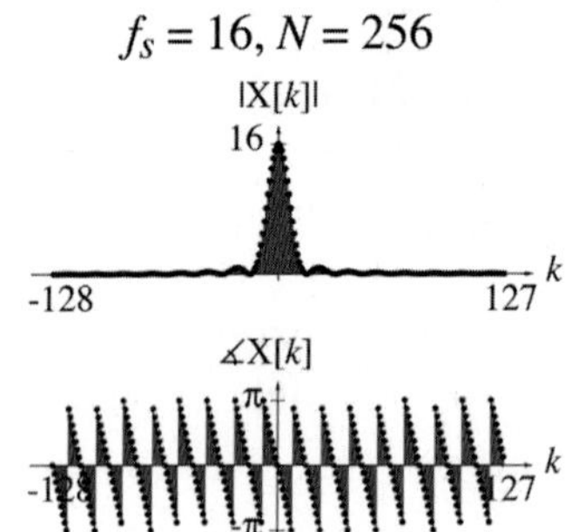

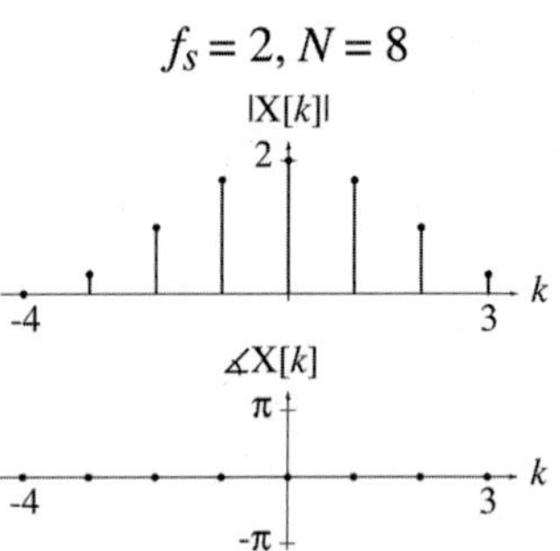

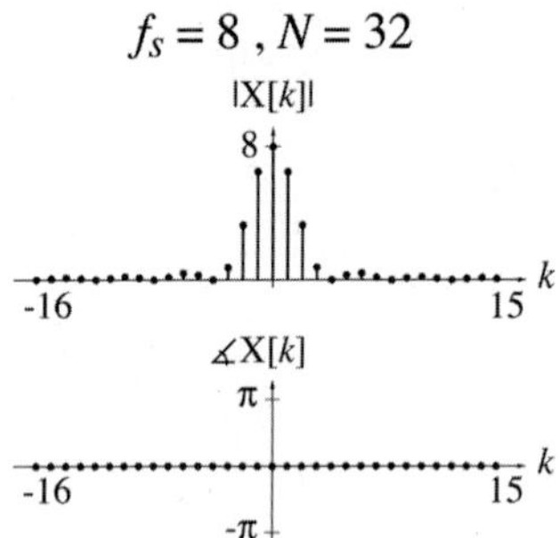

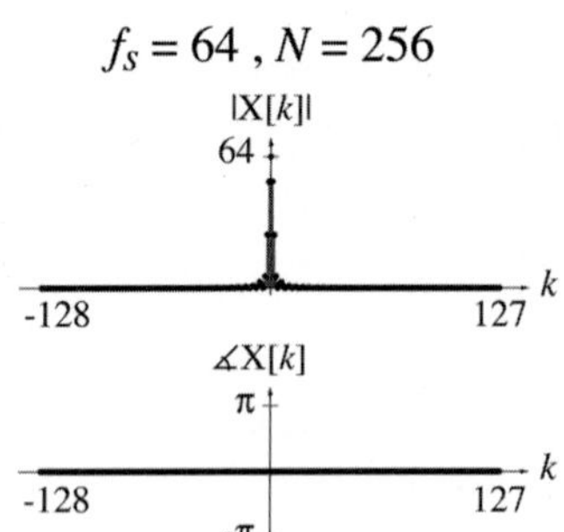

27. 각 신호에 대해 주어진 샘플링 구간 동안 원신호와 샘플링된 신호를 그려라.

(a) $x[n] = \sin(2\pi n/24), \quad N_s = 4$

(b) $x[n] = (u[n+9] - u[n-10]), \quad N_s = 2$

(c) $x[n] = \cos(2\pi n/48)\cos(2\pi n/8), \quad N_s = 2$

(d) $x[n] = (9/10)^n\, u[n], \quad N_s = 6$

해답 :

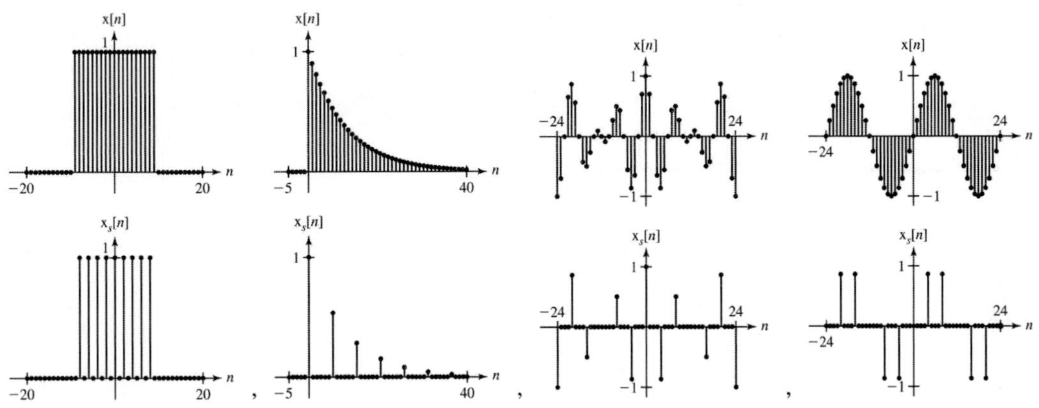

28. 연습문제 27의 각 신호에 대해 원신호와 샘플링된 신호의 DTFT 진폭을 그려라.

해답 :

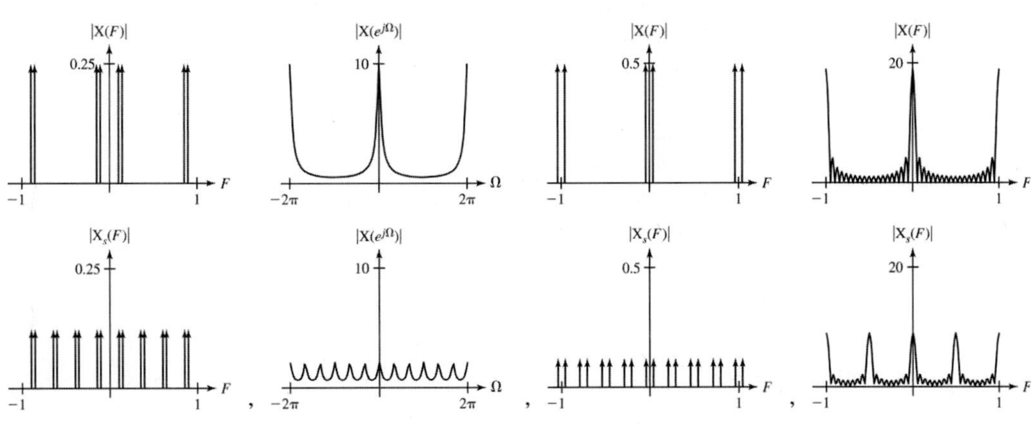

29. 각 신호에 대해 주어진 샘플링 구간 동안 원신호와 간축법 적용된 신호를 그려라. 또한 두 신호의 DTFT 진폭을 그려라.

(a) $\mathrm{x}[n] = \mathrm{tri}(n/10), \quad N_s = 2$
(b) $\mathrm{x}[n] = (0.95)^n \sin(2\pi n/10)\,\mathrm{u}[n], \quad N_s = 2$
(c) $\mathrm{x}[n] = \cos(2\pi n/8), \quad N_s = 7$

해답 :

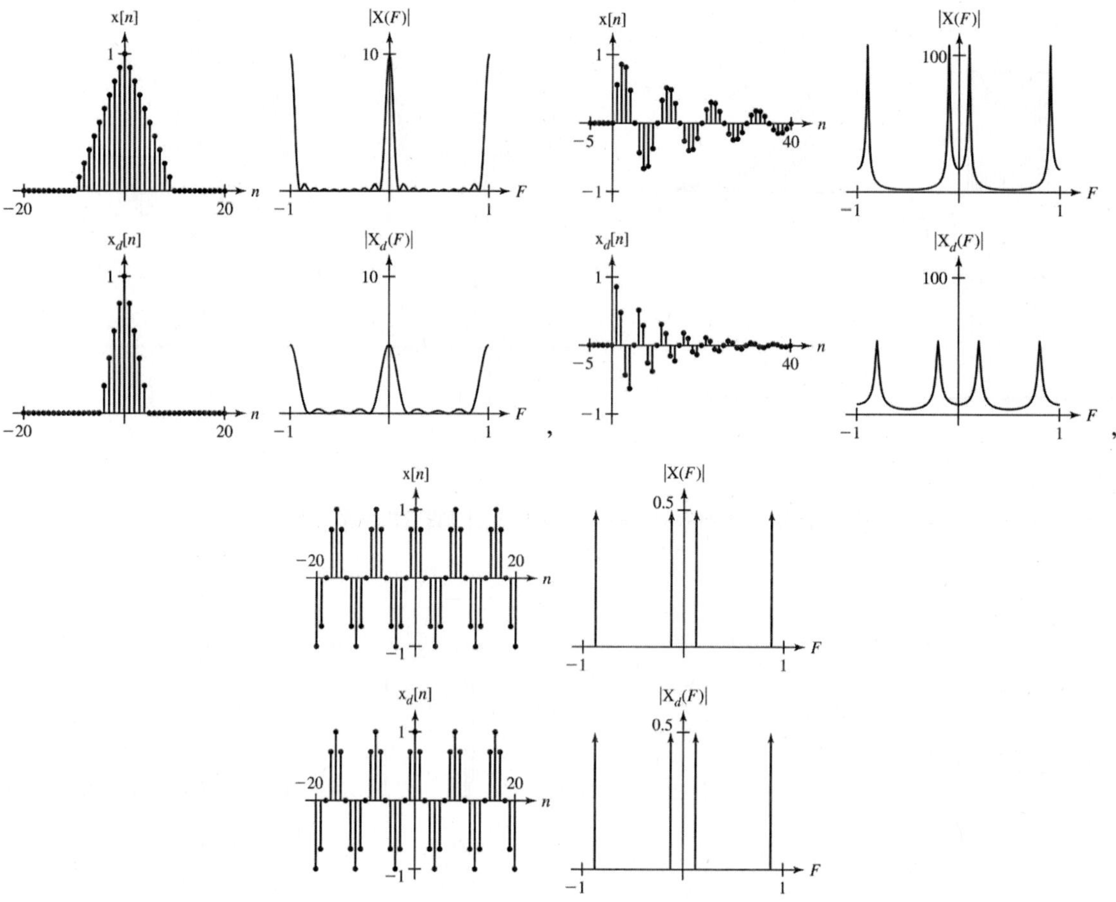

30. 연습문제 29의 각 신호에 대해 샘플들 사이에 주어진 수의 0을 삽입하고, 주어진 차단 주파수로 신호를 저역통과 필터링해 결과 신호와 DTFT 진폭을 그려라.

(a) Insert 1 zero between points. Cutoff frequency is $F_c = 0.1$.
(b) Insert 4 zeros between points. Cutoff frequency is $F_c = 0.2$.
(c) Insert 4 zeros between points. Cutoff frequency is $F_c = 0.02$.

해답 :

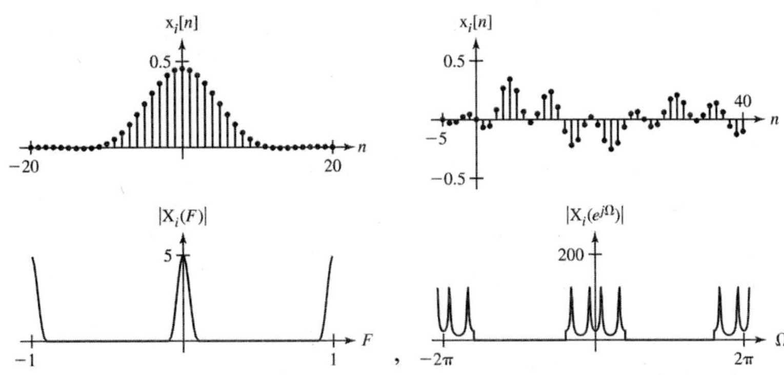

해답이 없는 연습문제

샘플링

31. MATLAB(혹은 그에 상응하는 수학적 컴퓨터 툴)을 이용해 $0 < t < 400\text{ms}$의 범위에서 다음 신호를 그려라.

$$x(t) = 3\cos(20\pi t) - 2\sin(30\pi t)$$

또한 다음과 같은 샘플링 간격에서 이 함수를 샘플링해 만들어진 신호를 그려라. (a) $T_s = 1/120\text{s}$, (b) $T_s = 1/60\text{s}$, (c) $T_s = 1/30\text{s}$, (d) $T_s = 1/15\text{s}$. 관찰을 근거로 하면 샘플로부터 신호를 복원하기 위해 얼마나 빠르게 샘플을 취해야 하겠는가?

32. 신호 $x(t) = 20\cos(1000\pi t)$는 2kHz의 샘플링률로 임펄스 샘플링되었다. 임펄스 샘플링된 신호 $x_\delta(t)$의 두 기본 주기를 그려라(한 샘플은 시간 $t = 0$에 있게 하라). 그런 다음 임펄스 샘플링된 신호 $x_\delta(t)$의 CTFT $X_\delta(f)$에서 0 Hz가 중심인 네 기본 주기를 그려라. 샘플링률을 500Hz로 바꾸어 반복하라.

33. 신호 $x(t) = 10\text{rect}(t/4)$는 2Hz의 샘플링률로 임펄스 샘플링되었다. 임펄스 샘플링된 신호 $x_\delta(t)$를 구간 $-4 < t < 4$에서 그려라. 그런 다음 임펄스 샘플링된 신호 $x_\delta(t)$의 CTFT $X_\delta(f)$에서 $f = 0$가 중심인 세 기본 주기를 그려라. 샘플링률을 1/2 Hz로 바꾸어 반복하라.

34. 신호 $x(t) = 4\text{sinc}(10t)$는 20 Hz의 샘플링률로 임펄스 샘플링되었다. 임펄스 샘플링된 신호 $x_\delta(t)$를 구간 $-0.5 < t < 0.5$에서 그려라. 그런 다음 임펄스 샘플링된 신호 $x_\delta(t)$의 CTFT $X_\delta(f)$에서 $f = 0$가 중심인 세 기본 주기를 그려라. 샘플링률을 4 Hz로 바꾸어 반복하라.

35. 신호 x[n]은 신호 $x(t) = 20\cos(8\pi t)$을 20Hz의 샘플링률로 샘플링해 만들어졌다. 이산시간에 대한 10개 기본 주기에서 x[n]을 그려라. 그런 다음 샘플링 주파수 8Hz와 6Hz에 대해 반복하라.

36. 신호 x[n]은 신호 $x(t) = -4\sin(200\pi t)$을 400 Hz의 샘플링률로 샘플링해 만들어졌다. 이산시간에 대한 10개 기본 주기에서 x[n]을 그려라. 그런 다음 샘플링 주파수 200Hz와 60Hz에 대해 반복하라.

37. 신호 x(t)를 나이퀴스트율 이상으로 샘플링해 x[n]을 만들었고, 같은 비율로 임펄스 샘플링해 임펄스 신호 $x_\delta(t)$를 만들었다. x[n]의 DTFT는 다음과 같다.

$$X(F) = 10\,\mathrm{rect}(5F) * \delta_1(F) \text{ or } X(e^{j\Omega}) = 10\,\mathrm{rect}(5\Omega/2\pi) * \delta_{2\pi}(\Omega)$$

(a) 샘플링률이 100 Hz라면, x(t)의 CTFT가 0이 아닌 가장 높은 주파수는 얼마인가?

(b) $x_\delta(t)$의 CTFT가 0이 아닌 x(t)의 최고 주파수보다 큰 양의 최저 주파수는 얼마인가?

(c) 원신호 x(t)가 임펄스 응답이 $h(t) = A\,\mathrm{sinc}(wt)$인 이상적인 저역통과 필터를 이용해 임펄스 샘플링된 신호 $x_\delta(t)$로부터 복원되어야 한다면 가능한 w의 최대값은 얼마인가?

임펄스 샘플링

38. 각 신호 x(t)에 대해 주기 임펄스 $\delta_{T_s}(t)$ $(T_s = 1/f_s)$를 곱해 정해진 비율로 임펄스 샘플링하라. 주어진 시간 영역에서 임펄스 샘플링된 신호 $x_\delta(t)$와 주어진 주파수 영역에서 CTFT $X_\delta(f)$의 진폭과 위상을 그려라.

(a) $x(t) = 5(1+\cos(200\pi t))\,\mathrm{rect}(100t),\ f_s = 1600$
(b) $x(t) = e^{-t^2/2},\ f_s = 5$
(c) $x(t) = 10e^{-t/20}\,u(t),\ f_s = 1$

39. 주어진 신호 $x(t) = \mathrm{rect}(20t) * \delta_{0.1}(t)$와 주파수 응답이 $T_s\,\mathrm{rect}(f/f_s)$인 이상적인 저역통과 필터에 대해 두 가지 다른 방법으로 x(t)를 처리하라.

처리 1: 신호를 필터링하고, f_s를 곱하라.

처리 2: 주어진 비율로 신호를 임펄스 샘플링하고, 임펄스 샘플링된 신호를 필터링하라.

각 샘플링률에 대해 원신호 x(t)와 처리된 신호 y(t)를 시간 영역 $-0.5 < t < 0.5$에서 그려라. 각 경우에 대해 신호의 CTFT를 살펴보고, 두 신호가 왜 같거나 같지 않아 보이는지 설명하라.

(a) $f_s = 1000$ (b) $f_s = 200$
(c) $f_s = 50$ (d) $f_s = 20$
(e) $f_s = 10$ (f) $f_s = 4$
(g) $f_s = 2$

40. 아래의 신호를

$$x(t) = \begin{cases} 4\sin(20\pi t), & -0.2 < t < 0.2 \\ 0, & \text{otherwise} \end{cases} = 4\sin(20\pi t)\,\mathrm{rect}(t/0.4)$$

시간 영역 -0.5 < t < 0.5에서 주어진 샘플링률로 샘플링하고, 다음의 싱크 함수 기술을 이용하여 신호를 근사적으로 복원하라.

$$x(t) = 2(f_c/f_s)\sum_{n=-\infty}^{\infty} x(nT_s)\,\mathrm{sinc}(2f_c(t - nT_s))$$

단, 유한한 집합의 샘플을 이용하고 주어진 필터 차단 주파수를 이용하라. 즉, 다음의 식을 이용하라.

$$x(t) = 2(f_c/f_s)\sum_{n=-N}^{N} x(nT_s)\,\mathrm{sinc}(2f_c(t - nT_s))$$

여기서, N = 0.5/T_s이다. 각 경우에서 복원된 신호를 그려라.

(a) $f_s = 20,\ f_c = 10$ (b) $f_s = 40,\ f_c = 10$
(c) $f_s = 40,\ f_c = 20$ (d) $f_s = 100,\ f_c = 10$
(e) $f_s = 100,\ f_c = 20$ (f) $f_s = 100,\ f_c = 50$

나이퀴스트율

41. 다음 신호의 나이퀴스트율을 구하라.

(a) $x(t) = 15\,\mathrm{rect}(300t)\cos(10^4\pi t)$
(b) $x(t) = 7\,\mathrm{sinc}(40t)\cos(150\pi t)$
(c) $x(t) = 15[\mathrm{rect}(500t) * \delta_{1/100}(t)]\cos(10^4\pi t)$
(d) $x(t) = 4[\mathrm{sinc}(500t) * \delta_{1/200}(t)]$
(e) $x(t) = -2[\mathrm{sinc}(500t) * \delta_{1/200}(t)]\cos(10^4\pi t)$
(f) $x(t) = \begin{cases} |t|, & |t| < 10 \\ 0, & |t| \ge 10 \end{cases}$
(g) $x(t) = -8\,\mathrm{sinc}(101t) + 4\cos(200\pi t)$
(h) $x(t) = -32\,\mathrm{sinc}(101t)\cos(200\pi t)$
(i) $x(t) = 7\,\mathrm{sinc}(99t) * \delta_1(t)$

에일리어싱

42. 30Hz의 샘플링률로 다음 세 함수를 샘플링해 얻은 이산시간 신호를 한 그래프 위에 그려라.

(a) $x_1(t) = 4\sin(20\pi t)$ (b) $x_2(t) = 4\sin(80\pi t)$ (c) $x_2(t) = -4\sin(40\pi t)$

43. 신호 $x(t) = 10\sin(8\pi t)$와 이 신호를 나이퀴스트율의 2배로 샘플링해 구한 신호 $x[n]$을 그려라. 그런 다음 같은 축 위에 동시에 샘플링된다면 정확히 같은 샘플이 되는 두 개 이상의 다른 연속시간 정현파 신호를 그려라.

44. 같은 주파수의 코사인 신호 $x(t)$와 사인 신호 $y(t)$가 더해져 신호 $z(t)$가 만들어졌다. 신호 $x(t)$가 $t = 0$에서 샘플이 발생한다는 가정하에서 정확히 나이퀴스트율로 샘플링되었다고 하자. $x(t)$와 $y(t)$ 중 어느 신호가 샘플링된다면 정확히 같은 샘플을 발생시키는가?

45. 아래의 각 신호 $x(t)$에 대해 $\delta_{T_s}(t)$, $f_s = 1/T_s$ 형태의 주기 임펄스 함수를 곱하여 $x_s(t)$를 구성하도록 샘플링한다.

(a) $x(t) = 4\cos(20\pi t)$, $f_s = 40$이다. $X_s(f)$가 10Hz 위에서 0 아닌 값을 갖는 첫 번째 주파수는 얼마인가?

(b) $x(t) = 10\,\text{tri}(t)$, $f_s = 4$이다. 만약 샘플링된 신호가 최종 샘플 값을 유지하는 방식으로 보간된다면 시간 $t = 0.9$에서 보간된 신호의 값은 얼마인가?

실제적인 샘플링

46. $x(t) = 25\,\text{sinc}^2(t/6)$의 CTFT의 진폭을 그려라. 샘플로부터 신호 $x(t)$를 정확히 복원하기 위해 필요한 최소 샘플링률은 얼마인가? 샘플로부터 신호 $x(t)$를 정확히 복원하기 위해서는 무한히 많은 샘플이 필요할 수도 있다. 신호 파형의 에너지의 99%를 포함하는 가능한 최소 시간동안 샘플링해 실제적인 절충을 하려면 몇 개의 샘플이 필요한가?

47. $x(t) = 8\,\text{rect}(3t)$의 CTFT 진폭을 그려라. 이 신호는 대역제한되지 않기 때문에 샘플로부터 원신호를 정확히 복원하기 위해 적절히 샘플링될 수 없다. 실제적인 절충으로써 신호 $x(t)$의 에너지 99%가 포함된 대역폭이 샘플로부터 $x(t)$를 실제로 복원할 수 있게 충분히 크다고 가정하자. 이 경우 필요한 최소 샘플링률은 얼마인가?

대역제한 주기 신호

48. 다음의 대역제한 주기 신호를 정확히 표현하기에 충분한 정보를 내기 위하여 얼마나 많은 샘플 값이 필요한가?

(a) $x(t) = 8 + 3\cos(8\pi t) + 9\sin(4\pi t)$

(b) $x(t) = 8 + 3\cos(7\pi t) + 9\sin(4\pi t)$

49. 신호 $x(t) = 15[\text{sinc}(5t) * \delta_2(t)]\sin(32\pi t)$를 샘플링해 신호 $x[n]$을 만들어라. 나이퀴스트율로 샘플링하고, 사이클 당 샘플의 수가 정수가 되는 더 높은 샘플링률로 샘플링하라. 신호, 연속시간 신호의 CTFT와 이산 신호의 DTFT 진폭을 그려라.

50. 신호 $x(t)$는 주기 신호이고, 이 신호의 한 기본 주기는 다음과 같다.

$$x(t) = \begin{cases} 3t, & 0 < t < 5.5 \\ 0, & 5.5 < t < 8 \end{cases}$$

한 기본 주기 동안 $t = 0$에서부터 샘플링률 1Hz의 이 신호의 샘플을 구하라. 그리고 원신호의 두 기본 주기 및 이와 같은 샘플을 갖는 0.5Hz 또는 그 이하로 대역제한된 주기 신호를 같은 스케일에서 그려라.

DFT

51. 신호 $x(t)$가 4번 샘플링되고 그 샘플이 $\{x[0], x[1], x[2], x[3]\}$이다. 이것의 DFT는 $\{X[0], X[1], X[2], X[3]\}$이다. $X[3]$는 $X[3] = a\,x[0] + b\,x[1] + c\,x[2] + d\,x[3]$로 표현할 수 있다. a, b, c, d의 값은 얼마인가?

52. 대역제한 주기 신호 $x(t) = 15\cos(300\pi t) + 40\sin(200\pi t)$를 $x(t)$의 정확한 기본 주기 동안 정확한 나이퀴스트율로 샘플링하라. 이 샘플들의 DFT를 구하라. DFT로부터 CTFS 고조파 함수를 구하라. 신호의 CTFS 표현을 그림으로 그리고, $x(t)$와 비교하라. 차이점을 설명하라. 샘플링률을 나이퀴스트율의 두 배로 만들어 반복하라.

53. 대역제한 주기 신호 $x(t) = 8\cos(50\pi t) - 12\sin(80\pi t)$를 $x(t)$의 정확한 기본 주기 동안 정확한 나이퀴스트율로 샘플링하라. 이 샘플들의 DFT를 구하라. DFT로부터 CTFS 고조파 함수를 구하라. 신호의 CTFS 표현을 그림으로 그리고, $x(t)$와 비교하라. 차이점을 설명하라. 샘플링률을 나이퀴스트율의 두 배로 만들어 반복하라.

54. 최고 주파수가 25Hz인 대역제한 주기 신호 $x(t)$가 정확히 한 기본 주기 동안 100Hz로 샘플링되어 $x[n]$을 구성한다. 샘플들은 다음과 같다.

$$\{x[0], x[1], x[2], x[3]\} = \{a, b, c, d\}$$

이 샘플들의 DFT 한 주기는 {X[0], X[1], X[2], X[3]}라 하자.

(a) a, b, c, d의 항으로 X[1]의 값은 얼마인가?

(b) a, b, c, d의 항으로 x(t)의 평균 값은 얼마인가?

(c) {X[0], X[1], X[2], X[3]} 중 하나는 0이 되어야 한다. 어느 것이 0이 되어야 하고, 왜 그런가?

(d) {X[0], X[1], X[2], X[3]} 중 두 개는 실수가 되어야 한다. 어느 것이 실수가 되어야 하고, 왜 그런가?

(e) 만약 X[1] = $2+j3$이라면, X[3]의 값은 얼마이고, 왜 그런가?

55. MATLAB을 이용하자.

(a) MATLAB에 있는 `randn` 함수를 이용하여 벡터 `x`에서 256 데이터 점의 의사 랜덤 시퀀스(pseudo-random sequence)를 생성하라.

(b) 데이터 시퀀스의 DFT를 구하고 벡터 `X`에 저장하라.

(c) 벡터 `Xlpf`를 `X`와 같게 설정하라.

(d) 처음 8개점과 마지막 8개점을 제외하고는, `Xlpf`의 모든 값을 0으로 바꾸어라.

(e) `Xlpf`의 역 DFT의 실수부를 취하여 벡터 `xlpf`에 저장하라.

(f) 0부터 시작하고 균일하게 1씩 떨어져 있는 256 샘플 시간 `t`를 생성하라.

(g) `t`에 대하여 `x`와 `xlpf`를 동일한 스케일에서 그리고 비교하라.

이 연산이 데이터 집합에 어떤 영향을 끼치는가? 출력 배열은 왜 `xlpf`라고 불리는가?

56. 〈그림 E.56〉에서 DFT 크기와 대응하는 함수를 찾아라.

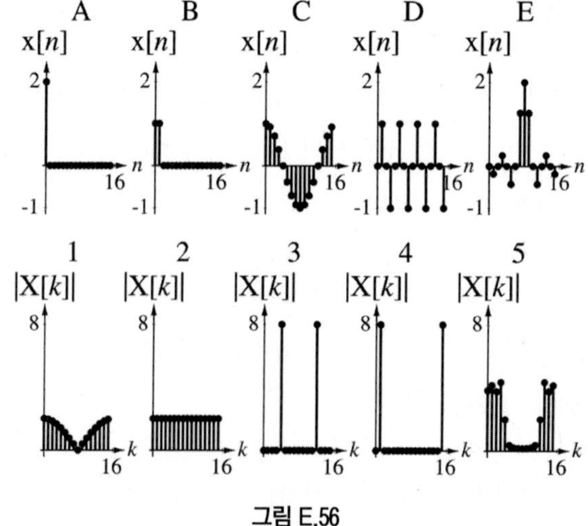

그림 E.56

57. 〈그림 E.57〉에서 각 x[*n*] a~h에 대해 대응되는 DFT 크기의 |X[*k*]|와 맞는 함수를 찾아라.

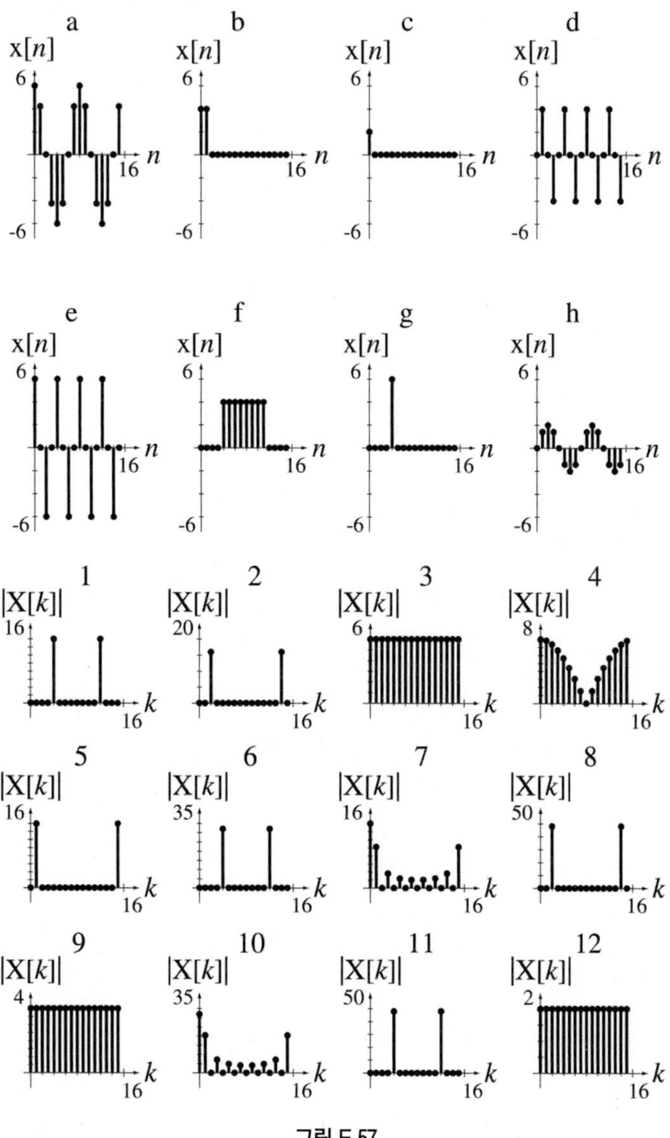

그림 E.57

11 CHAPTER

주파수 응답 해석

11.1 개요 및 학습 목표

지금까지 이 교재에서는 내용이 매우 수학적이고 추상적이었다. 이러한 신호와 시스템의 해석 기법으로 때때로 특별한 경우의 예제가 사용되었지만 실제적으로 깊이 있는 예제들은 아니었다. 이제 신호와 시스템의 중요한 문제들을 도전해 볼 만큼 충분한 해석 도구를 갖추고, 대부분의 시스템의 해석에서 주파수 영역의 방법이 널리 사용되고 막강한 이유를 설명한다. 주파수 영역 방법에 실제로 능숙하고 익숙하게 되면, 전문 엔지니어들이 실제로 변환 방법을 가지고 '주파수 영역'에서 시스템을 개발하고 설계하고 해석하는 이유를 이해하게 될 것이다.

모든 LTI 시스템은 임펄스 응답을 갖고, 푸리에 변환을 통해 주파수 응답을 가지며, 라플라스 변환을 통해서 전달함수를 갖는다. 이 장에서는 특정 주파수 응답을 갖도록 설계되는 필터(filter)라고 불리는 시스템을 해석할 것이다. 이상적인 필터(ideal filter)라는 용어를 정의하고 이상적인 필터를 근사화하는 방법을 설명할 것이다. 주파수 응답은 시스템의 해석에서 매우 중요하기 때문에 복잡한 시스템의 주파수 응답을 찾기 위한 효율적인 방법을 전개할 것이다.

학습 목표

1. 실제적인 공학적 응용을 갖는 몇 가지 시스템의 해석에서 변환 방법의 사용을 설명한다.
2. 주파수 영역에서 직접적으로 수행된 신호와 시스템 해석의 유용성을 이해한다.

11.2 주파수 응답

아마 우리 생활에서 가장 익숙한 주파수 응답의 예는 소리에 대한 사람의 귀의 응답일 것이다. 〈그림 11.1〉은 20Hz에서 20kHz까지의 주파수 함수로서 일정한 중간 크기를 갖는 단일 정현파 주파수 신호 소리에 대한 보통의 건강한 사람 귀의 인지도 변이를 나타낸 것이다. 이 주파수 범위를 보통 가청 범위(audio range)라고 한다.

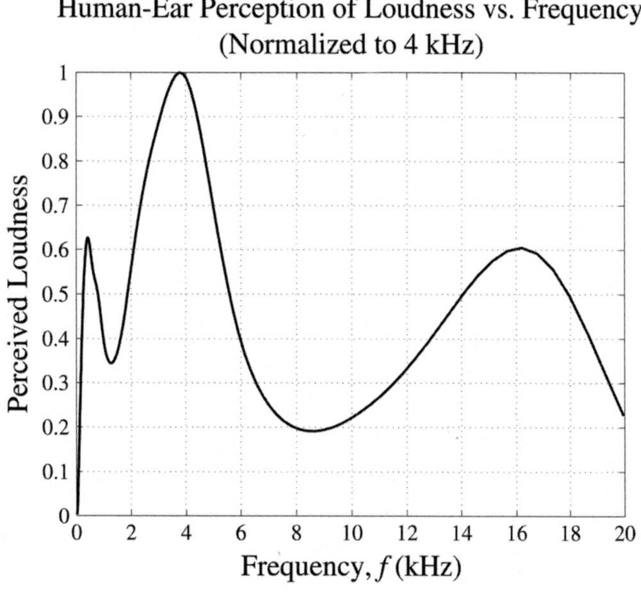

그림 11.1 주파수 함수로서 일정한 진폭의 소리 톤에 대한 보통 사람 귀의 인지도

이 주파수 응답은 사람 귀의 구조에 기인한 것이다. 귀의 응답 특성을 이용해 설계된 시스템이 가정용 오디오 시스템이다. 어떤 신호가 처리되는지 또는 정확히 어떻게 처리되어야 하는지에 대한 지식이 없이 설계된 시스템의 한 예이다. 그러나 신호가 가청 주파수 내에 있다는 것은 알려져 있다. 사람들은 음악에 대하여 각기 다른 취향을 갖고 어떤 소리가 나야 하는지에 대하여 다른 생각을 가지고 있기 때문에 이러한 시스템은 융통성을 가져야 한다. 오디오 시스템은 전형적으로 증폭기를 가지고 있는데 이 증폭기는 저음역(bass) 제어, 고음역(treble) 제어, 음량(loudness) 보상 또는 그래픽 등화기(equalizer) 등과 같은 음색(tone) 제어를 통하여 특정 주파수의 상대적인 음량을 조절할 수 있다. 이러한 제어는 이 시스템의 개인 사용자 누구라도 어떤 종류의 음악이라도 가장 듣기 좋은 소리가 될 수 있는 주파수 응답을 조절할 수 있게 해준다.

이러한 오디오 증폭기 제어는 주파수 영역에서 설계된 시스템의 좋은 예이다. 이 설계의 목적은 증폭기의 주파수 응답의 형태를 만드는 것이다. 필터(filter)라는 용어는 주파수 응답의 형태를 만드는 것이 주목적인 시스템에 일반적으로 사용된다. 이미 저역통과, 고역통과, 대역통과, 대역저지의 특징을 가진 몇 가지 필터의 예를 살펴보았다. 필터라는 말은 일반적으로 어떤 의미를 갖고 있는가? 그것은 어떤 불필요한 것으로부터 필요한 어떤 것을 걸러 내는 도구를 의미한다. 커피 필터는 커피 가루에서 필요한 커피 액만을 걸러내는 도구이다. 오일 필터는 원치 않은 불순물을 걸러낸다. 신호와 시스템 해석에서 필터란 신호에서 불필요한 부분에서 필요한 부분을 분리하는 것이다. 필터는 보통 신호와 시스템의 해석에서는 한 주파수 영역에서는 신호 전력을 강조하고, 다른 주파수 영역에서는 전력을 약화시키는 소자로 정의된다.

11.3 연속시간 필터

필터의 예

필터는 통과대역(passband)과 저지대역(stopband)을 갖는다. 통과대역은 필터가 상대적으로 영향을 받지 않고 신호 전력을 통과하게 해 주는 주파수 영역이다. 저지대역은 필터가 심하게 신호 전력을 감쇠시켜서 거의 통과시키지 않는 주파수 영역이다. 필터의 네 가지 기본 형태는 저역통과 필터, 고역통과 필터, 대역통과 필터, 대역저지 필터이다. 저역통과 필터에서 통과대역은 저주파 영역이고, 저지대역은 고주파 영역이다. 고역통과 필터에서는 그 대역이 바뀐다. 저주파는 감쇠되고, 고주파는 그렇지 않다. 대역통과 필터는 주파수의 중간 영역에서 통과대역을 갖고, 저지대역은 저주파와 고주파 영역이다. 대역저지 필터에서는 대역통과 필터의 통과대역과 저지대역이 바뀐다.

오디오 증폭기에서 저음역 또는 고음역(저주파 또는 고주파) 음량의 조절은 조절 가능한 코너 주파수를 갖는 저역 또는 고역통과 필터를 이용해 구현할 수 있다. 저역통과 필터가 회로로 구현된 것을 본 적이 있다. 또한 표준 연속시간 시스템 블록, 적분기, 증폭기와 가산 접합부 등을 사용해 저역통과 필터를 만들 수 있다〈그림 11.2〉(a).

〈그림 11.2〉(a)의 시스템은 차단 주파수 ω_c (radians/sec)를 갖고 저주파 대역에서 주파수 응답의 크기가 1에 가까운 저역통과 필터이다. 이것은 매우 간단한 직접형 II(Direct form II) 시

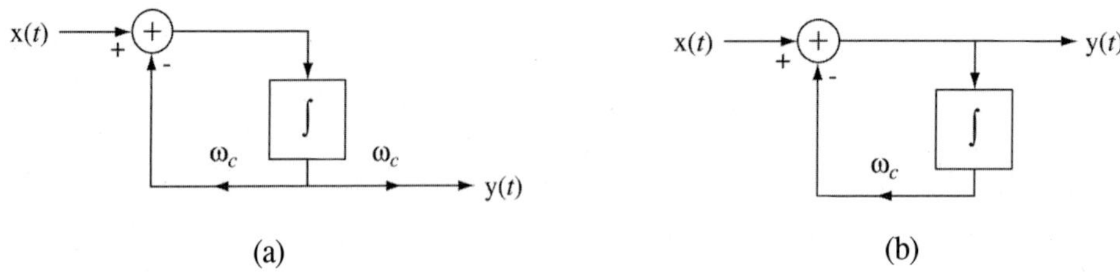

그림 11.2 간단한 필터 (a) 저역통과 필터 (b) 고역통과 필터

스템이다. 전달 함수는

$$H(s) = \frac{\omega_c}{s + \omega_c}$$

이고, 주파수 응답은

$$H(j\omega) = H(s)_{s \to j\omega} = \frac{\omega_c}{j\omega + \omega_c} \quad \text{or} \quad H(f) = H(s)_{s \to j2\pi f} = \frac{2\pi f_c}{j2\pi f + 2\pi f_c} = \frac{f_c}{jf + f_c}$$

이다. 여기서 $\omega_c = 2\pi f_c$이다. 〈그림 11.2〉(b)의 시스템은 차단 주파수 ω_c를 갖는 고역통과 필터이다. 이 필터의 전달 함수와 주파수 응답은

$$H(s) = \frac{s}{s + \omega_c}, \quad H(j\omega) = \frac{j\omega}{j\omega + \omega_c}, \quad H(f) = \frac{jf}{jf + f_c}$$

이다. 두 필터에서 ω_c를 변화시킬 수 있으면, 저주파와 고주파에서 신호의 상대적인 전력을 조절할 수 있다. 이 두 필터를 직렬로 연결하여 대역통과 필터를 만들 수 있다〈그림 11.3〉. 이 대역통과 필터의 전달 함수와 주파수 응답은 다음과 같다.

$$H(s) = \frac{s}{s + \omega_{ca}} \times \frac{\omega_{cb}}{s + \omega_{cb}} = \frac{\omega_{cb} s}{s^2 + (\omega_{ca} + \omega_{cb})s + \omega_{ca}\omega_{cb}}$$

$$H(j\omega) = \frac{j\omega\omega_{cb}}{(j\omega)^2 + j\omega(\omega_{ca} + \omega_{cb}) + \omega_{ca}\omega_{cb}}$$

$$H(f) = \frac{jff_{cb}}{(jf)^2 + jf(f_{ca} + f_{cb}) + f_{ca}f_{cb}}$$

$$f_{ca} = \omega_{ca}/2\pi, \; f_{cb} = \omega_{cb}/2\pi$$

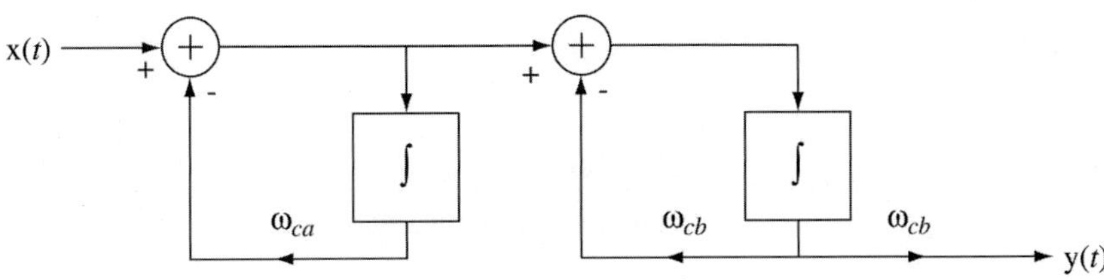

그림 11.3 고역통과 필터와 저역통과 필터를 직렬 연결해 구성한 대역통과 필터

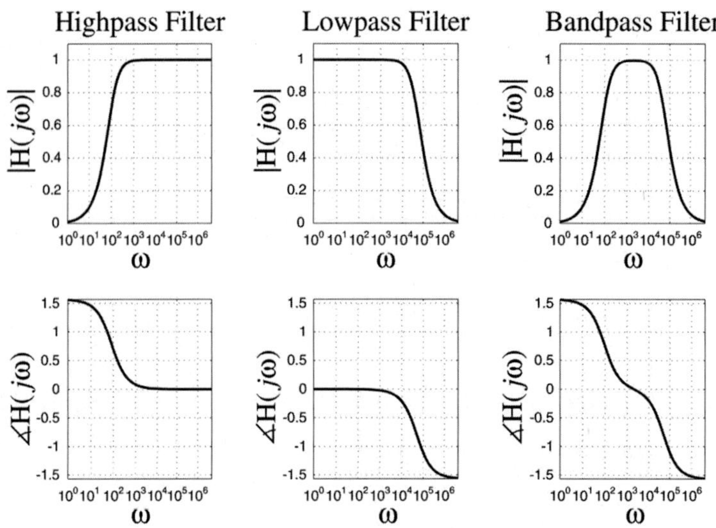

그림 11.4 고역통과 필터, 저역통과 필터 및 대역통과 필터의 주파수 응답

예를 들어 $\omega_{ca} = 100$이고, $\omega_{cb} = 50,000$이라고 하자. 이 때 저역통과 필터, 고역통과 필터 및 대역통과 필터의 주파수 응답은 〈그림 11.4〉에 나타낸 것과 같다.

만약 저역통과 필터의 차단 주파수가 고역통과 필터의 차단 주파수보다 낮으면, 저역통과 필터와 고역통과 필터를 병렬로 연결해 대역저지 필터를 만들 수 있다〈그림 11.5〉.

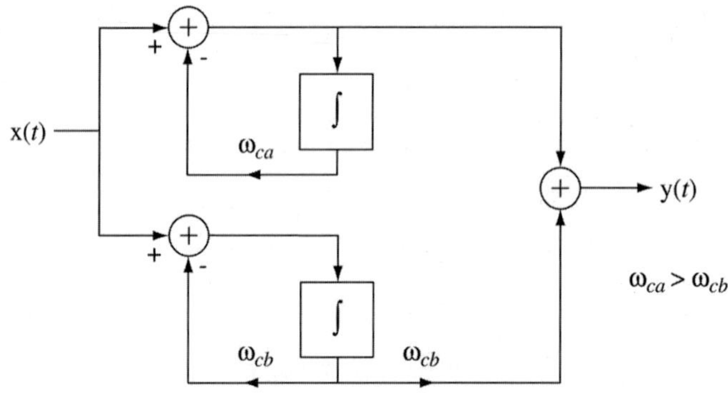

그림 11.5 저역통과 필터와 고역통과 필터를 병렬 연결하여 구성한 대역저지 필터

대역저지 필터의 전달 함수와 주파수 응답은 다음과 같다.

$$H(s) = \frac{s^2 + 2\omega_{cb}s + \omega_{ca}\omega_{cb}}{s^2 + (\omega_{ca} + \omega_{cb})s + \omega_{ca}\omega_{cb}}$$

$$H(j\omega) = \frac{(j\omega)^2 + j2\omega\omega_{cb} + \omega_{ca}\omega_{cb}}{(j\omega)^2 + j\omega(\omega_{ca} + \omega_{cb}) + \omega_{ca}\omega_{cb}}$$

$$\mathrm{H}(f)=\frac{(jf)^2+j2ff_{cb}+f_{ca}f_{cb}}{(jf)^2+jf(f_{ca}+f_{cb})+f_{ca}f_{cb}}$$

$$f_{ca}=\omega_{ca}/2\pi,\ f_{cb}=\omega_{cb}/2\pi$$

예를 들어 $\omega_{cb}=50,000$이고, $\omega_{ca}=100$이라면, 주파수 응답은 그림 11.6과 같을 것이다.

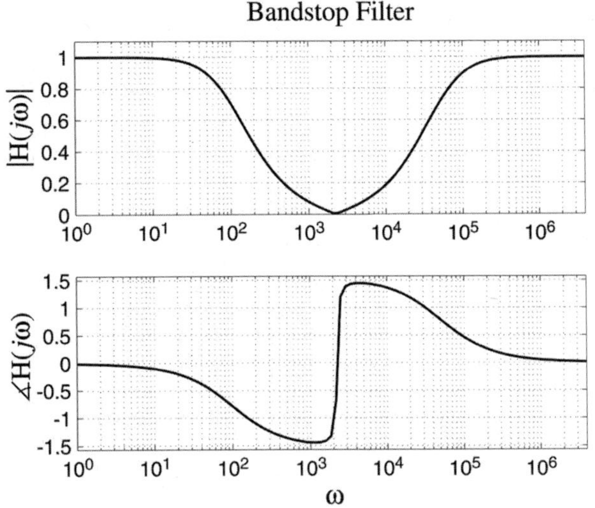

그림 11.6 대역저지 필터의 주파수 응답

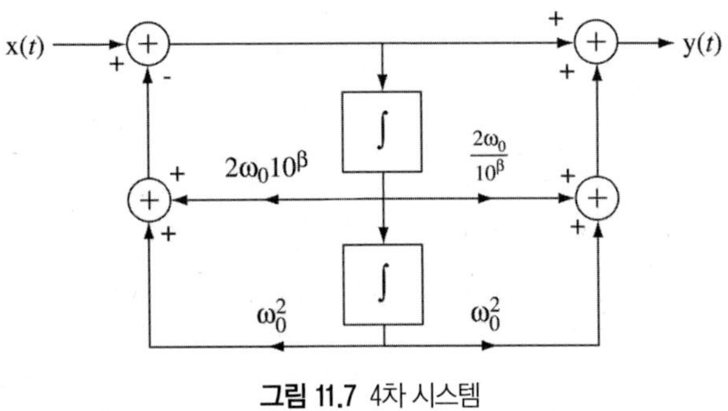

그림 11.7 4차 시스템

그래픽 등화기는 간단한 저역통과 필터, 고역통과 필터 또는 대역저지 필터보다는 약간 더 복잡하다. 이는 몇 개의 필터들이 직렬 연결되고, 각 필터는 좁은 주파수 범위에서 증폭기의 주파수 응답을 증가시키거나 감소시킬 수 있다. 〈그림 11.7〉의 시스템을 고려해 보자. 이 필터의 전달 함수와 주파수 응답은 아래와 같다.

$$\mathrm{H}(s)=\frac{s^2+2\omega_0 s/10^{\beta}+\omega_0^2}{s^2+2\omega_0 s\times 10^{\beta}+\omega_0^2}$$

$$H(j\omega)=\frac{(j\omega)^2+j2\omega_0\omega/10^{\beta}+\omega_0^2}{(j\omega)^2+j2\omega_0\omega\times 10^{\beta}+\omega_0^2}$$

전달 함수는 두 2차 다항식의 비로서, s 에 대하여 4차(biquadratic)이다. $\omega_0=1$로 하고 파라미터 β의 몇 가지 값에 대하여 주파수 응답 크기를 그려보면, 이 시스템이 어떻게 그래픽 등화기에서 하나의 필터로서 사용될 수 있는지 알 수 있다〈그림 11.8〉.

파라미터 β값을 적절히 선택함으로써 중심 주파수 ω_0 근처에 있는 신호를 증가시키거나 감소시킬 수 있고, 중심 주파수로부터 먼 주파수에서 1에 근접하는 주파수 응답을 갖는다.

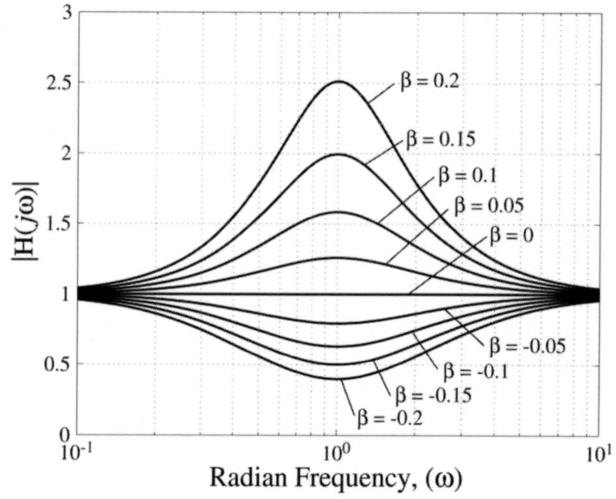

그림 11.8 $H(j\omega)=\frac{(j\omega)^2+j2\omega/10^{\beta}+1}{(j\omega)^2+j2\omega\times 10^{\beta}+1}$의 주파수 응답 크기

다른 중심 주파수를 갖는 이러한 형태의 필터 직렬접속은 여러 주파수 대역을 증가 또는 감소시킬 수 있고, 듣는 사람이 바라는 주파수 응답의 모양을 만들 수 있게 된다〈그림 11.9〉.

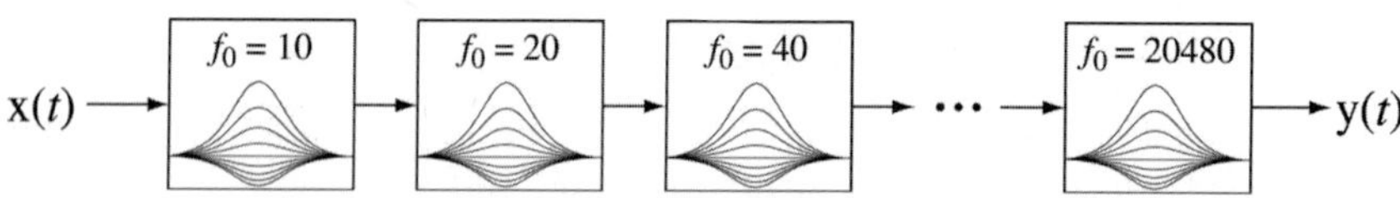

그림 11.9 그래픽 등화기의 개념적 블록선도

자신의 주파수 영역을 강조하도록 설정된 모든 필터들에 대해 각각의 부분 시스템의 주파수 응답 크기는 〈그림 11.10〉과 같다. 이 필터들의 중심 주파수는 20Hz, 40Hz, 80Hz, …, 20480Hz이다. 이 필터는 주파수에서 옥타브(octave) 간격을 갖는다. 한 옥타브는 주파수에서 두 배의 변화를 의미한다. 이것은 로그 단위에서 각 필터들의 중심 주파수가 균일한 간격을 이

루게 하고, 대역폭도 역시 균일하게 해준다.

미지의 신호를 다루도록 설계된 시스템의 다른 예로는, 산업 공정에서 압력, 온도, 흐름 등을 측정하는 계측 시스템을 들 수 있다. 이러한 공정 파라미터들이 어떻게 변하는지 정확히 알지 못한다. 그러나 보통 신호는 어느 정도 아는 범위 내에 있고, 물리적인 한계 때문에 어떤 최대 비율보다 빠르게 변할 수는 없다. 이러한 사전 지식을 바탕으로 신호의 형태에 따라서 적절한 신호 처리 시스템을 설계할 수 있다.

비록 신호의 정확한 특징을 알지 못할 수는 있지만, 보통은 그 신호의 일부 특징은 알 수 있다. 가끔 신호의 근사적 전력 스펙트럼은 알 수 있다. 즉, 주파수 영역에서 신호 전력의 근사적 표현을 구할 수 있다. 만약 전력 스펙트럼을 수학적으로 정확히 구할 수 없다면 신호를 산출하는 시스템의 물리적인 지식에 근거해 추정하거나 측정할 수 있다.

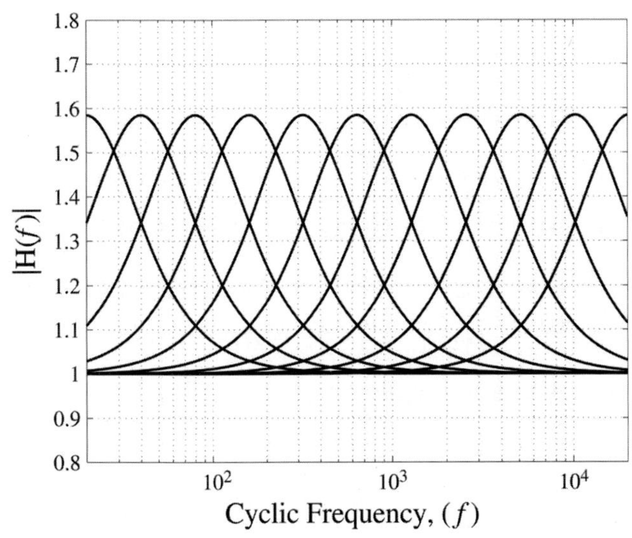

그림 11.10 오디오 영역에 걸쳐 있는 11개 필터의 주파수 응답 크기

이상적인 필터

왜곡

이상적인 저역통과 필터는 어떤 최대 주파수 이하에서 모든 신호의 전력을 통과시키고, 이 범위의 주파수에서는 왜곡이 전혀 없으며, 최대 주파수 이상에서는 신호의 전력을 완벽하게 차단하는 필터를 말한다. 여기서 왜곡(distortion)의 의미를 정확히 정의하는 것은 중요하다. 왜곡이란 신호의 형태가 변화했다는 의미로 신호와 시스템 해석에서 일반적으로 사용된다. 이것은 만약 신호를 변화시킨다면 필연적으로 왜곡된다는 의미는 아니다. 신호에 상수를 곱하거나

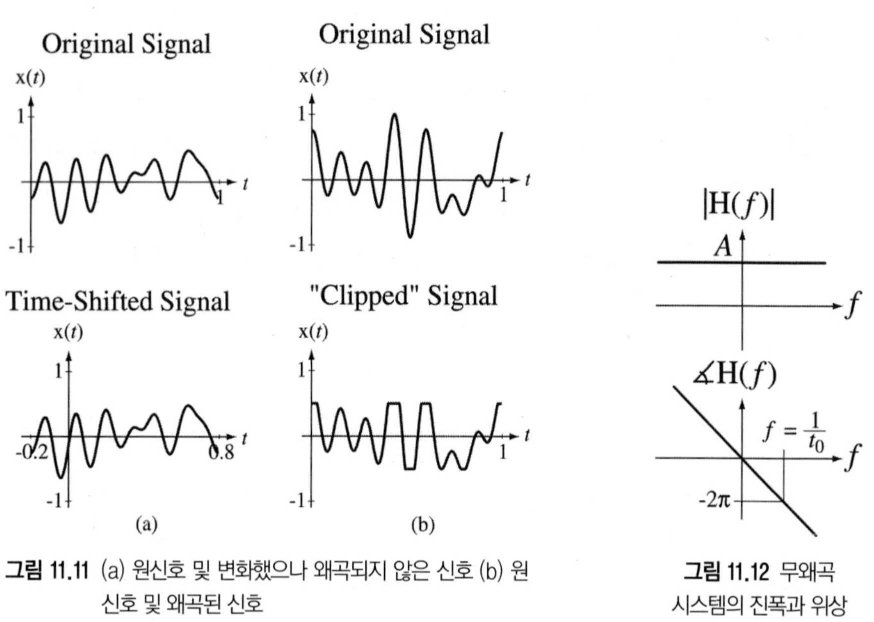

그림 11.11 (a) 원신호 및 변화했으나 왜곡되지 않은 신호 (b) 원신호 및 왜곡된 신호

그림 11.12 무왜곡 시스템의 진폭과 위상

신호의 시간 이동은 신호가 변하는 결과를 갖는데, 이것을 왜곡되었다고는 하지 않는다. 신호 $\mathrm{x}(t)$가 〈그림 11.11〉(a)의 위에 나타낸 형태를 갖는다고 하자. 〈그림 11.11〉(a)의 아래에 있는 신호는 왜곡되지 않은 형태이다. 〈그림 11.11〉(b)는 왜곡의 한 형태를 나타낸 것이다.

LTI 시스템의 응답은 그 임펄스 응답과 여기 신호의 컨벌루션이다. 원점의 단위 임펄스와 컨벌루션된 신호는 변하지 않는다. 즉, $\mathrm{x}(t) * \delta(t) = \mathrm{x}(t)$이다. 만약 임펄스가 1 아닌 크기를 갖는다면, 신호에 그 세기가 곱해지고 모양은 변하지 않는다. 즉, $\mathrm{x}(t) * A\delta(t) = A\mathrm{x}(t)$이다. 만약 임펄스가 시간 이동되면, 컨벌루션 결과도 시간 이동되지만 신호의 모양은 변하지 않는다. 즉, $\mathrm{x}(t) * A\delta(t - t_0) = A\mathrm{x}(t - t_0)$이다. 그러므로 왜곡되지 않는 필터의 임펄스 응답은 임펄스일 수 있고, 크기는 1이 아닐 수 있으며, 시간 이동될 수 있다. 무왜곡(distortionless) 시스템의 임펄스 응답의 가장 일반적인 형태는 $\mathrm{h}(t) = A\delta(t - t_0)$로 표현할 수 있다. 이의 주파수 응답은 임펄스 응답의 CTFT, $\mathrm{H}(f) = Ae^{-j2\pi f t_0}$가 될 것이다. 주파수 응답은 진폭과 위상, $|\mathrm{H}(f)| = A$ 및 $\measuredangle \mathrm{H}(f) = -2\pi f t_0$로 특징지어진다. 그러므로 무왜곡 시스템은 주파수 응답의 진폭이 상수이고, 위상은 주파수에 대하여 선형이다〈그림 11.12〉.

무왜곡 임펄스 응답 또는 주파수 응답은 실제 물리 시스템에서 구현될 수 없는 개념임에 유의하라. 주파수 응답이 모든 주파수에 대해 상수인 실제 시스템은 없다. 그러므로 모든 실제 시스템의 주파수 응답은 무한 범위 주파수 대역에서는 0에 접근하게 된다.

필터의 분류

필터의 목적은 신호의 원하지 않는 부분을 제거하고 나머지는 남겨두는 것이므로 어떠한 필터도 비록 이상적인 필터조차도 무왜곡은 아닌데, 이는 진폭이 주파수에서 일정하지 않기 때문이다. 그러나 이상적인 필터는 통과대역 내에서는 무왜곡이다. 그 주파수 응답 진폭은 통과대역 내에서 상수이고, 주파수 응답 위상은 통과대역 내에서 선형이다.

이제 이상적인 필터의 4가지 기본형을 정의할 수 있다. 다음의 설명에서 f_m, f_L, f_H는 모두 양의 값이고 유한하다.

> 이상적인 저역통과 필터는 $0 < |f| < f_m$의 주파수에서 신호 전력을 왜곡 없이 통과시키고, 다른 주파수에서는 신호 전력을 저지시킨다.

> 이상적인 고역통과 필터는 $0 < |f| < f_m$의 주파수에서 신호 전력을 저지시키고, 다른 주파수에서는 신호 전력을 왜곡 없이 통과시킨다.

> 이상적인 대역통과 필터는 $f_L < |f| < f_H$의 주파수에서 신호 전력을 왜곡 없이 통과시키고, 다른 주파수에서는 신호 전력을 저지시킨다.

> 이상적인 대역저지 필터는 $f_L < |f| < f_H$의 주파수에서 신호 전력을 저지시키고, 다른 주파수에서는 신호 전력을 왜곡 없이 통과시킨다.

이상적인 필터의 주파수 응답

〈그림 11.13〉과 〈그림 11.14〉는 네 종류의 이상적인 필터의 주파수 응답의 진폭과 위상을 나타낸 것이다.

이제 신호와 시스템 해석에서 일반적으로 사용되는 용어인 대역폭(bandwidth)을 정의하는 것이 적절할 것이다. 대역폭이란 용어는 신호와 시스템 모두에 적용된다. 일반적인 의미는 '주파수의 범위'를 말한다. 대역폭은 신호의 주파수 범위일 수도 있고, 시스템의 통과대역 또는 저지대역의 주파수 범위일 수도 있다. 전통적인 이유 때문에 보통 양의 주파수 범위를 말한다. 예를 들어, 앞의 〈그림 11.13〉에서 나타낸 $\pm f_m$의 차단 주파수를 갖는 이상적인 저역통과 필터는 0이 아닌 진폭 주파수 응답의 폭은 명백히 $2f_m$이지만 대역폭은 f_m이라고 한다. 이상적인 대역통과 필터는 $f_H - f_L$의 대역폭을 갖고 이는 양의 주파수 영역에서 통과대역의 폭이다.

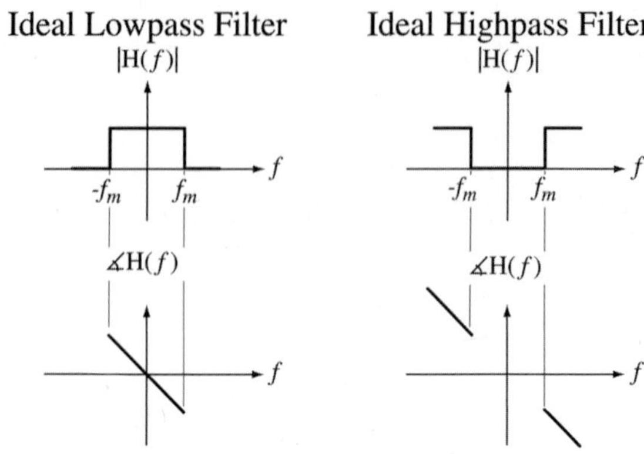

그림 11.13 이상적인 저역통과 필터와 고역통과 필터의 진폭 및 위상 주파수 응답

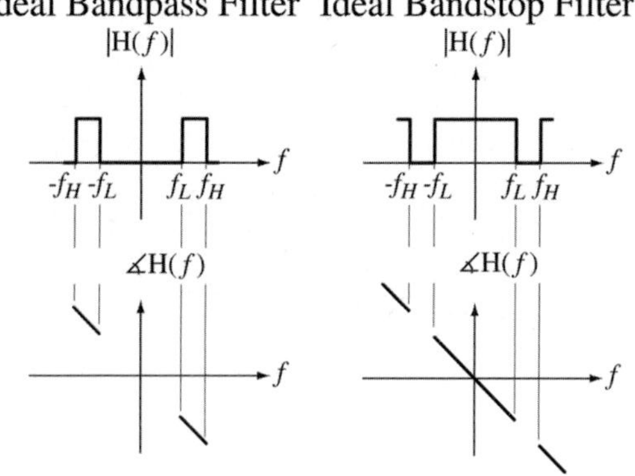

그림 11.14 이상적인 대역통과 필터와 대역저지 필터의 진폭과 위상 주파수 응답

절대 대역폭(absolute bandwidth), 반전력 대역폭(half-power bandwidth), 널 대역폭(null bandwidth) 등 여러 다른 종류의 대역폭에 대한 정의가 있다〈그림 11.15〉. 그들 각각은 주파수 범위이지만 다른 방법으로 정의된다. 예를 들어, 만약 어떤 신호가 어떤 양의 최소 주파수 이하에서 신호 전력이 없고, 어떤 양의 최대 주파수 이상에서 신호 전력이 없다면, 절대 대역폭은 이 두 주파수의 차이다. 만약 신호가 유한한 절대 대역폭을 갖는다면 대역제한이라고 말할 수 있다. 대부분의 실제 신호는 대역제한이 아니기 때문에 대역폭에 대한 다른 정의가 필요하다.

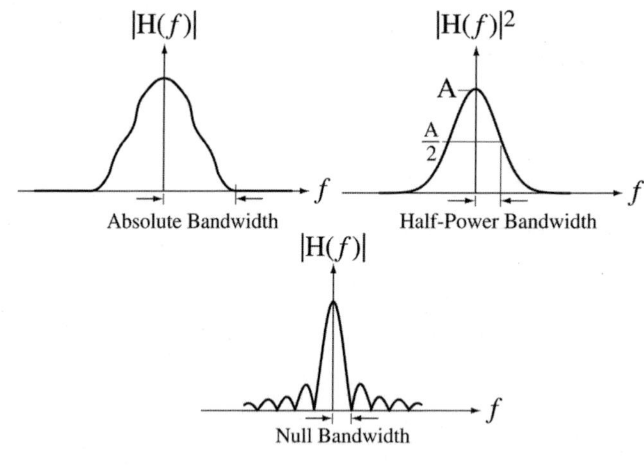

그림 11.15 대역폭 정의의 예

임펄스 응답과 인과성

이상적인 필터의 임펄스 응답은 주파수 응답의 역변환이다. 네 종류의 이상적인 필터의 임펄스 응답과 주파수 응답은 〈그림 11.16〉에 요약되어 있다.

Ideal Filter Type	Frequency Response
Lowpass	$H(f) = A\,\mathrm{rect}(f/2f_m)e^{-j2\pi f t_0}$
Highpass	$H(f) = A[1 - \mathrm{rect}(f/2f_m)]e^{-j2\pi f t_0}$
Bandpass	$H(f) = A[\mathrm{rect}((f - f_0)/\Delta f) + \mathrm{rect}((f + f_0)/\Delta f)]e^{-j2\pi f t_0}$
Bandstop	$H(f) = A[1 - \mathrm{rect}((f - f_0)/\Delta f) - \mathrm{rect}((f + f_0)/\Delta f)]e^{-j2\pi f t_0}$

Ideal Filter Type	Impulse Response
Lowpass	$h(t) = 2Af_m\,\mathrm{sinc}(2f_m(t - t_0))$
Highpass	$h(t) = A\delta(t - t_0) - 2Af_m\,\mathrm{sinc}\left(2f_m\left(t - t_0\right)\right)$
Bandpass	$h(t) = 2A\Delta f\,\mathrm{sinc}(\Delta f(t - t_0))\cos(2\pi f_0(t - t_0))$
Bandstop	$h(t) = A\delta(t - t_0) - 2A\Delta f\,\mathrm{sinc}(\Delta f(t - t_0))\cos(2\pi f_0(t - t_0))$

$$\Delta f = f_H - f_L \ , \ f_0 = (f_H + f_L)/2$$

그림 11.16 이상적인 필터의 4가지 기본 유형의 주파수 응답과 임펄스 응답

이 응답들은 임의의 이득 상수 A와 임의의 시간 지연 t_0와 관련된다. 이상적인 고역통과 필터와 이상적인 대역통과 필터는 무한대까지 퍼지는 주파수 응답을 갖는다. 이는 실제 물리계에서는 불가능하다. 그러므로 이상적인 고역통과 필터와 대역통과 필터의 실제적인 근사화는 고주파 신호를 무한대가 아닌 어느 정도 높은 주파수까지 통과시키게 하는 것이다. 실제로 '고역'이라는 용어는 시스템에서 실제 발생하는 신호의 주파수보다 높다는 의미로 쓰인다. 〈그림 11.17〉은 이상적인 필터의 4가지 기본형의 전형적인 임펄스 응답의 형태이다.

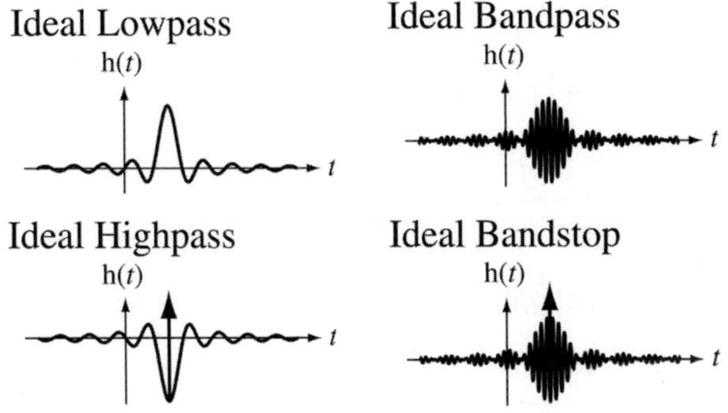

그림 11.17 이상적인 저역통과 필터, 고역통과 필터, 대역통과 필터 및 대역저지 필터의 전형적인 임펄스 응답

위에서 언급한 것처럼 이상적인 필터가 이상적이라 불리는 이유는 실제 물리적으로 존재할 수 없기 때문이다. 그 이유는 단지 이상적 특성을 갖는 완벽한 회로 소자가 존재하지 않기 때문이 아니다. 여기에는 더 근본적인 이유가 있다. 〈그림 11.17〉에 있는 임펄스 응답을 고려

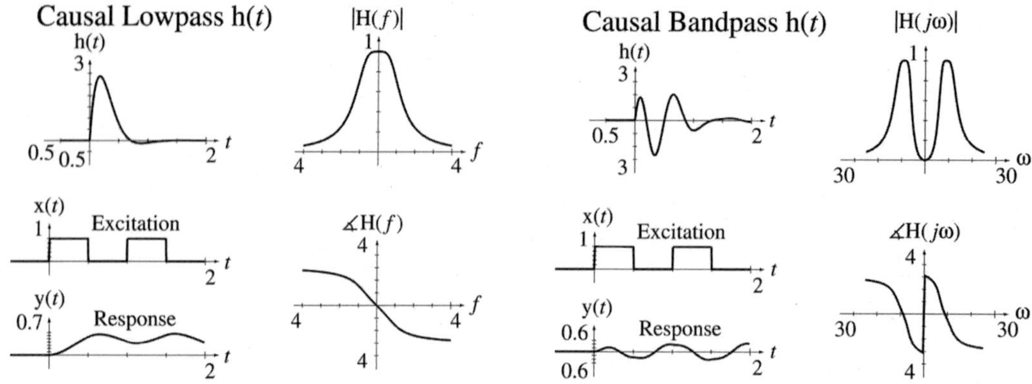

그림 11.18 인과성 저역통과 필터, 대역통과 필터의 임펄스 응답, 주파수 응답 및 구형파의 응답

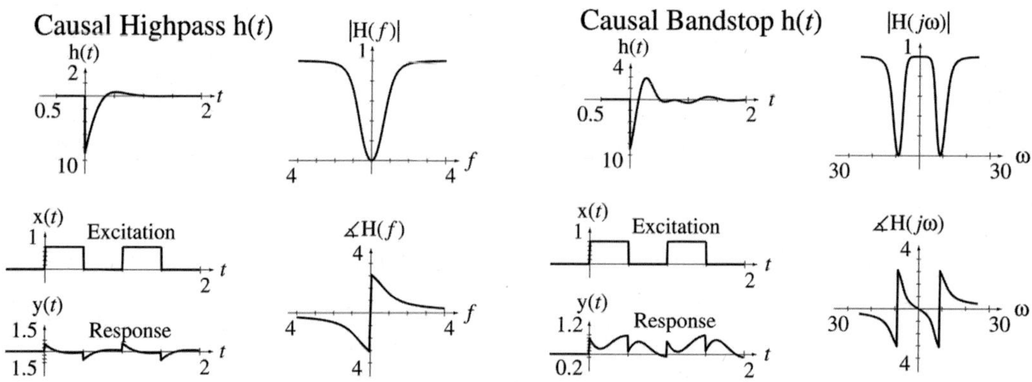

그림 11.19 인과성 고역통과 필터, 대역저지 필터의 임펄스 응답, 주파수 응답 및 구형파의 응답

해 보자. 이 임펄스 응답은 $t = 0$ 시각에 인가된 단위 임펄스에 대한 필터의 응답이다. 이러한 이상적인 필터의 모든 임펄스 응답이 $t = 0$ 시각에 단위 임펄스가 인가되기 전에 0이 아닌 응답을 갖는다. 사실 이러한 특별한 임펄스 응답은 $t = 0$ 이전 무한 시간 전에 시작되는 것이다. 실제 시스템은 미래를 볼 수 없고, 어떤 신호가 발생하기 이전에 여기의 인가 및 응답의 시작을 예견할 수 없다는 것은 직관적으로 명백하다. 모든 이상적인 필터는 비인과적이다.

비록 이상적인 필터는 구현될 수 없지만 유용한 근사는 구현할 수 있다. 〈그림 11.18〉과 〈그림 11.19〉는 4 가지 이상적인 필터를 근사화한 비이상적인 인과성 필터의 임펄스 응답, 주파수 응답 및 구형파에 대한 응답의 예를 나타낸 것이다.

저역통과 필터는(0 주파수에서 주파수 응답이 1이므로) 입력과 출력 신호의 평균 값을 구하면서 입력되는 구형파 신호의 고주파 신호 전력을 차단하고, 0 주파수를 포함한 저주파 신호 전력을 남기면서 구형파를 평탄화한다. 대역통과 필터는 고주파 신호 전력을 차단해 매끄러운 신호를 만들고, 0 주파수를 포함한 저주파 전력을 차단하여 응답의 평균 값을 0으로 만든다.

고역통과 필터는 구형파의 저주파 신호 전력을 차단해 응답의 평균 값을 0으로 만든다. 그러나 구형파 신호의 고주파 성분인 날카로운 불연속 성분은 보존된다. 대역저지 필터는 작은 주파수 대역에서 신호 전력을 차단하고, 저주파 및 고주파 신호 전력은 통과시킨다. 따라서 구형파의 불연속 성분과 평균 값은 둘 다 보존되지만 약간의 중주파 신호 전력은 차단된다.

전력 스펙트럼

필터의 개념을 설명하는 목적은 측정에 의해 신호의 전력 스펙트럼을 구하는 방법을 설명하기 위한 것이다. 〈그림 11.20〉에 나와 있는 시스템을 고려해 보자. 신호가 다중 대역통과 필터에 입력된다. 각 필터의 대역폭은 동일하지만 다른 중심 주파수를 갖는다. 각 필터의 응답은 필터의 주파수 범위의 해당 부분이다. 그리고 각 필터의 출력은 제곱기에 입력되고 그 출력은 시간 평균기에 입력된다. 제곱기는 단지 신호를 제곱하는 기능을 한다. 이 제곱기는 선형이 아니므로 이 시스템은 선형 시스템이 아니다. 제곱기의 출력 신호는 원신호 $x(t)$의 필터의 통과대역 신호의 순시 신호 전력이다. 시간 평균기는 시간 평균 신호 전력을 계산한다. 각 출력 응답 $P_x(f_n)$은 중심 주파수 f_n에서 $x(t)$의 협대역에 대한 신호 전력의 척도이다. P는 주파수에 따른 신호 전력의 변화를 표현한 것으로서 전력 스펙트럼이다.

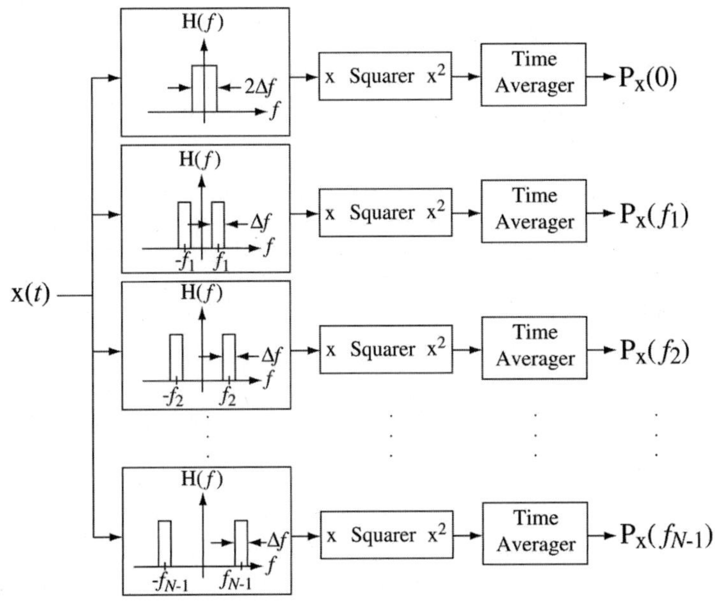

그림 11.20 신호의 전력 스펙트럼을 측정하는 시스템

오늘날 신호의 전력 스펙트럼을 측정하기 위하여 이와 같은 시스템을 실제로 제작하는 엔지니어는 없다. 이를 측정하기 위한 손쉬운 방법은 스펙트럼 분석기(spectrum analyzer)라는 장비를 사용하는 것이다. 그러나 위의 예시는 필터의 역할과 전력 스펙트럼의 의미에 대한 개념을 강조하기 때문에 유용하다.

잡음 제거

모든 신호는 항상 불필요한 잡음을 포함하고 있다. 필터를 사용하는 중요한 이유는 이러한 잡음을 제거하기 위한 것이다. 잡음의 원인은 매우 많고 다양하다. 정교한 설계를 통해 잡음을 감소시킬 수 있으나 완전히 제거할 수는 없다. 필터링의 한 예로(매우 일반적인 상황으로서) 신호 전력이 저주파 대역에 있고 잡음은 훨씬 넓은 대역에 퍼져 있다고 가정하자.

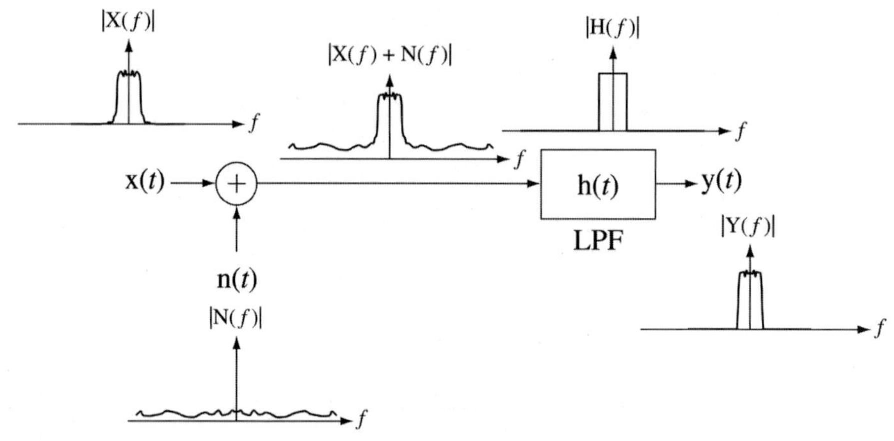

그림 11.21 저역통과 필터를 이용한 잡음의 부분적 제거

저역통과 필터로 신호와 잡음이 더해진 신호를 필터링할 수 있고, 신호 전력에는 많은 영향을 주지 않으면서 잡음 전력을 감소시킬 수 있다〈그림 11.21〉.

잡음 전력에 대한 원하는 신호 전력의 비를 신호 대 잡음비(signal-to-noise ratio)이라고 하며 종종 약어로 **SNR**이라고 한다. 통신 시스템 설계에서 가장 기본적으로 고려하는 것은 SNR을 최대화하는 것이고, 필터링은 SNR을 최대화하는 데 매우 중요한 기술이다.

보드 선도

데시벨

주파수 응답을 그릴 때 주파수 응답의 크기는 종종 데시벨(dB: decibel)이라 불리는 단위를 사

용하여 로그 스케일로 변환된다. 만약 주파수 응답 진폭이

$$|H(j\omega)| = \left|\frac{Y(j\omega)}{X(j\omega)}\right|$$

이라면, 데시벨로 표현된 진폭은 다음과 같다.

$$|H(j\omega)|_{dB} = 20\log_{10}|H(j\omega)| = 20\log_{10}\left|\frac{Y(j\omega)}{X(j\omega)}\right| = |Y(j\omega)|_{dB} - |X(j\omega)|_{dB} \tag{11.1}$$

데시벨이라는 용어는 원래 벨 연구소의 엔지니어들에 의하여 정의된 단위이다. 여기서 벨(B: bel)이란 명칭은 전화기를 발명한 알렉산더 그레이엄 벨(Alexander Graham Bell)[1]의 이름에서 따온 것이다. 벨은 전력 비(power ratio)의 상용로그(기저 10)로 정의된다. 예를 들어 시스템의 응답 신호 전력이 100이고 같은 단위로 입력이 20이라면, 벨 단위로 이 시스템의 신호 전력 이득은 다음과 같다.

$$\log_{10}(P_Y/P_X) = \log_{10}(100/20) \cong 0.699 \text{ B}$$

데시벨의 접두사인 데시(deci)는 국제 표준으로 10분의 1이고, 데시벨은 벨의 10분의 1이며, 위의 경우 데시벨로 나타낸 신호의 전력은 6.99dB가 된다. 그래서 dB로 표현된 전력 이득은 $10\log_{10}(P_Y/P_X)$이다. 신호 전력이 신호의 제곱에 비례하므로 신호 항으로 전력비를 바로 나타내면 다음이 될 것이다.

$$10\log_{10}(P_Y/P_X) = 10\log_{10}(Y^2/X^2) = 10\log_{10}[(Y/X)^2] = 20\log_{10}(Y/X)$$

여러 부시스템이 직렬 연결된 시스템에서 전체 주파수 응답은 각 시스템의 주파수 응답의 곱이지만 dB로 표현될 때는 각 시스템의 주파수 응답 dB 값을 더하면 된다. 왜냐하면 dB는 로그 표현이기 때문이다. 또한 데시벨을 이용하면 선형 그래프에서는 알아보기 힘든 주파수 응답의

1 알렉산더 그레이엄 벨은 스코틀랜드의 웅변술이 뛰어난 가문에서 태어났다. 1864년에 스코틀랜드의 음성을 연구하는 Elgin's Weston House Academy에서 전문가가 되었고 전기로 음성을 전달하는 것을 처음으로 고안했다. 1870년에 결핵을 치료하기 위해 캐나다로 이주, 후에 보스턴에 정착했다. 그는 전선을 통하여 음성을 전달하는 연구를 계속했고 1876년 3월 7일 엄청난 가치를 창출한 전화기에 대한 특허를 획득했다. 그는 특허로부터 비롯된 수입으로 부자가 됐고 1898년에는 National Geographic Society의 회장이 되었다.

특성이 나타날 수도 있다.

실제 필터의 주파수 응답을 고려하기 전에, 주파수 응답을 나타내는데 매우 유용하고 일반적인 방법에 익숙해지는 것이 좋을 것이다. 주파수 응답의 선형 그래프가 정확하기는 하지만, 종종 시스템의 중요한 동작을 나타내지 않는다. 예로서 상당히 달라 보이는 다음의 두 주파수 응답을 고려해 보자〈그림 11.22〉.

$$H_1(j\omega) = \frac{1}{j\omega + 1} \quad \text{and} \quad H_2(j\omega) = \frac{30}{30 - \omega^2 + j31\omega}$$

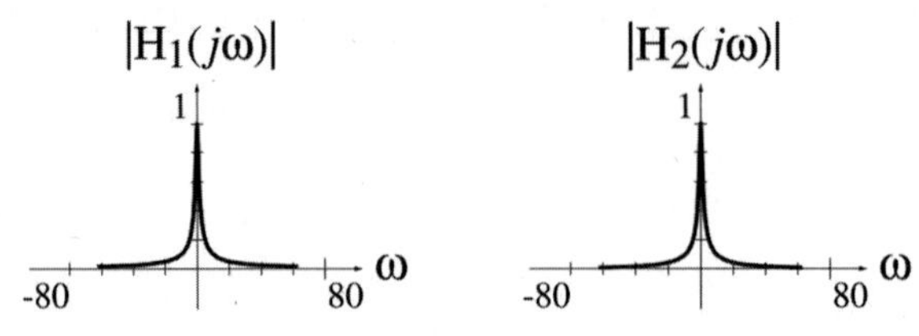

그림 11.22 다른 두 주파수 응답의 진폭 비교

두 주파수 응답이 다르다는 것은 알지만, 위와 같이 그리면 응답의 진폭이 동일하게 보인다. 두 주파수 응답의 작은 차이를 보기 위한 방법은 dB로 응답을 그리는 것이다. 데시벨은 로그 값으로 정의된다. 로그 그래프는 큰 값은 약화시키고, 작은 값은 강조한다. 따라서 주파수 응답 간의 작은 차이를 쉽게 관찰할 수 있다〈그림 11.23〉.

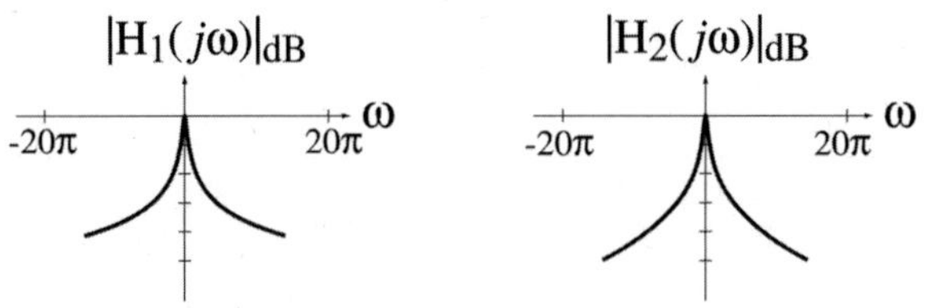

그림 11.23 두 주파수 응답의 로그 진폭 그래프

선형 그래프에서 매우 작은 값은 두 그래프가 같아 보이기 때문에 주파수 응답의 크기 특성이 동일하게 보인다. dB 그래프에서는 매우 작은 값에서 두 주파수 응답 크기 간의 차이가 쉽게 관찰될 수 있다.

이런 방식의 그래프가 자주 사용되지만, 주파수 응답을 표시하는 더 일반적인 방법은 보드[2] 선도(Bode diagram)이다. 로그 진폭 그래프와 같이, 보드 선도에서도 주파수 응답의 작은 차이를 관찰할 수 있고, 다중으로 직렬 연결된 주파수 응답을 갖는 시스템의 전체 주파수 응답을 체계적인 방법으로 간단히 스케치하고 추정할 수도 있다. 로그 진폭 그래프는 일차원의 로그 그래프이다. 진폭 보드 선도는 2차원의 로그 그래프이다. 진폭 주파수 응답 보드 선도는 로그 스케일의 주파수에 대한 로그 스케일의 진폭 주파수 응답의 그래프이다. 주파수 스케일이 로그이므로 그래프에서는 양의 주파수만 사용된다. 이것은 실제 시스템에서 주파수 응답의 경우에는 음의 주파수에서 주파수 응답 값은 양의 주파수에서 값의 켤레 복소이므로 정보를 잃어버리는 것은 아니다.

이제 두 개의 다른 주파수 응답으로 다시 돌아가서 각각의 보드 선도를 그리면,

$$\mathrm{H}_1(j\omega) = \frac{1}{j\omega + 1} \quad \text{and} \quad \mathrm{H}_2(j\omega) = \frac{30}{30 - \omega^2 + j31\omega}$$

주파수 응답의 차이가 더 확실해질 것이다〈그림 11.24〉. dB 스케일로 보면 고주파에서 두 진폭 주파수 응답의 특성의 차이를 구분할 수 있게 해준다.

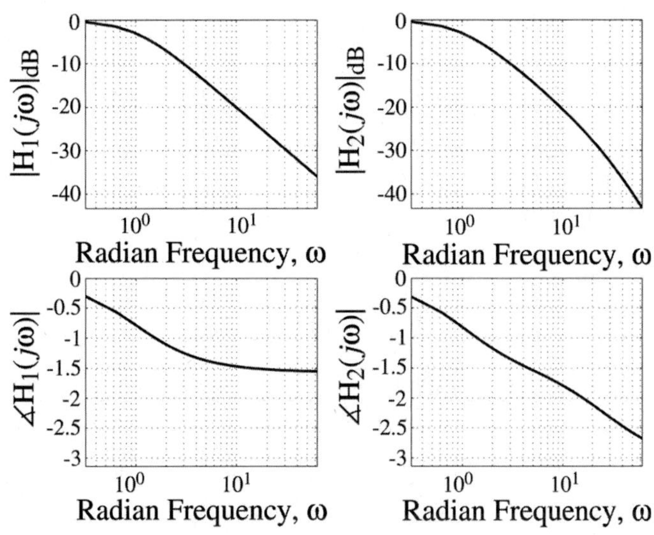

그림 11.24 두 주파수 응답 예의 보드 선도

2 헨드릭 보드는 1924년 오하이오 주립대학에서 학사 학위를 받고 1926년에 같은 대학에서 석사 학위를 받았다. 1926년에 벨 연구소에서 근무를 시작했는데 여기서 전자 필터 및 등화기를 연구했다. 벨 연구소에 근무하면서 컬럼비아대학의 대학원에서 공부해 1935년에 박사 학위를 취득했다. 1938년에 그는 복소 함수의 진폭, 위상 주파수 응답 그래프를 사용했다. 이득과 위상 마진의 개념을 사용하여 폐루프 안정성을 연구했고 이것이 그를 유명하게 만든 것이다. 이 보드 선도는 많은 전자 시스템에서 사용되었다. 그는 Network Analysis and Feedback Amplifier Design이란 책을 저술했으며 이 책은 이 분야에서 매우 중요한 서적이다. 그는 1967년 10월에 은퇴한 후 하버드대학에서 시스템 공학의 Gordon Mckay 교수로 선출되었다.

이처럼 진폭 주파수 응답의 낮은 레벨에서 차이를 잘 관찰할 수 있는 것은 보드 선도를 이용하는 좋은 이유이지만, 단지 그 이유만이 주된 것은 아니다. 여러 개의 시스템이 직렬 연결된 시스템의 이득을 dB 스케일로 표현하면, 곱하는 대신에 더하면 되기 때문에 선형 그래프보다 보드 선도를 이용하여 전체 이득 특성을 쉽게 파악할 수 있다.

대부분의 LTI 시스템은 상수 계수를 갖는 선형 미분 방정식으로 표현할 수 있다. 이러한 식의 가장 일반적인 형태는 다음과 같다.

$$\sum_{k=0}^{N} a_k \frac{d^k}{dt^k} \mathrm{y}(t) = \sum_{k=0}^{M} b_k \frac{d^k}{dt^k} \mathrm{x}(t) \tag{11.2}$$

여기서, $\mathrm{x}(t)$는 여기이고, $\mathrm{y}(t)$는 응답이다. 5장에서 알아본 바와 같이, 전달함수는 다음과 같다.

$$\mathrm{H}(s) = \frac{b_M s^M + b_{M-1} s^{M-1} + \cdots + b_1 s + b_0}{a_N s^N + a_{N-1} s^{N-1} + \cdots + a_1 s + b_0}$$

분자와 분모 다항식을 인수분해하면 전달함수는 다음과 같이 표현된다.

$$\mathrm{H}(s) = A \frac{(1 - s/z_1)(1 - s/z_2)\cdots(1 - s/z_M)}{(1 - s/p_1)(1 - s/p_2)\cdots(1 - s/p_N)}$$

여기서, z와 p는 영점과 극점이다.

실제 시스템에 대해 식 (11.2)의 계수 a와 b는 모두 실수이고, 인수분해된 형태에서 유한 개의 p와 z는 실수이거나 켤레 복소 쌍으로 나타나야 한다. 그리고 다항식의 비 형태를 얻기 위하여 인수분해된 분자와 분모를 곱하면, s의 멱의 모든 계수는 실수가 된다.

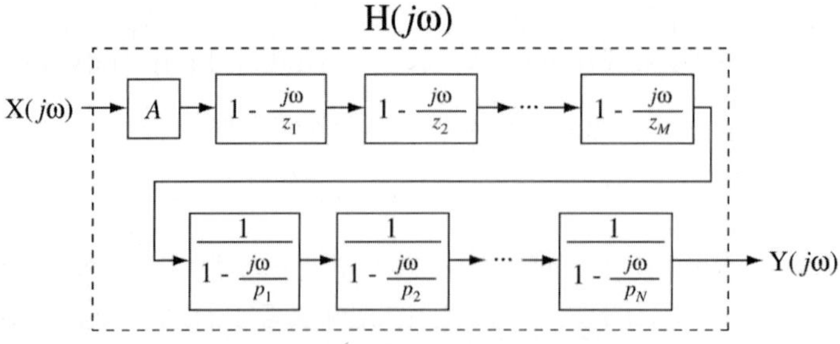

그림 11.25 간단한 시스템의 직렬연결로 표현된 시스템

인수분해된 형태로부터 시스템 전달함수는 극점 하나 또는 영점 하나를 갖는 전달함수를 나타내는 다중 부시스템과 주파수 독립 이득 A의 직렬연결로 간주할 수 있다. $s \to j\omega$로 하여

전달함수를 주파수 응답으로 변환하면, 전체 주파수 응답은 간단한 주파수 응답의 다중 요소들이 직렬 연결된 결과라고 생각할 수 있다〈그림 11.25〉.

각 요소의 시스템은 보드 선도를 갖고 진폭 보드 선도는 dB로 그리기 때문에, 전체 시스템의 진폭 보드 선도는 개별적인 진폭 보드 선도의 합이다. 위상은(로그 주파수 스케일에 반해)전과 같이 선형적으로 그리고, 전체 시스템의 위상 보드 선도는 각 요소의 모든 위상의 합이다.

단일 실수 극점 시스템 $s = p_k$에서 단일 실수 극점을 갖고, 유한값의 영점을 갖지 않는 부시스템의 주파수 응답을 고려해 보자.

$$\mathrm{H}(s) = \frac{1}{1 - s/p_k} \Rightarrow \mathrm{H}(j\omega) = \frac{1}{1 - j\omega/p_k} \tag{11.3}$$

먼저, $\mathrm{H}(j\omega)$의 역 CTFT를 고려해 보자. CTFT 쌍을 이용하면,

$$e^{-at}\,\mathrm{u}(t) \xleftrightarrow{\mathcal{F}} \frac{1}{a + j\omega},\ \ \mathrm{Re}(a) > 0$$

이고, 식 (11.3)을 다음과 같이 다시 쓰자.

$$\mathrm{H}(j\omega) = -\frac{p_k}{j\omega - p_k}$$

그러면, 다음과 같이 된다.

$$-p_k e^{p_k t}\,\mathrm{u}(t) \xleftrightarrow{\mathcal{F}} -\frac{p_k}{j\omega - p_k},\ \ p_k < 0 \tag{11.4}$$

이것은 주파수 응답이 의미가 있으려면 극점이 음의 실수가 되어야 한다는 것을 보여준다. 만약 극점이 양이면, 시간 함수를 구하기 위해 역 CTFT를 할 수 없기 때문이다. 만약 p_k가 음이면, 식 (11.4)에서 지수가 양의 시간에 대해 감소하게 된다. 만약 극점이 양이면, 양의 시간에서 지수 증가하므로 시스템은 불안정하게 된다. 증가 지수의 푸리에 변환은 존재하지 않는다. 또한 실제로 측정할 수 없기 때문에 불안정한 시스템의 주파수 응답은 실질적인 의미가 없다.

주파수에 대한 $\mathrm{H}(j\omega) = 1/(1 - j\omega/p_k)$의 진폭과 위상을 〈그림 11.26〉에 나타냈다. $\omega \ll |p_k|$인 주파수에 대해 주파수 응답은 $\mathrm{H}(j\omega) = 1$이고, 진폭 응답은 근사적으로 0 dB가 되며, 위상 응답은 근사적으로 0 라디안이 된다. $\omega \gg |p_k|$의 주파수에 대해 주파수 응답은 $\mathrm{H}(j\omega) = -p_k/j\omega$이고, 진폭 주파수 응답은 -6dB/옥타브나 -20dB/디케이드의 선형 기울기를

가지며, 위상 응답은 $-\pi/2$ 라디안에 근접한다(한 옥타브는 주파수에서 두 배의 변화를 나타내고, 디케이드(decade)는 주파수에서 10배의 변화를 말한다). 이러한 극한 주파수에 대한 제한된 특징은 진폭 및 위상 점근선(asymptote)으로 정의된다. 두 진폭 점근선의 교차점은 $\omega = |p_k|$에서 발생하는데, 이를 코너 주파수라고 부른다. 코너 주파수 $\omega = |p_k|$에서 주파수 응답은

$$H(j\omega) = \frac{1}{1 - j|p_k|/p_k} = \frac{1}{1+j}, \quad p_k < 0$$

이고, 그 진폭은 $1/\sqrt{2} \cong 0.707$이다. 이를 데시벨로 변환하면 다음과 같다.

$$(0.707)_{dB} = 20\log_{10}(0.707) = -3 \text{ dB}$$

이 점에서 실제 보드 선도는 점근선에 의하여 형성된 코너 아래로 3 dB이다. 이는 진폭 보드 선도가 그 점근선으로부터 가장 큰 편차를 보이는 지점이다. 위상 보드 선도는 코너 주파수에서 $-\pi/4$ 라디안이고, 그 이하에서는 0 라디안으로 접근하며, 코너 주파수 이상에서는 $-\pi/2$ 라디안으로 접근한다.

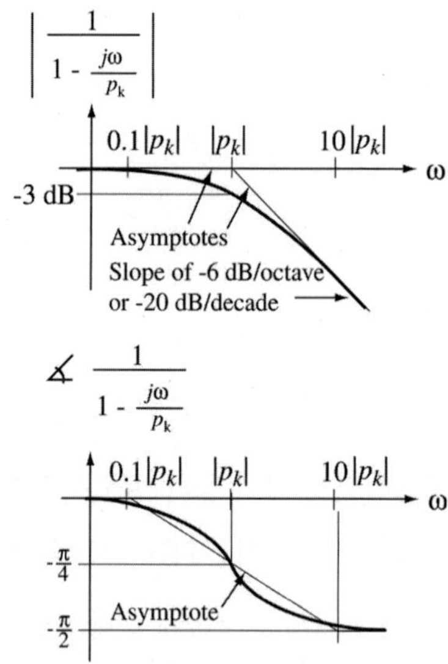

그림 11.26 단일 음 실수 극점 부시스템의 주파수 응답의 진폭과 위상

예제 11.1

RC 저역통과 필터의 주파수 응답의 보드 선도

시정수가 50 μs인 *RC* 저역통과 필터의 주파수 응답에 대한 진폭 및 위상 보드 선도를 그려라.

RC 저역통과 필터의 주파수 응답 형태는 다음과 같다.

$$\mathrm{H}(j\omega) = \frac{1}{j\omega RC + 1}$$

시정수는 RC이다. 그러므로

$$\mathrm{H}(j\omega) = \frac{1}{j50 \times 10^{-6}\omega + 1}$$

이다. 분모를 0과 같다고 하고 극점 위치를 구하면 $j\omega = -20{,}000$에서 극점을 갖는다. 그러면 표준 단일 음 실수 극점 형태로 주파수 응답을 나타낼 수 있다.

$$\mathrm{H}(j\omega) = \frac{1}{1 - j\omega/(-20{,}000)}$$

보드 선도에서 코너 주파수는 $\omega = 20{,}000$이다〈그림 11.27〉.

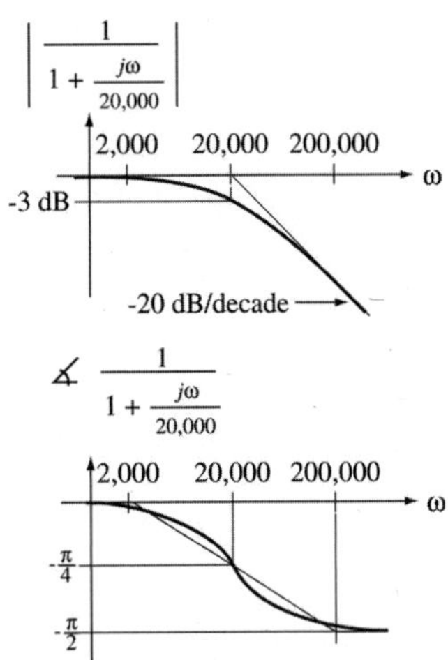

그림 11.27 *RC* 저역통과 필터의 주파수 응답에 대한 진폭 및 위상 보드 선도

■

단일 실수 영점 시스템 단일 실수 극점 시스템 해석과 유사한 방식의 해석을 하면 단일 음 실수 영점을 갖고 유한 극점은 없는 부시스템에 대한 진폭 및 위상 보드 선도를 구할 수 있다.

$$\mathrm{H}(s) = 1 - s/z_k \Rightarrow \mathrm{H}(j\omega) = 1 - j\omega/z_k,\ \ z_k < 0$$

이 보드 선도는 코너 주파수 이상에서 진폭 점근선이 +6dB/옥타브 또는 +20dB/디케이드

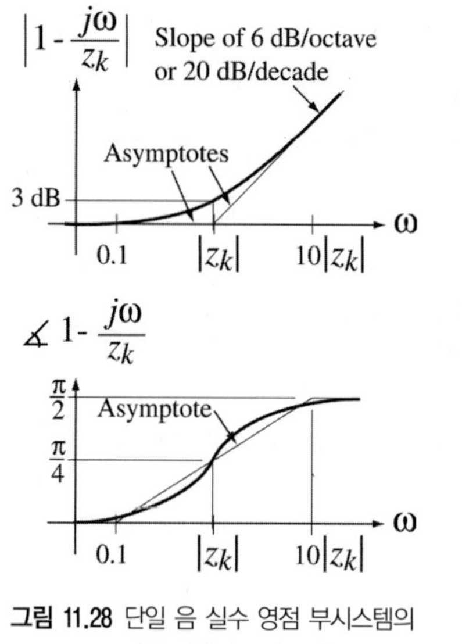

그림 11.28 단일 음 실수 영점 부시스템의 진폭 및위상 주파수 응답

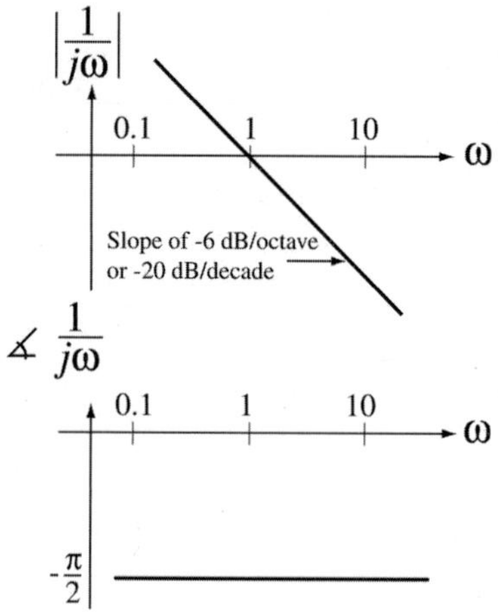

그림 11.29 $s = 0$에서 단일 극점의 진폭 및 위상 주파수 응답

이고 위상은 $-\pi/2$ 라디안 대신에 $+\pi/2$ 라디안으로 접근하는 것을 제외하면, 단일 음 실수 극점의 경우와 매우 비슷하다. 이들은 기본적으로 '위로 가다가 아래로 가는' 단일 음 실수 극점 보드 선도이다.

유한 극점이 없고, 단일 양 실수 영점을 갖는 부시스템에 대해 응답은

$$H(j\omega) = 1 - j\omega/z_k,\ \ z_k > 0$$

이고, 진폭 그래프는 〈그림 11.28〉과 같지만, 위상은 코너 주파수 위에서 $+\pi/2$ 대신에 $-\pi/2$에 접근한다.

적분기와 미분기 0 주파수에서 극점과 영점을 고려해 보자〈그림 11.29, 그림 11.30〉. s = 0에서 단일 극점을 갖는 시스템 소자는 적분기라고 한다. 왜냐하면 그 전달함수가 $H(s) = 1/s$이고 s로 나누는 것은 시간 영역에서 적분에 해당하기 때문이다.

$s = 0$에서 단일 영점을 갖는 시스템 소자는 미분기라고 한다. 그 전달함수가 $H(s) = s$이고, s를 곱하는 것은 시간 영역에서 미분에 해당하기 때문이다.

주파수 독립 이득 간단한 시스템 소자의 또 다른 종류는 주파수 독립 이득(frequency-independent gain)이다〈그림 11.31〉. 〈그림 11.31〉에서 이득 상수 A는 양수로 가정한다. 이것은 위상이 0인 이유이다. 만약 A가 음수이면 위상은 $\pm\pi$ 라디안이다.

점근선은 실제 보드 선도를 그리는 데 유용하고, 매우 복잡한 시스템의 전체 보드 선도를 그리는 데 특히 유용하다. 점근선은 약간의 규칙만 알면 쉽게 그리고 더할 수 있다. 그리고 나면 진폭 보드 선도는 점근선에 접근하고, 코너에서 ±3dB의 편차를 내는 매끄러운 곡선을 그림으로써 근사적으로 그릴 수 있다.

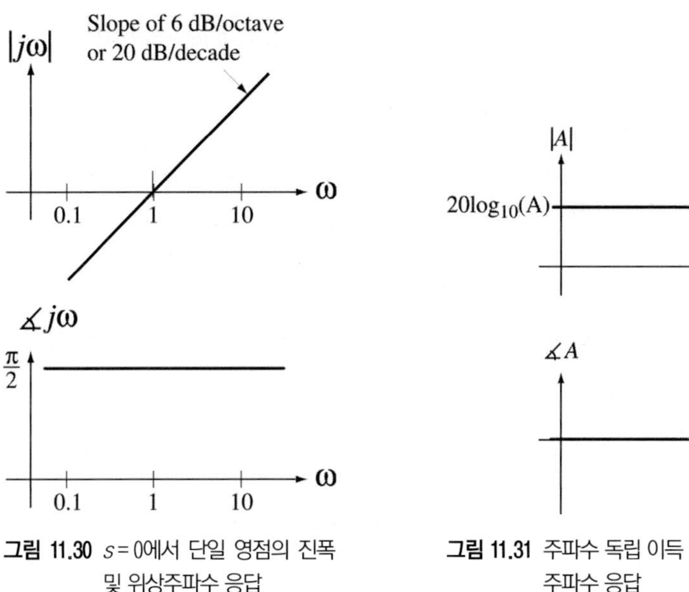

그림 11.30 $s=0$에서 단일 영점의 진폭 및 위상주파수 응답

그림 11.31 주파수 독립 이득 A의 진폭 및 위상 주파수 응답

예제 11.2

RC 회로의 주파수 응답의 보드 선도

〈그림 11.32〉의 회로에 대한 전압 주파수 응답의 보드 선도를 그려라. 여기서 $C_1 = 1\text{ F}, C_2 = 2\text{ F}, R_s = 4\ \Omega, R_1 = 2\ \Omega, R_2 = 3\ \Omega$이다.

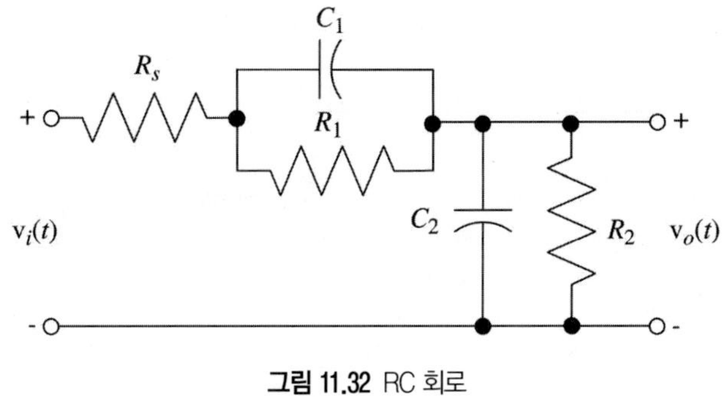

그림 11.32 RC 회로

전달함수는 다음과 같다.

$$H(s) = \frac{1}{R_sC_2}\frac{s + 1/R_1C_1}{s^2 + \left(\frac{C_1 + C_2}{R_sC_1C_2} + \frac{R_1C_1 + R_2C_2}{R_1R_2C_1C_2}\right)s + \frac{R_1 + R_2 + R_s}{R_1R_2R_sC_1C_2}}$$

$s \to j\omega$를 대입하고 소자들의 값을 식에 대입하면, 주파수 응답은 다음과 같다.

$$H(j\omega) = 3\frac{j2\omega + 1}{48(j\omega)^2 + j50\omega + 9} = 0.125\frac{j\omega + 0.5}{(j\omega + 0.2316)(j\omega + 0.8104)}$$

$$H(j\omega) = 0.333\frac{1 - \frac{j\omega}{(-0.5)}}{\left[1 - \frac{j\omega}{(-0.2316)}\right]\left[1 - \frac{j\omega}{(-0.8104)}\right]} = A\frac{1 - j\omega/z_1}{(1 - j\omega/p_1)(1 - j\omega/p_2)}$$

여기서, $A = 0.333$, $z_1 = -0.5$, $p_1 = -0.2316$, $p_2 = -0.8104$이다.

이 주파수 응답은 두 개의 유한 극점과 한 개의 유한 영점을 갖고 한 개의 주파수 독립 이득을 갖는다. 전체 주파수 응답의 각 소자에 대한 근사 보드 선도를 구해 더하면, 전체 시스템의 근사 보드 선도를 간단히 구할 수 있다〈그림 11.33〉.

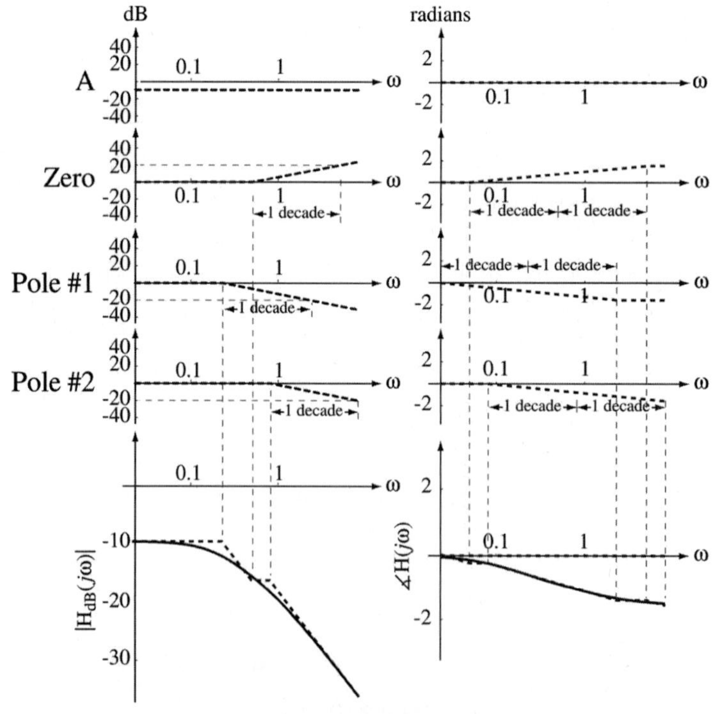

그림 11.33 회로의 전압 주파수 응답에 대한 진폭 및 위상의 개별적 점근선 보드 선도 전체 점근선 보드 선도 및 정확한 보드 선도

다음의 MATLAB 프로그램은 보드 선도를 그리는 몇 가지 방법을 보여준다.

```
%  Set up a logarithmic vector of radian frequencies
%  for graphing the Bode diagram from 0.01 to 10 rad/sec
w = logspace(-2,1,200) ;

%  Set the gain, zero and pole values
A = 0.3333 ; z1 = -0.5 ; p1 = -0.2316 ; p2 = -0.8104

%  Compute the complex frequency response
H = A*(1-j*w/z1)./((1-j*w/p1).*(1-j*w/p2)) ;

%  Graph the magnitude Bode diagram
subplot(2,1,1) ; p = semilogx(w,20*log10(abs(H)),'k') ;
set(p,'LineWidth',2) ; grid on ;
xlabel('\omega','FontSize',18,'FontName','Times') ;
ylabel('|H({\itj}\omega)|_d_B','FontSize',18,'FontName','Times') ;
title('Magnitude','FontSize',24,'FontName','Times') ;
set(gca,'FontSize',14,'FontName','Times') ;

%  Graph the phase Bode diagram
subplot(2,1,2) ; p = semilogx(w,angle(H),'k') ;
set(p,'LineWidth',2) ; grid on ;
xlabel('\omega','FontSize',18,'FontName','Times') ;
ylabel('Phase of H({\itj}\omega)','FontSize',18,'FontName','Times') ;
title('Phase','FontSize',24,'FontName','Times') ;
set(gca,'FontSize',14,'FontName','Times') ;
```

결과로 나온 진폭 및 위상 보드 선도는 〈그림 11.34〉에 나타냈다.

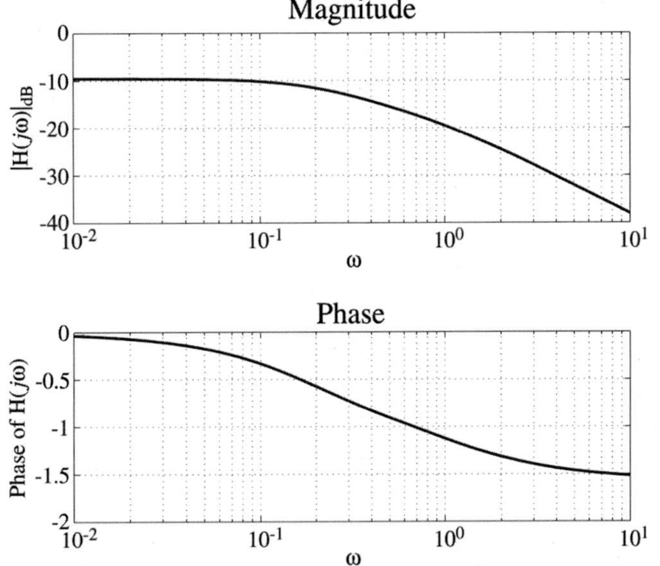

그림 11.34 필터의 주파수 응답에 대한 진폭 및 위상 보드 선도

■

복소 극점과 영점쌍 이제 좀 더 복잡한 경우인 복소 극점과 영점에 대해 고려해 보자. 실수 시스템 함수에 대해 극점과 영점은 항상 켤레 복소 쌍으로 발생한다. 따라서 유한 영점이 없는 켤레 복소 극점쌍은 다음과 같은 전달함수의 부시스템을 형성한다.

$$\mathrm{H}(s)=\frac{1}{(1-s/p_1)(1-s/p_2)}=\frac{1}{1-(1/p_1+1/p_1^*)s+s^2/p_1p_1^*}$$

주파수 응답은

$$\mathrm{H}(j\omega)=\frac{1}{(1-j\omega/p_1)(1-j\omega/p_2)}=\frac{1}{1-j\omega(1/p_1+1/p_1^*)+(j\omega)^2/p_1p_1^*}$$

또는

$$\mathrm{H}(j\omega)=\frac{1}{1-j\omega\dfrac{2\,\mathrm{Re}(p_1)}{|p_1|^2}+\dfrac{(j\omega)^2}{|p_1|^2}}$$

과 같다. 푸리에 변환쌍의 표를 이용하면, ω 영역에서 다음을 찾을 수 있다.

$$e^{-\omega_n\zeta t}\sin\left(\omega_n\sqrt{1-\zeta^2}\,t\right)\mathrm{u}(t)\overset{\mathcal{F}}{\longleftrightarrow}\frac{\omega_n\sqrt{1-\zeta^2}}{(j\omega)^2+j\omega(2\zeta\omega_n)+\omega_n^2}$$

이는 다음과 같이 쓸 수 있다.

$$\omega_n\frac{e^{-\omega_n\zeta t}\sin\left(\omega_n\sqrt{1-\zeta^2}\,t\right)}{\sqrt{1-\zeta^2}}\mathrm{u}(t)\overset{\mathcal{F}}{\longleftrightarrow}\frac{1}{1+j\omega\dfrac{2\zeta\omega_n}{\omega_n^2}+\dfrac{(j\omega)^2}{\omega_n^2}}$$

우변은 다음과 같은 형태이다.

$$\mathrm{H}(j\omega)=\frac{1}{1-j\omega\dfrac{2\,\mathrm{Re}(p_1)}{|p_1|^2}+\dfrac{(j\omega)^2}{|p_1|^2}}$$

이는 2차 부족감쇠 시스템 응답의 표준형이고, 여기서 고유 각 주파수는 ω_n이고, 감쇠비는 ζ이다. 그러므로 이러한 형태의 부시스템에서는 아래와 같다.

$$\omega_n^2 = |p_1|^2 = p_1 p_2 \quad \text{and} \quad \zeta = -\frac{\text{Re}(p_1)}{\omega_n} = -\frac{p_1 + p_2}{2\sqrt{p_1 p_2}}$$

이 시스템의 보드 선도는 〈그림 11.35〉에 나타냈다.

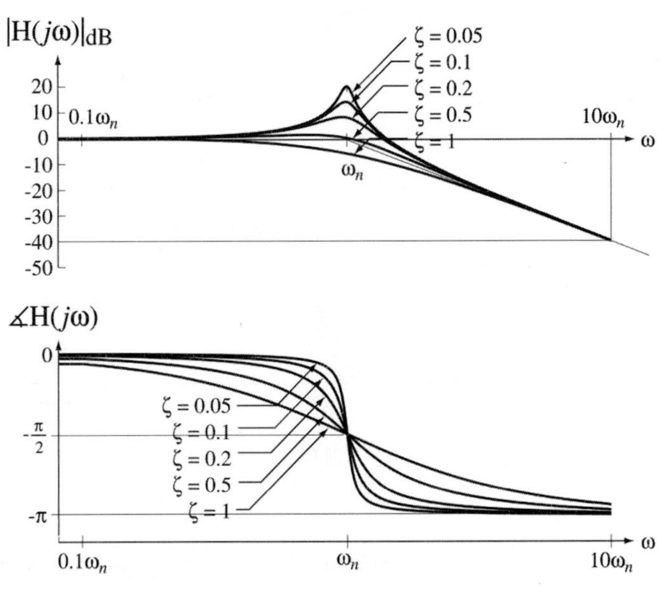

그림 11.35 2차 복소 극점 쌍에 대한 진폭 및 위상 보드 선도

영점의 복소 쌍은 다음과 같은 주파수 응답을 갖는다.

$$\text{H}(j\omega) = \left(1 - \frac{j\omega}{z_1}\right)\left(1 - \frac{j\omega}{z_2}\right) = 1 - j\omega\left(\frac{1}{z_1} + \frac{1}{z_1^*}\right) + \frac{(j\omega)^2}{z_1 z_1^*} = 1 - j\omega\frac{2\,\text{Re}(z_1)}{|z_1|^2} + \frac{(j\omega)^2}{|z_1|^2}$$

이러한 부시스템에서는 고유 각 주파수와 감쇠비가 다음과 같음을 확인할 수 있다.

$$\omega_n^2 = |z_1|^2 = z_1 z_2 \quad \text{and} \quad \zeta = -\frac{\text{Re}(z_1)}{\omega_n} = -\frac{z_1 + z_2}{2\sqrt{z_1 z_2}}$$

이 부시스템에 대한 보드 선도는 〈그림 11.36〉과 같다.

실제 필터

수동 필터

저역통과 필터 이상적인 저역통과 필터와 대역통과 필터에 근사적인 필터는 특정한 회로에 의해 구현될 수 있다. 가장 간단한 이상적인 저역통과 필터의 회로는 이미 여러 차례 설명한

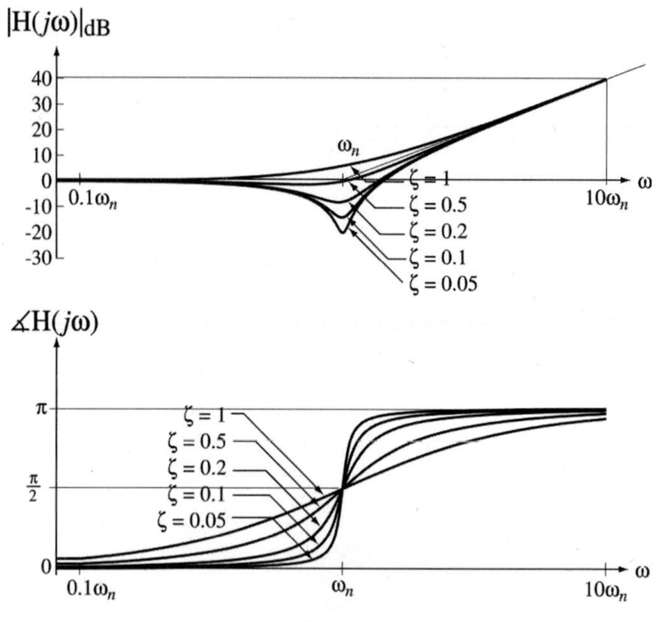

그림 11.36 2차 복소 영점 쌍에 대한 진폭 및 위상 보드 선도

RC 저역통과 필터이다〈그림 11.37〉. 이 회로의 계단 및 정현파 응답은 구해 본 바가 있다. 이 회로를 직접적으로 주파수 영역에서 해석해 보자.

이 회로를 표현하는 미분 방정식은 $RCv'_{out}(t)+v_{out}(t)=v_{in}(t)$이다. 양변을 라플라스 변환하면 $sRC\,\mathrm{V}_{out}(s)+\mathrm{V}_{out}(s)=\mathrm{V}_{in}(s)$이다(커패시터에 초기 값은 없다고 가정한다). 이제 바로 전달함수를 구할 수 있다.

$$\mathrm{H}(s)=\frac{\mathrm{V}_{out}(s)}{\mathrm{V}_{in}(s)}=\frac{1}{sRC+1}$$

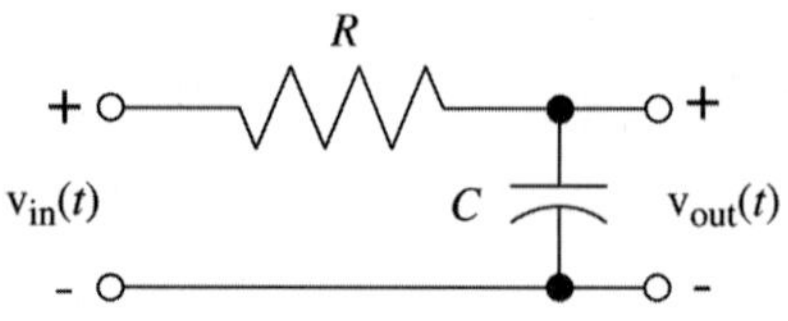

그림 11.37 실제 *RC* 저역통과 필터

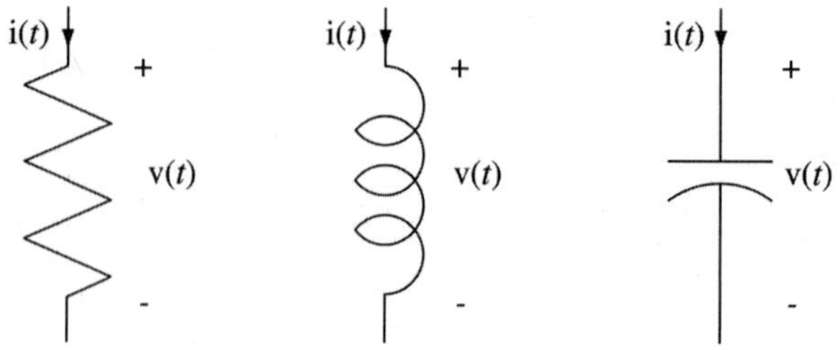

그림 11.38 저항, 커패시터, 인덕터에 대한 정의식

기초 회로 해석에서 주파수 응답을 구하기 위하여 일반적으로 사용되는 방법은 페이저와 임피던스의 개념에 근거한 것이다. 임피던스는 인덕터와 커패시터에 적용하기 위해 저항의 개

념을 일반화한 것이다. 저항, 커패시터, 인덕터에 대한 전압-전류 관계를 생각해 보자〈그림 11.38〉.

이 관계를 라플라스 변환하면 다음을 얻는다.

$$\mathrm{V}(s) = R\,\mathrm{I}(s),\quad \mathrm{V}(s) = sL\,\mathrm{I}(s)\ \text{ and }\ \mathrm{I}(s) = sC\,\mathrm{V}(s)$$

임피던스의 개념은 인덕터와 커패시터 방정식과 저항에 대한 옴의 법칙의 유사성으로부터 나온다. 전류에 대한 전압의 비를 구하면 다음을 얻는다.

$$\frac{\mathrm{V}(s)}{\mathrm{I}(s)} = R,\quad \frac{\mathrm{V}(s)}{\mathrm{I}(s)} = sL\ \text{ and }\ \frac{\mathrm{V}(s)}{\mathrm{I}(s)} = \frac{1}{sC}$$

저항기에 대하여 이 비는 저항이라고 한다. 일반적으로는 이 비를 임피던스라고 한다. 임피던스는 보통 Z로 표기한다. 이 기호를 사용하면 다음과 같다.

$$\mathrm{Z}_R(s) = R,\quad \mathrm{Z}_L(s) = sL\ \text{ and }\ \mathrm{Z}_C(s) = 1/sC$$

이 식은 저항 회로 해석의 많은 기술을 인덕터와 커패시터를 포함하는 회로에 적용할 수 있게 하고, 주파수 영역에서 해석할 수 있게 해준다. *RC* 저역통과 필터의 경우에 전압 분배기로 볼 수 있다〈그림 11.39〉.

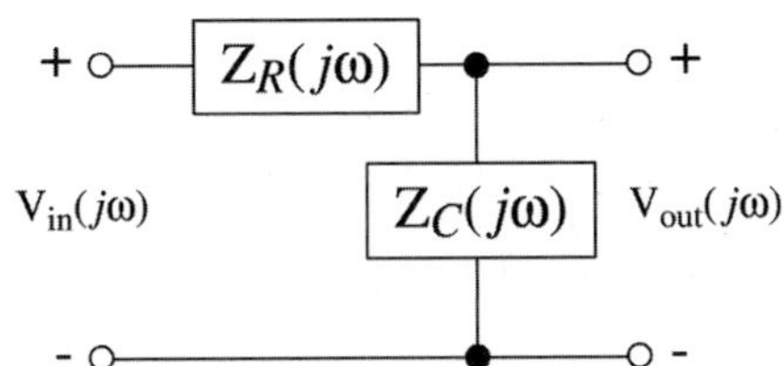

그림 11.39 *RC* 저역통과 필터의 임피던스 전압 분배기 표현

그러면 주파수 영역에서 전달함수를 다음과 같이 직접 쓸 수 있다.

$$\mathrm{H}(s) = \frac{\mathrm{V}_{out}(s)}{\mathrm{V}_{in}(s)} = \frac{\mathrm{Z}_c(s)}{\mathrm{Z}_c(s) + \mathrm{Z}_f(s)} = \frac{1/sC}{1/sC + R} = \frac{1}{sRC + 1}$$

그리고 주파수 응답은 다음과 같이 나타낼 수 있다.

$$\mathrm{H}(j\omega) = \frac{1}{j\omega RC + 1}\ \text{ or }\ \mathrm{H}(f) = \frac{1}{j2\pi f RC + 1}$$

이 결과는 시간 영역에 대한 직접적인 참고를 하지 않고 이전과 같은 결과에 이르렀다. *RC* 저역통과 필터의 주파수 응답의 진폭과 위상은 〈그림 11.40〉과 같다.

RC 저역통과 필터의 임펄스 응답은 주파수 응답의 역 CTFT이고,

$$\mathrm{h}(t) = \frac{e^{-t/RC}}{RC}\mathrm{u}(t)$$

〈그림 11.41〉에 나타냈다. 이와 같이 물리적으로 구현 가능한 필터는 $t = 0$ 이전에 임펄스 응답이 0이다. 필터가 인과적인 것이다.

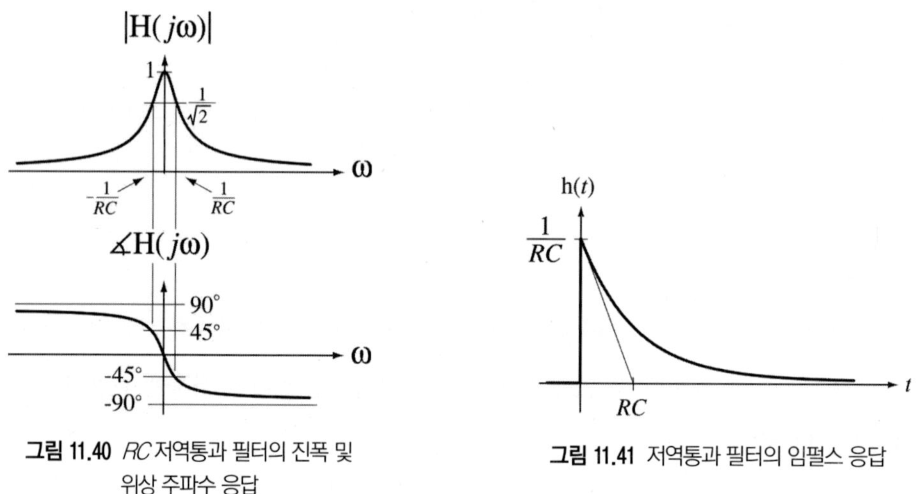

그림 11.40 *RC* 저역통과 필터의 진폭 및 위상 주파수 응답

그림 11.41 저역통과 필터의 임펄스 응답

주파수 0에 접근하는 매우 낮은 주파수에서 커패시터의 임피던스는 저항의 임피던스에 비하여 크기가 훨씬 크므로, 전압 분배 비율은 1에 근접하고, 출력 전압 신호와 입력 전압 신호는 거의 같다. 매우 높은 주파수에서 커패시터의 임피던스는 저항의 임피던스에 비해 크기가 훨씬 작으므로 전압 분배 비율은 0에 가까워진다. 따라서 낮은 대역 주파수는 '통과'되고, 높은 주파수 대역은 '차단'되는 것을 볼 수 있다. 회로의 이러한 정성적 해석은 주파수 응답의 수학적인 형태와도 일치한다.

$$\mathrm{H}(j\omega) = \frac{1}{j\omega RC + 1}$$

낮은 주파수 대역에서는 다음과 같고,

$$\lim_{\omega \to 0} \mathrm{H}(j\omega) = 1$$

높은 주파수 대역에서는 아래와 같다.

$$\lim_{\omega\to\infty} \mathrm{H}(j\omega) = 0$$

RC 저역통과 필터는, 여기는 입력단의 전압으로 정의되고 응답은 출력단의 전압으로 정의되기 때문에, 저역통과만 한다. 만약 응답이 전류로 정의되었다면, 필터링 과정의 특성은 완전히 달라졌을 것이다. 이 경우에 주파수 응답은 다음과 같다.

$$\mathrm{H}(j\omega) = \frac{\mathrm{I}(j\omega)}{\mathrm{V}_{in}(j\omega)} = \frac{1}{\mathrm{Z}_R(j\omega) + \mathrm{Z}_c(j\omega)} = \frac{1}{1/j\omega C + R} = \frac{j\omega C}{j\omega RC + 1}$$

이 응답의 정의에 따라, 저주파에서 커패시터 임피던스는 매우 크고 전류 흐름을 차단하므로 응답은 0에 접근한다. 고주파에서 커패시터 임피던스는 0에 근접하고, 따라서 회로는 커패시터가 완전 도체인 응답을 갖고, 전류 흐름은 저항 *R*에 의해 결정된다. 수학적으로 저주파에서 응답은 0으로 접근하고, 고주파에서는 상수 1/*R*로 접근한다. 이것은 고역통과 필터를 정의한다.

$$\lim_{\omega\to 0} \mathrm{H}(j\omega) = 0 \quad \text{and} \quad \lim_{\omega\to\infty} \mathrm{H}(j\omega) = 1/R$$

(덜 알려진) 또 다른 저역통과 필터의 형태는 〈그림 11.42〉와 같다.

$$\mathrm{H}(s) = \frac{\mathrm{V}_{out}(s)}{\mathrm{V}_{in}(s)} = \frac{R}{sL + R} \Rightarrow \mathrm{H}(j\omega) = \frac{R}{j\omega L + R}$$

임피던스와 전압 분배 개념을 사용하면 이 회로가 저역통과 필터인 이유를 설명할 수 있겠나?

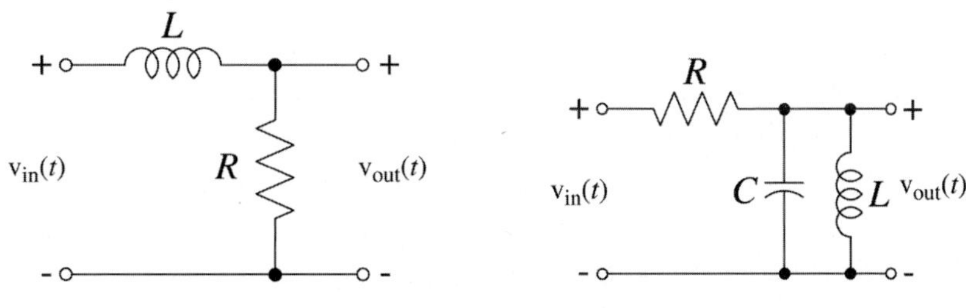

그림 11.42 실제 저역통과 필터의 다른 형태

그림 11.43 실제 *RLC* 대역통과 필터

대역통과 필터 실제 대역통과 필터의 가장 간단한 형태중의 하나는 〈그림 11.43〉과 같다.

$$\mathrm{H}(s) = \frac{\mathrm{V}_{out}(s)}{\mathrm{V}_{in}(s)} = \frac{s/RC}{s^2 + s/RC + 1/LC} \Rightarrow \mathrm{H}(j\omega) = \frac{j\omega/RC}{(j\omega)^2 + j\omega/RC + 1/LC}$$

극저주파에서 커패시터는 개방 회로이고, 인덕터는 완전한 도체이다. 그러므로 극저주파에서 출력 전압 신호는 실질적으로 0이다. 극고주파에서는 인덕터가 개방 회로가 되고, 커패시터는 완전한 도체가 되어 또 출력 전압 신호는 0이 된다. 인덕터와 커패시터의 병렬연결의 임피던스는 다음과 같다.

$$Z_{LC}(s) = \frac{sL/sC}{sL + 1/sC} = \frac{sL}{s^2LC + 1}$$

$s^2LC + 1 = 0 \Rightarrow s = \pm j\sqrt{1/LC} \Rightarrow \omega = \pm 1/\sqrt{LC}$이므로 임피던스는 무한대이다. 이 주파수는 공진(resonant) 주파수라고 불린다. 따라서 병렬 LC회로의 공진 주파수에서 인덕터와 커패시터의 병렬연결의 임피던스는 무한대로 되어서 출력 전압 신호는 입력 전압 신호와 같다. 회로의 전체 동작은 공진 주파수 근처의 주파수는 통과시키고, 다른 주파수는 차단하므로 회로는 실질적인 대역통과 필터이다. 특정한 소자 값에 대한 주파수 응답의 진폭과 위상의 그래프〈그림 11.44〉가 대역통과 특성을 나타내고 있다.

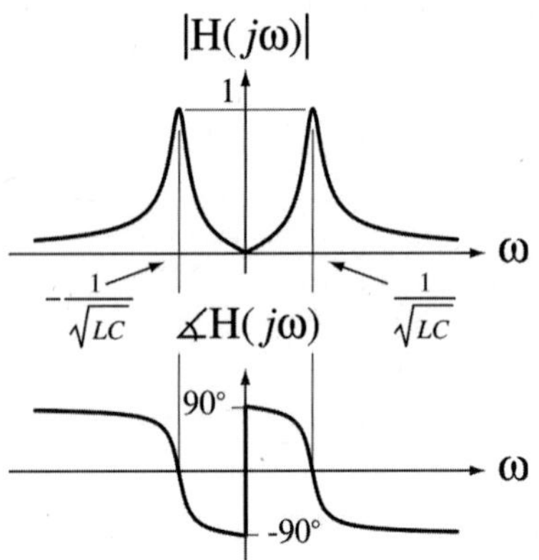

그림 11.44 실제적인 *RLC* 대역통과 필터의 진폭 및 위상 주파수 응답

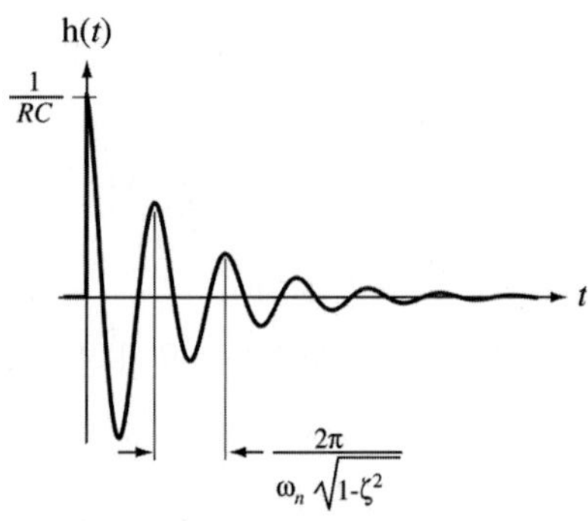

그림 11.45 실제적인 *RLC* 대역통과 필터의 임펄스 응답

RLC 대역통과 필터의 임펄스 응답은 다음과 같다.

$$h(t) = 2\zeta\omega_n e^{-\zeta\omega_n t}\left[\cos(\omega_c t) - \frac{\zeta}{\sqrt{1-\zeta^2}}\sin(\omega_c t)\right]u(t)$$

여기서,

$$2\zeta\omega_n = 1/RC,\ \omega_n^2 = 1/LC \text{ and } \omega_c = \omega_n\sqrt{1-\zeta^2}$$

이다〈그림 11.45〉. 이와 같이 물리적으로 구현 가능한 이 필터의 임펄스 응답은 인과적이라는 사실을 주목하라.

모든 물리적 시스템들은 주파수에 따라 특성의 변화가 있는 응답을 갖기 때문에 이런 측면에서 필터라고 할 수 있다. 악기와 특정한 소리를 내는 사람의 음성과 같은 시스템이 여기에 해당될 수 있다. 바람으로 소리를 내는 악기를 연주해 보라. 입을 악기에 대기 전까지는 소리에 만족할 수 없으나, 훌륭한 연주자가 연주하게 되면 그 소리에 매우 만족하게 된다. 태양이 지구에 햇빛을 비추면 지구는 주기적으로 자전하여 마치 저역통과 필터처럼 매일의 온도 변화를 평균적으로 평탄하게 하고, 또 지구는 주기적으로 태양 주위를 공전하여 천천히 계절에 따른 온도 변화를 갖게 한다. 선사시대 사람들은 동굴에서 사는 경향이 있었는데, 이는 바위가 태양의 열을 낮추어 주고, 계절에 따라 온도 변화를 평탄하게 했으며, 여름에는 시원하게 하고 겨울에는 따뜻하게 했기 때문이다. 이와 같은 현상도 저역통과 필터 시스템의 한 예이다. 산업용 발포 고무 귀마개는 저주파는 통과시켜서 착용하고도 대화가 가능하며, 귀에 손상을 주는 초고주파는 차단하도록 설계된 것이다. 우리의 일상생활에서 필터링 동작을 하는 시스템을 예로 들면 무수히 많다.

능동 필터

지금까지 설명한 실제적인 필터들은 수동(passive) 필터이다. 수동이란 용어는 입력된 신호보다 더 높은 실제 전력(신호 전력이 아닌)을 출력할 수 있는 소자를 포함하지 않는다는 의미이다. 현대의 많은 필터들은 능동(active) 필터이다. 능동 필터는 트랜지스터나 연산 증폭기와 같은 능동 소자들을 포함하고, 적절하게 동작하기 위해서는 외부 전원이 필요하다. 능동 소자를 사용하면 출력 신호의 실제 전력이 입력 신호의 실제 전력보다 클 수 있다. 능동 필터라는 주제는 매우 방대하므로 가장 간단한 형태의 능동 필터만 여기서 소개할 것이다.[3]

연산 증폭기 널리 이용되는 연산 증폭기 회로 형태는 두 종류가 있는데 반전(inverting) 증폭기 형태와 비반전(non inverting) 증폭기 형태가 있다〈그림 11.46〉. 여기서는 가장 간단한 연산 증폭기 모델인 이상적인 연산 증폭기를 사용하여 해석한다. 이상적인 연산 증폭기는 무한

---

3 몇몇 수동 회로에서는 어떤 주파수에서 전압 이득이 있다. 출력 전압 신호가 입력 전압 신호보다 클 수 있다. 그러므로 전에 설명한 바와 같이 출력 신호 전력이 입력 신호 전력보다 크게 될 수 있다. 그러나 이것은 높은 출력 전압 신호가 높은 임피던스에 걸린 것이기 때문에 실제로 전력 이득은 아니다.

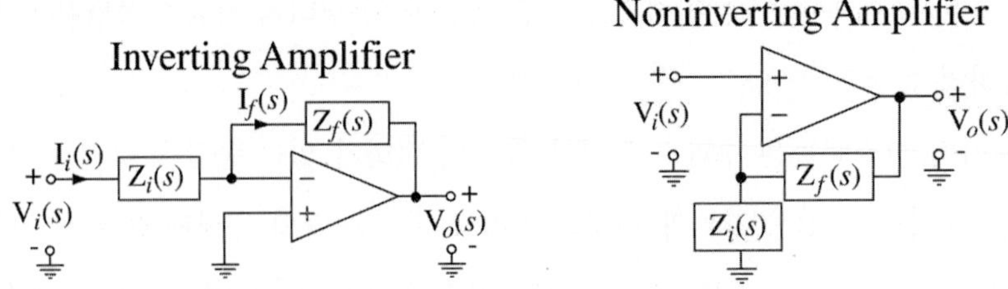

그림 11.46 연산 증폭기를 사용한 일반적인 두 증폭기의 형태

입력 임피던스, 영출력 임피던스, 무한 이득 그리고 무한 대역폭을 갖는다.

각 증폭기 형태에 대해 전달함수를 제어하는 두 개의 임피던스 $Z_i(s)$, $Z_f(s)$가 있다. 반전 증폭기의 전달함수는 관찰에 의하여 유도될 수 있다. 연산 증폭기의 입력 임피던스는 무한하고 두 입력단에 흐르는 전류는 0이므로

$$I_f(s) = I_i(s) \tag{11.5}$$

이다. 또한 출력 전압은 유한하고 연산 증폭기 이득은 무한하므로 두 입력단 간의 전압 차는 0이 되어야 한다. 따라서

$$I_i(s) = \frac{V_i(s)}{Z_i(s)} \tag{11.6}$$

이고,

$$I_f(s) = -\frac{V_f(s)}{Z_f(s)} \tag{11.7}$$

이다. 식 (11.5)에 따라 식 (11.6)과 식 (11.7)을 같다고 하고 전달함수를 구하면 다음과 같다.

$$\boxed{H(s) = \frac{V_o(s)}{V_i(s)} = -\frac{Z_f(s)}{Z_i(s)}} \tag{11.8}$$

이와 유사하게 비반전 증폭기의 전달함수는 다음과 같다는 것을 알 수 있다.

$$\boxed{H(s) = \frac{V_o(s)}{V_i(s)} = \frac{Z_f(s) + Z_i(s)}{Z_i(s)} = 1 + \frac{Z_f(s)}{Z_i(s)}} \tag{11.9}$$

적분기 능동 필터의 가장 간단하고 일반적인 형태는 능동 적분기일 것이다〈그림 11.47〉. 반전 증폭기의 전달함수 식 (11.8)을 사용하면 다음과 같다.

$$\mathrm{H}(s) = -\frac{\mathrm{Z}_f(s)}{\mathrm{Z}_i(s)} = -\frac{1/sC}{R} = -\frac{1}{sRC} \Rightarrow \mathrm{H}(f) = -\frac{1}{j2\pi fRC}$$

주파수 응답을 다음과 같은 형태로 재정렬하면 적분기의 동작을 쉽게 알 수 있다.

$$\mathrm{V}_o(f) = -\frac{1}{RC}\frac{\mathrm{V}_i(f)}{j2\pi f} \quad \text{or} \quad \mathrm{V}_o(j\omega) = -\frac{1}{RC}\frac{\mathrm{V}_i(j\omega)}{j\omega}$$

적분기는 신호를 적분하지만, 동시에 $-1/RC$을 값에 곱한다. 실제 수동 적분기를 설명하지 않은 걸 주목하자. 수동 RC 저역통과 필터는 코너 주파수 위의 주파수에서는 적분기처럼 동작하지만, 저주파에서는 적분기처럼 동작하지 않는다. 따라서 (이 경우의 연산 증폭기와 같은) 능동 소자는 필터 설계자들에게 또 다른 설계의 자유를 준다.

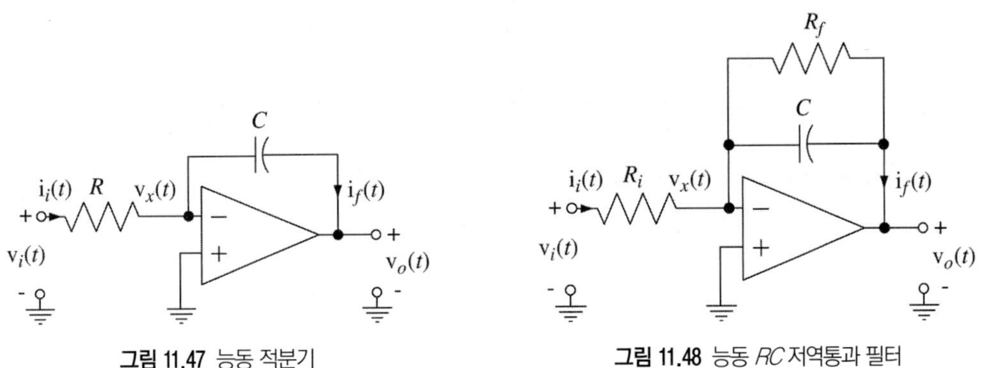

그림 11.47 능동 적분기

그림 11.48 능동 RC 저역통과 필터

저역통과 필터 적분기는 저항 하나를 추가함으로써 쉽게 저역통과 필터로 바뀔 수 있다〈그림 11.48〉. 이 회로에 대해

$$\mathrm{H}(s) = \frac{\mathrm{V}_0(s)}{\mathrm{V}_i(s)} = -\frac{R_f}{R_s}\frac{1}{sCR_f+1} \Rightarrow \mathrm{H}(j\omega) = \frac{\mathrm{V}_0(j\omega)}{\mathrm{V}_i(j\omega)} = -\frac{R_f}{R_s}\frac{1}{j\omega CR_f+1}$$

주파수 응답은 $-R_f/R_s$ 인자를 제외하고는, 수동 RC 저역통과 필터와 같은 함수 형태이다. 따라서 이 회로는 이득이 있는 필터이다. 회로는 필터링과 증폭을 동시에 한다. 이 경우에 전압 이득은 음이다.

예제 11.3

2단 능동 필터의 주파수 응답 보드 선도

〈그림 11.49〉의 2단 능동 필터에 대한 진폭 및 위상 보드 선도를 그려라.

첫 번째 단의 전달함수는 다음과 같다.

$$\mathrm{H}_1(s) = -\frac{Z_{f1}(s)}{Z_{i1}(s)} = -\frac{R_{f1}}{R_{i1}}\frac{1}{1+sC_{f1}R_{f1}}$$

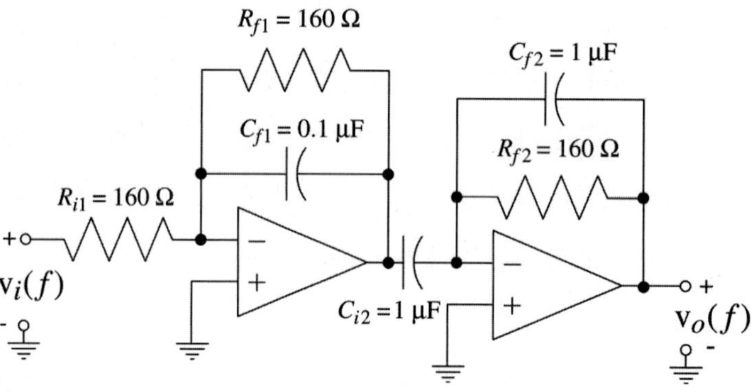

그림 11.49 2단 능동 필터

두 번째 단의 전달함수는 다음과 같다.

$$\mathrm{H}_2(s) = -\frac{Z_{f1}(s)}{Z_{i1}(s)} = -\frac{sR_{f2}C_{i2}}{1+sR_{f2}C_{f2}}$$

이상적인 연산 증폭기의 출력 임피던스는 0이므로 두 번째 단은 첫 번째 단을 부하로 하지 않는다. 그러므로 전체 전달함수는 단지 두 전달함수의 곱이다.

$$\mathrm{H}(s) = \frac{R_{f1}}{R_{i1}}\frac{sR_{f2}C_{i2}}{(1+sC_{f1}R_{f1})(1+sR_{f2}C_{f2})}$$

파라미터 값을 대입하고 $s \to j2\pi f$로 하면, 다음의 주파수 응답을 얻는다〈그림 11.50〉.

$$\mathrm{H}(f) = \frac{j1000f}{(1000+jf/10)(1000+jf)}$$

이것은 실제 대역통과 필터이다.

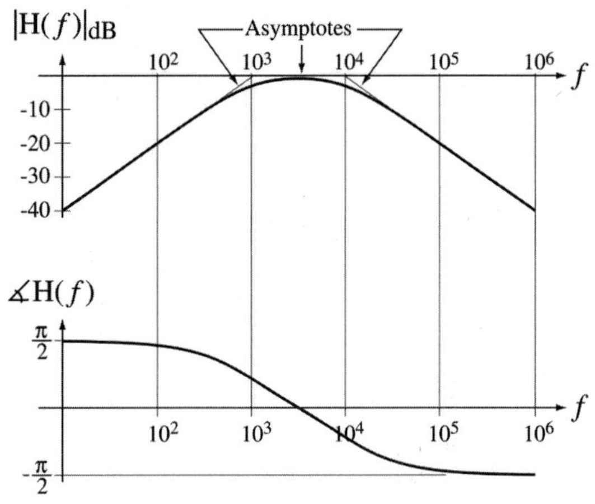

그림 11.50 2단 능동 필터의 주파수 응답 보드 선도

예제 11.4

능동 고역통과 필터의 설계

60Hz와 그 이하에서는 신호를 40dB 이상 감쇠시키고, 10kHz와 그 이상에서 신호를 증폭하는데, 2dB 이하의 평단도를 갖고 20dB를 넘지 않는 양의 이득을 갖도록 능동 필터를 설계하라.

이 필터는 고역통과 필터이다. 이득은 양이 되어야 한다. 양의 이득과 고역통과 필터는 단일 비반전 증폭기에 의하여 이루어진다. 그러나 비반전 증폭기에 대한 전달함수와 주파수 응답을 보면 다음과 같다.

$$H(s) = \frac{V_o(s)}{V_i(s)} = \frac{Z_f(s) + Z_i(s)}{Z_i(s)} \Rightarrow H(j\omega) = \frac{Z_f(j\omega) + Z_i(j\omega)}{Z_i(j\omega)}$$

두 임피던스가 단지 저항과 커패시터로 이루어지면 이득이 1보다 작지 않아서 저주파에서 감쇠기가 필요할 것임을 알 수 있다(만약 인덕터와 커패시터 둘 다를 사용한다면 어떤 주파수에서는 $Z_f(j\omega) + Z_i(j\omega)$의 크기를 $Z_i(j\omega)$의 크기보다 작게 만들 수 있어서 1보다 작은 이득을 얻을 수 있다. 그러나 60Hz 이하의 주파수에서 발생하도록 하기는 어렵고, 인덕터는 절대적으로 필요한 경우를 제외하고는 실제 설계에서 보통 사용하지 않는다. 실제 연산 증폭기는 이상적이지 않기 때문에, 사용에 있어서 다른 실제적인 어려움들이 존재한다).

한 개의 반전 증폭기를 이용하면 음의 이득을 얻게 된다. 그러나 이어서 다른 반전 증폭기를 이용하여 전체 이득이 양이 되게 할 수 있다(이득은 감쇠의 반대이다. 감쇠가 60dB이면 이득은 -60dB이다). 60Hz에서 이득이 -40dB이고 응답이 단일 극점 고역통과 필터의 응답이면,

진폭 주파수 응답의 보드 선도 점근선은 600Hz에서 이득 -20dB, 6kHz에서 이득 0dB 그리고 60kHz에서 20dB를 통과할 것이다. 그러나 10kHz에서 20dB 이득이 필요하므로 단일 극점 필터는 사양에 적당하지 않다. 두 개의 극점을 갖는 고역통과 필터가 필요하다. 이는 필요한 감쇠와 양의 이득을 동시에 갖도록 두 개의 단일 극점 필터를 직렬 연결해 만들 수 있다.

이제 반전 증폭기 고역통과 필터를 만들기 위해 $Z_i(j\omega)$를 선택해야 한다. 〈그림 11.48〉은 능동 저역통과 필터이다. 이 필터는 이득이 $-Z_f(j\omega)/Z_i(j\omega)$이고, $Z_i(j\omega)$는 상수이며, $Z_f(j\omega)$는 고주파에서보다 저주파에서 큰 진폭을 갖기 때문에 저역통과 필터이다. 반전 증폭기를 사용하여 고역통과 필터를 구현하는 데는 여러 방법이 있다. $Z_f(j\omega)$의 진폭을 저주파에서 작고 고주파에서 크게 만들 수 있다. 이를 위해 인덕터의 사용이 요구되지만 실제로는 꼭 필요한 경우를 제외하고는 사용을 피해야 한다. $Z_f(j\omega)$는 상수로, $Z_i(j\omega)$의 진폭을 저주파에서 높고 고주파에서는 낮게 만들 수 있다. 이는 저항과 커패시터를 직렬 또는 병렬로 조합해 구현할 수 있다〈그림 11.51〉.

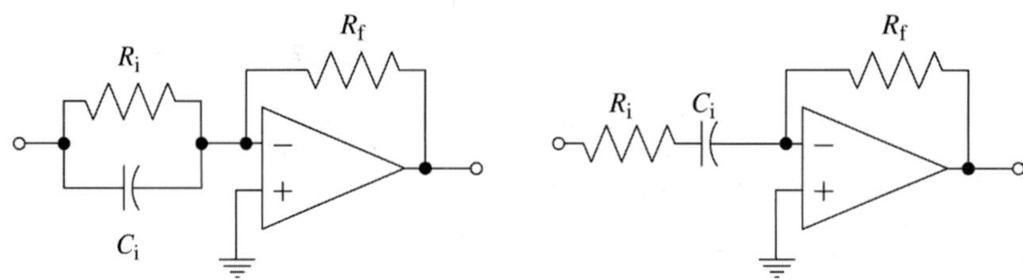

그림 11.51 커패시터와 저항만을 사용한 두 가지 고역통과 필터의 아이디어

만약 이 두 가지 설계 아이디어의 동작을 매우 낮은 주파수와 매우 높은 주파수로 제한하면 둘 중 하나만 이 설계 규격을 만족시킨다는 것을 즉시 알 수 있다. 설계 (a)는 매우 낮은 주파수에서 유한 이득을 갖고, 고주파에서 이득이 증가하는데 상수가 되지는 않는다. 설계 (b)는 저주파에서 이득이 감소하고, 0 주파수에서 0으로 되며, 고주파에서는 상수 이득으로 접근한다. 설계 (b)가 필요한 사양을 만족시킬 수 있다. 따라서 설계는 두 반전 증폭기를 직렬 연결한다〈그림 11.52〉.

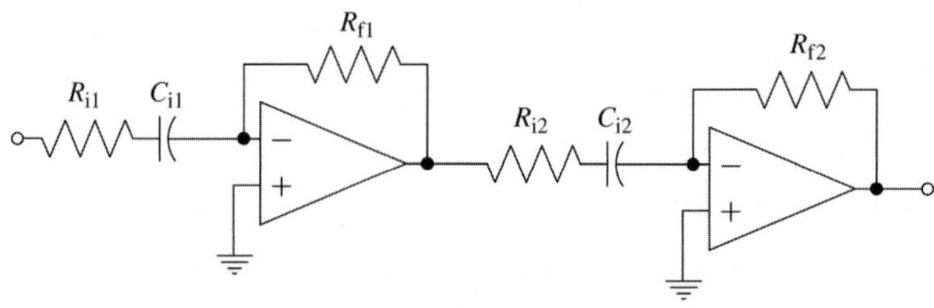

그림 11.52 두 개의 반전 고역통과 능동 필터의 직렬연결

이제 필요한 감쇠와 이득을 만족하는 저항 값과 커패시터 값을 선택해야 한다. 여기에는 많은 방법이 있다. 설계 방법이 하나만 있는 것은 아니다. 먼저 20dB의 고주파 이득 요구사항을 만족하도록 저항을 선택할 수 있다. 전체 고주파 이득은 10이 되는 것이고 두 증폭기 간에 원하는 만큼 할당할 수 있다. 두 단의 이득이 근사적으로 같게 하자. 그러면 각 단에서 저항 비율은 약 3.16이 되어야 한다. 연산 증폭기의 출력에 부하가 되지 않을 정도로 크지만, 부유 커패시턴스(stray capacitance)가 문제되지 않을 정도로 충분히 작은 저항 값을 선택해야 한다. 500 $\Omega \sim 50\text{k}\Omega$ 범위의 저항이 보통 좋은 선택이 된다. 그러나 많은 시행착오를 거치지 않는 한 마음대로 저항 값을 선택할 수는 없다. 저항은 표준 값 범위에 있고 일반적인 값들은 다음과 같다.

$$1, 1.2, 1.5, 1.8, 2.2, 2.7, 3.3, 3.9, 4.7, 5.6, 6.8, 8.2 \times 10^n$$

여기서, n은 십진 저항 값이다. 3.16에 매우 가까운 저항비율은 아래와 같다.

$$\frac{3.9}{1.2} = 3.25, \frac{4.7}{1.5} = 3.13, \frac{5.6}{1.8} = 3.11, \frac{6.8}{2.2} = 3.09, \frac{8.2}{2.7} = 3.03$$

전체 이득이 10에 가깝게 하기 위하여 첫째 단의 비율을 3.9/1.2 = 3.25로 선택하고, 두 번째 단은 6.8/2.2 = 3.09가 되게 하면, 고주파 전체 이득 10.043을 얻을 수 있다. 그러면 다음의 값을 얻는다.

$$R_{f1} = 3.9\ \text{k}\Omega,\ R_{i1} = 1.2\ \text{k}\Omega,\ R_{f2} = 6.8\ \text{k}\Omega,\ R_{i2} = 2.2\ \text{k}\Omega$$

이제 60Hz 이하에서 감쇠되고, 10kHz 이상에서 이득을 갖도록 커패시터 값을 선택해야 한다. 설계를 간단히 하기 위해 두 단의 코너 주파수 값을 거의 같게 설정하자. 두 극점 저주파 롤오프(rolloff)가 40dB/디케이드이고 고주파 이득이 20dB이면, 60Hz와 10kHz에서 주파수 응답 진폭의 차이는 60dB가 된다. 60Hz에서 이득이 정확히 -40dB가 되도록 설정하면, 600Hz에서는 근사적으로 0dB의 이득을 갖고, 6kHz에서는 40dB가 되며, 10kHz에서는 더 높아질 것이다. 이는 사양을 만족시키지 못한다.

고주파에서 시작해 10kHz에서 이득을 10으로 정해 시작하면, 저주파 롤오프의 코너 주파수는 10kHz 아래여야 한다는 것을 의미한다. 만약 이를 1kHz로 설정하면 점근적 근사에 근거하여 100 Hz에서의 근사 이득은 -20dB가 되고, 10Hz에서는 -60dB가 될 것이다. 60Hz에서는 -40dB가 되어야 한다. 그러나 60Hz에서 약 -29dB만 얻는다. 따라서 코너 주파수를 조금 높이 설정할 필요가 있다. 3kHz로 해보자. 코너 주파수를 3kHz라고 하면 계산된 커패시터 값은 $C_{i1} = 46nF$이고 $C_{i2} = 24nF$이 된다. 역시 마음대로 커패시터 값을 선택할 수는 없다. 표준 커패시터 값은 표준 저항 값과 마찬가지로 전형적으로 일정한 간격을 갖는 값으로서 다음과 같다.

$$1, 1.2, 1.5, 1.8, 2.2, 2.7, 3.3, 3.9, 4.7, 5.6, 6.8, 8.2 \times 10^n$$

코너 주파수의 위치는 약간의 여유가 있어서 커패시턴스의 정확한 값이 필요하지는 않다. 하나는 약간 높게, 하나는 약간 낮게 하여 커패시턴스 값을 $C_{i1} = 0.47nF$ 및 $C_{i2} = 22nF$으로 선택할 수 있다. 이는 극점을 약간 분리되게 하지만, 저주파 롤오프를 40dB/디케이드로 요구되는 값을 만들 수 있다. 이는 좋은 설계 예로 보이지만, 보드 선도를 그려서 성능을 검증할 필요가 있다〈그림 11.53〉.

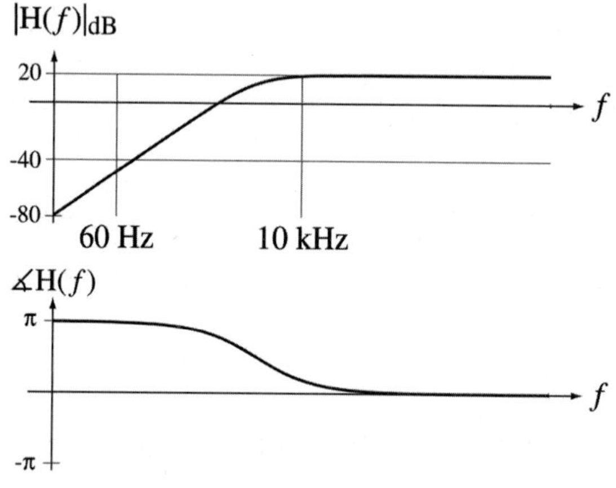

그림 11.53 2단 능동 고역통과 필터 설계에 대한 보드 선도

보드 선도로부터 60Hz에서의 감쇠가 적절함을 알 수 있다. 10kHz에서 이득을 계산하면 약 19.2dB가 되고, 이는 사양을 만족시킨다.

이 결과들은 정확한 저항 값과 커패시턴스 값에 근거한 것이다. 실제 모든 저항과 커패시턴스는 전형적으로 그 표준 값에 따라 선택되지만 그 실제 값은 표준 값에서 몇 %의 차이가 있다. 그래서 좋은 설계는 소자 값에서 작은 편차를 허용할 수 있게 사양에서 약간의 허용 오차를 가져야 한다.

■

예제 11.5

Sallen-Key 대역통과 필터

전자 회로나 필터에 관한 많은 교재에서 가장 보편적인 필터 설계는 2-극점의 1단 **Sallen-Key** 또는 상수-**K** 대역통과 필터이다〈그림 11.54〉.

삼각형 안의 K는 유한 전압 이득 K, 무한 입력 임피던스, 영출력 임피던스 및 무한 대역폭을 갖는(연산 증폭기가 아닌) 이상적인 비반전 증폭기이다.

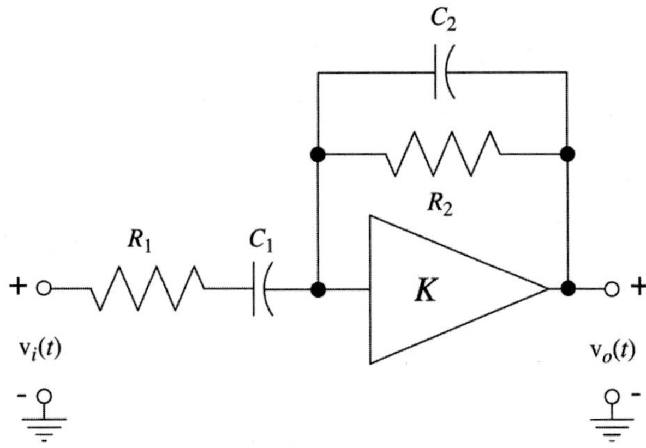

그림 11.54 Sallen-Key 또는 상수 $-K$ 대역통과 필터

전체 대역통과 필터 전달 함수와 주파수 응답은

$$\mathrm{H}(s)=\frac{\mathrm{V}_o(s)}{\mathrm{V}_i(s)}=\frac{s\dfrac{K}{(1-K)}\dfrac{1}{R_1C_2}}{s^2+\left[\dfrac{1}{R_1C_1}+\dfrac{1}{R_2C_2}+\dfrac{1}{R_1C_2(1-K)}\right]s+\dfrac{1}{R_1R_2C_1C_2}}$$

와

$$\mathrm{H}(j\omega)=\frac{\mathrm{V}_o(j\omega)}{\mathrm{V}_i(j\omega)}=\frac{j\omega\dfrac{K}{(1-K)}\dfrac{1}{R_1C_2}}{(j\omega)^2+j\omega\left[\dfrac{1}{R_1C_1}+\dfrac{1}{R_2C_2}+\dfrac{1}{R_1C_2(1-K)}\right]+\dfrac{1}{R_1R_2C_1C_2}}$$

이다. 주파수 응답은 다음의 형태이다.

$$\mathrm{H}(j\omega)=H_0\frac{j2\zeta\omega_0^2}{(j\omega)^2+2\zeta\omega_0(j\omega)+\omega_0^2}=\frac{j\omega A}{(j\omega)^2+2\zeta\omega_0(j\omega)+\omega_0^2}$$

여기서,

$$A = \frac{K}{(1-K)}\frac{1}{R_1C_2}, \quad \omega_0^2 = \frac{1}{R_1R_2C_1C_2}$$

$$\zeta = \frac{R_1C_1 + R_2C_2 + \dfrac{R_2C_1}{1-K}}{2\sqrt{R_1R_2C_1C_2}}, \quad Q = \frac{1}{2\zeta} = \frac{\sqrt{R_1R_2C_1C_2}}{R_1C_1 + R_2C_2 + \dfrac{R_2C_1}{1-K}}$$

이고,

$$H_0 = \frac{K}{1+(1-K)\left(\dfrac{C_2}{C_1} + \dfrac{R_1}{R_2}\right)}$$

권장되는 설계 절차는 Q값을 선택하고, 공진 주파수를 $f_0 = \omega_0/2\pi$로 하며, 편리한 값으로 $C_1 = C_2 = C$로 선택하고 나서 다음을 계산한다.

$$R_1 = R_2 = \frac{1}{2\pi f_0 C} \text{ and } K = \frac{3Q-1}{2Q-1} \text{ and } |H_0| = 3Q-1$$

또한 Q값은 이 설계에서는 10 이하가 되기를 권장한다. Q값이 5이고 중심 주파수가 50kHz인 필터를 설계하라.

커패시턴스 값을 편리하게 선택할 수 있어서 $C_1 = C_2 = C = 10nF$으로 하자. 그러면 $R_1 = R_2 = 318\ \Omega$이고, $K = 1.556$이며, $|H_0| = 14$이다. 따라서 주파수 응답은

$$\mathrm{H}(j\omega) = -\frac{j\omega(8.792\times10^5)}{(j\omega)^2 + (6.4\times10^4)j\omega + 9.86\times10^{10}}$$

또는 주기 주파수의 함수로

$$\mathrm{H}(f) = -\frac{j2\pi f(8.792\times10^5)}{(j2\pi f)^2 + (6.4\times10^4)j2\pi f + 9.86\times10^{10}}$$

이 된다〈그림 11.55〉.

이전의 예제와 같이, 계산된 정확한 소자 값을 선택할 수는 없고 근사 값으로 선택할 수 있다. 330 Ω 표기 저항을 사용해야 하고, 이는 실제 저항 값과 커패시턴스 값에 따라서 주파수 응답을 약간 변형시킬 수 있다.

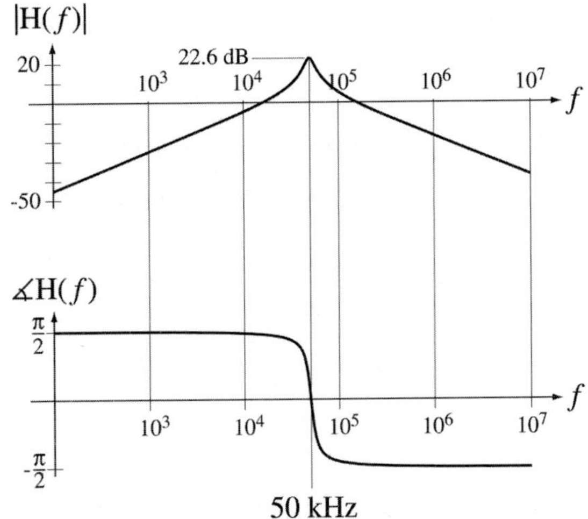

그림 11.55 Sallen-Key 대역통과 필터의 주파수 응답의 보드 선도

예제 11.6

4차 *RLC* 능동 필터

11.2절에서 소개한 4차 필터는 능동 필터로 구현될 수 있다〈그림 11.56〉. 이상적인 연산 증폭기라고 가정하면 표준 회로 해석 기술을 이용하여 주파수 응답을 구할 수 있다.

$$
\mathrm{H}(s) = \frac{\mathrm{V}_o(s)}{\mathrm{V}_i(s)} = \frac{s^2 + \dfrac{R(R_1+R_2)+R_1(R_f+R_2)}{L(R_1+R_2)}s + \dfrac{1}{LC}}{s^2 + \dfrac{R(R_1+R_2)+R_2(R_s+R_1)}{L(R_1+R_2)}s + \dfrac{1}{LC}}
$$

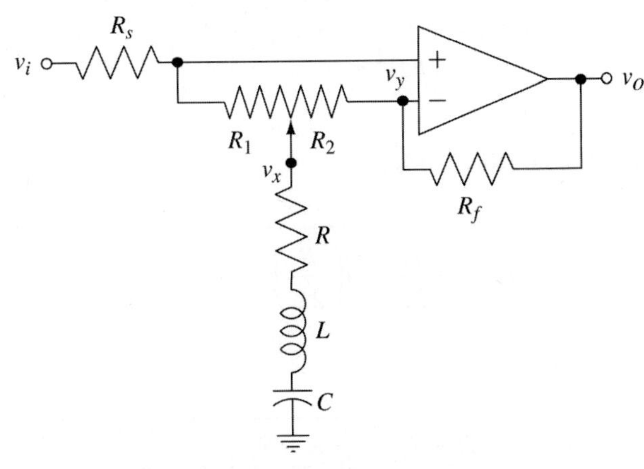

그림 11.56 4차 필터의 능동 *RLC* 구현

두 경우 $R_1 \neq 0, R_2 = 0$ 및 $R_1 = 0, R_2 \neq 0$를 고려해 보자. 만약 $R_1 \neq 0, R_2 = 0$이면 주파수 응답은 다음과 같다.

$$\mathrm{H}(j\omega) = \frac{(j\omega)^2 + j\omega(R+R_f)/L + 1/LC}{(j\omega)^2 + j\omega R/L + 1/LC}$$

고유 각 주파수는 $\omega_n = 1/\sqrt{LC}$이다. 극점은

$$j\omega = -(R/2L) \pm \sqrt{(R/2L)^2 - 1/LC}$$

에 있고, 영점은

$$j\omega = -\frac{R+R_f}{2L} \pm \sqrt{\left(\frac{R+R_f}{2L}\right)^2 - \frac{1}{LC}}$$

에 있으며, 저주파, 고주파 및 공진 주파수에서는 다음과 같다.

$$\lim_{\omega\to 0} \mathrm{H}(j\omega) = 1, \quad \lim_{\omega\to\infty} \mathrm{H}(j\omega) = 1, \quad \mathrm{H}(j\omega_n) = \frac{R+R_f}{R} > 1$$

만약 $R < 2\sqrt{L/C}$이고, $R + R_s >> 2\sqrt{L/C}$이면, 극점은 복소수이고, 영점은 실수이며, ω_n 근처에서 주된 영향은 주파수 응답 진폭이 증가하는 것이다. 이러한 경우에 주파수 응답은 R_1에 의존하지 않는다는 사실을 주목하라. 이 조건은 마치 전위차계가 없는 상태에서 피드백에 *RLC* 공진 회로를 갖는 것과 같다.

만약 $R_1 = 0, R_2 \neq 0$이면 다음과 같다.

$$\mathrm{H}(j\omega) = \frac{(j\omega)^2 + j\omega\frac{R}{L} + \frac{1}{LC}}{(j\omega)^2 + j\omega\frac{R+R_s}{L} + \frac{1}{LC}}$$

고유 각 주파수는 $\omega_n = 1/\sqrt{LC}$이다. 영점은

$$j\omega = -\frac{R}{2L} \pm \sqrt{\left(\frac{R}{2L}\right)^2 - \frac{1}{LC}}$$

에 있고, 극점은

$$j\omega = -\frac{R+R_s}{2L} \pm \sqrt{\left(\frac{R+R_s}{2L}\right)^2 - \frac{1}{LC}}$$

에 있으며, 저주파, 고주파 및 공진 주파수에서는 다음과 같다.

$$\lim_{\omega\to 0} \mathrm{H}(j\omega) = 1,\quad \lim_{\omega\to\infty} \mathrm{H}(j\omega) = 1,\quad \mathrm{H}(j\omega_n) = \frac{R}{R+R_s} < 1$$

만약 $R < 2\sqrt{L/C}$이고, $R + R_s >> 2\sqrt{L/C}$이면, 영점은 복소수이고, 극점은 실수이며, ω_n 근처에서 주된 영향은 주파수 응답 진폭이 감소하는 것이다. 이러한 경우에 주파수 응답은 R_2에 의존하지 않는다는 사실을 주목하라. 이 조건은 마치 전위차계가 없는 상태에서 증폭기의 입력에 *RLC* 공진 회로를 갖는 것과 같다. 만약 $R_1 = R_2$, $R_f = R_s$이면, 주파수 응답은 $\mathrm{H}(j\omega) = 1$이고, 출력 신호는 입력 신호와 같다.

그래서 전위차계는 공진 주파수에서 주파수 응답 진폭이 증가하는지 또는 감소하는지를 결정할 수 있다. 11.2절의 그래픽 등화기는 공진 주파수가 옥타브 간격으로 떨어진 4차 필터 9~11개를 직렬로 연결하여 구현될 수 있을 것이다. 그러나 이는 〈그림 11.57〉에 나타낸 것과 같이 하나의 연산 증폭기로도 구현될 수 있다. 수동 *RLC* 회로망의 상호 작용 때문에 이 회로의 동작은 다중 직렬연결 4차 필터의 것과 정확히 일치하지는 않지만, 적은 부품으로 같은 목적을 이룰 수 있다.

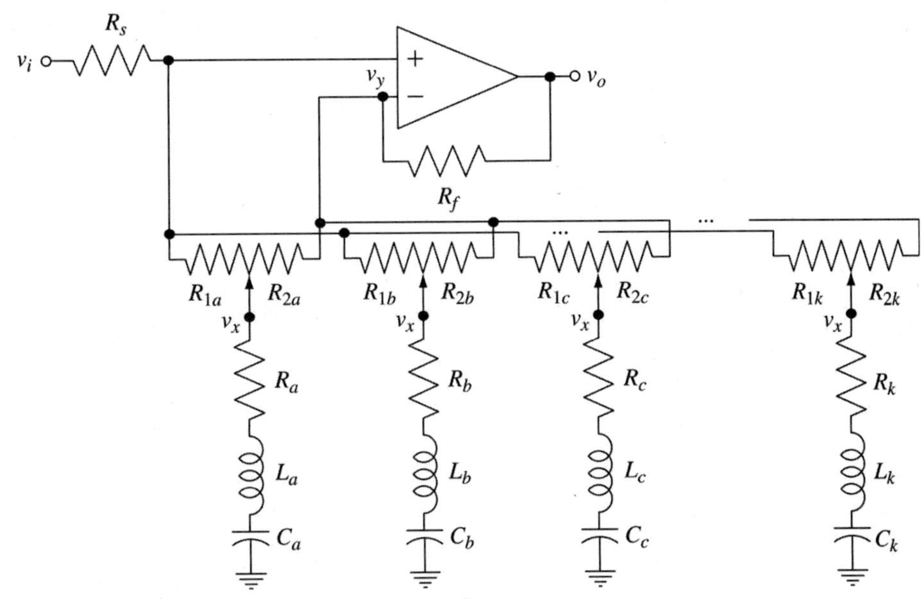

그림 11.57 하나의 연산 증폭기만 이용한 그래픽 등화기의 회로 구현

11.4 이산시간 필터

표기법

DTFT는 z 변환에서 $z \to e^{j2\pi F}$ 또는 $z \to e^{j\Omega}$로 변수 치환을 하여 구해진다. 여기서 F와 Ω는 둘 다 주파수를 나타내는 변수이다. 이산 시간(디지털) 시스템에 대한 서적에서 가장 널리 이용되는 주파수 변수는 각 주파수 Ω이다. 따라서 이산 시간 필터에 대한 다음 절에서도 Ω를 이용할 것이다.[4]

이상적인 필터

이산시간 필터의 해석과 설계는 연속시간 필터의 해석과 설계와 많이 유사하다. 이 절과 다음 절에서는 연속시간 필터를 위해 개발된 많은 기술과 용어를 이용해 이산시간 필터의 특성에 대해 살펴볼 것이다.

왜곡

왜곡이란 용어는 연속시간 필터에서와 같이 이산시간 필터에서도 동일하여 신호의 형태가 변하는 것을 의미한다. 신호 x[n]이 〈그림 11.58〉(a)의 위에 나타낸 형태를 갖는다고 하자. 그러면 〈그림 11.58〉(a)의 아래의 신호는 왜곡되지 않은 신호이다. 〈그림 11.58〉(b)는 왜곡의 한 유형을 나타낸 것이다.

연속시간 필터에서처럼 왜곡되지 않는 필터의 임펄스 응답은 임펄스이고 ,이는 진폭이 변하거나 시간 이동할 수 있다. 무왜곡 시스템의 임펄스 응답의 가장 일반적인 형태는 $\mathrm{h}[n] = A\delta[n - n_0]$가 될 것이다. 주파수 응답은 임펄스 응답의 DTFT로서 $\mathrm{H}(e^{j\Omega}) = Ae^{-j\Omega n_0}$이다. 주파수 응답은 진폭 $|\mathrm{H}(e^{j\Omega})| = A$와 위상 $\measuredangle \mathrm{H}(e^{j\Omega}) = -\Omega n_0$에 의해 표현된다. 그러므로 무왜곡 시스템은 모든 주파수에서 상수인 주파수 응답 진폭을 갖고, 모든 주파수에서 선형인 위상을 갖는다

---

4 독자들은 이 분야의 서적과 논문에서 표기법이 많이 변한다는 것을 알아야 한다. 이산시간 함수 x[n]의 DTFT 아래의 어떤 형태로 쓰일 것이다.

$$\mathrm{X}(e^{j2\pi f}),\ \mathrm{X}(e^{j\Omega}),\ \mathrm{X}(\Omega),\ \mathrm{X}(e^{j\omega}),\ \mathrm{X}(\omega)$$

어떤 저자는 연속시간과 이산시간 둘 다에서 같은 부호 ω를 각 주파수로 사용한다. 어떤 저자는 이산시간에서 ω와 f를 연속시간에서 Ω와 F를 사용한다. 어떤 저자는 z 대신 $e^{j\Omega}$ 또는 $e^{j\omega}$를 대입함으로써 'X'의 의미를 'x'의 z 변환으로 유지한다. 다른 저자들은 Ω 또는 ω를 독립 변수로 이용하면서 함수 'X'와 DTFT를 재정의한다. 모든 표기법은 장단점이 있다.

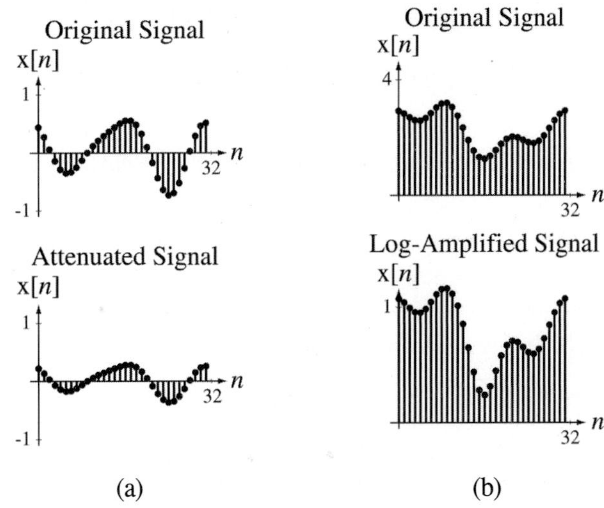

그림 11.58 (a) 원신호와 변화되었지만 왜곡되지 않은 신호 (b) 원신호와 왜곡된 신호

〈그림 11.59〉.

무왜곡 시스템의 주파수 응답의 진폭은 상수이고, 위상은 $-\pi < \Omega < \pi$범위에서 선형이고, 그 범위 외에서는 주기적으로 반복된다. n_0는 정수이므로 무왜곡 필터의 진폭과 위상은 매번 2π만큼 Ω가 변화하면 반복된다.

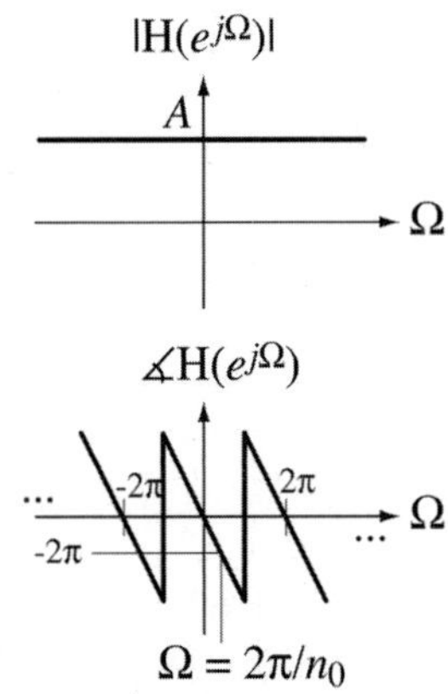

그림 11.59 무왜곡 시스템의 진폭과 위상

필터의 분류

통과대역과 저지대역이란 용어는 연속시간 필터에서와 같이 이산시간 필터에서도 역시 중요하다. 이상적인 이산시간 필터를 설명할 때 개념적으로는 유사하지만, 모든 이산시간 시스템은 주기적인 주파수 응답을 가진다는 사실 때문에 약간 수정되어야 한다. 주파수 응답은 주기

적인데, 그 이유는 신호 $A\cos(\Omega_0 n)$에서 Ω_0에 $2\pi m$이 추가되면 신호는 $A\cos((\Omega_0+2\pi m)n)$이 되고, 아래와 같이 되기 때문에 신호는 변하지 않는다.

$$A\cos(\Omega_0 n) = A\cos((\Omega_0+2\pi m)n) = A\cos(\Omega_0 n + 2\pi mn),\ \ m \text{ an integer}$$

그러므로 이산시간 필터는 기본 주기 $-\pi < \Omega < \pi$ 범위에서 주파수 응답에 따라 분류된다.

> 이상적인 저역통과 필터는 $-\pi < \Omega < \pi$범위에서 $0 < |\Omega| < \Omega_m < \pi$의 주파수의 신호 전력은 왜곡 없이 통과시키고, 다른 주파수의 신호 전력은 차단한다.

> 이상적인 고역통과 필터는 $-\pi < \Omega < \pi$범위에서 $0 < |\Omega| < \Omega_m < \pi$의 주파수의 신호 전력은 차단하고, 다른 주파수의 신호 전력은 왜곡 없이 통과시킨다.

> 이상적인 대역통과 필터는 $-\pi < \Omega < \pi$범위에서 $0 < \Omega_L < |\Omega| < \Omega_H < \pi$의 주파수의 신호 전력은 왜곡 없이 통과시키고, 다른 주파수의 신호 전력은 차단한다.

> 이상적인 대역저지 필터는 $-\pi < \Omega < \pi$범위에서 $0 < \Omega_L < |\Omega| < \Omega_H < \pi$의 주파수의 신호 전력은 차단하고, 다른 주파수의 신호 전력은 왜곡 없이 통과시킨다.

주파수 응답

〈그림 11.60〉과 〈그림 11.61〉은 이상적인 필터의 기본 네 종류의 주파수 응답의 진폭과 위상을 나타낸 것이다.

임펄스 응답과 인과성

이상적인 필터의 임펄스 응답은 필터의 주파수 응답의 역변환이다. 이상적인 필터의 기본 네 종류의 주파수 응답과 임펄스 응답이 〈그림 11.62〉에 요약되어 있다. 이러한 설명은 필터들이 임의의 이득 상수 A와 임의의 시간 지연 n_0와 관련된다는 관점에서 일반적인 것이다.

이상적인 필터의 기본 네 종류의 임펄스 응답이 〈그림 11.63〉에 있다.

인과성에 대한 내용은 연속시간 필터의 경우에서와 같이, 이산시간 필터에 대해서도 같다. 이상적인 연속시간 필터와 같이, 이상적인 이산시간 필터는 비인과성 임펄스 응답을 갖고, 물리적으로 구현이 불가능하다.

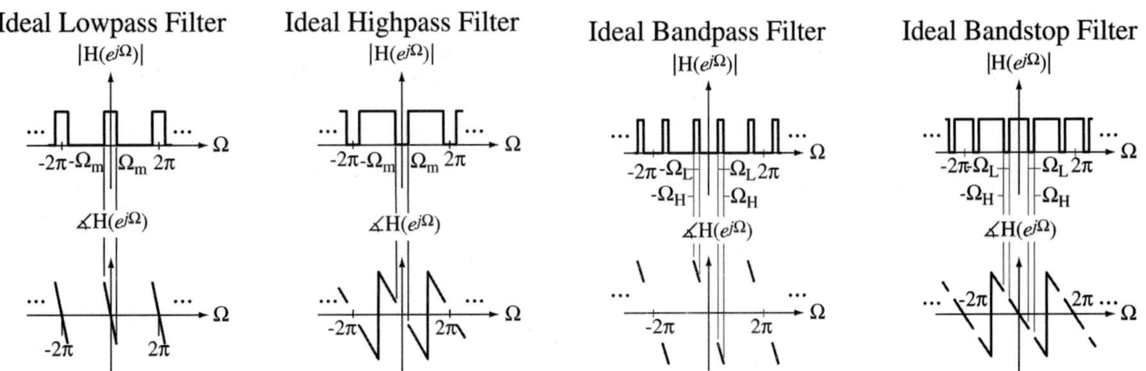

그림 11.60 저역통과 필터와 고역통과 필터의 주파수 응답의 진폭과 위상

그림 11.61 이상적인 대역통과 필터와 대역저지 필터의 주파수 응답의 진폭과 위상

필터 유형	주파수 응답
Lowpass	$H(e^{j\Omega}) = A\,\mathrm{rect}(\Omega/2\Omega_m)e^{-j\Omega n_0} * \delta_{2\pi}(\Omega)$
Highpass	$H(e^{j\Omega}) = Ae^{-j\Omega n_0}[1-\mathrm{rect}(\Omega/2\Omega_m) * \delta_{2\pi}(\Omega)]$
Banpass	$H(e^{j\Omega}) = A\left[\mathrm{rect}\left(\frac{\Omega-\Omega_0}{\Delta\Omega}\right)+\mathrm{rect}\left(\frac{\Omega+\Omega_0}{\Delta\Omega}\right)\right]e^{-j\Omega n_0} * \delta_{2\pi}(\Omega)$
Bandstop	$H(e^{j\Omega}) = Ae^{-j\Omega n_0}\left\{1-\left[\mathrm{rect}\left(\frac{\Omega-\Omega_0}{\Delta\Omega}\right)+\mathrm{rect}\left(\frac{\Omega+\Omega_0}{\Delta\Omega}\right)\right] * \delta_{2\pi}(\Omega)\right\}$

필터 유형	임펄스 응답
Lowpass	$h[n] = (A\Omega_m/\pi)\,\mathrm{sinc}(\Omega_m(n-n_0)/\pi)$
Highpass	$h[n] = A\delta[n-n_0]-(A\Omega_m/\pi)\,\mathrm{sinc}(\Omega_m(n-n_0)/\pi)$
Banpass	$h[n] = 2A\Delta f\,\mathrm{sinc}(\Delta f(t-t_0))\cos(2\pi f_0(t-t_0))$
Bandstop	$h[n] = A\delta[n-n_0]-(A\Delta\Omega/\pi)\,\mathrm{sinc}(\Delta\Omega(n-n_0)/2\pi)\cos(\Omega_0(n-n_0))$

$$\Delta\Omega = \Omega_H - \Omega_L, \quad \Omega_0 = (\Omega_H + \Omega_L)/2$$

그림 11.62 이상적인 필터의 기본 네 종류의 주파수 응답과 임펄스 응답

〈그림 11.64〉와 〈그림 11.65〉는 네 가지 이상적인 필터를 근사화하는 비이상적, 인과적 필터의 임펄스 응답, 주파수 응답, 구형파에 대한 응답을 나타낸 것이다. 각각의 경우에 주파수 응답은 기본 주기 $-\pi < \Omega < \pi$에서만 그려져 있다.

구형파에 대한 실제 필터의 영향은 연속시간 필터에서 나타난 바와 동일하다.

영상 필터링

필터가 하는 일을 보여주는 재미있는 방법은 영상(image)을 필터링하는 것이다. 영상은 '2차원 신호'이다. 영상은 여러 가지 방법으로 획득된다. 필름 카메라는 렌즈 시스템을 통해 영상을 감광 필름에 노출시켜 필름에 광학적 영상을 얻는다. 사진은 컬러 사진 또는 흑백 사진이 있다. 여기서는 흑백 사진에 대해서만 다루겠다. 디지털 카메라는 빛의 에너지를 전기적인 신호로 변환하는 사각형으로 배열된 검출기에 의해 영상을 획득한다. 각 검출기는 효과 측면에서 화소(pixel)라는 영상의 작은 부분을 검출한다. 디지털 카메라에 의하여 획득된 영상은 많은 수의 배열로 이루어지는데, 각각은 화소에 대응되고, 각 화소는 각 점에서의 빛의 세기이다.

사진은 보통 x와 y라는 불리는 두 공간 좌표에 대해 연속 공간(continuous-space) 함수이다. 획득된 디지털 신호는 n_x 및 n_y라는 두 이산 공간 좌표에 대한 이산 공간(discrete-space) 함수이다. 원리상 사진은 직접 필터링될 수 있다. 실제로 이렇게 할 수 있는 광학 기술이 있다. 그러나 영상 필터링의 대부분은 디지털 방식으로 이루어지는데, 이는 수치해석적인 방법으로 컴퓨터를 사용해 획득된 디지털 영상을 필터링할 수 있다.

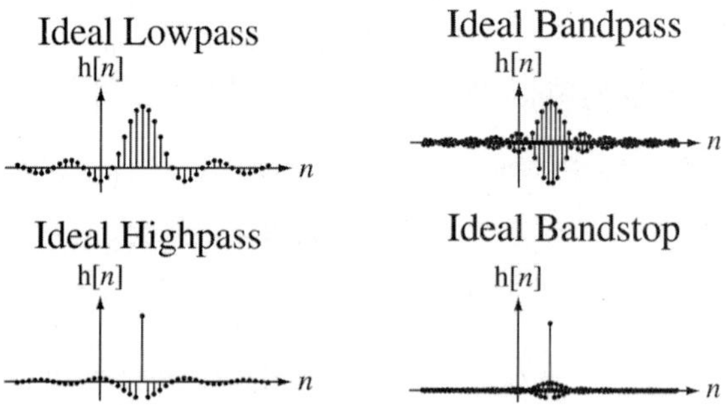

그림 11.63 이상적인 저역통과, 고역통과, 대역통과 및 대역저지 필터의 전형적인 임펄스 응답

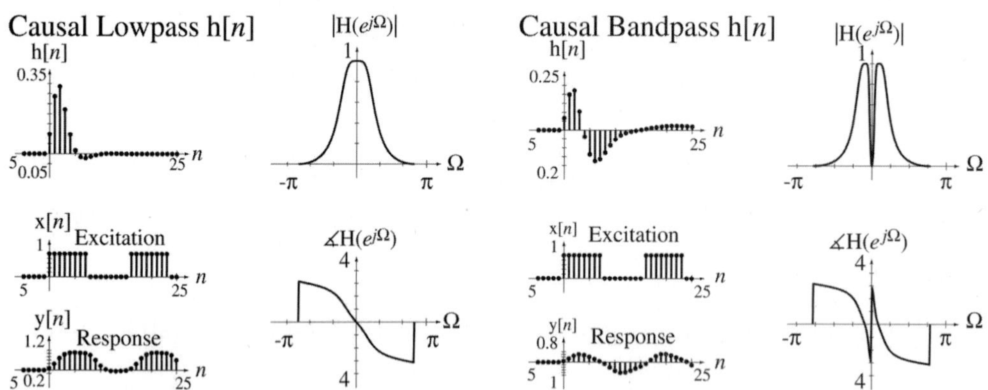

그림 11.64 인과적 저역통과 및 대역통과 필터의 임펄스 응답, 주파수 응답 및 구형파에 대한 응답

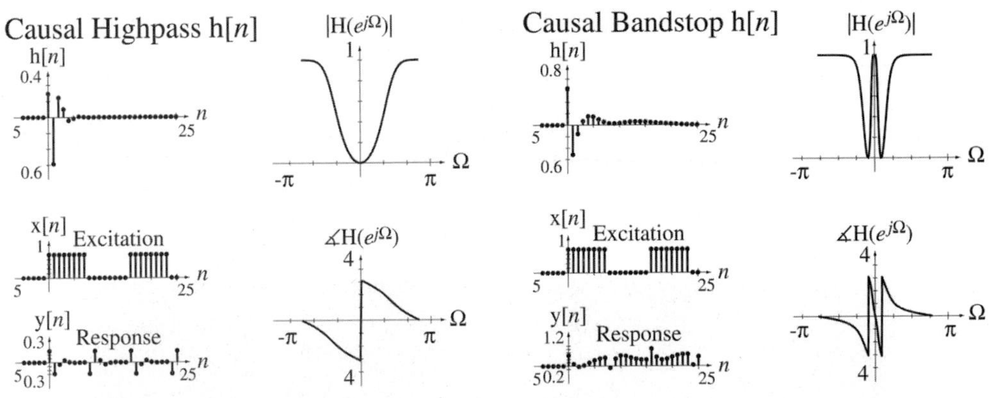

그림 11.65 인과적 고역통과 및 대역저지 필터의 임펄스 응답, 주파수 응답 및 구형파에 대한 응답

영상을 필터링하기 위해 사용된 기술은 2차원이라는 것을 제외하면 시간 신호를 필터링하기 위하여 사용된 기술과 동일하다. 〈그림 11.66〉에 나와 있는 간단한 영상을 고려해 보자.

영상을 필터링하기 위한 기술은 화소의 한 행을 1차원 신호로 다루고, 그것을 이산시간 신호처럼 필터링하는 것이다. 〈그림 11.67〉은 영상의 맨 위의 행에 있는 화소의 밝기를 수평 이산 공간 n_x에 대해 그래프로 그린 것이다.

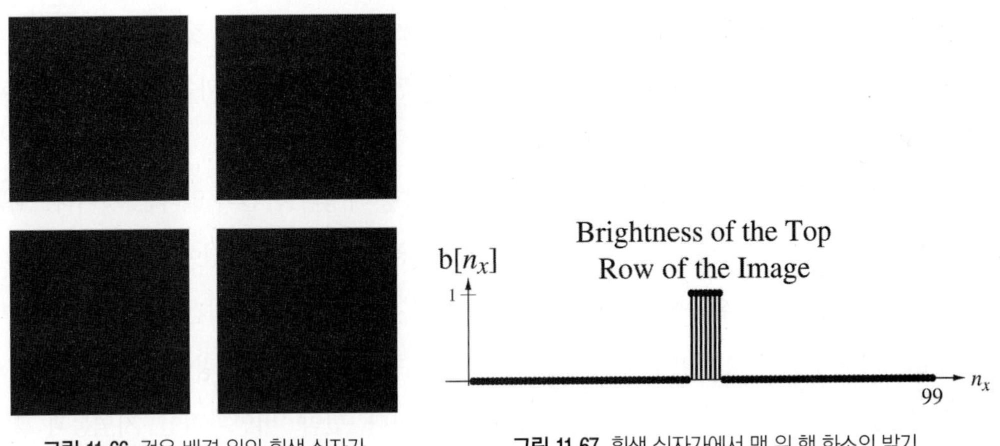

그림 11.66 검은 배경 위의 흰색 십자가

그림 11.67 흰색 십자가에서 맨 위 행 화소의 밝기

만약 신호가 실제로 이산시간 함수이고, 실시간으로 필터링을 한다면(필터링 동안 취득 가능한 미래 값이 없다는 것을 의미함), 저역통과 필터링된 신호는 〈그림 11.68〉과 같을 것이다.

저역통과 필터링 후에 영상의 모든 열은 수평 방향으로 평탄하게 된 것처럼 보이고, 수직 방향에서는 그렇지 않다〈그림 11.69〉. 만약 열 대신 행이 필터링되면 그 효과는 〈그림 11.70〉에 나타낸 것과 같다.

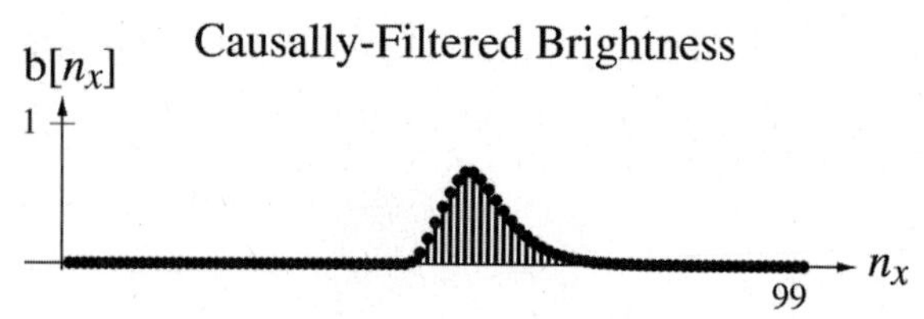

그림 11.68 인과성 저역통과 필터에 의하여 필터링된 후 맨 위 행 화소의 밝기

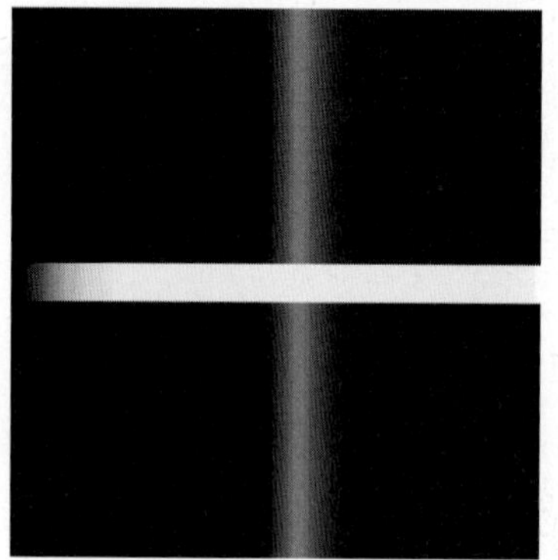

그림 11.69 인과성 저역통과 필터에 의해 모든 행이 필터링된 후의 흰색 십자가 영상

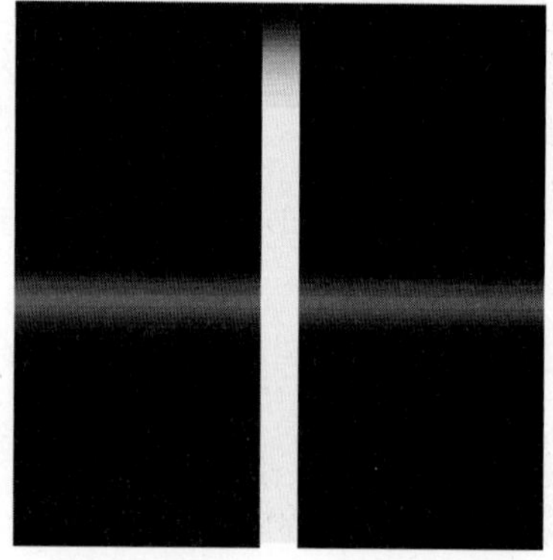

그림 11.70 인과성 저역통과 필터에 의해 모든 열이 필터링된 후의 흰색 십자가 영상

저역통과 필터링 후에 영상의 모든 행은 수평 방향으로 평탄하게 된 것처럼 보이고, 수직 방향은 변화가 없다〈그림 11.69〉. 만약 행 대신 열이 필터링되면 그 효과는 〈그림 11.70〉과 같을 것이다.

영상 필터의 한 가지 좋은 점은 보통 인과성이 필터링 과정과 관련이 없다는 것이다. 보통 전체 영상이 획득되고 난 후에 처리가 진행된다. 시간과 공간 사이의 유사성에 따라 수평축 필터링 동안 '과거' 신호 값은 왼쪽에, '미래' 값은 오른쪽에 위치하게 된다. 시간 신호의 실시간 필터링에서는 미래 값을 모르기 때문에 미래 값을 이용할 수 없다. 영상 필터링에서는 필터링 시작 전에 전체 영상을 갖고 있으므로 '미래' 값을 이용 가능하다. 만약 '비인과적인' 저역통과 필터를 가지고 영상의 맨 위 행을 수평으로 필터링했다면 그 효과는 〈그림 11.71〉처럼 보일 것이다.

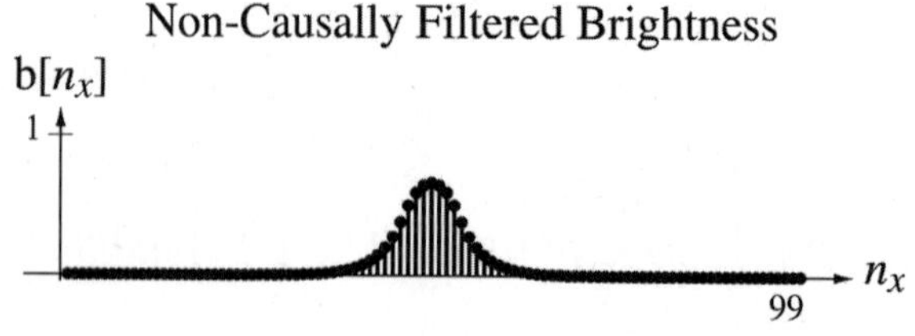

그림 11.71 '비인과성'저역통과 필터에 의하여 필터링된 후 맨 위 행 화소의 밝기

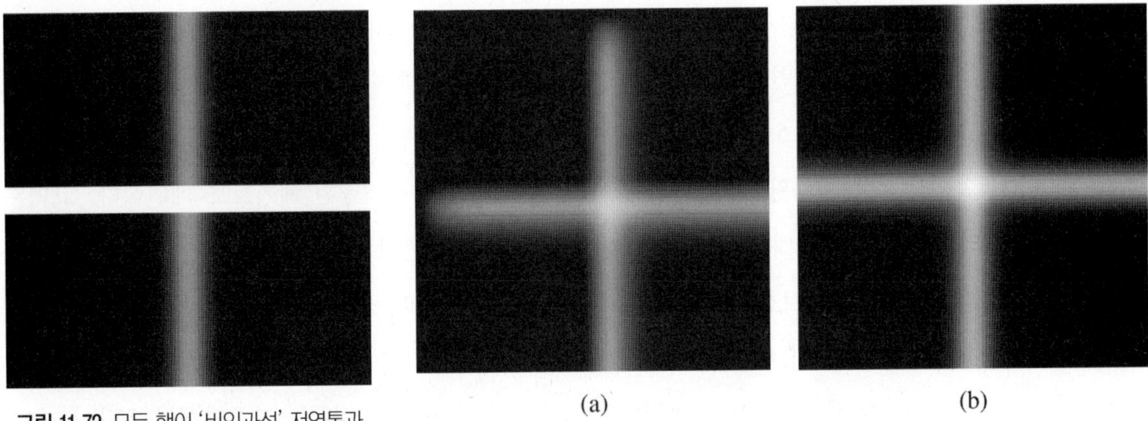

그림 11.72 모든 행이 '비인과성' 저역통과 필터에 의해 필터링된 흰색 십자가 영상

그림 11.73 저역통과 필터에 의해 필터링된 흰색 십자가 영상 (a) 인과성 (b) 비인과성

만약 '비인과성' 저역통과 필터로 수평으로 전체 영상이 저역통과 필터링된다면, 그 결과는 〈그림 11.72〉처럼 보일 것이다. 이런 필터링의 전체 효과는 〈그림 11.73〉에 나타냈고, 여기서 영상의 행과 열이 저역통과 필터에 의하여 필터링되었다.

물론 위에서 '비인과적'이라고 한 필터는 실제로는 필터링 전에 모든 영상이 취득되어 있었기 때문에 인과적이다. 미래의 정보는 결코 획득되지 않는다. 단지 비인과성이라고 하는 것은 시간 대신에 공간 좌표로 실시간 필터링을 한다면 필터링이 비인과성이 될 수 있다는 것이다. 〈그림 11.74〉는 몇 가지 다른 영상과 다른 필터링 작용을 나타낸 것이다.

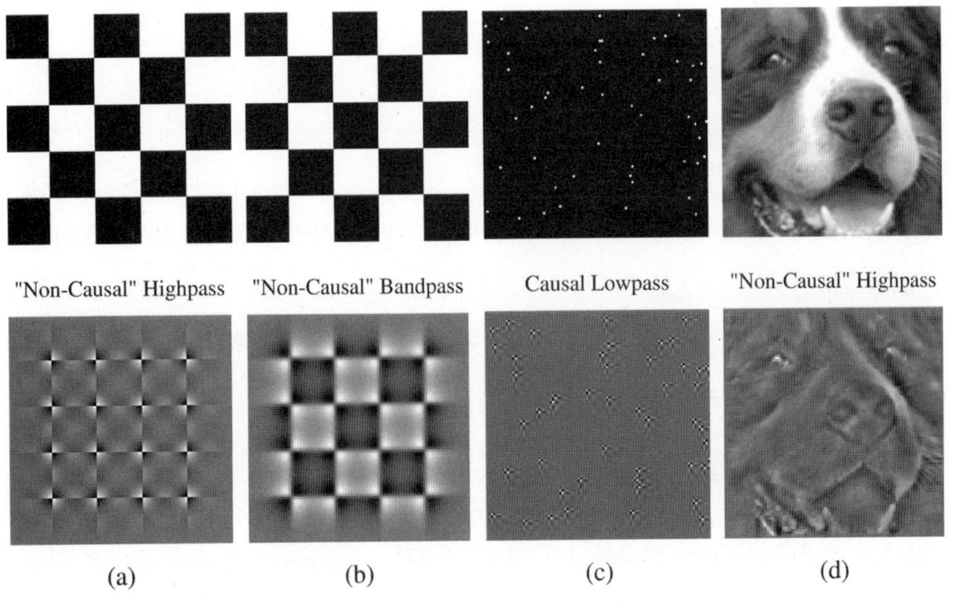

그림 11.74 영상 필터링의 다른 유형의 예

〈그림 11.74〉의 각 영상에서 화소의 값은 검정색에서 흰색까지의 범위를 갖는다. 필터링의 영향을 파악하려면, 검정색 화소가 0 값을 갖고, 흰색 화소는 1 값을 갖는다고 생각하라. 그리고 중간 회색은 0.5화소 값을 갖는 것이다.

영상 (a)는 2차원으로 고역통과 필터링에 의하여 필터링된 체커보드 패턴이다. 고역통과 필터링의 효과는 경계를 강조하고, 경계 사이의 일정한 값은 약화시킨다. 경계는 영상에서 '높은 공간 주파수' 정보를 포함하고 있다. 따라서 고역통과 필터링된 영상은 평균 0.5(중간 회색) 값을 갖고, 검정색과 흰색 사각형은 원영상과는 매우 다르게 보이며, 필터링된 영상과 거의 같아 보인다. (b)의 체커보드는 대역통과 필터링된 것이다. 이 필터는 고주파에서 응답이 거의 없기 때문에 경계 부분을 평탄하게 한다. 필터는 0을 포함한 매우 낮은 주파수에서도 응답이 거의 없기 때문에 평균 값을 감소시킨다. 영상 (c)는 인과성 저역통과 필터에 의하여 필터링된 임의의 점 패턴이다. 점의 평탄화가 항상 점의 오른쪽 아래에서 나타나기 때문에 인과성 필터임을 알 수 있다. 오른쪽 아래는 만약 신호가 시간 신호였다면 '뒤의' 시간에 해당되기 때문이다. 영상에서 매우 작은 빛의 점에 대한 필터의 응답은 점확산 함수(point spread function)라고 한다. 점확산 함수는 시간 영역 시스템에서 임펄스 응답과 유사하다. 작은 빛의 점은 2차원 임펄스를 근사화하고, 점확산 함수는 2차원 임펄스 응답을 근사화하는 것이다. 마지막 영상 (d)는 개의 얼굴을 고역통과 필터링한 영상이다. 필터가 급격한 변화(경계선)는 강조하고, 영상의 완만한 변화 부분은 약화시키기 때문에, 이 고역통과 필터링 효과는 원래 영상의 '윤곽'처럼 보이는 영상을 구성한 것이다.

실제적인 필터

연속시간 필터와의 비교

〈그림 11.75〉는 LTI 저역통과 필터의 한 예이다. 그 단위 시퀀스 응답은 $[5-4(0.8)^n]\,\mathrm{u}[n]$이다〈그림 11.76〉.

이산시간 시스템의 임펄스 응답은 단위 시퀀스 응답의 1차 후향 차분(first backward difference)이다. 이 경우에는 다음과 같다.

$$\mathrm{h}[n]=[5-4(4/5)^n]\,\mathrm{u}[n]-[5-4(4/5)^{n-1}]\,\mathrm{u}[n-1]$$

이는 $\mathrm{h}[n]=(0.8)^n\,\mathrm{u}[n]$으로 간략화된다〈그림 11.77〉. 전달함수와 주파수 응답은 다음과 같다〈그림 11.78〉.

$$H(z) = \frac{z}{z-0.8} \Rightarrow H(e^{j\Omega}) = \frac{e^{j\Omega}}{e^{j\Omega}-0.8}$$

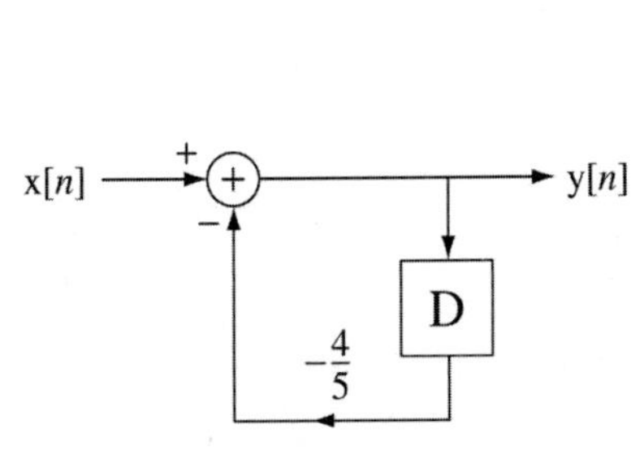

그림 11.75 저역통과 필터

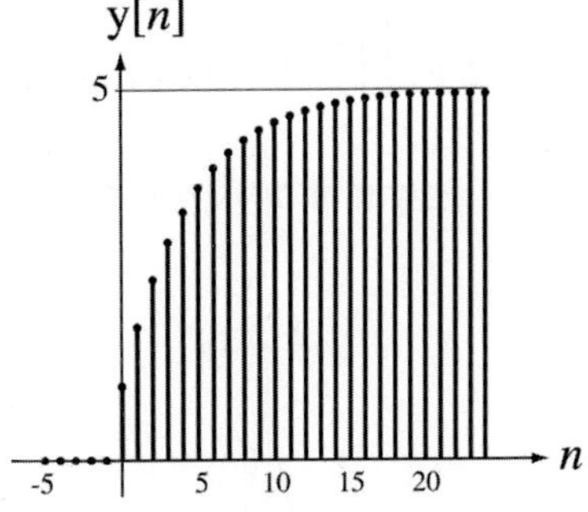

그림 11.76 저역통과 필터의 단위 시퀀스 응답

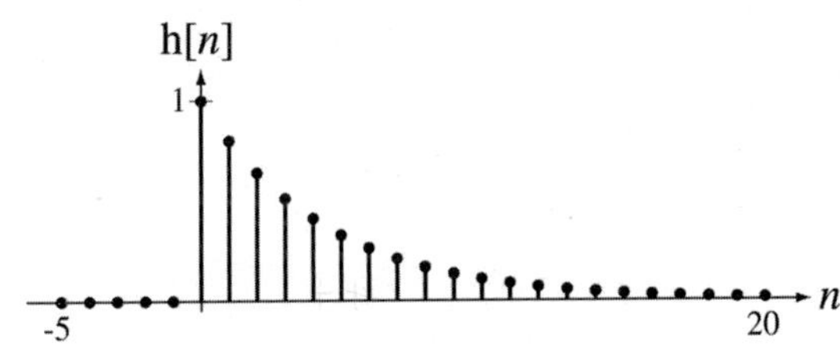

그림 11.77 저역통과 필터의 임펄스 응답

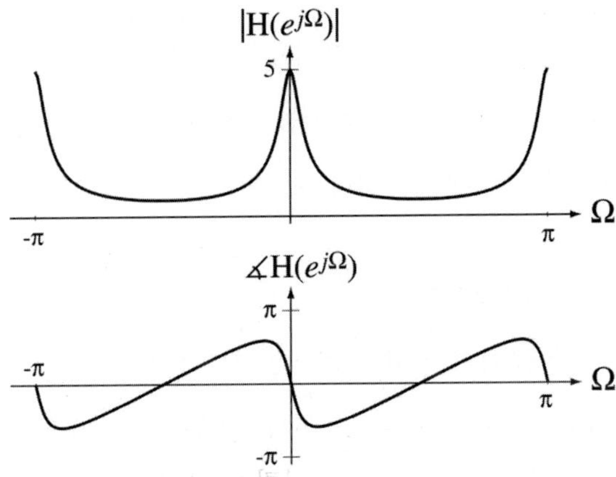

그림 11.78 저역통과 필터의 주파수 응답

이 저역통과 필터의 임펄스 응답과 주파수 응답과 *RC* 저역 통과 필터의 임펄스 응답과 주파수 응답을 비교하면 도움이 된다. 이산시간 저역통과 필터의 임펄스 응답은 *RC* 저역통과 필터의 임펄스 응답을 샘플링한 것과 같아 보인다〈그림 11.79〉. 주파수 응답도 유사성이 있다〈그림 11.80〉.

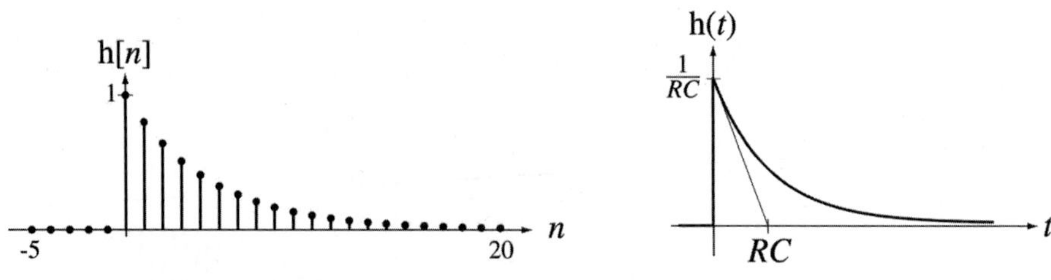

그림 11.79 이산시간 저역통과 필터와 *RC* 저역통과 필터의 임펄스 응답 비교.

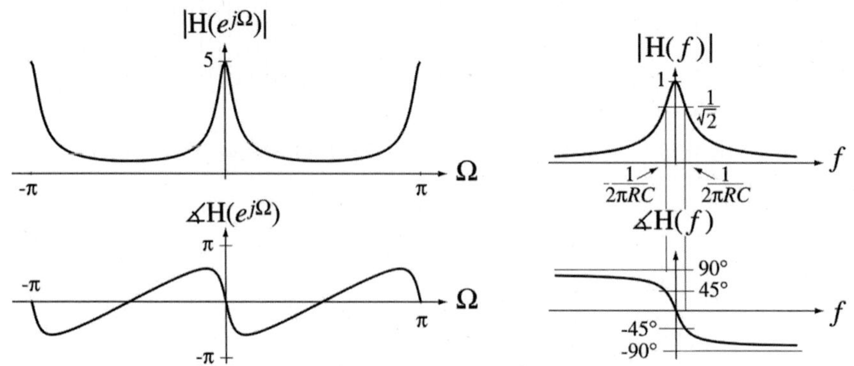

그림 11.80 이산시간 저역통과 필터와 연속시간 저역통과 필터의 주파수 응답

주파수 범위 $-\pi < \Omega < \pi$에서 이 주파수 응답의 진폭과 위상의 형태를 비교해 보면, 매우 유사한데 위상보다는 진폭이 조금 더 같다. 그러나 이산시간 주파수 응답은 항상 주기적이고, *RC* 저역통과 필터의 주파수 응답과 같은 관점에서 저역통과 필터링이 될 수 없다. 저역통과라는 이름은 $-\pi < \Omega < \pi$ 범위에서 주파수 응답의 동작에 정확히 적용되고, 여기서 저역통과라는 명칭이 이산시간 시스템에 정확하게 이용되는 것이다.

고역통과, 대역통과 및 대역저지 필터

물론 고역통과, 대역통과 및 대역저지 이산시간 필터도 역시 가능하다〈그림 11.81 ~ 11.83〉. 이러한 필터의 전달함수와 주파수 응답은 고역통과 필터의 경우 다음과 같고,

$$\mathrm{H}(z) = \frac{z-1}{z+\alpha} \Rightarrow \mathrm{H}(e^{j\Omega}) = \frac{e^{j\Omega}-1}{e^{j\Omega}+\alpha}$$

대역통과 필터는 다음과 같으며,

$$\mathrm{H}(e^{j\Omega}) = \frac{z(z-1)}{z^2+(\alpha+\beta)z+\alpha\beta} \Rightarrow \mathrm{H}(e^{j\Omega}) = \frac{e^{j\Omega}(e^{j\Omega}-1)}{e^{j2\Omega}+(\alpha+\beta)e^{j\Omega}+\alpha\beta}$$

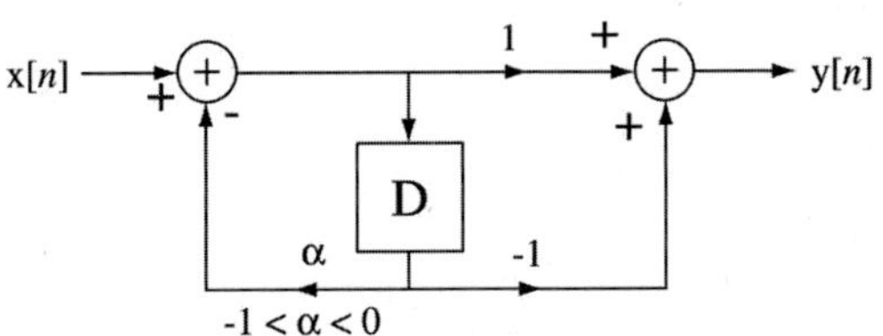

그림 11.81 고역통과 필터

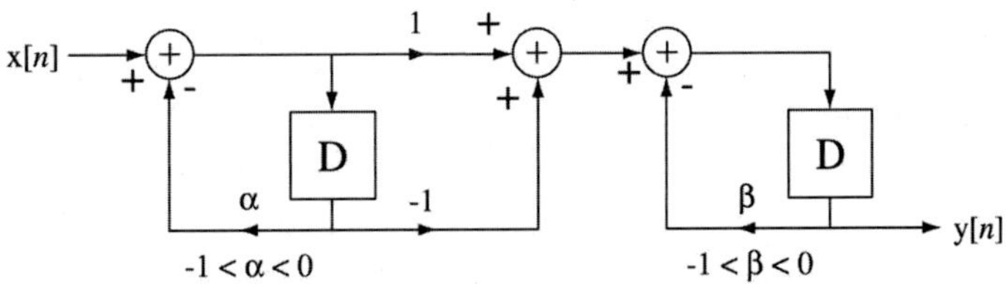

그림 11.82 대역통과 필터

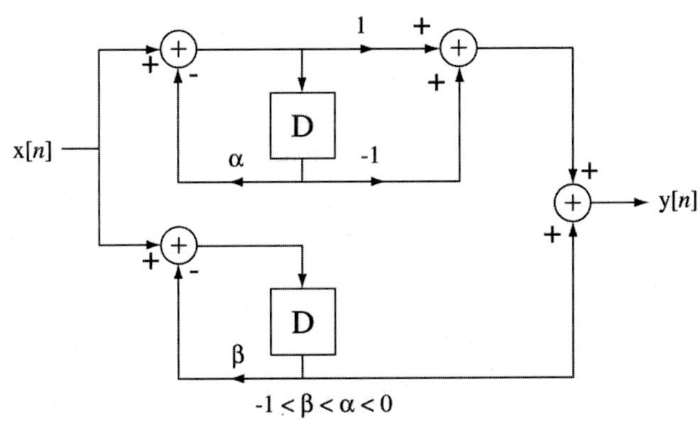

그림 11.83 대역저지 필터

대역저지 필터의 경우는 다음과 같다.

$$H(e^{j\Omega}) = \frac{2z^2 - (1-\beta-\alpha)z - \beta}{z^2 + (\alpha+\beta)z + \alpha\beta} \Rightarrow H(e^{j\Omega}) = \frac{2e^{j2\Omega} - (1-\beta-\alpha)e^{j\Omega} - \beta}{e^{j2\Omega} + (\alpha+\beta)e^{j\Omega} + \alpha\beta}, -1 < \beta < \alpha < 0$$

예제 11.7

정현파 신호에 대한 고역통과 필터의 응답

정현파 신호 $x[n] = 5\sin(2\pi n/18)$이 아래의 전달 함수를 갖는 고역통과 필터에 입력된다.

$$H(z) = \frac{z-1}{z-0.7}$$

응답 y[n]을 그려라.

필터의 주파수 응답은 $H(e^{j\Omega}) = \dfrac{e^{j\Omega}-1}{e^{j\Omega}-0.7}$이다. 여기 함수의 DTFT는 $X(e^{j\Omega}) = j5\pi[\delta_{2\pi}(\Omega+\pi/9)-\delta_{2\pi}(\Omega-\pi/9)]$이다. 응답의 DTFT는 아래와 같다.

$$Y(e^{j\Omega}) = \frac{e^{j\Omega}-1}{e^{j\Omega}-0.7} \times j5\pi[\delta_{2\pi}(\Omega+\pi/9)-\delta_{2\pi}(\Omega-\pi/9)]$$

임펄스의 등가 성질과 둘 다 두기 2π로 주기적이라는 사실을 이용하면 다음과 같다.

$$Y(e^{j\Omega}) = j5\pi\left[\delta_{2\pi}(\Omega+\pi/9)\frac{e^{-j\pi/9}-1}{e^{-j\pi/9}-0.7} - \delta_{2\pi}(\Omega-\pi/9)\frac{e^{j\pi/9}-1}{e^{j\pi/9}-0.7}\right]$$

$$Y(e^{j\Omega}) = j5\pi\left[\frac{(e^{-j\pi/9}-1)(e^{j\pi/9}-0.7)\delta_{2\pi}(\Omega+\pi/9)-(e^{j\pi/9}-1)(e^{-j\pi/9}-0.7)\delta_{2\pi}(\Omega-\pi/9)}{(e^{-j\pi/9}-0.7)(e^{j\pi/9}-0.7)}\right]$$

$$Y(e^{j\Omega}) = j5\pi\left[\frac{(1.7-e^{j\pi/9}-0.7e^{-j\pi/9})\delta_{2\pi}(\Omega+\pi/9)-(1.7-0.7e^{j\pi/9}-e^{-j\pi/9})\delta_{2\pi}(\Omega-\pi/9)}{1.49-1.4\cos(\pi/9)}\right]$$

$$Y(e^{j\Omega}) = j28.67\pi\begin{Bmatrix}1.7[\delta_{2\pi}(\Omega+\pi/9)-\delta_{2\pi}(\Omega-\pi/9)]\\ +0.7e^{j\pi/9}\delta_{2\pi}(\Omega-\pi/9)-e^{j\pi/9}\delta_{2\pi}(\Omega+\pi/9)\\ +e^{-j\pi/9}\delta_{2\pi}(\Omega-\pi/9)-0.7e^{-j\pi/9}\delta_{2\pi}(\Omega+\pi/9)\end{Bmatrix}$$

$$Y(e^{j\Omega}) = j28.67\pi\begin{Bmatrix}1.7[\delta_{2\pi}(\Omega+\pi/9)-\delta_{2\pi}(\Omega-\pi/9)]\\ +(0.7\cos(\pi/9)+j0.7\sin(\pi/9))\delta_{2\pi}(\Omega-\pi/9)\\ -(\cos(\pi/9)+j\sin(\pi/9))\delta_{2\pi}(\Omega+\pi/9)\\ +(\cos(\pi/9)-j\sin(\pi/9))\delta_{2\pi}(\Omega-\pi/9)\\ -(0.7\cos(\pi/9)-j0.7\sin(\pi/9))\delta_{2\pi}(\Omega+\pi/9)\end{Bmatrix}$$

$$Y(e^{j\Omega}) = j28.67\pi\begin{Bmatrix}1.7(1-\cos(\pi/9))[\delta_{2\pi}(\Omega+\pi/9)-\delta_{2\pi}(\Omega-\pi/9)]\\ -j0.3\sin(\pi/9)[\delta_{2\pi}(\Omega-\pi/9)+\delta_{2\pi}(\Omega+\pi/9)]\end{Bmatrix}$$

역변환하면 다음과 같다.

$$y[n] = 28.67\times1.7(1-\cos(\pi/9))\sin(2\pi n/18)+28.67\times0.3\sin(\pi/9)\cos(2\pi n/18)$$

$$y[n] = 2.939\sin(2\pi n/18)+2.9412\cos(2\pi n/18) = 4.158\sin(2\pi n/18+0.786)$$

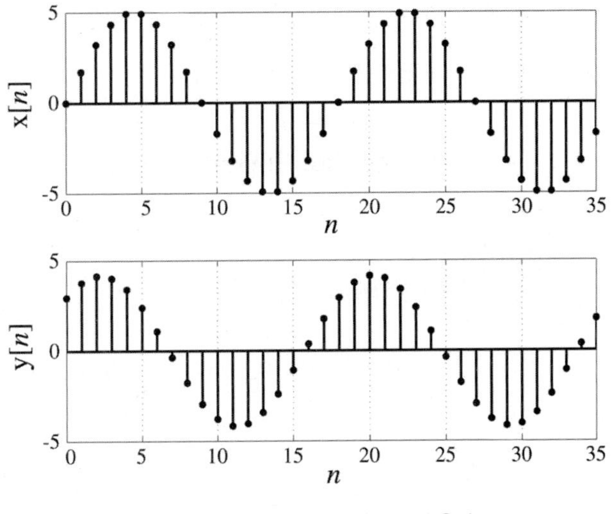

그림 11.84 고역통과 필터의 입력과 응답

예제 11.8

예제 신호에 대한 필터의 효과

〈그림 11.85〉에 나와 있는 필터에서 단위 임펄스, 단위 시퀀스, 랜덤 신호에 대하여 세 개의 출력에서 필터링 효과를 확인하라.

$$H_{LP}(e^{j\Omega}) = \frac{Y_{LP}(e^{j\Omega})}{X(e^{j\Omega})} = \frac{0.1}{1-0.9e^{-j\Omega}}$$

$$H_{HP}(e^{j\Omega}) = \frac{Y_{HP}(e^{j\Omega})}{X(e^{j\Omega})} = 0.95\frac{1-e^{-j\Omega}}{1-0.9e^{-j\Omega}}$$

$$H_{BP}(e^{j\Omega}) = \frac{Y_{BP}(e^{j\Omega})}{X(e^{j\Omega})} = 0.2\frac{1-e^{-j\Omega}}{1-1.8e^{-j\Omega}+0.81e^{-j2\Omega}}$$

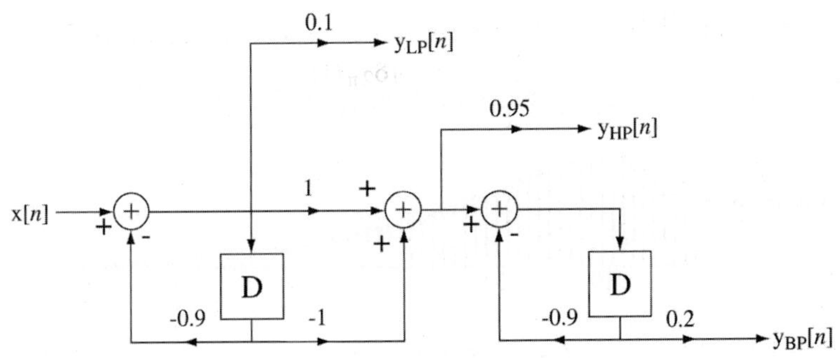

그림 11.85 저역통과, 고역통과 및 대역통과 필터의 출력을 가진 필터

〈그림 11.86〉은 고역통과 필터 임펄스 응답과 대역통과 필터 임펄스 응답의 합이 0임을 주목하라. 이는 $\Omega = 0$에서 주파수 응답이 0이기 때문이다.

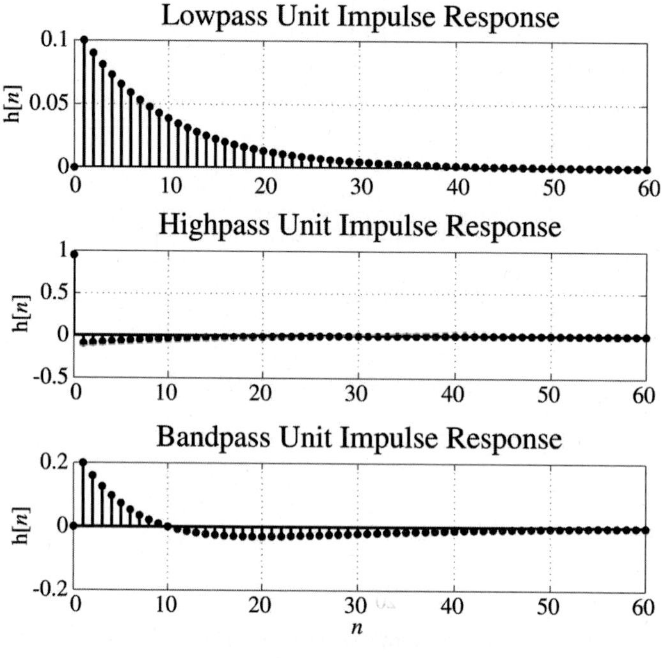

그림 11.86 세 출력에서의 임펄스 응답

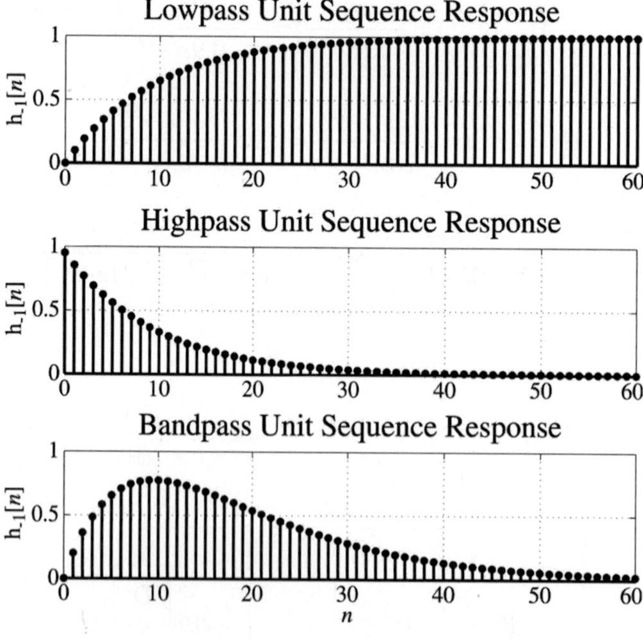

그림 11.87 세 출력에서의 단위 시퀀스 응답

단위 시퀀스에 대한 저역통과 필터의 응답〈그림 11.87〉은 0이 아닌 최종값으로 접근하는데, 이는 필터가 단위 시퀀스의 평균 값을 통과시키기 때문이다. 고역통과 및 대역통과 필터의 단위 시퀀스 응답은 둘 다 0에 접근한다. 또한 고역통과 필터의 단위 시퀀스 응답은 단위 시퀀스의 입력에 급격히 점프하지만, 저역통과 및 대역통과 필터는 훨씬 느리게 응답한다. 이는 고주파 신호의 통과를 허용하지 않는다는 것을 나타낸다.

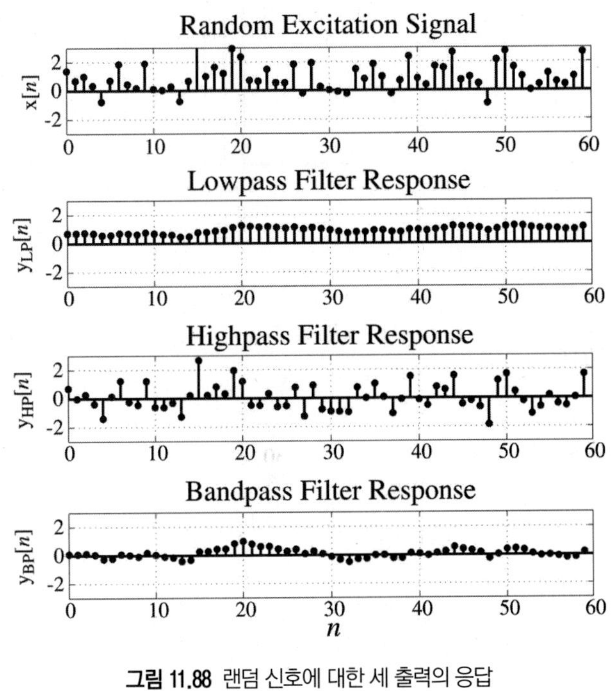

그림 11.88 랜덤 신호에 대한 세 출력의 응답

저역통과 필터 출력 신호〈그림 11.88〉은 입력 신호를 평탄하게 한 것이다. 급격히 변하는(고주파) 성분은 필터에 의하여 제거되었다. 고역통과 필터 응답의 평균 값은 0이고, 입력 신호에서 급격한 변화는 출력 신호에서 급격한 변화로 나타난다. 대역통과 필터는 신호의 평균 값을 제거하고, 신호를 어느 정도 평탄하게 하는데, 이는 필터가 극저주파와 극고주파 성분을 제거하기 때문이다.

■

이동 평균 필터

이산시간 필터의 설계와 해석에 대한 원리를 보여줄 매우 일반적인 저역통과 필터는 이동 평균 필터이다〈그림 11.89〉. 이 필터를 나타내는 차분 방정식은 다음과 같고,

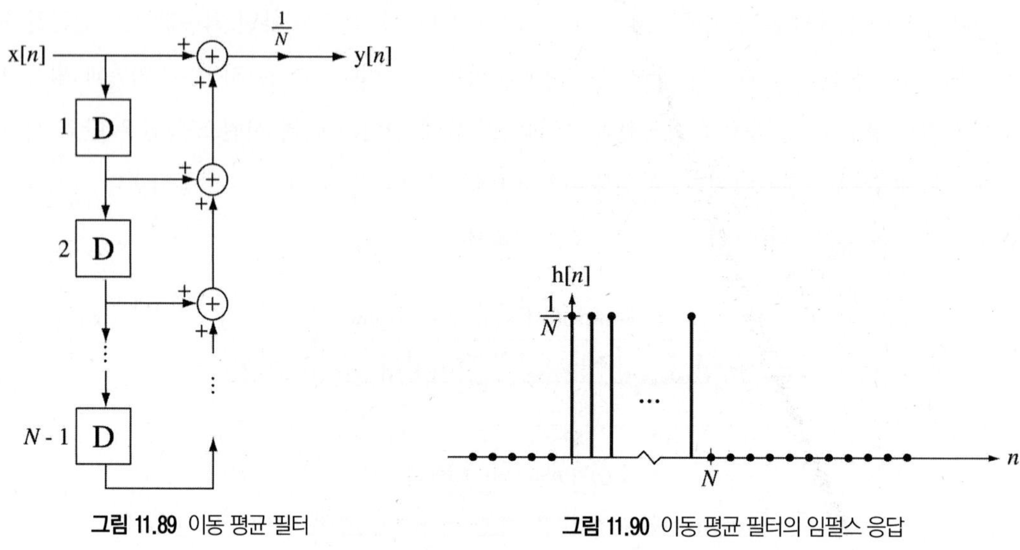

그림 11.89 이동 평균 필터

그림 11.90 이동 평균 필터의 임펄스 응답

$$y[n] = \frac{x[n] + x[n-1] + x[n-2] + \cdots + x[n-(N-1)]}{N}$$

임펄스 응답은 다음과 같다〈그림 11.90〉.

$$h[n] = (u[n] - u[n-N])/N$$

주파수 응답은 다음과 같다〈그림 11.91〉.

$$H(e^{j\Omega}) = \frac{e^{-j(N-1)\Omega/2}}{N}\frac{\sin(N\Omega/2)}{\sin(\Omega/2)} = e^{-j(N-1)\Omega/2}\,\mathrm{drcl}(\Omega/2\pi, N)$$

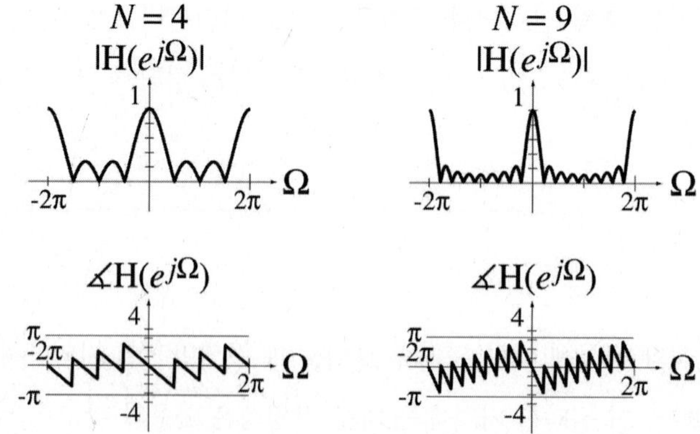

그림 11.91 두 가지 다른 평균 시간에 대한 이동 평균 필터의 주파수 응답

이 필터는 고주파 성분을 감쇠시키기 때문에 평탄화 필터라고 설명된다. 이 명칭은 저역통과 필터와 일치한다. 그러나 주파수 응답 진폭에 있는 0 값들을 보면 '다중 대역저지' 필터라고도 부를 수도 있을 것이다. 이것은 저역통과, 고역통과, 대역통과, 또는 대역저지 필터의 분류가 항상 명확한 것은 아니라는 것을 보여준다. 그러나 전통적으로 이 필터는 데이터를 평탄하게 하는 저역통과 필터로 사용되기 때문에 저역통과 필터로 분류된다.

예제 11.9

이동 평균 필터에서 펄스의 필터링

신호 $x[n] = u[n] - u[n-9]$를 다음의 필터로 필터링하라.

(a) $N = 6$인 이동 평균 필터

(b) $\alpha = 0.8$이고, $\beta = 0.5$인 〈그림 11.82〉의 대역통과 필터

MATLAB을 이용해 각 필터의 영상태 응답 $y[n]$을 그려라.

영상태 응답은 여기와 임펄스 응답의 컨벌루션이다. 이동 평균 필터의 임펄스 응답은

$$h[n] = (1/6)(u[n] - u[n-6])$$

이다. 대역통과 필터의 주파수 응답은

$$H(e^{j\Omega}) = \frac{Y(e^{j\Omega})}{X(e^{j\Omega})} = \frac{1 - e^{-j\Omega}}{1 - 1.3e^{-j\Omega} + 0.4e^{-j2\Omega}} = \frac{1}{1 - 0.8e^{-j\Omega}} \times \frac{1 - e^{-j\Omega}}{1 - 0.5e^{-j\Omega}}$$

이다. 그러므로 임펄스 응답은

$$h[n] = (0.8)^n u[n] * \{(0.5)^n u[n] - (0.5)^{n-1} u[n-1]\}$$

이다. MATLAB 프로그램에는 메인 스크립트 파일이 있는데, 이는 이산시간 컨벌루션을 실행하기 위해 함수 convD를 호출한다.

```
% Program to graph the response of a moving average filter
% and a discrete-time bandpass filter to a rectangular pulse

close all ;                           % Close all open figure windows
figure('Position',[20,20,800,600]) ;  % Open a new figure window

n = [-5:30]' ;                        % Set up a time vector for the
```

```
                                      % responses
x = uD(n) - uD(n-9) ;                 % Excitation vector

% Moving average filter response

h = uD(n) - uD(n-6) ;                 % Moving average filter impulse
                                      % response
[y,n] = convDT(x,n,h,n,n) ;           % Response of moving average
                                      % filter

% Graph the response

subplot(2,1,1) ; p = stem(n,y,'k','filled') ;
set(p,'LineWidth',2,'MarkerSize',4) ; grid on ;
xlabel('\itn','FontName','Times','FontSize',18) ;
ylabel('y[{\itn}]','FontName','Times','FontSize',18) ;
title('Moving-Average Filter','FontName','Times','FontSize',24) ;

% Bandpass filter response

% Find bandpass filter impulse response

h1 = 0.8.^n.*uD(n) ; h2 = 0.5.^n.*uD(n) - 0.5.^(n-1).*uD(n-1) ;
[h,n] = convD(h1,n,h2,n,n) ;

[y,n] = convD(x,n,h,n,n) ;      % Response of bandpass filter

% Graph the response

subplot(2,1,2) ; p = stem(n,y,'k','filled') ; set(p,'LineWidth',2,'
MarkerSize',4) ; grid on ;
xlabel('\itn','FontName','Times','FontSize',18) ;
ylabel('y[{\itn}]','FontName','Times','FontSize',18) ;
title('Bandpass Filter','FontName','Times','FontSize',24) ;

%  Function to perform a discrete-time convolution on two signals
%  and return their convolution at specified discrete times. The two
%  signals are in column vectors, x1 and x2, and their times
%  are in column vectors, n1 and n2. The discrete times at which
%  the convolution is desired are in the column, n12. The
%  returned convolution is in column vector, x12, and its
%  time is in column vector, n12. If n12 is not included
%  in the function call it is generated in the function as the
%  total time determined by the individual time vectors
%
%  [x12,n12] = convD(x1,n1,x2,n2,n12)

function [x12,n12] = convD(x1,n1,x2,n2,n12)

% Convolve the two vectors using the MATLAB conv command
   xtmp = conv(x1,x2) ;

% Set a temporary vector of times for the convolution
% based on the input time vectors
```

```
   ntmp = n1(1) + n2(1) + [0:length(n1)+length(n2)-2]' ;
% Set the first and last times in temporary vector
   nmin = ntmp(1) ; nmax = ntmp(length(ntmp)) ;
   if nargin < 5, % If no input time vector is specified use ntmp
            x12 = xtmp ; n12 = ntmp ;
   else
%        If an input time vector is specified, compute the
%        convolution at those times
         x12 = 0*n12 ; % Initialize output convolution to zero
%        Find the indices of the desired times which are between
%        the minimum and maximum of the temporary time vector
         I12intmp = find(n12 >= nmin & n12 <= nmax) ;
%        Translate them to the indices in the temporary time vector
         Itmp = (n12(I12intmp) - nmin) + 1 ;
%        Replace the convolution values for those times
%        in the desired time vector
         x12(I12intmp) = xtmp(Itmp) ;
   end
```

만들어진 그림은 〈그림 11.92〉와 같다.

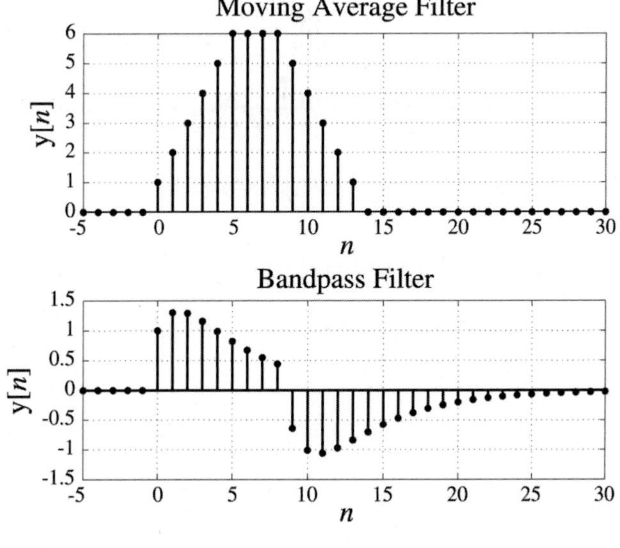

그림 11.92 두 필터의 응답

거의 이상적인 저역통과 필터

이상적인 저역통과 필터의 주파수 영역 성능에 근접하려면 이상적인 주파수 응답의 역 DTFT에 근사하게 접근하는 임펄스 응답의 이산시간 필터를 설계해야 한다. 앞에서 이상적인 저역통과 필터는 비인과성이고, 물리적으로 구현할 수 없다는 것을 설명한 바가 있다. 그러나 근사하게 접근할 수는 있다. 이상적인 저역통과 필터의 임펄스 응답은 〈그림 11.93〉에 나타냈다.

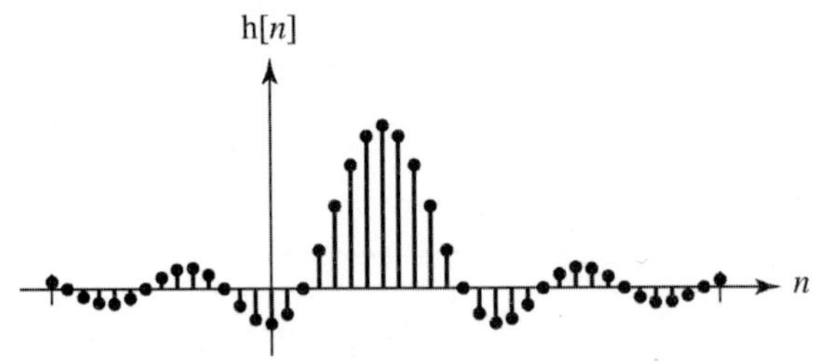

그림 11.93 이상적인 이산시간 저역통과 필터의 임펄스 응답

이 필터의 물리적 구현에서의 문제는 $n = 0$ 이전에 발생하는 임펄스 응답 부분이다. 만약 임펄스 응답을 많이 지연시켜 놓는다면, $n = 0$ 이전에 발생하는 임펄스 응답의 신호 에너지는 매우 작아질 것이고 이를 잘라낼 수 있을 것이며, 이상적인 주파수 응답에 근접하게 접근할 것이다〈그림 11.94, 그림 11.95〉.

그림 11.94 거의 이상적인 이산시간 저역통과 필터의 임펄스 응답

저지대역의 진폭 응답은 〈그림 11.95〉처럼 선형 스케일로 그려지면 너무 작아서 그 형태를 알아볼 수가 없다. 이런 경우에 로그 진폭의 그림은 저지대역에서 얼마나 실제 감쇠가 있는지를 볼 수 있게 해준다〈그림 11.96〉.

이 필터는 매우 우수한 저역통과 필터 진폭 응답을 갖지만 대가를 지불하게 된다. 응답할 때까지 기다려야 한다. 필터가 이상적으로 될수록 임펄스 응답에서 시간지연이 더 커진다. 임펄스 응답에서 시간지연과 주파수 응답의 위상 이동은 명확하다. 이상에 접근하는 필터에는 긴 지연이 필요하다는 사실은 고역통과, 대역통과 및 대역저지 필터에서도 성립되며, 연속시

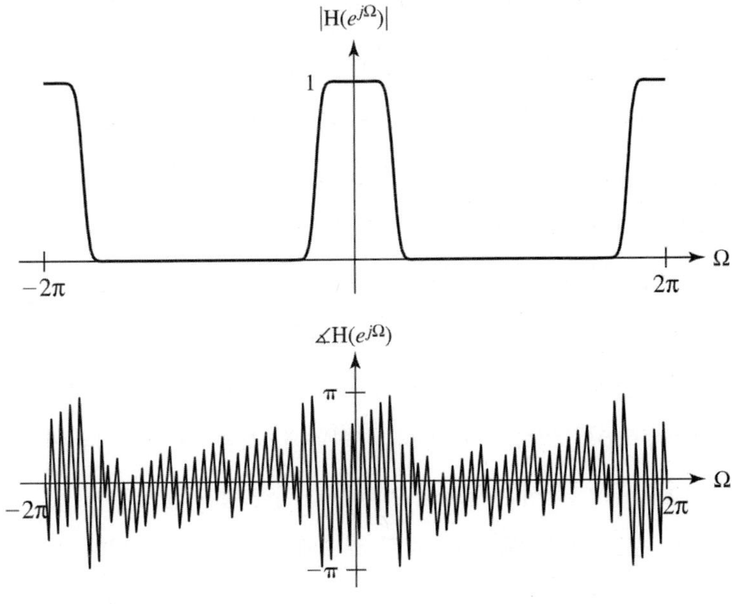

그림 11.95 거의 이상적인 이산시간 저역통과 필터의 주파수 응답

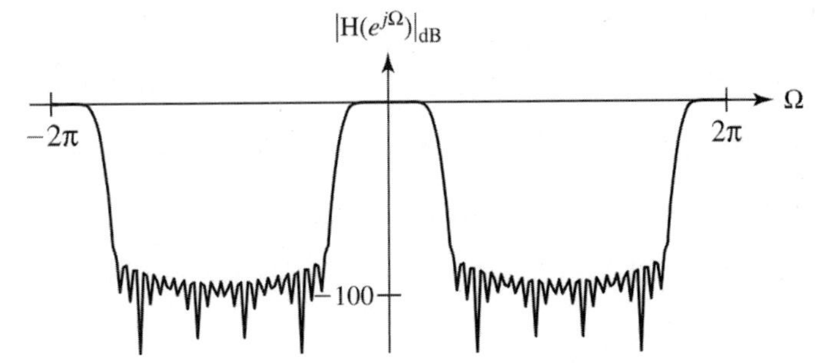

그림 11.96 dB 스케일로 그려진 거의 이상적인 이산시간 저역통과 필터의 주파수 응답

간 필터와 이산시간 필터 둘 다에서도 성립된다. 두 개의 밀접하게 위치한 주파수 사이를 구분하여 하나는 통과시키고 다른 하나는 저지시킬 수 있도록 설계된 필터는 둘을 구분할 수 있기 위해 오랜 시간 둘을 '관찰'해야 하는 것이다. 주파수에서 더 근접해 있을수록 필터는 구분하기 위해 그들을 더 오래 관찰해야 하는 것이다. 이것이 이상적 필터에 접근하는 필터 응답에서 오랜 시간 지연이 필요한 근본적 이유이다.

연속시간 필터와 비교되는 장점

왜 연속시간 필터 대신에 이산시간 필터를 사용하고자 하는지 궁금할 수 있다. 몇 가지 이유가 있다. 이산시간 필터는 지연 소자, 곱셈기 및 덧셈기 등의 세 가지 기본 소자로 구성된다. 이들은 디지털 소자로 구현될 수 있다. 동작 범위 내에서 사용하면 항상 정확히 같은 동작을 한다. 이러한 정확한 동작은 연속시간 필터를 구성하는 저항 및 커패시터와 같은 소자에서는 기대할 수 없다. 어떤 저항 값의 저항은 이상적인 조건에서조차도 정확한 값을 가질 수 없다. 그리고 어떤 시간에 정확한 값을 내더라도 온도나 환경적인 영향에 의하여 바뀔 수 있다. 커패시터, 인덕터, 트랜지스터 등에서도 마찬가지이다. 따라서 이산시간 필터는 연속시간 필터보다 더 안정적이고, 재현성이 뛰어나다.

연속시간 필터는 극저주파에서는 구현하기가 매우 어렵다. 그 이유는 소자 크기가 크게 되기 때문이며, 예를 들어 매우 큰 커패시터가 필요할 수 있다. 또한 극저주파에서 소자에 대한 열 표류(thermal drift)의 영향은 큰 문제가 되는데, 같은 주파수 범위에서 신호의 변화를 구별할 수 없기 때문이다. 이산시간 필터는 이러한 문제를 갖지 않는다.

이산시간 필터는 프로그램 가능한 디지털 하드웨어로 종종 구현된다. 이는 이러한 유형의 이산시간 필터는 하드웨어를 바꾸지 않고, 다른 기능을 수행하도록 재프로그램될 수 있다는 것을 의미한다. 연속시간 필터에는 이러한 유연성이 없다. 또한 어떤 이산시간 필터는 계산적으로 너무 복잡해서 연속시간 필터로는 실제 구현하기가 어려울 수 있다.

이산시간 신호는 자기 디스크, 테이프 또는 CD-ROM에서 큰 열화 없이 오랫동안 저장될 수 있다. 연속시간 신호는 아날로그 자기 테이프에 저장될 수 있지만, 시간이 지나면 신호가 열화된다.

이산시간 신호들의 시간다중화(time-multiplexing)에 의하여 한 필터로 동시에 다중 신호를 필터링할 수 있다. 연속시간 필터는 입력 신호가 항상 현재에 입력되어야 하기 때문에 그렇게 할 수 없다.

11.5 요약

1. LTI 시스템의 주파수 응답과 임펄스 응답은 푸리에 변환을 통해 관련되어 있다.
2. 주파수 영역에서 시스템을 특성화하면 신호를 처리하는 시스템에 대해 일반화된 설계 절차를 적용할 수 있다.
3. 이상적인 필터는 통과대역 내에서 무왜곡이다.
4. 이상적인 필터는 비인과성이므로 구현될 수 없다.
5. 필터링 기술은 신호뿐만 아니라 영상에도 적용될 수 있다.
6. 실제적인 이산시간 필터는 단지 증폭기, 덧셈기 및 지연기를 이용하여 이산시간 시스템으로 구현될 수 있다.

7. 연속시간 필터에 적용되는 모든 아이디어는 이산시간 필터에 유사하게 적용된다.

8. 이산시간 필터는 연속시간 필터에 비해 몇 가지 장점이 있다.

해답이 있는 연습문제

(각 연습문제의 해답은 무작위로 나열했다.)

연속시간 주파수 응답

1. 한 시스템은 다음의 임펄스 응답을 갖고,

$$h_1(t) = 3e^{-10t}\,u(t)$$

다른 시스템의 임펄스 응답은 다음과 같다.

$$h_2(t) = \delta(t) - 3e^{-10t}\,u(t)$$

(a) 이 두 시스템을 병렬로 연결한 경우 주파수 응답의 진폭과 위상을 그려라.

(b) 이 두 시스템을 직렬로 연결한 경우 주파수 응답의 진폭과 위상을 그려라.

해답 :

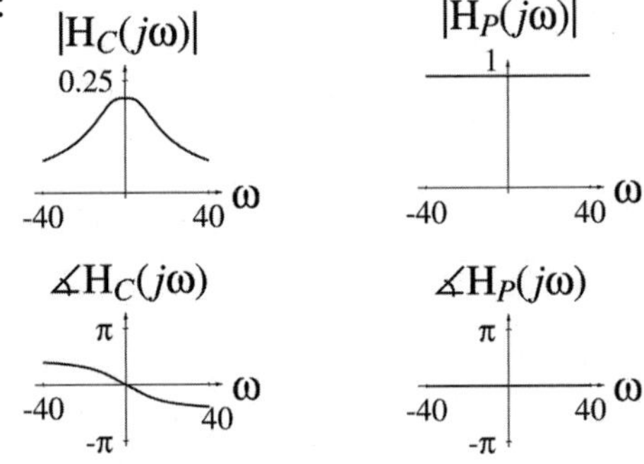

연속시간 이상적인 필터

2. 〈그림 E.2〉에 있는 주파수 응답을 저역통과, 고역통과, 대역통과, 대역저지로 분류하라.

(a)

|H(f)|
1
-10
10
f

(b)

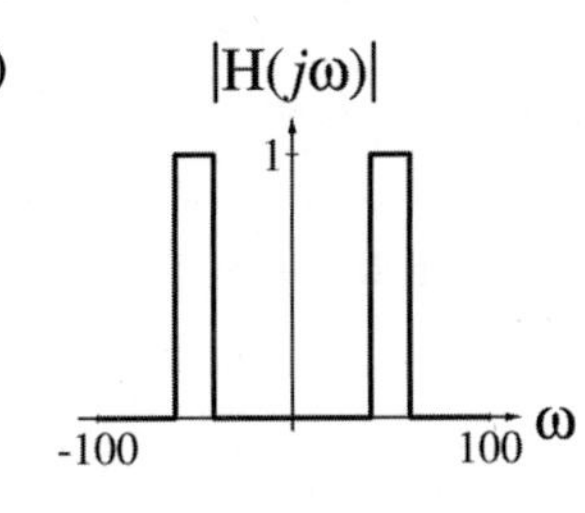

(c) $\mathrm{H}(f) = 1 - \mathrm{rect}\left(\dfrac{|f| - 100}{10}\right)$

그림 E.2

해답 : 저역통과, 대역통과, 대역저지

3. 어떤 시스템이 임펄스 응답 $\mathrm{h}(t) = 10\,\mathrm{rect}\left(\dfrac{t-0.01}{0.02}\right)$을 갖는다. 널 대역폭을 구하라.

해답 : 50

4. 〈그림 E.4〉는 입력 신호 x와 출력 신호 y의 쌍을 나타낸 것이다. 각 쌍에 대해 필터의 종류, 즉 저역통과, 고역통과, 대역통과 또는 대역저지 필터를 구분하라.

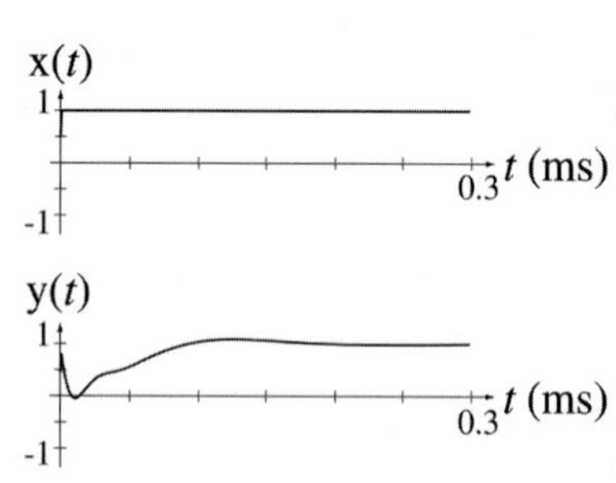

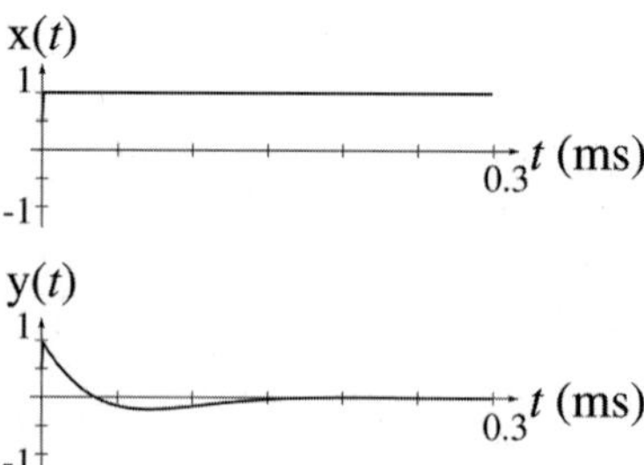

그림 E.4

해답 : 고역통과, 대역저지

연속시간 인과성

5. 다음의 주파수 응답을 갖는 시스템이 인과성 여부를 결정하라.

(a) $\mathrm{H}(f) = \mathrm{sinc}(f)$ (b) $\mathrm{H}(f) = \mathrm{sinc}(f)e^{-j\pi f}$

(c) $\mathrm{H}(j\omega) = \mathrm{rect}(\omega)$ (d) $\mathrm{H}(j\omega) = \mathrm{rect}(\omega)e^{-j\omega}$

(e) $\mathrm{H}(f) = A$ (f) $\mathrm{H}(f) = Ae^{j2\pi f}$

해답 : 2개는 인과성, 4개는 비인과성

로그 그래프와 보드 선도

6. 아래의 주파수 응답을 갖는 시스템의 진폭 주파수 응답을, 선형 진폭과 로그 진폭 스케일 둘 다를 주어진 주파수 범위에 걸쳐서 그려라.

(a) $\mathrm{H}(f) = \dfrac{20}{20 - 4\pi^2 f^2 + j42\pi f}, \; -100 < f < 100$

(b) $\mathrm{H}(j\omega) = \dfrac{2\times 10^5}{(100 + j\omega)(1700 - \omega^2 + j20\omega)}, \; -500 < \omega < 500$

해답 :

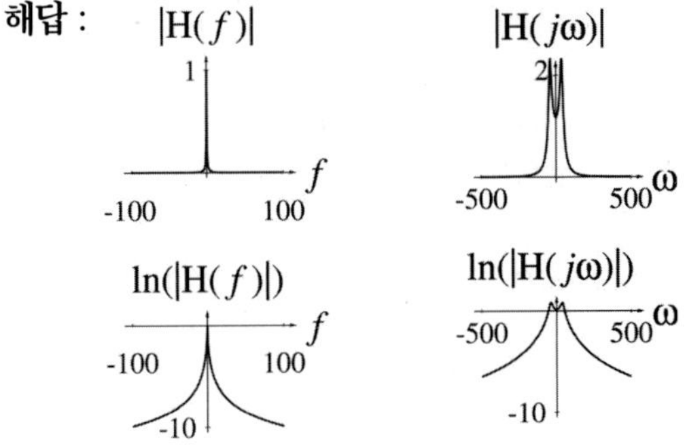

7. 다음 회로와 시스템의 주파수 응답에 대해 진폭과 위상의 점근선 보드 선도와 정확한 보드 선도를 그려라.

   (a) An RC lowpass filter with $R = 1\ \text{M}\Omega$ and $C = 0.1\ \mu\text{F}$

   (b)

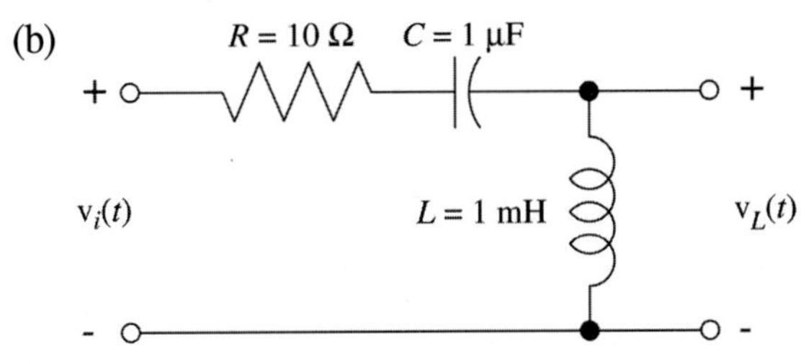

해답 :

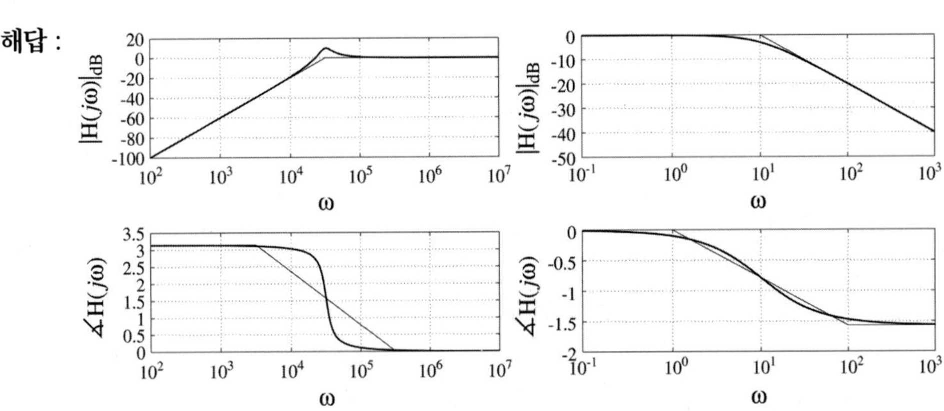

연속시간 실제 수동 필터

8. 입력과 응답이 다음과 같이 주어질 때 〈그림 E.8〉의 각 회로의 주파수 응답을 구하고 그려라.

(a) 입력 $v_i(t)$ – 응답 $v_L(t)$

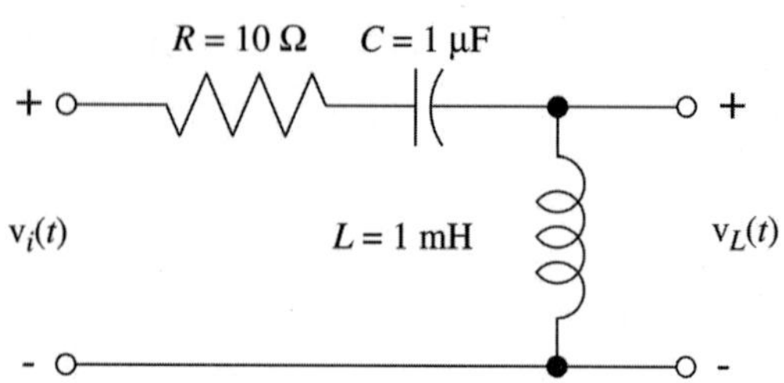

(b) 입력 $v_i(t)$ – 응답 $i_C(t)$

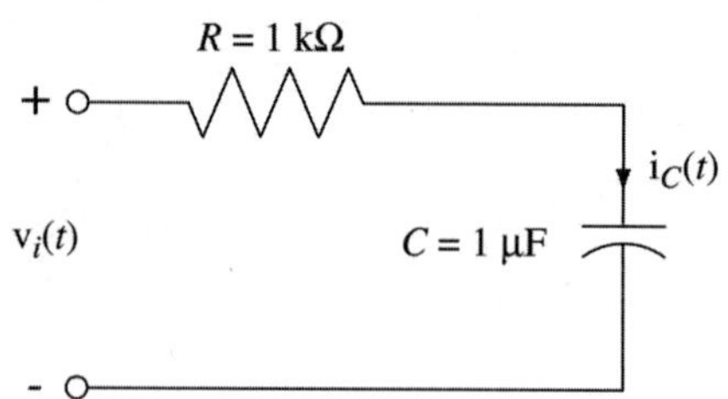

(c) 입력 $v_i(t)$ – 응답 $v_R(t)$

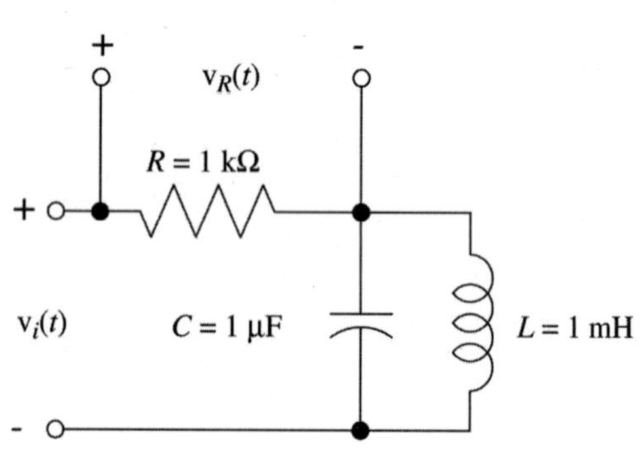

(d) 입력 $i_i(t)$ – 응답 $v_R(t)$

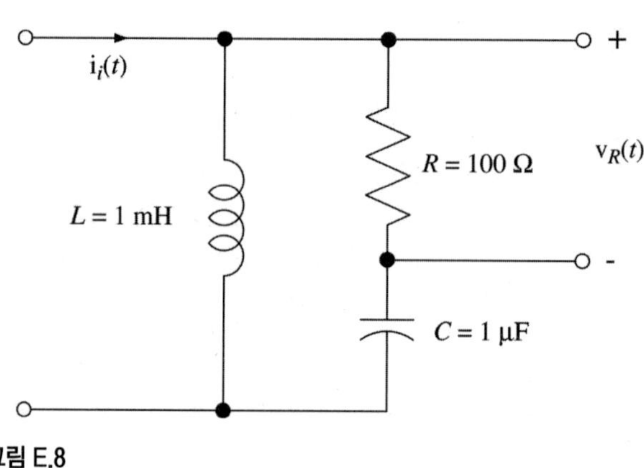

그림 E.8

해답 :

9. 〈그림 E.9〉의 회로는 전압 $v_i(t)$로 입력되고, 응답은 전압 $v_o(t)$이다. 소자 값이 $R = 50\ \Omega$, $L = 100\ \text{mH}$, $C = 5\ \mu\text{F}$이다.

(a) 이 실제 수동 필터는 어떤 이상적인 필터를 근사화한 것인가?

(b) 주파수 응답 $H(f) = \dfrac{V_o(f)}{V_i(f)}$에 대한 표현식을 구하라.

(c) $H(f)$의 최대 진폭이 나타나는 주파수 값 f_{max}를 구하라. 그 주파수에서 $H(f)$의 위상은 얼마인가?

(d) 0 Hz, 100 Hz, 그리고 무한대에 가까운 주파수에서 주파수 응답의 진폭 값을 구하라.

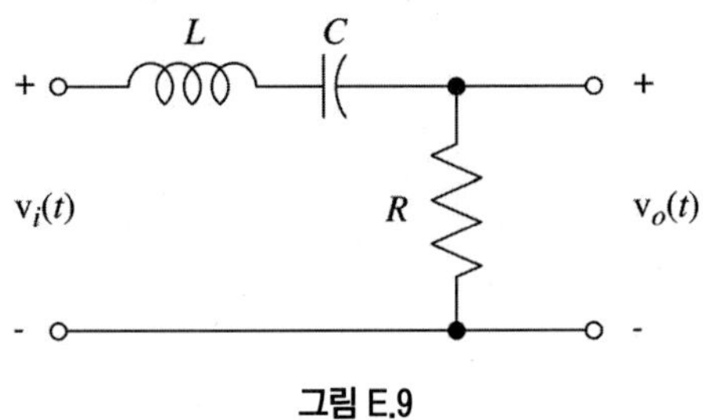

그림 E.9

해답 : 0, 0, 0, 0.192, 대역통과, 225

10. 〈그림 E.10〉의 각 회로에 대해 주파수 응답은 $H(f) = \dfrac{V_o(f)}{V_i(f)}$이다. 어떤 회로가 다음의 특성을 갖는가?

(a) $f = 0$에서 0의 주파수 응답

(b) $f \to +\infty$에서 0의 주파수 응답

(c) $f = 0$에서 1의 주파수 응답 진폭

(d) $f \to +\infty$에서 1의 주파수 응답 진폭

(e) $0 < f < \infty$(유한의 0 아닌 주파수) 범위에서 0 아닌 주파수 응답 진폭과 0인 위상

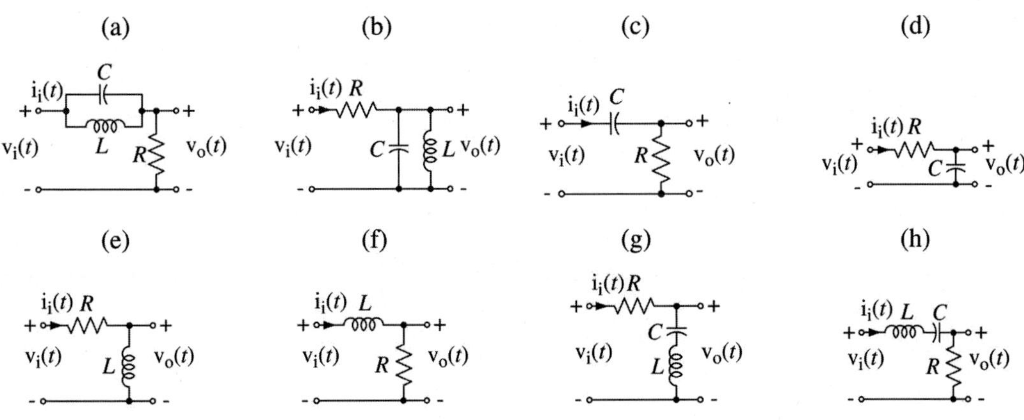

그림 E.10

11. 다음의 주파수 응답을 저역통과, 고역통과, 또는 대역저지로 분류하라.

(a) $H(f) = \dfrac{1}{1 + jf}$

(b) $H(f) = \dfrac{jf}{1 + jf}$

(c) $H(j\omega) = -\dfrac{j10\omega}{100 - \omega^2 + j10\omega}$

해답 : 저역통과, 대역통과, 고역통과

12. 〈그림 E.12〉의 각 회로를 주파수 응답 $H(j\omega) = \dfrac{V_o(j\omega)}{V_i(j\omega)}$ 의 진폭 점근선 보드 선도와 대응시키라.

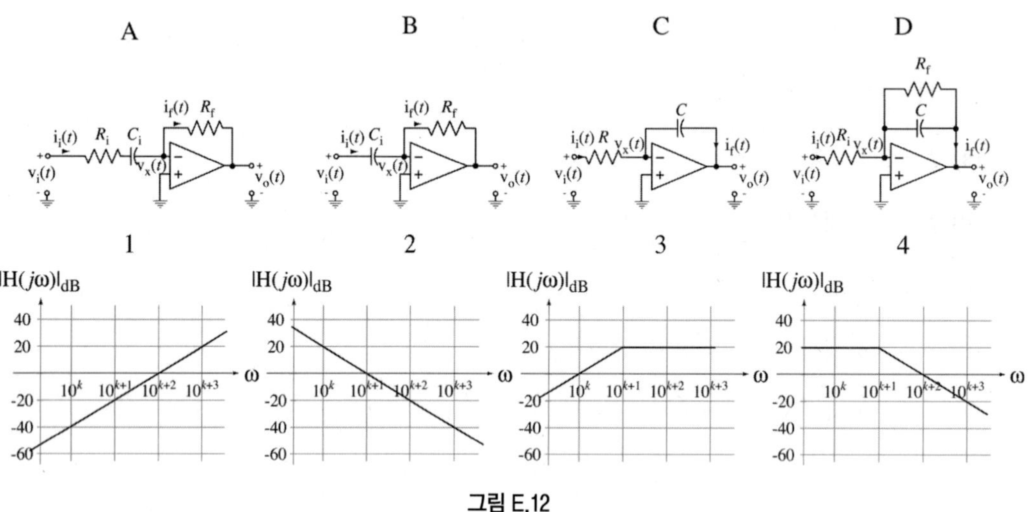

그림 E.12

해답 : A-3, B-1, C-2, D-4

연속시간 실제 능동 필터

13. 〈그림 E.13〉의 각 능동 필터의 주파수 응답 $H(f) = \dfrac{V_o(f)}{V_i(f)}$을 구하고, 회로가 저역통과, 고역통과, 대역통과 또는 대역저지 필터인지 분류하라.

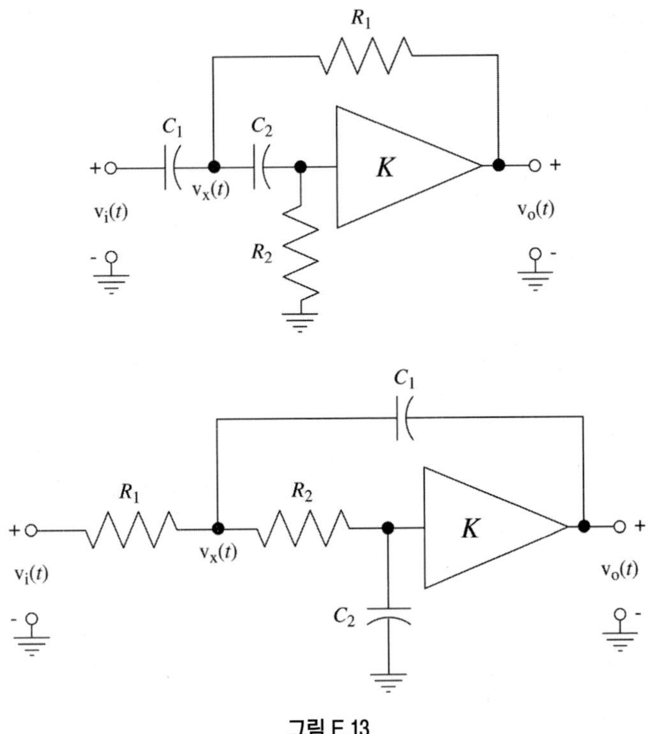

그림 E.13

해답 : 고역통과 및 저역통과 필터

14. 〈그림 E.14〉의 시스템이 고역통과 주파수 응답을 갖는다는 것을 보여라.

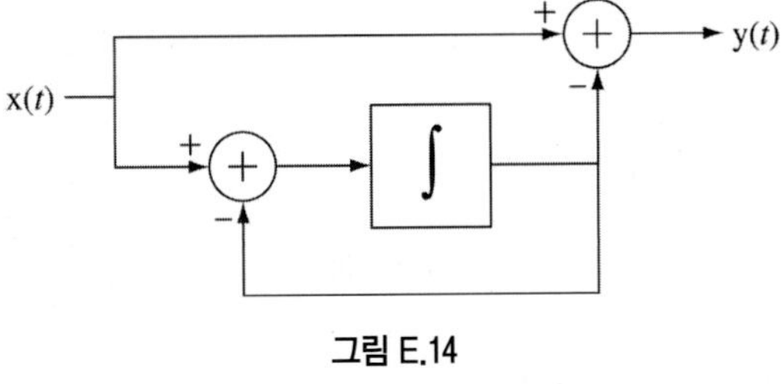

그림 E.14

해답 : $\mathrm{H}(j\omega)=\dfrac{\mathrm{Y}(j\omega)}{\mathrm{X}(j\omega)}=\dfrac{j\omega}{j\omega+1}$

15. 두 적분기를 기능 블록으로 이용해 대역통과 주파수 응답을 갖는 시스템의 블록선도를 그려라. 또한 주파수 응답을 구하고, 이 필터가 대역통과 필터인지 확인하라.

해답 :

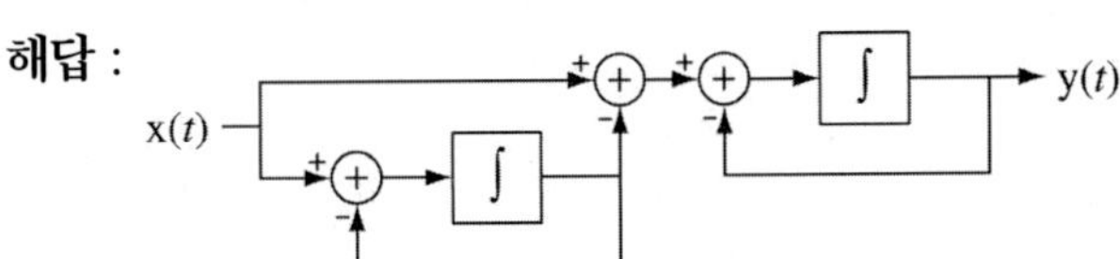

이산시간 주파수 응답

16. 시스템이 다음과 같은 임펄스 응답을 갖는다.

$$h[n] = (7/8)^n \, u[n]$$

반전력 대역폭은 얼마인가?

해답 : 0.1337 radians

17. 다음의 각 주파수 응답을 저역통과 필터, 고역통과 필터, 대역통과 필터, 또는 대역저지 필터로 분류하라.

(a) $H(e^{j\Omega}) = \dfrac{\sin(3\Omega/2)}{\sin(\Omega/2)}$ (b) $H(e^{j\Omega}) = j[\sin(\Omega) + \sin(2\Omega)]$

해답 : 저역통과 필터, 대역통과 필터

18. 〈그림 E.18〉은 여기 x와 응답 y의 쌍이다. 각 쌍에 대해 저역통과 필터, 고역통과 필터, 대역통과 필터 또는 대역저지 필터인지 분류하라.

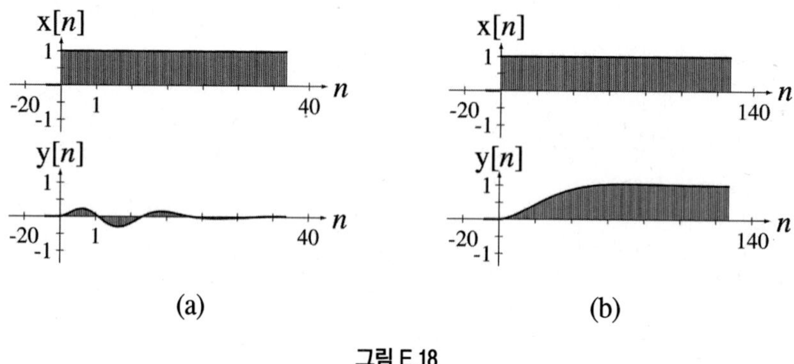

그림 E.18

해답 : 대역통과 필터, 저역통과 필터

이산시간 이상적인 필터

19. 〈그림 E.19〉에 나와 있는 주파수 응답이 저역통과 필터, 고역통과 필터, 대역통과 필터 또는 대역저지 필터의 주파수 응답인지 분류하라.

(a)

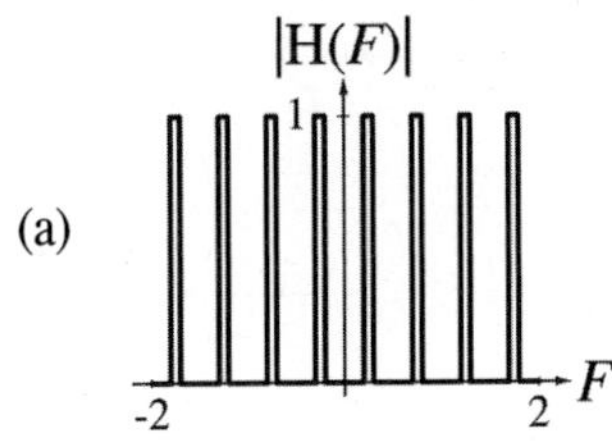

(b)

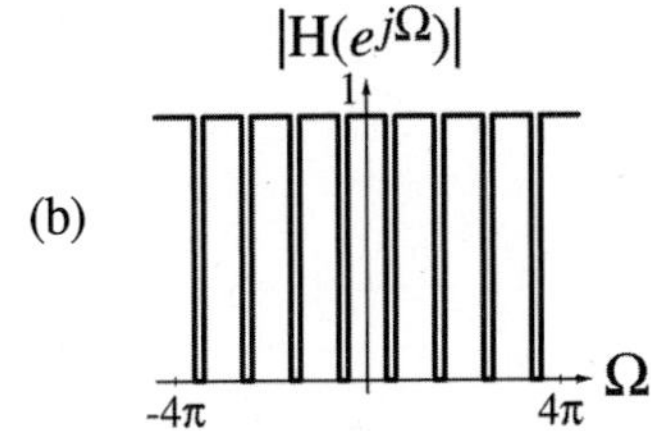

(c)

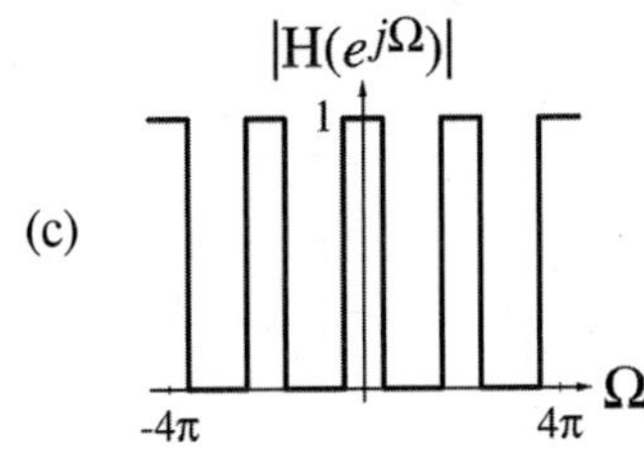

(d)

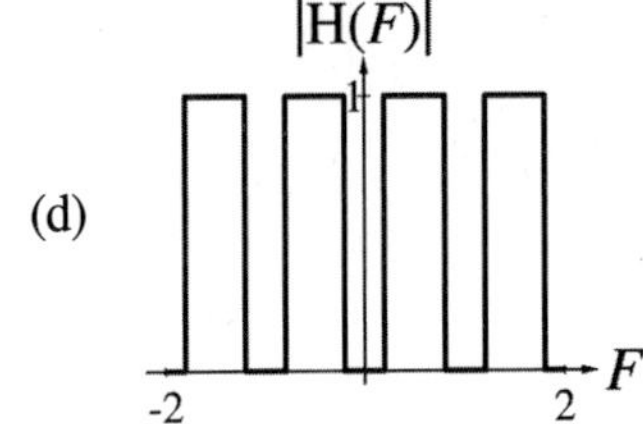

그림 E.19

해답 : 각 유형 중 하나

20. 아래의 주파수 응답을 저역통과 필터, 고역통과 필터, 대역통과 필터, 또는 대역저지 필터로 분류하라.

(a) $\mathrm{H}(F) = \mathrm{rect}(10F) * \delta_1(F)$
(b) $\mathrm{H}(e^{j\Omega}) = [\mathrm{rect}(20\pi(\Omega - \pi/4)) + \mathrm{rect}(20\pi(\Omega + \pi/4))] * \delta_1(\Omega/2\pi)$

해답 : 대역통과 필터, 저역통과 필터

이산시간 인과성

21. 아래 주파수 응답의 시스템이 인과성을 갖는지를 결정하라.

(a) $\mathrm{H}(e^{j\Omega}) = \dfrac{\sin(7\Omega/2)}{\sin(\Omega/2)}$

(b) $\mathrm{H}(e^{j\Omega}) = \dfrac{\sin(7\Omega/2)}{\sin(\Omega/2)} e^{-j\Omega}$

(c) $\mathrm{H}(e^{j\Omega}) = \dfrac{\sin(3\Omega/2)}{\sin(\Omega/2)} e^{-j\Omega}$

(d) $\mathrm{H}(e^{j\Omega}) = \mathrm{rect}(5\Omega/\pi) * \delta_{2\pi}(\Omega)$

해답 : 인과성 1개, 비인과성 3개

이산시간 실제적인 필터

22. 〈그림 E.22〉의 각 필터에 대해 $-2\pi < \Omega < 2\pi$ 범위에서 주파수 응답 $\mathrm{H}(e^{j\Omega}) = \dfrac{\mathrm{Y}(e^{j\Omega})}{\mathrm{X}(e^{j\Omega})}$을 구하고 그려라.

(a)

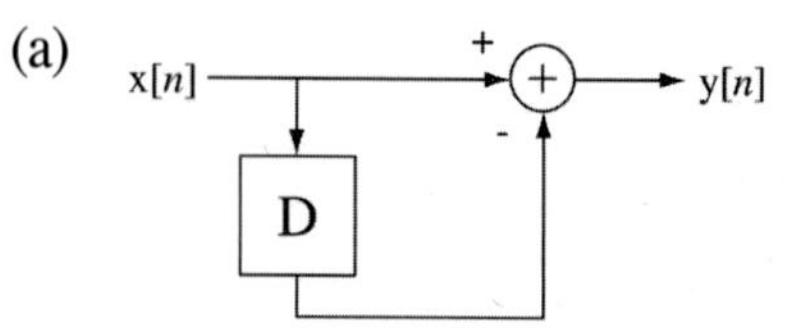

(b)

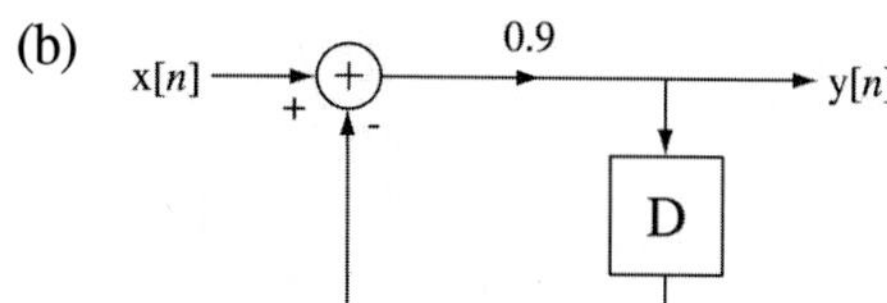

(c)

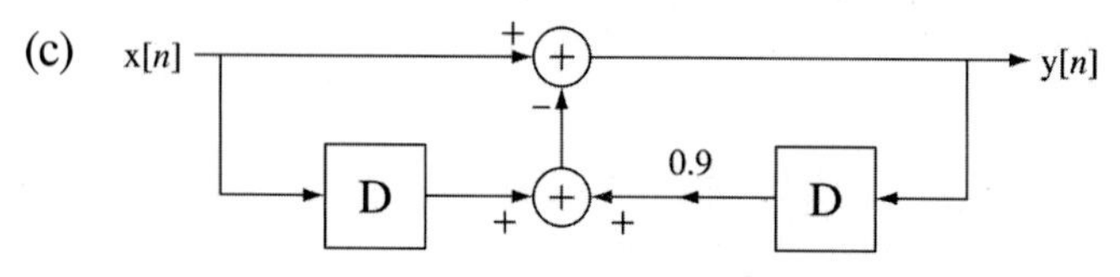

(d)

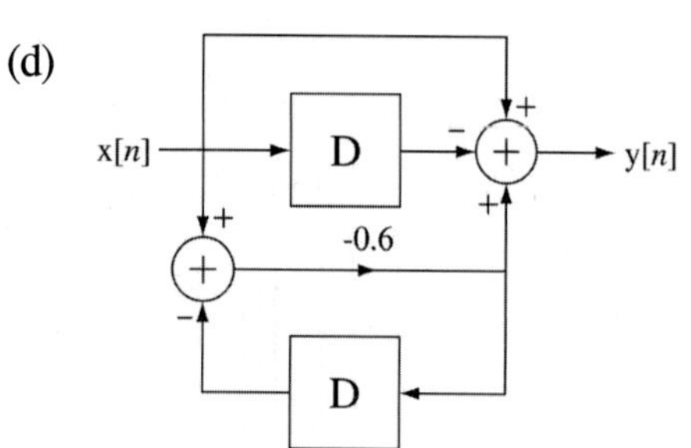

그림 E.22

해답 :

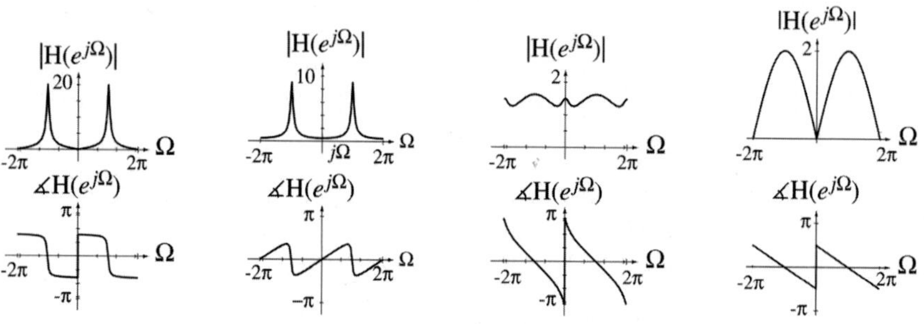

23. $N = 3$인 이동 평균 필터의 최소 저지대역 감쇠를 구하라. 저지대역은 $\Omega_C < \Omega < \pi$ 주파수 범위로서 정의하라. 여기서 Ω_c는 주파수 응답에서 처음 0인 주파수이다.

해답 : 9.54 dB 감쇠

해답이 없는 연습문제

연속시간 주파수 응답

24. 인과성을 갖는 필터의 문제는 항상 입력 신호가 지연되어 필터의 출력으로 나오는 것이다. 이러한 문제는 필터가 실시간으로 동작할 때는 제거할 수 없지만, 신호를 나중에 필터링하려고 저장하면 지연 효과(lag effect)를 간단히 제거하는 방법이 있는데, 이는 신호를 필터링하고, 응답을 저장하고, 저장된 응답을 동일한 필터로 필터링하는데, 신호를 시스템에 역방향으로 돌리면 된다. 필터가 단일 극점 필터로서 다음과 같은 주파수 응답을 갖는다고 가정하자.

$$H(j\omega) = \frac{1}{1 + j\omega/\omega_c}$$

여기서, ω_c는 필터의 차단 주파수(반전력 주파수)이다.

(a) 신호를 순방향 및 역방향으로 필터링하는 전체 과정의 유효 주파수 응답을 구하라.

(b) 유효 임펄스 응답을 구하라.

연속시간 이상적인 필터

25. 신호 $x(t)$가 다음과 같다.

$$x(t) = \text{rect}(1000t) * \delta_{0.002}(t)$$

(a) 만약 $x(t)$가 차단 주파수가 3kHz인 이상적인 저역통과 필터에 입력된다면, 입력 신호 $x(t)$와 출력 신호 $y(t)$를 동일한 스케일로 그리고 비교하라.

(b) 만약 $x(t)$가 저역 차단 주파수가 1kHz이고, 고역 차단 주파수가 5kHz인 이상적인 대역통과 필터에 입력된다면, 입력 신호 $x(t)$와 출력 신호 $y(t)$를 동일한 스케일로 그리고 비교하라.

연속시간 인과성

26. 다음의 주파수 응답을 갖는 시스템이 인과성이 있는지 결정하라.

(a) $H(j\omega) = \dfrac{2}{j\omega}$

(b) $H(j\omega) = \dfrac{10}{6 + j4\omega}$

(c) $H(j\omega) = \dfrac{4}{25 - \omega^2 + j6\omega}$

(d) $H(j\omega) = \dfrac{4}{25 - \omega^2 + j6\omega} e^{j\omega}$

(e) $H(j\omega) = \dfrac{4}{25 - \omega^2 + j6\omega} e^{-j\omega}$

(f) $H(j\omega) = \dfrac{j\omega + 9}{45 - \omega^2 + j6\omega}$

(g) $H(j\omega) = \dfrac{49}{49 + \omega^2}$

보드 선도

27. 〈그림 E.27〉의 회로와 시스템의 주파수 응답에 대해 점근선과 정확한 진폭과 위상 보드 선도를 그려라.

(a)

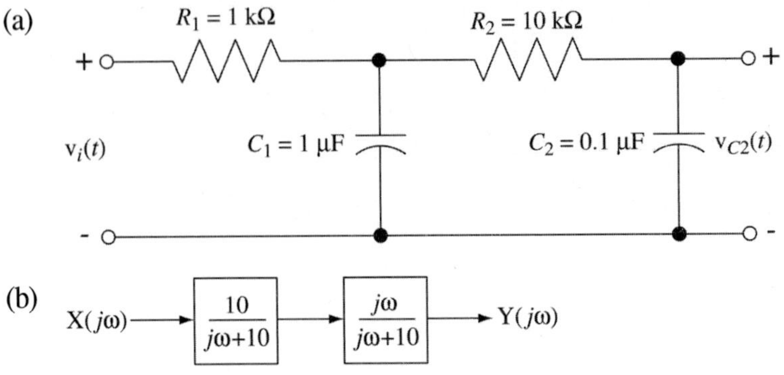

(b) $X(j\omega) \rightarrow \boxed{\dfrac{10}{j\omega+10}} \rightarrow \boxed{\dfrac{j\omega}{j\omega+10}} \rightarrow Y(j\omega)$

(c) 주파수 응답이 $H(j\omega) = \dfrac{j20\omega}{10{,}000 - \omega^2 + j20\omega}$인 시스템

그림 E.27

28. LTI 시스템이 주파수 응답 $H(j\omega) = \dfrac{j3\omega - \omega^2}{1000 - 10\omega^2 + j250\omega}$을 갖는다.

(a) 이 주파수 응답의 진폭 보드 선도에서 모든 코너 주파수(radians/s)를 구하라.

(b) 극 저주파와 극 고주파에서 진폭 보드 선도의 기울기를 dB/디케이드 단위로 구하라.

연속시간 실제적인 수동 필터

29. 〈그림 E.29〉와 같은 인과성의 구형파 전압 신호가 다섯 개의 실제적인 수동 필터 (a)~(e)에 인가된다. 다섯 개 필터의 응답은 그림에서 랜덤하게 나타냈다. 필터와 응답을 대응시키라.

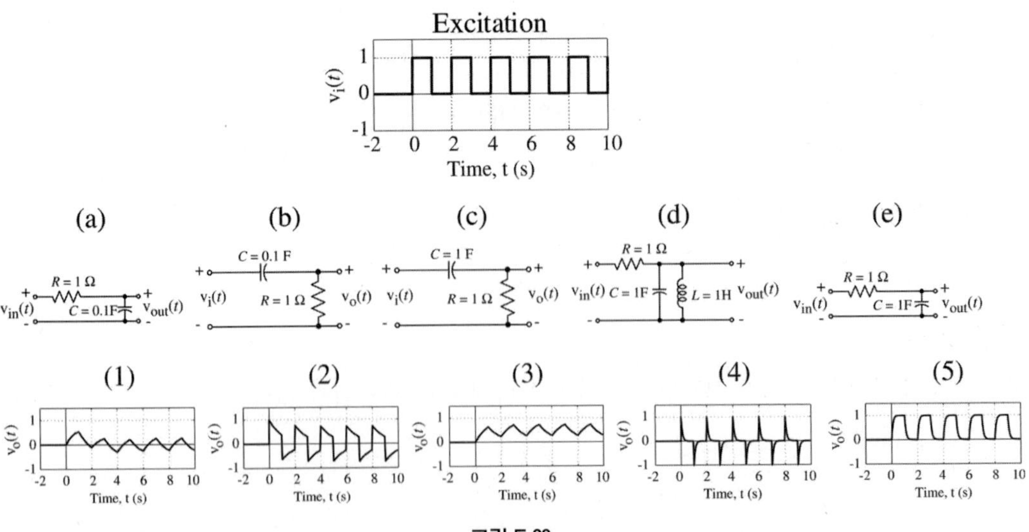

그림 E.29

30. 주어진 여기와 응답에 대해 〈그림 E.30〉에 나와 있는 각 회로의 주파수 응답을 구하고 그려라.

(a) 입력 $v_i(t)$ - 응답 $v_{C2}(t)$

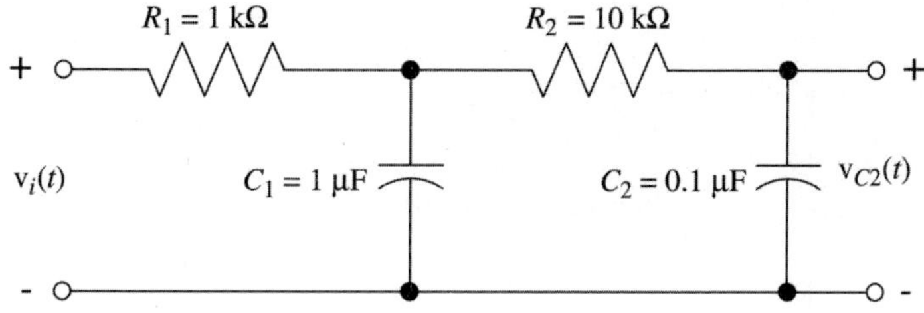

(b) 입력 $v_i(t)$ - 응답 $i_{C1}(t)$

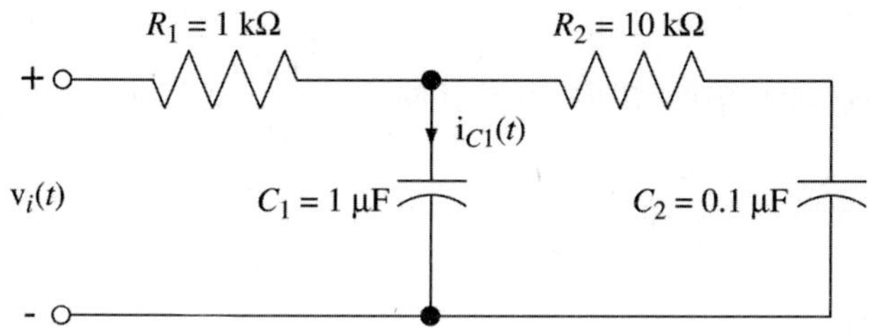

(c) 입력 $v_i(t)$ - 응답 $v_{R2}(t)$

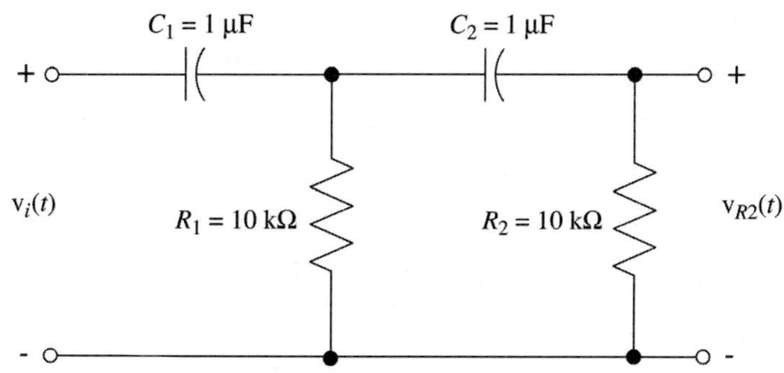

(d) 입력 $i_i(t)$ - 응답 $v_{R1}(t)$

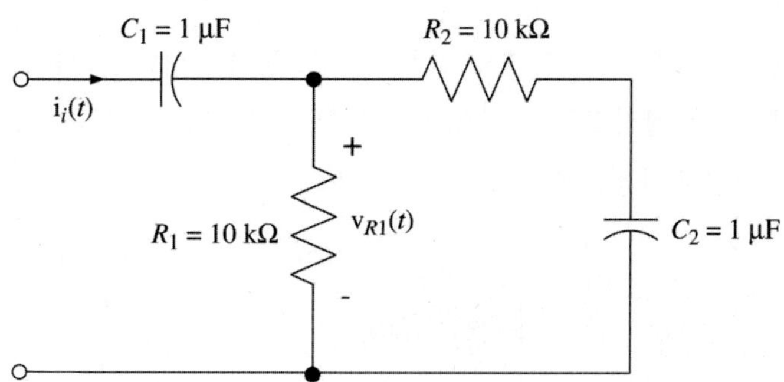

(e) 입력 $v_i(t)$ - 응답 $v_{RL}(t)$

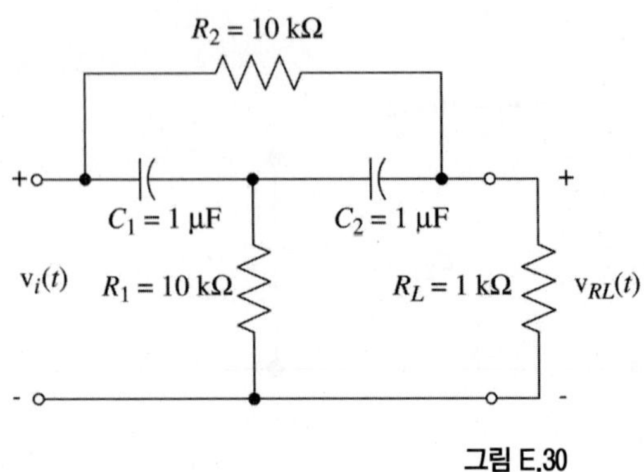

그림 E.30

31. 〈그림 E.31〉의 각 필터에 대해 입력 임피던스 $Z_{in}(j\omega) = \dfrac{V_i(j\omega)}{I_i(j\omega)}$와 주파수 응답 $H(j\omega) = \dfrac{V_o(j\omega)}{V_i(j\omega)}$의 진폭과 위상을 구하고 그려라.

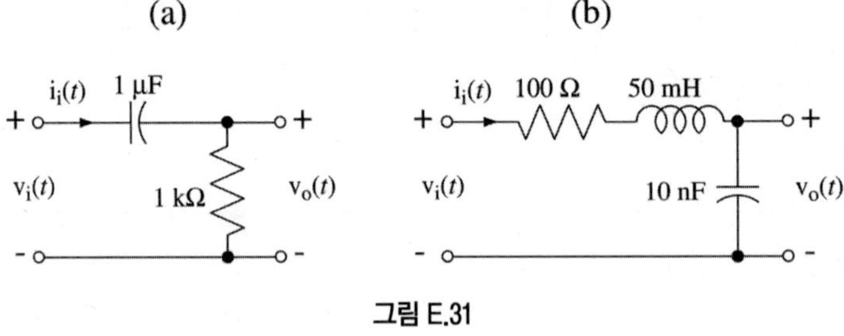

그림 E.31

32. 연습문제 25의 신호 $x(t)$는 $R = 1\,\text{k}\Omega$이고, $C = 0.3\,\mu\text{F}$인 RC 저역통과 필터의 입력 전압이다. 동일한 스케일로 입력 및 출력 전압 신호를 그려라.

연속시간 필터

33. 〈그림 E.33〉에서는 임펄스 응답, 주파수 응답 진폭, 회로도 등의 형태로 필터를 표현하고 있다. 이 필터 각각에 대해서 이상적 또는 실제적, 인과성 또는 비인과성, 저역통과, 고역통과, 대역통과, 대역저지 필터인지 가능한 만큼 분류하라.

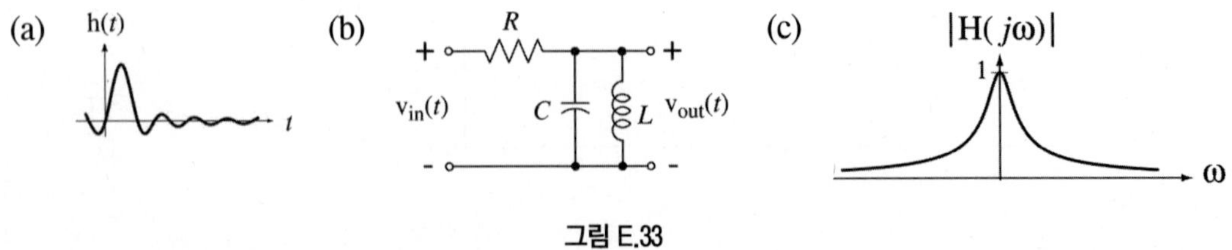

그림 E.33

연속시간 실제 능동 필터

34. 〈그림 E.34〉의 회로에 대한 주파수 응답을 구하라. 이 회로는 어떤 기능을 하는가?

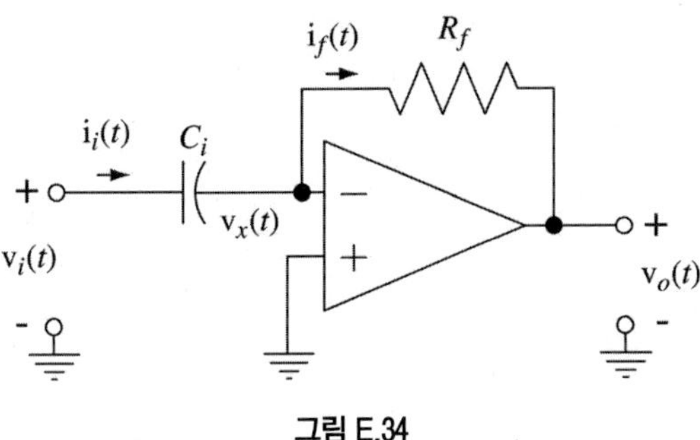

그림 E.34

35. 이상적인 연산 증폭기, 두 개의 저항, 하나의 커패시터를 이용해 능동 고역통과 필터를 설계하고, 회로의 주파수 응답을 유도해 고역통과 필터임을 검증하라.

36. 〈그림 E.36〉의 능동 필터의 주파수 응답 $H(j\omega)=\dfrac{V_o(j\omega)}{V_i(j\omega)}$를 구하라. 여기서 $R_i = 1000\ \Omega$, $C_i = 1\,\mu F$, $R_f = 5000\ \Omega$이다.

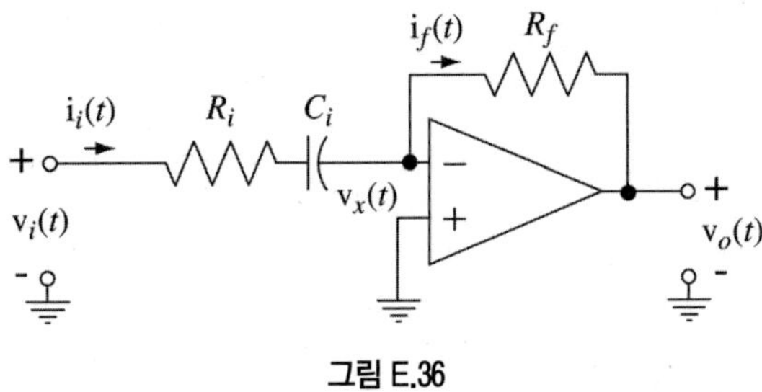

그림 E.36

(a) 이 주파수 응답의 진폭 보드 선도에서 모든 코너 주파수(radians/s)를 구하라.

(b) 극저주파와 극고주파에서 진폭 보드 선도의 기울기를 dB/디케이드 단위로 구하라.

37. 〈그림 E.37〉의 각 능동 필터의 주파수 응답 $H(f)=\dfrac{V_o(f)}{V_i(f)}$를 구하고 회로가 저역통과, 고역통과, 대역통과 또는 대역저지 필터인지 분류하라.

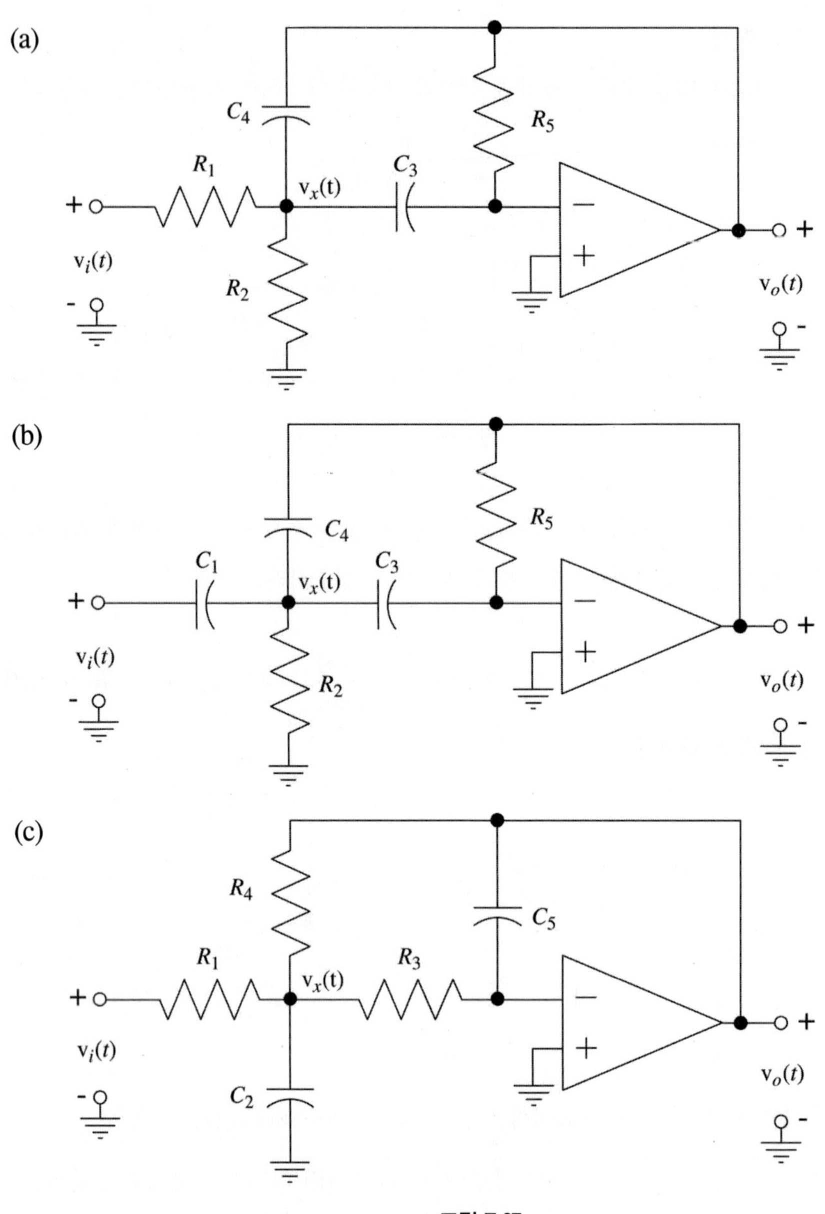

그림 E.37

38. 〈그림 E.38〉에는 능동 필터들과 주파수 응답 $\left|\frac{V_o(j\omega)}{V_i(j\omega)}\right|$의 점근선 진폭 보드 선도가 있다. 각 필터에 맞는 진폭 보드 선도를 찾아라.

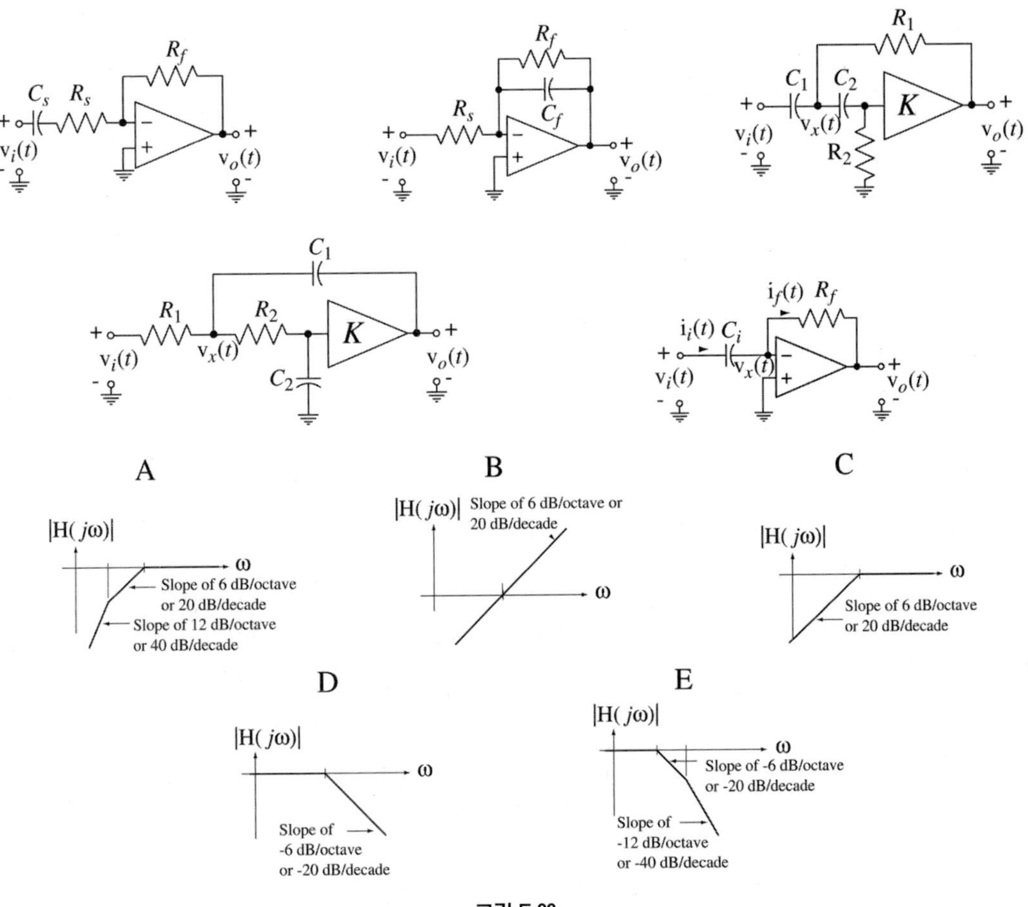

그림 E.38

39. 〈그림 E.39〉의 능동 필터에서 모든 저항은 1Ω이고, 모든 커패시터는 1F이다. 각 필터의 주파수 응답은 $H(j\omega) = \dfrac{V_0(j\omega)}{V_i(j\omega)}$이다. 각 회로에 대해 전달 함수의 진폭 보드 선도를 대응시켜라.

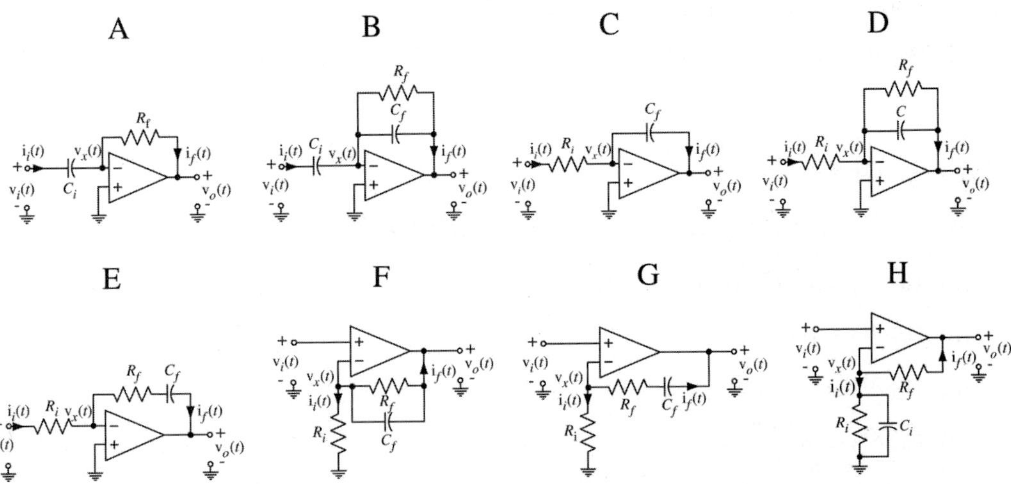

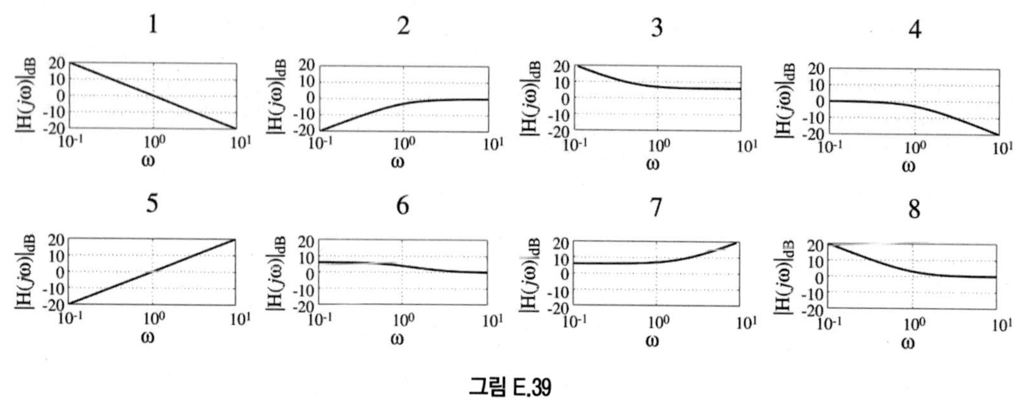

그림 E.39

40. 음악이 아날로그 마그네틱 테이프에 저장되고 그 후에 재생될 때, 테이프의 '히스(hiss)'라고 하는 고주파 잡음 성분이 음악에 더해진다. 해석을 위하여 음악의 스펙트럼은 오디오 스펙트럼 20Hz ~ 20kHz 전 대역에서 -30dB로 균일하다고 가정한다. 테이프가 재생될 때 신호의 스펙트럼은 〈그림 E.40〉과 같은 보드 선도를 갖는 재생 신호의 성분이 더해진다고 가정한다.

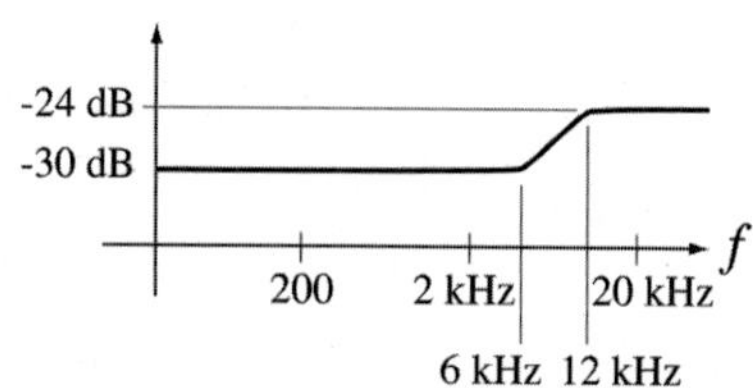

그림 E.40 재생 신호의 보드 선도

추가된 고주파 잡음은 저역통과 필터에 의하여 감쇠될 수 있지만, 음악의 고주파 성분도 감소시켜서 원음의 충실도(fidelity)도 감소시킨다. 이 문제를 해결하는 방법은 저장 단계에서 음악의 고주파 성분을 '사전 증폭(preemphasis)'함으로써, 음악을 재생할 때 저역통과 필터가 동작하여 음악의 전체 효과는 0이 되게 하고, '히스' 효과만 감쇠시키는 것이다. 녹음 단계에서 사전 증폭하는 데 사용될 수 있는 능동 필터를 설계하라.

이산시간 인과성

41. 다음의 주파수 응답을 갖는 시스템이 인과성이 있는지를 결정하라.

(a) $H(e^{j\Omega}) = [\text{rect}(5\Omega/\pi) * \delta_{2\pi}(\Omega)]e^{-j10\Omega}$

(b) $H(e^{j\Omega}) = j\sin(\Omega)$

(c) $H(e^{j\Omega}) = 1 - e^{-j2\Omega}$

(d) $H(e^{j\Omega}) = \dfrac{8e^{j\Omega}}{8 - 5e^{-j\Omega}}$

이산시간 필터

42. 〈그림 E.42〉는 여기 x와 응답 y의 쌍이다. 각 쌍에 대해 저역통과 필터, 고역통과 필터, 대역통과 필터, 또는 대역저지 필터 중 어느 것인지 분류하라.

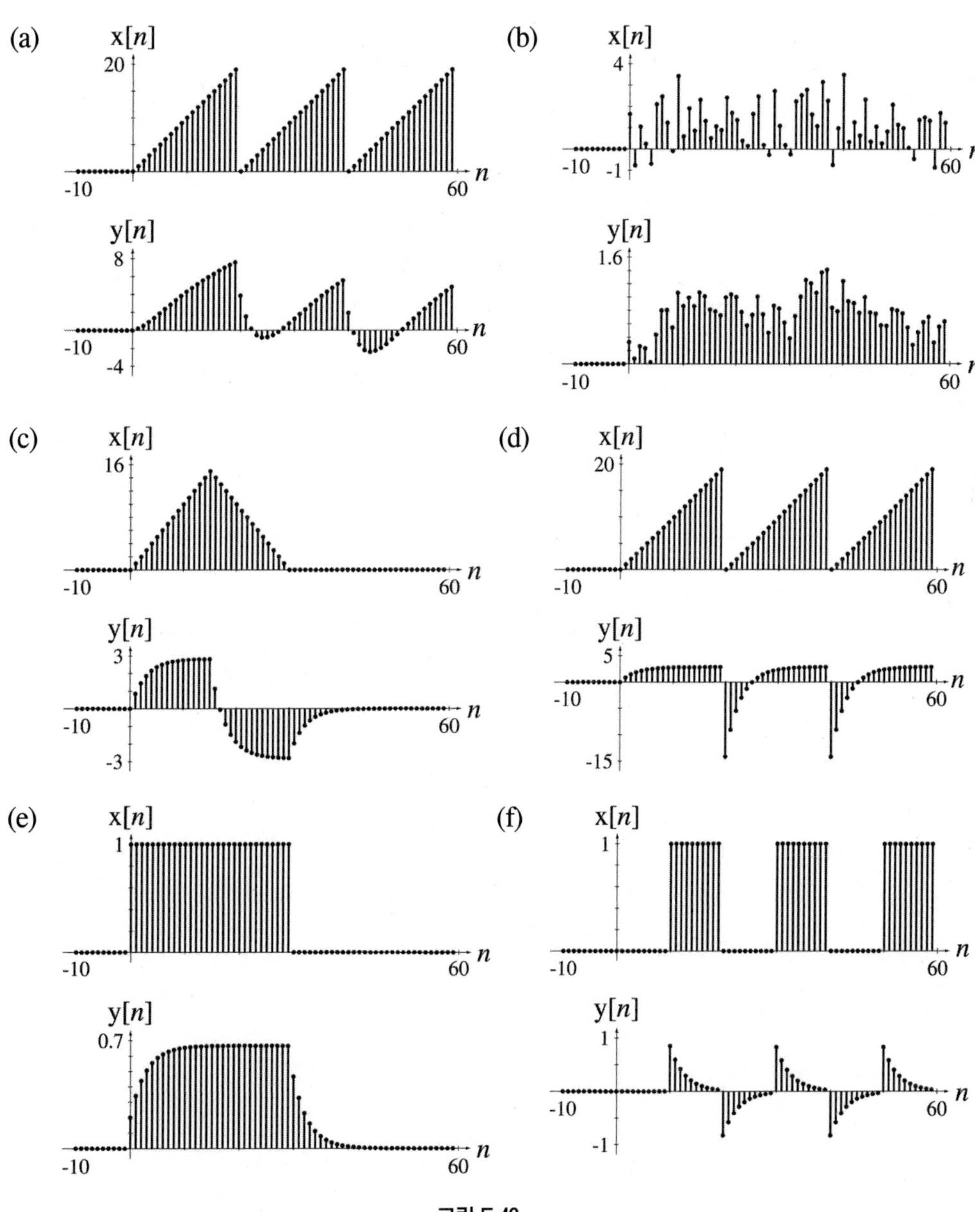

그림 E.42

43. 〈그림 E.43〉의 각 필터에 대해 $-\pi < \Omega < \pi$ 범위에서 주파수 응답 $H(e^{j\Omega}) = \dfrac{Y(e^{j\Omega})}{X(e^{j\Omega})}$를 구하고 그려라.

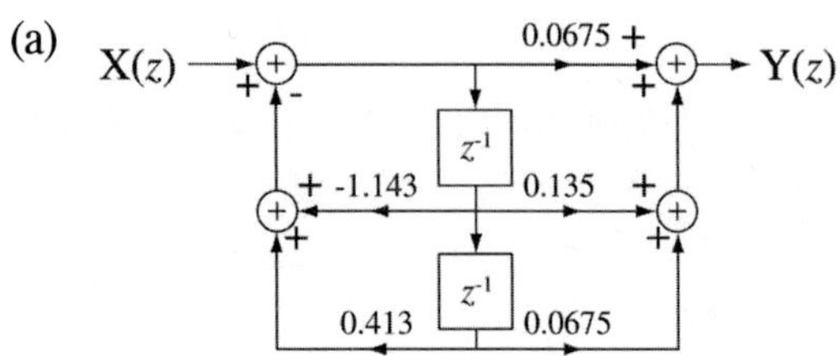

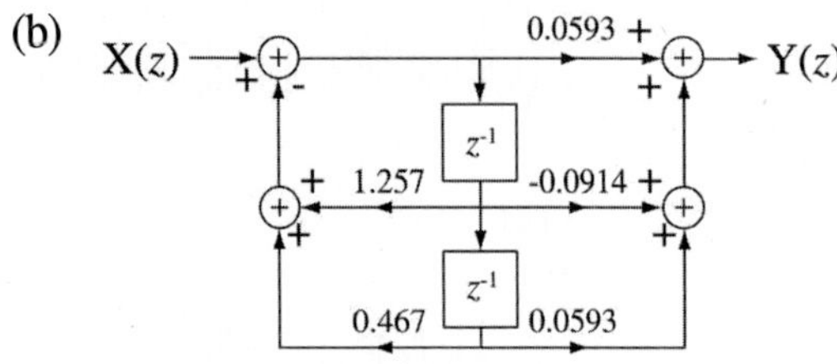

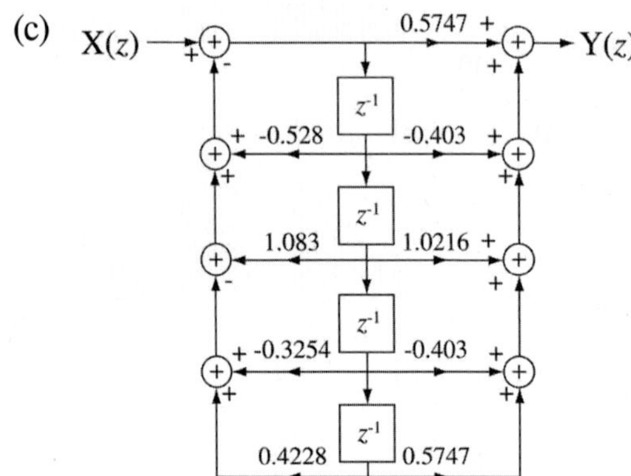

그림 E.43

44. 〈그림 E.44〉는 한 임펄스 응답의 형태와 두 주파수 응답의 진폭으로 필터의 동작을 나타낸 것이다. 이 각각에 대해서 이상적 또는 실제적, 인과성 또는 비인과성, 저역통과, 고역통과, 대역통과, 대역저지 필터인지 가능한 만큼 분류하라.

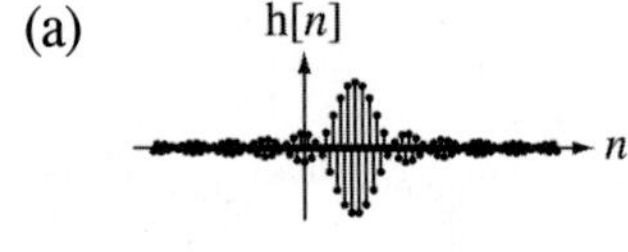

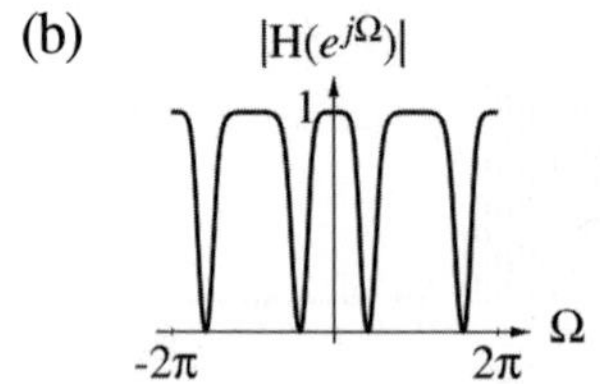

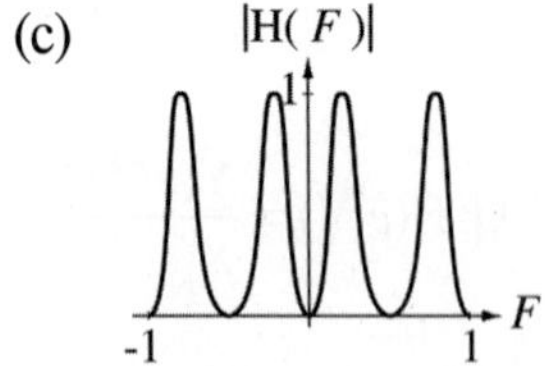

그림 E.44

영상 필터링

45. 96×96 화소로 구성된 이산 공간 영상을 만들라. 영상이 흰색과 검정색이 교차된 8×8로 구성된 '체커보드'라 하자.

(a) 다음에 주어진 임펄스 응답을 갖는 필터를 이용해 영상의 행 방향으로 필터링하고 나서 열 방향으로 필터링을 하라.

$$h[n] = 0.2(0.8)^n \, u[n]$$

그리고 MATLAB의 imagesc 명령을 이용하여 화면에 영상을 표시하라.

(b) 다음에 주어진 임펄스 응답을 갖는 필터를 이용해 영상의 행 방향으로 필터링하고 나서 열 방향으로 필터링을 하라.

$$h[n] = \delta[n] - 0.2(0.8)^n \, u[n]$$

그리고 MATLAB의 imagesc 명령을 사용해 영상을 화면에 표시하라.

12 CHAPTER

통신 시스템 해석

12.1 개요 및 학습목표

세계경제, 정부 및 개인 간의 인간 상호작용은 통신 시스템에 의존하며 그러한 의존성은 시간이 지남에 따라 점점 더 강해진다. 이러한 시스템은 전화망, 근거리 통신망에서 월드와이드웹(World Wide Web)에 이르는 컴퓨터망 그리고 상업적이며 공적 지원을 받는 라디오 및 텔레비전 방송 서비스를 포함한다.

푸리에 해석방법은 통신 시스템 해석에서 일반적으로 선호된다. 많은 이러한 시스템은 정보신호에 의해 변조되는 정현주기 반송파를 사용한다. 반송파는 오랜 시간동안 연속적으로 동작하며 흔히 정현파로 모델링된다. 그러므로 무변조 및 변조된 반송파는 푸리에 변환에 의해 효과적으로 기술할 수 있다. 몇몇 시스템은 주기적이지만 정현파가 아닌 반송파를 사용한다. 그런 반송파 또한 푸리에 변환에 의해 효과적으로 표현할 수 있다.

학습 목표

1. 주파수 다중화는 어떻게 해서 많은 통신채널이 서로 간섭하지 않고 동시에 동작할 수 있도록 하는지를 배운다.
2. 가장 일반적인 유형의 정현 반송파 진폭변조 및 복조를 살펴보고 장단점을 이해한다.
3. 각도 변조에 관련된 기본 개념을 배운다.
4. 연속시간 변조 및 복조의 개념을 이산시간 변조 및 복조 개념으로 확장한다.

12.2 연속시간 통신 시스템

통신 시스템의 필요성

푸리에 변환의 가장 중요한 응용 중 하나는 통신 시스템의 해석과 설계이다. 전파 송신기와 수신기의 동작을 해석하면서 이 개념에 접근해 보자. 왜 전파를 사용하는가? 왜냐하면 사람들이 소리로 의사소통할 수 없는 먼 거리에서 서로 통신하고자 하는 문제를 해결할 수 있기 때문이다. 물론 장거리 통신에는 여러 가지 방법이 존재한다. 통신은 라디오와 텔레비전과 같이 단방향일 수 있고 인터넷, 아마추어 무선, 전화와 같이 양방향일 수도 있다. 전달되는 정보는 음성, 데이터, 영상 등이다. 통신은 실시간일 수도 있고 지연될 수도 있다.

두 사람이 서로 몇 미터 정도 떨어져 있다면 아무런 기술적 도움을 받지 않고서도 간단하게 직접 말을 함으로써 서로에게 구두로 통신할 수 있다. 그들 사이의 거리가 수십 미터로 멀어지면 소리를 듣기 위해 소리치거나 아마도 확성기를 사용해야 할 것이다. 거리가 수백 미터 떨어지면 소리로 대화하기 위해서는 강력한 증폭기를 사용해야 한다. 이러한 사고과정을 극단적으로 확장해 시애틀과 마이애미에 있는 사람이 서로 대화한다고 생각해 보자. 음성을 증폭하기 위하여 증폭기나 확성기를 사용할 수 있지만 음성은 거리가 멀어지면 급격히 감소하여 이러한 거리에서 서로 들을 수 있기 위해서는 엄청나게 강력한 시스템이 필요하다 〈그림 12.1〉.

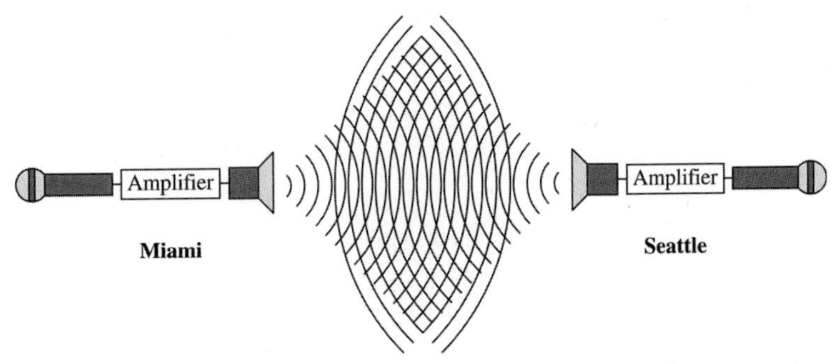

그림 12.1 단순하고 터무니 없는 통신 시스템

만약 음성 증폭기를 사용해 마이애미에서 말한 소리가 시애틀에서 들리거나 시애틀에서 말한 소리가 마이애미에서 들린다면 올랜도와 스포캔에 있는 사람들로부터 시끄러운 잡음에 대한 항의가 들어올 것이다(마이애미와 시애틀에 있는 사람들은 모두 소리 에너지 때문에 죽었을 수도 있기 때문에 항의가 들어오지 않을 수도 있다). 역시 양방향 통신이라면 공기 중에서 소리의 속도 때문에 마이애미에 있는 사람이 질문한 내용을 듣고 시애틀에 있는 사람이 답하는 데 8시간이 걸릴 것이다. 만약 미국에 있는 수백만 명의 사람들이 동시에 대화한다면 통

신의 프라이버시가 침해당할 것이다. 이와 같은 시스템을 구현하면 매우 만족스럽지 못하고 우스꽝스러운 시스템이 될 것이다.

이러한 문제에 대한 좋은 해답은 먼 거리까지 메시지를 전달할 수 있는 전자기파 에너지 전달을 이용하는 것이다. 전자기파의 속도는 음성보다 매우 빨라서 지연의 문제를 해결할 수 있다. 그러나 해결해야 할 또 다른 문제가 있다. 어떻게 소리 메시지를 전자기적 신호로 코드화하여 빛의 속도와 같은 전자기파의 속도로 음성 신호를 전달할 것인가? 가장 간단한 아이디어는 마이크, 증폭기 및 안테나를 사용해 직접 음성 신호 에너지를 전자기 에너지로 변환하는 것이다〈그림 12.2〉. 수신지역에서 수신기 안테나는 전송된 전자기 에너지를 수신하고 증폭하며 스피커는 전자기 에너지를 음성 에너지로 변환한다.

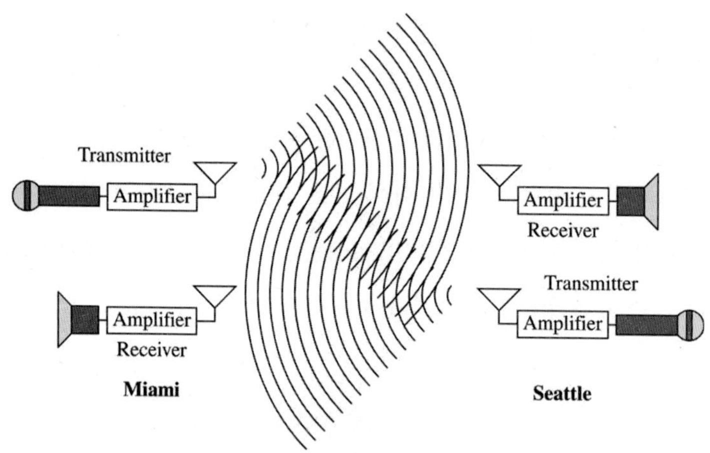

그림 12.2 음성-전자기 및 전자기-음성 직접변환을 이용한 통신 시스템

이러한 간단한 접근에는 두 가지 주요한 문제가 있다. 첫째, 음성 통신의 주파수 스펙트럼은 30Hz와 300Hz 사이이고 음악 프로그램의 소리라도 10kHz를 넘지 않는다. 이 주파수 범위에서의 효율적인 안테나는 수 마일로 매우 길어야 한다. 또한 10:1 또는 1,000:1로의 주파수 변화는 주파수에 따른 안테나의 효율 변화에 의하여 신호가 크게 왜곡됨을 의미한다. 아마 매우 긴 안테나를 만들거나 비효율성을 그대로 둘 수밖에 없다. 그러나 두 번째 문제가 더 심각하다.

많은 사람들이 동시에 말하기를 원한다고 가정하면(꽤 괜찮은 가정) 에너지를 음성으로 변환하고 나서 많은 사람들이 동시에 전송을 하고 있기 때문에 모두가 동시에 이야기 하는 것을 듣는 문제가 발생한다. 큰 식당에서 반대 편 구석에 단 둘이 앉아 있다고 상상해 보자. 상대방과 대화를 원하면 소리를 약간 높여야 하지만 그렇게 어렵지는 않을 것이다. 이제 식당이 손님들로 가득 찬다고 상상해 보라. 이제 상대방과 대화를 원한다면 다른 모든 식당 손님들이 동시에 이야기 하는 불협화음 때문에 대화하기가 훨씬 더 어려워질 것이다. 이것은 동일한 대역에서 동시에 신호를 전송하려 할 때 발생하는 문제와 같다.

주파수 다중화

일반적인 전화 시스템은 전자기 에너지를 구리선 또는 광섬유와 같은 케이블을 이용해 가두어 전송함으로써 이러한 문제를 해결한다. 신호는 상대방과 전용선으로 직접 연결하여 공간적으로 분리된다. 그러나 최신 무선 이동 통신에서는 이러한 해결책이 사용될 수 없는데 그 이유는 전자기 에너지가 휴대 전화기와 인접한 휴대용 안테나 사이의 경로에 가두어질 수 없기 때문이다. 다른 해결책은 다른 송신기가 전송하지 않는 특정한 시간 간격에 각 송신기를 할당하는 것이다. 그런데 정확히 메시지를 수신하기 위하여 수신기는(전송 시간 지연을 고려하면서) 같은 시간에 동기화되어야 한다. 이 해결책을 시간다중화(time multiplexing)라고 한다. 시간 다중화는 전화 시스템(신호가 케이블에 가두어진다)이나 이동 전화 구역(이동 전화 회사는 모든 시간 타이밍을 제어할 수 있으며 시스템 사용자가 알아차릴 수 없도록 시간 간격을 짧게 만들 수 있다) 광범위하게 사용되고 있다. 그러나 시간 다중화는 다른 통신 시스템에서는 몇 가지 문제를 일으킬 수 있다. 만약 국내 및 국제 통신 시스템과 관련된 많은 독립적인 송신기 및 수신기를 사용하여 전자기 에너지 전달이 자유 공간에서 이루어진다면 시간 다중화는 실제적으로 불가능하게 될 것이다. 더 좋은 해결책이 있는데 이것은 푸리에 변환을 사용해 잘 이해할 수 있다. 이 해결책은 주파수 다중화(frequency multiplexing)라고 불리며 이것은 변조(modulation)라는 기술을 사용한다.

아날로그 변조 및 복조

진폭변조

양측파대 억압 반송파 변조 $x(t)$를 전송할 정보신호라 하자. 만약 〈그림 12.3〉과 같이 이 신호에 정현파를 곱한다면 원래의 신호와 정현파의 곱인 새로운 신호 $y(t)$가 출력된다.

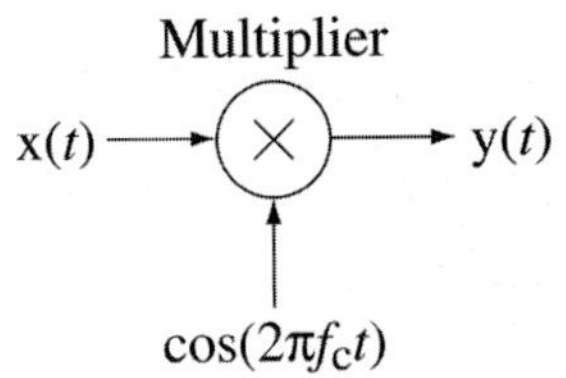

그림 12.3 변조기로 작용하는 아날로그 곱셈기

통신 시스템의 용어로 신호 $x(t)$는 반송파(carrier) $\cos(2\pi f_c t)$를 변조한다고 한다. 이 경우 변조는 반송파의 진폭이 $x(t)$의 변조 신호 진폭에 의해 지속적으로 변화하기 때문에 진폭 변조(amplitude modulation)라고 한다〈그림 12.4〉.

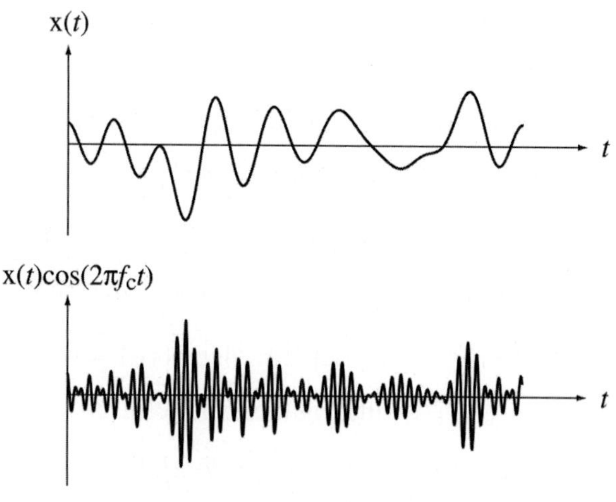

그림 12.4 변조신호 $x(t)$ 및 변조된 반송파 $y(t) = x(t)\cos(2\pi f_c t)$

변조기 응답은 $y(t) = x(t)\cos(2\pi f_c t)$이다. 양변을 푸리에 변환하면

$$Y(f) = X(f) * (1/2)[\delta(f - f_c) + \delta(f + f_c)]$$

이다. 또는

$$Y(f) = (1/2)[X(f - f_c) + X(f + f_c)]$$

이다. 그래서 이러한 종류의 변조는 주파수 영역에서 반송파 주파수 f_c에 의해 변조 신호의 스펙트럼을 간단히 상향 및 하향 이동 시키는 효과를 갖는다〈그림 12.5〉.
그래서 시간 영역에서 매우 복잡해 보이는 신호는 주파수 영역에서 보면 매우 간단하게 보인다. 이것이 주파수 영역 해석의 장점 중 하나이다. 이러한 종류의 진폭 변조를 양측파대 억압 반송파(DSBSC: double-sideband suppressed-carrier) 변조라 하고 수학적으로 표현하기에 아주 간단하다. 측파대는 정보신호에 대한 주파수 스펙트럼의 일부분이다. 변조과정에서 측파대는 반송파 주파수 $\pm f_c$의 양측에 두 개의 측파대로 변환된다. '억압 반송파'라는 명칭은 변조된 신호의 스펙트럼에 반송파 주파수의 임펄스가 존재하지 않는 것을 나타낸다.

통신시스템 이론은 두 개의 일반적인 유형의 신호 전송 즉, 기저대역과 **RF** 또는 통과대역 간에 구분을 짓는다('RF'라는 용어는 '무선 주파수'의 용어에서 온 것이다). 기저대역 신호는

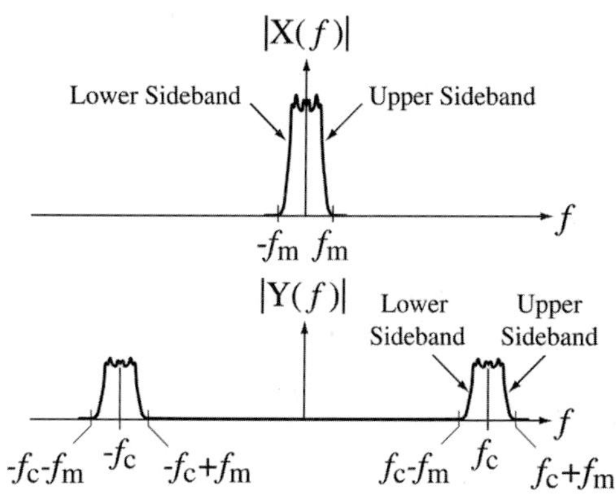

그림 12.5 주파수 영역에서 변조신호 및 변조된 반송파

일반적으로 0에서 비교적 낮은 주파수까지의 푸리에 스펙트럼을 갖는다. RF 신호는 기저대역 신호에 의해 비교적 높은 주파수의 반송파를 변조시켜 얻어진다. 따라서 위의 예에서 x(*t*)는 기저대역 신호이고 y(*t*)는 RF 신호이다.

DSBSC 변조는 실제로 많이 사용되지는 않는다. 그러나 DSBSC를 이해하는 것은 일반적으로 사용되는 변조를 이해하는데 많은 도움이 되므로 좋은 출발점이 된다. 이제 한 가지 목적은 달성되었다. 원래 신호의 스펙트럼은 저주파수 범위에 있으며 적절한 반송파 주파수를 선택함으로써 원하는 새로운 주파수로 이동 된다.

동일한 주파수 범위에서 동시에 모든 사람들이 통화할 수 있도록 하는 문제는 다른 반송파 주파수를 사용하여 모든 사람들이 다른 주파수 범위를 사용하도록 함으로써 해결할 수 있다. AM 방송의 경우를 생각해 보자. 어느 지역에 동시에 방송하는 여러 방송국들이 있다. 각 방송국은 방송 주파수가 할당되어 있다. 이러한 주파수는 약 20kHz 대역을 갖는다. 따라서 방송국은 프로그램 신호(기저대역 신호)로 반송파 주파수를 변조한다. 반송파는 할당된 주파수를 중심 주파수로 한다. 변조된 반송파는 송신기를 통해 전송된다. 만약 기저대역 신호가 10 kHz 이하의 대역폭을 갖는다면 방송국의 신호는 완전히 할당된 대역 내에 있게 된다. 수신기는 수신하고자 하는 한 방송국의 신호를 수신하고 다른 신호는 제거하게 된다. 안테나는 모든 방송국에서 오는 전자파 에너지를 수신하고 그것을 전압으로 변환한다. 그러므로 수신기는 듣고자 하는 한 주파수를 선택하고 나머지 주파수는 제거한다.

한 방송국의 신호를 선택하여 수신하는 방법은 여러 가지가 있다. 그러나 가장 일반적인 방법은 변조라는 개념을 다시 사용하는 것이고 이번에는 이러한 동작을 복조(demodulation)라고 한다. 안테나에 수신된 신호 $x_r(t)$는 그 지역의 여러 방송국에서 보낸 신호들이 합해진 신호이며 안테나에서 수신된 이 신호의 스펙트럼은 〈그림 12.6〉과 같다.

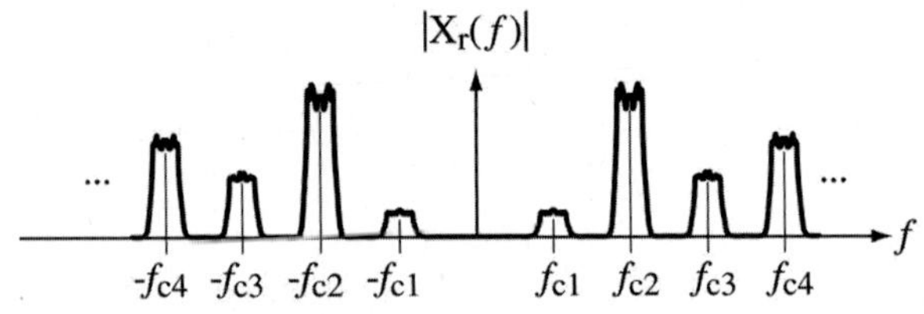

그림 12.6 안테나에 수신된 신호의 스펙트럼

청취하고자 하는 방송 신호의 중심 주파수가 f_{c3} 라고 가정하자. 안테나에 수신된 신호에 그 주파수의 정현파를 곱하여 복조된 신호 $y_r(t)$를 생성한다.

$$y_r(t) = x_r(t)\cos(2\pi f_c t) = A\begin{bmatrix} x_1(t)\cos(2\pi f_{c1}t) + x_2(t)\cos(2\pi f_{c2}t) + \\ \cdots + x_N(t)\cos(2\pi f_{cN}t) \end{bmatrix}\cos(2\pi f_{c3}t)$$

또는

$$y_r(t) = A\sum_{k=1}^{N} x_k(t)\cos(2\pi f_{ck}t)\cos(2\pi f_{c3}t)$$

이고 주파수 영역에서

$$Y_r(f) = A\left\{\sum_{k=1}^{N} X_k(f) * \frac{1}{2}[\delta(f - f_{ck}) + \delta(f + f_{ck})]\right\} * \frac{1}{2}[\delta(f - f_{c3}) + \delta(f + f_{c3})]$$

또는

$$Y_r(f) = \frac{A}{4}\sum_{k=1}^{N} X_k(f) * \begin{bmatrix} \delta(f - f_{c3} - f_{ck}) + \delta(f + f_{c3} - f_{ck}) \\ +\delta(f - f_{c3} + f_{ck}) + \delta(f + f_{c3} + f_{ck}) \end{bmatrix}$$

또는

$$Y_r(f) = \frac{A}{4}\sum_{k=1}^{N} \begin{bmatrix} X_k(f - f_{c3} - f_{ck}) + X_k(f + f_{c3} - f_{ck}) \\ + X_k(f - f_{c3} + f_{ck}) + X_k(f + f_{c3} + f_{ck}) \end{bmatrix}$$

이다. 이 결과는 복잡해 보이지만 실제로는 그렇지 않다. 〈그림 12.7〉과 같이 주파수 영역에서 입력 신호가 위아래로 이동되고 더해진다.

f_{c3} 중심 주파수를 갖는 정보 신호는 위아래로 이동되어 0 중심 주파수를 갖는다(역시 $\pm 2f_{c3}$

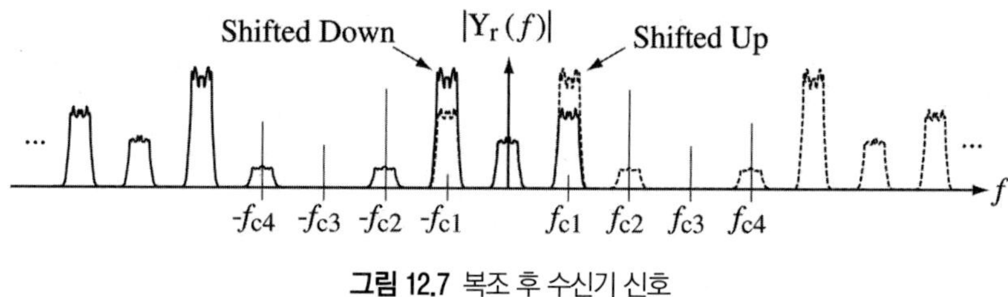

그림 12.7 복조 후 수신기 신호

의 중심 주파수를 갖는 신호도 있다). 이 신호에 저역통과 필터를 사용해 f_{c3} 에 의해 변조된 신호를 필터링하면 원하는 정보의 대역폭을 포함하는 신호만 통과 하게 되어 0 중심 주파수를 갖는 원래 신호를 복원하게 된다. 이것은 전형적인 AM 수신기가 정확히 어떻게 동작하는지를 설명한 것이며 동일한 과정이 전형적인 여러 AM 수신기에 사용된다. 이러한 복조 동작은 음 주파수를 포함하고 있는 변환 방법을 사용하는 장점의 좋은 사례다. 이 경우에 스펙트럼 피크는 음에서 양 주파수로 이동되고 그 역의 과정을 거치기도 하며 직접적으로 복조 신호를 나타내기도 한다.

이러한 기술의 한 가지 문제는 수신기에서 소위 국부 발진기(local oscillator)에 의해 발생하는 주파수 f_{c3}의 사인파가 복조에 사용될 때 정확한 주파수 f_{c3} 를 발생시킬 뿐만 아니라 수신된 반송파의 위상도 일치해야 좋은 결과를 얻을 수 있다는 것이다. 만약 국부발진기의 주파수가 약간 틀어지면 그 수신기는 정확히 동작하지 않는다. 국부 발진기가 정확한 주파수에서 틀어지면 비트(beat) 주파수라고 하는 이상한 소리가 들리게 된다. 비트 주파수는 반송파 주파수와 국부 발진기 주파수 사이의 차이다. 결과적으로 이 기술이 잘 동작하기 위하여 국부 발진기의 주파수와 위상이 반송파 주파수와 일치하여야 한다. 이를 위하여 전형적으로 위상 고정 루프(phase-locked loop)라는 소자가 사용된다. 반송파와 국부 발진기가 위상에 동기화되어야 하기 때문에 이러한 종류의 복조 방법을 동기 복조(synchronous demodulation)라고 한다.

원하는 라디오 방송 신호를 수신하는 것을 '튜닝(tuning)'이라고 한다. 방송을 튜닝할 때 영주파수(기저대역에서)에 나타나는 다른 방송 신호를 수신하기 위해 간단히 수신기에서 국부 발진기의 주파수를 변화시킨다. 다음 절에서 알아보겠지만 복조를 간단하고 경제적으로 하는 방법들이 있는데 이들은 표준 AM 수신기에 사용된다.

양측파대 전송 반송파(DSBTC: double-sideband transmitted-carrier) 복조 앞 절에서 언급했듯이 양측파대 억압 반송파(DSBSC) 변조는 광범위하게 사용되지 않는다. 광범위하게 사용되는 변조 기술은 양측파대 전송 반송파(DSBTC) 변조이다. 이는 상업용 AM 라디오 송신기에 사용되는 기술이고 국제적으로 대부분의 단파 송신기에 사용된다. 기술은 DSBSC와 유

사하고 다른 점은 변조 전에 신호 x(t)에 상수 K를 더하는 것이다〈그림 12.8〉.

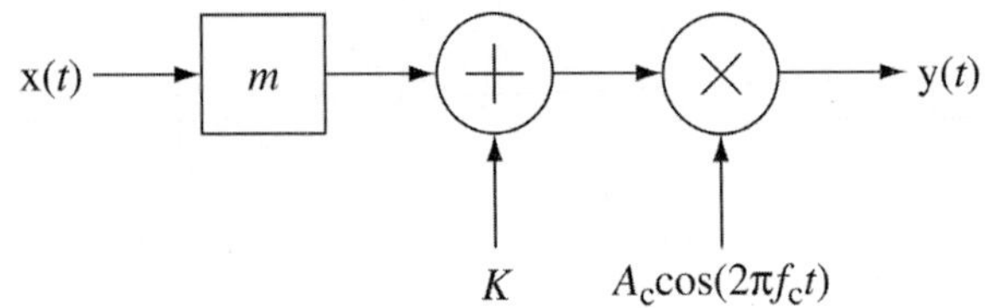

그림 12.8 양측파대 전송 반송파 변조

상수 K는 mx(t) 신호가 음으로 가지 않도록 충분히 큰 양수이다. 여기서 m은 변조 지수(modulation index)이다(실제적인 변조 신호에 대하여 만약 최대 음 이동이 $-K$라면 최대 양 이동은 대략 $+K$가 된다). 변조기로부터의 출력 신호는

$$y(t) = [K + m\mathrm{x}(t)]A_c \cos(2\pi f_c t) \tag{12.1}$$

이다〈그림 12.9〉.

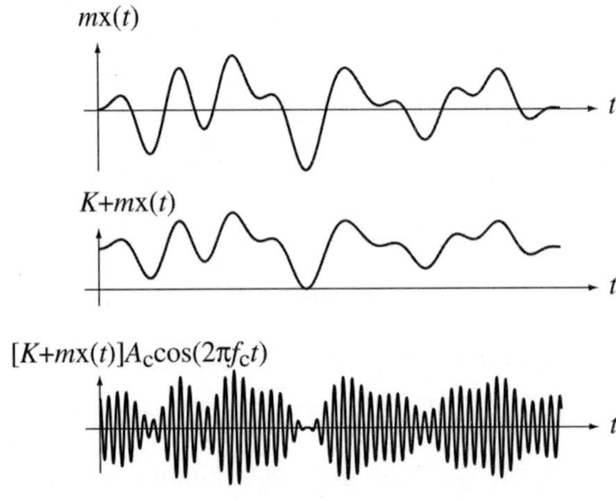

그림 12.9 DSBTC 변조 및 변조된 반송파

식 (12.1)을 푸리에 변환하면

$$\mathrm{Y}(f) = [K\delta(f) + m\,\mathrm{X}(f)] * (A_c/2)[\delta(f - f_c) + \delta(f + f_c)]$$

또는

$$\mathrm{Y}(f) = (KA_c/2)\{[\delta(f - f_c) + \delta(f + f_c)] + m[\mathrm{X}(f - f_c) + \mathrm{X}(f + f_c)]\}$$

이다〈그림 12.10〉.

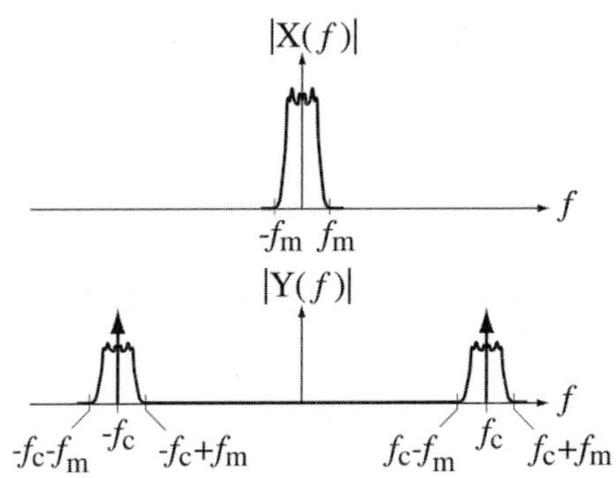

그림 12.10 기저대역 신호와 DSBTC 신호의 스펙트럼

스펙트럼을 보면 '전송 반송파'란 용어가 어디에서 온 것인지 알 수 있다. DSBSC 변조에는 없던 반송파 주파수에 임펄스가 있다. 왜 이 변조 기술이 구현하는 데 더 복잡하지만 광범위하게 사용되는지 궁금할 것이다. 그 이유는 비록 DSBTC 변조가 DSBSC 변조보다 좀 더 복잡하지만 DSBTC 복조가 DSBSC 복조보다 훨씬 더 간단하기 때문이다. 각각의 상업용 AM 라디오 방송국에서 기저대역 신호를 반송파 변조하는 변조기는 하나이지만 기저대역 신호를 재생하기 위해 반송파 신호를 복조하는 수신기는 수천 또는 수백만 개가 있다. DSBTC 복조는 포락선 검출기(envelope detector)라는 회로를 사용하면 매우 간단해 진다. 그 동작은 시간 영역에서 매우 쉽게 이해될 수 있다. DSBTC변조에서 변조된 반송파는 반송파 발진의 양의 (그리고 음의) 피크 값을 갖는 기저대역 신호 모양을 검출한다〈그림 12.11〉.

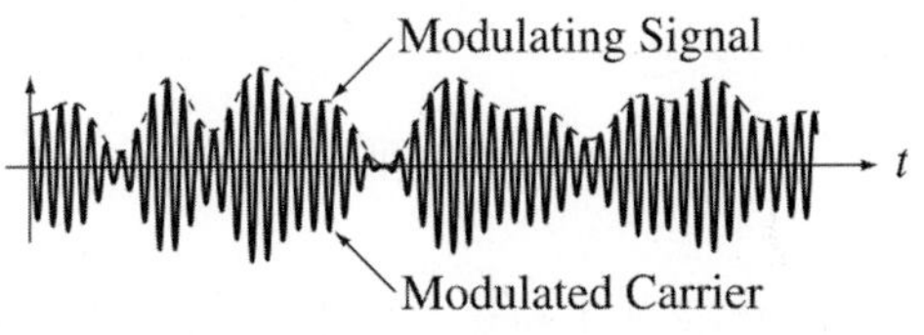

그림 12.11 기저대역 신호와 변조된 반송파

포락선 검출기는 어떤 의미에서 변조된 반송파의 피크 값을 검출하는 회로이고 결과적으로 기저대역 신호를 근사적으로 재생한다〈그림 12.12〉.

〈그림 12.12〉에서 기저대역 신호의 재생은 매우 좋지 않지만 포락선 검출기의 동작 개념을 볼 수 있다. 실제로는 반송파 주파수가 그림에서보다 훨씬 높고 기저대역 신호의 재생은 더 나아질 수 있다. 포락선 검출기의 동작은 시간 영역에서 이루어졌다. 즉, 포락선 검출기는 비선형 시스템이므로 선형 시스템 이론이 적용되지 않는다. 포락선 검출을 위해 국부 발진기나 동기화가 필요하지 않다. 그래서 이러한 복조 기술을 비동기 복조(asynchronous demodulation)라고 한다.

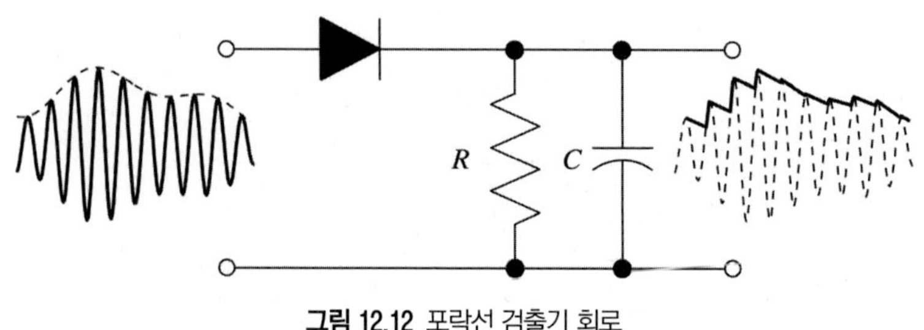

그림 12.12 포락선 검출기 회로

DSBTC 신호는 DSBSC 신호에 사용된 복조 기술에 의해 역시 복조될 수 있지만 수신 반송파와 위상 동기화된 정현파를 발생시키는 국부 발진기가 수신기에 필요하다. 포락선 검출기는 간단하고 가격이 싸다.

만약 m이 너무 크거나 K가 너무 작으면 $K+m\mathrm{x}(t)$ 가 음의 값이 되어 과변조(overmodulation)가 발생하고 포락선 검출기는 왜곡 없이 기저대역 신호를 복원할 수 없다〈그림 12.13〉.

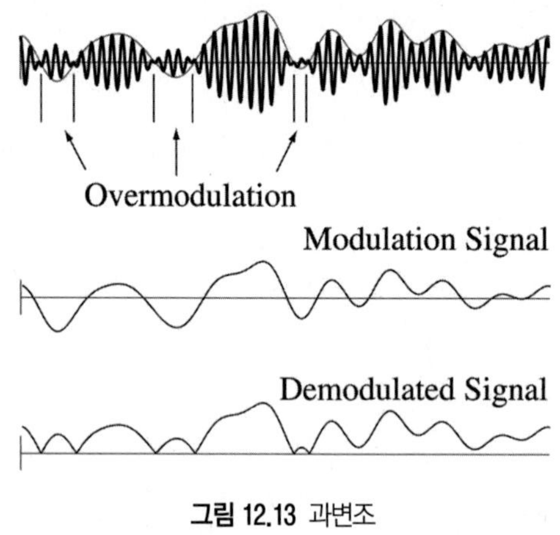

그림 12.13 과변조

단측파대 억압 반송파 변조 어떤 실제의 신호 $\mathrm{x}(t)$의 진폭 스펙트럼 $\mathrm{X}(f)$는 $\mathrm{X}(f) = \mathrm{X}^*(-f)$를 만족시킨다. 그러므로 $f \geq 0$에 대해 $\mathrm{X}(f)$에서의 정보는 신호를 정확히 재구성하는 데 충분하다. 그런 사실이 단측파대 억압반송파(SSBSC: single-sideband suppressed-carrier) 변조의 개념의 기본이 다. DSBSC 변조에서 반송파 주파수(그리고 반송파 주파수의 음 주파수)를 중심으로 하는 진폭 스펙트럼은 $-f_m < f < f_m$주파수 범위에서 $\mathrm{X}(f)$로부터의 정보를 갖고 있다. 그러나 수신기가 잘 설계될 수 있다면 단지 진폭 스펙트럼의 절반만 전송되는 데 필요하다. 단지 진폭 스펙트럼의 절반만 전송하기 때문에 DSBSC 변조에서 필요한 대역보다 단지 반 정도의 대역만 필요하다는 장점이 있다.

SSBSC 변조기는 DSBSC 변조기와 거의 동일하다. 차이는 전송하기 전에 높은 측파대 또는 낮은 측파대를 제거하는 필터가 있는 것이다〈그림 12.14〉.

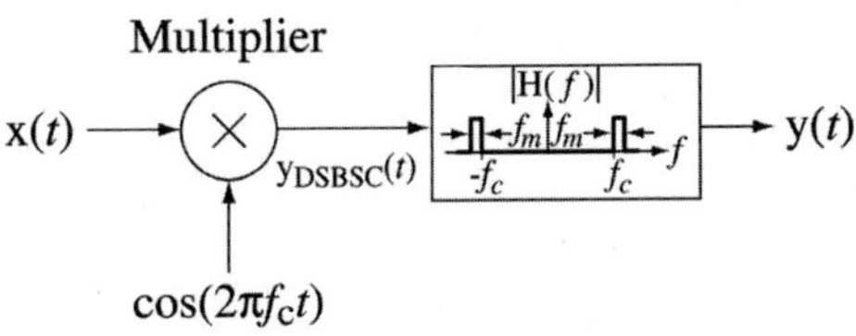

그림 12.14 단측파대 억압 반송파 변조

곱셈기의 응답은 DSBSC 경우와 같은 $y_{DSBSC}(t) = x(t)\cos(2\pi f_c t)$이다. 주파수 영역에서 곱셈기 응답의 진폭 스펙트럼은 $Y_{DSBSC}(f) = (1/2)[X(f - f_c) + X(f + f_c)]$이다. 〈그림 12.14〉에서 필터는 낮은 측파대를 제거하고 높은 측파대를 통과시킨다. 그 결과 진폭 스펙트럼은 $Y(f) = (1/2)[X(f - f_c) + X(f + f_c)]H(f)$이다〈그림 12.15〉.

SSBSC의 복조 절차는 수신된 반송파와 동일한 위상 동기를 갖는 국부 발진기에 수신된 신호를 곱하는 DSBSC에 대해 소개했던 첫 번째 기술과 동일하다〈그림 12.16〉.

만약 이 신호가 저역통과 필터링 되면 원래 스펙트럼은 복원된다. 단측파대에 모든 정보가 있으므로 원래 신호가 완전히 복원된다. 이러한 형태의 변조는 시간 영역 해석을 사용하는 것보다 주파수 영역 해석을 사용하면 더욱 쉽게 이해된다.

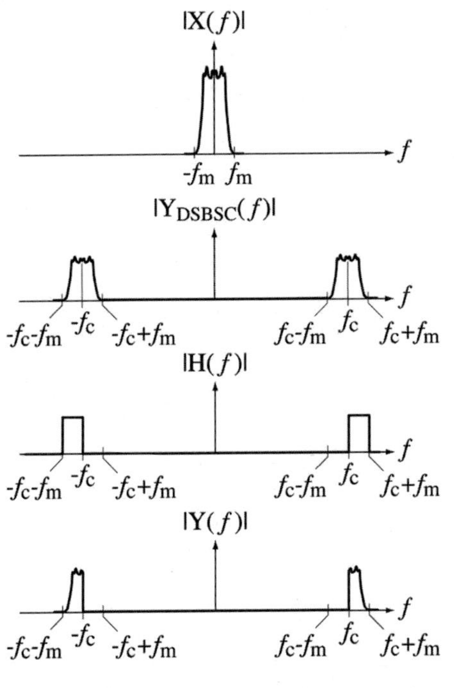

그림 12.15 SSBSC 변조기의 동작

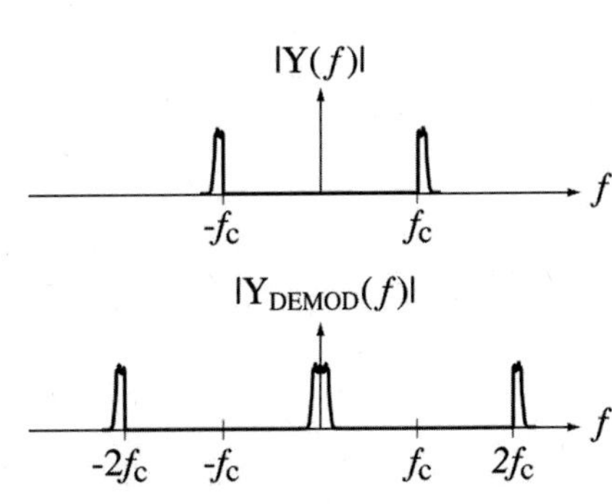

그림 12.16 SSBSC 복조

각 변조

지금까지 살펴본 변조에 대한 모든 개념은 정보신호에 비례하여 반송파의 진폭을 변화시킨다. 진폭변조보다 몇 가지 장점을 지닌 또 다른 형태의 변조는 각 변조(angle modulation)이다. 각 변조에서 정보신호가 반송파의 진폭을 제어하는 대신에 반송파의 위상각을 제어한다. 반송파는 다음의 형식을 갖고

$$A_c \cos(\omega_c t)$$

변조된 반송파는 다음의 형식을

$$\mathrm{y}(t) = A_c \cos(\theta_c(t))$$

또는

$$\mathrm{y}(t) = A_c \cos(\omega_c t + \Delta\theta(t))$$

갖는다고 하자. 여기서 $\theta_c(t) = \omega_c t + \Delta\theta(t)$이고 $\omega_c = 2\pi f_c$이다. 위상은 두 부분으로 이루어져 있는데 하나는 무변조된 반송파 $\omega_c t$의 위상이고 다른 하나는 무변조된 반송파의 위상으로부터의 편차 $\Delta\theta(t)$이다. $\mathrm{x}(t)$가 정보신호이고 $\Delta\theta(t) = k_p \mathrm{x}(t)$이면, 이러한 각도 변조를 위상변조(phase modulation)라고 한다.

무변조된 반송파의 각 주파수는 ω_c이다. 무변조된 반송파의 정현파 매개변수 $\omega_c t$를 시간에 대해 미분하면 상수 ω_c를 얻는다. 따라서 정현파의 각 주파수를 정의하는 한 가지 방법은 사인파의 매개변수에 대한 시간 도함수를 구하는 것이다. 마찬가지로 진동수는 매개변수의 도함수를 2π로 나누어 정의할 수 있다. 그러한 정의를 변조된 각 $\theta_c(t) = \omega_c t + \Delta\theta(t)$에 적용하면 순간 주파수(instantaneous frequency)로 정의되는 시간의 함수

$$\omega(t) = \frac{d}{dt}(\theta_c(t)) = \omega_c + \frac{d}{dt}(\Delta\theta(t))$$

또는

$$\mathrm{f}(t) = \frac{1}{2\pi}\frac{d}{dt}(\theta_c(t)) = f_c + \frac{1}{2\pi}\frac{d}{dt}(\Delta\theta(t))$$

을 얻게 된다.

위상변조에서 순간 각 주파수는

$$\omega(t) = \omega_c + k_p \frac{d}{dt}(\mathrm{x}(t))$$

이다. 정보신호로 위상편차에 비례하도록 제어하는 대신에 정보신호로 위상 도함수에 비례하도록 제어하게 되면

$$\frac{d}{dt}(\Delta\theta(t)) = k_f \, \mathrm{x}(t)$$

이고 순간 각 주파수 및 진동수는

$$\omega(t) = \omega_c + k_f \, \mathrm{x}(t) \ \ \text{and} \ \ \mathrm{f}(t) = f_c + \frac{k_f}{2\pi}\mathrm{x}(t)$$

이다. 정보신호가 비례해 변조된 반송파의 순간 주파수를 제어하기 때문에 이러한 유형의 각도 변조를 주파수 변조(frequency modulation)라 한다.

각 변조를 이해하는데 정보신호와 변조된 반송파를 비교하기 위해 동일한 시간척도로 그려진 그래프로 살펴보는 것이 도움이 된다〈그림 12.17, 그림 12.18〉.

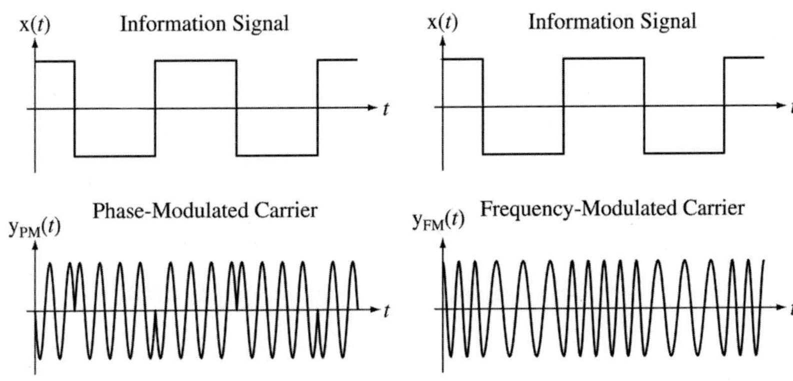

그림 12.17 구형파의 위상 변조와 주파수 변조

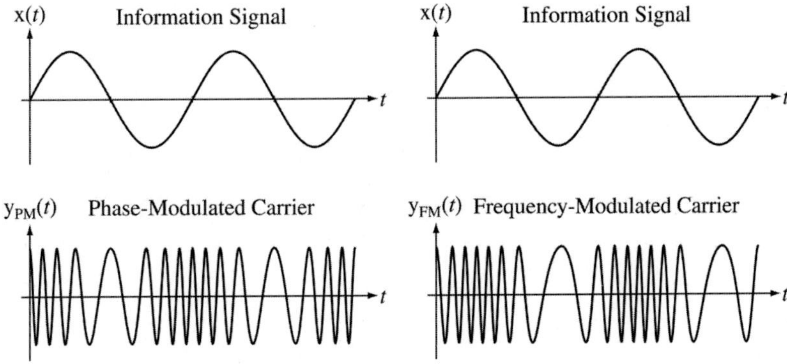

그림 12.18 사인파의 위상변조와 주파수 변조

그 다음 과제는 위상변조와 주파수 변조 신호의 스펙트럼을 구하는 것이다. 진폭변조 신호의 스펙트럼을 구했을 때 정보신호의 스펙트럼에 대해 크기를 조절하고 주파수를 이동시킨 것이라는 것을 알게 되었다. 이것은 진폭변조가 곱하기 컨벌루션 및 더하기를 하기 때문에 생기는 것이다. 시간에서의 곱하기는 주파수에서 컨벌루션이고 시간에서의 컨벌루션은 주파수에서의 곱하기에 해당하며 더하기는 두 영역에서 더하기이다. 위상변조와 주파수변조의 스펙트럼은 간단하지 않은데 이제 변조가 곱하기, 컨벌루션 및 더하기로 이루어지지 않기 때문이다. 위상변조에 대해

$$\mathrm{y}_{\mathrm{PM}}(t) = A_c \cos(\omega_c t + k_p\,\mathrm{x}(t))$$

이고 주파수 변조에 대해서는

$$\mathrm{y}_{\mathrm{FM}}(t) = A_c \cos\left(\omega_c t + k_f \int_{t_0}^{t} \mathrm{x}(\tau)\,d\tau\right)$$

이다. 일반적인 경우에 이러한 신호를 CTFT한 간단한 표현식은 없다.

삼각함수의 공식을 이용해

$$\cos(x+y) = \cos(x)\cos(y) - \sin(x)\sin(y)$$

변조된 신호를 다음과 같이 표현할 수 있다.

$$\mathrm{y}_{\mathrm{PM}}(t) = A_c[\cos(\omega_c t)\cos(k_p\,\mathrm{x}(t)) - \sin(\omega_c t)\sin(k_p\,\mathrm{x}(t))]$$

그리고

$$\mathrm{y}_{\mathrm{FM}}(t) = A_c\left[\cos(\omega_c t)\cos\left(k_f \int_{t_0}^{t} \mathrm{x}(\tau)\,d\tau\right) - \sin(\omega_c t)\sin\left(k_f \int_{t_0}^{t} \mathrm{x}(\tau)\,d\tau\right)\right]$$

k_p와 k_f가 충분히 작으면

$$\cos(k_p\,\mathrm{x}(t)) \cong 1 \quad \text{and} \quad \sin(k_p\,\mathrm{x}(t)) \cong k_p\,\mathrm{x}(t)$$

그리고

$$\cos\left(k_f \int_{t_0}^{t} \mathrm{x}(\tau)\,d\tau\right) \cong 1 \quad \text{and} \quad \sin\left(k_f \int_{t_0}^{t} \mathrm{x}(\tau)\,d\tau\right) \cong k_f \int_{t_0}^{t} \mathrm{x}(\tau)\,d\tau$$

그러면

$$y_{PM}(t) \cong A_c[\cos(\omega_c t) - k_p\, x(t)\sin(\omega_c t)]$$

그리고

$$y_{FM}(t) \cong A_c\left[\cos(\omega_c t) - \sin(\omega_c t)k_f \int_{t_0}^{t} x(\tau)\,d\tau\right]$$

이러한 근사 값을 협대역 위상 변조 및 협대역 주파수 변조라고 한다. 이러한 근사 값에 대한 푸리에 변환을 구할 수 있다.

$$Y_{PM}(j\omega) \cong (A_c/2)\{2\pi[\delta(\omega-\omega_c)+\delta(\omega+\omega_c)] - jk_p[X(j(\omega+\omega_c)) - X(j(\omega-\omega_c))]\}$$

그리고

$$Y_{FM}(j\omega) \cong (A_c/2)\left\{2\pi[\delta(\omega-\omega_c)+\delta(\omega+\omega_c)] - k_f\left[\frac{X(j(\omega+\omega_c))}{\omega+\omega_c} - \frac{X(j(\omega-\omega_c))}{\omega-\omega_c}\right]\right\}$$

또는 푸리에 변환의 적분성질을 이용해 (x(t)의 평균은 0이라고 가정하였다) 진동수의 변수로

$$Y_{PM}(f) \cong (A_c/2)\{[\delta(f-f_c)+\delta(f+f_c)] - jk_p[X(f+f_c) - X(f-f_c)]\}$$

그리고

$$Y_{FM}(f) \cong (A_c/2)\left\{[\delta(f-f_c)+\delta(f+f_c)] - \frac{k_f}{2\pi}\left[\frac{X(f+f_c)}{f+f_c} - \frac{X(f-f_c)}{f-f_c}\right]\right\}$$

정보신호가 다음과 같은 완전한 정현파이면

$$x(t) = A_m\cos(\omega_m t) = A_m\cos(2\pi f_m t)$$

그러면

$$X(f) = (A_m/2)[\delta(f-f_m)+\delta(f+f_m)]$$

그리고

$$Y_{PM}(f) \cong (A_c/2)\left\{[\delta(f-f_c)+\delta(f+f_c)] - \frac{jA_m k_p}{2}\left[\begin{matrix}\delta(f+f_c-f_m)+\delta(f+f_c+f_m)\\ -\delta(f-f_c-f_m)-\delta(f-f_c+f_m)\end{matrix}\right]\right\}$$

그리고

$$Y_{FM}(f) \cong (A_c/2)\left\{[\delta(f-f_c)+\delta(f+f_c)] - \frac{A_m k_f}{4\pi}\left[\begin{array}{l}\dfrac{\delta(f+f_c-f_m)}{f+f_c}+\dfrac{\delta(f+f_c+f_m)}{f+f_c} \\ -\dfrac{\delta(f-f_c-f_m)}{f-f_c}-\dfrac{\delta(f-f_c+f_m)}{f-f_c}\end{array}\right]\right\}$$

또는 임펄스의 등가성질을 이용해

$$Y_{FM}(f) \cong (A_c/2)\left\{[\delta(f-f_c)+\delta(f+f_c)] - \frac{A_m k_f}{4\pi f_m}\left[\begin{array}{l}\delta(f+f_c-f_m)-\delta(f+f_c+f_m) \\ -\delta(f-f_c-f_m)+\delta(f-f_c+f_m)\end{array}\right]\right\}$$

〈그림 12.19〉. 주파수 변조에서 상측파대와 하측파대는 위상이 180도 차이가 난다는 것을 주목하라.

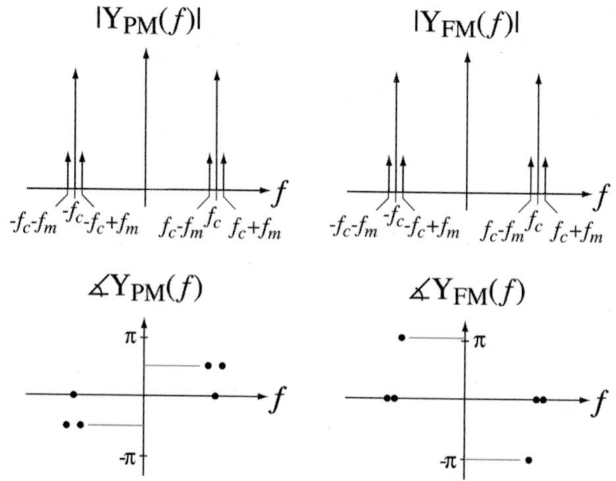

그림 12.19 코사인 신호에 의해 위상변조 및 주파수 변조된 반송파의 스펙트럼

$x(t) = 2f_m \operatorname{sinc}(2f_m t)$이면 대역이 제한되고 평평한 기저대역 스펙트럼은 $X(f) = \operatorname{rect}(f/2f_m)$이며

$$Y_{PM}(f) \cong (A_c/2)\left\{[\delta(f-f_c)+\delta(f+f_c)] - jk_p\left[\operatorname{rect}\left(\frac{f+f_c}{2f_m}\right) - \operatorname{rect}\left(\frac{f-f_c}{2f_m}\right)\right]\right\}$$

그리고

$$Y_{FM}(f) \cong (A_c/2)\left\{[\delta(f-f_c)+\delta(f+f_c)] - \frac{k_f}{2\pi}\left[\frac{\mathrm{rect}\left(\frac{f+f_c}{2f_m}\right)}{f+f_c} - \frac{\mathrm{rect}\left(\frac{f-f_c}{2f_m}\right)}{f-f_c}\right]\right\}$$

〈그림 12.20〉. 마찬가지로 주파수 변조에서 상측파대와 하측파대는 위상이 180도 차이가 난다.

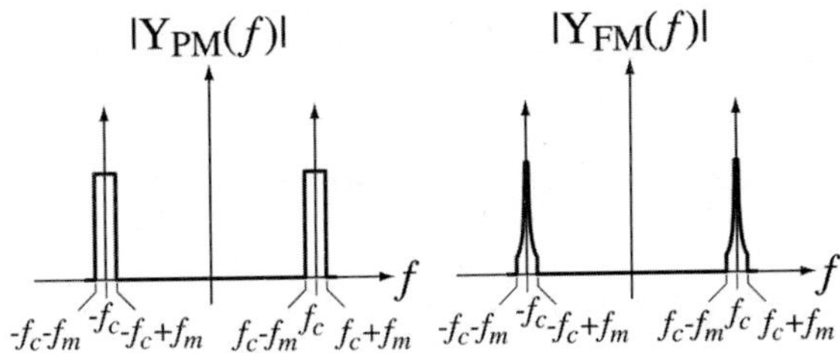

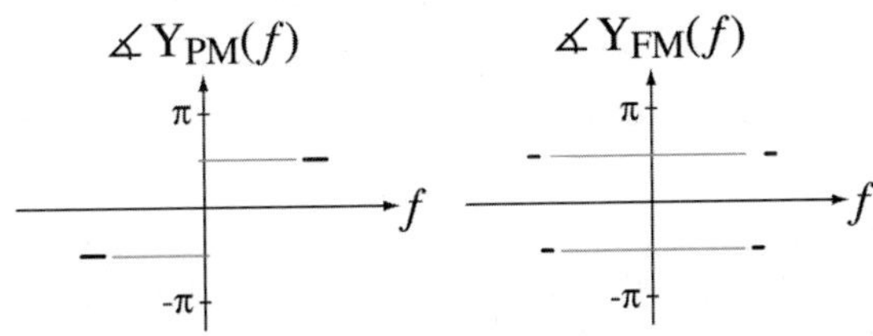

그림 12.20 sinc 함수에 의해 위상변조 및 주파수 변조된 반송파의 스펙트럼

협대역 위상변조와 주파수변조의 근사 값이 적절치 않으면 좀 더 정확하지만 복잡한 광대역의 경우를 다루어야 한다. 간단명료하게 하기 위해 논의를 주파수 변조로 한정할 것이다. 위상변조의 경우에도 유사하다. 순간 각 주파수를 $k_f \mathrm{x}(t)$라 하자. 그러면

$$\mathrm{y}_{FM}(t) = A_c\left[\cos(\omega_c t)\cos\left(k_f\int_{t_0}^{t}\mathrm{x}(\tau)\,d\tau\right) - \sin(\omega_c t)\sin\left(k_f\int_{t_0}^{t}\mathrm{x}(\tau)\,d\tau\right)\right]$$

변조 $\mathrm{x}(t) = A_m\cos(\omega_m t)$이면(적분상수를 0으로 하면)

$$\mathrm{y}_{FM}(t) = A_c\left[\cos(\omega_c t)\cos\left(\frac{k_f A_m}{\omega_m}\sin(\omega_m t)\right) - \sin(\omega_c t)\sin\left(\frac{k_f A_m}{\omega_m}\sin(\omega_m t)\right)\right]$$

표기를 간략화 하기 위해 변조지수 $m = k_f A_m/\omega_m$을 정의하자. 그러면

$$\mathrm{y}_{FM}(t) = A_c[\cos(\omega_c t)\cos(m\sin(\omega_m t)) - \sin(\omega_c t)\sin(m\sin(\omega_m t))]$$

그리고 각각의 항

$$\cos(m\sin(\omega_m t)) \text{ and } \sin(m\sin(\omega_m t))$$

은 $2\pi/\omega_m$의 주기를 갖는다. 그러므로 각각은 푸리에 급수로 표현할 수 있다. 그러면 푸리에 급수

$$y_{FM}(t) = A_c[\cos(\omega_c t)\cos(m\sin(\omega_m t)) - \sin(\omega_c t)\sin(m\sin(\omega_m t))]$$

은 $\pm\omega_c$에 중심을 갖도록 크기가 조절되고 주파수 이동이 된 것을 제외하고는

$$\cos(m\sin(\omega_m t)) \text{ and } \sin(m\sin(\omega_m t))$$

에 대한 푸리에 급수의 선형결합이 된다. 다음의 수식

$$\cos(m\sin(\omega_m t)) \text{ and } \sin(m\sin(\omega_m t))$$

의 CTFS 고조파 함수는 다음에 정의된

$$c_y[k] = \frac{1}{T_0}\int_{T_0} y(t)e^{-j2\pi kt/T_0}\,dt = \frac{\omega_m}{2\pi}\int_{2\pi/\omega_m} y(t)e^{-jk\omega_m t}\,dt$$

을 이용해 구할 수 있다. 여기서 $y(t)$는 그러한 고조파 함수의 일종이다. 예를 들면

$$\cos(m\sin(\omega_m t)) = \sum_{k=-\infty}^{\infty} c_c[k]e^{jk\omega_m t}$$

그리고

$$\cos(\omega_c t)\cos(m\sin(\omega_m t)) = \frac{1}{2}\sum_{k=-\infty}^{\infty} c_c[k][e^{j(k\omega_m+\omega_c)t} + e^{j(k\omega_m-\omega_c)t}]$$

여기서

$$c_c[k] = \frac{\omega_m}{2\pi}\int_{2\pi/\omega_m} \cos(m\sin(\omega_m t))e^{-jk\omega_m t}\,dt$$

$$c_c[k] = \frac{\omega_m}{4\pi}\int_{-\pi/\omega_m}^{\pi/\omega_m} [e^{jm\sin(\omega_m t)} + e^{-jm\sin(\omega_m t)}]e^{-jk\omega_m t}\,dt$$

$$c_c[k] = \frac{\omega_m}{4\pi}\int_{-\pi/\omega_m}^{\pi/\omega_m} [e^{j[m\sin(\omega_m t)-k\omega_m t]} + e^{j[-m\sin(\omega_m t)-k\omega_m t]}]\,dt$$

이러한 적분은 다음 수식을 이용해 계산할 수 있다.

$$\mathrm{J}_k(z) = \frac{1}{2\pi} \int_{-\pi}^{\pi} e^{j(z\sin(\lambda) - k\lambda)}\, d\lambda$$

여기서 $\mathrm{J}_k(\cdot)$는 차수가 k인 제1종 베셀함수(Bessel function)이다〈그림 12.21〉.

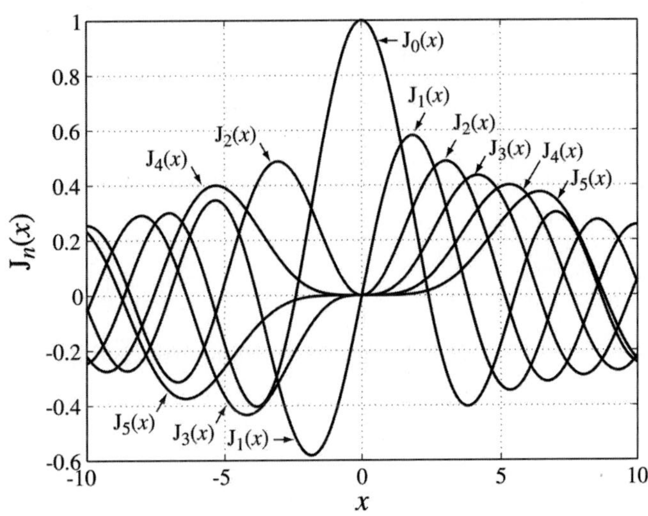

그림 12.21 차수 0에서 5까지의 제1종 베셀함수

이러한 베셀함수의 두 가지 유용한 성질은

$$\mathrm{J}_{-k}(z) = (-1)^k\, \mathrm{J}_k(z),\; \mathrm{J}_k(z) = (-1)^k\, \mathrm{J}_k(-z),\; k \text{ an integer}$$

이다. 수식으로부터 다음 수식을 유도할 수 있다.

$$\mathrm{J}_k(z) = \mathrm{J}_{-k}(-z)$$

$$\mathrm{c}_c[k] = \frac{\omega_m}{4\pi} \int_{-\pi/\omega_m}^{\pi/\omega_m} [e^{j[m\sin(\omega_m t) - k\omega_m t]} + e^{j[-m\sin(\omega_m t) - k\omega_m t]}]dt$$

에서 $\omega_m t = \lambda \Rightarrow \omega_m dt = d\lambda$이다. 그러면

$$\mathrm{c}_c[k] = \frac{1}{4\pi} \int_{-\pi}^{\pi} [e^{j[m\sin(\lambda) - k\lambda]} + e^{j[-m\sin(\lambda) - k\lambda]}]d\lambda$$

$$\mathrm{c}_c[k] = (1/2)[\mathrm{J}_k(m) + \mathrm{J}_k(-m)] = (1/2)[\mathrm{J}_k(m) + \mathrm{J}_{-k}(m)]$$

마찬가지로

$$\sin(m\sin(\omega_m t)) = \sum_{k=-\infty}^{\infty} c_s[k]e^{jk\omega_m t}$$

그리고

$$\sin(\omega_c t)\sin(m\sin(\omega_m t)) = \frac{1}{j2}\sum_{k=-\infty}^{\infty} c_s[k][e^{j(k\omega_m+\omega_c)t} - e^{j(k\omega_m-\omega_c)t}]$$

여기서

$$c_s[k] = (1/j2)[J_k(m) - J_k(-m)] = (1/j2)[J_k(m) - J_{-k}(m)]$$

주파수 변조된 신호의 형태가

$$y_{FM}(t) = A_c[\cos(\omega_c t)\cos(m\sin(\omega_m t)) - \sin(\omega_c t)\sin(m\sin(\omega_m t))]$$

을 상기하라. 그러면

$$y_{FM}(t) = A_c\sum_{k=-\infty}^{\infty}\begin{Bmatrix}(1/2)(1/2)[J_k(m)+J_k(-m)][e^{j(k\omega_m+\omega_c)t}+e^{j(k\omega_m-\omega_c)t}] \\ -(1/j2)(1/j2)[J_k(m)-J_k(-m)][e^{j(k\omega_m+\omega_c)t}-e^{j(k\omega_m-\omega_c)t}]\end{Bmatrix}$$

$$y_{FM}(t) = \frac{A_c}{2}\sum_{k=-\infty}^{\infty}\left[J_k(m)e^{j(k\omega_m+\omega_c)t} + J_{-k}(m)e^{j(k\omega_m-\omega_c)t}\right]$$

또는

$$y_{FM}(t) = \frac{A_c}{2}\sum_{k=-\infty}^{\infty}\left[J_k(m)e^{j2\pi(kf_m+f_c)t} + J_{-k}(m)e^{j2\pi(kf_m-f_c)t}\right]$$

그리고 CTFT(진동수의 함수로)는

$$Y_{FM}(f) = \frac{A_c}{2}\sum_{k=-\infty}^{\infty}[J_k(m)\delta(f-(kf_m+f_c)) + J_{-k}(m)\delta(f-(kf_m-f_c))]$$

$$Y_{FM}(f) = \frac{A_c}{2}\begin{Bmatrix}J_0(m)[\delta(f-f_c)+\delta(f+f_c)] \\ +\sum_{k=1}^{\infty}\begin{bmatrix}J_k(m)\delta(f-(kf_m+f_c)) + J_{-k}(m)\delta(f-(kf_m-f_c)) \\ +J_{-k}(m)\delta(f-(-kf_m+f_c)) + J_k(m)\delta(f-(-kf_m-f_c))\end{bmatrix}\end{Bmatrix}$$

이 수식이 바로 코사인파를 주파수 변조한 정확한 광대역 주파수변조 스펙트럼이다. 대응되는 시간 영역 표현식은

$$y_{FM}(t) = A_c\left\{J_0(m)\cos(2\pi f_c t)+\sum_{k=1}^{\infty}\left[J_k(m)\cos(2\pi(f_c+kf_m)t)+J_{-k}(m)\cos(2\pi(f_c-kf_m)t)\right]\right\}$$

그러므로 변조의 기본주파수만큼 떨어진 무한히 많은 임펄스가 있다. 이는 무한 대역폭을 의미할 수 있다. 그러나 일반적인 값의 변조지수에 대해 임펄스를 그려보면 임펄스가 이론상으로 영원히 지속되더라도 주파수 편차 mf_m을 넘어서면 급격하게 크기가 감소한다〈그림 12.22〉. 따라서 주파수 f_m인 코사인파에 의해 변조된 광대역 주파수 변조의 대역폭은 약 $2mf_m$이다.

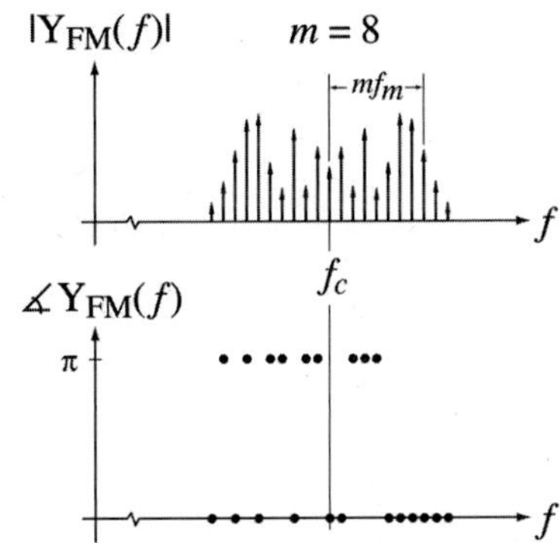

그림 12.22 코사인을 변조한 광대역 주파수변조 스펙트럼의 예시

m이 매우 작은 값을 가질 때

$$J_0(m)\to 1,\ J_1(m)\to m/2,\ J_{-1}(m)\to -m/2 \text{ and } J_n(m)\to 0,\ n>1$$

그러면 m이 작은 값에 대해

$$Y_{FM}(f)\cong\frac{A_c}{2}\left\{\begin{array}{l}[\delta(f-f_c)+\delta(f+f_c)]+(m/2)[\delta(f-f_m-f_c)-\delta(f-f_m+f_c)]\\ -(m/2)[\delta(f+f_m-f_c)-\delta(f+f_m+f_c)]\end{array}\right\}$$

그리고

$$y_{FM}(t)=A_c\{\cos(2\pi f_c t)+(m/2)[\cos(2\pi(f_c+f_m)t)+\cos(2\pi(f_c-f_m)t)]\}$$

이 표현식은 협대역 주파수 변조 근사 값에 대해 앞서 유도한 것과 동일하다.

12.3 이산시간 정현파 반송파 진폭변조

변조는 또한 연속시간 시스템에서 사용한 방법과 유사하게 이산시간 시스템에서도 사용할 수 있다. 이산시간 변조의 가장 단순한 형태는 DSBSC 변조이며 반송파 신호 c[n]을 변조신호 x[n]으로 곱하는 것이다. 반송파를 정현파

$$c[n] = \cos(2\pi F_0 n)$$

이라 하자. 여기서 $F_0 = 1/N_0$이고 N_0는 주기(정수) 이다. 그러면 변조기의 응답은

$$y[n] = x[n]\,c[n] = x[n]\cos(2\pi F_0 n)$$

이다〈그림 12.23〉.

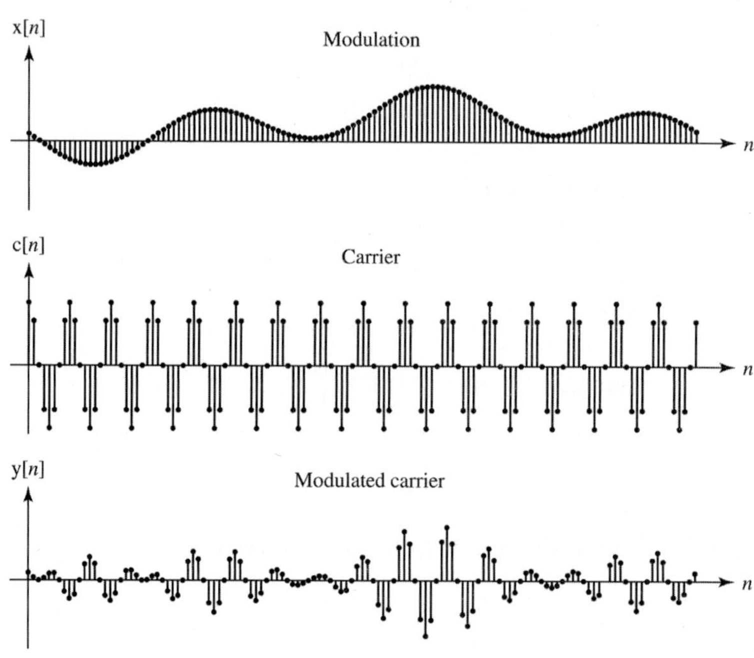

그림 12.23 이산시간 DSBSC 시스템에서 변조신호, 반송파 및 변조된 반송파

이산시간의 곱은 이산주파수의 주기적인 컨벌루션에 대응되어

$$Y(F) = X(F) \circledast C(F) = X(F) \circledast \{(1/2)[\delta(F - F_0) + \delta(F + F_0)] * \delta_1(F)\}$$

또는

$$Y(F) = (1/2)[X(F - F_0) + X(F + F_0)]$$

〈그림 12.24〉이며 DSBSC 연속시간 변조에 대한 결과

$$Y(f) = (1/2)[X(f - f_0) + X(f + f_0)]$$

와 아주 비슷하다.

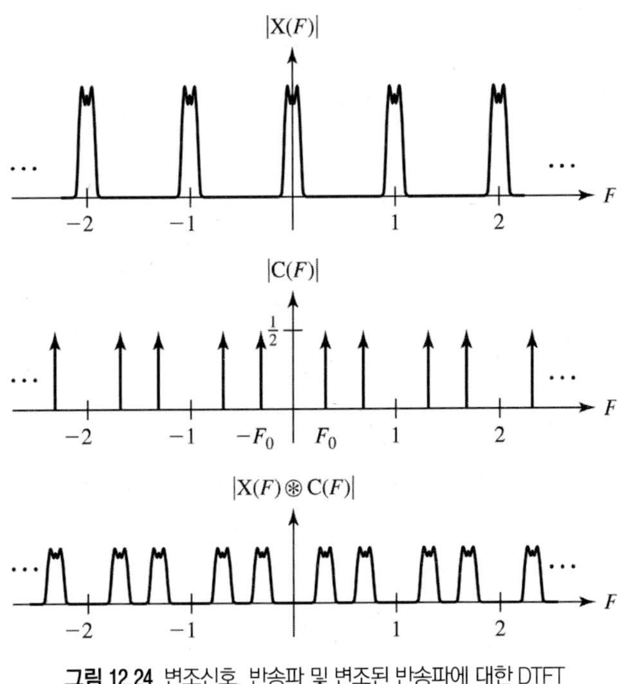

그림 12.24 변조신호, 반송파 및 변조된 반송파에 대한 DTFT

이런 유형의 변조가 주파수 다중화에 사용되면 모든 신호의 대역폭(F단위의)의 합은 1/2보다 작아야 한다.

한 가지 간단하고 재미있는 유형의 이산시간 DSBSC 변조는 반송파로 $c[n] = \cos(\pi n)$을 사용하는 것이다. 이것은 연속시간 코사인을 정확히 2배의 주파수로 샘플링 한 이산시간 코사인이다. 이산시간 코사인은 시퀀스 ...1, -1, 1, -1, 1, -1,...이기 때문에 정말 간단하다. 이러한 반송파를 사용할 때 DTFT 결과를 〈그림 12.25〉에 보여주고 있다.

이런 유형의 변조는 이산시간 변조의 주파수 스펙트럼을 거꾸로 한다. 스펙트럼이 처음에 저역통과 스펙트럼이면 고역통과 스펙트럼이 되고 그 역도 마찬가지다. 이런 유형의 변조는 단순히 변조신호의 다른 모든 값의 부호를 바꾸어 주면 되기 때문에 구현하기에 매우 쉬운 변조방식이다. 원래의 신호를 복원하기 위한 복조는 완전히 동일한 과정을 또 다시 거쳐 모든 주파수 성분을 원래의 위치로 되돌려 놓는다.

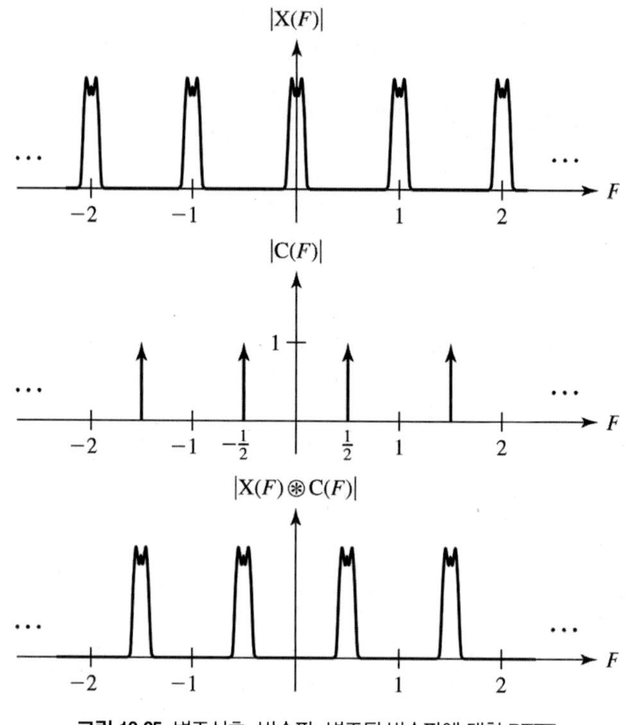

그림 12.25 변조신호, 반송파, 변조된 반송파에 대한 DTFT

이런 유형의 변조를 사용하는 한 가지 재미있는 경우는 저역통과 이산시간 필터를 고역통과 이산시간 필터로 바꾸는 것이다. 이러한 반송파를 신호에 의해 변조시켜 저역통과 필터를 통과시키면 원래 낮았던 주파수가 높아지게 되어 통과하지 못하며 원래 높았던 주파수는 낮아지게 되어 통과하게 될 것이다. 그러면 완전히 똑같은 유형의 변조에 의해 높은 주파수(원래의 낮은 주파수)를 낮은 주파수로 되돌려 필터의 출력을 복조할 수 있다. 이러한 방법을 사용하여 저역통과 및 고역통과 필터링 모두에 대해 한 종류의 이산시간 필터를 사용할 수 있다.

12.4 요약

1. 주파수 다중화를 사용하는 통신시스템은 푸리에 방법을 사용해 쉽게 해석할 수 있다.
2. 진폭변조에서 정보신호는 반송파의 진폭을 직접 제어한다.
3. 진폭변조와 동기 복조는 매우 유사하다.
4. 전송 반송파 진폭변조는 동기 복조가 필요하지 않은 간단하고 값싼 회로를 가지로 복조할 수 있다.
5. 단측파대 복조는 양측파대 복조의 절반만 사용한다. 이는 좀 더 효율적으로 대역폭을 활용

할 수 있도록 해주지만 동기 복조를 필요로 한다.

6. 각도 변조의 두 가지 형태는 서로 많은 유사성을 갖고 있는 위상변조와 주파수 변조이다. 주파수 변조는 실제로 더 많이 사용된다.
7. 연속시간에서 사용하는 진폭변조 기술은 이산시간에서의 진폭변조에서도 똑같이 사용된다.

해답이 있는 연습문제

각 연습문제의 해답은 무작위로 나열했다.

진폭변조

1. 〈그림 E.1〉과 같은 시스템에서 $x_t(t) = \text{sinc}(t)$, $f_c = 10$이고 저역통과 필터의 차단 주파수가 1 Hz이다. $x_t(t)$, $y_t(t)$, $y_d(t)$ 및 $y_f(t)$와 이 신호들의 CTFT의 크기와 위상을 그려라.

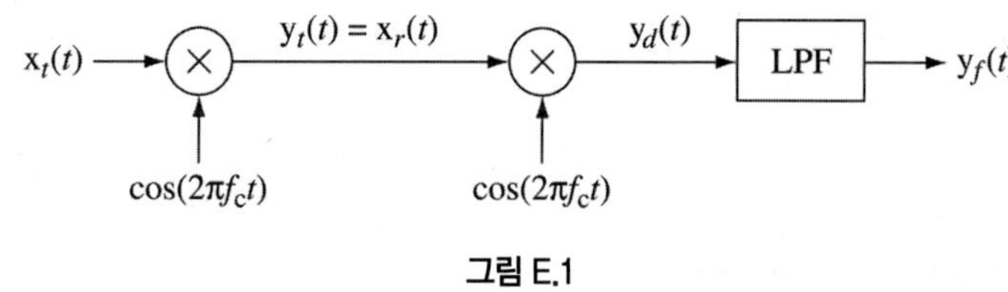

그림 E.1

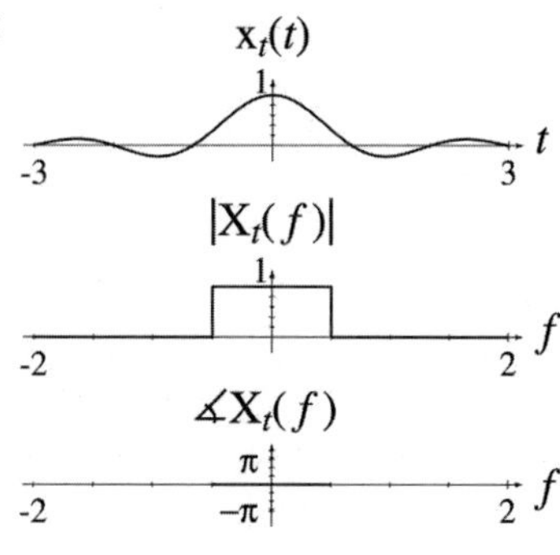

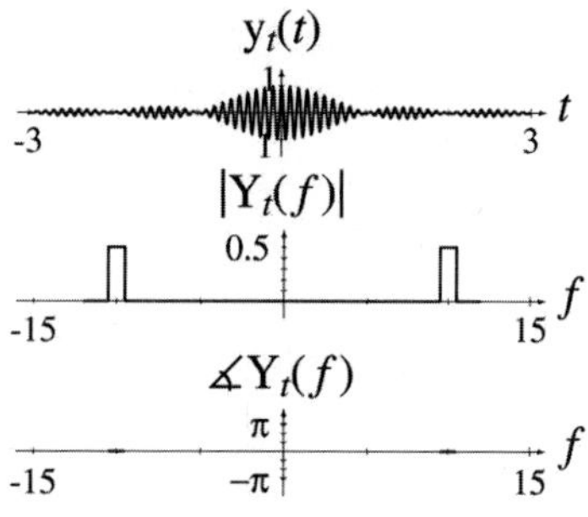

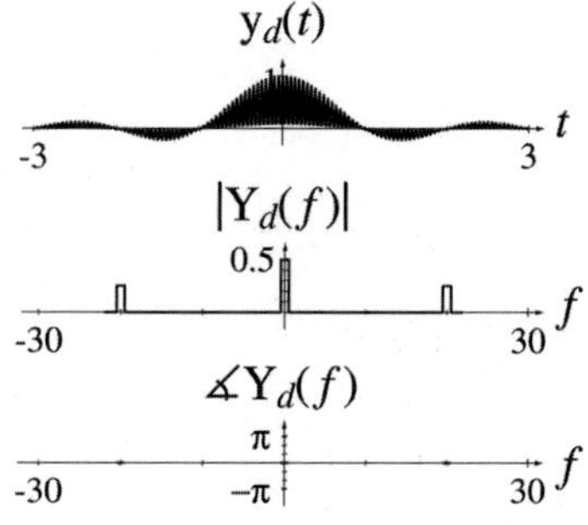

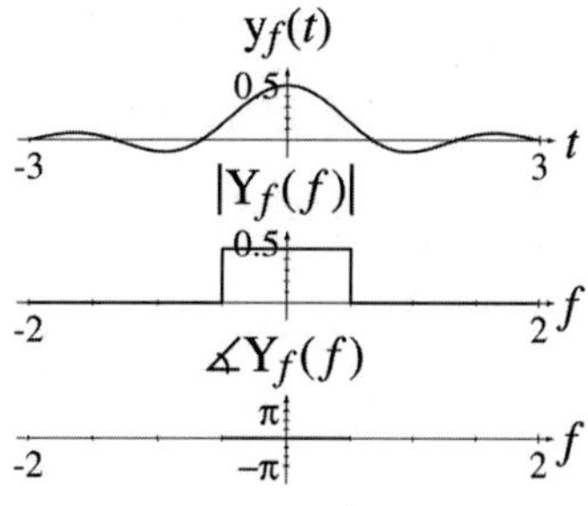

2. 〈그림 E.2〉와 같은 시스템에서 $x_t(t) = \mathrm{sinc}(5t) * \delta_1(t)$이고 $m = 1$, $f_c = 40$이고 저역통과 필터의 차단 주파수가 4Hz이다. 신호 $x_t(t)$, $y_t(t)$, $y_d(t)$ 및 $y_f(t)$와 이 신호들의 CTFT의 크기와 위상을 그려라.

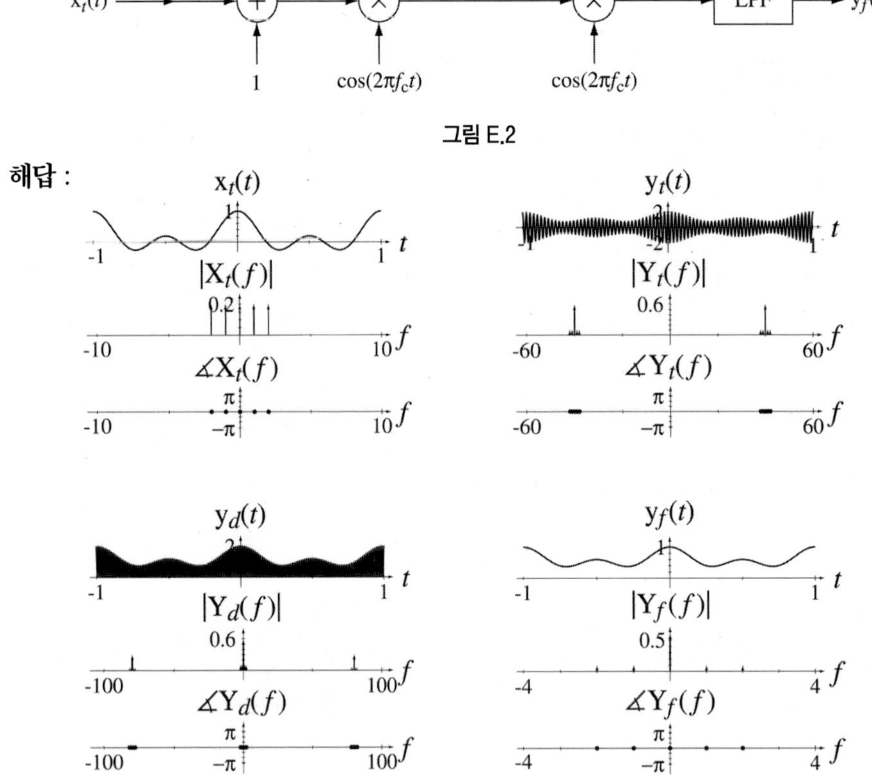

그림 E.2

3. AM 라디오 방송국은 5kHz의 절대 대역폭(absolute bandwidth)으로 음악을 방송한다. 이 방송국은 양측파대를 사용하고 전송 반송파 변조를 하며 반송파 주파수는 1MHz이다.

(a) 방송국에서 방송된 변조된 반송파가 차지하는 양의 주파수 공간에서의 대역폭의 최소 f_{low} 및 최대 f_{high} 주파수를 구하라.

(b) 반송파 주파수가 1.5MHz로 바뀔 때 방송국에서 방송된 변조된 반송파가 차지하는 양의 주파수 공간에서의 대역폭의 최소 f_{low} 및 최대 f_{high} 주파수를 구하라.

(c) 방송국에서 단측파대 억압 반송파 변조로 바뀌면 단지 상측파대(양의 주파수에서)만 방송되고 반송파 주파수가 1MHz이다. 방송국에서 방송된 변조된 반송파가 차지하는 양의 주파수 공간에서의 대역폭의 최소 f_{low} 및 최대 f_{high} 주파수를 구하라.

해답 : 1.005 MHz; 0.995 MHz; 1 MHz; 1.495 MHz; 1.005 MHz; 1.505 MHz

4. 반송파가 $10\cos(2000\pi t)$인 단측파대 억압 반송파(SSBSC) 변조 시스템에 신호 $x(t) = 4\,\mathrm{sinc}(10t)$가 입력된다. 시스템이 DSBSC 신호 $y_{DSBSC}(t)$를 만들기 위하여 반송파와 $x(t)$를 곱한다. 그 후 시스템은 상측파대를 전송하고 전송 신호 $y(t)$를 얻기 위해 이상적인 고역통과 필터로 $y_{DSBSC}(t)$의 하측파대를 억압한다. 전송 신호 $y(t)$는 $y(t) = A\,\mathrm{sinc}(bt)\cos(ct)$ 로 표현할 수 있다. A, b, c값을 구하라.

해답 : 2005 20; 5

각도 변조

5. 위상변조기에서 정보신호를 $x(t) = \mathrm{rect}(10^6 t) * \delta_{5\mu s}(t)$라 하고 반송파는 $\sin(8\pi \times 10^6 t)$라고 하자. 시간 범위 $0 < t < 10\mu s$ 에서 세 개의 다른 변조 지수 값 $k_p = \pi, \pi/2, \pi/4$에 대해 변조기의 출력신호를 그려라.

해답 :

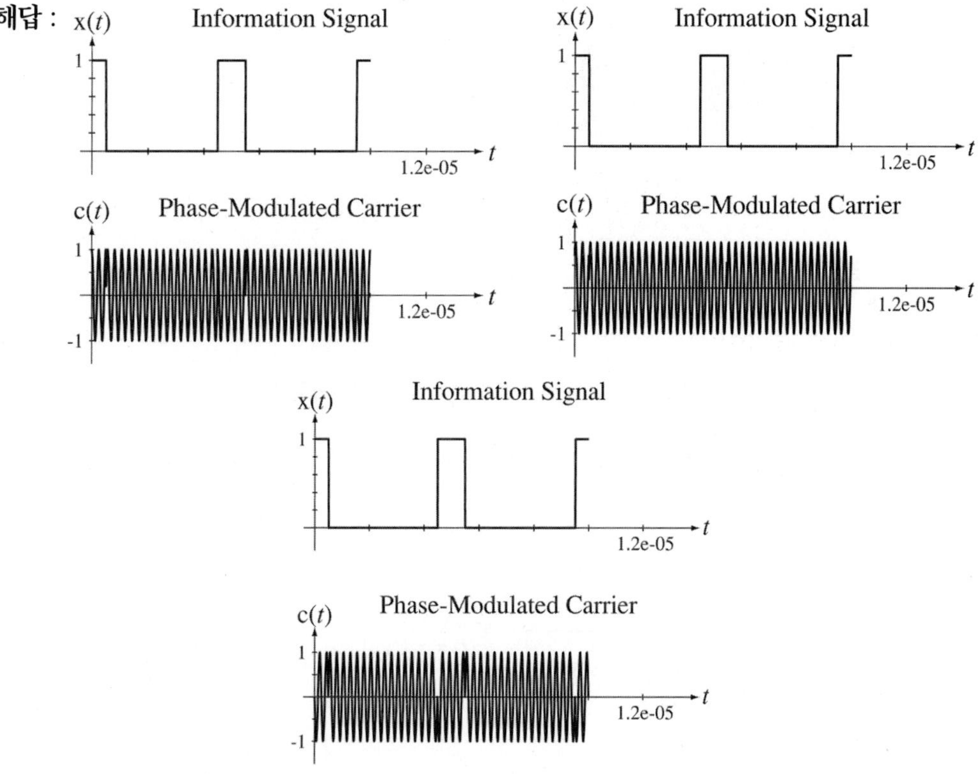

6. 주파수 변조기에서 정보신호를 $x(t) = \mathrm{rect}(10^6 t) * \delta_{5\mu s}(t)$ 라 하고 반송파는 $\sin(8\pi \times 10^6 t)$라고 하자. 시간 범위 $0 < t < 10\mu s$ 에서 세 개의 다른 변조 지수 값 $k_f = 8\pi \times 10^6$, $4\pi \times 10^6$, $2\pi \times 10^6$에 대해 변조기의 출력신호를 그려라.

해답 :

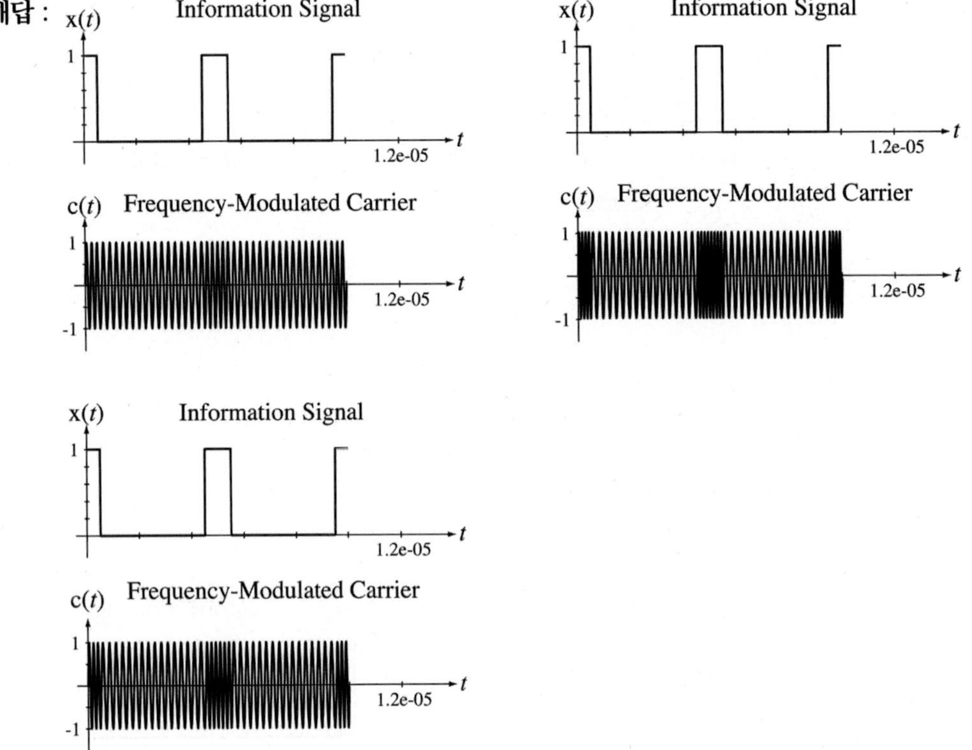

해답이 없는 연습문제

진폭변조

7. 연습문제 1에서 두 번째 $\cos(2\pi f_c t)$를 $\sin(2\pi f_c t)$로 바꾸어 다시 풀어 보라.

8. 〈그림 E.8〉의 시스템에서 $x_t(t) = \mathrm{sinc}(t)$, $f_c = 10$이고 저역통과 필터의 차단 주파수는 1Hz이다. $x_t(t)$, $y_t(t)$, $y_d(t)$ 및 $y_f(t)$ 신호를 그리고 그 신호들의 CTFT의 크기와 위상을 그려라.

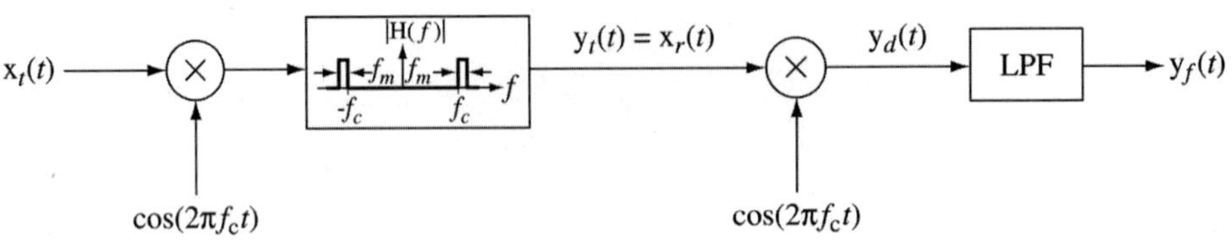

그림 E.8

9. 정현파 $x(t) = A_m \cos(2\pi f_m t)$는 〈그림 E.9〉와 같은 양측파대 전송 반송파 (DSBTC) 시스템에서 정현파 반송파 $A_c \cos(2\pi f_c t)$를 변조시킨다. $A_m = 1$, $f_m = 10$, $A_c = 4$, $f_c = 1000$, $m = 1$일 때 반송파 주파수 P_c에서 $y(t)$의 전체 신호 전력의 값을 구하라. 그리고 그 측파대 P_s에서 $y(t)$의 전체 신호 전력의 값을 구하라.

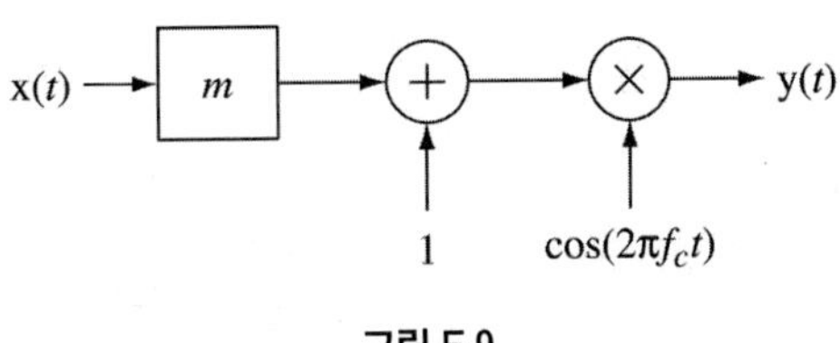

그림 E.9

10. 〈그림 E.10〉과 같은 시스템에서 $x_t(t) = 3\sin(1000\pi t)$이고 $f_c = 5000$이며 저역통과 필터는 통과대역에서 주파수 응답의 크기가 1인 이상적인 필터라고 하자.

(a) $y_t(t)$의 신호 전력을 구하라.

(b) $y_d(t)$의 신호 전력을 구하라.

(c) 저역통과 필터의 차단 주파수가 1kHz일 때 $y_f(t)$의 신호 전력을 구하라.

(d) 저역통과 필터의 차단 주파수가 100Hz일 때 $y_f(t)$의 신호 전력을 구하라.

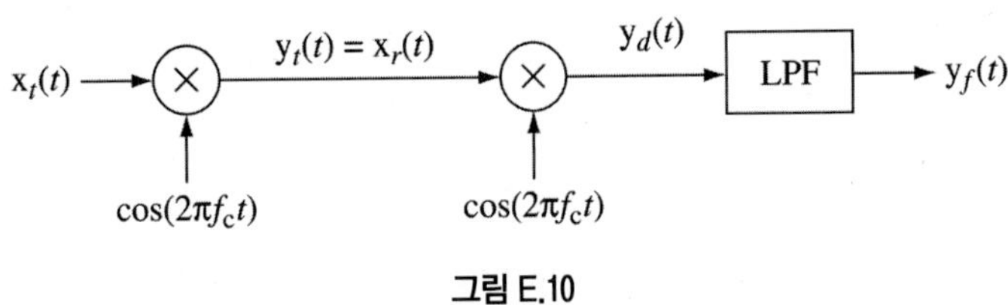

그림 E.10

11. 〈그림 E.11〉과 같은 시스템에서 $x_t(t) = 3\sin(1000\pi t)$, $m = 1$, $A = 3$, $f_c = 5000$이며 저역통과 필터는 통과대역에서 주파수 응답의 크기가 1인 이상적인 필터라고 하자.

(a) $y_t(t)$의 신호 전력을 구하라.

(b) $y_d(t)$의 신호 전력을 구하라.

(c) 저역통과 필터의 차단 주파수가 1kHz일 때 $y_f(t)$의 신호 전력을 구하라.

(d) 저역통과 필터의 차단 주파수가 100Hz일 때 $y_f(t)$의 신호 전력을 구하라.

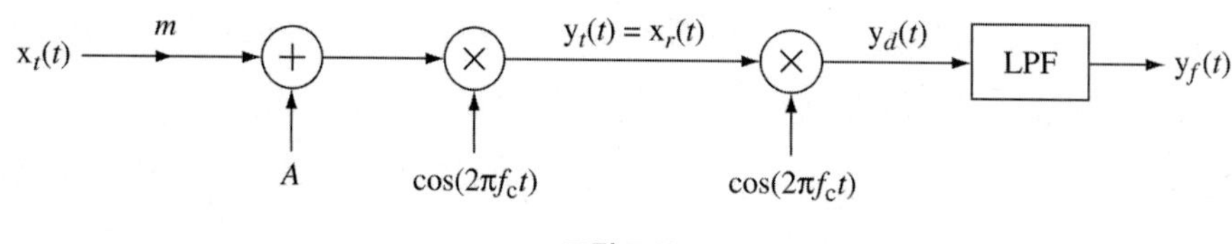

그림 E.11

12. 주파수 범위 $-f_c/100 < f < f_c/100$을 벗어나면 신호 전력이 없는 전력 신호 $x(t)$에 반송파 신호 $\cos(2\pi f_c t)$를 곱해 신호 $y_t(t)$를 얻는다. 그런 다음 $y_t(t)$에 $\cos(2\pi f_c t)$를 곱해 $y_r(t)$을 얻는다. 그 후 $y_r(t)$는 주파수 응답이 $H(f) = 6\,\mathrm{rect}(f/2f_c)$인 이상적인 저역통과 필터에 의해 필터링 되어 $y_f(t)$를 얻는다. $x(t)$의 신호 전력에 대한 $y_f(t)$의 신호 전력의 비 P_{y_f}/P_x를 구하라.

13. 〈그림 E.13〉 시스템에서 입력 신호의 CTFT가 $X(f) = \mathrm{tri}(f/f_c)$라고 하자. 이 시스템은 신호의 주파수 성분을 새로운 주파수로 옮겨 알 수 없도록 하기 때문에 스크램블러(scrambler)라고 한다.

(a) 아날로그 곱셈기와 이상적인 필터를 사용해 원래 신호를 복원할 수 있는 '디스크램블러(descrambler)'를 설계하라.

(b) 스크램블러-디스크램블러 시스템에서 각 신호의 크기 스펙트럼을 그려라.

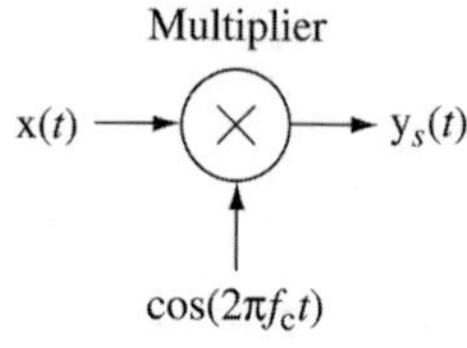

그림 E.13 스크램블러

각도 변조

14. 위상변조기에서 정보신호를 $x(t) = \sin(10^5 t)$, 반송파는 $\cos(2\pi \times 10^6 t)$, 변조 지수 $k_p = \pi/5$이고 $k_f = k_p \times 10^6/5$이라 하자. 시간 범위 $0 < t < 20\mu s$에서 변조기의 출력신호를 그려라. 변조기의 출력을 (1) 변조된 신호로 직접 그리고 (2) 협대역 위상변조 및 주파수변조 근사화해 두 가지 방법으로 구하라. 그래프를 비교하라.

포락선 검출기

15. 〈그림 E.15〉는 포락선 검출기의 회로도이다. 다이오드는 이상적인 것으로 모델링하고 입력

신호 전압이 200mV의 진폭을 갖는 100kHz의 코사인 신호라고 하자. *RC* 시정수가 60μs하고 하자. 출력 전압 신호의 CTFT의 진폭을 구하고 그려라.

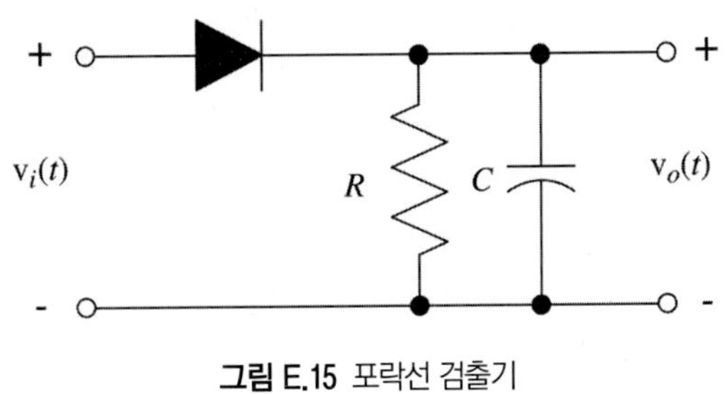

그림 E.15 포락선 검출기

초퍼 안정화 증폭기

16. 오프셋 전압의 열적 변동은 신호와 구별하기 어렵기 때문에 매우 낮은 주파수 신호를 다루는 전자 증폭기를 설계하기 어렵다. 이러한 이유로 저주파 증폭기를 설계하기 위한 일반적인 기술은 〈그림 E.16〉에 나와 있는 "초퍼 안정화 증폭기(chopper-stabilized)"이다.

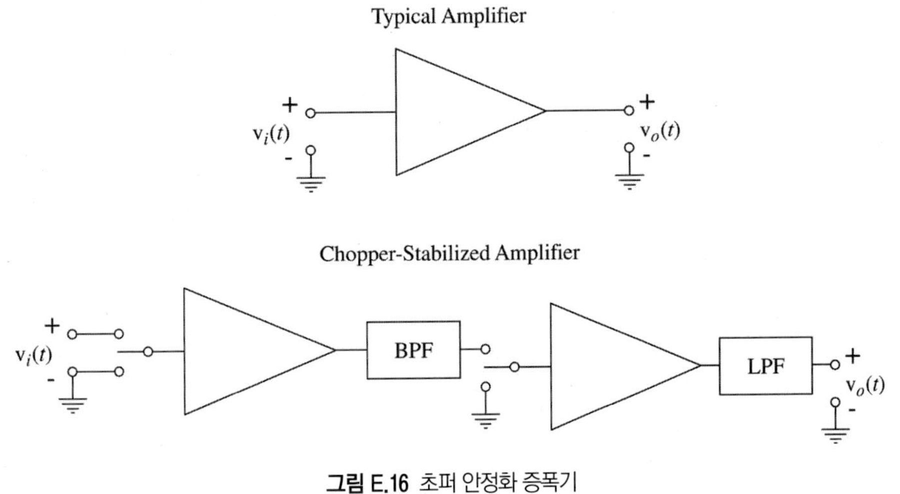

그림 E.16 초퍼 안정화 증폭기

초퍼 안정화 증폭기는 입력 신호를 주기적으로 온·오프 해 '자른다'. 이는 입력 신호가 0과 1 사이에 교대로 50% 순환 주기인 펄스 열에 의해 펄스 변조된 것과 같다. 그래서 초핑된 신호는 대역통과 필터링 되어 첫 증폭기로부터 느리게 변하는 열적 변동 신호를 제거한다. 그리고 증폭된 신호는 첫 번째 단 증폭기의 입력에서 사용된 초핑 신호와 정확히 같은 비율로 다시 초핑되며 동위 상을 이룬다. 그 후 이 신호를 더 증폭할 수 있다. 최종 단계에서 원래 신호의 증폭된 신호를 복원하기 위해 최종 증폭기의 신호를 저역통과 필터링한다(이는 간단한 모델이지만 초퍼 안정화 증폭기의 본질적인 특징을 보여준다).

초퍼 안정화 증폭기의 파라미터가 다음과 같다고 하자.

Chopping frequency	500 Hz
Gain of the first amplifier	100 V/V
Bandpass filter	Unity-gain, ideal, zero-phase
Passband	$250 < \lvert f \rvert < 750$
Gain of the second amplifier	10 V/V
Lowpass filter	Unity-gain, ideal, zero-phase
Bandwidth	100 Hz

입력 신호가 100Hz의 대역폭을 가진다고 할 때 초퍼 안정화 증폭기의 유효 DC 이득을 구하라.

다중경로

17. 텔레비전 방송의 신호 전송의 일반적인 문제는 구조물에 의해 반사된 전송 신호 때문에 수신된 신호의 다중경로(multipath) 왜곡이 발생되는 것이다. 일반적으로 '주'신호는 강하게 도착하고 약한 '고스트(ghost)' 신호는 늦게 도착한다. 전송된 신호가 $x_t(t)$라면 수신된 신호는

$$x_r(t) = K_m\, x_t(t - t_m) + K_g\, x_t(t - t_g)$$

이다. 여기서 $K_m >> K_g$ 및 $t_g > t_m$이다.

(a) 이러한 통신 채널의 주파수 응답을 구하라.

(b) 다중경로 효과를 보상하기 위한 등화(equalization) 시스템의 주파수 응답을 구하라.

CHAPTER 13

라플라스 시스템 분석

13.1 개요 및 학습 목표

피에르 라플라스(Pierre Laplace)는 상수 계수를 가지는 선형 미분 방정식을 푸는 방법으로 라플라스 변환을 고안했다. 대부분의 연속시간 LTI 시스템은 그런 형태의 미분방정식에 의해 최소한 근사적으로 기술된다. 라플라스 변환은 LTI 시스템의 임펄스 응답을 LTI 시스템을 기술하는 미분방정식의 고유 함수의 선형 결합으로 기술한다. 왜냐하면 라플라스 변환은 강력한 방법으로 시스템의 특징을 직접적으로 요약하기 때문이다. 따라서 많은 시스템의 분석과 설계 기술은 시스템을 기술하는 미분방정식을 직접적으로 참조하지 않고 라플라스 변환의 사용에 근거하고 있다. 이 장에서는 시스템을 해석하는데 있어서 가장 일반적인 몇 가지 라플라스 변환의 응용을 조사할 것이다.

학습 목표

1. 안정도, 표준 신호에 대한 시간 영역 응답 그리고 주파수 응답을 위해 피드백 시스템을 포함하고 있는 LTI 시스템의 일반적인 분석에 라플라스 변환을 적용한다.
2. 다양한 형태로 시스템을 구현하기 위한 기법을 개발한다.

13.2 시스템 표현

시스템 해석의 분야는 전기시스템, 유압시스템, 공압시스템, 화학시스템 등 여러 종류의 시스템을 포함한다. LTI 시스템은 미분방정식 또는 블록 다이어그램에 의해 묘사될 수 있다. 미분방정식은 라플라스 변환에 의해 대수 방정식으로 변환될 수 있으며 이러한 변환 방정식은 대체 형식의 시스템 표현을 만들어 낸다.

전기시스템은 회로도에 의해 묘사될 수 있다. 회로 해석은 시간 영역에서 이루어질 수 있지만 (미분방정식 대신) 대수방정식에 의해 시스템 상호 관계를 표현하는 선형 대수의 역할에 힘입어 흔히 주파수 영역에서 이루어진다. 회로는 저항, 커패시터, 인덕터, 트랜지스터, 다이오드, 변압기, 전압원, 전류원 등과 같은 회로 요소의 상호 연결이다. 이러한 요소는 주파수 영역의 선형 관계에 의해 특성이 묘사될 수 있다는 점에서 회로는 주파수 영역의 기법에 의해 해석될 수 있다. 트랜지스터, 다이오드, 변압기와 같은 비선형 요소들은 흔히 작은 신호 범위에서 근사적으로 선형 장치로 모델링될 수 있다. 이러한 모델들은 종속 전압원 및 전류원과 더불어 선형 저항, 커패시터 및 인덕터로 구성된다. 이것들 모두는 LTI 시스템의 전달 함수에 의해 특성이 기술될 수 있다.

라플라스 방법들을 사용하는 회로 해석의 한 예로 시간 영역에서 회로 기술을 설명하고 있는 〈그림 13.1〉의 회로를 고려하자.

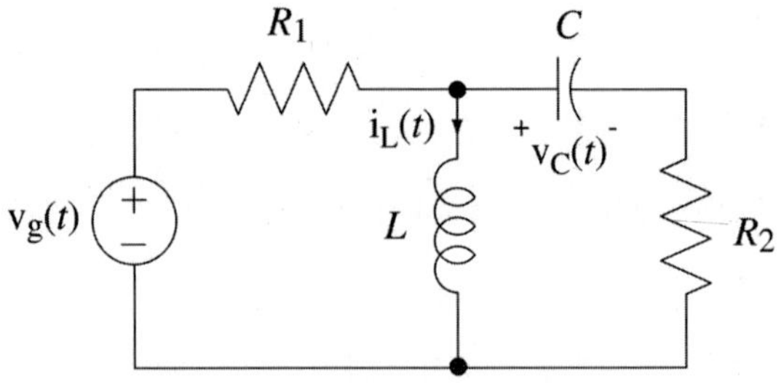

그림 13.1 *RLC* 회로에 대한 시간 영역의 회로도

이 회로는 다음과 같은 두 결합 미분 방정식에 의해 기술된다.

$$-\mathrm{v_g}(t)+R_1\left[\mathrm{i}_L(t)+C\frac{d}{dt}(\mathrm{v}_C(t))\right]+L\frac{d}{dt}(\mathrm{i}_L(t))=0$$

$$-L\frac{d}{dt}(\mathrm{i}_L(t))+\mathrm{v}_C(t)+R_2C\frac{d}{dt}(\mathrm{v}_C(t))=0$$

두 방정식을 라플라스 변환하면 다음을 얻는다.

$$-\mathrm{V_g}(s)+R_1\{\mathrm{I}_L(s)+C[s\,\mathrm{V}_C(s)-\mathrm{v}_c(0^+)]\}+sL\,\mathrm{I}_L(s)-\mathrm{i}_L(0^+)=0$$

$$-[sL\,\mathrm{I}_L(s)-\mathrm{i}_L(0^+)]+\mathrm{V}_C(s)+R_2C[s\,\mathrm{V}_C(s)-\mathrm{v}_c(0^+)]=0$$

만약 처음에 회로에 저장되어 있는 에너지가 존재하지 않는다면(0 상태에 있다면) 이러한 방정식들은 다음과 같이 단순화할 수 있다.

$$-V_g(s)+R_1 I_L(s)+sR_1C V_C(s)+sL I_L(s)=0$$
$$-sL I_L(s)+V_C(s)+sR_2C V_C(s)=0$$

다음과 같은 형식으로 방정식을 고쳐 쓰는 것이 일반적이다.

$$\begin{bmatrix} R_1+sL & sR_1C \\ -sL & 1+sR_2C \end{bmatrix}\begin{bmatrix} I_L(s) \\ V_C(s) \end{bmatrix}=\begin{bmatrix} V_g(s) \\ 0 \end{bmatrix}$$

또는

$$\begin{bmatrix} Z_{R_1}(s)+Z_L(s) & Z_{R_1}(s)/Z_C(s) \\ -Z_L(s) & 1+Z_{R_2}(s)/Z_C(s) \end{bmatrix}\begin{bmatrix} I_L(s) \\ V_C(s) \end{bmatrix}=\begin{bmatrix} V_g(s) \\ 0 \end{bmatrix}$$

여기서,

$$Z_{R_1}(s)=R_1,\quad Z_{R_2}(s)=R_2,\quad Z_L(s)=sL,\quad Z_C(s)=1/sC$$

이다. 방정식은 회로 해석에서 임피던스의 개념을 강조하기 위해 이러한 방법으로 쓰여 진다. 항 sL과 $1/sC$은 각각 인덕터와 커패시터의 임피던스이다. 임피던스는 저항의 개념을 일반화한 것이다. 이 개념을 이용하면 주파수 영역의 수식들은 저항에 관한 옴의 법칙과 유사한 관계를 이용해서 회로도로부터 다음과 같이 직접 쓸 수 있다.

$$V_R(s)=Z_R I(s)=R\,I(s),\quad V_L(s)=Z_L I(s)=sL\,I(s),\quad V_C(s)=Z_C I(s)=(1/sC)\,I(s)$$

이제 〈그림 13.1〉의 회로도는 주파수 영역에서 〈그림 13.2〉와 같이 취급될 수 있다.

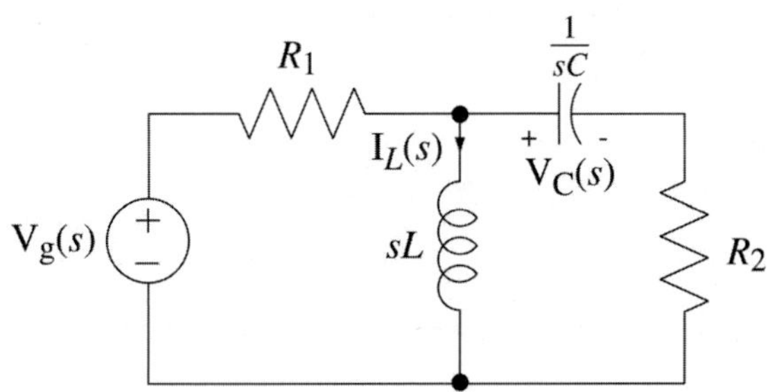

그림 13.2 *RLC* 회로에 대한 주파수 영역의 회로도

이제 회로 방정식은(또 다시 회로에 초기 저장 에너지가 없다면) 시간 영역의 방정식을 쓰지 않고 복소 주파수 영역에서 다음과 같은 두 방정식으로 〈그림 13.2〉로부터 직접 쓸 수 있다.

$$-\mathrm{V_g}(s)+R_1[\mathrm{I}_L(s)+sC\,\mathrm{V}_C(s)]+sL\,\mathrm{I}_L(s)=0$$
$$-sL\,\mathrm{I}_L(s)+\mathrm{V}_C(s)+sR_2C\,\mathrm{V}_C(s)=0$$

이러한 회로 방정식은 시스템의 의미에서 미분 또는 상수에 의한 곱과 이 경우 $I_L(s)$와 $V_C(s)$신호의 합으로 해석할 수 있다.

$$\underbrace{\underbrace{R_1\,\mathrm{I}_L(s)}_{\substack{\text{multiplication}\\ \text{by a constant}}}+\underbrace{sR_1C\,\mathrm{V}_C(s)}_{\substack{\text{differentiation and}\\ \text{multiplication}\\ \text{by a constant}}}+\underbrace{sL\,\mathrm{I}_L(s)}_{\substack{\text{differentiation and}\\ \text{multiplication}\\ \text{by a constant}}}}_{\text{summation}}=\mathrm{V_g}(s)$$

$$\underbrace{\underbrace{-sL\,\mathrm{I}_L(s)}_{\substack{\text{differentiation and}\\ \text{multiplication}\\ \text{by a constant}}}+\mathrm{V}_C(s)+\underbrace{sR_2C\,\mathrm{V}_C(s)}_{\substack{\text{differentiation and}\\ \text{multiplication}\\ \text{by a constant}}}}_{\text{summation}}=0$$

이 시스템에 대한 블록 다이어그램은 적분기, 증폭기 및 가산 결합을 이용하여 그릴 수 있다.

다른 종류의 시스템도 적분기, 증폭기 및 가산 결합의 상호 연결에 의해 모델링될 수 있다. 이러한 요소는 입력과 응답 사이에서 같은 수학적 관계식을 갖는 다양한 물리적 시스템을 표현할 수 있다. 매우 단순한 예로 질량 m에 힘(입력) $\mathrm{f}(t)$가 작용된다고 가정하자. 이 경우의 응답은 움직임이다. 그 응답은 적절한 여러 좌표 시스템에서 질량의 위치 $\mathrm{p}(t)$일 수 있다. 고전 뉴턴 역학에 따르면 임의의 좌표 방향에서 물체의 가속도는 다음 식과 같이 그 방향으로 물체에 인가된 힘을 물체의 질량으로 나눈 값이다.

$$\frac{d^2}{dt^2}(\mathrm{p}(t))=\frac{\mathrm{f}(t)}{m}$$

이것은 다음의 식과 같이(초기 위치와 속도는 0이라 가정하면) 라플라스 영역에서 직접 나타낼 수 있다.

$$s^2\,\mathrm{P}(s)=\frac{\mathrm{F}(s)}{m}$$

이러한 매우 단순한 시스템은 하나의 상수와 두 적분기에 의한 곱에 의해 모델링될 수 있다〈그림 13.3〉.

〈그림 13.4〉와 같이 더 복잡한 시스템을 블록 다이어그램으로 표현할 수 있다. 〈그림 13.4〉에서 위치 $\mathrm{x}_1(t)$와 $\mathrm{x}_2(t)$는 각각 질량 m_1과 m_2의 정지 위치와의 거리이다. 질량 m_1에 가해지는 힘을 합하면 다음과 같다.

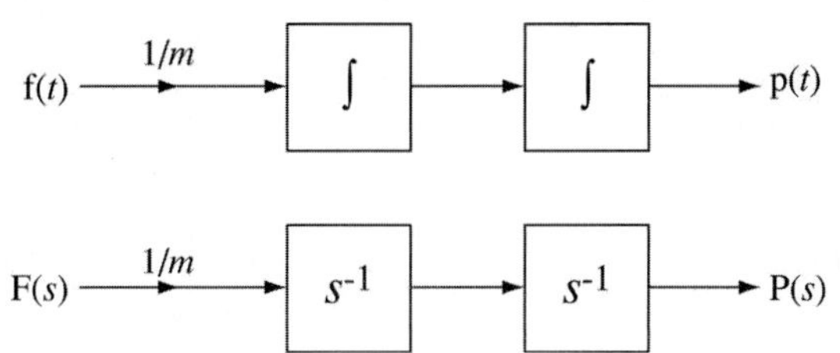

그림 13.3 $d^2\,\mathrm{p}(t)/dt = \mathrm{f}(t)/m$과 $s^2\,\mathrm{P}(s) = \mathrm{F}(s)/m$의 블록 다이어그램

f(t)는 시스템의 입력신호이다.

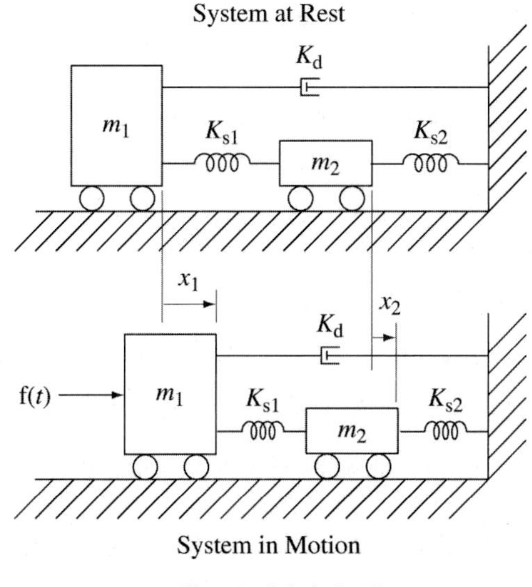

그림 13.4 기계적 시스템

$$\mathrm{f}(t) - K_d\,\mathrm{x}_1'(t) - K_{s1}[\mathrm{x}_1(t) - \mathrm{x}_2(t)] = m_1\,\mathrm{x}_1''(t)$$

질량 m_2에 가해지는 힘을 합하면 다음과 같다.

$$K_{s1}[\mathrm{x}_1(t) - \mathrm{x}_2(t)] - K_{s2}\,\mathrm{x}_2(t) = m_2\,\mathrm{x}_2''(t)$$

두 방정식을 라플라스 변환하면 다음과 같이 된다.

$$\mathrm{F}(s) - K_d s\,\mathrm{X}_1(s) - K_{s1}[\mathrm{X}_1(s) - \mathrm{X}_2(s)] = m_1 s^2\,\mathrm{X}_1(s)$$

$$K_{s1}[\mathrm{X}_1(s) - \mathrm{X}_2(s)] - K_{s2}\,\mathrm{X}_2(s) = m_2 s^2\,\mathrm{X}_2(s)$$

또한 기계적 시스템을 블록 다이어그램으로 모델링할 수 있다〈그림 13.5〉.

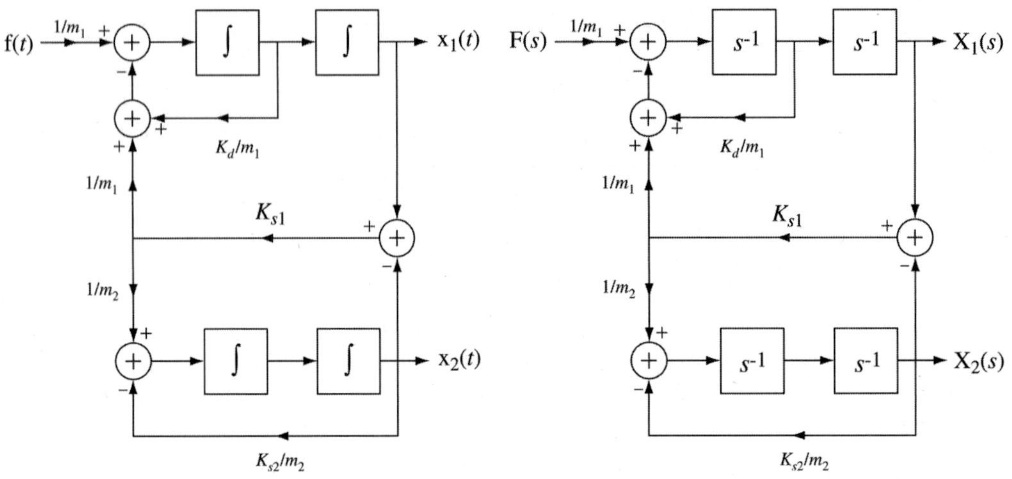

그림 13.5 〈그림 13.4〉의 기계적 시스템에 대한 시간 영역과 주파수 영역의 블록 다이어그램

13.3 시스템 안정성

시스템을 분석할 때 가장 중요한 고려 사항은 시스템 안정성이다. 5장에서 설명한 바와 같이 임펄스 응답이 절대적으로 적분 가능하다면 그 시스템은 BIBO 안정하다. 임펄스 응답의 라플라스 변환은 전달 함수가 된다. 다음과 같은 형태의 미분방정식으로 기술될 수 있는 시스템을 고려하자.

$$\sum_{k=0}^{N} a_k \frac{d^k}{dt^k}(\mathrm{y}(t)) = \sum_{k=0}^{M} b_k \frac{d^k}{dt^k}(\mathrm{x}(t))$$

여기서 $a_N = 1$이고 일반성을 잃지 않고 전달 함수는 다음과 같은 형태를 갖는다.

$$\mathrm{H}(s) = \frac{\mathrm{Y}(s)}{\mathrm{X}(s)} = \frac{\sum_{k=0}^{M} b_k s^k}{\sum_{k=0}^{N} a_k s^k} = \frac{b_M s^M + b_{M-1} s^{M-1} + \cdots + b_1 s + b_0}{s^N + a_{N-1} s^{N-1} + \cdots + a_1 s + a_0}$$

위에 나타낸 전달 함수의 분모는 항상 인수분해될 수 있으며 따라서 위의 전달 함수는 다음과 같이 다시 쓸 수 있다.

$$\mathrm{H}(s) = \frac{\mathrm{Y}(s)}{\mathrm{X}(s)} = \frac{b_M s^M + b_{M-1} s^{M-1} + \cdots + b_1 s + b_0}{(s - p_1)(s - p_2)\cdots(s - p_N)}$$

극점-영점 쌍이 s 평면 상에서 정확히 동일한 위치에 있다면 해당 극점-영점 쌍은 전달 함수에서 소거되며 안정성을 판별하기 위해 전달 함수를 조사하기 전에 제거되어야만 한다. 만약에 $M < N$이고 극점에 대해서 중근을 갖지 않는다면 전달 함수는 다음과 같이 부분 분수 형태로 표현될 수 있다.

$$\mathrm{H}(s) = \frac{K_1}{s - p_1} + \frac{K_2}{s - p_2} + \cdots + \frac{K_N}{s - p_N}$$

그러면 임펄스 응답은 다음 형태를 갖는다.

$$\mathrm{h}(t) = (K_1 e^{p_1 t} + K_2 e^{p_2 t} + \cdots + K_N e^{p_N t})\,\mathrm{u}(t)$$

여기서 p는 전달 함수의 극점을 나타낸다. 절대적으로 적분 가능한 $\mathrm{h}(t)$에 대해서 각각의 항들은 반드시 개별적으로도 적분 가능해야 한다. 전형적인 항들에 대한 크기 적분의 형태는 다음과 같다.

$$I = \int_{-\infty}^{\infty} \left| K e^{pt}\,\mathrm{u}(t) \right| dt = |K| \int_{0}^{\infty} \left| e^{\mathrm{Re}(p)t} e^{j\,\mathrm{Im}(p)t} \right| dt$$

$$I = |K| \int_{0}^{\infty} \left| e^{\mathrm{Re}(p)t} \right| \underbrace{\left| e^{j\,\mathrm{Im}(p)t} \right|}_{=1} dt = |K| \int_{0}^{\infty} \left| e^{\mathrm{Re}(p)t} \right| dt$$

마지막 적분에서 $e^{\mathrm{Re}(p)t}$는 모든 적분 구간에서 음이 아닌 값을 갖는다. 따라서

$$I = |K| \int_{0}^{\infty} e^{\mathrm{Re}(p)t}\, dt$$

이다. 이러한 수렴하는 적분에 대해서 극점 p의 실수부는 반드시 음이어야 한다.

> LTI 시스템의 BIBO 안정성에 대해서 전달 함수의 모든 극점은 열린 좌반 평면(LHP)에 존재해야 한다.

열린 좌반 평면은 ω축을 포함하지 않는 좌반 평면을 의미한다. ω축에(중복되지 않은) 단순 극점이 있고 우반 평면(RHP)에 극점이 없다면 비록 임펄스 응답이 시간에 따라 감소하지도 않지만 증가하지도 않기 때문에 시스템은 임계 안정(marginally stable)하다고 한다. 임계 안정성은 BIBO 비안정성의 특별한 경우이다. 왜냐하면 이러한 경우에 범위가 제한되지 않는 출력

신호를 발생시킬 수 있는 유한 입력 신호를 찾는 것이 가능하기 때문이다(이상하게 들릴지 모르겠지만 임계 안정 시스템은 또한 BIBO 불안정 시스템이기도 하다).

전달 함수에 n차의 중복 극점이 존재한다면 임펄스 응답은 일반적인 형식의 항인 $t^{n-1}e^{pt}\,\mathrm{u}(t)$를 가질 것이다. 여기서 p는 중복 극점의 위치를 나타낸다. p의 실수부가 음이 아니라면 이 형식의 항들은 양의 시간에서 무한히 증가한다. 이는 유한한 여기에 대해서 유한되지 않는 응답이 존재해 시스템이 BIBO 불안정하다는 것을 나타낸다. 따라서 시스템의 전달 함수가 중복 극점을 가진다면 규칙은 변하지 않는다. 극점들은 모두 시스템 안정성을 위해서 열린 좌반 평면에 존재해야 한다. 그러나 단순 극점의 경우와 작은 차이점이 하나 있다. ω축 상에 중복 극점이 있고 우반 평면에 극점이 없다면 시스템은 임계 안정하지 않으며, 시스템은 단순히 불안정하다. 이러한 조건들은 〈표 13.1〉에 정리했다.

표 13.1 시스템 안정, 임계 안정 또는 불안정의 조건(임계 안정을 불안정의 특별한 경우에 포함)

Stability	Marginal Stability	Instability
All poles in the open LHP	One or more simple poles on the ω axis but no repeated poles on the ω axis and on poles in the open RHP	One or more poles in the open RHP or on the ω axis (includes marginal stability).

때때로 시스템 안정성 또는 불안정성에 대한 여러 가지 설명을 상기하는데 도움이 되는 유추법은 다양한 종류의 표면에 위치해 있는 구의 움직임을 고려하는 것이다〈그림 13.6〉.

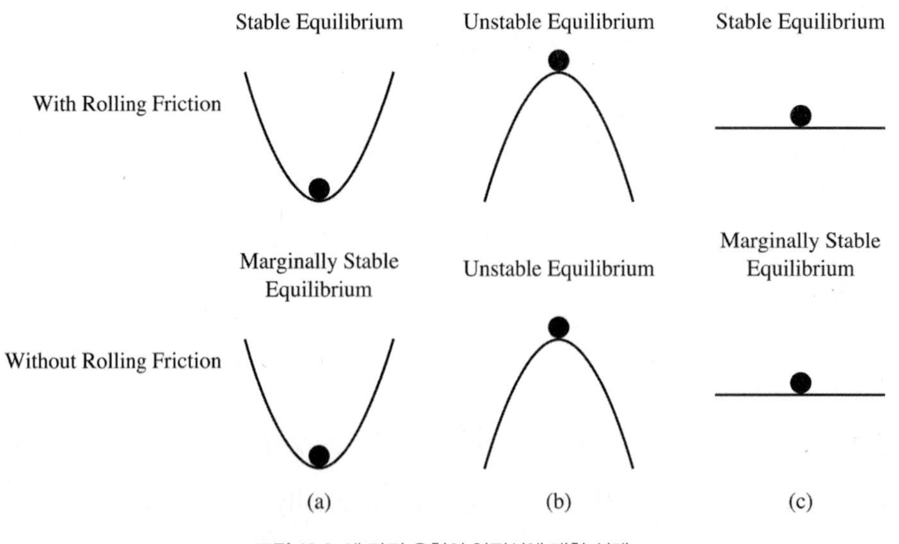

그림 13.6 세 가지 유형의 안정성에 대한 실례

구에 수평 방향의 힘을 갖는 임펄스를 가하여 〈그림 13.6〉(a)에 있는 시스템을 입력시키면 구는 움직인 다음에 앞뒤로 왕복하는 것으로 응답한다. 만약 매우 작은 회전마찰(또는 공기 저항과 같은 어떤 다른 손실 메커니즘)이 있다면 구는 결국 초기의 평형 위치로 되돌아온다. 이것은 안정한 시스템의 한 예이다. 만약에 마찰(어떤 다른 손실 메커니즘)이 없다면 구는 앞뒤로 영구히 진동하지만 상대적으로 낮은 표면의 위치 근처에서 동작이 멈추게 될 것이다. 응답은 시간에 따라 증가하지도 않지만 또한 감소하지도 않는다. 이러한 경우 시스템은 임계 안정하다.

〈그림 13.6〉(b)의 구를 아주 조금이라도 입력시키면 구는 언덕 아래로 굴러서 결코 되돌아오지 않는다. 만약에 언덕이 무한히 높으면 구의 속도는 무한대에 접근할 것이며 유한한 크기의 입력에 대해서 유한하지 않는 응답을 할 것이다.

〈그림 13.6〉(c)에서 수평 방향의 임펄스를 가하여 구를 입력시키면 구는 구르는 것으로 응답한다. 만약 손실 메커니즘이 있다면 구는 결국 정지 상태로 가겠지만 원래의 위치에 있지는 않게 된다. 이는 유한한 입력에 대해 유한한 응답을 내기 때문에 시스템은 안정하다. 만약 손실 메커니즘이 없다면 구는 가속되지 않으면서 영구히 구를 것이다. 이것은 다시 임계 안정성을 나타낸다.

예제 13.1

ω축 상에 있는 중복 극점

ω축 상에 중복 극점을 가지는 가장 간단한 시스템의 형태는 전달 함수 $\mathrm{H}(s) = A/s^2$를 가지는 이중 적분기이다. 여기서 A는 상수이다. 임펄스 응답을 구하라.

■ 풀이

$t^n\,\mathrm{u}(t) \overset{\mathcal{L}}{\longleftrightarrow} n!/s^{n+1}$를 이용하면 변환 쌍 $At\,\mathrm{u}(t) \overset{\mathcal{L}}{\longleftrightarrow} A/s^2$과 양의 시간 동안 제한 없이 증가하는 램프 함수의 응답을 구할 수 있다. 이 경우 시스템은 불안정으로 판별된다(임계 안정이 아님). ■

13.4 시스템 연결

직렬 및 병렬연결

앞에서는 시스템의 직렬 및 병렬연결의 임펄스 응답과 주파수 응답을 구했다. 이러한 유형의 시스템에 대한 결과는 주파수 응답에서와 동일한 전달 함수에 대한 결과이다〈그림 13.7 , 그림 13.8〉.

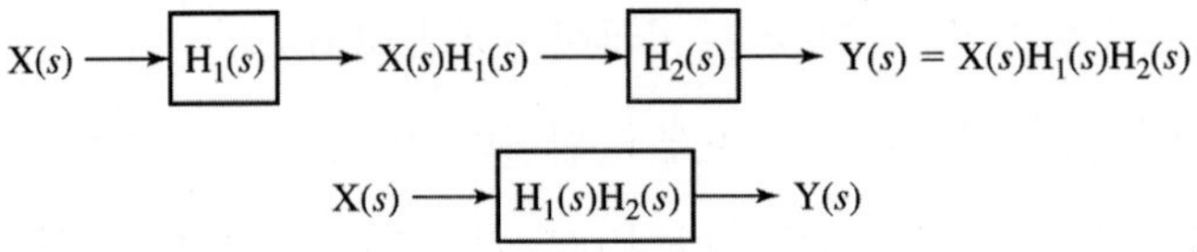

$$X(s) \rightarrow \boxed{H_1(s)} \rightarrow X(s)H_1(s) \rightarrow \boxed{H_2(s)} \rightarrow Y(s) = X(s)H_1(s)H_2(s)$$

$$X(s) \rightarrow \boxed{H_1(s)H_2(s)} \rightarrow Y(s)$$

그림 13.7 시스템의 직렬연결

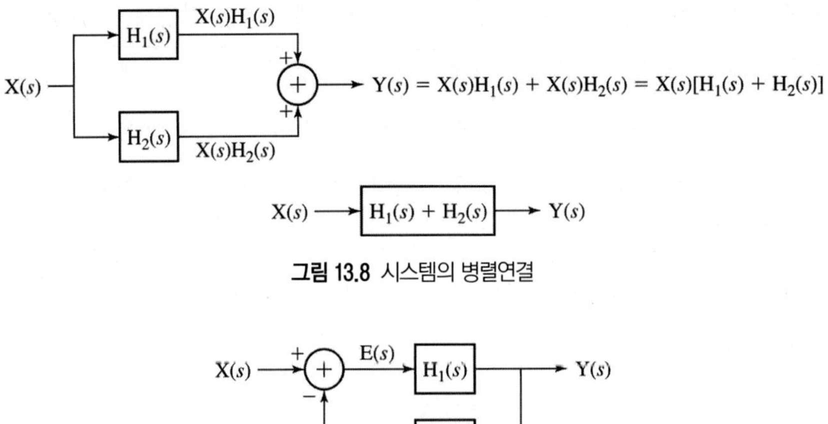

그림 13.8 시스템의 병렬연결

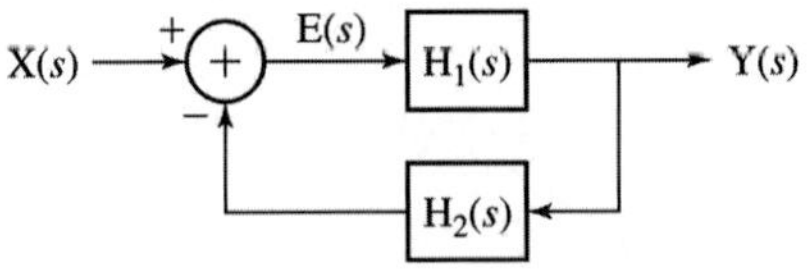

그림 13.9 시스템의 피드백 연결

피드백 연결

용어 및 기본적 관계

시스템 해석에서 매우 중요한 또 다른 유형의 연결은 피드백 연결이다〈그림 13.9〉. 전달 함수 $H_1(s)$는 순방향 경로(forward path)에 있고 전달 함수 $H_2(s)$는 피드백 경로(feedback path)에 있다. 제어 시스템 문헌에서 순방향 경로 전달 함수 $H_1(s)$는 무엇인가를 만들어내기 위해서 구축된 시스템이기 때문에 플랜트(plant)라고 부르고 피드백 경로 상의 전달 함수 $H_2(s)$는 플랜트를 제어하거나 또는 플랜트 응답을 감지하고 플랜트 입력에서 가산 결합을 하기 위해 응답을 피드백 시킴으로써 시스템을 안정화하는 것을 돕기 위해서 플랜트에 추가되기 때문에 센서라고 부르는 것이 일반적이다. 플랜트의 여기는 오차 신호라 불리고 $E(s) = X(s) - H_2(s)Y(s)$로 주어지며 $Y(s) = H_1(s)E(s)$인 $H_1(s)$의 응답은 센서 $H_2(s)$에 대한 여기가 된다. 두 방정식을 결합하여 전체 전달 함수를 구하면 다음과 같다.

$$\boxed{H(s) = \frac{Y(s)}{X(s)} = \frac{H_1(s)}{1 + H_1(s)H_2(s)}} \tag{13.1}$$

〈그림 13.9〉에서 피드백을 나타내는 블록 다이어그램에서 피드백 신호는 입력 신호에서 차감된다. 이것은 피드백 시스템의 해석에서 매우 일반적인 관례이며 시스템을 안정화시키기 위해서 부의 피드백(negative feedback)으로 사용된 피드백의 역사에서 비롯되었다. 용어 '부(negative)' 뒤에 숨겨진 기본 개념은 플랜트 출력 신호가 여러 방향으로 아주 멀리 벗어나 있으면, 센서는 입력 신호에서 차감되는 플랜트 출력 신호에 비례해 신호를 피드백시키고 플랜트 출력 신호를 반대 방향으로 이동시켜서 플랜트 출력 신호를 완화시키는 경향이 있다. 물론 이것은 센서에 의해 피드백된 신호는 실제로 시스템을 안정화시키는 특성을 갖는다고 가정한 것이다. 센서 신호가 실제로 시스템을 안정화 시키는지 아닌지는 센서의 동적 응답과 플랜트의 동적 응답에 의존한다.

시스템 해석에서 순방향 경로의 전달 함수와 피드백 경로의 전달 함수의 곱에 특별한 명칭 루프 전달 함수 $T(s) = H_1(s)H_2(s)$를 부여하는 것은 관례이다. 왜냐하면 그것은 피드백 시스템을 해석할 때 자주 나타나기 때문이다. 전자적인 피드백 증폭기의 설계에서 이것은 종종 루프 전송(loop transmission)이라 불린다. 그것은 명칭으로 루프 전달 함수나 루프 전송으로 부여된다. 왜냐하면 그것은(합산 접합부의 마이너스 부호의 영향이 없으면) 신호가 루프의 어떤 지점에서 가서 정확히 한번 루프를 돌고 출발점으로 되돌아 갈 때 신호에 무엇이 발생하는지를 나타내기 때문이다. 그래서 피드백 시스템의 전달 함수는 순방향 경로의 전달 함수 $H_1(s)$를 1 더하기 루프 전달 함수로 나눈 값이 되거나 또는 다음과 같이 된다.

$$H(s) = \frac{H_1(s)}{1 + T(s)}$$

(피드백이 없다는 것을 의미하는) $H_2(s)$가 0으로 가면 $T(s)$ 또한 0으로 가기 때문에 시스템 전달 함수 $H(s)$가 순방향 경로 전달 함수 $H_1(s)$와 같게 된다는 것에 유의하라.

안정성에 미치는 피드백 효과

피드백이 시스템 응답을 느린 것을 빠르게, 빠른 것을 느리게, 안정한 것을 불안정하게 또는 불안정한 것을 안정하게 바꾸는 시스템에 미치는 매우 극적인 효과를 가지도록 구현하는 것은 매우 중요하다. 가장 간단한 유형의 피드백은 출력 신호에 정비례하는 신호를 피드백 하는 것이다. 그것은 상수 $H_2(s) = K$가 된다는 것을 의미한다. 그러한 경우에 전체 시스템 전달 함수는 다음과 같이 된다.

$$H(s) = \frac{H_1(s)}{1 + K H_1(s)}$$

순방향 경로 시스템은 임계 안정한 전달 함수 $H_1(s) = 1/s$를 갖는 적분기라 가정하자. 그러면 $H(s) = \frac{1/s}{1+K/s} = \frac{1}{s+K}$이 된다. 순방향 경로 전달 함수 $H_1(s)$는 $s = 0$에 하나의 극점을 갖지만 $H(s)$는 $s = -K$에 하나의 극점을 갖는다. 만약 K가 양수이면 열린 좌반 평면에 하나의 극점을 가지는 전체 피드백 시스템은 안정하다. 만약 K가 음수이면 우반 평면에 하나의 극점을 가지는 전체 피드백 시스템은 불안정하다. K가 더 큰 양의 값이 됨에 따라 극점은 s 평면의 원점에서 더 멀리 움직이고 시스템은 입력 신호에 더 빠르게 응답한다. 이것은 피드백의 영향을 간단하게 설명한 것이다. 피드백에 관하여 배울 것은 훨씬 더 많으며 일반적으로 시스템에 대한 피드백의 영향을 실질적으로 이해하기 위해서는 피드백 제어 이론의 한학기 강의가 필요하다.

순방향 경로의 입력 신호를 바꾸기 위해서 출력 신호를 피드백 하는 것은 종종 명백한 이유로 '폐루프(closing the loop)'라 하며 피드백 경로가 없으면 시스템은 '개루프(open-loop)'로 동작하고 있다 말한다. 사회에서 정치가, 경영자 및 실력자가 되려고 하는 다른 사람들은 '루프'에 있기를 원한다. 이 용어는 아마도 피드백 루프의 개념에서 생겼을 것이다. 그 이유는 루프에 있는 사람은 시스템 성능에 영향을 주는 기회를 얻어서 정치, 경제 또는 사회적 체계에서 힘을 가질 수 있기 때문이다.

유익한 피드백 효과

피드백은 많은 다른 목적을 위해서 사용된다. 하나의 흥미로운 피드백의 효과는 〈그림 13.10〉과 같은 시스템에서 알 수 있다. 전체 전달 함수는 다음과 같다.

$$H(s) = \frac{K}{1 + K H_2(s)}$$

만약 K가 충분히 크면 적어도 s의 어떤 값들에 대해서 $K H_2(s) >> 1$과 $H(s) \approx 1/H_2(s)$이 되고 피드백 시스템의 전체 전달 함수는 피드백 경로의 연산에 대한 근사 역(approximate inverse)을 수행한다. 그것이 의미하는 것은 이 피드백 시스템에 전달 함수 $H_2(s)$를 갖는 시스템을 직렬 연결하는 것이 가능하다면 전체 시스템 전달 함수가 어떤 범위의 s값에 대해서는 근사적으로 1이 된다는 것을 의미한다〈그림 13.11〉.

이 시점에서 무엇이 수행되었는지 궁금해 하는 것은 당연한 일이다. 그 이유는 〈그림

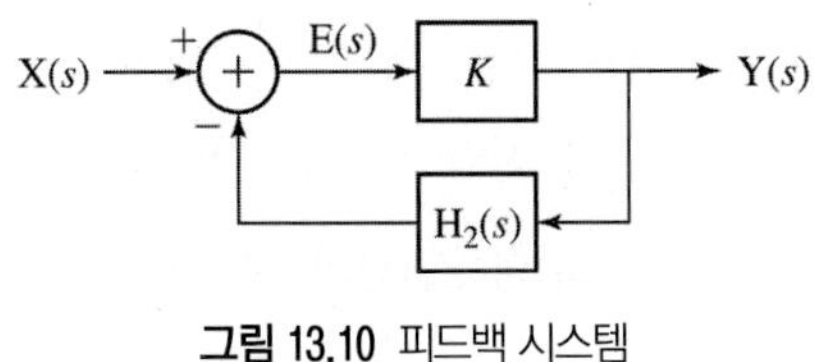

그림 13.10 피드백 시스템

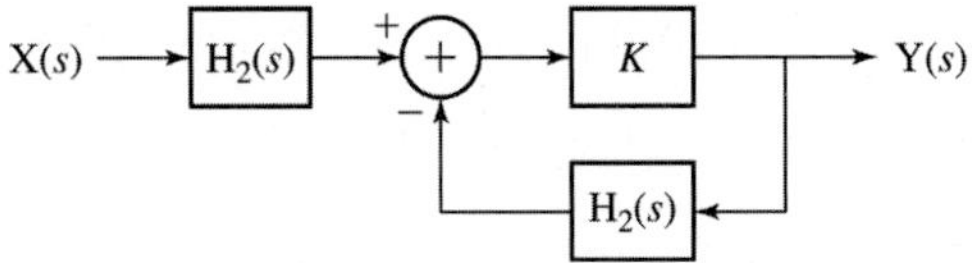

그림 13.11 근사 역이 되도록 설계된 다른 시스템과 직렬 연결된 시스템

13.11⟩의 시스템이 어떤 참 효과도 얻지 못한 것 같기 때문이다. 신호가 여러 종류의 피할 수 없는 시스템 영향에 의해 변경되어 원래의 신호로 복원하고 싶어 하는 실제 상황이 존재한다. 이런 상황은 이상적으로는 신호를 변경시키지 않지만 실제로는 설계자의 제어를 벗어나는 이유로 신호를 변경시키는 채널을 통해서 신호가 송신되는 통신 시스템에서는 매우 일반적이다. 등화 필터(equalization filter)는 원래의 신호를 복원하는데 사용될 수 있다. 등화 필터는 거의 신호에 영향을 미치는 채널과 반대 효과를 갖도록 설계된다. 물리적 현상을 측정하기 위해 설계된 여러 시스템들은 보통 어떤 기계적 또는 열적 관성 때문에 본질적으로 저주파 통과 전달 함수를 가지는 센서를 사용한다. 측정 시스템은 전달 함수가 센서 전달 함수의 근사 역이 되는 전자 신호 처리 시스템에 센서를 직렬 연결함으로써 더 빨리 응답하도록 만들 수 있다.

또 다른 유익한 피드백 효과는 파라미터 변화에 대한 시스템의 민감도를 줄이는 것이다. 민감도를 줄이는 이익의 가장 일반적인 예는 ⟨그림 13.12⟩에서와 같이 구성된 연산 증폭기에 피드백을 사용한 것이다.

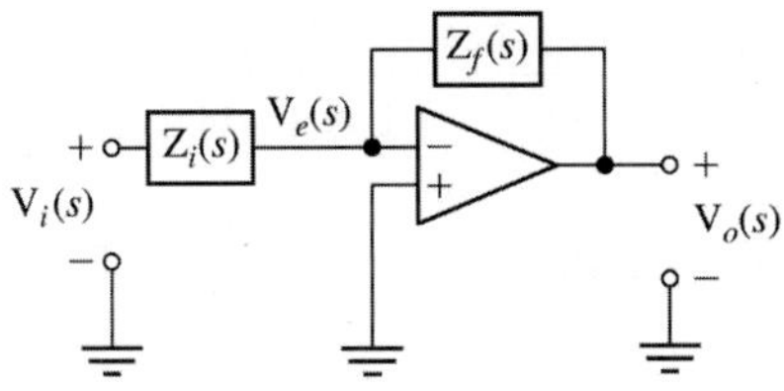

그림 13.12 피드백을 갖는 연산 증폭기를 사용한 반전 전압 증폭기

접지된 비반전 입력을 갖는 연산 증폭기의 이득에 대한 전형적인 근사적 표현(피드백 블록 다이어그램에서 $H_1(s)$)은 다음과 같이 된다.

$$H_1(s) = \frac{V_o(s)}{V_e(s)} = -\frac{A_0}{1 - s/p}$$

여기서 A_0는 저주파수에서 연산 증폭기 전압 이득의 크기이며 p는 s 평면의 음의 실수축 상에 있는 단일 극점이다. 전체 전달 함수는 일반적인 회로 해석 기법을 이용하여 구할 수 있다. 그러나 그것은 또한 피드백 개념을 사용함으로써 구할 수 있다. 오차 전압 $V_e(s)$는 $V_i(s)$와 $V_o(s)$의 함수이다. 일반적으로 입력 임피던스는 두 외부 임피던스 $Z_i(s)$와 $Z_f(s)$와 비교해서 매우 크기 때문에 오차 전압은 다음과 같이 된다.

$$V_e(s) = V_o(s) + [V_i(s) - V_o(s)]\frac{Z_f(s)}{Z_i(s)+Z_f(s)}$$

또는

$$V_e(s) = V_o(s)\frac{Z_i(s)}{Z_i(s)+Z_f(s)} - V_i(s)\left[-\frac{Z_f(s)}{Z_i(s)+Z_f(s)}\right]$$

그래서 〈그림 13.13〉에 있는 블록 다이어그램을 사용하여 시스템을 모델링할 수 있다.

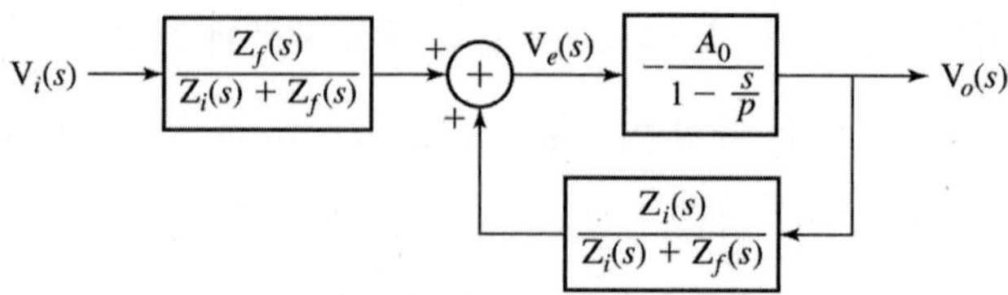

그림 13.13 연산 증폭기에 피드백을 사용한 반전 전압 증폭기의 블록 다이어그램

다음과 같은 일반적인 피드백 시스템의 전달 함수에 의하면

$$H(s) = \frac{Y(s)}{X(s)} = \frac{H_1(s)}{1+H_1(s)H_2(s)}$$

증폭기의 전달 함수는 다음과 같이 된다.

$$\frac{V_o(s)}{V_i(s)\dfrac{Z_f(s)}{Z_i(s)+Z_f(s)}} = \frac{-\dfrac{A_0}{1-s/p}}{1+\left(-\dfrac{A_0}{1-s/p}\right)\left(-\dfrac{Z_i(s)}{Z_i(s)+Z_f(s)}\right)}$$

단순화하고 $V_i(s)$에 대한 $V_o(s)$의 비를 원하는 전체 전달 함수로 만들면 다음과 같은 형식이 된다.

$$\frac{V_o(s)}{V_i(s)} = \frac{-A_0 Z_f(s)}{(1-s/p+A_0)Z_i(s)+(1-s/p)Z_f(s)}$$

만약 저주파수의 이득 크기 A_0가 매우 크면(일반적으로 그렇다) 저주파수에서 이 전달 함수를 다음과 같이 간략화 할 수 있다.

$$\frac{V_o(s)}{V_i(s)} \cong -\frac{Z_f(s)}{Z_i(s)}$$

이것은 반전 전압 증폭기의 이득에 대해 잘 알려져 있는 이상적인 연산 증폭기의 공식이다. 이러한 경우에 '크게 한다는 것'은 전달 함수의 분모가 대략 $A_0 Z_i(s)$가 될 만큼 A_0가 충분히 크다는 것을 의미하며 그렇다는 것은 다음과 같이 된다는 것을 의미한다.

$$|A_0| >> \left|1-\frac{s}{p}\right| \quad \text{and} \quad |A_0| >> \left|1-\frac{s}{p}\right|\left|\frac{Z_f(s)}{Z_i(s)}\right|$$

A_0가 매우 크다면 정확한 값은 중요하지 않으며 그 사실은 A_0 또는 p 에 영향을 미치는 파라미터 값에서의 변화에 대한 시스템의 민감도가 감소한다는 것을 나타낸다.

증폭기의 성능에 미치는 피드백의 영향을 설명하기 위해서 다음과 같이 놓자.

$$A_0 = 10^7 \quad \text{and} \quad p = -100$$

또한 $Z_f(s)$는 10kΩ의 저항이라 하자. 그리고 $Z_i(s)$는 1kΩ의 저항이라 하자. 그러면 전체 시스템 전달 함수는 다음과 같이 된다.

$$\frac{V_o(s)}{V_i(s)} = \frac{-10^8}{11(1+s/100)+10^7}$$

실제 $\omega = 100$($f = 100/2\pi \cong 15.9$ Hz의 주기 주파수)의 각 주파수에서 전달 함수의 수치적인 값은 다음과 같이 된다.

$$\frac{V_o(s)}{V_i(s)} = \frac{-10^8}{11+j11+10^7} = -9.999989 + j0.000011$$

이번엔 연산 증폭기의 저주파수 이득은 $A_0 = 10^6$에 대해 10배로 감소한다고 하자. 15.9Hz에서 전달 함수를 다시 계산하면 다음과 같은 값을 얻을 수 있다.

$$\frac{V_o(s)}{V_i(s)} = \frac{-10^7}{11+j11+10^6} = -9.99989 + j0.00011$$

위 식의 결과는 전달 함수의 크기에 있어서 약 0.001%의 변화에 상당한다. 그래서 순방향 경로 전달 함수에서 10배의 변화는 전체 시스템 전달 함수의 크기에서 약 0.001%의 변화를 일으킨다. 피드백 연결은 연산 증폭기 이득의 변화, 심지어 매우 큰 변화에 대해서도 전체 전달 함수를 매우 둔감하게 한다. 증폭기 설계에서 이것은 매우 유익한 결과이다. 왜냐하면 연산 증폭기에 있는 구성요소들이 공칭 값에서 큰 퍼센트로 변한다 하더라도 저항과 특히 저항률은 환경적인 요인에 대해서 매우 둔감하게 될 수 있으며 시스템 전달 함수를 거의 일정하게 유지할 수 있기 때문이다.

연산 증폭기의 이득 A_0에 대한 시스템 전달 함수의 상대적 둔감도의 또 다른 결과는 A_0가 연산 증폭기 이득을 비선형으로 만드는 신호 레벨의 함수이면 A_0가 크기만 하면 시스템 전달 함수는 여전히 매우 정확하며〈그림 13.14〉 실질적으로는 선형이라는 것이다.

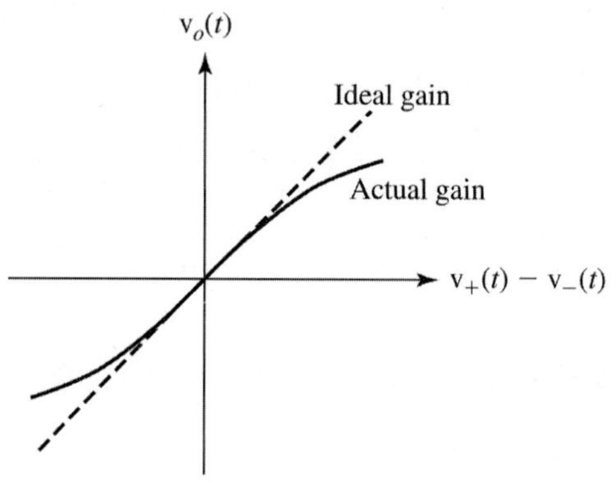

그림 13.14 선형 및 비선형 연산 증폭기 이득

또 다른 유익한 피드백의 효과는 연산 증폭기 자체의 대역폭을 계산하여 피드백을 가지는 반전 증폭기의 대역폭과 비교함으로써 알아볼 수 있다. 이 예제에서 연산 증폭기 자체의 코너 주파수는 15.9Hz이다. 피드백을 가지는 반전 증폭기의 코너주파수는 전체 전달 함수 분모의 실수부와 허수부가 크기 면에서 같은 주파수이다. 이러한 상황은 $f \cong 14.5$ MHz의 주기 주파수에서 발생한다. 이것은 대략 910,000배의 대역폭 증가가 된다. 여러 가지 방식으로 다양한 시스템의 성능을 향상 시키는 피드백 원리는 매우 중요하다.

연산증폭기의 전달 함수는 저주파수에서 매우 큰 수가 된다. 따라서 연산증폭기는 저주파수에서 큰 전압 이득을 가진다. 피드백 증폭기의 전압 이득은 일반적으로 훨씬 더 작다. 그래서 피드백을 사용할 때, 전압 이득은 잃지만(다른 것들 사이에서) 이득의 안정성과 대역폭을 얻는다. 사실상, 이득과 다른 증폭기 특성의 향상을 교환한 것이다.

피드백은 다른 불안정한 시스템을 안정화시키는데 사용될 수 있다. F-117 스텔스 전투기는 본질적으로 기체 역학상 불안정하다. 그것은 항공기의 위치, 속도 및 고도를 감지하고 불안정한 상태로 가기 시작할 때 항상 보상하는 컴퓨터 제어 피드백 시스템의 도움으로 조종사의 제어를 받아야만 비행할 수 있다. 피드백을 사용해 불안정한 시스템을 안정화시키는 아주 간단한 예는 전달 함수가 다음의 같은 형식의 시스템이다.

$$H_1(s) = \frac{1}{s-p}, \quad p > 0$$

우반 평면에 하나의 극점을 갖는 이 시스템은 불안정하다. 만약 상수 이득 K인 피드백 경로의 전달 함수를 사용하면 다음과 같은 전체 전달 함수를 얻게 된다.

$$H(s) = \frac{\dfrac{1}{s-p}}{1+\dfrac{K}{s-p}} = \frac{1}{s-p+K}$$

$K > p$를 만족하는 임의의 K값에 대해 피드백 시스템은 안정하다.

피드백에 의해 일어나는 불안정성

피드백이 여러 가지 매우 유익한 효과를 가질 수 있기는 하지만 매우 중요해 이익이 된다기보다는 문제가 될 수 있는 또 다른 피드백 효과가 존재한다. 안정한 시스템에 피드백을 추가하는 것은 불안정한 시스템이 되게 할 수 있다. 전체 피드백 시스템의 전달 함수는 다음과 같이 된다.

$$H(s) = \frac{Y(s)}{X(s)} = \frac{H_1(s)}{1+H_1(s)H_2(s)}$$

비록 $H_1(s)$와 $H_2(s)$의 모든 극점들이 열린 좌반 평면에 놓일 수 있더라도 $H(s)$의 극점이 그러한 것은 아니다. 다음과 같은 순방향 및 피드백 전달 함수를 고려하자.

$$H_1(s) = \frac{K}{(s+3)(s+5)} \text{ 와 } H_2(s) = \frac{1}{s+4}$$

$H_1(s)$와 $H_2(s)$는 모두 BIBO 안정이다. 그러나 〈그림 13.10〉과 같은 피드백 시스템에 두 전달 함수를 놓으면 전체 전달 함수는 다음과 같이 된다.

$$H(s) = \frac{K(s+4)}{(s+3)(s+4)(s+5)+K} = \frac{K(s+4)}{s^3+12s^2+47s+60+K}$$

이 피드백 시스템이 안정한지 아닌지의 여부는 K의 값에 의존한다. 만약 K가 5이면 극점은 -5.904와 $-3.048 \pm j1.311$에 위치한다. 극점 모두는 열린 좌반 평면에 있으며 그래서 피드백 시스템은 안정하다. 그러나 만약 K가 700이면 극점은 -12.917과 $0.4583 \pm j7.657$에 위치한다. 두 극점은 우반 평면에 있으며 그래서 시스템은 불안정하다.

거의 모든 사람이 피드백에 의해 불안정하게 되는 시스템을 경험해 봤을 것이다. 종종 큰 무리의 사람들이 누군가가 말하는 것을 듣기 위해 모이면 확성기 시스템이 사용된다. 말하는 사람은 마이크에 대고 말한다. 객석에 있는 모든 사람이 그의 목소리를 들을 수 있도록 그의 목소리는 증폭되어 하나 이상의 스피커로 들어간다. 물론 스피커에서 나오는 소리 또한 감지되어 마이크와 증폭기에 의해 증폭된다. 이것은 확성기 시스템의 출력 신호가 시스템의 입력으로 피드백 되기 때문에 피드백의 한 예가 된다. 그것을 들은 사람은 누구나 소리가 불안정하게 될 때 확성기 시스템의 소리 즉, 일반적으로 매우 소리가 큰 음색을 결코 잊지 못할 것이다. 그리고 아마도 증폭기 이득을 줄이는 일반적인 해결 방법을 알고 있을 것이다. 이러한 음향은 마이크에 대고 말하고 있지 않을 때에도 발생할 수 있다. 시스템은 명백한 입력 신호 없이 왜 불안정하게 되는가? 그리고 음의 크기를 줄일 뿐만 아니라 음량을 완전히 제거하는 증폭기 이득을 줄이는 이유는 무엇인가?

알버트 아인슈타인(Albert Einstein)은 Gedankenversuch(사고 실험)으로 유명했다. 사고 실험을 통해서 피드백 현상을 이해할 수 있다. 주위에 아무도 없고 어떠한 바람이나 다른 어떠한 음향적 외란도 없는 사막의 한가운데에서 마이크, 증폭기 및 스피커를 가지고 있고 증폭기 이득은 처음에 0으로 줄여져 있다고 생각하자. 만약 마이크를 가볍게 두드리면 두드리는 직접적인 소리만을 들을 수 있으며 스피커에서는 어떠한 소리도 들을 수 없다. 그 다음 증폭기 이득을 약간 올린다. 이제 마이크를 가볍게 두드리면 두드리는 소리를 직접 듣지만(스피커가 마이크보다 귀에서 훨씬 더 멀리 있다고 가정하면) 소리가 스피커에서 귀까지 전해져야 하는 거리 때문에 다소 지연되는 스피커에서 나오는 소리도 듣는다. 이득을 점점 더 많이 올려서 루프 전달 함수 T를 증가시킴에 따라 스피커로부터 나오는 두드리는 소리는 음량이 증가한다〈그림 13.15〉. (〈그림 13.15〉에서, p(t)는 시간의 함수로써 음압(acoustic pressure)이다.)

증폭기 이득을 올림으로써 루프 전달 함수 T의 크기를 증가시킴에 따라 마이크를 가볍게 두드릴 때 음량뿐만 아니라 스피커에서 나오는 소리 특징의 변화를 서서히 인지할 수 있다. 두

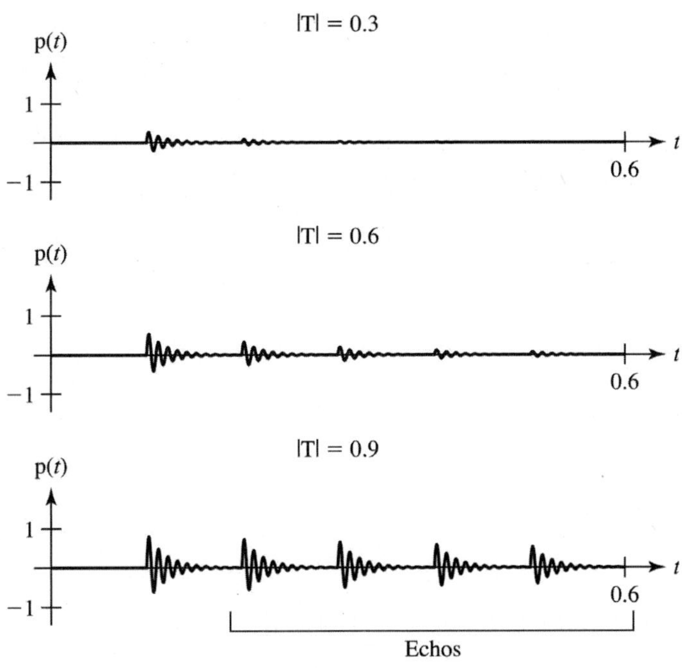

그림 13.15 세 가지 다른 시스템 루프 전달 함수에 대하여 마이크를 두드려서 나오는 확성기 시스템의 소리

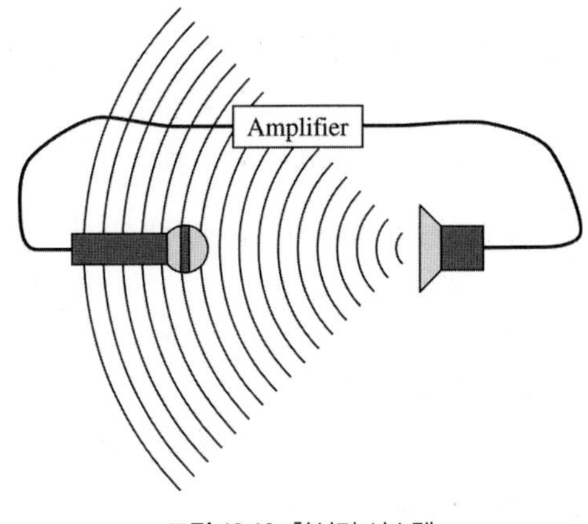

그림 13.16 확성기 시스템

드리는 소리를 들을 수 있을 뿐만 아니라 보통 반향**(reverberation)** 이라고 하는 두드리는 소리의 다중 반향(multiple echoes)도 들을 수 있다. 이러한 다중 반향은 두드리는 소리가 스피커에서 마이크로 와서 증폭되어 다시 스피커로 간 다음 다시 마이크로 되돌아오는 과정을 여러 번 반복함으로써 일어난다. 이득이 증가함에 따라 이런 현상은 더욱 명확하게 되며 어떤 이득 레벨에서는 소리가 큰 음향은 시작된 후에 마이크를 두드리거나 또는 마이크에 어떤 다른 음향적 입력을 가하지 않아도 이득을 다시 줄일 때까지 계속된다.

어떤 레벨의 증폭기 이득에서는 마이크로 들어간 신호는 아무리 약하더라도 증폭되어 스피커로 나온 다음 마이크로 되돌아가며 마이크에서 원래의 신호와 세기가 같은 새로운 신호를 일으킨다. 이러한 이득에서 신호는 결코 약해지지 않으며 단지 계속해서 순환한다. 만약 이득이 약간 더 크게 되면 마이크에서 스피커로 그리고 다시 마이크로 돌아가는 일주가 이루어질 때마다 신호는 커진다. 만약 확성기 시스템이 정확히 선형이었다면 그 신호는 한계 없이 증가할 것이다. 그러나 현실의 어떠한 확성기 시스템도 정확한 선형이 아니기 때문에 어떤 음량의 레벨에서는 증폭기가 할 수 있는 한 격렬하게 스피커를 구동하고 있지만 소리 레벨은 더 이상 증가하지 않는다.

마이크에 음향 입력을 가하지 않고서도 이러한 과정이 어떻게 시작되는지 궁금해 하는 것은 당연하다. 첫 번째, 실질적인 문제로써 주위의 소리가 마이크에 전혀 들어가지 않도록 배치하는 것은 불가능하다. 두 번째, 그것이 가능하더라도 증폭기는 스피커에서 음향 신호를 일으키고 피드백 과정을 시작하기에 충분한 고유의 랜덤 잡음 프로세스를 가지고 있다.

이제 실험을 조금 더 진행하자. 음향을 일으킬 만큼 충분히 큰 증폭기 이득에 따라서 스피커를 마이크에서 더 멀리 이동시킨다. 스피커를 멀리 이동시키기 때문에 소리가 큰 음향의 고저는 변하며 어떤 거리에서는 음향이 멈춘다. 음향의 주파수는 소리가 스피커에서 마이크로 전파되는데 걸리는 시간에 의존하기 때문에 음향의 고저는 변하게 된다. 스피커에서 나오는 소리의 세기는 스피커를 더 멀리 이동시킴에 따라 감소되고 피드백 때문에 되돌아오는 신호는 원래 신호보다 작으며, 그 신호는 전력을 증가시키는 것 대신 서서히 사라지기 때문에 어떤 거리서는 소리가 큰 신호는 멈춘다.

이제 배웠던 도구들을 이용하여 확성기 시스템을 수학적으로 모델링하고 피드백 불안정성이 어떻게 발생하는지를 정확하게 살펴볼 것이다〈그림 13.16〉. 단순하지만 실례가 되는 모델을 얻기 위해서 마이크, 증폭기 및 스피커의 전달 함수를 상수 K_m, K_A 및 K_s가 되도록 할 것이다. 그 다음에는 다음 식과 같이 스피커에서 나와서 마이크까지 가는 소리의 전파를 스피커에서 마이크까지 거리 d의 제곱에 반비례하는 이득을 가지는 단순 지연으로 모델링 한다.

$$\mathrm{p}_m(t) = K\frac{\mathrm{p}_s(t - d/v)}{d^2} \tag{13.2}$$

여기서 $\mathrm{P}_s(t)$는 스피커에서 나오는 소리(음압), $\mathrm{P}_m(t)$는 마이크에 도착하는 소리, v는 공기 중에서 소리의 속도 그리고 K는 상수이다. 식 (13.2)의 양 변을 라플라스 변환하면 다음과 같이 된다.

$$P_m(s) = \frac{K}{d^2} P_s(s) e^{-ds/v}$$

그러면 확성기 시스템을 순방향 경로의 전달 함수

$$H_1(s) = K_m K_A K_s$$

와 피드백 경로의 전달 함수

$$H_2(s) = \frac{K}{d^2} e^{-ds/v}$$

를 가지는 피드백 시스템으로 모델링할 수 있다〈그림 13.17〉. 전체 전달 함수는 다음과 같이 된다.

$$H(s) = \frac{K_m K_A K_s}{1 - \frac{K_m K_A K_s K}{d^2} e^{-ds/v}}$$

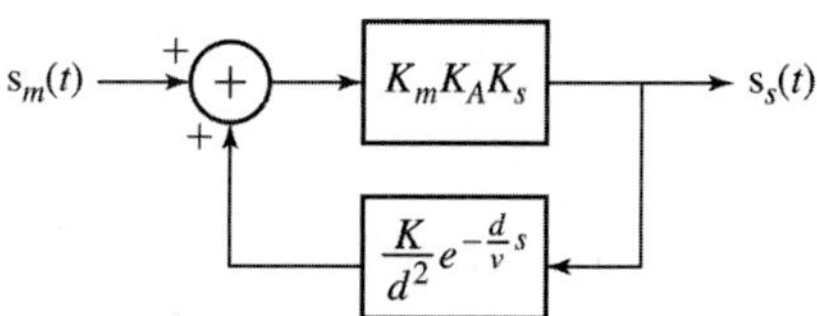

그림 13.17 확성기 시스템의 블록 다이어그램.

이 시스템 전달 함수의 극점 p는 $1-(K_m K_A K_s K/d^2)e^{-dp/v}$의 영점에 위치한다. 다음의 식을 풀자.

$$1 - \frac{K_m K_A K_s K}{d^2} e^{-dp/v} = 0 \tag{13.3}$$

또는

$$e^{-dp/v} = \frac{d^2}{K_m K_A K_s K}$$

이 방정식을 푸는 임의의 p값은 극점의 위치이다. 만약 양변에 로그를 취하고 p에 대해 풀면 다음을 얻을 수 있다.

$$p = -\frac{v}{d} \ln\left(\frac{d^2}{K_m K_A K_s K}\right)$$

따라서 이것은 식 (13.3)의 해가 된다. 그러나 그것이 유일한 해는 아니다. 그것은 단지 유일한 실수 값의 해이다. 만약 $j2\pi v/d$의 정수 배수를 p에 추가하면 다음과 같이 되기 때문에 또 다른 해를 얻을 수 있다.

$$e^{-d(p+j2n\pi v/d)/v} = e^{-dp/v} \underbrace{e^{-j2n\pi}}_{=1} = e^{-dp/v}$$

여기서 n은 임의의 정수이다. 위와 같이 된다는 것은 모두 같은 실수부 $-\frac{v}{d}\ln\left(\frac{d^2}{K_m K_A K_s K}\right)$를 가지는 무한히 많은 극점이 존재한다는 것을 의미한다〈그림 13.18〉.

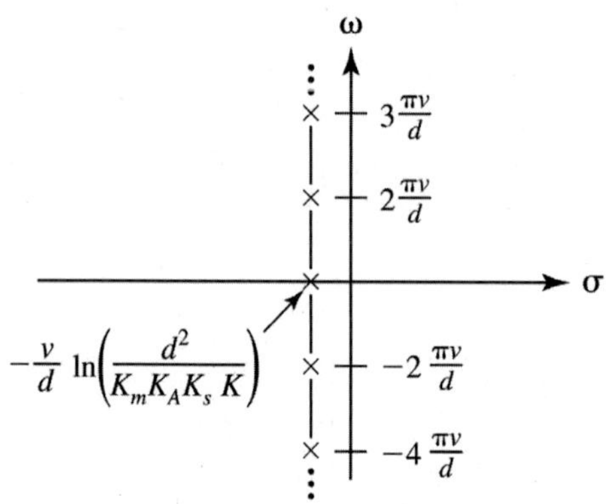

그림 13.18 확성기 시스템의 극점-영점 분포도

이 시스템은 무한히 많은 극점 즉, 각각의 정수 n에 대해 하나의 극점을 가지기 때문에 분석해 오고 있는 시스템과는 약간 다르다. 그러나 그것은 이런 해석에서는 문제가 되지 않는다. 왜냐하면 단지 시스템이 안정하게 되는 조건만을 수립하려고하기 때문이다. 이미 알아본 바와 같이 안정성은 모든 극점이 열린 좌반 평면에 위치하지 않으면 안 된다. 이러한 경우, 그것은 다음의 식과 같이 되어야 한다는 것을 의미한다.

$$-\frac{v}{d}\ln\left(\frac{d^2}{K_m K_A K_s K}\right) < 0$$

또는

$$\ln\left(\frac{d^2}{K_m K_A K_s K}\right) > 0$$

또는

$$\frac{K_m K_A K_s K}{d^2} < 1 \tag{13.4}$$

말하자면, 피드백 루프 둘레에 있는 모든 전달 함수 크기의 곱은 1보다 작아야 한다. 이것은 상식이다. 왜냐하면 만약 루프 둘레에 있는 모든 전달 함수 크기의 곱이 1을 초과하면 그것은 신호가 피드백 루프를 통해 완전한 일주를 할 때, 신호는 떠날 때보다 돌아올 때가 더 크고 그것은 신호를 한계 없이 커지게 하기 때문이다. 그래서 피드백에 의해 일어나는 소리가 큰 음향을 멈추기 위해서 증폭기의 이득 K_A를 줄이면 식 (13.4)를 만족하게 된다.

증폭기 이득 K_A를 올림으로써 루프 전달 함수의 크기 $K_m K_A K_S K_A / d^2$를 증가시킨다고 하자. 극점들은 σ 축과 평행하게 오른쪽으로 움직이고 어떤 이득 값에서는 극점이 ω 축에 도달한다. 이제 그 대신에 마이크와 스피커를 서로 더 가깝게 움직임으로써 루프 전달 함수의 크기를 증가시킨다고 하자. 이것은 극점을 오른쪽으로 움직이지만 σ 축에서 멀리 움직인다. 그래서 임계 안정에 도달하면 극점들은 모두 더 높은 각 주파수에 있게 된다.

이러한 단순 모델을 따르는 시스템은 다양한 주파수에서 동시에 진동할 수 있다. 실제로 그것은 가능성이 없다. 실제 확성기 시스템의 마이크, 증폭기 및 스피커는 주파수의 함수인 전달 함수를 가지고 있기 때문에 한 쌍의 극점만이 임계 안정 상태의 σ 축 상에 위치하도록 극점의 위치를 변경할 것이다. 만약 이득이 임계 안정을 위한 이득 이상으로 높아지면 시스템은 비선형 동작 모드로 구동되기 때문에 선형 시스템 해석 방법들은 시스템이 어떻게 진동할 것인지를 정확하게 예측하지 못한다. 그러나 선형 시스템 방법들은 시스템이 진동할 것이라는 것을 정확하게 예측하기 때문에 매우 중요하다.

피드백을 이용한 안정한 진동

바로 앞 절의 확성기 시스템의 진동은 바람직하지 않은 시스템 응답이었다. 그러나 어떤 시스템들은 진동하도록 설계된다. 그 예로는 실험실의 함수 발생기, 컴퓨터 시계, 라디오 수신기의 국부 발진기, 손목시계의 수정 진동자, 대형 괘종시계의 추 등이 있다. 어떤 시스템들은 두 개 이상의 불안정한 상태 사이를 단순히 번갈아 일어나는 비선형 모드로 진동하도록 설계되며 그러한 시스템들의 응답 신호가 반드시 정현파 모양으로 변하는 것은 아니다. 무동조 컴퓨터 시계가 좋은 예이다. 그러나 어떤 시스템들은 정현파 진동을 갖는 임계 안정 모드에서 LTI 시스템으로 동작하도록 설계된다. 임계 안정성은 시스템이 s 평면의 ω축 상에 극점을 갖도록 요구하기 때문에 이러한 동작 모드는 매우 까다롭다. 파라미터 변화로 인한 시스템 극점의 최소 이동은 시간에 따라 진동을 증가시키거나 감소시킬 것이다. 그래서 이러한 모드에서 동작하는 시스템은 ω 축 상에 극점을 유지하기 위한 어떤 메커니즘을 가지고 있어야 한다.

〈그림 13.19〉에 있는 원형의 피드백 다이어그램은 하나의 입력과 하나의 응답을 가지고 있다. 진동하도록 설계된 시스템은 (명백한) 입력을 가지고 있지 않다. 즉, $X(s)=0$〈그림 13.20〉.

(〈그림 13.20〉의 시스템을 단지 $X(s) = 0$를 갖는 〈그림 13.19〉의 시스템과 같게 되도록 하기 위해 $H_2(s)$에 대한 부호는 변경된다.) 입력이 없으면 어떻게 응답을 얻을 수 있는가? 짧게 대답하면 '우리는 할 수 없다'이다. 그러나 의도한 것이든 아니든 모든 시스템이 끊임없이 여기되고 있도록 구현하는 것이 중요하다. 모든 시스템은 신호의 변동을 일으키는 랜덤 잡음 프로세스를 가지고 있다. 시스템은 의도된 입력에 응답하는 것과 마찬가지로 잡음 변동에도 응답한다.

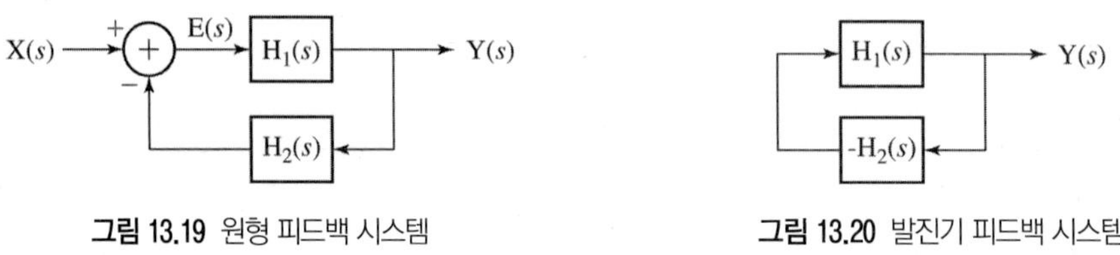

그림 13.19 원형 피드백 시스템

그림 13.20 발진기 피드백 시스템

안정한 진동을 가지도록 하는 비결은 ω 축 상에 극점을 갖는 다음과 같은 형식의 전달 함수를 가지도록 하는 것이다.

$$H(s)=\frac{A}{s^2+\omega_0^2}$$

그러면 각 주파수 ω_0 ($s=\pm j\omega_0$)에서 시스템 이득은 무한대이다. 무한대라는 것은 응답이 여기보다 훨씬 더 크다는 것을 의미한다. 그것은 유한의 입력이 무한대의 응답을 나타내거나 또는 0의 입력이 유한의 응답을 나타낸다는 것을 의미한다. 따라서 ω 축 상에 극점을 가지는 시스템은 입력 없이 0이 아닌 안정한 응답을 나타낼 수 있다.

임계 안정 모드에서 진동하도록 설계된 흥미롭고 중요한 시스템의 한 예는 레이저이다. 약어 LASER(레이저)는 'Light Amplification by Stimulated Emission of Radiation(복사선의 유도 방출에 의한 빛의 증폭)'을 나타낸다. 레이저는(내부적으로 빛의 증폭이 일어남에도 불구하고) 사실상 빛의 증폭기가 아닌 빛의 발진기이다. 그러나 'Light Oscillation by Stimulated Emission of Radiation(복사선의 유도 방출에 의한 빛의 진동)'에 대한 약어인 LOSER는 자기

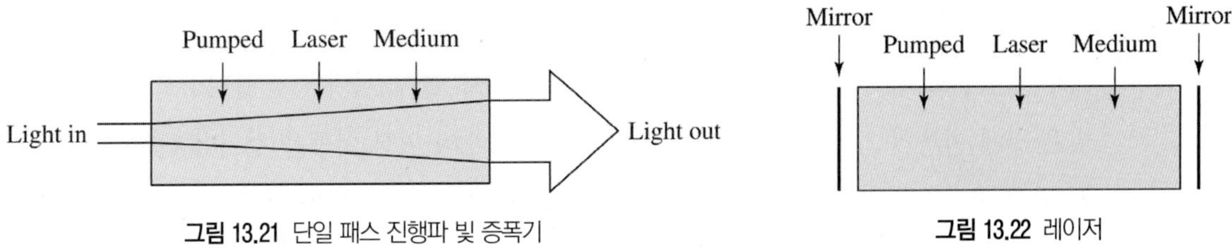

그림 13.21 단일 패스 진행파 빛 증폭기

그림 13.22 레이저

자신을 묘사한 것으로 유행하지는 못했다.

레이저가 발진기이기는 하지만 빛의 증폭은 동작 중에 일어나는 고유 과정이다. 주입된 매질을 통해 전파되는 정확한 파장의 빛이 전파될 때 전력을 증가시키는 그러한 방법으로 레이저는 외부 전력원에 의해 '주입된' 매질로 채워진다〈그림 13.21〉.

〈그림 13.21〉에 제시되어 있는 장치는 단일 패스 진행파 빛 증폭기이지 레이저는 아니다. 레이저에서 빛의 진동은 반사경에 부딪치는 빛의 일부 또는 전부를 반사시키는 각 끝단에 있는 거울을 단일 패스 진행파 빛 증폭기에 도입함으로써 일어난다. 각각의 거울에서 빛의 일부 또는 전부는 더 증폭하기 위해서 주입된 레이저 매질 속으로 피드백 된다〈그림 13.22〉.

원칙적으로 부분 거울을 통해서 이 장치의 한쪽 끝단에서 빛을 받아들여서 그것을 증폭하는 것이 가능할 것이다. 그러한 장치는 회생식 진행파 빛 증폭기(regenerative travelling-wave light amplifier)라고 부른다. 가능한 한 반사하는 즉, 본질적으로는 부딪치는 모든 빛을 반사하는 거울을 한쪽 끝단에 만들고 다른 쪽 끝단에 있는 거울을 부딪치는 빛의 일부를 반사해서 나머지를 전송하는 부분 거울로 만드는 것이 훨씬 더 일반적이다.

레이저는 입력으로 어떤 외부의 빛 신호도 없이 작동한다. 레이저가 방출하는 빛은 주입된 레이저 매질 자체에서 시작된다. 자연 방출(spontaneous emission)이라는 현상은 주입된 매질에서 임의의 시간에 임의의 방향으로 빛이 생성되게 한다. 거울에 수직으로 전파하는 빛은 거울로 가는 도중에 증폭된 다음 반사되며 거울 사이를 오고 갈 때 더 증폭된다. 전파가 거울과 수직에 가까울수록 광선은 더 길게 산란하며 레이저 매질을 여러 번 통과하면서 더욱 증폭된다. 정상 상태 동작에서 거울에 수직이 되는 빛은 가장 큰 이득을 얻는 장점을 가지고 있기 때문에 레이저 공동 내부에서 모든 빛 전파 중에서 가장 큰 전력을 가진다. 한쪽 거울은 항상 부분 거울이다. 그래서 일부의 빛은 그 거울에 부딪쳐 반향 할 때마다 전송된다. 이러한 빛은 레이저의 출력 광속을 구성한다〈그림 13.23〉.

빛의 진동이 유지되도록 하기 위해서 〈그림 13.19〉의 원형 피드백 시스템에 대해 가정된 부의 피드백 부호 하에서 시스템의 루프 전달 함수는 실수 -1이거나 또는 〈그림 13.20〉의 발진기 시스템의 가정하에서 실수 +1이어야 한다. 어느 한쪽의 가정하에서 안정한 진동을 위해서는 출발점에서 한쪽 거울로 전해지고 다른 거울로 돌아간 다음에 출발점으로 되돌아올 때 빛은 전체 이득의 크기 1과 2π 라디안에 대한 정수배의 위상 이동을 겪어야 한다. 이것은 단순히 빛의 파장이 한 번의 일주 경로에서 정확히 정수의 파동을 갖는 레이저 공동에 적합한 것이어야 한다는 것을 의미한다.

이때 일반적으로 레이저의 빛의 파장이 100nm에서 수 마이크론(자외선에서 원적외선)까지 범위의 어딘가에 있도록 구현하는 것은 중요하기 때문에 일반적인 레이저 공동의 길이는 레이저 다이오드를 위한 100μm에서 어떤 경우에는 1미터 이상까지의 범위에 있게 된다. 따라서 빛이 거울 사이에서 전파될 때는 백만 라디안 이상의 위상 이동을 겪을 수 있으며 심지어 가장 짧은 공동에서 조차도 위상 이동은 일반적으로 상당히 큰 2π 라디안의 배수가 된다. 그래서 레이저에서 진동의 정확한 파장은 어떠한 광학적 파장이 정확히 정수의 파동을 갖는 일주 경로에 적합한지에 의해 결정된다. 이런 기준을 만족하는 무수히 많은 파장이 존재하며 일주에 적합한 파동은 고조파를 정확히 한번 더한다〈그림 13.24〉.

이론적으로 이러한 모든 빛의 파장은 진동할 수 있지만 진동하기에 충분한 이득을 얻는 소수의 파장으로 실제 진동을 제한하는 다른 메커니즘들(원자나 분자의 공명, 파장 선택 거울 등)이 존재한다.

레이저는 순방향 경로와 피드백 경로를 가지는 블록 다이어그램에 의해 모델링될 수 있다〈그림 13.25〉.

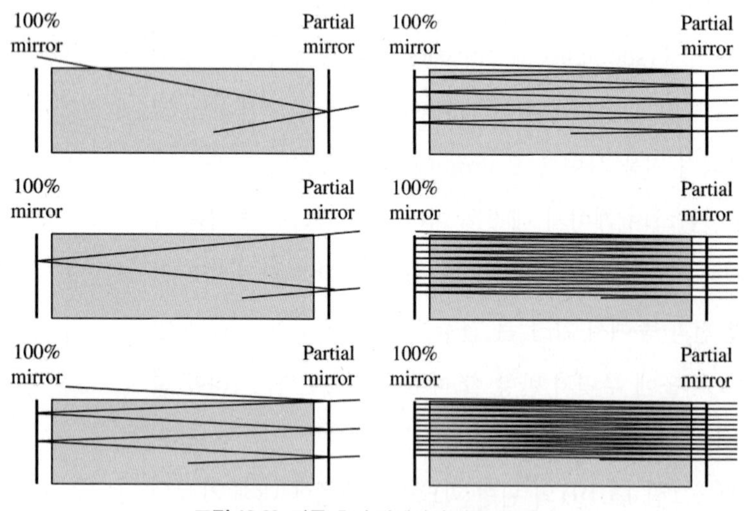

그림 13.23 다른 초기 각에서의 다중 빛 반사

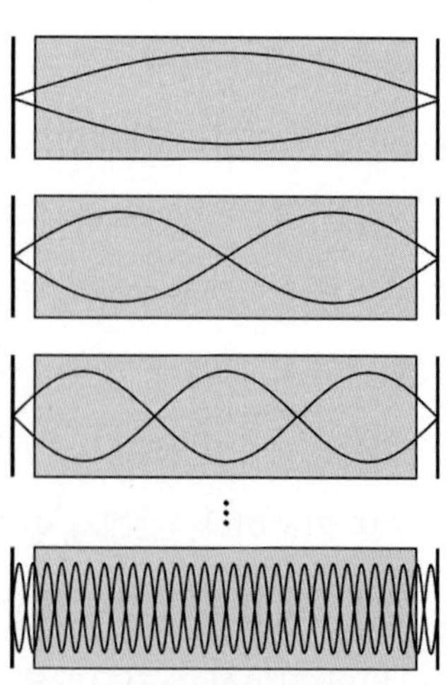

그림 13.24 정수 번의 레이저 공동에 적합한 파장의 실례

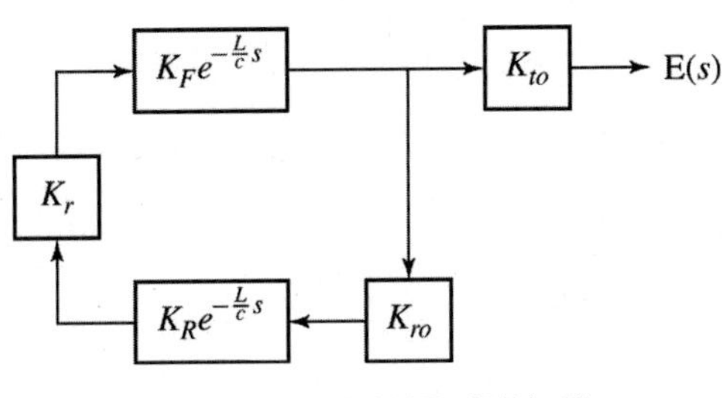

그림 13.25 레이저 블록 다이어그램

상수 K_F와 K_R은 각각 빛이 순방향 및 역방향 경로를 따라 한쪽 거울에서 다른 쪽 거울로 전파될 때 빛의 전계에 의해 얻어지는 이득의 크기를 나타낸다. 계수 $e^{-(L/c)s}$는 전파 시간 때문에 생기는 위상 이동을 설명하고 있다. 여기서 L은 거울 사이의 거리이며 c는 레이저 공동에서 빛의 속도이다. 상수 K_{to}는 출력 부분 거울을 통해 레이저 공동을 나가는 빛의 전계 투과 계수이고 상수 K_{ro}는 출력 부분 거울에서 반사되어 원래의 레이저 공동으로 들어가는 빛의 전계 반사 계수이다. 상수 K_r은 100% 거울에서 반사되어 원래의 레이저 공동으로 들어가는 빛의 전계 반사 계수이다. 일반적으로 K_{to}, K_{ro} 및 K_r은 반사와 투과 동안 전계의 위상 이동이 존재한다는 것을 나타내는 복소수이다. (〈그림 13.19〉의 부호 관례에 근거하여 전개된 정의를 이용하면), 루프 전달 함수는 다음과 같이 된다.

$$T(s) = -K_F K_{ro} K_R K_r e^{-(2L/c)s}$$

루프 전달 함수의 값은

$$|K_F K_{ro} K_R K_r| = 1$$

이고

$$e^{-(2L/c)s} = 1$$

또는 등가적으로

$$s = -j2\pi n\left(\frac{c}{2L}\right) = -j\frac{\pi c}{L}n, \quad n \text{ any integer,}$$

이면 -1이 된다. 여기서 $c/2L$의 양은 전파되고 있는 빛 파동의 일주 이동 시간이다. 이것들은 기본 각 주파수 $\pi c/L$의 고조파로 ω축 상에 있는 s의 값이다. 이것은 기본 주파수이기 때문에 관례적으로 축모드 간격(axial mode spacing) $\Delta\omega_{ax}$라고 하는 주파수들 사이의 간격이다.

처음 레이저가 켜시면 매질은 주입되고 광속은 자연 방출에 의해 시작된다. 처음에는 일

주 이득의 크기가 1보다 크기 때문에($|K_F K_{ro} K_R K_r| > 1$) 광속은 강도가 증가한다. 그러나 광속이 커지기 때문에 광속은 주입된 매질로부터 에너지를 얻고 그러한 일은 이득 K_F와 K_R을 감소시킨다. 광속의 속도가 틀림없이 루프 전달 함수의 크기 $|K_F K_{ro} K_R K_r|$를 정확히 1로 유지시키는 정확한 크기가 될 때 평형에 도달한다. 레이저에서 주입과 빛의 증폭은 루프 전달 함수의 크기를 1로 안정화시키는 자기 제한적 과정을 형성한다. 그래서 충분한 주입 전력이 있고 거울이 매우 낮은 출력에서 루프 전달 함수의 크기 1을 얻을 만큼 충분히 반사하는 한 레이저는 안정하게 진동할 것이다.

근궤적 방법

피드백 시스템에서 가장 일반적인 상태는 순방향 경로 이득 $H_1(s)$를 조절할 수 있는 '이득' 상수 K를 포함하고 있는 시스템이다. 즉, 다음과 같은 경우이다.

$$H_1(s) = K\frac{P_1(s)}{Q_1(s)}$$

(전통적으로 음이 아닌 것을 갖는) 조절 가능한 이득 파라미터 K는 시스템의 동특성에 강력한 영향을 미친다. 전체 전달 함수는 다음과 같다.

$$H(s) = \frac{H_1(s)}{1 + H_1(s)H_2(s)}$$

그리고 루프 전달 함수는 다음과 같다.

$$T(s) = H_1(s)H_2(s)$$

$H(s)$의 극점은 $1+T(s)$의 영점이 된다. 루프 전달 함수는 다음과 같이 분자를 분모로 나눈 것에 K를 곱한 형태로 쓸 수 있다.

$$T(s) = K\frac{P_1(s)}{Q_1(s)}\frac{P_2(s)}{Q_2(s)} = K\frac{P(s)}{Q(s)} \tag{13.5}$$

그러면 $H(s)$의 극점은 다음을 만족하는 곳에서 생긴다.

$$1 + K\frac{P(s)}{Q(s)} = 0$$

위의 식은 다음과 같이 두 가지 다른 형식으로 표현할 수 있다.

$$\mathrm{Q}(s) + K\,\mathrm{P}(s) = 0 \tag{13.6}$$

$$\frac{\mathrm{Q}(s)}{K} + \mathrm{P}(s) = 0 \tag{13.7}$$

식 (13.5)에서 T(s)가 (Q(s)가 P(s) 보다 더 높은 차수로 구성되는) 진분수 형태이면 Q(s)의 영점은 모두 T(s)의 극점이 되며 P(s)의 영점은 모두 T(s)의 유한한 영점이 되지만 P(s)의 차수가 Q(s)의 차수보다 작기 때문에 무한대에 T(s)의 영점이 하나 이상 존재한다.

K를 조절할 수 있는 전체 범위는 0에서 무한대이다. 우선 K를 0으로 접근시키자. 그러한 극한에서 식 (13.6)으로부터 H(s)의 극점이 되는 1+T(s)의 영점은 Q(s)의 영점이 되며 T(s) = KP(s)/Q(s)이기 때문에 H(s)의 극점은 T(s)의 극점이 된다. 이제 K가 무한대로 접근하는 반대의 경우를 고려하자. 그러한 극한에서 식 (13.7)로부터 1+T(s)의 영점은 P(s)의 영점이 되고 H(s)의 극점은 (무한대에 임의의 영점을 포함하는) T(s)의 영점이 된다. 그래서 루프 전달 함수의 극점과 영점은 피드백 시스템을 해석하는데 있어 매우 중요하다.

이득 계수 K는 0에서 무한대까지 움직이기 때문에 피드백 시스템의 극점은 루프 전달 함수의 극점에서 루프 전달 함수의 영점으로 움직인다(그것들 중에서 몇몇은 무한대에 있을 수 있다). 근궤적 선도는 이득 계수 K가 0에서 무한대까지 변하는 것에 따른 피드백 시스템의 극점의 위치를 그린 것이다. 명칭 '근궤적(root locus)'은 이득 계수 K가 변함에 따른 1+T(s)의 근의 위치(궤적)에서 비롯된 것이다.

먼저 근궤적 방법에 대한 간단한 두 가지 예제를 조사한 다음 임의의 시스템에 대해서 근궤적을 그리기 위한 몇 가지 일반적인 규칙을 확립할 것이다. 우선 순방향 경로 이득이 다음과 같고 피드백 경로 이득이 $\mathrm{H}_2(s)$ = 1인 시스템을 고려하자.

$$\mathrm{H}_1(s) = \frac{K}{(s+1)(s+2)}$$

그러면 다음과 같이 된다.

$$\mathrm{T}(s) = \frac{K}{(s+1)(s+2)}$$

그리고 근궤적 선도는 T(s)의 극점 s = -1과 s = -2에서 시작한다. T(s)의 모든 영점은 무한대에 위치해 있으며 이득 계수 K가 증가함에 따라 근궤적이 접근하는 영점이 된다〈그림 13.26〉.

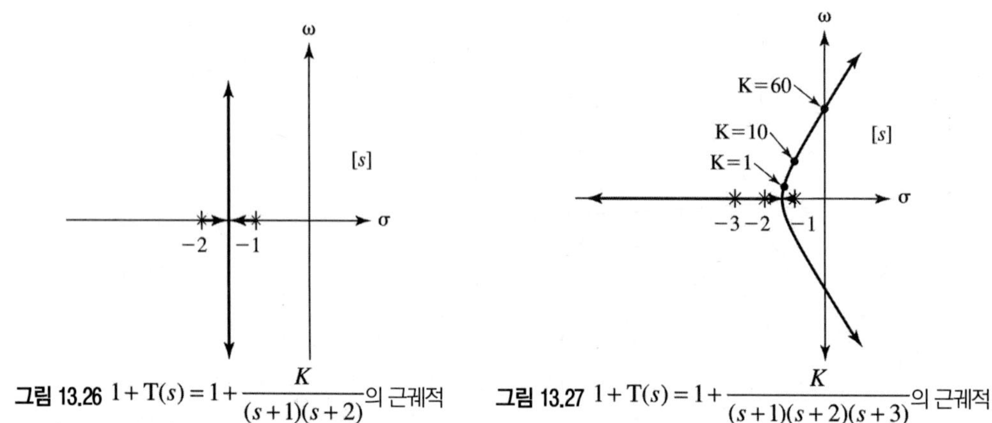

그림 13.26 $1+\mathrm{T}(s)=1+\dfrac{K}{(s+1)(s+2)}$의 근궤적

그림 13.27 $1+\mathrm{T}(s)=1+\dfrac{K}{(s+1)(s+2)(s+3)}$의 근궤적

$1+\mathrm{T}(s)$의 근은 다음 방정식의 근이 된다.

$$(s+1)(s+2)+K=s^2+3s+2+K=0$$

그리고 이차방정식 근의 공식을 사용하면 근은 $(-3\pm\sqrt{1-4K})/2$에 위치한다. $K=0$에 대해서는 $\mathrm{T}(s)$의 극점인 $s=-1$과 $s=-2$에 근을 갖는다. $K=1/4$에 대해서는 $-3/2$에 중근을 갖는다. $K>1/4$에 대해서는 K가 증가함에 따라 허수부는 $\pm\infty$로 향해서 가지만 실수부는 $-3/2$을 유지하는 두 개의 켤레 복소 근을 갖는다. 이러한 근궤적은 좌반 평면에 항상 근이 있는 실수부와 함께 허수 차원에서는 무한대로 계속 가기 때문에 피드백 시스템은 임의의 K값에 대해 안정하다.

이제 다음과 같이 되도록 순방향 경로 전달 함수에 하나의 극점을 추가하자.

$$\mathrm{H}_1(s)=\frac{K}{(s+1)(s+2)(s+3)}$$

새로운 근궤적은 방정식 $s^3+6s^2+11s+6+K=0$에 대한 해의 궤적이다〈그림 13.27〉.

근궤적의 두 가지가 ω축을 교차하는 K의 값이나 그 이상 값에서 이 시스템은 불안정하다. 그래서 개루프가 안정한 이러한 시스템은 피드백을 사용함으로써 불안정하게 될 수 있다. 극점은 $s^3+6s^2+11s+6+K=0$의 근에 위치한다. 이러한 유형의 3차 방정식에 대한 일반해를 구하는 것은 가능하지만 매우 지루한 일이다. $\mathrm{H}(s)$의 극점이 우반 평면으로 움직이도록 하는 K의 값을 구하기 위해 K에 대한 다중 값을 생성하여 수치적으로 근을 푸는 것은 매우 쉽다.

K	Roots →		
0	−3	−2	−1
0.25	−3.11	−1.73	−1.16
0.5	−3.19	$-1.4 + j0.25$	$-1.4 - j0.25$
1	−3.32	$-1.34 + j0.56$	$-1.34 - j0.56$
2	−3.52	$-1.24 + j0.86$	$-1.24 - j0.86$
10	−4.31	$-0.85 + j1.73$	$-0.85 - j1.73$
30	−5.21	$-0.39 + j2.60$	$-0.39 - j2.60$
60	−6.00	$0.00 + j3.32$	$0.00 - j3.32$
100	−6.71	$0.36 + j3.96$	$0.36 - j3.96$

그림 13.28 K의 여러 값에 대한 $s^3+6s^2+11s+6+K=0$의 근

〈그림 13.28〉에서 $K = 60$일 때, ω축에 정확히 두 개의 극점이 위치하고 있음을 볼 수 있다. 따라서 60보다 크거나 같은 임의의 K값은 이러한 피드백 시스템을 불안정하게 할 것이다.

〈그림 13.29〉에서는 갯수와 위치가 다른 T(s)의 극점과 영점에 대한 몇 가지 근궤적 선도를 나타내고 있다. 근궤적을 그리는 데에는 여러 가지 규칙이 존재한다. 이러한 규칙들은 다항 방정식의 근에 대한 위치에 관하여 수학자들에 의해 유도된 대수학의 규칙에서 비롯된다.

1. 근궤적에서 가지의 수는 T(s)의 분자 다항식의 차수와 분모 다항식의 차수 중에서 더 큰 수와 같다.
2. 각각의 근궤적 가지는 T(s)의 극점에서 시작해서 T(s)의 영점에서 끝난다.
3. 실수축에 대해 오른쪽에 위치하는 실수 극점이나 실수 영점의 개수의 합이 홀수인 임의의 실수축 영역은 근궤적의 일부이고 다른 모든 실수축의 영역은 근궤적의 일부가 아니다. 근궤적의 일부가 되는 영역을 '허용' 영역이라 한다.
4. 근궤적은 실수축에 대하여 대칭이다.
5. 만약 T(s)의 유한 극점의 개수가 정수 m만큼 T(s)의 유한 영점의 개수를 초과하면 m개의 근궤적 가지는 무한대에 위치하는 T(s)의 영점에서 끝난다. 이러한 가지들 각각은 직선의 점근선에 접근하고 근궤적의 각도는 양의 실수축에 관하여 $(2k+1)\pi/m,\ k = 0, 1, \cdots m-1$이 된다. 이러한 점근선은 근궤적 원심(centroid)이라고 하는 다음과 같은 위치에 있는 실수축을 교차한다(이러한 것들은 단지 실수축 상에 있는 것만이 아니라 모든 유한 극점과 모든 유한 영점의 합이다).

$$\sigma = \frac{1}{m}\left(\sum \text{finite poles} - \sum \text{finite zeros}\right)$$

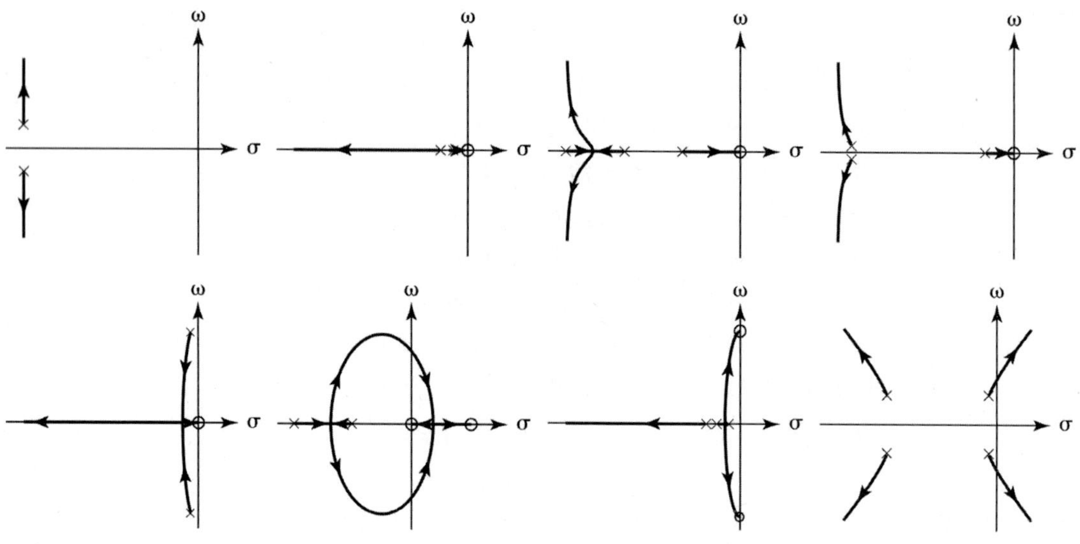

그림 13.29 근궤적 선도 예시

6. 근궤적 가지들이 교차하는 이탈점(breakaway point)이나 안장점(break-in point)은 다음을 만족하는 점에서 발생한다.

$$\frac{d}{ds}\left(\frac{1}{\mathrm{T}(s)}\right)=0$$

예제 13.2

근궤적 1

개루프 전달 함수가 다음과 같은 시스템에 대하여 근궤적을 그려라.

$$\mathrm{T}(s)=\frac{(s+4)(s+5)}{(s+1)(s+2)(s+3)}$$

■ 풀이

근궤적 가지들이 어디로 향해 가는지를 알아내려고 할 때 사고 단계는 다음과 같다.

1. $\mathrm{T}(s)$는 $\sigma=-1$, $\sigma=-2$ 및 $\sigma=-3$에 극점을 가지며 $\sigma=-4$, $\sigma=-5$ 및 $|s|\to\infty$에 영점을 갖는다.
2. 근궤적 가지의 수는 3이다(규칙1).
3. 실수축 상의 허용 영역은 $-2<\sigma<-1$, $-4<\sigma<-3$ 및 $\sigma<-5$ 범위 내이다〈그림 13.30〉(규칙 3).

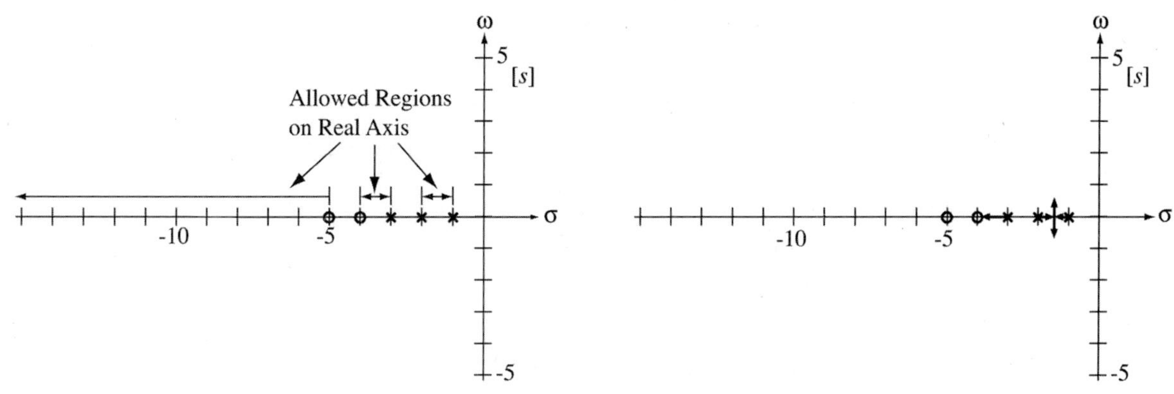

그림 13.30 실수축 상의 허용 영역

그림 13.31 근궤적을 그리는 초기 단계

4. 근궤적 가지는 $\sigma = -1$, $\sigma = -2$ 및 $\sigma = -3$에서 시작해야 한다(규칙 2).
5. 두 개의 근궤적 가지는 $\sigma = -4$ 및 $\sigma = -5$에서 끝나야 하며 세 번째 가지는 무한대에 있는 영점에서 끝나야 한다(규칙 2).
6. $\sigma = -1$과 $\sigma = -2$에서 시작하는 두 개의 근궤적 가지는 허용 영역에 있어야 하기 때문에 처음에는 서로를 향해 움직인다(규칙 3). 가지는 교차할 때 둘 모두 복소수가 되어야 하며 서로 켤레 복소수이어야 한다(규칙 4).
7. $\sigma = -3$에서 시작하는 세 번째 근궤적 가지는 $\sigma = -4$에 있는 영점을 향해서 왼쪽으로 움직여야 한다(규칙 3). 이 가지는 다른 어떤 곳으로도 갈 수 없으며, 동시에 실수축에 관하여 대칭을 유지할 수 없다. 따라서 이 가지는 단순히 $\sigma = -4$에 있는 영점에서 끝난다(규칙 2) 〈그림 13.31〉.
8. 이제 다른 두 개의 근궤적 가지는 $\sigma = -5$에 있는 영점과 $|s| \to \infty$에 있는 영점에서 끝나야 한다는 것을 알았다. 두 가지는 이미 복소수이다. 그러므로 두 가지는 σ축에 대해 왼쪽과 뒤쪽으로 움직인 다음에 한 가지는 $\sigma = -5$에 있는 영점에서 끝나도록 오른쪽으로 움직여야 하는 반면 다른 한 가지는 실수축 상에서 왼쪽으로 움직여서 음의 무한대로 접근한다.
9. 세 개의 유한 극점과 두 개의 유한 영점이 존재한다. 이미 알아본바와 같이 그렇다는 것은 무한대에서 한 영점을 향해 가는 오직 하나의 근궤적 가지가 존재한다는 것을 의미한다. 가지가 접근하는 각도는 음의 실수축인 π 라디안이어야 한다(규칙 5). 이것은 앞의 결론과 일치한다(8번).
10. 두 가지가 실수축을 이탈하는 점과 두 가지가 실수축으로 되돌아오는 점은 둘 모두 $(d/ds)(1/\mathrm{T}(s)) = 0$을 만족하는 곳에서 발생한다(규칙 6).

$$\frac{d}{ds}\left(\frac{1}{T(s)}\right)=\frac{d}{ds}\left[\frac{(s+1)(s+2)(s+3)}{(s+4)(s+5)}\right]=0$$

미분한 다음에 0으로 놓으면 $s^4+18s^3+103s^2+228s+166=0$을 얻는다. 근은 $s=-9.47$, $s=-4.34$, $s=-2.69$ 및 $s=-1.50$이 된다. 따라서 이탈점은 $s=-1.50$이 되고 안장점은 $s=-9.47$이 된다. 근궤적은 결코 우반 평면으로 움직이지 않는다. 따라서 이 시스템은 임의의 음이 아닌 이득 계수 K의 값에 대해서 안정하다〈그림 13.32〉.

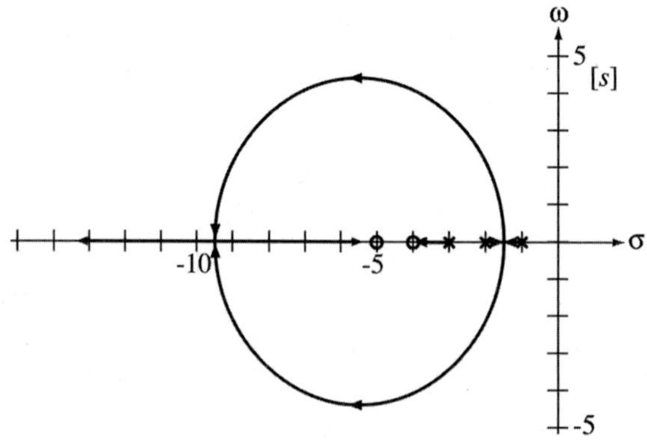

그림 13.32 완전한 근궤적

($s^4+18s^3+103s^2+228s+166=0$의 다른 두 해 $s=-4.34$와 $s=-2.69$는 소위 상보 근궤적(complementary root locus)에 대한 이탈점과 안장점이 된다. 상보 근궤적은 K가 0에서 음의 무한대로 갈 때 H(s)의 극점의 궤적이다.)

■

예제 13.3

근궤적 2

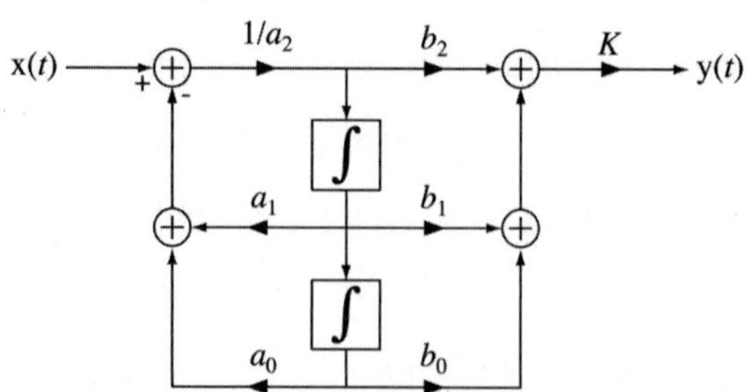

그림 13.33 이득 계수 K를 갖는 2차 시스템

순방향 경로(플랜트)는 $a_2 = -2,\ a_1 = 1,\ a_0 = 2,\ b_1 = 0,\ b_1 = 1$ 및 $b_0 = 0$을 가지는 〈그림 13.33〉의 시스템이고, 피드백 경로(센서)는 $a_2 = 1,\ a_1 = 2,\ a_0 = 0,\ b_2 = 1,\ b_1 = 1,\ b_0 = 0$ 및 $K = 1$을 가지는 〈그림 13.33〉의 시스템이 되는 시스템에 대한 근궤적을 그려라.

■ 풀이

순방향 경로의 전달 함수 $\mathrm{H}_1(s)$와 피드백 경로의 전달 함수 $\mathrm{H}_2(s)$는 다음과 같이 된다.

$$\mathrm{H}_1(s) = \frac{Ks}{s^2 - 2s + 2},\quad \mathrm{H}_2(s) = \frac{s^2 + s}{s^2 + 2s} = \frac{s+1}{s+2}$$

루프 전달 함수는 다음과 같이 된다.

$$\mathrm{T}(s) = \mathrm{H}_1(s)\mathrm{H}_2(s) = \frac{Ks(s+1)}{(s^2 - 2s + 2)(s+2)}$$

$\mathrm{T}(s)$의 극점은 $s = 1 \pm j$와 $s = -2$가 된다. 영점은 $s = 0,\ s = -1$ 및 $|s| \to \infty$가 된다. $\mathrm{H}_1(s)$가 우반 평면에 극점을 가지기 때문에 순방향 시스템은 불안정하다.

1. 근궤적은 세 개의 가지를 가진다(규칙 1).
2. 실수축 상의 허용 영역은 $-1 < \sigma < 0$과 $\sigma < -2$이다.
3. 근궤적은 $\mathrm{T}(s)$의 극점에서 시작한다. 그래서 $s = -2$에서 시작하는 가지는 오직 왼쪽으로만 갈 수 있으며 실수축 상의 허용 영역에 계속 남아 있게 된다. 대칭 요구사항(규칙 4) 때문에 그 가지는 실수축을 결코 떠날 수 없다. 그러므로 이 가지는 무한대에 있는 영점에서 끝난다.
4. 다른 두 가지는 $s = 1 \pm j$에 있는 공액 복소 극점에서 시작한다. 이 두 가지는 $s = 0$과 $s = -2$에 남아 있는 두 영점에서 끝난다. 이 두 영점에 도달하고 동시에 실수축에 관해 대칭을 유지하기 위해서(규칙 4) 두 가지는 왼쪽으로 이동해 $-1 < \sigma < 0$의 허용 영역으로 이동해야만 한다.
5. 안장점은 $(d/ds)(1/\mathrm{T}(s)) = 0$이 되게 함으로써 구할 수 있다. 그 해 $s = -0.4652$는 안장점이 된다〈그림 13.34〉.

이 예제에서 전체 피드백 시스템은 작은 K값에서 불안정하게 시작하지만 K가 증가함에 따라 처음에 우반 평면에 있던 극점들은 좌반 평면으로 이동한다. 그래서 만약 K가 충분히 크다면 순방향 경로 시스템이 불안정하다 하더라도 전체 피드백 시스템은 안정하게 된다.

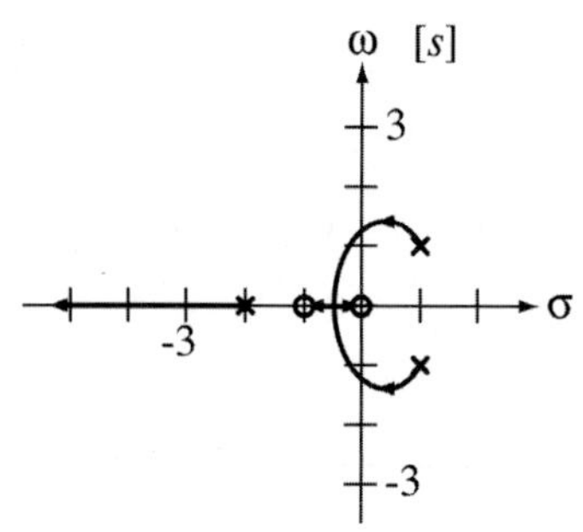

그림 13.34 완전한 근궤적

단위 이득 피드백 시스템의 추적 오차

가장 일반적인 유형의 피드백 시스템은 단위 이득 피드백($H_2(s) = 1$)을 이용해 출력 신호가 입력 신호를 추적하도록 하는 것이 목적인 시스템이다〈그림 13.35〉.

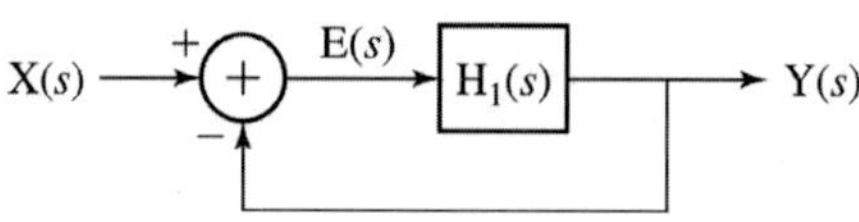

그림 13.35 단위 이득 피드백 시스템

이러한 시스템은 출력 신호가 항상 입력 신호와 직접 비교되기 때문에 단위 이득이라 하며 만약 어떤 차이(오차 신호)가 존재하면 그것은 출력 신호를 입력 신호에 더 가깝게 하기 위해 시스템의 순방향 경로 이득에 의해 증폭된다. 만약 시스템의 순방향 경로 이득이 크면 그것은 오차 신호가 작게 되도록 만들어서 출력 신호와 입력 신호가 서로 더 가깝게 되도록 한다. 오차 신호가 0이 될 수 있는지의 여부는 순방향 경로 전달 함수 $H_1(s)$와 여기의 유형에 의존한다. 이 시점에서 출력 신호가 입력 신호와 같은 시스템을 갖는 것이 목적이 아닐까 생각하는 것은 당연하다. 무엇을 얻었는가? 만약 시스템이 전자 증폭기이고 신호가 전압이면 전자 증폭기의 전압 이득을 가지지만 입력 임피던스는 매우 높을 수 있으며 출력 신호에 의해 와트 단위로 전송된 실제 전력이 입력 신호에 의해 공급된 실제 전력보다 훨씬 더 크게 하기 위해 응답 전압은 매우 낮은 임피던스를 구동할 수 있다. 다른 시스템에서 입력 신호는 저전력 증폭기 또는 전위차계에 의해 설정된 전압일 수 있으며 출력 신호는 기중기, 대포, 천체 망원경 등과 같은 여러 가지 대형 기계 장치의 위치를 표시하는 전압일 수 있다.

이제 정상 상태 오차의 특징을 수학적으로 알아볼 것이다. 용어 정상상태(steady-state)는 시간이 무한대로 접근할 때의 동작을 의미한다. 오차 신호는 다음과 같게 된다.

$$E(s) = X(s) - Y(s) = X(s) - H_1(s)E(s)$$

위 식을 $E(s)$에 대해서 풀면 다음과 같이 된다.

$$E(s) = \frac{X(s)}{1 + H_1(s)}$$

다음과 같이 최종값 정리를 이용하여 오차 신호의 정상 상태 값을 구할 수 있다.

$$\lim_{t \to \infty} e(t) = \lim_{s \to 0} s\,E(s) = \lim_{s \to 0} s \frac{X(s)}{1 + H_1(s)}$$

만약 입력 신호가 $x(t) = Au(t)$ 형식의 계단파이면 $X(s) = A/s$이며 최종값 정리를 이용하면 다음과 같이 된다.

$$\lim_{t \to \infty} e(t) = \lim_{s \to 0} \frac{A}{1 + H_1(s)}$$

아래의 식이 0이면 정상 상태 오차는 0이 된다.

$$\lim_{s \to 0} \frac{1}{1 + H_1(s)}$$

만약 $H_1(s)$가 다음과 같이 s 에 대한 다항식의 비로 이루어진 보통의 형식으로 되어 있으면,

$$H_1(s) = \frac{b_N s^N + b_{N-1} s^{N-1} + \cdots b_2 s^2 + b_1 s + b_0}{a_D s^D + a_{D-1} s^{D-1} + \cdots a_2 s^2 + a_1 s + a_0} \tag{13.8}$$

다음과 같이 된다.

$$\lim_{t \to \infty} e(t) = \lim_{s \to 0} \frac{1}{1 + \dfrac{b_N s^N + b_{N-1} s^{N-1} + \cdots b_2 s^2 + b_1 s + b_0}{a_D s^D + a_{D-1} s^{D-1} + \cdots a_2 s^2 + a_1 s + a_0}} = \frac{a_0}{a_0 + b_0}$$

$a_0 = 0$이고 $b_0 \neq 0$이면 정상 상태 오차는 0이 된다. $a_0 = 0$이면 $H_1(s)$는 다음과 같은 형식으로 나타낼 수 있다.

$$H_1(s) = \frac{b_N s^N + b_{N-1} s^{N-1} + \cdots b_2 s^2 + b_1 s + b_0}{s(a_D s^{D-1} + a_{D-1} s^{D-2} + \cdots a_2 s + a_1)}$$

그리고 $H_1(s)$가 $s = 0$에 극점을 가지는 것은 명백하다. 따라서 요약해 보면 안정한 단위 이득 피드백 시스템이 $s = 0$에 극점을 갖는 순방향 경로 전달 함수를 가지면 계단파 여기에 대한 정상 상태 오차는 0이 된다 말할 수 있다. 만약 $s = 0$에 극점이 존재하지 않으면 정상 상태 오차는 $a_0/(a_0 + b_0)$가 되며 a_0와 비교해서 b_0가 크면 클수록 더 작은 정상 상태 오차가 된다. 만약 순방향 경로 이득이 식 (13.8)의 피드백 시스템을 가지면 저주파수 이득은 $b_0/(a_0 + b_0)$가 되고 $b_0 >> a_0$에 대하여 1에 접근하며 입력과 출력 신호가 같은 값에 접근한다는 것을 나타낸다.

$s = 0$에 어떠한 극점도 갖지 않는 순방향 경로 전달 함수 $H_1(s)$를 가지는 단위 이득 피드백 시스템은 유형 **0**(type 0) 시스템이라 한다. 만약 $s = 0$에 하나의 극점을 가지면 시스템은 유형 **1**(type 1) 시스템이다. 일반적으로 임의의 단위 이득 피드백 시스템은 유형 n(type n) 시스템이며 여기서 n은 $H_1(s)$에서 $s = 0$에 있는 극점의 수이다. 따라서 새로운 용어를 사용하여 요약하면 다음과 같다.

1. 안정한 유형 0 시스템은 계단파 여기에 대해서 유한의 정상 상태 오차를 가진다.
2. $n \geq 1$인 안정한 유형 n 시스템은 계단파 여기에 대해서 0의 정상 상태 오차를 가진다.

〈그림 13.36〉은 안정한 유형 0 및 유형 1 시스템에 대해서 계단파 여기에 대한 전형적인 정상 상태 응답을 보이고 있다.

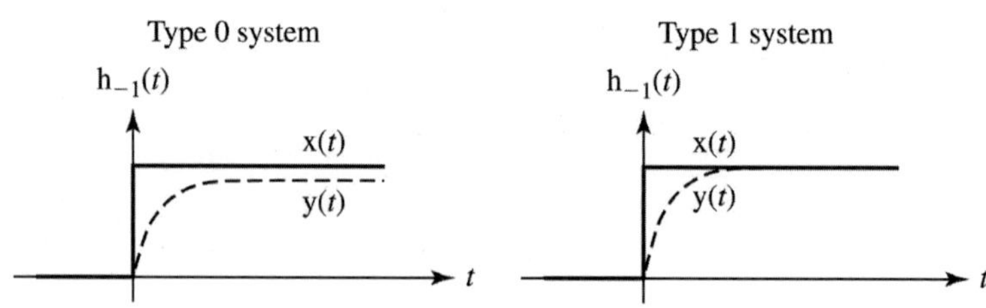

그림 13.36 계단파에 대한 유형 0 및 유형 1 시스템의 응답

이제 라플라스 변환이 $X(s) = A/s^2$가 되는 램프 여기 $x(t) = A\,\text{ramp}(t) = At\,u(t)$를 고려할 것이다. 정상 상태 오차는 다음과 같이 표현된다.

$$\lim_{t \to \infty} e(t) = \lim_{s \to 0} \frac{A}{s[1 + H_1(s)]}$$

만약 $H_1(s)$가 s에 대한 다항식의 비이면 다시 다음과 같이 표현된다.

$$\lim_{t\to\infty} \mathrm{e}(t) = \lim_{s\to 0} \frac{1}{s} \frac{1}{1+\dfrac{b_N s^N + b_{N-1}s^{N-1} + \quad b_2 s^2 + b_1 s + b_0}{a_D s^D + a_{D-1}s^{D-1} + \quad a_2 s^2 + a_1 s + a_0}}$$

또는

$$\lim_{t\to\infty} \mathrm{e}(t) = \lim_{s\to 0} \frac{a_D s^D + a_{D-1}s^{D-1} + \quad a_2 s^2 + a_1 s + a_0}{s\begin{bmatrix} a_D s^D + a_{D-1}s^{D-1} + \quad a_2 s^2 + a_1 s + a_0 \\ +b_N s^N + b_{N-1}s^{N-1} + \quad b_2 s^2 + b_1 s + b_0 \end{bmatrix}}$$

이러한 극한은 a와 b의 값에 의존한다. 만약 $a_0 \neq 0$이면 정상 상태 오차는 무한대가 된다. 만약 $a_0 = 0$이고 $b_0 \neq 0$이면 극한은 a_1/b_0가 되며 이 값은 정상 상태 오차가 0이 아닌 상수가 된다는 것을 나타낸다. 만약 $a_0 = 0$, $a_1 = 0$이고 $b_0 \neq 0$이면 정상 상태 오차는 0이 된다. 조건 $a_0 = 0$과 $a_1 = 0$은 순방향 경로 전달 함수에서 $s = 0$에 중복 극점이 존재한다는 것을 의미한다. 따라서 안정한 유형 2 시스템에 대해서 램프 입력에 대한 정상 상태 오차는 0이 된다. 요약하면 다음과 같다.

1. 안정한 유형 0 시스템은 램프 입력에 대하여 유한한 정상 상태 오차를 가진다.
2. 안정한 유형 1 시스템은 램프 입력에 대하여 유한한 정상 상태 오차를 가진다.
3. $n \geq 2$인 안정한 유형 n 시스템은 램프 입력에 대하여 0의 정상 상태 오차를 가진다.

〈그림 13.37〉은 안정한 유형 0, 유형 1 및 유형 2 시스템에 대해서 램프 입력에 대한 전형적인 정상 상태 응답을 보이고 있다. 이러한 결과들은 고차의 입력($At^2\mathrm{u}(t)$, $At^3\mathrm{u}(t)$ 등)에 대해서도 추론할 수 있다. 여기 변환의 분모에 있는 s의 가장 큰 거듭제곱이 시스템의 유형 번호(0, 1, 2 등)와 같거나 더 작고 시스템이 안정하면 정상 상태 오차는 0이 된다. 이 결과는 다항식들의

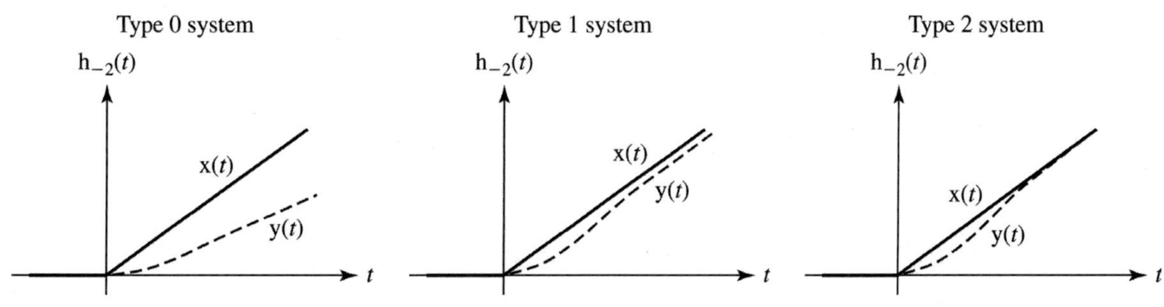

그림 13.37 램프 함수에 대한 유형 0, 1 및 2 시스템

비의 형식으로 된 순방향 경로 전달 함수를 통해 설명했지만 그 결과는 $s=0$에 있는 극점의 수만을 기반으로 한 전달 함수의 형식에 대해서 진실임을 알 수 있다. 순방향 경로 전달 함수에서 $s=0$에 더 많은 극점들이 있으면 일반적으로 바람직한 것 같이 보일 수 있다. 왜냐하면 전체 피드백 시스템에서는 더 많은 극점이 정상 상태 오차를 줄이기 때문이다. 그러나 일반적으로 말하면 순방향 경로 전달 함수에 극점이 많으면 많을수록 피드백 시스템을 안정하게 하는 것은 더 어렵다. 따라서 순방향 경로 전달 함수에서 $s=0$에 극점을 위치시킴으로써 어떤 문제를 다른 문제와 교환할 수 있다.

예제 13.4

순방향 전달 함수에서 0에 극점을 추가함으로써 일어나는 불안정성

단위 이득 피드백 시스템의 순방향 전달 함수가 $\mathrm{H}_1(s)=\dfrac{100}{s(s+4)}$라 하자. 그러면 전체 전달 함수는 $s=-2\pm j9.798$에 극점을 갖는 다음과 같은 전달 함수가 된다.

$$\mathrm{H}(s)=\frac{100}{s^2+4s+100}$$

두 극점은 좌반 평면에 존재하기 때문에 시스템은 안정하다. 이제 $\mathrm{H}_1(s)$에 대한 0에 하나의 극점을 추가하여 시스템의 안정성을 재평가하자.

■ 풀이

새로운 $\mathrm{H}_1(s)$는 다음과 같은 전달 함수가 된다.

$$\mathrm{H}_1(s)=\frac{100}{s^2(s+4)}$$

그리고 새로운 전체 전달 함수는 $s=-6.4235$와 $s=1.212\pm j3.755$에 극점을 갖는 다음과 같은 전달 함수가 된다.

$$\mathrm{H}(s)=\frac{100}{s^3+4s^2+100}$$

극점 중에서 두 극점이 우반 평면에 존재하기 때문에 전체 전달 함수는 불안정하다. ■

13.5 MATLAB을 이용한 시스템 해석

MATLAB 시스템 객체는 6장에서 소개되었다. `tf`를 사용하여 시스템 객체를 생성하는 구문은 다음과 같다.

```
sys = tf(num,den)
```

`zpk`를 사용해 시스템 객체를 생성하는 구문은 다음과 같다.

```
sys = zpk(z,p,k)
```

제어 시스템 툴박스의 진정한 힘은 상호 연결된 시스템에서 나타난다. 직렬로 연결된 다음과 같은 두 시스템

$$\mathrm{H}_1(s) = \frac{s^2+4}{s^5+4s^4+7s^3+15s^2+31s+75}$$

와

$$\mathrm{H}_2(s) = 20\frac{s+4}{(s+3)(s+10)}$$

의 전체 전달 함수 $\mathrm{H}(s) = \mathrm{H}_1(s)\mathrm{H}_2(s)$를 얻으려 한다고 가정하자. MATLAB에서는 다음과 같이 된다.

```
»num = [1 0 4];
»den = [1 4 7 15 31 75];
»H1 = tf(num,den);

»z = [-4];
»p = [-3 -10];
»k = 20
»H2 = zpk(z,p,k);

»Hc = H1*H2 ;
»Hc
Zero/pole/gain:
                        20 (s+4) (s^2 + 4)
-----------------------------------------------------------
(s+3.081) (s+3) (s+10) (s^2 + 2.901s + 5.45) (s^2 - 1.982s +
4.467)
»tf(Hc)
```

```
Transfer function:
                20 s^3 + 80 s^2 + 80 s + 320
-------------------------------------------------------------
s^7 + 17 s^6 + 89 s^5 + 226 s^4 + 436 s^3 + 928 s^2 + 1905 s +
2250
```

이러한 두 시스템이 병렬로 연결되었을 때 전달 함수는 다음과 같다.

```
»Hp = H1 + H2 ;
»Hp

Zero/pole/gain:
20 (s+4.023) (s+3.077) (s^2 + 2.881s + 5.486) (s^2 - 1.982s +
4.505)
-------------------------------------------------------------
(s+3.081) (s+3) (s+10) (s^2 + 2.901s + 5.45) (s^2 - 1.982s +
4.467)
»tf(Hp)

Transfer function:
20 s^6 + 160 s^5 + 461 s^4 + 873 s^3 + 1854 s^2 + 4032 s +
6120
-------------------------------------------------------------
s^7 + 17 s^6 + 89 s^5 + 226 s^4 + 436 s^3 + 928 s^2 + 1905 s
+ 2250
```

또한 피드백 시스템의 전체 전달 함수를 형성하기 위한 feedback 명령어가 있다.

```
>> Hf = feedback(H1,H2) ;
>> Hf
Zero/pole/gain:
                    (s+3) (s+10) (s^2 + 4)
-------------------------------------------------------------
(s+9.973) (s^2 + 6.465s + 10.69) (s^2 + 2.587s + 5.163) (s^2 -
2.025s + 4.669)
```

시스템 객체들을 조작할 때 그 결과가 원하는 형태가 되지 않을 때가 있다. 시스템 객체는 동일한 위치에 극점과 영점을 가질 수도 있다. 비록 수학적으로 틀린 것이 없다고 하더라도 일반적으로 전달 함수를 간단히 하기 위해 극점과 영점을 소거하는 것이 좋다. 이것은(최소 구현을 위해) minreal 명령어를 이용해 실행될 수 있다.

앞의 방법에 의해 기술된 시스템이 있다면 step 명령어에 의해 계단 응답 그래프, impulse 명령어에 의해 임펄스 응답 그래프, bode 명령어에 의해 그 주파수 응답에 대한 보데 선도를 그릴 수 있다. 또한 MATLAB 명령어 pzmap을 사용하여 극점-영점 분포도를 그릴 수 있다. MATLAB은 `freqresp`라 불리는 함수를 가지며 이는 주파수 응답 그래프를 그린다. 구문은 다음과 같다.

```
H = freqresp(sys,w)
```

여기서 sys는 MATLAB 시스템 객체, w는 하나의 벡터로 표시되는 각 주파수(ω) 그리고 H는 주어진 각 주파수에서 시스템의 주파수 응답이다. 또한 MATLAB control 툴박스는 시스템 루프 전달 함수의 근궤적을 그리기 위한 명령어를 가지고 있다. 구문은 다음과 같다.

```
rlocus(sys)
```

여기서 sys는 MATLAB 시스템 객체이다. MATLAB `control` 툴박스에는 다른 유용한 명령어들이 많이 있으며 `help control`을 입력하여 조사할 수 있다.

13.6 표준 신호에 대한 시스템 응답

LTI 시스템이 임펄스 응답에 의해서 완전하게 특성화되는 것을 앞의 신호와 시스템 해석에서 살펴보았다. 실제 시스템을 시험할 때 시스템의 임펄스 응답을 구하기 위해 임펄스를 이용하는 것은 실제적이지 못하다. 첫째, 순수 임펄스는 발생될 수 없으며 둘째, 순수한 임펄스가 발생할 수 있다 하더라도 그것은 무한의 진폭을 갖기 때문에 필연적으로 실제 시스템을 비선형 모드로 작동시키는 것을 피할 수 없다. 우리는 매우 좁고 높이가 큰 펄스 형태로 순수 임펄스와 근사한 것을 만들어 낼 수 있다. 여기서 '매우 좁은'이란 펄스의 지속 시간이 시험하고자 하는 시스템의 시정수보다 훨씬 더 작아야 한다는 것을 의미한다. 비록 이러한 형태의 검사가 가능하다 하더라도 크기가 매우 큰 펄스는 시스템을 비선형성으로 구동시킬지도 모른다. 임펄스보다 계단파에 대한 근사화된 신호를 발생시키는 것이 훨씬 쉽다. 더욱이 계단파의 진폭은 시스템이 비선형으로 가지 않도록 하기 위해 충분히 작게 할 수 있다.

또한 정현파는 발생시키기가 쉬우며 정현파가 시스템에 무리를 가하지 않으면서 시스템을 비선형성이 되도록 강제하지 않게 충분히 작도록 하는 유한 임계 사이에서 변하도록 한정하기가 용이하다. 정현파의 주파수는 시스템의 주파수 응답을 결정하기 위해서 변화될 수 있다. 정현파는 복소 지수 함수와 매우 밀접한 관계가 있기 때문에 이러한 형태의 검사는 시스템 특성에 관한 정보를 직접적으로 제공할 수 있다.

단위 계단 응답

LTI 시스템의 전달 함수가 다음과 같은 형태로 주어진다 하자.

$$H(s) = \frac{N_H(s)}{D_H(s)}$$

여기서 $N_H(s)$는 $D_H(s)$ 보다 s에 관해 더 낮은 차수이다. 그러면 $X(s)$에 대한 영상태 응답 $Y(s)$의 라플라스 변환은 다음과 같이 주어진다.

$$Y(s) = \frac{N_H(s)}{D_H(s)} X(s)$$

$x(t)$가 단위 계단이라 하자. 그러면 영상태 응답의 라플라스 변환은 다음과 같다.

$$Y(s) = H_{-1}(s) = \frac{N_H(s)}{s D_H(s)}$$

부분 분수 전개 방법을 이용하면 다음과 같이 두 개의 항으로 분리될 수 있다.

$$Y(s) = \frac{N_{H1}(s)}{D_H(s)} + \frac{H(0)}{s}$$

만약 시스템이 BIBO 안정이면 $D_H(s)$의 근은 모두 열린 좌반 평면에 존재하고 $N_{H1}(s)/D_H(s)$의 라플라스 역변환은 시간 t가 무한대로 접근함에 따라 0으로 감소하기 때문에 자연응답 또는 과도 응답이라 한다. 단위 계단에 대한 시스템의 강제 응답은 $H(0)/s$의 라플라스 역변환이며 $H(0)u(t)$가 된다. 아래의 표현식은 두 개의 항을 갖는다.

$$Y(s) = \frac{N_{H1}(s)}{D_H(s)} + \frac{H(0)}{s}$$

첫 번째 항은 시스템의 극점과 동일한 극점을 가지며 두 번째 항은 단위 계단의 라플라스 변환과 같은 위치에 하나의 극점을 갖는다.

이 결과는 임의의 입력에 대한 경우로 일반화될 수 있다. 만약 입력의 라플라스 변환이 다음과 같다고 하자.

$$X(s) = \frac{N_x(s)}{D_x(s)}$$

그러면 시스템 응답의 라플라스 변환은 다음과 같이 표현된다.

$$\mathrm{Y}(s)=\frac{\mathrm{N_H}(s)}{\mathrm{D_H}(s)}\mathrm{X}(s)=\frac{\mathrm{N_H}(s)}{\mathrm{D_H}(s)}\frac{\mathrm{N}_x(s)}{\mathrm{D}_x(s)}=\underbrace{\frac{\mathrm{N_{H1}}(s)}{\mathrm{D_H}(s)}}_{\substack{\text{same poles}\\ \text{as system}}}+\underbrace{\frac{\mathrm{N}_{x1}(s)}{\mathrm{D}_x(s)}}_{\substack{\text{same poles}\\ \text{as excitation}}}$$

이제 몇 가지 간단한 시스템들의 단위 계단 응답을 조사해 보자. 가장 단순한 동적 시스템은 전달 함수가 다음과 같은 형식으로 이루어진 1차 시스템이다.

$$\mathrm{H}(s)=\frac{A}{1-s/p}=-\frac{Ap}{s-p}$$

여기서 A는 시스템의 저주파수 전달 함수이고, p는 s 평면에서 극점의 위치이다. 계단 응답의 라플라스 변환은 다음과 같이 주어진다.

$$\mathrm{Y}(s)=\mathrm{H}_{-1}(s)=\frac{A}{(1-s/p)s}=\frac{A/p}{1-s/p}+\frac{A}{s}=\frac{A}{s}-\frac{A}{s-p}$$

라플라스 역변환 하면, $\mathrm{y}(t)=A(1-e^{pt})\mathrm{u}(t)$이다. 만약 p가 양수이면 시스템은 불안정하게 되고 단위 계단에 대한 응답의 크기는 시간에 따라 지수 함수적으로 증가한다〈그림 13.38〉.

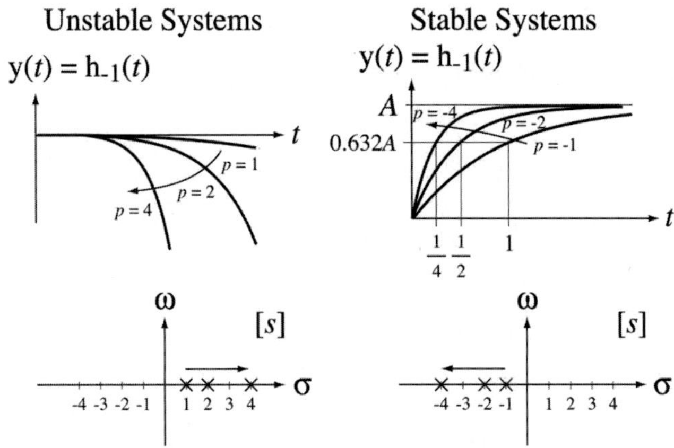

그림 13.38 단위 계단에 대한 1차 시스템의 응답과 그에 대응하는 극점-영점 분포도

지수 함수적으로 증가하는 속도는 p의 크기에 의존하는데, p가 크면 클수록 더 빨라진다. 만약 p가 음수이면, 시스템은 안정하고 그 응답은 시간에 따라서 상수 A에 접근한다. A에 접근하는 속도는 p의 크기에 의존하는데, p의 크기가 크면 클수록 더 빨라진다. p의 음의 역수는

시스템의 시정수(time constant) τ라고 하며 $\tau = -1/p$이고, 안정한 시스템에 대해 단위 계단에 대한 응답은 시정수 1과 같은 시간에서 최종값에 대한 거리의 63.2%까지 움직인 시간이다.

이제 전달 함수가 다음과 같은 형태로 이루어지는 2차 시스템을 고려해 보자.

$$\mathrm{H}(s) = \frac{A\omega_n^2}{s^2 + 2\zeta\omega_n s + \omega_n^2},\quad \omega_n > 0$$

이러한 형식의 2차 시스템 전달 함수는 3개의 파라미터 즉, 저주파수 이득 A, 감쇠비 ζ 그리고 고유 각 주파수 ω_n을 갖는다. 단위 계단 응답의 형태는 3개의 파라미터 값에 의존한다. 시스템 단위 계단 응답의 라플라스 변환은 다음과 같다.

$$\mathrm{H}_{-1}(s) = \frac{A\omega_n^2}{s(s^2 + 2\zeta\omega_n s + \omega_n^2)} = \frac{A\omega_n^2}{s[s + \omega_n(\zeta + \sqrt{\zeta^2 - 1})][s + \omega_n(\zeta - \sqrt{\zeta^2 - 1})]}$$

이것은 ($\zeta \neq \pm 1$ 이면) 다음과 같이 부분 분수로 전개될 수 있다.

$$\mathrm{H}_{-1}(s) = A\left[\frac{1}{s} + \frac{\dfrac{1}{2(\zeta^2 - 1 + \zeta\sqrt{\zeta^2 - 1})}}{s + \omega_n(\zeta + \sqrt{\zeta^2 - 1})} + \frac{\dfrac{1}{2(\zeta^2 - 1 - \zeta\sqrt{\zeta^2 - 1})}}{s + \omega_n(\zeta - \sqrt{\zeta^2 - 1})}\right]$$

그러면 시간 영역 응답은 다음과 같이 주어진다.

$$\mathrm{h}_{-1}(t) = A\left[\frac{e^{-\omega_n(\zeta + \sqrt{\zeta^2 - 1})t}}{2(\zeta^2 - 1 + \zeta\sqrt{\zeta^2 - 1})} + \frac{e^{-\omega_n(\zeta - \sqrt{\zeta^2 - 1})t}}{2(\zeta^2 - 1 - \zeta\sqrt{\zeta^2 - 1})} + 1\right]\mathrm{u}(t)$$

$\zeta \neq \pm 1$의 특별한 경우에 대해, 시스템의 단위 계단 응답은 다음과 같으며 두 극점은 동일하다.

$$\mathrm{H}_{-1}(s) = \frac{A\omega_n^2}{(s \pm \omega_n)^2 s}$$

이에 대한 부분 분수 전개는 다음과 같이 된다.

$$\mathrm{H}_{-1}(s) = A\left[\frac{1}{s} - \frac{\pm\omega_n}{(s \pm \omega_n)^2} - \frac{1}{s \pm \omega_n}\right]$$

$$Y(s) = \frac{10}{s+10}\frac{s}{s^2+(4\pi)^2}$$

$$Y(s) = \frac{-0.388}{s+10} + \mathrm{Re}(H(j4\pi))\frac{s}{s^2+(4\pi)^2} - \mathrm{Im}(H(j4\pi))\frac{\omega_0}{s^2+(4\pi)^2}$$

그리고 이에 대한 시간 영역 응답은

$$y(t) = \mathcal{L}^{-1}\left(\frac{-0.388}{s+10}\right) + |H(j4\pi)|\cos(4\pi t + \measuredangle H(j4\pi))\,u(t)$$

또는

$$y(t) = \left[-0.388e^{-10t} + \left|\frac{10}{j4\pi+10}\right|\cos(4\pi t - \measuredangle(j4\pi+10))\right]u(t)$$

또는

$$y(t) = [-0.388e^{-10t} + 0.623\cos(4\pi t - 0.899)]\,u(t)$$

이다. 위의 응답에 대한 특성은 〈그림 13.41〉에 나타나 있다.

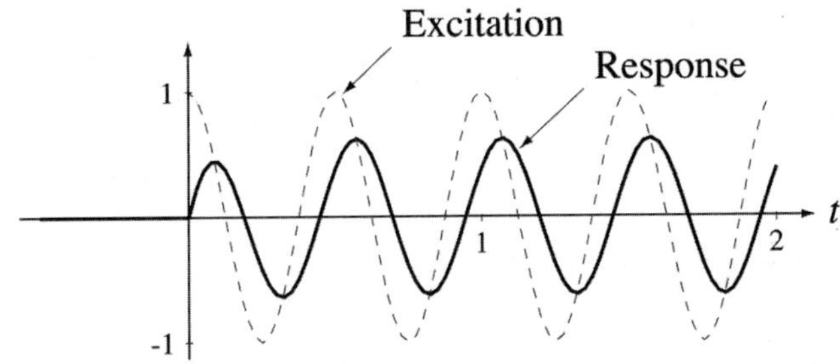

그림 13.41 시간 $t = 0$에서 인가된 코사인에 의해 입력된 1차 시스템의 입력과 응답

그래프를 살펴보면 그 응답이 1초 이내에 안정한 진폭에 도달하는 것 같이 보이는 것을 알 수 있다. 이것은 과도 응답이 1초의 1/10인 시정수를 갖는 것을 감안하면 당연하다. 시스템이 안정된 후에 진폭은 입력된 사인파 진폭의 약 62%이며 위상은 이동되어 약 72ms의 시간 지연과 등가인 약 0.899radian 위상 이동만큼 여기에 대해서 지연되어 있다.

만약 푸리에 방법을 이용해 시스템 응답을 풀면 전달 함수를 다음과 같이 쓸 수 있다.

$$H(j\omega) = \frac{10}{j\omega+10}$$

만약 시스템의 입력을 코사인으로 하면 입력은 $x(t) = \cos(4\pi t)$이고, 이에 대한 CTFT는 $X(j\omega) = \pi[\delta(\omega - 4\pi) + \delta(\omega + 4\pi)]$이 된다. 그러면 시스템 응답은

$$Y(j\omega) = \pi[\delta(\omega - 4\pi) + \delta(\omega + 4\pi)]\frac{10}{j\omega + 10} = 10\pi\left[\frac{\delta(\omega - 4\pi)}{j4\pi + 10} + \frac{\delta(\omega + 4\pi)}{-j4\pi + 10}\right]$$

또는

$$Y(j\omega) = 10\pi\frac{10[\delta(\omega - 4\pi) + \delta(\omega + 4\pi)] + j4\pi[\delta(\omega + 4\pi) - \delta(\omega - 4\pi)]}{16\pi^2 + 100}$$

이 된다. 푸리에 역변환을 수행하면 $y(t) = 0.388\cos(4\pi t) + 0.487\sin(4\pi t)$이 되는데

$$\mathrm{Re}(A)\cos(\omega_0 t) - \mathrm{Im}(A)\sin(\omega_0 t) = |A|\cos(\omega_0 t + \measuredangle A)$$

를 이용하면

$$y(t) = 0.623\cos(4\pi t - 0.899)$$

이 된다(단위 계단을 제외하면). 이것은 라플라스 변환을 이용해 구한 앞의 풀이의 강제 응답과 정확히 일치함을 알 수 있다.

13.7 시스템의 표준형 구현

시스템의 해석과는 전혀 다르게 시스템의 설계 과정은 원하는 응답이나 응답들을 발생시키는 여기에 대해서 바람직한 전달 함수를 개발하는 것이다. 일단 원하는 전달 함수를 구했다면 다음에 수행할 논리적 단계는 시스템을 실제로 만들거나 아마도 시뮬레이션을 하는 것이다. 시스템을 만들거나 시뮬레이션을 할 때 보통 첫 번째 단계는 시스템의 모든 신호들 사이의 상호작용을 묘사하는 블록 다이어그램을 구성하는 것이다. 이 단계는 시스템의 동작을 기술하는 일련의 방정식 대신에 실제 시스템을 만든다는 개념에서 구현(realization)이라 부른다. 시스템을 구현하는 데는 몇 가지 표준형이 있다. 직접형 II는 이미 8장에서 알아보았다. 여기서는 두 가지 표준형을 더 알아 볼 것이다.

직렬 구현

두 번째 표준형 시스템 구현은 직렬(cascade)형이다. 일반적인 전달 함수의 분자와 분모는 다음과 같다.

$$\mathrm{H}(s)=\frac{\mathrm{Y}(s)}{\mathrm{X}(s)}=\frac{\sum_{k=0}^{M} b_k s^k}{\sum_{k=0}^{N} a_k s^k}=\frac{b_M s^M+b_{M-1}s^{M-1}+\cdots+b_1 s+b_0}{s^N+a_{N-1}s^{N-1}+\cdots+a_1 s+a_0},\quad a_N=1 \tag{13.10}$$

여기서 $M \le N$은 인수분해 되어 다음과 같은 형태의 전달 함수 표현식이 된다.

$$\mathrm{H}(s)=A\frac{s-z_1}{s-p_1}\frac{s-z_2}{s-p_2}\cdots\frac{s-z_M}{s-p_M}\frac{1}{s-p_{M+1}}\frac{1}{s-p_{M+2}}\cdots\frac{1}{s-p_N}$$

임의의 구성요소 일부 $\frac{\mathrm{Y}_k(s)}{\mathrm{X}_k(s)}=\frac{s-z_k}{s-p_k}$ 또는 $\frac{\mathrm{Y}_k(s)}{\mathrm{X}_k(s)}=\frac{1}{s-p_k}$는 다음과 같이 관계식을 쓰고 그것을 직접형 II 시스템으로 구현함으로써 구현할 수 있는 부시스템을 나타낸다〈그림 13.42〉.

$$\mathrm{H}_k(s)=\underbrace{\frac{1}{s-p_k}}_{\mathrm{H}_{k1}(s)}\underbrace{(s-z_k)}_{\mathrm{H}_{k2}(s)} \quad \text{or} \quad \mathrm{H}_k(s)=\frac{1}{s-p_k}$$

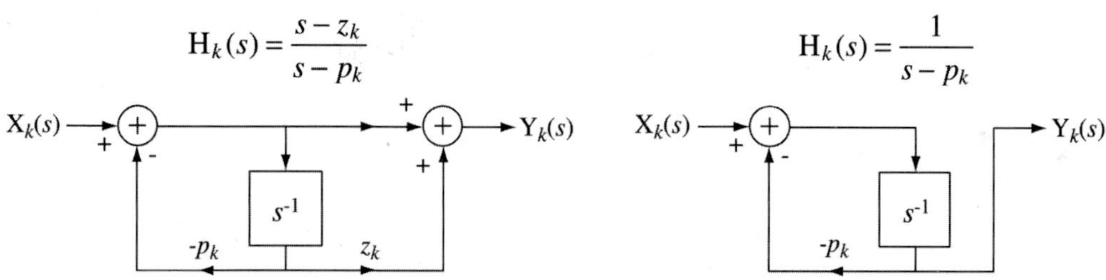

그림 13.42 직렬 구현에서 단일 부시스템의 직접형 II 구현

그러면 원래의 전체 시스템은 직렬형으로 구현할 수 있다〈그림 13.43〉.

이러한 직렬 구현 형태는 몇 가지 문제점을 초래한다. 때로 1차 부시스템은 복소 극점을

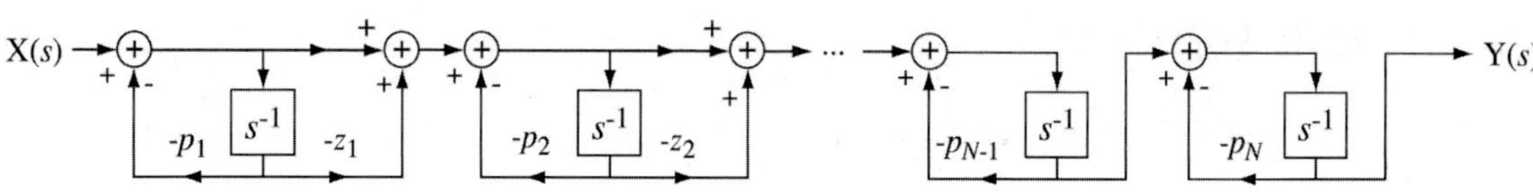

그림 13.43 전체 직렬 시스템 구현

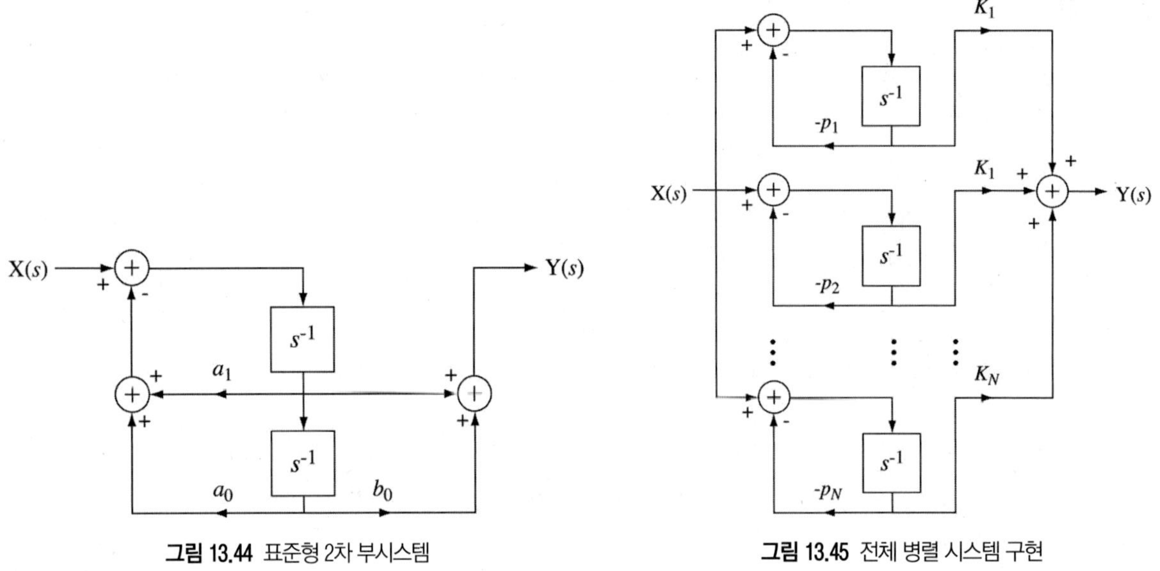

그림 13.44 표준형 2차 부시스템

그림 13.45 전체 병렬 시스템 구현

갖는다. 이것은 복소수 곱을 필요로 하며 일반적으로 시스템 구현에서는 수행될 수 없다. 이 경우에 켤레 복소 극점을 갖는 두 개의 부시스템은 다음과 같은 형태의 하나의 2차 부시스템으로 결합되어야 한다.

$$H_k(s) = \frac{s - z_k}{s - p_k}$$

위 식은 항상 실수 계수를 이용하여 구현할 수 있다〈그림 13.44〉.

병렬 구현

시스템의 마지막 표준형 구현은 병렬 구현이다. 이것은 표준 전달 함수 형식인 식 (13.10)을 다음과 같은 형식의 부분 분수로 전개함으로써 수행될 수 있다〈그림 13.45〉.

$$H_k(s) = \frac{1}{s - p_k}$$

13.8 요약

1. 연속시간 시스템은 시간 영역 또는 주파수 영역에서 미분방정식, 블록 다이어그램 또는 회로도로 표현할 수 있다.

2. 전달 함수의 유한한 모든 극점이 열린 좌반 평면에 존재하면 연속 시간 LTI 시스템은 안정하다.
3. 임계 안정 시스템은 불안정한 시스템의 부분집합이다.
4. 가장 중요한 세 가지 형태의 시스템 상호 연결은 직렬연결, 병렬연결 및 피드백 연결이다.
5. 단위 계단과 사인파는 시스템 특성을 평가하는데 있어 중요한 실질적인 신호이다.
6. 직접형 II, 직렬 및 병렬 구현은 시스템을 구현하는 중요한 표준 방법이다.

해답이 있는 연습문제

(각 연습문제의 해답은 무작위로 나열했다.)

전달 함수

1. 〈그림 E.1〉의 각 회로에 대해서 주어진 입력과 응답 사이의 전달 함수를 써라. 각각의 전달 함수를 다음과 같은 표준형으로 나타내라.

$$\mathrm{H}(s) = A\frac{s^M + b_{N-1}s^{M-1} + \cdots + b_2 s^2 + b_1 s + b_0}{s^N + a_{D-1}s^{N-1} + \cdots + a_2 s^2 + a_1 s + a_0}$$

(a) 입력 $\mathrm{v}_s(t)$ 응답 $\mathrm{v}_o(t)$

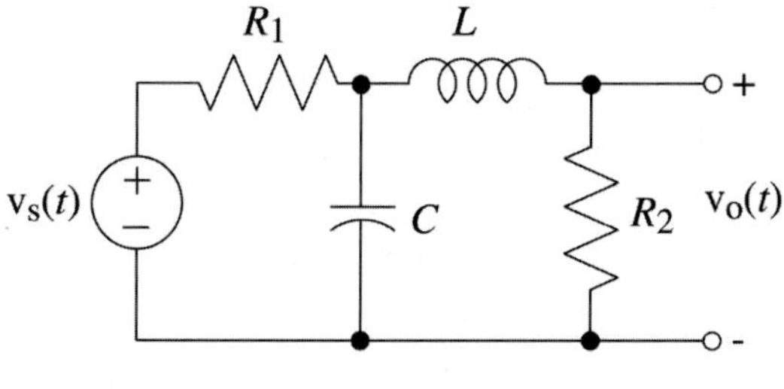

(c) 입력 $\mathrm{v}_s(t)$ 응답 $\mathrm{i}_1(t)$

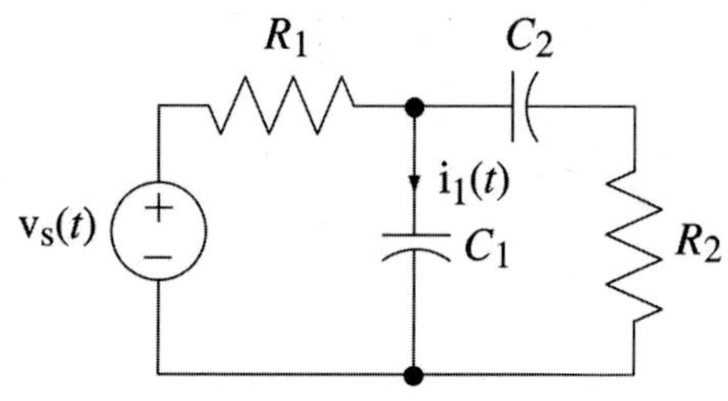

(b) 입력 $\mathrm{i}_s(t)$ 응답 $\mathrm{v}_o(t)$

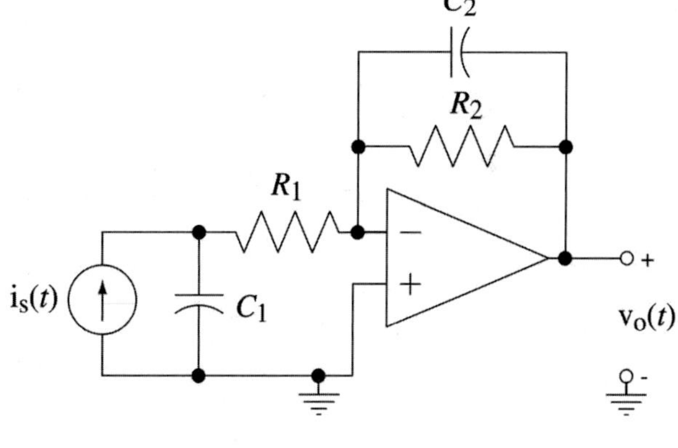

그림 E.1

해답 : $\frac{1}{R_1}\frac{s^2+s\frac{1}{R_2C_2}}{s^2+s\left(\frac{1}{R_2C_2}+\frac{1}{R_2C_1}+\frac{1}{R_1C_1}\right)+\frac{1}{R_1R_2C_1C_2}}$, $\frac{R_2}{R_1LC}\frac{1}{s^2+s\left(\frac{1}{R_1C}+\frac{R_2}{L}\right)+\frac{R_2+R_1}{R_1LC}}$,

$-\frac{1}{R_1C_1C_2}\frac{1}{s^2+s\left(\frac{1}{R_2C_2}+\frac{1}{R_1C_1}\right)+\frac{1}{R_1R_2C_1C_2}}$

2. 〈그림 E.2〉의 각 블록 다이어그램에 대해서, 입력 신호 x(t)와 출력 신호 y(t)를 가지는 전달 함수를 써라.

(a)

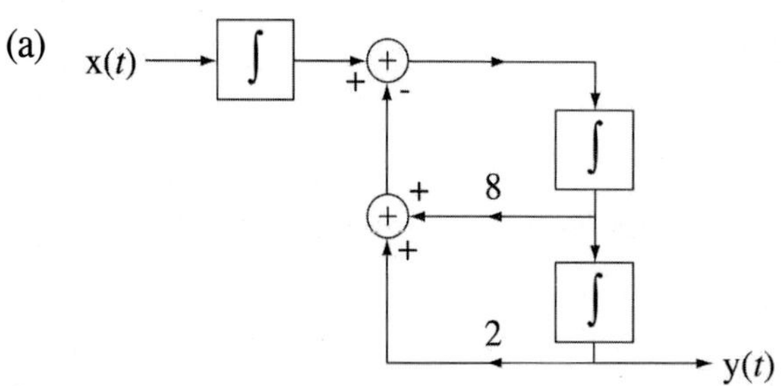

(b)

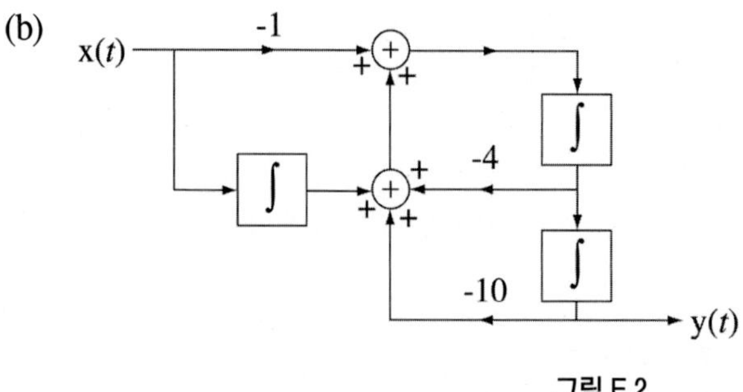

그림 E.2

해답 : $\frac{1}{s^3+8s^2+2s}$, $-\frac{s-1}{s^3+4s^2+10s}$

안정도

3. 다음과 같은 각각의 전달 함수에 대해서 시스템의 안정도를 평가하라.

(a) $H(s)=-\frac{100}{s+200}$ (b) $H(s)=\frac{80}{s-4}$

(c) $H(s)=\frac{6}{s(s+1)}$ (d) $H(s)=-\frac{15s}{s^2+4s+4}$

(e) $H(s)=3\frac{s-10}{s^2+4s+29}$ (f) $H(s)=3\frac{s^2+4}{s^2-4s+29}$

(g) $H(s) = \frac{1}{s^2+64}$ (h) $H(s) = \frac{10}{s^3+4s^2+29s}$

해답 : 3개는 안정, 3개의 임계 안정을 포함하여 5개는 불안정

병렬, 직렬 및 피드백 연결

4. 〈그림 E.4〉에 있는 시스템의 전체 전달 함수를 s 다항식의 단일 비율 형식으로 구하라.

(a)

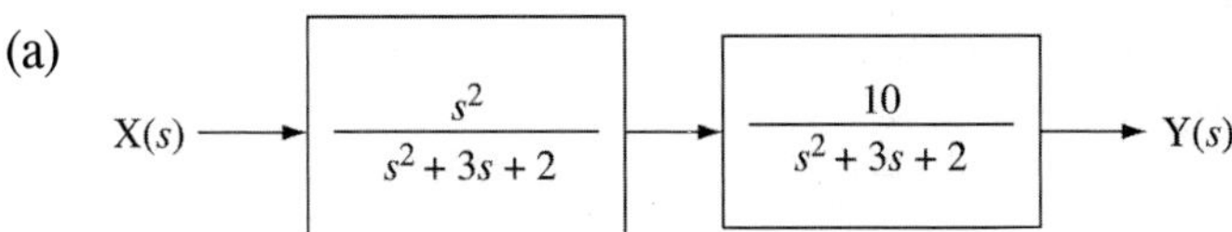

(b)

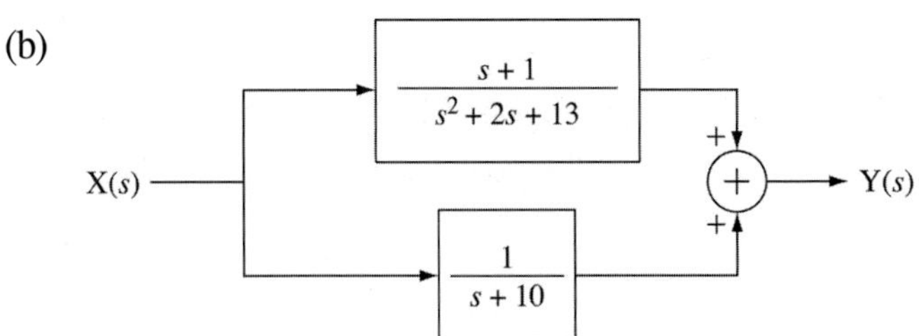

(c)

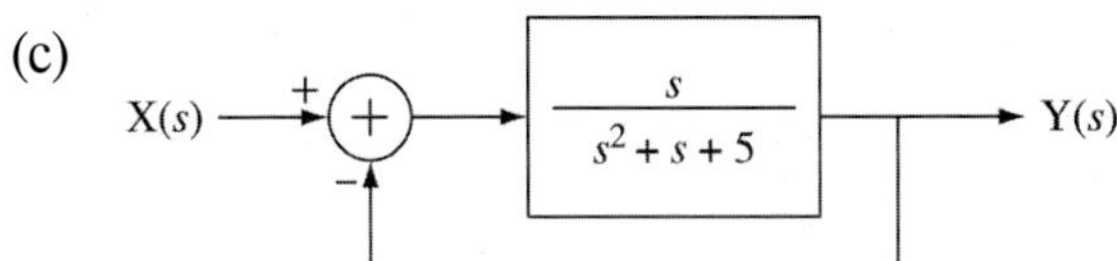

(d)

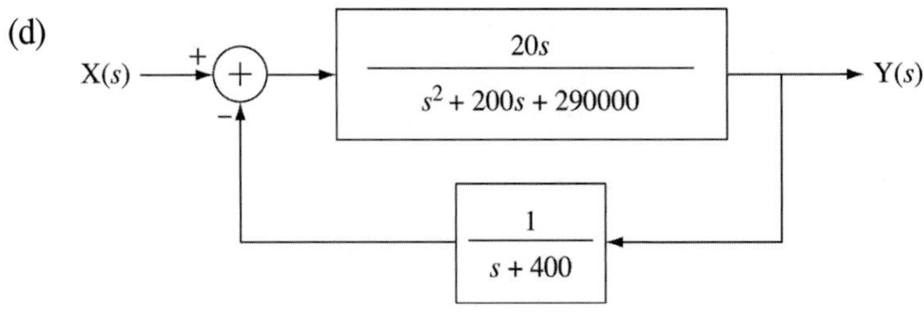

그림 E.4

해답 : $20\frac{s^2+400s}{s^3+600s^2+370020s+1.16\times10^8}$, $2\frac{s^2+6.5s+11.5}{s^3+12s^2+33s+130}$,

$10\frac{s^2}{s^4+6s^3+13s^2+12s+4}$, $\frac{s}{s^2+2s+5}$

5. 〈그림 E.5〉의 피드백 시스템에서 다음과 같은 순방향 경로 이득 K의 값에 대한 전체 전달 함수를 구하라.

(a) $K = 10^6$ (b) $K = 10^5$ (c) $K = 10$
(d) $K = 1$ (e) $K = -1$ (f) $K = -10$

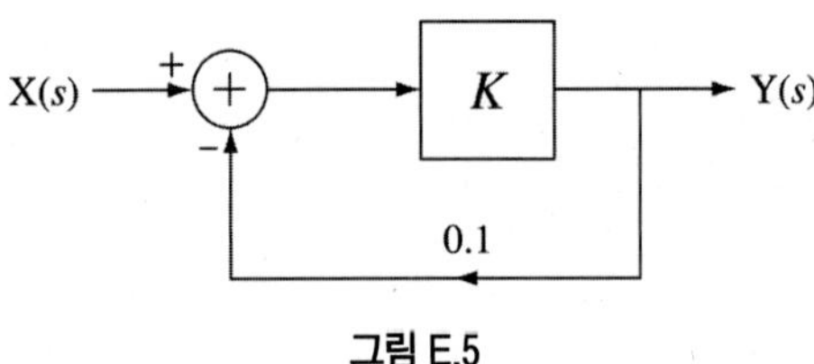

그림 E.5

해답 : 5, -1.111, -∞, 0.909, 10, 10

6. 〈그림 E.6〉의 피드백 시스템에서 시구간 $0 < t < 10$에 대해서 단위 계단에 대한 시스템의 응답을 그래프로 그린 다음 전체 시스템 전달 함수에 대한 표현식을 쓰고 다음과 같은 K값에 대한 극점-영점 분포도를 그려라.

(a) $K = 20$ (b) $K = 10$ (c) $K = 1$
(d) $K = -1$ (e) $K = -10$ (f) $K = -20$

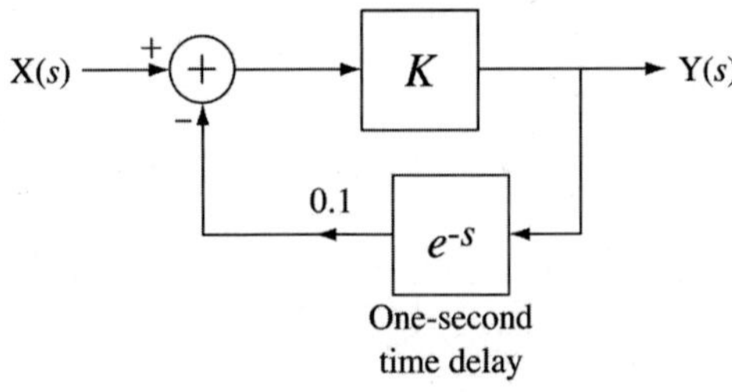

그림 E.6

해답 :

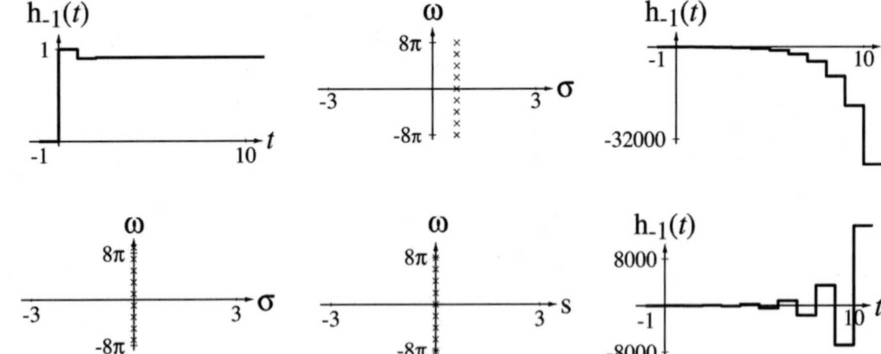

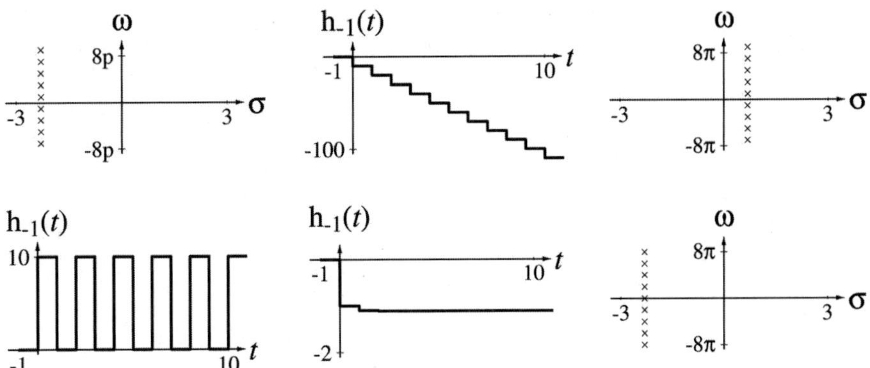

7. 〈그림 E.7〉에 있는 시스템이 안정하게 되는 K값의 범위는 얼마인가? $K = 0$, $K = 4$ 및 $K = 8$에 대한 계단 응답을 그래프로 나타내라.

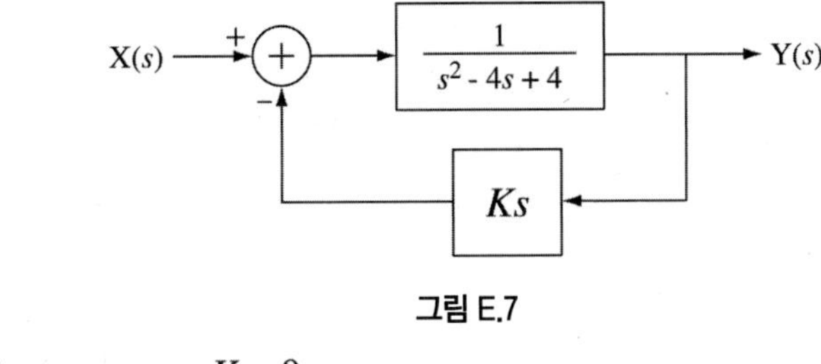

그림 E.7

해답 : $K > 4$,

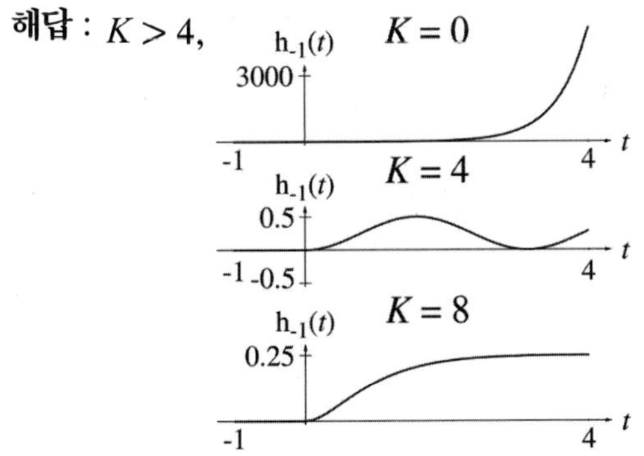

8. 〈그림 E.8〉에서 순방향 경로와 전체 시스템에 대해서 임펄스 응답과 극점-영점 분포도를 그려라.

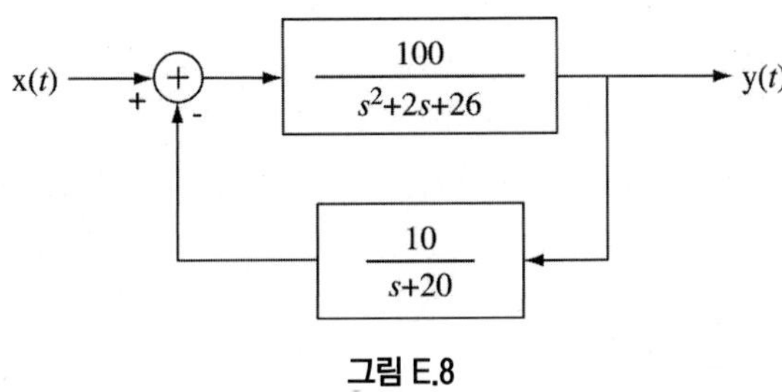

그림 E.8

해답 :

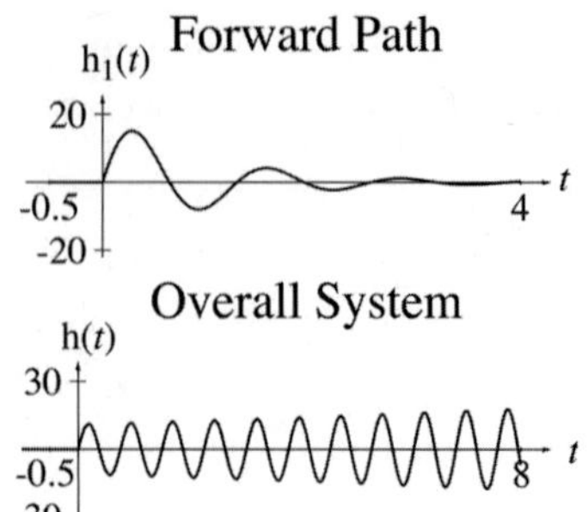

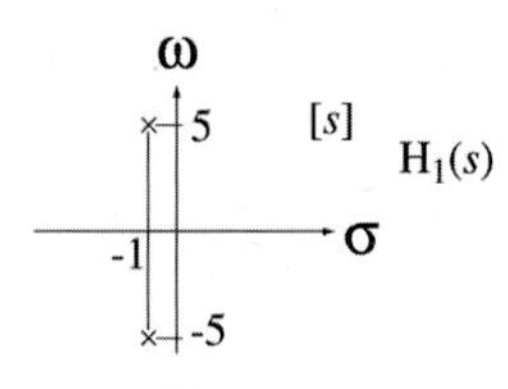

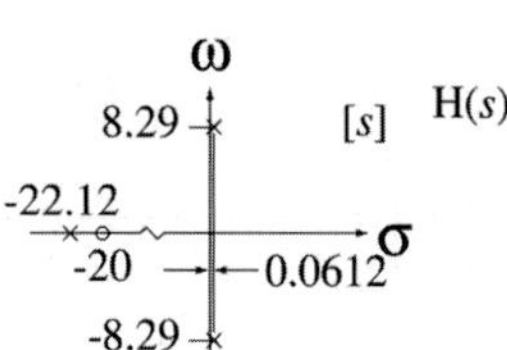

근궤적

9. 다음과 같은 루프 전달 함수를 가지는 시스템 각각에 대한 근궤적을 도시하고 K의 모든 양의 실수 값에 대해 안정한 전달 함수를 식별하라.

(a) $\mathrm{T}(s) = \dfrac{K}{(s+3)(s+8)}$

(b) $\mathrm{T}(s) = \dfrac{Ks}{(s+3)(s+8)}$

(c) $\mathrm{T}(s) = \dfrac{Ks^2}{(s+3)(s+8)}$

(d) $\mathrm{T}(s) = \dfrac{K}{(s+1)(s^2+4s+8)}$

해답 : K의 유한 양의 값에 대해서 3개는 안정이고 K의 몇몇 유한 양의 값에 대해서 1개는 불안정.

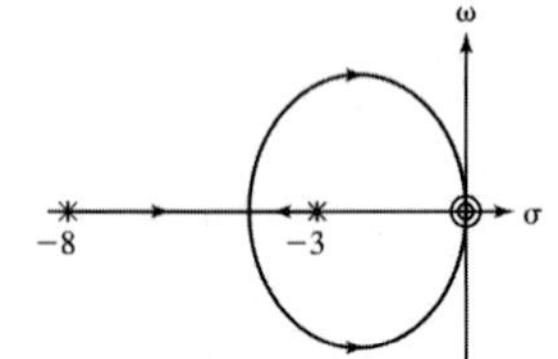

,
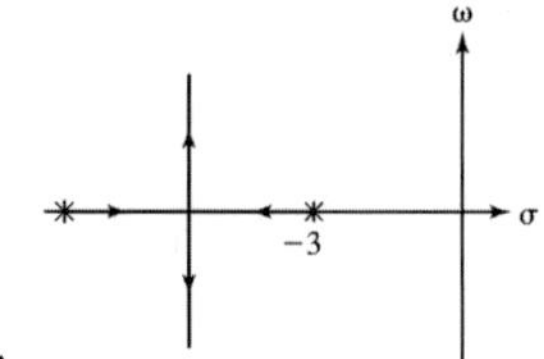

,
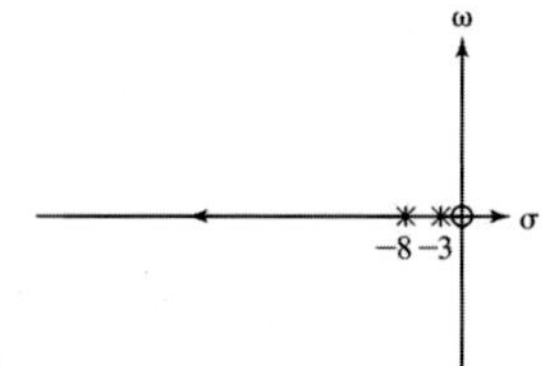

,
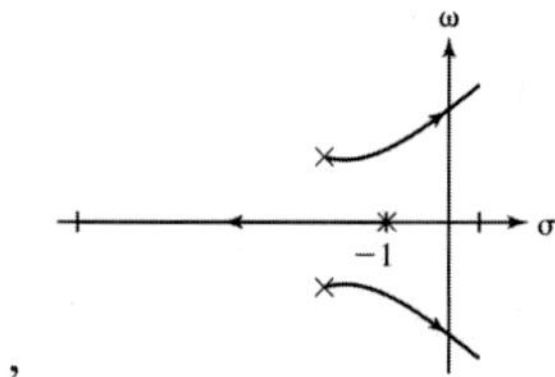

단위-이득 피드백 시스템에서의 추적 오차

10. 다음과 같은 순방향 경로 전달 함수를 가지는 단위-이득 피드백 시스템의 단위 계단 및 램프 응답을 그래프로 나타내라.

(a) $H_1(s) = \dfrac{100}{s+10}$

(b) $H_1(s) = \dfrac{100}{s(s+10)}$

(c) $H_1(s) = \dfrac{100}{s^2(s+10)}$

(d) $H_1(s) = \dfrac{20}{(s+2)(s+6)}$

해답 :

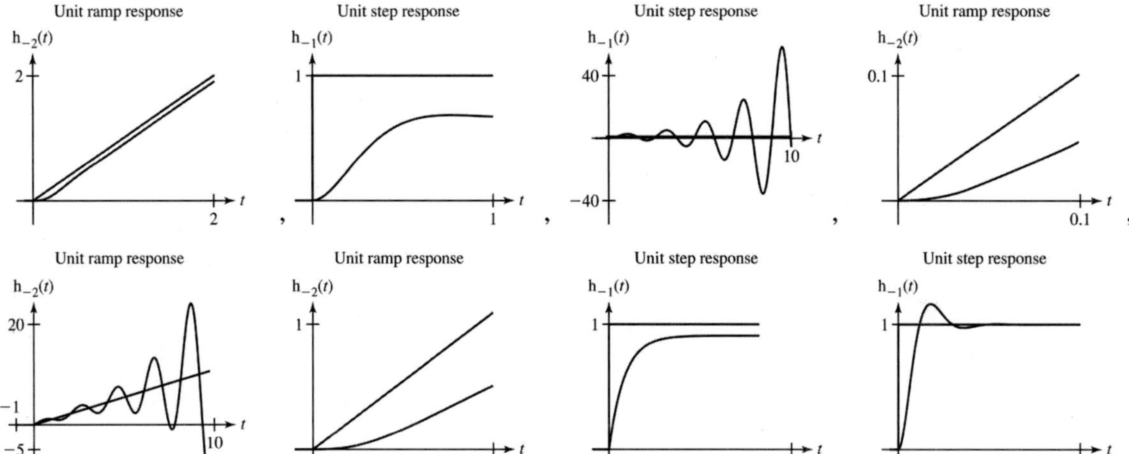

표준 신호에 대한 응답

11. 라플라스 변환을 이용해 인과적인 정현파 $x(t) = A\cos(10\pi t)\,u(t)$에 대해서 다음과 같은 전달 함수를 가지는 시스템의 시간 영역 응답 $y(t)$를 구하고 그래프로 그려라.

(a) $H(s) = \dfrac{1}{s+1}$ (b) $H(s) = \dfrac{s-2}{(s-2)^2+16}$

해답 :

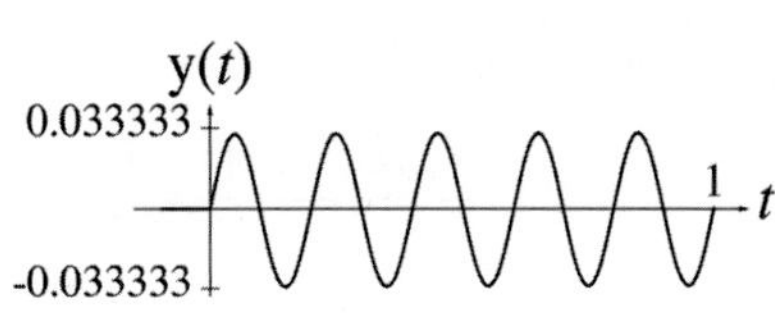

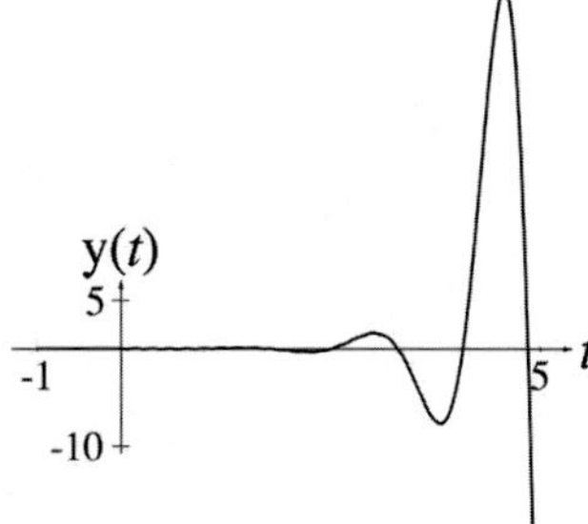

12. 시간 $t = 0$에서 인가된 단위 계단과 단위 진폭, 1Hz의 코사인에 대해서 다음과 같은 전달 함수를 가지는 시스템의 응답을 구하라. 또한 CTFT를 이용하여 정확한 단위 진폭, 1Hz의 코사인에 대한 응답을 구하고 라플라스 변환을 이용해 구한 완전해의 강제 응답과 비교하라.

(a) $\mathrm{H}(s) = \dfrac{1}{s}$ (b) $\mathrm{H}(s) = \dfrac{s}{s+1}$

(c) $\mathrm{H}(s) = \dfrac{s}{s^2+2s+40}$ (d) $\mathrm{H}(s) = \dfrac{s^2+2s+40}{s^2}$

해답 : (계단 응답) $[1 + 2t + 20t^2]\,\mathrm{u}(t)$, $\mathrm{ramp}(t)$, $0.16e^{-t}\sin(6.245t)\,\mathrm{u}(t)$, $e^{-t}\,\mathrm{u}(t)$

시스템 구현

13. 다음과 같은 전달 함수를 가지는 시스템의 직렬 시스템 다이어그램을 그려라.

(a) $\mathrm{H}(s) = \dfrac{s}{s+1}$ (b) $\mathrm{H}(s) = \dfrac{s+4}{(s+2)(s+12)}$

(c) $\mathrm{H}(s) = \dfrac{20}{s(s^2+5s+10)}$

해답 :

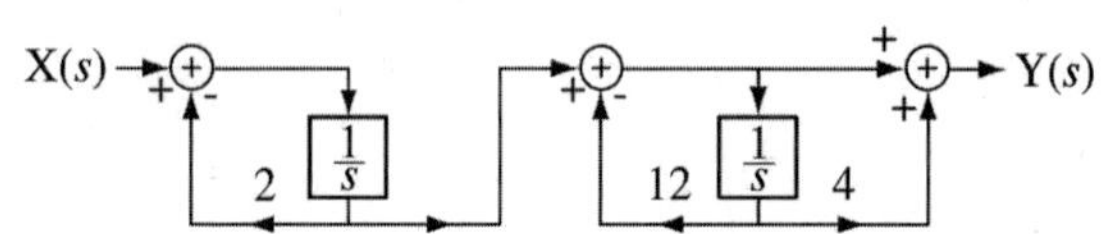

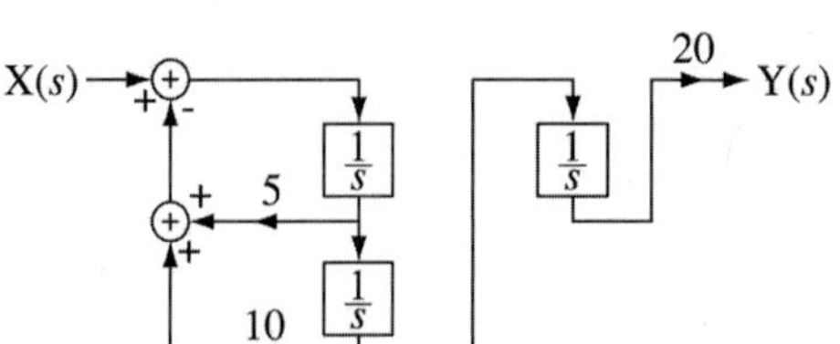

14. 다음과 같은 전달 함수를 가지는 시스템의 병렬 시스템 다이어그램을 그려라.

(a) $\mathrm{H}(s) = \dfrac{-12}{s^2+11s+30}$ (b) $\mathrm{H}(s) = \dfrac{2s^2}{s^2+12s+32}$

해답 :

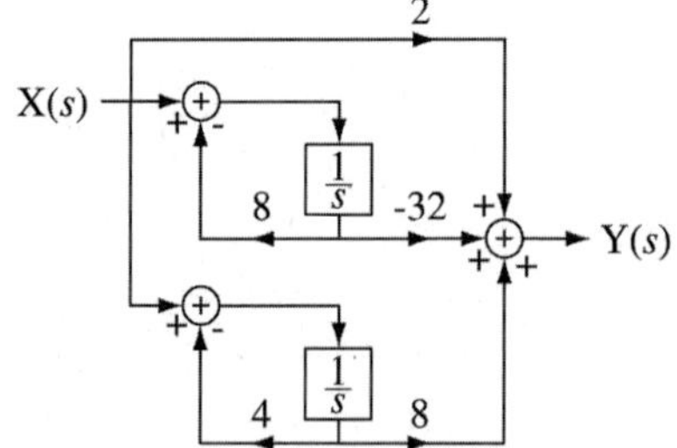

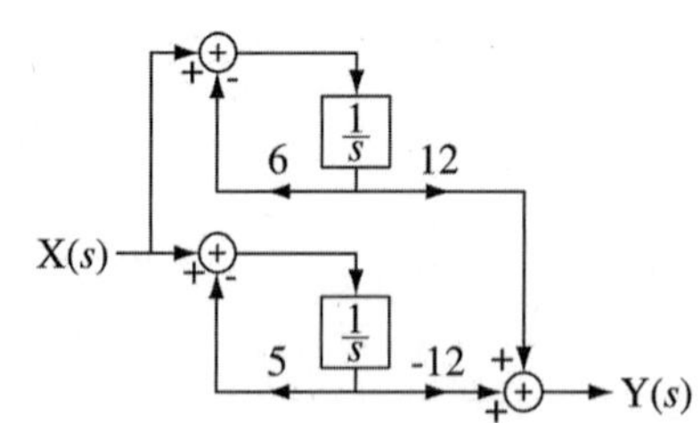

해답이 없는 연습문제

전달 함수

15. 〈그림 E.15〉의 회로에 대해서 s 영역의 전달 함수를 구한 다음, 입력 $v_i(s)$와 응답 $v_o(s)$를 가지는 시스템에 대한 블록 다이어그램을 그려라.

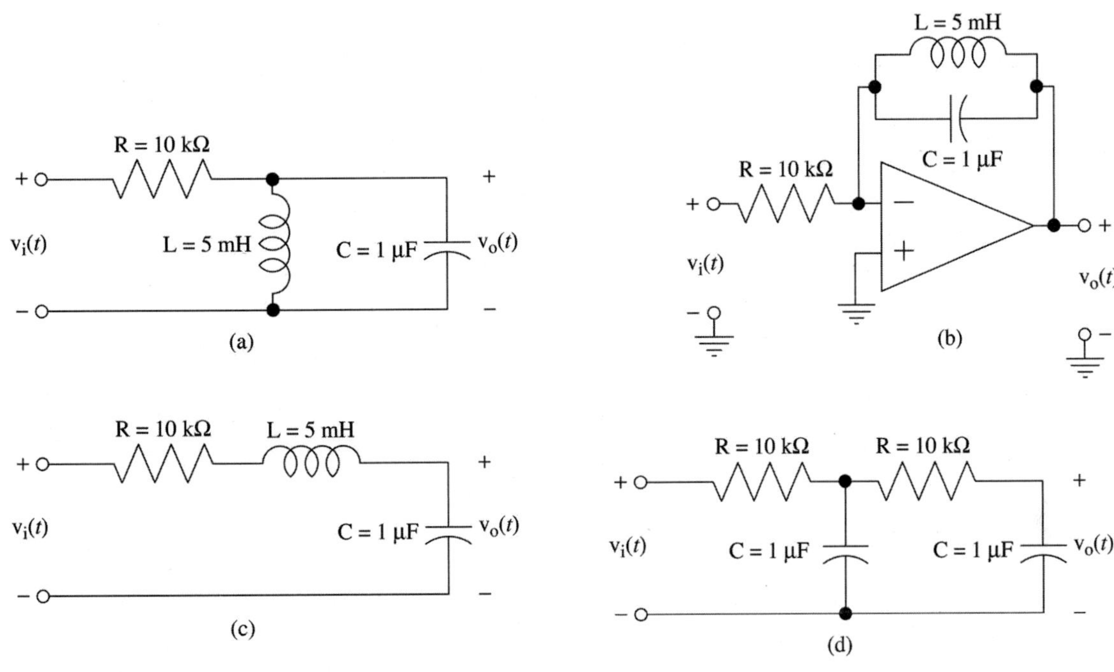

그림 E.15

안정도

16. 다음과 같은 전달 함수를 가지는 시스템의 안정, 임계 안정, 불안정을 결정하라.

(a) $H(s) = \dfrac{s(s+2)}{s^2+8}$ (b) $H(s) = \dfrac{s(s-2)}{s^2+8}$

(c) $H(s) = \dfrac{s^2}{s^2+4s+8}$ (d) $H(s) = \dfrac{s^2}{s^2-4s+8}$

(e) $H(s) = \dfrac{s}{s^3+4s^2+8s}$

병렬, 직렬 및 피드백 연결

17. 〈그림 E.17〉에 있는 시스템의 전체 전달 함수에 대한 표현식을 구하라.

(a) $\beta = 1$이라 하자. 시스템이 안정하게 되는 K의 값은 얼마인가?

(b) $\beta = -1$이라 하자. 시스템이 안정하게 되는 K의 값은 얼마인가?

(c) $\beta = 10$이라 하자. 시스템이 안정하게 되는 K의 값은 얼마인가?

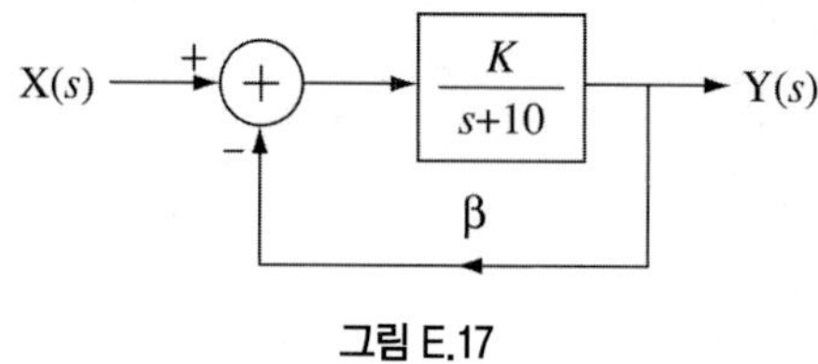

그림 E.17

18. 〈그림 E.18〉에 있는 시스템의 전체 전달 함수에 대한 표현식을 구하라. 시스템이 안정하게 되는 양의 K값은 얼마인가?

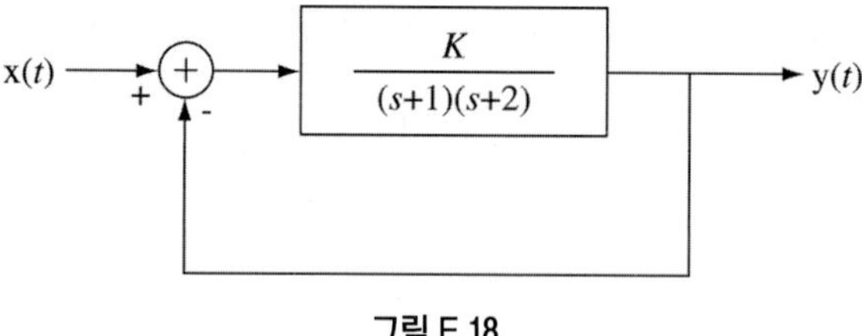

그림 E.18

19. 레이저는 주입된 매질이 매질을 통과하는 광속을 증폭하는 기본적인 원리로 동작한다. 반사경이 없는 경우에 레이저는 단일 패스 진행파 증폭기가 된다〈그림 E.19〉(a).

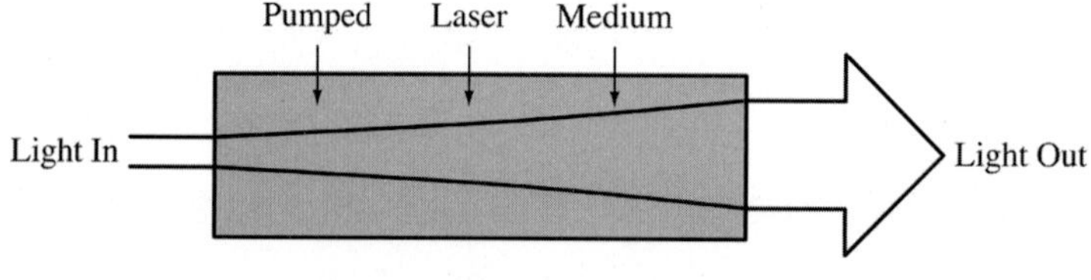

그림 E.19.a 단일 패스 진행파 빛 증폭기

이것은 피드백이 없는 시스템이다. 이번엔 주입 매질의 각 끝단에 거울을 위치시킴으로써 시스템에 피드백을 도입한다〈그림 E.19〉(b).

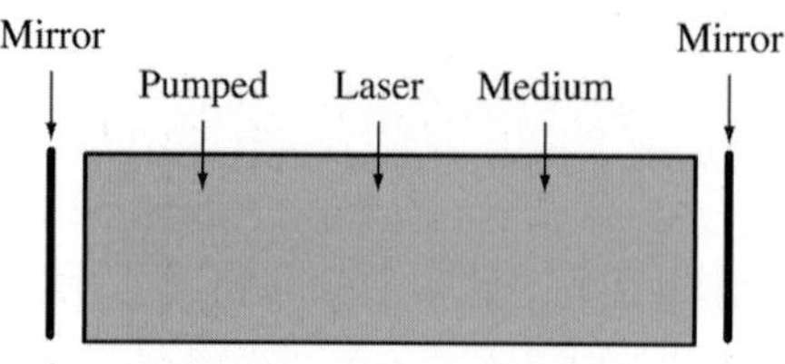

그림 E.19.b 회생식 진행파 증폭기

만약 매질의 이득이 충분히 크게 되면 시스템은 균일한 출력 광속을 만들 수 있도록 진동한다. 이것이 레이저의 동작이다. 만약 매질의 이득이 진동을 유지하는데 요구되는 이득보다 작으면 그 시스템은 회생식 진행파 증폭기(RTWA)라 부른다.

좌측으로부터 RTWA에 입사하는 광선의 전계를 시스템 $E_{inc}(s)$의 여기라하고 반사된 빛 $E_{refl}(s)$와 투과된 빛 $E_{trans}(s)$를 시스템의 응답이라고 하자〈그림 E.19〉(c).

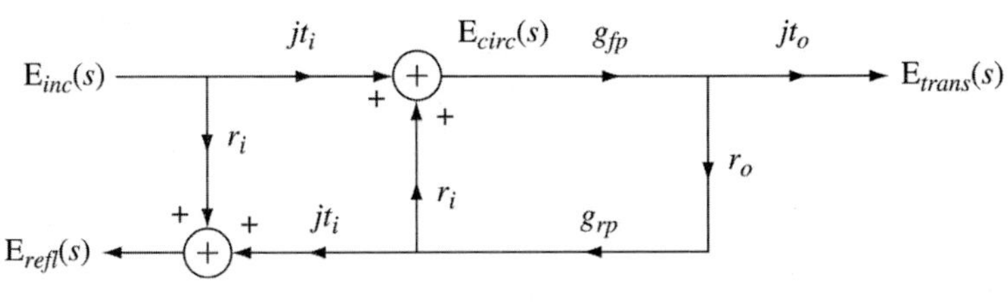

그림 E.19.c RTWA1의 블록 다이어그램

시스템의 파라미터들은 다음과 같다고 하자.

입력 반사경의 전계 반사도 $r_i = 0.99$

입력 반사경의 전계 투과도 $t_i = \sqrt{1 - r_i^2}$

출력 반사경의 전계 반사도 $r_o = 0.98$

출력 반사경의 전계 투과도 $t_o = \sqrt{1 - r_o^2}$

순방향 경로와 역방향 경로 전계 이득 $g_{fp}(s) = g_{rp}(s) = 1.01e^{-10^{-9}s}$

주파수 응답 $\dfrac{E_{trans}(f)}{E_{inc}(f)}$에 대한 표현식을 구하고 주파수 범위 $3 \times 10^{14} \pm 5 \times 10^8$ Hz에 대한 크기를 그래프로 나타내라.

20. 피드백을 사용하는 전통적인 한 예에는 주파수 변조 신호를 복조하는데 사용되는 위상 고정 루프(PLL)가 있다〈그림 E.20〉.

입력 신호 $x(t)$는 주파수 변조된 정현파이다. 위상 검파기는 입력 신호와 전압 제어 발진기(VCO)에 의해 생성되는 신호 사이의 위상차를 검파한다. 위상 검파기의 응답은 위상차에 비례하는 전압을 갖는다. 루프 필터는 그러한 전압 신호를 여과한다. 그런 다음 루프 필터의 출력 신호는 전압 제어 발진기의 주파수를 제어한다. 입력 신호가 일정한 주파수에 있고 루프가 '고정(locked)' 되어 있으면 두 위상 검파기의 입력 신호의 위상차는 0이다(실제 위상 검파기에서 위상차는 고정 상태에서 90°이다. 그러나 그것은 90°의 위상 이동만을 일으키고 시스템의 성능이나 안정도에는 영향을 미치지 않기 때문에 이 해석에서는 중요하지 않다).

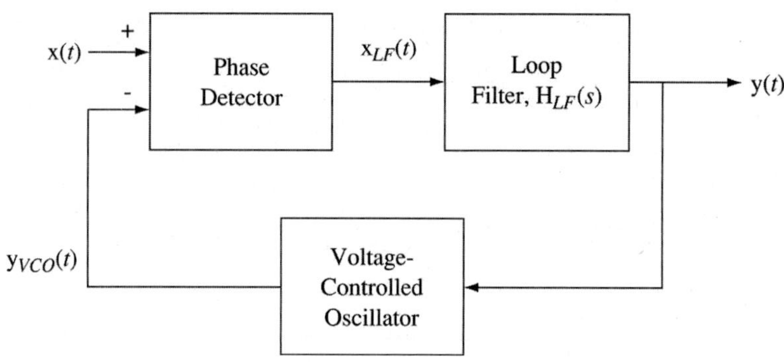

그림 E.20 위상 고정 루프

입력 신호 x(t)의 주파수가 변할 때, 루프는 수반하는 위상 변화를 검파하고 그것을 탐지한다. 전체 출력 신호 y(t)는 입력 신호의 주파수에 비례하는 신호이다.

시스템의 관점에서 이 시스템의 실제 입력은 x(t)가 아니라 x(t)의 위상 $\phi_x(t)$이다. 왜냐하면 위상 검파기는 선압이 아닌 위상의 차를 검파하기 때문이다. x(t)의 주파수를 $f_x(t)$라 하자. 위상과 주파수 사이의 관계는 정현파를 조사함으로써 구할 수 있다. $x(t) = A\cos(2\pi f_0 t)$라고 하자. 이 코사인의 위상은 $2\pi f_0 t$이고, 단순한 사인파(f_0는 상수)에 대해서 그것은 시간을 따라 선형적으로 증가한다. 주파수는 위상에 대한 미분인 f_0이다. 그러므로 주파수 변조된 신호에 대한 위상과 주파수 사이의 관계는 다음과 같이 된다.

$$f_x(t) = \frac{1}{2\pi}\frac{d}{dt}(\phi_x(t))$$

x(t)의 주파수를 100MHz라 하자. 전압 제어 발진기의 전달 함수를 $10^8\,\frac{\text{Hz}}{\text{V}}$라 하자. 루프 필터의 전달 함수는 다음과 같다고 하자.

$$H_{LF}(s) = \frac{1}{s + 1.2 \times 10^5}$$

위상 검파기의 전달 함수를 $1\,\frac{\text{V}}{\text{radian}}$라고 하자. 만약 x(t) 신호의 주파수가 갑자기 100.001 MHz로 변할 때, 출력 신호의 변화 $\Delta y(t)$를 그려라.

21. 〈그림 E.21〉의 회로는 접지된 반전 입력을 가지는 연산 증폭기의 간단한 근사 모델이다.

$$R_i = 1\,\text{M}\Omega, \quad R_x = 1\,\text{k}\Omega, \quad C_x = 8\,\mu\text{F}, \quad R_o = 10\,\Omega, \quad A_0 = 10^6$$

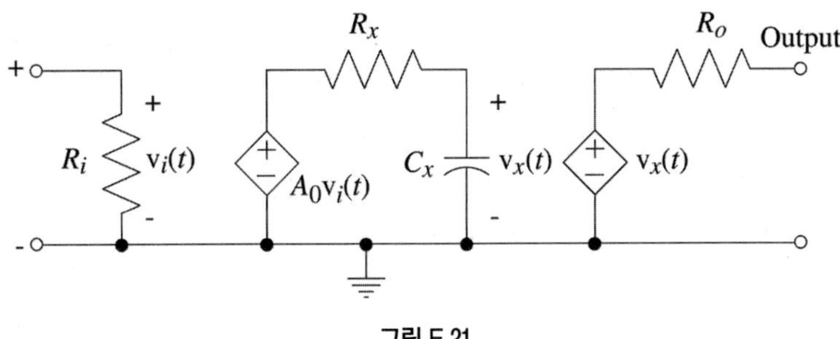

그림 E.21

(a) 회로의 입력을 비반전 입력에 인가된 전류원의 전류라고 정의하고 응답을 비반전 입력과 접지 사이에 발생하는 전압이라고 정의하라. 이때 전달 함수를 구하고 그 주파수 응답을 그려하라. 이 전달 함수는 입력 임피던스가 된다.

(b) 회로의 입력을 출력에 인가된 전류원의 전류라고 정의하고 그 응답을 출력과 접지된 비반전 입력을 갖는 접지 사이에 발생하는 전압이라고 정의하라. 이때 전달 함수를 구하고 그 주파수 응답을 그려라. 이 전달 함수는 출력 임피던스이다.

(c) 회로의 입력을 비반전 입력에 인가된 전압원의 전압으로 정의하고 그 응답을 출력과 접지 사이에 발생하는 전압이라고 정의하라. 이때 전달 함수를 구하고 그 주파수 응답을 그려라. 이 전달 함수는 전압 이득이 된다.

22. 연습문제 21의 회로를 〈그림 E.22〉에 있는 회로로 변경하라. 이것은 전체 증폭기의 양의 폐루프 전압 이득을 수립하는 피드백 회로이다. 피드백 회로에 대해서 문제 21의 단계 (a), (b), (c)를 반복하고 그 결과를 비교하라. 이 회로에 대해서 중요한 피드백의 효과는 무엇인가?

$$R_i = 1\,\mathrm{M\Omega},\ R_x = 1\,\mathrm{k\Omega},\ C_x = 8\,\mu\mathrm{F},\ R_o = 10\,\Omega,\ A_0 = 10^6,\ R_f = 10\,\mathrm{k\Omega},\ R_s = 5\,\mathrm{k\Omega}$$

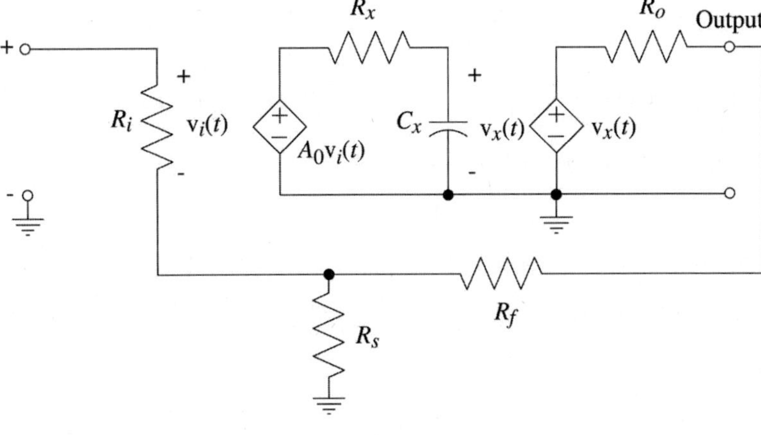

그림 E.22

근궤적

23. 다음과 같은 루프 전달 함수를 가지는 시스템 각각에 대한 근궤적을 도시하고 K의 모든 양의 실수 값에 대해서 안정한 전달 함수를 식별하라.

(a) $\mathrm{T}(s)=\dfrac{K(s+10)}{(s+1)(s^2+4s+8)}$ (b) $\mathrm{T}(s)=\dfrac{K(s^2+10)}{(s+1)(s^2+4s+8)}$

(c) $\mathrm{T}(s)=\dfrac{K}{s^3+37s^2+332s+800}$ (d) $\mathrm{T}(s)=\dfrac{K(s-4)}{s+4}$

(e) $\mathrm{T}(s)=\dfrac{K(s-4)}{(s+4)^2}$ (f) $\mathrm{T}(s)=\dfrac{K(s+6)}{(s+5)(s+9)(s^2+4s+12)}$

단위-이득 피드백 시스템에서의 추적 오차

24. 다음과 같은 순방향 경로 전달 함수를 가지는 단위-이득 피드백 시스템의 단위 계단 및 램프 응답을 그래프로 나타내라.

(a) $\mathrm{H}_1(s)=\dfrac{20}{s(s+2)(s+6)}$ (b) $\mathrm{H}_1(s)=\dfrac{20}{s^2(s+2)(s+6)}$

(c) $\mathrm{H}_1(s)=\dfrac{100}{s^2+10s+34}$ (d) $\mathrm{H}_1(s)=\dfrac{100}{s(s^2+10s+34)}$

(e) $\mathrm{H}_1(s)=\dfrac{100}{s^2(s^2+10s+34)}$

표준 신호에 대한 응답

25. 주어진 LTI 시스템 전달 함수에 대해서 신호 $\mathrm{x}(t)$에 대한 시간 영역의 응답을 구하라.

(a) $\mathrm{x}(t)=\sin(2\pi t)\mathrm{u}(t)$, $\mathrm{H}(s)=\dfrac{1}{s+1}$ (b) $\mathrm{x}(t)=\mathrm{u}(t)$, $\mathrm{H}(s)=\dfrac{3}{s+2}$

(c) $\mathrm{x}(t)=\mathrm{u}(t)$, $\mathrm{H}(s)=\dfrac{3s}{s+2}$ (d) $\mathrm{x}(t)=\mathrm{u}(t)$, $\mathrm{H}(s)=\dfrac{5s}{s^2+2s+2}$

(e) $\mathrm{x}(t)=\sin(2\pi t)\mathrm{u}(t)$, $\mathrm{H}(s)=\dfrac{5s}{s^2+2s+2}$

26. 〈그림 E.26〉에 있는 두 시스템 A와 B는 다음과 같은 두 개의 극점-영점 분포도를 가진다. 어느 것이 단위 계단에 대해서 더 빨리 응답하는가(더 빠른 비율로 최종값에 도달하는가)? 답을 설명하라.

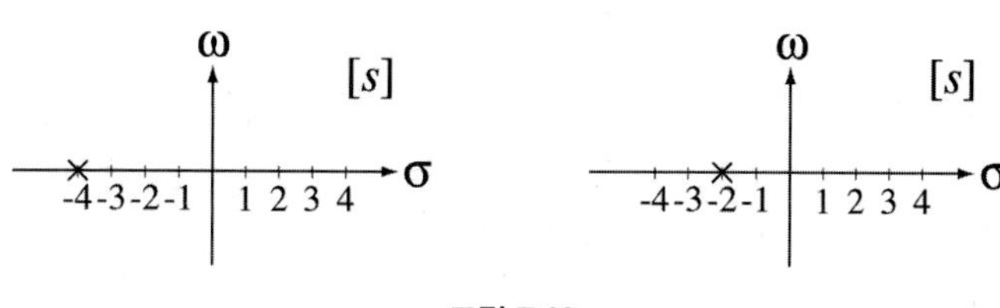

그림 E.26

27. 〈그림 E.27〉에 있는 두 시스템 A와 B는 다음과 같은 두 개의 극점-영점 분포도를 가진다. 그것들 중 어느 것이 최종값에 정착하기 전에 최종값을 오버슈트하는 단위 계단 응답을 갖는가? 답을 설명하라.

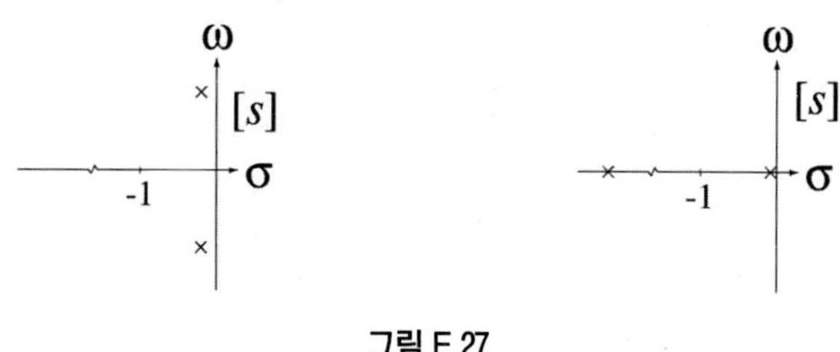

그림 E.27

28. 2차 시스템은 단위 계단에 의해 입력되며 응답은 〈그림 E.52〉에 보인 것과 같다. 시스템의 전달 함수에 대한 표현식을 써라.

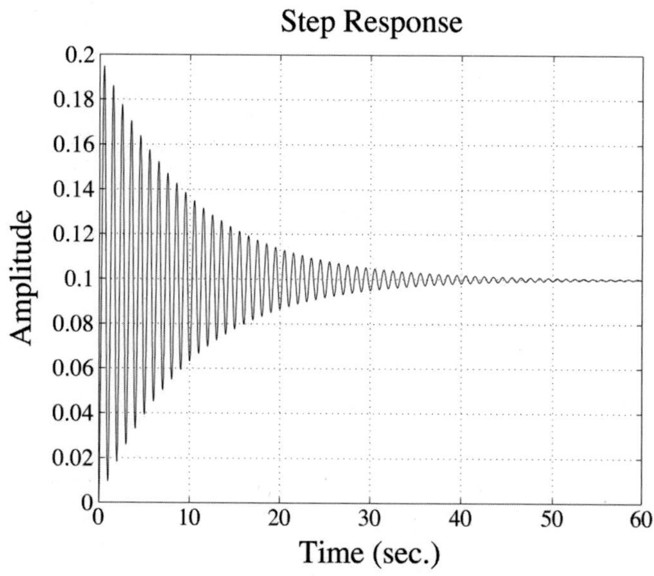

그림 E.28 2차 시스템의 계단 응답

시스템 구현

29. 다음과 같은 전달 함수를 가지는 시스템의 직렬 시스템 다이어그램을 그려라.

(a) $\mathrm{H}(s) = -50\dfrac{s^2}{s^3+8s^2+13s+40}$ (b) $\mathrm{H}(s) = \dfrac{s^3}{s^3+18s^2+92s+120}$

30. 다음과 같은 전달 함수를 가지는 시스템의 병렬 시스템 다이어그램을 그려라.

(a) $\mathrm{H}(s) = 10\dfrac{s^3}{s^3+4s^2+9s+3}$ (b) $\mathrm{H}(s) = \dfrac{5}{6s^3+77s^2+228s+189}$

31. 시스템은 전달 함수 $\mathrm{H}(s) = 10\dfrac{s^2-16}{s(s^2+4s+3)}$를 갖는다. 세 가지 구현 방법인 직접형 II, 직렬, 병렬이 〈그림 E.31〉에 그려져 있다. 모든 이득 K의 값을 구하라.

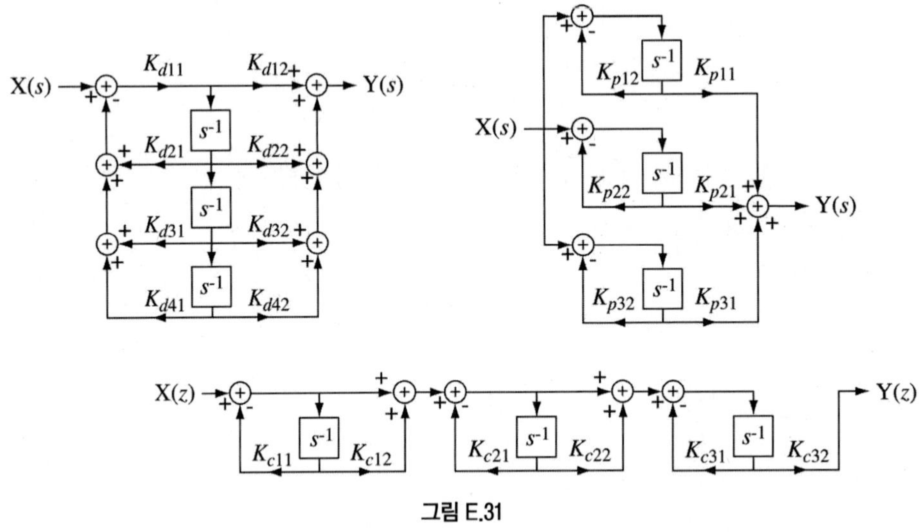

그림 E.31

CHAPTER 14

z 변환 시스템 분석

14.1 개요 및 학습 목표

연속시간 신호 및 시스템 대신에 이산시간 신호와 시스템에 적용되는 점에서 차이가 날 뿐, 이 장의 순서는 라플라스 변환을 사용하는 시스템 분석에 대한 13장과 유사하게 진행된다.

학습 목표

1. z 변환과 라플라스 변환 사이의 관계를 파악한다.
2. 안정성과 표준 신호에 대한 시간 영역 응답을 위해서 피드백 시스템을 포함하는 LTI 시스템의 일반화된 분석에 z 변환을 적용한다.
3. 다양한 형태로 이산시간 시스템을 구현하는 기법을 전개한다.

14.2 시스템 모델

차분 방정식

라플라스 변환의 실제적인 능력은 연속시간 시스템의 동적 특성을 분석하는 데에 있다. 유사한 방식으로 z 변환의 실제적인 능력은 이산시간 시스템의 동적 특성을 분석하는 데에 있다. 공학자들이 분석하는 대부분의 연속시간 시스템은 미분방정식으로 표현되며 대부분의 이산시간 시스템은 차분 방정식으로 표현된다. 여기 $\mathrm{x}[n]$과 응답 $\mathrm{y}[n]$을 갖는 이산시간 시스템을 표현하는 차분 방정식은 다음과 같다.

$$\sum_{k=0}^{N} a_k \, \mathrm{y}[n-k] = \sum_{k=0}^{M} b_k \, \mathrm{x}[n-k]$$

만약 x[n]과 y[n]이 모두 인과적이고 양변을 z 변환하면

$$\sum_{k=0}^{N} a_k z^{-k} \, \mathrm{Y}(z) = \sum_{k=0}^{M} b_k z^{-k} \, \mathrm{X}(z)$$

을 얻는다. 다음의 식과 같이 전달 함수 H(z)는 X(z)에 대한 Y(z)의 비이다.

$$\mathrm{H}(z) = \frac{\mathrm{Y}(z)}{\mathrm{X}(z)} = \frac{\sum_{k=0}^{M} b_k z^{-k}}{\sum_{k=0}^{N} a_k z^{-k}} = \frac{b_0 + b_1 z^{-1} + \cdots + b_M z^{-M}}{a_0 + a_1 z^{-1} + \cdots + a_N z^{-N}}$$

또는

$$\mathrm{H}(z) = z^{N-M} \frac{b_0 z^M + b_1 z^{M-1} + \cdots + b_{M-1} z + b_M}{a_0 z^N + a_1 z^{N-1} + \cdots + a_{N-1} z + a_N}$$

따라서 미분방정식으로 표현되는 연속시간 시스템의 전달 함수가 s 에 대한 다항식의 비인 것과 마찬가지로 차분 방정식으로 표현되는 이산시간 시스템의 전달 함수는 z 에 대한 다항식의 비이다.

블록 다이어그램

이산시간 시스템은 연속시간 시스템의 경우와 마찬가지로 블록 다이어그램으로 손쉽게 나타낼 수 있고 블록 다이어그램으로부터 전달 함수를 직접 구할 수 있다. 〈그림 14.1〉의 시스템을 생각해 보자.

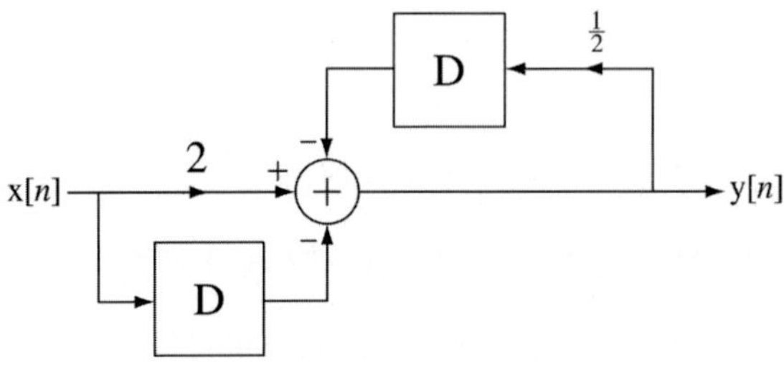

그림 14.1 시스템의 시간 영역 블록 다이어그램

이를 표현하는 차분 방정식은 y[n] = 2x[n] - x[n - 1]-(1/2) y[n - 1]이다. 시간 영역의 블록 다이어그램 대신에 z 영역의 블록 다이어그램〈그림 14.2〉을 그리기 위해 블록 다이어그램을 변경할 수 있다.

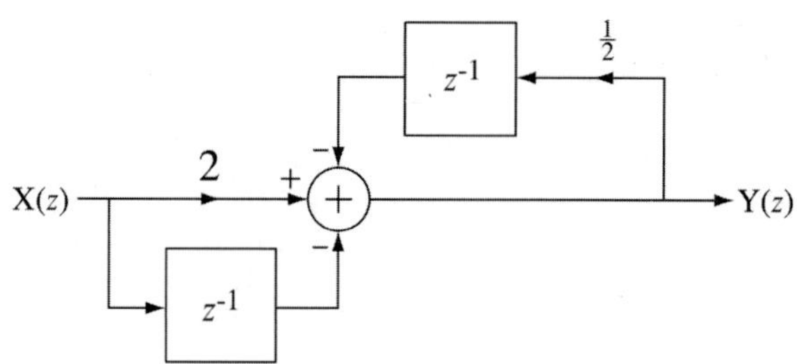

그림 14.2 시스템의 z 영역 블록 다이어그램

z 영역에서 이를 표현하는 방정식은 $\mathrm{Y}(z) = 2\,\mathrm{X}(z) - z^{-1}\,\mathrm{X}(z) - (1/2)z^{-1}\,\mathrm{Y}(z)$이고 전달 함수는 다음과 같다.

$$\mathrm{H}(z) = \frac{\mathrm{Y}(z)}{\mathrm{X}(z)} = \frac{2 - z^{-1}}{1 + (1/2)z^{-1}} = \frac{2z - 1}{z + 1/2}$$

14.3 시스템 안정성

인과적인 이산시간 시스템은 만약 임펄스 응답이 절대적으로 합산가능(absolutely summable)하면 즉, 임펄스 응답에서 임펄스의 크기의 합이 유한하면 BIBO 안정하다. 전달 함수가 $M < N$이고 모두 다른 극점을 갖는 다음과 같은 형식의 z에 대한 다항식의 비로 나타나는 시스템에 대해

$$\mathrm{H}(z) = \frac{b_0 z^M + b_1 z^{M-1} + \cdots + b_M}{a_0 z^N + a_1 z^{N-1} + \cdots + a_N}$$

전달 함수는 다음과 같이 부분 분수의 형식으로 쓸 수 있으며,

$$\mathrm{H}(z) = \frac{K_1}{z - p_1} + \frac{K_2}{z - p_2} + \cdots + \frac{K_N}{z - p_N}$$

임펄스 응답은 다음과 같은 형식이 된다.

$$\mathrm{h}[n] = \left(K_1 p_1^{n-1} + K_2 p_2^{n-1} + \cdots + K_N p_N^{n-1}\right)\mathrm{u}[n-1]$$

(p 중에서 일부는 복소수일 수 있다). 시스템이 안정하기 위해서 각 항은 절대 값의 합이 존재해야 한다. 대표적인 항의 절대 값의 합은 다음과 같다.

$$\sum_{n=-\infty}^{\infty}\left|Kp^{n-1}\,\mathrm{u}[n-1]\right| = |K|\sum_{n=1}^{\infty}\left|p^{n-1}\right| = |K|\sum_{n=0}^{\infty}\left||p|^{n}\,(e^{j\angle p})^{n}\right| = |K|\sum_{n=0}^{\infty}\left||p|^{n}\right|\underbrace{\left|e^{jn\angle p}\right|}_{=1}$$

$$\sum_{n=-\infty}^{\infty}\left|Kp^{n-1}\,\mathrm{u}[n-1]\right| = |K|\sum_{n=0}^{\infty}|p|^{n}$$

이 마지막 합계식은 $|p|<1$인 경우에 수렴한다. 따라서 안정성을 위해서 모든 극점은 $|p_k|<1$의 조건을 만족해야 한다.

이산시간 시스템이 안정성을 만족하기 위해서 모든 유한 극점은 z 평면에서 열린 단위원의 내부에 위치해야 한다.

이는 시스템 안정성을 위해서 모든 극점이 s 평면의 열린 좌반 평면에 있어야 한다는 연속시간 시스템에서의 요구 조건과 전적으로 유사하다. 이러한 분석은 모든 극점이 각기 다른 가장 일반적인 경우에 대해 이루어졌다. 만약 중복 극점이 존재하는 경우에도 시스템 안정성을 위해서 모든 극점은 열린 단위원의 내부에 있어야 한다는 요구 조건은 변하지 않는다.

14.4 시스템 연결

이산시간 시스템의 직렬, 병렬 및 피드백 연결에서 구성요소의 전달 함수는 연속시간 시스템에서와 마찬가지 방법으로 결합된다〈그림 14.3 ~ 14.5〉.

피드백 시스템의 전체 전달 함수는 연속시간 시스템에 사용되는 기법과 동일한 기법에 의해 구할 수 있으며 그 결과는 다음과 같다.

$$\boxed{\mathrm{H}(z) = \frac{\mathrm{Y}(z)}{\mathrm{X}(z)} = \frac{\mathrm{H}_1(z)}{1+\mathrm{H}_1(z)\mathrm{H}_2(z)} = \frac{\mathrm{H}_1(z)}{1+\mathrm{T}(z)}} \tag{14.1}$$

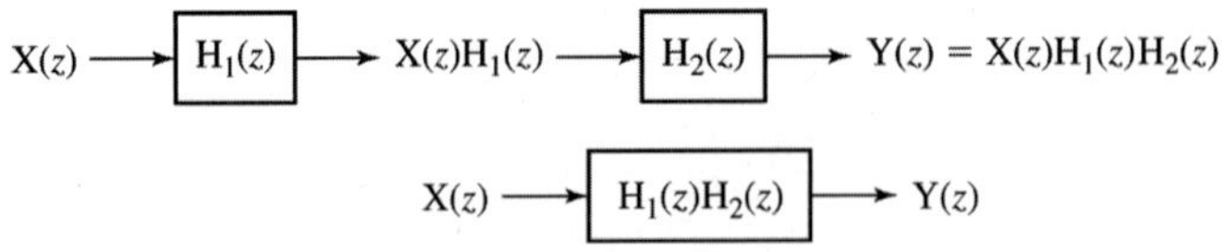

X(z) → [H₁(z)] → X(z)H₁(z) → [H₂(z)] → Y(z) = X(z)H₁(z)H₂(z)

X(z) → [H₁(z)H₂(z)] → Y(z)

그림 14.3 시스템의 직렬연결

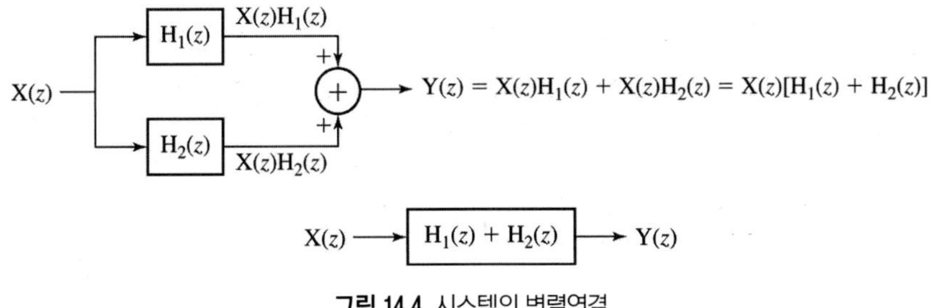

그림 14.4 시스템의 병렬연결

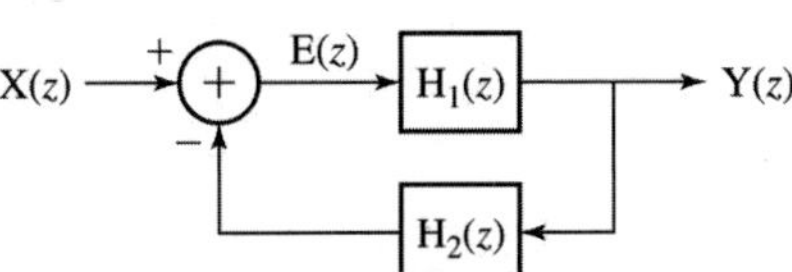

그림 14.5 시스템의 피드백 연결

여기서 $\mathrm{T}(z) = \mathrm{H}_1(z)\,\mathrm{H}_2(z)$는 루프 전달 함수이다.

연속시간 피드백 시스템에 대해서와 마찬가지로 근궤적은

$$\mathrm{H}_1(z) = K\frac{\mathrm{P}_1(z)}{\mathrm{Q}_1(z)} \text{ 및 } \mathrm{H}_2(z) = \frac{\mathrm{P}_2(z)}{\mathrm{Q}_2(z)}$$

로 구성된 이산시간 피드백 시스템에 대해서 그릴 수 있다. 근궤적을 그리는 절차는 루프 전달 함수

$$\mathrm{T}(z) = \mathrm{H}_1(z)\mathrm{H}_2(z)$$

가 s 대신에 z의 함수라는 것을 제외하면 연속시간 시스템에 대한 절차와 정확히 일치한다. 그러나 근궤적을 도시한 후의 해석은 약간 다르다. 연속시간 시스템에 대해서 근궤적이 우반 평면을 교차하는 순방향 경로 이득 K는 시스템을 불안정하게 하는 값이다. 이산시간 시스템에 대해서는 '우반 평면'이 '단위원의 외부'로 교체되는 것을 제외하면 진술은 동일하다.

예제 14.1

근궤적을 이용한 이산시간 시스템의 안정성 분석

순방향 경로 전달 함수는

$$\mathrm{H}_1(z) = K\frac{z-1}{z+1/2}$$

이고 피드백 경로 전달 함수는

$$H_2(z) = \frac{z - 2/3}{z + 1/3}$$

인 이산시간 시스템에 대해서 근궤적을 그려라.

■ 풀이

루프 전달 함수는 다음과 같다.

$$T(z) = K\frac{z-1}{z+1/2}\frac{z-2/3}{z+1/3}$$

$z = 2/3$과 $z = 1$에 두 개의 영점 그리고 $z = -1/2$와 $z = -1/3$에 두 개의 극점이 존재한다. 이 시스템이 유한의 양수 K에 대해서 절대 안정하다는 것은 근궤적〈그림 14.6〉으로부터 명백하다.

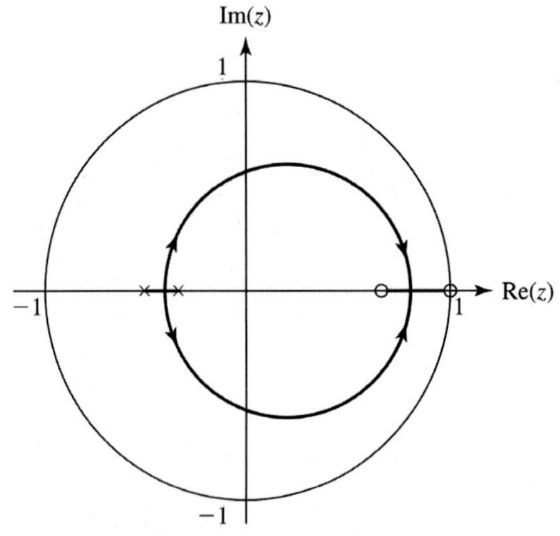

그림 14.6 $T(z) = K\frac{z-1}{z+1/2}\frac{z-2/3}{z+1/3}$의 근궤적

14.5 표준 신호에 대한 시스템 응답

13장에서 지적한 바와 같이 시스템에 실제로 임펄스를 인가해 연속시간 시스템의 임펄스 응답을 구하는 것은 비현실적이다. 그에 반해 이산시간 임펄스는 단순한 잘 정의된 함수(well-behaved function)이며 실제 상황에서 아무런 문제 없이 적용될 수 있다. 임펄스 응답을 구하는 것과 함

께 시간 $n=0$에서 시스템에 인가되는 단위 시퀀스 및 사인파에 대한 시스템 응답을 구하는 것 또한 시스템의 동적인 성능을 시험하는 좋은 방식이다.

단위 시퀀스 응답

시스템의 전달 함수가 다음과 같다고 하자.

$$\mathrm{H}(z)=\frac{\mathrm{N_H}(z)}{\mathrm{D_H}(z)}$$

그러면 z 영역에서 시스템의 단위 시퀀스 응답은 다음과 같다.

$$\mathrm{Y}(z)=\frac{z}{z-1}\frac{\mathrm{N_H}(z)}{\mathrm{D_H}(z)}$$

단위 시퀀스 응답은 다음과 같이 부분 분수 형태로 나타낼 수 있다.

$$\mathrm{Y}(z)=z\left[\frac{\mathrm{N_{H1}}(z)}{\mathrm{D_H}(z)}+\frac{\mathrm{H}(1)}{z-1}\right]=z\frac{\mathrm{N_{H1}}(z)}{\mathrm{D_H}(z)}+\mathrm{H}(1)\frac{z}{z-1}$$

만약 시스템이 안정하고 인과적이면 항 $z\mathrm{N_{H1}}(z)/\mathrm{D_H}(z)$의 역 z 변환은 시간에 따라 감소하는 신호이고[과도 응답], 항 $\mathrm{H}(1)z/(z-1)$의 역 z 변환은 단위 시퀀스에 $z=1$에서의 전달 함수 값을 곱한 것이다[강제 응답].

예제 14.2

z 변환을 이용한 단위 시퀀스 응답

시스템이 다음과 같은 전달 함수를 갖는다.

$$\mathrm{H}(z)=\frac{100z}{z-1/2}$$

단위 시퀀스 응답을 구하고 그래프로 나타내라.

■ 풀이

z 영역에서 단위 시퀀스 응답은 다음과 같다.

$$\mathrm{H}_{-1}(z) = \frac{z}{z-1}\frac{100z}{z-1/2} = z\left[\frac{-100}{z-1/2} + \frac{200}{z-1}\right] = 100\left[\frac{2z}{z-1} - \frac{z}{z-1/2}\right]$$

시간 영역의 단위 시퀀스 응답은 다음과 같은 역 z 변환이다〈그림 14.7〉.

$$\mathrm{h}_{-1}[n] = 100[2-(1/2)^n]\mathrm{u}[n]$$

단위 시퀀스 응답이 접근하는 최종값은 200이며 그것은 H(1)과 같다.

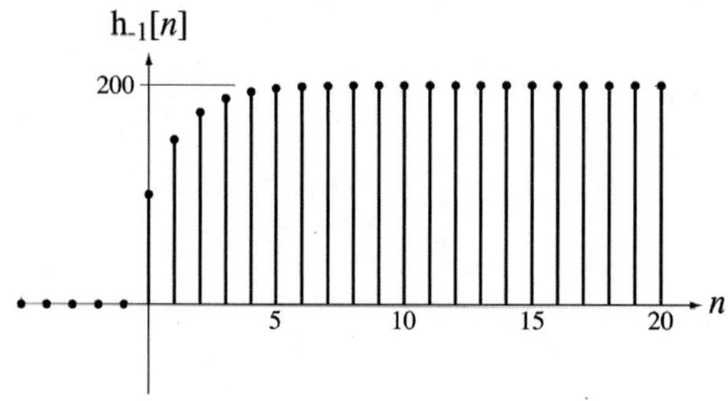

그림 14.7 단위 시퀀스 응답

신호와 시스템을 분석함에 있어서 가장 일반적으로 접하는 두 가지 시스템은 한 개의 극점과 두 개의 극점을 갖는 시스템이다. 단일 극점 시스템의 전형적인 전달 함수는 다음의 형태를 갖는다.

$$\mathrm{H}(z) = \frac{Kz}{z-p}$$

여기서 p는 z 영역에서의 실수 극점 위치이다. 단위 시퀀스에 대한 z 영역 응답은

$$\mathrm{H}_{-1}(z) = \frac{z}{z-1}\frac{Kz}{z-p} = \frac{K}{1-p}\left(\frac{z}{z-1} - \frac{pz}{z-p}\right)$$

이고 시간 영역 응답은

$$\mathrm{h}_{-1}[n] = \frac{K}{1-p}(1-p^{n+1})\,\mathrm{u}[n]$$

이다. 이 표현식을 간단히 하고 영향을 분리하기 위해서, 이득 상수 K를 $1-p$라고 하자. 그러면

$$\mathrm{h}_{-1}[n] = (1 - p^{n+1})\,\mathrm{u}[n]$$

이 된다. 강제 응답은 $\mathrm{u}[n]$이며 과도 응답은 $-p^{n+1}\,\mathrm{u}[n]$이다.

이것은 단일 극점 연속시간 시스템에서 나타나는 전통적인 단위 계단 응답에 대한 이산시간에서의 해당식이며, 응답의 속도는 극점의 위치에 의해서 결정된다. $0 < p < 1$에 대해 시스템은 안정하며 p가 1에 가까울수록 응답은 늦어진다〈그림 14.8〉. $p > 1$에 대해 시스템은 불안정하다.

2차 시스템에 대한 전형적인 전달 함수는 다음과 같은 형태이다.

$$\mathrm{H}(z) = K\frac{z^2}{z^2 - 2r_0\cos(\Omega_0)z + r_0^2}$$

$\mathrm{H}(z)$의 극점은 $p_{1,2} = r_0 e^{\pm j\Omega_0}$에 위치한다. 만약 $r_0 < 1$이면, 두 개의 극점은 단위원 내부에 위치하여 시스템은 안정하다. 단위 시퀀스 응답의 z 변환은

$$\mathrm{H}_{-1}(z) = K\frac{z}{z-1}\frac{z^2}{z^2 - 2r_0\cos(\Omega_0)z + r_0^2}$$

이다.

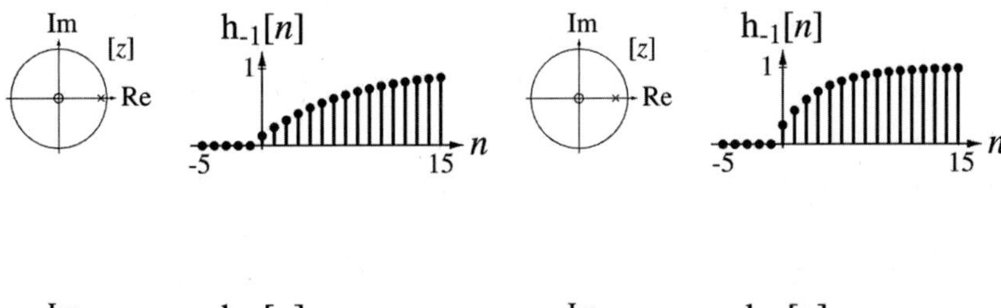

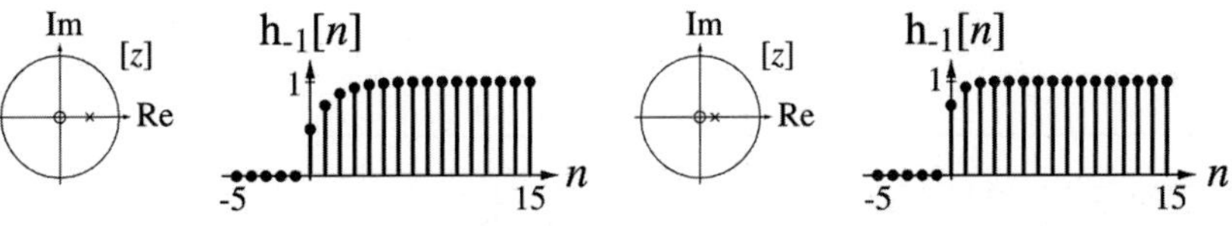

그림 14.8 극점 위치의 변화에 따른 단위 시퀀스에 대한 단일 극점 시스템 응답

정수 m에 대해서 $\Omega_0 \neq \pm m\pi$일 때, $\mathrm{H}_{-1}(z)/Kz$의 부분 분수 표현식은

$$\frac{\mathrm{H}_{-1}(z)}{Kz} = \frac{1}{1 - 2r_0\cos(\Omega_0) + r_0^2}\left[\frac{1}{z-1} + \frac{\left(r_0^2 - 2r_0\cos(\Omega_0)\right)z + r_0^2}{z^2 - 2r_0\cos(\Omega_0)z + r_0^2}\right]$$

이다. 그러면

$$\mathrm{H}_{-1}(z)=\frac{Kz}{1-2r_0\cos(\Omega_0)+r_0^2}\left[\frac{1}{z-1}+\frac{\left(r_0^2-2r_0\cos(\Omega_0)\right)z+r_0^2}{z^2-2r_0\cos(\Omega_0)z+r_0^2}\right]$$

또는

$$\mathrm{H}_{-1}(z)=\mathrm{H}(1)\left[\frac{z}{z-1}+z\frac{\left(r_0^2-2r_0\cos(\Omega_0)\right)z+r_0^2}{z^2-2r_0\cos(\Omega_0)z+r_0^2}\right]$$

가 된다. 이를 다시 쓰면

$$\mathrm{H}_{-1}(z)=\mathrm{H}(1)\left(\frac{z}{z-1}+r_0\left\{\begin{aligned}&[r_0-2\cos(\Omega_0)]\frac{z^2-r_0\cos(\Omega_0)z}{z^2-2r_0\cos(\Omega_0)z+r_0^2}\\&+\frac{1+[r_0-2\cos(\Omega_0)]\cos(\Omega_0)}{\sin(\Omega_0)}\frac{zr_0\sin(\Omega_0)}{z^2-2r_0\cos(\Omega_0)z+r_0^2}\end{aligned}\right\}\right)$$

이 된다. z 역변환은

$$\begin{aligned}\mathrm{h}_{-1}[n]=\mathrm{H}(1)\Bigg(1+r_0\Bigg\{&[r_0-2\cos(\Omega_0)]r_0^n\cos(n\Omega_0)\\&+\frac{1+[r_0-2\cos(\Omega_0)]\cos(\Omega_0)}{\sin(\Omega_0)}r_0^n\sin(n\Omega_0)\Bigg\}\Bigg)\mathrm{u}[n]\end{aligned}$$

이다. 이것은 이런 종류의 2차 시스템의 단위 시퀀스 응답에 대한 일반해이다. 만약 $K=1-2r_0\cos(\Omega_0)+r_0^2$이라면 시스템은 단위 이득을 가진다($\mathrm{H}(1)=1$).

예제 14.3

z 변환을 이용한 극점-영점 분포도와 단위 시퀀스 응답

시스템은 $K=1-2r_0\cos(\Omega_0)+r_0^2$을 갖는 다음과 같은 형식의 전달 함수를 가진다.

$$\mathrm{H}(z)=K\frac{z^2}{z^2-2r_0\cos(\Omega_0)z+r_0^2}$$

다음의 경우에 대해 극점-영점 분포도를 도시하고 단위 시퀀스 응답을 그래프로 나타내라.

(a) $r_0 = 1/2,\ \Omega_0 = \pi/6$, (b) $r_0 = 1/2,\ \Omega_0 = \pi/3$,
(c) $r_0 = 3/4,\ \Omega_0 = \pi/6$, (d) $r_0 = 3/4,\ \Omega_0 = \pi/3$

■ 풀이

〈그림 14.9〉는 위에 주어진 r_0 및 Ω_0 값에 대한 극점-영점 분포도와 단위 시퀀스 응답을 나타낸다.

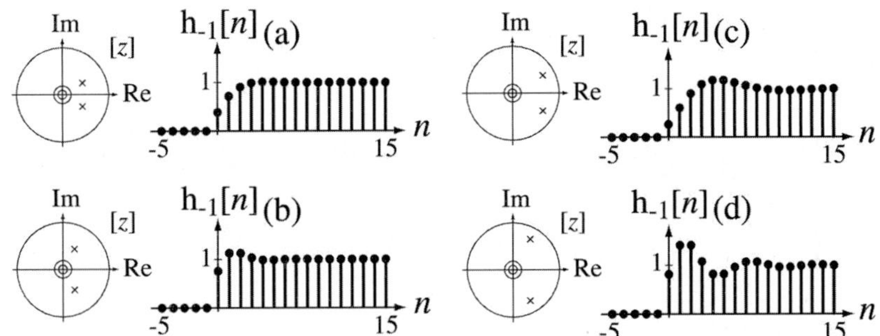

그림 14.9 네 가지 r_0 및 Ω_0의 조합에 대한 단위 이득, 2차 시스템의 극점-영점 분포도 및 단위 시퀀스 응답

r_0가 증가함에 따라 응답은 점점 부족 감쇠가 되며 링잉(ringing) 시간은 길어진다. Ω_0가 증가함에 따라 링잉의 속도는 증가한다. 따라서 부족 감쇠 응답의 원인이 되는 것은 단위원에서 멀리 위치한 극점보다 단위원에 가까운 극점이라고 일반화할 수 있다. 또한 응답의 링잉 비율은 극점의 각도에 따라 달라지는데 각도가 클수록 커진다고 할 수 있다.

■

인과적인 정현파에 대한 응답

시간 $n = 0$에서 시스템에 인가된 각 주파수 Ω_0인 단위 크기 코사인에 대한 시스템의 응답은

$$Y(z) = \frac{N_H(z)}{D_H(z)} \frac{z[z - \cos(\Omega_0)]}{z^2 - 2z\cos(\Omega_0) + 1}$$

이다. 이 응답의 극점은 전달 함수의 극점과 함께 $z^2 - 2z\cos(\Omega_0) + 1 = 0$의 해 즉, $p_1 = e^{j\Omega_0}$와 $p_2 = e^{-j\Omega_0}$의 켤레 복소수 쌍이다. 따라서 $p_1 = p_2^*$, $p_1 + p_2 = 2\cos(\Omega_0)$, $p_1 - p_2 = j2\sin(\Omega_0)$ 그리고 $p_1 p_2 = 1$이다. 그렇다면 정수 m에 대해서 $\Omega_0 \neq m\pi$이고 극점-영점 소거가 없다면 이들 극점은 구별이 가능하며 응답은 다음과 같이 부분 분수의 형태로 쓸 수 있다.

$$Y(z) = z\left[\frac{N_{H1}(z)}{D_H(z)} + \frac{1}{p_1 - p_2}\frac{H(p_1)(p_1 - \cos(\Omega_0))}{z - p_1} + \frac{1}{p_2 - p_1}\frac{H(p_2)(p_2 - \cos(\Omega_0))}{z - p_2}\right]$$

또는 이를 간단히 하면

$$\mathrm{Y}(z)=z\left[\left\{\frac{\mathrm{N_{H1}}(z)}{\mathrm{D_H}(z)}+\left[\frac{\mathrm{H}_r(p_1)(z-p_{1r})-\mathrm{H}_i(p_1)p_{1i}}{z^2-z(2p_{1r})+1}\right]\right\}\right]$$

이다. 여기서 $p_1=p_{1r}+jp_{1i}$이고 $\mathrm{H}(p_1)=\mathrm{H}_r(p_1)+j\mathrm{H}_i(p_1)$이다. 이것은 다음과 같이 원래의 매개변수 항으로 나타낼 수 있다.

$$\mathrm{Y}(z)=\left\{z\frac{\mathrm{N_{H1}}(z)}{\mathrm{D_H}(z)}+\left[\begin{array}{l}\mathrm{Re}(\mathrm{H}(\cos(\Omega_0)+j\sin(\Omega_0)))\dfrac{z^2-z\cos(\Omega_0)}{z^2-z(2\cos(\Omega_0))+1}\\ -\mathrm{Im}(\mathrm{H}(\cos(\Omega_0)+j\sin(\Omega_0)))\dfrac{z\sin(\Omega_0)}{z^2-z(2\cos(\Omega_0))+1}\end{array}\right]\right\}$$

z 역변환을 구하면

$$\mathrm{y}[n]=\mathcal{Z}^{-1}\left(z\frac{\mathrm{N_{H1}}(z)}{\mathrm{D_H}(z)}\right)+\left[\begin{array}{l}\mathrm{Re}(\mathrm{H}(\cos(\Omega_0)+j\sin(\Omega_0)))\cos(\Omega_0 n)\\ -\mathrm{Im}(\mathrm{H}(\cos(\Omega_0)+j\sin(\Omega_0)))\sin(\Omega_0 n)\end{array}\right]\mathrm{u}[n]$$

이고 다음 관계를 이용하면,

$$\mathrm{Re}(A)\cos(\Omega_0 n)-\mathrm{Im}(A)\sin(\Omega_0 n)=|A|\cos(\Omega_0 n+\measuredangle A),$$

$$\mathrm{y}[n]=\mathcal{Z}^{-1}\left(z\frac{\mathrm{N_{H1}}(z)}{\mathrm{D_H}(z)}\right)+|\mathrm{H}(\cos(\Omega_0)+j\sin(\Omega_0))|\cos(\Omega_0 n+\measuredangle\mathrm{H}(\cos(\Omega_0)+j\sin(\Omega_0)))\,\mathrm{u}[n]$$

또는

$$\mathrm{y}[n]=\mathcal{Z}^{-1}\left(z\frac{\mathrm{N_{H1}}(z)}{\mathrm{D_H}(z)}\right)+|\mathrm{H}(p_1)|\cos(\Omega_0 n+\measuredangle\mathrm{H}(p_1))\,\mathrm{u}[n] \qquad (14.2)$$

이 된다. 만약 시스템이 안정하면 다음 항(과도 응답)

$$\mathcal{Z}^{-1}\left(z\frac{\mathrm{N_{H1}}(z)}{\mathrm{D_H}(z)}\right)$$

은 이산시간이 지남에 따라 0으로 감쇠하고 항 $|\mathrm{H}(p_1)|\cos(\Omega_0 n+\measuredangle\mathrm{H}(p_1))\,\mathrm{u}[n]$(강제 응답)는 이산시간 $n=0$ 이후에 정현파와 같게 되며 계속 지속된다.

예제 14.4

z 변환을 이용한 인과적인 코사인에 대한 시스템 응답

예제 14.2의 시스템은 다음과 같은 전달 함수를 가진다.

$$\mathrm{H}(z) = \frac{100z}{z - 1/2}$$

$\Omega_0 = \pi/4$를 가지는 $\mathrm{x}[n] = \cos(\Omega_0 n)\,\mathrm{u}[n]$에 대한 응답을 구하고 그래프로 나타내라.

■ 풀이

z 영역에서 응답은 다음과 같은 형태가 된다.

$$\mathrm{Y}(z) = \frac{Kz}{z-p}\frac{z[z-\cos(\Omega_0)]}{z^2 - 2z\cos(\Omega_0) + 1} = \frac{Kz}{z-p}\frac{z[z-\cos(\Omega_0)]}{(z-e^{j\Omega_0})(z-e^{-j\Omega_0})}$$

여기서 $K = 100$, $p = 1/2$ 그리고 $\Omega_0 = \pi/4$이다. 이 응답은 다음과 같이 부분 분수 형태로 나타낼 수 있다.

$$\mathrm{Y}(z) = Kz\left[\underbrace{\frac{\dfrac{p[p-\cos(\Omega_0)]}{(p-e^{j\Omega_0})(p-e^{-j\Omega_0})}}{z-p}}_{\text{transient response}} + \underbrace{\frac{Az+B}{z^2 - 2z\cos(\Omega_0)+1}}_{\text{forced response}}\right]$$

식 (14.2)를 이용하면 다음과 같이 된다〈그림 14.10〉.

$$\mathrm{y}[n] = \mathcal{Z}^{-1}\left(100z\frac{\dfrac{(1/2)[1/2-\cos(\pi/4)]}{(1/2-e^{j\pi/4})(1/2-e^{-j\pi/4})}}{z-1/2}\right) + \left|\frac{100e^{j\pi/4}}{e^{j\pi/4}-1/2}\right|\cos\left(\Omega_0 n + \measuredangle\frac{100e^{j\pi/4}}{e^{j\pi/4}-1/2}\right)\mathrm{u}[n]$$

$$\mathrm{y}[n] = [-19.07(1/2)^n + 135.72\cos(\pi n/4 - 0.5)]\,\mathrm{u}[n] \qquad (14.3)$$

비교하기 위해서 DTFT를 이용해(시간 $n \to -\infty$에 인가된) 실제 코사인에 대한 시스템 응답을 구해 보자. $z = e^{j\Omega}$ 관계를 사용하여 각 주파수 Ω에 대한 함수로서 표현된 전달 함수는

$$\mathrm{H}(e^{j\Omega}) = \frac{100e^{j\Omega}}{e^{j\Omega} - 1/2}$$

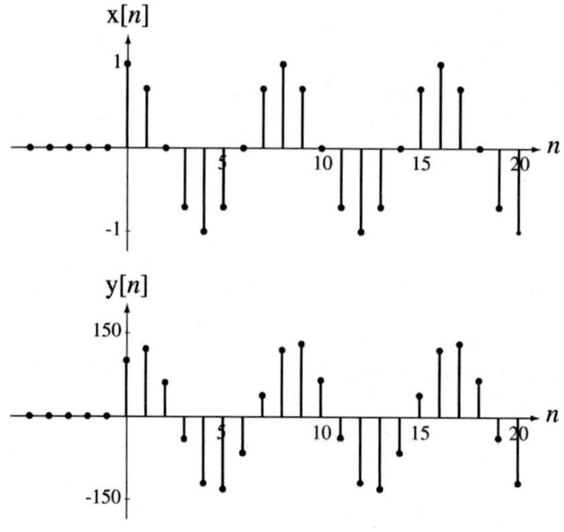

그림 14.10 인과적인 코사인과 시스템 응답

이다. x[n]의 DTFT는

$$X(e^{j\Omega}) = \pi[\delta_{2\pi}(\Omega - \Omega_0) + \delta_{2\pi}(\Omega + \Omega_0)]$$

이다. 따라서 응답은

$$Y(e^{j\Omega}) = \pi[\delta_{2\pi}(\Omega - \Omega_0) + \delta_{2\pi}(\Omega + \Omega_0)]\frac{100e^{j\Omega}}{e^{j\Omega} - 1/2}$$

또는

$$Y(e^{j\Omega}) = 100\pi\left[\sum_{k=-\infty}^{\infty} \frac{e^{j\Omega}}{e^{j\Omega} - 1/2}\delta(\Omega - \Omega_0 - 2\pi k) + \sum_{k=-\infty}^{\infty} \frac{e^{j\Omega}}{e^{j\Omega} - 1/2}\delta(\Omega + \Omega_0 - 2\pi k)\right]$$

이 된다. 임펄스의 등가 특성을 이용하면 다음과 같이 된다.

$$Y(e^{j\Omega}) = 100\pi\sum_{k=-\infty}^{\infty}\left[\frac{e^{j(\Omega_0 + 2\pi k)}}{e^{j(\Omega_0 + 2\pi k)} - 1/2}\delta(\Omega - \Omega_0 - 2\pi k) + \frac{e^{j(-\Omega_0 + 2\pi k)}}{e^{j(-\Omega_0 + 2\pi k)} - 1/2}\delta(\Omega + \Omega_0 - 2\pi k)\right]$$

정수 값 k에 대해 $e^{j(\Omega_0 + 2\pi k)} = e^{j\Omega_0}$이고 $e^{j(-\Omega_0 + 2\pi k)} = e^{-j\Omega_0}$이므로

$$Y(e^{j\Omega}) = 100\pi\sum_{k=-\infty}^{\infty}\left[\frac{e^{j\Omega_0}\delta(\Omega - \Omega_0 - 2\pi k)}{e^{j\Omega_0} - 1/2} + \frac{e^{-j\Omega_0}\delta(\Omega + \Omega_0 - 2\pi k)}{e^{-j\Omega_0} - 1/2}\right]$$

또는

$$\mathrm{Y}(e^{j\Omega}) = 100\pi\left[\frac{e^{j\Omega_0}\delta_{2\pi}(\Omega-\Omega_0)}{e^{j\Omega_0}-1/2} + \frac{e^{-j\Omega_0}\delta_{2\pi}(\Omega+\Omega_0)}{e^{-j\Omega_0}-1/2}\right]$$

이 된다. 공통분모를 찾고 오일러 공식을 적용해 간단히 하면 다음과 같이 된다.

$$\mathrm{Y}(e^{j\Omega}) = \frac{100\pi}{5/4-\cos(\Omega_0)}\begin{Bmatrix}(1-(1/2)\cos(\Omega_0))[\delta_{2\pi}(\Omega-\Omega_0)+\delta_{2\pi}(\Omega+\Omega_0)] \\ +(j/2)\sin(\Omega_0)[\delta_{2\pi}(\Omega+\Omega_0)-\delta_{2\pi}(\Omega-\Omega_0)]\end{Bmatrix}$$

역 DTFT를 구하면

$$\mathrm{y}[n] = \frac{50}{5/4-\cos(\Omega_0)}\{[1-(1/2)\cos(\Omega_0)]2\cos(\Omega_0 n)+\sin(\Omega_0)\sin(\Omega_0 n)\}$$

이 되고 또는 $\Omega_0 = \pi/4$이므로

$$\mathrm{y}[n] = 119.06\cos(\pi n/4)+65.113\sin(\pi n/4) = 135.72\cos(\pi n/4-0.5)$$

이 된다. 이것은 식 (14.3)에 주어진 강제 응답과 정확하게 일치한다.

14.6 이산시간 시스템을 이용한 연속시간 시스템의 시뮬레이션

앞 장에서 푸리에 변환 방법들 사이의 중요한 관계에 대해서 살펴보았다. 특히 연속시간 신호를 샘플링 해 얻은 이산시간 신호 $\mathrm{x}[n] = \mathrm{x}(nT_s)$와 동일한 연속시간 신호를 임펄스 샘플링 해 얻은 연속시간 임펄스 신호 $\mathrm{x}_\delta(t) = \mathrm{x}(t)\delta_{T_s}(t)$는 동일한 정보를 담고 있음을 보았다. 여기서 $f_s = 1/T_s$이다. 또한 10장에서는 $\mathrm{x}[n]$의 DTFT와 $\mathrm{x}_\delta(t)$의 CTFT 사이의 관계를 유도했다. z 변환은 이산시간 신호에 적용되며 DTFT의 일반화이고 라플라스 변환은 연속시간 신호에 적용되며 CTFT의 일반화이므로 이들 사이에 밀접한 관련이 있음을 또한 예상할 수 있다.

두 가지 시스템 즉, 임펄스 응답이 $\mathrm{h}[n]$인 이산시간 시스템과 임펄스 응답이 $\mathrm{h}_\delta(t)$인 연속시간 시스템을 고려하자. 그리고 이 두 시스템은 다음 관계가 성립한다고 하자.

$$\mathrm{h}_\delta(t) = \sum_{n=-\infty}^{\infty}\mathrm{h}[n]\delta(t-nT_s) \quad (14.4)$$

이러한 등가성은 이산시간 시스템에서 x[n]에 대해 나타나는 모든 것이 연속시간 시스템에서 $x_\delta(t)$에 부합하는 방식으로 나타난다는 것을 의미한다〈그림 14.11〉. 따라서 이산시간 시스템을 분석함에 있어서 라플라스 변환을 사용하는 것이 가능하며 이때 연속시간 임펄스의 세기는 균등한 시간 간격으로 얻어진 이산시간 신호의 값을 나타낸다. 그러나 수식적으로는 z 변환을 사용하는 것이 더 편리하다.

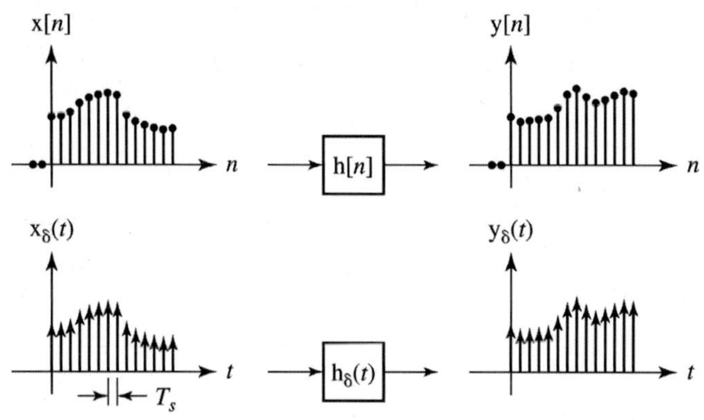

그림 14.11 이산시간 및 연속시간 시스템의 등가성

이산시간 시스템의 전달 함수는

$$H(z) = \sum_{n=0}^{\infty} h[n] z^{-n}$$

이고 연속시간 시스템의 전달 함수는 다음과 같다.

$$H_\delta(s) = \sum_{n=0}^{\infty} h[n] e^{-nT_s s}$$

만약 식 (14.4)의 관점에서 임펄스 응답이 동일하다면 전달 함수 또한 동일해야 한다. 등가성은 다음의 관계로 나타난다.

$$H_\delta(s) = H(z)\big|_{z \to e^{sT_s}}$$

이러한 관점에서 $z \to e^{sT_s}$변환이 내포하는 의미를 생각해 보는 것이 중요하다. s 복소평면과 z 복소평면 사이의 관계를 알아보는 좋은 방법은 s 평면의 폐곡선 또는 영역을 z 평면의 해당하는 폐곡선 또는 영역으로 사상(mapping)하는 것이다. 먼저 s 평면에서 매우 간단한 폐곡선 즉, 폐곡선 $s = j\omega = j2\pi f$를 생각하자. 여기서 ω와 f는 각각 실수의 각 주파수와 주기 주파수를 나타낸다. 이 폐곡선은 s 평면에서는 ω축이다. z 평면에서 이에 해당하는 폐곡선은 $e^{j\omega T_s}$ 또는 $e^{j2\pi fT_s}$이며 임의의 실수 ω 및 f에 대해서 단위원 상에 위치해야 한다. 그러나 사상은 마지막 문장이 단순하게 생각되는 것만큼 단순하지 않다.

자세히 설명하기 위해서 s 평면에서 허수축의 일부분인 $-\pi/T_s < \omega < \pi/T_s$ 즉, $-f_s/2 < f < f_s/2$를 z 평면의 해당 폐곡선으로 사상해 보자. ω가 $-\pi/T_s \to \omega \to \pi/T_s$를 따라가는 동안 z는 $e^{-j\pi}$에서부터 $e^{+j\pi}$까지 단위원을 반시계 방향으로 따라가면서 완전히 한 바퀴를 회전한다. 다음으로 ω가 $\pi/T_s \to \omega \to 3\pi/T_s$를 따라가면 z는 $e^{j\pi}$에서부터 $e^{+j3\pi}$까지 단위원을 따라가는데 이는 정확하게 다시 동일한 폐곡선을 따라간다. 임의의 n에 대해서 $e^{-j\pi} = e^{j\pi} = e^{j3\pi} = e^{j(2n+1)\pi}$의 관계가 성립하기 때문이다. 따라서 s 평면 상의 ω축은 $z \to e^{sT_s}$ 변환을 통해 z 평면 상의 단위원으로 사상되는데 이는 무한히 여러 번 반복된다〈그림 14.12〉.

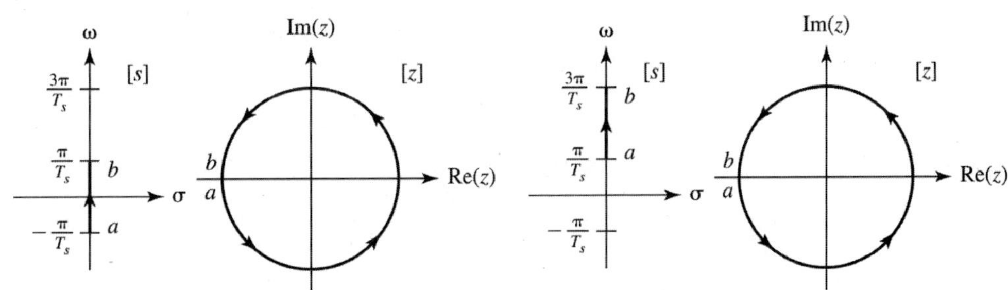

그림 14.12 s 평면 ω축에서 z 평면 단위원으로의 사상

이것은 에일리어싱 현상을 알아보는 또 다른 방식이다. s 평면에서 $2\pi/T_s$ 길이의 모든 허수축 선분들은 z 평면으로 옮겨지는 과정에서 샘플링의 영향 때문에 정확하게 동일하게 보인다. s 평면의 허수축의 각 위치에 해당하는 z 평면 상의 단위원에서의 위치는 단 하나만 존재한다. 그러나 이러한 일대일 대응 관계는 역으로는 성립하지 않는다. z 평면의 단위원에서의 각 위치에 해당하는 s 평면의 허수축에서의 위치는 무수히 많다.

사상에 대해서 좀 더 살펴보면, s 평면에서 좌반 평면은 z 평면의 단위원의 내부로 사상되고 s 평면에서 우반 평면은 z 평면의 단위원의 외부로 사상된다(두 경우 모두 무수히 반복된다). 시스템의 안정성과 극점의 위치에 대해서도 마찬가지로 생각할 수 있다. 안정한 연속시간 시스템의 전달 함수는 모든 유한 극점이 s 평면에서 좌반 평면에 위치하고 안정한 이산시간 시스템의 전달 함수는 모든 유한 극점이 z 평면에서 단위원의 내부에 위치한다〈그림 14.13〉.

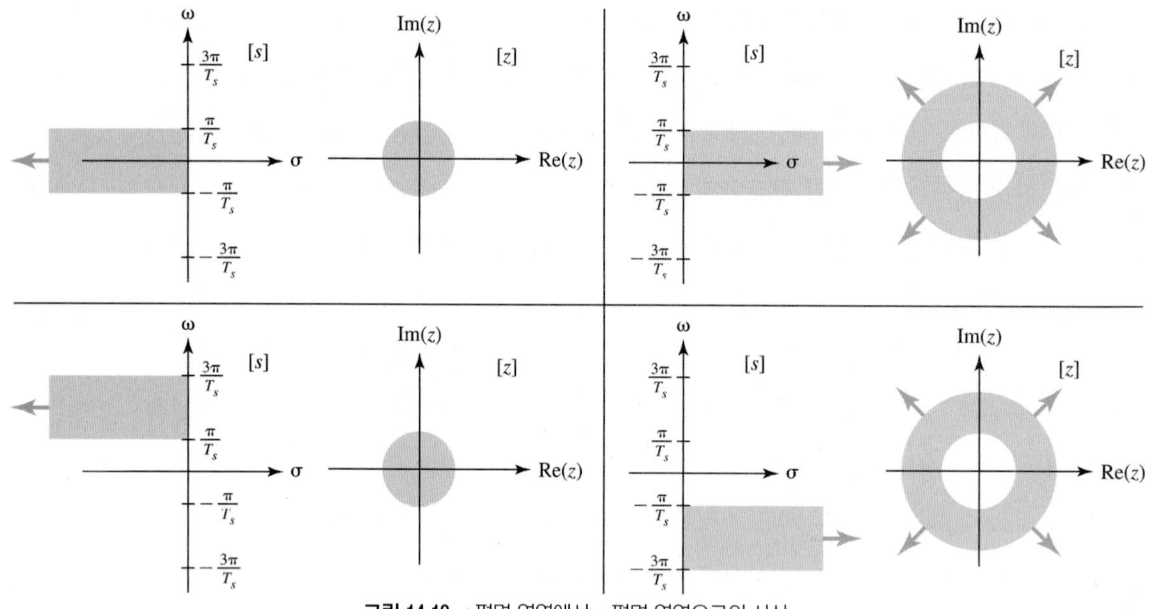

그림 14.13 s 평면 영역에서 z 평면 영역으로의 사상

임펄스 불변

10장에서는 샘플링을 통해 연속시간 신호를 이산시간 신호로 변환하는 과정을 살펴보았다. 특정한 조건을 만족시키는 경우에 이산시간 신호는 연속시간 신호에 포함된 모든 또는 실제적인 모든 정보량을 유지한다는 의미에서 연속시간 신호를 잘 나타낼 수 있음을 보았다. 연속시간 신호를 적절하게 샘플링 해 얻은 이산시간 신호는 연속시간 신호를 모사한다. 이 장에서는 임펄스 응답이 $\mathrm{h}[n]$인 이산시간 시스템과 다음과 같은 임펄스 응답의 연속시간 시스템 사이의 등가성에 대해 살펴보았다.

$$\mathrm{h}_\delta(t) = \sum_{n=-\infty}^{\infty} \mathrm{h}[n]\delta(t - nT_s)$$

임펄스 응답이 $\mathrm{h}_\delta(t)$인 시스템은 임펄스 응답이 임펄스로만 이루어져 있기 때문에 매우 특별한 형태의 시스템이다. 실제적인 문제로 그러한 주기적인 시스템의 전달 함수는 무한대로 접근하는 주파수에서 0이 아닌 응답을 가지기 때문에 이것은 목적을 이루는 것이 불가능하다. 분석을 목적으로 하는 좋은 근사가 될 수 있는 여러 경우가 있음에도 불구하고 어떠한 실제 연속시간 시스템도 실제 임펄스를 포함하는 임펄스 응답을 가질 수 없다.

이산시간 시스템으로 연속시간 시스템을 시뮬레이션하기 위해서는 일단 임펄스 응답이 이산적이어야 하는 이산시간 시스템과 임펄스 응답이 연속적이어야 하는 연속시간 시스템 사이에 유용한 등가성을 구성하는 문제를 다루어야 한다. 이산시간 신호와 연속시간 신호 사이에 나타나는 가장 명백하면서도 직접적인 등가성은 샘플링 하는 순간의 연속시간 신호의 값과 이에 해당하는 이산시간에서의 이산신호의 값 $x[n] = x(nT_s)$이 동일하다는 것이다. 그래서 만약 이산시간 시스템의 입력이 연속시간 시스템의 입력을 샘플링 한 것이라면, 이산시간 시스템의 응답 또한 연속시간 시스템의 응답을 샘플링 한 것이기를 바란다〈그림 14.14〉.

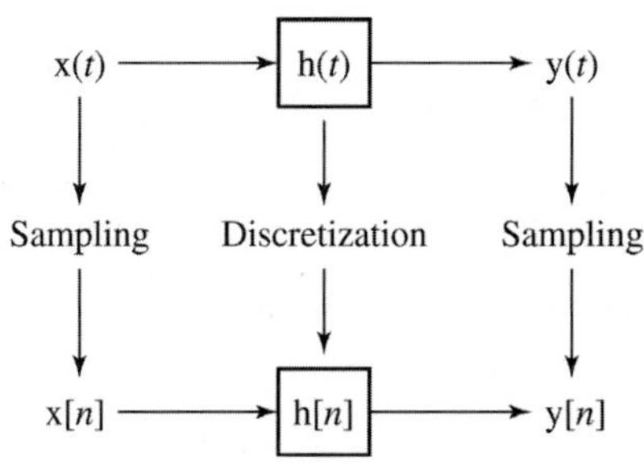

그림 14.14 신호의 샘플링 및 시스템의 이산화

h[n]을 선택하는 가장 자연스러운 방법은 $h[n] = h(nT_s)$를 취하는 것이다. h[n]은 이 시스템에서 발생하는 실제 신호라기보다는 시스템을 특징짓는 함수이기 때문에 〈그림 14.14〉가 샘플링 과정을 나타낸다고 정확하게 말할 수는 없다. 신호를 샘플링하지는 않는다. 대신에 시스템을 이산화한다. 이산시간 시스템의 임펄스 응답을 $h[n] = h(nT_s)$으로 선택하는 것은 두 시스템의 임펄스 응답 사이의 등가성을 확립한다. 임펄스 응답을 이와 같이 선택할 때 만약 단위 연속시간 임펄스가 연속시간 시스템에 입력되고 같은 세기의 단위 이산시간 임펄스가 이산시간 시스템에 입력되면 응답 y[n]은 응답 y(t)의 샘플링된 형태이며 $y[n] = y(nT_s)$이다. 그러나 두 시스템이 $h[n] = h(nT_s)$의 의미에서 동일한 임펄스 응답을 가지고 $y[n] = y(nT_s)$이라 하더라도 그것은 다른 입력 신호에 대한 시스템의 응답이 같은 의미에서 동등하다는 것을 의미하지는 않는다. 단위 임펄스에 대한 시스템 응답의 등가성 때문에 $h[n] = h(nT_s)$를 이용하는 시스템 설계를 임펄스 불변(impulse invariant) 설계라고 한다.

여기서 중요한 점은 만일 $h[n] = h(nT_s)$을 선택하고 두 시스템에 단위 임펄스를 입력하면 응답은 $y[n] = y(nT_s)$의 관계가 성립하지만 〈그림 14.14〉에서와 같이 $x[n] = x(nT_s)$라고 말할 수는 없다는 것이다. 〈그림 14.14〉는 이산시간 입력은 연속시간 입력을 샘플링 해 구성됨을 나타낸다. 그러나 만약 연속시간 입력이 임펄스라면 그것을 샘플링 하는 것은 불가능하다. 연속시간 임펄스의 샘플링을 생각해 보자. 우선, 발생한 임펄스를 '붙잡기' 위해 일정 시간 간격으로 샘플링 한다고 해도 임펄스는 시간 폭이 0이므로 샘플에 실제로 임펄스가 나타날 확률은 0이 된다. 임펄스가 나타나는 순간에 정확하게 샘플링을 취했다고 하더라도 $\delta[n] = \delta(nT_s)$라고 할 수 있으면 좋겠지만 이 역시 맞다고 할 수 없다. 연속시간 임펄스의 경우 발생 시간에서 크기가 정의되지 않아서(임펄스는 일반적인 함수가 아니다) 이산시간 임펄스 $\delta[n]$의 해당되는 크기를 확인할 수 없기 때문이다.

샘플 데이터 시스템

마이크로프로세서의 처리 속도와 저장 용량의 증가 그리고 마이크로프로세서의 가격 하락 덕분에 최근의 시스템 설계에서는 비용이나 공간 또는 전력 소비를 줄이기 위해 전통적으로 사용되던 연속시간 부시스템 대신에 이산시간 부시스템을 사용하여 시스템의 유연성과 가독성을 높이는 경우가 많다. 항공기의 자동비행, 화학공업에서의 공정 제어, 생산 공정, 자동차 점화 및 연료 시스템 등이 그 예이다. 이산시간 부시스템과 연속시간 부시스템 그리고 이산시간 및 연속시간 신호를 변환하는 메커니즘을 모두 포함한 시스템을 샘플 데이터(sampled data) 시스템이라고 한다.

연속시간 시스템을 대체하는데 사용되는 샘플 데이터 시스템의 첫 번째 형태는 여전히 가장 보편적인 형태로서, 자연스러운 생각으로부터 등장한다. 아날로그-디지털 변환기(ADC)를 사용해 연속시간 신호를 이산시간 신호로 변환한다. 이산시간 시스템에서는 ADC로부터 취득한 샘플을 처리한다. 그리고 디지털-아날로그 변환기(DAC)를 사용해 이산시간 응답을 다시 연속시간의 형태로 변환한다〈그림 14.15〉.

설계가 제대로 되었다면 샘플 데이터 시스템의 응답은 연속시간 시스템으로부터 출력된 응답과 매우 유사해야 할 것이다. 이를 위해서 $h[n]$을 적절하게 선택해야 하며 이를 위해서는 다시 ADC 및 DAC의 동작에 대해서 이해하고 있어야 한다.

ADC의 동작을 모델링하는 과정은 직접적이다. ADC에서는 샘플링이 이루어지는 순간에 입력 신호의 값을 얻어 신호 값의 크기에 비례하는 숫자를 내보낸다(이 과정에서 신호의 양자화 과정이 필요하지만 여기서는 이 영향은 무시할 정도로 작다고 가정한다). 그리고 임펄스 응답이 $h[n]$인 부시스템을 설계하여 임펄스 응답이 $h(t)$인 연속시간 시스템의 동작을 대행하는 샘플 데이터 시스템을 구성한다.

DAC의 동작은 ADC의 경우보다 수학적으로 모델링하기에 약간 더 복잡하다. DAC는 이산시간 부시스템으로부터 숫자 즉, 임펄스의 크기를 입력받아서 숫자에 비례하는 연속시간

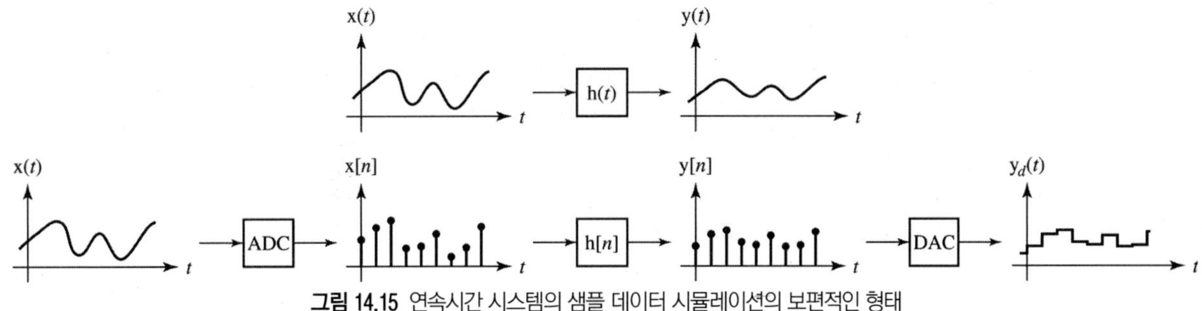

그림 14.15 연속시간 시스템의 샘플 데이터 시뮬레이션의 보편적인 형태

신호에 따라 반응하는데 숫자가 새로운 값으로 변할 때까지 일정하게 유지된다. 이 과정을 두 단계로 모델링할 수 있다. 우선 이산시간 임펄스는 동일한 세기를 가지는 연속시간 임펄스로 변환된다고 하자. 그러면 연속시간 임펄스는(10장에서 소개된) 영차 홀드에 입력된다. 영차 홀드의 임펄스 응답은 다음과 같이 시간 $t = 0$에서 시작하며 높이가 1이고 폭이 T_s인 직사각형 형태를 가진다〈그림 14.16〉.

$$\mathrm{h}_{zoh}(t) = \begin{Bmatrix} 0, & t < 0 \\ 1, & 0 < t < T_s \\ 0, & t > T_s \end{Bmatrix} = \mathrm{rect}\left(\frac{t - T_s/2}{T_s}\right)$$

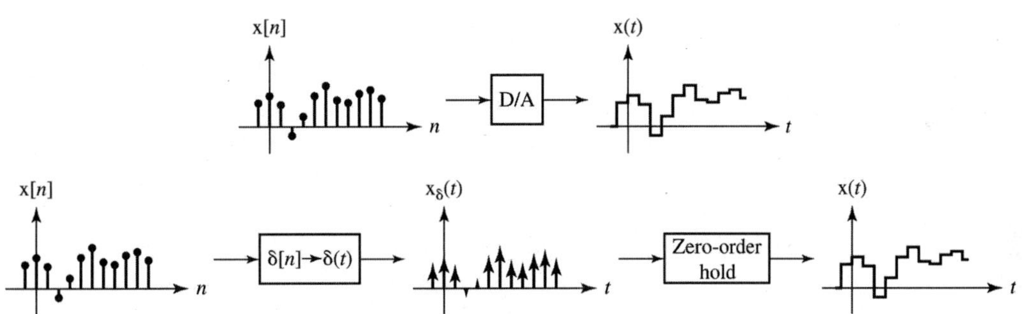

그림 14.16 DAC와 영차 홀드에 의해 수행되는 이산시간-연속시간 임펄스 변환의 등가성

영차 홀드의 전달 함수는 임펄스 응답 $\mathrm{h}_{zoh}(t)$의 라플라스 변환으로서 다음과 같다.

$$\mathrm{H}_{zoh}(s) = \int_{0^-}^{\infty} \mathrm{h}_{zoh}(t)e^{-st}\,dt = \int_{0^-}^{T_s} e^{-st}\,dt = \left[\frac{e^{-st}}{-s}\right]_{0^-}^{T_s} = \frac{1 - e^{-sT_s}}{s}$$

설계의 다음 단계는 h(t)의 동작을 대행하는 h[n]을 만들어 전체 시스템의 응답을 가능한 한 비슷하도록 하는 것이다. 연속시간 시스템은 신호 x(t)를 입력 받아 응답 $\mathrm{y}_c(t)$를 출력한다.

이에 해당하는 샘플 데이터 시스템을 설계하고자 한다. 즉, ADC를 이용해 $x(t)$를 이산시간 신호 $x[n] = x(nT_s)$로 변환하고, 응답 $y[n]$을 출력하는 시스템을 통과시키고, DAC를 이용해 이를 $y_d(t)$로 변환하면 $y_d(t) = y_c(t)$의 관계를 만족시키는 시스템이다〈그림 14.17〉.

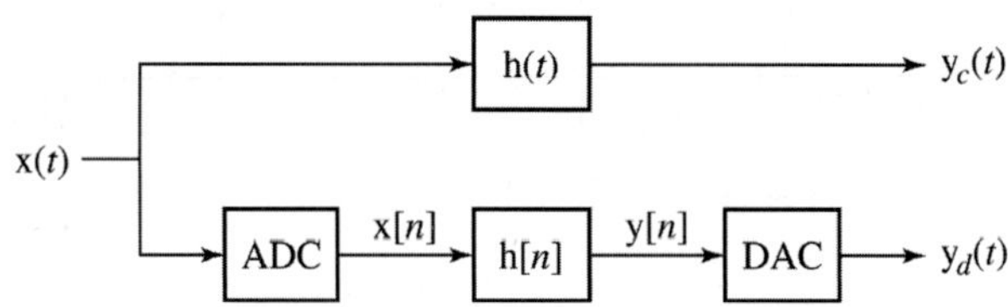

그림 14.17 연속시간 시스템과 샘플 데이터 시스템의 바람직한 등가성

이 과정은(샘플링률이 무한대에 접근하는 이론적인 한계의 경우를 제외하면) 정확하게 이루어질 수 없다. 하지만 더 좋은 근사가 만들어지는 조건을 수립할 수 있으며, 그 한 가지로 샘플링률이 증가할수록 더 좋은 결과를 얻을 수 있다.

부시스템의 임펄스 응답 $h[n]$을 결정하는 단계로서, 먼저 $x(t)$ 대신 다음과 같이 정의되는 $x_\delta(t)$에 대한 연속시간 시스템의 응답을 고려하자.

$$x_\delta(t) = \sum_{n=-\infty}^{\infty} x(nT_s)\delta(t - nT_s) = x(t)\delta_{T_s}(t)$$

$x_\delta(t)$에 대한 응답은

$$y(t) = h(t) * x_\delta(t) = h(t) * \sum_{m=-\infty}^{\infty} x(nT_s)\delta(t - mT_s) = \sum_{m=-\infty}^{\infty} x[m]h(t - mT_s)$$

이고 여기서 $x[n]$은 $x(t)$의 샘플링된 형태 $x(nT_s)$이다. n번째 T_s에서의 응답은 다음과 같다.

$$y(nT_s) = \sum_{m=-\infty}^{\infty} x[m]h((n - m)T_s) \tag{14.5}$$

이를 $x[n]=x(nT_s)$ 입력에 대한 임펄스 응답이 $h[n]=h(nT_s)$인 다음과 같은 이산시간 시스템의 응답과 비교해 보자.

$$y[n] = x[n] * h[n] = \sum_{m=-\infty}^{\infty} x[m]h[n - m] \tag{14.6}$$

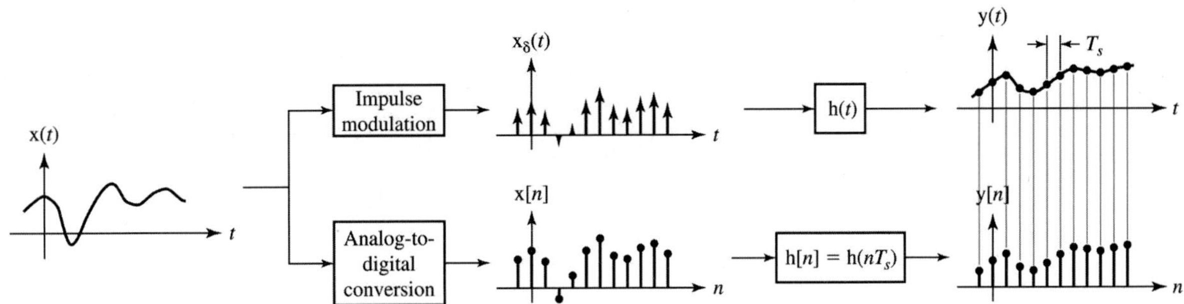

그림 14.18 연속시간 nT_s와 이에 해당하는 이산시간 n에서 동일한 연속시간 신호로부터 유도된 연속시간 및 이산시간 신호가 입력될 때 연속시간 및 이산시간 시스템 사이의 등가성

식 (14.5)와 식 (14.6)을 비교하면, 임펄스 응답이 h(t)인 연속시간 시스템에 다음과 같은 연속시간 임펄스 샘플링 신호가 입력될 때

$$x_\delta(t) = \sum_{n=-\infty}^{\infty} x(nT_s)\delta(t - nT_s)$$

샘플링 시간 nT_s에서 연속시간 시스템의 응답 y(t)는 입력이 $x[n]=x(nT_s)$이고 임펄스 응답이 $h[n]=h(nT_s)$인 시스템의 응답을 통해 구할 수 있으며 $y(nT_s)=y[n]$의 등가성을 만족시킨다〈그림 14.18〉.

이제 원래의 연속시간 및 이산시간 시스템으로 돌아가서 〈그림 14.19〉에 설명된 바와 같이 연속시간 시스템을 변형시킨다. 〈그림 14.18〉의 등가성을 이용하면 $y(nT_s)=y[n]$이다.

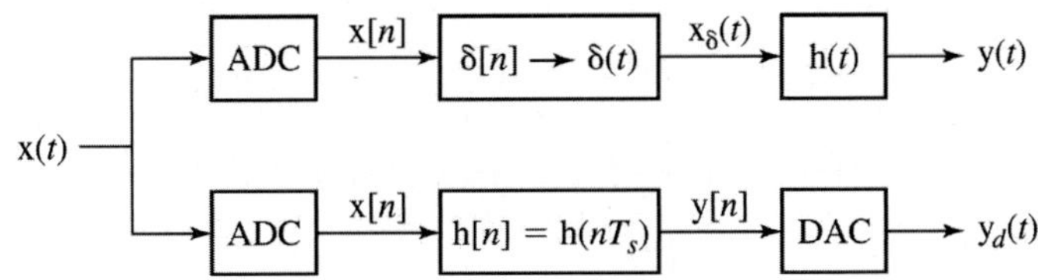

그림 14.19 연속시간 시스템의 입력이 x(t) 대신에 $x_\delta(t)$인 경우에 연속시간 시스템과 샘플 데이터 시스템

이제 연속시간 시스템 및 이산시간 시스템 임펄스 응답 모두에 샘플링 간격 T_s를 곱한다〈그림 14.20〉.

이렇게 변형된 시스템에서도 여전히 $y[n]=y(nT_s)$라고 할 수 있다. 여기서는 이제 다음과 같이 된다.

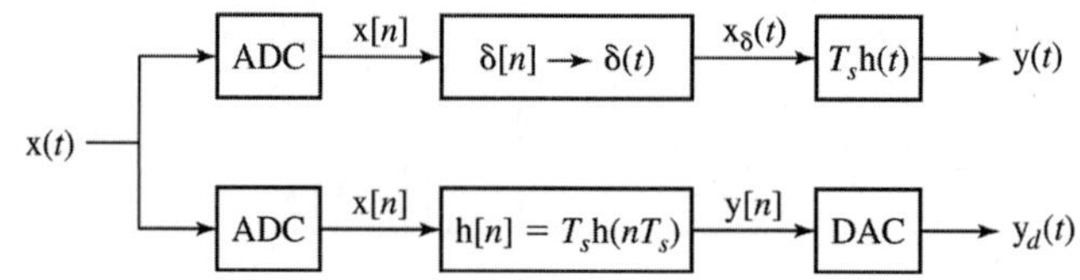

그림 14.20 임펄스 응답에 샘플링 간격 T_s를 곱했을 때 연속시간 및 샘플링 데이터 시스템

$$y(t) = x_\delta(t) * T_s\,h(t) = \left[\sum_{n=-\infty}^{\infty} x(nT_s)\delta(t-nT_s)\right] * h(t)T_s = \sum_{n=-\infty}^{\infty} x(nT_s)\,h(t-nT_s)T_s \quad (14.7)$$

$$y[n] = \sum_{m=-\infty}^{\infty} x[m]h[n-m] = \sum_{m=-\infty}^{\infty} x[m]T_s\,h((n-m)T_s)$$

새로운 부시스템 임펄스 응답은 $h[n] = T_s\,h(nT_s)$이고 $h(t)$는 여전히 원래의 연속시간 시스템의 임펄스 응답을 나타낸다. 이제 식 (14.7)에서 T_s를 0으로 접근시킨다. 이러한 극한에서 우변의 합계식은 5장에서 컨벌루션을 유도하는 과정에서 보인 컨벌루션 적분이 된다.

$$\lim_{T_s \to 0} y(t) = \lim_{T_s \to 0} \sum_{n=-\infty}^{\infty} x(nT_s)\,h(t-nT_s)T_s = \int_{-\infty}^{\infty} x(\tau)\,h(t-\tau)\,d\tau$$

이는 신호 $y_c(t)$로서 〈그림 14.17〉에서 보인 원래의 연속시간 시스템에 신호 $x(t)$가 입력될 때의 응답이다. 또한 이 극한에서 $y[n] = y_c(nT_s)$이다. 따라서 이 극한에서 T_s 위치 사이의 간격이 0으로 수렴할 때 샘플링 순간 nT_s는 연속 변수 t가 되고 신호 값 $y[n]$과 신호 값 $y_c(t)$ 사이에는 일대일 대응 관계가 성립한다. 샘플 데이터 시스템의 응답 $y_d(t)$는 신호 $x(t)$에 대한 원래 시스템의 응답 $y_c(t)$와 구별이 불가능하다. 물론 실제로는 무한대 비율로 샘플링한다는 것이 불가능하므로 $y[n] = y_c(nT_s)$의 대응 관계가 정확할 수는 없지만 이는 연속시간 및 샘플 데이터 시스템 사이의 등가성을 근사적으로 확립한다.

이산시간 임펄스 응답 $h[n] = T_s\,h(nT_s)$에 대해 동일한 결론에 도달하는 또 다른 개념적인 접근 경로가 있다. 앞서의 전개 과정에서 연속시간 임펄스 신호를 다음과 같이 구성했다.

$$x_\delta(t) = \sum_{n=-\infty}^{\infty} x(nT_s)\delta(t-nT_s)$$

여기서 임펄스의 세기는 신호 $x(t)$의 샘플과 같다. 이제 그 대신에 임펄스 신호의 형태를 변형한다. $x(t)$와 $x_\delta(t)$ 사이의 새로운 대응 관계로서 nT_s에서의 임펄스의 세기를 nT_s 순간에서의 값이 아닌 $nT_s \le t < (n+1)T_s$ 샘플링 구간에서 $x(t)$ 아래의 면적이라고 생각한다. $x(t)$와 $x_\delta(t)$ 사이의 대응 관계는 이제(근사적으로) 동일한 면적에 근거한다〈그림 14.21〉. (샘플링률이 증가할수록 근사는 더 좋아진다.)

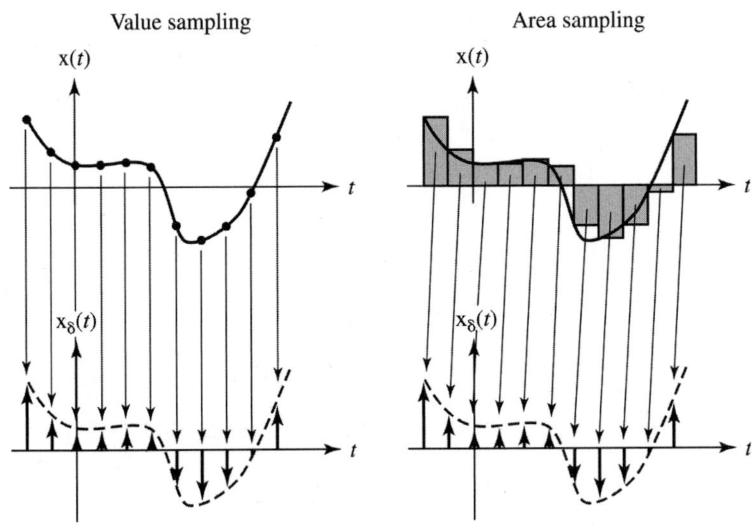

그림 14.21 크기 샘플링과 면적 샘플링의 비교

x(t) 아래의 면적은 각각의 샘플링 간격에서 근사적으로 $T_s x(nT_s)$이다. 따라서 새로운 연속시간 임펄스 신호는 다음과 같다.

$$x_\delta(t) = T_s \sum_{n=-\infty}^{\infty} x(nT_s)\delta(t - nT_s)$$

만일 이 임펄스 신호를 임펄스 응답이 $h(t)$인 시스템에 입력하면 식 (14.7)과 정확하게 동일한 응답을 얻는다.

$$y(t) = \sum_{n=-\infty}^{\infty} x(nT_s)h(t - nT_s)T_s$$

그리고 물론 샘플링률이 무한대에 접근함에 따라 $y[n] = y_c(nT_s)$라는 동일한 결과를 얻는다. 이러한 전개 과정에서 한 일은 T_s 항을 임펄스 응답 대신에 입력과 관련지어 생각한 것이다. 두 신호가 컨벌루션되면 결과는 동일하다. 만일 샘플링 과정에서 임펄스의 세기를 결정할 때 샘플링 순간에서의 신호의 크기 대신에 샘플링 간격 사이의 신호의 면적과 동일하게 한다면 $h[n] = h(nT_s)$의 대응 관계는 연속시간 시스템과 이를 시뮬레이션하는 샘플 데이터 시스템 사이의 설계 대응 관계가 된다. 그러나 샘플링은 그렇게 이루어지지 않기 때문에(대부분의 ADC 동작이 그렇지 않다) 그 대신 T_s 인자를 임펄스 응답과 관련시켜서 $h[n] = T_s h(nT_s)$의 대응 관계를 만든다.

예제 14.5

연속시간 시스템을 시뮬레이션하기 위한 샘플 데이터 시스템의 설계

연속시간 시스템은 다음과 같은 전달 함수로 특징지어진다.

$$H_c(s) = \frac{1}{s^2 + 40s + 300}$$

이 시스템을 시뮬레이션 하기 위해 〈그림 14.15〉의 형태를 가지는 샘플 데이터 시스템을 설계하라. $f_s = 10$과 $f_s = 100$인 두 개의 샘플링률에 대해서 설계하고 계단 응답을 비교하라.

■ 풀이

연속시간 시스템의 임펄스 응답은

$$h_c(t) = (1/20)(e^{-10t} - e^{-30t})u(t)$$

이다. 그러면 이산시간 부시스템의 임펄스 응답은

$$h_d[n] = (T_s/20)(e^{-10nT_s} - e^{-30nT_s})u[n]$$

이 되고 대응하는 z 영역 전달 함수는

$$H_d(z) = \frac{T_s}{20}\left(\frac{z}{z - e^{-10T_s}} - \frac{z}{z - e^{-30T_s}}\right)$$

이 된다. 연속시간 시스템의 계단 응답은

$$h_{-1c}(t) = \frac{2 - 3e^{-10t} + e^{-30t}}{600}u(t)$$

이 된다. 단위 시퀀스에 대한 부시스템의 응답은

$$h_{-1d}[n] = \frac{T_s}{20}\left[\frac{e^{-10T_s} - e^{-30T_s}}{(1-e^{-10T_s})(1-e^{-30T_s})} + \frac{e^{-10T_s}}{e^{-10T_s}-1}e^{-10nT_s} - \frac{e^{-30T_s}}{e^{-30T_s}-1}e^{-30nT_s}\right]u[n]$$

이 되고 D/A 컨버터의 응답은

$$h_{-1d}(t) = \sum_{n=0}^{\infty} y[n]\mathrm{rect}\left(\frac{t - T_s(n+1/2)}{T_s}\right)$$

이 된다〈그림 14.22〉.

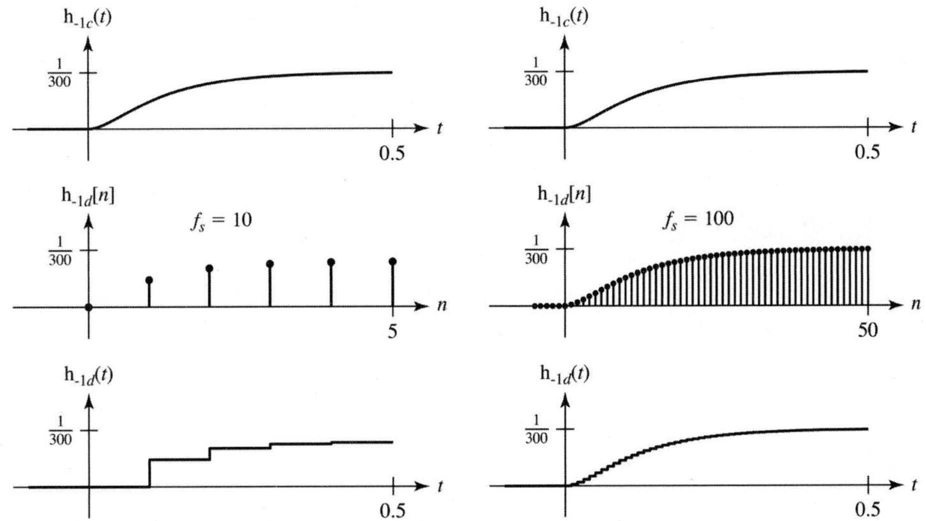

그림 14.22 연속시간 시스템과 다른 샘플링률을 사용하여 시뮬레이션한 두 개의 샘플 데이터 시스템의 계단 응답의 비교

샘플링률이 낮은 경우, 샘플 데이터 시스템의 시뮬레이션 성능은 좋지 않다. 강제 응답의 값이 연속시간 시스템의 강제 응답의 약 78%에 접근한다. 샘플링률이 높으면, 시뮬레이션은 더 좋아져서 강제 응답이 연속시간 시스템의 강제 응답의 약 99% 값에 접근한다. 또한 샘플링률이 높아지면, 연속시간 응답과 샘플 데이터 시스템 응답 사이의 차이는 샘플링률이 낮은 경우보다 훨씬 줄어든다.

다음 표현식을 살펴봄으로써 강제 응답 값 사이의 차이가 왜 나타나는지 알 수 있다.

$$y[n] = \frac{T_s}{20}\left[\frac{e^{-10T_s} - e^{-30T_s}}{(1-e^{-10T_s})(1-e^{-30T_s})} + \frac{e^{-10T_s}}{e^{-10T_s}-1}e^{-10nT_s} - \frac{e^{-30T_s}}{e^{-30T_s}-1}e^{-30nT_s}\right]u[n]$$

강제 응답은 다음과 같다.

$$y_{forced} = \frac{T_s}{20} \frac{e^{-10T_s} - e^{-30T_s}}{(1 - e^{-10T_s})(1 - e^{-30T_s})}$$

만일 지수 함수를 급수로 전개하여 $e^{-10T_s} \approx 1 - 10T_s$ 및 $e^{-30T_s} \approx 1 - 30T_s$와 같이 처음 두 항으로 근사화하면 정확한 강제 응답 $y_{forced}=1/300$을 얻는다. 그러나 만일 T_s가 충분히 작지 않으면, 지수 함수를 급수 전개한 뒤 처음 두 항으로 근사화 하는 것은 매우 좋지 않으며 실제 이상적인 강제 응답 값은 차이가 많이 난다. $f_s = 10$인 경우에 $e^{-10T_s} = 0.368$과 $1 - 10T_s = 0$ 그리고 $e^{-30T_s} = 0.0498$과 $1 - 30T_s = -2$로서 근사의 결과는 형편없다. 그러나 $f_s = 100$인 경우에는 $e^{-10T_s} = 0.905$과 $1 - 10T_s = 0.9$ 그리고 $e^{-30T_s} = 0.741$과 $1 - 30T_s = 0.7$로서 훨씬 더 좋은 근사 결과를 나타낸다.

14.7 시스템 표준 구현

이산시간 시스템의 구현은 연속시간 시스템의 구현과 매우 유사하다. 동일한 일반적인 방법이 적용되고 동일한 형태의 구현 방법이 사용된다.

직렬연결 구현

시스템은 다음과 같은 전달 함수의 인수분해 형태에서 직렬연결 형태로 구현할 수 있다.

$$H(z) = A \frac{z - z_1}{z - p_1} \frac{z - z_2}{z - p_2} \cdots \frac{z - z_M}{z - p_M} \frac{1}{z - p_{M+1}} \frac{1}{z - p_{M+2}} \cdots \frac{1}{z - p_N}$$

여기서 분모의 차수는 $M \leq N$이다〈그림 14.23〉.

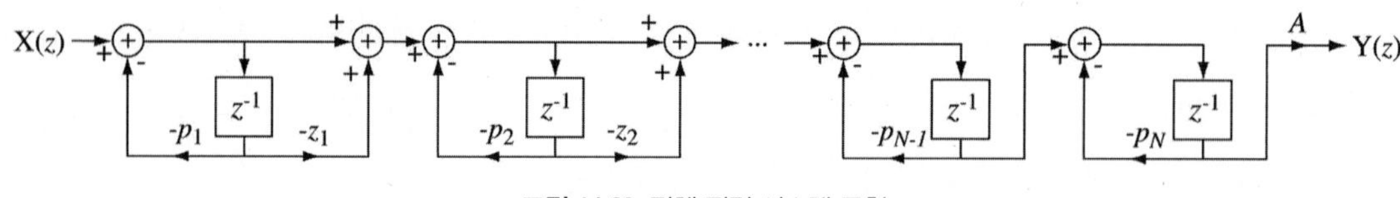

그림 14.23 전체 직렬 시스템 구현

병렬연결 구현

전달 함수를 다음과 같이 부분 분수의 합으로 표현할 수 있으며

$$H(z) = \frac{K_1}{z - p_1} + \frac{K_2}{z - p_2} + \cdots + \frac{K_N}{z - p_N}$$

병렬연결 형태로 시스템을 구현할 수 있다〈그림 14.24〉.

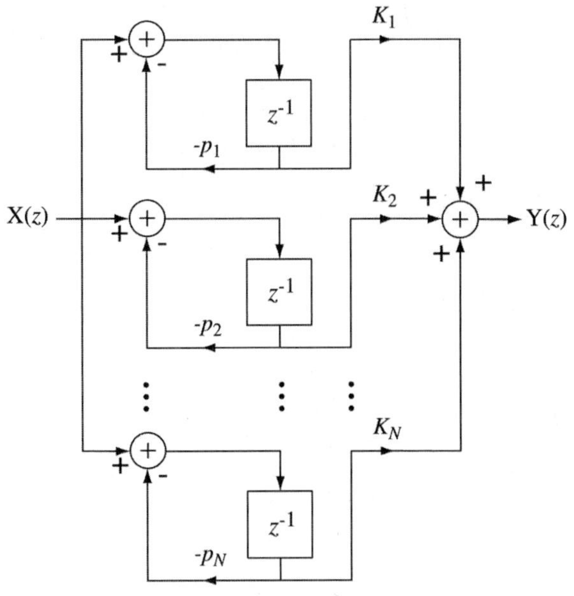

그림 14.24 전체 병렬 시스템 구현

이산시간 시스템은 실제적으로 디지털 하드웨어를 사용해 구현된다. 이러한 시스템에서 신호는 모두 유한한 비트수의 이진수 형태를 이룬다. 연산 과정은 일반적으로 고정점 연산으로 이루어진다. 이는 모든 신호가 양자화되기 때문에 가질 수 있는 값의 개수가 유한하기 때문에 이상적인 신호를 정확하게 나타낼 수 없다는 것을 의미한다. 이러한 형태의 설계는 통상적으로 가장 빠르고 효율적인 시스템을 만들어 내지만 잡음을 피하기 위해 또는 어떤 경우에는 시스템의 동작이 불안정하게 되는 것을 피하기 위해서 이상적인 신호와 실제 신호 사이에서 반올림 오차를 다룰 필요가 있다. 이러한 오차의 분석은 이 책의 범위에서는 벗어나 있지만 일반적으로 말해서 직렬 및 병렬연결 구현이 직접형 II 표준 구현보다 그러한 오차에 더 관대하다.

14.8 요약

1. 이산시간을 시뮬레이션 하기 위해 연속시간 임펄스를 사용하면 라플라스 변환을 통해 이산시간 시스템을 분석하는 것이 가능하다. 그러나 z 변환이 수식적으로 더 편리하다.

2. 이산시간 시스템은 시간 또는 주파수 영역에서 차분 방정식 또는 블록 다이어그램을 통해 표현할 수 있다.
3. 이산시간 LTI 시스템은 전달 함수의 모든 유한 극점이 경계를 포함하지 않은 단위원의 내부에 있는 경우에 안정하다.
4. 시스템의 연결에 있어서 가장 중요한 세 가지 방법은 직렬연결, 병렬연결 그리고 피드백 연결이다.
5. 단위 시퀀스와 정현파는 시스템의 특성을 평가하는 데에 있어서 중요한 실제적인 신호이다.
6. 이산시간 시스템은 연속시간 시스템의 동작을 근접하게 근사화할 수 있으며 샘플링률이 증가할수록 근사의 결과는 개선된다.
7. 직접형 II, 직렬 및 병렬 구현은 시스템을 구현하는 중요한 표준 방법이다.

해답이 있는 연습문제

(각 연습문제의 해답은 무작위로 나열했다.)

안정성

1. 다음 전달 함수의 시스템에 대한 안정성을 평가하라.

(a) $\mathrm{H}(z) = \dfrac{z}{z-2}$ (b) $\mathrm{H}(z) = \dfrac{z}{z^2 - 7/8}$

(c) $\mathrm{H}(z) = \dfrac{z}{z^2 - (3/2)z + 9/8}$ (d) $\mathrm{H}(z) = \dfrac{z^2 - 1}{z^3 - 2z^2 + 3.75z - 0.5625}$

해답 : 불안정 세 개와 안정 하나

병렬, 직렬 및 피드백 연결

2. 피드백 시스템의 전달함수가 다음과 같다.

$$\mathrm{H}(z) = \frac{K}{1 + K\dfrac{z}{z-0.9}}$$

이 시스템이 안정하기 위한 K값의 범위를 구하라.

해답 : $K > -0.1$ 또는 $K < -1.9$

3. 〈그림 E.3〉 시스템의 전체 전달 함수를 z에 대한 다항식의 비로 나타내라.

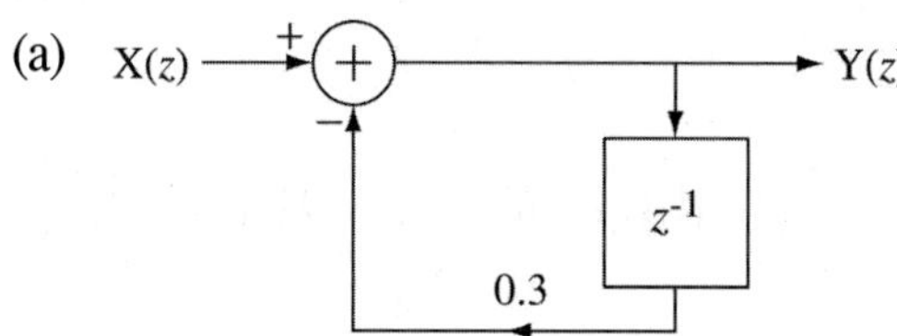

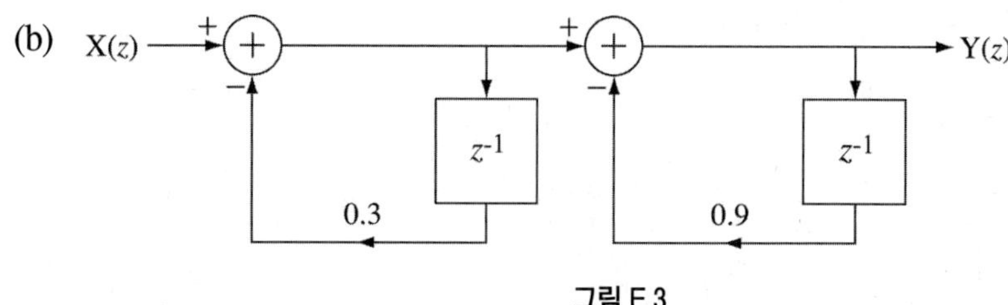

그림 E.3

해답 : $\dfrac{z}{z+0.3}$, $\dfrac{z^2}{z^2+1.2z+0.27}$

표준 신호에 대한 응답

4. 다음 전달 함수를 가지는 시스템에 단위 시퀀스 $x[n]=u[n]$가 입력될 때 출력 $y[n]$을 구하라.

(a) $H(z)=\dfrac{z}{z-1}$ (b) $H(z)=\dfrac{z-1}{z-1/2}$

해답 : $(1/2)^n u[n]$, $\text{ramp}[n+1]$

5. 다음 전달 함수를 가지는 시스템에 $x[n]=\cos(2\pi n/8)\,u[n]$ 입력에 대한 출력 $y[n]$을 구하라. 그리고 강제 응답이 $x[n]=\cos(2\pi n/8)$에 대해서 DTFT 분석을 통해서 얻은 결과와 동일함을 보여라.

(a) $H(z)=\dfrac{z}{z-0.9}$ (b) $H(z)=\dfrac{z^2}{z^2-1.6z+0.63}$

해답 : $y[n]=\{0.03482(0.7)^n+1.454(0.9)^n+1.9293\cos(2\pi n/8-1.3145)\}\,u[n]$,

$0.3232(0.9)^n\,u[n]+1.3644\cos(2\pi n/8-1.0517)\,u[n]$

근궤적

6. 다음에 주어진 순방향 및 피드백 경로 전달 함수를 가지는 각각의 시스템에 대한 근궤적을 그려라.

(a) $H_1(z) = K\dfrac{z-1}{z+\frac{1}{2}}$, $H_2(z) = \dfrac{4z}{z-0.8}$ (b) $H_1(z) = K\dfrac{z-1}{z+\frac{1}{2}}$, $H_2(z) = \dfrac{4}{z-0.8}$

(c) $H_1(z) = K\dfrac{z}{z-\frac{1}{4}}$, $H_2(z) = \dfrac{z+\frac{1}{5}}{z-\frac{3}{4}}$ (d) $H_1(z) = K\dfrac{z}{z-\frac{1}{4}}$, $H_2(z) = \dfrac{z+2}{z-\frac{3}{4}}$

(e) $H_1(z) = K\dfrac{1}{z^2-\frac{1}{3}z-\frac{2}{9}}$, $H_2(z) = 1$

해답 :

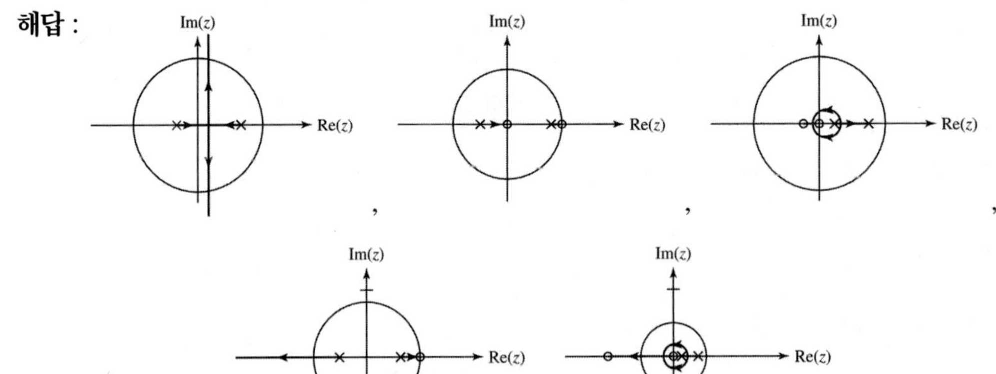

라플라스 변환과 z 변환의 관계

7. s 평면에서 다음 영역에 해당하는 z 평면에서의 영역을 그래프로 나타내라.

(a) $0 < \sigma < 1/T_s,\ 0 < \omega < \pi/T_s$

(b) $-1/T_s < \sigma < 0,\ -\pi/T_s < \omega < 0$

(c) $-\infty < \sigma < \infty,\ 0 < \omega < 2\pi/T_s$

해답 :

z 평면 전체,

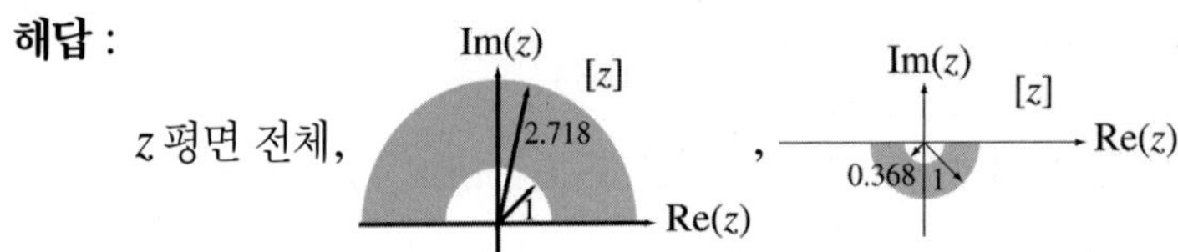

샘플 데이터 시스템

8. 임펄스 불변 설계 방법을 사용하여 다음과 같이 전달 함수와 샘플링 주파수가 주어진 시스템에 근사한 시스템을 설계하라. 연속시간 및 이산시간 시스템의 임펄스 응답과 단위 계단 응답(또는 단위 시퀀스 응답)을 비교하라.

(a) $H(s) = \dfrac{6}{s+6}$, $f_s = 4$ Hz (b) $H(s) = \dfrac{6}{s+6}$, $f_s = 20$ Hz

해답 :

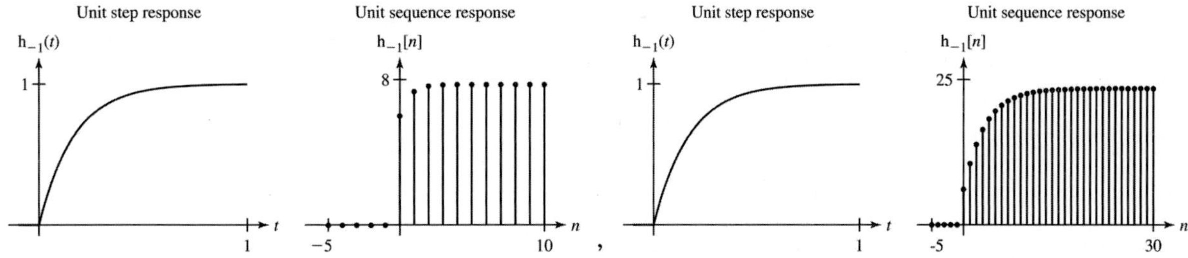

시스템 구현

9. 다음의 시스템 전달 함수에 대해 직렬 형태의 블록 다이어그램을 그려라.

(a) $H(z) = \dfrac{z}{(z+1/3)(z-3/4)}$ (b) $H(z) = \dfrac{z-1}{4z^3+2z^2+2z+3}$

해답 : 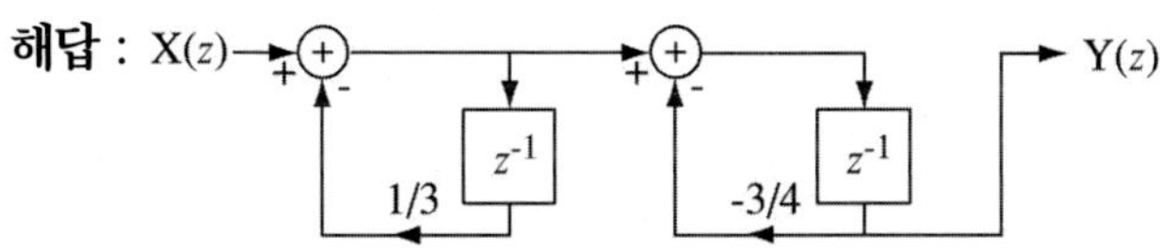

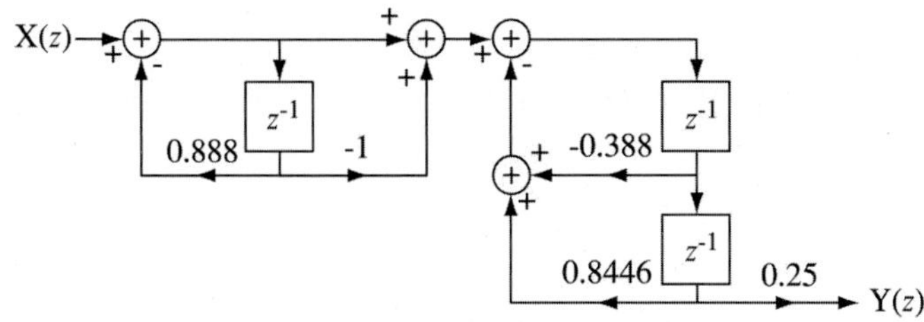

10. 다음의 시스템 전달 함수에 대해 병렬 형태의 블록 다이어그램을 그려라.

(a) $H(z) = \dfrac{z}{(z+1/3)(z-3/4)}$ (b) $H(z) = \dfrac{8z^3-4z^2+5z+9}{7z^3+4z^2+z+2}$

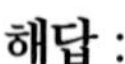

해답 :

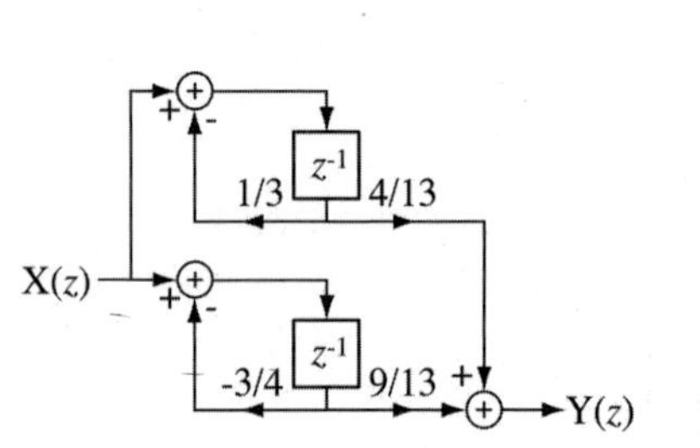

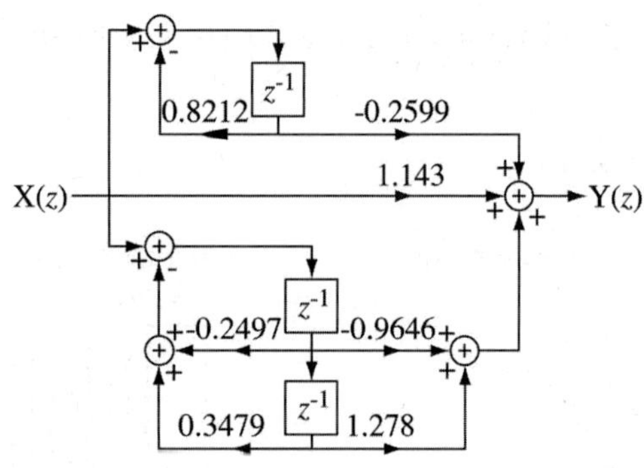

해답이 없는 연습문제

안정성

11. $(1.1)^n \cos(2\pi n/16) \overset{z}{\longleftrightarrow} H_1(z)$이고 $H_2(z) = H_1(az)$이며 $H_1(z)$와 $H_2(z)$가 각각 시스템 #1 및 #2의 전달 함수라 할 때 시스템 #2를 안정하게 하고 물리적으로 구현 가능하게 하는 a값의 범위는 무엇인가?

병렬, 직렬 및 피드백 연결

12. 피드백 시스템은 순방향 경로 전달 함수 $H_1(z) = \dfrac{Kz}{z-0.5}$과 피드백 경로 전달 함수 $H_2(z) = 4z^{-1}$를 가진다. 시스템이 안정하기 위한 K값의 범위는 무엇인가?

13. 〈그림 E.13〉 시스템의 전체 절달 함수를 z에 대한 다항식 비의 형태로 구하라.

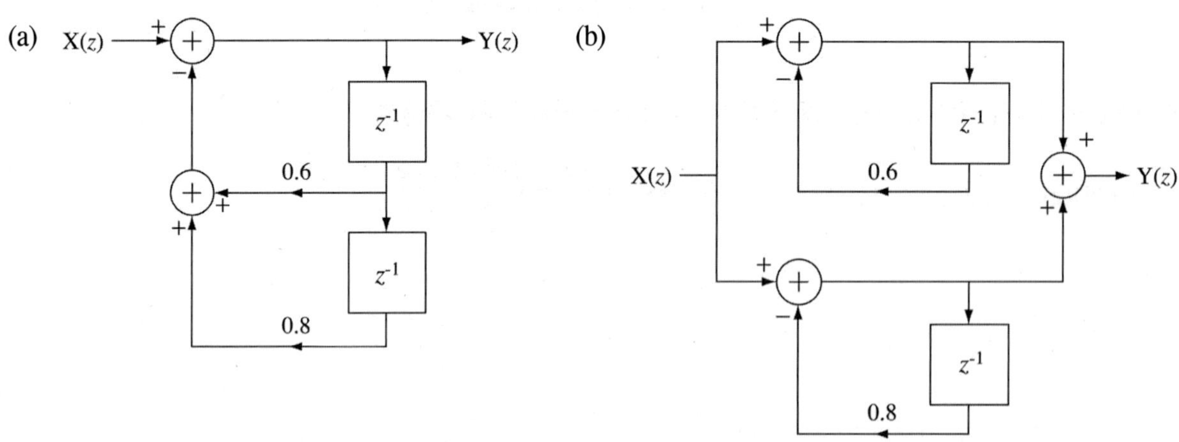

그림 E.13

표준 신호에 대한 응답

14. 시스템은 다음과 같은 전달 함수를 가진다.

$$H(z) = \frac{z}{z^2 + z + 0.24}$$

이 시스템에 단위 시퀀스 u[n]이 인가되면, 응답 y[0], y[1] 및 y[2]의 값은 무엇인가?

15. 단위 시퀀스 x[n] = u[n]에 대해서 다음의 전달 함수를 갖는 시스템의 응답 y[n]을 구하라.

(a) $H(z) = \frac{z}{z^2 - 1.8z + 0.82}$

(b) $H(z) = \frac{z^2 - 1.932z + 1}{z(z - 0.95)}$

16. 〈그림 E.16〉에 여섯 개의 시스템 전달 함수에 대한 여섯 개의 극점-영점 분포도가 주어져 있다. 다음 질문에 답하라.

(a) 임펄스 응답이 단조(monotonic)인 시스템은 무엇인가?

(b) 단조 임펄스 응답을 가지는 시스템 가운데 단위 시퀀스에 대한 응답이 가장 빠른 것은 무엇인가?

(c) 임펄스 응답이 진동 또는 링잉하는 시스템 가운데 링잉이 가장 빠르게 나타나며 오버슈트가 가장 큰 것은 무엇인가?

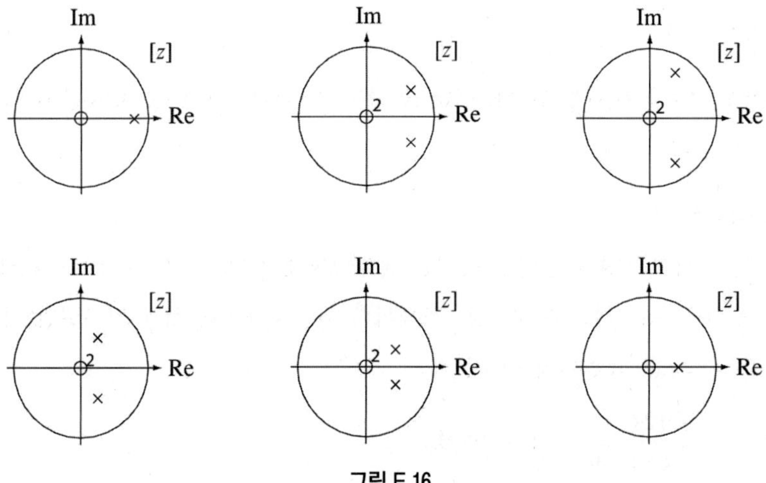

그림 E.16

17. 다음 질문에 답하라.

(a) 디지털 필터는 임펄스 응답 $h[n]=0.6^n u[n]$을 가진다. 단위 시퀀스가 입력될 때 응답의 최종값은 얼마인가?

$$\left(\lim_{n\to\infty} g[n] = \lim_{z\to 1}(z-1)G(z) \right)$$

(b) 디지털 필터는 전달 함수 $H(z) = \dfrac{10z}{z-0.5}$를 가진다. 크기 응답이 최소가 되는 각 주파수 Ω는 얼마인가?

(c) 디지털 필터는 전달 함수 $H(z) = \dfrac{10(z-1)}{z-0.3}$을 가진다. 크기 응답이 최소가 되는 각 주파수 Ω는 얼마인가?

(d) 디지털 필터는 전달 함수 $H(z) = \dfrac{2z}{z-0.7}$를 가진다. 각 주파수 $\Omega = \pi/2$에서 응답의 크기는 얼마인가?

라플라스 변환-z 변환의 관계

18. 주어진 샘플링률 f_s에 대해서 s 평면과 z 평면 사이의 관계는 $z = e^{sT_s}$로 주어진다. 여기서 $T_s = 1/f_s$이다. $f_s = 100$이라고 하자.

(a) s 평면에서 전체 음의 σ축에 해당하는 z 평면에서의 윤곽선(contour)을 나타내라.

(b) z 평면에서 전체 단위원에 해당하는 s 평면에서의 ω축을 따르는 선분의 최소 길이는 얼마인가?

(c) z 평면에서 $z = 1$ 위치에 해당하는 s 평면에서의 두 개의 서로 다른 점의 값 s_1과 s_2를 구하라.

샘플 데이터 시스템

19. 임펄스 불변 설계 방법을 사용하여 명시된 샘플링률에서 다음과 같은 전달 함수를 갖는 시스템을 근사화 하는 시스템을 설계하라. 연속시간 시스템과 이산시간 시스템의 임펄스 응답과 단위 계단(또는 시퀀스) 응답을 비교하라.

(a) $H(s) = \dfrac{712s}{s^2+46s+240}$, $f_s = 20$ Hz

(b) $H(s) = \dfrac{712s}{s^2+46s+240}$, $f_s = 200$ Hz

시스템 구현

20. 다음의 시스템 전달 함수의 각각에 대해 직렬형태의 블록 다이어그램을 그려라.

(a) $\mathrm{H}(z) = \dfrac{z^2}{z^2 - 0.1z - 0.12} + \dfrac{z}{z-1}$

(b) $\mathrm{H}(z) = \dfrac{\dfrac{z}{z-1}}{1 + \dfrac{z}{z-1}\dfrac{z^2}{z^2 - 1/2}}$

21. 다음의 시스템 전달 함수의 각각에 대해 병렬형태의 블록 다이어그램을 그려라.

(a) $\mathrm{H}(z) = (1 + z^{-1})\dfrac{18}{(z-0.1)(z+0.7)}$

(b) $\mathrm{H}(z) = \dfrac{\dfrac{z}{z-1}}{1 + \dfrac{z}{z-1}\dfrac{z^2}{z^2 - 1/2}}$

일반

22. 〈그림 E.22〉에서는 시스템을 여러 가지 형태로 나타내고 있다.

(a) (임계 안정을 포함해) 불안정한 시스템은 무엇인가?

(b) 단위원 위에 하나 이상의 영점을 가지는 시스템은 무엇인가?

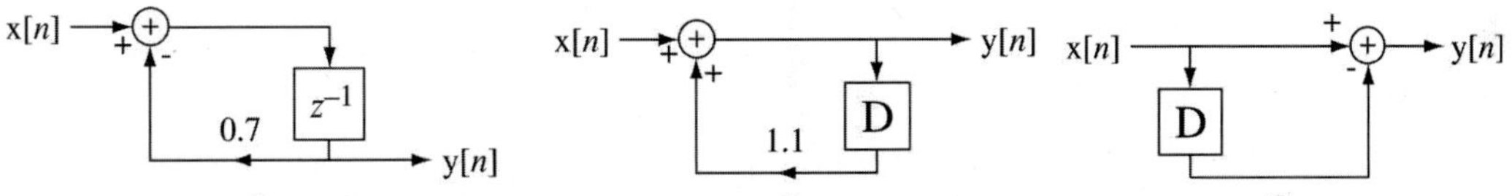

x[n] + - 0.7 z^{-1} y[n]

A

x[n] + + y[n] D 1.1

B

x[n] D + - y[n]

C

$\mathrm{H}(z) = \dfrac{z-1}{z+1}$

D

$\mathrm{y}[n] = \mathrm{x}[n] + \mathrm{x}[n-1]$

E

$2\,\mathrm{y}[n] - \mathrm{y}[n-1] = \mathrm{x}[n]$

F

$\mathrm{H}(z) = \dfrac{z^2 + z + 1}{z^2}$

G

$\mathrm{Y}(z) = \mathrm{X}(z) - 0.8z^{-1}\,\mathrm{Y}(z) + 1.1z^{-2}\,\mathrm{Y}(z)$

H

그림 E.22

15 CHAPTER

필터해석과 설계

15.1 개요 및 학습 목표

필터는 가장 중요하면서도 실용적인 시스템 중의 하나이다. 어떤 의미에서 모든 시스템은 일정한 주파수 대역을 감쇠시키는 주파수 응답 특성을 갖는다. 필터는 개인의 기호에 따라 음악 소리를 다듬고 신호에 포함된 어떤 경향을 매끄럽게 하거나 제거하고 불안정한 시스템을 안정화 시키고 수신된 신호에서 원하지 않는 잡음을 제거 하는 등의 역할을 수행하는데 사용된다. 필터의 해석과 설계는 변환 방법을 적용하는 아주 훌륭한 예가 된다.

학습 목표

1. 가장 일반적 유형의 최적화된 연속시간 필터의 개념을 익히고 그런 필터가 어떤 의미에서 최적화가 되며 주어진 사양을 만족하도록 설계할 수 있도록 한다.
2. MATLAB을 이용한 필터 설계 및 해석 툴을 익힌다.
3. 변수치환을 통해 어떤 유형의 필터를 다른 유형의 필터로 변환하는 방법을 이해한다.
4. 이산시간 필터를 설계하기 위해 최적화된 연속시간 필터를 모의실험 해보는 방법을 배우고 각각의 방법에 대한 상대적인 장단점을 이해한다.
5. 무한지속(infinite-duration) 및 유한지속(finite-duration) 이산시간 필터를 설계하는 방법을 살펴보고 각각의 방법에 대한 상대적인 장단점을 이해한다.

15.2 아날로그 필터

15장에서는 연속시간 필터는 아날로그 필터로 이산시간 필터는 디지털 필터로 언급할 것이다. 또한 아날로그 및 디지털 필터 두 가지 모두 논의가 필요할 때 아날로그 필터에 적용되는 함수나 변수에는 a라는 아래첨자를, 디지털 필터에 적용되는 함수나 변수에는 d라는 아래첨자를 덧붙일 것이다.

버터워스 필터

정규화된 버터워스 필터

아날로그 필터에서 가장 일반적인 유형의 필터는 발명자인 영국의 공학자 S. Butterworth의 이름을 딴 버터워스 필터이다. n차 저역통과 버터워스 필터는 전달함수의 크기의 제곱 값이 다음의 수식으로 주어지는 주파수 응답을 갖는다.

$$|H_a(j\omega)|^2 = \frac{1}{1+(\omega/\omega_c)^{2n}}$$

저역통과 버터워스 필터는 $\omega < \omega_c$인 통과대역에서 최대로 평탄(maximally flat) 하게 설계하며 이는 통과대역에서 주파수에 따른 변이가 없으며 주파수에 대한 미분 값이 영으로 근접한다. 〈그림 15.1〉은 4개의 서로 다른 차수에 대해 $\omega_c = 1$인 코너 주파수를 갖는 버터워스 필터의 주파수 응답을 보여준다. 차수가 증가함에 따라 필터의 전달 함수의 크기 주파수 응답은 이상적인 저역통과 필터의 특성에 근접하게 된다.

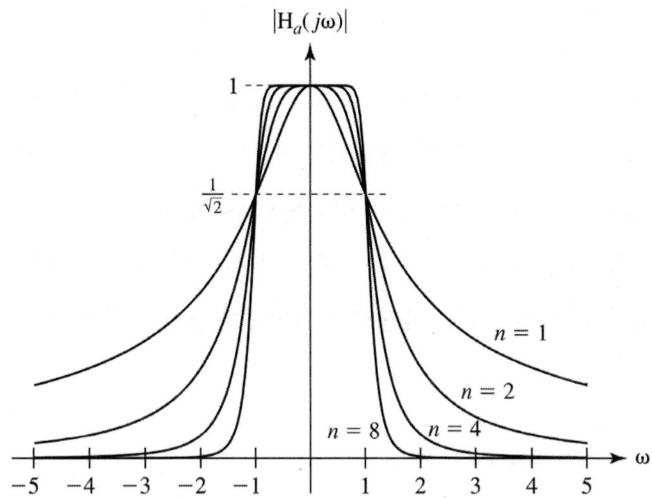

그림15.1 4개의 서로 다른 차수에 대해 $\omega_c = 1$인 코너 주파수를 갖는 버터워스 필터의 크기 주파수 응답

저역통과 버터워스 필터의 극점은 반평면의 왼쪽에서 반지름이 ω_c인 반원에 위치해 있다 〈그림 15.2〉. 극점의 개수는 $n(n > 1)$개 이며 극점 간의 각도의 차이는 항상 π/n이다. n이 홀

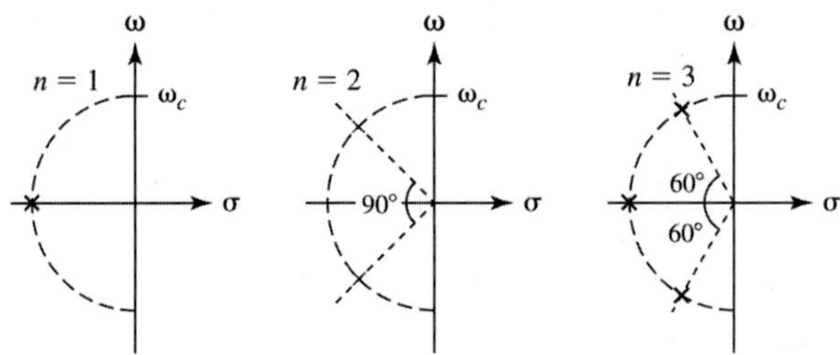

그림 15.2 버터워스 필터의 극점위치

수 이면 한 개의 극점은 음의 실수축에 위치하고 나머지 극점은 켤레 복소 쌍을 이룬다. n이 짝수이면 모든 극점은 켤레 복소 쌍을 이룬다. 이러한 성질을 이용해 단위이득을 갖는 저역통과 버터워스 필터의 전달함수는 항상 존재하며 다음의 수식으로 표현할 수 있다.

$$\mathrm{H}_a(s) = \frac{1}{(1-s/p_1)(1-s/p_2)\cdots(1-s/p_n)} = \prod_{k=1}^{n} \frac{1}{1-s/p_k} = \prod_{k=1}^{n} -\frac{p_k}{s-p_k}$$

여기서 pk는 극점의 위치이다.

MATLAB의 신호 툴박스는 아날로그 버터워스 필터를 설계하는 함수를 포함하고 있다. 함수 호출 명령어는 다음과 같으며

```
[za,pa,ka] = buttap(N);
```

코너 주파수 $\omega_c = 1$인 N차 단위이득 버터워스 필터에 대해서 벡터 za는 유한 개의 영점, 벡터 pa는 유한 개의 극점, 스칼라 ka는 이득계수인 결과 데이터를 보여준다(버터워스 필터는 유한 개의 영점이 전혀 없으므로 za는 항상 빈 벡터(empty vector)이고 단위이득을 가지므로 ka는 항상 1이다. 이런 형태의 결과 데이터는 다른 유형의 필터에 사용되기 때문에 영점과 이득은 결과 데이터에 포함된다. 그리고 다른 유형의 필터는 유한개의 영점을 가지며 이득은 1이 아닐 수도 있다).

```
>> [za,pa,ka] = buttap(4) ;
>> za
za =
   []
>> pa
pa =
```

```
 -0.3827 + 0.9239i
 -0.3827 - 0.9239i
 -0.9239 + 0.3827i
 -0.9239 - 0.3827i
>> ka
ka =
   1
```

필터변환

주어진 차수에 대해 코너 주파수 $\omega_c = 1$인 저역통과 버터워스 필터를 설계하고 나면 주파수 변수를 바꾸어서 다른 코너 주파수를 갖는 고역통과, 대역통과 또는 대역저지 필터로 변환할 수 있다. MATLAB은 단위이득을 가지며 코너 주파수가 $\omega_c = 1$인 n차 저역통과 버터워스 필터를 신속하고 쉽게 설계할 수 있도록 해준다. 간단히 이득계수를 바꿈으로써 단위이득이 1이 아닌 이득으로 쉽게 비정규화(denormalize) 할 수 있다. 코너 주파수나 필터 유형을 바꾸는 것은 좀 더 복잡해진다.

코너 주파수 $\omega_c = 1$에서 $\omega_c \neq 1$로 주파수 응답을 변경하려면 전달함수에서 독립변수 $s \rightarrow s/\omega_c$로 변경해 주어야 한다. 예를 들면 차수가 1차이며 단위이득을 갖는 정규화된 버터워스 필터는 다음의 전달함수를 갖는다.

$$\mathrm{H}_{norm}(s) = \frac{1}{s+1}$$

코너 주파수를 $\omega_c = 10$으로 변경하면 새로운 전달함수는 다음의 수식으로 표현된다.

$$\mathrm{H}_{10}(s) = \mathrm{H}_{norm}(s/10) = \frac{1}{s/10+1} = \frac{10}{s+10}$$

위의 수식은 코너 주파수가 $\omega_c = 10$ 인 단위이득을 갖는 저역통과 필터의 전달 함수이다.

필터 변환과정의 실제적인 유용성은 저역통과 필터를 고역통과 필터로 변환할 경우에 이해할 수 있다. 변수 $s \rightarrow 1/s$로 바꾸면 새로운 전달 함수는 다음의 수식으로 표현된다.

$$\mathrm{H}_{HP}(s) = \mathrm{H}_{norm}(1/s) = \frac{1}{1/s+1} = \frac{s}{s+1}$$

$\mathrm{H}_{HP}(s)$는 코너 주파수 $\omega_c = 1$인 차수가 1차인 단위이득 고역통과 버터워스 필터의 전달함수가 된다. 또한 동시에 변수를 $s \rightarrow \omega_c/s$로 바꾸어 코너 주파수를 변경할 수 있다. 이제 변경된 전달

함수는 하나의 극점과 $s = 0$에서 하나의 영점을 갖는 전달함수가 된다. 정규화된 저역통과 버터워스 필터의 전달함수의 일반적인 형태는 다음의 수식으로 표현된다.

$$\mathrm{H}_{norm}(s) = \prod_{k=1}^{n} \frac{-p_k}{s - p_k}$$

변수를 $s \to 1/s$로 바꾸면 고역통과 필터의 전달함수는 다음의 수식으로 쓸 수 있다.

$$\mathrm{H}_{HP}(s) = \left[\prod_{k=1}^{n} \frac{-p_k}{s - p_k}\right]_{s \to 1/s} = \prod_{k=1}^{n} \frac{-p_k}{1/s - p_k} = \prod_{k=1}^{n} \frac{p_k s}{p_k s - 1} \prod_{k=1}^{n} \frac{s}{s - 1/p_k}$$

이때 극점은 $s = 1/p_k$에 존재한다. 이들 극점은 크기가 1을 가지며 정규화된 저역통과 필터의 극점의 역수가 된다. 복소수의 역수는 각도의 부호를 반대로 바꾸이 주면 된다. 이 경우에 극점의 크기는 바뀌지 않으므로 극점은 공액복소수 형태를 갖게 되며 전반적인 극점의 분포된 형태는 변하지 않는다. 또한 $s = 0$에서 n개의 영점이 존재한다. 변수를 $s \to \omega_c/s$로 바꾸면 극점은 동일한 각도를 갖지만 크기는 1이 아닌 ω_c가 된다.

저역통과 필터를 대역통과 필터로 변환하는 일은 좀 더 복잡하다. 변수는 다음의 수식에 의해 바꾸어 준다.

$$s \to \frac{s^2 + \omega_L \omega_H}{s(\omega_H - \omega_L)}$$

위 수식에서 ω_L은 하한 코너 주파수이고 ω_{H}는 상한 코너 주파수를 나타낸다. 예를 들어 통과대역이 $\omega = 100$에서 $\omega = 200$인 1차 단위이득 대역통과 필터를 설계한다고 하자〈그림 15.3〉.

$$\mathrm{H}_{BP}(s) = \mathrm{H}_{norm}\left(\frac{s^2 + \omega_L \omega_{\mathrm{H}}}{s(\omega_{\mathrm{H}} - \omega_L)}\right) = \frac{1}{\dfrac{s^2 + \omega_L \omega_H}{s(\omega_H - \omega_L)} + 1} = \frac{s(\omega_H - \omega_L)}{s^2 + s(\omega_H - \omega_L) + \omega_L \omega_H}$$

$$\mathrm{H}_{BP}(j\omega) = \frac{j\omega(\omega_H - \omega_L)}{-\omega^2 + j\omega(\omega_H - \omega_L) + \omega_L \omega_H}$$

주어진 수치 값을 대입하면 다음 수식과 같다.

$$\mathrm{H}_{BP}(j\omega) = \frac{j100\omega}{-\omega^2 + j100\omega + 20{,}000} = \frac{j100\omega}{(j\omega + 50 + j132.2)(j\omega + 50 - j132.2)}$$

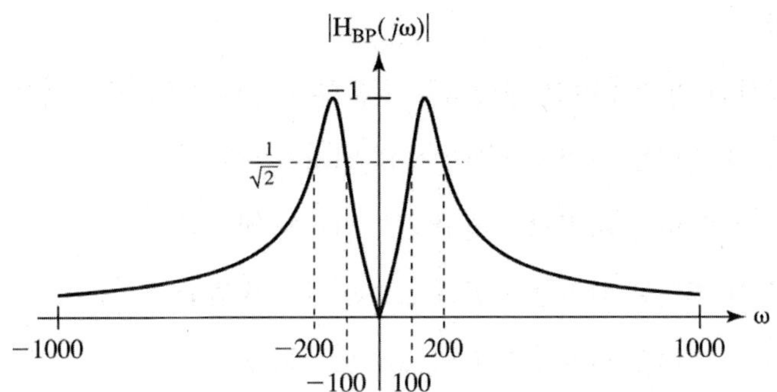

그림 15.3 단위이득을 갖는 1차 대역통과 버터워스 필터의 크기 주파수 응답.

대역통과 필터의 최대값은 ω에 대한 주파수 응답의 미분 값이 0이 될 때 존재한다.

$$\frac{d}{d\omega}\mathrm{H}_{BP}(j\omega)$$
$$=\frac{(-\omega^2+j\omega(\omega_H-\omega_L)+\omega_L\omega_H)j(\omega_H-\omega_L)-j\omega(\omega_H-\omega_L)(-2\omega+j(\omega_H-\omega_L))}{[-\omega^2+j\omega(\omega_H-\omega_L)+\omega_L\omega_H]^2}=0$$

$$(-\omega^2+j\omega(\omega_H-\omega_L)+\omega_L\omega_H)+2\omega^2-j\omega(\omega_H-\omega_L)=0$$
$$\Rightarrow \omega^2+\omega_L\omega_H=0 \Rightarrow \omega=\pm\sqrt{\omega_L\omega_H}$$

따라서 고유 각 주파수 $\omega_n=\pm\sqrt{\omega_L\omega_H}$가 된다. 또한 표준적인 2차 시스템의 전달함수의 형태에 맞춰 수식을 전개하면 다음의 수식이 된다.

$$j2\zeta\omega_n\omega=j\omega(\omega_H-\omega_L)\Rightarrow\zeta=\frac{\omega_H-\omega_L}{2\sqrt{\omega_L\omega_H}}$$

따라서 감쇠지수는 $\zeta=\dfrac{\omega_H-\omega_L}{2\sqrt{\omega_H\omega_L}}$이다.

마지막으로 저역통과 필터를 다음의 수식을 이용해 대역저지로 변환할 수 있다.

$$s\to\frac{s(\omega_{\mathrm{H}}-\omega_L)}{s^2+\omega_L\omega_{\mathrm{H}}}$$

n차 저역통과 필터에서 전달함수의 분모의 차수는 n차이지만 n차 대역통과 필터에서 전달함수의 분모의 차수는 $2n$차가 된다는 것에 주목하라. 마찬가지로 고역통과 필터에서 분모의 차수는 n차이며 대역저지 필터에서는 분모의 차수가 $2n$차가 된다.

MATLAB 설계툴

MATLAB은 정규화된 필터의 변환 명령어를 포함하고 있다. 이들 명령어는 다음과 같다.

lp2bp 저역통과 필터를 대역통과 아날로그 필터로 변환함

lp2bs 저역통과 필터를 대역저지 아날로그 필터로 변환함

lp2hp 저역통과 필터를 고역통과 아날로그 필터로 변환함

lp2lp 저역통과 필터를 저역통과 아날로그 필터로 변환함

lp2bp에 대한 구문형식은

```
[numt,dent] = lp2bp(num,den,w0,bw)
```

이며 num과 den 각각은 정규화된 저역통과 필터의 전달 함수의 분자항과 분모항의 s의 계수에 대한 벡터 값이며 w0는 대역통과 필터의 중심 주파수이고 bw는 대역통과 필터의 대역폭(둘 다 rad/s의 단위를 가짐)이며 numt 및 dent는 대역통과 필터의 전달 함수의 분자 및 분모항의 s의 계수에 대한 벡터 값이다. 각각의 다른 명령어의 구문형식도 유사하다.

예를 들어 buttap 명령어를 가지고 정규화된 저역통과 버터워스 필터를 설계해 볼 수 있다.

```
»[z,p,k] = buttap(3) ;
»z
z =
 []
»p
p =
 -0.5000 + 0.8660i
 -1.0000
 -0.5000 - 0.8660i
»k
k =
 1
```

결과를 살펴보면 정규화된 3차 저역통과 버터워스 필터는 다음의 주파수 응답을 갖는 것을 알 수 있다.

$$\mathrm{H}_{LP}(s) = \frac{1}{(s+1)(s+0.5+j0.866)(s+0.5-j0.866)}$$

이 수식은 MATLAB의 시스템 객체 명령어를 사용해 다항식의 비율로 변환될 수 있다.

```
»[num,den] = tfdata(zpk(z,p,k),'v') ;
»num

num =

 0 0 0 1

»den

den =

 1.0000 2.0000 + 0.0000i 2.0000 + 0.0000i 1.0000 + 0.0000i
```

이 결과는 정규화된 저역통과 주파수 응답이 더욱 간결한 형태의 다음 수식으로 쓸 수 있다는 것을 나타낸다.

$$\mathrm{H}_{LP}(s) = \frac{1}{s^3 + 2s^2 + 2s + 1}$$

이 결과를 사용해 정규화된 저역통과 필터를 중심 주파수 $\omega = 8$이며 대역폭 $\Delta\omega = 2$인 비정규화 대역통과 필터로 변환할 수 있다.

```
»[numt,dent] = lp2bp(num,den,8,2) ;
»numt
numt =
 Columns 1 through 4
    0 0.0000 - 0.0000i 0.0000 - 0.0000i 8.0000 - 0.0000i
 Columns 5 through 7
 0.0000 - 0.0000i 0.0000 - 0.0000i 0.0000 - 0.0000i
»dent
dent =
 1.0e+05 *
 Columns 1 through 4
 0.0000 0.0000 + 0.0000i 0.0020 + 0.0000i 0.0052 + 0.0000i
 Columns 5 through 7
 0.1280 + 0.0000i 0.1638 + 0.0000i 2.6214 - 0.0000i
»bpf = tf(numt,dent) ;
»bpf
Transfer function:
1.542e-14 s^5 + 2.32e-13 s^4 + 8 s^3 + 3.644e-11 s^2 +
9.789e-11 s + 9.952e-10
-----------------------------------------------------
 s^6 + 4 s^5 + 200 s^4 + 520 s^3 + 1.28e04 s^2 + 1.638e04 s +
2.621e05
»
```

이 결과는 대역통과 필터의 전달 함수가 다음과 같이 쓸 수 있다는 것을 보여준다.

$$\mathrm{H}_{BP}(s) = \frac{8s^3}{s^6 + 4s^5 + 200s^4 + 520s^3 + 12800s^2 + 16380s + 262100}$$

(MATLAB 결과가 보여준 전달함수의 분자 항에 있는 매우 작은 계수는 MATLAB 계산상의 반올림 오류이며 무시되었다. numt 결과에서는 그런 오류가 없다는 것에 주목하라.)

체비셰프, 타원 및 베셀 필터

MATLAB 명령어 buttap를 이용해 정규화된 버터워스 필터를 설계하고 다른 유형의 필터로 비정규화 하는 방법을 살펴보았다. 아날로그 필터 설계에 유용한 다른 MATLAB 명령어도 있다. 버터워스 필터 이외의 최적화된 유형의 정규화된 아날로그 필터를 설계하는 네 개의 다른 '...ap' 명령어에는 cheblap, cheb2ap, ellipap, besselap가 있다. 다른 유형의 최적화된 아날로그 필터는 체비셰프(때때로 Tchebysheff 또는 Tchebischeff로 쓴다) 필터, 타원 필터(때때로 카우어(Cauer) 필터라고도 한다), 베셀 필터가 있다. 각각의 이런 유형의 필터는 서로 다른 기준에 따라 필터의 성능을 최적화 한다.

체비셰프 필터는 버터워스 필터와 유사하지만 또 다른 설계의 자유도를 갖고 있다〈그림 15.4〉.

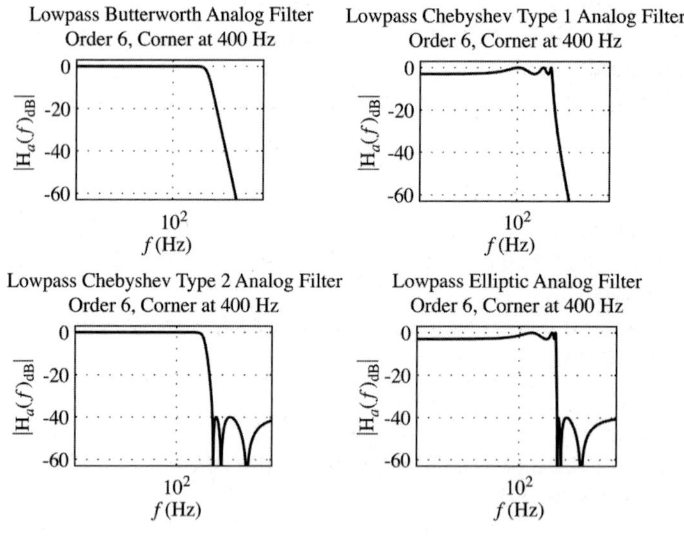

그림 15.4 버터워스, 체비셰프, 타원 필터의 일반적인 크기 주파수 응답

버터워스 필터는 통과대역과 저지대역에서 크기 변화가 없으며 차수를 증가시키면 통과대역에서 평평한 주파수 응답을 갖기 때문에 최대 평탄성을 갖는다고 한다. 체비셰프 필터는

제1유형과 제2유형의 필터로 나뉜다. 제1유형의 체비셰프 필터는 통과대역에서는 크기 변화가 있지만 저지대역에서는 크기 변화가 없다. 주파수 응답은 통과대역에서 리플(ripple)을 (주파수에 따라 위아래로 크기가 변동한다) 갖는다. 통과대역의 리플은 본질적으로는 바람직하지 않지만 동일한 차수의 버터워스 필터보다 통과대역에서 저지대역으로의 천이가 급격하게 떨어지도록 해준다. 즉, 통과대역의 평탄함과 좁은 천이대역은 절충이 필요하다. 통과대역에서 리플이 커지면 천이대역은 더 좁아지게 된다. 제2유형의 체비셰프 필터는 정반대의 특성을 갖는다. 통과대역에서는 크기의 변화가 평탄하며 저지대역에서는 리플을 갖는다. 또한 동일한 차수의 필터에 대해 버터워스 필터보다 더 좁은 천이대역을 갖게 된다.

타원 필터는 통과대역과 저지대역 모두에서 리플을 가지며 동일한 차수의 필터에 대해 두 가지 유형의 체비셰프 필터보다 더욱 더 좁은 천이대역을 갖는다. 베셀 필터는 다른 방법으로 최적화가 이루어진다. 베셀 필터는 통과대역/저지대역에서의 평탄한 크기의 응답이나 좁은 천이대역 대신에 통과대역에서의 위상의 선형성에 맞춰 최적화 한다.

각각의 정규화된 아날로그 필터의 설계를 위한 구문형식은 다음과 같다.

```
[z,p,k] = cheb1ap(N,Rp) ;
[z,p,k] = cheb2ap(N,Rs) ;
[z,p,k] = ellipap(N,Rp,Rs) ;
[z,p,k] = besselap(N) ;-
```

구문형식에서 N은 필터의 차수이고 Rp는 통과대역에서 dB로 표시된 리플 허용치이며 Rs는 저지대역에서 dB로 표시된 리플의 허용치이다.

일단 필터를 설계하고 나면 앞에서 소개된 bode 명령어나 freqs 명령어를 가지고 주파수 응답을 알 수 있다. 함수 freqs는 다음의 구문형식을 갖는다.

```
H = freqs(num,den,w) ;
```

위에서 H는 벡터 w에서의 실수 각 주파수에서의 응답 벡터이며 num과 den은 필터의 전달 함수에서 분자와 분모항에 있는 s 의 계수를 포함한 벡터 값이다.

예제 15.1

MATLAB을 이용한 4차 대역저지 버터워스 필터와 체비셰프 필터의 비교

MATLAB을 이용해 정규화된 4차 저역통과 버터워스 필터를 설계한 후 중심 주파수가 60Hz

이며 대역폭이 10Hz인 비정규화 대역저지 필터로 변환하고 동일차수 및 코너 주파수를 갖고 통과대역에서 허용 리플이 0.3dB인 제1유형의 체비셰프 필터의 주파수 응답과 비교하라.

```
%  Butterworth design

%  Design a normalized fourth-order Butterworth lowpass filter
%  and put thc zeros, poles and gain in zb, pb and kb

[zb,pb,kb] = buttap(4) ;

%  Use MATLAB system tools to obtain the numerator and
%  denominator coefficient vectors, numb and denb

[numb,denb] = tfdata(zpk(zb,pb,kb),'v') ;

%  Set the cyclic center frequency and bandwidth and then set
%  the corresponding radian center frequency and bandwidth

f0 = 60 ; fbw = 10 ; w0 = 2*pi*f0 ; wbw = 2*pi*fbw ;

%  Denormalize the lowpass Butterworth to a bandstop Butterworth

[numbsb,denbsb] = lp2bs(numb,denb,w0,wbw) ;

%  Create a vector of cyclic frequencies to use in plotting the
%  frequency response of the filter. Then create a corresponding
%  radian-frequency vector and compute the frequency response.

wbsb = 2*pi*[40:0.2:80]' ; Hbsb = freqs(numbsb,denbsb,wbsb) ;

%  Chebyshev design

%  Design a normalized fourth-order type-one Chebyshev lowpass
%  filter and put the zeros, poles and gain in zc, pc and kc

[zc,pc,kc] = cheb1ap(4,0.3) ; wc = wb ;

%  Use MATLAB system tools to obtain the numerator and
%  denominator coefficient vectors, numc and denc

[numc,denc] = tfdata(zpk(zc,pc,kc),'v') ;
```

```
[numc,denc] = tfdata(zpk(zc,pc,kc),'v') ;

%  Denormalize the lowpass Chebyshev to a bandstop Chebyshev

[numbsc,denbsc] = lp2bs(numc,denc,w0,wbw) ;

%  Use the same radian-frequency vector used in the Butterworth
%  design and compute the frequency response of the Chebyshev
%  bandstop filter.

wbsc = wbsb ; Hbsc = freqs(numbsc,denbsc,wbsc) ;
```

〈그림 15.5〉는 크기 주파수 응답을 보여준다. 버터워스 필터는 통과대역에서 평탄하며 체비셰프 필터는 그렇지 않음에 주목하라. 그러나 체비셰프 필터는 통과대역과 저지대역 사이의 천이대역에서 급격한 경사를 가지며 좀 더 좋은 저지대역 감쇠특성을 갖는다.

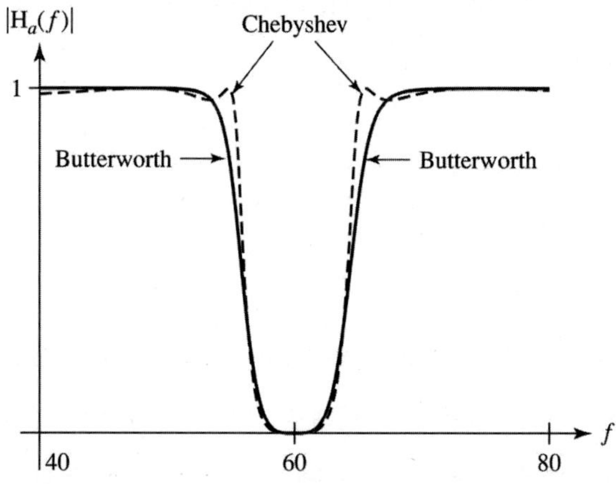

그림 15.5 버터워스 및 체비셰프 필터의 크기 주파수 응답특성 비교

15.3 디지털 필터

아날로그 필터의 해석과 설계는 매우 중요한 주제이다. 마찬가지로 매우 중요한 주제는(아마도 훨씬 더 중요한) 일반적인 표준형 아날로그 필터를 모의실험해서 만드는 디지털 필터 설계이다. 거의 모든 이산시간 시스템은 어떤 측면에서 필터특성을 갖는데 이는 주파수에 따라 일정하지 않은 주파수 응답특성을 갖기 때문이다.

아날로그 필터의 모의실험

아날로그 필터를 설계하는 여러 가지의 최적화된 표준필터 설계 방법이 있다. 디지털 필터를 설계하는 매우 일반적인 한 가지 방법은 검증된 아날로그 필터설계를 시뮬레이션하는 것이다. 일반적으로 사용되는 모든 표준형 아날로그 필터는 s로 표현된 다항식의 비율로 표현되며 무한시간 동안 지속되는 임펄스 응답을 갖는 s 영역에서의 전달함수를 갖는다. 이러한 임펄스 응답은 무한지속 임펄스 응답(infinite-duration impulse response)이라고 한다. 디지털 필터에 대해 아날로그 필터를 모의실험해 보는 여러 기법들은 동일한 무한지속 임펄스 응답을 갖는 디지털 필터를 만들며 이런 유형의 디지털 필터를 **IIR** 필터라 한다. 디지털 필터를 설계하는 또 다른 일반적인 방법은 유한지속 임펄스 응답(finite-duration impulse response)을 이용해 필터를 만들며 이러한 필터는 **FIR** 필터라 한다.

다음의 디지털 필터에 대해 아날로그 필터를 모의실험 하는 것을 논의할 때 아날로그 필터의 임펄스 응답은 $\mathrm{h}_a(t)$, 전달 함수는 $\mathrm{H}_a(s)$, 디지털 필터의 임펄스 응답은 $\mathrm{h}_d[n]$, 전달 함수는 $\mathrm{H}_d(z)$로 표현할 것이다.

필터 설계 기법

IIR 필터

시간영역 기법

임펄스 불변 설계 디지털 필터를 설계하는 한 가지 접근방법으로는 일반적인 연속시간 신호를 인가한 아날로그 필터의 응답을 샘플링 한 형태로 일반적인 디지털 신호를 인가해 디지털 필터 응답을 구하는 것이다. 이런 방법으로는 임펄스 불변(impulse-invariant)과 스텝불변(step-invariant) 설계 방법이 있다. 임펄스 불변 설계는 연속시간 단위 임펄스에 대한 아날로그 필터의 응답을 샘플링 한 형태인 이산시간 단위 임펄스를 디지털 필터에 인가해 필터의 응답을 구한다. 스텝불변 설계는 단위 계단함수의 신호에 대한 아날로그 필터의 응답을 샘플링 한 형태의 신호를 디지털 필터에 인가해 얻어진 응답을 구한다. 각각의 설계 과정에 의해 IIR 필터가 만들어 진다〈그림 15.6〉.

샘플링 이론에 의하면 아날로그 필터의 임펄스 응답 $\mathrm{h}_a(t)$를 $\mathrm{h}_\delta(t)$로 임펄스 샘플링을 할 수 있으며 라플라스 변환은 $\mathrm{H}_\delta(s)$로 표현되고 CTFT는 다음의 수식으로 주어진다.

$$\mathrm{H}_\delta(j\omega) = f_s \sum_{k=-\infty}^{\infty} \mathrm{H}_a(j(\omega - k\omega_s))$$

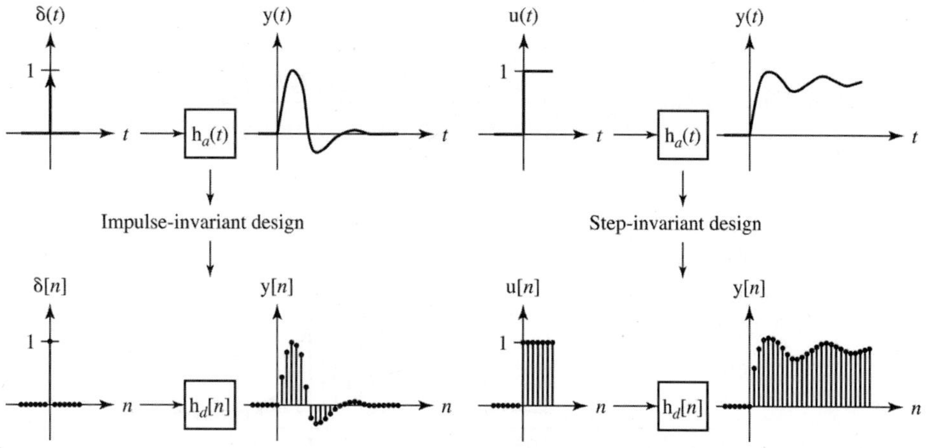

그림 15.6 임펄스 불변 및 스텝불변 디지털 필터 설계 기법

위 수식에서 $\mathrm{H}_a(s)$는 아날로그 필터의 전달함수이며 $\omega_s = 2\pi f_s$이다. 또한 $\mathrm{h}_a(t)$를 $\mathrm{h}_d[n]$으로 샘플링 할 수 있으며 z변환은 $\mathrm{H}_d(z)$로 표현되고 DTFT는 다음의 수식으로 주어진다.

$$\mathrm{H}_d(e^{j\Omega}) = f_s \sum_{k=-\infty}^{\infty} \mathrm{H}_a(jf_s(\Omega - 2\pi k)) \tag{15.1}$$

따라서 디지털 필터의 주파수 응답은 아날로그 필터의 주파수 응답에 대해 크기가 스케일된 반복신호인 에일리어스의 합이며 에일리어스가 중첩되므로 두 개의 주파수 응답은 달라져야 하는 것은 분명해진다. 임펄스 불변 설계의 일례로 $\mathrm{H}_a(s)$가 저주파에서의 이득이 A이고 차단 주파수가 ω_c인 2차 버터워스 저역통과 필터의 전달함수라고 하자.

$$\mathrm{H}_a(s) = \frac{A\omega_c^2}{s^2 + \sqrt{2}\omega_c s + \omega_c^2}$$

그러면 라플라스 역변환을 하면

$$\mathrm{h}_a(t) = \sqrt{2}A\omega_c e^{-\omega_c t/\sqrt{2}} \sin(\omega_c t/\sqrt{2})\,\mathrm{u}(t)$$

이제 $\mathrm{h}_d[n] = \sqrt{2}A\omega_c e^{-\omega_c n T_s/\sqrt{2}} \sin(\omega_c n T_s/\sqrt{2})\,\mathrm{u}[n]$〈그림 15.7〉을 구하기 위해 f_s의 주파수로 샘플링을 하면

$$\mathrm{H}_d(z) = \sqrt{2}A\omega_c \frac{z e^{-\omega_c T_s/\sqrt{2}} \sin(\omega_c T_s/\sqrt{2})}{z^2 - 2e^{-\omega_c T_s/\sqrt{2}} \cos(\omega_c T_s/\sqrt{2}) z + e^{-2\omega_c T_s/\sqrt{2}}}$$

또는

$$\mathrm{H}_d(e^{j\Omega}) = \sqrt{2}A\omega_c \frac{e^{j\Omega}e^{-\omega_c T_s/\sqrt{2}}\sin(\omega_c T_s/\sqrt{2})}{e^{j2\Omega} - 2e^{-\omega_c T_s/\sqrt{2}}\cos(\omega_c T_s/\sqrt{2})e^{j\Omega} + e^{-2\omega_c T_s/\sqrt{2}}} \tag{15.2}$$

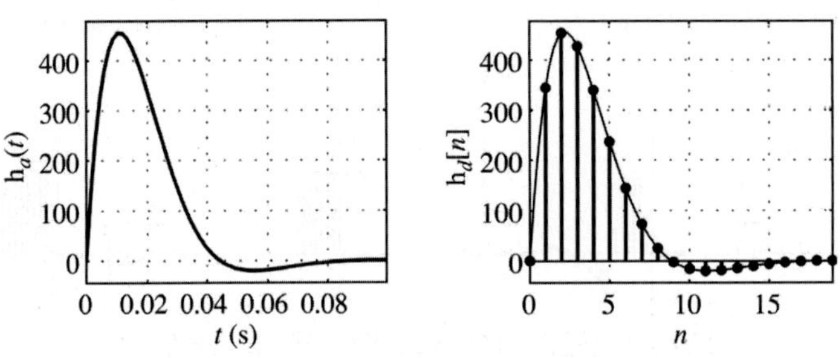

그림 15.7 아날로그 및 디지털 필터의 임펄스 응답

식 (15.1)과 식 (15.2)를 등식으로 놓고 풀면

$$\begin{aligned}\mathrm{H}_d(e^{j\Omega}) &= f_s \sum_{k=-\infty}^{\infty} \frac{A\omega_c^2}{[jf_s(\Omega - 2\pi k)]^2 + j\sqrt{2}\omega_c f_s(\Omega - 2\pi k) + \omega_c^2} \\ &= \sqrt{2}A\omega_c \frac{e^{j\Omega}e^{-\omega_c T_s/\sqrt{2}}\sin(\omega_c T_s/\sqrt{2})}{e^{j2\Omega} - 2e^{-\omega_c T_s/\sqrt{2}}\cos(\omega_c T_s/\sqrt{2})e^{j\Omega} + e^{-2\omega_c T_s/\sqrt{2}}}\end{aligned}$$

$A = 10$이고 $\omega_c = 100$이며 1초당 200번의 비율로 샘플링을 하면

$$\mathrm{H}_d(e^{j\Omega}) = 2000 \sum_{k=-\infty}^{\infty} \frac{1}{[j2(\Omega - 2\pi k)]^2 + j2\sqrt{2}(\Omega - 2\pi k) + 1}$$

또는

$$\begin{aligned}\mathrm{H}_d(e^{j\Omega}) &= 1000\sqrt{2}\frac{e^{j\Omega}e^{-1/2\sqrt{2}}\sin(1/2\sqrt{2})}{e^{j2\Omega} - 2e^{-1/2\sqrt{2}}\cos(1/2\sqrt{2})e^{j\Omega} + e^{-1/\sqrt{2}}} \\ &= \frac{343.825e^{j\Omega}}{e^{j2\Omega} - 1.31751e^{j\Omega} + 0.49306}\end{aligned}$$

검산을 위해 두 식을 $\Omega = 0$일 때 비교를 해보라.

디지털 필터의 전체적인 주파수 응답은 〈그림 15.8〉에서 보여주고 있다. 굵은 선은 실제의 주파수 응답을 나타내며 가는 선은 아날로그 필터의 주파수 응답에 대해 각각 크기가 조정된 에일리어스를 나타낸다. 주파수가 0일 때 아날로그 필터의 응답과 디지털 필터의 주파수 응답의 차이는 에일리어싱 효과로 인해 약 -2% 차이가 난다.

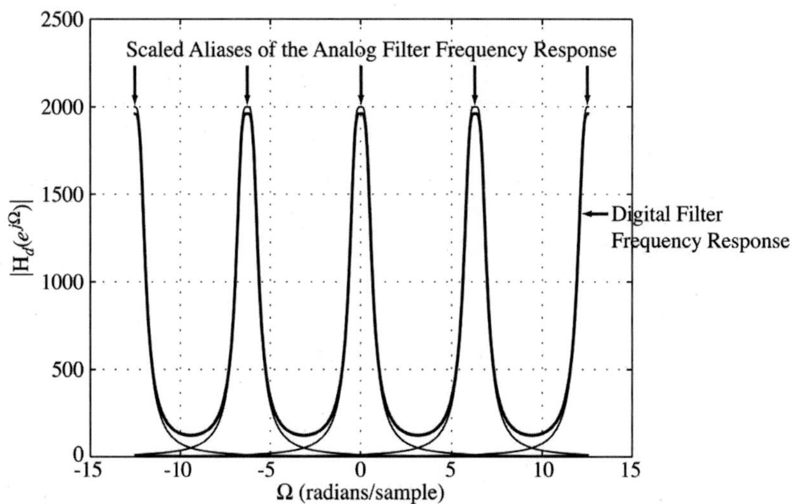

그림 15.8 에일리어싱(aliasing) 효과를 보여주는 디지털 필터 주파수 응답

이러한 필터는 전달 함수로부터 직접형 II의 형태로 바로 구현할 수 있다.

$$H_d(z) = \frac{Y_d(z)}{X_d(z)} = \frac{343.825z}{z^2 - 1.31751z + 0.49306}$$

또는

$$z^2 Y_d(z) - 1.31751z\,Y_d(z) + 0.49306\,Y_d(z) = 343.825z\,X_d(z)$$

$Y_d(z)$에 대해 수식을 정리해 풀면

$$Y_d(z) = 343.825z^{-1}X_d(z) + 1.31751z^{-1}Y_d(z) - 0.49306z^{-2}Y_d(z)$$

그 후 z 역변환을 취하면

$$y_d[n] = 343.825\,x_d[n-1] + 1.31751\,y_d[n-1] - 0.49306\,y_d[n-2] \text{ (Figure 15.9)}$$

이 방법의 미묘한 성질을 설명하기 위해 전달함수와 임펄스 응답이 다음과 같은 1차 저역 통과 아날로그 필터를 생각해 보자.

$$H_a(s) = \frac{A\omega_c}{s + \omega_c} \Rightarrow H_a(j\omega) = \frac{A\omega_c}{j\omega + \omega_c}$$

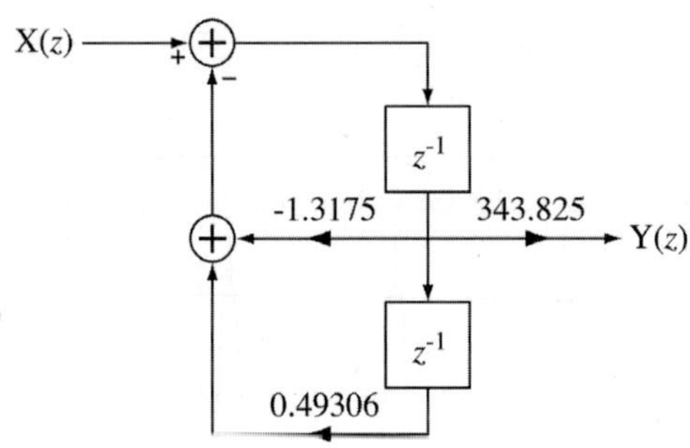

그림 15.9 임펄스 불변법을 이용해 설계한 저역통과 필터의 블록 다이어그램

$$\mathrm{h}_a(t) = A\omega_c e^{-\omega_c t}\,\mathrm{u}(t)$$

$\mathrm{h}_d[n] = A\omega_c e^{-\omega_c nT_s}\,\mathrm{u}[n]$을 구하기 위해 f_s의 주파수로 샘플링을 하면

$$\mathrm{H}_d(z) = A\omega_c \frac{z}{z - e^{-\omega_c T_s}} \Rightarrow \mathrm{H}_d(e^{j\Omega}) = A\omega_c \frac{e^{j\Omega}}{e^{j\Omega} - e^{-\omega_c T_s}} \tag{15.3}$$

그리고 주파수 응답은 두 개의 등가수식으로 쓸 수 있다.

$$\mathrm{H}_d(e^{j\Omega}) = f_s \sum_{k=-\infty}^{\infty} \frac{A\omega_c}{jf_s(\Omega - 2\pi k) + \omega_c} = A\omega_c \frac{e^{j\Omega}}{e^{j\Omega} - e^{-\omega_c T_s}}$$

$a = 10,\ \omega_c = 50,\ f_s = 100$이라고 할 때 $\Omega = 0$에서 다시 한 번 검산해 보자.

$$f_s \sum_{k=-\infty}^{\infty} \frac{A\omega_c}{jf_s(\Omega - 2\pi k) + \omega_c} = \sum_{k=-\infty}^{\infty} \frac{50000}{-j200\pi k + 50} = 1020.7$$

$$A\omega_c \frac{e^{j\Omega}}{e^{j\Omega} - e^{-\omega_c T_s}} = 500 \frac{1}{1 - e^{-1/2}} = 1270.7$$

이 두 결과는 동일해야 하지만 $\Omega = 0$에서 거의 25%나 차이가 난다. 두 주파수 응답은 〈그림 15.10〉에 나타나 있다.

문제는 물론 왜 두 개의 주파수 응답에 차이가 있는가? 그러한 차이는 아날로그 필터의 응답을 샘플링하여 얻어진 디지털 필터의 응답이 $\mathrm{h}_d[n] = A\omega_c e^{-\omega_c nT_s}\,\mathrm{u}[n]$라는 데 기인한다. 아날로그 임펄스 응답은 $t = 0$ 에서 불연속성을 갖는다. 따라서 그렇다면 그 지점에서 샘플 값은 얼마가 되어야 하는가? 임펄스 응답 $\mathrm{h}_d[n] = A\omega_c e^{-\omega_c nT_s}\,\mathrm{u}[n]$는 $t = 0$에서의 샘플 값이 $A\omega_c$라는 것을 의미한다. 그러나 불연속점에서의 값이 0에서 $A\omega_c$까지 걸쳐 있으므로 샘플 값 0은 왜 유

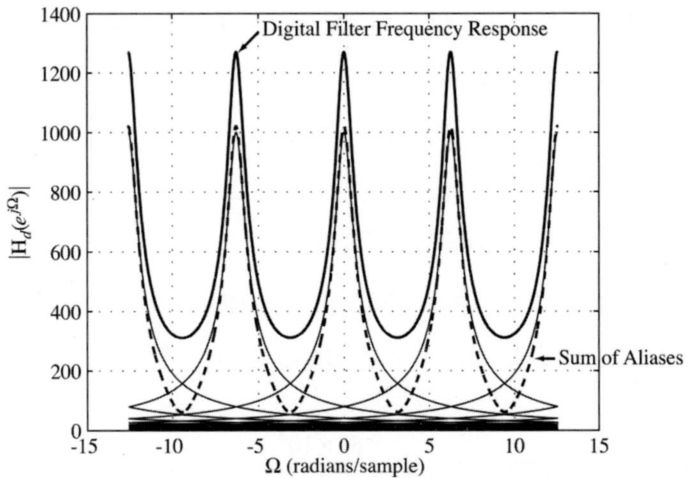

그림 15.10 동일한 결과를 가져야만 하는 두 개의 주파수 응답의 분명한 차이를 보여주는 디지털 필터의 주파수 응답

효하지 않은 것인가? 첫 번째 샘플 값인 $A\omega_c$를 $t = 0$에서 아날로그 필터의 임펄스 응답의 상한 값과 하한 값의 평균 값인 $A\omega_c/2$로 바꾸면 디지털필터의 주파수 응답에 대한 두 수식은 정확히 일치한다. 따라서 불연속점에서 샘플링을 할 때 상한 값과 하한 값의 평균을 하는 것이 최적 값이 될 것이다. 이것은 불연속적 신호의 푸리에 변환은 항상 불연속점에서의 중간 값을 통과하게 되는 푸리에 변환이론과 일치한다. 이런 문제는 앞서 해석했던 2차 버터워스 저역통과 필터에서는 발생하지 않는데 그 이유는 임펄스 응답이 연속적이기 때문이다.

불연속점에서의 샘플링 때문에 1차 저역통과 디지털필터 설계에서 차이가 생기게 되면 그런 문제를 피하기 위해 아날로그 필터의 임펄스 응답을 단순히 조금만(샘플 간의 시간간격보다 짧은 시간) 지연시켜 불연속점에서 샘플링을 회피하면 될 것이라고 생각해 볼 수 있다. 그렇게 될 수 있으며 디지털 필터의 주파수 응답에 대한 두 수식은 다시 정확히 일치하게 된다.

MATLAB 신호 툴박스에는 임펄스 불변 디지털 필터 설계를 할 수 있는 `impinvar`라는 명령어가 있다. 구문형식은 다음과 같다.

```
[bd,ad] = impinvar(ba,aa,fs)
```

여기서 ba는 아날로그 필터의 전달 함수 분자항에 대한 s의 계수 벡터이며 aa는 아날로그 필터의 전달 함수 분모항에 대한 s의 계수 벡터이며, `fs`는 Hz 단위를 갖는 샘플링 비율이고 bd는 디지털 필터의 전달함수의 분자항에 대한 z의 계수벡터이며 ad는 디지털 필터의 전달 함수의 분모항에 대한 z의 계수벡터이다. 그것에 대한 전달 함수는 여기에 주어진 임펄스 불변 설계 결과와 동일하지 않다. 결과 값은 다른 이득상수를 갖고 시간 이동이 있지만 임펄스 응답의 모양은 동일하다(예제 15.2를 보라).

예제 15.2

임펄스 불변법을 이용한 디지털 대역통과 필터 설계

임펄스 불변법을 이용해 코너 주파수가 150Hz에서 200Hz를 갖는 단위이득 2차 대역통과 버터워스 아날로그 필터를 모의실험해서 디지털 필터를 설계한다. 전달 함수는 다음과 같다.

$$\mathrm{H}_a(s)=\frac{9.87\times10^4 s^2}{s^4+444.3s^3+2.467\times10^6 s^2+5.262\times10^8 s+1.403\times10^{12}}$$

그리고 임펄스 응답은 다음과 같다.

$$\mathrm{h}_a(t)=[246.07e^{-122.41t}\cos(1199.4t-1.48)+200.5e^{-99.74t}\cos(977.27t+1.683)]\mathrm{u}(t)$$

아날로그 필터와 디지털 필터의 주파수 응답을 비교하라.

임펄스 응답은 시정수가 8.2ms와 10ms이며 정현파의 주파수가 $1199.4/2\pi \approx 190.9$와 $977.27/2\pi \approx 155.54$Hz인 지수적으로 감쇠되는 두 개의 정현파를 합한 것이다. 어느 정도 정확한 모의실험을 위해 정현파는 충분히 샘플링되어야 하며 시정수 구간에서 지수 감쇠하는 동안 여러 개의 샘플 값을 갖도록 샘플링 비율을 정해야 한다. 샘플링 비율 f_s를 1kHz로 하자. 이산시간 임펄스 응답은 다음 수식으로 주어진다.

$$\mathrm{h}_d[n]=[246.07e^{-0.12241n}\cos(1.1994n-1.48)+200.5e^{-0.09974n}\cos(0.97727n+1.683)]\mathrm{u}[n]$$

이산시간 임펄스 응답에 대한 z 변환은 다음의 전달함수로 주어진다.

$$\mathrm{H}_d(z)=\frac{48.4z^3-107.7z^2+51.46z}{z^4-1.655z^3+2.252z^2-1.319z+0.6413}$$

아날로그 필터와 디지털 필터의 임펄스 응답을 〈그림 15.11〉에 보여주고 있다.

아날로그 필터와 디지털 필터의 크기 주파수 응답은 〈그림 15.12〉에 보여주고 있으며 극점-영점의 분포도는 〈그림 15.13〉에 보여주고 있다.

이 설계에서 두 가지 사실이 바로 드러난다. 첫 번째는 아날로그 필터는 $f=0$에서 영점의 응답이 있지만 디지털 필터는 그렇지 않다는 것이다. $\Omega=0$에서 디지털 필터의 주파수 응답은 최대값을 갖는 주파수 응답의 0.85%이다. 그것은 이 필터가 대역통과 필터여야 하므로 원하지 않는 설계 결과인 셈이다. 디지털 필터의 이득은 아날로그 필터의 이득보다 훨씬 더 크다. 이득은 $H_d(z)$의 표현식에 곱셈인수를 간단히 조절해 아날로그 필터의 이득과 동일하게 만들 수 있다. 또한 주파수 응답이 정확히 맞는 주파수에서 최대값을 갖고는 있지만 저지대역에서 디지털 필터의 감쇠는 아날로그 필터의 경우처럼 좋지는 않다. 샘플링 비율을 더 크게 하면 감쇠특성은 더 좋아질 것이다.

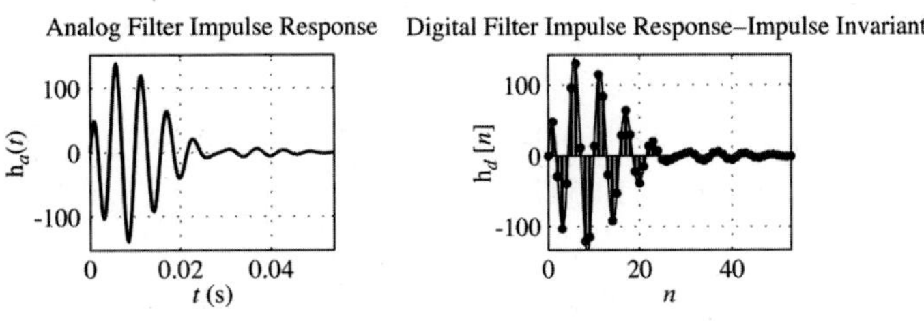

그림 15.11 아날로그 및 디지털 필터의 임펄스

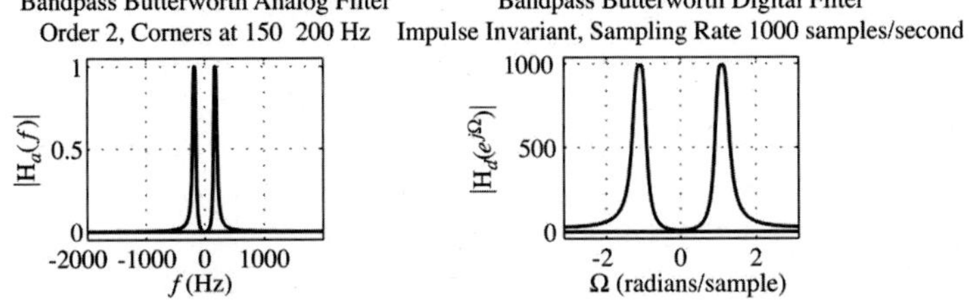

그림 15.12 아날로그 필터와 임펄스 불변법을 이용한 디지털 모의실험 한 크기 주파수 응답

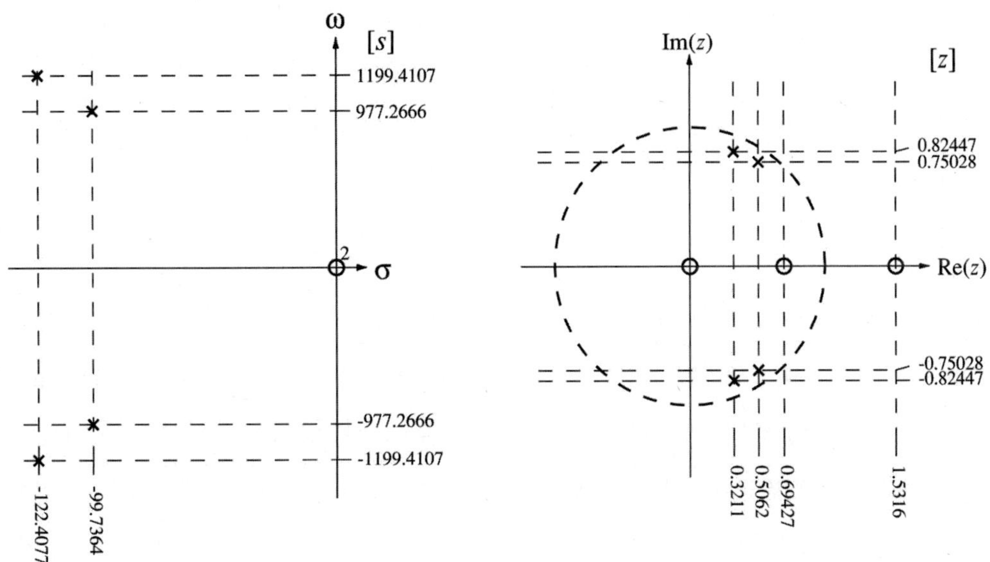

그림 15.13 아날로그 필터와 임펄스 불변법을 이용한 디지털 모의실험 한 극점-영점 분포도

MATLAB의 impinvar 명령어를 가지고 설계를 하면 아래와 같다.

```
>> [bd,ad] = impinvar([9.87e4 0 0],[1 444.3 2.467e6 5.262e8
1.403e12],1000)
bd =
 -0.0000 0.0484 -0.1077 0.0515
ad =
 1.0000 -1.6547 2.2527 -1.3188 0.6413
```

그 결과 전달 함수는 다음과 같다.

$$H_M(z) = \frac{Y(z)}{X(z)} = \frac{0.0484z^2 - 0.1077z + 0.0515}{z^4 - 1.6547z^3 + 2.2527z^2 - 1.3188z + 0.6413}$$

이 식을 앞에서 나온 다음의 수식과 비교해 보라.

$$H_d(z) = \frac{48.4z^3 - 107.7z^2 + 51.46z}{z^4 - 1.655z^3 + 2.252z^2 - 1.319z + 0.6413}$$

그 두 식 간의 관계는 다음과 같다.

$$H_M(z) = (z^{-1}/f_s)H_d(z)$$

따라서 MATLAB의 임펄스 불변법을 이용한 설계는 전달 함수를 샘플링 비율로 나누어주게 되고 필터의 이득상수를 바꾸어 주며 z^{-1}을 전달함수에 곱해주며 임펄스 응답을 이산시간 축에서 한 샘플의 시간간격만큼 지연시켜 준다. 상수를 곱해주고 시간지연을 시키는 것은 신호를 왜곡시키지 않고도 할 수가 있다. 그러므로 그 두 경우의 임펄스 응답은 동일하지 않지만 동일한 모양을 갖게 된다.

■

스텝 불변 설계 디지털 필터 설계와 또 다른 밀접한 연관이 있는 설계 방법으로 스텝 불변법이 있다. 이 방법에서는 디지털 필터의 단위 시퀀스에 대한 반응이 샘플링 순간에 아날로그 필터의 단위 계단(step)에 대한 반응과 일치하도록 설계된다. 아날로그 필터의 전달함수 $H_a(s)$이면 단위 계단에 대한 반응의 라플라스 변환은 $H_a(s)/s$이다. 단위 계단 반응은 라플라스 역변환으로 다음의 수식으로 주어진다.

$$\mathrm{h}_{-1a}(t) = \mathcal{L}^{-1}\left(\frac{\mathrm{H}_a(s)}{s}\right)$$

대응되는 이산시간 단위 시퀀스 반응은 다음 수식으로 주어진다.

$$\mathrm{h}_{-1d}[n] = \mathrm{h}_{-1a}(nT_s)$$

z 변환은 z 영역에서의 전달함수와 단위 시퀀스의 z 변환의 곱으로 주어진다.

$$\mathcal{Z}(\mathrm{h}_{-1d}[n]) = \frac{z}{z-1}\mathrm{H}_d(z)$$

요약하면 s 영역에서의 전달함수 $\mathrm{H}_a(s)$가 주어지면 대응되는 z 영역에서의 전달함수 $\mathrm{H}_d(z)$를 다음의 수식과 같이 구할 수 있다고 할 수 있다.

$$\mathrm{H}_d(z) = \frac{z-1}{z}\mathcal{Z}\left(\mathcal{L}^{-1}\left(\frac{\mathrm{H}_a(s)}{s}\right)_{(t)\to(nT_s)\to[n]}\right)$$

이 방법에서 아날로그 단위 계단 반응은 디지털 형태의 단위 시퀀스로 샘플링된다. 아날로그 필터의 단위 계단 반응 $\mathrm{h}_{-1a}(t)$를 임펄스 샘플링을 하게 되면 $\mathrm{h}_{-1\delta}(t)$를 구할 수 있고 그것에 대한 라플라스 변환은 $\mathrm{H}_{-1\delta}(s)$이고 CTFT는 다음의 수식이 된다.

$$\mathrm{H}_{-1\delta}(j\omega) = f_s \sum_{k=-\infty}^{\infty} \mathrm{H}_{-1a}(j(\omega - k\omega_s))$$

위 수식에서 $\mathrm{H}_{-1a}(s)$는 아날로그 필터의 단위 계단 반응에 대한 라플라스 변환이며 $\omega_s = 2\pi f_s$이다. 또한 $\mathrm{h}_{-1a}(t)$를 샘플링 해 $\mathrm{h}_{-1d}[n]$을 구할 수 있으며 그것의 z 변환은 $\mathrm{H}_{-1d}(z)$이며 DTFT는 다음 수식으로 주어진다.

$$\mathrm{H}_{-1d}(e^{j\Omega}) = f_s \sum_{k=-\infty}^{\infty} \mathrm{H}_{-1a}(jf_s(\Omega - 2\pi k)) \tag{15.4}$$

이 결과를 아날로그 및 디지털 전달 함수의 관계식으로 나타내면 다음의 두 식과 같다.

$$\mathrm{H}_{-1d}(e^{j\Omega}) = \frac{e^{j\Omega}}{e^{j\Omega}-1}\mathrm{H}_d(e^{j\Omega})$$

$$\mathrm{H}_{-1a}(j\omega) = \mathrm{H}_a(j\omega)/j\omega$$

$$\mathrm{H}_d(e^{j\Omega}) = \frac{e^{j\Omega}-1}{e^{j\Omega}}\mathrm{H}_{-1d}(e^{j\Omega}) = \frac{e^{j\Omega}-1}{e^{j\Omega}} f_s \sum_{k=-\infty}^{\infty} \frac{\mathrm{H}_a(jf_s(\Omega-2\pi k))}{jf_s(\Omega-2\pi k)}$$

예제 15.3

스텝 불변법을 이용한 디지털 대역통과 필터 설계

스텝 불변법을 이용해 전달함수가 예제 15.2에서와 동일한 아날로그 필터를 근사화 할 수 있는 디지털 필터를 설계하라.

$$\mathrm{H}_a(s) = \frac{9.87\times10^4 s^2}{s^4+444.3s^3+2.467\times10^6 s^2+5.262\times10^8 s+1.403\times10^{12}}$$

샘플링 비율 f_s는 동일하게 1 kHz이다.

단위 계단 반응은 다음과 같다.

$$\mathrm{h}_{-1a}(t) = [0.2041e^{-122.408t}\cos(1199.4t+3.1312) + 0.2041e^{-99.74t}\cos(977.27t+0.01042)]\mathrm{u}(t)$$

단위 시퀀스 반응은 다음과 같다.

$$\mathrm{h}_{-1d}[n] = [0.2041(0.8847)^n\cos(1.1994n+3.1312) + 0.2041(0.9051)^n\cos(0.97727n+0.0102)]\mathrm{u}[n]$$

디지털 필터의 전달함수는 다음과 같다.

$$\mathrm{H}_d(z) = \frac{0.03443z^3-0.03905z^2-0.02527z+0.02988}{z^4-1.655z^3+2.252z^2-1.319z+0.6413}$$

아날로그 필터와 디지털 필터의 계단반응, 크기 주파수 반응 및 극점-영점 분포도는 〈그림 15.14, 그림 15.15, 그림 15.16〉에 보여주고 있다.

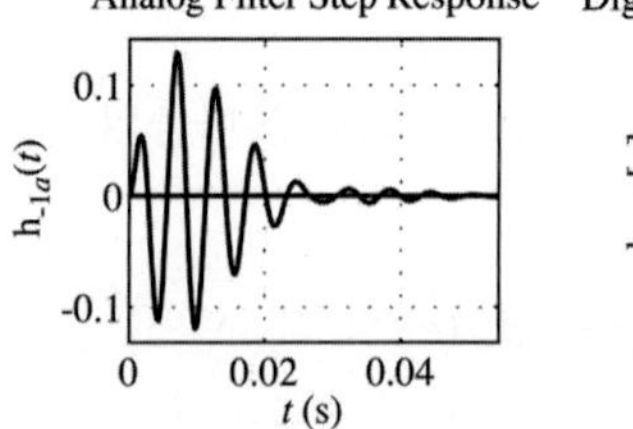

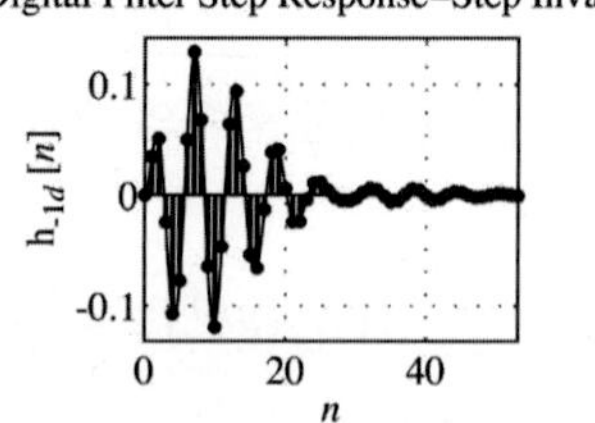

그림 15.14 아날로그 필터와 스텝 불변법에 의해 디지털 모의실험 한 계단반응

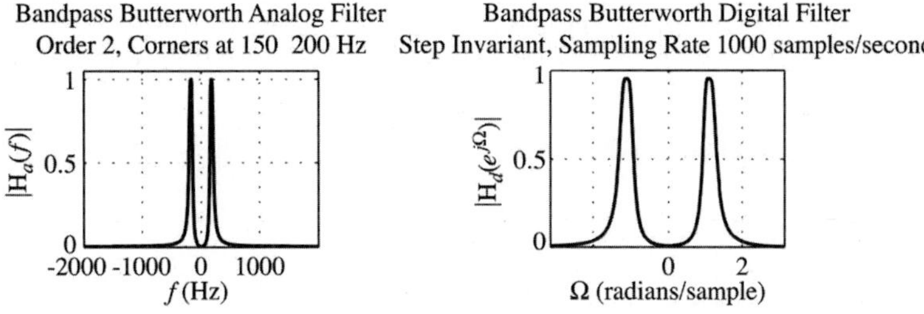

그림 15.15 아날로그 필터와 스텝 불변법에 의해 디지털 모의실험 한 크기 주파수 반응

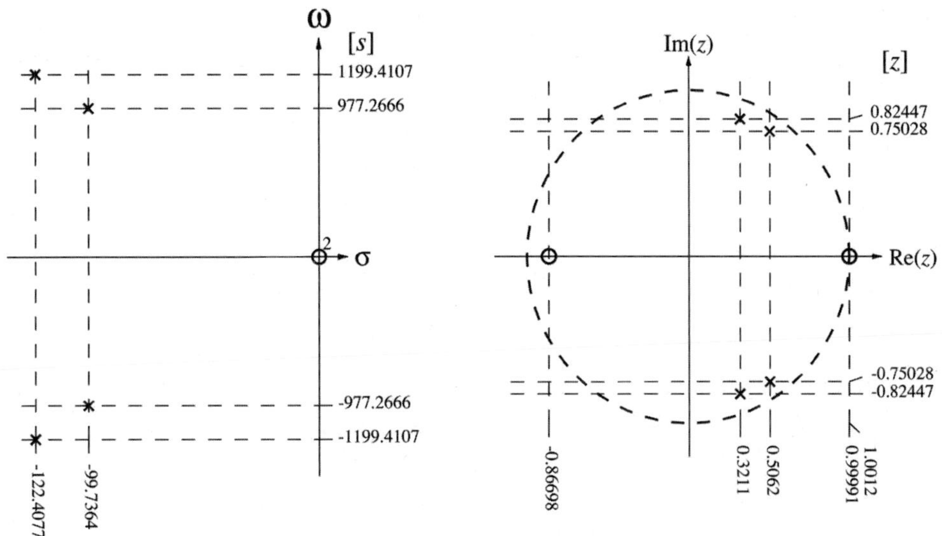

그림 15.16 아날로그 필터와 스텝 불변법에 의해 디지털 모의실험 한 극점-영점 분포도

임펄스 불변법과 대조적으로 설계된 디지털 필터는 $\Omega = 0$에서 영점의 반응이 있다. 또한 디지털 필터의 통과대역에서의 최대주파수 응답은 아날로그 필터의 통과대역에서의 최대주파수 응답과 0.1%보다도 작은 차이를 보인다.

■

유한차분 설계 아날로그 필터를 모의실험해 디지털 필터를 설계하는 또 다른 방법으로는 선형시스템을 기술하는 미분방정식을 차분 방정식으로 근사화 하는 것이다. 이 방법의 기본적인 생각은 설계하고자 하는 아날로그 필터의 전달 함수인 $H_a(s)$에서 시작해 시간영역에서 대응되는 미분방정식을 찾는 것이다. 그러면 연속시간 도함수는 이산시간에서 유한 차분식으로 근사화가 이루어지고 그 결과는 원래의 아날로그 필터의 전달함수를 근사화한 디지털 필터의 전달함수가 된다. 예를 들어 다음을 가정해 보자.

$$\mathrm{H}_a(s) = \frac{1}{s+a}$$

주어진 수식은 전달 함수이므로 다음 수식에서와 같이 입력에 대한 응답의 비율로 표현할 수 있다.

$$\frac{\mathrm{Y}_a(s)}{\mathrm{X}_a(s)} = \frac{1}{s+a}$$

그러면 다음과 같은 수식이 된다.

$$\mathrm{Y}_a(s)(s+a) = \mathrm{X}_a(s)$$

양변에 라플라스 역변환을 취하면 다음과 같은 수식이 된다.

$$\frac{d}{dt}(\mathrm{y}_a(t)) + a\,\mathrm{y}_a(t) = \mathrm{x}_a(t)$$

도함수는 다양한 유한차분 표현식으로 근사화 시킬 수 있고 각각의 표현식은 아날로그 필터에 대한 디지털 필터의 근사 값에 약간씩 다른 영향을 미친다. 이 경우에 도함수를 다음 수식으로 주어진 순방향 차분 근사화를 해보자.

$$\frac{d}{dt}(\mathrm{y}_a(t)) \cong \frac{\mathrm{y}_d[n+1] - \mathrm{y}_d[n]}{T_s}$$

그러면 미분방정식에 대한 차분 방정식 근사 값은 다음과 같다.

$$\frac{\mathrm{y}_d[n+1] - \mathrm{y}_d[n]}{T_s} + a\,\mathrm{y}_d[n] = \mathrm{x}_d[n]$$

그리고 대응되는 재귀관계식은 다음과 같다.

$$\mathrm{y}_d[n+1] = \mathrm{x}_d[n]T_s + (1 - aT_s)\,\mathrm{y}_d[n]$$

디지털 필터의 전달함수는 위 수식을 다음과 같이 z 변환해 구할 수 있다.

$$z(\mathrm{Y}_d(z) - \mathrm{y}_d[0]) = T_s\,\mathrm{X}_d(z) + (1 - aT_s)\,\mathrm{Y}_d(z)$$

전달함수는 시스템이 처음에는 0의 상태에 있다고 가정함으로써 계산된다. 그러므로 $\mathrm{y}_d[0] = 0$ 이고 전달함수는 다음 수식과 같다.

$$H_d(z) = \frac{Y_d(z)}{X_d(z)} = \frac{T_s}{z-(1-aT_s)} \tag{15.5}$$

〈그림 15.17〉에 이러한 필터의 블록 다이어그램 구현을 보여주고 있다.

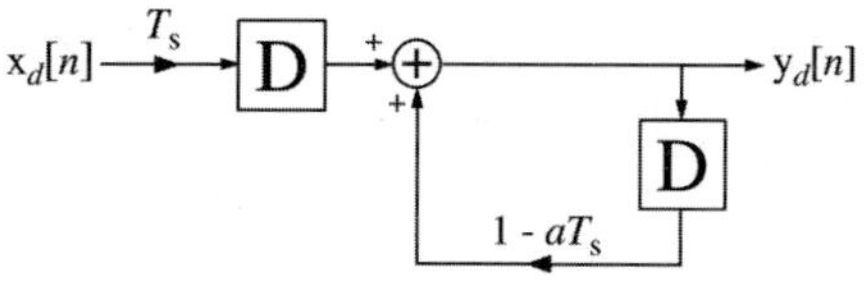

그림 15.17 순방향 차분식을 이용하여 차분 방정식으로 미분방정식을 근사화해 설계한 디지털 필터의 블록 다이어그램

또한 디지털 필터는 다음 수식과 같이 도함수에 대해 역방향 차분 근사화를 이용해 설계할 수 있다.

$$\frac{d}{dt}(y_a(t)) \cong \frac{y_d[n]-y_d[n-1]}{T_s}$$

또는 도함수에 대해 중심 차분(central difference) 근사화를 이용해 설계할 수 있다.

$$\frac{d}{dt}(y_a(t)) \cong \frac{y_d[n+1]-y_d[n-1]}{2T_s}$$

s 영역 표현식에서 모든 s는 시간영역에서 미분방정식에 대응된다는 점을 인식함으로써 차분 방정식에 의한 설계방법을 체계할 할 수 있다(역시 필터는 초기에 0의 상태를 갖는다).

$$\frac{d}{dt}(x_a(t)) \xleftrightarrow{\mathcal{L}} s\,X_a(s)$$

순방향, 역방향, 중심 차분식을 이용하여 다음과 같이 도함수를 근사화 할 수 있다.

$$\frac{d}{dt}(x_a(t)) \cong \frac{x_a(t+T_s)-x_a(t)}{T_s} = \frac{x_d[n+1]-x_d[n]}{T_s},$$

$$\frac{d}{dt}(x_a(t)) \cong \frac{x_a(t)-x_a(t-T_s)}{T_s} = \frac{x_d[n]-x_d[n-1]}{T_s}$$

$$\frac{d}{dt}(x_a(t)) \cong \frac{x_a(t+T_s)-x_a(t-T_s)}{2T_s} = \frac{x_d[n+1]-x_d[n-1]}{2T_s}$$

이러한 차분식에 대한 z 변환은 다음과 같다.

$$\frac{x_d[n+1]-x_d[n]}{T_s} \overset{z}{\longleftrightarrow} \frac{z-1}{T_s}X_d(z),$$

$$\frac{x_d[n]-x_d[n-1]}{T_s} \overset{z}{\longleftrightarrow} \frac{1-z^{-1}}{T_s}X_d(z)=\frac{z-1}{zT_s}X_d(z)$$

$$\frac{x_d[n+1]-x_d[n-1]}{2T_s} \overset{z}{\longleftrightarrow} \frac{z-z^{-1}}{2T_s}X_d(z)=\frac{z^2-1}{2zT_s}X_d(z)$$

이제 s 영역 표현식에서 모든 s를 대응되는 z 영역 표현식으로 바꿀 수 있다. 그러면 s 영역에서의 전달함수를 도함수에 대한 순방향 차분식으로 근사화 할 수 있다.

$$H_a(s)=\frac{1}{s+a}$$

$$H_d(z)=\left(\frac{1}{s+a}\right)_{s\to\frac{z-1}{T_s}}=\frac{1}{\dfrac{z-1}{T_s}+a}=\frac{T_s}{z-1+aT_s}, \tag{15.6}$$

위 식은 식 (15.5)와 정확히 일치한다. 이 방식은 각각의 도함수에 대해 실제로 미분방정식을 세우고 차분식으로 대체시키는 과정을 하지 않게 해준다.

유한차분 디지털 필터 설계에서 항상 명심해둘 한 가지 유의점이 있다. 그것은 이 방법을 이용하여 안정한 아날로그 필터를 근사화해 불안정한 디지털 필터를 만들 수 있다는 것이다. 식 (15.5)의 전달함수를 예로 들어보자. 그것의 극점은 $z = 1-aT_s$에 있다. 아날로그 필터의 극점은 $s = -a$에 있다. 아날로그 필터가 안정하면 $a > 0$이며 $1-aT_s$는 z 평면의 실수축 상에 있는 $z = \mathrm{Re}(z) < 1$에 위치하게 된다. aT_s가 2와 같거나 더 크면 z 평면의 극점은 단위원의 외부에 있으며 디지털 필터는 불안정해진다.

디지털 필터의 전달함수는 각각의 극점에 대해 하나씩 대응되는 부분분수로 표현할 수 있으며, 몇 개의 극점은 복소수일 수도 있다. s 평면에서 $s = s_0$에 있는 극점은 z 평면에서 $z = 1+s_0T_s$에 있는 극점으로 사상된다. 따라서 변환 $s_0 \to 1+s_0T_s$는 s 평면의 ω축을 $z = 1$인 직선으로 변환시키고 s 평면의 왼쪽 절반을 $z = 1$의 왼쪽 z 평면의 영역으로 사상시킨다. 안정성을 위해서 z 평면에서의 극점은 단위원 내부에 있어야 한다. 그러므로 이런 사상은 안정성 있는 디지털 필터 설계를 보장해 주지 않는다. s_0는 아날로그 필터에 의해 결정되며 바꿀 수 없다. 따라서 불안정성의 문제점을 해결하기 위해 샘플링 비율을 증가시켜 T_s를 줄일 수 있다.

만일 순방향 차분식을 이용하는 대신에 식 (15.6)에서의 역방향 차분식을 이용하면 디지털 필터의 전달함수는 다음과 같다.

$$H_d(z) = \left(\frac{1}{s+a}\right)_{s \to \frac{z-1}{zT_s}} = \frac{1}{\frac{z-1}{zT_s}+a} = \frac{zT_s}{z-1+azT_s} = \frac{1}{1+aT_s}\frac{zT_s}{z-1/(1+aT_s)}$$

이제 극점은 $z = 1/(1+aT_s)$에 위치한다. 사상 $a \to 1/(1+aT_s)$은 양의 값을 갖는 a(안정적인 아날로그 필터에 대해)를 $z = 0$과 $z = 1$사이에 있는 z 평면의 실수축으로 변환시킨다. 극점은 단위원 내부에 있으며 시스템은 a와 T_s의 값에 상관없이 안정하다. 더 일반적으로는 아날로그 필터가 $s = s_0$에서 극점을 가지면 디지털 필터는 $z = 1/(1 - s_0T_s)$에서 극점을 갖는다. 이것은 s 평면상의 ω축을 $z = 1/2$에 중심을 갖는 반지름 1/2의 z 평면의 원으로 변환시키며 s 평면상의 왼쪽 절반을 원의 내부로 변환 시킨다〈그림 15.18〉.

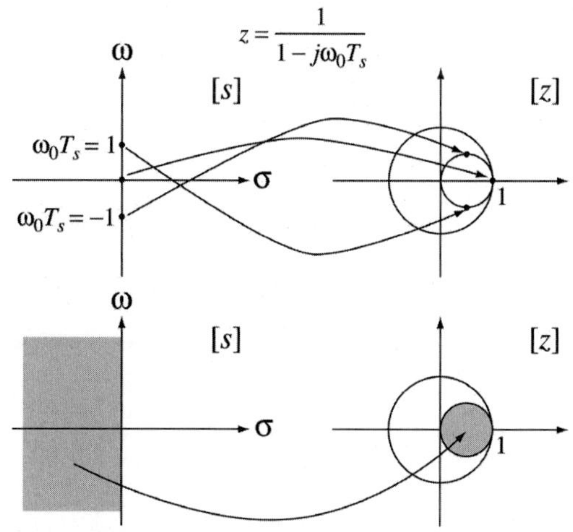

그림 15.18 $z = 1/(1 - s_0T_s)$의 사상(mapping)

극점에 대한 이러한 사상은 안정한 아날로그 필터로부터 안정한 디지털 필터를 설계하는 것을 보장해 주지만 이러한 방법을 이용하면 효과적으로 설계할 수 있는 디지털 필터의 유형이 제한적이게 된다. s 평면상의 음의 실수축에 극점이 위치한 저역통과 아날로그 필터는 $0 < z < 1$ 사이의 구간에 있는 z 평면의 실수축 상에 극점을 갖는 저역통과 디지털 필터로 변환된다. $\omega_0 >> \sigma_0$이고 아날로그 필터의 극점이 $\sigma_0 \pm j\omega_0$이면 즉, ω_0에 가까운 주파수에서 아날로그 필터가 강한 응답을 갖도록 동조하게 되고, 또한 $\omega_0 T_s > 1$이면, z 평면상의 극점은 단위원 근처에서 벗어나게 되어 등가적인 이산시간 주파수 근방에서의 응답은 그렇게 강하지 않을 것이다.

예제 15.4

유한차분법을 이용한 대역통과 필터 설계

역방향 차분식을 갖는 차분 방정식 설계 방법을 이용하여 전달함수가 아래의 수식으로 주어진 예제 15.2의 아날로그 필터를 동일한 샘플링 비율 $f_s = 1\text{kHz}$로 모의실험 한 디지털 필터를 설계하라.

$$\mathrm{H}_a(s) = \frac{9.87 \times 10^4 s^2}{s^4 + 444.3s^3 + 2.467 \times 10^6 s^2 + 5.262 \times 10^8 s + 1.403 \times 10^{12}}$$

두 필터의 주파수 응답을 비교하라.

예제 15.2에서의 동일한 샘플링 비율을 선택하면 $f_s = 1000$이고 z 영역의 전달함수는 다음과 같다.

$$\mathrm{H}_d(z) = \frac{0.169z^2(z-1)^2}{z^4 - 1.848z^3 + 1.678z^2 - 0.7609z + 0.1712}$$

아날로그 및 디지털 필터의 임펄스 응답, 크기 주파수 응답과 극점-영점 분포도는 〈그림 15.19〉, 〈그림 15.20〉, 〈그림 15.21〉에 보여주고 있다.

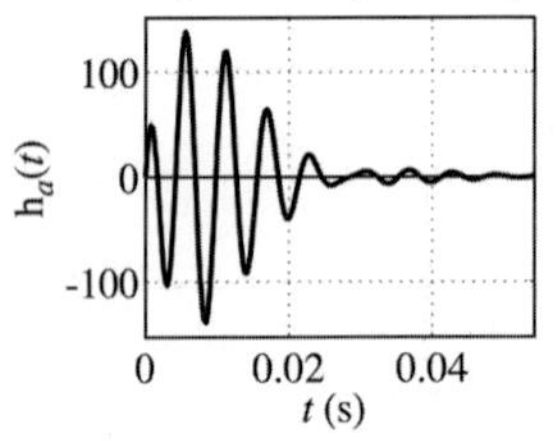

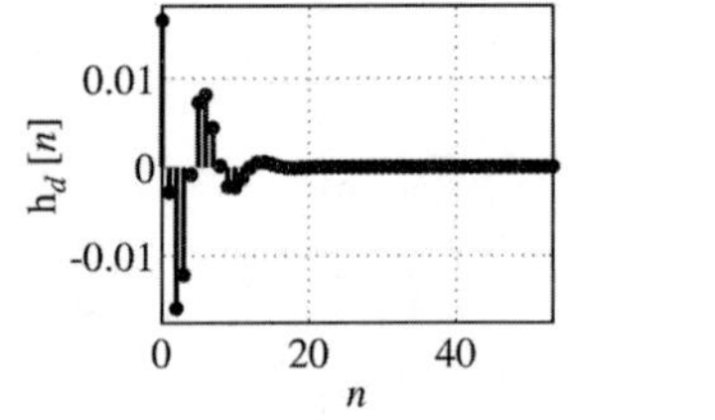

그림 15.19 아날로그 필터와 유한차분법을 이용해 디지털 모의실험 한 필터의 임펄스 응답

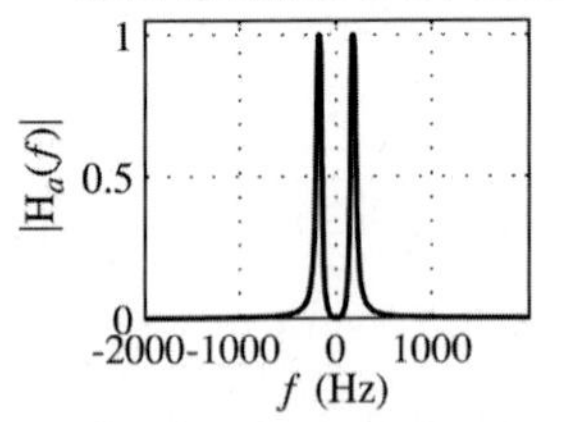

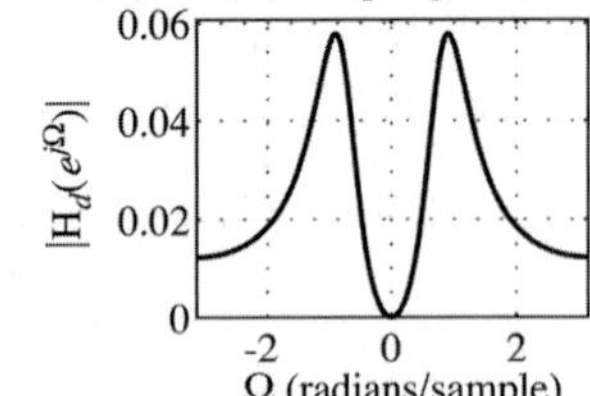

그림 15.20 아날로그 필터와 유한차분법을 이용해 디지털 모의실험 한 필터의 크기 주파수 응답

디지털 필터의 임펄스 응답은 아날로그 필터의 임펄스 응답에 대한 샘플링 한 것과 많이 유사하지가 않으며 디지털 필터의 통과대역폭은 훨씬 넓다. 또한 높은 주파수에서의 감쇠가 아주 좋지 않다. 이 결과는 앞서 설계한 두 종류의 설계방법보다 훨씬 좋지 않다.

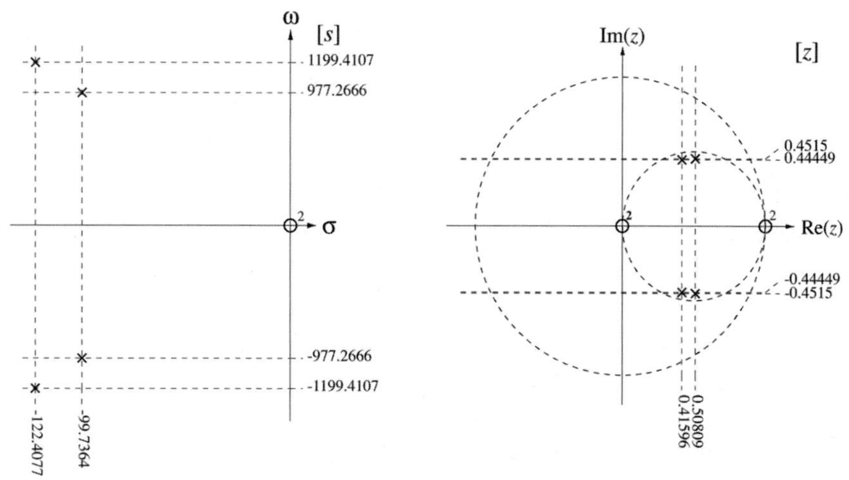

그림 15.21 아날로그 필터와 유한차분법을 이용하여 디지털 모의실험 한 필터의 극점-점 분포도

예제 15.5

유한차분법을 이용한 저역통과 필터 설계

순방향 차분식을 갖는 차분 방정식을 이용하여 전달 함수가 아래의 수식으로 주어진 아날로그 필터를 샘플링 비율 $f_s = 500\text{Hz}$로 모의실험 한 디지털 필터를 설계하라.

$$\mathrm{H}_a(s) = \frac{1}{s^2 + 600s + 4 \times 10^5}$$

z 영역에서 전달함수는 다음과 같다.

$$\mathrm{H}_d(z) = \frac{1}{\left(\dfrac{z-1}{T_s}\right)^2 + 600\dfrac{z-1}{T_s} + 4 \times 10^5}$$

또는 다음과 같다.

$$\mathrm{H}_d(z) = \frac{T_s^2}{z^2 + (600T_s - 2)z + (1 - 600T_s + 4 \times 10^5 T_s^2)}$$

또는 다음과 같다.

$$H_d(z) = \frac{4 \times 10^{-6}}{z^2 - 0.8z + 1.4}$$

이 결과는 아주 간단하고 복잡하지 않아 보이지만 s 영역에서의 전달함수는 안정하더라도 z 영역에서 전달함수의 극점은 단위원 외부에 위치하여 필터는 불안정하다. 샘플링 비율을 늘리거나 역방향 차분식을 이용하여 안정성을 다시 확보할 수 있다.

■

주파수영역 기법

직접치환 및 정합 z 변환 디지털 필터를 설계하는 또 다른 방법으로는 s 에서 z 로 직접 변수치환을 하는 것으로 s 평면을 z 평면으로 변환시켜 s 영역의 전달함수의 극점과 영점을 z 평면에 대응되는 적절한 위치로 바꾸어주며 안정한 아날로그 필터를 안정한 디지털 필터로 바꾸어 준다. 이런 개념을 이용한 가장 일반적인 방법으로는 정합 z 변환(matched Z transform), 직접치환 및 쌍선형변환(**bilinear transformation**)이 있다. 이런 유형의 설계 과정은 IIR 필터를 만들어 낸다〈그림 15.22〉.

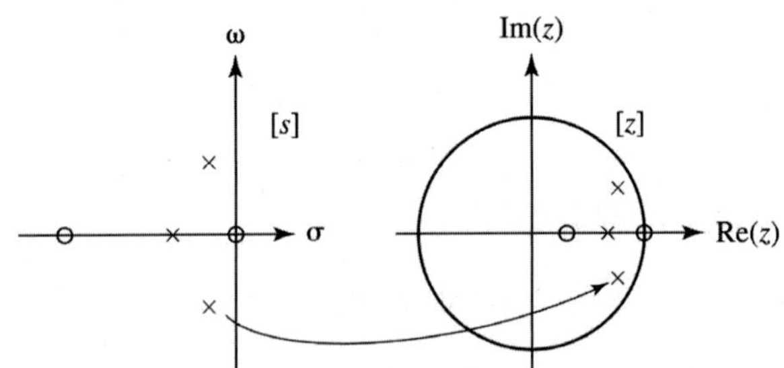

그림 15.22 s 평면에서 z 평면으로의 극점과 영점 변환

직접치환과 정합 z 변환 방법은 아주 비슷하다. 이 방법들은 $z = e^{sT_s}$ 관계식을 이용해 s 영역의 전달함수의 극점과 영점을 z 영역으로 간단히 변화시키는 것에 기초하고 있다.

예를 들어 $s = -a$에 극점을 갖는 다음 수식의 아날로그 필터의 주파수 응답을 변환하기 위해서는 $-a$의 극점을 단순히 z 평면의 대응되는 위치로 변환하면 된다.

$$H_d(s) = \frac{1}{s+a}$$

그러면 디지털 필터의 극점 위치는 e^{-aT_s}가 된다. 직접치환법은 $s - a \to z - e^{aT_s}$로 변환하게 되며 정합 z 변환은 $s - a \to 1 - e^{aT_s}z^{-1}$로 변환하게 된다. (이 경우) 결과로서 얻어지는 z 영역의 전달함수는 다음과 같다.

직접치환 : $H_d(z)=\dfrac{1}{z-e^{-aT_s}}=\dfrac{z^{-1}}{1-e^{-aT_s}z^{-1}}$이며 극점은 $z=e^{-aT_s}$에 있고 영점은 없다.

정합 z 변환 : $H_d(z)=\dfrac{1}{1-e^{-aT_s}z^{-1}}=\dfrac{z}{z-e^{-aT_s}}$이며 극점은 $z=e^{-aT_s}$에 있고 영점은 $z=0$에 있다.

정합 z 변환의 결과는 임펄스 불변법을 이용해 얻은 결과와 완전히 동일하며 직접치환의 결과는 z^{-1}에 의해 한 샘플씩 지연된 것을 제외하고 동일하다. 좀 더 복잡한 s 영역의 전달함수에 대해 이런 방법들의 결과는 그렇게 유사하지는 않다. 이런 방법은 시간영역 해석을 직접적으로 포함하고 있지 않다. 설계는 전적으로 s와 z 영역에서 이루어진다. 두 변환 $s-a \to z-e^{aT}$와 $s-a \to 1-e^{aT}z^{-1}$은 s 평면의 왼쪽 절반에 위치한 극점을 z 평면의 단위원의 내부에 위치한 극점으로 변환시킨다. 그러므로 안정한 아날로그 필터는 안정한 디지털 필터로 변환된다.

예제 15.6

정합 z 변환을 이용한 디지털 대역통과 필터 설계

정합 z 변환 설계법을 이용해 전달 함수가 다음으로 주어진 예제 15.2의 아날로그 필터를 샘플링 비율 $f_s = 1\text{kHz}$를 이용해 모의실험 한 디지털 필터를 설계하라.

$$H_a(s)=\frac{9.87\times10^4 s^2}{s^4+444.3s^3+2.467\times10^6 s^2+5.262\times10^8 s+1.403\times10^{12}}$$

두 필터의 주파수 응답을 비교하라.

이 전달함수는 $s=0$ 에서 이중 영점을 가지며 극점은 $s=-99.7\pm j978$과 $s=-122.4\pm j1198.6$에 있다. 다음의 변환식을 이용하여

$$s-a \to 1-e^{aT}z^{-1},$$

z 영역에서 $z=1$과 $z=0$에 이중 영점을 극점은

$$z=0.5056\pm j0.7506 \quad \text{and} \quad 0.3217\pm j0.8242$$

위치에 있게 된다. 그리고 z영역에서의 전달함수는 다음과 같다.

$$H_d(z)=\frac{z^2(98700z^2-197400z+98700)}{z^4-1.655z^3+2.252z^2-1.319z+0.6413}$$

또는 다음과 같다.

$$\mathrm{H}_d(z) = 98700\frac{z^2(z-1)^2}{z^4 - 1.655z^3 + 2.252z^2 - 1.319z + 0.6413}$$

〈그림 15.23〉, 〈그림 15.24〉, 〈그림 15.25〉는 아날로그 및 디지털 필터의 임펄스 응답, 크기 주파수 응답, 극점-영점 분포도를 비교해 보여주고 있다.

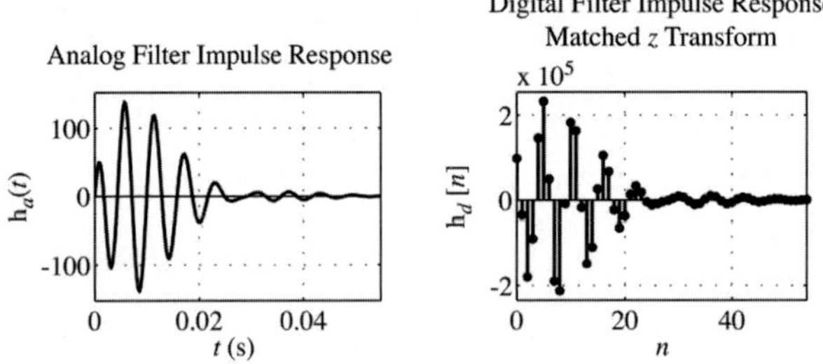

그림 15.23 아날로그 필터 및 정합 z변환법에 의해 디지털 모의실험 한 필터의 임펄스 응답

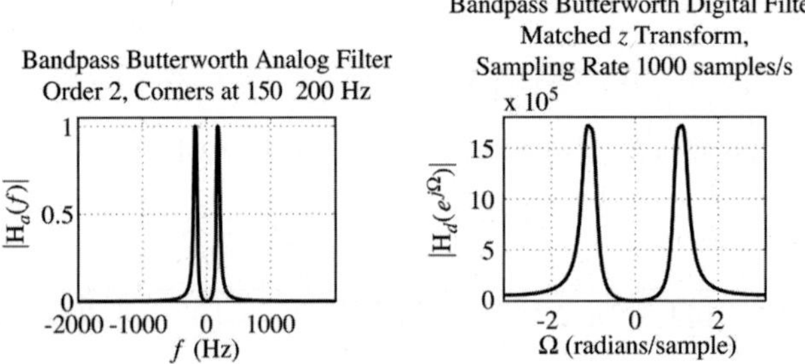

그림 15.24 아날로그 필터 및 정합 z변환법에 의해 디지털 모의실험 한 필터의 주파수 응답

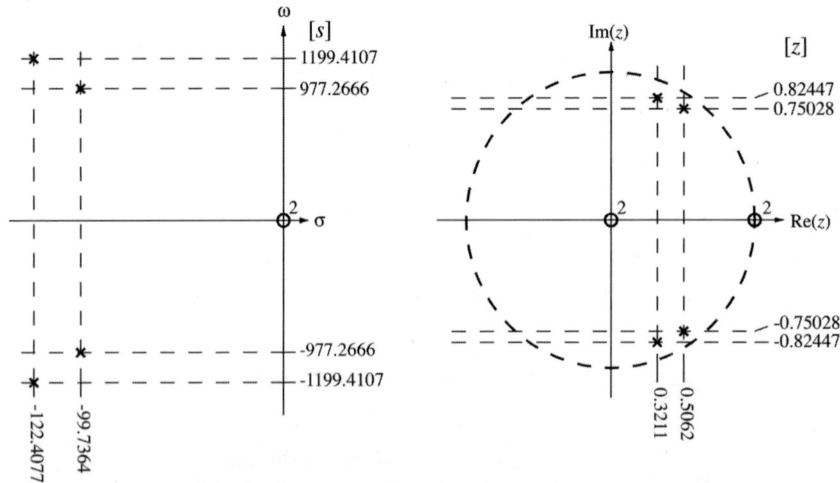

그림 15.25 아날로그 필터 및 정합 z변환법에 의해 디지털 모의실험 한 필터의 극점-영점 분포도

직접치환법을 이용하여 설계가 이루어졌다면 유일한 차이점은 $z = 0$에서의 영점이 제거되고 임펄스 응답은 이산시간에서 두 샘플만큼 지연된 것을 제외하고 동일하며 크기 주파수 응답은 완전히 동일하며 주파수 응답의 위상이 더 큰 크기의 음의 기울기를 갖는 것이다.

■

쌍선형 변환법 임펄스 불변과 스텝불변 설계 기법은 디지털 필터의 이산시간영역 응답을 대응되는 아날로그 필터의 일반적 입력신호에 대한 연속시간 영역 응답에 일치하도록 하려고 한다. 디지털 필터를 설계하는 또 다른 접근법은 디지털 필터의 주파수 응답을 아날로그 필터의 주파수 응답에 일치하도록 하려고 한다. 그러나 이산시간 영역 응답을 연속시간 영역의 응답에 절대로 정확히 일치시킬 수 없는 것처럼 디지털 필터의 주파수 응답을 아날로그 필터의 주파수 응답에 정확히 일치시킬 수 없다. 주파수 응답을 정확히 일치시킬 수 없는 한 가지 이유는 앞에서도 언급했듯이 디지털 필터의 주파수 응답은 본질적으로 주기성을 갖고 있기 때문이다. 정현파 모양의 연속시간 신호를 샘플링 해 정현파 모양의 이산시간 입력신호로 만들 때 연속시간 신호의 주파수가 샘플링 비율의 정수배만큼 변하게 되면 이산시간신호는 전혀 변화가 없다. 디지털 필터는 그 차이를 알 수가 없으며 원래의 신호에 응답하는 것과 똑같은 방식으로 응답하게 된다〈그림 15.26〉.

샘플링 이론에 따라 연속시간 신호를 $|f| < f_s/2$외부에서 주파수 성분을 전혀 갖지 못하도록 만들 수 있으며 그러면 f_s비율로 샘플링 할 때 이산시간 신호는 연속시간 신호의 정보를 모두 포함하게 된다. 그러면 이산시간 신호가 디지털 필터에 인가되었을 때 그에 대한 응답은 대응되는 연속시간 신호의 모든 정보를 포함하게 된다. 따라서 설계과정은 $|f| < f_s/2$의 외부가 아닌 내부의 주파수 범위에서만 디지털 필터의 주파수 응답을 아날로그 필터의 주파수 응답에 일치하도록 만드는 문제로 귀결된다. 일반적으로 이 과정이 정확히 이루어질 수는 없지만 많은 경우에 어느 정도는 괜찮은 근사화가 가능하다. 물론 어떤 신호도 정말로 대역이 제한되어 있지는 않다. 그러므로 실제로는 샘플링 비율의 절반 값 이상의 주파수에서는 신호 전력이 전혀 없게 하기보다는 매우 적은 신호 전력을 갖도록 하면 된다〈그림 15.27〉.

연속시간의 입력신호가 $|f| < f_s/2$의 외부 주파수 성분을 전혀 갖고 있지 않다면 그 주파수의 외부대역에서 아날로그 필터가 갖는 0이 아닌 응답은 필터링할 것이 아무것도 없기 때문에 아무런 영향을 미치지 못할 것이다. 그러므로 아날로그 필터를 모의실험해서 만드는 디지털 필터의 설계에서 샘플링 비율은 $|f| > f_s/2$인 주파수 범위에서 아날로그 필터의 응답이 거의 0이 되도록 선택해야 한다. 그러면 모든 필터링 작용은 $|f| < f_s/2$범위에서의 주파수에서 이루어

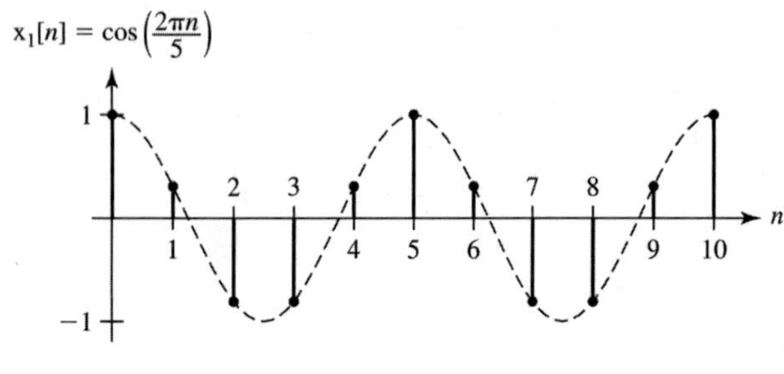

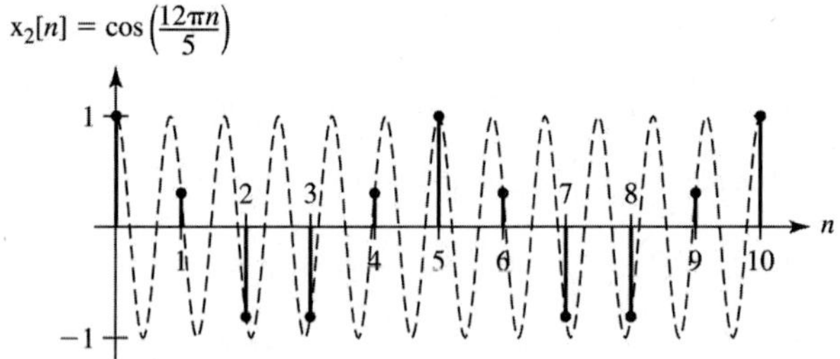

그림 15.26 두 개의 다른 사인파를 샘플링 해 얻어진 두 개의 동일한 이산시간 신호

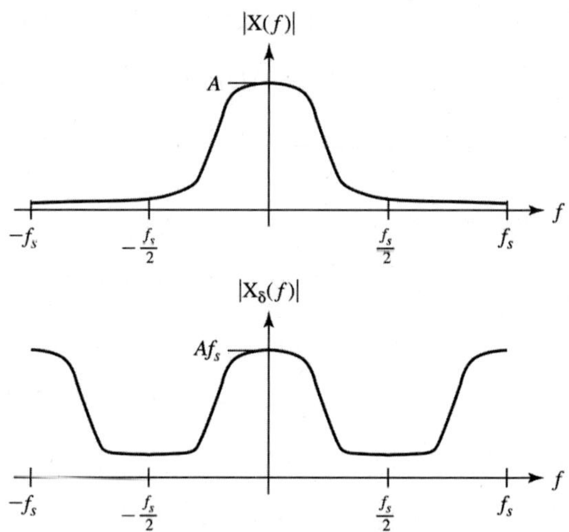

그림 15.27 연속시간 신호와 임펄스 샘플링을 해 얻어진 이산시간 신호의 크기 스펙트럼

질 것이다. 따라서 주파수 영역에서의 설계과정의 출발점은 바로 다음과 같이 샘플링 비율을 정하는 것이 된다.

$$X(f) \cong 0 \quad \text{and} \quad H_a(f) \cong 0, \quad |f| > f_s/2$$

또는 다음과 같다.

$$X(j\omega) \cong 0 \quad \text{and} \quad H_a(j\omega) \cong 0, \quad |\omega| > \pi f_s = \omega_s/2$$

이제 문제는 $|f| < f_s/2$의 주파수 범위에서 모의실험 하고자 하는 아날로그 필터의 전달함수와 거의 동일한 모양을 갖는 디지털 필터의 전달 함수를 구하는 것이다. 앞서 논의했듯이 이런 목적을 달성할 가장 쉬운 방법은 원하는 전달함수 $H_a(s)$를 그에 대응되는 $H_d(z)$로 변환하기 위해 변환 $e^{sT_s} \to z$을 이용하는 것이다. 변환 $e^{sT_s} \to z$는 $s \to \ln(z)/T_s$의 형태로 바꿀 수 있다. 그러면 설계 과정은 다음과 같이 될 것이다.

$$H_d(z) = H_a(s)\big|_{s \to \frac{1}{T_s}\ln(z)}$$

이렇게 변환 방법을 발전시키는 것은 이론적 관점에서 보면 만족스럽지만 함수변환 $s \to \ln(z)/T_s$는 두 개의 다항식의 비율로 표현되는 일반적인 형식을 갖는 아날로그 필터의 전달 함수를 디지털 필터의 전달 함수로 변환시키는데 그것은 z 에 대한 다항식이 아닌 $\ln(z)$에 대한 다항식을 포함하게 되어 무한히 많은 극점과 영점을 갖는 초월(transcendental) 함수로 만들어 버린다. 따라서 이런 개념이 흥미롭게 생각될 수도 있지만 실용적인 디지털 필터 설계를 할 수 있게 해주지 않는다.

이제는 디지털 필터의 전달 함수의 형식을 간략화하기 위해 근사화를 하는 것이 일반적이다. 그러한 한 가지 변환은 다음의 수식에서와 같이 지수함수에 대해 급수 전개를 하여 만들어 낸다.

$$e^x = 1 + x + \frac{x^2}{2!} + \frac{x^3}{3!} + \cdots = \sum_{k=0}^{\infty} \frac{x^k}{k!}$$

변환 $e^{sT_s} \to z$에 적용시키면 다음 수식의 결과를 얻을 수 있다.

$$1 + sT_s + \frac{(sT_s)^2}{2!} + \frac{(sT_s)^3}{3!} + \cdots \to z$$

이렇게 급수전개 한 수식을 앞의 두 개의 항까지만 근사화하면 다음 식을 얻을 수 있다.

$$1 + sT_s \to z$$

또는

$$s \to \frac{z-1}{T_s}$$

근사 값 $e^{sT_s} \cong 1 + sT_s$는 T_s가 작은 값이면 잘 들어맞는 근사 값이 되며 T_s가 점점 더 작아지거나 다시 말해 f_s가 점점 더 커지면 더욱 더 잘 들어맞는 근사 값이 된다. 즉, 이러한 근사값은 샘플링 비율이 매우 높아지면 아주 잘 들어맞게 된다. 변환 $s \to (z-1)/T_s$를 살펴보자. s 영역에서 s를 곱하는 것은 연속시간 영역에서 그에 대응되는 함수를 t 에 대해 미분하는 것에 대응된다. z 영역에서 $(z-1)/T_s$를 곱하는 것은 이산시간 영역에서 그에 대응되는 함수를 샘플링 시간 T_s로 나눈 순방향 차분식에 대응된다. 이것은 도함수에 대한 순방향 차분 근사 값이 된다. 유한차분법에서 언급했듯이 s 와 $(z-1)/T_s$를 곱하는 두 개의 연산은 유사하다. 따라서 이 방법은 순방향 차분식을 이용한 유한차분법과 동일한 문제점을 갖고 있다. 안정한 아날로그 필터는 불안정한 디지털 필터가 될 수도 있다.

이런 변환을 아주 재치 있게 변경하면 안정한 아날로그 필터로부터 불안정한 디지털 필터를 만드는 문제점을 해결하고 동시에 다른 이점을 갖게 된다. s 영역에서 z 영역으로의 변환을 다음과 같이 쓸 수 있다.

$$e^{sT_s} = \frac{e^{sT_s/2}}{e^{-sT_s/2}} \to z$$

두 지수 함수를 무한급수 전개를 해 근사화 하고 두 급수를 앞의 두 개의 항까지만 택하면 다음 수식과 같다.

$$\frac{1+\dfrac{sT_s}{2}+\dfrac{(sT_s/2)^2}{2!}+\dfrac{(sT_s/2)^3}{3!}+\cdots}{1-\dfrac{sT_s}{2}+\dfrac{(sT_s/2)^2}{2!}-\dfrac{(sT_s/2)^3}{3!}+\cdots} \to z$$

$$\frac{1+sT_s/2}{1-sT_s/2} \to z$$

$$s \to \frac{2}{T_s}\frac{z-1}{z+1} \quad \text{or} \quad z \to \frac{2+sT_s}{2-sT_s}$$

s 영역에서 z 영역으로의 이러한 변환은 분자와 분모 모두가 s 또는 z의 선형함수이기 때문에 쌍선형 z 변환이라 한다(쌍선형과 양방향 z 변환의 용어를 혼동하지 마라). 쌍선형 z 변환은 s 평면의 왼쪽 절반의 모든 영역을 z 평면의 단위원의 내부로 변화시켜주기 때문에 안정한 아날로그 필터를 안정한 디지털 필터로 변환해준다. 이 점은 또한 정합 z 변환과 직접치환의 경우에도 사실이었지만 대응관계는 서로 다르다. 변환 $z = e^{sT_s}$는 s 평면의 $\omega_0/T_s < \omega < (\omega_0 + 2\pi)/T_s$ 구간을 z 평면 전체로 변환시켜 준다. s 에서 z 로의 변환은 유일성을 갖지만 z 에서 s 로의 변환은 유일성을 갖지 않는다. 쌍선형 변환 $s \to (2/T_s)(z-1)/(z+1)$는 s 평면의 각각의 지점을 z 평면의 유일한 지점으로 변환시키며 그 반대의 변환 $z \to (2+sT_s)(2-sT_s)$은 z 평면의 각각의 지점을 s 평면의 유일한 지점으로 변환시킨다. 그러한 변환이 어떻게 이루어지는지 알아보기 위해 s 평면의 $s = j\omega$로 이루어지는 윤곽선을 생각해 보자. $z = (2+sT_s)/(2-sT_s)$로 두면 완전히 z 평면의 단위원으로 변환되는 다음의 수식을 얻게 된다.

$$z = \frac{2+j\omega T_s}{2-j\omega T_s} = 1\measuredangle 2\tan^{-1}\left(\frac{\omega T_s}{2}\right) = e^{j2\tan^{-1}\left(\frac{\omega T_s}{2}\right)}$$

또한 z 평면의 선은 $-\infty < \omega < \infty$에 대해 정확히 한 번만 실수축을 가로지르게 된다. σ_0가 상수

인 좀 더 일반적인 윤곽선 $s=\sigma_0+j\omega$에 대해 그에 대응되는 z 평면의 윤곽선은 또한 다른 반지름을 갖는 원의 모양을 하고 있으며 Re(z)축 상에 중심을 갖게 되어 ω가 $\pm\infty$에 근접하게 되면 z는 -1에 근접하게 된다〈그림 15.28〉.

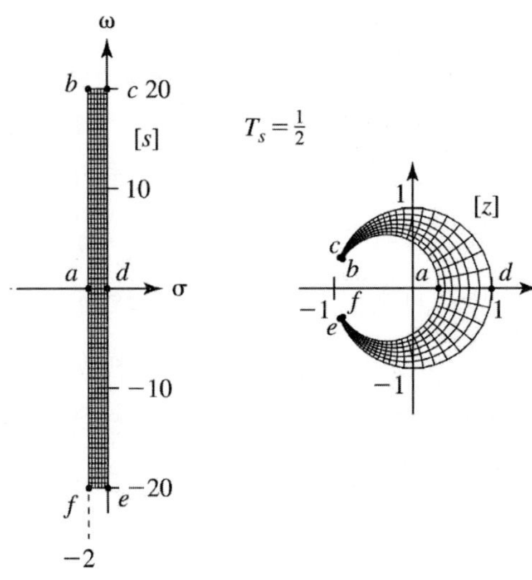

그림 15.28 쌍선형 z변환을 통하여 s평면의 영역을 그에 대응되는 z평면 영역으로의 변환

s 평면에서 윤곽선이 왼쪽으로 움직이면, z 평면에서 윤곽선은 중심이 $z=-1$ 쪽으로 더 가까이 움직여가고 더 작은 원이 된다. s에서 z로의 변환은 1:1 변환이지만 s가 원점에서 멀어질수록 영역의 왜곡은 점점 더 심해진다. 높은 샘플링 비율은 s 평면에 있는 모든 극점과 영점을 z 평면에서 왜곡이 가장 적은 $z=1$이 되는 지점으로 가도록 한다. 그 것은 T_s가 0으로 근접함에 따라 극한 값을 취하면 알 수가 있다. 그런 극한값에서 z는 +1로 근접한다.

쌍선형 z 변환법과 임펄스불변 또는 정합 z 변환법의 중요한 차이는 s와 z 평면 사이에서 유일성을 갖는 변환이 이루어지기 때문에 쌍선형 변환을 이용하면 에일리어싱이 없어진다는 것이다. 그렇지만 $s=j\omega$ 축이 $|z|=1$인 단위원으로 변환되는 또는 그 역으로 이루어지는 변환 방식 때문에 발생하는 왜곡이 있다. Ω가 실수 일 때 $z=e^{j\Omega}$로 하면 z 평면에서의 단위원을 결정하게 된다.

$s=\sigma+j\omega$, $\sigma=0$이고 $\omega=(2/T_s)\tan(\Omega/2)$ 또는 역함수를 구하면 $\Omega=2\tan^{-1}(\omega T_s/2)$이므로 그에 대응되는 s 평면의 윤곽선은 다음 수식과 같다〈그림 15.29〉.

$$s=\frac{2}{T_s}\frac{e^{j\Omega}-1}{e^{j\Omega}+1}=j\frac{2}{T_s}\tan\left(\frac{\Omega}{2}\right)$$

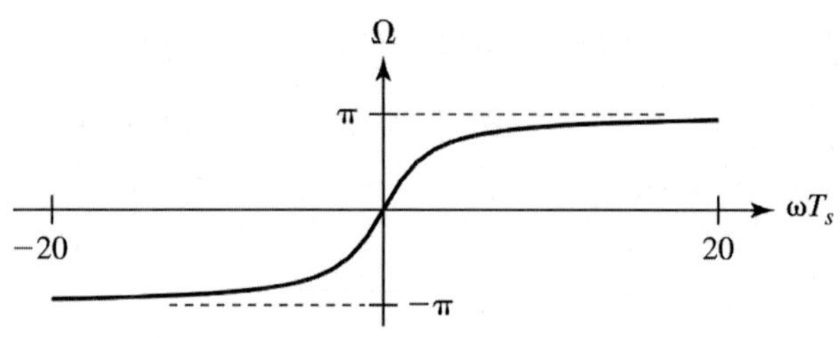

그림 15.29 쌍선형 변환에 의해 생긴 주파수 왜곡

낮은 주파수에서 변환은 거의 선형적이지만 주파수를 증가시키면 왜곡은 점점 더 악화되는데 그 이유는 s 영역에서의 높은 주파수 ω를 z 영역에서는 $-\pi < \Omega < \pi$의 범위 안에 맞추려고 하기 때문이다. 이것은 f 또는 ω가 양의 무한대에 접근함에 따라 생기는 아날로그 필터의 점근적인 행태는 z 영역에서 $\Omega = \pi$에서 생기는 것을 의미한다($\Omega = \omega T_s = 2\pi f T_s$이고 $f = f_s/2$ 되어 나이퀴스트 주파수가 된다). 따라서 왜곡은 무한대 범위의 연속시간 주파수를 비선형 가역함수에 의해 이산시간 주파수 범위 $-\pi < \Omega < \pi$에 있도록 해서 겹침 현상을 막을 수 있게 해준다.

MATLAB 신호 툴박스에는 쌍선형 변환을 이용하여 디지털 필터를 설계하는 `bilinear` 명령어가 있다. 구문형식은 다음과 같다.

```
[bd,ad] = bilinear(ba,aa,fs)
```

또는

```
[zd,pd,kd] = bilinear(za,pa,ka,fs)
```

위에서 ba는 아날로그 필터의 전달 함수에서 분자의 계수벡터, aa는 아날로그 필터의 전달함수에서 분모의 계수벡터, bd는 디지털 필터의 전달함수에서 분자의 계수벡터, ad는 디지털 필터의 전달 함수에서 분모의 계수벡터, za는 아날로그 필터의 영점 위치에 대한 벡터, pa는 아날로그 필터의 극점 위치에 대한 벡터, ka는 아날로그 필터의 이득계수, `fs`는 Hz 단위를 갖는 샘플링 비율, zd는 디지털 필터의 영점 위치에 대한 벡터, pd는 디지털 필터의 극점 위치에 대한 벡터, kd는 디지털 필터의 이득계수이다. 예를 들면

```
»za = [] ; pa = -10 ; ka = 1 ; fs = 4 ;
»[zd,pd,kd] = bilinear(za,pa,ka,fs) ;
»zd
zd =
```

```
 -1
»pd
pd =
 -0.1111
»kd
kd =
 0.0556
```

예제 15.7

서로 다른 샘플링 비율을 갖는 쌍선형 변환법을 이용한 디지털 저역통과 필터 설계 비교

쌍선형 변환법을 이용해 전달 함수가 다음과 같이 주어진 아날로그 필터를 근사화 해 디지털 필터를 설계하라.

$$H_a(s) = \frac{1}{s+10}$$

그리고 4Hz, 20Hz 및 100Hz의 샘플링 비율에 대해 아날로그 필터와 디지털 필터의 주파수 응답을 비교하라.

변환 $s \to \frac{2}{T_s}\frac{z-1}{z+1}$을 이용하면

$$H_d(z) = \frac{1}{\frac{2}{T_s}\frac{z-1}{z+1}+10} = \left(\frac{T_s}{2+10T_s}\right)\frac{z+1}{z-\frac{2-10T_s}{2+10T_s}}$$

4Hz 샘플링 비율에 대해

$$H_d(z) = \frac{1}{18}\frac{z+1}{z+\frac{1}{9}}$$

20Hz 샘플링 비율에 대해

$$H_d(z) = \frac{1}{50}\frac{z+1}{z-\frac{3}{5}}$$

100Hz 샘플링 비율에 대해

$$H_d(z) = \frac{1}{210}\frac{z+1}{z-\frac{19}{21}}$$

〈그림 15.30〉.

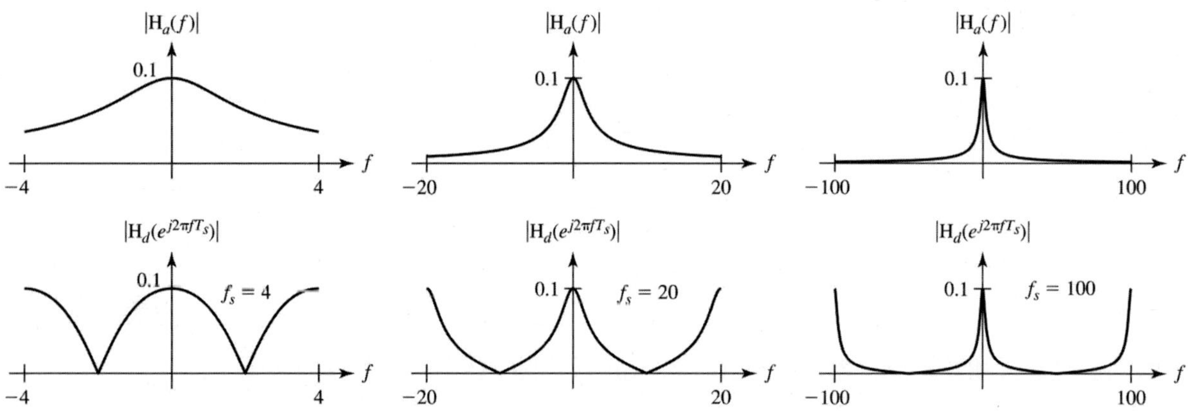

그림 15.30 쌍선형 변환과 3가지 다른 샘플링 비율을 이용한 아날로그 필터와 디지털 필터의 크기 주파수 응답

예제 15.8

쌍선형 변환을 이용한 디지털 대역통과 필터 설계

쌍선형 z 변환 설계법을 이용하여 전달함수가 다음과 같이 주어진 예제 15.2의 아날로그 필터를 샘플링 비율 $f_s = 1\text{kHz}$로 모의실험 해 디지털 필터를 설계하라.

$$\mathrm{H}_a(s) = \frac{9.87\times 10^4 s^2}{s^4 + 444.3s^3 + 2.467\times 10^6 s^2 + 5.262\times 10^8 s + 1.403\times 10^{12}}$$

두 필터의 주파수 응답을 비교하라.

변환 $s \to (2/T_s)(z-1)/(z+1)$을 이용해 간략화하면

$$\mathrm{H}_d(z) = \frac{12.38z^4 - 24.77z^2 + 12.38}{z^4 - 1.989z^3 + 2.656z^2 - 1.675z + 0.711}$$

또는

$$\mathrm{H}_d(z) = 12.38\frac{(z+1)^2(z-1)^2}{z^4 - 1.989z^3 + 2.656z^2 - 1.675z + 0.711}$$

아날로그 필터와 디지털 필터의 임펄스 응답, 크기 주파수 응답 극점-영점 분포도는 〈그림 15.31〉, 〈그림 15.32〉, 〈그림 15.33〉에 보여주고 있다.

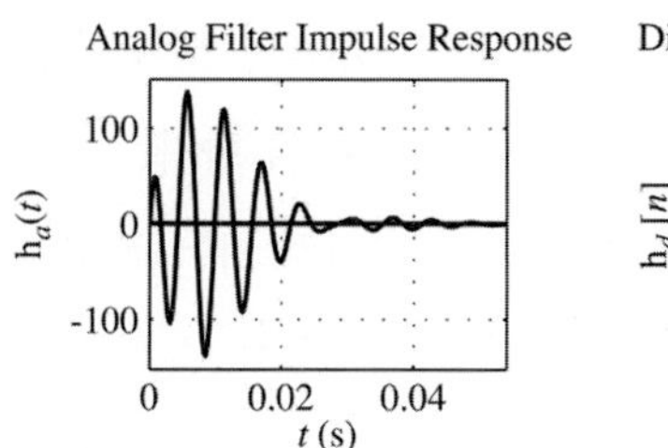

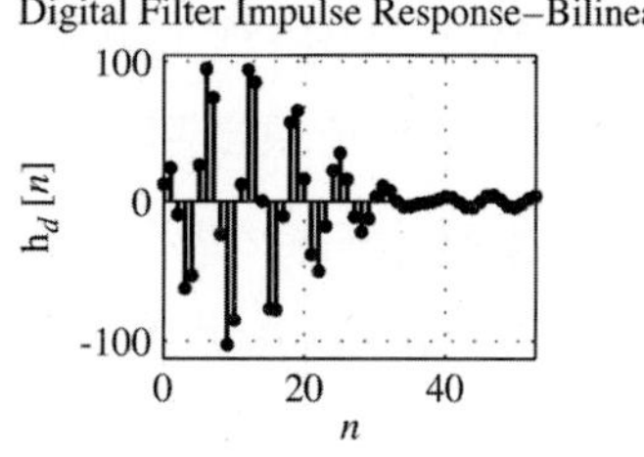

그림 15.31 아날로그 필터와 쌍선형 변환법에 의해 디지털 모의실험 한 필터의 임펄스 응답

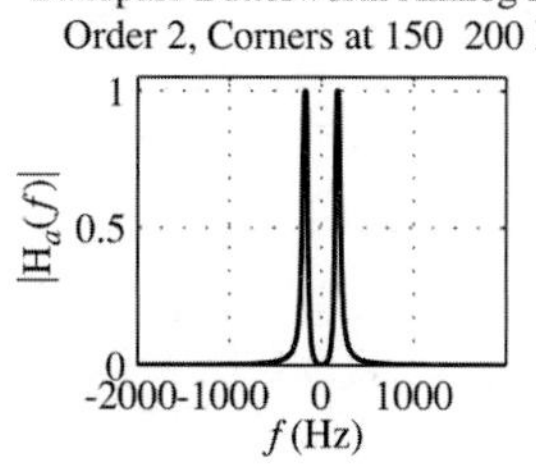

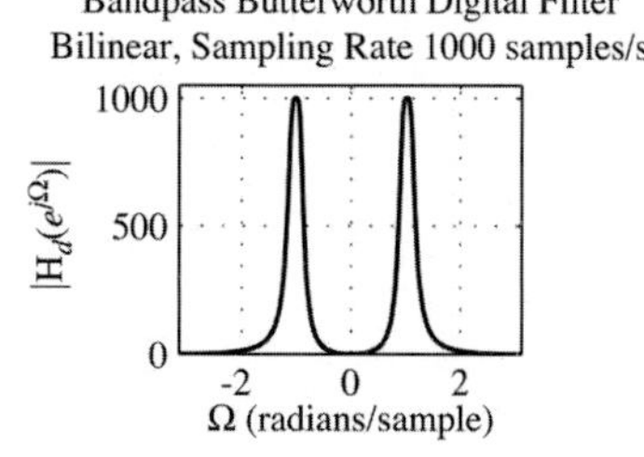

그림 15.32 아날로그 필터와 쌍선형 변환법에 의해 디지털 모의실험 한 필터의 크기 주파수 응답

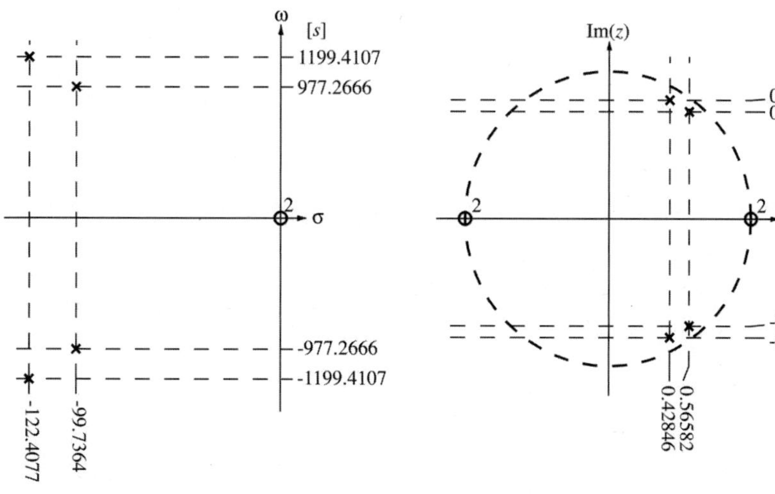

그림 15.33 아날로그 필터와 쌍선형 변환법에 의해 디지털 모의실험 한 필터의 극점-영점 분포도

FIR 필터 설계

절단된 이상적인 임펄스 응답 일반적으로 사용되는 아날로그 필터는 무한지속 임펄스 응답을 갖지만 안정한 시스템이기 때문에 시간 t가 무한대로 근접함에 따라 임펄스 응답은 0에 근접하게 된다. 그러므로 아날로그 필터를 모의실험 해 만드는 또 다른 방법으로는 임펄스 불변 설계법처럼 임펄스 응답을 샘플링 한 다음 어느 정도 낮은 값으로 떨어지게 되는 이산시간 $n = N$에

서 임펄스 응답을 절단(truncated)해서 유한지속 임펄스 응답을 만들어 내는 것이다〈그림 15.34〉. 유한지속 임펄스 응답을 갖는 디지털 필터를 FIR 필터라 한다.

또한 임펄스 응답을 절단하는 기법은 비인과 필터를 근사화 하는데 확장시킬 수 있다. 시간 $t = 0$ 이전의 이상적인 필터의 임펄스 응답이 시간 $t = 0$ 이후의 임펄스 응답과 비교해 무시할 수 있을 정도이면 절단이 가능하고 인과적인 임펄스 응답을 구할 수 있다. 또한 앞에서 설명 되었듯이 어느 정도 시간이 지나 임펄스 응답이 낮은 값으로 떨어지게 되면 절단할 수 있다〈그림 15.35〉.

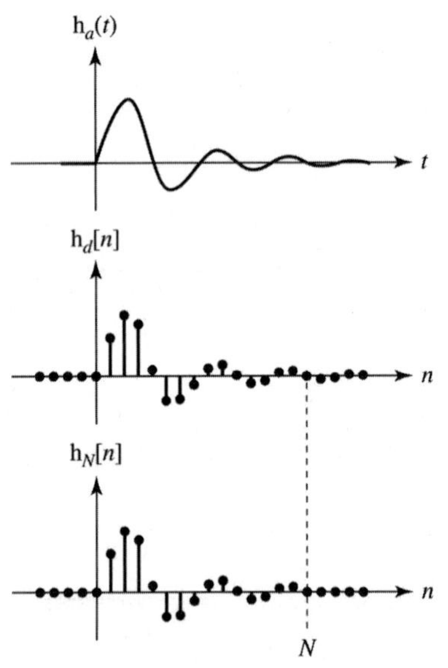

그림 15.34 IIR 임펄스 응답을 FIR 임펄스 응답으로 절단

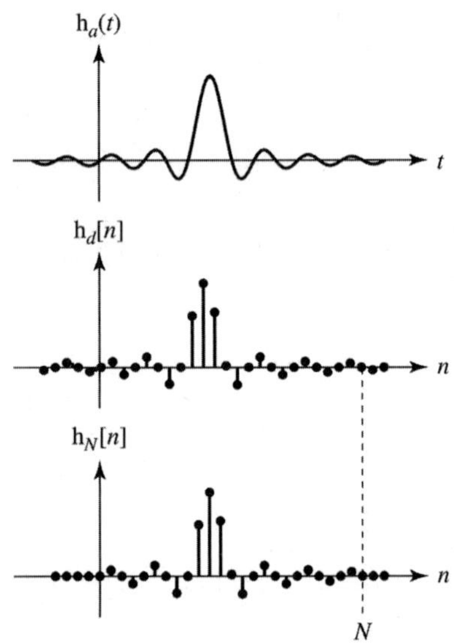

그림 15.35 비인과적 임펄스 응답을 인과적 FIR 임펄스 응답으로 절단

물론 IIR 응답을 FIR 응답으로 절단하게 되면 이상적인 아날로그 필터와 실제의 디지털 필터의 임펄스 응답과 주파수 응답 간에 차이가 생기지만 그 점은 디지털 필터 설계에 있어서 본질적인 문제이다. 따라서 디지털 필터 설계의 문제는 여전히 근사화가 문제인 것이다. 이러한 설계 방법에서는 근사화를 단지 다른 방식으로 하게 된다.

일단 임펄스 응답을 절단하고 샘플링을 하고나면 FIR 필터의 설계는 아주 간단해진다. 이산시간 임펄스 응답은 다음 수식에서와 같이 이산시간 임펄스의 유한합의 형태가 된다.

$$\mathrm{h}_N[n] = \sum_{m=0}^{N-1} a_m \delta[n-m]$$

그리고 〈그림 15.36〉에서 설명된 형태의 디지털 필터가 구현된다.

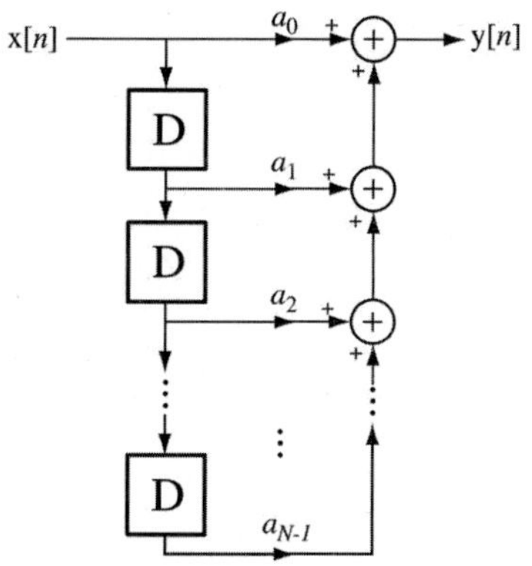

그림 15.36 전형적인 FIR 필터

이 유형의 필터와 지금까지 살펴본 다른 유형의 필터와의 본질적인 차이점은 다음 응답을 만들어내기 위해 입력과 결합시켜주는 응답에 대한 피드백이 없다는 것이다. 이런 유형의 필터는 단지 순방향 경로만을 갖는다. 전달 함수는 다음과 같다.

$$\mathrm{H}_d(z) = \sum_{m=0}^{N-1} a_m z^{-m}$$

이러한 전달 함수는 모두가 $z = 0$에 위치한 $N - 1$개의 극점을 가지며 계수 a를 어떻게 선택하든 무조건 안정적이다.

이런 유형의 디지털 필터는 아날로그 필터에 대한 근사화가 된다. 두 임펄스 응답 사이의 차이가 무엇인지는 분명해진다. 그러나 주파수 영역에서의 차이는 무엇일까? 절단된 임펄스 응답은 다음과 같다.

$$\mathrm{h}_N[n] = \begin{Bmatrix} \mathrm{h}_d[n], & 0 \le n < N \\ 0, & \text{otherwise} \end{Bmatrix} = \mathrm{h}_d[n]\mathrm{w}[n]$$

그리고 DTFT는 다음과 같다〈그림 15.37〉.

$$\mathrm{H}_N(e^{j\Omega}) = \mathrm{H}_d(e^{j\Omega}) \circledast \mathrm{W}(e^{j\Omega})$$

0의 값이 아닌 절단된 임펄스 응답의 길이가 증가 할수록 주파수 응답은 이상적인 사각형 모양에 근접한다. 언뜻 보기에 CTFS의 수렴과 유사한 것은 우연이 아니다. 절단된 CTFS는 신호를

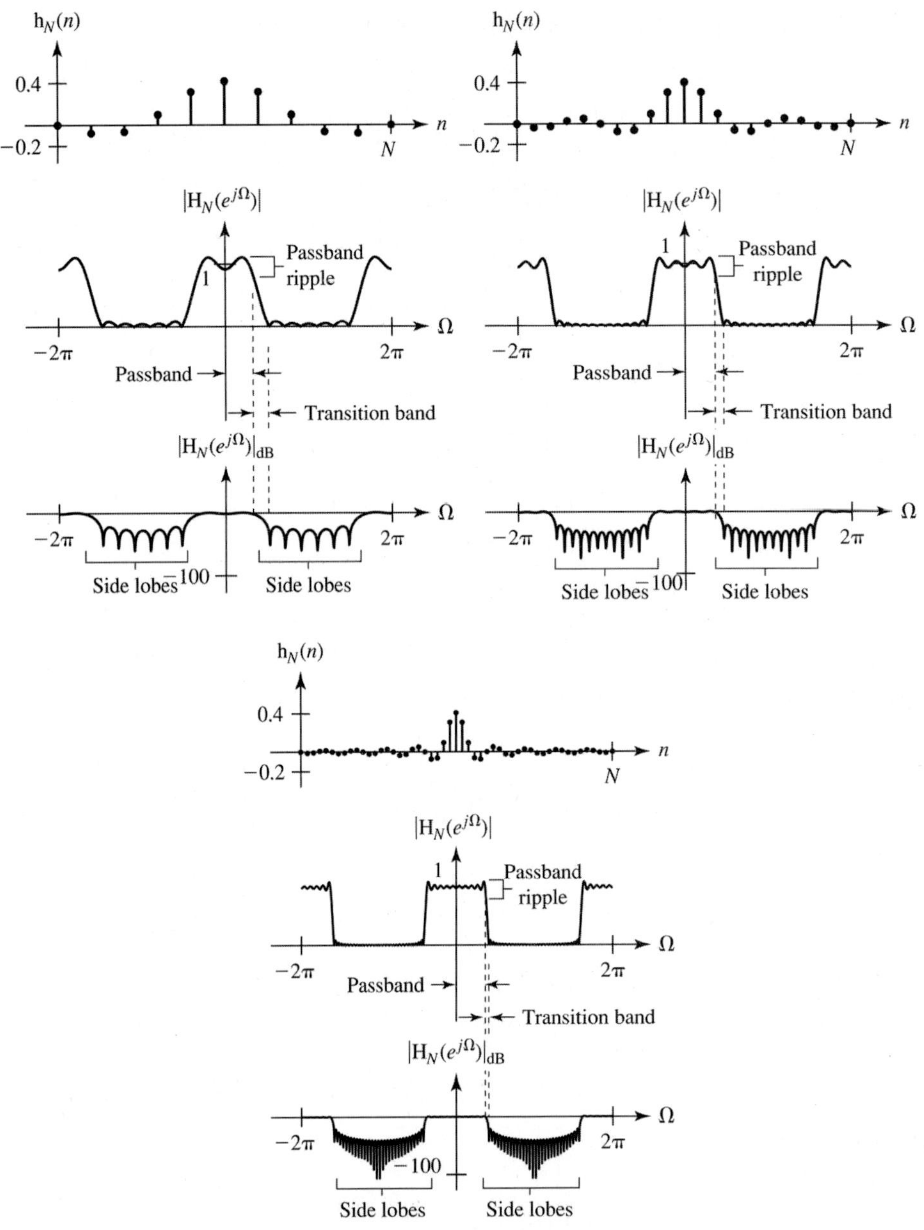

그림 15.37 3가지 절단된 이상적 저역통과 필터의 이산시간 임펄스 응답과 관련된 크기 주파수 응답

복원하면 깁스현상을 보여준다. 이 경우에 절단은 연속시간 영역에서 생기고 깁스현상과 등가적인 리플은 주파수 영역에서 생긴다. 이 현상은 〈그림 15.37〉에서 통과대역 리플과 부엽(side lobe)로 표시된 효과를 야기한다. 통과대역의 최대진폭은 절단시간이 증가함에 따라 줄어들지 않지만 차단주파수 근방에 더욱 더 밀집된다.

절단 시간을 더 길게 하지 않고서도 시간영역에서 '좀 더 부드러운' 절단을 이용해 주파수 영역에서 리플효과를 줄일 수 있다. 구형파를 가지고 원래의 임펄스 응답을 윈도잉(특정구간을 잘라내는) 하는 대신에 절단된 임펄스 응답에 그다지 큰 불연속성을 초래하지 않는 다른 모양의 윈도우 함수를 사용할 수 있다. 직각형태의 윈도우를 푸리에 변환한 경우보다 더 적은 리플을 갖는 많은 윈도우 형태가 있다. 몇 가지 가장 일반적인 윈도우 형태는 다음과 같다.

1. von Hann 또는 Hanning

$$\mathrm{w}[n]=\frac{1}{2}\left[1-\cos\left(\frac{2\pi n}{N-1}\right)\right],\quad 0\le n<N$$

2. Barlett

$$\mathrm{w}[n]=\begin{cases}\dfrac{2n}{N-1}, & 0\le n\le\dfrac{N-1}{2}\\[2mm] 2-\dfrac{2n}{N-1}, & \dfrac{N-1}{2}\le n<N\end{cases}$$

3. Hamming

$$\mathrm{w}[n]=0.54-0.46\cos\left(\frac{2\pi n}{N-1}\right),\quad 0\le n<N$$

4. Blackman

$$\mathrm{w}[n]=0.42-0.5\cos\left(\frac{2\pi n}{N-1}\right)+0.08\cos\left(\frac{4\pi n}{N-1}\right),\quad 0\le n<N$$

5. Kaiser

$$\mathrm{w}[n]=\frac{I_0\left(\omega_a\sqrt{\left(\dfrac{N-1}{2}\right)^2-\left(n-\dfrac{N-1}{2}\right)^2}\right)}{I_0\left(\omega_a\dfrac{N-1}{2}\right)}$$

I_0는 수정된 0차의 제1종 베셀 함수이며 ω_a는 천이대역폭과 측면 돌출부의 진폭 간에 절충하기 위해 조정할 수 있는 변수이다〈그림 15.38〉.

이러한 윈도우 함수의 변환은 주파수 응답이 어떻게 될지를 결정하게 된다. 이러한 일반적인 윈도우 함수를 변환한 크기는 〈그림 15.39〉에 보여주고 있다.

윈도우 함수를 변환한 크기를 살펴보면 N이 일정할 때 두 개의 설계 목표가 상충하는 것처

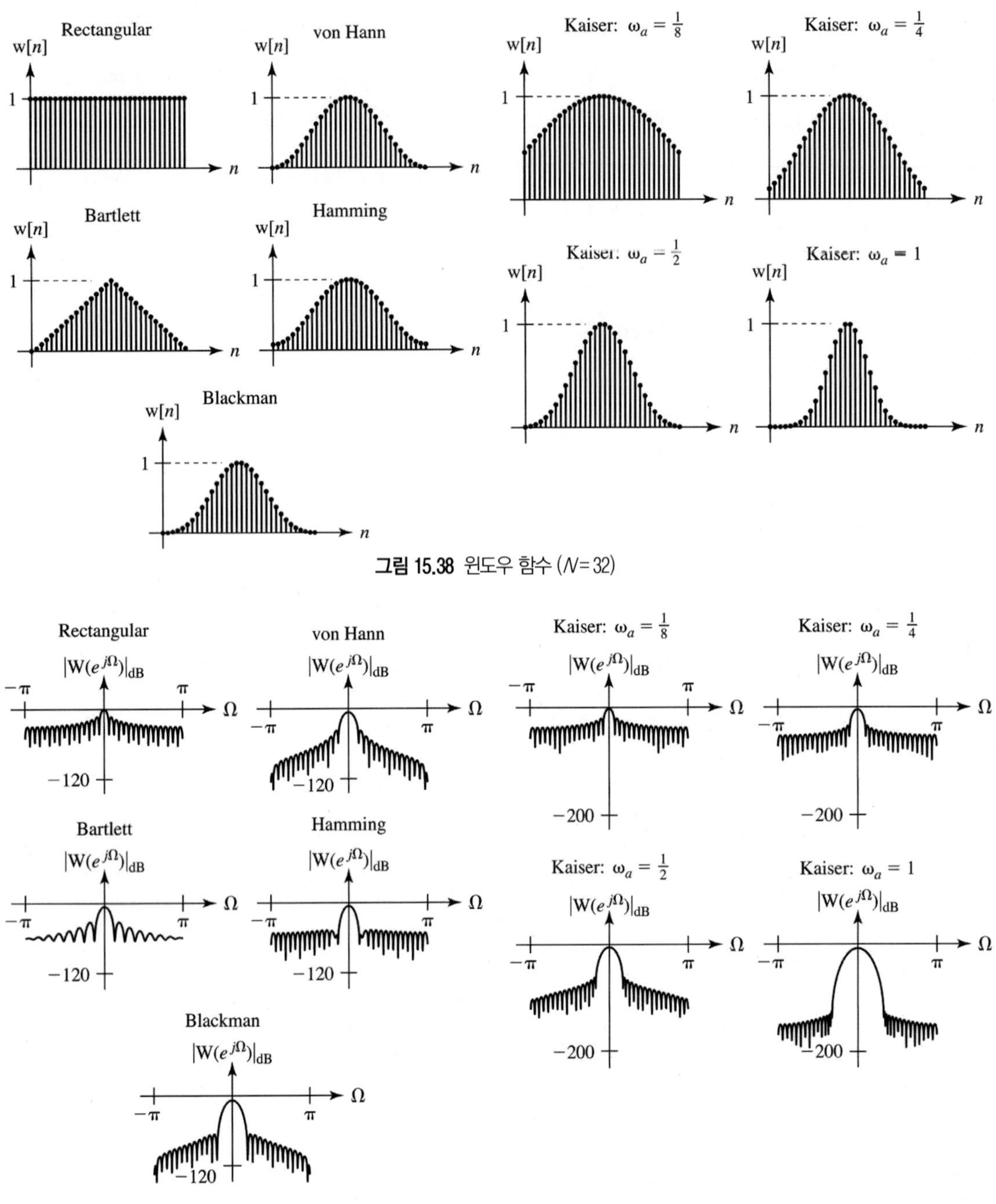

그림 15.38 윈도우 함수 (N = 32)

그림 15.39 윈도우 함수를 z 변환한 크기 (N = 32)

럼 보인다. 이상적인 필터를 FIR 필터로 근사화 할 경우 천이대역은 매우 좁고 저지대역에서의 감쇠는 매우 크게 하기를 원한다. FIR 필터의 전달함수는 이상적인 필터의 전달 함수를 윈도우 함수의 변환과 컨벌루션한 것이다. 따라서 이상적인 윈도우 함수를 변환하면 임펄스가 될 것이며 그에 대응되는 윈도우 함수는 무한대역폭의 직각형태가 될 것이다. 그것은 불가능하기 때문에 절충을 해야만 한다. 유한 대역폭의 직각형태를 사용하면 그 변환은 디리클레 함수가 되며 직각형태에 대해 〈그림 15.39〉에 보여준 변환을 얻게 된다. 그러한 변환은 중앙돌출부의 최대값에서 첫 번째 까지 비교적 빠르게 천이되도록 하며 그 다음에는 싱크 함수가 중앙부의 최대값과 13dB 정도의 차이만을 가진 다음 최대값까지 다시 증가하게 된다. 유한대역폭의 직각형태를 이상적인 저역통과 필터의 주파수 응답과 컨벌루션하면 천이대역이 좁아지지만(다른 윈도우와 비교해) 저지대역의 감쇠는 매우 좋지 않다. 그 결과를 Blackman 윈도우와 대조해 보라. 변환된 크기를 보면 중앙 돌출부의 대역폭은 직각형태의 것에 비해 두 배 이상이며 천이대역이 좁지 않다. 그러나 일단 크기가 작아지게 되면 60dB 이상 내려가게 된다. 그러므로 저지대역의 감쇠는 훨씬 좋아진다.

FIR 필터가 매력적인 또 다른 특징은 선형 위상 응답을 갖도록 설계될 수 있다는 것이다. FIR 임펄스 응답의 일반적인 형식은 다음과 같다.

$$\mathrm{h}_d[n] = \mathrm{h}_d[0]\delta[n] + \mathrm{h}_d[1]\delta[n-1] + \cdots + \mathrm{h}_d[N-1]\delta[n-(N-1)],$$

그에 대한 z 변환은 다음 수식과 같다.

$$\mathrm{H}_d(z) = \mathrm{h}_d[0] + \mathrm{h}_d[1]z^{-1} + \cdots + \mathrm{h}_d[N-1]z^{-(N-1)}$$

그리고 그에 대응되는 주파수 응답은 다음 수식과 같다.

$$\mathrm{H}_d(e^{j\Omega}) = \mathrm{h}_d[0] + \mathrm{h}_d[1]e^{-j\Omega} + \cdots + \mathrm{h}_d[N-1]e^{-j(N-1)\Omega}$$

길이 N은 짝수 또는 홀수가 될 수 있다. 첫째로 N을 짝수라 하고 계수를 다음 수식과 같이 선택하자〈그림 15.40〉.

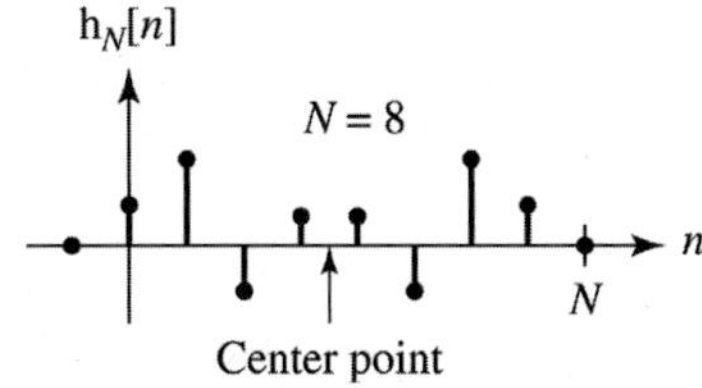

그림 15.40 $N=8$ 인 경우 대칭적 이산시간 임펄스 응답의 예시

$$\mathrm{h}_d[0]=\mathrm{h}_d[N-1],\ \mathrm{h}_d[1]=\mathrm{h}_d[N-2],\ \cdots,\ \mathrm{h}_d[N/2-1]=\mathrm{h}_d[N/2]$$

이런 유형의 임펄스 응답은 중심점에 대해 대칭적이다. 그러면 주파수 응답을 다음과 같이 쓸 수 있다.

$$\mathrm{H}_d(e^{j\Omega})=\begin{Bmatrix}\mathrm{h}_d[0]+\mathrm{h}_d[0]e^{-j(N-1)\Omega}+\mathrm{h}_d[1]e^{-j\Omega}+\mathrm{h}_d[1]e^{-j(N-2)\Omega}+\cdots\\ +\mathrm{h}_d[N/2-1]e^{-j(N/2-1)\Omega}+\mathrm{h}_d[N/2-1]e^{-jN\Omega/2}\end{Bmatrix}$$

또는

$$\mathrm{H}_d(e^{j\Omega})=e^{-j\left(\frac{N-1}{2}\right)\Omega}\begin{Bmatrix}\mathrm{h}_d[0]\left(e^{j\left(\frac{N-1}{2}\right)\Omega}+e^{-j\left(\frac{N-1}{2}\right)\Omega}\right)\\ +\mathrm{h}_d[1]\left(e^{j\left(\frac{N-3}{2}\right)\Omega}+e^{-j\left(\frac{N-3}{2}\right)\Omega}\right)+\cdots\\ +\mathrm{h}_d[N/2-1](e^{-j\Omega}+e^{j\Omega})\end{Bmatrix}$$

$$\mathrm{H}_d(e^{j\Omega})=2e^{-j\left(\frac{N-1}{2}\right)\Omega}\begin{Bmatrix}\mathrm{h}_d[0]\cos\left(\left(\frac{N-1}{2}\right)\Omega\right)+\mathrm{h}_d[1]\cos\left(\left(\frac{N-3}{2}\right)\Omega\right)+\cdots\\ +\mathrm{h}_d[N/2-1]\cos(\Omega)\end{Bmatrix}$$

이러한 주파수 응답은 주파수에 대해 선형적인 위상이동을 갖는 $e^{-j((N-1)/2)\Omega}$과 다른 인수들을 곱하여 얻어지며 그 곱은 모든 Ω에 대해 실수 값을 갖는다. 그러므로 전반적인 주파수 응답은 주파수에 대해 선형적이다(실수부의 부호가 바뀌는 주파수에서 π만큼 바뀌는 것을 제외하고). 유사한 방법으로 필터 계수가 비대칭인 경우 즉 다음 수식과 같을 때

$$\mathrm{h}_d[0]=-\mathrm{h}_d[N-1],\ \mathrm{h}_d[1]=-\mathrm{h}_d[N-2],\quad \cdots,\quad \mathrm{h}_d[N/2-1]=-\mathrm{h}_d[N/2]$$

위상이동 또한 주파수에 대해 선형적이라는 것을 증명할 수 있다. N이 홀수 일 때 그 결과는 비슷하다. 계수가 대칭적이면

$$\mathrm{h}_d[0]=\mathrm{h}_d[N-1],\quad \mathrm{h}_d[1]=\mathrm{h}_d[N-2],\quad \cdots,\quad \mathrm{h}_d\left[\frac{N-3}{2}\right]=\mathrm{h}_d\left[\frac{N+1}{2}\right]$$

또는 비대칭적이면

$$\mathrm{h}_d[0] = -\mathrm{h}_d[N-1], \mathrm{h}_d[1] = -\mathrm{h}_d[N-2], \quad \cdots, \mathrm{h}_d\left[\frac{N-3}{2}\right]$$
$$= -\mathrm{h}_d\left[\frac{N+1}{2}\right], \mathrm{h}_d\left[\frac{N-1}{2}\right] = 0$$

위상 주파수 응답은 선형적이 된다. N이 홀수일 경우에는 중심점이 존재하며 계수가 비대칭이면 중심점의 계수 $\mathrm{h}_d[(N-1)/2]$ 는 0이 되어야 한다〈그림 15.41〉.

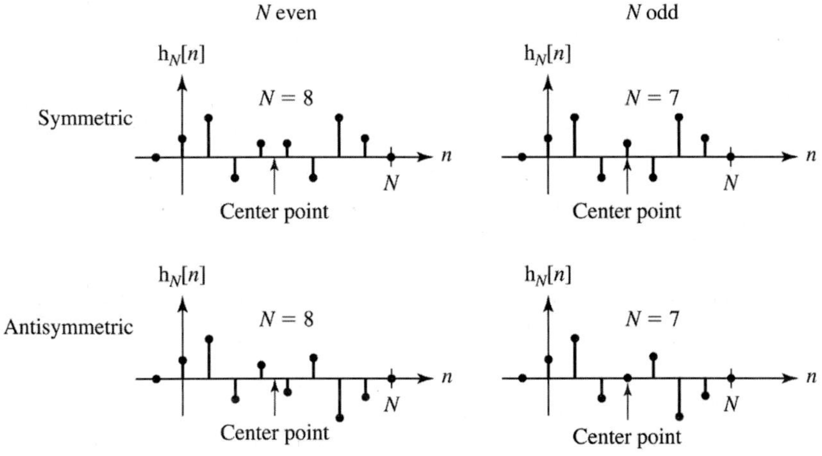

그림 15.41 N이 짝수와 N이 홀수일 경우 대칭형과 비대칭형 이산시간 임펄스 응답에 대한 예시

예제 15.9

이상적 임펄스 응답을 절단한 디지털 저역통과 FIR 필터 설계

FIR 방법을 사용해 전달 함수가 다음과 같은 단 극점 저역통과 아날로그 필터를 근사화한 디지털 필터를 설계하라.

$$\mathrm{H}_a(s) = \frac{a}{s+a}$$

아날로그 필터의 임펄스 응답을 3배의 시정수 시간에서 절단한 후 이산시간 함수를 구하기 위해 샘플 간의 시간간격이 시정수의 1/4되는 시간으로 임펄스 응답을 샘플링 하라. 그 후 디지털 필터의 이산시간 임펄스 응답을 구하기 위해 이산시간 함수를 a로 나누어라.

(a) 이산시간 각 주파수 Ω에 대해 디지털 필터의 크기 주파수 응답을 구하고 그래프를 그려라.

(b) 5배의 시정수 시간에서 절단한 후 시정수 시간 동안 10샘플의 샘플링 비율을 가질 경우 (a)에서 구한 것을 반복하라.

임펄스 응답은 다음과 같다.

$$\mathrm{h}_a(t) = ae^{-at}\,\mathrm{u}(t)$$

시정수는 $1/a$이다. 그러므로 절단시간은 $3/a$, 샘플 간의 시간 간격은 $1/4a$, 이산시간 $0 \le n \le 12$ 구간에서 샘플링이 이루어진다. FIR 임펄스 응답은 다음 수식과 같다.

$$\mathrm{h}_d[n] = ae^{-n/4}(\mathrm{u}[n] - \mathrm{u}[n-12]) = a\sum_{m=0}^{11} e^{-m/4}\delta[n-m]$$

z 영역에서의 전달함수는 다음과 같으며

$$\mathrm{H}_d(z) = a\sum_{m=0}^{11} e^{-m/4}z^{-m}$$

주파수 응답은 다음과 같다.

$$\mathrm{H}_d(e^{j\Omega}) = a\sum_{m=0}^{11} e^{-m/4}(e^{j\Omega})^{-m} = a\sum_{m=0}^{11} e^{-m(1/4+j\Omega)}$$

(b)의 두 번째 샘플링 비율에 대해 절단시간은 $5/a$, 샘플간의 시간간격은 $1/10a$, 이산시간 $0 \le n \le 50$ 구간에서 샘플링이 이루어진다. 그러면 FIR 임펄스 응답은 다음과 같다.

$$\mathrm{h}_d[n] = ae^{-n/10}(\mathrm{u}[n] - \mathrm{u}[n-50]) = a\sum_{m=0}^{49} e^{-m/4}\delta[n-m]$$

z 영역에서의 전달 함수는 다음과 같으며

$$\mathrm{H}_d(z) = a\sum_{m=0}^{49} e^{-m/10}z^{-m}$$

주파수 응답은 다음과 같다〈그림 15.42〉.

$$\mathrm{H}_d(e^{j\Omega}) = a\sum_{m=0}^{49} e^{-m/10}(e^{j\Omega})^{-m} = a\sum_{m=0}^{49} e^{-m(1/10+j\Omega)}$$

임펄스 응답에 대한 절단 효과는 낮은 샘플링 비율과 짧은 절단시간을 갖는 첫 번째 FIR 설계의 주파수 응답에서 리플로 나타난다.

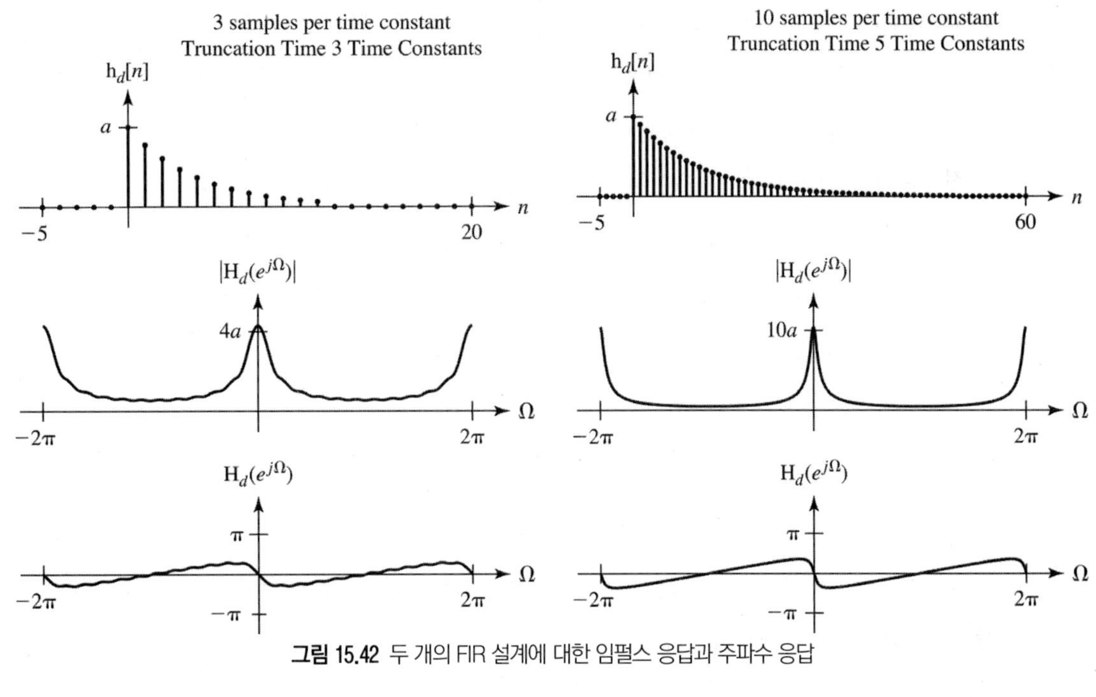

그림 15.42 두 개의 FIR 설계에 대한 임펄스 응답과 주파수 응답

예제 15.10

통신채널 디지털 필터 설계

900에서 905MHz 사이의 주파수 범위는 무선신호를 전송할 수 있는 20개의 동일 대역폭의 채널로 나뉘어져 있다. 채널을 통해 전송하려면 〈그림 15.43〉의 제한조건에 맞는 크기 스펙트럼의 신호를 보내야 한다.

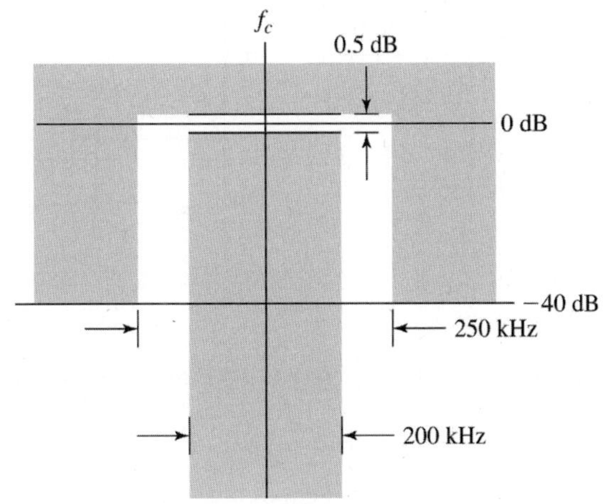

그림 15.43 전송신호의 스펙트럼 사양

송신기는 어느 한 채널의 중심주파수인 정현파 모양의 반송파에 기저대역의 신호를 변조시켜 동작한다. 기저대역(baseband) 신호는 대략적으로 평탄한 스펙트럼을 가지며 FIR 필터에 의해 미리 필터링되는데 이는 전송된 신호가 〈그림 15.43〉의 제한조건을 만족시키도록 하기 위해서다. 2MHz의 샘플링 비율을 가정하고 필터를 설계하라.

이상적인 기저대역 아날로그 저역통과 필터의 임펄스 응답의 모양은 다음과 같으며

$$\mathrm{h}_a(t) = 2Af_m \operatorname{sinc}(2f_m(t - t_0))$$

f_m은 코너 주파수이다. 샘플링된 임펄스 응답은 다음과 같다.

$$\mathrm{h}_d[n] = 2Af_m \operatorname{sinc}(2f_m(nT_s - t_0))$$

이상적인 저역통과 필터의 코너 주파수는 100kHz와 125kHz의 절반정도 즉, 115kHz 또는 샘플링 비율의 5.75%로 설정할 수 있다. 이득상수 A는 1로 한다. 샘플 간의 시간 간격은 0.5μs이다. 필터의 길이가 무한대로 근접하면 이상적인 필터가 될 것이다. 첫 번째 시도로서 필터의 임펄스 응답과 이상적인 필터의 임펄스 응답 사이의 평균제곱 편차가 1% 미만이 되도록 설정하고 구형파의 윈도우를 사용하라. 설계하고자 하는 필터와 매우 긴 필터 사이의 평균제곱 편차를 계산해 필터가 얼마나 길어야 하는지 반복적으로 결정할 수 있다. 평균제곱 편차를 1% 미만으로 하면 필터의 길이가 108 이상이 된다. 이 설계는 〈그림 15.44〉와 같은 주파수 응답을 보여준다.

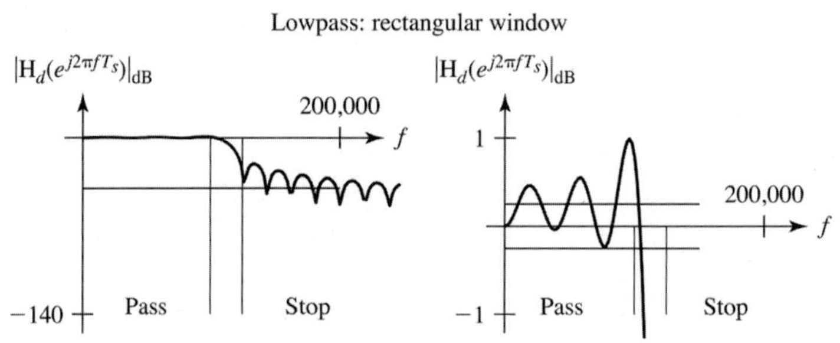

그림 15.44 구형파의 윈도우와 임펄스 응답에서 1% 미만의 편차를 갖는 FIR 필터의 주파수 응답

이 설계는 특성이 충분히 좋지 않다. 통과대역 리플이 너무 크며 저지대역의 감쇠는 충분히 좋지 않다. 다른 윈도우를 사용하면 리플을 줄일 수 있다. 다른 모든 변수는 동일하게 두고 단지 Blackman 윈도우를 사용해 보자〈그림 15.45〉.

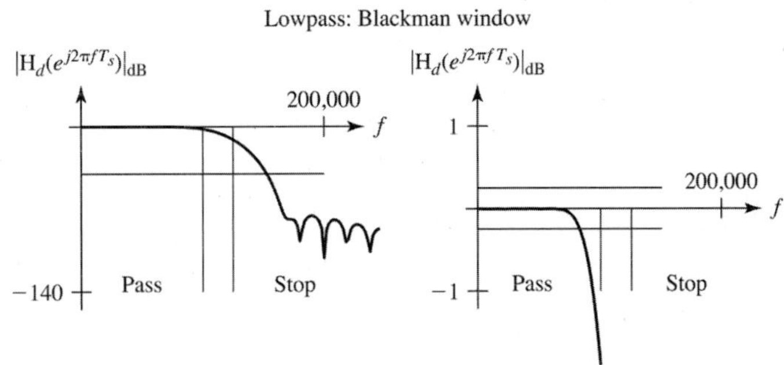

그림 15.45 Blackman 윈도우와 임펄스 응답에서 1% 미만의 편차를 갖는 FIR 필터의 주파수 응답

이 설계 또한 적절하지 않다. 평균제곱 편차를 더 작게 할 필요가 있다. 평균제곱 편차를 0.25% 미만으로 하면 필터길이가 210이 되며 〈그림 15.46〉의 크기 주파수 응답을 얻게 된다.

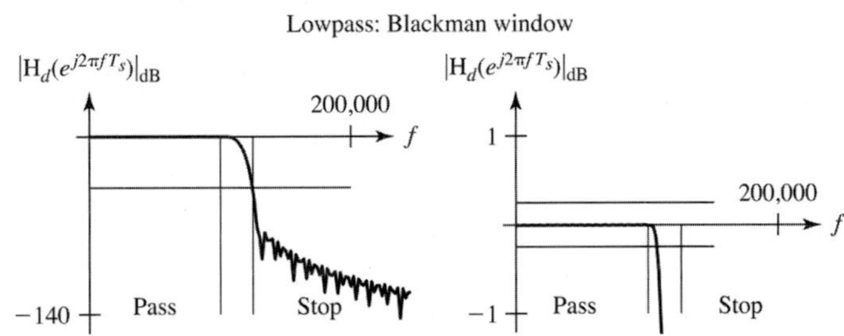

그림 15.46 Blackman 윈도우와 임펄스 응답에서 0.25% 미만의 편차를 갖는 FIR 필터의 주파수 응답

이 필터는 주어진 사양을 만족한다. 저지대역에서의 감쇠는 간신히 사양을 만족하며 통과대역 리플은 쉽게 사양을 만족한다. 이러한 설계는 결코 유일성을 갖는 설계가 아니다. 코너 주파수, 평균제곱 편차 또는 윈도우를 약간 다르게 하여 설계한 여러 가지 필터 또한 사양을 만족할 수 있다.

■

최적화 FIR 필터 설계 임펄스 응답에 윈도우를 적용하거나 표준형 아날로그 필터 설계를 근사화하지 않고서도 필터를 설계하는 기법이 있다. 이 방법을 Parks-McClellan 최적화 균일리플 설계라고 하며 1970년대 초반 Thomas W. Parks와 James H. McClellan에 의해 개발되었다. 그 방법은 1934년에 Evgeny Yakovlevich Remez에 의해 개발된 Remez 교환 알고리듬(exchange algorithm)이라 불리는 알고리듬을 사용한다. 그 방법에 대해 설명하는 것은 이 교재의 범위를 벗어나지만 학생들이 알아두고 디지털 필터를 설계하는데 사용할 수 있어야 할 충분히 중요한 내용이다.

Parks-McClellan 디지털 필터설계는 `firpm` 명령어를 사용해 다음의 구문형식의 MATLAB으로 구현되며

```
B = firpm(N,F,A)
```

B는 FIR 필터의 임펄스 응답에서 N+1개의 실수 대칭 계수벡터이고 설계된 필터는 F와 A로 기술되어 원하는 주파수 응답에 대한 최적의 근사 값을 갖는다. F는 0과 1사이에서(1은 나이퀴스트 주파수 또는 샘플링 주파수의 1/2에 대응된다) 오름차순으로 쌍으로 나타낸 주파수 대역의 가장자리(edge)에 대한 벡터이다. 적어도 한 개의 주파수 대역은 0이 아닌 대역폭이어야 한다. A는 F와 동일한 크기를 갖는 실수 벡터이며 설계된 필터 B에 대한 주파수 응답의 원하는 크기를 나타낸나. 원하는 응답은 홀수 k에 대해 각각의 점 (F(k),A(k))와 (F(k+1),A(k+1))을 잇는 선이 된다. `firpm`은 홀수 k에 대해 F(k+1)k과 F(k+2) 사이의 대역을 천이대역으로 처리한다. 따라서 원하는 크기는 천이대역에 대하여 구분적 선형성(piecewise linear)을 갖는다.

지금까지의 설명은 필터설계 방법에 대한 서론 역할만을 한다. 더 자세한 것은 MATLAB의 도움말(help) 설명에서 찾아볼 수 있다.

예제 15.11

디지털 대역통과 필터의 Parks-McClellan 설계

〈그림 15.47〉의 크기 주파수 응답 사양을 만족하는 최적화 균일리플 FIR 필터를 설계하라.

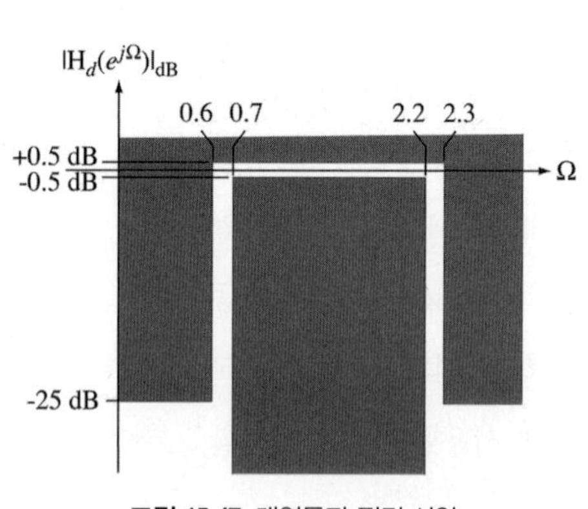

그림 15.47 대역통과 필터 사양

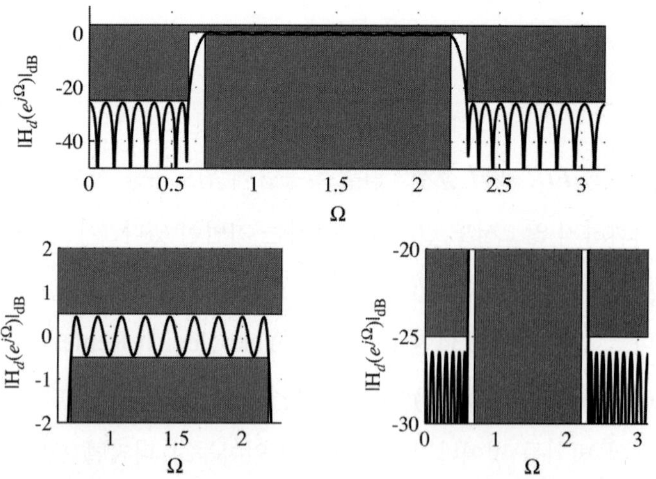

그림 15.48 N=70일 때 최적 균일리플 FIR 대역통과 필터의 주파수 응답

대역의 가장자리에 대한 벡터는 $\Omega = \{0,0.6,0.7,2.2,2.3,\pi\}$이며 대역의 가장자리에서 원하는 크기 응답은 $A = \{0,0,1,1,0,0\}$이다. 따라서 벡터 F는 다음과 같이 되어야 한다.

$$\mathrm{F} = \Omega/\pi = \{0,0.191,0.2228,0.7003,0.7321,1\}$$

N에 대해 몇 가지 선택을 한 후에 $N = 70$일 때 사양을 만족하는 것을 알 수 있다〈그림 15.48〉.

■

MATLAB 설계 툴

이전 장들에서, 그리고 이번 장의 앞에 있는 절에서 이미 언급한 MATLAB의 특징 이외에도 디지털 필터 설계에 도움을 줄 수 있는 다른 명령어와 기능이 많이 있다.

아마도 가장 일반적인 유용한 함수는 `filter`라는 함수이다. 이것은 이산시간 신호의 유한시간 구간을 나타내는 데이터 벡터를 실제로 디지털적으로 필터링하는 함수이다. 구문형식은 `y=filter(bd,ad,x)`이며 x는 필터링될 데이터 벡터이고 bd와 ad는 필터에 대한 재귀 관계식에서 계수에 대한 벡터 값이다. 재귀 관계식은 다음의 형식을 갖는다.

```
ad(1)*y(n)  = bd(1)*x(n)  + bd(2)*x(n-1)  + ... + bd(nb+1)*x(n-nb)
          - ad(2)*y(n-1)  - ... - ad(na+1)*y(n-na).
```

(MATLAB 구문형식을 쓸 때, 연속시간 함수와 이산시간 함수를 구별하지 않고 모든 함수의 인수에 대해 (·)를 사용한다) 또 다른 관련된 함수는 `filtfilt`이다. 이 명령어는 정상적인 의미에서 데이터 벡터를 필터링하고 나서 그 결과로 생긴 데이터 벡터를 거꾸로 필터링하는 것을 제외하고 `filter` 명령어와 똑같이 동작 한다. 이것은 전반적인 필터링 동작에 의한 위상 이동이 모든 주파수에서 동일하게 0이 되도록 하며 필터링 동작의 크기 효과(dB 단위로)를 두 배로 만든다.

4개의 연관된 함수가 있으며 각각은 디지털 필터를 설계한다. 함수 `butter`는 구문형식 `[bd,ad] = butter[N,wn]`를 이용하여 N차 저역통과 버터워스 디지털 필터를 설계한다. 구문형식에서 N은 필터의 차수이고 wn은 절반의 샘플링 비율(샘플링 비율 그 자체가 아닌)을 분수로 표현한 코너 주파수이다. 이 함수는 필터의 계수 bd와 ad값을 보여주고, 이 값은 `filter` 또는 `filtfilt` 명령어에 바로 사용하여 데이터 벡터를 필터링 할 수 있다. 또한 이 함수는 wn을 `[w1,w2]`의 형태의 두 개의 코너 주파수에 대한 열벡터로 바꾸어 대역통과 버터워스 필터를 설계할 수 있다. 그러면 필터의 통과대역은 절반의 샘플링 비율을 분수로 표현한 것과 동일한 의미에서 $w1 < w < w2$이 된다. 아울러 'high' 또는 'stop' 명령어를 덧붙이면 고역통과 및 대역저지 디지털 필터를 설계할 수 있다.

Examples:

[bd,ad] = butter[3,0.1]	저역통과 3차 버터워스 필터, 코너 주파수 $0.5f_s$
[bd,ad] = butter[4,[0.1 0.2]]	대역통과 4차 버터워스 필터, 코너 주파수 $0.05f_s$와 $0.1f_s$
[bd,ad] = butter[4,0.02,'high']	고역통과 4차 버터워스 필터, 코너 주파수 $0.1f_s$
[bd,ad] = butter[2,[0.32 0.34],'stop']	대역저지 2차 버터워스 필터, 코너 주파수 $0.16f_s$와 $0.17f_s$

(또한 butter 명령어를 대체할 수 있는 구문형식이 있다. 자세한 사항은 help butter를 쳐보라. 그 명령어는 아날로그 필터 설계를 하는 데에도 사용할 수 있다).

또 다른 연관된 디지털 필터 설계 함수는 cheby1,cheby2와 ellip 명령어이다. 그들 명령어는 체비셰프 및 타원 필터를 설계한다. 체비셰프 및 타원 필터는 동일한 필터의 차수에 대해 버터워스 필터보다 좀 더 좁은 천이대역을 가지지만 통과대역/저지대역에서의 리플이 생기는 것을 감수하고 설계하게 된다. 그런 필터에 대한 구문형식은 통과대역/저지대역에서 최대허용 리플을 명시해 두는 것을 제외하고는 비슷하다.

몇 가지 표준적인 윈도우 함수를 FIR 필터 설계에 사용할 수 있다. 그런 함수로는 bartlett, blackman, boxcar(직각형태), chebwin(체비셰프), hamming, hanning(von Hann), kaiser 및 triang(bartlett과 유사하지만 동일하지는 않는)이 있다.

아날로그 필터에서의 함수 freqs의 동작과 유사하게 함수 freqz는 디지털 필터의 주파수 응답을 찾아낸다. freqz의 구문형식은 다음과 같다.

```
[H,W] = freqz(bd,ad,N) ;
```

H는 필터의 복소 주파수 응답, W는 라디안 단위(이산시간 주파수이기 때문에 라디안/초 단위가 아님)의 이산시간 주파수(이 주파수에서 H를 계산하게 됨)에 대한 벡터, bd와 ad는 디지털 필터의 전달함수의 분자, 분모의 계수벡터, N은 샘플링 수이다.

함수 upfirdn은 업샘플링해 신호의 샘플링 비율을 바꾸고 FIR 필터링을 하고 다운 샘플링을 한다. 구문형식은

```
y = upfirdn(x,h,p,q) ;
```

이며 y는 샘플링 비율을 변경하여 얻어진 신호, x는 변경되어질 샘플링 비율을 갖는 신호, h는 FIR 필터의 임펄스 응답, p는 인수(이 인수에 의해 신호가 필터링 전에 영을 삽입해 업샘플링 된다)이며 q도 인수(이 인수에 의해 신호가 필터링 후에 다운샘플링(데시메이션))이다.

이런 것들은 결코 MATLAB의 디지털신호처리 기능의 전부가 아니다. 다른 함수에 대해서는 help signal을 쳐보라.

예제 15.12

MATLAB을 이용한 고역통과 버터워스 필터에 의한 이산시간 펄스 필터링

다음에 주어진 이산시간 신호를 π/6 라디안의 이산시간 코너 주파수를 갖는 3차 고역통과 디지털 버터워스 필터에 의해 디지털 필터링하라.

$$x[n] = u[n] - u[n-10]$$

```
%  Use 30 points to represent the excitation, x, and the response, y
N = 30 ;
%  Generate the excitation signal
n = 0:N-1 ; x = uDT(n) - uDT(n-10) ;
%  Design a third-order highpass digital Butterworth filter
[bd,ad] = butter(3,1/6,'high') ;
%  Filter the signal
y = filter(bd,ad,x) ;
```

〈그림 15.49〉는 입력신호와 응답을 보여주고 있다.

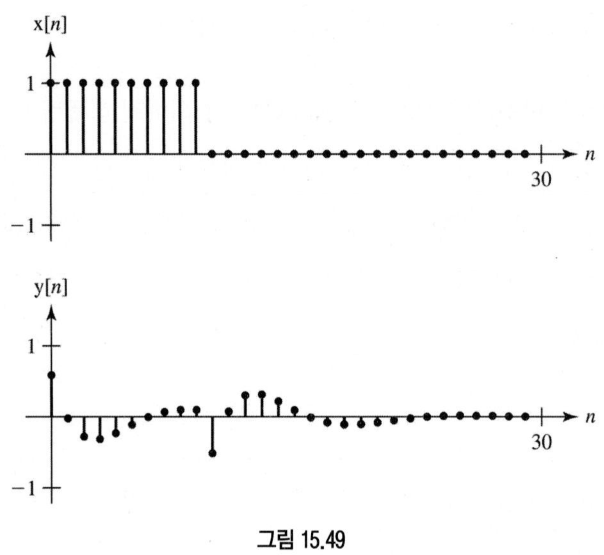

그림 15.49

15.4 요약

1. 버터워스 필터는 통과대역과 저지대역 모두 최대 평탄한 특성을 가지며 모든 극점은 s평면의 왼쪽 절반의 반원에 위치한다.
2. 저역통과 버터워스 필터는 적당한 변수치환을 하여 고역통과, 대역통과 또는 대역저지 필터로 변환될 수 있다.
3. 체비셰프, 타원 및 베셀 필터는 버터워스 필터와는 다른 방법으로 최적화된 필터이다. 필터는 역시 저역통과 필터로 설계될 수 있으며 고역통과, 대역통과 또는 대역저지 필터로 변환될 수 있다.
4. 디지털 필터에 대한 한 가지 일반적인 설계 기법은 검증된 아날로그 필터 설계를 모의실험(재현)해 보는 것이다.
5. 디지털 필터의 두 가지 광범위한 분류는 무한 지속 임펄스 응답(IIR)과 유한지속 임펄스 응답(FIR)이다.
6. IIR 필터 설계의 가장 일반적인 유형은 임펄스 불변, 스텝불변, 유한차분, 직접치환, 정합 z 변환 및 쌍선형 기법이 있다.
7. FIR 필터는 이상적인 임펄스 응답을 윈도우 함수를 사용하거나 Parks-McClellan 균일 리플 알고리듬에 의해 설계할 수 있다.

해답이 있는 연습문제

(각 연습문제의 해답은 무작위로 나열했다.)

연속시간 버터워스 필터

1. 계산기만 이용해 코너 주파수 $\omega_c = 1$이고 주파수가 0일 때 단위이득을 갖는 3차($n = 3$)저역통과 버터워스 필터의 전달함수를 구하라.

   해답 : $\dfrac{1}{s^3 + 2s^2 + 2s + 1}$

2. MATLAB을 이용해 코너 주파수 $\omega_c = 1$이고 주파수가 0일 때 단위이득을 갖는 8차 저역통과 버터워스 필터의 전달함수를 구하라.

   해답 :

$$\frac{1}{s^8 + 5.126s^7 + 13.1371s^6 + 21.8462s^5 + 25.6884s^4 + 21.8462s^3 + 13.1371s^2 + 5.126s + 1}$$

3. 다음 버터워스 필터의 전달 함수를 구하라.

   (a) 코너 주파수가 20kHz이고 통과대역의 이득이 5인 2차 고역통과 필터

   (b) 코너 주파수가 4750Hz와 5250 Hz이고 통과대역의 이득이 1인 3차 대역통과 필터

   (c) 코너 주파수가 9.975MHz와 10.025MHz이고 통과대역의 이득이 1인 4차 대역저지 필터

   해답 :

$$\frac{3.1\times10^{10}s^3}{s^6 + 6283s^5 + 2.97\times10^9 s^4 + 1.24\times10^{13}s^3 + 2.93\times10^{18}s^2 + 6.09\times10^{21}s + 9.542\times10^{26}},$$

$$\frac{s^8 + 1.57\times10^{16}s^6 + 9.243\times10^{31}s^4 + 2.418\times10^{47}s^2 + 2.373\times10^{62}}{\begin{bmatrix} s^8 + 8.205\times10^5 s^7 + 1.57\times10^{16}s^6 + 9.665\times10^{21}s^5 + 9.24\times10^{31}s^4 \\ +3.729\times10^{37}s^3 + 2.419\times10^{47}s^2 + 5.256\times10^{52}s + 2.373\times10^{62} \end{bmatrix}},$$

$$\frac{5s^2}{s^2 + 1.777\times10^5 s + 1.579\times10^{10}}$$

4. MATLAB을 이용해 차단 주파수가 1kHz인 4차 아날로그 고역통과 체비셰프 제1유형 및 타

원필터를 설계하라. 통과대역의 허용리플은 2dB로 하고 저지대역에서의 감쇠는 최소 60dB로 하자. 비교하기 위해 주파수 응답의 크기에 대한 Bode 선도를 동일한 축척으로 그려라. 각각의 필터에 대해 천이대역폭은 얼마나 넓은가?

해답 : Chebyshev Type 1: 726 Hz, Elliptic: 555Hz

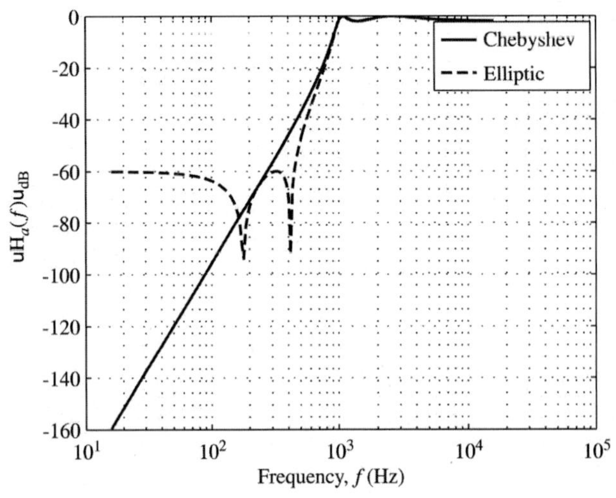

임펄스 불변 및 스텝불변 필터 설계

5. 임펄스 불변 및 스텝불변 설계기법을 이용해 다음의 전달함수를 갖는 아날로그 필터를 근사화 해 디지털 필터를 설계하라. 각각의 경우에 s 평면의 원점에서 가장 먼 극점 또는 영점까지의 거리의 크기의 10배의 샘플링 주파수를 택하라. 디지털 및 아날로그 필터의 스텝 응답을 도식적으로 비교하라.

(a) $H_a(s) = \dfrac{2}{s^2 + 3s + 2}$ (b) $H_a(s) = \dfrac{6s}{s^2 + 13s + 40}$

(c) $H_a(s) = \dfrac{250}{s^2 + 10s + 250}$

해답 :

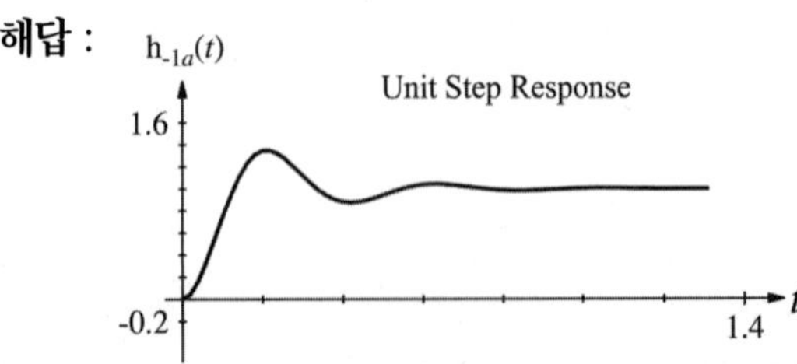

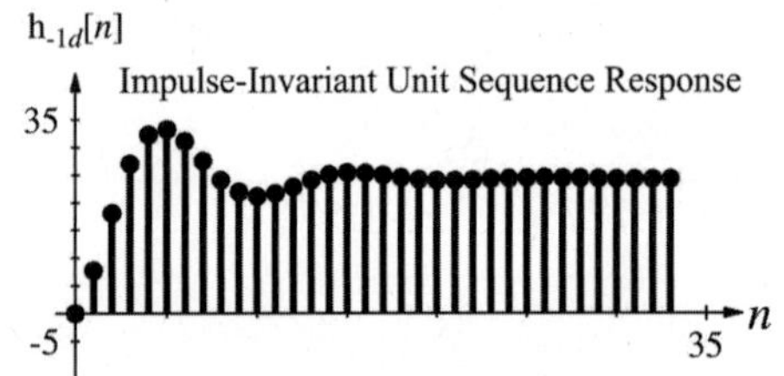

해답 :

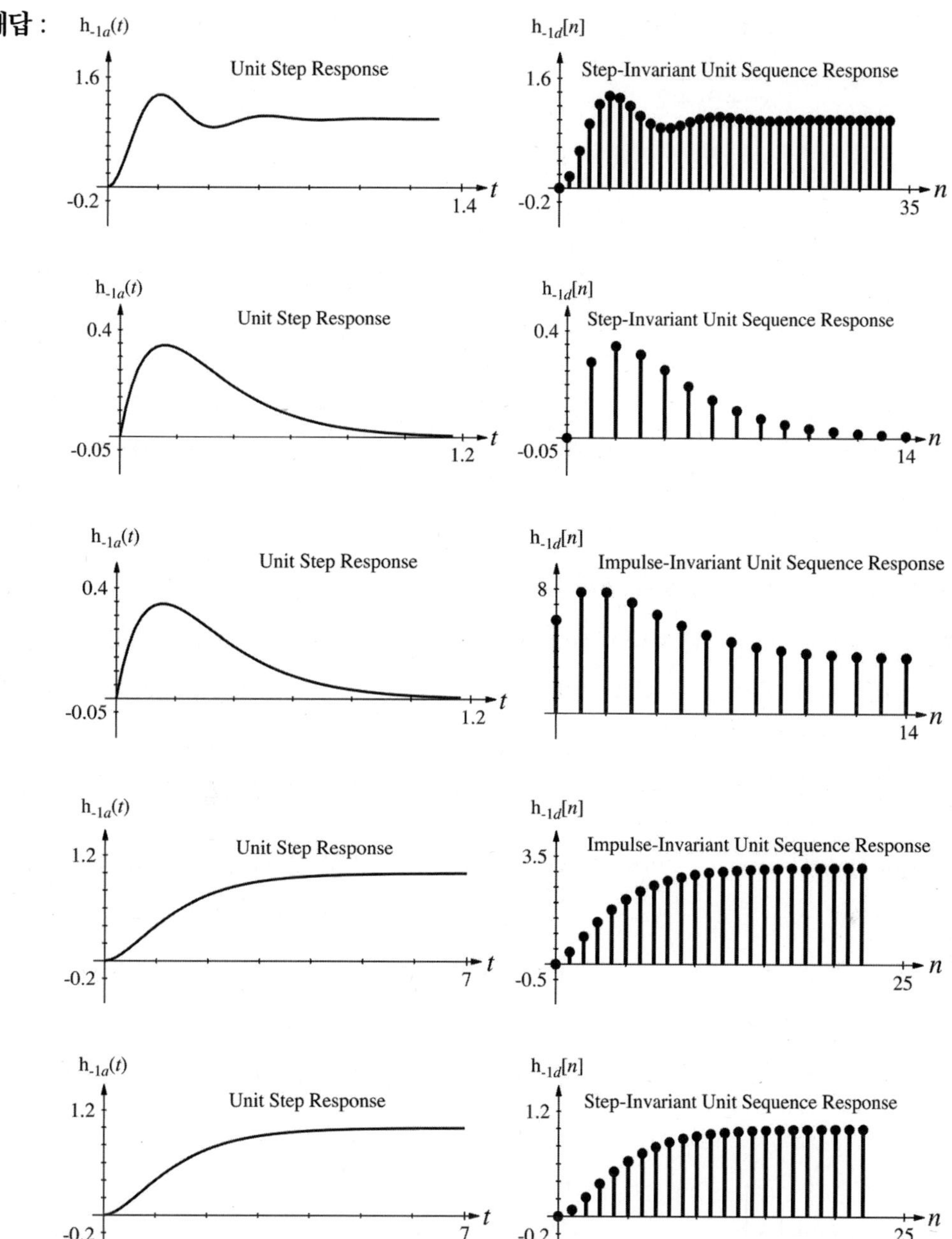

유한차분 필터 설계

6. 유한차분법과 모두 역방향의 차분법을 이용해 다음의 전달 함수를 갖는 아날로그 필터를 근사화 해 디지털 필터를 설계하라. 각각의 경우에 s 평면의 원점에서 가장 먼 극점 또는 영점까지의 거리의 크기의 10배의 샘플링 주파수를 택하라. 디지털 및 아날로그 필터의 스텝 응답을 도식적으로 비교하라.

(a) $H_a(s) = s,\ f_s = 1\text{MHz}$ (b) $H_a(s) = 1/s,\ f_s = 1\text{kHz}$

(c) $H_a(s) = \dfrac{2}{s^2 + 3s + 2}$

해답 :

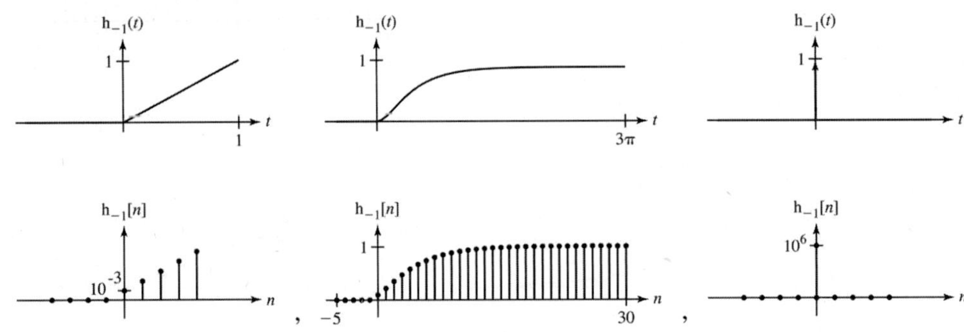

정합 z 변환 및 직접치환 필터 설계

7. 정합 z 변환 기법을 이용하여 다음의 전달 함수를 갖는 아날로그 필터를 근사화 해 디지털 필터를 설계하라. 각각의 경우에(이 방법에서 모든 극점 또는 영점이 원점에 있지 않는 한 샘플링 비율은 문제되지 않을 것이다) s 평면의 원점에서 가장 먼 극점 또는 영점까지의 거리의 크기의 10배의 샘플링 주파수를 택하라. 디지털 및 아날로그 필터의 스텝 응답을 도식적으로 비교하라.

(a) $H_a(s) = s$ (b) $H_a(s) = 1/s$ (c) $H_a(s) = \dfrac{2s}{s^2 + 10s + 25}$

해답 :

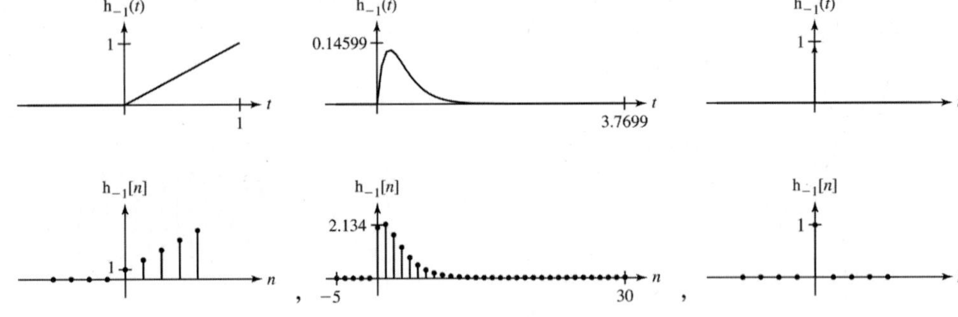

쌍선형 z 변환 필터 설계

8. 쌍선형 z 변환 기법을 이용해 다음의 전달함수를 갖는 아날로그 필터를 근사화 디지털 필터를 설계하라. 각각의 경우에 s 평면의 원점에서 가장 먼 극점 또는 영점까지의 거리의 크기의 10배의 샘플링 주파수를 택하라. 디지털 및 아날로그 필터의 스텝 응답을 도식적으로 비교하라.

(a) $H_a(s)=\frac{s-10}{s+10}$ (b) $H_a(s)=\frac{10}{s^2+11s+10}$ (c) $H_a(s)=\frac{3s}{s^2+11s+10}$

해답 :

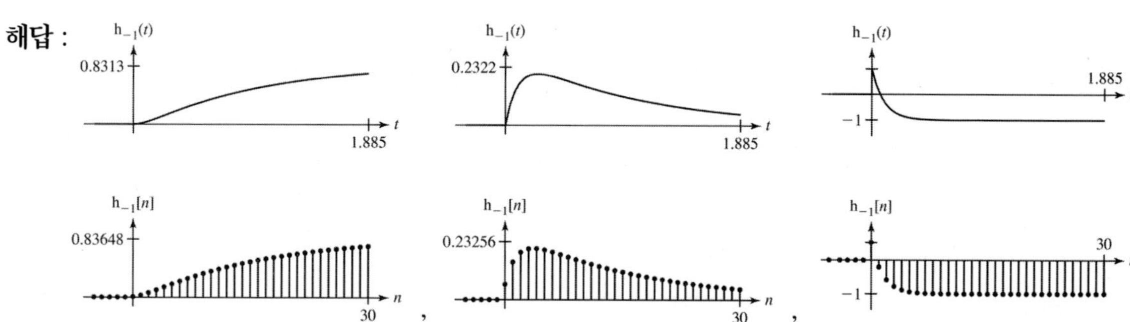

FIR 필터 설계

9. 폭이 50이고 샘플링 비율이 10,000샘플/초인 직각형태의 윈도우를 이용해 다음의 전달함수를 갖는 아날로그 필터를 근사화 해 FIR 디지털 필터를 설계하라.

$$H_a(s)=\frac{2000s}{s^2+2000s+2\times10^6}$$

아날로그 및 디지털 필터의 주파수 응답을 비교하라.

해답 :

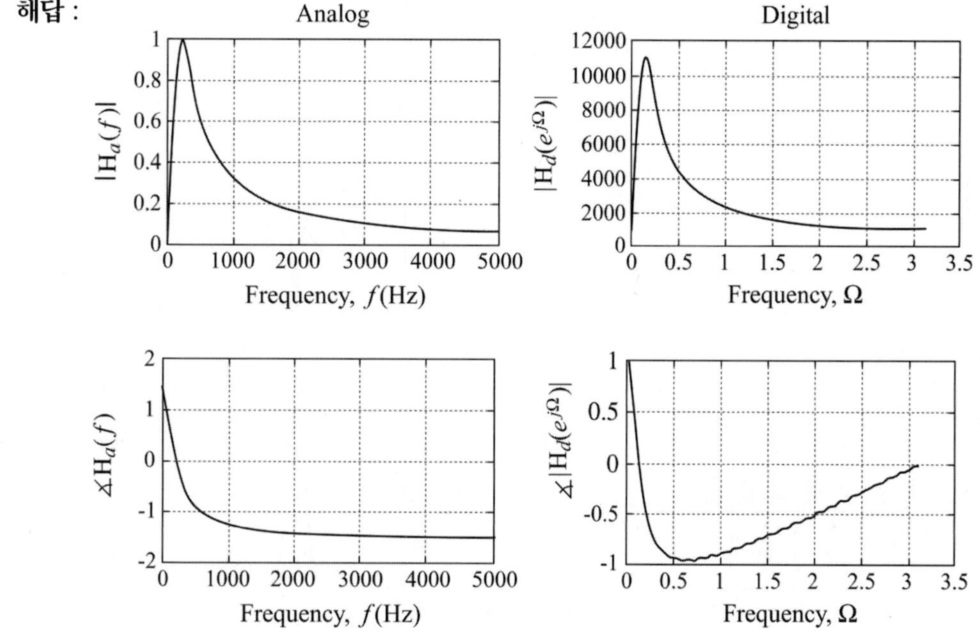

10. 폭이 100이고 샘플링 비율이 50,000샘플/초인 직각형태의 윈도우를 이용해 다음의 전달 함수를 갖는 아날로그 필터를 근사화 해 FIR 디지털 필터를 설계하라.

$$H_a(s) = 3\times10^4 \frac{s^2+1.6\times10^9}{(s+3\times10^4)(s^2+5000s+1.6\times10^9)}$$

디지털 필터의 임펄스 및 주파수 응답을 그려라. Blackman 윈도우를 이용해 설계를 반복하고 주파수 응답에 나타난 결과를 설명하라.

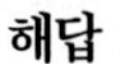

해답 :

Analog Impulse Response
x 10^4
$h_a(t)$
Time, t (ms)
Analog Frequency Response
$|H_a(f)|$
Frequency, f (kHz)
Digital Impulse Response with Rectangular Window
x 10^4
$h_d[n]$
Time, n
Digital Frequency Response with Rectangular Window
x 10^4
$|H_d(e^{j\Omega})|$
Frequency, Ω (radians)

Analog Impulse Response
x 10^4
$h_a(t)$
Time, t (ms)
Analog Frequency Response
$|H_a(f)|$
Frequency, f (kHz)
Digital Impulse Response with Blackman Window
$h_d[n]$
Time, n
Digital Frequency Response with Blackman Window
$|H_d(e^{j\Omega})|$
Frequency, Ω (radians)

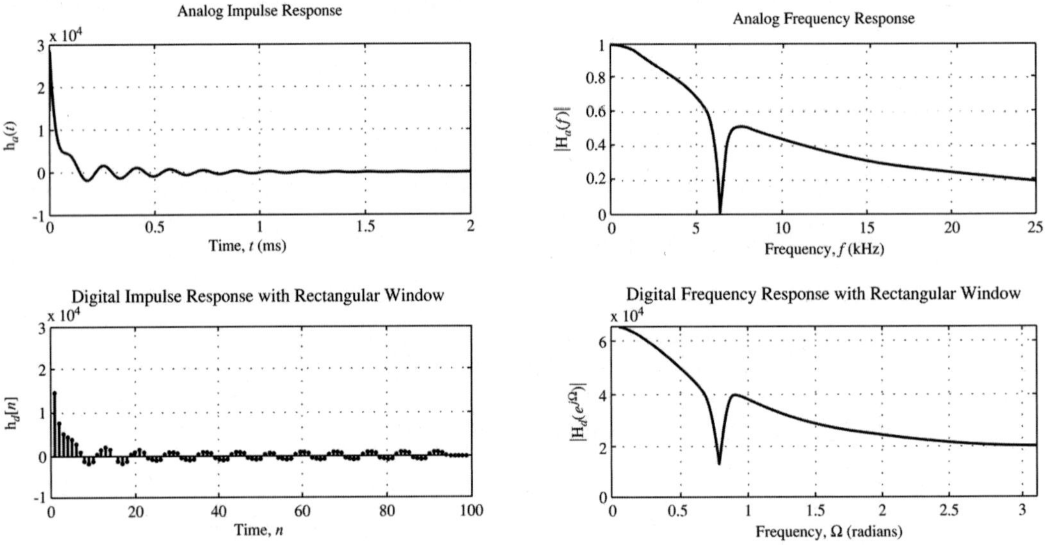

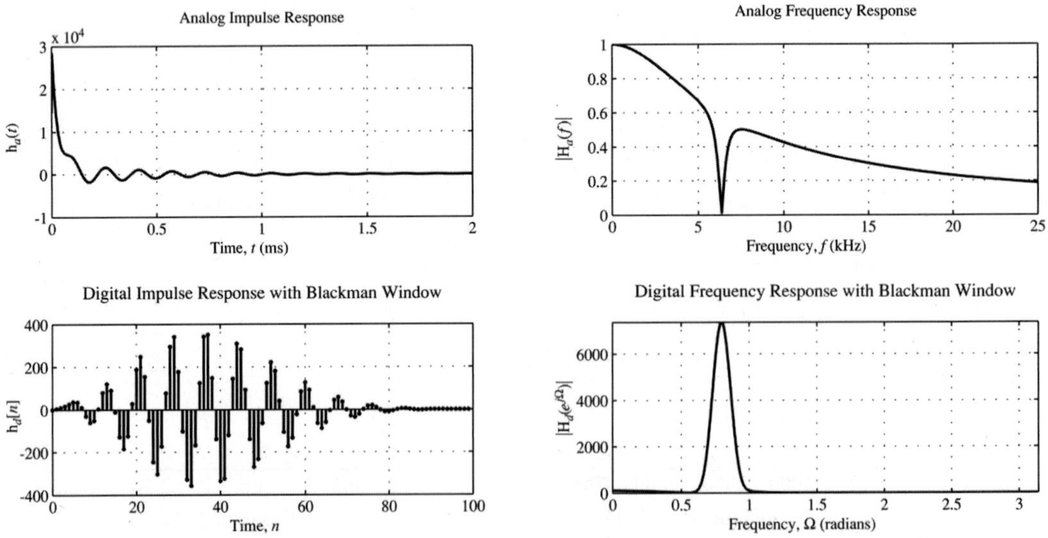

11. 절단된 임펄스 응답에 대해 샘플링하고 주어진 윈도우를 사용해 다음에 나오는 각각의 이상적인 아날로그 필터를 근사화 해 디지털 필터를 설계하라. 각각의 경우에 아날로그 필터의 가장 높은 통과 주파수의 10배의 샘플링 주파수를 택하라. 임펄스 응답의 신호 에너지에 대해 1% 이하를 절단하도록 지연 및 절단시간을 택하라. 선형 주파수에 대한 dB 크기를 이용해 디지털 및 이상적인 아날로그 필터의 크기 주파수 응답을 도식적으로 비교하라.

(a) 저역통과, $f_c = 1\text{Hz}$, 직각형태 윈도우

(b) 저역통과 $f_c = 1\text{Hz}$, von Hann 윈도우

해답 :

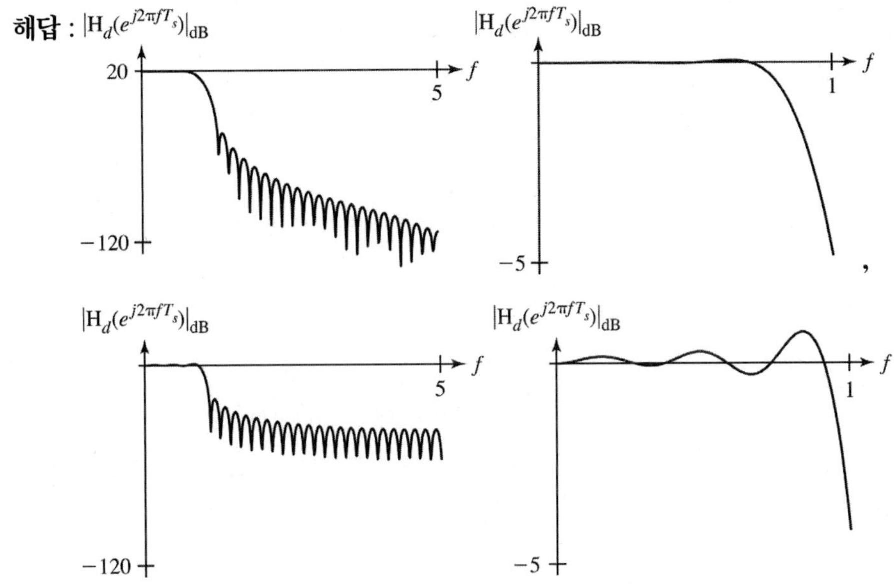

해답이 없는 연습문제

아날로그 필터 설계

12. 많은 산업공정에서 온도를 재기 위해 열전대를 이용한다. 보통 열전대는 진동, 휨응력 또는 다른 힘으로부터 보호해 주는 금속피복인 '열전대보호관' 내부에 기계적으로 탑재된다. 열전대 단독의 고유 시간응답과 비교해 열전대보호관의 한 가지 효과는 그것의 열용량이 열전대/열전대보호관 결합체의 유효시간응답을 느리게 만든다는 것이다. 열전대보호관의 외부 표면의 실제 절대 온도(Kelvin 단위)를 $T_s(t)$라 하고 온도에 대한 반응으로 열전대에 발생한 전압을 $v_t(t)$라 하자. 열전대보호관의 외부 표면 온도가 T_1에서 T_1+1로 절대온도 1도가 변화할 경우의 열전대의 응답은 다음 수식과 같다.

$$v_t(t) = K\left[T_1 + \left(1 - e^{-\frac{t}{0.2}}\right)u(t)\right]$$

K는 열전대의 온도-전압 변환 상수이다.

(a) 변환상수 $K = 40\ \mu V/K$라 하자. 열전대보호관의 표면온도변화가 절대온도 1도 간격(즉 그 자체로 1 mV의 전압변화)의 전체적인 시스템 응답을 갖도록 함으로써 열전대의 전압을 처리하고 시간지연을 보상해 줄 능동 필터를 설계하라.

(b) 열전대 또한 근처의 높은 전력 장비에서 나오는 전자기파 방해(EMI)의 영향을 받는다고 가정하라. EMI는 열전대의 양단에 20 μV의 크기의 정현파로 모델링 된다고 하자. 1Hz, 10Hz 및 60Hz의 EMI주파수에 대한 열전대-필터의 응답을 계산하라. 각각의 경우에 EMI에 의해 야기된 온도의 뚜렷한 변동은 어느 정도 인가?

13. 다음 사양을 만족하는 최소차수의 체비셰프 제2유형 대역통과 필터를 설계하라.

통과대역: 4kHz에서 6kHz, 이득은 0에서 -2dB

저지대역: $<$3kHz와$>$ 8kHz, 감쇠는 $>$60dB

최소차수는 얼마인가? 크기 및 위상 주파수 응답에 대한 Bode선도를 그리고 통과 및 저지대역의 사양을 확실히 만족하는지 확인하라. 극점-영점 분포도를 그려라. 임펄스 응답이 최대값을 갖는 시간은 언제인가?

임펄스 불변 및 스텝불변 필터 설계

14. 임펄스 불변 설계법을 이용해 다음의 전달함수를 갖는 연속시간 시스템을 주어진 샘플링 비율로 근사화한 이산시간 시스템을 설계하라. 연속시간 및 이산시간 시스템의 임펄스 및 단위 스텝(또는 시퀀스) 응답을 비교하라.

(a) $H_a(s) = \dfrac{712s}{s^2 + 46s + 240}$, $f_s = 20$ Hz (b) $H_a(s) = \dfrac{712s}{s^2 + 46s + 240}$, $f_s = 200$ Hz

15. 임펄스 불변법과 스텝불변 설계법을 이용해 다음 전달 함수를 갖는 아날로그 필터를 근사화해 디지털 필터를 설계하라. 각각의 경우에 s 평면의 원점에서 가장 먼 극점 또는 영점까지의 거리의 크기의 10배의 샘플링 주파수를 택하라. 디지털 및 아날로그 필터의 스텝 응답을 도식적으로 비교하라.

(a) $\mathrm{H}_a(s) = \dfrac{16s}{s^2 + 10s + 250}$ (b) $\mathrm{H}_a(s) = \dfrac{s+4}{s^2 + 12s + 32}$

(c) $\mathrm{H}_a(s) = \dfrac{s^2 + 4}{s(s^2 + 12s + 32)}$

유한차분 필터 설계

16. 유한차분법과 모두 역방향의 차분법을 이용해 다음의 전달 함수를 갖는 아날로그 필터를 근사화 하여 디지털 필터를 설계하라. 각각의 경우에 s 평면의 원점에서 가장 먼 극점 또는 영점까지의 거리의 크기의 10배의 샘플링 주파수를 택하라. 디지털 및 아날로그 필터의 스텝 응답을 도식적으로 비교하라.

(a) $\mathrm{H}_a(s) = \dfrac{s^2}{s^2 + 3s + 2}$ (b) $\mathrm{H}_a(s) = \dfrac{s+60}{s^2 + 120s + 2000}$

(c) $\mathrm{H}_a(s) = \dfrac{16s}{s^2 + 10s + 250}$

정합 z 변환 및 직접치환 필터 설계

17. 직접치환법을 이용하여 다음의 전달 함수를 갖는 아날로그 필터를 근사화 해 디지털 필터를 설계하라. 각각의 경우에 s 평면의 원점에서 가장 먼 극점 또는 영점까지의 거리의 크기의 10배의 샘플링 주파수를 택하라. 디지털 및 아날로그 필터의 스텝 응답을 도식적으로 비교하라.

(a) $\mathrm{H}_a(s) = \dfrac{s^2}{s^2 + 1100s + 10^5}$ (b) $\mathrm{H}_a(s) = \dfrac{s^2 + 100s + 5000}{s^2 + 120s + 2000}$

(c) $\mathrm{H}_a(s) = \dfrac{s^2 + 4}{s(s^2 + 12s + 32)}$

쌍선형 z 변환 필터 설계

18. 쌍선형 z 변환 기법을 이용해 다음의 전달 함수를 갖는 아날로그 필터를 근사화 해 디지털 필터를 설계하라. 각각의 경우에 s 평면의 원점에서 가장 먼 극점 또는 영점까지의 거리의 크기의 10배의 샘플링 주파수를 택하라. 디지털 및 아날로그 필터의 스텝 응답을 도식적으로 비교하라.

(a) $\mathrm{H}_a(s) = \dfrac{s^2}{s^2 + 100s + 250000}$ (b) $\mathrm{H}_a(s) = \dfrac{s^2 + 100s + 5000}{s^2 + 120s + 2000}$

(c) $\mathrm{H}_a(s) = \dfrac{s^2 + 4}{s^2 + 12s + 32}$

19. 쌍선형 z변환 기법과 10kHz의 샘플링 비율을 이용해 차단 주파수가 4kHz인 4차 저역통과 버터워스 아날로그 필터를 근사화하라. 디지털 필터의 -3dB 지점을 찾고 원하는 차단 주파수 $\Omega_c = 2\pi f_c / f_s = 0.8\pi$와 비교하라. 왜 차단 주파수가 서로 다른가?

FIR 필터 설계

20. 절단된 임펄스 응답에 대해 샘플링하고 주어진 윈도우를 사용해 다음에 나오는 각각의 이상적인 아날로그 필터를 근사화 해 디지털 필터를 설계하라. 각각의 경우에 아날로그 필터의 가장 높은 통과 주파수의 10배의 샘플링 주파수를 택하라. 임펄스 응답의 신호 에너지에 대해 1% 이하를 절단하도록 지연 및 절단시간을 택하라. dB 크기와 선형 주파수를 이용하여 디지털 및 이상적인 아날로그 필터의 크기 주파수 응답을 도식적으로 비교하라.

    (a) 대역통과, $f_{low} = 10\text{Hz}$, $f_{high} = 20\text{Hz}$, 구형파 윈도우

    (b) 대역통과, $f_{low} = 10\text{Hz}$, $f_{high} = 20\text{Hz}$, Blackman 윈도우

21. Parks-McClellan 알고리듬을 이용해 〈그림 E.21〉의 사양을 만족시키는 가능한 최단 임펄스 응답을 갖도록 설계한 FIR 필터의 주파수 응답을 그려라.

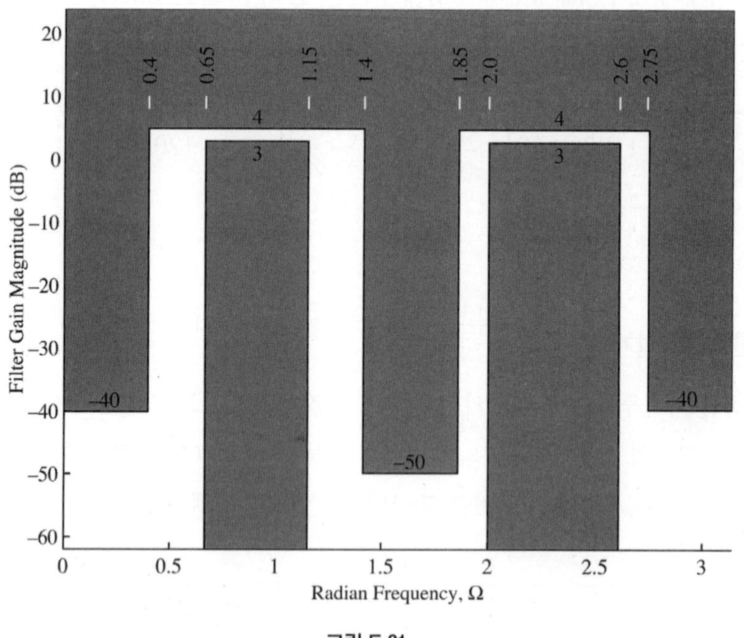

그림 E.21

CHAPTER 16

상태-공간 해석

16.1 개요 및 학습 목표

이 전장에서 다룬 대부분의 시스템 해석은 하나의 입력에 대한 하나의 출력으로 상대적으로 간단한 시스템이다. 이제부터 더 큰 시스템을 다루는데 필요한 해석방법에 대해 알아본다. 큰 시스템의 해석은 시스템을 표현하는데 필요한 시스템 방정식의 규모가 크며 해를 구하기 위해 요구되는 대수적 조작이 많기 때문에 장황해지고 실수를 하기 쉽게 된다. 그러므로 큰 시스템을 다루고 실수 없이 해를 구하면서도 과도한 시간을 사용하지 않는 체계적인 접근방법을 개발하는 것이 필요하다. 큰 시스템을 해석하는 보편적인 방법은 상태 변수(state variable)을 사용하는 상태 공간 해석(state-space analysis)이다.

학습 목표

1. 크고 복잡한 시스템 해석을 체계화한다.
2. 시스템의 차수에 대해 알아보며 적절한 상태 변수를 부여한다.
3. 복잡한 시스템을 간략한 표기법으로 나타낼 수 있는 행렬방법을 적용한다.
4. 중요한 시스템 특성을 집약하고 있는 파라미터와 특정 시스템 연산을 정의한다.
5. 상태 공간 해석을 전달 함수에 연계시킨다.
6. 상태 변수 세트를 다른 상태 변수 세트로 어떻게 변환하고, 시스템의 상태 변수 표현을 어떻게 대각행렬로 나타내는지 알아본다.
7. 상태 공간 해석에서 Matlab 툴 사용에 대해 다룬다.
8. 연속시간 시스템과 이산시간 시스템에 상태 공간 방법을 적용한다.

16.2 연속시간 시스템

상태 변수 세트는 시스템 입력과 더불어 시스템 내의 신호 세트로 시스템의 상태를 완전하게 결정한다. *RC* 저역통과 필터를 고찰해 보자. 임의 상수를 구하고 응답 전압에 대한 정확한 해를 얻기 위하여 초기 커패시터 전압을 알 필요가 있다. RLC 회로에서는 초기 커패시터 전압과 초기 인덕터 전류 모두를 알 필요가 있다. 여기서 커패시터 전압과 인덕터 전류가 상태 변수가 되며 이 값들은 시스템의 상태(또는 조건)을 완전하게 정의한다. 일단 이 값들과 시스템 역학과 입력을 알게 된다면 향후 시스템에 대해 알기를 원하는 어떤 것이라도 계산할 수 있다.

모든 시스템은 차수(order)를 갖고 있다. 시스템 차수는 시스템 상태를 유일하게 나타내는데 필요한 상태 변수의 수와 동일하다. 만약 시스템이 미분 또는 차분 방정식으로 표현된다면 시스템의 차수는 방정식의 차수와 동일하다. 만약 시스템이 다수의 독립방정식으로 표현된다면 이 시스템의 차수는 방정식 차수의 합이 된다. 시스템에서 요구하는 상태 변수의 수는 상태벡터(state vector)의 크기를 결정하고 상태 공간(state space)이 몇 차원인지 결정한다. 상태 공간은 벡터공간의 특정한 예이다. 그러므로 시스템의 상태는 상태 공간 내에 위치한 것으로 개념화할 수 있다. 시스템 입력에 대한 시스템 응답을 일반적인 용어로 표현한다면 시스템 상태가 상태 공간을 통과하는 궤적(trajectory)을 따라간다고 표현할 수 있다.

시스템 상태 변수는 유일하지 않다. 두 개의 서로 다른 상태 변수 세트 중 하나를 선택하여 사용할 수 있지만 두 세트 모두 올바르고 완전한 상태 변수 세트이다. 그러나 많은 경우에 해석 목적에 부합하는 더 적합한 상태 변수 세트가 있을 수 있다.

상태 공간 해석은 다음과 같은 특성들을 갖고 있다.

1. 과정을 체계적으로 함으로써 해석 오류가 발생할 확률을 감소시킨다.
2. 내부와 외부 모두에서 중요한 모든 시스템 신호를 표현한다.
3. 시스템 역학을 이해할 수 있도록 하며 설계 최적화에 도움을 줄 수 있다.
4. 행렬 방법을 사용하여 수식화 할 수 있으며 시스템 상태와 시스템 응답을 두 개의 행렬식으로 표현할 수 있다.
5. 상태 변수 해석 기법이 변환기법과 결합되었을 때 큰 시스템 해석에서 더욱 유용해진다.

시스템 및 출력 방정식

상태 공간 해석 기법을 소개하기 위해 매우 간단한 시스템 즉, 병렬 RLC 회로〈그림 16.1〉에 적용하는 것으로 시작해 보자. 입력은 입력단자에 전류 $\mathrm{i}_{in}(t)$가 되도록 설계했으며 응답은 출력단자에 $\mathrm{V}_{out}(t)$가 되도록 설계했다. 저항에 흐르는 전류는 $\mathrm{i}_R(t)$이다. 상단 마디에서 0마디로 들어가는 전류들을 합하면

$$G\,\mathrm{v}_{out}(t)+\frac{1}{L}\int_{-\infty}^{t}\mathrm{v}_{out}(\lambda)\,d\lambda+C\,\mathrm{v}'_{out}(t)=\mathrm{i}_{in}(t)$$

을 얻으며 여기서 $G=1/R$이며 미적분방정식이 된다. 이 식을 시간에 대해 미분하면 2차 미분방정식을 얻게 되므로 이 식은 2차 시스템이다.

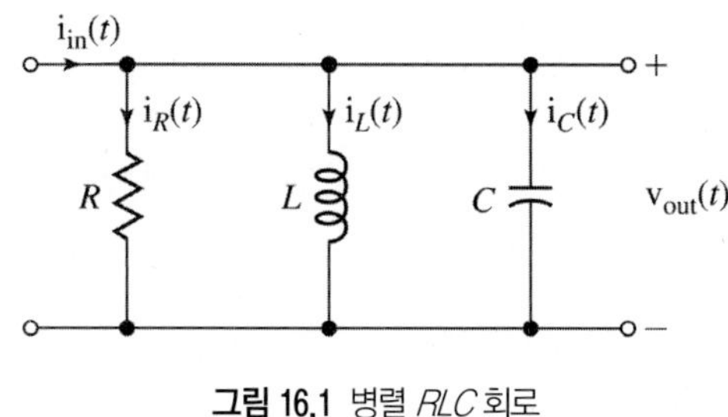

그림 16.1 병렬 RLC 회로

이제부터 미분방정식의 형태로 시스템 방정식을 바로 푸는 대신에 정보를 포함하고 있는 식으로 재구성한다. 상태 변수로 커패시터 전압 $\mathrm{v}_C(t)$와 인덕터 전류 $\mathrm{i}_L(t)$임을 알고 있다. 시스템에 대한 표준 상태 변수 방정식은 시스템 방정식(system equation)과 출력 방정식(output equation)으로 표현되는 두 개의 방정식이다. 시스템 방정식을 표준형식으로 나타내면 왼쪽항에는 상태 변수의 미분이 놓이며 오른쪽 항은 상태 변수와 입력이 선형결합된 것이 놓인다. 옴의 법칙, 키르히호프의 법칙 그리고 인덕터와 커패시터에 대해 정의된 식을 사용하면 시스템 방정식은

$$\mathrm{i}'_L(t)=(1/L)\,\mathrm{v}_C(t)$$

그리고

$$\mathrm{v}'_C(t)=-(1/C)\,\mathrm{i}_L(t)-(G/C)\,\mathrm{v}_C(t)+(1/C)\,\mathrm{i}_{in}(t)$$

이 된다. 출력 방정식은 상태 변수의 선형결합으로 응답을 표현한다. 이 예에서는 다음과 같다.

$$\mathrm{v}_{out}(t) = \mathrm{v}_C(t)$$

그리고

$$\mathrm{i}_R(t) = G\,\mathrm{v}_C(t)$$

시스템 방정식은 표준 행렬식

$$\begin{bmatrix} \mathrm{i}'_L(t) \\ \mathrm{v}'_C(t) \end{bmatrix} = \begin{bmatrix} 0 & 1/L \\ -1/C & -G/C \end{bmatrix} \begin{bmatrix} \mathrm{i}_L(t) \\ \mathrm{v}_C(t) \end{bmatrix} + \begin{bmatrix} 0 \\ 1/C \end{bmatrix} [\mathrm{i}_{in}(t)] \tag{16.1}$$

으로 나타낼 수 있으며 출력 방정식은 표준 행렬식으로 다음과 같이 나타낼 수 있다.

$$\begin{bmatrix} \mathrm{v}_{out}(t) \\ \mathrm{i}_R(t) \end{bmatrix} = \begin{bmatrix} 0 & 1 \\ 0 & G \end{bmatrix} \begin{bmatrix} \mathrm{i}_L(t) \\ \mathrm{v}_C(t) \end{bmatrix} + \begin{bmatrix} 0 \\ 0 \end{bmatrix} [\mathrm{i}_{in}(t)] \tag{16.2}$$

상태 변수는 시스템 응답과 매우 유사한 것처럼 보인다. 상태 변수와 응답 사이의 구별은 사용하는 방법에 달려 있다. 상태 변수는 시스템의 상태를 완전하게 나타내는 시스템 신호로 구성된다. 시스템 응답은 시스템 설계 목적에 맞게 특정 시스템 해석에서 나타낼 수 있는 응답으로 설계된 신호이다. 상태 변수 또한 응답이 될 수 있다. 그러나 상태 변수와 응답이 특정 시스템 해석에서 동일할 수 있을지라도 표준 상태 공간 방정식에서 분리된 명칭을 사용하는 것이 체계적이다. 이렇게 하는 것이 시간 낭비같이 보이지만 큰 시스템 해석에서 실제로 선호되는 방법이며 해석 오류를 방지할 수 있다.

시스템 방정식의 상태 변수 방정식은 시스템 블록선도를 그리는 과정을 매우 쉽고 체계적으로 만든다. 이 예에서 시스템 블록선도는 시스템 방정식으로부터 직접 나타낼 수 있으며 〈그림 16.2〉에 나타냈다.

상태 변수 벡터를 $\mathbf{q}(t)$, 입력 벡터를 $\mathbf{x}(t)$, 그리고 응답 벡터를 $\mathbf{y}(t)$로 표현한다.[1] 시스템 방정식 (16.1)에 $\mathbf{q}(t)$을 곱한 행렬은 통상적으로 $\mathbf{A}$로 표현한다. 그리고 시스템 방정식에 $\mathbf{x}(t)$을 곱

1 어떤 책에서는 상태 변수 벡터를 심벌 $\mathbf{q}$ 대신에 심벌 $\mathbf{x}$로 나타내기도 한다. 일반적으로 심벌 $\mathrm{x}(t)$는 입력을 나타내기 위해 사용되기 때문에 상태 변수를 나타내기 위한 심벌 $\mathbf{x}$ 사용은 혼동을 일으킬 수 있다. 어떤 책에서는 입력 벡터로 심벌 $\mathbf{x}$ 대신에 심벌 $\mathbf{u}$을 사용한다. 또한 심벌 $\mathrm{u}(t)$는 단위계단 함수를 나타내는데 사용된다. 심벌 $\mathrm{x}(t)$을 단일 입력 시스템에서 입력으로 사용되었다면 비록 굵은 글씨로 $\mathbf{u}$로 나타내었으며 $\mathrm{u}(t)$가 아니지만 입력으로 심벌 $\mathbf{u}$보다 $\mathbf{x}$을 사용하는 것이 덜 혼동될 수 있다.

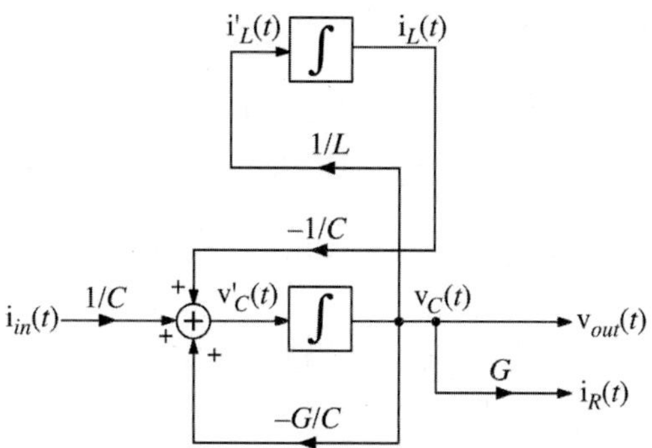

그림 16.2 병렬 *RLC* 회로의 상태 변수 시스템 블록선도

한 행렬은 **B**로 표현한다. 출력 방정식에 **q**(*t*)을 곱한 행렬은 **C**로 표현하며 출력방정식에 **x**(*t*)을 곱한 행렬은 **D**로 표현한다. 이 표시법을 사용하여 다음과 같은 행렬식으로 나타낼 수 있다.

$$\mathbf{q}'(t) = \mathbf{A}\mathbf{q}(t) + \mathbf{B}\mathbf{x}(t)$$

이 예에서는 $\mathbf{q}(t) = \begin{bmatrix} \mathrm{i}_L(t) \\ \mathrm{v}_C(t) \end{bmatrix}$, $\mathbf{A} = \begin{bmatrix} 0 & 1/L \\ -1/C & -G/C \end{bmatrix}$, $\mathbf{B} = \begin{bmatrix} 0 \\ 1/C \end{bmatrix}$ 그리고 $\mathbf{x}(t) = [\mathrm{i}_{in}(t)]$이다.

응답 방정식은

$$\mathbf{y}(t) = \mathbf{C}\mathbf{q}(t) + \mathbf{D}\mathbf{x}(t)$$

으로 나타낼 수 있다. 여기서 $\mathbf{y}(t) = \begin{bmatrix} \mathrm{v}_{out}(t) \\ \mathrm{i}_R(t) \end{bmatrix}$는 응답 벡터이며 $\mathbf{C} = \begin{bmatrix} 0 & 1 \\ 0 & G \end{bmatrix}$ 그리고 $\mathbf{D} = \begin{bmatrix} 0 \\ 0 \end{bmatrix}$이다. (응답에 대한 방정식을 출력 방정식이라 한다.) 얼마나 복잡하든 상관없이 시스템은 상태 변수 벡터와 행렬의 적절한 분배로 이루어질 수 있으며 LTI 시스템의 시스템 방정식과 출력 방정식은 두 개의 행렬식으로 언제나 나타낼 수 있다. 이 간단한 예에서는 시스템의 해를 구하기 위해 고전적 방법을 사용하여도 어려움이 없기 때문에 이 식의 강력함을 잘 볼 수 없다. 그러나 시스템이 더 커졌을 때 덜 체계적인 방법과 비교하면 이 체계적 방법이 더 선호된다.

지금까지 시스템을 수식화만 했으며 방정식을 풀지는 않았다. 시스템 해석에서 상태 공간 방정식의 강력한 점은 체계적으로 직접 방정식을 풀 수 있다는 것이다. 상태방정식은 다음과 같다.

$$\mathbf{q}'(t) = \mathbf{A}\mathbf{q}(t) + \mathbf{B}\mathbf{x}(t)$$

$$\mathbf{y}(t) = \mathbf{C}\mathbf{q}(t) + \mathbf{D}\mathbf{x}(t)$$

입력벡터 x(t)을 알고 있기 때문에 시스템 방정식에 대한 해 벡터 $\mathbf{q}(t)$을 구할 수 있으면 응답벡터 y(t)을 즉시 계산할 수 있다. 따라서 우선 시스템 방정식의 해를 구하는 풀이과정을 다룬다.

이 행렬식에서 직접적으로 시간영역 해를 구하는 것이 가능하지만 단방향 라플라스 변환을 사용하여 해를 구하는 것이 더 쉽다. 이 시스템 방정식의 라플라스 변환은

$$s\mathbf{Q}(s) - \mathbf{q}(0^-) = \mathbf{AQ}(s) + \mathbf{BX}(s)$$

즉,

$$[s\mathbf{I} - \mathbf{A}]\mathbf{Q}(s) = \mathbf{BX}(s) + \mathbf{q}(0^-)$$

이 된다. 여기서 $\mathbf{q}(0^-)$는 상태 변수의 초기 값 벡터이다. 이 식의 양 변에 $[s\mathbf{I} - \mathbf{A}]^{-1}$을 곱하면 $\mathbf{Q}(s)$을 구할 수 있다.

$$\mathbf{Q}(s) = [s\mathbf{I} - \mathbf{A}]^{-1}[\mathbf{BX}(s) + \mathbf{q}(0^-)] \tag{16.3}$$

행렬 $[s\mathbf{I} - \mathbf{A}]^{-1}$는 일반적으로 심벌 $\Phi(s)$로 나타낸다. 식 (16.3)에 이 심벌을 사용하면 다음과 같이 된다.

$$\mathbf{Q}(s) = \Phi(s)[\mathbf{BX}(s) + \mathbf{q}(0^-)] = \underbrace{\Phi(s)\mathbf{BX}(s)}_{\substack{\text{zero-state}\\\text{response}}} + \underbrace{\Phi(s)\mathbf{q}(0^-)}_{\substack{\text{zero-input}\\\text{response}}} \tag{16.4}$$

상태 벡터는 두 부분 영상태 응답과 영입력 응답으로 구성된다. 식 (16.4)에 라플라스 역변환을 적용하면 시간영역 해를 구할 수 있다.

$$\mathbf{q}(t) = \underbrace{\phi(t) * \mathbf{Bx}(t)}_{\substack{\text{zero-state}\\\text{response}}} + \underbrace{\phi(t)\mathbf{q}(0^-)}_{\substack{\text{zero-input}\\\text{response}}}$$

여기서 $\phi(t) \xleftrightarrow{\mathcal{L}} \Phi(s)$ 그리고 $\phi(t)$는 상태천이행렬(state transition matrix)이라 한다. 초기 상태와 입력이 알려져 있다면 $\phi(t)$는 향후에 상태를 구하는데 사용된다는 의미에서 '상태천이 행렬'이라는 명칭이 부여되었다. 즉,$\phi(t)$는 시스템이 한 상태에서 다른 상태로 천이되는 과정을 계산하게 한다.

예제에 이 방법을 적용한 상태방정식의 행렬은 다음과 같다.

$$\mathbf{q}(t) = \begin{bmatrix} \mathrm{i}_L(t) \\ \mathrm{v}_C(t) \end{bmatrix}, \ \mathbf{A} = \begin{bmatrix} 0 & 1/L \\ -1/C & -G/C \end{bmatrix}, \ \mathbf{B} = \begin{bmatrix} 0 \\ 1/C \end{bmatrix}, \text{ 그리고 } \mathbf{x}(t) = [\mathrm{i}_{in}(t)]$$

입력 전류로 단위 계단

$$\mathrm{i}(t) = A\mathrm{u}(t),$$

을 적용하면 초기 조건은 다음과 같이 된다.

$$\mathbf{q}(0^-) = \begin{bmatrix} \mathrm{i}_L(0^-) \\ \mathrm{v}_C(0^-) \end{bmatrix} = \begin{bmatrix} 0 \\ 1 \end{bmatrix}$$

소자 값을 $R = 1/3$, $C = 1$, $L = 1$이라 하자. 역행렬이 여인수(cofactor) 행렬의 전치(transpose)를 행렬식(determinant)으로 나눈 것이므로

$$\Phi(s) = (s\mathbf{I} - \mathbf{A})^{-1} = \begin{bmatrix} s & -1/L \\ 1/C & s + G/C \end{bmatrix}^{-1} = \frac{\begin{bmatrix} s + G/C & -1/C \\ 1/L & s \end{bmatrix}^T}{s^2 + (G/C)s + 1/LC}$$

$$\Phi(s) = \frac{\begin{bmatrix} s + G/C & 1/L \\ -1/C & s \end{bmatrix}}{s^2 + (G/C)s + 1/LC}$$

이 되며 라플라스 영역에서 상태 변수의 해는

$$\mathbf{Q}(s) = \Phi(s)[\mathbf{BX}(s) + \mathbf{q}(0^-)]$$

$$\mathbf{Q}(s) = \frac{\begin{bmatrix} s + G/C & 1/L \\ -1/C & s \end{bmatrix}}{s^2 + (G/C)s + 1/LC} \begin{bmatrix} 0 \\ 1/C \end{bmatrix} [1/s] + \frac{\begin{bmatrix} s + G/C & 1/L \\ -1/C & s \end{bmatrix}}{s^2 + (G/C)s + 1/LC} \begin{bmatrix} 0 \\ 1 \end{bmatrix}$$

즉,

$$\mathbf{Q}(s) = \frac{\begin{bmatrix} 1/sLC \\ 1/C \end{bmatrix} + \begin{bmatrix} 1/L \\ s \end{bmatrix}}{s^2 + (\mathrm{G}/C)s + 1/LC}$$

$$\mathbf{Q}(s)=\begin{bmatrix}\dfrac{1}{sLC(s^2+(G/C)s+1/LC)}+\dfrac{1}{L(s^2+(G/C)s+1/LC)}\\ \dfrac{1}{C(s^2+(G/C)s+1/LC)}+\dfrac{s}{s^2+(G/C)s+1/LC}\end{bmatrix}$$

이 된다. 소자 값을 대입하면

$$\mathbf{Q}(s)=\begin{bmatrix}\dfrac{1}{s(s^2+3s+1)}+\dfrac{1}{s^2+3s+1}\\ \dfrac{1}{s^2+3s+1}+\dfrac{s}{s^2+3s+1}\end{bmatrix}$$

을 얻으며 이를 부분분수 전개를 하면 다음과 같다.

$$\mathbf{Q}(s)=\begin{bmatrix}\dfrac{1}{s}+\dfrac{0.17}{s+2.62}-\dfrac{1.17}{s+0.382}-\dfrac{0.447}{s+2.62}+\dfrac{0.447}{s+0.382}\\ -\dfrac{0.447}{s+2.62}+\dfrac{0.447}{s+0.382}+\dfrac{1.17}{s+2.62}-\dfrac{0.17}{s+0.382}\end{bmatrix}$$

$$\mathbf{Q}(s)=\begin{bmatrix}\dfrac{1}{s}-\dfrac{0.277}{s+2.62}-\dfrac{0.723}{s+0.382}\\ \dfrac{0.723}{s+2.62}+\dfrac{0.277}{s+0.382}\end{bmatrix}$$

라플라스 역변환을 취하면 다음을 얻는다.

$$\mathbf{q}(t)=\begin{bmatrix}1-0.277e^{-2.62t}-0.723e^{-0.382t}\\ 0.723e^{-0.382t}+0.277e^{-2.62t}\end{bmatrix}\mathrm{u}(t)$$

이제 출력 방정식 $\mathbf{y}(t)=\mathbf{Cq}(t)+\mathbf{Dx}(t)$을 사용하여 응답을 구할 수 있다.

$$\mathbf{y}(t)=\begin{bmatrix}0 & 1\\ 0 & G\end{bmatrix}\mathbf{q}+\begin{bmatrix}0\\ 0\end{bmatrix}\mathbf{x}=\begin{bmatrix}0 & 1\\ 0 & 3\end{bmatrix}\begin{bmatrix}1-0.277e^{-2.62t}-0.723e^{-0.382t}\\ 0.723e^{-0.382t}+0.277e^{-2.62t}\end{bmatrix}\mathrm{u}(t)$$

즉,

$$\mathbf{y}(t) = \begin{bmatrix} 0.723e^{-0.382t} + 0.277e^{-2.62t} \\ 2.169e^{-0.382t} + 0.831e^{-2.62t} \end{bmatrix} \mathrm{u}(t)$$

이 된다.

예제 16.1

두 개의 입력과 두 개의 출력을 갖는 시스템의 상태 공간 해석

〈그림 16.3〉의 시스템에 대해 상태방정식을 나타낸 후에 입력 $\mathrm{x}_1(t) = \mathrm{u}(t)$와 $\mathrm{x}_2(t) = \delta(t)$에 대한 시스템 응답을 구하라. 여기서 초기 조건은 $\mathrm{q}_1(0^-) = 2$, $\mathrm{q}_2(0^-) = 0$, $\mathrm{q}_3(0^-) = -1$이다.

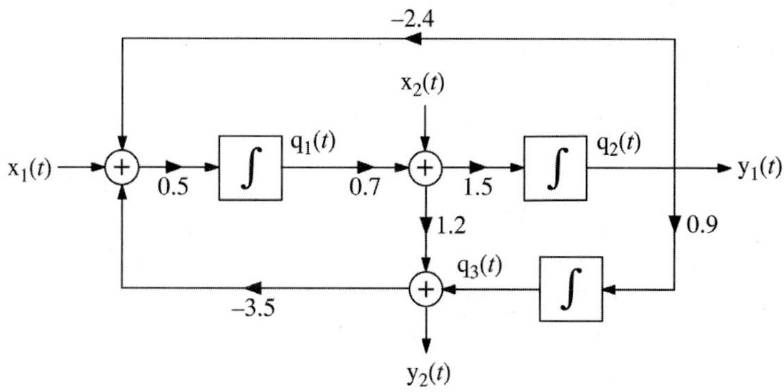

그림 16.3 두개의 입력과 두개의 출력을 갖는 시스템

블록선도로부터 직접 상태방정식을 나타낼 수 있다.

$$\begin{aligned} \mathrm{q}_1'(t) &= 0.5\{\mathrm{x}_1(t) - 2.4\mathrm{q}_2(t) - 3.5(\mathrm{q}_3(t) + 1.2[0.7\mathrm{q}_1(t) + \mathrm{x}_2(t)])\} \\ \mathrm{q}_2'(t) &= 1.5[0.7\mathrm{q}_1(t) + \mathrm{x}_2(t)] \\ \mathrm{q}_3'(t) &= 0.9\mathrm{q}_2(t) \\ \mathrm{y}_1(t) &= \mathrm{q}_2(t) \\ \mathrm{y}_2(t) &= \mathrm{q}_3(t) + 1.2[0.7\mathrm{q}_1(t) + \mathrm{x}_2(t)] \end{aligned}$$

위 식을 표준 상태 변수 행렬 방정식으로 나타내면 다음과 같다.

$$\mathbf{q}'(t) = \mathbf{Aq}(t) + \mathbf{Bx}(t)$$

$$\mathbf{y}(t) = \mathbf{Cq}(t) + \mathbf{Dx}(t)$$

여기서

$$\mathbf{A} = \begin{bmatrix} -1.47 & -1.2 & -1.75 \\ 1.05 & 0 & 0 \\ 0 & 0.9 & 0 \end{bmatrix},\ \mathbf{B} = \begin{bmatrix} 0.5 & -2.1 \\ 0 & 1.5 \\ 0 & 0 \end{bmatrix}$$

$$\mathbf{C} = \begin{bmatrix} 0 & 1 & 0 \\ 0.84 & 0 & 1 \end{bmatrix},\ \mathbf{D} = \begin{bmatrix} 0 & 0 \\ 0 & 1.2 \end{bmatrix},\ \mathbf{x}(t) = \begin{bmatrix} x_1(t) \\ x_2(t) \end{bmatrix},\ \mathbf{y}(t) = \begin{bmatrix} y_1(t) \\ y_2(t) \end{bmatrix}$$

$$\Phi(s) = (s\mathbf{I} - \mathbf{A})^{-1} = \begin{bmatrix} s+1.47 & 1.2 & 1.75 \\ -1.05 & s & 0 \\ 0 & -0.9 & s \end{bmatrix}^{-1}$$

$$\Delta = s^2(s+1.47) - 1.2(-1.05s) + 1.75(0.945) = s^3 + 1.47s^2 + 1.26s + 1.65375$$

$$\Phi(s) = \frac{\begin{bmatrix} s^2 & 1.05s & 0.945 \\ -1.2s-1.575 & s(s+1.47) & 0.9s+1.323 \\ -1.75s & -1.8375 & s^2+1.47s+1.26 \end{bmatrix}^T}{s^3 + 1.47s^2 + 1.26s + 1.65375}$$

$$\Phi(s) = \frac{\begin{bmatrix} s^2 & -1.2s-1.575 & -1.75s \\ 1.05s & s(s+1.47) & -1.8375 \\ 0.945 & 0.9s+1.323 & s^2+1.47s+1.26 \end{bmatrix}}{s^3 + 1.47s^2 + 1.26s + 1.65375}$$

$$\mathbf{X}(s) = \begin{bmatrix} 1/s \\ 1 \end{bmatrix},\ \mathbf{q}(0^-) = \begin{bmatrix} 2 \\ 0 \\ -1 \end{bmatrix}$$

$$\mathbf{Q}(s) = \Phi(s)[\mathbf{BX}(s) + \mathbf{q}(0^-)]$$

$$\mathbf{Q}(s) = \frac{\begin{bmatrix} s^2 & -1.2s-1.575 & -1.75s \\ 1.05s & s(s+1.47) & -1.8375 \\ 0.945 & 0.9s+1.323 & s^2+1.47s+1.26 \end{bmatrix}}{s^3 + 1.47s^2 + 1.26s + 1.65375}\left(\begin{bmatrix} 0.5 & -2.1 \\ 0 & 1.5 \\ 0 & 0 \end{bmatrix}\begin{bmatrix} 1/s \\ 1 \end{bmatrix} + \begin{bmatrix} 2 \\ 0 \\ -1 \end{bmatrix}\right)$$

$$\mathbf{Q}(s)=\frac{\begin{bmatrix} s^2 & -1.2s-1.575 & -1.75s \\ 1.05s & s(s+1.47) & -1.8375 \\ 0.945 & 0.9s+1.323 & s^2+1.47s+1.26 \end{bmatrix}}{s^3+1.47s^2+1.26s+1.65375}\begin{bmatrix} 0.5/s-0.1 \\ 1.5 \\ -1 \end{bmatrix}$$

$$\mathbf{Q}(s)=\frac{\begin{bmatrix} 0.5s-0.1s^2-1.8s-2.3625+1.75s \\ 0.525-0.105s+1.5s^2+2.205s+1.8375 \\ 0.4725/s-0.0945+1.35s+1.9845-s^2-1.47s-1.26 \end{bmatrix}}{s^3+1.47s^2+1.26s+1.65375}$$

$$=\frac{\begin{bmatrix} -0.1s^2+0.45s-2.3625 \\ 1.5s^2+2.1s-2.3625 \\ -s^2-0.12s+0.63+0.4725/s \end{bmatrix}}{s^3+1.47s^2+1.26s+1.65375}$$

$$\mathrm{Q}_1(s)=\frac{-0.1s^2+0.45s-2.3625}{s^3+1.47s^2+1.26s+1.65375}=\frac{-1.04}{s+1.409}+\frac{0.9399s-0.8105}{s^2+0.06116s+1.174}$$

$$\mathrm{q}_1(t)=[-1.04e^{-1.4088t}+1.2181e^{-0.030579t}\cos(1.083t+0.68951)]\mathrm{u}(t)$$

$$\mathrm{Q}_2(s)=\frac{1.5s^2+2.1s-2.3625}{s^3+1.47s^2+1.26s+1.65375}=-\frac{0.7628}{s+1.409}+\frac{2.236s-1.041}{s^2+0.6116+1.174}$$

$$\mathrm{q}_2(t)=[-0.76283e^{-1.4088t}+2.4843e^{-0.030579t}\cos(1.083t+0.42547)]\mathrm{u}(t)$$

$$\mathrm{Q}_3(s)=\frac{-s^3-0.12s^2+0.63s+0.4725}{s(s^3+1.47s^2+1.26s+1.65375)}=-\frac{0.4951}{s+1.409}+\frac{0.2857}{s}-\frac{0.7906s-0.6041}{s^2+0.06116+1.174}$$

$$\mathrm{q}_3(t)=[-0.49509e^{-1.4088t}+0.28571+0.98066e^{-0.030579t}\cos(1.083t-2.5085)]\mathrm{u}(t)$$

$$\mathbf{y}(t)=\mathbf{Cq}(t)+\mathbf{Dx}(t)$$

$$\mathrm{y}_1(t)=\mathrm{q}_2(t)=[-0.76283e^{-1.4088t}+2.4843e^{-0.030579t}\cos(1.083t+0.42547)]\mathrm{u}(t)$$

$$Y_2(s) = Q_3(s) + 1.2[0.7Q_1(s) + X_2(s)]$$

$$Y_2(s) = -\frac{0.4951}{s+1.409} + \frac{0.2857}{s} - \frac{0.7906s - 0.6041}{s^2 + 0.06116 + 1.174} + 1.2\left\{0.7\left[-\frac{1.04}{s+1.409} + \frac{0.9399s - 0.8105}{s^2 + 0.06116s + 1.174}\right] + 1\right\}$$

$$Y_2(s) = -\frac{1.3687}{s+1.409} + \frac{0.2857}{s} - \frac{0.0011s + 0.0767}{s^2 + 0.06116 + 1.174} + 1.2$$

$$y_2(t) = 1.2\delta(t) + [-1.3687e^{-1.4088t} + 0.2857 + 0.0708e^{-0.03058t}\cos(1.083t + 1.5863)]u(t)$$

해석에서 오류를 빠르게 검토하는 한 방법은 시스템에서 직관으로 예측할 수 있는 것과 $t = 0^+$에서 계산된 상태 값을 비교하는 것이다. 초기 조건은 $q_1(0^-) = 2$, $q_2(0^-) = 0$, $q_3(0^-) = -1$이다. 시간 $t = 0$에서 계단 함수는 동작되고 임펄스 함수가 발생된다. 적분기에 계단함수 입력은 경사 응답(ramp response)을 발생하고 $t = 0^+$에서 계단입력 때문에 경사 응답은 0이다. 그러므로 모든 상태가 적분기 출력 신호이므로 계단 신호는 $t = 0^+$에서 시스템에 있는 어떠한 상태 값도 변화시키지 않는다. 적분기의 임펄스 응답은 계단응답이 되며 계단 크기는 임펄스의 크기가 된다. 이 시스템에서 $x_2(t) = \delta(t)$ 임펄스는 중앙 합산 접속부에 전달되어 1.2가 곱해져 하단에 있는 합산 접속부에 전달된다. 이 값에 –3.5가 곱해져 왼쪽 합산 접속부에 전달되고 0.5가 곱해진다. 왼쪽 적분기에서 적분되어 계단 응답이 발생되며 이 값에 0.7이 곱해진다. 따라서 중앙 합산 접합부를 통해 전달되어 1.2가 곱해진 후 하단 합산 접합부를 통해 전달된다. 동시에 임펄스는 상단 우측 적분기에 입력되어 계단응답을 만든다. 이 모든 것이 순간적으로 발생된다. 따라서 q_1는 초기 값 2에서 $1.2 \times (-3.5) \times 0.5 = -2.1$로 변경되어 $q_1(0^+) = -0.1$이 되게 한다. 위의 해석 결과로부터 다음과 같이 된다.

$$q_1(0^+) = -1.04 + 1.2181\cos(0.68951) = -0.1$$

q_2 값은 초기 값 0에 임펄스에 의한 변화를 더해서 1.5가 된다. 이 해석으로부터 다음과 같이 된다.

$$q_2(0^+) = -0.76283 + 2.4843\cos(0.42547) = 1.5$$

q_3 값은 초기 값 –1에서 변화가 없다. 그 이유는 적분기의 출력이며 임펄스가 두 개의 적분기

를 통과하고 임펄스는 순간적으로 변화할 수 없기 때문이다. 위 해석의 결과 다음을 얻는다.

$$q_3(0^+) = -0.49509 + 0.28571 + 0.98066\cos(-2.5085) = -1$$

이 해석은 해석적 결과가 다른 시간에서도 올바르다는 것을 입증하지는 못한다. 그렇지만 이 방법은 해석적 오류를 밝혀낼 수 있는 좋은 검토가 된다〈그림 16.4〉.

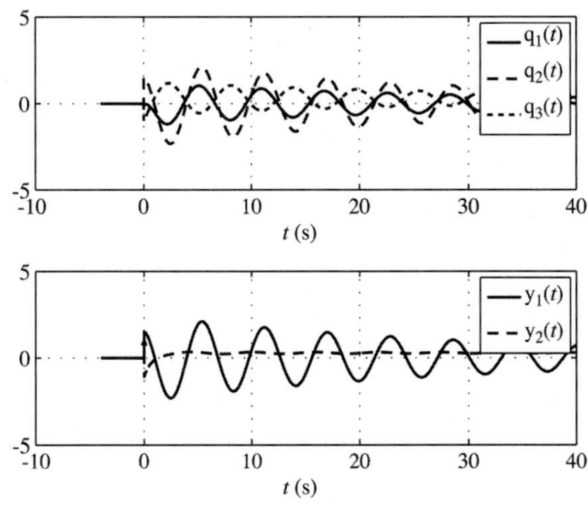

그림 16.4 두 입력, 두 출력 시스템의 상태 및 응답

예제 16.2

기계 시스템의 상태 공간 해석

기계 시스템의 매우 일반적인 형태는 로프 또는 케이블이 감겨져 있는 드럼에 부하가 로프 또는 케이블 끝에 연결되어 드럼 회전에 의해 요구되는 수직 위치로 올리고 내리는 일을 한다〈그림 16.5〉.

부하 위치는 피드백 시스템에 의해 제어된다. 이 피드백 시스템은 모터를 구동시켜 드럼을 회전 시키는 전력 증폭기, 부하의 수직 위치를 측정하는 장치 그리고 부하 위치 측정 전압 $v_p(t)$(V)와 요구되는 부하 위치에 일치되는 설정 전압 $v_s(t)$(V) 사이의 차를 구하기 위한 합산 접속부로 구성된다. 차이 전압 $v_a(t)$(V)는 전력 증폭기에 공급되어 오차 전압을 줄이기 위해 바른 방향으로 드럼을 구동 시킨다. 전력 증폭기는 전압 $v_m(t) = -k_m v_a(t)$(V)을 모터에 공급한다.

모터는 토크 $\tau(t) = k_m v_m(t)$ $(\mathrm{N \cdot m})$을 발생한다. 위치 $v_m(t)$는 드럼에서 시계반대방향 토크를 발생한다. 토크는 각 가속과 드럼 속도 그리고 다음 식에 의한 부하의 중량에 관련된다.

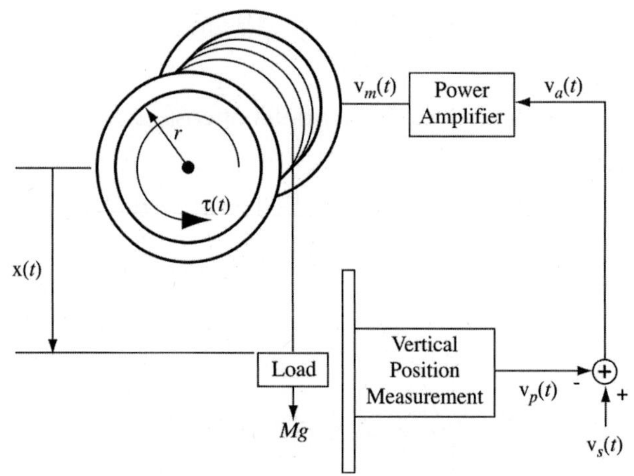

그림 16.5 전기 기계 피드백 시스템

$$\tau(t) - Mgr - k_f \omega_d'(t) = I_d \omega_d''(t)$$

여기서 M은 부하의 중량 (kg), g는 중력상수 ($9.80665\ \mathrm{m \cdot s^{-2}}$), r은 드럼의 반지름(m), k_f는 마찰에너지 손실을 고려한 비례상수 (N·m·s), ω_d는 드럼의 각 위치(radians)(시계반대 방향으로 증가) 그리고 I_d는 모터와 회전을 결합한 것의 관성 회전 모멘트($\mathrm{N \cdot m \cdot s^2}$)이다.

수직 위치 측정 시스템은 부하 위치(그림에 의하면 아랫방향이 양의 값)에 비례하는 전압 $\mathrm{v}_p(t) = k_p\,\mathrm{x}(t)$ (V) 발생한다. 여기서 k_p는 비례상수 ($\mathrm{V \cdot m^{-1}}$)이다. 드럼의 각 위치와 부하는 수직 위치 사이의 관계 ($t > 0$)는 다음과 같다.

$$\mathrm{x}(t) = -r\omega_d(t)$$

오른 변의 음 부호는 드럼 각과 부하 위치 사이의 관계를 고려한 것이다.

시스템의 상태가 각 위치 $\omega_d(t)$와 드럼의 각 속도 $\mathrm{v}_d(t) = \omega_d'(t)$라고 하자. 시스템 입력은 설정된 전압 $\mathrm{v}_s(t)$와 부하의 중량 $M\mathrm{u}(t)$라고 한다. 시스템의 출력은 부하 위치 $\mathrm{x}(t)$가 된다. 시스템에서 다양한 신호에 관련된 방정식은 다음과 같다.

$$\mathrm{v}_a(t) = \mathrm{v}_s(t) - \mathrm{v}_p(t) \quad \mathrm{v}_m(t) = -k_a\,\mathrm{v}_a(t) \quad \tau(t) = k_m\,\mathrm{v}_m(t)$$

$$\tau(t) - grM\,\mathrm{u}(t) - k_f\omega_d'(t) = I_d\omega_d''(t)$$

$$\mathrm{x}(t) = -r\omega_d(t) \quad \mathrm{v}_p(t) = k_p\,\mathrm{x}(t)$$

이 식의 일부를 결합하면 다음을 얻는다.

$$\tau(t) = -k_m k_a[\mathrm{v}_s(t) + r k_p \omega_d(t)]$$

미분방정식을 이 결과와 결합하면 다음과 같은 식을 나타낼 수 있다.

$$\begin{bmatrix} \omega_d'(t) \\ \mathrm{v}_d'(t) \end{bmatrix} = \begin{bmatrix} 0 & 1 \\ -rk_m k_a k_p / I_d & -k_f / I_d \end{bmatrix} \begin{bmatrix} \omega_d(t) \\ \mathrm{v}_d(t) \end{bmatrix} + \begin{bmatrix} 0 & 0 \\ -k_m k_a / I_d & -gr/I_d \end{bmatrix} \begin{bmatrix} \mathrm{v}_s(t) \\ M\,\mathrm{u}(t) \end{bmatrix}$$

즉,

$$\mathbf{q}'(t) = \mathbf{A}\mathbf{q}(t) + \mathbf{B}\mathbf{x}(t),$$

여기서 $\mathbf{q}(t) = \begin{bmatrix} \omega_d(t) \\ \mathrm{v}_d(t) \end{bmatrix}$, $\mathbf{A} = \begin{bmatrix} 0 & 1 \\ -rk_m k_a k_p / I_d & -k_f / I_d \end{bmatrix}$,

$\mathbf{B} = \begin{bmatrix} 0 & 0 \\ -k_m k_a / I_d & -gr/I_d \end{bmatrix}$ 그리고 $\mathbf{x}(t) = \begin{bmatrix} \mathrm{v}_s(t) \\ M\,\mathrm{u}(t) \end{bmatrix}$

출력 방정식은 다음과 같이 나타낼 수 있다.

$$\mathrm{x}(t) = [-r \quad 0] \begin{bmatrix} \omega_d(t) \\ \mathrm{v}_d(t) \end{bmatrix} + [0 \quad 0] \begin{bmatrix} \mathrm{v}_s(t) \\ M\,\mathrm{u}(t) \end{bmatrix}$$

즉,

$$\mathbf{y}(t) = \mathbf{C}\mathbf{q}(t) + \mathbf{D}\mathbf{x}(t)$$

여기서 $\mathbf{y}(t) = \mathrm{x}(t)$, $\mathbf{C} = [-r \quad 0]$ 그리고 $\mathbf{D} = [0 \quad 0]$이다.

시스템 행렬식에 라플라스 변환을 취하면

$$s\mathbf{Q}(s) - \mathbf{q}(0^-) = \mathbf{A}\mathbf{Q}(s) + \mathbf{B}\mathbf{X}(s)$$

이 되며 여기서 $\mathbf{q}(0^-) = \begin{bmatrix} \omega_d(0^+) \\ \mathrm{v}_d(0^+) \end{bmatrix}$(시간 $t = 0$에서 초기 값의 급격한 변화가 없다고 가정)이다.

$\mathbf{Q}(s) = [s\mathbf{I} - \mathbf{A}]^{-1}[\mathbf{B}\mathbf{X}(s) + \mathbf{q}(0^-)]$의 해는 다음과 같다.

$$[s\mathbf{I}-\mathbf{A}]^{-1}=\frac{\begin{bmatrix} s+k_f/I_d & 1 \\ -rk_mk_ak_p/I_d & s \end{bmatrix}}{s^2+(k_f/I_d)s+rk_mk_ak_p/I_d}$$

$$\mathbf{Q}(s)=\frac{\begin{bmatrix} (s+k_f/I_d)\omega_d(0^+)-(k_mk_a/I_d)\mathrm{V}_s(s)-Mgr/sI_d+\mathrm{v}_d(0^+) \\ -(rk_mk_ak_p/I_d)\omega_d(0^+)-s(k_mk_a/I_d)\mathrm{V}_s(s)-Mgr/I_d+s\mathrm{v}_d(0^+) \end{bmatrix}}{s^2+(k_f/I_d)s+rk_mk_ak_p/I_d}$$

설정된 위치가 시간 $t=0$ 이후 일정하면 $\mathrm{v}_s(t)=V_s\,\mathrm{u}(t)\xleftrightarrow{\mathcal{L}}V_s/s$ 그리고

$$\mathbf{Q}(s)=\begin{bmatrix} \dfrac{\omega_d(0^+)s^2+[k_f\omega_d(0^+)/I_d+\mathrm{v}_d(0^+)]s-[(k_mk_a/I_d)V_s+Mgr/I_d]}{s[s^2+(k_f/I_d)s+rk_mk_ak_p/I_d]} \\ \dfrac{\mathrm{v}_d(0^+)s-[(rk_mk_ak_p/I_d)\omega_d(0^+)+(k_mk_a/I_d)V_s+Mgr/I_d]}{s^2+(k_f/I_d)s+rk_mk_ak_p/I_d} \end{bmatrix}$$

이 된다. 시스템 파라미터가 다음과 같다고 하자.

$$M=50\text{ kg},\ r=0.4\text{ m},\ k_m=100\text{ N}\cdot\text{m/V},\ k_a=10\text{ V/V}$$

$$k_p=1\text{ V/m},\ I_d=20\text{ N}\cdot\text{m}\cdot\text{s}^2,\ k_f=250\text{ N}\cdot\text{m}\cdot\text{s}$$

초기조건이 $\omega_d(0^+)=-8$ radians, $\mathrm{v}_d(0^+)=-2$ radians/s 그리고 설정 위치 전압이 $\mathrm{V}_s=6\,\mathrm{V}$ 라 하자. 따라서

$$\mathbf{Q}(s)=\begin{bmatrix} \dfrac{-8s^2-102s-310}{s[s^2+12.5s+20]} \\ \dfrac{-2s-150}{s^2+12.5s+20} \end{bmatrix}=\begin{bmatrix} -\dfrac{1.389}{s+10.62}+\dfrac{8.888}{s+1.884}-\dfrac{15.5}{s} \\ \dfrac{14.74}{s+10.62}-\dfrac{16.74}{s+1.884} \end{bmatrix}$$

이며 라플라스 역변환을 취하면 다음과 같이 된다.

$$\mathbf{q}(t)=\begin{bmatrix} \omega_d(t) \\ \mathrm{v}_d(t) \end{bmatrix}=\begin{bmatrix} -1.389e^{-10.62t}+8.888e^{-1.884t}-15.5 \\ 14.74e^{-10.62t}-16.74e^{-1.884t} \end{bmatrix}\mathrm{u}(t)$$

출력 x(t)는 다음과 같다〈그림 16.6〉.

$$x(t) = \begin{bmatrix} -r & 0 \\ 0 & 0 \end{bmatrix} \begin{bmatrix} \omega_d(t) \\ v_d(t) \end{bmatrix} = (0.556e^{-10.62t} - 3.556e^{-1.884t} + 6.2)\,u(t)$$

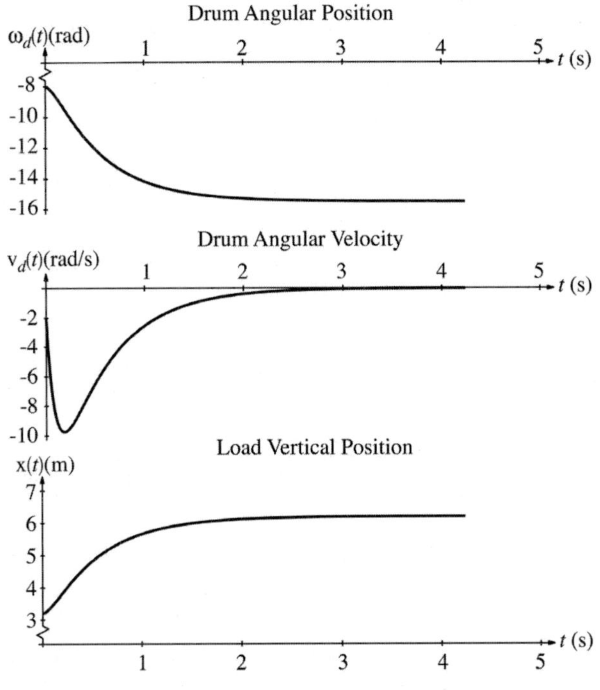

그림 16.6 드럼 각 위치, 드럼 각속도 및 부하 수직 위치

부하 위치의 최종값은 6.2m이며 설정된 전압에 의한 6m가 아니다. 더 큰 루프 전달 함수를 사용하면 이 오차를 줄 일수 있을 것이다. 또한 만약 시스템이 안정적일 경우에 루프 내에 적분기를 포함하면 오차는 0로 감소할 것이다.

전달 함수

시스템의 행렬 전달 함수를 구하기 위해 상태 공간 해석을 사용할 수 있다. 전달 함수는 영상태 응답에 대해서만 구할 수 있음을 상기하라. 다음 식으로 시작해 보자.

$$s\mathbf{Q}(s) - \mathbf{q}(0^-) = \mathbf{AQ}(s) + \mathbf{BX}(s)$$

초기 상태 $\mathbf{q}(0^-)$가 0이 되어야 하므로 아래와 같이 $\mathbf{Q}(s)$에 대해 풀 수 있다.

$$\mathbf{Q}(s) = [s\mathbf{I} - \mathbf{A}]^{-1}\mathbf{BX}(s) = \Phi(s)\mathbf{BX}(s)$$

따라서 응답 $\mathbf{Y}(s)$는 다음과 같다.

$$\mathbf{Y}(s) = \mathbf{CQ}(s) + \mathbf{DX}(s) = \mathbf{C\Phi}(s)\mathbf{BX}(s) + \mathbf{DX}(s) = [\mathbf{C\Phi}(s)\mathbf{B} + \mathbf{D}]\mathbf{X}(s)$$

시스템 응답이 시스템 전달 함수와 시스템 입력의 곱이므로 행렬 전달 함수는 다음과 같이 된다.

$$\mathbf{H}(s) = \mathbf{C\Phi}(s)\mathbf{B} + \mathbf{D}$$

이 전달 함수는 아래 식을 통해 시스템의 입력과 시스템 응답의 관계가 이루어진다.

$$\mathbf{Y}(s) = \mathbf{H}(s)\mathbf{X}(s)$$

$\mathbf{\Phi}(s) = [s\mathbf{I} - \mathbf{A}]^{-1}$ 이므로 다음과 같이 나타낼 수 있다.

$$\mathbf{H}(s) = \mathbf{C}[s\mathbf{I} - \mathbf{A}]^{-1}\mathbf{B} + \mathbf{D}$$

$[s\mathbf{I} - \mathbf{A}]^{-1}$에 대해 알아보자. $[s\mathbf{I} - \mathbf{A}]$의 역이므로 $[s\mathbf{I} - \mathbf{A}]$의 수반행렬(adjoint)을 행렬식 $|s\mathbf{I} - \mathbf{A}|$으로 나눠 구한다. 따라서($|s\mathbf{I} - \mathbf{A}|$의 여인수 행렬의 전치에 있는 어떤 인수가 $[s\mathbf{I} - \mathbf{A}]$의 어떤 인수와 상쇄되지 않는다면) $[s\mathbf{I} - \mathbf{A}]^{-1}$의 모든 원소는 분모 $[s\mathbf{I} - \mathbf{A}]$을 갖는다. 앞에 $\mathbf{C}$을 곱하고 뒤에 $\mathbf{B}$을 곱해도 $\mathbf{C}$와 $\mathbf{D}$가 상수 행렬이므로 분모는 변하지 않는다. 행렬 $\mathbf{D}$을 더해도 상수행렬이므로 $\mathbf{H}(s)$의 모든 원소의 분모 역시 변하지 않는다. 입력에 대한 응답의 비인 전달 함수 $\mathbf{H}(s)$의 모든 원소는 동일한 극점을 갖는다. 이러한 성질은 중요한 아이디어로 이끈다. 비록 전달 함수가 입력에 대한 영상태 응답의 비로 정의 되지만 시스템 전달 함수의 극점은 시스템 자체에 의해 결정되는 것이지 입력 또는 응답에 의해 결정되는 것이 아니라는 것이다. 이 극점은(극점-영점 상쇄를 제외하고) $[s\mathbf{I} - \mathbf{A}]$의 영점이 되며 $[s\mathbf{I} - \mathbf{A}]$의 영점은 $\mathbf{A}$의 고유 값이 된다.

예제 16.3

시스템의 전달 함수

예제 16.1 시스템의 행렬 전달 함수를 구하라.

행렬 전달 함수는 다음과 같다.

$$\mathbf{H}(s) = \mathbf{C\Phi}(s)\mathbf{B} + \mathbf{D}$$

예제 16.1로부터 다음 행렬식을 얻는다.

$$\mathbf{B} = \begin{bmatrix} 0.5 & -2.1 \\ 0 & 1.5 \\ 0 & 0 \end{bmatrix}, \ \mathbf{C} = \begin{bmatrix} 0 & 1 & 0 \\ 0.84 & 0 & 1 \end{bmatrix}, \ \mathbf{D} = \begin{bmatrix} 0 & 0 \\ 0 & 1.2 \end{bmatrix}$$

$$\Phi(s) = \frac{\begin{bmatrix} s^2 & -1.2s-1.575 & -1.75s \\ 1.05s & s(s+1.47) & -1.8375 \\ 0.945 & 0.9s+1.323 & s^2+1.47s+1.26 \end{bmatrix}}{s^3+1.47s^2+1.26s+1.65375}$$

그러므로

$$\mathbf{H}(s) = \begin{bmatrix} 0 & 1 & 0 \\ 0.84 & 0 & 1 \end{bmatrix} \frac{\begin{bmatrix} s^2 & -1.2s-1.575 & -1.75s \\ 1.05s & s(s+1.47) & -1.8375 \\ 0.945 & 0.9s+1.323 & s^2+1.47s+1.26 \end{bmatrix}}{s^3+1.47s^2+1.26s+1.65375} \begin{bmatrix} 0.5 & -2.1 \\ 0 & 1.5 \\ 0 & 0 \end{bmatrix} + \begin{bmatrix} 0 & 0 \\ 0 & 1.2 \end{bmatrix}$$

이 되며 다음과 같이 간략히 할 수 있다.

$$\mathbf{H}(s) = \frac{\begin{bmatrix} 0.525s & 1.5s^2 \\ 0.42s^2+0.4725 & 1.2s^3-0.6345s+1.9845 \end{bmatrix}}{s^3+1.47s^2+1.26s+1.65375}$$

이 답의 정당성을 검토하기 위해 입력의 하나에 임펄스를 적용해 응답을 알아보자. 즉, $x_1(t) = \delta(t)$ 그리고 $x_2(t) = 0$라 하자. 따라서

$$\mathbf{Y}(s) = \frac{\begin{bmatrix} 0.525s & 1.5s^2 \\ 0.42s^2+0.4725 & 1.2s^3-0.6345s+1.9845 \end{bmatrix}}{s^3+1.47s^2+1.26s+1.65375} \begin{bmatrix} 1 \\ 0 \end{bmatrix} = \frac{\begin{bmatrix} 0.525s \\ 0.42s^2+0.4725 \end{bmatrix}}{s^3+1.47s^2+1.26s+1.65375}$$

$$Y_1(s) = \frac{0.525s}{s^3+1.47s^2+1.26s+1.65375}$$

$$y_1(t) = [0.17087e^{-1.4088t} + 0.27656e^{-0.030579t}\cos(1.083t-2.2368)]u(t)$$

이 된다. 시스템 다이어그램에서부터 $y_1(0^+) = 0$ (모든 초기 조건이 0임을 유의)이다. 해석적 결과로부터 다음 식을 얻는다.

$$y_1(0^+) = 0.17087 + 0.27656\cos(-2.2368) = 0$$

$$Y_2(s) = \frac{0.42s^2 + 0.4725}{s^3 + 1.47s^2 + 1.26s + 1.65375}$$

$$y_2(t) = [0.4251e^{-1.4088t} + 0.017964e^{-0.030579t}\cos(1.083t + 1.8588)]u(t)$$

시스템 다이어그램에서 $y_2(0^+) = 0.5 \times 0.7 \times 1.2 = 0.42$이 된다. 해석적 결과는 다음과 같다.

$$y_2(0^+) = 0.4251 + 0.017964\cos(1.8588) = 0.42$$

이제 $x_2(t) = \delta(t)$ 그리고 $x_1(t) = 0$라 하자. 따라서

$$\mathbf{Y}(s) = \frac{\begin{bmatrix} 1.5s^2 \\ 1.2s^3 - 0.6345s + 1.9845 \end{bmatrix}}{s^3 + 1.47s^2 + 1.26s + 1.65375}$$

$$y_1(t) = [0.969e^{-1.4088t} + 0.92752e^{-0.030579t}\cos(1.083t + 0.96214)]u(t)$$

$$y_2(t) = [1.44\delta(t) - 0.1551e^{-1.4088t} + 1.6171e^{-0.03079t}\cos(1.083t - 3.0394)]u(t)$$

이 된다. 시스템 다이어그램으로부터 직접적으로 $y_1(0^+) = 1.5$ 그리고 $y_2(0^+) = 1.2 \times (-3.5) \times 0.5 \times 0.7 \times 1.2 = -1.764$을 구할 수 있다. 해석적 결과는 다음과 같다.

$$y_1(0^+) = 0.969 + 0.92752\cos(0.96214) = 1.5$$

$$y_2(0^+) = -0.1551 + 1.6171\cos(-3.0394) = -1.764$$

■

다른 상태 변수 선택

위의 *RLC* 회로 예에서 다른 상태 변수를 사용해 해결할 수 있다. 예로 저항 전류 $i_R(t)$와 인덕터 전류 $i_L(t)$을 상태 변수로 선택할 수 있다. 따라서 시스템 방정식은

$$\begin{bmatrix} i'_R(t) \\ i'_L(t) \end{bmatrix} = \begin{bmatrix} -G/C & -G/C \\ 1/LG & 0 \end{bmatrix} \begin{bmatrix} i_R(t) \\ i_L(t) \end{bmatrix} + \begin{bmatrix} G/C \\ 0 \end{bmatrix} [i_{in}(t)]$$

이 되며 출력 방정식은 다음과 같이 된다.

$$\begin{bmatrix} v_{out}(t) \\ i_R(t) \end{bmatrix} = \begin{bmatrix} 1/G & 0 \\ 1 & 0 \end{bmatrix} \begin{bmatrix} i_R(t) \\ i_L(t) \end{bmatrix} + \begin{bmatrix} 0 \\ 0 \end{bmatrix} [i_{in}(t)]$$

이 상태 변수에 대해 풀면 다음과 같은 천이행렬을 얻는다.

$$\Phi(s) = [s\mathbf{I} - \mathbf{A}]^{-1} = \begin{bmatrix} s + G/C & G/C \\ -1/LG & s \end{bmatrix}^{-1} = \frac{\begin{bmatrix} s & -G/C \\ 1/LG & s + G/C \end{bmatrix}}{s^2 + (G/C)s + 1/LC}$$

여기서 중요한 것은 행렬식 $|s\mathbf{I} - \mathbf{A}|$는 처음에 사용한 상태 변수의 행렬식과 동일하다는 것이며 일반적으로 성립된다. 즉, 행렬식 $|s\mathbf{I} - \mathbf{A}|$는 상태 변수의 선택과 독립적이다. 행렬 $\mathbf{A}$는 변하지만 행렬식 $|s\mathbf{I} - \mathbf{A}|$는 변하지 않는다. 그러므로 행렬식 $|s\mathbf{I} - \mathbf{A}|$는 시스템 자체에 대한 기본적인 것을 언급하는 것이지 시스템 해석하는 특정 방법 선택에 대한 것이 아니다.

상태 변수 변환

임의의 상태 변수 세트는 선형변환을 통해 다른 세트로 변환될 수 있다. 상태 변수 벡터 $\mathbf{q}_1(t)$을 사용한다고 가정하자. 다른 상태 변수 $\mathbf{q}_2(t)$는 아래 식에 의해 $\mathbf{q}_1(t)$와 연관된다.

$$\mathbf{q}_2(t) = \mathbf{T}\mathbf{q}_1(t) \tag{16.5}$$

여기서 $\mathbf{T}$는 두 상태 변수 벡터를 관련짓는 변환 행렬이다. 따라서

$$\mathbf{q}'_2(t) = \mathbf{T}\mathbf{q}'_1(t) = \mathbf{T}(\mathbf{A}_1\mathbf{q}_1(t) + \mathbf{B}_1\mathbf{x}(t)) = \mathbf{T}\mathbf{A}_1\mathbf{q}_1(t) + \mathbf{T}\mathbf{B}_1\mathbf{x}(t)$$

식 (16.5)에서 $\mathbf{q}_1(t) = \mathbf{T}^{-1}\mathbf{q}_2(t)$이므로

$$\mathbf{q}'_2(t) = \mathbf{T}\mathbf{A}_1\mathbf{T}^{-1}\mathbf{q}_2(t) + \mathbf{T}\mathbf{B}_1\mathbf{x}(t) = \mathbf{A}_2\mathbf{q}_2(t) + \mathbf{B}_2\mathbf{x}(t)$$

가 되며 여기서 $\mathbf{A}_2 = \mathbf{T}\mathbf{A}_1\mathbf{T}^{-1}$ 그리고 $\mathbf{B}_2 = \mathbf{T}\mathbf{B}_1$이다. 출력 방정식은

$$\mathbf{y}(t) = \mathbf{C}_1\mathbf{q}_1(t) + \mathbf{D}_1\mathbf{x}(t) = \mathbf{C}_1\mathbf{T}^{-1}\mathbf{q}_2(t) + \mathbf{D}_1\mathbf{x}(t) = \mathbf{C}_2\mathbf{q}_2(t) + \mathbf{D}_2\mathbf{x}(t)$$

을 얻게 되며 여기서 $\mathbf{C}_2 = \mathbf{C}_1\mathbf{T}^{-1}$ 그리고 $\mathbf{D}_2 = \mathbf{D}_1$이다. $\mathbf{A}_1$의 고유 값은 시스템에 의해 결정된다. 변환행렬 $\mathbf{T}$을 통해 한 세트의 상태 변수를 변환한 다른 세트의 상태 변수를 선택할 때 시스템이 변하는 것이 아니며, 해석을 하는 방법이 변한 것이다. 그러므로 $\mathbf{A}_1$과 $\mathbf{A}_2 = \mathbf{T}\mathbf{A}_1\mathbf{T}^{-1}$은 동일하다. 다음 논의를 통해 입증할 수 있다. 다음 식을 고찰해 보자.

$$\mathbf{T}[s\mathbf{I} - \mathbf{A}_1]\mathbf{T}^{-1} = s\underbrace{\mathbf{T}\mathbf{I}\mathbf{T}^{-1}}_{\mathbf{I}} - \underbrace{\mathbf{T}\mathbf{A}_1\mathbf{T}^{-1}}_{\mathbf{A}_2} = s\mathbf{I} - \mathbf{A}_2 \tag{16.6}$$

식 (16.6)의 양변의 행렬식을 구하면 다음과 같다.

$$\left|\mathbf{T}[s\mathbf{I} - \mathbf{A}_1]\mathbf{T}^{-1}\right| = |s\mathbf{I} - \mathbf{A}_2| \tag{16.7}$$

이제 선형대수 이론에서 두 개의 행렬식 성질을 사용한다. 두 행렬의 곱에 대한 행렬식은 이들 행렬식의 곱과 같으며 행렬의 역에 대한 행렬식은 행렬의 행렬식에 대한 역과 동일하다. 식 (16.7)에 첫 번째 성질을 적용하면 다음 식을 얻는다.

$$|\mathbf{T}|\,|[s\mathbf{I} - \mathbf{A}_1]|\,\left|\mathbf{T}^{-1}\right| = |s\mathbf{I} - \mathbf{A}_2|$$

행렬식은 스칼라이므로 행렬식의 곱셈은 교환법칙과 결합법칙이 적용되어

$$\underbrace{|\mathbf{T}|\,\left|\mathbf{T}^{-1}\right|}_{1}\,|s\mathbf{I} - \mathbf{A}_1| = |s\mathbf{I} - \mathbf{A}_2|$$

이 되며 최종적으로 다음 식을 얻는다.

$$|s\mathbf{I} - \mathbf{A}_1| = |s\mathbf{I} - \mathbf{A}_2|$$

행렬식이 동일하므로 이들의 근 또한 동일하다. 따라서 시스템의 고유 값은 상태 변수의 선택과 응답에 불변하다는 것이 입증되었다.

대각화(diagonalization)

만약 시스템의 모든 고유 값이 서로 다르다면 시스템 행렬 $\mathbf{A}$가 대각 행렬(diagonal matrix)이 되도록 상태 변수를 선택하는 것이 가능하다. 만약 $\mathbf{A}$가 대각행렬이면 다음과 같은 형식을 갖는다.

$$\mathbf{A} = \begin{bmatrix} a_{11} & 0 & \cdots & 0 \\ 0 & a_{22} & \cdots & 0 \\ \vdots & \vdots & \ddots & \vdots \\ 0 & 0 & \cdots & a_{NN} \end{bmatrix}$$

여기서 N은 시스템의 차수이다. 따라서 행렬식 $|s\mathbf{I} - \mathbf{A}|$는 다음과 같다.

$$|s\mathbf{I} - \mathbf{A}| = (s - a_{11})(s - a_{22})\cdots(s - a_{NN})$$

이 식은 인수분해가 되므로 근은 정확하게 a_{11}, a_{22}, …, a_{NN}이 된다. 그러므로 만약 시스템 행렬 $\mathbf{A}$가 대각행렬이면 대각 원소는 시스템의 고유 값이 되며 행렬은 다음과 같은 형식으로 나타낼 수 있다.

$$\mathbf{A} = \Lambda = \begin{bmatrix} \lambda_1 & 0 & \cdots & 0 \\ 0 & \lambda_2 & \cdots & 0 \\ \vdots & \vdots & \ddots & \vdots \\ 0 & 0 & \cdots & \lambda_N \end{bmatrix}$$

(여기서 Λ은 λ의 대문자이다.) 시스템 행렬 $\mathbf{A}$가 대각행렬이 아니라고 가정하고 대각행렬로 만들 수 있는 변환 행렬 $\mathbf{T}$을 구해 보자. 즉,

$$\Lambda = \mathbf{TAT}^{-1}$$

양 변의 뒤에 $\mathbf{T}$을 곱하면 다음과 같이 된다.

$$\Lambda\mathbf{T} = \mathbf{TA} \tag{16.8}$$

행렬 Λ와 $\mathbf{A}$는 알고 있으므로 $\mathbf{T}$을 구하기 위해 이 식을 풀면 된다. 만약 식 (16.8)의 $\mathbf{T}$을 구했다면 $\mathbf{T}$에 스칼라 K을 곱하여 다른 전달행렬 $\mathbf{T}_2 = K\mathbf{T}$을 만들 수 있다. 즉,

$$\Lambda\mathbf{T}_2 = \Lambda K\mathbf{T} = K\Lambda\mathbf{T}$$

이 되며 식 (16.8)을 사용하면

$$\Lambda\mathbf{T}_2 = K\mathbf{TA} = \mathbf{T}_2\mathbf{A}$$

을 얻게 되고 간단히 하면

$$\Lambda\mathbf{T}_2 = \mathbf{T}_2\mathbf{A}$$

이 되어 변환행렬이라는 명칭을 제외하면 식 (16.8)과 동일하며 **T**가 유일하지 않음이 입증되었다.

일단 시스템 행렬을 대각화하는 변환행렬을 구했다면 다음과 같은 형식의 시스템 방정식을 얻는다.

$$\begin{bmatrix} q_1'(t) \\ q_2'(t) \\ \vdots \\ q_N'(t) \end{bmatrix} = \begin{bmatrix} \lambda_1 & 0 & \cdots & 0 \\ 0 & \lambda_2 & \cdots & 0 \\ \vdots & \vdots & \ddots & \vdots \\ 0 & 0 & \cdots & \lambda_N \end{bmatrix} \begin{bmatrix} q_1(t) \\ q_2(t) \\ \vdots \\ q_N(t) \end{bmatrix} + \mathbf{Bx}(t)$$

B와 x(t)을 알고 있으므로 행렬 방정식은 N개의 미지 $q_1, q_2, \ldots, q_N$을 갖는 N개의 분리된 미분방정식 세트와 동일하다. 각 방정식은 다른 식을 사용하지 않고 해결할 수 있다. 따라서 시스템 행렬의 대각화는 N개의 결합된 1차 연립 미분방정식을 각 하나의 미분방정식에 대한 N개의 독립 해로 전환한다.

예제 16.4

행렬 A의 대각화

시스템은 **A**행렬로 $\mathbf{A}_1 = \begin{bmatrix} 2 & -1 \\ -3 & 4 \end{bmatrix}$ 그리고 **B**행렬로 $\mathbf{B}_1 = \begin{bmatrix} 4 & 0 \\ -2 & 1 \end{bmatrix}$을 갖는다. 행렬 **A**을 대각화하는 행렬 **T**을 구하고 대각화된 행렬 **A**에 일치하는 새로운 상태 변수를 구하라.

고유 값은 $|s\mathbf{I} - \mathbf{A}_1| = 0$의 해이다. 즉,

$$\begin{vmatrix} s-2 & 1 \\ 3 & s-4 \end{vmatrix} = 0 \Rightarrow \lambda_1 = 1, \lambda_2 = 5$$

따라서 행렬식을 풀기 위해

$$\mathbf{\Lambda T} = \mathbf{TA}_1 \Rightarrow \begin{bmatrix} 1 & 0 \\ 0 & 5 \end{bmatrix} \begin{bmatrix} t_{11} & t_{12} \\ t_{21} & t_{22} \end{bmatrix} = \begin{bmatrix} t_{11} & t_{12} \\ t_{21} & t_{22} \end{bmatrix} \begin{bmatrix} 2 & -1 \\ -3 & 4 \end{bmatrix}$$

이 필요하다. 행렬식을 곱하면 4개의 미지수를 갖는 4개의 방정식을 갖는다.

$$t_{11} = 2t_{11} - 3t_{12}, \qquad t_{12} = -t_{11} + 4t_{12}$$

$$5t_{21} = 2t_{21} - 3t_{22}, \quad 5t_{22} = -t_{21} + 4t_{22}$$

위 두 방정식

$$t_{11} = 2t_{11} - 3t_{12} \text{ 그리고 } t_{12} = -t_{11} + 4t_{12}$$

는 모두 다음과 같이 간단히 되며 선형적으로 독립적이지 않다.

$$-t_{11} + 3t_{12} = 0$$

동일한 상황이 아래 두 방정식에 대해서도 유지되며 간단히 $t_{21} + t_{22} = 0$이 된다. 그러므로 **T**에 대한 유일한 해는 없다. 사실상 무한대로 많은 해가 있다. 임의로 **T**의 두 원소를 선택할 수 있다. 따라서 다른 값들을 구할 수 있다. $t_{11} = a$ 그리고 $t_{21} = b$라 하자. 따라서

$$\begin{matrix} t_{12} = a/3 \\ t_{22} = -b \end{matrix} \Rightarrow \mathbf{T} = \begin{bmatrix} a & a/3 \\ b & -b \end{bmatrix}$$

이 경우에 손쉬운 선택은 $t_{11} = a = 3$ 그리고 $t_{21} = b = 1$이 될 것이다. 즉,

$$\mathbf{T} = \begin{bmatrix} 3 & 1 \\ 1 & -1 \end{bmatrix}$$

이제 대각화된 **A**에 대응되는 상태 변수를 구할 수 있다.

$$\mathbf{q}_2 = \mathbf{T}\mathbf{q}_1 = \begin{bmatrix} 3 & 1 \\ 1 & -1 \end{bmatrix}\mathbf{q}_1$$

새로운 상태방정식은 다음과 같다.

$$\mathbf{q}_2'(t) = \mathbf{T}\mathbf{A}_1\mathbf{T}^{-1}\mathbf{q}_2(t) + \mathbf{T}\mathbf{B}_1\mathbf{x}(t) = \mathbf{A}_2\mathbf{q}_2(t) + \mathbf{B}_2\mathbf{x}(t)$$

$$\mathbf{q}_2'(t) = \begin{bmatrix} 3 & 1 \\ 1 & -1 \end{bmatrix}\begin{bmatrix} 2 & -1 \\ -3 & 4 \end{bmatrix}\begin{bmatrix} 3 & 1 \\ 1 & -1 \end{bmatrix}^{-1}\mathbf{q}_2(t) + \begin{bmatrix} 3 & 1 \\ 1 & -1 \end{bmatrix}\begin{bmatrix} 4 & 0 \\ -2 & 1 \end{bmatrix}\mathbf{x}(t)$$

$$\mathbf{q}_2'(t) = \begin{bmatrix} 1 & 0 \\ 0 & 5 \end{bmatrix}\mathbf{q}_2(t) + \begin{bmatrix} 10 & 1 \\ 6 & -1 \end{bmatrix}\mathbf{x}(t)$$

■

행렬 $\mathbf{T}$을 구하기 위해 MATLAB를 사용할 수 있다. MATLAB의 명령어 eig는 고유 값과 고유벡터를 구하는데 사용된다. 문법은

```
[V,L] = EIG(A)
```

이며 여기서 L은 대각에 고유 값을 갖는 대각 행렬이며 V는 행렬로 열은 다음과 같이 되도록 대응되는 고유벡터로 구성되어 있다.

```
AV = VL
```

위에서 $\mathbf{T}$가

$$\mathbf{\Lambda T} = \mathbf{TA} \text{ or } \mathbf{TA} = \mathbf{\Lambda T}$$

을 만족하므로 $\mathbf{T}$의 행이 고유벡터임을 유의하라. 곱셈 차수는 방정식의 양변에서 역으로 되어 있어서 MATLAB에 의해 구한 V는 원하는 $\mathbf{T}$가 아니다. 만약

$$\mathbf{TA} = \mathbf{\Lambda T}$$

의 양변에 $\mathbf{T}^{-1}$을 앞에 곱하고 뒤에 곱한다면

$$\mathbf{AT}^{-1} = \mathbf{T}^{-1}\mathbf{\Lambda}$$

을 얻게 되어 $\mathbf{T}^{-1} = \mathrm{V}$ 또는 $\mathbf{T} = \mathrm{V}^{-1}$인 AV = VL과 동일한 식이 된다. 따라서 $\mathbf{T}$을 구하기 위해서는 MATLAB에서 얻은 V의 역을 구한다.

예제 16.5

MATLAB을 사용한 상태방정식의 대각화

MATLAB을 사용하여 예제 16.4를 다시 푼다.

```
>> A1 = [2 -1 ; -3 4] ; B1 = [4 0 ; -2 1] ;
>> [Tinv,L] = eig(A)
Tinv =
    -0.7071    0.3162
    -0.7071   -0.9487
L =
    1.0000         0
```

```
         0    5.0000
>> T = inv(Tinv)
T =
    -1.0607   -0.3536
     0.7906   -0.7906
>> A2 = T*A1*inv(T)
A2 =
     1.0000    0.0000
    -0.0000    5.0000
>> B2 = T*B1
B2 =
    -3.5355   -0.3536
     4.7434   -0.7906
```

이 방법을 통해 얻은 **T**는

$$\begin{bmatrix} -1.0607 & -0.3536 \\ 0.7906 & -0.7906 \end{bmatrix}$$

이 되어 예제 16.4에서 구한 아래의 **T**와 동일하지 않다.

$$\begin{bmatrix} 3 & 1 \\ 1 & -1 \end{bmatrix}$$

그러나 **T** 행렬은 유일하지 않으며 **T**에 대한 두 선택 모두 다음 관계식을 만족한다.

$$t_{12} = t_{11}/3$$

$$t_{22} = -t_{21}$$

따라서 어느 쪽 **T**도 행렬을 대각화한다.

■

상태 공간 해석을 위한 MATLAB 도구

MATLAB 시스템-객체 개념은 시스템의 연속시간 상태 공간 모델을 포함하고 있다. 기본 함수는 ss이며 문법은

```
sys = ss(A,B,C,D) ;
```

이며 여기서 A, B, C 그리고 D는 상태 공간 표현 행렬로 동일한 명칭을 갖고 있다. 함수

ssdata는 시스템 식에서 상태 공간 행렬을 추출하는 것으로 zpkdata 및 tfdata와 유사한 방법이다. 함수 ss2ss는 상태 공간 모델을 다른 상태 공간 모델로 변환한다. 문법은

```
sys = ss2ss(sys,T) ;
```

으로 여기서 T는 변환행렬이다.

```
>> A1 = [2 -1 ; -3 4] ; B1 = [4 0 ; -2 1] ;
>> C1 = [1 0 ; 0 2] ; D1 = [0 0 ; 0 0] ;
>> sys1 = ss(A1,B1,C1,D1) ;
>> T = [3 1 ; 1 -1] ;
>> sys2 = ss2ss(sys1,T)
>> [A2,B2,C2,D2] = ssdata(sys2) ;
>> A2
A2 =
     1     0
     0     5
>> B2
B2 =
     10    1
     6    -1
>> C2
C2 =
     0.2500     0.2500
     0.5000    -1.5000
>> D2
D2 =
     0     0
     0     0
```

16.3 이산시간 시스템

연속시간 시스템과 마찬가지로 큰 이산시간 시스템의 해석은 상태 공간 해석과 같은 체계적인 기법을 사용하여 다룰 수 있으며 이산시간 시스템의 상태 공간 해석은 연속시간 상태 공간 해석과 매우 유사하다. 상태 변수의 수를 알 필요가 있으며 이는 시스템 차수와 동일하다. 예제 시스템을 통해 시작해 보자〈그림 16.7〉.

연속시간 시스템 상태 공간 실현에서 상태 변수의 미분은 상태 변수와 입력의 선형결합과 동일하다. 이산시간 시스템 상태 공간 실현에서 다음 상태 변수 값은 현재 상태 변수 값과 현재 입력의 선형결합과 같다. 시스템 방정식과 출력 방정식은 다음과 같다.

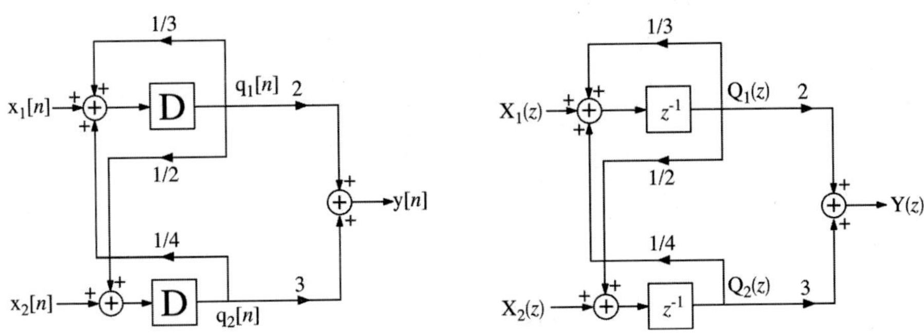

그림 16.7 이산시간 시스템 예제

$$\mathbf{q}[n+1] = \mathbf{A}\mathbf{q}[n] + \mathbf{B}\mathbf{x}[n]$$
$$\mathbf{y}[n] = \mathbf{C}\mathbf{q}[n] + \mathbf{D}\mathbf{x}[n] \tag{16.9}$$

상태 변수는 지연 블록의 응답으로 선택하는 것이 가장 간단한 방법이다. 따라서 상태 변수와 행렬은 다음과 같다.

$$\mathbf{q}[n] = \begin{bmatrix} q_1[n] \\ q_2[n] \end{bmatrix}, \quad \mathbf{A} = \begin{bmatrix} 1/3 & 1/4 \\ 1/2 & 0 \end{bmatrix}, \quad \mathbf{B} = \begin{bmatrix} 1 & 0 \\ 0 & 1 \end{bmatrix} \quad \text{and} \quad \mathbf{x}[n] = \begin{bmatrix} x_1[n] \\ x_2[n] \end{bmatrix}$$

$$\mathbf{y}[n] = [y[n]], \quad \mathbf{C} = [2 \quad 3], \quad \mathbf{D} = [0 \quad 0]$$

상태방정식을 푸는 직접 방법은 재귀 방법이다. 이 과정을 설명하기 위해 입력 벡터는

$$\mathbf{x}[n] = \begin{bmatrix} u[n] \\ \delta[n] \end{bmatrix}$$

시스템은 초기에 $\mathbf{q}[0] = [0]$라고 하자. 식 (16.9)에서 직접적으로 재귀를 하면 〈표 16.1〉에 있는 값을 얻는다. 재귀를 통해 구한 상태와 응답은 그림 16.8에 그래프로 나타냈다.

표 16.1 재귀에 의한 상태 및 응답

n	$q_1[n]$	$q_2[n]$	$y[n]$
0	0	0	0
1	1	1	5
2	1.5833	0.5	4.667
3	1.6528	0.7917	5.681
⋮	⋮	⋮	⋮

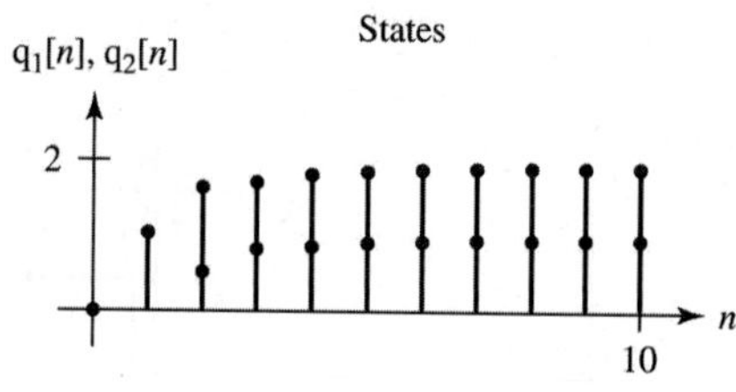

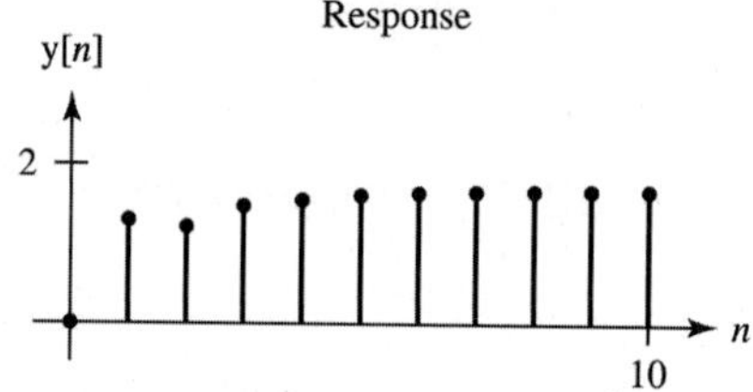

그림 16.8 이산시간 시스템의 상태와 응답

재귀 과정을 일반화 할 수 있다. 식 (16.9)로부터

$$\begin{aligned}
\mathbf{q}[1] &= \mathbf{Aq}[0] + \mathbf{Bx}[0] \\
\mathbf{q}[2] &= \mathbf{Aq}[1] + \mathbf{Bx}[1] = \mathbf{A}^2\mathbf{q}[0] + \mathbf{ABx}[0] + \mathbf{Bx}[1] \\
\mathbf{q}[3] &= \mathbf{Aq}[2] + \mathbf{Bx}[2] = \mathbf{A}^3\mathbf{q}[0] + \mathbf{A}^2\mathbf{Bx}[0] + \mathbf{ABx}[1] + \mathbf{Bx}[2] \\
&\vdots \\
\mathbf{q}[n] &= \mathbf{A}^n\mathbf{q}[0] + \mathbf{A}^{n-1}\mathbf{Bx}[0] + \mathbf{A}^{n-2}\mathbf{Bx}[1] + \cdots + \mathbf{A}^1\mathbf{Bx}[n-2] + \mathbf{A}^0\mathbf{Bx}[n-1]
\end{aligned}$$

그리고

$$\begin{aligned}
\mathbf{y}[1] &= \mathbf{Cq}[1] + \mathbf{Dx}[1] = \mathbf{CAq}[0] + \mathbf{CBx}[0] + \mathbf{Dx}[1] \\
\mathbf{y}[2] &= \mathbf{Cq}[2] + \mathbf{Dx}[2] = \mathbf{CA}^2\mathbf{q}[0] + \mathbf{CABx}[0] + \mathbf{CBx}[1] + \mathbf{Dx}[2] \\
\mathbf{y}[3] &= \mathbf{Cq}[3] + \mathbf{Dx}[3] = \mathbf{CA}^3\mathbf{q}[0] + \mathbf{CA}^2\mathbf{Bx}[0] + \mathbf{CABx}[1] + \mathbf{CBx}[2] + \mathbf{Dx}[3] \\
&\vdots \\
\mathbf{y}[n] &= \mathbf{CA}^n\mathbf{q}[0] + \mathbf{CA}^{n-1}\mathbf{Bx}[0] = \mathbf{CA}^{n-2}\mathbf{Bx}[1] + \cdots + \mathbf{CA}^0\mathbf{Bx}[n-1] + \mathbf{Dx}[n]
\end{aligned}$$

이 된다. 이 식은

$$\mathbf{q}[n] = \mathbf{A}^n\mathbf{q}[0] + \sum_{m=0}^{n-1} \mathbf{A}^{n-m-1}\mathbf{Bx}[m]$$

그리고

$$\mathbf{y}[n] = \mathbf{CA}^n\mathbf{q}[0] + \mathbf{C}\sum_{m=0}^{n-1} \mathbf{A}^{n-m-1}\mathbf{Bx}[m] + \mathbf{Dx}[n] \tag{16.10}$$

으로 나타낼 수 있다. 식 (16.10)에서 $\mathbf{A}^n\mathbf{q}[0]$는 시스템 초기 상태 $\mathbf{q}[0]$에 의한 0입력 응답이다. 행렬 $\mathbf{A}^n$은 상태천이행렬(state transition matrix)이라 하며 심벌 $\phi[n]$으로 표현한다. 한 상태에서 다른 상태로 천이한다는 의미에서 부여된 명칭은 행렬 $\mathbf{A}^n = \phi[n]$에 의해 특정 지어지는 시스템 다이내믹스에 의해 제어된다. 두 번째 항 $\sum_{m=0}^{n-1}\mathbf{A}^{n-m-1}\mathbf{B}\mathbf{x}[m]$는 시스템의 영상태 응답이다. 이 항은 이산시간 컨벌루션 합 $\mathbf{A}^{n-1}\,\mathrm{u}[n-1]*\mathbf{B}\mathbf{x}[n]\mathrm{u}[n]$에 해당된다. 상태 변수 해석의 통상적인 개념에서 다음 식의 $\mathrm{x}[n]$는 음의 이산시간에서 0이다.

$$\sum_{m=0}^{n-1}\mathbf{A}^{n-m-1}\mathbf{B}\mathbf{x}[m] = \mathbf{A}^{n-1}\,\mathrm{u}[n-1]*\mathbf{B}\mathbf{x}[n]$$

따라서 식 (16.8)은 다음과 같이 다시 나타낼 수 있다.

$$\mathbf{q}[n] = \underbrace{\phi[n]\mathbf{q}[0]}_{\substack{\text{zero-input}\\\text{response}}} + \underbrace{\phi[n-1]\mathrm{u}[n-1]*\mathbf{B}\mathbf{x}[n]}_{\substack{\text{zero-state}\\\text{response}}} \tag{16.11}$$

유사한 방법은 식 (16.10)은 다음과 같이 나타낼 수 있다.

$$\mathbf{y}[n] = \mathbf{C}\phi[n]\mathbf{q}[0] + \mathbf{C}\phi[n-1]u[n-1]*\mathbf{B}\mathbf{x}[n] + \mathbf{D}\mathbf{x}[n] \tag{16.12}$$

마지막 두 결과 식 (16.11)과 식 (16.12)는 시스템 상태와 응답에 대한 이산시간 영역 해이다.

상태방정식은 단방향 z 변환을 사용해 풀 수 있다. 식 (16.9) 시스템 방정식의 양 변에 변환을 취하면 다음 식을 얻는다.

$$z\mathbf{Q}(z) - z\mathbf{q}[0] = \mathbf{A}\mathbf{Q}(z) + \mathbf{B}\mathbf{x}(z)$$

다음과 같이 상태 변수 벡터를 풀 수 있다.

$$\mathbf{Q}(z) = [z\mathbf{I}-\mathbf{A}]^{-1}[\mathbf{B}\mathbf{X}(z) + z\mathbf{q}[0]] = \underbrace{[z\mathbf{I}-\mathbf{A}]^{-1}\mathbf{B}\mathbf{x}(z)}_{\substack{\text{zero-state}\\\text{response}}} + \underbrace{z[z\mathbf{I}-\mathbf{A}]^{-1}\mathbf{q}[0]}_{\substack{\text{zero-input}\\\text{response}}} \tag{16.13}$$

식 (16.13)과 식 (16.11)을 비교하면 다음과 같은 관계를 보여준다.

$$\phi[n] \overset{z}{\longleftrightarrow} z[z\mathbf{I}-\mathbf{A}]^{-1}$$

그러므로 상태천이 행렬의 z 변환을 다음과 같이 정의하는 것이 일관성 있고 논리적이다.

$$\mathbf{\Phi}(z) = z[z\mathbf{I} - \mathbf{A}]^{-1}$$

연속시간 상태 공간에서 구한 대응되는 결과 $\mathbf{\Phi}(s) = [s\mathbf{I} - \mathbf{A}]^{-1}$와 유사하다.

수치적 해를 보여주기 위해 입력 벡터를

$$\mathbf{x}[n] = \begin{bmatrix} \mathrm{u}[n] \\ \delta[n] \end{bmatrix}$$

으로 하고 시스템이 초기에 $\mathbf{q}[0] = [0]$라고 하자. 따라서

$$\mathbf{Q}(z) = \begin{bmatrix} z - 1/3 & -1/4 \\ -1/2 & z \end{bmatrix}^{-1} \begin{bmatrix} 1 & 0 \\ 0 & 1 \end{bmatrix} \begin{bmatrix} \dfrac{z}{z-1} \\ 1 \end{bmatrix}$$

즉,

$$\mathbf{Q}(z) = \begin{bmatrix} \dfrac{z^2 + z/4 - 1/4}{z^3 - 4z^2/3 + 5z/24 + 1/8} \\ \dfrac{z^2 - 5z/6 + 1/3}{z^3 - 4z^2/3 + 5z/24 + 1/8} \end{bmatrix} = \begin{bmatrix} \dfrac{z^2 + z/4 - 1/4}{(z-1)(z-0.5575)(z+0.2242)} \\ \dfrac{z^2 - 5z/6 + 1/3}{(z-1)(z-0.5575)(z+0.2242)} \end{bmatrix}$$

이 된다. 부분 분수전개로 나타내면 다음과 같다.

$$\mathbf{Q}(z) = \begin{bmatrix} \dfrac{1.846}{z-1} - \dfrac{0.578}{z-0.5575} - \dfrac{0.268}{z+0.2242} \\ \dfrac{0.923}{z-1} - \dfrac{0.519}{z-0.5575} + \dfrac{0.596}{z+0.2242} \end{bmatrix}$$

z 역변환을 취하면 다음 식을 얻는다.

$$\mathbf{q}[n] = \begin{bmatrix} 1.846 - 0.578(0.5575)^{(n-1)} - 0.268(-0.2242)^{(n-1)} \\ 0.923 - 0.519(0.5575)^{(n-1)} + 0.596(-0.2242)^{(n-1)} \end{bmatrix} \mathrm{u}[n-1] \tag{16.14}$$

상태 변수 벡터에 대한 해를 구한 후 바로 응답 벡터를 다음과 같이 구할 수 있다.

$$\mathbf{y}[n] = [6.461 - 2.713(0.5575)^{(n-1)} + 1.252(-0.2242)^{(n-1)}]\mathrm{u}[n-1] \tag{16.15}$$

식 (16.14)와 식 (16.15)에 n에 대한 값을 대입하면 〈표 16.2〉를 얻으며 〈표 16.1〉과 정확하게 일치한다. 따라서 재귀와 z 변환을 사용하는 두 풀이 방법이 동일한 결과는 나타낸다는 것을 입증하게 된다.

표 16.2 폐쇄된 해로부터 구한 상태 및 응답

n	$\mathrm{q}_1[n]$	$\mathrm{q}_2[n]$	$\mathrm{y}[n]$
0	0	0	0
1	1	1	5
2	1.5833	0.5	4.667
3	1.6528	0.7917	5.681
⋮	⋮	⋮	⋮

상태 변수의 전달 함수 및 변환행렬

상태 공간 방정식으로부터 모든 입력에 대한 모든 응답과 관련된 행렬 전달 함수를 구할 수 있다. 식 (16.9)로부터 구한 식

$$z\mathbf{Q}(z) - z\mathbf{q}[0] = \mathbf{A}\mathbf{Q}(z) + \mathbf{B}\mathbf{X}(z)$$

그리고 초기상태를 0으로 놓고(전달 함수가 정의되어야 함) $\mathbf{Q}(z)$에 대해 다음과 같이 풀 수 있다.

$$\mathbf{Q}(z) = [z\mathbf{I} - \mathbf{A}]^{-1}\mathbf{B}\mathbf{X}(z) = z^{-1}\Phi(z)\mathbf{B}\mathbf{X}(z)$$

응답 $\mathrm{Y}(z)$는

$$\mathbf{Y}(z) = \mathbf{C}\mathbf{Q}(z) + \mathbf{D}\mathbf{X}(z) = z^{-1}\mathbf{C}\Phi(z)\mathbf{B}\mathbf{X}(z) + \mathbf{D}\mathbf{X}(z)$$

이 되며 입력에 대한 응답 비인 전달 함수는 다음과 같다.

$$\mathbf{H}(z) = z^{-1}\mathbf{C}\Phi(z)\mathbf{B} + \mathbf{D} = \mathbf{C}[z\mathbf{I} - \mathbf{A}]^{-1}\mathbf{B} + \mathbf{D}$$

한 상태 변수 세트에서 다른 상태 변수로 변화하는 연속시간 상태 공간 해석에서 유도된 모든 것이 이산시간 상태 공간 해석에 그대로 적용된다. 만약

$$\mathbf{q}_2[n] = \mathbf{T}\mathbf{q}_1[n] \text{ and } \mathbf{q}_1[n+1] = \mathbf{A}_1\mathbf{q}_1[n] + \mathbf{B}_1\mathbf{x}[n]$$

이면

$$\mathbf{q}_2[n+1] = \mathbf{A}_2\mathbf{q}_2[n] + \mathbf{B}_2\mathbf{x}[n]$$

이 된다. 여기서 $\mathbf{A}_2 = \mathbf{T}\mathbf{A}_1\mathbf{T}^{-1}$ 그리고 $\mathbf{B}_2 = \mathbf{T}\mathbf{B}_1$이다. 출력 응답은

$$\mathbf{y}[n] = \mathbf{C}_2\mathbf{q}_2[n] + \mathbf{D}_2\mathbf{x}[n]$$

이며 여기서 $\mathbf{C}_2 = \mathbf{C}_1\mathbf{T}^{-1}$ 그리고 $\mathbf{D}_2 = \mathbf{D}_1$이다.

예제 16.6

상태 공간 방법을 사용한 이산시간 시스템의 0상태 응답

〈그림 16.9〉의 시스템 응답을 구하라. 여기서 초기적으로 0이며 입력은 다음과 같다.

$$\mathrm{x}_1[n] = \mathrm{u}[n] \text{ 그리고 } \mathrm{x}_2[n] = -\mathrm{u}[n-2]$$

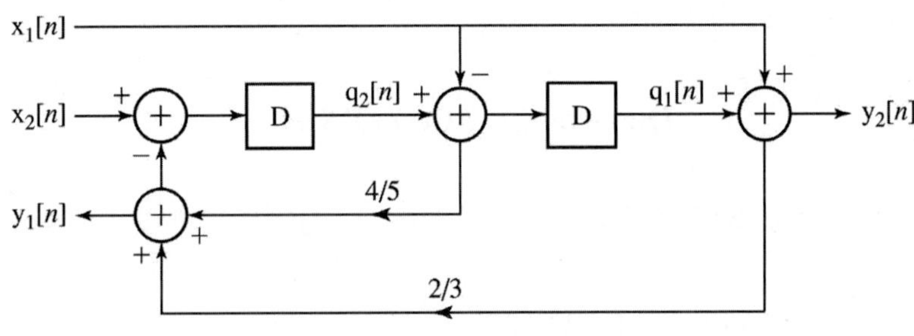

그림 16.9 이산시간 시스템

상태방정식은

$$\mathrm{q}_1[n+1] = \mathrm{q}_2[n] - \mathrm{x}_1[n]$$

$$\mathrm{q}_2[n+1] = \mathrm{x}_2[n] - [(4/5)(\mathrm{q}_2[n] - \mathrm{x}_1[n]) + (2/3)(\mathrm{q}_1[n] + \mathrm{x}_1[n])]$$

이며 출력 방정식은 다음과 같다.

$$\mathrm{y}_1[n] = (4/5)(\mathrm{q}_2[n] - \mathrm{x}_1[n]) + (2/3)(\mathrm{q}_1[n] + \mathrm{x}_1[n])$$

$$\mathrm{y}_2[n] = \mathrm{q}_1[n] + \mathrm{x}_1[n]$$

표준 행렬식으로 나타내면

$$\mathbf{q}[n+1] = \mathbf{A}\mathbf{q}[n] + \mathbf{B}\mathbf{x}[n]$$

으로 여기서

$$\mathbf{A} = \begin{bmatrix} 0 & 1 \\ -2/3 & -4/5 \end{bmatrix} \text{그리고 } \mathbf{B} = \begin{bmatrix} -1 & 0 \\ 2/15 & 1 \end{bmatrix}$$

이다. 출력 방정식은

$$\mathbf{y}[n] = \mathbf{C}\mathbf{q}[n] + \mathbf{D}\mathbf{x}[n]$$

으로 여기서

$$\mathbf{C} = \begin{bmatrix} 2/3 & 4/5 \\ 1 & 0 \end{bmatrix} \text{그리고 } \mathbf{D} = \begin{bmatrix} -2/15 & 0 \\ 1 & 0 \end{bmatrix}$$

이다. 시스템이 초기적으로 0이므로 응답을 구하기 위해 전달 함수를 사용할 수 있다. 전달 함수 행렬은

$$\mathbf{H}(z) = \mathbf{C}[z\mathbf{I} - \mathbf{A}]^{-1}\mathbf{B} + \mathbf{D} = \begin{bmatrix} 2/3 & 4/5 \\ 1 & 0 \end{bmatrix}\begin{bmatrix} z & -1 \\ 2/3 & z+4/5 \end{bmatrix}^{-1}\begin{bmatrix} -1 & 0 \\ 2/15 & 1 \end{bmatrix} + \begin{bmatrix} -2/15 & 0 \\ 1 & 0 \end{bmatrix}$$

이 되며, 따라서

$$\mathbf{H}(z) = \frac{1}{z^2 + 4z/5 + 2/3}\begin{bmatrix} 2/3 & 4/5 \\ 1 & 0 \end{bmatrix}\begin{bmatrix} z+4/5 & 1 \\ -2/3 & z \end{bmatrix}\begin{bmatrix} -1 & 0 \\ 2/15 & 1 \end{bmatrix} + \begin{bmatrix} -2/15 & 0 \\ 1 & 0 \end{bmatrix}$$

즉,

$$\mathbf{H}(z) = \frac{1}{z^2 + 4z/5 + 2/3}\begin{bmatrix} -42z/75 + 4/45 & 2/3 + 4z/5 \\ -z - 2/3 & 1 \end{bmatrix} + \begin{bmatrix} -2/15 & 0 \\ 1 & 0 \end{bmatrix}$$

이 된다. 입력 벡터의 z 변환은 다음과 같다.

$$\mathbf{X}(z)=\begin{bmatrix}\dfrac{z}{z-1}\\-\dfrac{z^{-1}}{z-1}\end{bmatrix}$$

따라서 z 변환 응답 벡터는

$$\mathbf{Y}(z)=\mathbf{H}(z)\mathbf{X}(z)=\left(\frac{1}{z^2+\frac{4}{5}z+\frac{2}{3}}\begin{bmatrix}-\frac{42}{75}z+\frac{4}{45} & \frac{2}{3}+\frac{4}{5}z\\ -z-\frac{2}{3} & 1\end{bmatrix}+\begin{bmatrix}-\frac{2}{15} & 0\\ 1 & 0\end{bmatrix}\right)\begin{bmatrix}\dfrac{z}{z-1}\\-\dfrac{z^{-1}}{z-1}\end{bmatrix}$$

이 되며, 정리하면

$$\mathbf{Y}(z)=\frac{1}{z^2+\frac{4}{5}z+\frac{2}{3}}\begin{bmatrix}\left(-\frac{42}{75}z+\frac{4}{45}\right)\frac{z}{z-1}-\left(\frac{2}{3}+\frac{4}{5}z\right)\frac{z^{-1}}{z-1}\\ \left(-z-\frac{2}{3}\right)\frac{z}{z-1}-\frac{z^{-1}}{z-1}\end{bmatrix}+\begin{bmatrix}-\frac{2}{15}\frac{z}{z-1}\\ \frac{z}{z-1}\end{bmatrix}$$

즉,

$$\mathbf{Y}(z)=\frac{z^{-1}}{z^2+\frac{4}{5}z+\frac{2}{3}}\begin{bmatrix}-\dfrac{\frac{42}{75}z^3-\frac{4}{45}z^2+\frac{4}{5}z+\frac{2}{3}}{z-1}\\ -\dfrac{z^3+\frac{2}{3}z^2+1}{z-1}\end{bmatrix}+\begin{bmatrix}-\frac{2}{15}\frac{z}{z-1}\\ \frac{z}{z-1}\end{bmatrix}$$

즉,

$$\mathbf{Y}(z)=-z^{-1}\begin{bmatrix}\dfrac{\frac{42}{75}z^3-\frac{4}{45}z^2+\frac{4}{5}z+\frac{2}{3}}{(z-1)\left(z^2+\frac{4}{5}z+\frac{2}{3}\right)}\\ \dfrac{z^3+\frac{2}{3}z^2+1}{(z-1)\left(z^2+\frac{4}{5}z+\frac{2}{3}\right)}\end{bmatrix}+\begin{bmatrix}-\frac{2}{15}\frac{z}{z-1}\\ \frac{z}{z-1}\end{bmatrix}$$

이 된다. 부분분수 전개를 통해

$$\mathbf{Y}(z) = -z^{-1}\begin{bmatrix} 0.56 + \dfrac{0.7856}{z-1} - \dfrac{0.7625z + 0.5163}{z^2 + \dfrac{4}{5}z + \dfrac{2}{3}} \\ 1 + \dfrac{1.081}{z-1} - \dfrac{0.2144z + 0.9459}{z^2 + \dfrac{4}{5}z + \dfrac{2}{3}} \end{bmatrix} + \begin{bmatrix} -\dfrac{2}{15}\dfrac{z}{z-1} \\ \dfrac{z}{z-1} \end{bmatrix}$$

이 되며 다음과 같이 정리할 수 있다.

$$\mathbf{Y}(z) = -z^{-1}\begin{bmatrix} 0.56 + \dfrac{0.7856}{z-1} - \dfrac{0.7625}{0.7118}\dfrac{0.7118z}{z^2 + \dfrac{4}{5}z + \dfrac{2}{3}} - z^{-1}\dfrac{0.5163}{0.7118}\dfrac{0.7118z}{z^2 + \dfrac{4}{5}z + \dfrac{2}{3}} \\ 1 + \dfrac{1.081}{z-1} - \dfrac{0.2144}{0.7118}\dfrac{0.7118z}{z^2 + \dfrac{4}{5}z + \dfrac{2}{3}} - z^{-1}\dfrac{0.9459}{0.7118}\dfrac{0.7118z}{z^2 + \dfrac{4}{5}z + \dfrac{2}{3}} \end{bmatrix} + \begin{bmatrix} -\dfrac{2}{15}\dfrac{z}{z-1} \\ \dfrac{z}{z-1} \end{bmatrix}$$

z 역변환을 취하면 다음 식을 얻는다.

$$\mathbf{y}[n] = -\begin{bmatrix} \begin{pmatrix} 0.56\delta[n-1] + 0.7856\,\mathrm{u}[n-2] \\ -1.071(0.8165)^{n-1}\sin(2.083(n-1))\,\mathrm{u}[n-1] \\ -0.7253(0.8165)^{n-2}\sin(2.083(n-2))\,\mathrm{u}[n-2] \end{pmatrix} \\ \begin{pmatrix} \delta[n-1] + 1.081\,\mathrm{u}[n-2] \\ -0.3012(0.8165)^{n-1}\sin(2.083(n-1))\,\mathrm{u}[n-1] \\ -1.329(0.8165)^{n-2}\sin(2.083(n-2))\,\mathrm{u}[n-2] \end{pmatrix} \end{bmatrix} + \begin{bmatrix} -(2/15)\,\mathrm{u}[n] \\ \mathrm{u}[n] \end{bmatrix}$$

■

상태 공간 해석을 위한 MATLAB 툴

MATLAB 시스템-객체 개념은 연속시간 시스템에 대해 한 것과 마찬가지로 이산시간 상태 공간 모델을 포함하고 있다. 기본 함수는 SS이며 문장은

```
sys = ss(A,B,C,D,Ts) ;
```

이며, 여기서 A, B, C 그리고 D는 동일한 명칭의 상태 공간 행렬식이며 Ts는 샘플들 사이의

시간이다. 함수 ssdata는 zpkdata와 tfdata와 유사한 방법으로 시스템 표현에서 상태 공간 행렬을 추출한다. 함수 ss2ss는 한 상태 공간 모델에서 다른 상태 공간 모델로 변환한다. 이 문법은

```
sys = ss2ss(sys,T) ;
```

이며, 여기서 T는 변환행렬이다.

16.4 요약

1. 시스템 차수는 시스템을 나타내는데 필요한 독립 미분방정식의 차수의 합이다.
2. 임의의 LTI 시스템은 4개의 행렬 **A**, **B**, **C** 그리고 **D**을 포함하고 있는 하나의 행렬 시스템 방정식과 하나의 행렬 출력 방정식으로 표현될 수 있다.
3. 식 $[s\mathbf{I}-\mathbf{A}]^{-1}$는 상태천이 행렬의 라플라스 변환이며 시스템의 동적 동작과 안정성에 대한 정보를 포함하고 있다.
4. 다중 입력에 대한 다중 출력의 전달 함수는 행렬 **A**, **B**, **C** 그리고 **D**로부터 직접 유도할 수 있다.
5. 시스템을 나타내는 상태 변수 세트는 유일하지 않다.
6. 한 상태 변수 세트는 변환행렬 **T**를 사용해 다른 상태 변수 세트로 변환할 수 있으며 시스템 고유 값은 동일하다.
7. 만약 시스템이 서로 다른 고유 값을 갖는다면 상태 변수는 대각화 될 수 있으며 효과적으로 분리하여 한 번에 하나씩 해를 구할 수 있다.
8. 연속시간 시스템 해석에 사용된 모든 방법은 이산시간 시스템의 해석에 직접 대응된다.

해답이 있는 연습문제

(각 연습문제의 해답은 무작위로 나열했다.)

연속시간 상태방정식

1. 〈그림 E.1〉의 회로에 대한 상태방정식을 작성하라. 여기서 인덕터 전류 $i_L(t)$와 커패시터 전압 $v_C(t)$는 상태 변수이며 입력은 전압 $v_i(t)$ 그리고 응답으로 출력은 전압 $v_L(t)$이다.

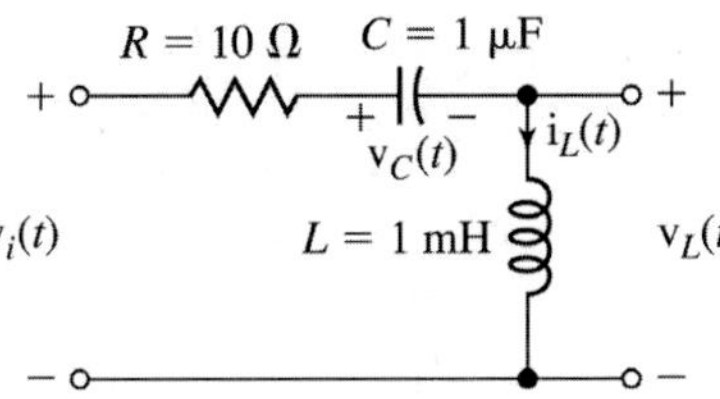

그림 E.1

해답 : $\begin{bmatrix} v'_C(t) \\ i'_L(t) \end{bmatrix} = \begin{bmatrix} 0 & 1/C \\ -1/L & -R/L \end{bmatrix} \begin{bmatrix} v_C(t) \\ i_L(t) \end{bmatrix} + \begin{bmatrix} 0 \\ 1/L \end{bmatrix} v_i(t),\ v_L(t) = [-1 \quad -R] \begin{bmatrix} v_C(t) \\ i_L(t) \end{bmatrix} + v_i(t)$

2. 〈그림 E.2〉의 회로에 대한 상태방정식을 작성하라. 여기서 인덕터 전류 $i_L(t)$와 커패시터 전압 $v_C(t)$는 상태 변수이며 입력은 전류 $i_i(t)$ 그리고 응답으로 출력은 전압 $v_R(t)$이다.

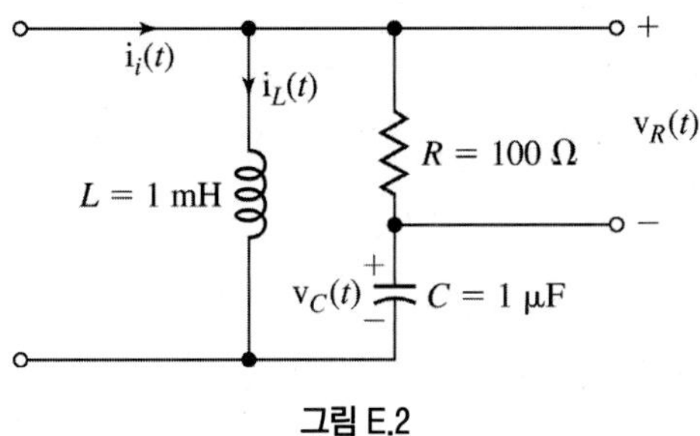

그림 E.2

해답 : $\begin{bmatrix} v'_C(t) \\ i'_L(t) \end{bmatrix} = \begin{bmatrix} 0 & -1/C \\ 1/L & -R/L \end{bmatrix} \begin{bmatrix} v_C(t) \\ i_L(t) \end{bmatrix} + \begin{bmatrix} 1/C \\ R/L \end{bmatrix} i_i(t),\ v_R(t) = [0 \quad -R] \begin{bmatrix} v_C(t) \\ i_L(t) \end{bmatrix} + Ri_i(t)$

3. 다음 전달 함수로부터 시스템에 대한 최소 상태를 사용하여 상태방정식을 작성하라. 여기서 초기적으로 0 상태이다.

$$H(s) = \frac{s(s+3)}{s^2 + 2s + 9}$$

해답 : $\begin{bmatrix} sQ_1(s) \\ sQ_2(s) \end{bmatrix} = \begin{bmatrix} 1 & 0 \\ -9 & -2 \end{bmatrix} \begin{bmatrix} Q_1(s) \\ Q_2(s) \end{bmatrix} + \begin{bmatrix} 0 \\ 1 \end{bmatrix} X(s),\ Y(s) = [-9 \quad 1] \begin{bmatrix} Q_1(s) \\ Q_2(s) \end{bmatrix} + [1]X(s)$

4. 〈그림 E.4〉의 블록 다이어그램으로부터 시스템에 대한 상태방정식을 작성하라. 여기서 상태 변수로서 적분기의 응답을 사용한다.

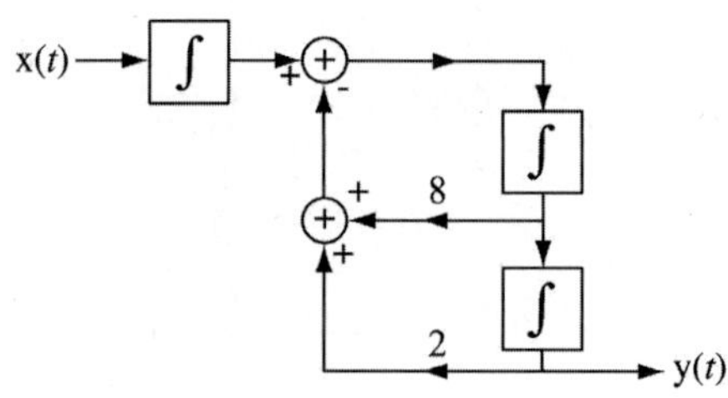

그림 E.4 시스템

해답 : $\begin{bmatrix} q_1'(t) \\ q_2'(t) \\ q_3'(t) \end{bmatrix} = \begin{bmatrix} 0 & 1 & 0 \\ -2 & -8 & 1 \\ 0 & 0 & 0 \end{bmatrix} \begin{bmatrix} q_1(t) \\ q_2(t) \\ q_3(t) \end{bmatrix} + \begin{bmatrix} 0 \\ 0 \\ 1 \end{bmatrix} x[t],\ y[t] = [1 \quad 0 \quad 0] \begin{bmatrix} q_1(t) \\ q_2(t) \\ q_3(t) \end{bmatrix} + [0]\, x[t]$

5. 시스템은 신호 $x(t) = 3\,u(t)$을 입력하고 응답은 $y(t) = 0.961e^{-1.5t}\sin(3.122t)\,u(t)$이다. 최소 상태를 사용해 상태방정식을 작성하라.

해답 : $\begin{bmatrix} sQ_1(s) \\ sQ_2(s) \end{bmatrix} = \begin{bmatrix} 0 & 1 \\ -12 & -3 \end{bmatrix} \begin{bmatrix} Q_1(s) \\ Q_2(s) \end{bmatrix} + \begin{bmatrix} 0 \\ 1 \end{bmatrix} X(s),\ Y(s) = [0 \quad 1] \begin{bmatrix} Q_1(s) \\ Q_2(s) \end{bmatrix}$

6. 시스템은 다음과 같은 미분방정식으로 나타낸다.

$$y''(t) + 4\,y'(t) + 7\,y(t) = x(t)$$

이 시스템의 상태방정식을 작성하라.

해답 : $\begin{bmatrix} q_1'(t) \\ q_2'(t) \end{bmatrix} = \begin{bmatrix} 0 & 1 \\ -7 & -4 \end{bmatrix} \begin{bmatrix} q_1(t) \\ q_2(t) \end{bmatrix} + \begin{bmatrix} 0 \\ 1 \end{bmatrix} x(t),\ y(t) = [1 \quad 0] \begin{bmatrix} q_1(t) \\ q_2(t) \end{bmatrix}$

연속시간 시스템 응답

7. 시스템은 다음과 같은 상태방정식으로 표현된다.

$$\begin{bmatrix} q_1'(t) \\ q_2'(t) \end{bmatrix} = \begin{bmatrix} -2 & 1 \\ 3 & 0 \end{bmatrix} \begin{bmatrix} q_1(t) \\ q_1(t) \end{bmatrix} + \begin{bmatrix} 1 & 2 \\ -2 & 0 \end{bmatrix} \begin{bmatrix} x_1(t) \\ x_2(t) \end{bmatrix}$$

$$\begin{bmatrix} y_1(t) \\ y_2(t) \end{bmatrix} = \begin{bmatrix} 3 & 5 \\ -2 & 4 \end{bmatrix} \begin{bmatrix} q_1(t) \\ q_2(t) \end{bmatrix}$$

입력은 $\begin{bmatrix} x_1(t) \\ x_2(t) \end{bmatrix} = \begin{bmatrix} -\delta(t) \\ u(t) \end{bmatrix}$이며 초기 조건은 $\begin{bmatrix} q_1(0^+) \\ q_2(0^+) \end{bmatrix} = \begin{bmatrix} 0 \\ 3 \end{bmatrix}$이다. 시스템 응답 벡터 $\begin{bmatrix} y_1(t) \\ y_2(t) \end{bmatrix}$을 구하라.

해답 : $\begin{bmatrix} 5e^{-3t} + 27e^{t} - 10 \\ 15e^{-3t} + 15e^{t} - 8 \end{bmatrix} u(t)$

대각화

8. 시스템이 다음과 같은 상태방정식으로 표현된다.

$$\mathbf{q}'(t) = \mathbf{Aq}(t) + \mathbf{Bx}(t)$$

$$\mathbf{y}(t) = \mathbf{Cq}(t) + \mathbf{Dx}(t)$$

여기서 $\mathbf{A} = \begin{bmatrix} -1 & -3 \\ 2 & -7 \end{bmatrix}$, $\mathbf{B} = \begin{bmatrix} 1 & 0 \\ 0 & 1 \end{bmatrix}$, $\mathbf{C} = \begin{bmatrix} 2 & -3 \\ 0 & 4 \end{bmatrix}$ 그리고 $\mathbf{D} = \begin{bmatrix} 1 & 0 \\ 0 & 0 \end{bmatrix}$이다. 행렬 **A**가 대각행렬이 되도록 두 개의 새로운 상태를 이전 상태에서 정의하고 상태방정식을 다시 작성하라.

해답 : $\mathbf{q}_2(t) = \begin{bmatrix} 0.8446 & -0.5354 \\ -0.3893 & 0.9211 \end{bmatrix} \mathbf{q}_1(t)$

$$q_2'(t) = \begin{bmatrix} -2.2679 & 0 \\ 0 & -5.7321 \end{bmatrix} \mathbf{q}_2(t) + \begin{bmatrix} 0.8446 & -0.5354 \\ -0.3893 & 0.9211 \end{bmatrix} \mathbf{x}(t)$$

$$y(t) = \begin{bmatrix} 1.184 & -2.5688 \\ 2.7342 & 5.9319 \end{bmatrix} \mathbf{q}_2(t) + \begin{bmatrix} 1 & 0 \\ 0 & 0 \end{bmatrix} \mathbf{x}(t)$$

미분방정식 표현

9. 연습문제 8의 원래 상태방정식에서 시스템의 미분방정식 표현을 나타내라.

해답 : $y_1'(t) = -4\,y_1(t) + (3/4)\,y_2(t) + 6\,x_1(t) - 3\,x_2(t) + x_1'(t)$

$$y_2'(t) = 4\,y_1(t) - 4\,y_2(t) - 4\,x_1(t) + 4\,x_2(t)$$

이산시간 상태방정식

10. 〈그림 E. 10〉의 시스템에서 상태방정식을 작성하라.

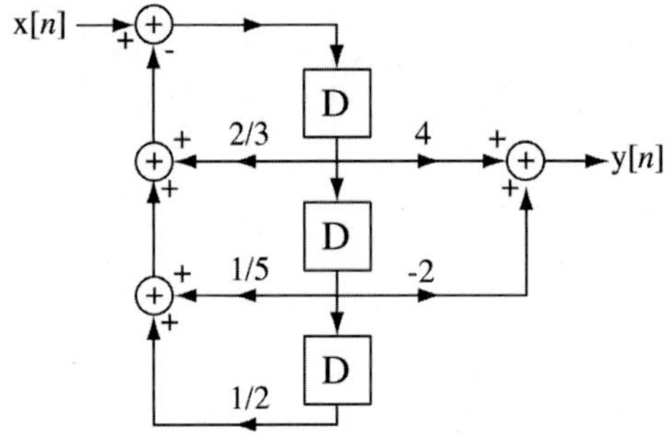

그림 E. 10

해답 : $\begin{bmatrix} q_1[n+1] \\ q_2[n+1] \\ q_3[n+1] \end{bmatrix} = \begin{bmatrix} 0 & 1 & 0 \\ 0 & 0 & 1 \\ -1/2 & -1/5 & -2/3 \end{bmatrix} \begin{bmatrix} q_1[n] \\ q_2[n] \\ q_3[n] \end{bmatrix} + \begin{bmatrix} 0 \\ 0 \\ 1 \end{bmatrix} x[n],\ y[n] = [0 \quad -2 \quad 4] \begin{bmatrix} q_1[n] \\ q_2[n] \\ q_3[n] \end{bmatrix}$

11. 다음과 같은 전달 함수에 대응되는 상태방정식을 작성하라.

(a) $H(z) = \dfrac{0.9z}{z^2 - 1.65z + 0.9}$ (b) $H(z) = \dfrac{4(z-1)}{(z-0.9)(z-0.7)}$

해답 : $\begin{bmatrix} q_1[n+1] \\ q_2[n+1] \end{bmatrix} = \begin{bmatrix} 0 & 1 \\ -0.63 & 1.6 \end{bmatrix} \begin{bmatrix} q_1[n] \\ q_2[n] \end{bmatrix} + \begin{bmatrix} 0 \\ 1 \end{bmatrix} x[n],\ y[n] = [-4 \quad 4] \begin{bmatrix} q_1[n] \\ q_2[n] \end{bmatrix}$

$\begin{bmatrix} q_1[n+1] \\ q_2[n+1] \end{bmatrix} = \begin{bmatrix} 0 & 1 \\ -0.9 & 1.65 \end{bmatrix} \begin{bmatrix} q_1[n] \\ q_2[n] \end{bmatrix} + \begin{bmatrix} 0 \\ 1 \end{bmatrix} x[n],\ y[n] = [0 \quad 0.9] \begin{bmatrix} q_1[n] \\ q_2[n] \end{bmatrix} + [0]x[n]$

12. 다음과 같은 차분 방정식을 상태방정식 세트로 전환하라.

$$10\,y[n] + 4\,y[n-1] + y[n-2] + 2\,y[n-3] = x[n]$$

해답 : $\begin{bmatrix} q_1[n+1] \\ q_2[n+1] \\ q_3[n+1] \end{bmatrix} = \begin{bmatrix} 0 & 1 & 0 \\ 0 & 0 & 1 \\ -0.2 & -0.1 & -0.4 \end{bmatrix} \begin{bmatrix} q_1[n] \\ q_2[n] \\ q_3[n] \end{bmatrix} + \begin{bmatrix} 0 \\ 0 \\ 1 \end{bmatrix} x[n]$

$$y[n] = [-0.02 \quad -0.01 \quad -0.04] \begin{bmatrix} q_1[n] \\ q_2[n] \\ q_3[n] \end{bmatrix} + [0.1]x[n]$$

차분 방정식 표현

13. 다음과 같은 상태방정식은 단일 차분 방정식으로 전환하라.

$$\begin{bmatrix} q_1[n+1] \\ q_2[n+1] \end{bmatrix} = \begin{bmatrix} -2 & -5 \\ 1 & 0 \end{bmatrix} \begin{bmatrix} q_1[n] \\ q_2[n] \end{bmatrix} + \begin{bmatrix} 1 \\ 0 \end{bmatrix} x[n]$$

$$y[n] = [\ 1 \quad 0\ ] \begin{bmatrix} q_1[n] \\ q_2[n] \end{bmatrix} + [0]x[n]$$

해답 : $y[n] + 2y[n-1] + 5y[n-2] = x[n]$

이산시간 시스템 응답

14. 다음과 같은 상태방정식 세트로 표현되는 시스템의 응답을 구하라(시스템이 초기적으로 0이다).

$$\begin{bmatrix} q_1[n+1] \\ q_2[n+1] \end{bmatrix} = \begin{bmatrix} 3 & 1 \\ 0 & -2 \end{bmatrix} \begin{bmatrix} q_1[n] \\ q_2[n] \end{bmatrix} + \begin{bmatrix} 4 \\ 3 \end{bmatrix} u[n]$$

$$\begin{bmatrix} y_1[n] \\ y_2[n] \end{bmatrix} = \begin{bmatrix} 1 & -1 \\ 2 & 0 \end{bmatrix} \begin{bmatrix} q_1[n] \\ q_2[n] \end{bmatrix}$$

해답 : $\mathbf{y}[n] = \begin{bmatrix} 2.3(3)^n + 1.2(-2)^n - 3.5 \\ 4.6(3)^n + 0.4(-2)^n - 5 \end{bmatrix} u[n]$

해답이 없는 연습문제

연속시간 상태방정식

15. 〈그림 E. 15〉의 회로에 대한 상태방정식을 작성하라. 두 커패시터 전압 $v_{C1}(t)$와 $v_{C2}(t)$는 상태 변수이며 입력에서의 전압은 $v_i(t)$ 그리고 응답 전압은 $v_{R1}(t)$이다. 커패시터가 초기에 충전이되어 있지 않다고 가정하고 회로의 단위계단 응답을 구하라.

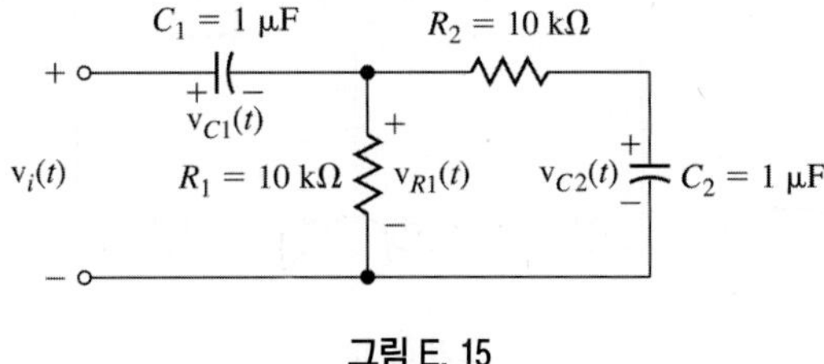

그림 E. 15

연속시간 시스템 응답

16. 〈그림 E. 16〉의 회로에 대한 상태방정식을 작성하라. 두 커패시터 전압 $v_{C1}(t)$와 $v_{C2}(t)$는 상태 변수이며 입력에서의 전압은 $v_i(t)$ 그리고 응답 전압은 $v_o(t)$이다. 단위계단 입력에 대해 응답 전압을 구하고 그래프로 나타내라. 초기 조건은 다음과 같다.

$$\begin{bmatrix} v_{C1}(0) \\ v_{C2}(0) \end{bmatrix} = \begin{bmatrix} 2 \\ -1 \end{bmatrix}$$

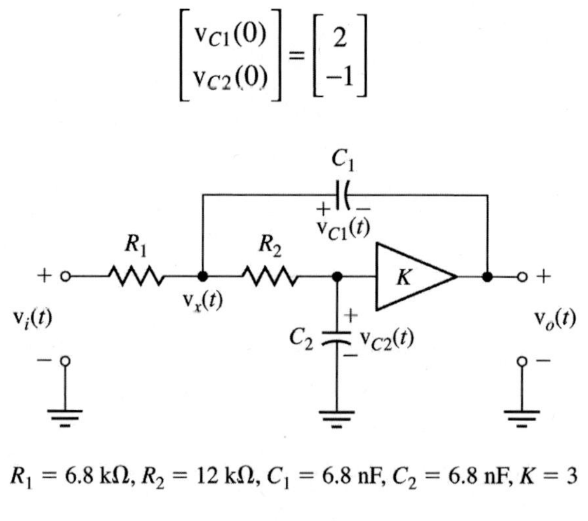

$R_1 = 6.8\ \text{k}\Omega$, $R_2 = 12\ \text{k}\Omega$, $C_1 = 6.8\ \text{nF}$, $C_2 = 6.8\ \text{nF}$, $K = 3$

그림 E. 16

이산시간 상태방정식

17. 다음과 같은 전달 함수에 대응되는 상태방정식을 나타내라(이 전달 함수는 이산시간 Butterworth 필터이다).

(a) $$H(z) = \frac{0.06746z^2 + 0.1349z + 0.06746}{z^2 - 1.143z + 0.4128}$$

(b) $$H(z) = \frac{0.0201z^4 - 0.0402z^2 + 0.0201}{z^4 - 2.5494z^3 + 3.2024z^2 - 2.0359z + 0.6414}$$

18. 〈그림 E. 18〉의 시스템에 대한 상태방정식을 작성하라.

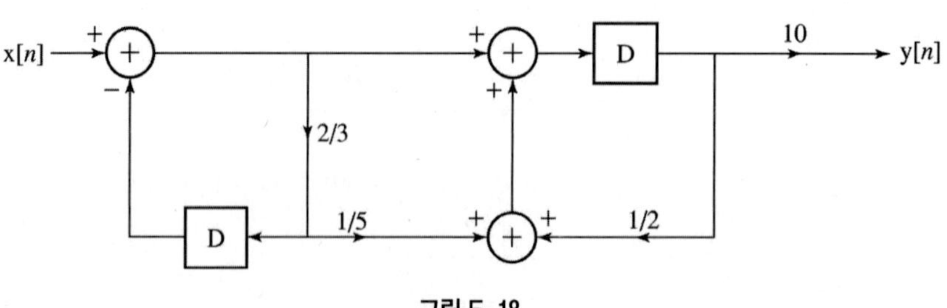

그림 E. 18

19. 이산시간 시스템의 입력은 단위수열이며 응답은 다음과 같다.

$$y[n] = (8 + 2(1/2)^{n-1} - 9(3/4)^{n-1})\,u[n-1]$$

이 시스템에 대한 상태방정식을 나타내라.

이산시간 시스템 응답

20. 〈그림 E. 18〉의 시스템에 대한 입력이 $x[n] = u[n]$일 때에 응답을 구하라(이 시스템은 초기적으로 0이다).

21. 다음과 같은 상태방정식으로 표현되는 시스템의 응답을 구하라(이 시스템은 초기적으로 0이다).

$$\begin{bmatrix} q_1[n+1] \\ q_2[n+1] \end{bmatrix} = \begin{bmatrix} -1/2 & -1/5 \\ 0 & 7/10 \end{bmatrix} \begin{bmatrix} q_1[n] \\ q_2[n] \end{bmatrix} + \begin{bmatrix} 2 & -3 \\ 1 & 1 \end{bmatrix} \begin{bmatrix} u[n] \\ (3/4)^n\,u[n] \end{bmatrix}$$

$$y[n] = \begin{bmatrix} 4 & -1 \end{bmatrix} \begin{bmatrix} q_1[n] \\ q_2[n] \end{bmatrix} + \begin{bmatrix} 1 & 0 \end{bmatrix} \begin{bmatrix} u[n] \\ (3/4)^n\,u[n] \end{bmatrix}$$

대각화

22. 다음과 같은 상태방정식 세트를 대각화된 상태방정식 세트로 변환하는 새로운 상태를 정의하고 새로운 상태방정식을 나타내라.

$$\begin{bmatrix} q_1[n+1] \\ q_2[n+1] \\ q_3[n+1] \end{bmatrix} = \begin{bmatrix} -0.4 & -0.1 & -0.2 \\ 0.3 & 0 & -0.2 \\ 1 & 0 & -1.3 \end{bmatrix} \begin{bmatrix} q_1[n] \\ q_2[n] \\ q_3[n] \end{bmatrix} + \begin{bmatrix} 2 & -0.5 \\ 1 & 0 \\ 0 & 3 \end{bmatrix} \begin{bmatrix} 0.1\cos(2\pi n/16)\,u[n] \\ (3/4)^n\,u[n] \end{bmatrix}$$

$$\begin{bmatrix} y_1[n+1] \\ y_2[n+1] \end{bmatrix} = \begin{bmatrix} 1 & 0 & -1 \\ 0 & 0.3 & 0.7 \end{bmatrix} \begin{bmatrix} q_1[n] \\ q_2[n] \\ q_3[n] \end{bmatrix}$$

A APPENDIX

유용한 수학 관계식

$$e^x = 1 + x + \frac{x^2}{2!} + \frac{x^3}{3!} + \frac{x^4}{4!} + \cdots$$

$$\sin(x) = x - \frac{x^3}{3!} + \frac{x^5}{5!} - \frac{x^7}{7!} + \cdots$$

$$\cos(x) = 1 - \frac{x^2}{2!} + \frac{x^4}{4!} - \frac{x^6}{6!} + \cdots$$

$$\cos(x) = \cos(-x) \quad \text{and} \quad \sin(x) = -\sin(-x)$$

$$e^{jx} = \cos(x) + j\sin(x)$$

$$\sin^2(x) + \cos^2(x) = 1$$

$$\cos(x)\cos(y) = \frac{1}{2}[\cos(x-y) + \cos(x+y)]$$

$$\sin(x)\sin(y) = \frac{1}{2}[\cos(x-y) - \cos(x+y)]$$

$$\sin(x)\cos(y) = \frac{1}{2}[\sin(x-y) + \sin(x+y)]$$

$$\cos(x+y) = \cos(x)\cos(y) - \sin(x)\sin(y)$$

$$\sin(x+y) = \sin(x)\cos(y) + \cos(x)\sin(y)$$

$$A\cos(x) + B\sin(x) = \sqrt{A^2 + B^2}\cos(x - \tan^{-1}(B/A))$$

$$\frac{d}{dx}[\tan^{-1}(x)] = \frac{1}{1+x^2}$$

$$\int u\,dv = uv - \int v\,du$$

$$\int x^n \sin(x)\,dx = -x^n \cos(x) + n\int x^{n-1} \cos(x)\,dx$$

$$\int x^n \cos(x)\,dx = x^n \sin(x) - n\int x^{n-1} \sin(x)\,dx$$

$$\int x^n e^{ax}\,dx = \frac{e^{ax}}{a^{n+1}}[(ax)^n - n(ax)^{n-1} + n(n-1)(ax)^{n-2} + \ \ldots\ + (-1)^{n-1} n!(ax) + (-1)^n n!],\ n \geq 0$$

$$\int e^{ax} \sin(bx)\,dx = \frac{e^{ax}}{a^2+b^2}[a\sin(bx) - b\cos(bx)]$$

$$\int e^{ax} \cos(bx)\,dx = \frac{e^{ax}}{a^2+b^2}[a\cos(bx) + b\sin(bx)]$$

$$\int \frac{dx}{a^2+(bx)^2} = \frac{1}{ab}\tan^{-1}\left(\frac{bx}{a}\right)$$

$$\int \frac{dx}{(x^2 \pm a^2)^{\frac{1}{2}}} = \ln\left|x + (x^2 \pm a^2)^{\frac{1}{2}}\right|$$

$$\int_0^\infty \frac{\sin(mx)}{x}dx = \left\{\begin{matrix} \pi/2, & m>0 \\ 0, & m=0 \\ -\pi/2, & m<0 \end{matrix}\right\} = \frac{\pi}{2}\operatorname{sgn}(m)$$

$$|Z|^2 = ZZ^*$$

$$\sum_{n=0}^{N-1} r^n = \begin{cases} \dfrac{1-r^N}{1-r}, & r \neq 1 \\ N, & r = 1 \end{cases}$$

$$\sum_{n=0}^{\infty} r^n = \frac{1}{1-r}, \quad |r|<1$$

$$\sum_{n=k}^{\infty} r^n = \frac{r^k}{1-r}, \quad |r|<1$$

$$\sum_{n=0}^{\infty} nr^n = \frac{r}{(1-r)^2}, \quad |r|<1$$

$$\frac{e^{j\pi n}}{e^{j\pi n/N_0}} \mathrm{drcl}\left(\frac{n}{N_0}, N_0\right) = \delta_{N_0}[n], \quad n \text{ and } N_0 \text{ integers}$$

$$\mathrm{drcl}\left(\frac{n}{2m+1}, 2m+1\right) = \delta_{2m+1}[n], \quad n \text{ and } m \text{ integers}$$

APPENDIX B

연속시간 푸리에 급수쌍

주기 T인 연속시간 푸리에 급수(CTFS) 표현.

$$\mathrm{x}(t) = \sum_{k=-\infty}^{\infty} \mathrm{c_x}[k] e^{j2\pi kt/T} \xleftrightarrow[T]{\mathcal{FS}} \mathrm{c_x}[k] = \frac{1}{T}\int_T \mathrm{x}(t) e^{-j2\pi kt/T}\, dt$$

기본주기는 $T_0 = 1/f_0 = 2\pi/\omega_0$이며, k, n 그리고 m은 정수이다.

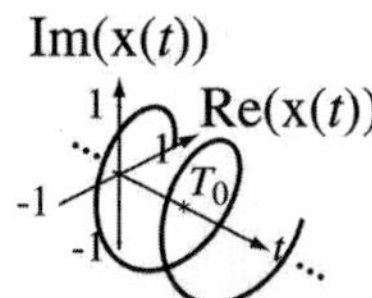

$$e^{j2\pi t/T_0} \xleftrightarrow[mT_0]{\mathcal{FS}} \delta[k-m]$$

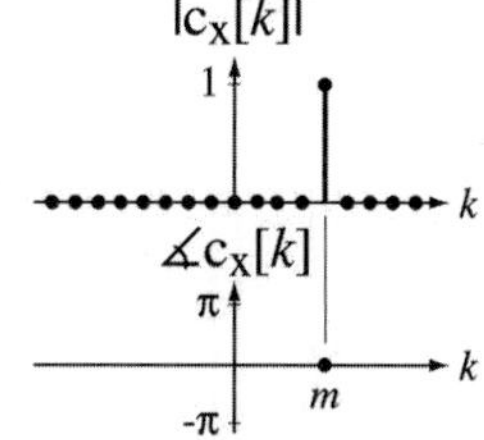

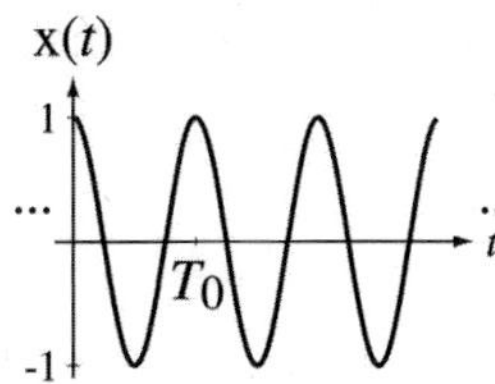

$$\cos(2\pi t/T_0) \xleftrightarrow[mT_0]{\mathcal{FS}} (1/2)(\delta[k-m]+\delta[k+m])$$

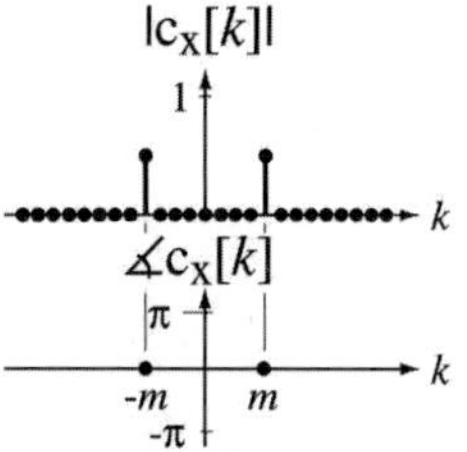

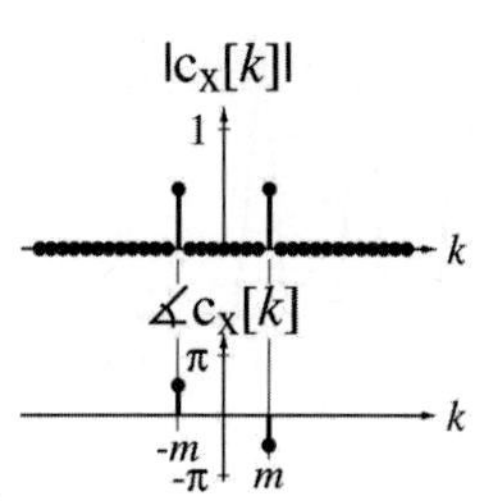

$$\sin(2\pi t/T_0) \xleftrightarrow[mT_0]{\mathcal{FS}} (j/2)(\delta[k+m]-\delta[k-m])$$

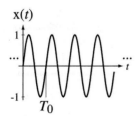

x(t)

1

...

...

t

-1

T_0

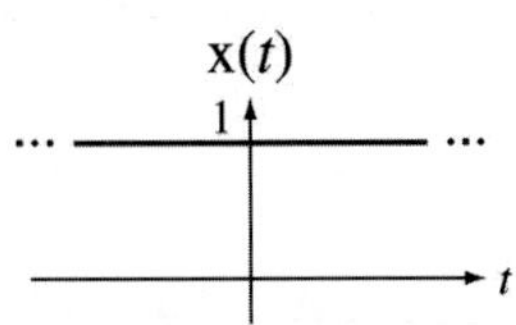

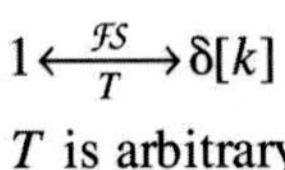

$$1 \xleftrightarrow[T]{\mathcal{FS}} \delta[k]$$

T is arbitrary

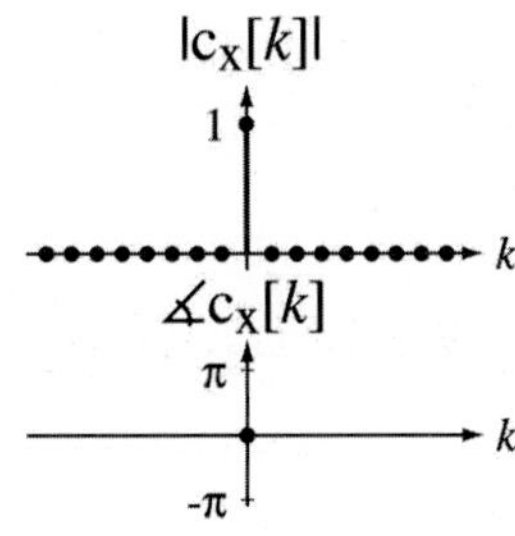

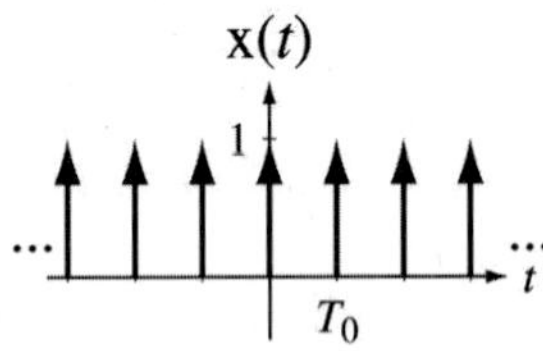

$$\delta_{T_0}(t) \xleftrightarrow[mT_0]{\mathcal{FS}} f_0 \delta_m[k]$$

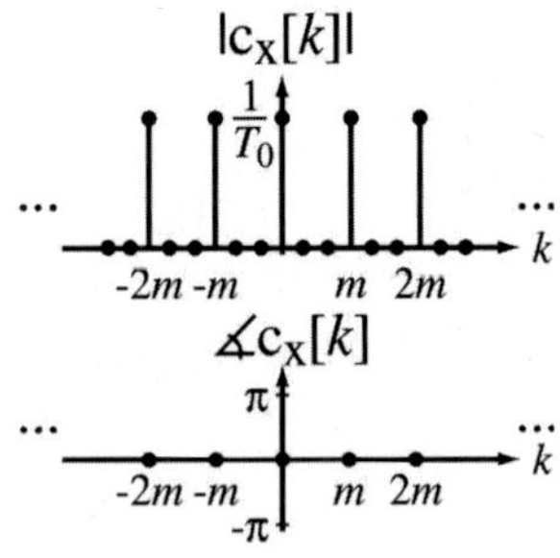

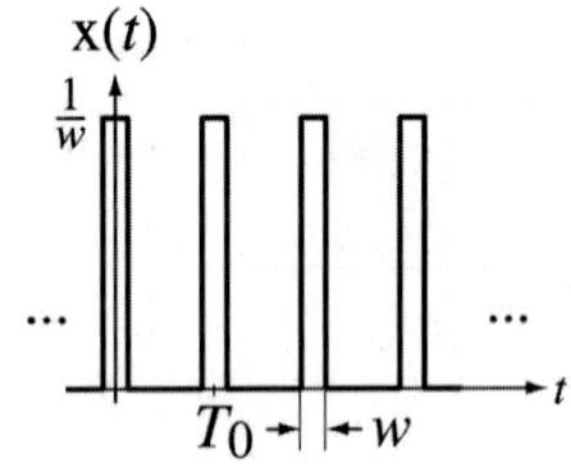

$$(1/w)\,\text{rect}(t/w) * \delta_{T_0}(t) \xleftrightarrow[T_0]{\mathcal{FS}} f_0\,\text{sinc}(wkf_0)$$

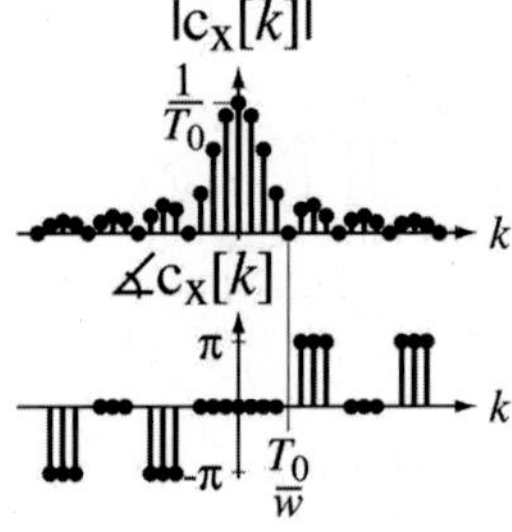

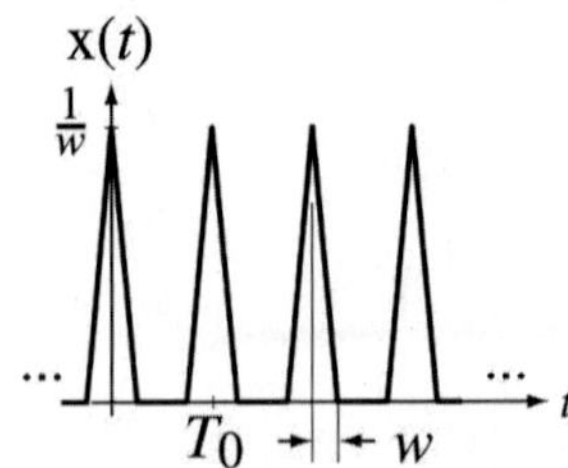

$$(1/w)\,\text{tri}(t/w) * \delta_{T_0}(t) \xleftrightarrow[T_0]{\mathcal{FS}} f_0\,\text{sinc}^2(wkf_0)$$

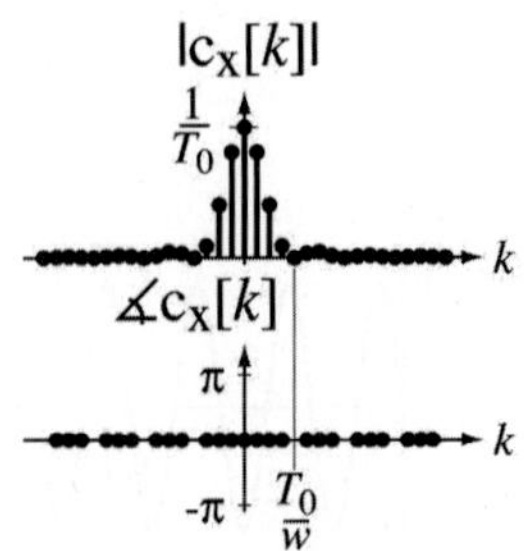

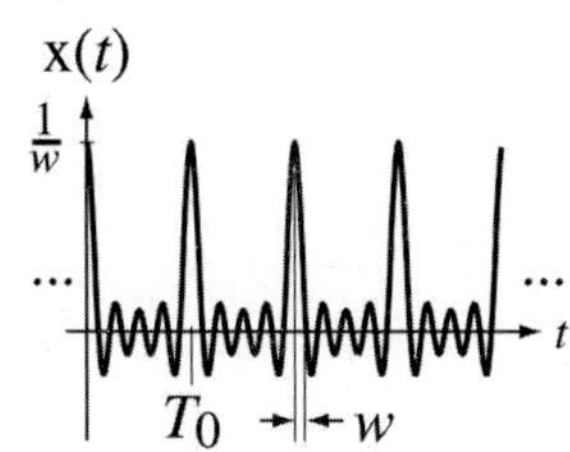

$$(1/w)\,\mathrm{sinc}(t/w) * \delta_{T_0}(t) \xleftrightarrow[T_0]{\mathcal{FS}} f_0\,\mathrm{rect}(wkf_0)$$

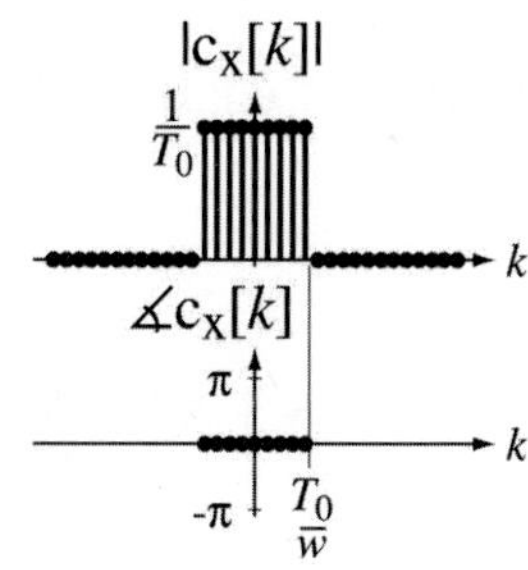

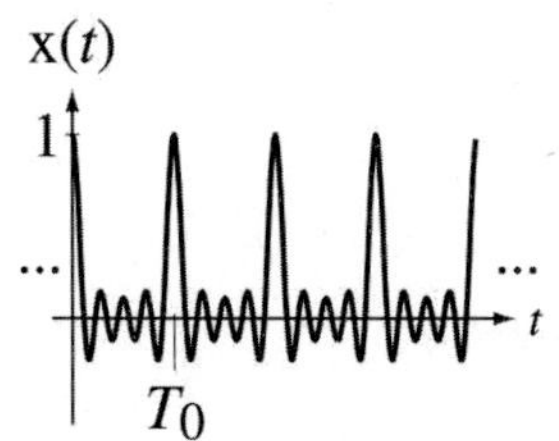

$$\mathrm{drcl}(f_0 t, 2M+1) \xleftrightarrow[T_0]{\mathcal{FS}} \frac{\mathrm{u}[n+M]-\mathrm{u}[n-M-1]}{2M+1}$$

M an integer

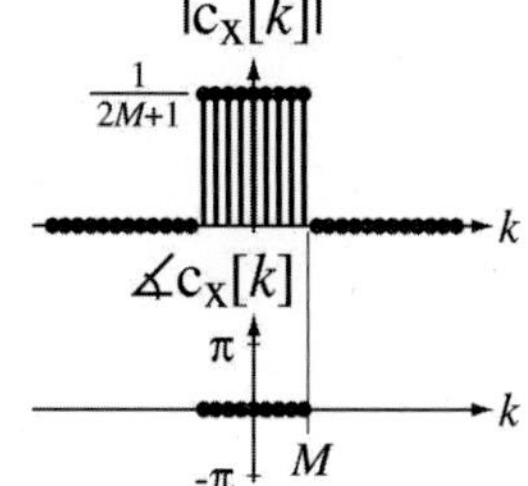

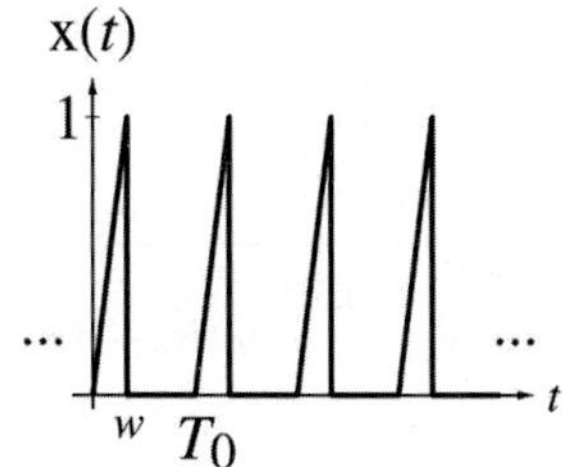

$$\frac{t}{w}[\mathrm{u}(t)-\mathrm{u}(t-w)] * \delta_{T_0}(t) \xleftrightarrow[T_0]{\mathcal{FS}}$$

$$\frac{1}{wT_0}\frac{[j(2\pi kw)/T_0+1]e^{-j(2\pi kw/T_0)}-1}{(2\pi k/T_0)^2}$$

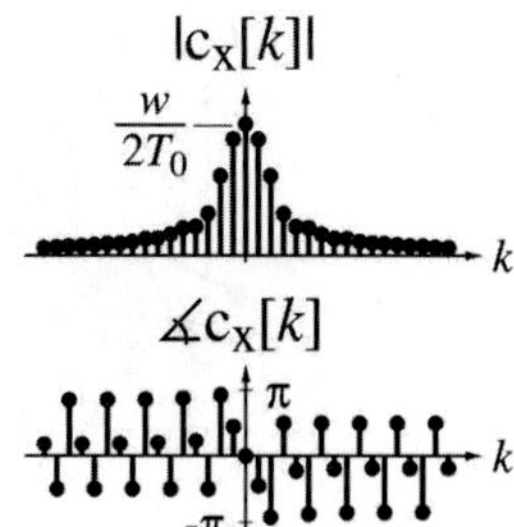

C APPENDIX

이산 푸리에 변화쌍

주기 N인 주기 이산시간 함수의 이산 푸리에 변환 (DFT) 표현.

$$\mathrm{x}[n] = \frac{1}{N}\sum_{k=\langle N\rangle} \mathrm{X}[k]e^{j2\pi kn/N} \xleftrightarrow[N]{\mathcal{DFT}} \mathrm{X}[k] = \sum_{n=\langle N\rangle} \mathrm{x}[n]e^{-j2\pi kn/N}$$

기본주기는 N_0이며, $k, n, m, q, N_w, N_0, N, n_0$ 그리고 n_1은 정수이다.

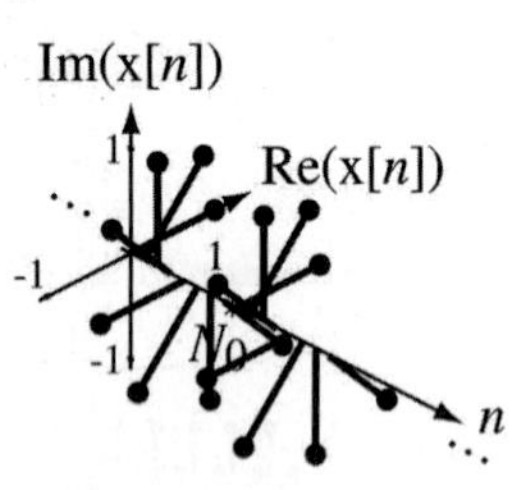

$$e^{j2\pi n/N_0} \xleftrightarrow[mN_0]{\mathcal{DFT}} mN_0\delta_{mN_0}[k-m]$$

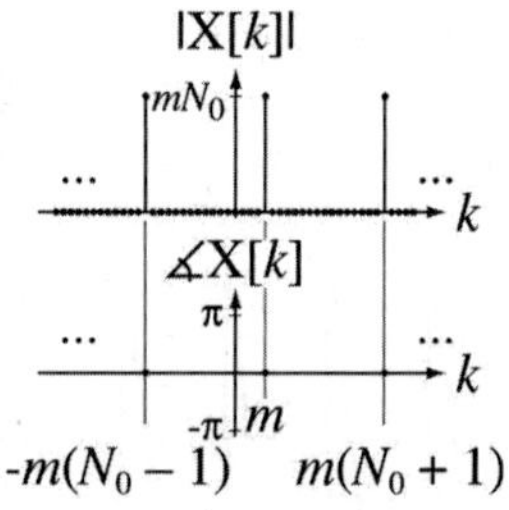

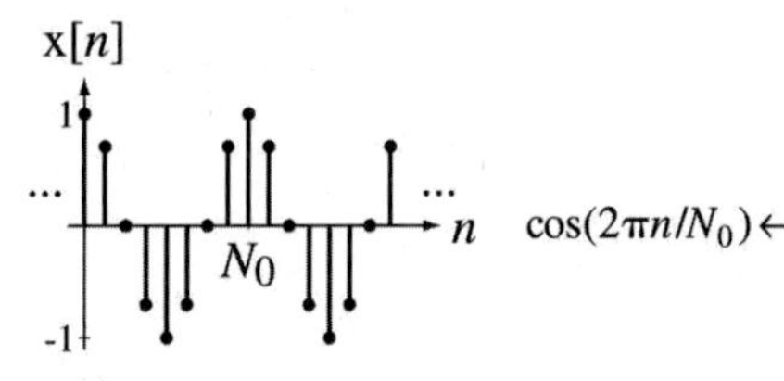

$$\cos(2\pi n/N_0) \xleftrightarrow[mN_0]{\mathcal{DFT}} \frac{mN_0}{2}(\delta_{mN_0}[k-m] + \delta_{mN_0}[k+m])$$

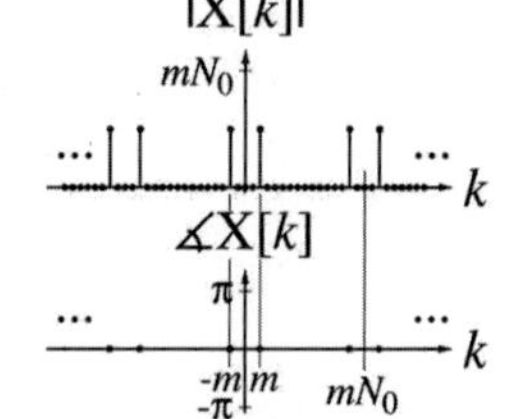

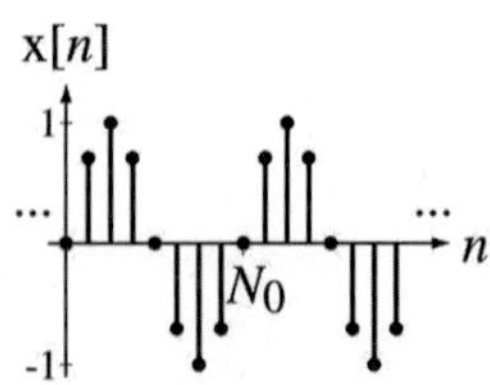

$$\sin(2\pi n/N_0) \xleftrightarrow[mN_0]{\mathcal{DFT}} \frac{jmN_0}{2}(\delta_{mN_0}[k+m] - \delta_{mN_0}[k-m])$$

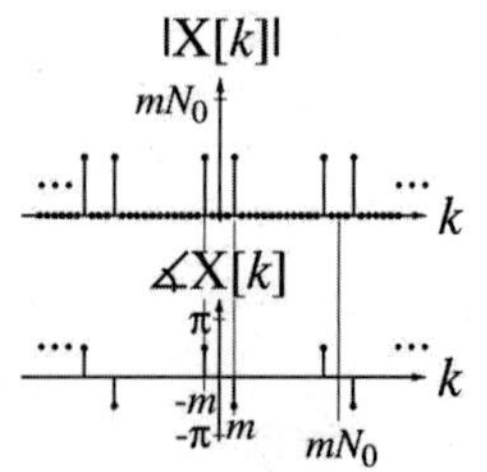

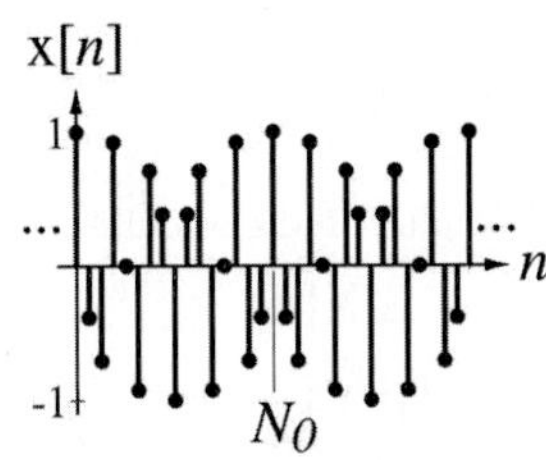

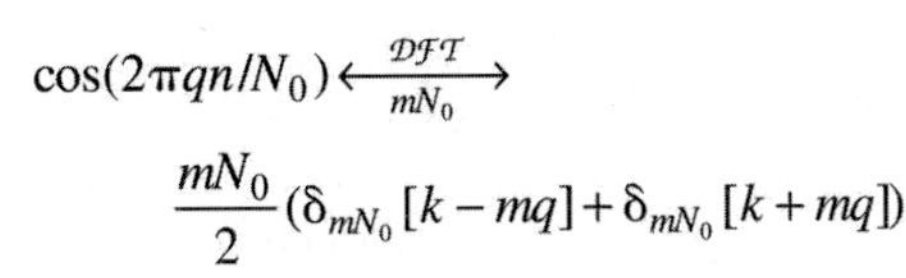

$$\cos(2\pi qn/N_0) \xleftrightarrow[mN_0]{\mathcal{DFT}} \frac{mN_0}{2}(\delta_{mN_0}[k-mq]+\delta_{mN_0}[k+mq])$$

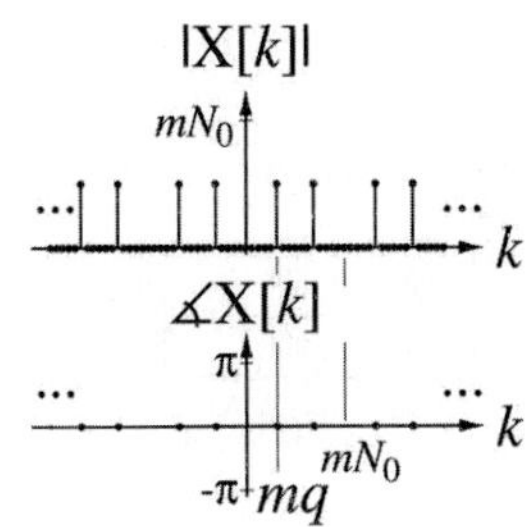

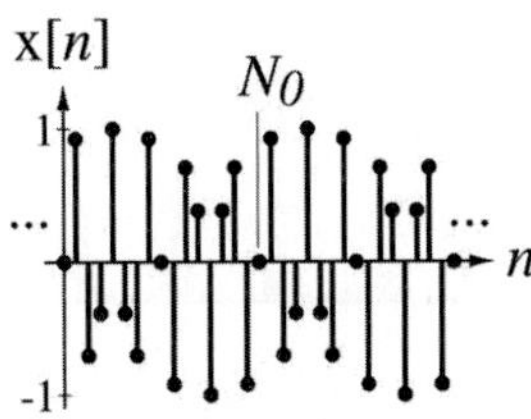

$$\sin(2\pi qn/N_0) \xleftrightarrow[mN_0]{\mathcal{DFT}} \frac{jmN_0}{2}(\delta_{mN_0}[k+mq]-\delta_{mN_0}[k-mq])$$

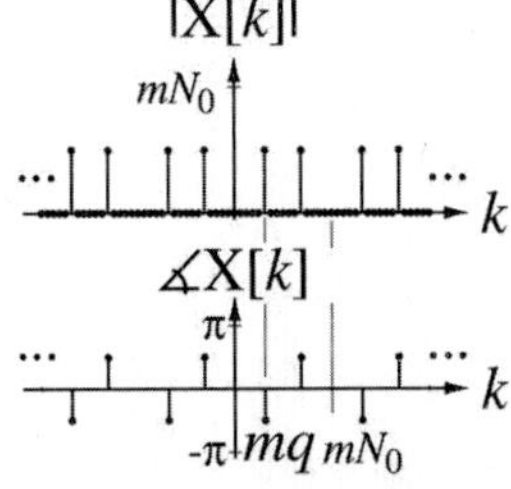

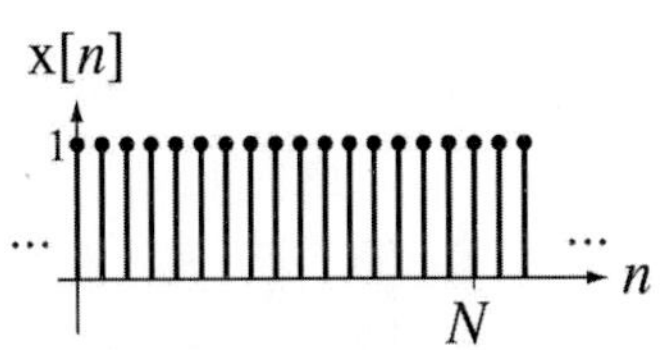

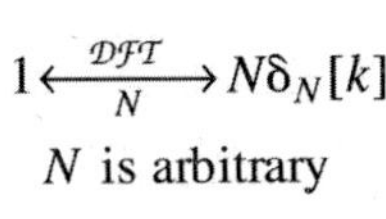

$$1 \xleftrightarrow[N]{\mathcal{DFT}} N\delta_N[k]$$

N is arbitrary

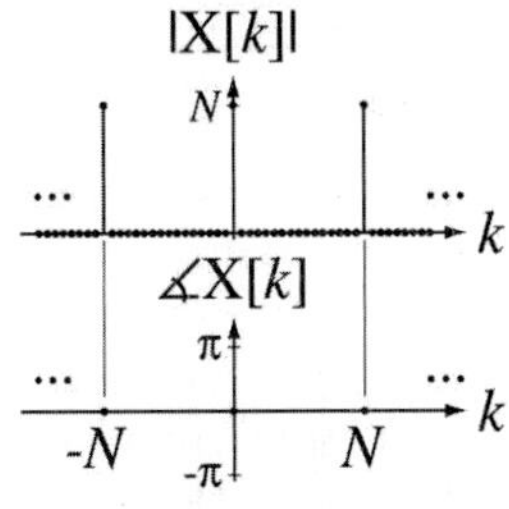

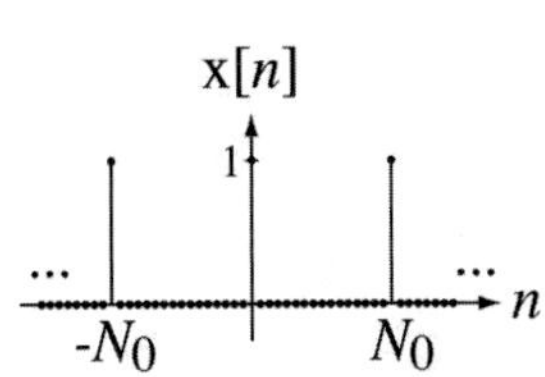

$$\delta_{N_0}[n] \xleftrightarrow[mN_0]{\mathcal{DFT}} m\delta_{mN_0}[k]$$

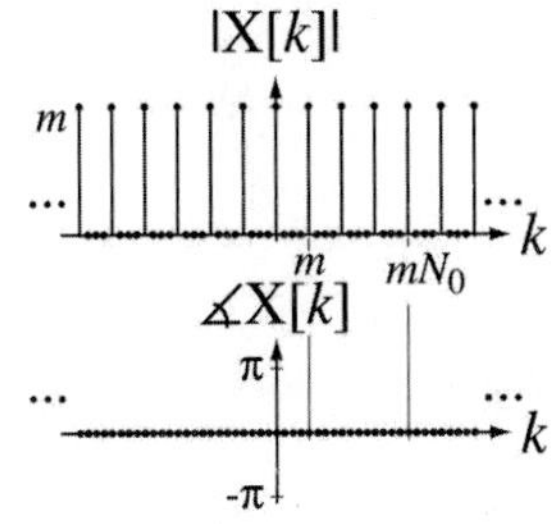

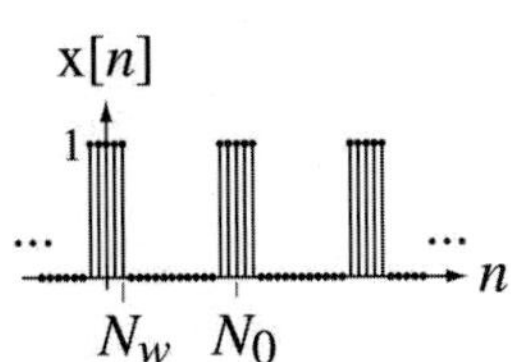

$$(\mathrm{u}[n+N_w]-\mathrm{u}[n-N_w-1]) * \delta_{N_0}[n] \xleftrightarrow[N_0]{\mathcal{DFT}} (2N_w+1)\,\mathrm{drcl}(k/N_0, 2N_w+1)$$

N_w an integer

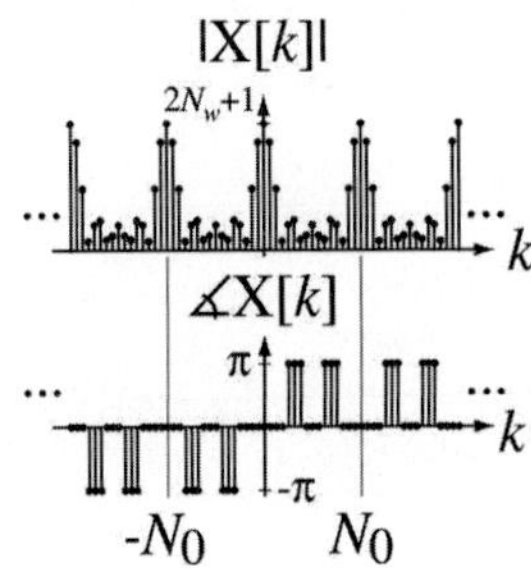

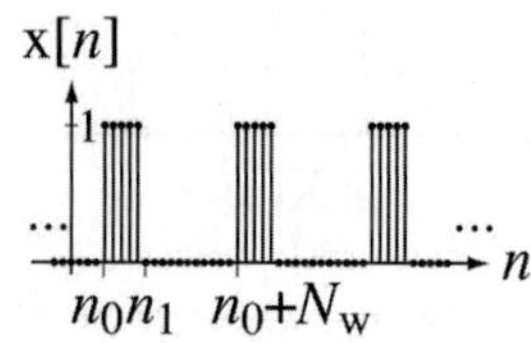

$$(\mathrm{u}[n-n_0]-\mathrm{u}[n-n_1])*\delta_{N_0}[n] \xleftrightarrow[N_0]{\mathcal{DFT}} \frac{e^{-j\pi k(n_1+n_0)/N_0}}{e^{-j\pi k/N_0}}(n_1-n_0)\,\mathrm{drcl}(k/N_0, n_1-n_0)$$

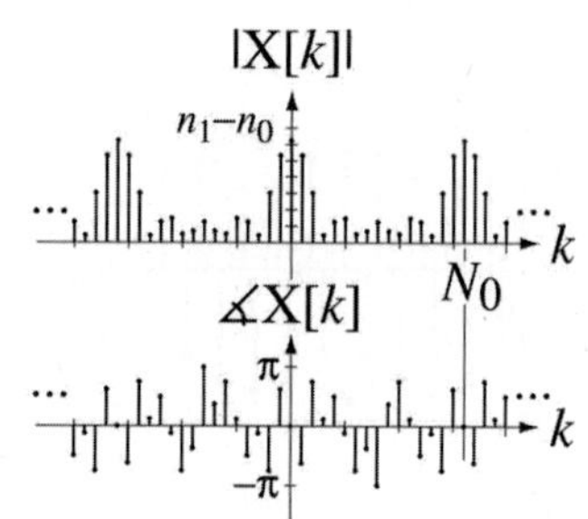

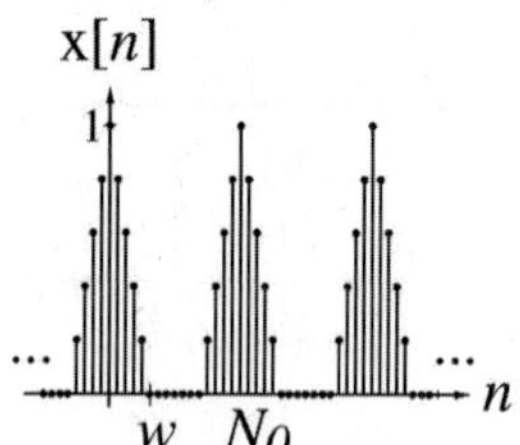

$$\mathrm{tri}(n/w)*\delta_{N_0}[n] \xleftrightarrow[N_0]{\mathcal{DFT}} w\,\mathrm{sinc}^2(wk/N_0)*\delta_{N_0}[k]$$

$$\mathrm{tri}(n/N_w)*\delta_{N_0}[n] \xleftrightarrow[N_0]{\mathcal{DFT}} N_w\,\mathrm{drcl}^2(k/N_0, N_w)$$

N_w an integer

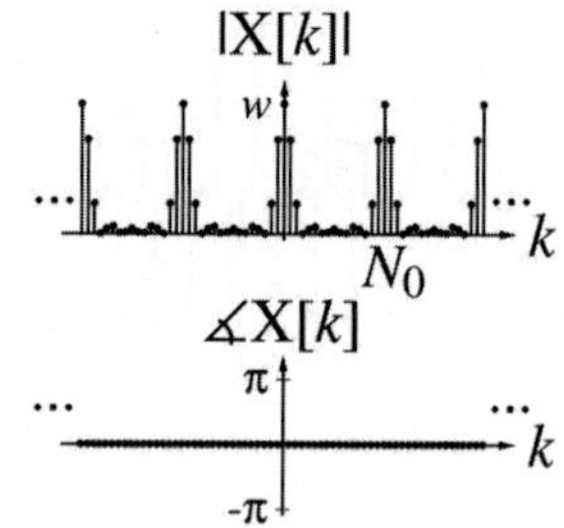

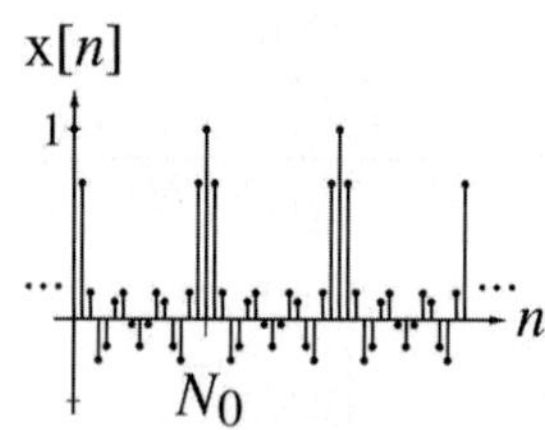

$$\mathrm{sinc}(n/w)*\delta_{N_0}[n] \xleftrightarrow[N_0]{\mathcal{DFT}} w\mathrm{rect}(wk/N_0)*\delta_{N_0}[k]$$

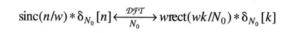

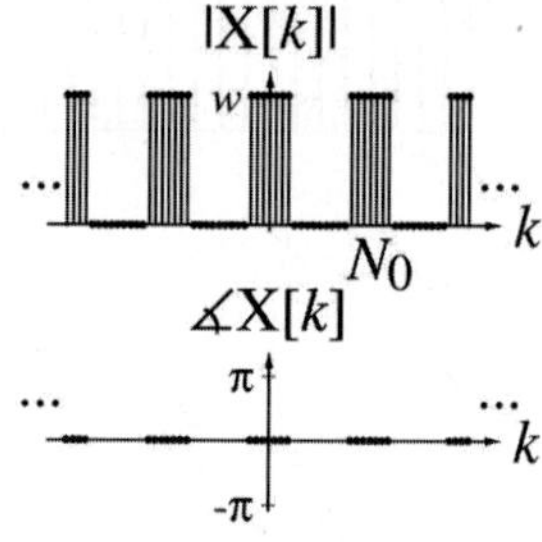

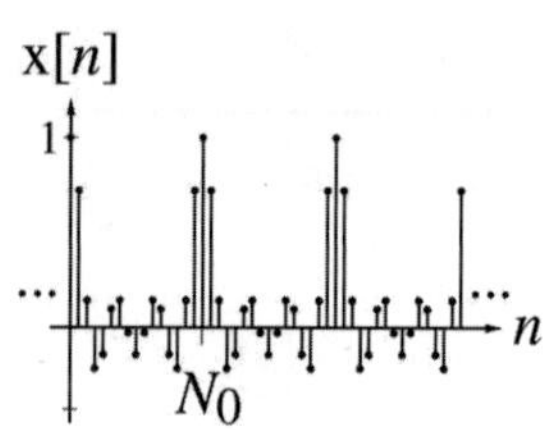

$$\mathrm{drcl}(n/N_0, 2M+1) \xleftrightarrow[N_0]{\mathcal{DFT}} \frac{\mathrm{u}[n+M]-\mathrm{u}[n-M-1]}{2M+1}*N_0\delta_{N_0}[k]$$

M an integer

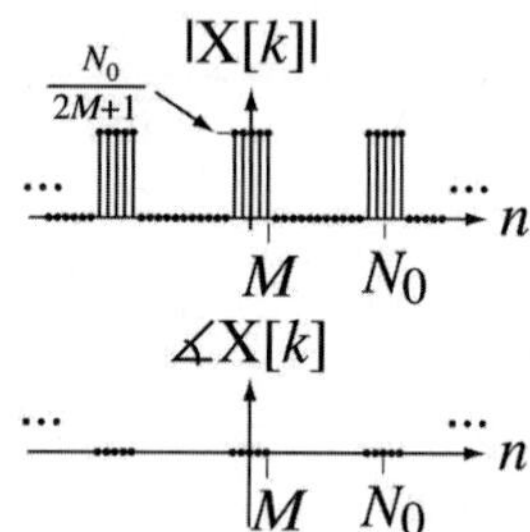

APPENDIX D

연속시간 푸리에 변화쌍

$$x(t) = \int_{-\infty}^{\infty} X(f) e^{+j2\pi ft}\, df \xleftrightarrow{\mathcal{F}} X(f) = \int_{-\infty}^{\infty} x(t) e^{-j2\pi ft}\, dt$$

$$x(t) = \frac{1}{2\pi}\int_{-\infty}^{\infty} X(j\omega) e^{+j\omega t}\, d\omega \xleftrightarrow{\mathcal{F}} X(j\omega) = \int_{-\infty}^{\infty} x(t) e^{-j\omega t}\, dt$$

모든 주기 시간 함수에서 기본 주파수는 $T_0 = 1/f_0 = 2\pi/\omega_0$이다.

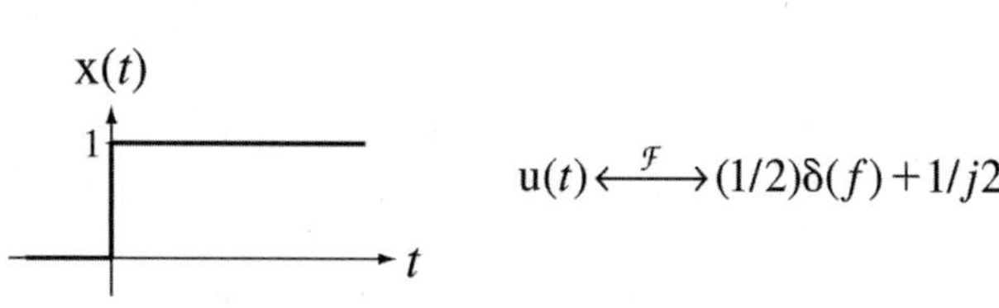

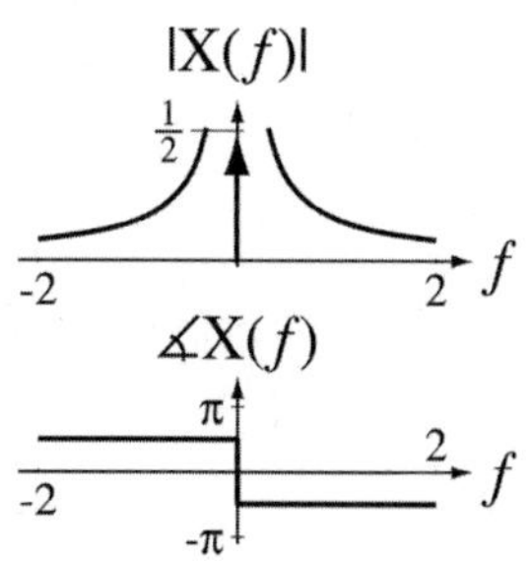

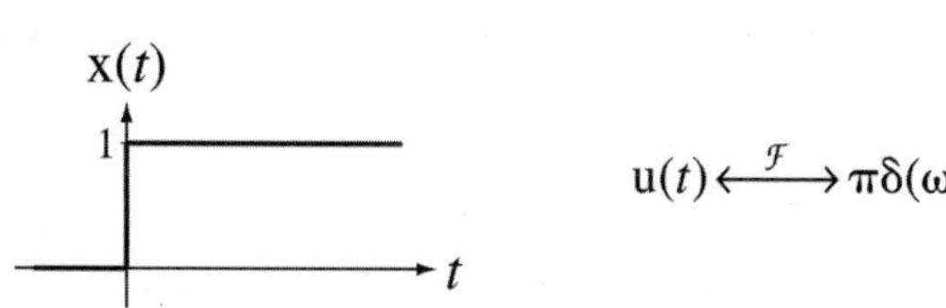

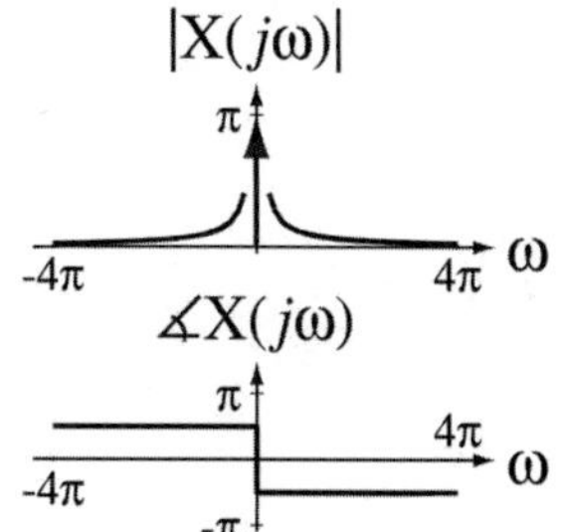

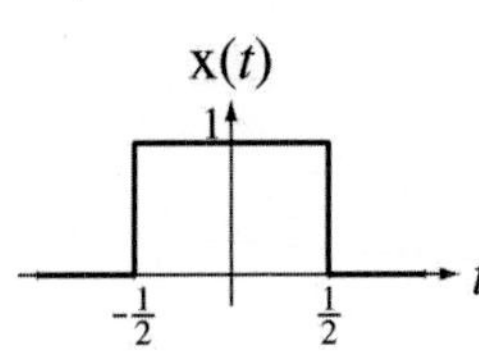

$$\mathrm{rect}(t) \xleftrightarrow{\mathcal{F}} \mathrm{sinc}(f)$$

$$\mathrm{rect}(t) \xleftrightarrow{\mathcal{F}} \mathrm{sinc}(\omega/2\pi)$$

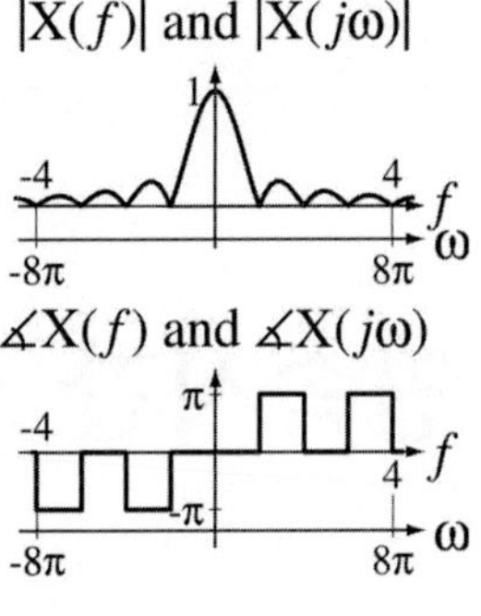

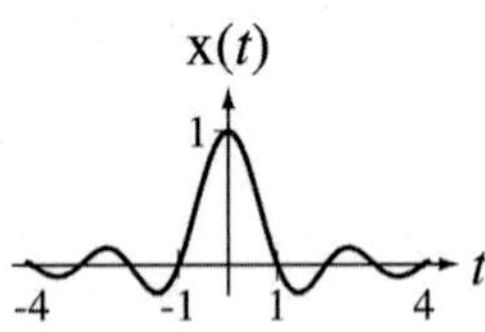

$$\mathrm{sinc}(t) \xleftrightarrow{\mathcal{F}} \mathrm{rect}(f)$$

$$\mathrm{sinc}(t) \xleftrightarrow{\mathcal{F}} \mathrm{rect}(\omega/2\pi)$$

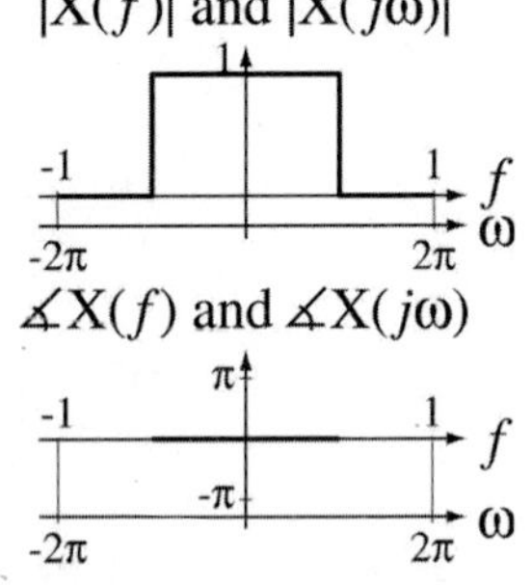

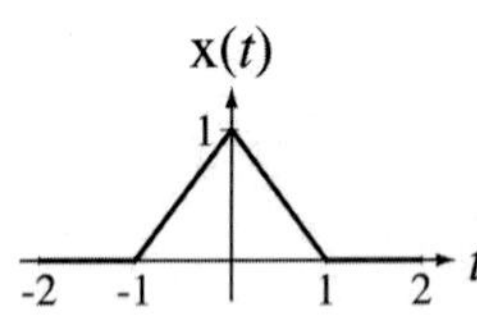

$$\mathrm{tri}(t) \xleftrightarrow{\mathcal{F}} \mathrm{sinc}^2(f)$$

$$\mathrm{tri}(t) \xleftrightarrow{\mathcal{F}} \mathrm{sinc}^2(\omega/2\pi)$$

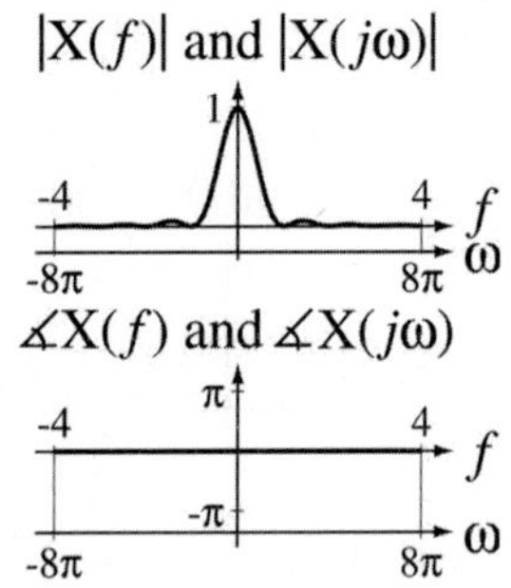

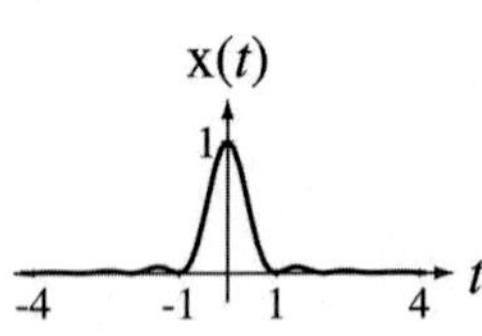

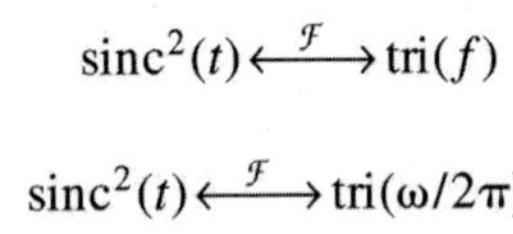

$$\mathrm{sinc}^2(t) \xleftrightarrow{\mathcal{F}} \mathrm{tri}(f)$$

$$\mathrm{sinc}^2(t) \xleftrightarrow{\mathcal{F}} \mathrm{tri}(\omega/2\pi)$$

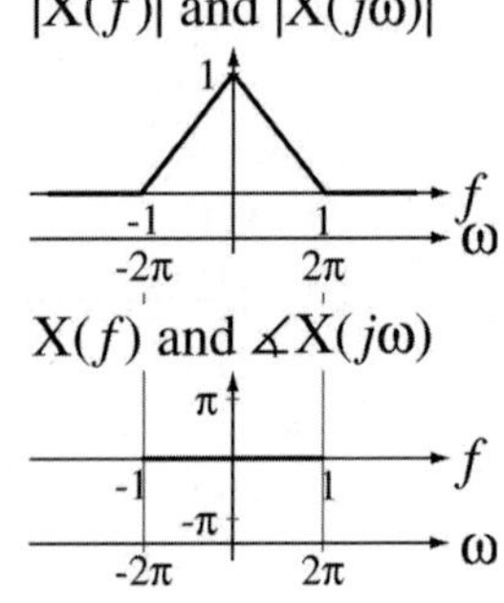

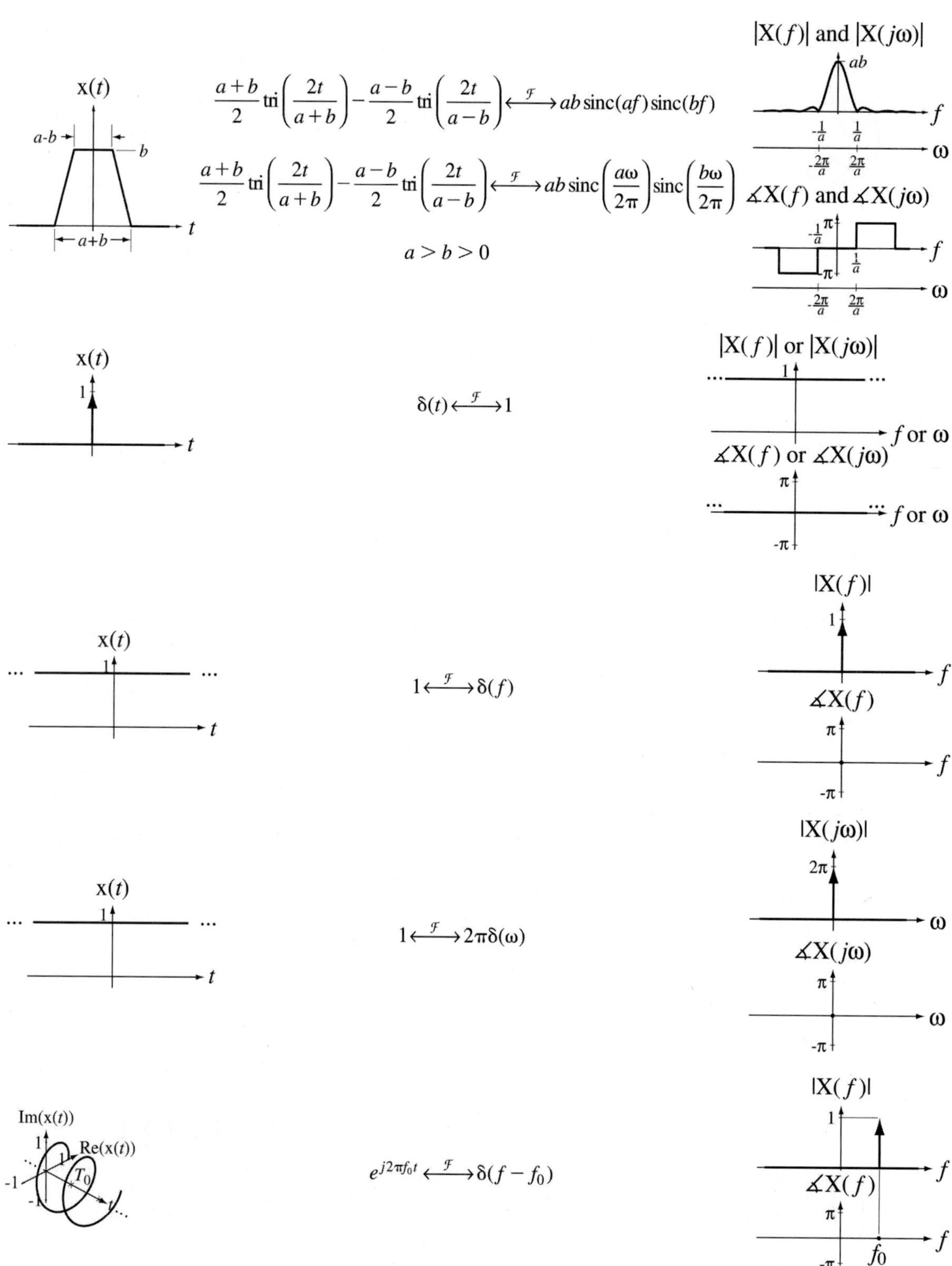
x(t)
a-b
b
a+b
t
(a+b)/2 tri(2t/(a+b)) − (a−b)/2 tri(2t/(a−b)) ←F→ ab sinc(af) sinc(bf)
(a+b)/2 tri(2t/(a+b)) − (a−b)/2 tri(2t/(a−b)) ←F→ ab sinc(aω/2π) sinc(bω/2π)
a > b > 0
|X(f)| and |X(jω)|
ab
f
ω
∡X(f) and ∡X(jω)
π
-π
δ(t) ←F→ 1
|X(f)| or |X(jω)|
f or ω
∡X(f) or ∡X(jω)
1 ←F→ δ(f)
|X(f)|
∡X(f)
1 ←F→ 2πδ(ω)
|X(jω)|
2π
∡X(jω)
Im(x(t))
Re(x(t))
T0
e^{j2πf0t} ←F→ δ(f − f0)
f0

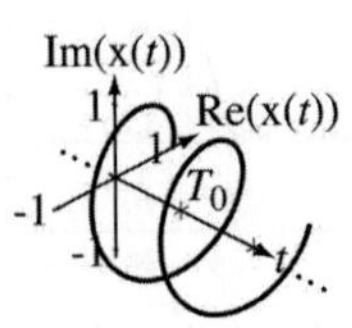

$e^{j\omega_0 t} \xleftrightarrow{\mathcal{F}} 2\pi\delta(\omega - \omega_0)$

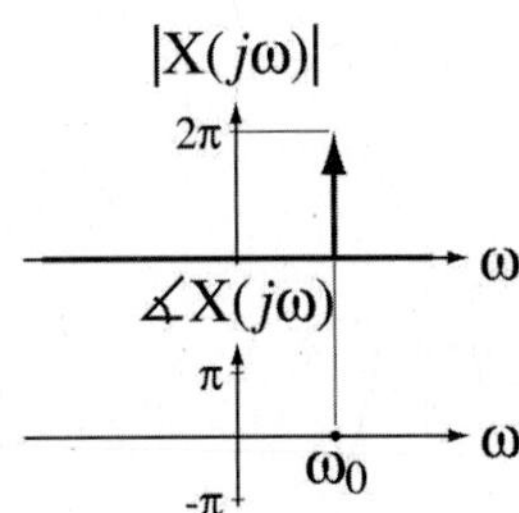

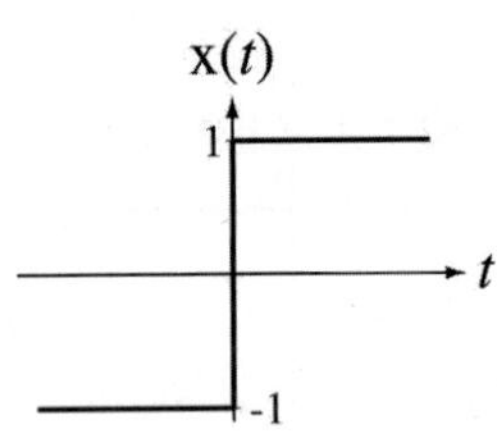

$\mathrm{sgn}(t) \xleftrightarrow{\mathcal{F}} 1/j\pi f$

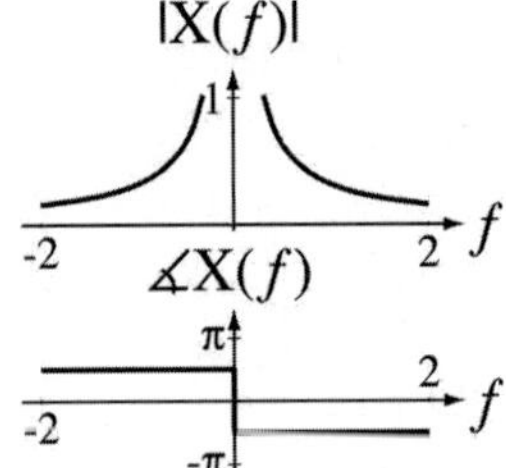

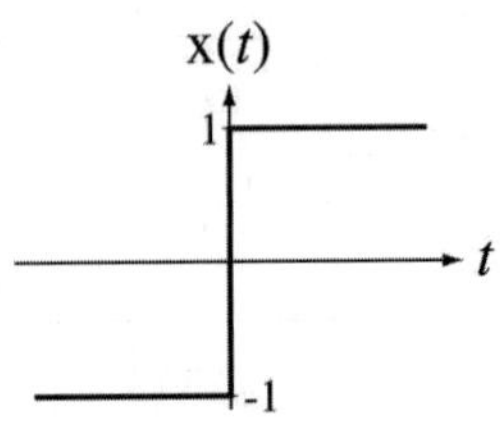

$\mathrm{sgn}(t) \xleftrightarrow{\mathcal{F}} 2/j\omega$

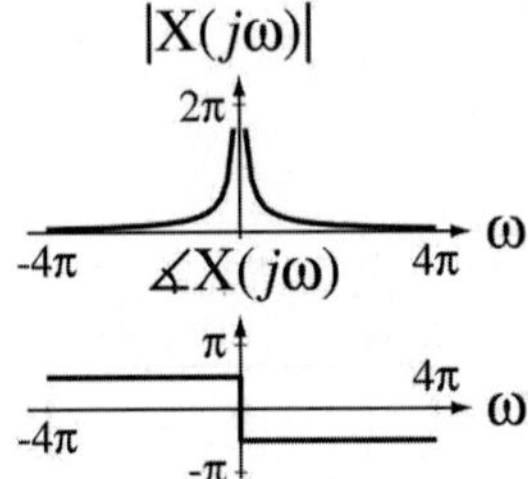

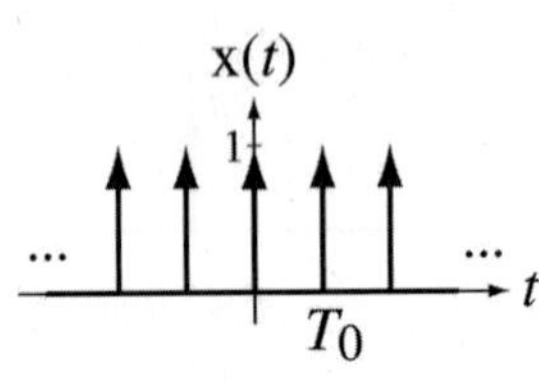

$\delta_{T_0}(t) \xleftrightarrow{\mathcal{F}} f_0\delta_{f_0}(f)$

$f_0 = 1/T_0$

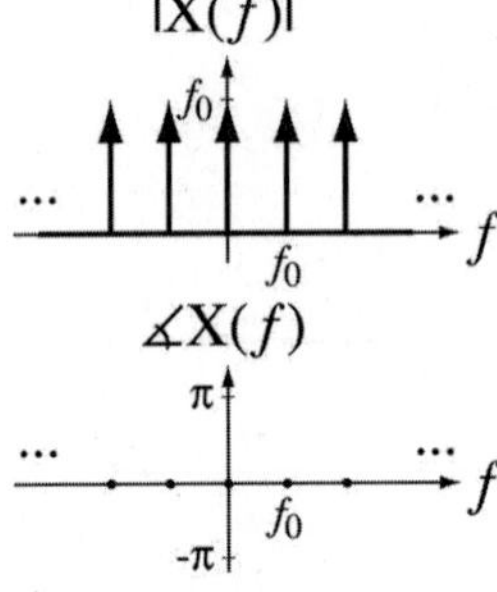

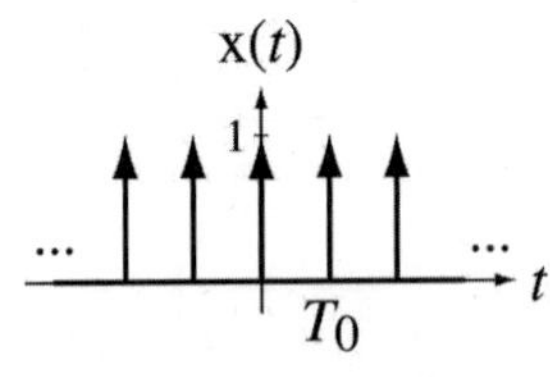

$\delta_{T_0}(t) \xleftrightarrow{\mathcal{F}} \omega_0\delta_{\omega_0}(\omega)$

$\omega_0 = 2\pi/T_0$

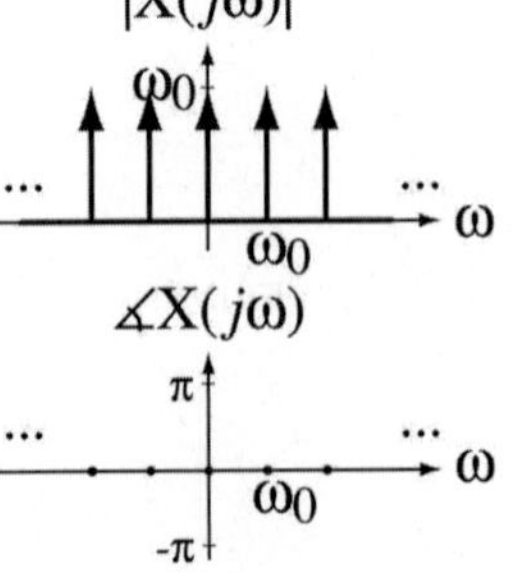

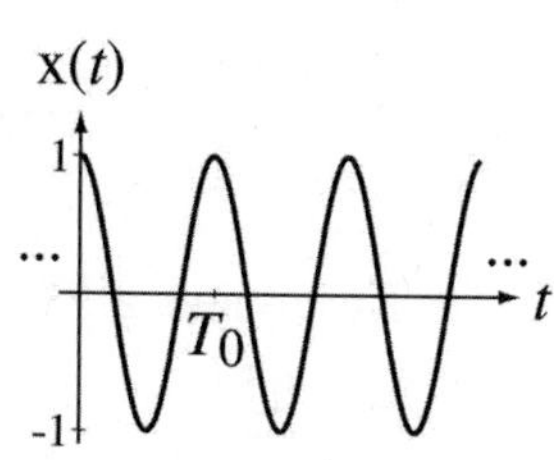

$$\cos(2\pi f_0 t) \overset{\mathcal{F}}{\longleftrightarrow} \frac{1}{2}[\delta(f-f_0)+\delta(f+f_0)]$$

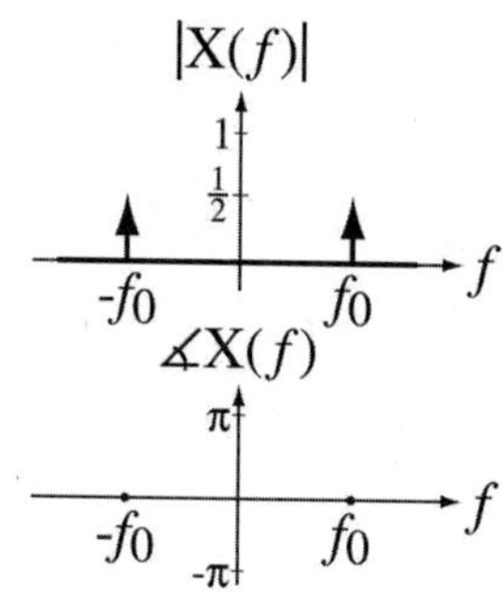

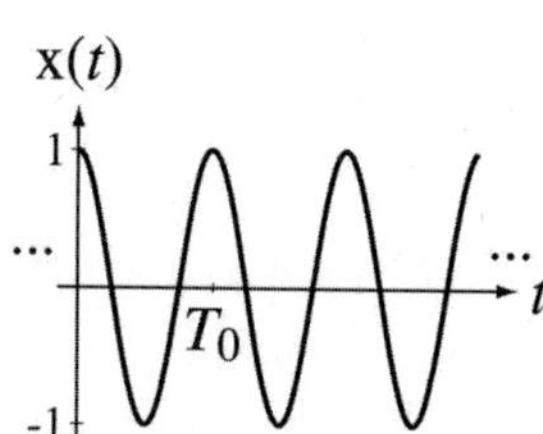

$$\cos(\omega_0 t) \overset{\mathcal{F}}{\longleftrightarrow} \pi[\delta(\omega-\omega_0)+\delta(\omega+\omega_0)]$$

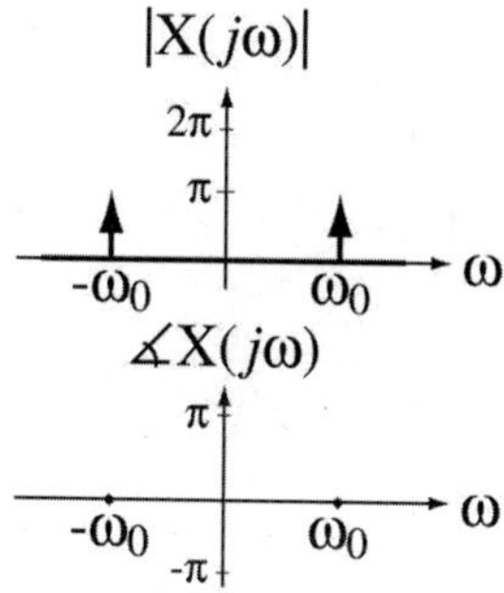

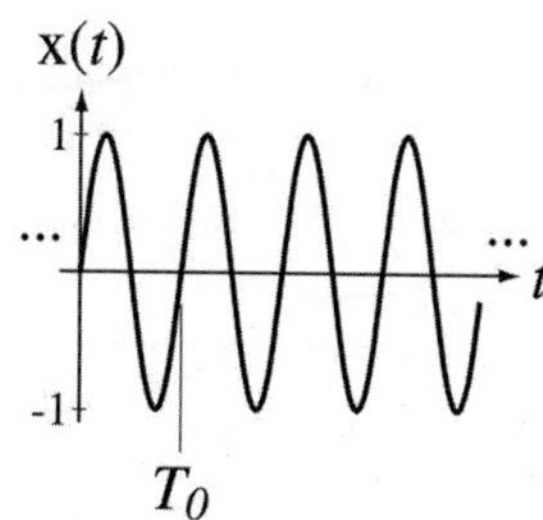

$$\sin(2\pi f_0 t) \overset{\mathcal{F}}{\longleftrightarrow} \frac{j}{2}[\delta(f+f_0)-\delta(f-f_0)]$$

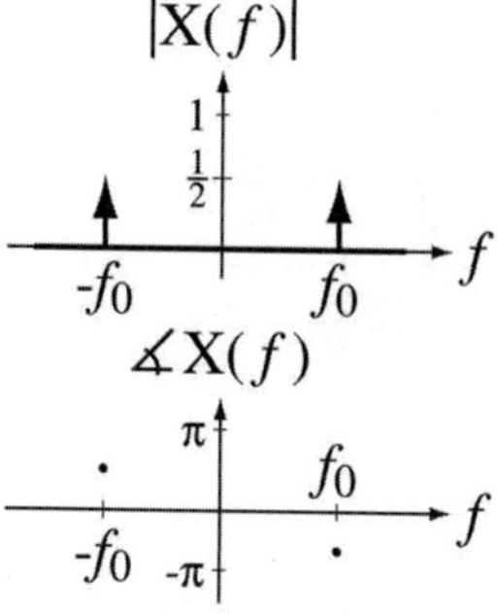

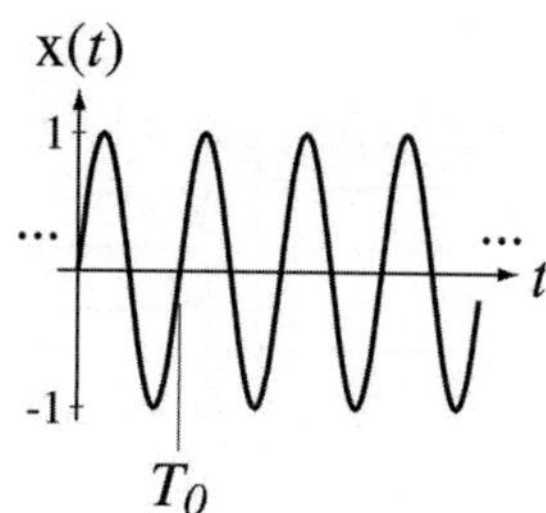

$$\sin(\omega_0 t) \overset{\mathcal{F}}{\longleftrightarrow} j\pi[\delta(\omega+\omega_0)-\delta(\omega-\omega_0)]$$

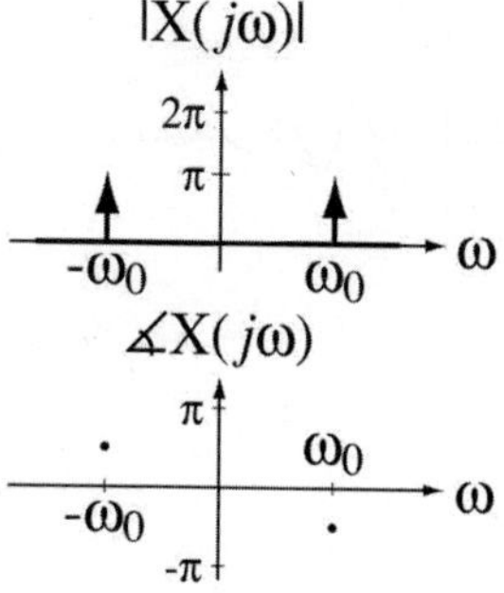

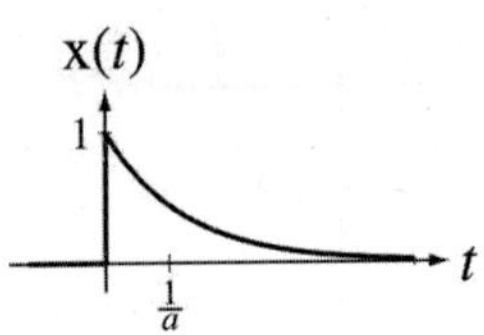

$$e^{-at}\,\mathrm{u}(t) \xleftrightarrow{\mathcal{F}} \frac{1}{j\omega + a},\quad \mathrm{Re}(a) > 0$$

$$e^{-at}\,\mathrm{u}(t) \xleftrightarrow{\mathcal{F}} \frac{1}{j2\pi f + a},\quad \mathrm{Re}(a) > 0$$

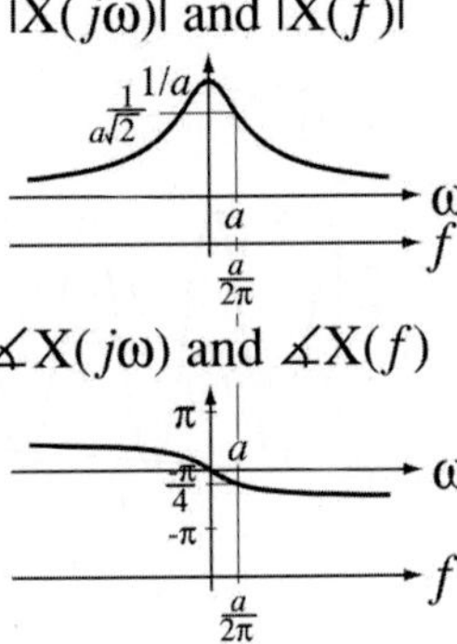

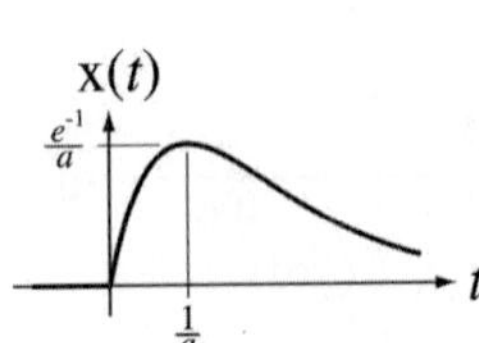

$$te^{-at}\,\mathrm{u}(t) \xleftrightarrow{\mathcal{F}} \frac{1}{(j\omega + a)^2},\quad \mathrm{Re}(a) > 0$$

$$te^{-at}\,\mathrm{u}(t) \xleftrightarrow{\mathcal{F}} \frac{1}{(j2\pi f + a)^2},\quad \mathrm{Re}(a) > 0$$

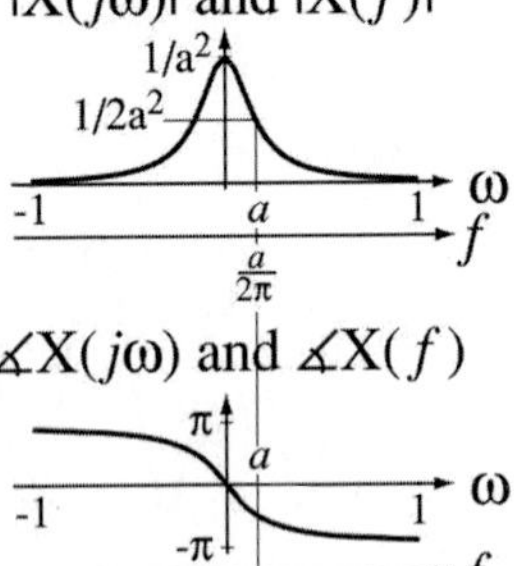

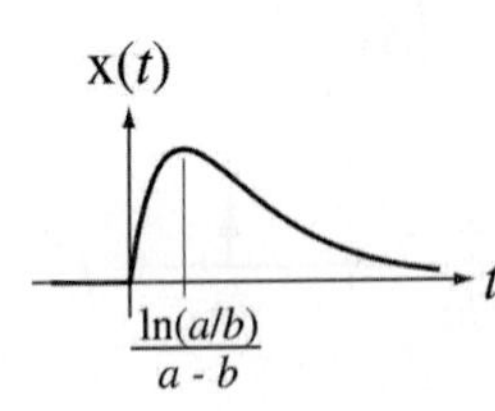

$$\frac{e^{-at} - e^{-bt}}{b-a}\,\mathrm{u}(t) \xleftrightarrow{\mathcal{F}} \frac{1}{(j\omega + a)(j\omega + b)},\quad \mathrm{Re}(a) > 0,\ \mathrm{Re}(b) > 0,\ a \neq b$$

$$\frac{e^{-at} - e^{-bt}}{b-a}\,\mathrm{u}(t) \xleftrightarrow{\mathcal{F}} \frac{1}{(j2\pi f + a)(j2\pi f + b)},\quad \mathrm{Re}(a) > 0,\ \mathrm{Re}(b) > 0,\ a \neq b$$

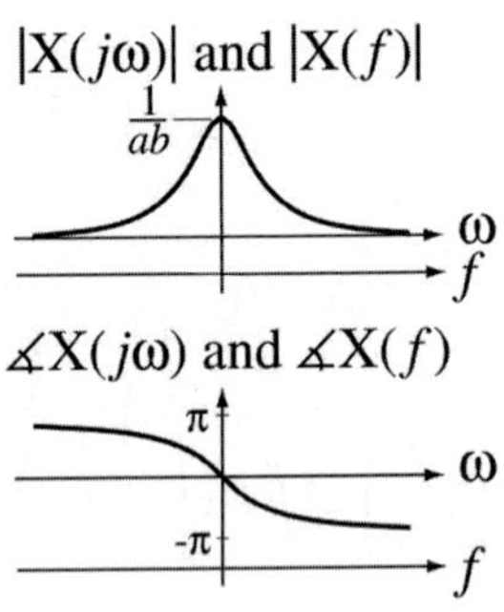

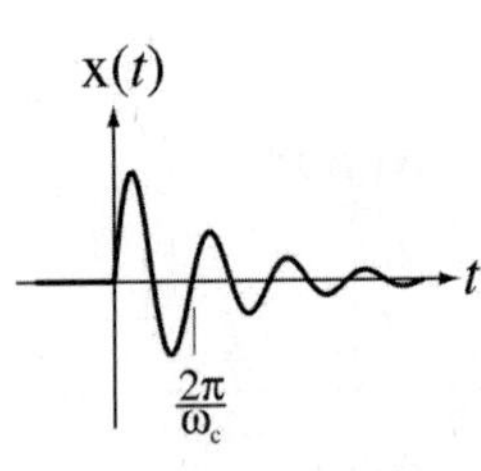

$$e^{-at}\sin(\omega_c t)\,\mathrm{u}(t) \xleftrightarrow{\mathcal{F}} \frac{\omega_c}{(j\omega + \alpha)^2 + \omega_c^2}$$

$$e^{-\zeta\omega_n t}\sin\left(\omega_n\sqrt{1-\zeta^2}\,t\right)\mathrm{u}(t) \xleftrightarrow{\mathcal{F}} \frac{\omega_c}{(j\omega)^2 + j\omega(2\zeta\omega_n) + \omega_n^2}$$

$$\left(\omega_c = \omega_n\sqrt{1-\zeta^2},\quad \alpha = \zeta\omega_n\right)$$

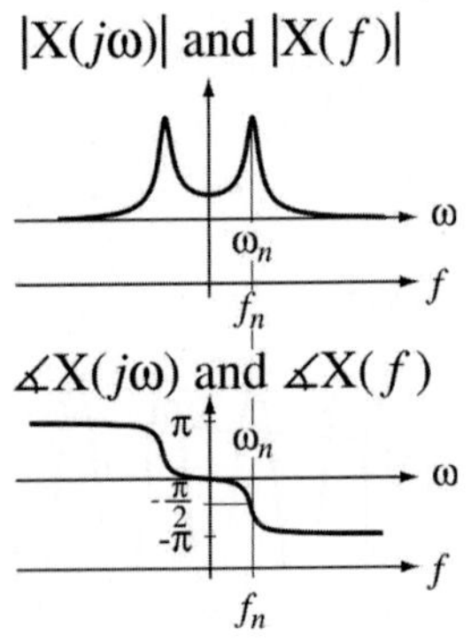

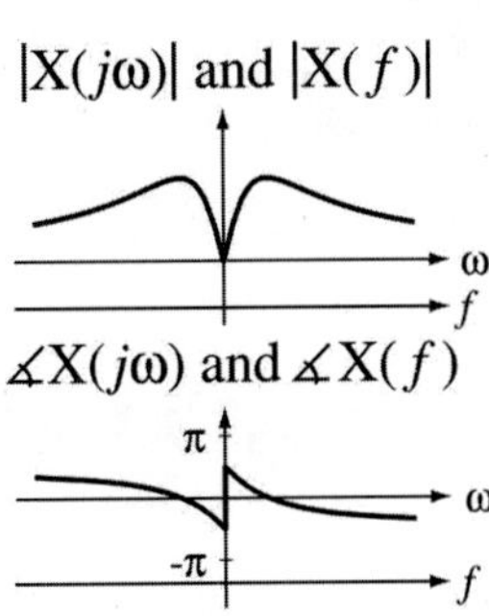

$$\frac{ae^{-at}-be^{-bt}}{a-b}\mathrm{u}(t)\overset{\mathcal{F}}{\longleftrightarrow}\frac{j\omega}{(j\omega+a)(j\omega+b)},\quad \mathrm{Re}(a)>0,\ \mathrm{Re}(b)>0,\ a\neq b$$

$$\frac{ae^{-at}-be^{-bt}}{a-b}\mathrm{u}(t)\overset{\mathcal{F}}{\longleftrightarrow}\frac{j2\pi f}{(j2\pi f+a)(j2\pi f+b)},\quad \mathrm{Re}(a)>0,\ \mathrm{Re}(b)>0,\ a\neq b$$

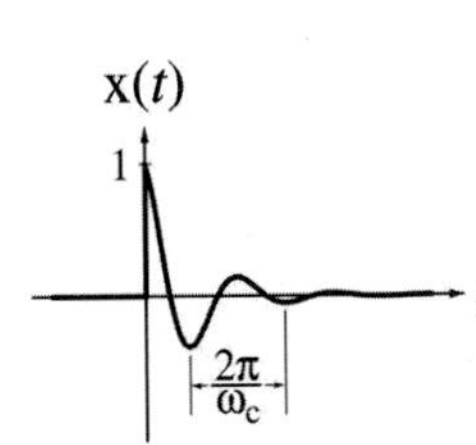

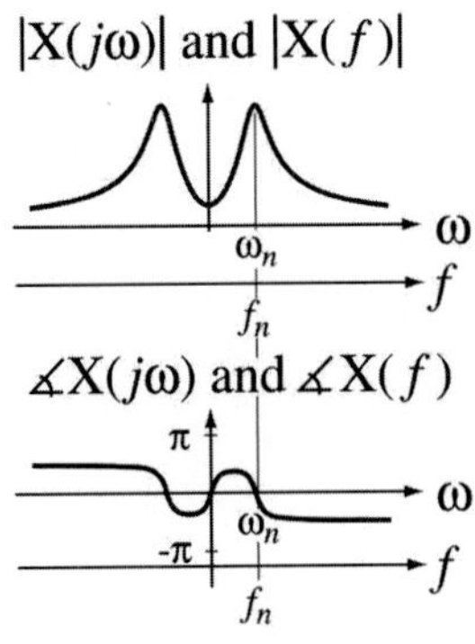

$$e^{-\alpha t}\cos(\omega_c t)\,\mathrm{u}(t)\overset{\mathcal{F}}{\longleftrightarrow}\frac{j\omega+\alpha}{(j\omega+\alpha)^2+\omega_c^2}$$

$$e^{-\zeta\omega_n t}\cos\left(\omega_n\sqrt{1-\zeta^2}\,t\right)\mathrm{u}(t)\overset{\mathcal{F}}{\longleftrightarrow}\frac{j\omega+\zeta\omega_n}{(j\omega)^2+j\omega(2\zeta\omega_n)+\omega_n^2}$$

$$\left(\omega_c=\omega_n\sqrt{1-\zeta^2},\ \ \alpha=\zeta\omega_n\right)$$

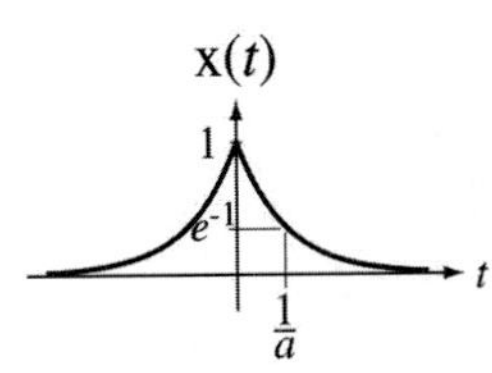

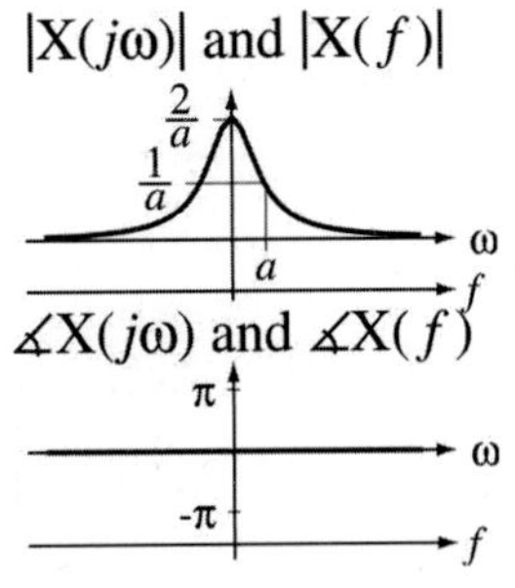

$$e^{-a|t|}\overset{\mathcal{F}}{\longleftrightarrow}\frac{2a}{\omega^2+a^2},\quad \mathrm{Re}(a)>0$$

$$e^{-a|t|}\overset{\mathcal{F}}{\longleftrightarrow}\frac{2a}{(2\pi f)^2+a^2},\quad \mathrm{Re}(a)>0$$

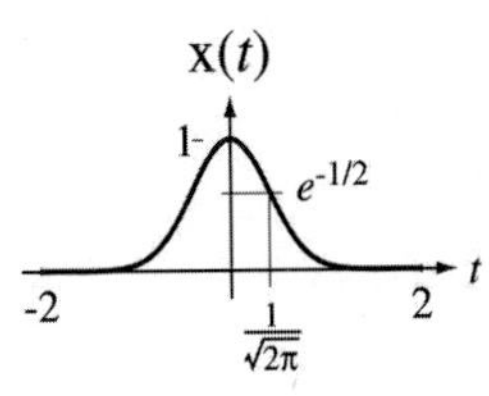

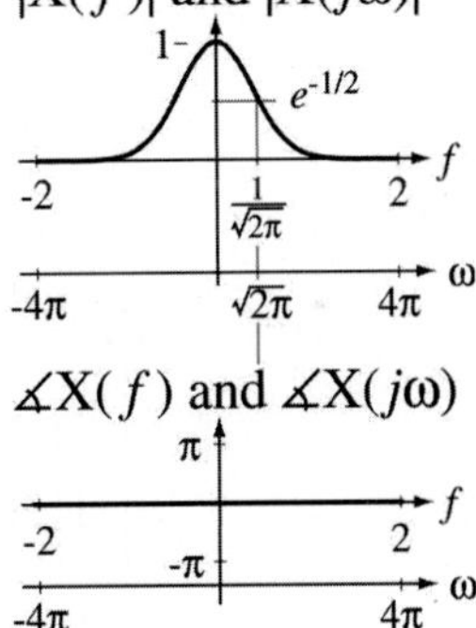

$$e^{-\pi t^2}\overset{\mathcal{F}}{\longleftrightarrow}e^{-\pi f^2}$$

$$e^{-\pi t^2}\overset{\mathcal{F}}{\longleftrightarrow}e^{-\omega^2/4\pi}$$

E APPENDIX

이산시간 푸리에 변환쌍

$$\mathrm{x}[n] = \int_{1} \mathrm{X}(F) e^{j2\pi Fn}\, dF \xleftrightarrow{\mathcal{F}} \mathrm{X}(F) = \sum_{n=-\infty}^{\infty} \mathrm{x}[n] e^{-j2\pi Fn}$$

$$\mathrm{x}[n] = \frac{1}{2\pi} \int_{2\pi} \mathrm{X}(e^{j\Omega}) e^{j\Omega n}\, d\Omega \xleftrightarrow{\mathcal{F}} \mathrm{X}(e^{j\Omega}) = \sum_{n=-\infty}^{\infty} \mathrm{x}[n] e^{-j\Omega n}$$

모든 주기 시간 함수에서 기본주파수는 $N_0 = 1/F_0 = 2\pi/\Omega_0$이며, n, N_W, N_0, n_0 그리고 n_1 은 정수이다.

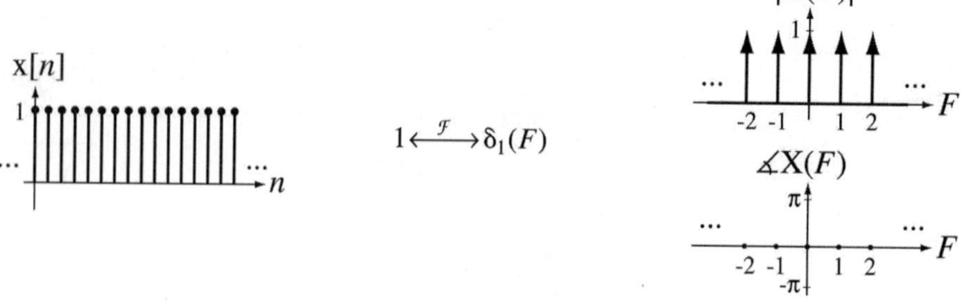

$$1 \xleftrightarrow{\mathcal{F}} 2\pi\delta_{2\pi}(\Omega)$$

x[n] 1 ... n

$|\mathrm{X}(e^{j\Omega})|$ 2π ... −2π −π π 2π Ω

$\measuredangle \mathrm{X}(e^{j\Omega})$ π ... −2π −π π 2π −π Ω

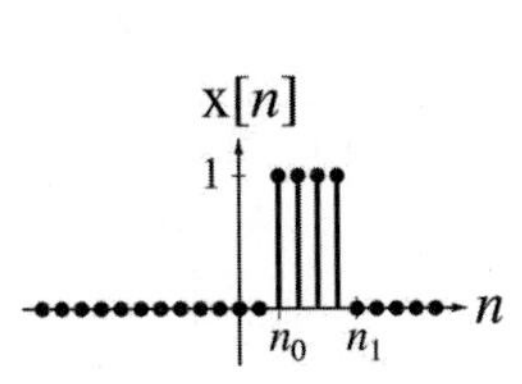

$$\mathrm{u}[n-n_0]-\mathrm{u}[n-n_1] \xleftrightarrow{\mathcal{F}} \frac{e^{-j\pi F(n_1+n_0)}}{e^{-j\pi F}}(n_1-n_0)\,\mathrm{drcl}(F, n_1-n_0)$$

$$\mathrm{u}[n-n_0]-\mathrm{u}[n-n_1] \xleftrightarrow{\mathcal{F}} \frac{e^{-j\Omega(n_1+n_0)/2}}{e^{-j\Omega/2}}(n_1-n_0)\,\mathrm{drcl}\left(\frac{\Omega}{2\pi}, n_1-n_0\right)$$

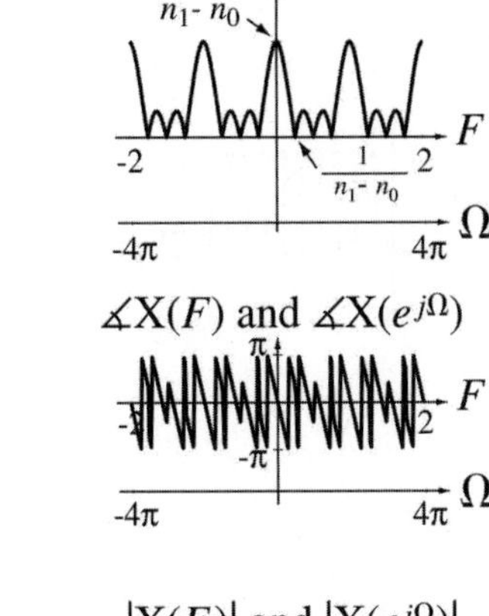

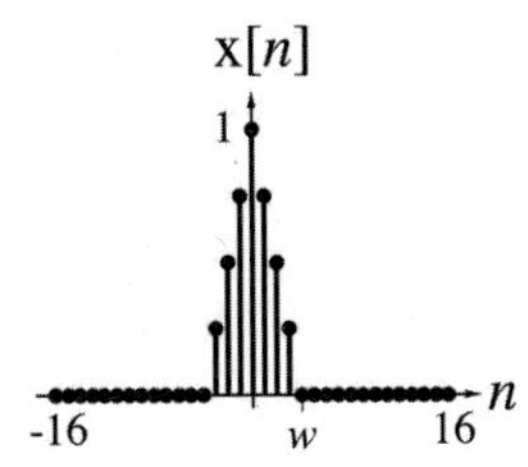

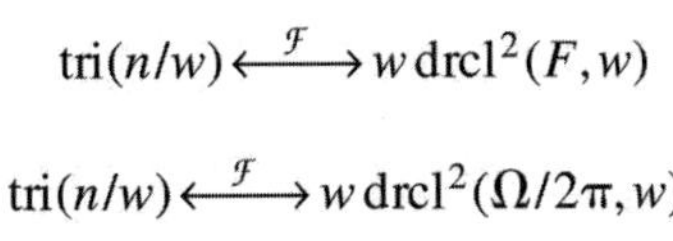

$$\mathrm{tri}(n/w) \xleftrightarrow{\mathcal{F}} w\,\mathrm{drcl}^2(F, w)$$

$$\mathrm{tri}(n/w) \xleftrightarrow{\mathcal{F}} w\,\mathrm{drcl}^2(\Omega/2\pi, w)$$

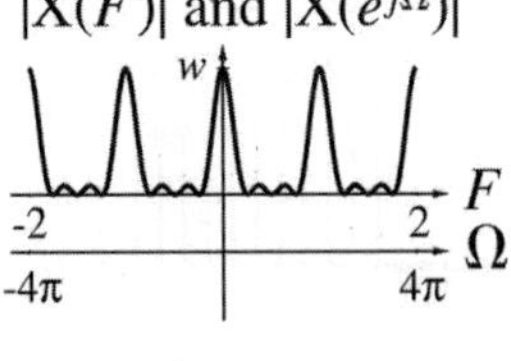

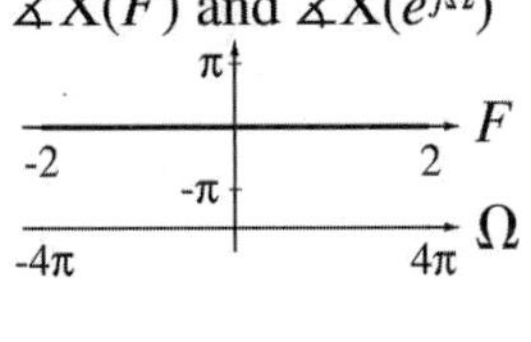

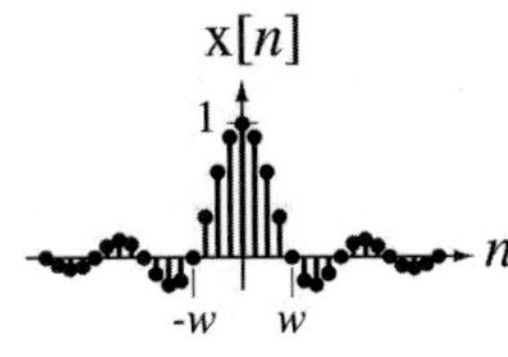

$$\mathrm{sinc}(n/w) \xleftrightarrow{\mathcal{F}} w\,\mathrm{rect}(wF) * \delta_1(F)$$

$$\mathrm{sinc}(n/w) \xleftrightarrow{\mathcal{F}} w\,\mathrm{rect}(w\Omega/2\pi) * \delta_{2\pi}(\Omega)$$

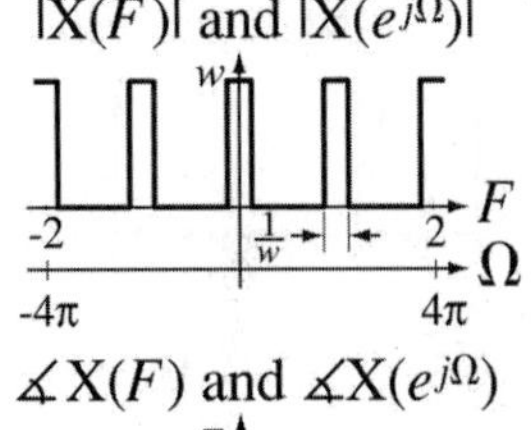

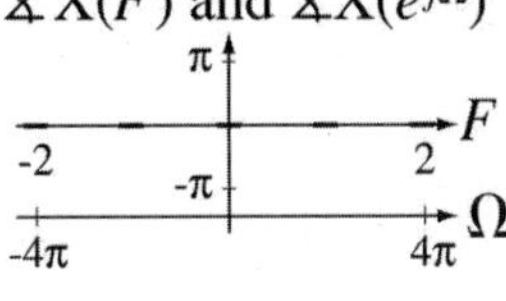

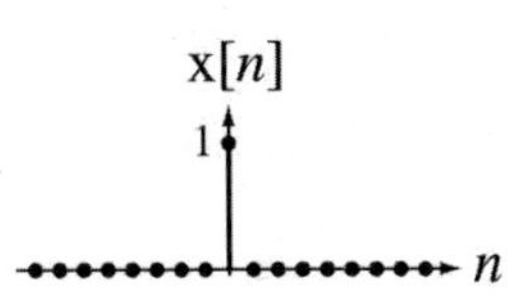

$$\delta[n] \xleftrightarrow{\mathcal{F}} 1$$

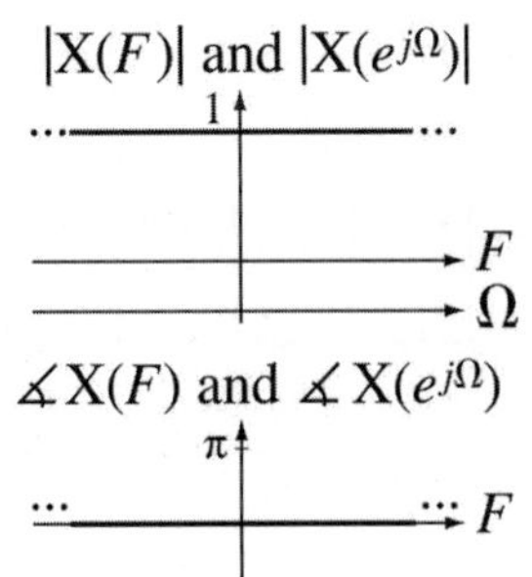

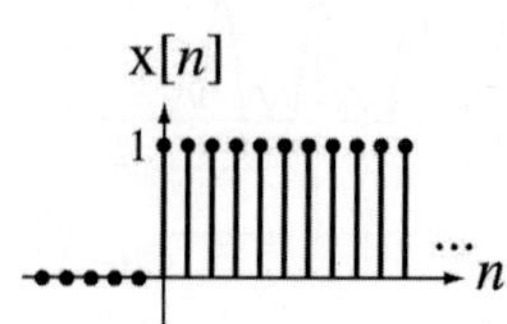

$$u[n] \xleftrightarrow{\mathcal{F}} \frac{1}{1-e^{-j2\pi F}} + \frac{1}{2}\delta_1(F)$$

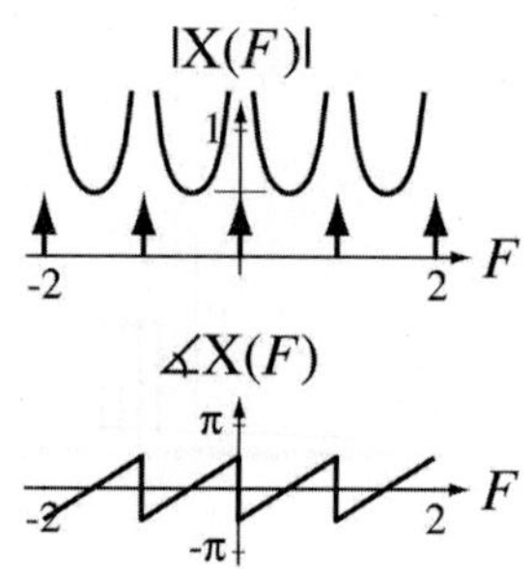

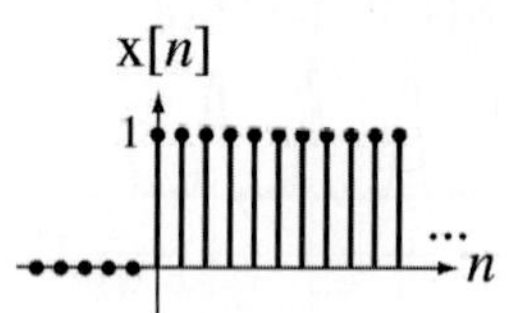

$$u[n] \xleftrightarrow{\mathcal{F}} \frac{1}{1-e^{-j\Omega}} + \pi\delta_{2\pi}(\Omega)$$

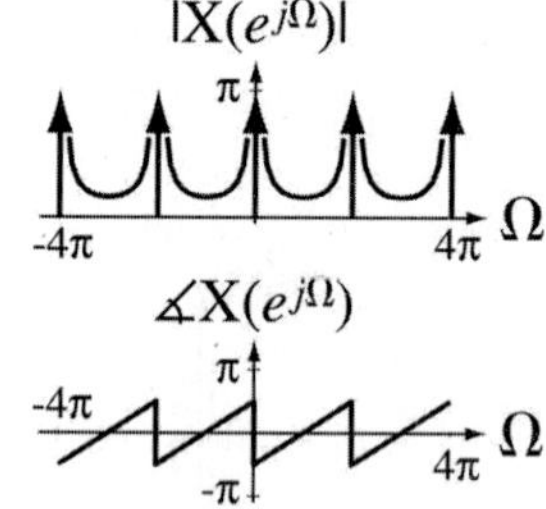

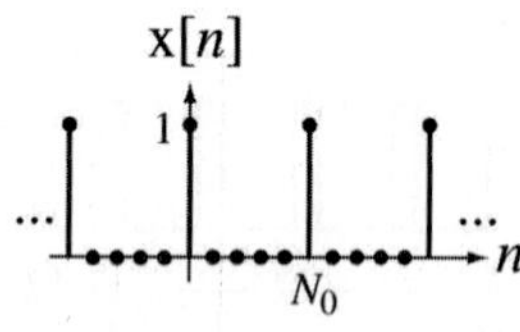

$$\delta_{N_0}[n] \xleftrightarrow{\mathcal{F}} (1/N_0)\delta_{1/N_0}(F) = F_0\delta_{F_0}(F)$$

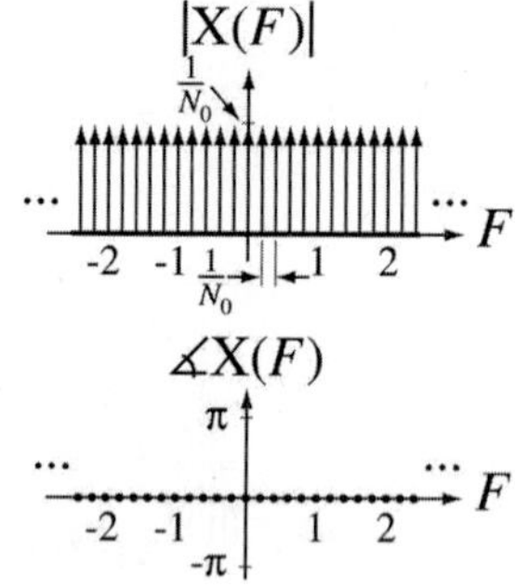

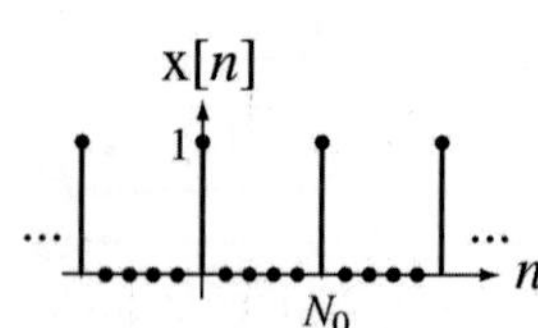

$$\delta_{N_0}[n] \xleftrightarrow{\mathcal{F}} (2\pi/N_0)\delta_{2\pi/N_0}(\Omega) = \Omega_0\delta_{\Omega_0}(\Omega)$$

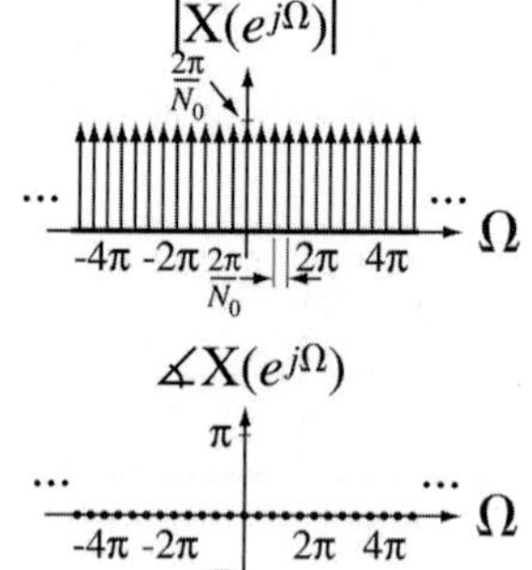

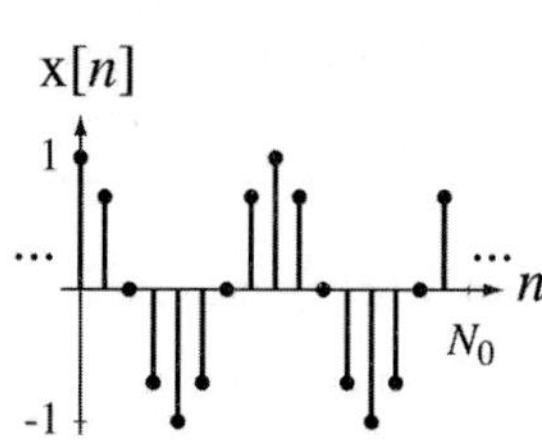

$$\cos(2\pi F_0 n) \xleftrightarrow{\mathcal{F}} \frac{1}{2}[\delta_1(F - F_0) + \delta_1(F + F_0)]$$

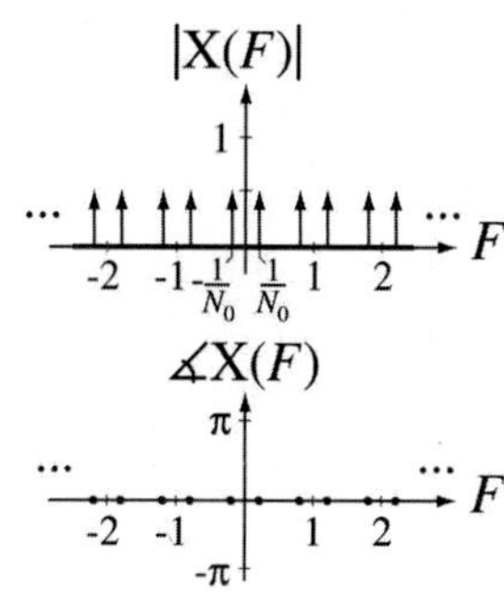

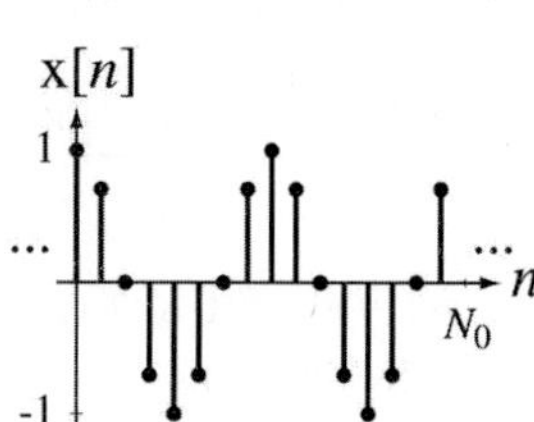

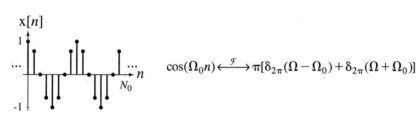

$$\cos(\Omega_0 n) \xleftrightarrow{\mathcal{F}} \pi[\delta_{2\pi}(\Omega - \Omega_0) + \delta_{2\pi}(\Omega + \Omega_0)]$$

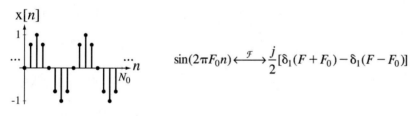

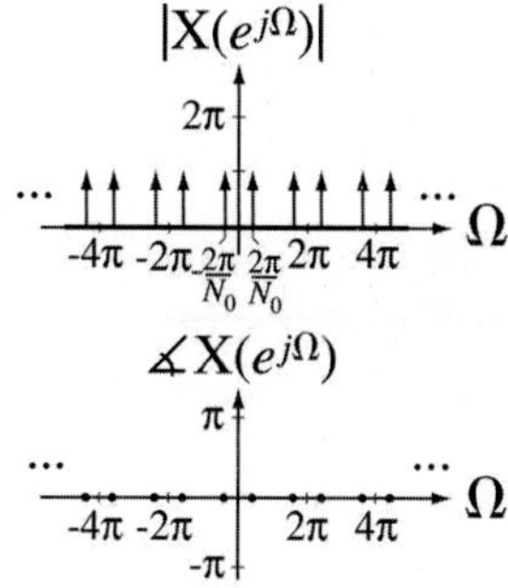

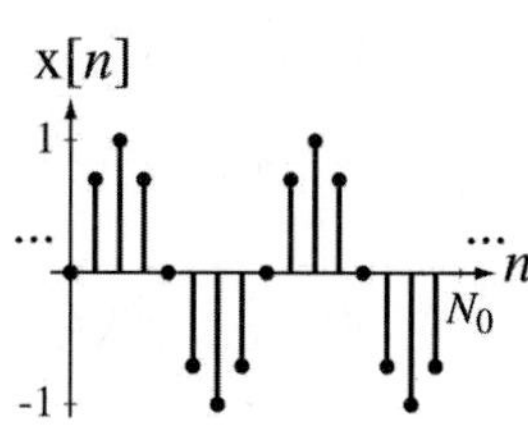

$$\sin(2\pi F_0 n) \xleftrightarrow{\mathcal{F}} \frac{j}{2}[\delta_1(F + F_0) - \delta_1(F - F_0)]$$

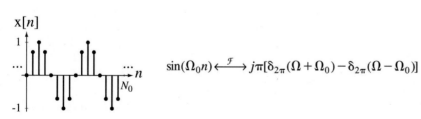

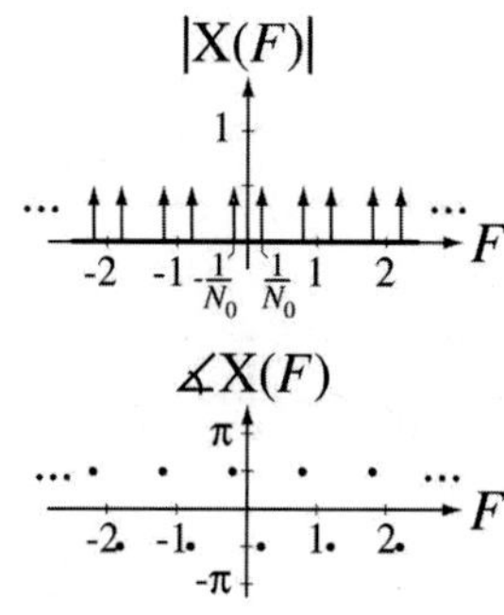

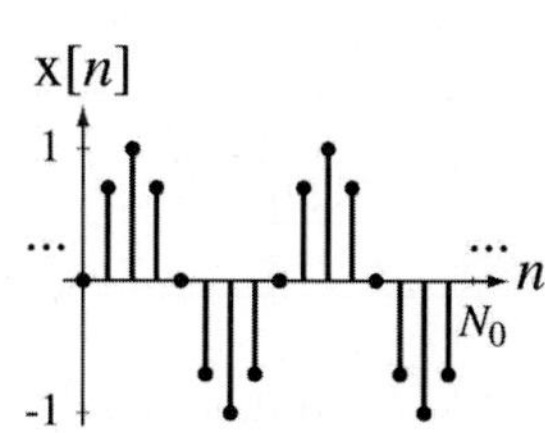

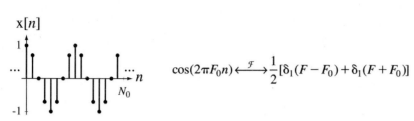

$$\sin(\Omega_0 n) \xleftrightarrow{\mathcal{F}} j\pi[\delta_{2\pi}(\Omega + \Omega_0) - \delta_{2\pi}(\Omega - \Omega_0)]$$

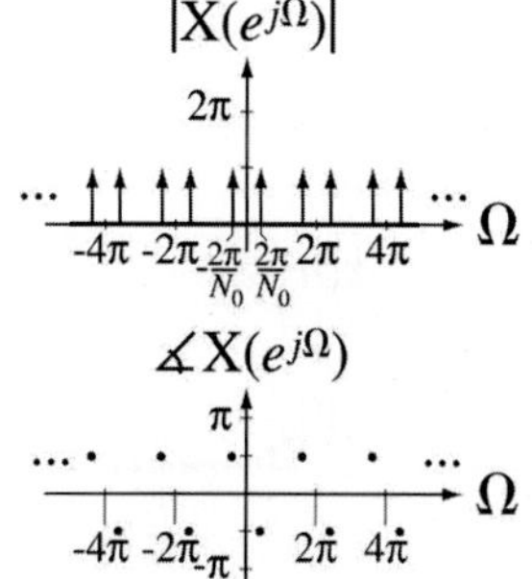

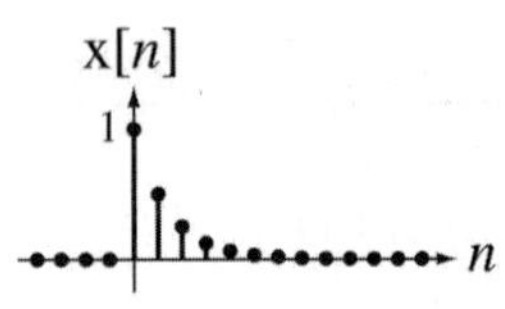

$$\alpha^n \mathrm{u}[n] \xleftrightarrow{\mathcal{F}} \frac{1}{1-\alpha e^{-j\Omega}}, \quad |\alpha|<1$$

$$\alpha^n \mathrm{u}[n] \xleftrightarrow{\mathcal{F}} \frac{1}{1-\alpha e^{-j2\pi F}}$$

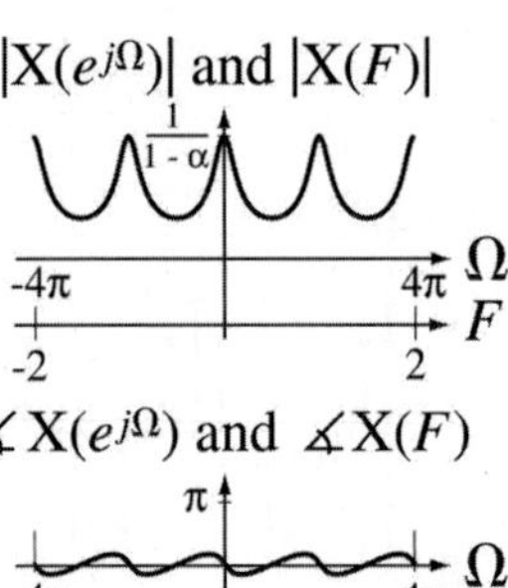

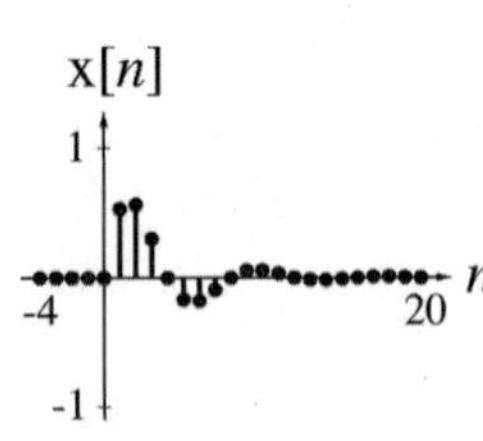

$$\alpha^n \sin(\Omega_n n)\,\mathrm{u}[n] \xleftrightarrow{\mathcal{F}} \frac{\alpha \sin(\Omega_n) e^{-j\Omega}}{1-2\alpha\cos(\Omega_n)e^{-j\Omega}+\alpha^2 e^{-j2\Omega}}$$

$$\alpha^n \sin(2\pi F_n n)\,\mathrm{u}[n] \xleftrightarrow{\mathcal{F}} \frac{\alpha \sin(2\pi F_n) e^{-j2\pi F}}{1-2\alpha\cos(2\pi F_n)e^{-j2\pi F}+\alpha^2 e^{-j4\pi F}}$$

$|\alpha| < 1$

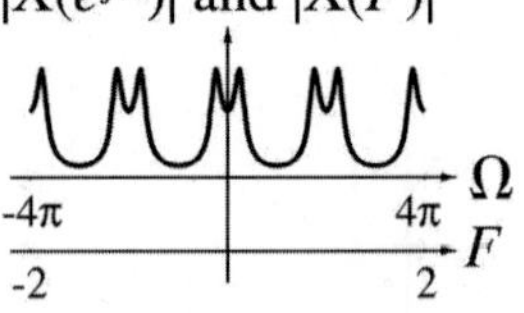

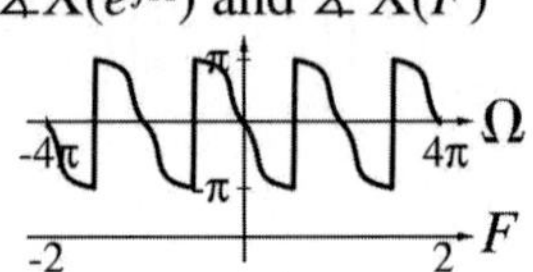

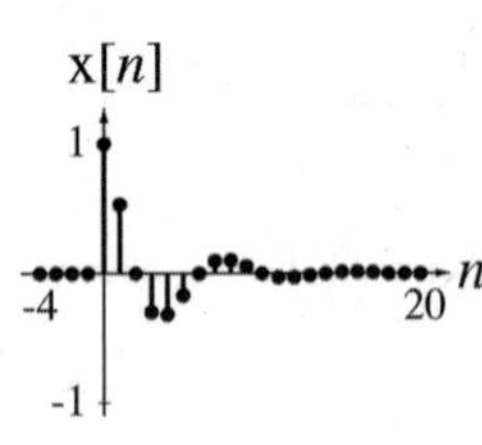

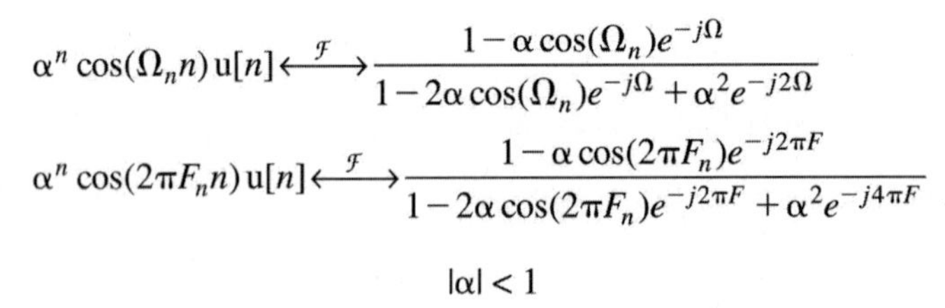

$$\alpha^n \cos(\Omega_n n)\,\mathrm{u}[n] \xleftrightarrow{\mathcal{F}} \frac{1-\alpha\cos(\Omega_n) e^{-j\Omega}}{1-2\alpha\cos(\Omega_n)e^{-j\Omega}+\alpha^2 e^{-j2\Omega}}$$

$$\alpha^n \cos(2\pi F_n n)\,\mathrm{u}[n] \xleftrightarrow{\mathcal{F}} \frac{1-\alpha\cos(2\pi F_n) e^{-j2\pi F}}{1-2\alpha\cos(2\pi F_n)e^{-j2\pi F}+\alpha^2 e^{-j4\pi F}}$$

$|\alpha| < 1$

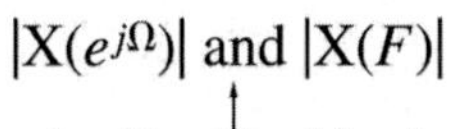

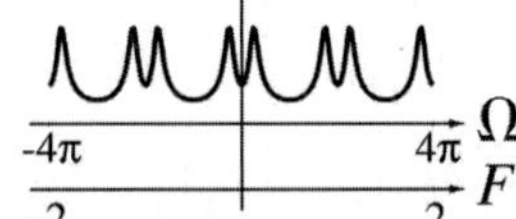

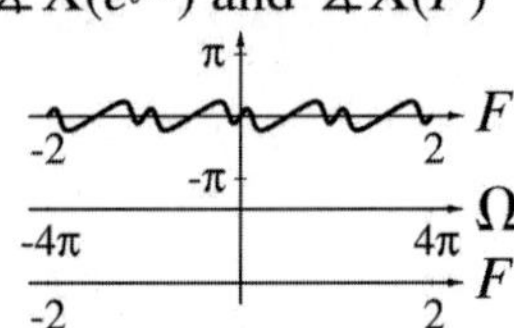

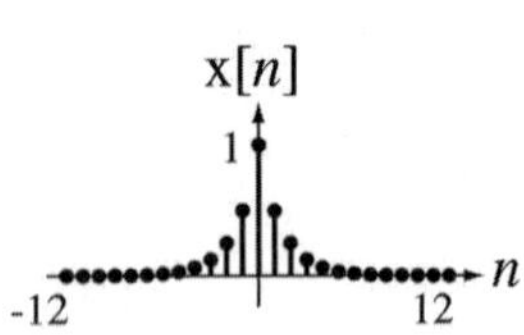

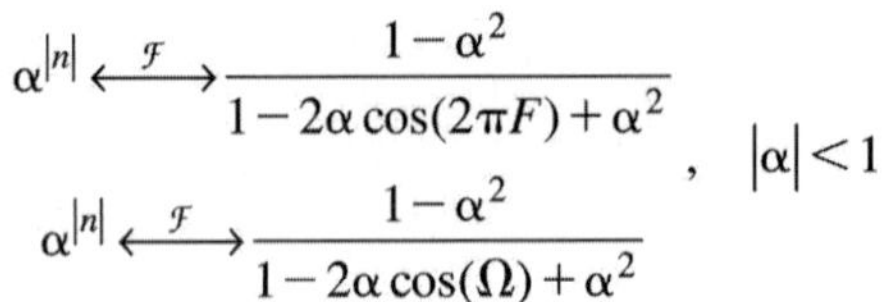

$$\alpha^{|n|} \xleftrightarrow{\mathcal{F}} \frac{1-\alpha^2}{1-2\alpha\cos(2\pi F)+\alpha^2}, \quad |\alpha|<1$$

$$\alpha^{|n|} \xleftrightarrow{\mathcal{F}} \frac{1-\alpha^2}{1-2\alpha\cos(\Omega)+\alpha^2}$$

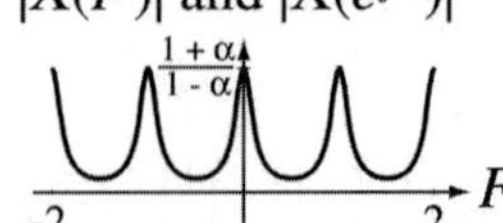

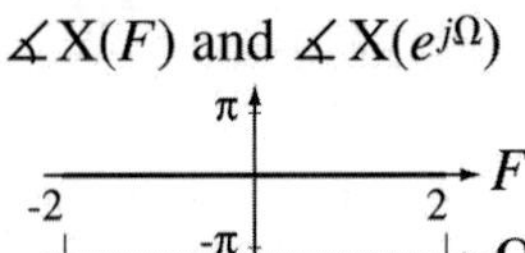

APPENDIX F

라플라스 변환표

인과 함수

$$\delta(t) \xleftrightarrow{\mathcal{L}} 1, \quad \text{All } s$$

$$\mathrm{u}(t) \xleftrightarrow{\mathcal{L}} \frac{1}{s}, \quad \mathrm{Re}(s) > 0$$

$$\mathrm{u}_{-n}(t) = \underbrace{\mathrm{u}(t) * \cdots \mathrm{u}(t)}_{(n-1)\,\text{convolutions}} \xleftrightarrow{\mathcal{L}} \frac{1}{s^n}, \quad \mathrm{Re}(s) > 0$$

$$t\,\mathrm{u}(t) \xleftrightarrow{\mathcal{L}} \frac{1}{s^2}, \quad \mathrm{Re}(s) > 0$$

$$e^{-\alpha t}\,\mathrm{u}(t) \xleftrightarrow{\mathcal{L}} \frac{1}{s+\alpha}, \quad \mathrm{Re}(s) > -\alpha$$

$$t^n\,\mathrm{u}(t) \xleftrightarrow{\mathcal{L}} \frac{n!}{s^{n+1}}, \quad \mathrm{Re}(s) > 0$$

$$te^{-\alpha t}\,\mathrm{u}(t) \xleftrightarrow{\mathcal{L}} \frac{1}{(s+\alpha)^2}, \quad \mathrm{Re}(s) > -\alpha$$

$$t^n e^{-\alpha t}\,\mathrm{u}(t) \xleftrightarrow{\mathcal{L}} \frac{n!}{(s+\alpha)^{n+1}}, \quad \mathrm{Re}(s) > -\alpha$$

$$\sin(\omega_0 t)\,\mathrm{u}(t) \xleftrightarrow{\mathcal{L}} \frac{\omega_0}{s^2+\omega_0^2}, \quad \mathrm{Re}(s) > 0$$

$$\cos(\omega_0 t)\,\mathrm{u}(t) \xleftrightarrow{\mathcal{L}} \frac{s}{s^2+\omega_0^2},\quad \mathrm{Re}(s)>0$$

$$e^{-\alpha t}\sin(\omega_c t)\,\mathrm{u}(t) \xleftrightarrow{\mathcal{L}} \frac{\omega_c}{(s+\alpha)^2+\omega_c^2},\quad \mathrm{Re}(s)>-\alpha$$

$$e^{-\alpha t}\cos(\omega_c t)\,\mathrm{u}(t) \xleftrightarrow{\mathcal{L}} \frac{s+\alpha}{(s+\alpha)^2+\omega_c^2},\quad \mathrm{Re}(s)>-\alpha$$

$$e^{-\alpha t}\left[A\cos(\omega_c t)+\left(\frac{B-A\alpha}{\beta}\right)\sin(\omega_c t)\right]\mathrm{u}(t) \xleftrightarrow{\mathcal{L}} \frac{As+B}{(s+\alpha)^2+\omega_c^2}$$

$$e^{-\alpha t}\left[\sqrt{A^2+\left(\frac{B-A\alpha}{\omega_c}\right)^2}\cos\left(\omega_c t-\tan^{-1}\left(\frac{B-A\alpha}{A\omega_c}\right)\right)\right]\mathrm{u}(t) \xleftrightarrow{\mathcal{L}} \frac{As+B}{(s+\alpha)^2+\omega_c^2}$$

$$e^{-\frac{C}{2}t}\left[A\cos\left(\sqrt{D-\left(\frac{C}{2}\right)^2}\,t\right)+\frac{2B-AC}{\sqrt{4D-C^2}}\sin\left(\sqrt{D-\left(\frac{C}{2}\right)^2}\,t\right)\right]\mathrm{u}(t) \xleftrightarrow{\mathcal{L}} \frac{As+B}{s^2+Cs+D}$$

$$e^{-\frac{C}{2}t}\left[\sqrt{A^2+\left(\frac{2B-AC}{\sqrt{4D-C^2}}\right)^2}\cos\left(\sqrt{D-\left(\frac{C}{2}\right)^2}\,t-\tan^{-1}\left(\frac{2B-AC}{A\sqrt{4D-C^2}}\right)\right)\right]\mathrm{u}(t) \xleftrightarrow{\mathcal{L}} \frac{As+B}{s^2+Cs+D}$$

반인과 함수(anticausal function)

$$-\mathrm{u}(-t) \xleftrightarrow{\mathcal{L}} \frac{1}{s},\quad \mathrm{Re}(s)<0$$

$$-e^{-\alpha t}\,\mathrm{u}(-t) \xleftrightarrow{\mathcal{L}} \frac{1}{s+\alpha},\quad \mathrm{Re}(s)<-\alpha$$

$$-t^n\,\mathrm{u}(-t) \xleftrightarrow{\mathcal{L}} \frac{n!}{s^{n+1}},\quad \mathrm{Re}(s)<0$$

비인과 함수(noncausal function)

$$e^{-\alpha|t|} \xleftrightarrow{\mathcal{L}} \frac{1}{s+\alpha} - \frac{1}{s-\alpha}, \quad -\alpha < \mathrm{Re}(s) < \alpha$$

$$\mathrm{rect}(t) \xleftrightarrow{\mathcal{L}} \frac{e^{s/2} - e^{-s/2}}{s}, \quad \text{All } s$$

$$\mathrm{tri}(t) \xleftrightarrow{\mathcal{L}} \left(\frac{e^{s/2} - e^{-s/2}}{s}\right)^2, \quad \text{All } s$$

G APPENDIX

z 변환쌍

인과 함수

$$\delta[n] \xleftrightarrow{z} 1, \quad \text{All } z$$

$$\mathrm{u}[n] \xleftrightarrow{z} \frac{z}{z-1} = \frac{1}{1-z^{-1}}, \quad |z| > 1$$

$$\alpha^n \mathrm{u}[n] \xleftrightarrow{z} \frac{z}{z-\alpha} = \frac{1}{1-\alpha z^{-1}}, \quad |z| > |\alpha|$$

$$n\,\mathrm{u}[n] \xleftrightarrow{z} \frac{z}{(z-1)^2} = \frac{z^{-1}}{(1-z^{-1})^2}, \quad |z| > 1$$

$$n^2\,\mathrm{u}[n] \xleftrightarrow{z} \frac{z(z+1)}{(z-1)^3} = \frac{1+z^{-1}}{z(1-z^{-1})}, \quad |z| > 1$$

$$n\alpha^n\,\mathrm{u}[n] \xleftrightarrow{z} \frac{z\alpha}{(z-\alpha)^2} = \frac{\alpha z^{-1}}{(1-\alpha z^{-1})^2}, \quad |z| > |\alpha|$$

$$n^m \alpha^n\,\mathrm{u}[n] \xleftrightarrow{z} (-z)^m \frac{d^m}{dz^m}\left(\frac{z}{z-\alpha}\right), \quad |z| > |\alpha$$

$$\frac{n(n-1)(n-2)\cdots(n-m+1)}{m!}\alpha^{n-m}\,\mathrm{u}[n] \xleftrightarrow{z} \frac{z}{(z-\alpha)^{m+1}}, \quad |z| > |\alpha$$

$$\sin(\Omega_0 n)\,\mathrm{u}[n] \xleftrightarrow{z} \frac{z\sin(\Omega_0)}{z^2 - 2z\cos(\Omega_0) + 1} = \frac{\sin(\Omega_0)z^{-1}}{1-2\cos(\Omega_0)z^{-1}+z^{-2}}, \quad |z| > 1$$

$$\cos(\Omega_0 n)\,\mathrm{u}[n] \xleftrightarrow{z} \frac{z[z-\cos(\Omega_0)]}{z^2 - 2z\cos(\Omega_0) + 1} = \frac{1-\cos(\Omega_0)z^{-1}}{1-2\cos(\Omega_0)z^{-1}+z^{-2}}, \quad |z| > 1$$

$$\alpha^n \sin(\Omega_0 n)\,\mathrm{u}[n] \xleftrightarrow{\mathcal{Z}} \frac{z\alpha\sin(\Omega_0)}{z^2 - 2\alpha z\cos(\Omega_0) + \alpha^2} = \frac{\alpha\sin(\Omega_0)z^{-1}}{1 - 2\alpha\cos(\Omega_0)z^{-1} + \alpha^2 z^{-2}}, \ |z| > |\alpha|$$

$$\alpha^n \cos(\Omega_0 n)\,\mathrm{u}[n] \xleftrightarrow{\mathcal{Z}} \frac{z[z - \alpha\cos(\Omega_0)]}{z^2 - 2\alpha z\cos(\Omega_0) + \alpha^2} = \frac{1 - \alpha\cos(\Omega_0)z^{-1}}{1 - 2\alpha\cos(\Omega_0)z^{-1} + \alpha^2 z^{-2}}, \ |z| > |\alpha|$$

반인과 함수

$$-\mathrm{u}[-n-1] \xleftrightarrow{\mathcal{Z}} \frac{z}{z-1}, \ |z| < 1$$

$$-\alpha^n\,\mathrm{u}[-n-1] \xleftrightarrow{\mathcal{Z}} \frac{z}{z-\alpha}, \ |z| < |\alpha|$$

$$-n\alpha^n\,\mathrm{u}[-n-1] \xleftrightarrow{\mathcal{Z}} \frac{\alpha z}{(z-\alpha)^2}, \ |z| < |\alpha|$$

비인과 함수

$$\alpha^{|n|} \xleftrightarrow{\mathcal{Z}} \frac{z}{z-\alpha} - \frac{z}{z-1/\alpha}, \ |\alpha| < |z| < |1/\alpha|$$

BIBLIOGRAPHY

Analog Filters

Huelsman, L. and Allen, P., *Introduction to the Theory and Design of Active Filters*, New York, NY, McGraw-Hill, 1980 1

Van Valkenburg, M., *Analog Filter Design*, New York, NY, Holt, Rinehart and Winston, 1982

Basic Linear Signals and Systems

Brown, R. and Nilsson, J., *Introduction to Linear Systems Analysis*, New York, NY, John Wiley and Sons, 1966

Chen, C., *Linear System Theory and Design*, New York, NY, Holt, Rinehart and Winston, 1984

Cheng, D., *Analysis of Linear Systems*, Reading, MA, Addison-Wesley, 1961

ElAli, T, and Karim, M., *Continuous Signals and Systems with MATLAB*, Boca Raton, FL, CRC Press, 2001

Gajic, Z., *Linear Dynamic Systems and Signals*, Upper Saddle River, NJ, Prentice Hall, 2003

Gardner, M. and Barnes, J., *Transients in Linear Systems*, New York, NY, John Wiley and Sons, 1947

Gaskill, J., *Linear Systems, Fourier Transforms and Optics*, New York, NY, John Wiley and Sons, 1978

Haykin, S. and VanVeen, B., *Signals and Systems*, New York, NY, John Wiley & Sons, 2003

Jackson, L., *Signals, Systems and Transforms*, Reading, MA, Addison-Wesley, 1991

Kamen, E. and Heck, B., *Fundamentals of Signals and Systems*, Upper Saddle River, NJ, Prentice Hall, 2007

Lathi, B., *Signal Processing and Linear Systems*, Carmichael, CA, Berkeley-Cambridge, 1998

Lathi, B., *Linear Systems and Signals*, New York, NY, Oxford University Press, 2005

Lindner, D., *Introduction to Signals and Systems*, New York, NY, McGraw-Hill, 1999

Neff, H., *Continuous and Discrete Linear Systems*, New York, NY, Harper & Row, 1984

Oppenheim, A. and Willsky, A., *Signals and Systems*, Upper Saddle River, NJ, Prentice Hall, 1997

Phillips, C. and Parr, J., *Signals, Systems, and Transforms*, Upper Saddle River, NJ, Prentice Hall, 2003

Schwartz, R. and Friedland, B., *Linear Systems*, New York, McGraw-Hill, 1965

Sherrick, J., *Concepts in System and Signals*, Upper Saddle River, NJ, Prentice Hall, 2001

Soliman, S. and Srinath, M., *Continuous and Discrete Signals and Systems*, Englewood Cliffs, NJ, Prentice Hall, 1990

Varaiya, L., *Structure and Implementation of Signals and Systems*, Boston, MA, Addison-Wesley, 2003

Ziemer, R., Tranter, W, and Fannin, D., *Signals and Systems Continuous and Discrete*, Upper Saddle River, NJ, Prentice Hall, 1998

Circuit Analysis

Dorf, R. and Svoboda, J., *Introduction to Electric Circuits*, New York, NY, John Wiley and Sons, 2001

Hayt, W., Kemmerly, J. and Durbin, S., *Engineering Circuit Analysis*, New York, NY, McGraw-Hill, 2002

Irwin, D., *Basic Engineering Circuit Analysis*, New York, NY, John Wiley and Sons, 2002

Nilsson, J. and Riedel, S., *Electric Circuits*, Upper Saddle River, NJ, Prentice Hall, 2000

Paul, C., *Fundamentals of Electric Circuit Analysis*, New York, NY, John Wiley and Sons, 2001

Thomas, R. and Rosa, A., *The Analysis and Design of Linear Circuits*, New York, John Wiley and Sons, 2001

Communication Systems

Couch, L., *Digital and Analog Communication Systems*, Upper Saddle River, NJ, Prentice Hall, 2007

Lathi, B., *Modern Digital and Analog Communication Systems*, New York, NY, Holt, Rinehart and Winston, 1998

Roden, M., *Analog and Digital Communication Systems*, Upper Saddle River, NJ, Prentice Hall, 1996

Shenoi, K., *Digital Signal Processing in Telecommunications*, Upper Saddle River, NJ, Prentice Hall, 1995

Stremler, F., *Introduction to Communication Systems*, Reading, MA, Addison-Wesley, 1982

Thomas, J., *Statistical Communication Theory*, New York, NY, John Wiley and Sons, 1969

Ziemer, R. and Tranter, W, *Principles of Communications*, New York, NY, John Wiley and Sons, 1988

Discrete-Time Signals and Systems and Digital Filters

Bose, N., *Digital Filters: Theory and Applications*, New York, NY, North-Holland, 1985

Cadzow, J., *Discrete-Time Systems*, Englewood Cliffs, NJ, Prentice Hall, 1973

Childers, D. and Durling, A., *Digital Filtering and Signal Processing*, St. Paul, MN, West, 1975

DeFatta, D., Lucas, J. and Hodgkiss, W., *Digital Signal Processing: A System Design Approach*, New York, NY, John Wiley and Sons, 1988

Gold, B. and Rader, C., *Digital Processing of Signals*, New York, NY, McGraw-Hill, 1969

Hamming, R., *Digital Filters*, Englewood Cliffs, NJ, Prentice Hall, 1989

Ifeachor, E. and Jervis, B., *Digital Signal Processing*, Harlow, England, Prentice Hall, 2002

Ingle, V. and Proakis, J., *Digital Signal Processing Using MATLAB*, Thomson-Engineering, 2007

Kuc, R., *Introduction to Digital Signal Processing*, New York, NY, McGraw-Hill, 1988

Kuo, B., *Analysis and Synthesis of Sampled-Data Control Systems*, Englewood Cliffs, NJ, Prentice Hall, 1963

Ludeman, L., *Fundamentals of Digital Signal Processing*, New York, NY, John Wiley and Sons, 1987

Oppenheim, A., *Applications of Digital Signal Processing*, Englewood Cliffs, NJ, Prentice Hall, 1978

Oppenheim, A. and Shafer, R., *Digital Signal Processing*, Englewood Cliffs, NJ, Prentice Hall, 1975

Peled, A. and Liu, B., *Digital Signal Processing: Theory Design and Implementation*, New York, NY, John Wiley and Sons, 1976

Proakis, J. and Manolakis, D., *Digital Signal Processing:Principles, Algorithms and Applications*, Upper Saddle River, NJ, Prentice Hall, 1995

Rabiner, L. and Gold, B., *Theory and Application of Digital Signal Processing*, Englewood Cliffs, NJ, Prentice Hall, 1975

Roberts, R. and Mullis, C., *Digital Signal Processing*, Reading, MA, Addison-Wesley, 1987

Shenoi, K., *Digital Signal Processing in Telecommunications*, Upper Saddle River, NJ, Prentice Hall, 1995

Stanley, W., *Digital Signal Processing*, Reston, VA, Reston Publishing, 1975

Strum, R. and Kirk, D., *Discrete Systems and Digital Signal Processing*, Reading, MA, Addison-

Wesley, 1988

Young, T., *Linear Systems and Digital Signal Processing*, Englewood Cliffs, NJ, Prentice Hall, 1985

The Fast Fourier Transform

Brigham, E., *The Fast Fourier Transform*, Englewood Cliffs, NJ, Prentice Hall, 1974

Cooley, J. and Tukey, J., "n Algorithm for the Machine Computation of the Complex Fourier Series,"*Mathematics of Computation*, Vol. 19, pp. 297–01, April 1965

Fourier Optics

Gaskill, J., *Linear Systems, Fourier Transforms and Optics*, New York, NY, John Wiley and Sons, 1978

Goodman, J., *Introduction to Fourier Optics*, New York, NY, McGraw-Hill, 1968

Related Mathematics

Abramowitz, M. and Stegun, I., *Handbook of Mathematical Functions*, New York, NY, Dover, 1970

Churchill, R., Brown, J., and Pearson, C., *Complex Variables and Applications*, New York, NY, McGraw-Hill, 1990

Churchill, R., *Operational Mathematics*, New York, NY, McGraw-Hill, 1958

Craig, E., *Laplace and Fourier Transforms for Electrical Engineers*, New York, NY, Holt, Rinehart and Winston, 1964

Goldman, S., *Laplace Transform Theory and Electrical Transients*, New York, NY, Dover, 1966

Jury, E., *Theory and Application of the z-Transform Method*, Malabar, FL, R. E. Krieger, 1982

Kreyszig, E., *Advanced Engineering Mathematics*, New York, NY, John Wiley and Sons, 1998

Matthews, J. and Walker, R., *Mathematical Methods of Physics*, New York, NY, W. A. Benjamin, 1970

Noble, B., *Applied Linear Algebra*, Englewood Cliffs, NJ, Prentice Hall, 1969

Scheid, F., *Numerical Analysis*, New York, NY, McGraw-Hill, 1968

Sokolnikoff, I. and Redheffer, R., *Mathematics of Physics and Modern Engineering*, New York, NY, McGraw-Hill, 1966

Spiegel, M., *Complex Variables*, New York, NY, McGraw-Hill, 1968

Strang, G., *Introduction to Linear Algebra*, Wellesley, MA, Wellesley-Cambridge Press, 1993

Random Signals and Statistics

Bendat, J. and Piersol, A., *Random Data: Analysis and Measurement Procedures*, New York, NY, John Wiley and Sons, 1986

Cooper, G. and McGillem, C., *Probabilistic Methods of Signal and System Analysis*, New York, NY, Oxford University Press, 1999

Davenport, W. and Root, W., *Introduction to the Theory of Random Signals and Noise*, New York, NY, John Wiley and Sons, 1987

Fante, R., *Signal Analysis and Estimation*, New York, John Wiley and Sons, 1988

Leon-Garcia, A., *Probability and Random Processes for Electrical Engineering*, Reading, MA, Addison-Wesley, 1994

Mix, D., *Random Signal Processing*, Englewood Cliffs, NJ, Prentice Hall, 1995

Papoulis, A., and Pillai, S. *Probability, Random Variables and Stochastic Processes*, New York, NY, McGraw-Hill, 2002

Thomas, J., *Statistical Communication Theory*, New York, NY, Wiley-IEEE Press, 1996

Specialized Related Topics

DeRusso, P., Roy, R. and Close, C., *State Variables for Engineers*, New York, NY, John Wiley and Sons, 1998

APPENDIX

ㅈ